权威性·科学性·准确性·实用性

河北经济年鉴

HEBEI ECONOMIC YEARBOOK

2006

(总第22卷)

河北省人民政府　主办

中国统计出版社
China Statistics Press

（京）新登字 041 号

图书在版编目（CIP）数据

河北经济年鉴．2006/河北省人民政府办公厅等编.－北京：中国统计出版社，2006.6
ISBN 7-5037-4900-8

Ⅰ.河...Ⅱ.河...Ⅲ.地区经济－统计资料－河北省－2006－年鉴 Ⅳ.F127.22-54

中国版本图书馆 CIP 数据核字（2006）第 026175 号

河北经济年鉴－2006

作　　者／河北省人民政府办公厅　河北省统计局　河北省社会科学院
责任编辑／蔡启新　潘保海
E-mail　/yearbook@stats.gov.cn
责任校对／袁双喜　谢英欣
封面设计／郝　巍
出版发行／中国统计出版社
通信地址／北京市西城区三里河月坛南街 75 号　中国统计出版社
邮　　编／ 100826
电　　话／（010）63376907
印　　刷／中国标准出版社秦皇岛印刷厂　　深圳市普加彩印务有限公司
经　　销／新华书店
开　　本／ 889×1194 毫米　1/16
字　　数／ 165 万字
印　　张／ 40
印　　数／ 1-5000 册
版　　别／ 2006 年 8 月第 1 版
版　　次／ 2006 年 8 月第 1 次印刷
书　　号／ ISBN 7-5037-4900-8/F·2247
定　　价／ 200.00 元

编　辑　说　明

《河北经济年鉴—2006》是本书出版以来的第22卷，主要记载2005年及“十五”期间（2001—2005年）河北省经济社会发展和改革开放的业绩与历程。

2005年，全省人民在省委、省政府领导下，以邓小平理论和“三个代表”重要思想为指导，认真贯彻落实党的十六届五中全会和省委六届八次全会精神，树立和落实科学发展观，紧紧围绕“抓住机遇，实现更快更好发展”主题，深入实现科教兴冀、两环开放带动、城市化和可持续发展四大主体战略和“一线两厢”区域发展布局，突出结构调整主线，强化重大项目建设和县域经济发展两大支撑。全省综合实力跃上新台阶，改革开放步伐加快，社会事业全面进步，人民生活水平进一步提高，全面完成了当年及“十五”各项目标任务，全省生产总值提前实现“翻两番、三步走”第一步战略目标，为“十一五”发展奠定了良好基础。但发展中仍存在不少矛盾和问题，诸如经济结构不合理，粗放型增长方式尚未根本转变，就业再就业压力较大，资源、环境对经济社会发展的制约矛盾突出等。本卷对此都予以全面、忠实地记载。

本《年鉴》作为中国统计出版社出版的省级年鉴系列丛书，在总体结构和指标体系上，继续与国家和各省市保持规范、统一。由于统计口径不同等原因，本书文字部分的个别数字，可能与统计资料部分不相吻合，使用时应以后者为依据。

错误与不当之处，恳请读者批评指正。

《河北经济年鉴》编辑部

2006年7月

《河北经济年鉴－2006》编委会、编辑人员名单

地区生产总值及指数

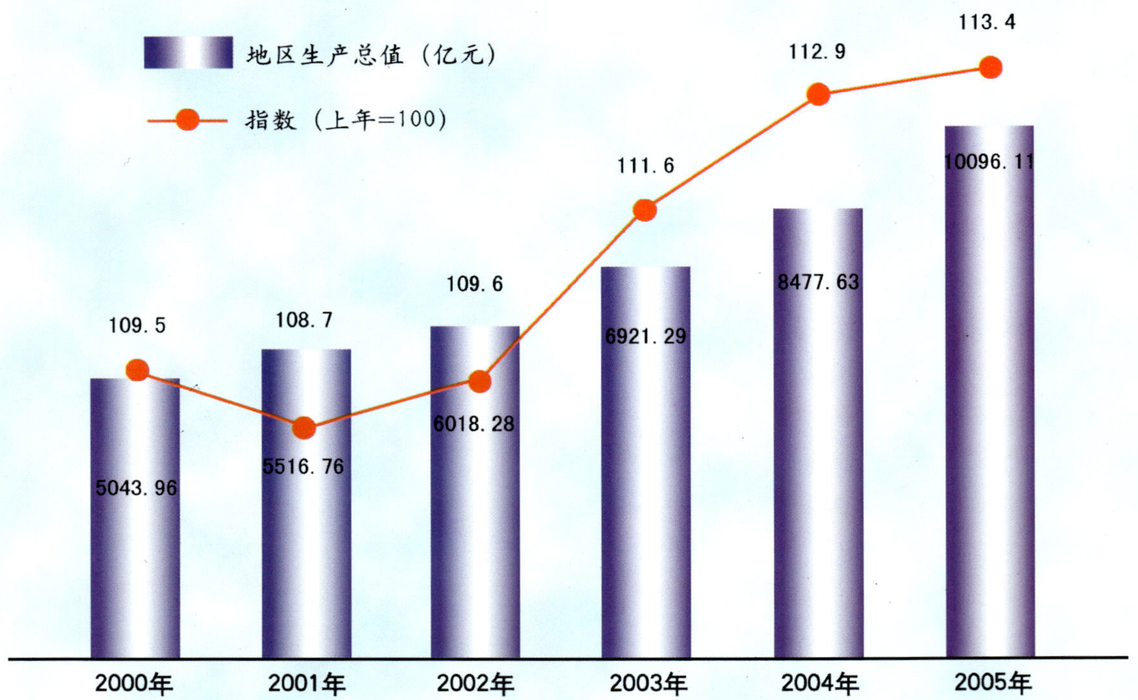

就业人员构成(%)

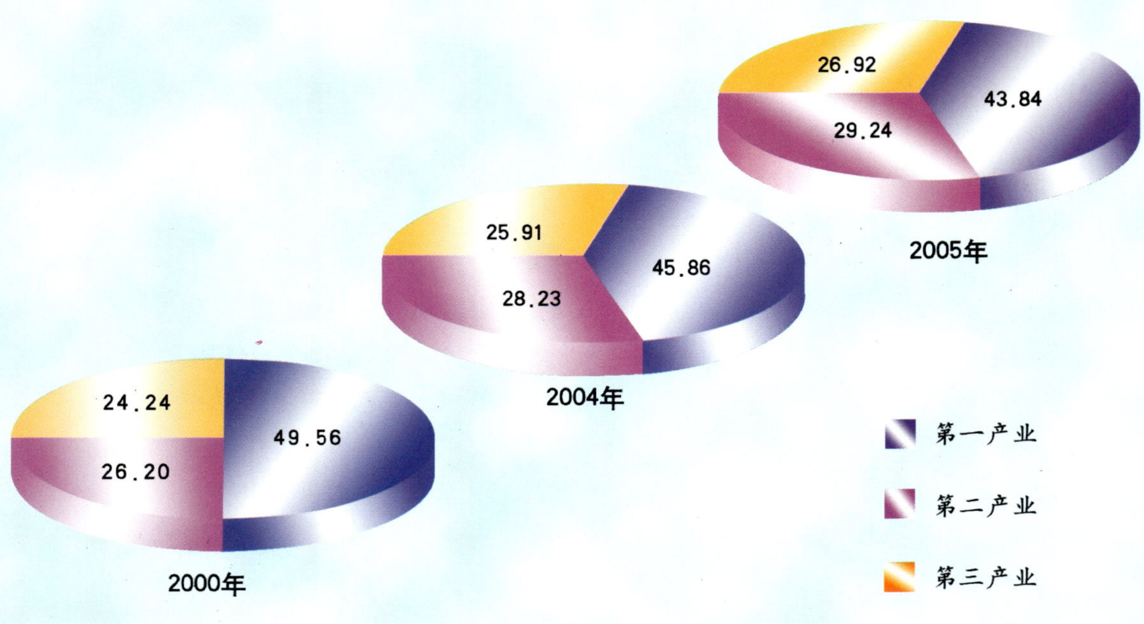

全社会固定资产投资总额（亿元）

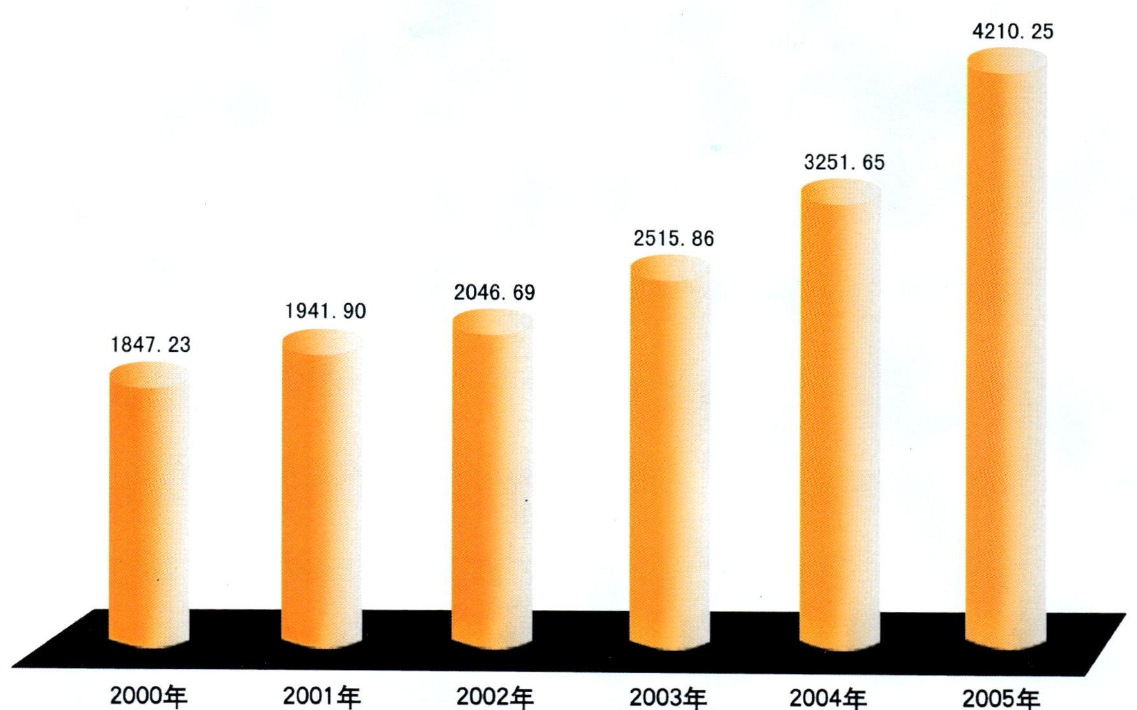

地方财政收入与支出（亿元）

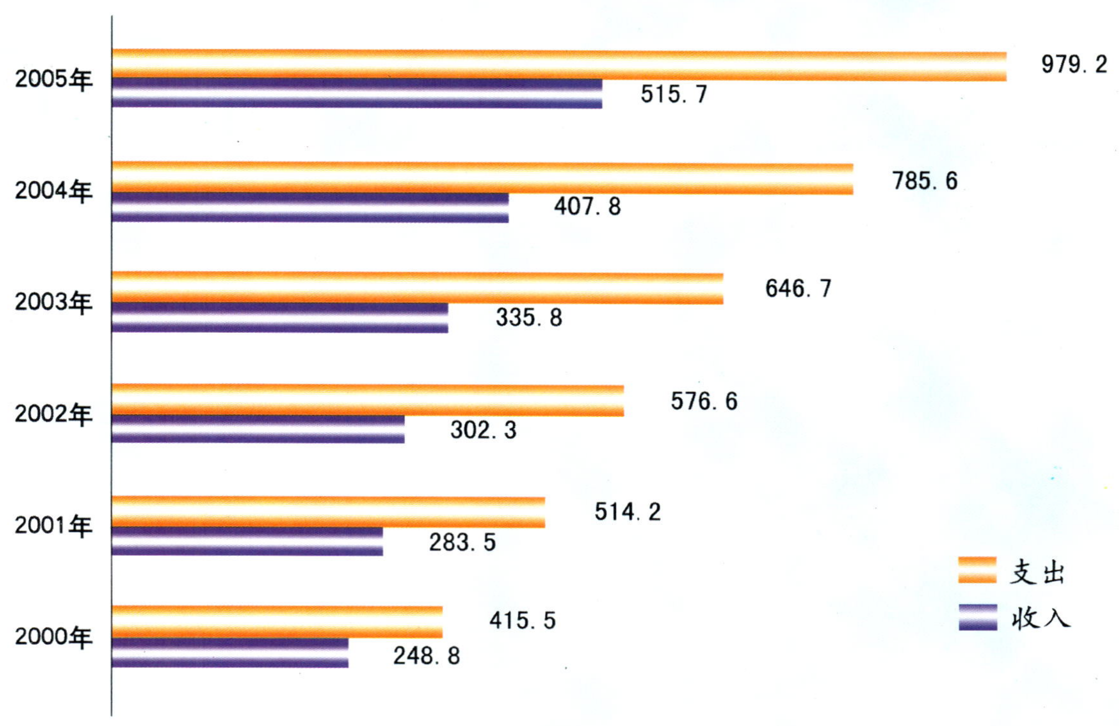

居民消费价格指数(1983年=100)

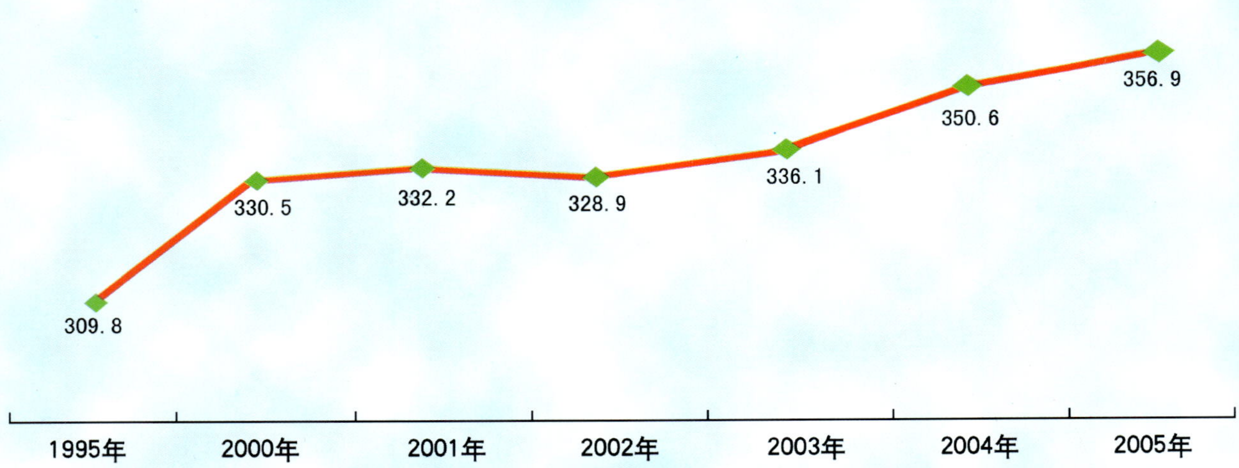

社会消费品零售总额(亿元)

城乡居民人均收入（元）

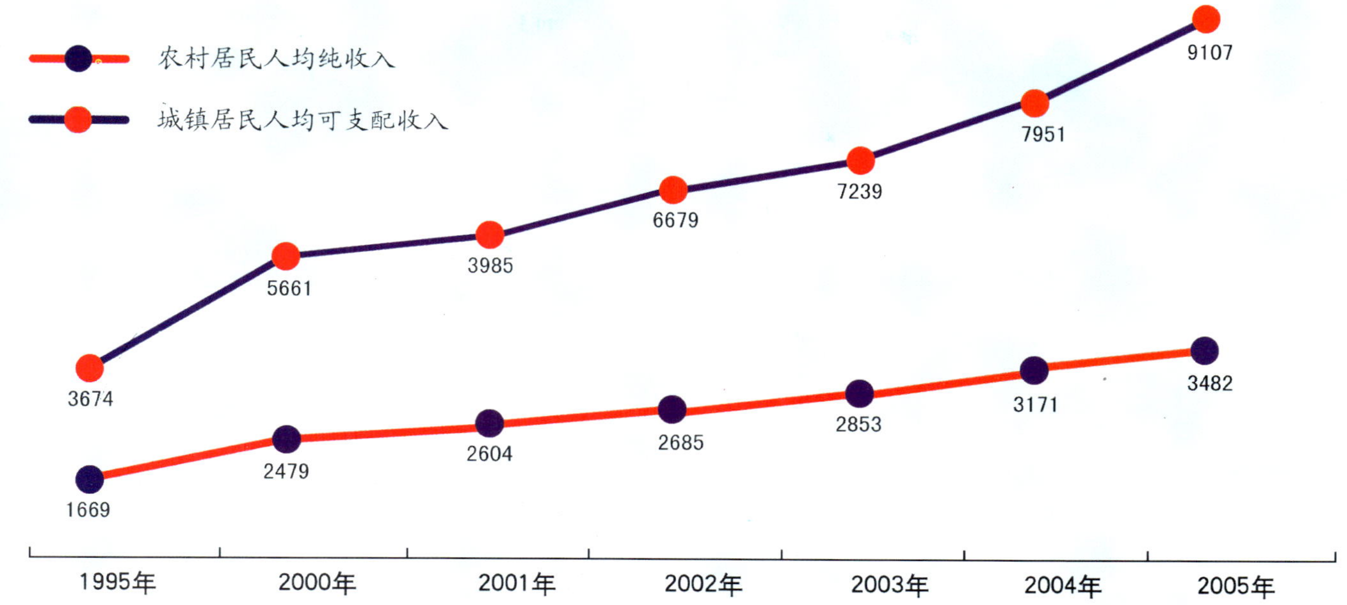

实际利用外资额（亿美元）

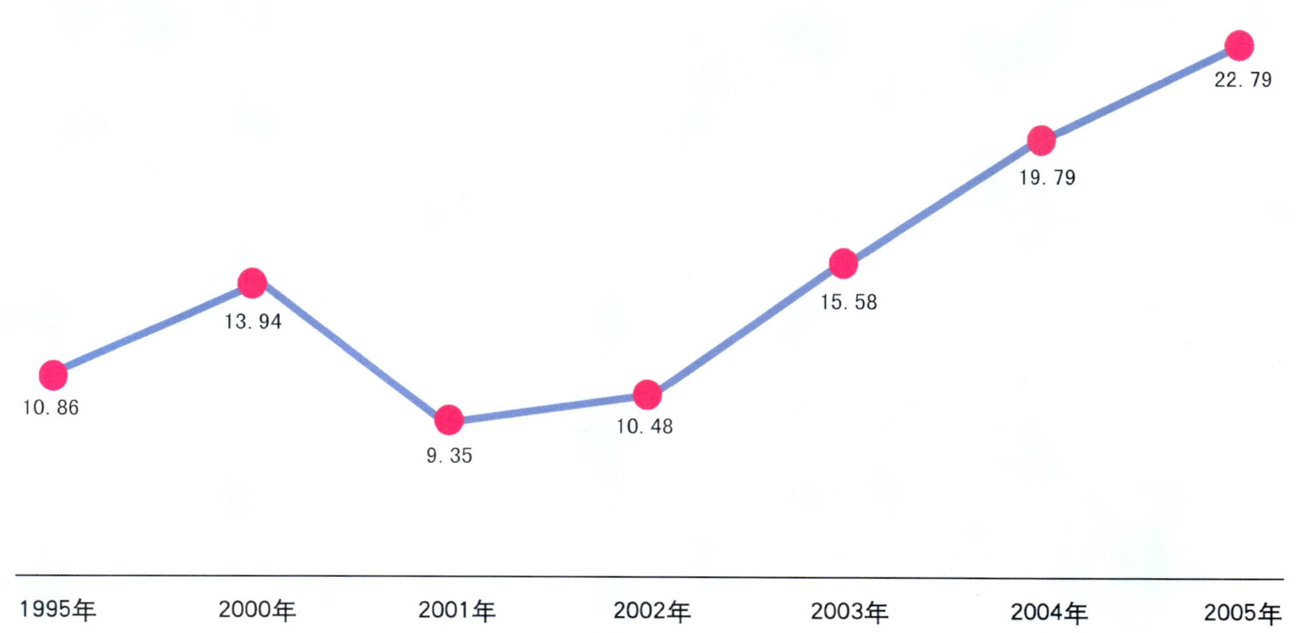

综合实力上了一个大台阶。2005年，河北省GDP总量达到10096.1亿元，人均GDP达到1.48万元，全部财政收入完成1035.2亿元，圆满完成“十五”计划各项目标任务

田瑞夫摄

任县太平庄农民种植的优种玉米喜获丰收

赵永辉摄

农业综合生产能力稳步提高。2005年河北省粮食生产出现重要转机，扭转了减产局面。全年粮食产量2598.6万吨，是6年来最高水平。畜牧、蔬菜、果品三大支柱产业产值占农林牧渔业总产值的70%，对农业生产增长的贡献率达88.8%

丰宁满族自治县在农业结构调整中大力发展错季蔬菜15万亩。图为乔家营村农民将大白菜装车销往北京

杜柏桦摄

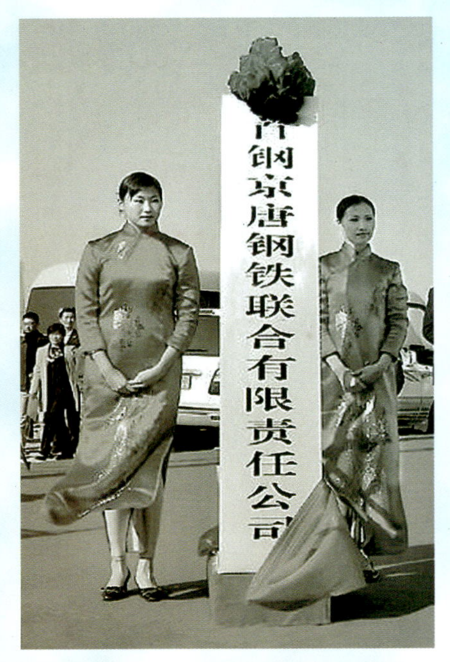

工业主导产业支撑作用增强。2005年河北省全部工业增加值4665.2亿元，比上年增长15.7%。工业结构进一步优化。钢铁、装备制造、石油化工、食品、医药、建材、纺织服装七个主导行业增加值占工业增加值的78.4%。左图为2005年10月22日首钢京唐钢铁联合有限责任公司在唐山曹妃甸工业区正式成立

服务业发展速度加快。2005年河北省批发和零售贸易餐饮业增长10.9%，房地产业增长4%，社会服务业、科研和综合技术服务业等发展壮大，增长14.7%，成为服务业发展新亮点。图为成安县按照商务部实施万村千乡市场工程的要求，大力推进“农家超市”建设，先后投资350万元，在全县农村新建、改建了135个农家超市

常红民 杜柏桦摄

2005年12月16日正式开港通航的曹妃甸大港

周晓喻摄

经济发展后劲增强。“十五”期间，河北省全社会固定资产投资累计完成1.4万亿元，年均增长14.1%。建成投产重点项目361项，重大项目建设取得突破性进展

我国第一条客运专线——石太铁路客运专线太行山隧道正在紧张施工

田瑞夫 霍翼摄

农村发展环境改善。2005年底，全省实现乡乡通油路、村村基本通公路，所有行政村每村至少开通两部电话，村通话率达到100%，全省广播和电视综合人口覆盖率分别达到98.43%和98.39%

易县以“村村通”工程为契机，投资1亿多元解决农村行路难，到2005年底，全县已有140个村开工修路。图为竣工的白马乡盘神庙村乡间公路

杜柏桦摄

涉县注重农村图书室建设，全县已建成农村图书室290个，藏书达90多万册。图为井店镇农民正在图书室读书看报

杜柏桦摄

人民生活水平提高。2005年全省城镇居民人均可支配收入9107.1元，比上年增长14.5%；农民人均纯收入3481.6元，分别比2000年增加3445.9元和1002.7元。就业持续扩大，2003年以来，城镇新增就业116万人，转移农村富余劳动力750万人次。2005年以来，全省农民收入格局出现新特点，工资性收入已成为农民增收重要因素。图为曲周县农民高高兴兴地登车赶赴天津去打工

吹响进军文化大省的号角。2005年6月10日，中共河北省委、省政府召开建设文化大省工作会议。会议指出：建设文化大省是全面推进河北现代化建设的战略抉择，河北作为一个经济大省，必然要求同时是一个文化大省。随之出台了《建设文化大省规划纲要》等一系列文件，推动河北省的文化建设驶入快车道。图为河北省建设文化大省工作会议在石家庄召开

赵永辉摄

河北省建设投资公司

河北省建设投资公司成立于1988年，是省政府明确由省国资委授权的国有资本运营机构和政策性投资机构，按照省政府对“四公司一中心”的职能定位，主要从事能源、交通等基础产业、基础设施和省支柱产业的投资与建设。自成立以来，公司始终坚持正确的投资导向，积极加强项目管理，努力提高国有资本运营效益，充分发挥政府投资主体的引导带动作用，通过合资合作、银行贷款、债券及利用外资、股票融资等多种形式并举，吸引各方资金用于全省重点项目建设。与香港华润、华能集团、大唐国际电力、国家开投等国内外知名大公司合作，先后投资建成大中型重点项目92个，完成项目总投资1700多亿元。

截至2005年6月底，公司总资产从成立之初的2400万元发展到175亿元（按成本法核算），净资产143亿元，通过公司经营积累增值72亿元，合并报表总资产271亿元，是省属资产规模最大的国有投资控股公司。根据中国投资协会国有投资公司委员会2004年底的统计数据，综合总资产、净资产、负债率、税后利润等四项指标，公司在全国国有投资公司中排名第六位。

公司投资参控股企业142家，其中控股企业27家。公司控股一家上市公司，即河北建投能源投资股份有限公司，参股5家上市公司，即华能国际、大唐电力、沧州化工、耀华玻璃、唐山三友。公司现有职工215人，全资子公司和控股企业职工1.19万人。

能源是公司的主导产业，已建成大型电力项目15个，在建项目7个，包括公司控股及相对控股的西柏坡、兴泰、恒兴、定洲、秦皇岛等发电公司，以及全资子公司省天然气公司。规划设计总装机容量1797万千瓦，已建成投产装机容量1215万千瓦，可控装机容量318万千瓦，公司占有权益容量644.2万千瓦。在建项目投产后，公司权益容量将突破900万千瓦；交通产业是公司第二大主导产业。建成投产的有秦皇岛港、朔黄铁路、黄骅港、京唐港等8个项目，在建的项目有曹妃甸矿石码头、唐港铁路、石太客运专线等5个项目。此外，投资领域还涉及城市基础设施、工业、农业等多个行业，分布全省各地，为促进河北省经济发展做出了重要贡献。公司先后被中共河北省委、省政府评为“八五”、“九五”重点项目建设先进单位，并于1994、1996、1998、2000、2002、2004年连续获得省直和省级文明先进单位荣誉称号。2004年4月公司被中华全国总工会授予“全国五一劳动奖状”。2005年5月，公司总经理王永忠荣获全国劳动模范荣誉称号。

唐山市丰南区教育局

近年来，唐山市丰南区教育局以建设现代化教育强区为目标，以落实农村义务教育管理新体制为契机，以加快校舍建设和中小学布局调整为主线，树立和落实科学的发展观，深化教育教学改革，不断推进教育均衡和教育公平，实现了丰南区教育的健康、快速、持续发展。

2002—2005年，全区农村中小学校舍建设总投入9920.36万元，新建、改扩建校舍9.35万平方米，涉及项目学校共45所。随着校舍建设步伐的加快，全区小学由2001年的156所撤并到81所，实现了办学标准化、规范化，办学规模达到了校均400人。2004年该区通过了第三次“普九”复查，并被省政府命名为“普九”工作先进地区。2002年、2003年，该区连续被评为河北省教育技术装备工作先进集体，2003年被评为河北省教育法制工作先进单位，2004年被评为河北省中小学图书馆工作先进集体。

段煦宁局长在初中校长治校论坛上作报告

国家督学、河北省总督学张妹芝、省教育厅副厅长杨勇视察丰南区农村中学

国家教育部纪检组长田淑兰视察丰南区第一中学

段局长深入教学一线进行调研

迅速崛起的

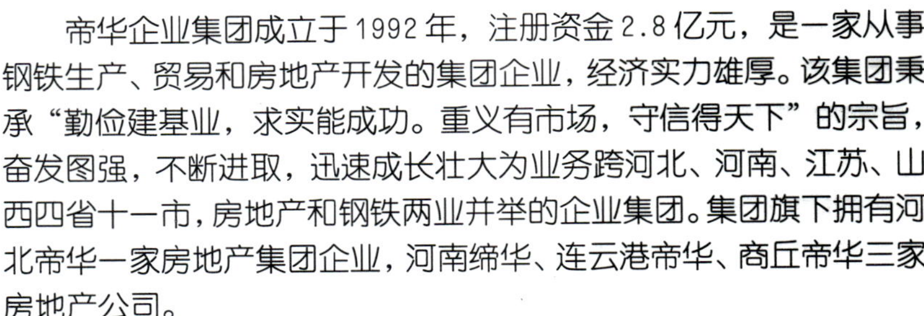

帝华企业集团成立于1992年，注册资金2.8亿元，是一家从事钢铁生产、贸易和房地产开发的集团企业，经济实力雄厚。该集团秉承“勤俭建基业，求实能成功。重义有市场，守信得天下”的宗旨，奋发图强，不断进取，迅速成长壮大为业务跨河北、河南、江苏、山西四省十一市，房地产和钢铁两业并举的企业集团。集团旗下拥有河北帝华一家房地产集团企业，河南缔华、连云港帝华、商丘帝华三家房地产公司。

河北帝华地产集团拥有房地产开发二级资质，员工191人，90%具有大专以上学历，50%具有丰富的房地产开发经验。在石家庄市近郊先后斥巨资开发了龙泉花园、龙海新区、龙头花园等多个龙系新城。预计2006年总开发面积将突破40万平方米。

河南缔华房地产开发有限公司是该集团于2004年在河南注册的全资房地产开发企业，注册资金2000万元。公司现有可开发储备用地近3000亩，已成功开发巩义东方现代城、中牟星城国际花园两大型生态住宅区。公司现有员工100人，中高级职称者占70%。预计2006年总开发面积将突破50万平方米。

商丘帝华房地产开发有限公司成立于2004年，现拥有开发储备用地800亩，已开发建设的帝景花园是商丘市的高科技经典社区。预计2006年总开发面积将突破25万平方米。

该集团创立之初，以钢铁贸易起家，从1992年开始，先后从事过钢管生产制作、钢铁型材轧制、炼铁、炼钢。集团旗下有河北石家

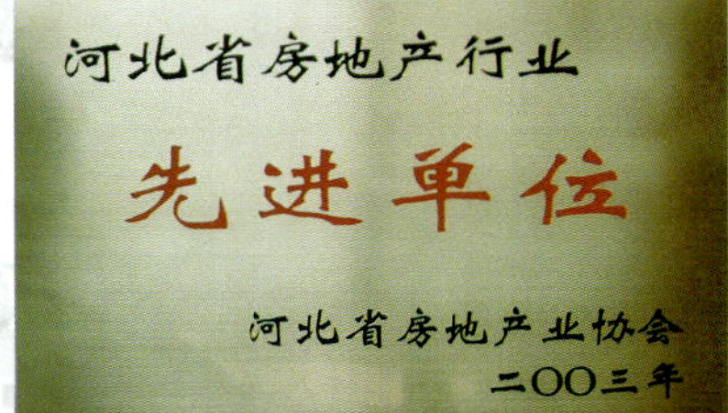

帝华企业集团

庄平山东飞钢铁、山西阳泉帝华冶金和连云港帝华特钢三家钢铁企业，2006 年钢铁总销售收入将突破 50 亿元。

山西阳泉帝华冶金工业有限公司是该集团于2005年兼并的原国有大型钢铁企业。现有员工 5000 人，年产钢 100 万吨、铁 100 万吨，年创产值 20 亿元。现正在进行改扩建，扩建完成后，将达到年产 200 万吨钢、铁、材的产能。

连云港特钢材料制品有限公司是该集团于2004年投资建设的独资钢铁企业，总投资 30 亿元，共分三期建设。主要生产中宽带钢及制品，建成后将达到年产300万吨特钢的产能。现正在全面建设中。

一座座住宅新城的崛起，一座座钢铁厂的投产，凝聚了全体帝华人的心血、智慧和汗水，更昭示了帝华企业集团的强劲发展之势。

截至目前，帝华企业集团共拥有土地储备用地突破万亩，在职员工近6000多人。雄厚的经济实力、丰富的土地和人才储备，完善的管理机制，为其未来的发展插上腾飞的双翼。全体帝华人正在董事会的指引下，捕捉新机遇，树立新目标，将董事会绘就的宏伟蓝图变为现实，谱写帝华新的辉煌。

石家庄市房地产开发用地
二十佳企业
河北青年报社
石家庄市国土资源局
二○○五年六月

河北省房地产行业
先进单位
河北省房地产业协会
二○○三年

河北帝华房地产集团有限公司
二○○六年度
重质量守信誉单位
河北省工商行政管理学会

中国石油天然气河北销

公司总经理刘永祥（左一）陪同华北公司项平生总经理检查工作

中国石油天然气股份有限公司河北销售公司成立于2000年5月，设8个分公司（任丘、石家庄、保定、廊坊、沧州、衡水、邢台、邯郸等8个区域分公司）；协管6家控股公司（中油石家庄控股公司、中油辛集控股公司、中油涿州控股公司、中油磊鑫控股公司、中油井陉150控股公司、中油常青控股公司）。该公司主要负责中国石油在河北南部7个地区的成品油仓储与销售、加油站经营与管理、库站网络投资建设、油品配送体系的构建等业务。公司成立5年来，坚持以科学发展观为指导，以建设现代营销企业为目标，全力做大销售、做强零售、做优网络、做细管理、做特企业文化，不断提升公司综合实力，实现了公司和谐持续有效快速发展。

工作思路：高起点、严管理、讲和谐、求发展。

企业理念：人才为本、管理为根、质量为魂、服务为宗。

追求目标：实施一流管理、树立一流形象、开拓一流市场、创造一流效益。

企业管理准则：公开、透明、公平、公正。

企业管理者行为准则：勤政是本、廉洁是根。

员工队伍建设目标：政治坚定、勤勉敬业、技术精湛、纪律严明、诚信廉洁。

大家庭成员之间营造一种健康和谐的氛围：多一点再多一点尊重、多一点再多一点理解、多一点再多一点沟通、多一点再多一点支持。

企业发展方向：做优、做强、做大；求快、求新、求高。

在中国石油的统一领导下，该公司严格按照“资源统一

华北公司书记高栋平接见先进加油站代表

环保日户外公益广告

首届技术比武团体第一名

股份有限公司
售公司

配置，运输统一组织、价格统一制定、货款统一结算、服务统一规范”的要求，充分发挥中国石油的品牌优势，努力完善网络布局。按照“以库辅站、以站包库、成片开发”的布局要求，经过不懈努力，市场培育和网络建设均取得较快发展，二级批发网络和零售网络已初具规模。网络建设快速发展，油品销量逐年递增，企业管理不断规范，竞争实力不断提升，综合效益稳步提高。

2005年，河北销售公司投运加油站达到605座，销量达到157万吨，同比增加44.29万吨，增长39.24%；实现销售收入60.84亿元，同比增加23.26亿元。截至2005年底，零售量达到111万吨，实现利润1.39亿元，可控油库12座，可控库容21.06万立方米，年周转能力172万吨。已成为一个拥有资产总额12.94亿元，固定资产10.81亿元的大型销售企业。

廊坊机关加油站

华苑站全景

在白洋淀进行先进性教育

携手百年 交通银行

党委书记、行长　吴春节

交通银行是我国第一家全国性股份制商业银行，始建于 1908 年。1987 年重新组建。2004 年，交通银行顺利完成财务重组工作，国际著名金融机构汇丰银行正式入股，交通银行正在展现出一个国际化的现代商业银行崭新面貌。2005 年 6 月 23 日，交通银行在香港成功上市。交通银行已在境内 140 个大中城市设立了分支机构，营业机构已达 2400 多个，并设有 6 家海外机构，在国际上享有较高的知名度。

交通银行石家庄分行是交通银行总行设在河北省的正厅级省分行。自 1990 年开业以来，该行坚持“一流的服务质量、一流的工作效率、一流的银行信誉”的企业宗旨，不断加强内部管理，改进对外服务。依托先进的科技实力和电子化优势，不断创新业务品种，形成了全面的公司业务、个人业务品种体系和包括网上银行、

经交通银行总行批准，石家庄分行与河北日报报业集团联手推出太平洋河北日报联名车主卡。图为在省会文化广场联合举行的发卡仪式现场

6月23日，交通银行在香港成功上市

共创未来

石家庄分行

电话银行、自助银行、手机银行等方式的新型服务体系，以优质高效的规范化服务赢得了社会各界的信赖。截至2005年末，该行全辖人民币存款余额达244.47亿元，贷款余额达139.11亿元，全辖合计实现利润3.4亿元，人均创利20.2万元，经营业绩较好。石家庄分行下设1个营业部，28个支行，另有唐山、秦皇岛两个辖属分行。为省会金融界资金实力雄厚，服务功能完善，管理、服务手段先进的大型商业银行。

开展保持共产党员先进性教育活动

经常开展积极向上的文体活动，丰富员工文化生活

办公大楼

太平人寿保险有限公司河北分公司

陶连立总经理出席河北省保险行业首届"双星"表彰大会

2005年3月26日,河北省劳动和社会保障厅、太平人寿河北分公司联合召开河北省企业年金政策与操作实务研讨会。图为陶连立总经理和企业代表签署企业年金合作意向书

公司积极开展保持共产党员先进性教育活动,组织全体党、团员及入党积极分子参观"纪念抗日战争胜利60周年图片展"

荣誉证书

太平人寿保险有限公司石家庄分公司:

荣获2004年度"诚信·维权"成绩显著企业。

河北省消费者协会

二〇〇五年三月十五日

公司荣获"诚信·维权"成绩显著企业

太平人寿历史悠久,1929年始创于上海,是中国近现代史上实力最强、规模最大、市场份额最多的民族保险企业。1956年后,根据国家政策调整,总部移师香港专营海外业务近半个世纪。

2001年11月,太平人寿全面恢复经营国内人身保险业务,是现今中国保险市场上经营时间最长的中资寿险公司,总部设在上海。中国保险(控股)有限公司、中保国际控股有限公司和富通国际股份有限公司为该公司三大股东,注册资本金23.3亿元人民币。

2003年9月,太平人寿保险有限公司石家庄分公司成立。2004年,开设唐山、保定、邯郸、沧州、廊坊五家中心支公司。2005年3月,更名为太平人寿保险有限公司河北分公司。

太平人寿河北分公司在"诚信河北、和谐河北"的大环境下,始终以"促进改革、保障经济、稳定社会、造福人民"为己任,充分发挥经济补偿、资金融通和社会管理功能,扎根河北、务实创新,诚信经营、稳健发展,为做大做强河北保险业和构建和谐社会不懈努力。有效地促进了行业健康、稳定、快速发展,充分发挥了为经济建设保驾护航的作用。

2005年,该公司冲破银行理财产品对传统银保产品的冲击等不利影响,提前完成全年任务。个人业务秉承"高素质、高品质、高绩效"的"三高"理念,着力打造"三高"队伍,坚持诚信服务、专业服务,努力为每一个客户、每一张保单负责到底。团体业务以业务品质、效益和长期价值为指导,重点发展传统团险和企业年金,取得明显成效。"3.15"期间,公司被省消费者协会评选为"诚信·维权"成绩显著单位。8月,河北保险行业协会首次在全省开展"百名保险之星"、"十大保险明星"评选活动,公司4名员工被评为首届"百名保险之星",其中张淑兰作为全省业内唯一一名银行保险业务人员被评为河北省保险业"十大保险明星"。太平人寿已经成为河北市场上"诚信寿险"的典范。

秉七十余载专业精神,新太平人寿与时俱进,不辱使命,正全力塑造金融保险业的杰出品牌。

关爱社会、关爱弱者,积极为白血病患者捐款。图为太平人寿廊坊中心支公司总经理李强(左二)接受患者家属赠送锦旗

目 录

特 载

综 合 篇

产 业 篇

区域经济篇

改革开放篇

统计资料篇

各县概况

大　事　记

附　　录

CONTENTS

Featured Articles

General Survey

Industries

Regional Economy

Reform and Opening to the Outside World

Statistical Date

General Survey

Culture and Sports

Public Health

Civil Administration, Judicature and Others

General Survey of Cities

General Survey of Cities under Province's Jurisdiction

Events

Appendix

特　　载

FEATURED ARTICLES

中共河北省委关于构建“和谐河北”若干重要问题的指导意见

（2005年10月19日中国共产党河北省第六届委员会第八次全体会议通过）

为深入贯彻党的十六大和十六届四中、五中全会精神，动员和组织全社会力量，大力推进我省经济社会全面协调可持续发展，努力构建民主法治、公平正义、诚信友爱、充满活力、安定有序、人与自然和谐相处的“和谐河北”，制定以下意见。

一、深刻认识构建“和谐河北”的重大意义

（一）构建社会主义和谐社会，是我们党从全面建设小康社会、开创中国特色社会主义事业新局面的全局出发提出的一项重大任务，也是我省经济社会发展到当前阶段的必然要求。改革开放以来，我省经济建设和社会发展取得巨大成就，总体上实现了从温饱到小康的历史性跨越，正在向全面建设小康社会奋进。进入新的发展阶段后，我省在长期快速发展过程中积累的深层次矛盾和问题开始凸显，集中表现为：在经济总量不断增大的同时，城乡差距日趋扩大；在生产力水平不断提高的同时，区域发展不平衡问题日益明显；在经济发展不断加快的同时，社会事业相对滞后问题更加突出；在人民群众收入水平不断提高的同时，贫富差距有拉大趋势；在社会财富不断增加的同时，资源浪费、环境恶化态势尚未得到有效遏制；社会主义市场经济体制初步建立，但微观主体尚未充分激活，人的能动性和创造性还未充分发挥。因此，紧紧抓住并用好重要战略机遇期，按照中央的部署和要求，正确应对、着力解决这些矛盾和问题，全面加强“和谐河北”建设，是我省经济社会发展到当前阶段的历史必然，是实现好、维护好、发展好人民群众根本利益的客观需要，也是全面建设小康社会重大而紧迫的任务。

（二）实现这一历史任务，我们已经具备了良好的前提条件。河北历史悠久，又是革命老区，勤劳善良、爱国明礼、重义守信的文化传承和优秀的革命传统，为构建“和谐河北”奠定了厚重的人文基础。近几年，我省经济始终保持着持续快速发展的良好势头，不仅提前一年实现了“翻两番、三步走”的第一步战略目标，而且生产总值、全部财政收入在“十五”末将迈上新的台阶，不断增强的经济实力，为构建“和谐河北”提供了基本的物质条件。党的十六大以来，在党中央、国务院的正确领导下，全省各级党组织和广大党员干部，高扬“树正气、讲团结、求发展”主旋律，大力营造“干事、创业、为民”的浓厚氛围，形成了奋发有为、政通人和的良好局面，为构建“和谐河北”提供了有力的政治保障。党的十六届四中全会后，我们紧紧围绕抓住机遇、实现更快更好发展这个主题，全面落实科学发展观，深入推进“一线两厢”区域发展布局，广泛开展文明生态村创建活动，深化科技体制改革，启动教育振兴行动计划，实施文化大省建设，扎实推进十项“民心工程”等，这些重要举措，既是促进社会和谐的生动实践，又为构建“和谐河北”积累了宝贵经验。在此基础上，全面展开“和谐河北”建设，既是必要的，也是可行的。

二、正确把握构建“和谐河北”的基本要求

（三）构建“和谐河北”的总体思路是：以邓小平理论和“三个代表”重要思想为指导，以党的坚强领导为核心，以经济建设、政治建设、文化建设、社会建设和党的建设为重要支撑，以健全利益协调机制、社会保障机制、矛盾化解机制和活力激发机制为重要内容，动员全社会力量，为实现“和谐河北”的宏伟目标而奋斗。构建“和谐河北”是一项系统工程，它既是一个长期的奋斗目标，又是一个不断实践的发展过程。因此，必须从我们仍处在社会主义初级阶段这个基本国情出发，紧紧抓住当前影响我省社会和谐的主要矛盾和矛盾的主要方面，全面贯彻落实科学发展观，统筹兼顾、重点突破，从亟待解决的问题入手，从能够做得到的事情做起，从社会基础单元抓起，重在让广大人民群众见到实效、得到实惠。

（四）构建“和谐河北”的阶段性目标是：通过五至

十五年的奋斗，我省经济实力明显增强，2010 年全省人均生产总值迈上新台阶，2020 年基本实现工业化，完成由经济大省向经济强省的转变；人民生活质量明显改善，农民人均纯收入和城镇居民人均可支配收入有较大幅度提高，到 2020 年，城乡居民生活达到全面小康水平，就业比较充分，基本形成覆盖城乡、比较完善的社会保障体系；城乡差距、地区差距、贫富差距扩大趋势得到有效遏制，中等收入者比例明显扩大；民主法治建设切实加强，社会公平与正义进一步得到体现；社会管理水平明显提升，各项社会事业有较大发展；公民思想道德素质明显提高，精神文明建设取得新进展；人口、资源、环境压力得到有效缓解，生态环境有较大改善。

（五）实现上述目标，必须牢牢把握以下基本要求：

——始终坚持以发展为第一要务。发展是解决河北一切问题的关键，只有加快发展，才能为构建“和谐河北”提供雄厚的物质文化基础。发展，必须全面贯彻落实科学发展观，只有科学发展，才是更快更好的发展。河北必须加快发展，河北必须科学发展。要坚持不懈地处理好经济与社会、速度与效益、总量与人均、当前与长远的关系，将“抓住机遇、实现更快更好发展”的要求贯穿于“和谐河北”建设全过程。

——始终坚持一切从河北实际出发。构建“和谐河北”的各项工作，都必须与我省现阶段经济社会发展水平相适应，与各地资源条件和人文环境相适应，充分考虑不同发展阶段的不同要求，充分尊重不同地区的不同特点。既要坚定信心、积极作为，又要实事求是、扎实推进，不攀比、不刮风，不提脱离实际的口号。

——始终坚持以改革精神推进制度创新。坚定不移地贯彻改革开放政策，在不断推进制度创新的过程中解决发展中的矛盾和问题，是构建“和谐河北”必须把握的一个重要原则。要通过改革创新，不断完善社会主义市场经济运行体制和以按劳分配为主体、多种分配方式并存的分配制度；建立健全利益协调机制、社会保障机制、矛盾化解机制和活力激发机制；进一步破除制约发展的思想障碍和体制障碍，使受到束缚的发展潜能进一步释放，使全社会创造活力竞相迸发，为构建“和谐河北”提供体制机制保证和动力支持。

——始终坚持以实现人的全面发展为根本目的。以人为本是科学发展观的核心，也是构建“和谐河北”的灵魂。必须把实现和维护最广大人民群众根本利益作为一切工作的出发点和落脚点，切实保障人民群众的经济、政治、文化权益，不断满足人民群众日益增长的物质文化需求，使全体社会成员能够共享发展成果。必须坚持尊重劳动、尊重知识、尊重人才、尊重创造的方针，充分激发社会活力，形成“鼓励人们干事业、支持人们干成事业”的社会氛围，为人的全面发展创造更为有利的条件。

三、高度重视“三农”问题，促进城乡协调发展

（六）给农村更多关注。按照城乡一体化思路，发挥城市对农村的辐射带动作用，大力推进生产发展、生活宽裕、乡风文明、村容整洁、管理民主的社会主义新农村建设。推进公共财政向农村倾斜，保证支持农村发展的资金每年都有较大幅度增长；推进公共基础设施向农村延伸，形成城乡衔接的交通、供电和信息网络；推进公共事业向农村覆盖，教育、医疗和文化等社会事业建设要充分考虑农村的需要。重视发挥县域经济的重要支撑作用，支持和鼓励民营经济发展，做大做强特色产业集群，壮大县域经济实力。加快城市化步伐，引导优势产业向园区集中，园区向城镇集中，用产业聚集吸引人口向城镇转移。认真落实扩权强县各项措施，增强自主发展能力。全面推进以乡镇机构、农村义务教育和县乡财政管理体制为主要内容的农村综合改革。

（七）给农业更多支持。落实各项支农惠农政策，提高农业综合生产能力。逐步加大支农投入，保证投入增长幅度高于财政经常性收入的增长幅度。加强农业综合开发，落实对种粮农民直接补贴、良种补贴和农机具购置补贴。在稳定粮食生产的前提下，继续推进农业结构调整，大力发展绿色农业和优质高效农业，壮大畜牧、蔬菜、林果三大支柱产业。加快农业产业化步伐，扶持龙头企业，推进农产品精深加工，提高农产品附加值。健全农业科技创新与应用体系、农产品质量安全体系、农业社会化服务与管理体系。探索农村土地承包经营权流转的有效途径，发展适度规模经营和集约经营。

（八）给农民更多关爱。千方百计增加农民收入，是对农民的最大关爱。扩大非农收入比重，是促进农民增收的重要方面。大力发展农村二、三产业，扶持中小企业，吸纳农村富余劳动力就地转移。切实做好劳务输出工作，广辟农民外出务工经商渠道，巩固京津市场，发展沿海市场，开拓境外市场。要发挥政府在劳务输出中的引导和组织作用，努力形成从联系就业到后续服务的“一条龙”工作机制。增加农民培训专项经费，办好农村劳动力培训基地，提高进城务工人员职业技能和稳定就业能力。要严格执行国家政策，公平公正、合理合法地解决好农村土地征用、承包、流转以及税费改革中出现的问题。保障双向流动型外出务工农民的土地承包权，使其外出务工有钱挣、回村务农有地种。高度关注并合理解决被征地农民的经济补偿和生活保障问题。认真整顿和规范市场经济秩序，加大农资市场监督检查力度，严厉打击制售假冒伪劣农资等各种坑农害农行为。

四、加快贫困地区建设，促进区域协调发展

（九）强化自我发展。我省目前尚有 52 个扶贫开发工作重点县（区），尽快改变这些地区的贫困面貌，不仅是重大的经济问题，而且是重大的政治问题。所有贫困地区都要克服等、靠、要思想，强化内在动力，振奋自强精神。要立足本地实际，明确发展思路，发挥比较优势，壮大主导产业，实现经济发展的新跨越，为摆脱贫困状态、缩小区域发展差距作出贡献。

（十）强化区域协作。在实施“一线两厢”区域发展布局中，要更加重视对贫困地区的扶持，促进区域经济协调发展。“一线”和南北“两厢”三大区域，既要立足各自优势加快发展，又要注意优势互补共同发展。要加强区域间紧密协作与良性竞争，积极开展在基础设施建设、产业发展、人才技术交流、旅游开发等领域的合作，形成互促互助、互惠互利的发展新格局。着力推进我省产业集群和城市集群的形成，为促进区域协调发展提供新动力。抓住环渤海区域发展和启动京津冀都市圈发展规划的契机，主动争取与京津和周边省份的合作互动，加强在产业对接、人力资源共享、生态建设等方面的合作。

（十一）强化政策扶持。继续加大对贫困地区财政转移支付力度。对张家口、承德和其他市所属国家与省扶贫开发工作重点县实行积极扶持的财政政策。高度重视革命老区和少数民族地区的经济社会发展，在安排预算内基本建设投资、重点建设项目资金等方面给予倾斜。推进科技扶贫、教育扶贫、文化扶贫和卫生扶贫，加强对口帮扶，形成“输血”与“造血”相结合的良性循环机制。实施“一村一名大学生工程”，为贫困地区加快发展定向培养急需人才。完善人才引进政策，鼓励支持硕士研究生以上学历和高级职称以上人才到贫困县工作。到2020年，力争贫困地区经济社会状况基本改观。

五、高度关注困难群众，妥善协调不同群体之间利益关系

（十二）更多地关注进城务工人员。加快清理取消针对农民进城务工的限制性政策，切实改善他们的就业环境和生活状况。加大劳动保障执法监察力度，严厉查处和打击不签订规范劳动合同、克扣工资、限制人身自由、任意延长工时等违法行为。建立工资保障金制度，有效解决拖欠进城务工人员工资问题。加强劳动权益保护工作，重点解决劳动环境差、职业病和工伤事故频发等突出问题。从工伤和养老保险入手，逐步将进城务工人员纳入社会保险范围。取消不合理规定，逐步解决进城务工人员居住条件、子女就学、文化生活等方面的实际问题。

（十三）更多地关注城镇下岗失业人员。实施积极的就业政策，将扩大就业与经济增长放到同等重要位置。积极支持劳动密集型产业、服务业、中小企业和民营企业的发展，充分发挥其就业容量大、吸纳能力强的作用。下大力解决下岗失业人员在自谋职业过程中遇到的门槛高、范围窄、收费多、服务差等问题，引导自主创业、灵活择业、竞争就业。对大龄失业人员进行特殊的就业援助，实行免费职业介绍、就业培训和就业指导，并通过政府购买公益岗位等方式安置就业。对企业新裁减人员，按规定及时纳入失业保险。对破产关闭企业职工，要严格落实有关政策规定，符合条件的及时纳入城镇居民最低生活保障。

（十四）更多地关注城乡贫困人群。完善对城镇“三无人员”、残疾人、无业人员和农村“五保户”、困难户等特困群体的救助政策，帮助他们解决生产生活方面的实际困难。进一步完善城市低保制度，实行分类施保和动态管理，合理调整救助水平。加快建立农村低保制度，巩固和完善农村五保供养制度，改进农村敬老院基本设施。强化残疾人教育、就业、康复、维权工作和无障碍设施建设。落实救济资金，随着财政收入的增加逐步提高救济标准。积极建立社会保险、社会救助、社会福利和慈善事业衔接配套的社会保障体系，逐步扩大保障范围，努力使贫困人群都能享受基本社会保障。

（十五）更多地关注低收入群体。严格执行最低工资标准，完善工资指导线和劳动力市场工资指导价位制度，使工资增长与经济发展相协调。支持经济适用住房建设，建立面向城镇低收入家庭的廉租房制度。完善改革措施，努力减轻低收入群体在教育、医疗等方面的支出负担。加大收入分配调节力度，规范收入分配秩序，努力缓解地区、行业和社会成员之间收入差距扩大趋势。认真落实国家完善个人所得税制度的有关法规，健全个人收入监测办法，保护和规范合法收入，取缔非法收入。深化国有企业工资制度改革，把管理者与职工的工资差距控制在合理范围内。

（十六）更多地关注离退休人员。高度重视各方面离退休人员的切身利益，特别是困难企业退休职工的实际问题。完善养老保险政策，确保离退休人员养老金按时足额发放，严格杜绝新的拖欠。充分利用城市社区资源，提高社会化管理服务能力，为离退休人员特别是高龄、孤寡、病残等生活困难人员提供就医、娱乐和公益性养老服务，努力实现老有所养、老有所医、老有所乐。

六、加快社会事业建设，促进经济与社会协调发展

（十七）高度重视社会事业。要进一步处理好经济发展与社会发展的关系，在重视经济增长的同时，更加注重社会事业发展，更加注重公共设施、公益事业建设，更加注重群众文化生活和健康水平的提高，切实把社会事业与经济建设一同规划、一同部署。要正确处理公益性原则与市场化的关系，坚持政府的主体地位和主导作用，鼓励社会力量参与社会事业建设。

（十八）积极推进社会事业。认真落实我省关于加强社会事业建设的若干重大部署，将各项工作做深做实。深化科技体制改革，提高自主创新能力，加快科技成果向现实生产力转化；普及科学知识，培养科学意识和科学精神，倡导科学、健康、文明的生活方式。确立教育优先发展的战略地位，统筹城乡教育发展，努力实现基础教育均衡发展；完善各种教育救助和资助政策措施，确保困难家庭学生上得起学；推进终身教育体系建设，积极构建学习型社会。加强基层文化建设，改善城乡文化设施；抓紧实施“河北文化信息资源共享工程”，促进文化资源的开放与交流。把卫生工作的重点放到农村和基层，支持县级综合医院装备改造和乡、村两级卫生院（室）标准化建设；推广以大病统筹为主的新型农村合作医疗制度；建立和实施城市医疗救助制度；整顿药品购销秩序，规范医疗收费标准，扭转群众看病难、看病贵的状况。广泛开展全民健身运动，大力加强体育设施建设，促进群众体育与竞技体育共同发展。

（十九）强力保障社会事业。完善以政府为主的多元投入机制，充分发挥公共财政职能，确保社会事业财政投入随着财政收入的增长逐年增加。健全社会事业公用经费监管机制，加强审计管理，提高使用效益，防止截留和挪用。建立考核考评机制，把社会事业发展状况纳入领导干部政绩和部门目标任务的考核体系，实行质询问责制度。加强对社会事业规划编制的指导审核，避免低水平重复建设和无序建设。

七、扩大基层民主，加快法治进程

（二十）扩大公民有序政治参与。进一步完善民主制度、健全民主程序、丰富民主形式、拓宽民主渠道，改革和完善权力监督体系，保障人民群众依法行使知情权、参与权、管理权和监督权。建立健全民意表达、批评建议、协商对话等利益诉求机制，拓宽不同利益群体的意愿表达途径。充分利用信息网络技术，架起群众与政府直接沟通的桥梁。扩大基层民主，围绕民主选举、民主理财、民主议事三个重点，完善政务、村务、厂务公开等办事公开公示制度，保证人民群众依法参与管理公共事务和公益事业。严禁对基层选举的非法干预，保障群众的民主选举权。要把维护人权作为新形势下民主政治建设的重要内容，尊重公民人格尊严，依法保障公民的正当权益。

（二十一）完善村（居）民自治。村（居）民自治是基层民主的重要载体，要切实加强村民代表会议、村民委员会等农村自治组织建设，鼓励支持对自治形式的探索创新，充分发挥其自我管理、自我教育、自我服务的作用。积极发展农村专业合作组织和红白理事会等群众互助组织，引导它们在提高农民组织化程度、融洽人际关系方面充分发挥作用。积极推进城市社区建设，使其成为联系政府与群众、帮扶困难群体、维护社会稳定、活跃文化生活的重要依托，增强居民对社区的认同感和归属感。

（二十二）推进依法行政。认真贯彻国务院《全面推进依法行政实施纲要》，增强全体社会成员特别是公职人员的法治观念，确保各项工作在法治轨道上有序运转。努力建设法治政府，严格在宪法和法律范围内行使职权，既要有效实施行政管理，又要依法规范和约束行政权力，防止违法施政行为。努力建设廉洁高效政府，积极推进行政权力公开透明运行，不断提高工作质量，提高办事效率，为经济发展和社会进步提供强有力的法制保障。努力建设诚信政府，非因法定事由并经法定程序，不得撤销、废止或变更已生效的行政决定，维护、提高政府的公信力和诚信度。

（二十三）维护司法公正。坚持法律面前人人平等原则，保证公民不因财产、身份等因素影响法律权利的行使和享受。加强法律援助和司法救助工作，认真解决群众诉讼难问题，对确因经济困难交不起诉讼费的案件当事人，可依法缓交或减免诉讼费。以公开促公正，完善审务公开、检务公开、警务公开制度；以监督促公正，加强对司法活动的立法监督、法律监督、社会监督和舆论监督；以制度促公正，重点抓住执法权力相对集中和容易发生问题的环节，加强制度建设，规范执法行为；以素质促公正，推进政法队伍由数量规模型向素质效能型转变。加强和改进党对政法工作的领导，支持司法机关依法独立行使职权。

八、加强思想道德建设，形成诚信友爱的社会氛围

（二十四）树立共同的理想信念。要坚持用中国特色社会主义的理想信念凝聚人心，大力弘扬以爱国主义为核心的民族精神、以改革创新为核心的时代精神和以“两个务必”为核心的西柏坡精神，为构建“和谐河北”筑牢共同思想基础。进一步加强集体主义教育，引导人们正确认识和处理国家、集体和个人利益的关系，增强社会责任感和公民意识。继续高扬“树正气、讲团结、求发展”主旋律，营造“热爱河北、建设家乡”的浓厚氛围。积极探索新形势下开展思想政治工作的规律和方法，把解决思想问题与解决实际问题结合起来，增强思想政治工作的说服力和实效性。

（二十五）倡导文明向上的道德风尚。认真贯彻《公民道德建设实施纲要》，广泛开展群众性精神文明创建活动，在全社会大力倡导社会公德、职业道德和家庭美德。大力培养爱心意识，努力营造团结友爱、和谐融洽的社会氛围；大力加强诚信教育，做到诚实做人、诚信做事，人与人之间真诚相待；大力弘扬社会正气，形成见义勇为、扶正祛邪、扬善惩恶的社会风尚。坚持学校教育、家庭教育、社会教育并举，强化青少年思想道德建设。努力提高全社会精神文明程度，增强社会亲和力。

（二十六）建设活跃健康的和谐文化。加强马克思主义在意识形态领域的指导地位，坚持社会主义先进文化前进方向，繁荣发展哲学社会科学。引导人们树立和谐的思想观念和思维方式，使和谐理念成为全社会的重要价值取向。发展先进文化、支持健康文化、改造落后文化、抵制腐朽文化。坚持百花齐放、百家争鸣的方针，营造生动活泼、宽松和谐的文化环境，在学术研究中提倡不同观点的自由讨论，在艺术创作中提倡不同风格的自由发展，以丰富多彩的文化产品满足群众的多元文化需求。加强社区文化、乡村文化、企业文化、校园文化、机关文化建设，丰富大众文化生活。发掘和整理燕赵优秀文化遗产，繁荣河北地域文化，弘扬新时期河北人文精神，大力推进文化大省建设。

九、推进“社会安全工程”建设，营造安定有序的社会环境

（二十七）维护社会治安秩序。坚持打防结合、预防为主，专群结合、依靠群众的方针，深入开展社会治安综合治理，构建现代化治安防控体系。积极探索公众参与和市场化运作的治安管理模式，注重科技含量，提高防范水平。广泛开展法律进社区、进乡村、进单位、进学校活动，提高全民法制意识。及时向社会发布治安预警信息，增强群众自我防范意识和能力。下大力扫除“黄、赌、毒”等社会丑恶现象，着力铲除诱发滋生犯罪的土壤和条件。研究把握犯罪发展规律，完善长效打击机制，重点打击黑恶势力犯罪、严重暴力犯罪和人民群众反映强烈的多发性侵财犯罪，保障公民人身及财产安全。

（二十八）妥善化解社会矛盾。要高度重视基层基础工作，努力从源头上减少矛盾。要建立有效的矛盾预防机制和排查调处机制，准确把握群众的思想、情绪、愿望以及带倾向性的社会动态，高度重视群众的合理诉求，尽力把矛盾化解在基层和萌芽状态。要正确处理改革发展稳定的关系，出台涉及群众切身利益的重大举措，既要考虑使多数人受益，又要考虑得到多数人认可，防止因决策不当引发矛盾。要突出重点，着力解决好征地拆迁、企业改制中群众反映强烈的突出问题，消除不稳定因素。加强和改进信访工作，认真落实领导接访和干部下访制度，强化信访承办责任，务必做到件件有着落，事事有回音。妥善处置群体性事件，坚持依法按政策办事，讲究策略，注意方法，减少对社会稳定的冲击。加强人民调解、行政调解和司法调解，充分发挥其化解纠纷、弥合矛盾的独特作用。

（二十九）加强安全生产。坚持“安全第一，预防为主”的方针，坚决纠正片面追求经济利益忽视安全生产问题。认真执行安全生产各项法律法规，落实安全生产行政许可制度和安全生产风险抵押金制度，加强安全生产监管。及时淘汰危及职工生命健康的落后设备和工艺，从源头上消灭安全隐患和职业危害因素。增加安全生产投入，落实企业提取安全费用制度，解决安全投入历史欠账。加强安全生产教育培训，提高职工安全意识和防范能力。强化企业主体责任，严格执行事故赔偿标准，加大对事故责任人的处罚力度，严查事故背后的失职渎职和腐败问题。

（三十）建立健全突发公共事件应急机制。建立统一指挥、功能齐全、反应灵敏、运转高效的应急机制，妥善应对突发性自然灾害、生产事故、公共卫生事件和社会安全事件。高度重视和加强反恐防暴工作。健全监测、预报、保障和快速反应系统，完善各级各类应急预案。及时、准确地向社会发布信息，既要使群众早做准备、减少损失，又要引导舆论、安定人心。加强紧急避险和自救互救知识教育，提高群众应对能力。

十、认真解决人口、资源、环境问题，促进人与自然和谐相处

（三十一）搞好人口和计划生育工作。稳定低生育水平、优化人口结构、提高人口素质，是人与社会、人与自然和谐的根本要求。要树立“人均”意识，使人口政策与经济发展水平和环境承载能力相适应。要坚持依法管理和政策引导并重，落实对农村部分计划生育家庭的奖励扶助政策，通过多种形式帮助仍处在贫困状态的计划生育家庭脱贫致富。对进城农民和流动人口计划生育实行居住地管理、居民化服务制度。加强人口发展战略研究，有效解决性别比失衡问题，积极应对老龄化社会的到来。

（三十二）建设节约型社会。坚持资源开发和节约并重、把节约放在首位的方针，按照减量化、再利用、资源化原则，推进清洁生产，发展循环经济，建立节约型的生产模式、消费模式和城乡建设模式。推进矿产资源、工业废物的综合利用，重点抓好冶金、化工、电力、建筑等行业的节能、节水、节材技术改造。推广农业节水和农作物秸秆综合利用技术。推动住宅和公共建筑节能节水，积极开展中水回用、垃圾分类回收和资源化利用。城乡建设要节约和集约利用土地。建立节约资源和发展循环经济的体制机制，广泛开展资源节约型和环境友好型企业、社区、城市创建活动。

（三十三）加强生态环境建设。加强对大气、水和固体废物等污染物的治理，改善人居环境。严格执行环境影响评价制度和建设项目“三同时”制度，由末端治理向源头和全过程控制转变。加强环境监测，对重点区域、流域、海域环境状况和污染源排放情况进行及时有效的监控。加强环保执法检查和监督，切实解决影响群众健康的严重污染问题。加强自然保护区、水源保护区和生态农业示范区建设，继续抓好退耕还林还草、“三北”防护林、京津风沙源治理、太行山绿化等重点生态工程，做好水土保持工作。到2020年，力争全省森林覆盖率达到30%。

（三十四）建设宜居城市。按照优化环境、适宜人居的理念建设城市。城市规划要注重协调生产与生活、建筑与环境的关系，合理布局功能分区，增加绿化配置。城市设计要注重文化品位，保持历史文脉，突出城市特色。城市建设要优先发展公共设施，注重完善综合服务功能，建设15分钟生活圈，满足居民日益增长的物质文化需求。城市管理要注重人性化和服务化，管理重心向街居下移，不断提高住宅小区的物业管理水平。

（三十五）深入开展创建文明生态村活动。创建文明生态村是建设社会主义新农村的重要举措。要按照“经济发展、民主健全、精神充实、环境良好”的总体要求，从硬化道路、净化街院、绿化村庄做起，逐步创造条件，加强饮水卫生、垃圾处理、街道照明等配套设施建设，不断将创建活动引向深入。适应社会进步要求，引导农民告别陋习，走向文明。制订和完善村规民约，树立良好的社会道德风尚。到2010年，力争40%的行政村进入文明生态村行列；到2020年，全省农村基本建成文明生态村。

十一、加强党的建设，提高领导构建“和谐河北”的能力

（三十六）树立与“和谐河北”建设相适应的执政理念。构建“和谐河北”关键在党。全省各级党组织要按照立党为公、执政为民的根本要求，坚持用科学发展观、正确政绩观和构建和谐社会的治国方略武装头脑、统一思想。要进一步深化对党执政规律的认识，深化对经济社会发展规律的认识，深化对社会建设与管理规律的认识，切实把思想观念、工作方式转到坚持以人为本和科学执政、民主执政、依法执政上来，并体现到具体工作中去。推动经济发展，既要考虑社会财富的增加和某一产业的兴起，又要考虑让大多数群众成为政策效应的受益主体。协调利益关系，既要注重维护人民群众的根本利益和长远利益，又要注重维护不同群体的切身利益和现实利益。制定政策措施，既要统筹兼顾不同社会群体的利益诉求，最大限度地体现民意，又要通过多种渠道和形式最广泛地集中民智，使决策真正建立在科学、民主的基础之上。出台工作举措，既要积极探索、勇于创新，又要坚持依法行政、依法办事，善于在法治轨道上推动工作开展。

（三十七）提高新形势下正确处理人民内部矛盾的本领。要高度重视社会转型期人民内部矛盾的多发性、多样性、多变性特征，深入研究利益格局调整中不同群体社会心理和行为方式发展变化的规律和特点，坚持站在正确的立场认识与分析各种社会矛盾，从维护大多数群众根本利益出发，协调好不同社会群体间的利益关系。要坚持用正确的方式方法妥善化解各种社会矛盾，综合运用经济、行政、法律手段和教育、协商、调解办法去解决问题，防止局部性问题转化为全局性问题、经济问题转化为政治问题、非对抗性矛盾转化为对抗性矛盾。

（三十八）探索社会管理体制创新的有效途径。社会组织形式、就业方式和社会结构的深刻变化，对社会管理体制提出了新的更高要求。要加快政府职能转变，尽快扭转重经济建设轻社会管理、重行政管理轻公共服务的倾向。充分发挥各类社会组织在社会管理中的应有作用，弥补某些社会管理环节上的“缺位”，也为政府进一步转变职能创造条件。要适应“单位人”转为“社会人”的新变化，创新基层管理体制，强化社区自治功能，构筑社会管理的微观基础。要建立政府调控机制同社会协调机制互联、政府行政功能同社会自治功能互补、政府管理力量同社会调节力量互动的社会管理和公共服务网络，通过完善政策法规，整合管理资源，形成党委领导、政府负责、社会协同、公众参与的社会管理新格局。

（三十九）加强干部队伍作风建设。坚持密切联系群众的优良作风，视人民群众的呼声和诉求为第一信号，带着感情和责任做好涉及群众切身利益的各项工作，真心实意为民排忧解难，切实改善党群干群关系。坚持求真务实的优良作风，重实际、说实话、办实事、求实效，反对官僚主义，力戒形式主义，不作表面文章，不搞短期行为，更不允许弄虚作假。牢记“两个务必”，坚持艰苦奋斗的优良作风，勤俭节约、艰苦创业，反对各种形式的铺张浪费。坚持廉洁奉公的优良作风，深入开展党风廉政建设和反腐败斗争，建立健全与社会主义市场经济体制相适应的教育、制度、监督并重的惩治和预防腐败体系。

（四十）形成构建“和谐河北”的强大合力。积极支持各级人大依法履行职能，充分发挥人大代表维护人民利益、反映群众意愿的作用。坚持中国共产党领导的多党合作和政治协商制度，充分发挥各民主党派、工商联和无党派人士的参政议政、民主监督作用。充分发挥工会、共青团、妇联等人民团体的桥梁纽带作用，把各界群众团结组织到构建“和谐河北”的伟大实践中来。全面贯彻党的民族、宗教政策，巩固和发展平等、团结、互助、和谐的民族关系，依法管理宗教事务，积极引导宗教与社会主义社会相适应。充分发挥驻冀部队和民兵预备役人员的作用，共建“和谐河北”。

构建“和谐河北”是一项惠及全省六千八百万人民的伟大事业，前景辉煌，任务艰巨。全省各级党组织和广大党员要更加紧密地团结在以胡锦涛同志为总书记的党中央周围，高举邓小平理论和“三个代表”重要思想伟大旗帜，振奋精神，坚定信心，齐心协力，开拓进取，为实现“和谐河北”宏伟蓝图而努力奋斗！

河北省国民经济和社会发展第十一个五年规划纲要

“十一五”时期是我省全面建设小康社会进程中承前启后的关键时期。我们要在这一时期实现“翻两番、三步走”的第二步战略目标，加快完善社会主义市场经济体制，全面推进和谐河北建设，为实现第三步战略目标打好基础。《河北省国民经济和社会发展第十一个五年规划纲要》根据《中共河北省委关于制定国民经济和社会发展第十一个五年规划的建议》编制，主要阐明2006－2010年全省经济社会发展的指导原则、奋斗目标和主要任务，明确政府工作重点，引导市场主体行为，是经济社会发展的宏伟蓝图，是全省人民共同的行动纲领，是政府履行经济调节、市场监管、社会管理和公共服务职责的重要依据。

第一章　现实基础和发展环境

一、现实基础

进入新世纪，面对国内外环境的深刻变化和经济社会发展出现的新情况、新问题，全省人民在党中央、国务院和中共河北省委领导下，坚持以邓小平理论和“三个代表”重要思想为指导，树立和落实科学发展观，以经济建设为中心，把发展作为第一要务，弘扬树正气、讲团结、求发展主旋律，围绕“十五”计划确定的奋斗目标和战略重点，积极有效地贯彻落实国家宏观调控政策，深入实施四大主体战略和“一线两厢”区域发展布局，突出结构调整主线，强化重大项目建设和县域经济发展两大支撑，狠抓重大项目、国企改革、民营经济、对外开放四项重点经济工作，培育壮大十大主导产业，积极实施十项民心工程，成功战胜非典疫情和各种自然灾害的挑战，经济社会发展取得显著成绩，提前一年实现“翻两番、三步走”第一步战略目标。综合经济实力明显增强。2005年，初步核算全省生产总值达到10116.6亿元，年均增长11.2%，人均生产总值达到14814元，全部财政收入完成1035.2亿元。结构调整取得重要进展。产品结构和企业组织结构进一步优化，涌现出一批竞争力较强的优势企业，初步形成以十大主导产业为主体的产业发展格局。一批重大建设项目顺利实施，以沿海重化工产业带为代表的区域增长极初见端倪。农业综合生产能力提高，畜牧、蔬菜、果品业三大农业支柱产业保持较快增长。基础设施支撑能力增强。铁路和高速公路通车里程分别达到4887公里和2135公里，分别居全国第二位和第五位，港口吞吐能力达到2.88亿吨，电力装机容量达到2316万千瓦，电话普及率达到52.8%，互联网用户达到311万户。改革开放步伐加快。以“两增、两减、两分”为重点的国企改革向纵深推进，民营经济快速发展，农村税费、粮食流通、投资、财政、行政管理等项改革取得新进展。利用外资规模扩大，进出口贸易快速增长。社会事业全面进步。科技、教育、文化、卫生、体育、广播电视、新闻出版等事业发展加快，外事、侨务和民族、宗教工作取得新成绩。军民双拥共建全面推进，国防动员工作进一步加强。人民生活水平普遍提高。城镇居民人均可支配收入达到9107.1元，农村居民人均纯收入达到3481.6元，年均分别增长10%和7%。就业持续扩大，社会保障体系逐步健全，五年减少贫困人口140万。发展环境明显改善。政府职能转变步伐加快，民主法制和精神文明建设继续加强，创业宽松、社会文明、人居安全的良好环境逐渐形成。“十五”计划确定的主要目标提前实现，重点任务如期完成，为“十一五”时期更快更好发展奠定了良好基础。

二、有利条件

面向未来，我们站在新的历史起点上。经济全球化深入发展，生产要素流动和产业转移加快，科技进步日新月异，各国间经济的相互联系和相互影响日益加深。我国工业化、城市化进入加速时期，消费结构全面升级，产业结构调整步伐加快，企业自主发展能力明显增强，社会主义市场经济体制不断完善，区域之间的体制性和政策性差异缩小，为我们加快发展创造了新的条件，开辟了广阔空间。特别是我省还面临两个独特的发展机遇。我国经济发展的阶段性特征，有利于我省加快发展优势产业。我省资源禀赋和产业结构与我国工业化中期重化工业加速发展的趋势相吻合，为我省发挥产业比较优势，培育壮大主导产业创造了条件。京津冀都市圈和环渤海经济圈加速崛起，有利于我省更好地发挥区位优势。继“珠三角”、“长三角”崛起之后，环渤海地区正在成为我国新的经济增长极，京津发展从要素集聚向集聚与扩散并重转变，京津冀区域合作加强，新一轮结构调整促动“南资北移”，曹妃甸港区和循环经济产业示范区开发和建设，2008 年北京举办奥运会，对我省释放蓄积多年的“两环”优势将产生巨大的推动作用。

我省在改革和建设的实践中，已形成良好的政治氛围；在深化省情认识的基础上，已形成日益清晰的发展思路，为实现全省经济社会更快更好发展提供了有力保障。

三、突出矛盾和问题

在看到有利条件的同时，必须正视发展中的矛盾和问题。突出的是：经济结构不合理。工业主导产业集中度不高，战略支撑作用不强，缺少在全国有重大影响的大企业和产业集群。高新技术产业比重低。服务业发展相对滞后，现代和新兴服务业发展缓慢。增长方式依然粗放。主要表现在高消耗、高污染、低产出、低效益，经济的快速增长很大程度是依靠高投入、高消耗换来的。万元生产总值能耗 2.06 吨标准煤，比全国高 30.4%，能源、原材料消耗占企业产成品成本近 70%。资源、环境约束日益明显。对全省经济发展有重大支撑作用的淡水、铁矿石、一次能源等重要资源短缺，人均水资源占有量 311 立方米，仅为全国平均水平的 1/7，铁矿石 40%以上依赖进口，一次能源 50%以上需从省外调入。二氧化硫、烟尘和工业粉尘排放量分别居全国第三位、第三位和第二位。自主创新能力较弱。科技总体实力不强，综合科技进步水平指数排全国第 19 位。企业科技创新活力不足，专利申请量增速比全国平均水平低 10.6 个百分点。人才结构不合理，高素质技能型人才短缺，技术工人整体状况与产业结构升级和高新技术产业发展需要不相适应。城市化水平低。城市化率比全国平均水平低 5.5 个百分点。大城市辐射带动作用不强，中等城市数量偏少，小城市和小城镇发展水平不高。城乡二元结构矛盾突出，不仅制约了“三农”问题的解决，阻碍了工业集约化和服务业水平的提高，也使地方财政和居民收入增加受到影响。体制机制问题仍然是障碍发展的根本性因素。改革总体进程滞后，对外开放水平不高，市场配置资源的基础性作用发挥不够充分，国企产权制度、行政管理体制和社会事业管理体制等重点领域和关键环节的改革亟待突破。经济社会发展不够协调。社会事业欠账较多，就业形势严峻，社会保障制度不健全，社会管理和维护稳定的难度加大，农村教育、卫生事业落后，居民收入滞后于经济增长。

面对发展机遇期和矛盾凸显期，把握得好，经过十到十五年的努力，我省就有可能跻身东部发达地区行列；把握得不好，就会错过赶超进位的有利时机。在这一重要关口，我们既耽误不得，更失误不起，必须审时度势，趋利避害，以高度的历史责任感、强烈的忧患意识和宽广的世界眼光，抓住机遇，迎接挑战，振奋精神，乘势而上，努力实现更快更好发展。

第二章　指导原则和发展目标

一、经济社会发展的指导原则

“十一五”时期，经济和社会发展的总体要求是：以邓小平理论和“三个代表”重要思想为指导，全面落实党的十六届五中全会和省委六届八次全会精神，坚持以经济建设为中心，以科学发展观统领经济社会发展全局，高扬树正气、讲团结、求发展的主旋律，紧紧围绕实现更快更好发展、推进和谐河北建设两大主要任务，深入实施科教兴冀、两环开放带动、城市化和可持续发展战略，更加注重调整经济结构和转变增长方式，更加注重完善体制机制，更加注重科技进步和自主创新，更加注重人的全面发展，努力提升综合竞争力，为全面建设小康社会奠定坚实基础。

按照上述总体要求，要牢牢把握实事求是这个精髓，转变发展观念，创新发展模式，提高发展质量，强化统筹、和谐意识，把科学发展观体现到经济社会发展的各个领域，贯穿到改革开放和现代化建设的全过程，切实把经济社会发展转到以人为本、全面协调可持续发展的轨道上来。加快转变增长方式，努力使效益更佳，质量更优，结构更合理，发展更协调。在这个前提下，力求发展速度比全国平均水平更高一些，追赶先进省份的步伐更大一些，人民得到的实惠更多一些。把具有战略意义的主导产业工程、基础设施工程、体制创新工程、社会进步工程、民心工程等五大工程做深做实，开创社会主义经济建设、政治建设、文化建设、社会建设新局面，为后十年经济社会发展积蓄力量，加速推进河北现代化进程。为此，必须坚持以下指导原则：

坚持以人为本的发展理念。明确发展目的，克服单纯追求经济增长的片面观念，把实现好、维护好和发展好人民群众的根本利益作为一切工作的出发点和落脚点，努力提高人民生活质量，不断满足广大群众日益增长的物质文化需求，促进人的全面发展。

坚持把转变增长方式作为突出任务。加快经济结构的战略性调整，合理利用资源，保护生态环境，建设资源节约型、环境友好型社会，不断提高经济增长的质量和效益，增强发展的可持续性，走新型工业化道路。更加重视消费对经济增长的拉动作用，努力扩大消费需求。

坚持以改革开放和自主创新为动力。解放思想，实事求是，全面深化和统筹推进各项改革，着力消除思想和体制障碍；加快对外开放步伐，提高对外开放水平。把增强自主创新能力作为科技进步的战略基点和调整产业结构、转变增长方式的中心环节，突出抓好引进消化吸收再创新，有针对性地推进原始创新和集成创新。

坚持统筹城乡协调发展。把城市化摆在活跃全局的战略位置，按照突出重点、梯级推进的方针，优化城镇布局，完善城镇体系，走出一条城乡统筹、大中小城市和小城镇协调发展的道路。协调推进工业化和城市化，加快产业的发展和集聚，带动农村人口战略转移。把社会主义新农村建设作为解决“三农”问题的重大举措，工业反哺农业，城市支持农村，努力改善农村的生产生活条件和整体面貌。

坚持促进区域协调发展。深入落实“一线两厢”区域发展布局，实施分类指导，发挥各地优势，着力打造区域经济增长极和高增长产业群，大力发展县域经济，实现共同发展。加强区域间的经济合作，积极融入京津冀一体化，形成优势互补、相互促进的良性发展机制。

坚持正确处理改革发展稳定的关系。越是深化改革、加快发展，越要处理好社会矛盾，加强和谐社会建设。树立积极的稳定观，通过改革发展维护社会稳定，通过维护稳定为改革发展创造条件，实现改革发展稳定的相互促进。

二、经济社会发展的主要目标

根据上述要求和原则，“十一五”期间要努力实现以下经济社会发展的主要目标。经济总量目标。经济总量和综合实力跃上新台阶，全省生产总值年均增长11%左右，按2005年价格计算，2010年达到17050亿元，人均生产总值达到24100元。全部财政收入力争达到2000亿元左右。

结构调整目标。产业结构、产品结构和企业组织结构进一步优化。服务业增加值占全省生产总值比重达到37%，服务业就业比重达到35%，研究与试验发展经费支出占全省生产总值比重达到1.5%，培育一批拥有自主知识产权和在国内外市场有较强竞争力的名牌产品，发展一批跨行业、跨地区、跨所有制的大型企业集团。城市化率达到45%。

资源和生态环境目标。资源利用效率显著提高，单位生产总值能源消耗降低20%左右，单位工业增加值取水量降低36%，工业固体废物综合利用率提高到60%。耕地保有量保持在625.5万公顷，农业灌溉用水有效利用系数提高到0.74。生态环境有较大改善，主要污染物排放总量减少15%，森林覆盖率达到26%。

改革和开放目标。市场经济体制比较完善，行政管理、国有企业、财税、投资、金融、科技、教育、文化、卫生、社会保障等领域的改革和制度建设实现突破，消除城市化发展的体制性障碍取得进展。开放型经济达到新水平，五年实际利用外资100亿美元左右，外贸进出口总额达到275亿美元左右，年均增长11.3%。

人口与人民生活目标。人口自然增长率控制在6.94‰以内，全省总人口控制在7092万人以内。城乡居民收入水平和生活质量普遍提高，城镇居民人均可支配收入和农村居民人均纯收入年均分别增长8%和6%以上。城镇就业岗位持续增加，新增就业205万人以上，城镇登记失业率控制在5%以内。转移农业劳动力达到255万人。

社会进步和公共服务目标。社会事业全面发展，科技、教育、人才支撑作用明显增强。国民平均受教育年限达到10年。社会保障体系比较健全，公共卫生和医疗服务体系更加完善，城镇基本养老保险覆盖人数扩大到895万人，新型农村合作医疗覆盖率达到85%。贫困人口继续减少。社会治安和安全生产状况进一步好转。民主法制建设和精神文明建设得到加强，和谐河北建设取得明显成效。

专栏1 “十一五”期间经济社会发展的主要指标

指 标	2005年	2010年	年均增长(%)	指标属性
全省生产总值(2005年价格,亿元)	10116.6	17050	11左右	预期性
人均生产总值(2005年价格,元)	14814	24100	10.2	预期性
全部财政收入(亿元)	1035.2	2000左右	14左右	预期性
服务业增加值比重(%)	33	37	(4)	预期性
服务业就业比重(%)	26.9	35	(8.1)	预期性
研究与试验发展经费支出占全省生产总值比重(%)	0.5	1.5	(1)	预期性
城市化率(%)	37.5	45	(7.5)	预期性
单位生产总值能源消耗降低(%)			(20左右)	约束性
单位工业增加值取水量降低(%)			(36)	约束性
工业固体废物综合利用率(%)	45	60	(15)	预期性
耕地保有量(万公顷)	641	625.5	−0.5	约束性
农业灌溉用水有效利用系数	0.70	0.74		预期性
主要污染物排放总量减少(%)			(15)	约束性
森林覆盖率(%)	23	26	(3)	约束性
实际利用外资(亿美元)	(78)	(100左右)		预期性
外贸进出口总额(亿美元)	160.7	275左右	11.3	预期性
国民平均受教育年限(年)		10		预期性
城镇基本养老保险覆盖人数(万人)	707	895	4.8	约束性
新型农村合作医疗覆盖率(%)	8	85	(77)	约束性
全省总人口(万人)	6850.8	7092以内	6.94‰以内	约束性
城镇居民人均可支配收入(元)	9107.1	13380	8以上	预期性
农村居民人均纯收入(元)	3481.6	4660	6以上	预期性
城镇新增就业(万人)	46	(205以上)		预期性
城镇登记失业率(%)	3.93	5以内		预期性
五年转移农业劳动力(万人)		(255)		预期性

注：1.“2005年”和“2010年”栏带（ ）的为五年累计数，“年均增长”栏带（ ）的为五年累计百分点。2.预期性指标是政府期望的发展目标，主要依靠市场主体的自主行为实现。政府要创造良好的宏观环境、制度环境、市场环境，并适时调整宏观调控的方向和力度，综合运用各种政策引导社会资源配置，努力争取实现。约束性指标是在预期性基础上进一步明确并强化了政府责任的指标，是政府在公共服务和涉及公众利益领域提出的工作要求。政府要通过合理配置公共资源和有效利用行政力量，确保实现。

第三章 推进产业结构优化升级

把经济结构战略性调整，特别是产业结构优化升级作为经济发展的首要任务。重点发展钢铁、装备制造、石油化工、食品、医药、建材建筑、纺织服装、电子信息、现代物流、旅游等十大主导产业，着力建设大基地、大园区、大项目，形成优势突出、特色鲜明、富有竞争力的产业体系。

一、做强提升工业，增强主导力量

坚持走新型工业化道路，存量调强，增量调优，做大做强钢铁、装备制造和石油化工业，改造提升食品、医药、建材建筑、纺织服装业，实施名牌战略，提高产品技术含量。加快企业联合重组，发展规模经济，实现规模效益，积极培育和发展一批具有国际竞争力的大型企业集团。同时，积极扶持中小企业上规模、上质量、上水平。

钢铁产业。按照高端、精品、专业化、深加工方向，抓品种、抓质量、抓整合，增高减低，上大压小，扶优汰劣，优化企业组织结构、产品结构、技术装备结构和产业布局，提高产业集中度和技术水平。构筑唐钢、邯钢两大千万吨级企业集团，建设曹妃甸精品板材、承德钒钛制品两大基地，做优板带材、棒线材、管材、型材、特种钢和钢材深加工六大产品系列。加快曹妃甸大钢、邯钢结构优化产业升级总体规划等项目建设，实现由钢铁大省向钢铁强省转变。

装备制造业。加强与国内外大集团、大公司的合作，着力提高重大技术装备性能、质量和水平。大力发展汽车、船舶、铁路机车等交通运输装备，电力、工程施工等工程装备，光网络整机、程控交换机等通讯装备，冶金、水泥、环保、纺织、食品等工业装备，汽车零部件、电缆、模具等基础配套产品。建设山海关百万吨造船基地，天威大型变压器、哈动力秦皇岛燃气轮机和核电机组等重大电力设备基地，保定、定州、邢台汽车及邯郸专用车基地，培育汽车零部件、电缆等基础配套产品基地，力争形成3—5家销售收入超过100亿元和10家超过50亿元的龙头企业。

石油化工业。积极发展石油化工、煤化工和盐化工，稳定发展农用化工，加快发展有机化工、合成材料、精细化工，延伸产业链条。重点发展曹妃甸、石家庄、任丘石化产业基地和沧州化工城。积极推进曹妃甸大型炼化一体化项目建设。依托现有骨干企业，加快石家庄循环经济化工示范基地等一批重点项目建设，形成规模合理、技术先进、上下游产品关联配套的石化产业体系。

食品工业。重点发展乳制品、粮油、方便食品、饮料酒业，改造提升肉类、调味品、果蔬和水产品加工业，提高特色食品、绿色食品、保健食品比重。建设石家庄、保定、唐山、张家口等乳品加工基地，秦皇岛、廊坊、邢台、邯郸等粮油加工基地，怀涿、昌黎干型葡萄酒生产基地，廊坊、沧州等肉牛养殖加工基地和唐山、衡水、石家庄等瘦肉型猪养殖加工基地。

医药工业。巩固和强化原料药优势，提高加工深度，努力在医药中间体、化学原料药等关键领域取得突破。加大心脑血管类、抗感染和抗病毒类、抗肿瘤类及免疫调节类等药物研发力度，提升高附加值原料药和制剂比重。推进中药现代化，提高生物制药产业化能力，扩大医疗器械生产规模。加快华药新工业园区和石药工业园等项目建设。

建材建筑业。重点发展新型干法水泥、玻璃及玻璃深加工、建筑卫生陶瓷，鼓励发展化学建材和节能、环保等新型建筑材料。采用窑外分解、优质浮法、在线控制等先进适用技术，提高现有产品档次和加工深度。建设冀东、冀中、冀南水泥生产基地，秦皇岛、邢台玻璃生产基地，唐山、邯郸建筑卫生陶瓷生产基地，保定、唐山化学建材生产基地。抓好曹妃甸新型建材工业园等项目建设。推进建筑业技术进步，完善工程标准体系和质量安全监管机制，调整建筑企业组织结构和专业结构，培育和壮大一批优势突出、竞争力强的大型建筑企业。

纺织服装业。重点发展新型化纤原料、高技术含量和高附加值纺织品、家用纺织品和产业用纺织品，提高印染与后整理加工能力和水平，大力发展名优服装。重点建设石家庄、邯郸、保定等纺织工业园，唐山、秦皇岛等化纤生产基地，羊绒、皮革、服装等特色产业基地。力争形成2家销售收入超70亿元和5家超30亿元的优势企业。

在重点发展主导产业的同时，运用信息、环保等新技术加快对轻工等产业的改造步伐。积极实施林板（纸）一体化工程，调整造纸工业原料结构，淘汰落后草浆生产能力。鼓励家用电器、塑料制品等行业开发新产品，提高技术含量。

专栏2　七大工业主导产业重点项目

钢铁工业：建设曹妃甸精品钢铁基地一期工程，邯钢结构优化产业升级总体规划工程，承钢钒钛资源综合利用工程，宣钢结构调整优化升级改造工程等。

装备制造业：建设山海关百万吨造船基地，天威集团大型变压器基地，哈动力秦皇岛分公司燃气轮机和核电机组基地，唐山机车车辆厂高速电动车组制造基地，长城汽车新型乘用车基地，长安汽车定州基地，宣化工程机械项目，廊坊固安汽车零部件园区，邢台高开区、永年紧固件园区，安平丝网工业园区，保定新能源及能源设备产业基地等。

石化工业：建设沧化实业12万吨己内酰胺和聚氯乙烯100万吨扩能工程，石家庄循环经济化工示范基地，华北石化公司石化产业基地，峰峰矿区煤化工循环经济工程，冀衡集团循环经济园区等，谋划曹妃甸大型炼化一体化基地、中化沧州化工产业基地。

食品工业：建设石家庄三鹿乳制品深加工基地，秦皇岛粮油加工基地，廊坊粮油基地，唐山乳制品加工基地，怀涿、昌黎葡萄酒基地，衡水瘦肉型猪养殖加工基地等。

医药工业：建设石家庄华药新工业园区，石药工业园区，石家庄栾城中药现代化工业园区，石家庄药博城等。

建材工业：建设秦皇岛玻璃及玻璃深加工基地，唐山卫生陶瓷生产基地，衡水玻璃钢生产加工基地，武安新峰日产2×5000吨水泥熟料生产线，中联建材日产6000吨水泥熟料生产线等，谋划曹妃甸新型建材工业园。

纺织服装业：建设石家庄纺织工业园，邯郸纺织服装工业园，卓达服装产业园，清河羊绒、辛集皮革、衡水制线等特色产业基地。

二、培育高新技术产业，打造局部强势

着眼于培育未来竞争优势，按照有所为、有所不为的原则，在具有相对优势的领域选择有限目标，加快从以加工装配为主向自主研发制造延伸，大力推进自主创新成果产业化。

抓好高新技术产业示范工程和重大项目。在电子信息、新材料、新能源、生物与医药、现代农业等领域，组织实施高新技术产业化工程，促进高新技术成果向现实生产力转化。以技术引进带动自主开发，加快华为、中兴、中电科技集团产业基地等重大项目建设。积极发展电子信息业，以软件和信息技术应用为重点，以与大公司战略合作和大项目建设为突破口，大力发展数字通信设备、数字化整机、新型显示器件、集成电路与新型电子元器件、专用电子设备。积极发展特种纤维、液晶显示等新型功能材料，高性能精品钢、钛及钛合金等结构材料，硅及硅片等电子材料。扩大太阳能电池、风能发电设备生产能力。加速现代生物技术产业化，发展生物制药、现代中药，建设生物医药园、现代中药园和医药科技城。加强国防科技工业民品化应用，大力开发军民两用技术和产品，建设石家庄通用飞机制造基地。

专栏3　高新技术产业重大工程

现代通讯制造业工程。实施华为、中兴北方产业基地，远东通讯数字集群系统产业化，清华紫光数字移动电话产业化等项目。

新型显示器件及制造设备工程。实施京东方、宝石新型显示器件，豪威薄膜晶体管液晶显示器生产设备，永生华清薄膜晶体管一液晶显示器用液晶材料等项目。

光伏电池制造工程。实施河北晶龙低氧碳高效单晶硅太阳能电池，天威英利多晶硅太阳能电池，中国乐凯薄膜太阳能电池等项目。

固体照明工程。建设中电科技集团、清华河北基地和三河汇福公司高亮度半导体照明项目。

先进制造工程。建设航天信息安全产品终端设备，廊坊智通机器人加工系统，标普微纳米技术公司微纳米测控仪，新奥博为小型核磁共振仪工程，承德仪器仪表基地等项目。

高端新材料工程。实施唐山天赫钛及钛合金材料，邯郸勇龙陶瓷、硅谷芳纶系列产品，唐山威豪超细镁粉和硼粉等高端新材料项目。

生物产业及新医药工程。建设石家庄国家生物产业基地，以岭、神威、安国现代中药园。实施廊坊量子高科集团缓控胶囊，秦皇岛药用胶囊公司海藻胶囊等项目。

通用飞机制造工程。建设石家庄通用飞机制造基地，支持飞机部件设计、超轻型飞行器的研发及与之相关的维修装配。

加快高新技术产业基地和园区建设。重点抓好石家庄国家生物产业、河北半导体材料、河北软件、石家庄信息产业、保定新能源和能源设备、廊坊信息产品制造等高新技术产业基地建设。以石家庄、保定等国家和省级高新技术产业开发区为重点，积极推进高新区以增强自主创新能力为重点的二次创业。加速科技资源的整合与重组，建立高新技术产业发展基金。

三、全面振兴服务业，提升整体发展水平

坚持市场化、产业化、社会化方向，拓展生产性服务业，丰富消费性服务业，重点发展现代物流、旅游和文化产业，促进服务业加快发展。

加快发展现代物流业。推广现代物流管理技术，积极发展第三方物流。以10大物流园区和30个大型专业物流（配送）项目为重点，形成覆盖全省、融合京津、联通国际的现代物流网络。围绕曹妃甸开发开放，建设我国北方最大的物流枢纽。

专栏4　现代物流业重点工程

三十个大型专业物流（配送）项目。建设唐山曹妃甸能源原材料物流项目，唐山港钢铁物流项目，石家庄内陆港项目，河北中储物流项目，黄骅港液体化学品物流中心，邯郸钢铁物流项目，沧州石化物流项目，保定长城汽车物流项目，邢台好望角国际物流项目，衡水祥运工贸物流项目，肃宁大宗生产资料物流基地项目，承德四海物流配送项目，张家口黄金岛物流项目，保定农业生产资料物流配送中心，永清里澜城物流项目，石家庄商业物流项目，石家庄国大医药物流园项目，河北保龙仓物流配送扩建项目，河北好日子商业连锁网络项目，唐山冀东物贸汽车物流项目，保定白沟物流项目，唐山北方物流中心项目，秦皇岛金海粮油物流项目，邢台华龙食品物流项目，三河汇福粮油物流项目，邯郸鼎嘉新型建材物流项目，邯郸大地长青农产品物流配送项目，廊坊绿龙无公害果菜配送项目，承德怡达农副产品配送中心，张家口绿色食品物流项目。

十大物流园区。培育全省邮政物流网络，全省交通物流网络，石家庄国际物流园区，石家庄航空物流园区，唐山港能源原材料物流园区，唐山综合货物集散枢纽，廊坊开发区综合物流园区，黄骅港国际物流园，邯郸综合物流中心，秦皇岛综合物流园区。

做大做强旅游业。发挥旅游业对扩大消费和提高人民生活水平的促进作用，整合资源，提高品位，打造精品，发展红色旅游、温泉休疗、农业观光、体育健身、民俗旅游、自然生态和文物精品等特色旅游。加快配套基础设施建设，优化旅游环境，加强旅游整体形象宣传，构建与周边省市融合贯通的大旅游圈。深化旅游管理体制改革，加快旅游企业改组改制，培育一批具有知名品牌和核心竞争力的大企业。

大力发展文化产业。强化文化产业在新兴服务业中的重要地位，推动文化产业内部各行业之间及文化产业与相关产业之间的融合发展，培育一批实力雄厚的文化企业。以省会和历史文化名城、重大历史文化遗产地和著名景区为重点，建立文化产业基地。建设廊坊成功（中国）大广场等一批大型文化产业项目，提升全省文化产业品位和市场竞争力。

积极发展商贸流通业。推行现代流通方式，大力发展连锁经营、物流配送和电子商务，普及和创新特许经营、代理制、多式联运等组织形式和服务方式。积极实施“万

村千乡市场工程”。继续推进大型商品市场的改造升级，进一步完善功能，提升档次，将保定白沟、石家庄南三条和新华集贸等培育成国际知名的商品市场。积极发展会展经济，重点培育石家庄、廊坊、唐山、邯郸四个会展城市和东北亚暨环渤海国际商务节等二十个品牌展会。

加快发展信息服务、商务服务、金融保险、房地产和社区服务等服务业。信息服务业，重点是壮大基础电信企业，促进相互融通和规模化经营，拓展服务领域，积极发展电信增值服务。会计、审计、咨询、租赁、评估、营销等商务服务业，重点是培育一批能承接国际业务的中介机构，努力满足多样化的服务需求。重点行业和骨干企业要加快信息技术应用，加大信息资源开发力度，推进国民经济和社会信息化。

改善服务业发展环境。进一步打破垄断，放宽准入领域，建立公平、平等、规范的行业准入制度，完善服务业行业标准。积极发展劳动密集型服务业，鼓励社会资金更多地投向服务业，提高服务业中非公有制经济的比重。营利性公用服务单位要逐步实行企业化经营，发展竞争力较强的大型企业集团。

努力扩大消费需求。改善消费环境，拓宽消费领域，培育新的消费热点，促进消费结构升级。以增加农民和城镇中低收入居民收入为重点，提高整体消费能力。大力发展住房、汽车等耐用消费品信用消费，逐步扩大消费信贷规模，推动消费方式从自我积累型向信用支持型转变。鼓励持卡消费、网上购物、电话购物等新型消费方式。大力开拓城乡消费市场，完善农村流通体系和城镇社区服务网络。提高与人民群众密切相关的住房、教育、医疗、保险等各项改革措施的透明度，稳定居民消费预期，增加即期消费。实施必要的补贴政策，引导居民扩大绿色消费，倡导健康文明的消费方式。

第四章　统筹城乡协调发展

贯彻工业反哺农业、城市支持农村的方针，建立以工促农、以城带乡的长效机制。加快发展现代农业，大力发展县域经济，提高城市化水平，构筑良性互动、协调发展的新型城乡关系。

一、加大支持力度，建设社会主义新农村

按照生产发展、生活宽裕、乡风文明、村容整洁、管理民主的要求，坚持“多予、少取、放活”，分步实施，稳步推进，完善惠农政策，巩固和加强农业基础地位，加大各方面对新农村建设的支持力度，新增财政资金的使用重点向“三农”倾斜。

优化农业产业结构。转变农业增长方式，提高农业综合生产能力。稳定粮食生产，粮食播种面积稳定在9000万亩左右，产量保持在2500万吨左右。实施优质粮食产业工程，突出抓好优质专用良种繁育、病虫害防控、标准粮田建设和粮食加工转化，建设大型商品粮生产基地。稳定小麦产量，适度增加夏玉米总产，积极发展甘薯、马铃薯、豆类、小杂粮等特色粮食作物。发展节水和旱作农业，推广抗旱和耐旱作物种植、地膜覆盖、节水精耕。加快发展蔬菜、果品业，提高设施菜、精细菜、错季菜和名优特果品比重。大力发展畜牧业，保护天然草场，建设饲草基地，改进畜牧饲养方式，推进奶牛、肉牛、瘦肉型猪、肉羊规模化、集约化和标准化养殖，促进植物生产、动物转化、微生物还原，把畜牧业做成农业的第一主导产业。到2010年，畜牧业产值占农业总产值的比重达到52%以上。

调整农业区域布局。发挥比较优势，因地制宜，引导特色产业向优势区域集中。根据山前平原、低平原、山地丘陵区、坝上地区、滨海地区的不同条件，按照优势产品区域化、大宗产品优质化、基地建设标准化的要求，建设优质小麦、专用玉米、棉花、牛奶、肉牛、肉羊、瘦肉型猪、无公害蔬菜等8个区域特色明显的优势农产品产业带。加快发展京津、省会周围县区的观光农业、高新技术农业和生态旅游农业园区。

推动农业产业化经营。大力发展农产品深加工，延伸优势农产品加工产业链，提高产加销经营一体化程度，促进农产品加工转化增值。加大对产业化基地扶持力度，培育壮大农业产业化龙头企业，完善企业与农户的利益联结机制。加快发展农民专业合作经济组织、重点农产品行业协会和商品协会，提高农民进入市场的组织化程度。到2010年，培育100家产业关联度大、辐射带动作用强的农业产业化龙头企业，扶持500家农民专业合作经济组织，农业产业化经营率达到58%以上。

加强农业科技创新和技术推广。加快农业技术推广体系建设，积极探索对公益性与经营性服务实行分类管理的办法，深入实施农业科技入户工程。健全农产品质量安全、动植物病虫害防治体系，加速优良种苗繁育、畜禽疫病诊断等先进实用技术的应用。科学合理使用农药、化肥和农膜，推广测土施肥、平衡施肥、缓释氮肥、生物防治病虫害等适用技术和方法。鼓励使用先进适用农机具，提高农业机械化水平，加快推进农业标准化。加强农业和农村经济信息应用系统建设，强化农业实用技术培训和农村科普工作，组织实施太行山星火产业带建设规划。

千方百计增加农民收入。采取综合措施，广泛开辟农民增收渠道。充分挖掘农业内部增收潜力，让农民在农业功能拓展中获得更多收益。扩大养殖、园艺等劳动密集型产品和绿色食品生产，发展休闲观光农业。大力发展农村二、三产业，引导乡镇企业向有条件的城镇和县城集中。努力开拓农产品市场，促进农产品价格保持在合理水平，鼓励优势农产品出口。加强农村劳动力技能培训，切实保护农民工合法权益。健全农民负担监督管理机制，继续完善对种粮农民的直接补贴、良种补贴和农机具购置补贴政策。严格涉农收费管理，禁止向农民乱收费、乱摊派。加大扶贫开发力度，提高贫困地区人口素质，改善基本生产生活条件。

加强农村基础设施和社会事业建设。搞好农村水利基础设施和农村电网改造后续工程建设，增加节水灌溉、人

畜饮水、乡村道路、农村沼气、农村水电、草场围栏等农村“六小”设施投入。积极预防治理农村面源污染，加强土壤污染和养殖污染治理，切实保护农村饮用水源。加强林木良种繁育、生态公益林保护、森林防火等建设。完善农产品流通设施和农业综合配套体系，稳定农业生产资料价格。着眼于提高农村公共服务水平，大力发展农村教育、文化、卫生等社会事业，有条件的地方积极探索建立农村最低生活保障制度。健全县、乡、村三级卫生服务网络，基本建立新型农村合作医疗制度。

深化农村综合改革。稳定并完善以家庭承包经营为基础、统分结合的双层经营体制，健全在依法、自愿、有偿基础上的土地承包经营权流转机制，有条件的地方可发展多种形式的适度规模经营。全部免征农业税，巩固农村税费改革成果。基本完成乡镇机构、农村义务教育和县乡财政管理体制等改革任务。增强村级集体经济组织的服务功能。推进农村金融体制改革，积极发挥农业政策性银行的作用，规范发展适合农村特点的金融组织，深化农村信用社改革，充分发挥支农作用。积极探索和发展农业保险，鼓励保险公司开拓农村保险业务。坚持最严格的耕地保护制度，加快征地制度改革，完善征地程序，建立对被征地农民的合理补偿机制。深化粮食、棉花、农资流通体制改革，促进国有粮食购销企业产权重组。深化供销合作社改革，充分发挥其在构建农村新型流通服务体系中的作用。

推进文明生态村建设。优化县域村庄空间布局，搞好乡村建设与整治规划。加快基础设施建设，合理引导农房建设与改造。组织农民硬化道路，净化院落，绿化村庄，改水改厕，积极发展沼气等清洁能源，减少垃圾和废物排放，提高硬化、净化、美化水平。继续实施广播电视“村村通”工程和农村电影“2131”工程，搞好农村文化活动室、卫生室、体育健身场所建设，活跃和丰富农民文化生活，提高农民的健康水平和生活质量。健全村民自治机制，完善村务公开与民主管理制度，保证农民群众依法直接行使民主权利。积极倡导文明生活方式，树立良好道德风尚。到2010年，力争40%的行政村跨入创建文明生态村先进行列。

专栏5　新农村建设重点工程

大型商品粮生产基地。建设邯郸、衡水大型商品粮基地，实施石家庄大型商品粮基地续建工程，改善良种繁育、农田水利和病虫害防治等基础设施。

优质粮食产业工程。建设33个粮食主产县（市）万亩连片标准粮田。

太行山星火产业带建设。建设太行山区干鲜果、养殖、旱作杂粮等优势产业带，燕山山区板栗、仁用杏、山楂、安梨等示范基地。

千万吨奶工程。推进加工龙头带动、奶源基地、饲草饲料基地和奶业相关产业四大工程建设，完善奶牛良种繁育、疫病防治、质量监控、技术创新及培训四大体系。

节水灌溉和旱作农业工程。新建节水灌溉面积1000万亩，建设1000万亩旱作农业工程示范区。

动物防疫体系。建设和完善全省动物疫病监测预警、预防控制、检疫监督、兽药质量监察及残留监控、防疫技术支撑、防疫物质保障六大系统。

农村饮水安全。解决757万农村居民饮用高氟水、高砷水、苦咸水和污染水等不达标水及局部地区严重缺水问题。

送电到村和农村电网改造工程。利用小水电、太阳能光伏发电等，解决1.1万无电人口问题。对农村电网薄弱环节适时进行改造。

农村沼气。建设以沼气池、改圈、改厕、改厨为基本内容的农村户用沼气，以及部分规模化畜禽养殖场和养殖小区大中型沼气工程，新发展沼气150万户，新建大中型沼气工程300处。

农村公路。新建和改造农村公路4.65万公里，具备条件的行政村全部通柏油（水泥）公路。

农村县、乡、村三级医疗卫生服务体系。以乡镇卫生院为重点，同步建设县医院、县妇幼保健机构、县中医院。

广播电视“村村通”和“2131”工程。在现有农村广播电视覆盖基础上，实现20—50户的自然村通广播电视，基本实现全省农村一村一月放映一场电影。

农村计划生育服务体系。以县、乡计划生育技术服务站为重点，建设县级服务站、中心乡镇服务站、流动服务车项目等。

农村新型流通服务体系。实施“万村千乡市场工程”。在100余个县城建成具有批发配送功能的仓储式超市，在2万个以上行政村建成便民或综合服务站，形成以连锁配送为主要形式的农村新型流通网络。

二、壮大特色产业，大力发展县域经济

发挥现有产业和资源优势，以民营经济为主导，坚持农业产业化、工业化和城市化并举，增强县域经济对全省经济发展的支撑作用。

大力发展县域特色产业。做大做强粮油食品、果蔬、药材、皮毛等农副产品深加工产业，优化升级电线电缆、纺织服装、钢铁产品深加工、标准件、丝网、汽车零部件等传统优势产业，整合提升建材、林板（纸）等资源型产业。引导毗邻中心城市的县（市）发挥区位优势，培育壮大高新技术加工配套产业。按照集约化、专业化、规模化要求，加速县域特色产业集聚，推进工业小区建设。提升县域特色产业技术层次，延长产业链条，建设各具特色、具有较强竞争优势的产业集群。

加快发展民营经济。对规模较大、效益突出、有发展潜力的民营企业，在资金、技术、用地等方面给予重点支持。促进当地民营企业与国内外知名企业的合资合作。大力发展民营科技型企业，争创一批知名品牌，促进民营企业上档次、上水平。鼓励和支持民营中小企业发展，加强适合中小企业特点的技术辅导和创业培训。制定更加有效的扶持政策，促进科技型中小企业发展。实施中小企业成长工程和“百强民营企业、百家成长型企业”扶优扶强计划。到2010年，民营经济增加值占全省生产总值比重达到60%，争取更多的县（市）进入全国百强行列。

营造县域经济发展的良好环境。推进扩权强县改革向纵深发展，减少和简化行政审批环节，提高行政效率。完善促进县域经济发展的激励政策，鼓励和支持县域经济更

快更好发展。增强生产力促进中心对县域特色产业的科技服务功能。引导金融机构加大对县域特色产业的支持力度。

三、坚持梯级推进，加速城市化进程

以农村人口城市化为核心，以产业集聚为切入点，按照循序渐进、节约土地、集约发展、合理布局的原则，突出重点，梯级推进，促进大中小城市和小城镇协调发展。

完善城镇体系。科学编制城镇体系规划，搞好土地利用总体规划和城市总体规划修编，合理确定各类城市建设规模、速度和水平。把发展城市群作为推进城市化的主体形态，构筑以京津唐、京津保为骨架的环京津城市群和以石家庄市为核心的环省会城市群，加快培育沿海城市带。发展壮大中心城市，增强综合服务功能，在节约利用土地的基础上，适度扩大主城区规模，实施组团式发展。石家庄市要发挥“领跑”作用，完善提升城市功能，建设“首善之区”，提高在全国省会城市中综合实力位次。唐山市要努力跻身于沿海港口先进城市行列，成为综合实力强、生态环境好的现代化特大城市。邯郸市要确立晋冀鲁豫接壤地区中心城市地位。积极推动其他区域中心城市加快发展，不断增强对周边地区的辐射带动作用。把发展中等城市作为完善城镇体系的战略切入点，支持现有中等城市做大做强，将10个左右基础好、实力强、发展潜力大、区位条件优越的县级市培育成为区域中心城市。加快发展县城和部分重点镇，支持一批具有发展潜力的县城按照高标准小城市规划建设，参照扩权强县政策，对一批产业基础好的重点镇赋予县级经济社会管理权限。

夯实城市化的产业基础。促进产业向城镇集中，带动农村人口向城镇转移，形成工业化与城市化良性互动机制。区域中心城市，建设一批对城市发展有重大影响的大型工业项目，加快发展服务业，提升产业竞争力。按照国家产业政策和规划要求，本着布局集中、用地集约、产业集聚的原则，重点建设一批开发区和产业园区。中小城市及小城镇，积极发展特色产业，大力发展劳动密集型产业，扶持就业容量大的中小企业发展；加快工业区建设，带动服务业和城市新区发展。资源工矿型城市，大力发展接续产业，加快老工业基地改造步伐。

增强城市功能。省会和区域中心城市，重点加强道路系统建设，实施城市畅通工程，基本建成以快速大运量公交为主体的城市公共交通系统，在特大城市预留轨道交通建设条件。对城市饮用水源地实施分级保护，加快供水、节水、中水回用和排水设施建设。发展和完善城市集中供热采暖系统，提高供热普及率。搞好城市绿化，建设生态廊道，增加绿色开敞空间。县级市和县城重点加强供水、污水及垃圾处理工程建设。重点镇着力抓好道路、供排水等设施建设，满足基本功能需要。破除部门分割，对城市基础设施实行统一规划、综合开发、协同建设，减少盲目填挖和拆建。鼓励采用新技术、新工艺、新材料建设节能省地型住宅，全面提高住宅建设质量。加快经济适用住房和其他普通住宅建设，稳步推进“城中村”改造，加强物业管理。提高城市管理和市政公用事业服务水平，搞好市容环境综合治理，规范拆迁行为，强化交通管制，确保安全畅通。注重对历史文化资源和风景名胜资源的保护，突出城市特色。

创新城镇建设体制。采取多种形式吸引民间资本和外资投入基础设施建设，逐步建立政府引导、市场运作的多元化、多渠道投融资体制。按照产业化发展、市场化运作、企业化经营、法制化管理的要求，深化市政公用事业改革，完善价格形成机制，完成企业公司制改造。深化住房制度改革，活跃住房市场，促进住房消费，规范经济适用住房建设、交易和管理，逐步建立廉租房制度，努力实现中低收入家庭居者有其屋。健全有利于推动城市发展的财税、征地、行政管理和公共服务制度。根据城市化进程和区域经济发展需要，积极稳妥地调整行政区划。

促进农村劳动力和农村人口向城镇战略转移。在推动农村劳动力向农村二、三产业转移的同时，加速农村人口向城镇集中。实施“阳光工程”，加强农村劳动力转移前的实用技术培训和职业技能培训。提高劳务输出的组织化程度，扶持和引导各类劳务输出机构健康发展，建立城乡统一的劳动力市场。改善农民进城就业环境，逐步建立城市公共资源共享制度，保障农民工在子女入学、公共卫生、文化生活、社会保障等方面的平等权利，维护流动就业农民的合法权益。将因城市建设承包地被征用、完全失去土地的农村人口转为城市居民，城市政府负责提供就业援助、技能培训和最低生活保障等。继续推进户籍管理制度改革，破除城乡分割的体制障碍，形成农村人口平稳有序进入城市的体制框架。

第五章　促进区域协调发展

从不同区域居民都享有均等化的公共服务，都享有大体相当的生活水平，以及增强可持续发展的能力出发，因地制宜，分类指导，发挥各自比较优势，加强薄弱环节，形成优势互补、相互促进、共同发展的格局。

一、实施分类指导，优化生产力布局

按照“一线两厢”区域发展布局，加快发展中间一线，积极推进南北两厢，促进全省经济“中间崛起、两翼腾飞”。

把“一线”地区建设成为全省经济发展隆起带。发挥石家庄、保定、廊坊、唐山、秦皇岛五市产业集聚程度高、技术创新能力强、中心城市地位突出等比较优势，打造经济发展的战略高地。努力提高自主创新能力，用高新技术改造传统产业，加快产业结构优化升级和增长方式转变。加快港口和临港开发区建设，推进开发区向多功能、综合性产业园区发展，推动重化工业生产力布局向沿海转移。建立与现代农业发展相适应的技术体系和社会化服务体系，促进传统农业向现代农业转变。大力发展新兴服务业，建立以中心城市和港口为支撑的大流通服务体系。集中力量建设在全国具有重大影响的加工制造业基地、现代

物流基地和现代农业基地。

把“南厢”地区培育成为新的经济增长极。发挥邯郸、邢台、衡水、沧州四市交通便利和产业基础较好的优势，围绕钢铁、化工、食品、建材、纺织服装和装备制造等传统优势产业，扩大规模，提升档次，提高竞争力。高起点规划建设县域特色工业园，提高县域特色产业的整体水平。支持农产品加工龙头企业发展，带动农业的规模化、专业化和产业化。建设区域物流中心，加快发展服务业。

努力实现“北厢”地区经济发展的新跨越。发挥张家口、承德二市生态环境和资源优势，加强基础设施和生态建设，增强区域经济发展的引力和活力。依托能源和钒钛资源优势，加快建设能源基地和北方最大的钒钛资源综合利用基地。依托生态环境优势，着力打造以绿色品牌为标志的特色食品生产和加工基地。突出“皇家”和生态两大品牌，发展壮大旅游业和生态林业。利用运输通道和陆路商埠优势，加快张家口“黄金岛”区域综合开发。建立健全劳务输出和劳动力转移的社会化服务体系。

建立互促互动的新型区域发展机制。从“一线两厢”各区域不同的资源禀赋和基础条件出发，扬长避短，发挥优势，逐步解决产业结构雷同、低水平重复建设问题。健全市场机制，打破行政区划局限，促进生产要素在区域间自由流动，引导生产要素向交通沿线、沿海和城镇集中，提高资源配置效率。健全互助机制，加强产业对接、资源开发、生态建设、劳动力转移等方面的合作，发达地区要采取对口支援、社会捐助等方式帮助欠发达地区加快发展。

积极探索和明确各区域的功能定位。规范空间开发秩序，形成合理的空间开发结构。通过优化布局和集约发展，初步形成在全国有重要影响的重化工业基地、先进制造业基地、京津冀都市圈农产品生产加工基地和服务“三北”、面向全国的优势资源原材料物流中心。

二、加快发展临港产业，壮大沿海经济带

强力推进曹妃甸港区和循环经济示范区开发建设。围绕把曹妃甸建设成国际性能源原材料集疏枢纽港、中国世界级重化工业基地、国家商业性能源储备和调配中心、国家循环经济示范区的功能定位，按照技术一流、规模一流、效益一流、生态环境一流的要求，发挥地理区位、深水大港、资源组合和产业后发优势，加快基础配套设施一期、围海造地、大型深水专业码头、精品钢基地等项目建设，形成示范区基础和骨架。逐步建立健全交通、供水、供电、通信、用地和环境保护等基础支撑体系，构筑现代物流、钢铁、石化和装备制造产业集群，与天津滨海新区共同成为环渤海地区新的经济增长极。

建设沿海重化工产业带。充分利用沿海地区建设用地充裕的有利条件，加速生产要素集聚，依托曹妃甸示范区、南堡化工园区、京唐港开发区、黄骅港临港工业园、沧州化工园区，大力发展物流仓储、装备制造、配套加工和煤化、石化等临港产业，促进产业结构优化升级和区域经济发展。

积极发展海洋经济。合理开发利用海洋和沿海湿地资源，大力发展海洋运输、滨海旅游、海洋化工、海水养殖和远洋捕捞业。加快推广海水综合利用技术。

三、加大对欠发达地区投入，增强自我发展能力

促进革命老区、民族地区和贫困地区发展。坚持开发式扶贫，积极引导当地干部群众更新发展观念，增强发展意识，走经济发展、群众生计、生态保护和生态移民相结合的发展道路，大力发展与当地资源环境相适应的产业，增加居民收入和政府可支配财力。

增加对欠发达地区的政策支持。规范财政转移支付制度，扩大一般性转移支付规模，重点支持基础设施建设和社会事业发展，提高教育水平和人口素质，加大对口扶贫力度，鼓励社会各方面支持和帮助贫困地区发展。建立对丧失劳动能力贫困人口的救助制度。以张承地区基础设施建设、太行山地区资源综合开发和黑龙港地区特色经济发展为重点，探索更加有效的扶贫开发方式和方法。整合资源，整体推进，改善欠发达地区居民的生产生活条件。

组织实施生态移民和异地扶贫。对缺乏基本生存条件地区和生态脆弱地区的贫困人口，通过整体搬迁、异地安置等方式，加速向临近中小城市转移，最大限度减少返贫现象。

第六章　加强基础产业和基础设施建设

按照统筹规划、适度超前、优化网络、提高水平的原则，构建布局合理、设施先进、功能齐全的基础产业和基础设施体系。

一、积极推进能源建设，提高有效供给能力

以提高能源保障能力为重点，坚持省内供给与省外补充并重，优化能源结构，提高清洁、高效能源比重，努力缓解瓶颈制约。

加强电源点和电网建设。加快西柏坡电厂三期工程、龙山电厂一期工程等在建电源点建设，确保总容量570万千瓦已开工项目如期投产。全力推进上安电厂三期工程等已列入国家计划项目的前期工作，确保如期开工。积极推进热电联产、“上大压小”、高参数大容量发电、煤电综合开发和对电网安全稳定运行起重要支撑作用的后续电源点建设。适度发展水电、天然气发电，积极谋划推进核电。加快张河湾抽水蓄能电站建设，推进丰宁抽水蓄能电站前期工作。积极参与省外电源基地的开发和建设。优化电网布局，加快500千伏主干电网和配套的220千伏电网建设，增强电网的稳定性和可靠性。继续推进城网和农网改造，加大110千伏及以下电网建设投入，提高城乡供电能力。

重点推进大型煤矿建设。围绕高标准建设国家冀中煤炭基地，建设高产高效矿井，整合中小煤矿，加强安全设施改造。发挥唐山肥精煤、邯郸动力煤和炼焦煤、张家口

动力煤资源优势，加快羊渠河矿井、陶二矿井、东庞矿井、单侯矿井、蔚县煤电路一体化等项目建设。新建北掌矿等9个矿井，扩建东欢坨矿等5个矿井。加大煤炭勘探力度，增加后备储量。推进冀蒙煤电基地合作，开辟新的煤源渠道。加强煤矿瓦斯综合治理，开发和利用煤层气，推进煤炭清洁生产。搞好煤矿沉陷区综合治理。全省煤炭年产量保持在7000万吨左右。

加快油气开发与利用。积极推动冀东油田勘探开发，谋划和争取在曹妃甸建设原油储备基地。积极推进与陕京二线配套的省级天然气干线及支线建设，加快河间至石家庄原油管线、石家庄至太原成品油管线等建设，形成比较完善的原油、成品油、天然气管线网络。

积极开发新能源和可再生能源。加快张家口、承德坝上风电开发，建设张家口百万千瓦风电示范基地，开发建设沧州、唐山、秦皇岛沿海大型风电场。积极推广太阳能、地热和生物质能利用。大力发展太阳能光伏发电、大中型沼气发电、秸秆和垃圾发电，谋划在黑龙港地区建设生物质能基地。到2010年，全省风电装机规模突破150万千瓦。

专栏6　能源基础设施重点工程

骨干电源点。建设西柏坡电厂三期、龙山电厂一期、保定电厂八期、华能上安电厂三期、秦皇岛热电厂三期、华峰沧州热电、三河热电二期、国华黄骅电厂二期、石家庄南郊热电、滦河电厂扩建、怀安电厂、丰宁抽水蓄能电站等12个已列入国家2005—2007年开工及开展前期工作计划的电源点。推进一批重大电力项目前期工作。

冀中煤炭基地。新建北掌矿、宋家营矿、北阳庄矿、德胜庄矿、榆树沟矿、邢台北矿、新军屯矿、大城1号矿、尧山矿等9个矿井，扩建东欢坨矿、钱家营矿、林南仓矿、梧桐庄矿、郭儿庄矿等5个矿井。

石油天然气。谋划曹妃甸原油储备基地。推进唐山液化天然气储藏设施、接卸码头及外输干线管道建设。

风电基地。建设张家口坝上百万千瓦级国家风电示范基地，规划建设4—5个20—30万千瓦大型风电场。推进承德坝上和秦唐沧沿海风电场建设。

煤电综合开发。推进蔚县煤电路综合开发及冀蒙煤电一体化合作开发。

二、完善交通设施，构建综合运输体系

围绕建立智能型现代综合交通运输体系，协调发展公路、铁路、港口、航空，建设综合运输大通道和综合交通枢纽，全面提高交通运输能力和效率。

完善公路路网结构。以高速公路网络化、干线公路快速化、农村公路等级化为目标，构建“五纵六横七条线”高速公路网架，完善城乡公路网，改造升级干线公路，大力发展农村公路，重点实施通村油路工程，形成市市通高速公路，市县通高等级公路，乡（镇）村通等级公路的公路网络。到2010年，公路通车总里程达到84000公里，其中高速公路达到4500公里。

加快铁路改造和扩能。优化和完善铁路网络布局，重点推进与铁道部合作的煤炭运输、港口集疏通道、客运专线等8条铁路和邯黄等铁路建设，加快既有线路扩能提速改造。搞好国铁连接线和桑张等地方铁路建设。

构建现代化港群体系。调整优化港口结构，拓展港口功能，明确港口定位，形成秦皇岛港、唐山港、黄骅港分工合理、优势互补的港群体系。重点建设曹妃甸港区矿石、原油、煤炭、液化天然气等大型专业化深水码头，改扩建京唐港区、秦皇岛港散杂货和集装箱码头，加大黄骅港综合开发建设力度。

建设和改造机场设施。合理布局省内机场，重点发展支线航空运输。完善石家庄机场和山海关机场设施，建设邯郸、承德、张家口、秦皇岛等支线机场，基本形成以石家庄为中心的干支结合的航空网络。积极谋划在廊坊建设首都第二国际机场。

专栏7　交通基础设施重点工程

公路。建设大庆至广州、长春至深圳、荣成至乌海、青岛至兰州等河北段高速公路，扩容北京至石家庄、北京至张家口高速公路等。

铁路。建设京沪高速铁路，京石、津秦、青太、石武客运专线，邯黄、桑张、天保大、遵小等合资地方铁路，加快京沪、石德、大秦、朔黄铁路扩能改造和北煤外运第三通道建设，推进京石、京秦等城际铁路前期工作。

港口。建设曹妃甸港区铁矿石、煤炭、液化天然气、原油码头，秦皇岛港煤炭、集装箱码头，黄骅港煤炭、集装箱码头。

机场。建设承德旅游机场、秦皇岛民用机场、衡水军民合用机场、张家口机场，扩建石家庄机场，谋划在廊坊选址建设首都第二国际机场。

三、加强水利设施建设，保障供水和防洪安全

建设和完善水利设施。完善防洪保安工程体系，加强防洪控制枢纽、大中小型病险水库、骨干行洪河道、重点海堤和重点蓄滞洪区防洪工程建设，提高防洪标准。加强流域上游的水土保持综合防治体系建设，增强涵养水源和缓洪拦沙功能。加快南水北调河北段干线工程和配套工程建设，构筑和完善“两纵六横十库”供水骨干网络。继续实施大中型灌区续建配套和节水改造工程，扩大黑龙港流域咸淡水混浇面积。加快建设渠道防渗、管道输水、喷灌微灌、集蓄节灌设施，提高灌溉用水有效利用系数，基本实现全省农业灌溉用水总量零增长。搞好饮水安全工程建设，改善居民饮水质量。建设集雨工程，完善河网系统，变单纯上游水库蓄水为中下游普遍蓄水，增强平原河系的水资源调蓄能力。

实施生态补水和水环境修复工程。推进生态补水工程建设，建立白洋淀、衡水湖等重要洼淀生态补水长效机制，保证重点区域生态环境用水。

四、加快信息基础设施建设，构筑互通互联网络平台

延伸和完善通信网、计算机网和广播电视网。改造提升电信主干网络和移动通信网络，加强网络的维护和管理，建设以网间互联协议技术、宽带化和综合化为方向的

下一代互联网，推进新一代移动通信网建设。加快互联网、接入网、城域网的网络扩容改造，提高宽带接入率和网络传输的安全性，推动数字家庭网络发展。加快全省广播电视综合信息网络建设，扩大有线广播电视入户率，提高广播电视人口综合覆盖率。加快有线数字电视整体转换、数据平台和网络双向改造，积极推进数字电视网络建设。积极推动各网络间的互联互通，促进通信、计算机、广播电视三网业务的融合和高速互联，创新业务品种，扩大市场需求。

建设和完善农村信息网。推广采用低成本、广覆盖、易维护和低功耗信息技术，探索适合农村地区的组网模式、网络运营支持模式和业务运营支持模式，实现村村通电话、乡乡能上网。

推进公用信息基础设施建设。大力发展电子政务，充分利用现有的网络资源，构建全省统一的电子政务平台。加强基础信息网络和重要信息系统的安全防护，建设全省统一的容灾备份、安全保障、信息共享与交换、基础地理信息等基础设施。加快诚信体系和支付系统建设，大力发展电子商务。

第七章　增强自主创新能力和科教智力支撑

深入实施科教兴冀战略，尊重知识，尊重人才，尊重劳动，尊重创造，着眼于建设创新型河北，更多地依靠科技进步和提高劳动者素质实现长期持续发展。

一、加速科技进步，实现重点突破

贯彻自主创新、重点跨越、支撑发展、引领未来的方针，围绕提高主导产业竞争能力和经济社会可持续发展能力，突出重点，切实提高引进消化吸收再创新、集成创新和原始创新能力，强化应用研究和成果推广，加速科技成果向现实生产力转化。

促进科技与经济社会发展紧密结合。加快高新技术重点领域的技术进步，在生物技术、化学合成、数字集群移动通讯、半导体单晶材料生长及外延、高效太阳能电池、大功率风力发电等技术领域，大力开展自主创新，加强技术合作与引进再创新，掌握一批关键技术和拥有一批自主知识产权，努力实现重点领域技术的跨越式发展。围绕技术创新、产业创新、产品创新和品牌创新，加快信息技术的深化应用，提高工业主导产业整体技术和信息化水平。在钢铁、医药产业，高起点引进国内外先进技术，加强消化吸收和再创新，掌握一批共性技术、核心技术；在石油化工、装备制造、建材建筑、食品、纺织行业，引进开发关键设备和先进适用技术，大幅度提高装备水平和工艺水平。推进农业技术进步，重点在新品种选育与开发、土壤资源保护、畜禽和水产高效养殖、农产品深加工、重大病虫害防治及自然灾害防御等方面攻克一批关键技术。提高社会公共领域的技术水平，积极开展食品安全监测技术和重大疾病、地方病、流行性传染病预警与防控技术的研究，加强水资源良性循环、生态安全与环境保护等技术的研发与应用。

加强区域科技创新体系建设。构建技术创新平台。以企业为主体、市场为导向、产权为纽带，促进产学研紧密结合；支持大中型企业和有条件的中小企业建立健全技术开发机构，鼓励技术研发机构进入企业，提升企业创新活力；依托重点项目，加强科研攻关，造就一批知名企业和品牌；加强科研基础设施建设，充分发挥科研机构、高等院校和优势企业的骨干作用，建设一批国家级和省级重点实验室、工程（技术）研究中心和企业技术中心，不断提高产业共性技术、关键技术研发和服务能力。构建科技成果转化平台。鼓励产学研联合创办科研成果转化基地、生产力促进中心，加快中试基地、示范基地的建设，培育各类孵化器；促进社会化科技中介服务组织与公益性推广机构优势互补、共同发展。构建公共科技服务平台。整合科技资源，推动重点实验室、大型科学仪器共建共享；加强科技资源、科学数据、科技文献和专利文献的社会化应用，提高网络服务水平，促进科技资源高效配置和综合利用。

加强政策引导和支持。认真落实国家支持自主创新的政策措施，实施支持自主创新的财税、金融和政府采购等政策，完善自主创新的激励机制，引导各地立足现有基础，确定优先和重点发展的行业、企业、产品。发挥财政风险担保基金的作用，鼓励创业风险投资，逐步建立由政府、企业、银行和社会共同参与的创业风险投融资体系。推进科研机构产权制度改革，建立分工明确、权责统一、协调联动的科技管理机制。改革科技评价与激励制度，形成以政府奖励为主导、社会力量设奖为主体的科技奖励制度。认真落实支持企业技术创新的各项优惠政策，引导企业加大科技投入。加大知识产权保护力度，改善技术创新的市场环境。弘扬科学精神，培育创新文化，在全社会营造生动、活跃、民主的创新氛围。

专栏8　科学技术重大专项

重点高新技术和主导产业技术攻关。重点加强动植物新品种选育和关键技术的研究及原始创新，开展原始创新药物的研究。

区域特色产业创新。建设一批区域特色产业生产力促进中心、特色产业基地，形成一批具有自主知识产权的核心技术和高新技术成果。

农业科技创新富民工程。以重点科研单位、农业院校为主体，加强畜禽、水产、果蔬等生产中的技术攻关。

农业科技传播站建设。围绕畜牧、林果、蔬菜三大农业主导产业，建设一批农业科技传播站，标准化成果转化示范基地。

产业技术创新能力建设。在优势产业和高新技术重点领域建设一批工程研究中心、国家工程实验室，建设一批企业技术中心，打造一批技术创新研发基地。

科技基础条件平台建设。建成国家级“干果工程技术研究中心”，建设70个省级重点实验室，建设社会化、网络化、智能化的科学数据与文献信息服务体系，实现科技资源的方便快捷服务。

二、发展教育事业，构建学习型社会

坚持教育优先发展，深化教育体制改革，优化教育布局和结构，全面实施素质教育，完善国民教育体系。

普及和巩固义务教育。把义务教育特别是农村义务教育作为重中之重，强化政府的保障责任。坚持义务教育均衡发展，努力缩小城乡之间、区域之间、学校之间的差距。结合农村中小学布局调整，大力改善办学条件，消除危房，建好寄宿制学校，推进规模化、标准化办学。建立并完善县域内教师合理流动制度、城市中小学教师到农村支教交流制度，鼓励大学毕业生到农村任教，保障教师工资按时足额发放。对农村地区义务教育阶段学生全部免收学杂费，对贫困家庭学生提供免费课本和寄宿生活费补助，解决好城镇部分中小学班容量过大和进城务工人员子女就学问题。积极发展农村中小学远程教育。加快高中阶段教育发展步伐，2010 年高中阶段毛入学率达到 85%。积极发展幼儿教育和特殊教育。

大力发展职业教育。把发展职业教育作为经济社会发展的重要基础和教育工作的战略重点，围绕特色产业和主导产业，加快发展职业教育特别是中等职业教育，扩大招生规模。以服务为宗旨，以就业为导向，从政府直接管理向宏观引导转变，逐步建立具有职业教育特点的人才培养、选拔和评价制度。完善职业教育培训网络，重点建设 10 所省级示范性高职院校和 100 个省级示范性专业，力争使其中 2—3 所院校和一批专业达到国内一流水平，各设区市办好 1 所职业技术学院和若干所示范性中等职业学校，各县办好 1 所职教中心。加快高等职业学校、国家和省重点中专、劳动技校、县职教中心的基础设施和实训基地建设，提高学生实践能力和职业技能。积极开展订单培训，大力推行工学结合、校企合作的培养模式。建立教师到企业实践制度，加强“双师型”教师队伍建设。继续强化农村“三教”统筹，全面提高教育为“三农”服务的能力。

提升高等教育质量。工作重点由规模扩张转向质量提高，构建结构合理、办学体制多样、充满生机活力的现代高等教育体系。强化教学管理，完善教学质量评估与保障机制。加强重点大学和重点学科建设，优先发展产业急需的学科和专业，突出特色与优势，提升高校知识创新能力。积极发展研究生教育，增加博士、硕士学位授予单位，努力提高研究生教育水平。加快高水平大学建设，继续抓好“211 工程”建设和省部共建高校工作。建好 10 所省属重点骨干大学，建设 20 个左右达到国内先进水平的重点学科。2010 年高等教育毛入学率达到 23%。

构建终身教育体系。充分发挥各类学校及各系统各行业培训机构的作用，利用面授、函授、远程教育、自学考试等多种形式，大力开展成人教育和岗位培训，努力构建学历与非学历教育并重，学校教育与社会教育、家庭教育紧密结合，各级各类教育相互衔接的开放式终身教育体系。充分发挥广播电视、报刊、网络和图书馆、博物馆、科技馆的作用，为公众提供丰富的学习资源。广泛开展学习型机关、学习型企业、学习型社区创建活动，促进知识更新。

创新教育体制机制。加快构建与社会主义市场经济体制相适应的教育管理体制。市、县两级要切实担负起发展基础教育的责任，强化对职业教育的统筹管理。

积极推进高校省市共建，充分发挥设区市的积极性，促进所在地高等教育的发展。营造有利于民办教育健康发展的政策环境，鼓励社会力量依法办学或参与公办学校建设。加快高校人事制度、分配制度、教学和考试制度改革。扩大教育对内对外开放。

完善教育投入机制。义务教育由政府负全责，高中阶段教育以政府投入为主，职业教育和高等教育实行政府投入与社会投入相互补充，形成多元化的教育投入机制。各级政府要确保预算内教育经费拨款增长高于财政经常性收入增长，逐步使财政性教育经费占全省生产总值的比例达到 4%。加大基础教育投入，扶持职业教育发展。建立有效的教育资助体系，完善以助学贷款为主，奖学金、勤工助学、特殊困难补助、学费减免等相配套的政策措施，资助贫困家庭学生完成学业。

专栏 9　教育发展重点工程

农村寄宿制学校建设工程。到 2007 年，新建和改扩建 171 所农村寄宿制学校。

农村中小学危房改造和布局调整。及时消除新增危房，优化资源配置，建设标准化学校，促进基础教育均衡发展。

农村中小学现代远程教育工程。到 2007 年，完成为农村初中建设计算机教室，为农村小学配备卫星教学接收设备，为小学教学点配备教学光盘播放设备和成套教学光盘等现代远程教育工程。

职业教育基础能力建设。改善县级职教中心、中等职业学校和若干示范性高等职业学院办学条件，形成一批职业教育骨干基地。推进职业教育实训基地建设，加快培养与我省特色产业、主导产业发展紧密结合的技能型人才。

高等教育“211 工程”、“双重工程”、省部共建高校和高水平大学建设。继续加强重点大学和重点学科建设，支持强势特色学科或学科群进行重点建设，提升我省高等教育的办学水平。

三、开发人力资源，建设人才强省

树立人力资源是重要资源、人才资源是第一资源的观念，按照数量充足、结构合理、素质优良的要求，以能力建设为核心，大力培养和开发人力资源，变人口压力为人力资源优势，推动人口大省向人才强省转变。

加强党政人才、企业经营管理人才和专业技术人才队伍建设。进一步优化公务员队伍的年龄、知识和专业结构，强化基层公务员队伍建设。造就一批熟悉国际惯例、具有战略眼光的优秀企业家，培养一支市场意识强、职业素质好的经营管理者队伍。继续实施新世纪“三三三人才工程”和“燕赵学者计划”，加强省管优秀专家、享受国务院政府特殊津贴专家和有突出贡献的中青年专家队伍建设，对国家“百千万人才工程”入选者和院士后备人才给予重点扶持，努力培养造就一批在全国具有影响力的学科带头人。选送有培养前途的学术带头人和青年学者到国外研修培训，积极吸引海外高层次人才。着力培养中高级工程技术人员，扩大高新技术研发人才队伍。

培养专业化高技能人才和农村实用人才。强化技术技能型、知识技能型和复合技能型人才培养，进一步加强企业、事业单位职工在职培训，广泛开展多层次多形式职业技能竞赛活动，建设一支数量充足、结构优化、技艺精湛的高技能人才队伍。实施县、乡、村实用人才工程，重点加强农村科技、教育、卫生、生产、经营等方面的实用人才培养，壮大农村人才队伍。引导农业技术院校毕业生充实农业生产第一线。

创新人才管理、使用和引进机制。继续深化人事制度改革，创新以品德、能力和业绩为重点的人才评价、选拔任用和激励机制，注重在实践中锻炼培养人才。加快事业单位用人制度、国有企业人事制度、职称和技术等级制度改革。建立主要由市场配置人才资源、人才自由流动的机制。采取团队引进、核心人才带动引进、开发引进等方式，拓宽人才引进通道，吸引京津及其他省外人才、留学人才和海外人才到我省创业。努力改善科研环境，营造人才辈出、人尽其才的社会氛围。

第八章　推进体制创新和全面开放

围绕完善社会主义市场经济体制，加快体制机制创新步伐，强化落实科学发展观的体制保障。全面提高开放水平，在更大范围、更宽领域、更高层次上参与国际经济合作与竞争。

一、加快重点领域改革，强化制度保障

以转变政府职能和深化国有企业、财税、金融等改革为重点，统筹推进各项改革，努力在重点领域和关键环节取得突破性进展，形成有利于转变增长方式，促进全面协调可持续发展的体制机制。

全面深化行政管理体制改革。转变政府职能，努力建设服务政府、责任政府、法治政府和诚信政府。认真贯彻《公务员法》，提高依法行政能力。合理界定政府职责范围，实行政企分开、政资分开、政事分开、政府与中介组织分开，减少和规范行政审批，提高经济调节和市场监管水平，强化政府的社会管理和公共服务职能。完善政府机构设置，精简管理层级，理顺职责分工，提高行政效率。推进电子政务，实施“双提”工程，降低行政成本，提高行政效能。推进依法行政和政务公开，完善行政审批和行政许可的监督管理机制，建立执法责任追究制度。分类推进事业单位改革，深化公益性事业单位劳动人事、收入分配制度改革，创新发展机制，提高服务能力；推进生产经营性事业单位产权制度改革，引入竞争机制，实行企业化运作。

加快国有企业改革步伐。推进国有经济布局战略性调整，完善国有资本有进有退、合理流动机制，推动国有资本向关系国计民生的重要行业和关键领域集中。采取多种形式，整合资源，大力发展混合所有制经济。加快国有大型企业股份制改造，在优势行业组建大公司大集团。按照国务院统一部署，积极推进邮政、铁路、烟草、盐业等行业管理体制改革，继续推进电力、电信等行业重组，实现投资主体和产权多元化，促进竞争，提高效率。完善公司法人治理结构，加快企业经营机制创新，建立规范的现代企业制度。深化国有资产管理体制改革，进一步明确政府管理部门和国有资产监督管理部门的权力和责任，加快建立国有资本经营预算制度，健全国有资产监督和经营管理体制，依法防止国有资产流失。

破除民营经济发展的体制性障碍。坚决落实以放宽准入、公平待遇为重点的各项政策措施，破除心理壁垒、操作壁垒等非政策障碍，允许民营资本进入法律法规未禁入的行业和领域。引导民营经济进入电力、电信、公路、铁路、民航、金融保险等行业和领域，鼓励民营经济参与城市供水、供气、供热等市政设施的投资、建设和运营，支持民营经济进入教育、科技、文化、卫生、体育、新闻出版、广播电视等社会事业领域。鼓励有条件的民营企业，通过兼并、收购、联合等方式，参与国有企业改组改造。拓宽民营经济融资渠道，加大对民营经济的金融支持力度，扩大中小企业发展专项资金规模，加强中小企业信用担保体系建设，支持有条件的民营企业上市融资。引导民营企业加快建立现代企业制度，加强管理，规范经营，健康发展。

健全现代市场体系。加快发展土地、技术、劳动力等要素市场，特别是着力发展股票、债券等资本市场，规范发展产权交易。创新流通组织方式，改造提升商品市场。推进资源性产品和生产要素价格改革，形成反映资源稀缺程度的价格机制。建立健全重要商品储备制度和应急调控快速反应机制。积极发展和规范各类中介组织，充分发挥行业协会、商会的作用。以建立个人和企业信用制度为突破口，加快建设社会信用体系，健全失信惩戒制度。完善行政执法、行业自律、舆论监督、群众参与相结合的市场监管体系，规范和维护市场秩序。

深化财税、投资、金融体制改革。健全公共财政体制，明确界定各级政府事权和财政支出责任，合理划分财政收入范围，建立和完善科学合理、透明规范的一般转移支付和专项转移支付制度。深化部门预算、国库集中收付、政府采购和收支两条线管理制度改革，推行全口径预算管理。完成县乡财政改革，建立起促进科学发展和有效保障社会事业经费的良性机制。按照“谁投资、谁决策、谁收益、谁承担风险”的原则，确立企业投资主体地位，逐步缩小投资项目核准范围，完善核准制和备案制。规范政府投资决策程序，强化政府投资风险管理机制。积极推行代建制，建立严格有效的政府投资决策责任追究制度和社会监管机制。改进投资调控方式，加强投资领域法规建设。稳步发展多种所有制的中小金融企业，支持社会资金参与中小金融机构改组改造。推进股份制商业银行改革，

鼓励城市商业银行和城市信用社通过资产置换、增资扩股等方式做大做强，提高抗风险能力。完善省级政府投融资体系，加强机构建设，发挥政府投融资机构集聚、引导和放大社会资本的功能。

专栏10　重大改革进度安排

改革领域	改革任务	完成时间
行政管理体制	制订《河北省政府投资项目管理办法》	前期
	制订《河北省政府投资项目实行"代建制"的指导意见》	前期
	制订《河北省投资条例》	中期
	健全执法责任追究制度	中期
	按照国务院部署完善行政赔偿制度	中期
	按照国家部署，制订并实施分类推进单位改革方案	前期
国有企业改革	完成国有企业政策性关闭破产工作	中期
	基本完成国有大型企业投资主体多元化的股份制改革	后期
国有资产监管	健全完善国有资产授权经营、国有资本经营预算、企业经营业绩考核及重大决策失误追究等制度	前期
	健全国有非银行金融资产监管体制	中期
	建立国有非经营性资产和自然资源资产监管体制	后期
垄断行业改革	按照国家部署，积极推进垄断行业产权制度改革	
	全省市政公用企业全部完成公司制改革	中期
市场体系	完善土地市场及价格形成机制	前期
	完善水价形成机制	前期
	完善石油天然气价格形成机制和配套改革	前期
	推进电价改革	中期
财政	按照公共财政要求，基本理顺财政体制	后期

二、坚持互利共赢，提高开放水平

深入实施"两环开放带动"战略，按照互利共赢的原则，坚持扩大总量与提高质量并重，"引进来"与"走出去"并重，技术引进与消化吸收并重，充分利用国内外两个市场、两种资源，不断提高对外开放水平和国际竞争力。

积极有效利用外资。坚持以我为主，为我所用，把利用外资同产业结构调整、技术进步、区域协调发展结合起来，合理引导外资投向，优化利用外资结构，提高利用外资质量。适应国际资本流动和产业转移新趋势，主动承接先进制造业、高新技术产业和服务业的转移。以引进战略投资者为重点，争取一批跨国公司在河北建立制造基地、研发中心、采购中心、分销中心。拓宽利用外资渠道，探索出让经营权、跨国并购、证券融资等多种利用外资方式，鼓励有条件的企业特别是高科技创业型企业境外上市，积极引进境外风险投资基金。改进招商方式，充分发挥企业主体作用，建立政府协调引导、专业机构实施、中介机构和企业广泛参与的投资促进机制，强化外商投资服务和协调工作，提高招商实效。合理有效利用国际金融组织和外国政府优惠贷款，完善责权利统一的借、用、还机制，严格防范债务风险。加强对外商投资企业的规范管理和协调服务。加快开发区建设与发展，创新管理体制机制，完善基础设施，注重引进科技型、龙头型大项目，增强开发区的示范、带动和辐射作用。

加快转变外贸增长方式。坚持以质取胜和科技兴贸，促进外贸出口由数量型创汇型向质量型效益型转变。扩大机电产品和高新技术产品出口，稳定劳动密集型产品出口，限制高耗能、高污染、资源性产品出口。在继续扩大一般贸易的同时，大力发展加工贸易，提高加工深度，增强配套能力，推动加工贸易转型升级，加快秦皇岛、廊坊出口加工区建设，鼓励开发区大力发展加工程度深、技术含量高的加工贸易项目。积极发展服务贸易，不断提高层次和水平。推进出口市场多元化，深度开发欧盟、北美市场，巩固发展日、韩、俄罗斯和东南亚及香港市场，大力开拓非洲、拉美、大洋洲和中东、东欧市场。推动重要战略资源、重要设备和关键技术进口来源多样化。优化外贸经营主体结构，继续深化国有外贸企业改革，支持鼓励更多的企业直接走向国际市场。完善涉外经济管理体制，积极运用世贸组织规则维护产业安全及企业合法权益。扩大口岸开放，加快电子口岸建设，推进大通关，提高通关效率。加强产品质量检验检测，实施环境管理和安全技术标准，做好出口生产企业质量保证体系、对外注册商标和产品国际标准认证工作。

实施"走出去"战略。支持有条件的企业对外投资，开展跨国生产和经营，建立海外生产基地、销售网络和融资渠道。积极开发利用国外资源，把对外投资与资源开发结合起来，鼓励大型钢铁企业与铁矿石资源富集国开展合作，建立稳定的海外矿石供应基地，支持有实力的企业到境外投资开发油气资源。加强国际经济技术合作，扩大境外加工贸易，积极承揽境外承包工程。合理引导和规范对外劳务合作，逐步扩大规模和范围。完善对外投资和服务体系，规范境外投资监管。建立和完善技术性贸易措施应对体系和国际市场准入信息公共服务平台，为企业提供技术和信息服务。

三、融入京津冀一体化，加强省际间合作

坚持立足实际、以我为主、互惠互利、共同发展，以加强与京津合作为重点，全面加强与全国其他省市的合作，提高对内开放水平。

加强区域间产业分工与协作。发挥我省在农产品生产加工、重化工业及配套加工等方面的优势，加强与京津在汽车及零部件、机械制造、港口及服务业等领域的联合与协作，建立健全重大经济社会政策的合作协商机制，实现资源共享、优势叠加、产业对接。

加强跨区域基础设施建设。加快城际快速轨道交通、高速公路、港口、机场及信息设施一体化建设，配合建设北京出海便捷通道。新建一批引水、改水、节水、供水、防洪设施，建设首都应急水源地配套工程，缓解区域内水资源供需矛盾。

加强生态环境建设与协作。联合建设京津冀水源保护区、风沙源治理区和生态屏障区。探索建立环境保护、水资源补偿、生态建设长效合作机制，逐步消除环京津贫困

带，保障京津生态安全。

与京津共建高新技术产业带。利用京津人才、技术、信息、资金等方面的优势，加强合作，打造京廊津塘、京保石和京唐秦三大高新技术产业带，建设高新技术产业加工制造基地、成果转化基地、产品配套基地，辐射和带动区域经济发展。

加强区域经济技术协作。全面加强与其它省市合作，吸引更多的国内大公司、大集团在河北投资置业。重点加强与内蒙古、新疆、山西、陕西等资源大省（区）的战略合作。积极推进省校合作，不断拓宽合作领域。

第九章　建设资源节约型、环境友好型社会

落实节约资源、保护环境基本国策，坚持经济效益、社会效益和生态效益相统一，在开发中保护，在保护中开发，促进节约发展、清洁发展、安全发展和可持续发展，缓解资源约束和环境压力，实现人与自然相和谐。

一、发展循环经济，提高资源利用效率

按照减量化、再利用、资源化的原则，以尽可能少的资源消耗和环境代价，取得最大的经济社会效益。促进资源循环式利用。在资源开采、消耗、废物产生、资源再生、消费等环节，推动资源高效和循环利用。在开采环节，推广先进适用的开采技术、工艺和设备，提高资源综合开发和回收利用率。在消耗环节，加强对重点行业能源、原材料、水等消耗管理，提高资源利用效率。在废物产生环节，强化污染预防和全过程控制，推动不同行业延长产业链条，降低废物最终处置量。在资源再生环节，大力回收和循环利用各种废旧资源。在消费环节，鼓励绿色消费，倡导合理消费。

鼓励企业循环式生产。采用先进工艺技术与设备，大力推行清洁生产。积极推广余热余压回收、废弃物无害化处理等技术，在企业内部实现能量的梯级利用和资源的循环利用，做到节约、降耗、减污、增效。重点培育100家高标准、规范化的清洁生产示范企业。

推动产业循环式组合。加快冶金、建材、化工、电力、医药、煤炭等重点行业循环经济改造，构建节约型产业体系的基本框架。促进工业与农业、生产与消费、城区与郊区、行业与行业间的有效生态链接。整合各类产业园区，重点发展曹妃甸、沧州临港化工等一批有影响和带动作用的循环经济园区。

创建节约型城市模式。加快中小城市污水处理设施建设和排水管网改造，推广中水回用技术。实行垃圾分类回收，逐步实现垃圾无害化、资源化、减量化，建设废塑料、废旧家电及电子产品、废旧金属等回收利用基地，引导再生资源利用向规模化、集约化、产业化方向发展。推广高性能、低能耗、可再生利用的建筑材料，提高建筑品质。深入开展节约型机关、企业、社区创建活动。

建立循环经济支撑体系。逐步健全促进循环经济发展的地方性法规，研究建立生产者责任延伸制度，推进循环经济步入标准化发展轨道。落实促进节能、节水、资源综合利用的政策，加大财政对发展循环经济的支持力度，实施有利于节约资源的财政政策。逐步建立能够反映资源真实成本和稀缺程度的价格机制，健全资源管理机制和政府消费引导机制。支持促进循环经济发展的共性和关键技术研发，努力突破制约循环经济发展的技术瓶颈。

专栏11　循环经济示范试点工程

重点企业。建设唐钢、邯钢、冀衡化工、西柏坡发电、骊骅淀粉、龙山发电、沧州大化等一批循环经济示范企业。

产业园区。建设曹妃甸、沧州临港化工、石家庄绿色化工等循环经济示范产业园区（基地）及峰峰矿区等循环经济示范区。

再生资源回收利用。建设石家庄再生资源绿色回收网络。建设唐山废塑料，沧州、衡水废橡胶（废轮胎），邢台废玻璃等再生资源回收利用基地。

再生金属利用。建设安新、大城30万吨以上再生铜、再生铅、再生铝，文安东都废旧金属回收利用等一批示范企业。

废旧家电回收处理。建设辛集等废旧家电及电子产品回收利用示范基地。

二、节约保护资源，实现永续利用

坚持开发与节约并重、节约优先，对各种资源实行有限开发、有序开发和有偿开发，努力使经济发展与资源承载能力相适应。

节约利用水资源。按照合理开发、优化配置、高效利用、有效保护和综合治理的方针，建立用水总量控制与定额管理制度，促进节水型产业发展，提高水资源利用和水资源保护整体水平。发展节水灌溉农业，适时开征农业用水资源费。以推进定额用水为重点，强化工业节水，严格控制城镇高耗水服务业的发展速度。增强城镇居民节水意识，降低人均生活用水量。加快城市供水管网改造，使全省城市供水管网漏失率低于12%。严格控制超采、滥采地下水，保护地下水资源。挖掘水资源潜力，鼓励使用再生水，积极开展海水淡化，推广微咸水、矿井水、污水等劣质水源的多级利用，提高再生水资源利用水平。完善城市供水、排水和污水处理企业运行机制，积极推行超计划、超定额用水加价收费制度。发挥政府与市场的双重作用，逐步构建以水权管理为核心的水资源管理体系。

节约利用能源。以提高能源利用效率为核心，以提高终端用能效率为重点，调整能源生产和消费结构，推广利用节能新技术、新产品、新材料。突出抓好冶金、建材、化工、煤炭、电力等重点耗能行业的节能改造，加强高耗能产品能耗限额管理。实施燃煤工业锅炉改造、热电联产、余热余压利用、电机系统节能、建筑节能、绿色照明六大节能示范工程。加强建筑节能标准监管，新建民用与公共建筑严格执行节能标准。推进以节约电力为重点的需求侧管理工作，推广使用节能照明产品。积极开展交通运输节能，推广使用车用乙醇汽油等新型清洁环保燃料。

专栏12　节能重点工程

低效燃煤工业锅炉（窑炉）改造。采用循环流化床、分层燃烧等技术，改造现有中小燃煤锅炉（窑炉）。

区域热电联产。建设30万千瓦级高效环保热电联产机组，将分散的供热锅炉改造为热电联产，推广分布式热电联产和热电冷联产。

余热余压利用。在唐钢、邯钢、宣钢等钢铁企业采用高炉煤气余压发电、纯燃高（焦、转）炉煤气发电；在石化等行业推广回收放散可燃气体发电；在冀东水泥等企业采用新型干法水泥窑余热发电。

电机系统节能。在煤炭等行业采用高效电机、风机、水泵及调速节电技术，实施电动机拖动风机、水泵系统优化改造。

建筑节能。严格执行建筑节能设计标准，推动既有建筑节能改造，推广新型建筑围护结构、新型墙体材料、中空玻璃等，改造采暖空调系统。

绿色照明。在公用设施、宾馆、商厦、写字楼以及住宅中推广高效节电照明产品和节能控制技术，采用LED对城市夜景、交通信号灯进行改造。

集约利用土地资源。实行最严格的土地管理制度，重点加强土地用途管制，严格保护耕地特别是基本农田，控制建设用地增量，努力盘活存量。建立耕地保护责任制，执行耕地占补平衡制度，切实保证基本农田总量不减少、质量不降低。改变传统的土地利用模式，建立健全建设用地定额标准，优化用地结构和布局，节约、集约利用土地。城市用地，要引导产业向园区集中，住宅向社区集中，充分利用闲置土地。开发区建设，要提高土地投资强度、容积率和建筑密度。企业用地，要落实和完善国家行业用地标准，鼓励建设高层标准厂房，盘活企业存量土地。积极开展土地整理和复垦，充分挖掘土地潜力。减少农村居民点占地规模。

合理开发矿产资源。加强矿产资源统一集中管理，严格执行矿产资源总体规划和矿区开发规划，规范矿产资源开采秩序，严禁乱采滥挖、采厚弃薄、采易弃难等浪费矿产资源的采选方式。推广共生矿、伴生矿、尾矿、低品位矿开采与综合利用技术，提高回采率和回收率。加强矿山生态环境保护，研究制定矿山开采生态环境保护金制度。加大重要矿产资源的地质勘查力度，增加矿产资源储量。

保护海洋资源。重点保障运输、油气勘探开发的用海需要。合理安排滨海城市旅游用海，大力推广海水综合利用等高新技术。加强海洋渔业资源保护，控制近海渔业资源捕捞强度，逐步实施捕捞限额制度。大力发展设施渔业，加快传统渔业向现代渔业转变。保护近海海域水质，建立排污总量控制制度。

三、加大保护力度，提升环境承载能力

坚持预防为主、综合治理，强化从源头防治污染和保护环境，坚决改变先污染后治理、边治理边污染的状况。

加强重点流域水污染治理。推进海河流域和南水北调沿线水污染防治，重点加快滏阳河、牛尾河、府河、沧浪渠、武烈河、清水河、陡河、洋河、洨河等河流水污染治理。保护饮用水源地水质，划定饮用水源地保护区，建立水源地保护制度，严禁有毒、有害污染物排放。

改善环境质量。以建设优美舒适的人居环境为目标，广泛开展生态示范区、环保模范城市、环境优美城镇创建活动。改善城市卫生质量，扩大绿化面积。加强城市大气污染防治，严格煤炭管制，倡导使用低硫煤，加快城市集中供热、热电联产企业烟气脱硫治理，控制温室气体排放，严格执行机动车排气标准，改善城市空气质量。健全放射源安全监管体系，加强辐射污染防治与管理。完善城市废物处置设施，提高固体废物、危险废物资源化和无害化处理能力。有计划、有步骤地关停和搬迁严重污染企业。

提高环境监管能力。实行污染物排放总量控制、排污许可证和环境影响评价制度，加强工业污染防治，实施工业污染源全面达标排放工程，对电力、冶金、化工、建材、造纸和制药等行业进行重点治理。搞好水源地保护监测，确保饮水安全。严格执行环保规划，防止产生新的污染源。逐步建立大型企业年度环境报告制度。推行环境信息公开制度，鼓励公众参与监督环境保护。

专栏13　环境治理重点工程

危险废物和医疗废物处理设施。建设唐山市全省危险废物处置中心、河北省放射性废物库及11个设区市医疗废物处置设施。

铬渣污染治理。对河北铬盐化工公司等企业现存的12.5万吨铬渣全部实现无害化处置。

生活垃圾无害化处理设施。全省设市城市及部分县城建设100座生活垃圾无害化处理设施。

城镇污水处理及再生利用设施。建设石家庄桥西污水处理厂二期、曹妃甸循环经济示范区污水及再生水处理等75座污水处理设施。

南水北调东线治污工程。建设南水北调东线河北段沿线17家工业企业污水治理设施。

燃煤电厂二氧化硫治理。搞好河北兴泰、西柏坡等23家燃煤电厂单机5万千瓦以上发电机组烟气脱硫改造。

环境保护能力建设工程。建设12项提高环境保护监测、辐射管理、信息、监察、科研和宣传教育、环境应急能力项目。在省级和市级建设7项覆盖全省范围的环境应急响应工程，保障人民群众的环境安全。

四、加强生态保护和建设，促进人与自然相和谐

把生态建设作为实现科学发展和提高人民生活质量的重要内容，加快生态省建设步伐，遏制生态恶化态势。

完善生态区域布局。加快形成生态功能分区和重点生态保护区域总体框架。按照区域生态特点及主导生态功能，保护和恢复坝上高原、山地、平原、海岸海域四类生态功能区的生态服务功能。加强重要水源保护区、京津生态屏障建设区、水土保持区、生物多样性保护区和城市生态功能区等五类重点生态保护区域建设。完善与区域生态功能相适应的产业布局，实现区域生态安全与经济社会发

展和谐共生。

搞好生态工程建设。积极推进植树造林、防沙治沙、水土保持工作，加强森林、湿地和野生动植物保护，继续实施退耕还林还草、京津风沙源治理、三北防护林四期、太行山绿化二期、坝上生态农业、沿海防护林二期、21世纪初期首都水资源可持续利用、矿山生态恢复示范区等工程，促进自然生态恢复。加大有害生物防控力度，防止外来有害生物对我省生态系统的破坏。到2010年，完成水土保持综合治理面积1.4万平方公里。

专栏14　生态保护重点工程

退耕还林工程。继续实施全省25度以上坡耕地和沙化耕地退耕还林工程。

河北省京津风沙源治理工程。继续实施张家口、承德京津风沙源治理工程。

太行山绿化二期工程。在保定、石家庄、邢台、邯郸4市24个县造林1282万亩。

沿海防护林二期工程。在秦皇岛、唐山、沧州3市及其所属的15个县（市、区）和2个国有农场，完成人工造林121万亩。

湿地保护。实施衡水湖、白洋淀下游、南大港湿地等保护工程。

第十章　促进社会进步与社会和谐

按照民主法制、公平正义、诚信友爱、充满活力、安定有序、人与自然和谐相处的要求，协调推进经济建设、政治建设、文化建设和社会建设。从解决人民群众最关心、最直接、最现实的利益问题入手，大力实施民心工程，增强全省人民的凝聚力。

一、积极扩大就业，增加城乡居民收入

把扩大就业放在更加突出的位置，坚持劳动者自主择业、市场调节就业和政府促进就业相结合，建立经济增长与扩大就业协调推进机制，逐步理顺收入分配关系，不断提高居民收入水平。

实施积极的就业政策。坚持用发展的办法促进就业和再就业，在促进经济发展的同时，更加注重有效地创造更多的就业机会和就业岗位。实施促进就业容量大的劳动密集型产业、服务业和各类所有制中小企业发展的产业政策。进一步完善市场导向的就业机制，不断拓宽就业渠道，鼓励劳动者采用非全日制就业、临时就业、阶段性就业和自主创业等多种形式实现就业和再就业。继续实施鼓励下岗职工自谋职业的优惠政策。加强对大中专毕业生、复转军人就业创业的政策扶持，鼓励和引导高校毕业生面向基层就业。继续实施特困人员就业援助制度，促进困难群体就业。

改善就业和创业环境。统筹制定城乡就业规划，强化政府促进就业的公共服务职能，完善就业服务体系。加强劳动力市场建设，规范劳动力市场秩序，建立劳动就业综合信息服务系统，为供求双方提供准确、及时的服务。健全农村劳动力转移就业服务体系，积极推进地区间劳务协作，扩大贫困地区农村劳务输出。鼓励社会力量和外资参与职业技能培训，加快建立政府扶助、社会参与的职业技能培训机制。规范企业裁员行为，避免把富余人员集中推向社会。进一步加强劳动保障监察，依法保障劳动者合法权益，建立和谐劳动关系。加强对全社会劳动就业状况的监测，探索建立失业预警制度，有效控制失业风险。

不断提高并合理调节居民收入。完善以按劳分配为主体、多种分配方式并存的分配制度，坚持各种生产要素按贡献参与分配。更加注重社会公平，加大收入分配调节力度，着力提高低收入者收入水平，逐步扩大中等收入者比重，有效调节过高收入，加强对垄断行业和收入过高企业的收入监管，努力缓解城乡之间、地区之间和部分社会成员之间收入分配差距扩大的趋势。完善职工收入与经济效益同步增长机制，适时提高企业最低工资标准和企业工资指导线。继续推进国有企事业单位分配制度改革，建立健全有效的激励和约束机制。继续完善和规范公务员工资收入分配制度，规范职务消费，加快福利待遇货币化。加强对城镇低收入群体的扶助，禁止拖欠、克扣工资等侵害劳动者权益行为。

二、健全社会保障，强化社会救助

增加财政社会保障投入，多渠道筹措社会保障基金，提高统筹层次，建立与经济发展水平相适应的社会保障体系。

健全社会保险制度。完善基本养老保险制度，坚持个人账户和社会统筹相结合，逐步做实个人账户，完善省级统筹，确保养老金按时足额发放。以非公有制企业职工、城镇个体工商户和灵活就业人员为扩面重点，将基本养老保险扩大到城镇所有就业人员。积极推进机关事业单位养老保险改革。健全失业保险制度，提高失业保险金的统筹互济能力，发挥促进就业和调控失业的作用。加快发展工伤保险，重点覆盖高风险企业职工和进城务工人员，推动各类企业职工、个体工商户雇工以及机关事业单位职工参保。逐步推行生育保险并将其纳入社会统筹范围。完善医疗保险制度，拓宽基本医疗保险覆盖范围，逐步将符合条件的城镇居民纳入基本医疗保险。在有条件的地方，按照城乡统筹发展的要求，积极探索建立农村养老保险，进一步完善政府、集体经济组织和个人共同筹资机制，加强对基金的管理。发展企业补充保险和商业保险。

完善社会救助体系。加强对困难群体的救助，逐步建成以最低生活保障、灾民救助和五保供养为基础，以医疗、教育、住房、法律等专项救助为辅助，以其他救助和社会帮扶为补充的覆盖城乡的新型社会救助体系。在经济发展的基础上，逐步提高城镇居民最低生活保障标准，确保城镇特困家庭的基本生活得到保障。加快建立住房保障制度，保障低收入家庭的基本居住条件。继续增加医疗、教育、住房等专项救助，保障贫困家庭子女平等受教育的权利。完善农村特困户救济制度。

加强福利事业建设。支持城市福利型养老院、城乡儿童福利院、残疾人综合服务设施建设，建立社会福利事业

投资稳定增长机制，倡导、鼓励和支持互助互济。发展残疾人事业，积极办好社会慈善事业。认真研究制定应对人口老龄化的政策措施，实施爱心护理工程，加强社区养老服务、医疗救助等面向老年人的公共服务，营造老有所养、老有所医、老有所教、老有所学、老有所为、老有所乐的社会氛围，促进老龄事业发展。认真做好优抚安置工作，鼓励社会团体和个人参与扶贫济困。支持社会力量参与公共福利设施建设，推进公益事业社会化进程。

三、发展社会事业，提高人民生活质量

高度重视社会事业发展，努力丰富人民群众精神文化生活，不断提高人民群众健康水平，满足广大人民群众日益增长的物质文化需求。

加强人口和计划生育工作。坚持计划生育基本国策，稳定低生育水平。依法管理和政策引导并重，继续实施农村计划生育家庭奖励扶助和“少生快富”扶贫工程，有效治理出生人口性别比例偏高等问题，建立健全计划生育利益导向机制。完善以现居住地管理为主的流动人口计划生育管理和服务体系。加强县、乡、村三级计划生育生殖健康服务体系建设，强化基层计划生育服务职能，增强优质服务和出生缺陷干预能力。建立农村已婚育龄妇女计划生育、生殖健康免费服务制度。积极推行优生优育，提高出生人口素质。建立以育龄妇女管理系统为主的综合人口数据库。

维护妇女儿童权益。保障妇女平等就学就业、享有社会保障和参与社会事务管理的权利，加强妇女卫生保健、劳动保护、法律援助等方面的工作。坚持儿童优先，依法保障儿童生存权、发展权、受保护权和参与权，改善少年儿童成长环境，促进儿童身心健康发展，提高儿童整体素质。

完善公共卫生和医疗服务体系。以满足人民群众基本医疗卫生需求为目标，加大政府投入力度，提高疾病预防控制、医疗救治和应急救治能力，努力控制艾滋病、结核病、鼠疫、乙型肝炎等重大传染病，健全突发公共卫生事件应急机制。积极防治地方病、职业病、慢性非传染性疾病，加强残疾人康复服务。加快推进新型农村合作医疗制度建设，完善农村公共卫生和基本医疗服务体系，实施农村初级卫生保健规划，促进卫生资源在城乡之间的合理配置。深化城市医疗卫生体制改革，实施区域卫生规划，整合城市卫生资源，完善医疗机构分类管理。大力发展社区卫生服务，在设区市和有条件的县级市，建立比较完善的社区卫生服务体系。支持中医药事业发展。加强医疗卫生服务监督，提高卫生全行业管理水平。深化药品生产流通体制改革，加强医疗服务质量和药品市场监管，整顿药品生产和流通秩序，切实减轻患者医疗费用负担，认真解决群众看病难看病贵问题。

积极发展文化事业。围绕建设文化大省，加大政府对文化事业的投入，逐步形成覆盖全社会的比较完备的公共文化服务体系。推进社区文化、村镇文化、校园文化、企业文化建设，丰富群众文化生活。加快省图书馆、省博物馆等大型文化设施建设，继续实施“百县千乡宣传文化工程”，加强对传统优秀民间艺术的整理和保护，继续组织文化下乡活动。做好文化遗产保护和档案管理工作。按照党委领导、政府管理、行业自律、企事业单位依法运营的要求，完善文化管理体制，形成富有活力的文化产品生产经营机制。加强科学普及，繁荣哲学社会科学。大力发展新闻出版、广播影视、文化艺术，挖掘、整理和弘扬燕赵文化，创建一批河北文化名牌。大力弘扬先进文化，抵制腐朽文化，努力培育文化市场和文化消费，规范文化市场秩序。

大力发展体育事业。构建全民健身服务体系，实施小康体育工程。完善多元化投入机制，逐步建设兼顾全民健身和体育赛事的省、市、县（区）体育活动中心，加快基层社区体育活动设施建设。完善基层群众体育组织，壮大社会体育骨干队伍，推进全民健身运动。抓好竞技体育，搞好竞技体育人才储备，提高竞技体育水平。积极引导社会力量兴办体育产业。

四、创新社会管理，健全公共服务

建立政府调控机制同社会协调机制互联、政府行政功能同社会自治功能互补、政府管理力量同社会调节力量互动的社会管理和公共服务体系。

加强社会组织建设。创新基层管理体制，坚持政府指导和社会共同参与相结合，推进社会组织形式多元化。完善城市社区组织，建设管理有序、服务完善、环境优美、治安良好、生活便利、人际关系和谐的新型社区。提高社区居民委员会、村民委员会管理能力，发挥社会团体、行业组织和社会中介组织提供服务、反映诉求、规范行为的作用。

建立健全公共事件处理和应急机制。构建预防化解社会矛盾的长效机制，把矛盾化解在基层和萌芽状态。加强与群众的沟通和联系，建立防范处置群体性事件的工作机制。加强信访工作，畅通信访渠道，推广领导接访、干部下访等制度。加强人民调解、行政调解和司法调解，扩大调解覆盖面。健全突发公共事件预警应急机制及社会动员机制，建立自然灾害监测预报、防御和救助体系。建设应急联动综合信息服务系统，提高应急指挥、协调联动和快速救援能力。

保障人民群众生命财产安全。按照安全第一、预防为主、综合治理的方针，落实安全生产责任制，强化政府管理和监督职能，加强安全生产监管。认真执行安全生产各项法律法规，完善企业生产许可制度和安全生产风险抵押金制度，切实抓好矿山、危险化学品、烟花爆竹等高危行业的安全生产，有效遏制重特大事故。增加安全生产投入，及时淘汰危及职工生命和健康的落后设备和工艺。加强安全生产基础工作，强化企业安全生产主体责任，依法对事故责任人进行处罚，严查事故背后的失职渎职和腐败行为，严格执行事故赔偿标准。建立和完善安全生产监测监控及事故应急救援体系。强化对食品、药品、餐饮卫生的监管，加强口岸公共卫生和动植物疫情防控能力。

专栏15 公共服务重点工程

社会救助。建设救助管理设施、流浪儿童保护中心、"慈善超市"和社会捐助接收点等。

社会福利。建设综合福利中心、社区福利设施、农村敬老院、儿童福利机构、残疾人综合服务设施等。

社区服务。新建和改造社区服务中心、社区服务站。

防灾减灾。建设防洪控制性枢纽工程，加强蓄滞洪区安全建设。建设省农业和生态气象监测服务工程、气象灾害监测预警服务保障工程，建设基层气象台站和人工影响天气工程。

安全生产应急救援。建设省、市两级安全生产应急救援指挥中心和专业应急救援体系。

重大事故隐患治理。治理尾矿库、危库、险库和危险性较大的病库，搬迁城区内安全距离不达标的危险化学品生产和储存企业。

灾害应急救援。建设灾害应急救助指挥体系。

五、加强精神文明建设，推进民主法制进程

巩固全省人民团结奋斗的共同思想基础，始终保持昂扬向上的精神状态，不断提高民主化、法制化水平，推进依法治省。

加强思想道德建设。继续推进马克思主义理论研究和建设工程，进一步学习宣传邓小平理论和"三个代表"重要思想，树立以"八荣八耻"为主要内容的社会主义荣辱观，弘扬以爱国主义为核心的民族精神、以改革创新为核心的时代精神、以"两个务必"为核心的西柏坡精神。加强集体主义和公民意识教育，引导人们正确认识和处理国家、集体和个人利益的关系，推进诚信教育和社会公德、职业道德、家庭美德建设。继续高扬树正气、讲团结、求发展的主旋律，深入开展文明城市、文明村镇、文明行业、文明单位创建活动，营造文明向善、和谐融洽的社会氛围。积极倡导"爱国守法、明礼诚信、团结友爱、勤俭自强、敬业奉献"的基本道德规范。加强国防动员工作，增强全民国防观念，深入开展"双拥共建"，落实优抚政策，密切军政、军民关系。

加强民主法制建设。进一步完善民主制度、健全民主程序、丰富民主形式，改革和完善权力监督体系，推行政务、村务、厂务公开，保障人民群众依法行使知情权、参与权、管理权和监督权。建立民意表达、批评建议、协商对话等利益诉求机制，拓宽不同利益群体的意愿表达途径。扩大基层民主，保障群众的民主选举权。完善公众参与、专家论证、政府决策相结合的科学民主决策机制，建立重大事项社会公示和社会听证制度。健全决策纠错改正机制、决策失误责任追究机制和受损对象利益补偿机制。加强居民委员会、村民委员会等自治组织建设。全面贯彻党的民族政策，坚持和完善民族区域自治制度，巩固和发展平等、团结、互助、和谐的社会主义民族关系。引导宗教与社会主义社会相适应，依法管理宗教事务。尊重和保障人权，促进人权事业全面发展。

坚持依法行政。"立、改、废"并举，逐步建立健全地方性法规和政府规章体系，将社会管理纳入法制轨道。完善行政执法程序，推行行政执法责任制，规范行政执法行为，严格按照法定权限和法定程序行使职权、履行职责。推进相对集中行政处罚权和综合行政执法工作，解决多头执法、重复执法问题。及时公开、公布经济社会管理和公共服务相关信息。建立权责明确、相互配合、相互制约、高效运行的司法体制，保障公民和法人的合法权益，向弱势群体提供及时有效的法律援助。继续实行廉政建设责任制，加大从源头上治理腐败力度，坚决纠正损害群众利益的不正之风。

积极推进平安河北建设。大力实施社会安全工程，加强社会治安综合治理，构建现代化治安防控体系。强化基层工作，提高社会治安管理水平。积极预防青少年违法犯罪，下大力扫除"黄、赌、毒"等社会丑恶现象，深入开展"五五"普法，努力提高全民法律素质。依法严厉打击严重刑事犯罪活动，大力整治治安混乱区域和突出治安问题，增强群众安全感。加强政法机关基础建设和技术装备建设，推进政法工作信息化。

第十一章 保障规划有效实施

在社会主义市场经济体制初步建立的条件下，实现规划目标和任务，主要依靠发挥市场配置资源的基础性作用。同时，政府要提高经济调节、市场监管、社会管理和公共服务的能力，加强和改善宏观调控，有效引导社会资源，合理配置公共资源，完善决策目标体系、执行责任体系和考核监督体系。科学合理编制专项规划和年度计划，分领域、分阶段落实本规划提出的目标和任务。

一、完善规划体系，加强协调衔接

编制实施好省级专项规划、设区市发展规划。专项规划应成为本规划在特定领域的延伸和细化，主要明确特定领域的发展方向、发展目标、工作重点和政策措施，为政府安排投资提供依据。各设区市人民政府依据省级规划纲要，组织编制和实施本行政区的经济社会发展规划。各设区市的规划既要确保省级规划在本行政区的落实，又要结合自身实际，突出特色。

加强各级各类规划之间的衔接。搞好经济社会发展规划与城镇体系规划、土地利用规划的衔接配合。建立规划纲要与专项规划、省级规划与市县规划相互协调的工作机制，在重大生产力布局、重点项目安排、基础设施建设上，确保总体要求一致，空间配置和时序安排科学合理。

二、明确方向任务，分类引导实施

本规划提出的农业、工业、服务业等产业的发展方向，利用外资、对外贸易等领域的发展重点，是为了给市场主体以明确的导向，主要由市场配置资源，依靠市场主体的自主行为实施。政府要履行市场监管职责，维护公平竞争，不得直接干预企业经营活动，不得干预市场机制正常运行。

本规划确定的促进产业结构优化升级、统筹城乡协调发展等重点任务，主要通过完善市场机制和政策导向机制努力实现。政府要加快推进制度创新，调整完善相关政策，健全利益导向机制，为激发市场主体的积极性和创造性营造良好的制度和政策环境。

本规划确定的义务教育、公共卫生、社会保障、社会救助、促进就业、公共安全等公共服务领域的任务，是政府的承诺，主要通过合理配置公共资源，有效运用行政力量，确保实现。对环境保护、生态建设、资源管理、调节收入分配、维护市场经济秩序、加强社会管理等方面的任务，主要通过建立健全法律法规，综合运用法律手段和经济手段，强力实施。

如期完成各项改革任务，是政府的重要职责，必须放在政府工作的重要位置，要加强对重大问题的研究，着力提高贯彻科学发展观的能力、驾驭全局的能力、处理利益关系的能力和务实创新的能力，加强各项改革之间的衔接，统筹协调，强力推进。

三、适时调控调节，保障经济平稳运行

公共财政要服从和服务于公共政策。合理确定省级财政在新农村建设、公共服务、资源环境、自主创新、基础设施等重点领域的支出责任和管理权限。积极组织财政收入，增强财政保障和支付能力，逐步提高社会基本公共服务支出占各级财政支出的比重。按照集中财力办大事的原则，整合政府投资，改进投资方式，提高投资质量和效益。

专栏16 省级财政投资支持的重点领域

新农村建设。农村义务教育，公共卫生和基本医疗服务体系，饮水安全，农村公路，沼气等可再生能源和新能源，远程教育和村村通广播电视工程，大型商品粮基地，动物防疫体系，农田水利，节水灌溉，水土保持综合防治，动植物良种繁育、农产品加工、旱作农业工程等。

公共服务。义务教育，中等职业教育，劳动技能培训，就业服务，重大疾病防治体系，基层公共卫生，文化和体育设施，公检法司基础设施，食品药品安全监督设施，安全生产监管、煤矿监察及应急体系，气象台站建设，地震、防洪保安等防灾减灾体系，采煤沉陷区治理，生态移民、贫困地区发展等。

资源环境。京津风沙源治理、退耕还林、太行山绿化、沿海防护林等生态环境建设，生态环境保护与修复，环境污染治理，资源节约与综合利用，循环经济示范等。

自主创新。技术进步，产业升级及结构调整，高新技术产业化，创业投资引导体系，重大产业技术研发，资源节约技术研发和推广。

基础设施。国省干线公路，病险水库加固、骨干河道治理、南水北调等重大水利工程，信息化和信息安全基础设施，县城和重点镇供水设施，城镇污水和垃圾处理设施等。

强化产业政策引导。积极贯彻落实国家产业政策，制定和完善有利于节约资源和保护环境、促进科技发展和增强自主创新能力、鼓励民营经济发展等方面的政策措施，支持主导产业加快发展，促进产业结构优化升级。全面实施质量兴省、名牌兴企战略，重点支持拥有自主知识产权和知名品牌的企业加快发展。及时发布产业导向信息，灵活运用多种投融资工具，引导各类生产要素向优势行业和企业集聚，向沿海、沿线、园区集中。强制淘汰高消耗、高污染、质量低劣的落后生产能力、工艺和产品。加强土地调控，优先满足重大基础设施、主导产业和生态建设用地需要。

保障经济安全稳定运行。进一步健全和完善监测预警系统，及时发现和解决经济运行中的突出矛盾和问题，增强政府指导和调节的针对性。在充分发挥市场配置资源基础性作用的同时，组织好煤炭、电力、成品油、运力等重要生产要素的优化配置和供需衔接。构建反应迅速、协同高效、处置有力、保障到位的应急体系，提高有效应对经济运行中突发事件的能力。

四、实施五大工程，强化发展基础

紧紧围绕经济社会发展的关键领域和关键环节，突出抓好具有战略意义的五大工程。实施主导产业工程，壮大钢铁、装备制造、石油化工等十大主导产业，增强核心竞争力。实施基础设施工程，根据全省经济社会发展的需要，加强能源、交通、水利、通讯等基础设施建设，增强后续保障能力。实施体制创新工程，围绕破除影响发展的体制障碍，把握好时机和力度，加快推进国有企业、社会事业、行政管理体制等项改革，增强发展的动力。实施社会进步工程，大力发展科技、教育、文化、卫生等各项社会事业，增强全社会的活力与创造力。实施民心工程，围绕人民群众关心关注的实际问题，做好就业再就业、农民减负增收、食品药品安全等各项工作，推进和谐河北建设，增强全省人民的凝聚力。各级各类规划都要通过具体目标、具体政策措施和具体项目落实这五大工程，构筑全省经济社会发展的战略支撑。

五、改进组织管理，建立监控和调整机制

完善评价考核和监督制度。按照预期性、约束性指标的不同要求，实行分类评价考核。本规划确定的约束性指标，纳入各市、各部门经济社会综合评价和绩效考核，其中耕地保有量、单位生产总值能耗、主要污染物排放总量减少等指标，要分解落实到各设区市。加强年度计划执行情况分析，适时组织规划中期评估，及时发现问题，提出改进意见。加强社会监督，及时发布相关政策和信息。

建立规范的规划实施调整制度。本规划由省政府组织实施。规划实施期间，如遇国内外环境发生重大变化或由于其他重要原因，确需对本规划进行调整时，由省政府提出调整方案，按程序报请省人民代表大会常务委员会批准执行。

“十一五”规划是全面贯彻落实科学发展观的重要规划。让我们在以胡锦涛同志为总书记的党中央和中共河北省委的领导下，高举邓小平理论和“三个代表”重要思想伟大旗帜，高扬树正气、讲团结、求发展的主旋律，振奋精神，扎实工作，锐意进取，开拓创新，为圆满完成“十

一五”规划确定的各项目标任务而努力奋斗！

附：

名词解释

1. **两增、两减、两分**

“两增、两减、两分”是2003年初省委、省政府立足河北实际作出的关于国企改革的战略决策。“两增”指国有企业增效、国有资产增值；“两减”指减持国有股、减少国企冗员；“两分”指分离企业办社会职能、分流企业富余人员。

2. **现代物流**

现代物流主要是指物流供应商利用高新技术，将运输、仓储、包装、装卸、加工配送、信息处理等各个环节紧密地联结在一起，提供全方位、一体化服务，从而实现运输合理化、仓储自动化、包装标准化、加工配送一体化、装卸机械化和信息管理网络化，以便节省流通费用，提高工作效率，优化企业经济效益和社会效益。

3. **“阳光”工程**

“阳光”工程是农村劳动力转移培训阳光工程的简称，是以农村劳动力转移就业前的短期职业技能培训为重点，通过财政补贴等手段开展的职业技能培训和实用技术培训。

4. **城市群**

城市群是指在一定距离内可以频繁往返进行商务活动，以一个或若干特大城市为龙头，众多中小城市协调分布，城市间由农田、林地、水面等绿色空间相分割，通过高效便捷交通走廊相连接的一种城市空间状态。城市群已成为城市化的主体形态，既是创造就业和人口集聚的城市密集区域，也是支撑经济发展和参与国际竞争的核心区域。

5. **环境友好型社会**

环境友好型社会是人与自然和谐发展的社会，通过人与自然的和谐来促进人与人、人与社会的和谐。建设环境友好型社会，就是要以环境承载能力为基础，以遵循自然规律为核心，以绿色科技为动力，倡导环境文化和生态文明，构建经济社会环境协调发展的社会体系。

6. **循环经济**

循环经济是以“减量化、再利用、资源化”为原则，以提高资源利用效率为核心，以资源节约、资源综合利用、清洁生产为重点，通过调整结构、技术进步和加强管理等措施，减少资源消耗，降低废物排放，提高资源生产率，促进资源利用由“资源—产品—废物”线性模式，向“资源—产品—废物—再生资源”循环模式转变，以尽可能少的资源消耗和环境成本，实现经济社会可持续发展，使社会经济系统与自然生态系统相和谐。

7. **农村面源污染**

农村面源污染（或称农村非点源污染），是指农村地区在农业生产和居民生活过程中产生的、未经合理处置的污染物对水体、土壤和空气及农产品造成的污染，具有位置、途径、数量不确定，随机性大，发布范围广，防治难度大等特点。主要来源有两个方面：一是农村居民生活废物，包括生活污水和生活垃圾；二是农村生产废物，包括农业生产过程中因不合理使用而流失的农药、化肥，残留在农田中的农用薄膜和处置不当的农业禽畜粪便、恶臭气体以及不科学的水产养殖等产生的水体污染物。

8. **“211”工程**

“211”工程是国家面向21世纪，重点抓好100所左右高等学校和重点学科建设工程的简称，是国家为培养高层次人才，推进高等教育发展，促进高等教育与经济社会发展相适应的一项重要措施。

9. **三三三人才工程**

从2003年到2007年，培养30名左右45岁以下，专业技术水平在国内领先，并具有较大影响力，在全省保持学科优势的学术、技术带头人；培养300名左右45岁以下，在全省各学科、各技术领域有较高学术和技术造诣，有较强发展潜力和培养前景，做出突出贡献或成绩显著的科技骨干；培养3000名左右40岁以下，具有发展潜能的优秀年轻人才作为学术、技术带头人后备人选。

10. **燕赵学者计划**

在全省普通高校重点学科和重点研究机构中分批选出5—10个特聘岗位，公开招聘“燕赵学者”，聘期一般为3年，省每年提供45万元以上的资金，用于个人生活和开展科研、学术交流活动。

11. **新世纪百千万人才工程**

到2010年，国家计划培养造就数百名具有世界科技前沿水平的杰出科学家、工程技术专家和理论家；数千名具有国内先进水平，在各学科、各科技领域有较高学术和技术造诣的带头人；数万名在各学科领域里成绩显著、起骨干作用、具有发展潜力的优秀年轻人才。

12. **农村电影“2131”工程**

农村电影“2131”工程是由国家广电总局、文化部、国家发展改革委、财政部联合组织实施的一项公益性农村文化工程，主要内容是在21世纪初，全国农村基本实现一村一月放映一场电影的目标，解决农民看电影难问题。

13. **百县千乡宣传文化工程**

为加强中西部欠发达地区和少数民族地区宣传文化事业建设，1998年，中央文明委决定由中宣部、中央文明办、文化部组织实施“百县千乡宣传文化工程”，我省被纳入其中。从1998年到2003年，先后在我省投资4000余万元，资助建设了6个县宣传文化中心，100个乡镇宣传文化站。“百县千乡宣传文化工程”第二期计划，从2004年到2008年，在全国资助建设300个县级宣传文化中心，其中资助我省建设19个县级宣传文化中心。

14. **公共财政**

公共财政是为满足社会公众需要，以政府为主体进行的分配活动，是与社会主义市场经济相适应的财政制度安排。公共财政的基本职能是资源配置、收入分配、稳定经济和监督管理。与计划经济时期的生产建设型财政相比，社会主义市场经济时期的公共财政具有公共性、公平性、公益性和法制性四个基本特征。

关于河北省国民经济和社会发展第十一个五年规划纲要的报告

——在河北省第十届人民代表大会第四次会议上

河北省省长 季允石

（2006 年 2 月 16 日）

各位代表：

从今年开始，我省将实施第十一个五年规划。省委六届八次全会通过的《中共河北省委关于制定国民经济和社会发展第十一个五年规划的建议》，提出了未来五年国民经济和社会发展的奋斗目标、指导原则和主要任务。根据中央和省委《建议》精神，省政府制定了《河北省国民经济和社会发展第十一个五年规划纲要（草案）》。现在，我代表河北省人民政府向大会作报告，请各位代表连同《纲要（草案）》一并审议，请省政协委员提出意见。

一、“十五”时期国民经济和社会发展回顾

过去的五年，特别是党的十六大以来的三年，全省人民在党中央、国务院和中共河北省委领导下，树立和落实科学发展观，坚持以经济建设为中心不动摇，扭住发展第一要务不放松，积极应对经济社会环境的发展变化，努力克服前进道路上的各种困难，全面完成“十五”各项目标任务，经济社会发展呈现出令人鼓舞的好局面。

综合实力上了一个大台阶。全省生产总值提前实现“翻两番、三步走”第一步战略目标。2005 年，初步核算达到 10116.6 亿元，五年平均增长 11.2%。人均生产总值达到 1.48 万元。全部财政收入完成 1035.2 亿元，其中一般预算收入 515.7 亿元，按可比口径计算分别是 2000 年的 2.65 倍和 2.15 倍。在收入较快增长的基础上，集中财力办了一些多年想办而未能办的大事。

结构调整取得重要进展。农业综合生产能力稳步提高。2005 年粮食总产 519.7 亿斤，是五年来最高水平。畜牧、蔬菜、果品三大产业占农业的比重由 2000 年的 60.6%提高到 70%，农业产业化经营率由 36.1%提高到 48.5%。工业主导产业支撑作用增强，占规模以上工业增加值比重由 74.8%提高到 78.4%；高新技术产业增加值年均增长 17.4%，高于“九五” 3.5 个百分点。服务业发展速度加快，住房、通讯、旅游成为新的消费亮点。城乡二元结构改善，县域经济实力增强，城市化率由 26.1%提高到 37.5%。

经济发展后劲明显增强。全社会固定资产投资五年累计完成 1.4 万亿元，年均增长 14.1%，其中 2003 年以来年均增长 26.2%。建成投产重点项目 361 项，完成投资 2204 亿元，是“九五”的 1.6 倍。保定汽车工业园、廊坊高新技术产业、蔚县煤电路一体化综合开发等一批重大项目建设顺利推进。以曹妃甸港区开港为标志，河北“一号工程”曹妃甸港区和循环经济产业示范区建设取得重大进展。基础设施和基础产业建设实现新跨越，五年新增高速公路 654 公里，通车里程达 2135 公里，在建 1160 公里；新增二级以上公路 5875 公里；新建改建农村公路 4.9 万公里，所有乡镇和 90%的行政村通了油路。新增铁路 358 公里。新建港口泊位 33 个。南水北调工程河北段进展顺利，完成 18 座大中型水库除险加固，解决了 381 万群众的饮水困难。新上电力项目 12 个，装机容量达到 2316 万千瓦，比“九五”增加 724 万千瓦。电话普及率由 24.6%提高到 52.8%，提前实现村村通电话，互联网用户达到 311 万户。

改革开放步伐加快。坚持和完善基本经济制度。国有经济布局调整力度加大，国企改革向纵深推进。石钢、华药等一批省属大型企业股份制改革迈出实质性步伐。市县属国企改制面达到 99%。民营经济快速发展，增加值年均增长 13.1%，占全省生产总值的比重达到 48%，对经济增长的贡献率达到 47.2%。农村税费、粮食流通、投资、财政等其他改革取得新进展。扩大了 22 个县（市）经济社会管理权限。对外开放水平进一步提高。五年累计利用外资 78 亿美元，年均增长 10.3%；2005 年进出口总额达到 160.7 亿美元，其中出口 109.3 亿美元，分别为 2000 年的 3.1 倍和 2.9 倍。对内开放成效显著，首钢搬迁等重大合作项目顺利实施。

社会事业全面进步。科技创新能力增强，累计申请专利2.8万件、取得省级以上科技成果5421项，分别是“九五”的1.66倍和1.28倍。国民教育体系进一步完善，九年义务教育成果得到巩固，高中段教育规模扩大，高等教育步入大众化阶段。全省人民众志成城，成功抗击非典。高度重视高致病性禽流感防控工作，有效地阻击了疫情发生。公共卫生三大体系建设顺利推进，142个疾控项目和106个医疗救治项目基本完成。农村部分计划生育家庭奖励扶助制度和“少生快富”扶贫工程试点效果良好，低生育水平保持稳定。生态环境有所改善，城市大气污染、重点流域水污染防治取得积极效果。廊坊市被评为国家环保模范城。防震减灾体系建设得到加强。实施《建设文化大省规划纲要》，组建出版、报业、广电集团，广播电视“村村通”工程覆盖率达98.4%。广泛开展全民健身运动，体育健儿在国内外重大赛事上取得优异成绩。军民双拥共建全面推进，国防动员工作进一步加强。妇女、儿童、老龄、慈善、残疾人等事业继续发展，外事、侨务和民族、宗教工作取得新成绩。

人民生活水平提高。2005年城镇居民人均可支配收入9107.1元，农民人均纯收入3481.6元，分别比2000年增加3445.9元和1002.7元。就业持续扩大，2003年以来城镇新增就业116万人，城镇登记失业率控制在调控目标以内。社会保障体系逐步健全，企业离退休人员养老金和国企下岗职工基本生活保障金按时足额发放，城市低保做到应保尽保。欠发公教人员工资问题得到解决，提高了职工最低工资标准和企业工资指导线。医疗保险覆盖面扩大，省市两级和164个单独统筹的县（市、区）全部实施城镇职工基本医疗保险。为2.1万户城镇低收入困难家庭提供住房保障。逐步取消农业税，增加对种粮农民的补贴。转移农村富余劳动力750万人次。初步建立农村低保制度。整村推进和“四帮一”扶贫工程顺利实施，五年来减少贫困人口140万。扎实开展文明生态村创建活动，全省14%的行政村进入先进行列。广大农民收入增加、负担减轻，生活质量得到提升，人居环境有了较大改观。

发展环境明显改善。政府职能转变步伐加快，建设勤政、廉洁、务实、高效政府取得积极进展。完成行政许可项目清理，建立健全社会公示、社会听证制度和科学民主决策机制。加强机关效能建设，实施“双提”工程。深入开展民主评议活动，推进行政权力公开透明运行试点。广泛开展社会主义精神文明创建活动，廊坊、唐山、秦皇岛被评为全国精神文明创建工作先进市。“四五”普法任务基本完成。整顿和规范市场经济秩序，集中开展专项整治。完善发展环境评价考核机制，创业宽松、社会文明、人居安全的良好环境逐渐形成。

特别需要指出的是，刚刚过去的2005年，各条战线都取得了新成绩、新进展。全省各地各部门认真贯彻国家宏观调控政策，国民经济保持增长较快、效益较好、活力增强的态势；把解决“三农”问题摆在突出位置，加大支持力度，实现粮食增产农民增收；突出结构调整主线，保持合理投资规模，扩大消费需求，经济运行的稳定性有所提高，发展的协调性有所改善；以“两增、两减、两分”为重点的国企改革阶段性任务基本完成，其他各项改革继续深化；优化民营经济发展环境，着力解决民营企业资金、人才、创新等方面的困难，民营经济保持强劲发展势头；积极应对贸易摩擦，调整优化出口结构，狠抓利用外资大项目，加快“走出去”步伐，对内对外开放进一步扩大；大力推进城市化和“一线两厢”区域发展，促进了城乡、地区的良性互动；加快发展社会事业，精心组织实施“十项民心工程”，正确处理改革发展稳定的关系，社会和谐稳定的良好局面得到巩固。全省生产总值增长13.4%，高于全国平均水平3.5个百分点。全部财政收入增长33%，全社会固定资产投资增长30.4%，社会消费品零售总额增长14.6%，实际利用外资增长15.2%，外贸进出口总额增长18.8%，城镇新增就业46万人，城镇居民人均可支配收入增长14.5%，农民人均纯收入增长9.8%。省十届人大三次会议确定的目标任务胜利完成，为“十五”画上了一个圆满的句号。

各位代表！我省经济社会取得的巨大成就，为“十一五”发展奠定了良好基础。这是党中央、国务院和中共河北省委正确领导的结果，是全省人民团结奋斗的结果。在此，我谨代表河北省人民政府，向广大工人、农民、知识分子、各级干部和社会各阶层建设者，向人大代表、政协委员，向各民主党派、工商联、无党派人士和人民团体，向驻冀人民解放军、武警官兵和公安民警，向中直机关驻冀各单位，向关心河北发展的香港特别行政区和澳门特别行政区同胞、台湾同胞、海外侨胞、国内外朋友，致以崇高的敬意和诚挚的感谢！

“十五”时期特别是党的十六大以来的实践，深化了我们对省情和经济社会发展规律的认识，丰富了我们推进改革开放和现代化建设的经验。一是牢牢把握更快更好发展这个主题。注意抢抓机遇，实现快速发展，并把“快”与“好”辩证统一起来，坚持积极的、有作为的态度落实中央宏观调控政策，实事求是地处理各种矛盾，在发展中解决问题，在解决问题中促进发展。二是把解决经济工作中的主要矛盾作为着力点。提出狠抓“四项重点经济工作”，按照“一条主线、两大支撑”的要求，加快结构调整和增长方式转变，立足工业强省，积极谋划和实施一批立省、立市、立县的大项目，以农业产业化、工业化和城市化为重点，推进县域经济发展。三是按照分类指导的原则推进经济建设。着眼于促进区域经济协调发展，实施“一线两厢”区域发展布局；着眼于增强县域经济实力，采取扩权强县的改革措施；着眼于激发贫困地区的发展活力，实行激励性财政政策。四是统筹经济建设和社会事业协调发展。在大力发展经济的同时，更加自觉地把社会事业摆在重要位置，组织实施“十项民心工程”，制定科技教育发展的政策措施，展开文化大省建设，推进文明生态村创建活动。五是把优化发展环境作为经济发展的重要保障。加快行政管理体制和机制改革，深入开展廉政建设和反腐败斗争，加大维护社会安全和稳定的工作力度，采取一系列有利于促进投资、吸引外资的积极政策，为加快发展创造良好的政治环境和社会环境。

以上经验和启示，归结起来就是：一定要解放思想、实事求是，一切从实际出发，把中央的路线方针政策与河北实际紧密结合起来，创造性地开展工作；一定要坚持树正气、讲团结、求发展，把广大干部的智慧和力量凝聚到干事、创业、为民上来，把人民群众的积极性和创造性充分发挥出来，一心一意地推进改革和发展。这些宝贵经验，在实践中已经产生了积极效果，必须毫不动摇地坚持下去，并在今后的工作中不断完善和发展。

在肯定成绩的同时，我们也清醒地认识到，发展中还面临着不少矛盾和问题，主要是：经济结构不合理，粗放型增长方式还没有根本转变，资源、环境约束日益明显。科技总体实力不强，自主创新能力较弱。城市化水平低，城乡区域发展不平衡。改革任务相当艰巨，对外开放水平不高，体制机制问题仍是障碍发展的根本性因素。社会事业欠账较多，经济社会发展不够协调。安全生产形势严峻，重特大事故屡有发生。政府自身改革和职能转变滞后，政府工作还存在不少缺点。我们必须居安思危，增强忧患意识，高度重视并认真解决前进中的困难和问题。戒骄戒躁，励精图治，坚持不懈地做好工作，绝不辜负人民的重托和期望。

二、“十一五”时期的指导原则和发展目标

面向未来，我们站在新的历史起点上。《纲要（草案）》深入分析了国内外形势。今后一个时期，我们面临的仍将是一个机遇和挑战并存、机遇大于挑战的环境，总体上对我们有利。特别是我国工业化中期重化工业加速发展，与我省的资源禀赋和产业结构相吻合，有利于发展优势产业；京津冀都市圈和环渤海经济圈加速崛起，有利于发挥区位优势。只要我们抓住历史机遇，用好这些条件，积极应对挑战，今后五年可以大有作为。

根据“十一五”时期的形势和任务，《纲要（草案）》提出了今后五年经济社会发展的总体要求，这就是：以邓小平理论和“三个代表”重要思想为指导，全面落实党的十六届五中全会和省委六届八次全会精神，坚持以经济建设为中心，以科学发展观统领经济社会发展全局，高扬树正气、讲团结、求发展的主旋律，紧紧围绕实现更快更好发展、推进和谐河北建设两大主要任务，深入实施科教兴冀、两环开放带动、城市化和可持续发展战略，更加注重调整经济结构和转变增长方式，更加注重完善体制机制，更加注重科技进步和自主创新，更加注重人的全面发展，努力提升综合竞争力，为全面建设小康社会奠定坚实基础。

《纲要（草案）》最鲜明的特点，是坚持以科学发展观统领经济社会发展全局。科学发展观是指导发展的世界观和方法论的集中体现，其本质要求就是实现既快又好的发展，强调以人为本、全面协调可持续的发展，做到“五个统筹”的发展。实施好“十一五”规划，必须转变发展观念，创新发展模式，提高发展质量；必须牢牢把握实事求是这个精髓，强化统筹的意识、和谐的意识，进一步增强推动科学发展的自觉性和坚定性。《纲要（草案）》明确了在实践中需要遵循的指导原则，其核心内容：一是坚持把实现好、维护好、发展好人民群众的根本利益作为一切工作的出发点和落脚点。二是坚持走新型工业化道路，加快推进经济结构调整、增长方式转变。三是坚持以改革开放和自主创新为动力，努力形成更具活力、更加开放的体制环境。四是坚持统筹城乡发展，不断增强发展的稳定性、协调性和可持续性。五是坚持促进区域协调发展，深入落实“一线两厢”区域发展布局。六是坚持正确处理改革发展稳定的关系，在社会稳定中推进改革与发展，通过改革和发展促进社会稳定。这些原则，体现了从河北实际出发落实科学发展观的要求，必须全面认识、深刻理解、认真贯彻。

根据上述要求和原则，《纲要（草案）》提出了“十一五”时期全省经济社会发展的主要目标：在优化结构、提高效益和降低消耗的基础上，生产总值年均增长11%左右，2010年达到1.7万亿元（2005年价），人均生产总值达到2.4万元。单位生产总值能源消耗比“十五”末降低20%左右。全部财政收入力争达到2000亿元左右。城镇居民人均可支配收入和农民人均纯收入年均增长8%和6%以上。城市化率达到45%。人口自然增长率控制在6.94‰以内。产业结构和企业组织结构进一步优化，培育一批有市场竞争力的大型企业集团和名牌产品。资源利用率显著提高，生态环境有较大改善。科技、教育、人才的支撑作用明显增强。就业岗位持续增加，社会保障体系比较健全，贫困人口继续减少。民主法制和精神文明建设得到加强，构建和谐河北取得明显成效。

“十一五”时期是我省全面建设小康社会承前启后的关键时期。提出这样的目标，既体现了保持经济社会发展良好势头的要求，又体现了为2020年实现“翻两番、三步走”奋斗目标打好基础的要求；既反映了“十一五”时期发展的阶段性特征，也反映了全面建设小康社会的阶段性目标；既积极向上、鼓舞人心，又留有余地、切实可行。《纲要（草案）》把规划目标分为预期性、约束性两大类，形成了包括经济发展、结构调整、资源环境、改革开放、社会事业和人民生活等6个方面、26项综合性指标和29个专项指标在内的指标体系。规划把人均生产总值、降低单位生产总值能耗和结构调整三项指标摆在重要位置，旨在表明，今后我们看发展，要更加重视“人均”的概念，把人均指标作为重要衡量标准；更加重视增长方式转变，建设资源节约型、环境友好型社会，实现可持续发展；更加重视优化结构提高效益，推动经济社会逐步转入科学发展的轨道。实现这些目标，全面建设小康社会就能取得重要进展，就能为后十年发展奠定坚实基础。我们一定要坚定信心，乘势而上，攻坚克难，务期必成。

三、推进产业结构优化升级

产业结构不合理，是长期制约我省经济发展的突出矛盾。《纲要（草案）》把推进经济结构的战略性调整，尤其是产业结构优化升级，作为“十一五”时期我省经济发展的首要任务。

壮大提升工业主导产业。坚持存量调强，增量调优，做大做强钢铁、装备制造和石油化工三大优势产业。抓好钢铁工业“品种、质量、整合”工作，加快曹妃甸大钢、邯钢结构优化产业升级总体规划等项目建设，实现由钢铁大省向钢铁强省转变。大力发展汽车、船舶、电力、环保、通讯等装备制造业，改造提升食品、医药、建材建筑、纺织服装等传统产业。加快发展石油化工、煤化工和盐化工，形成技术先进、上下游产品关联配套的石化产业体系。重视企业组织结构调整，在壮大规模以上工业的同时，积极发展规模以下工业，实施好中小企业成长工程。实施名牌战略，提高产品技术含量，增强企业竞争力。

加快发展高新技术产业。这是我省的后续主导产业。必须坚持自主创新与技术引进相结合，在电子信息、新材料、新能源、生物与医药、现代农业等领域，组织实施高新技术产业化工程，加快华为、中兴北方产业基地等重大项目建设。以软件和信息技术应用为重点，发展电子信息业。加快高新技术产业基地建设，建立高新技术产业发展基金，积极推进高新区二次创业。

全面振兴服务业。立足扩大内需，保持经济平稳较快发展，一是靠投资，二是靠消费。“十一五”时期的一个重大转变，是更多地依靠消费需求拉动经济增长。扩大消费需求必须加快服务业发展。大力发展现代流通业，建设物流园区和大型专业物流项目，完善农村流通体系，积极实施“万村千乡市场工程”，继续抓好各类商品市场改造升级。有序发展房地产业。加快发展金融、保险、信息和法律服务等现代服务业。加强文化遗产保护，发展红色旅游、自然生态和文物精品等特色旅游。强化文化产业在新兴服务业中的重要地位，培育一批实力雄厚的文化企业。建立公平、平等、规范的行业准入制度，创造有利于服务业发展的良好环境。

结构调整是永恒的主题。我省目前还处在工业化中期的初始阶段，结构调整既任重道远，又十分急迫。我们要抓住有利时机，切实把调整结构、转变增长方式这条主线进一步突出出来，努力构建具有河北特色的经济发展格局。

四、统筹城乡协调发展

“十一五”期间，解决好“三农”问题仍然是全部工作的重中之重。《纲要（草案）》力求充分、全面体现这一要求，提出深入贯彻工业反哺农业、城市支持农村的方针，建立以工促农、以城带乡的长效机制。

加快社会主义新农村建设。建设社会主义新农村是一个全面的目标和系统工程，中心任务是发展农村经济。要按照生产发展、生活宽裕、乡风文明、村容整洁、管理民主的要求，分步实施，稳步推进，讲究实效。一是加快发展现代农业。提高农业综合生产能力，稳定粮食生产，确保粮食安全。提高优质蔬菜和果品比重，把畜牧业做成农业的第一主导产业。大力发展区域特色农业，建设优势农产品产业带。推进农业产业化经营，培育壮大龙头企业，加大产业化基地扶持力度，发展农民专业合作组织。健全农业技术推广、农产品市场、农产品质量安全和动植物病虫害防控体系，推动传统农业向现代农业转变。

二是千方百计增加农民收入。这是解决“三农”问题的核心。坚持“多予、少取、放活”方针，尤其要在“多予”上下功夫。健全农民负担监督管理机制，完善对种粮农民的各项直接补贴政策，加大补贴力度。拓宽农民增收渠道，挖掘农业内部增收潜力，大力发展农村二、三产业，努力创造新的就业机会和收入来源。

三是全面深化农村改革。基本完成以乡镇机构、农村义务教育和县乡财政管理体制改革为主要内容的农村综合改革，是巩固农村税费改革成果的紧迫任务。它比取消农业税更深刻、更艰难，必须坚定不移地推进。稳定并完善农村土地承包关系，坚持最严格的耕地保护制度，加快征地制度改革，建立对被征地农民的合理补偿机制，完善失地农民基本生活保障制度。深化粮食、棉花、农资流通体制改革，健全农村金融服务体系。

四是加强农村基础设施和社会事业建设。这是建设新农村的重大举措。各地各部门尤其是综合管理、基础产业和公共服务部门，从思想认识到工作部署都必须有一个大的转变。要调整投资方向，由以城市建设为主向更多地支持农村建设转变。在制定发展规划、安排建设投资和事业经费时，充分考虑统筹城乡发展的要求，更多地向农村倾斜。增加节水灌溉、人畜饮水、乡村道路、农村沼气、农村水电、草场围栏等“六小”设施投入，增强新农村建设后劲。大力发展农村教育、卫生、文化等社会事业，提高农村公共服务水平。

五是扎实推进文明生态村建设。这是建设社会主义新农村的重要内容。优化县域村庄空间布局，搞好乡村建设与整治规划。组织农民硬化道路，净化院落，绿化村庄。加强农村文化活动室、卫生室、健身场所建设，倡导文明生活方式，提高农民生活质量。健全村民自治机制，完善村务公开与民主管理制度。到2010年，力争40%的行政村跨入创建文明生态村先进行列。

建设社会主义新农村是一个长期的奋斗过程。要注重因地制宜，坚持从实际出发，搞好科学规划，尊重农民意愿，着力解决农民生产生活中最迫切的实际问题，使新农村建设带给农民实惠、受到农民拥护。

大力发展县域经济。县域经济是我省经济的重要支撑。要以发展民营经济为主导，农业产业化、工业化和城市化并举，按照集约化、专业化、规模化发展方向，鼓励和支持县域特色产业发挥聚集优势，提升技术层次，延长产业链，促进企业集群发展，增强带动力。完善县域经济发展的财政激励政策，推进扩权强县改革向纵深发展，争取更多的县进入全国百强行列。

加速城市化进程。随着农业生产力水平的提高和工业化进程的加快，城市化进入了快速发展的新阶段。按照循序渐进、节约土地、集约发展、合理布局的原则，突出重点，梯级推进，促进大中小城市和小城镇协调发展。把发展城市群作为推进城市化的主体形态，构筑环京津、环省会城市群，培育沿海城市带。发展壮大区域中心城市，支持现有中等城市做大做强，加快发展县城和重点镇。科学编制城镇体系规划，搞好土地利用总体规划和城市总体规划修编。加强城市基础设施建设，深化市政公用事业改革。促进产业向城镇集中，夯实城市化的产业基础。深入实施“阳光工程”，加强农村劳动力技能培训。建立统一户籍、就业、城市公共资源共享等制度，改善农民进城就业环境，促进农民向市民转变。同时，充分考虑城市容纳能力，一方面引导农民有序进城务工，另一方面促进农村劳动力就近转移。

建设社会主义新农村，发展县域经济，推进城市化，是新时期统筹城乡发展、从根本上解决“三农”问题的三大战略举措。只有加快新农村建设，才能建成惠及全体人民的更高水平的小康社会。只有壮大县域经济，才能为全省经济更快更好发展提供有力支撑。只有加速城市化进程，才能发挥好工业和城市对农村的带动作用，推动城乡一体化发展进程。

五、促进区域协调发展

按照“一线两厢”区域发展布局要求，《纲要（草案）》明确了各区域的功能定位和发展模式，强调发挥比较优势、加强薄弱环节，建立互动机制、促进协调发展，并提出了落实区域发展布局的途径。

实施分类指导，优化生产力布局。“一线”地区要发挥产业聚集程度高、技术创新能力强等比较优势，着力发展高新技术、装备制造、现代物流和现代农业及农产品加工业，建设全省经济隆起带。“南厢”地区要发挥交通便利、产业基础较好的优势，大力发展钢铁、化工、食品、建材、纺织服装和装备制造等传统优势产业，规划建设特色工业园，建设区域物流中心，培育全省经济新的增长极。“北厢”地区要发挥生态环境和资源优势，加强基础设施和生态建设，加快能源基地和资源综合利用基地建设，培育壮大绿色食品加工业、生态林业和旅游业，实现经济发展新跨越。

加快发展临港产业，壮大沿海经济带。做好临港经济这篇大文章，充分发挥其对产业结构优化升级和区域经济发展的促进作用。要按照技术一流、规模一流、效益一流、生态环境一流的要求，建设大港口、大钢铁、大化工、大电能，强力推进曹妃甸港区和循环经济产业示范区开发建设。依托大港口，大力发展物流仓储、装备制造、配套加工和煤化、石化等临港产业，增强港区综合竞争力。挖掘海洋资源潜力，积极发展海洋经济。

加大对欠发达地区投入，增强自我发展能力。坚持开发式扶贫，走经济发展、群众生计、生态保护和生态移民相结合的道路。以张承地区基础设施建设、太行山地区资源综合开发和黑龙港地区特色经济发展为重点，探索更加有效的扶贫开发方式和方法，整合扶贫资源，整体推进。注重解决移民问题，组织实施生态移民和异地扶贫，基本解决贫困人口的温饱问题。

促进区域协调发展，要健全市场机制，促进生产要素在区域间合理流动。健全合作机制，开展多种形式的区域经济技术协作。健全互助机制，发达地区要采取对口支援、社会捐助等方式帮扶欠发达地区。健全扶持机制，按照公共服务均等化原则，加快革命老区、民族地区和贫困地区的发展。

六、加强基础产业和基础设施建设

基础产业和基础设施是经济社会发展的重要支柱。《纲要（草案）》提出，按照统筹规划、适度超前、优化网络、提高水平的原则，整体推进能源、交通、水利和信息等设施建设，构建布局合理、设施先进、功能齐全的基础产业和基础设施体系。

积极推进能源建设。坚持省内供给与省外补充并重，优化能源结构，提高清洁、高效能源比重。加强电源点和电网建设，加快城网和农网改造。重点抓好大型煤矿建设，高标准建设国家冀中煤炭基地。推进冀蒙煤电基地合作，开辟新的煤源渠道。搞好油气开发与利用，积极发展风能、太阳能、核电等新能源和可再生能源。

完善交通设施。建设智能型现代综合交通运输体系。构建“五纵六横七条线”高速公路网架，完善城乡公路网，改造升级干线公路，大力发展农村公路，实现市市通高速公路、市县通高等级公路、乡（镇）村通等级公路。加快铁路改造和扩能，推进与铁道部合作的煤炭运输、港口集疏通道、客运专线铁路项目和邯黄等铁路建设。明确港口定位，形成秦皇岛港、唐山港、黄骅港分工合理、优势互补的港群体系。拓展港口功能，积极发展杂货和集装箱运输。努力推动航空事业发展，改造完善石家庄、山海关机场设施，建设邯郸、承德、张家口、秦皇岛等支线机场。

加强水利设施建设。完善防洪保安工程体系。加快南水北调河北段干线工程和配套工程建设，构筑“两纵六横十库”供水骨干网络。继续实施大中型灌区续建配套和节水改造工程，基本实现全省农业灌溉用水总量零增长。加强饮水安全工程建设，改善群众饮水质量。搞好集雨工程，完善河网系统。实施生态补水和水环境修复工程，保证重点区域生态环境用水。

加快信息基础设施建设。稳步推进“三网融合”，加快建设宽带通信网络，积极发展用户接入网，构建新一代移动通信网络。大力发展电子政务、电子商务，推进农村信息网建设，扩大互联网覆盖率，提高社会数字化水平。完善公用信息基础设施，加强基础信息网络和重要信息系统的管理和安全防护。

“十一五”期间，我省基础设施和基础产业建设任务相当繁重，必须精心组织，强化管理，科学施工，保证质量、工期。

七、增强自主创新能力和科教智力支撑

加强自主创新，建设创新型国家，是中央提出的面向未来的重大战略。要着眼于建设创新型河北，认真贯彻“自主创新、重点跨越、支撑发展、引领未来”的方针，把增强自主创新能力作为科学技术发展的战略基点和调整产业结构、转变增长方式的中心环节，深入实施科教兴冀和人才强省战略，更多地依靠科技进步和劳动力素质的提高实现长期持续发展。

着力提高自主创新能力。自主创新能力是国家竞争力的核心，正在成为经济社会发展的重要推动力量和财富形成的主要源泉。从我省实际出发，有针对性地推进原始创新、集成创新，突出抓好引进消化吸收再创新。加快建立以企业为主体、市场为导向、产学研相结合的技术创新体系。强化应用研究和成果推广，加速科技成果向现实生产力转化，重点提高钢铁、石化、装备制造、医药等主导产业整体技术、装备和工艺水平。改善技术创新的市场环境，加快发展创业风险投资，加强技术咨询、技术转让等中介服务。认真落实国家支持自主创新的政策措施，完善自主创新的激励机制，加强知识产权保护。弘扬科学精神，培育创新文化，在全社会营造生动、活跃、民主的创新氛围。

加快科技改革和发展。科学技术是第一生产力。要把提高自主创新能力摆在科技发展的突出位置，大力开发具有自主知识产权的关键技术和核心技术，推动优势产业做大做强。建设太行山星火产业带。结合区域功能定位，加快建立区域创新体系，引导各地立足现有基础，确定优先和重点发展的行业、企业、产品，加大技术创新力度，提高竞争力。结合利用和消化部分行业过剩生产能力，推动企业并购、重组、联合，提高产业集中度和整体技术水平。

优先发展教育事业。教育是现代文明的基石，也是开发人力资源、培养人才的基础。要全面推进素质教育。提高义务教育的普及水平和质量，把农村义务教育作为重中之重，强化政府的保障责任。扩大贫困地区中小学生“两免一补”范围。对农村地区义务教育阶段学生全部免收学杂费。解决好进城务工人员子女就学问题。推进基础教育均衡发展。大力发展职业教育，扩大招生规模，加快实训基地建设，推行工学结合、校企合作的培养模式。加强高水平大学和重点学科建设，全面提升高等教育质量和高校知识创新能力。促进民办教育发展。完善和规范以政府投入为主、多渠道筹措教育经费的投入机制。构建终身教育体系，推动学习型社会建设。

加快建设人才强省。人才资源是第一资源。要按照数量充足、结构合理、素质优良的要求，大力培养和开发人力资源，促进创新人才特别是年轻人才脱颖而出，推动人口大省向人才强省转变。加强专业化高技能人才培养，实施县乡村实用人才工程。完善人才管理、使用和引进机制，使人才引得进、留得住、用得好，真正把优秀人才聚集到建设创新型河北的伟大事业中来。

从发展进程和趋势看，我们已经到了更多地依靠自主创新能力和提高劳动者素质推动经济增长和社会进步的新阶段。要不断强化创新意识，完善创新机制，培育创新人才，努力走出一条符合河北实际的自主创新之路。

八、推进体制创新和全面开放

改革开放是推进经济社会发展的强大动力。《纲要（草案）》把深化体制改革和提高对外开放水平放在重要位置，特别强调要完善落实科学发展观的体制保障，逐步消除制约经济社会发展的深层次体制障碍。全面提高开放水平，在更大范围、更宽领域、更高层次上参与国际竞争和经济全球化进程。

深化改革方面，要在一些重点领域和关键环节取得突破性进展。一是着力推进行政管理体制改革。这是全面深化改革，提高对外开放水平的关键，重点是要进一步转变政府职能。实行政企分开、政资分开、政事分开、政府与中介组织分开，进一步减少和规范行政审批，合理界定政府职责范围，坚决把政府不该管的事交给企业、中介组织和市场，把该管的事切实管好。二是继续深化国有企业改革。加速国有经济布局的战略性调整，推动国有资本向关系国计民生的重要行业和关键领域集中。推进国有大型企业的股份制改革，在优势行业组建大公司大集团。按照国家要求，搞好垄断行业改革。加快建立现代产权制度，进一步提高混合所有制经济比重。完善法人治理结构，建立规范的现代企业制度。健全国有资产监督和经营管理体制，防止国有资产流失。三是毫不动摇地鼓励、支持和引导民营经济加快发展。认真落实以放宽准人、公平待遇为重点的各项政策措施，非禁即入。支持民营经济参与国有企业改革，进入金融服务、公用事业、基础设施等领域。鼓励民营企业积极参与社会主义新农村建设。四是健全现代市场体系。培育完善要素市场，积极发展行业协会等中介服务组织，加快社会信用体系建设，继续整顿和规范市场经济秩序。与此同时，深化投资、财税、金融、价格等体制改革。

扩大开放方面，要把实施互利共赢的开放战略作为发展对外经贸关系的基本准则。一是积极有效利用外资。改进招商方式，提高招商实效。合理引导外资投向，提高利用外资质量。以引进战略投资者为重点，争取更多的跨国公司投资河北。二是加快转变外贸增长方式。坚持以质取胜和科技兴贸战略，促进外贸出口由数量型创汇型向质量型效益型转变。支持具有自主知识产权、自主品牌的高技术产品和机电产品出口，限制高物耗、高能耗、高污染产品出口。加强出口基地、出口产业群和出口加工区建设。推进重要战略资源、重要设备和关键技术进口。运用世贸组织规则，维护产业安全和企业合法权益。三是实施“走出去”战略。鼓励企业开展跨国生产和经营，扩大境外加工贸易、承包工程和劳务合作。四是全面加强区域经济技术协作。在产业分工与协作、基础设施和生态环境建设等方面，扩大与京津的合作。抓住国家实施京津冀都市圈区域经济发展规划和建设天津滨海新区的机遇，积极融入环渤海经济圈。推进与周边资源大省和沿海发达地区的战略合作。

当前，我省改革仍处于攻坚阶段，许多深层次矛盾亟待解决。要进一步解放思想，迎难而上，坚决防止和克服畏难情绪。对外开放面临更加复杂的国际环境，新情况、新问题层出不穷。要积极应对，扬长避短，趋利避害，努力提高国际竞争力。

九、建设资源节约型、环境友好型社会

落实节约资源、保护环境基本国策，必须加快转变经济增长方式，缓解资源约束和环境压力，实现节约发展、清洁发展、安全发展和可持续发展。《纲要（草案）》明确要求，在开发中保护，在保护中开发，适应资源环境承载能力，实现人与自然相和谐。

大力发展循环经济。按照“减量化、再利用、资源化”的原则，以尽可能少的资源消耗和环境代价，取得最大的经济社会效益。在资源开采、消耗、废物产生、资源再生、消费等环节，推动资源高效和循环利用。加快冶金、建材、化工、电力、医药、煤炭等重点行业循环式改造，推动产业循环式组合，鼓励企业循环式生产。构建节约型城市模式，建立循环经济支撑体系。

切实节约保护资源。坚持开发与节约并重，节约优先，对各种资源实行有限开发、有序开发和有偿开发。节约用水，发展高效低耗水型产业，推行阶梯式水价制度，提高水资源利用和水源保护整体水平。节约利用能源，突出抓好重点耗能行业和企业的节能，大力实施节能示范工程。集约利用土地资源，严格控制建设用地增量，盘活存量。加强地质勘查。研究制定矿山开采生态环境保护金制度，合理开发和保护矿产、海洋和湿地等自然资源。

加快生态省建设步伐。加大环境保护力度，不断提升环境质量。坚持预防为主，综合治理，加强重点流域水污染、城市大气污染、固体废物污染、海洋污染和地质灾害治理。强化环境污染监控，实施污染物排放总量控制、排污许可和环境影响评价制度。完善生态区域布局，加强生态工程建设，继续实施好京津风沙源治理、三北防护林、太行山绿化、沿海防护林等工程，积极推进植树造林、防沙治沙、水土保持，促进生态恢复。

随着工业化、城市化的推进，资源和环境的约束不断加剧，人民群众对生产生活环境质量的要求更高，保护资源和环境，任务艰巨、难度很大，必须切实抓紧抓好。

十、促进社会进步与社会和谐

构建社会主义和谐社会，是全面建设小康社会的重要目标，也是坚持以人为本、促进全面协调可持续发展的重要保障。《纲要（草案）》强调，按照民主法治、公平正义、诚信友爱、充满活力、安定有序、人与自然和谐相处的要求，把建设和谐河北纳入发展的内涵，协调推进经济建设、政治建设、文化建设和社会建设。

积极扩大就业。就业是民生之本。坚持把扩大就业放在更加突出的位置，建立经济增长与扩大就业协调推进机制。继续实施积极的就业政策，有效创造更多的就业机会和就业岗位。强化就业再就业服务体系建设，改善就业和创业环境。加强劳动监察，依法保障劳动者的合法权益。

健全社会保障体系。社会保障是民安所在。要健全社会保险体系，完善城镇基本养老保险、失业保险、工伤保险和生育保险制度。推进机关事业单位养老保险制度改革。提高城镇低保标准，完善农村低保制度。积极探索建立农村养老保险。拓宽基本医疗保险范围，逐步将符合条件的城镇居民纳入基本医疗保险。加强医疗、教育、住房、法律等专项救助。加快福利事业发展，提高社会福利水平。发展残疾人事业，办好社会慈善事业。鼓励社会力量参与扶贫济困，提高社会救助能力。

加大收入分配调节力度。这是民心所系。要更加注重社会公平，让人民群众共享改革发展的成果。探索建立城乡居民收入与经济发展相适应的增长机制，适时提高最低工资标准和企业工资指导线，着力提高低收入者的收入水平，扩大中等收入者比重，有效调节过高收入，规范个人收入分配秩序，努力缓解城乡之间、地区之间和部分社会成员收入分配差距扩大的趋势。

大力发展社会事业。加强人口和计划生育工作，继续实施农村部分计划生育家庭奖励扶助制度和“少生快富”扶贫工程，有效治理出生人口性别比例偏高等问题。切实保障妇女儿童权益，制定应对人口老龄化的政策措施。健全公共卫生和医疗服务体系，大力发展城市社区卫生服务，集中力量加强农村卫生工作，完善县乡村三级医疗卫生机构，加快推进新型农村合作医疗。继续深化城市医疗服务体制改革，推进药品生产流通体制改革，加强医疗服务质量和药品市场监管，认真研究解决群众看病难看病贵问题。提高疾病预防控制和医疗救治服务能力，健全突发公共卫生事件应急机制。落实文化大省建设纲要，深化文化体制改革，构建公共文化服务体系，积极发展文化事业和文化产业。加强科学普及。充分发挥哲学社会科学在经济和社会发展中的重要作用。做好档案工作。大力发展体育事业，推进全民健身运动，提高竞技体育水平。加强国防动员工作，增强全民国防观念，深入开展“双拥共建”，落实优抚政策。

加强社会主义精神文明和民主法制建设。深入持久地开展精神文明创建活动，弘扬以爱国主义为核心的民族精神、以改革创新为核心的时代精神，发扬以“两个务必”为核心的西柏坡精神。推进诚信教育和社会公德、职业道德和家庭美德建设。完善民主制度，健全民主程序，丰富民主形式。推进依法治省，开展“五五”普法，努力提高全民法律素质。全面贯彻党的民族政策，依法管理宗教事务。

加强公共安全建设。提高公共安全保障水平、维护人民生命财产安全，是促进社会和谐的必然要求。要建立健全公共事件处理和应急机制，构建预防化解社会矛盾的长效机制，加强信访工作，畅通信访渠道。完善自然灾害监测预报、防御和救助体系。坚持安全第一、预防为主、综合治理，落实安全生产责任制，强化企业安全生产主体责任，健全安全生产监管体制，严格执行重大安全生产事故责任追究制度。加强社会治安综合治理，依法严厉打击严重刑事犯罪活动，维护社会稳定，建设平安河北。

构建和谐社会是一项长期的历史任务。既要做长期努力的准备，又要抓紧做好当前的各项工作，从群众最关心、目前能办到的事情做起，把工作着力点更多地放到基层特别是农村。要进一步提高社会管理和服务群众的水平，正确处理好新形势下的人民内部矛盾，一步一个脚印地把和谐河北建设推向前进。

十一、建立健全规划实施机制

“十一五”规划是全省人民共同的行动纲领。组织实施好“十一五”规划是各级政府的重要职责。在社会主义市场经济体制初步建立条件下，实现规划目标任务，主要依靠发挥市场配置资源的基础性作用。同时，政府要加强和改善宏观调控，有效引导社会资源，合理配置公共资源，保障规划顺利实施。

要根据不同指标的属性，建立相应的规划指标评价与实施机制。预期性指标是政府希望的发展方向，主要依靠市场主体的自主行为实现，政府要通过综合运用政策手段引导社会资源配置，创造良好的环境，使市场主体的行为尽可能与政府希望的发展方向相一致，努力争取实现。约束性指标是在预期性基础上强化政府意图的指标，政府要通过合理配置公共资源和有效运用行政力量确保实现。要纳入各地区各部门经济社会发展综合评价和绩效考核体系，分解落实。

围绕组织实施好规划，切实加强政府自身建设，转变政府职能。完善决策目标体系、执行责任体系和考核监督体系，提高科学行政、民主行政和依法行政水平。加强对重大问题的研究，着力提高贯彻科学发展观的能力、驾驭全局的能力、处理利益关系的能力和务实创新的能力。加快推进政府管理创新，降低行政成本，切实改进政风，努力建设法治政府、廉洁政府、责任政府、服务政府和诚信政府。提高经济调节和市场监管水平，强化社会管理和公共服务职能。全面推进依法行政，健全和完善行政许可制度，严格按法定程序行使权力、履行职责，自觉接受人大及其常委会的监督，接受人民政协的民主监督，认真听取民主党派、工商联、无党派和各人民团体的意见，接受新闻舆论和社会公众监督。大力推进政务公开，实行权力公开透明运行。认真贯彻《公务员法》，强化公务员队伍建设，提高公务员素质。深入开展机关效能建设，继续实施“双提”工程。落实《建立健全教育、制度、监督并重的惩治和预防腐败体系实施纲要》，加强廉政建设和反腐败斗争，规范政府工作人员特别是领导干部从政行为，树立良好的公仆形象。

各位代表！2006年是我省实施“十一五”规划的第一年，做好今年的工作意义重大。中长期规划要靠年度计划去落实，年度工作要着眼于长远发展。我们要认真贯彻党的十六届五中全会、中央经济工作会议和省委六届八次、九次全会精神，找准落实“十一五”规划的切入点和着力点，始终坚持以经济建设为中心，继续突出“四项重点经济工作”，抓既定部署，抓关键举措，抓突出问题，抓薄弱环节，确保“十一五”开好局、起好步。

今年经济社会发展主要预期目标是：生产总值增长11%以上，单位生产总值能耗降低4%左右，全部财政收入增长12%左右，城镇新增就业41万人，城镇登记失业率控制在4.6%以内，居民消费价格总水平控制在3%以内，城镇居民人均可支配收入增长10%，农民人均纯收入增长6%以上，人口自然增长率控制在6.8‰以内。

实现上述目标，要切实抓好以下八个方面的工作：第一，务必在推进结构调整上取得新进展。突出抓好钢铁工业整合重组。加大对传统优势产业技术改造力度，大力发展高新技术产业和服务业。推进能源、水利、综合交通网等基础产业和基础设施建设。第二，务必在社会主义新农村建设上有好开局。稳定发展粮食生产，千方百计增加农民收入。全面取消农业税，积极推进农村综合改革。深入开展文明生态村创建活动。强化对贫困地区的援助和支持，确保年内解决10万贫困人口的温饱问题。高度重视并切实做好禽流感等重大疫病防控工作。第三，务必保持经济平稳较快增长的好势头。突出抓好年度投资700亿元的200个重点项目建设。扩大社会投资，加快投资增长内生机制的形成。增强消费对经济增长的拉动力，提高城乡居民收入，开拓城乡市场，培育新的消费热点，改善消费环境。第四，务必在重点领域和关键环节的改革上取得新突破。以产权多元化为重点，深化国有企业改革。以落实政策为重点，进一步优化民营经济发展环境。以健全公共财政体系为重点，深化财政体制改革。以完善核准制、备案制和规范政府投资管理为重点，深化投资体制改革。以完善市场功能为重点，加快现代市场体系建设。扎实推进行政管理体制和邮政、供销社等其他各项改革。分类推进事业单位改革。第五，务必在对外开放水平上有新提高。坚持扩大利用外资规模与提高质量并重，突出抓好利用外资大项目。保持出口稳定增长，着力调整进出口结构。加强对走出去企业的服务和管理。推动区域经济合作。第六，务必在节能降耗、转变增长方式上取得新成效。以节能降耗为主攻目标，重点抓好钢铁、建材、化工等高耗能行业和企业的技术改造。抓好曹妃甸循环经济产业示范区等第一批国家循环经济试点。积极推进生态省重点工程项目建设。第七，务必在促进区域协调发展上开创新局面。进一步展开“一线两厢”布局。完善城镇体系规划，推动大中小城市和小城镇协调发展。全面提升县域经济综合实力。第八，务必在建设和谐河北上迈出新步伐。认真贯彻落实省委《关于构建和谐河北若干重要问题的指导意见》。围绕群众最关心、最直接、最现实的利益问题，深入实施“十项民心工程”，把那些有条件办、能够办的事情真正办好。积极做好就业再就业工作，加快社会保障体系建设，促进社会事业协调发展，切实维护社会稳定。高度重视安全生产，坚决扭转重特大事故多发频发的局面。必须看到，做好今年的工作，有不少有利条件，但也存在一些不稳定、不确定因素。我们要把困难估计得充分些，把措施考虑得周全些，始终保持清醒的头脑和必胜的信心，始终保持只争朝夕的紧迫感和事争一流的进取心，始终坚持“严、细、深、实、快”的要求，深入开展“落实年”活动，推动各项决策部署落实、落实、再落实。

各位代表！承继“十五”辉煌，开创“十一五”伟业，是时代赋予我们的光荣使命。让我们在以胡锦涛同志为总书记的党中央和中共河北省委的领导下，高举邓小平理论和“三个代表”重要思想伟大旗帜，进一步唱响正气之歌、团结之歌、发展之歌，奋发有为，继往开来，为实现我省国民经济和社会发展第十一个五年规划和全面建设小康社会的宏伟目标而努力奋斗！

关于河北省2005年国民经济和社会发展计划执行情况与2006年国民经济和社会发展计划（草案）的报告

——2006年2月16日在河北省第十届人民代表大会第四次会议上

河北省发展和改革委员会主任　沈小平

各位代表：

我受省政府委托，向大会作河北省2005年国民经济和社会发展计划执行情况与2006年国民经济和社会发展计划（草案）的报告，请予审议，并请省政协委员和其他列席人员提出意见。

一、2005年计划执行情况

2005年，全省各级各部门坚持以科学发展观为统领，紧紧围绕省十届人大三次会议确定的目标任务，继续积极、有作为地贯彻落实国家宏观调控政策，突出结构调整这条主线，强化重大项目建设和县域经济发展两大支撑，努力把各项工作往深里做、往实里做，国民经济保持了既快又好的发展态势，综合实力跃上新的台阶，经济社会发展的协调性不断增强，主要指标均达到或超过年初预期目标。初步核算，生产总值完成10116.6亿元，比上年增长13.4%，高于计划3.4个百分点。全部财政收入达到1035.2亿元，增长33%；其中，地方一般预算收入增长26.5%，分别高于计划23个和15.8个百分点。

（一）*加大对农业支持力度，综合生产能力稳步提高。*各项惠农政策出台早、落实快。79个县（市、区）全部免征农业税，其他县农业税率再降2个百分点，共减免农业税及附加12.1亿元；兑付粮食直补资金6.5亿元，比上年增长7.5%；发放良种和农机补贴1.86亿元，增长3.3倍。农民种粮积极性继续提高，粮食生产再获丰收，总产量达2598.6万吨，比上年增长4.8%。其中，优质小麦、专用玉米产量分别增长15.6%和6.2%。

农业结构调整步伐加快。集中力量培育壮大畜牧业，千万吨奶工程实施取得显著成效，畜牧业产值占农林牧渔业总产值的比重达43.1%。努力扩大设施蔬菜和绿色、无公害蔬菜生产，蔬菜产量增加280.1万吨。着力提升果品品质，完成名特优果树发展和树上调结构197.6万亩。重点支持了一批农业产业化龙头企业和大型种养基地，产业化经营率提高2.7个百分点。农业服务体系和重大水利设施建设得到加强。农产品质量安全标准、技术推广、良种繁育和防疫灭病等四大支撑体系逐步完善，36个国家级农业标准化示范区开始建设，覆盖全省的奶牛良繁体系已具雏形。南水北调中线5个控制性工程建设进度加快，黄壁庄等12座水库除险加固项目竣工，漳滏河等大型灌区续建配套工程进展顺利，新增节水灌溉面积209万亩。

（二）*强力推进重大项目建设，有效促进了经济结构调整。*年初确定的省重点项目完成投资760亿元，有112个建成投产、72个开工建设，均超出既定目标。全省“一号工程”曹妃甸港区和循环经济产业示范区开发与建设大规模展开，矿石码头建成并投入运营，迁曹铁路全线开工，精品钢铁基地一期工程、煤码头和LNG码头吹填造地提前启动，水、电、路、讯等基础设施建设步伐加快。全社会固定资产投资增长30.4%，其中城镇固定资产投资增长37.8%，分别高于计划13.4个和16.8个百分点。主导产业支撑能力增强。围绕提升钢铁、装备制造、石油化工等行业竞争力，积极推进一批重大项目。华北石化分公司聚丙烯装置改造等项目建成投产，哈动力秦皇岛出海口基地二期等项目开工建设，邯钢结构优化产业升级总体规划等项目获国家核准，与中石油、中石化、中船重工等大公司、大集团合作的一批战略项目前期工作取得实质性进展。利用国债和贴息资金支持了一批食品、医药、建材、纺织服装等行业的重点企业进行更新改造。工业主导产业占规模以上工业增加值比重提高到78.4%。钢材板管带比达到50.5%，新型干法水泥比重上升到30%。

基础设施和基础产业保障能力提高。新增高速公路通车里程429公里，张石、廊涿、大广（河北段）等项目开工建设；新改建农村公路1.8万公里，实现了乡乡通油路的目标。石太客运专线正式开工，张双铁路一期等3条铁路投入运营。新增电力装机212.5万千瓦，龙山、沧东等8个电源项目正在加紧建设，张家口坝上百万千瓦风电示范基地列入国家规划。新增原煤产能共330万吨的4个煤炭项目获国家核准。

高新技术产业基地和项目建设取得新进展。石家庄生物产业基地得到国家认定，华为北方产业基地等开工建设，十三所集成电路专用硅基外延材料等40个产业化项目建成投产。规模以上高新技术产业增加值增长25.2%，高于计划5.2个百分点。服务业发展步伐加快。邯郸鑫港等物流园区加紧建设，唐山北方等第三方物流项目正式开工，世界零售业巨头沃尔玛落户石家庄。城市流通企业经营网络进一步向农村延伸，“万村千乡市场工程”扎实推进。14处红色旅游景区列入全国经典景区建设规划，旅游业总收入增长21.2%。服务业增加值增长13.4%，对经济增长的贡献率提高2.5个百分点。

*（三）着力缓解资源、环境约束趋紧的矛盾，工业生产和效益保持较快增长。*出台了《关于做好建设节约型社会近期重点工作的实施意见》，在冶金、建材等高耗能、高耗水行业大力推广余热余压回收、中水回用等资源节约和综合利用技术。曹妃甸循环经济示范区等4个项目列入国家第一批试点，石药生物菌渣综合利用等项目获国债支持，长城葡萄酒公司等202户企业清洁生产试点通过审核，西柏坡电厂等14个燃煤脱硫项目顺利实施。万元生产总值能耗比上年下降1.5%左右。

生产要素供需衔接进一步加强。在努力保证电力机组稳发、满发的同时，组织企业通过错峰、避峰等措施，转移高峰负荷104万千瓦；一度紧急启动黑色预警状态工作预案，确保了电网安全运行和重点用户需求。在搞好省内骨干煤矿挖潜增产的同时，组织用煤大户赴山西落实煤源，并争取神华集团新增500万吨煤炭直供8家重点企业。适应铁路管理体制改革的新形势，主动与北京、太原路局建立运输协调机制和工作例会制度，最大限度地保障了重要物资和产成品运输需要。规模以上工业增加值和实现利润分别增长22.9%和28.4%。

*（四）扎实推进改革开放，发展动力不断增强。*抓住经济保持平稳快速增长的有利时机，切实加大重点领域改革力度。以“两增、两减、两分”为主线的国企改革实现阶段性目标，华药、石钢等8家省属企业改制工作取得实质性进展，市县属国企改制面达到99%。推出了扩权强县重大改革举措，赋予22个县（市）与设区市相同的11个方面70项经济和社会管理权限。农村信用社改革取得进展，股本金扩大到194亿元，省联社挂牌运营。固定资产投资项目核准和备案管理两个办法全面实施，外商投资、境外投资项目核准管理办法试运行，实现了新老体制的平稳过渡。粮食购销企业产权制度改革继续深化，155个县（市、区）基本完成改制任务。以乡镇机构、农村义务教育、县乡财政体制为重点的农村综合改革试点稳步推进。出台了促进行业协会发展的指导意见及实施方案，十大主导产业行业协会全部组建并开展工作。

民营经济发展势头良好。按照“非禁即入”原则，出台了鼓励支持和引导个体私营等非公有制经济发展的实施意见，在市场准入、财税金融等方面制定了26项具体扶持措施，并下发了17个配套文件。中小企业担保机构发展到206家，累计担保贷款41.7亿元。民营经济完成增加值、实缴税金分别增长14.7%和39.1%。

对外开放继续扩大。积极应对人民币升值、国际贸易摩擦增多等新情况和新问题，努力优化出口商品结构，增加外贸出口。安排1亿元专项资金，对部分出口退税负担较重的市、县给予补贴。进出口总值完成160.7亿美元，增长18.8%，高于计划3.8个百分点；其中出口109.3亿美元，增长17%，高于计划2个百分点。机电产品、高新技术产品出口分别增长41.3%和70.1%。不断改进招商引资方式，把重大外资项目的谋划和实施作为利用外资工作的重点，48个利用外资千万美元以上项目协议利用外资额达17.9亿美元，马来西亚成功集团独资建设的文化休闲娱乐项目获国家核准。外资并购和境外上市成为利用外资的亮点，三鹿乳业等19家企业完成外资并购，秦皇岛海湾控股等5家企业实现境外上市融资。实际利用外资22.8亿美元，比上年增长15.2%，高于计划3.2个百分点。省际间、省校间经济技术合作和引资、引智工作取得新成果。

*（五）努力增加城乡居民收入，人民生活水平继续提高。*积极落实促进就业再就业各项政策，城镇新增就业46万人，完成计划的127.8%；登记失业率为3.93%，控制在4.6%的预期目标以内。养老、失业、医疗、工伤保险覆盖面进一步扩大，支付企业离退休养老金129.3亿元，发放国有企业下岗职工基本生活保障金2.9亿元。对城市居民最低生活保障实行动态管理，做到了应保尽保。城镇居民人均可支配收入9107.1元，增长14.5%，高于计划7.5个百分点。

农民收入稳步增长。加大粮食市场调控力度，严格执行收购政策，保持了粮价基本稳定。加强对农资市场监管，抑制了农资价格过快上涨的势头。实施农民工培训“阳光工程”，劳务输出新增70万人。下大力清理拖欠农民工工资，清偿1.75亿元。启动第二轮整村推进扶贫计划，基本解决了25万贫困人口的温饱和46.8万人的饮水困难问题。农民人均纯收入3481.6元，增长9.8%，高于计划4.8个百分点。

市场消费稳中趋升。社会消费品零售总额增长14.6%，高于计划3.6个百分点。通讯器材、汽车等反映消费结构升级的商品零售额增幅较大。物价总水平低位运行，居民消费价格总水平上涨1.8%，控制在4%的预期目标以内。

*（六）坚持统筹兼顾，发展的协调性有所改善。*出台了实施“一线两厢”区域经济发展布局指导意见。一线地

区生产要素集聚趋势明显，优势产业发展步伐加快。南厢地区经济结构调整取得积极进展，特色产业不断壮大。北厢地区基础设施建设规划实施力度加大，60%以上的项目已开工建设。

城市化和文明生态村建设扎实推进。区域中心城市功能逐步完善，50个省级重点小城镇基础设施建设力度加大，城市化率上升到37.5%，高于计划1.5个百分点。文明生态村创建活动深入开展，14%的行政村进入先进行列。

各项社会事业加快发展。认真落实加强科技、教育工作两个决定，围绕提高科技创新能力，新建省级重点实验室9个、工程技术研究中心6个，专利授权量达3345件；安排“两免一补”资金2.9亿元，资助贫困生133万人，建成国家级职业教育实训基地26个，地方普通高校招收本专科生、研究生分别增长7.7%和27.8%。公共卫生体系建设力度加大，142个疾控项目和106个医疗救治项目基本建成，450个乡镇卫生院、37个县级卫生医疗机构基础设施项目开工，新型农村合作医疗试点扩展到11个县(市)。县级文化馆、图书馆已建成19个、新开工18个。2407个自然村共80万人收听收看广播电视难的问题得到解决。

人口、资源和环境保护工作继续加强。全年人口自然增长率为6.1‰，控制在6.8‰的计划目标以内。矿产资源开发秩序整顿取得积极成果，海洋资源管理进一步规范。制定了生态省建设规划，一批重大生态建设工程顺利实施，完成造林合格面积457.1万亩，新建成7个城市污水、垃圾处理项目。

体育、新闻出版、气象、防震减灾等社会事业加快发展，民族、宗教工作得到加强，妇女、儿童、老龄、残疾人等事业取得新的成绩。

与此同时，我省经济和社会发展也面临一些困难和挑战。长期积存的结构性矛盾、增长方式粗放和“三农”问题依然突出，就业再就业压力加大，改革攻坚闯关的任务仍很艰巨。特别是影响即期经济运行的几个问题值得密切关注。一是钢铁行业形势不容乐观。受新增产能集中释放和全国固定资产投资增幅回落等因素的影响，去年四季度，钢材市场低迷，价格全面下跌，今年的市场竞争会更加激烈，企业生产经营面临更大困难。二是保持投资、出口快速增长难度加大。国家继续严把土地、信贷两个“闸门”，并提高部分行业准入标准，对项目建设与谋划提出了更高要求。人民币升值效应继续显现，贸易摩擦不断增多，对进一步扩大外贸出口形成制约。三是生产要素供应依然偏紧。随着经济的快速发展，对能源供应和运输保障的需求不断增大。预计今年煤炭需从省外调入1.4亿吨，电力最大拉限负荷将达150万千瓦，天然气缺口不少于9500万立方米，铁路运力短期内难有明显改善。对此，我们必须高度重视，主动出击，多措并举，攻坚克难，努力保持经济平稳快速发展的良好态势。

二、2006年经济社会发展的总体要求和主要目标

今年是“十一五”规划实施的第一年。全省经济社会发展的总体要求是：坚持以邓小平理论和“三个代表”重要思想为指导，认真贯彻党的十六届五中全会、中央经济工作会议和省委六届八次、九次全会精神，以科学发展观统领经济社会发展全局，高扬树正气、讲团结、求发展的主旋律，紧紧围绕实现更快更好发展、推进和谐河北建设两大主要任务，突出经济结构调整和增长方式转变这条主线，强化重大项目建设和县域经济发展两大支撑，加快改革开放步伐，培育壮大主导产业，增强自主创新能力，全面发展社会事业，把各项工作往深里做、往实里做，为“十一五”规划顺利实施开好局、起好步。按照这一总体要求，需着重把握以下原则：

——坚持把更快更好作为经济发展的主基调。抢抓机遇，乘势而上，抓既定部署，抓关键举措，抓突出问题，抓薄弱环节，努力加快发展步伐，提高发展质量，促进社会和谐，为完成“十一五”规划确定的目标任务奠定坚实基础。

——坚持把调整经济结构和转变增长方式作为经济工作的主线。按照“存量调强、增量调优”的方针，加快产业结构调整和企业重组，发展循环经济，降低资源消耗，建设资源节约型和环境友好型社会，务求在提高经济增长的质量和效益上取得突破性进展。

——坚持把建设社会主义新农村和加快城市化进程作为统筹城乡发展的重大举措。落实工业反哺农业、城市支持农村的方针，把创建文明生态村作为建设社会主义新农村的重要内容，不断向深度和广度拓展。把城市化摆在活跃全局的战略位置，推进大中小城市和小城镇梯次发展，引导农村人口有序转移。

——坚持把推进改革开放和科技创新作为经济社会发展的动力。加大重点领域和关键环节的改革攻坚力度，提高以扩大开放促进自主发展的能力，立足产业基础和区域功能定位走科技创新之路，力争在改革开放和创新能力建设上迈出新步伐。

——坚持把提高人民生活水平作为一切工作的出发点和落脚点。从群众最关心、目前能办到的事情做起，继续组织实施一批民心工程，切实加强薄弱环节，努力解决事关群众切身利益的问题，推进和谐河北建设。

全省经济社会发展的主要目标是：

——生产总值比上年增长11%以上，人均生产总值增长10%以上，万元生产总值能耗降低4%左右。

——城镇新增就业41万人，登记失业率控制在4.6%以内，基本养老保险覆盖人数增长5%。

——居民消费价格总水平涨幅控制在3%以内。

——全部财政收入增长12%左右，其中地方一般预算收入增长11%左右。

——城镇居民人均可支配收入增长10%，农民人均纯收入增长6%以上。

——城市化率提高1.5个百分点，转移农业劳动力51万人。

——人口自然增长率控制在6.8‰以内。

全省生产总值预期增长11%以上，主要基于以下考虑：

从三大需求的拉动作用分析，投资方面，去年在建项目有3890亿元投资结转实施，还有一批投资额较大的能源、交通和工业项目陆续开工，预计今年全社会固定资产投资增长20%以上；消费方面，国家将采取进一步扩大消费的政策措施，加之受居民消费结构升级等因素的推动，市场消费将保持平稳增长态势，预计社会消费品零售总额增长12%；出口方面，受贸易摩擦增多、国家控制资源性产品出口和人民币汇率调整等因素的影响，外贸出口增速将有所回落，预计增长10%。根据“十五”以来三大需求与经济增长的弹性系数综合预测，今年全省生产总值增幅在12%左右。

从三次产业支撑能力分析，在继续加大对农业的支持力度，努力保持农产品价格基本稳定等因素的共同作用下，农业生产有望稳步发展，预计增加值增长5%以上；尽管近期钢铁市场供求关系发生变化、钢材价格低位徘徊，但在工业化、城市化加速的大背景下，消费结构升级引发的新一轮经济增长趋势并未改变，市场对钢铁产品需求增长的趋势也未改变，钢铁行业对全省工业发展将继续发挥重要支撑作用，预计第二产业增加值增长13.5%；受传统服务业不断升级和新兴、现代服务业快速发展的拉动，第三产业将较快增长，预计增幅为12%。根据上年三次产业结构比对今年预期增速加权测算，生产总值可增长11.8%。

综合分析各种因素，经济增长预期目标安排11%以上，既留有一定余地，考虑了可能，又兼顾了扩大就业、增加财政收入等方面的需要。这有利于引导各地各部门更好地落实科学发展观，切实把工作着力点放到调整经济结构、转变增长方式、促进协调发展上。同时，也与“十一五”规划确定的年均增速相衔接。实际执行中，应力争发展得更快、更好一些。

三、发展重点和主要措施

（一）狠抓重大项目建设，增强经济发展后劲。围绕“大产业、大基地、大园区、大项目”，集中力量推进省重点项目建设，突出抓好“四个一批”。加强协调调度，确保长城汽车技术中心改造、秦皇岛港煤五期等70个项目竣工投产；积极落实建设条件，争取曹妃甸港区大型煤码头和LNG码头、中兴北方产业基地等60个项目早日开工；切实加快前期工作进度，力促山海关百万吨造船、蔚州煤电路一体化开发等一批与大集团合作项目取得实质性进展；加大谋划力度，在原材料工业、装备制造、配套加工、高新技术产业等领域加紧储备一批投资10亿元以上的战略项目。

着力解决项目建设中的突出问题。一是优化土地资源配置，认真做好新一轮土地利用总体规划修编工作，切实加强土地利用总体规划与产业发展规划、城市总体规划的衔接；提高省集中掌握农用地转用计划指标比例，优先保证重大项目建设需要。采取土地折抵和置换、盘活存量土地等措施，增加建设用地有效供给。二是落实与国家开发银行、农业发展银行、建设银行等金融机构签订的合作协议，健全政银企联席会议制度。支持企业通过资本市场直接融资，帮助符合条件的企业申报发行债券。搞好信息发布，吸引社会资本参与项目建设。三是加快前期工作进度。协调联动，提速提质，及时办理国家审批或核准项目所必需的事项，争取尽早获得批复；严格兑现征地补偿安置等政策，积极落实征地、拆迁、供水、供电等配套条件。

（二）加快产业结构调整步伐，提升主导产业竞争力。认真执行国家促进产业结构调整暂行规定，组织实施我省十大主导产业发展专项规划。落实钢铁工业结构调整总体实施方案，推进重点地区钢铁企业整合，鼓励相关企业纵向协作、横向联盟，形成规模优势，增强抗风险能力；引导企业向高端、精品、专业化、深加工方向发展，改造、淘汰落后生产能力。大力发展装备制造业，以“四车一船”（长安汽车定州基地、长城新型乘用车、长征重型车、唐山高速电动车组和山海关百万吨造船）和大型变压器、发电设备为重点，培育一批龙头企业和配套产业集群。加快石家庄、任丘石化产业基地和沧州化工城建设。加大食品、建材、医药、纺织服装等传统产业技术改造力度。

以技术创新与应用促进产业发展水平的提高。认真落实国家支持自主创新的财税、金融和政府采购等政策，围绕主导产业发展急需，支持企业引进一批国内外先进技术，并加强消化吸收和再创新。抓好石家庄国家生物产业基地等重大工程，实施河北高技术产业带建设等12个科技专项，推进河北晶龙大直径超薄单晶硅片及太阳能电池组件等一批重点产业化项目。搞好国家级、省级企业技术中心规范化建设，完善产业技术创新体系。

促进服务业加快发展。大力发展物流、信息、科技和商务服务等生产型服务业，组织实施现代物流业发展规划，围绕培育五大物流枢纽城市和十大物流园区，加快石家庄内陆港等项目建设，力争邢台好望角物流中心等项目尽快开工。培育壮大文化、教育、社区服务、社会化养老和物业管理等生活型服务业，积极发展休闲、生态、红色旅游，搞好百项旅游精品项目建设，旅游业收入增长12%。推进服务业向规模化、网络化、集团化方向发展，鼓励优势企业跨地区、跨所有制联合重组；抓好孟村管件等一批重点示范市场建设，带动城乡集贸市场完善功能、提升档次。高度重视消费对经济增长的拉动作用，努力培育消费热点，改善消费环境，进一步活跃消费品市场。

（三）扎实推进社会主义新农村建设，千方百计增加农民收入。提高粮食综合生产能力，重点抓好衡水、邯郸、石家庄等大型商品粮基地建设，确保粮食产量稳定在2500万吨左右。积极发挥畜牧业作为农业第一主导产业的带动作用，加快实施千万吨奶工程规划，搞好高致病性禽流感等重大动物疫病和人畜共患病的防控。提高果品、蔬菜质量，推行标准化生产和市场准入制度。发展农产品加工业，实施“111”工程（省市县分别抓10个突破性、标志性的大项目），推进20个农产品加工示范基地建设，扶持200家农业产业化重点龙头企业。以调整农业结构为根本性措施，建设节水型高效农业，新增节水灌溉面积

200万亩。

全部取消农业税，完善粮食直补政策，增加良种、农机具购置补贴，研究制定农业生产资料直补办法。继续实行粮食最低收购价政策，加强农资价格监管和市场秩序专项治理。建立跨省区劳务输出基地，扩大有组织的劳务输出。推行农民工工资保障金制度，逐步建立预防和解决欠薪问题的长效机制。

抓紧编制社会主义新农村建设规划，尽早出台实施意见。搞好乡村道路建设，新建和改建农村公路1万公里。积极发展沼气等清洁能源，新增农村沼气30万户。继续实施"村村通广播电视工程"，实现50户以上自然村全覆盖。推行集中供水，农村自来水普及率上升2个百分点。推动文明生态村向"连线成片"方向发展，年内达标行政村比例提高6个百分点。

（四）加强经济运行调节，保持工业生产持续较快增长。搞好对支柱产业、骨干企业运行的监测，实行大中型企业信息直报，将监测范围由300户逐步扩大到1000户，及时发现并帮助解决实际问题。切实发挥行业协会作用，拓宽经济运行监测分析的信息渠道。

提高生产要素供应保障能力。加大煤炭、铁矿石等重点矿种的勘探、开发力度。在组织好省内煤炭生产的同时，进一步深化与山西、内蒙和神华集团的合作，稳定和扩大煤源供应。健全加快电源点建设的激励机制，力保发电机组安全运行，强化电力需求侧管理。主动汇报衔接，争取国家调增我省天然气供气计划指标。完善与太原、北京路局的协调机制和工作制度，努力增加铁路运力。建立健全煤电油运等生产要素综合协调应急预案，增强应对突发事件的能力。

坚持区别对待、有保有限。对产业政策鼓励类、限制类企业实行要素供应差别政策，支持有市场、有效益的企业满负荷运转，实现高产高效。按照上大压小、增高减低的思路，逐步建立产能过剩行业落后生产能力退出市场的机制，推动生产要素向优势企业集聚。认真落实安全生产责任制，突出抓好煤矿和非煤矿山安全生产，遏制重特大事故发生。

（五）大力推动资源节约和综合利用，促进经济增长方式转变。围绕建设资源节约型、环境友好型社会，认真落实近期重点工作实施意见和生态省建设规划纲要。坚持节约优先，争取尽快出台《河北省节约能源条例》和《河北省节水条例》，抓好钢铁、建材、化工等高耗能行业和企业的技术改造，积极推进建筑节能。深化水价改革，提高水资源利用率。强化矿产资源开发管理，坚决制止滥采乱挖和破坏浪费矿产资源的行为。把节能降耗纳入经济社会发展评价考核体系，定期公布各地、各行业的能源资源消耗情况。

积极发展循环经济。抓示范带动，集中力量搞好国家级循环经济试点，探索重点行业、园区和城市发展循环经济的有效模式，并在钢铁行业全面推广济钢经验。抓整体推进，在企业层面推广循环式生产，实施"三定一改"（定能耗限额、用水定额、污染物排放指标，开展综合节能、节水和废弃物综合利用改造），重点培育冀衡集团等20家循环型企业；在产业层面搞好循环式组合，重点推动冶金、化工、煤炭三个行业产业链条的延伸与耦合；在社会层面促进资源循环式利用，重点建设保定、廊坊等再生资源回收利用基地。

加快生态省建设步伐。推进生态市、县创建工作，加大环保模范城、环境优美城镇和生态工业示范园区创建力度。继续实施21世纪首都水资源可持续利用、京津风沙源治理、退耕还林和太行山绿化等重大工程。搞好重点流域污水处理厂、垃圾处理场等项目建设，着力解决海河流域和南水北调工程沿线等水环境污染问题。深度治理燃煤烟尘、工业粉尘、施工扬尘和机动车尾气污染，改善城市大气环境质量。加强环境应急能力建设，确保环境安全。

（六）实施"一线两厢"区域发展布局，加快县域经济发展。做大做强一线地区优势产业，突出抓好石家庄现代制药、保定汽车、廊坊高新技术、唐山精品钢铁、秦皇岛装备制造等产业集群；壮大南厢地区特色产业规模，制定黑龙港地区特色产业发展规划；增强北厢地区发展后劲，加快基础设施建设，发展生态经济产业。

完善城镇体系规划，搞好城市总体规划修编。增强区域中心城市的综合服务功能，促进部分实力强的县级市和县城向中等城市发展，支持一批基础条件好的重点镇建设各具特色的小城市，研究制定重点镇扩权指导意见。进一步放开城市公用事业资本市场、经营市场和作业市场，鼓励各种经济组织和个人参与投资和经营，加快城镇基础设施建设。城市化率提高1.5个百分点。

加大扩权强县改革举措的落实力度，充分释放政策措施效应。坚持"抓两头、带中间"，发挥30个经济强县（市）的领跑作用，鼓励30个欠发达县加快发展。筛选确定高阳纺织、临西轴承等50个重点发展的特色产业集群，支持其做大规模、提升档次，延伸链条、合理集聚。搞好清河羊绒、辛集皮革等50个专业园区建设，促进生产要素向优势特色产业集中，特色产业向集约集群方向发展。

（七）加大重点领域改革力度，进一步提高对外开放水平。以产权多元化为突破口，打好省属大型企业改革攻坚战。整合新唐钢集团资产业务，推进邯钢集团重组，支持省粮油、物产等5家集团引入战略投资者。探索建立科学的国有资产监管业绩考核体系和省国资委出资企业国有资本经营预算制度。按照国家统一部署，启动邮政、电力等垄断行业改革。深化行政管理体制改革，减少和规范行政审批事项。完善投资体制改革，出台政府投资项目管理办法等配套文件，全面推行政府公益性投资项目代建制。分类推进事业单位改革。

认真落实以放宽准入、公平待遇为重点的扶持非公有制经济发展的各项政策，继续下大力改善发展环境。鼓励社会资本参与中小企业信用担保体系建设，扩大担保机构和商业银行合作范围，缓解民营企业贷款难的问题。实施中小企业成长工程，充分发挥创业辅导、市场开拓、技术支持、信息服务等中介服务机构的作用，促进规模以下企业加快发展。

转变对外贸易增长方式，加强对出口基地和重点出口企业的扶持，扩大机电、高技术和农产品出口，培育一批具有自主知识产权的出口商品品牌；继续控制高耗能、高污染和资源性产品出口。深入研究贸易摩擦增多和汇率形成机制改革带来的影响，及时指导企业采取应对措施。争取曹妃甸港区口岸正式开放，搞好口岸“大通关”建设。坚持扩大利用外资规模与提高质量并重，有针对性地加强与世界500强的合作，大力推进唐山爱信汽车零部件等20个重大利用外资项目，做好沧州明珠塑料等企业境外上市服务工作，支持国有大型企业股权融资。实际利用外资力争增长12%。在基础设施建设、重化工及配套加工、现代高效农业等方面扩大与京津的合作。抓住“南资北移”有利时机，积极吸引省外大公司、大集团来我省投资置业。

（八）继续实施民心工程，全面发展各项社会事业。认真落实国家延续、调整、完善、充实促进就业再就业的优惠政策，解决体制转轨遗留的下岗失业人员再就业和重组改制关闭破产企业职工安置问题，政府投资开发的公益性岗位优先安排就业困难对象。加强高校毕业生就业指导服务，鼓励、支持其到基层就业和自主创业。年内11个设区市新改建劳动力市场全部完工。组织开展多层次、多形式的职业培训。

完善城镇职工养老保险制度，重点扩大非公有制企业、城镇个体工商户、灵活就业人员参保人数，统一缴费政策，调整个人账户规模，改革基本养老金计发办法。推动基本医疗保险由城镇职工扩大到城镇居民，逐步将农民合同制工人纳入失业保险范围。健全农村居民最低生活保障制度，有条件的地方适当提高城市居民最低生活保障标准。不断完善城乡社会救助体系，帮助贫困家庭解决看病、住房、子女上学等实际问题。

指导企业逐步建立与经济效益同步增长的增资制度，落实企业工资指导线政策，适时提高职工最低工资标准。在国家政策允许的范围内增加机关事业单位人员收入。扎实推进“四帮一”扶贫工程，动员社会力量参与扶贫开发，确保年内解决10万贫困人口的温饱问题。搞好农村饮水安全项目建设，解决61万人饮水困难问题。坚决纠正在土地征用、房屋拆迁等方面损害群众利益的行为，努力维护社会稳定。

以就业为导向，大力发展职业教育，培养技能型实用人才，中等职业学校招生40万人。继续组织实施农村中小学危房改造、布局调整和寄宿制学校建设等工程，认真执行农村义务教育“两免一补”政策。集中力量办好10所重点骨干院校和24个强势特色学科（群）及98个省级重点学科，地方高校招收本专科生26.3万人、研究生7621人。健全公共卫生和医疗服务体系，新启动一批农村乡镇卫生院和贫困县县医院、中医院、妇幼保健院等项目，新增25个新型农村合作医疗试点县。落实文化大省建设纲要，搞好河北艺术职业学院、河北博物馆、省图书馆、河北日报业务综合楼等项目建设，推进县级广电网络整合。加强人口和计划生育工作，稳定低生育水平。

各位代表！“十一五”起步之年的经济社会发展任务艰巨，意义重大。我们要继续高扬树正气、讲团结、求发展的主旋律，更加自觉地落实科学发展观，开拓进取，扎实工作，努力促进全省经济和各项社会事业更快更好地发展。

关于河北省2005年省级预算和省总预算执行情况及2006年省级预算和省总预算草案的报告

——2006年2月16日在河北省第十届人民代表大会第四次会议上

河北省财政厅厅长　齐守印

各位代表：

受省政府委托，我向大会作2005年省本级预算和省总预算执行情况及2006年省本级预算和省总预算草案的报告，请予审议，并请省政协各位委员和其他列席人员提出意见。

一、2005年预算执行情况

2005年，在省委的正确领导和省人大的监督支持下，全省各级各部门坚持以科学发展观统领经济社会发展全局，紧紧围绕抓住机遇、实现更快更好发展这个主题，高扬“树正气、讲团结、求发展”主旋律，狠抓各项工作落实，全省预算执行情况良好，省本级和省总预算均实现了当年收支平衡。

（一）政府收支预算全面完成

省十届人大三次会议批准的2005年省本级一般收入预算为110.55亿元，执行中，经省人大常委会批准（下同），省本级一般收入预算调整为134.15亿元；2005年省本级一般预算收入实际完成（下同）136.91亿元，占调整预算的102.1%，比上年可比增长24.6%。省十届人大三次会议批准的2005年省本级一般支出预算为139.19亿元，执行中，由于上年结转、新增中央转移支付和中央专款、省级超收财力安排、下达市县专款，经省人大常委会批准和备案，调整为236.63亿元，全年一般预算支出完成219.79亿元，占调整预算的92.9%，比上年增长23.9%。

省十届人大三次会议批准的2005年省本级基金收入预算为101.27亿元，执行中，省本级基金收入预算调整为129.42亿元；全年基金收入完成134.49亿元，占调整预算的103.9%，比上年增长7.4%。省十届人大三次会议批准的2005年省本级基金支出预算为101.27亿元，执行中，由于上年结转和中央追加专款、省级基金收入超收、下达市县专款，调整为139亿元；全年基金支出完成135.51亿元，占调整预算的97.5%，比上年增长37%。

报省十届人大常委会备案的2005年全省一般收入预算调整为511.8亿元，全省一般支出预算调整为1056.08亿元；全省基金收入预算调整为261亿元，基金支出预算调整为301.35亿元。全省一般预算收入完成515.71亿元，占调整预算的100.8%，比上年增长26.5%（可比增长25.6%）；一般预算支出完成962.22亿元，占调整预算的91.1%，比上年增长22.5%；全省基金收入完成266.24亿元，占调整预算的102%，比上年增长14%；基金支出275.47亿元，占调整预算的91.4%，比上年增长25.8%。

（二）中央和省对下转移支付资金及时下达到位

1. 中央对我省转移支付情况。中央下达我省转移支付资金311.78亿元，主要包括：（1）一般转移支付资金30.96亿元，主要用于保障行政事业单位职工工资发放、偿还到期债务、机构正常运转和社会保障、义务教育等基本公共支出。（2）缓解县乡财政困难“三奖一补”政策性转移支付资金6.98亿元。（3）农村税费改革和降低农业税税率转移支付补助45.98亿元。（4）调整工资转移支付60.6亿元。（5）中央下达我省专项转移支付167.26亿元。

2. 省对市转移支付情况。省安排对各市县转移支付资金281.11亿元，其中：（1）一般转移支付32.87亿元，其中：省级财力安排3亿元，动用上年转移支付结余资金4.61亿元（当年中央新增转移支付资金5.7亿元，结转今年再下达各市县）。（2）为落实中央缓解县乡财政困难"三奖一补"政策，我省实施了"五奖二补"政策，共安排资金10.51亿元，其中：省级从2004年结余的一般转移支付资金中安排3.53亿元。（3）农村税费改革和农业税减征补助46.15亿元，其中：省级安排1.35亿元。（4）调整工资转移支付55.11亿元。（5）激励性财政体制转移支付24.6亿元。（6）省下达各市（含扩权县）专项转移支付111.87亿元。

对下达各市的财力性转移支付资金，我们要求各市县严格按照《2005年省级一般转移支付方案》要求，结合自有财力增长、激励性财政体制返还增加和省级其他财力性转移支付资金，依次实现以下五项目标：（1）确保县乡机关事业单位职工工资按国家统一标准及时、足额发放，并用增量资金补发一部分2000年以前的陈欠工资。（2）已落实国家统一工资政策的县（市），可统筹财力落实2004年省内出台的提高职务津贴政策，有条件的地方还可逐步落实误餐补贴政策。（3）提高县乡财政保障党政机构正常运转的能力，逐步克服财政困难县乡机关公用经费安排水平过低而导致行政行为不规范的问题。（4）增强县乡财政对基础教育、公共卫生、农村社会保障等社会事业的经费供给能力。（5）逐步化解县乡财政隐患，有计划地分步解决"普九"达标、农村基金会借款等公益性事业发展中的债务问题。

（三）及时安排2005年省级超收财力

在全省经济快速增长和效益不断提高的基础上，各级财税部门进一步加强收入征管，依法治税管费，2005年全省全部财政收入完成1035.2亿元，比上年增长33%。为了提高资金使用效益，去年11月，我们根据预测，及时对省级超收资金提出了使用意见，报经省人大常委会批准，按超收新增财力调增省级一般支出预算6.14亿元。按照科学发展观、集中财力办大事和建设节约型社会的要求，重点用于预算执行中出台的新增当年政策性支出和省委、省政府已经决定的重大支出事项，努力解决一些社会事业发展的薄弱环节问题，其中，安排科技教育支出3500万元、"三农"方面支出8800万元、社会保障和公共卫生建设支出6400万元、国企改革和中小企业发展支出6000万元、加强政府市场监管支出6900万元、政府信息化建设支出4700万元、重点项目和急需解决的基本建设支出12200万元。另外，专项收入超收1.3亿元和政府基金收入超收28.15亿元，按照专款专用的原则安排了相关专项支出。

（四）较好地保障了重点支出

1."三农"投入力度进一步加大，各项惠农政策得到全面落实。2005年全省农业支出完成31.57亿元，比上年增长30.4%，重点支持了农业服务体系、粮食安全和综合生产能力、农业和农村基础设施、农业产业结构调整、农业产业化经营、绿色生态环境治理、扶贫开发和农业科技推广等八大工程项目建设。认真落实农村税费改革政策，79个县免征农业税，其他县（市、区）农业税税率再降2个百分点，全省共减免农业税及附加12.1亿元。发放良种补贴1.6亿元，农机具补贴2650万元，发放粮食直补资金6.5亿元，全省5000多万农民受益。通过年初安排、年中追加，用于防治禽流感资金7000多万元。整合交通建设资金12.67亿元，争取国家投资补助9.8亿元，积极支持农村公路建设，新建改建农村公路1.95万公里，新增通油路行政村3300个。

2.以"一条主线、两大支撑"为着力点，支持全省经济更快更好发展。一是突出支持经济结构调整和增长方式转变。2005年全省财政基本建设支出69.44亿元，同比增长12.3%，企业挖潜改造支出19.94亿元，增长33.8%，科技三项费用支出7.22亿元，增长5.8%，支持重点项目建设、传统产业技术改造升级、高新技术产业发展、城市基础设施、农村水利、县域电网改造、交通道路建设等。通过倾斜性安排省级重点项目资本金以及公路养路费超收返还、取消资源税定额上解等政策，集中资金3.9亿元，支持曹妃甸工业区建设。二是综合运用财政体制、政策和资金的调节引导作用，促进加快县域经济发展。继续实施激励性财政体制，并将这一体制延长至2007年，2005年省多返还市县财力22亿元，有效调动了市县发展经济、增加财政收入的积极性；贯彻落实省委省政府扩权强县的战略部署，调整理顺了扩权县财政体制，将属于非贫困县的16个扩权县分成增长率降低到5%；着眼于促进县域经济资源合理配置和城镇化进程，制定了《关于深化县乡财政体制改革试点工作指导意见》，对不同乡镇因地制宜，分别推行统收统支加激励和比较规范的分税制两类财政体制，破除县域经济发展的体制障碍；创造性地贯彻国家"三奖一补"政策，制定并实施了我省"五奖二补"政策，除下达中央奖补资金69819万元外，省级增加奖补资金35345万元，着力缓解县乡财政困难。三是多渠道筹措资金大力支持国有企业改革。拨付资金2.7亿元，解决省属企业分离办社会问题；向财政部申请破产资金5.7亿元，妥善解决了1.6万名企业职工的安置问题。四是积极支持中小企业服务体系和信用担保体系建设，促进民营经济发展。截至2005年底，全省共建立担保机构206家，到位担保资本金34.6亿元，有效缓解了中小企业融资难问题。五是落实出口退税政策，促进外向型经济发展。落实中央出口退税负担机制调整政策，调整我省负担机制，对出口数退税超基部分除中央负担92.5%外，地方负担部分按省级4.5%、市县3%的比例分担，全省负担出口退税超基数资金3亿元，其中省级1.8亿元。

3.加大对社会事业投入，促进和谐河北建设。全省财政教育事业费支出168.32亿元，比上年增长18.2%，重点支持中小学危房改造和布局调整工程、农村中小学远程教育工程、高校"双重工程"以及发展职业教育；省级财政拨付7182万元，用于提高省属高校生均公用经费标准及职业教育，连同中央补助共下达资金2.6亿元用于资助农村义务教育阶段家庭经济困难学生"两免一补"。全省财政科学事业费支出3.47亿元，比上年增长16.3%，重点支持科技平台和重点实验室建设、农副产品加工、制造业信息化、创新药物、中成药现代化、高新区再造和构建区域创新体系；拨付2000万元增加科技专项资金，筹措1亿元分别充实科技风险投资公司和信息产业投资公司资本金。全省财政文体广播事业费支出24.89亿元，重点用于爱国主义教育基地、村村通广播电视、文化资源共享、文明生态村建设以及一些重大文体设施建设等。全省财政医疗卫生支出44.44亿元，比上年增长26.5%，重点支持疾病预防控制和医疗救治项目、农村卫生基础设施建设、新型农村合作医疗制度改革试点。目前全省142个疾病预防控制项目和106个应急医疗救治项目已基本完成，提高了应对突发性公共卫生事件的能力。着力解决人民群众最关心、最直接、最现实的问题，大力推进民心工程建设，仅省级安排的用于民心工程的财政性资金就达36.15亿元。全省财政再就业资金支出4.9亿元，同比增长21.7%，促进了就业再就业目标的实现。养老保险费支出131亿元、下岗职工基本生活费支出7.1亿元，发放城市居民低保资金6.1亿元，基本保证了全省145万企业离退休人员养老金和9.6万名国有企业下岗职工基本生活费按时足额发放，实现了对81万城镇贫困人口最低生活保障动态管理下的应保尽保。全省财政计划生育事业费支出11亿元，对部分农村计划生育户发放奖励扶助资金4550万元。

（四）财政改革稳步推进，财政运行机制进一步完善

着眼于深化财政预算改革，2005年省政府颁布了《河北省省级预算管理规定》，印发了《关于进一步推进省级财政集中财力办大事的指导意见》，进一步规范了预算管理、推进了集中财力办大事，在实施项目预算、绩效预算、滚动预算以及完善预算决策机制等方面进行了新的探索与实践。以单一账户体系为基础的国库管理制度改革已在省市两级全面展开。政府采购改革在规范管理、扩大规模、提高效率方面取得新成效，全省政府采购金额达85.1亿元，较上年增长18%，比预算节约资金11.4亿元，资金节约率为11.8%。努力创新财政监督管理机制，对省交通厅、国土资源厅、教育厅和林业局四部门进行了委派财政监察组试点，在全省开展了专项资金综合治理。探索实行了农业专项资金公开运行试点，主动接受社会监督。与此同时，“金财工程”建设、事业单位财政供给机制改革等顺利推进，公务移动通讯费用补贴货币化等项改革圆满完成，支持粮食流通体制、农村信用社改革以及编制社会保障预算、财政投资评审、国际金融组织贷款和援助项目管理等方面也都取得重要进展。

2005年是“十五”计划的最后一年。“十五”期间，各级财政部门以科学发展观为统领，立足全省，服务大局，充分发挥职能作用，为全面建设小康社会做出了积极贡献。“十五”时期，尤其是党的十六大以来，各级财税部门努力做好组织收入工作，财政收入快速增长，财政实力不断壮大。2005年全省全部财政收入突破千亿元，达1035.2亿元，比2002年可比增加511.2亿元，增长93.8%，年均增长24.7%；地方一般预算收入完成515.7亿元，比2002年可比增加253.2亿元，增长83.8%，年均增长22.5%，都大大超过了“十五”计划目标。“十五”以来，各级财政部门坚持以人为本、统筹兼顾、和谐发展，集中财力办大事，重点解决了一些影响经济社会发展的薄弱环节和突出问题。充分运用体制、政策和资金配置等手段，有力地推动了经济结构调整和增长方式转变，初步形成了财政经济发展的良性循环；努力解决“三农”问题，大力支持教育、科技、卫生等重点社会事业发展，推动就业再就业和社会保障体系建设，促进了全省经济更快更好发展和“和谐河北”建设。以公共财政为取向的财政改革步伐不断加快，财政体制、预算管理、国库管理、财政监督机制等方面改革都取得了较大进展。这些都为“十一五”时期的发展奠定了坚实的基础。

各位代表，2005年省本级预算和省总预算较好地实现了省十届人大三次会议确定的目标任务，“十五”期间全省财政获得较大发展。同时，我们也清醒地看到，与省委的要求和全省人民的期盼相比，财政工作还有不少差距，财政经济运行中仍存在一些不容忽视的问题，主要表现在：虽然财政收入增加较多，但财源基础尚不稳固，财政紧张状况尚未根本好转，部分县乡财政还很困难；财政供给范围和支出结构有待进一步调整，政府间支出责任不明晰的问题亟待解决，对社会事业的支持力度尚需继续加大；多方面风险有向财政转移的趋势，防范和化解财政风险的任务非常艰巨；各部门公共财政理念、集中财力办大事观念和艰苦奋斗思想远未普遍树立；会计信息失真、截留财政收入、挪用专项资金、铺张浪费等问题依然存在。对此，我们要采取更加有力的措施认真加以解决。

二、以科学发展观为统领，积极稳妥安排2006预算

2006年是“十一五”规划的第一年。站在新起点，我们处于不可多得的黄金发展期。国际生产要素流动和产业转移加快，我国工业化、城市化进入加速时期，社会主义市场经济体制不断完善，为我们加快发展创造了新的条件，开辟了广阔空间，全省国民经济将继续保持良好的发展势头，这将为财政收入的较快增长提供有力支撑。但今年的发展中也面临一些比较突出的矛盾和问题，一方面我省经济结构不尽合理，增长方式依然粗放，科技创新能力不足，对发展的约束日趋明显，受宏观调控政策和行业自身发展规律的影响，支撑我省经济较快增长的一些产业（特别是钢铁行业）发展速度可能减缓，将给财政收入稳定增长带来负面影响；同时，2006年存在一些政策性减收因素：全面取消农业税，减收4.7亿元，提高个人所得税起征点，预计影响税收12亿元，股息利息所得税减半征收，影响个人所得税2亿元，企业合资改制享受减免税优惠政策影响收入2.9亿元。另一方面实现五个统筹协调发展、构建和谐社会对财政提出了更为巨大的支出需求，各种财政风险的控制和化解增加了财政压力。

基于上述分析，今年政府预算安排的指导思想是：以邓小平理论和“三个代表”重要思想为指导，以科学发展观为统领，认真贯彻落实党的十六届五中全会和省委六届八次全会精神，围绕实现更快更好发展和建设“和谐河

北”两大主要任务，科学配置财政资源，以人为本、统筹兼顾、突出重点，进一步推进集中财力办大事。调整和优化支出结构，促进经济结构调整和经济增长方式转变，加大对“三农”的支持力度，大力支持教育、科技、卫生、文化、社会保障等社会事业，为全面建设小康社会提供有效的财力保障。

2006年省本级一般预算收入安排153.52亿元，比上年实际完成增长12.1%。其中：增值税54.91亿元，增长13.4%；营业税19.34亿元，增长7.5%；企业所得税32.06亿元，增长16%；个人所得税7.44亿元，增长5.4%；行政性收费23亿元，增长15.9%；专项收入8.94亿元，增长10.2%。按照现行财政体制测算，省本级一般预算收入，加中央补助94.79亿元和省辖市上解35.38亿元，减上解中央支出28.54亿元、补助省辖市支出95.72亿元，省本级一般预算可用财力为159.43亿元，比上年增加20.24亿元。相应安排一般预算支出159.43亿元，比上年增长14.5%。其中：安排农业支出8.56亿元，增长8.3%；教育支出14.19亿元，增长10.6%；科技支出3.65亿元，增长15.8%。三项支出增幅均超过了省级经常性财政收入增幅（8.2%），达到了法定增长及省有关规定要求。省本级基金预算收入安排131.89亿元，比上年增长4.3%，相应安排当年基金预算支出131.89亿元。省本级一般预算和基金预算均做到当年收支平衡。

2006年全省一般预算收入安排573.34亿元，比上年增长11.2%。按照现行财政体制测算，全省当年一般预算收入，加中央补助收入308.4亿元，调入资金4亿元，减上解中央支出28.54亿元，一般预算可用财力为857.2亿元。按照量入为出、收支平衡的原则，相应安排全省一般预算支出857.2亿元，比上年年初预算增长23.1%。全省基金预算收入安排276.12亿元，比上年可比增长6.92%，安排当年基金支出预算271.81亿元。

根据上述指导思想，2006年省级预算安排重点把握了以下三个方面：

（一）围绕实现更快更好发展，着力支持经济结构调整和增长方式转变。2006年安排资金67.5亿元，用于五个方面：一是安排科技专项资金1.48亿元，用于提高经济发展的科技支撑能力，推动全省区域科技创新体系建设和科技体制机制创新。二是安排资金3.36亿元，用于培育壮大具有战略支撑作用的主导和支柱产业、重大项目，推进产业科技进步，提高自主创新能力，其中：安排重点项目资本金2.38亿元、主导产业技术改造项目补助和贴息资金0.99亿元；三是安排五大高新技术领域和五大高新技术产业基地项目资金0.73亿元。四是安排0.23亿元专项资金，重点支持现代物流、服务业、农产品流通业和“万村千乡”工程建设等。五是安排61.7亿元，支持干线公路、高速公路和农村公路建设（包括张承两市基础设施建设）等。

（二）按照“五个统筹”的要求，科学配置财政资源，促进各方面协调发展。预算安排农业专项资金12.43亿元，用于支持农村和农业经济结构调整、提高农业竞争能力和农业产业化经营水平、财政扶贫开发，以及动植物防疫防治体系建设等。安排教育专项资金17.8亿元，主要用于支持义务教育、省属重点大学和重点学科建设、发展职业教育。安排文体宣传专项资金4.05亿元，主要用于加强文化基础设施建设、重大文化项目建设和文化活动的开展、重点文物保护、发展广播电视事业以及支持全民健身运动和重大体育赛事活动。安排1.34亿元，用于改善农村医疗卫生状况，提高农村医疗水平，加强公共卫生体系建设，增强公共卫生服务能力。安排14.22亿元，支持生态环境保护和治理，资源保护和利用，建设资源节约型和环境友好型社会，推行计划生育惠民政策等。继续实行激励性财政体制，加大转移支付力度，推进实施“一线两厢”区域发展布局，促进欠发达地区加快发展，通过中央补助和省级预算安排，对下财力性转移支付资金57.8亿元（其中，省四税增量返还补助53.5亿元，一般转移支付补助1亿元，农村税费改革转移支付补助1亿元，农业税减征补助2.3亿元），比2005年增加18.6亿元。

（三）着力解决人民群众最关心、最直接、最现实的问题，促进社会和谐。2006年省级安排资金66.34亿元，主要用于七个方面：一是安排资金53.9亿元，用于落实“两个确保”和城乡“低保”政策，保障离退休职工和困难群众基本生活需要。二是省级安排增资经费6亿元（2005年预留调资经费8亿元，共计预留14亿元），各市县财政也要预先筹措安排相应资金，用于规范津贴补贴，落实机关事业单位增资政策，缩小与其他省市收入差距；三是安排就业再就业工程建设2.1亿元，用于支持增加就业岗位和再就业服务，加快农村劳动力转移；四是安排补助资金1.38亿元，支持建立新型农村合作医疗制度、城乡医疗救助制度；五是安排医疗保险和公费医疗经费1.91亿元，落实省直医疗保险和公费医疗政策，保障省直机关干部职工医疗保险及离休干部公费医疗，并对扶贫县离休干部医药费给予适当补助；六是安排0.75亿元，用于各种优抚对象抚恤、生活补贴足额发放和开展残疾人康复等活动；七是安排自然灾害救济费0.25亿元，搞好自然灾害救济工作，保障灾区群众的基本生活。

三、切实履行财政职能，确保完成2006年预算任务

2006年是“十一五”规划开好局、起好步的关键一年。做好今年的财政工作，圆满完成全年预算任务，对于实现经济更快更好发展，推进和谐河北建设，具有十分重要的意义。我们将认真履行职能，并切实抓好以下几方面工作：

（一）依法组织收入，确保全面完成全年收入任务。今年全省全部财政收入计划安排1160亿元，比上年完成增长12.1%，是充分考虑全省经济社会发展形势，综合分析各种增减收因素，经过反复测算确定的，是与国民经济增长11%以上的目标基本相适应的。由于经济、政策和基数等多种因素叠加影响，今年财政增收难度加大。因此，要把组织收入放在首要位置来抓，财税及相关部门密切合作，严格依法治税管费，整顿和规范税收秩序，严禁越权减免税，坚决打击偷逃骗抗税行为，加强对重点行业、重点领域、重点税种的监控，应收尽收，确保一季度“开门红”，6月底“双过半”，并力争全年有所超收。努力提高财政收入占GDP比重和税收占财政收入的比重，提高财政收入质量。要继续加强和规范非税收入征收与管理。认真落实好激励性财政体制和各项促进发展的财政政策，把促进经济更快更好发展作为增加财政收入的根本性措施，把经济发展速度和效益体现到财政收入上来。

（二）强化支出管理，硬化预算约束，提高资金使用效益。严格执行经人大审议批准的年度预算，硬化预算约束，增强预算的严肃性。要严格支出管理，依法理财，节俭用财，精打细算，厉行节约，确保公教人员工资按时足额发放、国家机关正常运转，继续从严控制会议费、招待费、差旅费和无实质内容的出国考察等一般性支出，省级正常公用经费不提高标准和定额。继续坚持集中财力办大事，将有限的财力切实用于关系经济社会发展全局和社会稳定的重点行业、重点区域和重点项目。强化“花钱”的责任意识，加强对资金使用的绩效评价，提高资金使用效益。要加快支出进度，尽早发挥资金使用效益，凡到年底未支出的项目资金，原则上不再结转下年。

（三）以科学发展观为统领，充分发挥财政职能作用，促进经济更快更好发展和社会全面进步。一是促进科技进步和增强自主创新能力，推动产业结构升级。集中使用科技资金，重点启动12个重大科技专项，力争攻克一批重大关键技术难题，形成一批重大科技成果，推动区域科技创新体系建设。通过技改项目补助、贴息以及税收扶持等措施，鼓励和引导企业增加科技投入，提升自主创新能力，增强科技对经济发展的支撑能力。二是大力推进经济结构调整，促进经济更快更好发展。落实好稳健的财政政策，统筹安排各类财政发展性资金，管好用好国债资金、省级基本建设资金、重点项目资本金、企业挖潜改造资金和贴息资金，引导和带动社会资金，培育壮大十大主导产业，支持能源、交通、通讯等基础设施建设。三是坚持“多予、少取、放活”的方针，公共财政更多地向“三农”倾斜，加快社会主义新农村建设。全面取消农业税，积极稳妥地推进农村综合改革试点。建立和完善财政农业投入稳定增长机制，积极支持农业综合生产能力建设，完善并加强对农民“三补贴”政策。推进县乡财政体制改革，落实好扩权强县、“五奖二补”等促进县域经济发展、缓解县乡财政困难的政策措施。四是完善管理机制，严格落实政策，推进社会事业健康协调发展。大力支持教育、卫生、文化等社会事业发展，探索事业单位财政供给政策改革，大力促进事业单位改革，切实变“以钱养人”为“以钱办事”。调整就业再就业政策，支持增加就业岗位，完善企业职工基本养老保险制度，加大资金筹措力度，把一个确保、两个低保和三项救助政策落到实处。

（四）坚持公共财政导向，继续深化财政改革。健全公共财政体制，明确界定各级政府财政支出责任，在此基础上，建立分工明确、相互补充的一般和专项转移支付制度。继续深化预算管理改革，进一步完善预算决策机制，大力推进项目预算、标准定额预算、三年滚动预算，建立和完善财政支出标准体系。加大支出绩效评价力度，探索绩效评价与财政资金安排挂钩的有效形式。继续深化财政国库管理制度改革，省级要进一步完善制度，规范流程；市级要在全面启动试点的基础上，进一步扩大改革范围，规范管理制度，并积极谋划推进县级改革试点。强化财政监督管理，努力扩大派驻部门财政监察组试点，组织对财政投资重点项目派驻财政监察组试点，试行对市县财政巡回监督检查制度。研究制定《河北省财政监督规定》，争取以省政府规章形式出台，为财政资金安全规范有效运行提供法制保障。继续抓好全省专项资金综合治理工作，重点督促各级落实整改措施。继续扩大省级农业项目资金政策公示范围，争取部分市级实施公示。

各位代表！2006年预算任务十分艰巨。我们将以邓小平理论和“三个代表”重要思想为指导，以科学发展观为统领，全面贯彻十六届五中全会和省委六届八次全会精神，在省委的正确领导下，在省人大的监督支持下，与时俱进，抢抓机遇，开拓进取，不辱使命，全面完成2006年预算任务，为实现“十一五”良好开局做出更大的贡献！

综合篇

GENERAL SURVEY

综　述

2005年，全省人民在省委、省政府的正确领导下，认真贯彻落实党的十六届五中全会和省委六届八次全会精神，树立和落实科学发展观，紧紧围绕“抓住机遇，实现更快更好发展”主题，深入实施科教兴冀、两环开放带动、城市化和可持续发展四大主体战略和“一线两厢”区域发展布局，突出结构调整主线，强化重大项目建设和县域经济发展两大支撑，狠抓各项决策部署的落实，经济和社会发展取得新成就，圆满完成全年及“十五”计划各项目标任务，为“十一五”发展奠定了坚实基础。

经济实现“双超一”，综合实力跃上新台阶。2005年全省生产总值超过万亿元，达10096.1亿元，比上年增长13.4%，高于全国平均水平3.5个百分点，是1997年以来最好水平。其中，第一产业增加值1503.1亿元，增长6.2%；第二产业增加值5232.5亿元，增长15.4%；第三产业增加值3360.5亿元，增长13.2%。人均生产总值14782元，比上年增长12.7%。全部财政收入超过千亿元，达1035.2亿元，比上年增长33.0%。其中地方一般预算收入完成515.7亿元，增长26.5%。在经济规模实现新突破的同时，国民经济保持了平稳较快增长的良好态势，表明不仅注重增长速度，更注重质量提高，实现了速度、效益、质量的同步增长。

农业取得可喜成绩，粮食生产再获丰收。深入落实各项惠农政策，农业综合生产能力得到加强。全年粮食播种面积624.0万公顷，比上年增长3.9%；粮食总产量2598.6万吨，是近6年来最高水平，增长4.8%。蔬菜播种面积110.5万公顷，增长2.1%；蔬菜总产量6467.6万吨，增长4.5%。畜牧业增长较快。肉类、禽蛋和牛奶产量分别达到577.6万吨、459.0万吨和340.3万吨，分别增长7.0%、6.0%和27.7%。林业、渔业保持平稳发展。结构调整取得成效，畜牧、蔬菜、果品三大支柱产业带动作用明显，其产值占农林牧渔业总产值的比重达70%。农业产业化经营率达到49.4%，比上年提高2.7个百分点。

工业生产规模实现突破，经济效益稳步提高。全部工业增加值完成4759.0亿元，增长15.9%。其中规模以上工业增加值突破3000亿元，达3219.0亿元，增长22.9%，比全国平均水平高6.5个百分点。工业结构进一步优化，主导产业带动作用增强。钢铁、纺织、石油加工、化工、医药、建材、食品七个行业增加值占规模以上工业增加值的70%以上。钢铁工业优化整合步伐加快。黑色金属冶炼及压延加工业增加值、利润分别为889.1亿元和183.9亿元，分别占工业总量的27.6%和26.6%；产品结构进一步优化，板带材和管材比重首次超过50%。主要能源、原材料产品产量增长较快，焦炭、铁矿石原矿量增长30%以上，生铁增长24.6%，粗钢增长25.3%，钢材增长29.5%。汽车产量快速增长，增速为36.4%。工业产销情况良好，产品销售率为98.1%。实现利润690.4亿元，比上年增长30.7%，高于全国平均水平8.1个百分点。

服务业发展实现新突破，贡献作用明显增强。深入实施服务业振兴计划，认真落实配套政策措施，服务业发展规模和速度均实现了新突破，对经济发展的带动作用增强。服务业增加值突破3000亿元，增长速度为1995年以来最好水平。传统服务业发展步伐进一步加快，交通运输仓储邮政业实现增加值702亿元，增长18.1%。提升壮大现代服务业，信息传输、计算机服务、软件业、文化教育、科学研究和居民服务等服务业增加值增长14%以上，成为服务业发展的新亮点。加强旅游景点升级改造，积极开发红色旅游、特色旅游、休闲健身旅游，旅游业蓬勃发展。

固定资产投资平稳较快增长，重大项目建设取得突破性进展。投资规模、速度和重大项目建设均是“九五”以来最好水平。全社会固定资产投资突破4000亿元，达4210.2亿元，增长29.5%，高于全国平均水平3.8个百分点，为“九五”以来最快增速。其中城镇固定资产投资3378.3亿元，增长36.5%，比全国平均水平高9.3个百分点。大项目支撑作用强劲。全省施工项目13722个，比上年增加2900个。亿元以上在建项目1011个，增加220个；完成投资1568亿元，增长48.5%。特别是河北省一号工程曹妃甸循环经济示范区建设强力推进，完成投资43.1亿元。投资结构继续优化，一、二产业投资快速增长。在城镇投资中，第一产业完成投资61.2亿元，增长36.6%；第二产业完成投资1639.6亿元，增长46.0%，其中工业和制造业分别完成投资1619.5亿元和1179.6亿元，分别增长52.3%和43%。第三产业投资快速增长，增速为28.4%。企业自主投资能力增强，在城镇固定资产投资中，自筹资金2333.3亿元，增长42.7%。

消费品市场繁荣活跃，物价涨幅稳步回落。社会消费品零售总额实现2952.9亿元，增长14.6%，高于全国平均水平1.7个百分点。城乡市场共同繁荣。城市零售额1382.5亿元，增长14.6%；农村零售额1570.4亿元，增长14.7%。住宿和餐饮业、批发零售业保持快速增长，分别实现零售额349.6亿元和2541.3亿元，分别增长19.0%和14.1%。通讯器材和汽车类等热点商品持续旺销。

物价涨幅稳步回落。居民消费价格总水平比上年上涨1.8%，涨幅比上年回落2.5个百分点。价格上涨的结构性特征明显。在统计的八大类价格中，呈现“三升五降”。食品、娱乐教育文化用品及服务、居住类价格比上年分别上涨2.4%、5.0%和5.5%，烟酒及用品、衣着、家庭设备用品及维修服务、医疗保健和个人用品、交通和通讯类价格分别下降0.1%、1.2%、1.6%、0.8%和1.0%。工业品出厂价格上涨4.2%，原材料、燃料、动力购进价格上涨7.0%，涨幅分别回落7.2和11.4个百分点。农产品生产价格上涨2.5%。

对外开放水平不断提高，出口规模实现突破。进出口总值完成160.7亿美元，增长18.8%。出口总值突破100亿美元，达109.3亿美元，增长17.0%。出口商品结构进一步优化。工业制成品出口89.9亿美元，增长20.1%，占出口总值的比重达82.3%，比上年提高2.2个百分点；机电产品和高技术产品出口增长均在40%以上。利用外资规模达历史最好水平。全省实际利用外资22.8亿美元，增长15.2%；外商直接投资19.1亿美元，增长17.8%。新批合同项目577个，批准合同外资额25.3亿美元，增长17.9%。

各项改革扎实推进，民营经济健康发展。狠抓国有大型企业股份制改革，石钢、华药等8家省属企业改制工作取得实质性进展，省属企业主辅分离、辅业改制工作完成阶段性目标。市县属国企改制面达到99%，投资体制、财政管理、农村综合改革试点等各项改革稳步推进。不断加大对民营经济的扶持力度，积极营造有利于公平竞争的环境，民营经济保持快速健康发展势头，已成为推动全省经济发展的重要力量。民营经济增加值达到4850.8亿元，增长14.7%，占全省生产总值的比重为48.0%；实缴税金462.9亿元，增长39.1%，占全部财政收入的比重为44.7%。

城镇居民收入实现突破，城乡居民生活水平不断提高。坚持以人为本，努力提高居民生活水平，使全体人民共享改革发展成果，城乡居民收入保持了较快增长。城镇居民人均可支配收入突破9000元，达9107.1元，比上年增长14.5%，增速是“九五”以来最快的一年。在国家扶农政策、粮食增产等多种因素共同作用下，农民人均纯收入达3481.6元，增长9.8%。在居民收入较快增长的同时，消费保持了同步增长，城镇居民人均消费性支出6699.7元，增长15.1%；农民人均生活消费支出2165.7元，增长18.0%。居住条件逐步改善。城镇居民人均住房使用面积21.5平方米，比上年增长11.4%；农民人均居住面积28.4平方米，增长8.7%。

社会事业全面进步，经济社会发展的协调性增强。科技教育事业发展加快。全省R&D经费支出占GDP比重为0.59%，比上年提高0.07个百分点。取得省级以上科技成果1751项，比上年增长51.6%。申请专利6401件。遴选24个高校强势特色学科进行重点建设，普通高等学校、中等职业学校在校学生数继续扩大。文化、卫生、体育事业全面发展。人口低生育水平得到巩固。全省总人口达到6850.8万人，人口自然率为6.1‰。文明生态村创建活动广泛深入推进，“十项民心工程”年度目标任务基本完成。就业再就业工作成效显著，年末全省就业人员3569万人，比年初增加52.3万人。城镇登记失业率为3.9%，控制在目标之内。社会保障体系逐步完善，生态环境继续改善。积极推进“一线两厢”区域发展布局，形成了“一线”领跑、“两翼”齐飞的局面。

在取得可喜成绩的同时，经济生活中也还存在一些矛盾和问题，主要是：产业结构不尽合理，工业部分主导产业支撑力度较弱，服务业所占比重偏低，资源、环境约束日益明显，科技总体实力不强，就业形势仍较严峻等。2006年是实施“十一五”规划的第一年，为实现良好开局，建议经济工作的重点是：抓调控，保持经济增长的稳定性；抓质量，增强经济发展的协调性；抓调整，提升产业结构的适应力；抓内需，增强经济发展的后劲。

（河北省统计局　靳占恒）

宏观调控

2005年，河北省认真贯彻落实国家宏观调控政策，突出经济结构调整和增长方式转变这条主线，强化重大项目建设和县域经济发展两大支撑，努力把各项工作往深里做、往实里做，国民经济保持了既快又好的发展态势。全省生产总值突破一万亿元，达到1.01亿元，比上年增长13.4%，为1997年以来最高增幅。

加快结构调整步伐，提升产业竞争力。农业方面，认真组织实施了千万吨奶工程，牛奶产量达340.3万吨，增长27.7%，畜牧业产值占农林牧渔业总产值的比重达43.1%。努力扩大设施蔬菜和绿色、无公害蔬菜生产，蔬菜产量增加280.1万吨。重点支持了一批农业产业化龙头企业和大型种养基地，产业化经营率提高2.7个百分点。积极落实扶持粮食生产的各项政策，扎实推进优质粮食产业工程和大型商品粮基地工程，粮食总产达519.7亿斤，比上年增长4.8%。工业方面，制定了钢铁、装备制造、石化等七大主导产业专项规划以及《河北省钢铁工业结构调整总体实施方案》，引导生产要素向优势企业积聚，企业向原料产业和工业园区集中，产品向精深加工方面发展。工业主导产业增加值占规模以上工业的比重达78.4%，贡献率达86%。高新技术产业基地和项目建设取得新突破，石家庄市被认定为国家生物产业基地，华为北方生产基地、晶龙单晶硅产业化示范工程等开工建设，生物技术和现代医药、电子信息、新材料三大领域实现增加值占高新技术产业比重提高到65%以上。服务业方面，争取国债资金1339万元，重点支持了唐山南新道水产品批发市场、邯郸综合物流等5个项目建设；14处红色旅游景区列入全国经典景区建设规划，旅游业总收入增长21.2%。全年服务业增加值同比增长13.4%。

狠抓重大项目建设，投资增势强劲。省政府先后召开了两次省重点建设领导小组会议和全省重大战略支撑项目座谈会，对投资和项目建设工作进行了全面部署，并就重点项目用地、曹妃甸港区总体规划、“十一五”期间重大项目谋划等问题进行集中研究，落实了各部门的责任。加大协调督导力度，分别组织了全省重点项目建设用地调度会和项目观摩会，并请相关部门的主要负责同志就项目管理、土地利用、城市规划等问题进行了讲解，并积极协调解决存在问题，促进了项目建设的顺利实施。按照“分期下达、滚动管理”的要求，全年共分三批下达了203项省重点建设项目，完成投资760.2亿元。其中邯钢130万吨冷轧薄板、华北石化分公司聚丙烯装置改造等112个项目全部建成投产，哈动力秦皇岛出海口基地二期、石家庄循环经济化工示范基地等72个项目实现开工。全省“一号工程”曹妃甸港区和循环经济产业示范区开发与建设大规模展开，矿石码头建成并投入运营，迁曹铁路全线开工，精品钢铁基地一期工程、煤码头和LNG码头吹填造地提前启动。全社会固定资产投资完成4193.5亿元，增长30.4%，创近年来最好水平。

搞好生产要素供需衔接和资源综合利用，力促工业经济平稳运行。为缓解电、煤、运紧张的状况，加快王滩电厂等电源点建设，新增装机212.5万千瓦；千方百计保电力机组稳发、满发，争取省外购电146.5万千瓦；组织企业错峰、避峰，转移高峰负荷104万千瓦；一度紧急启动黑色预警状态工作预案，保证了电网安全运行和重点用户需求。支持省内骨干煤矿挖潜增产，组织用煤大户赴山西落实煤源，争取神华集团新增500万吨煤炭直供8家企业。适应铁路管理体制改革的新形势，与北京、太原路局建立了运输协调机制和工作例会制度，最大限度地保障了重要物资和产成品运输需要。规模以上工业增加值和实现利润分别增长22.9%和28.4%。省政府出台了《关于做好建设节约型社会近期重点工作的实施意见》。曹妃甸循环经济示范区、冀衡集团等4个项目列入国家第一批循环经济试点。争取国债资金1.1亿元，支持了石药生物菌渣综合利用等6个资源综合利用和环境保护项目建设。长城葡萄酒公司等202户企业清洁生产试点通过审核，西柏坡电厂等14个燃煤脱硫项目顺利实施。

扎实推进改革开放，增强发展动力。省政府印发了河北省2005年经济体制改革重点工作指导意见，将9个方面43项改革任务分解落实到22个部门。华药、石钢等8家省属企业改制工作取得实质性进展，市县属国企改制面达到99%。出台了扩大部分县（市）管理权限的意见，赋予22个县（市）与设区市相同的70项经济和社会管理权限。农村信用社改革取得进展，股本金扩大到194亿元，省联社挂牌运营。投资体制改革不断深化，固定资产投资项目核准和备案管理两个办法全面实施，外商投资、境外投资项目核准管理办法试运行。粮食流通体制改革步伐加快，155个县（市、区）的国有粮食购销企业完成产权制度改革。以乡镇机构、农村义务教育、县乡财政体制为重点的农村综合改革试点稳步推进。制定了关于鼓励支持和引导非公有制经济加快发展的具体措施。中小企业担保机构发展到206家，累计担保贷款41.7亿元。民营经济完成增加值、实缴税金分别增长14.7%和39.1%。

省财政安排1亿元专项资金，对部分出口退税负担较重的市、县给予补贴。进出口总值增长18.8%，其中出口增长17%。机电产品、高新技术产品出口分别增长41.3%和70.1%。48个利用外资千万美元以上项目协议利用外资额达17.9亿美元，马来西亚成功集团独资建设的文化休闲娱乐项目获国家核准。三鹿乳业等19家企业完成外资并购，秦皇岛海湾控股等5家企业实现境外上市融资。全省实际利用外资比上年增长15.2%。

大力实施民心工程，改善城乡居民的生产生活条件。积极落实就业再就业的各项政策，城镇新增就业46万人。养老、失业、医疗、工伤保险覆盖面进一步扩大，支付企业离退休养老金129.3亿元，发放国有企业下岗职工基本生活保障金2.9亿元。对城市居民最低生活保障实行动态管理，做到了应保尽保。城镇居民人均可支配收入增长14.5%。实施农民工培训“阳光工程”，劳务输出新增70万人。清偿拖欠农民工工资1.75亿元。启动第二轮整村推进扶贫计划，基本解决了25万贫困人口的温饱和46.8万人的饮水困难问题。全省农民人均纯收入增长9.8%。新建省级重点实验室9个、工程技术研究中心6个。安排“两免一补”资金2.9亿元，资助贫困生133万人，建成国家级职业教育实训基地26个。142个疾控项目和106个医疗救治项目基本建成，450个乡镇卫生院、37个县级卫生医疗机构基础设施项目开工，新型农村合作医疗试点扩展到11个县（市）。县级文化馆、图书馆已建成19个、新开工18个。2407个自然村共80万人收听收看广播电视难的问题得到解决。

（河北省发改委　王素文　李　燕）

全省生产总值的生产与使用

2005年，全省人民积极推进建设和谐河北，力争实现全省经济更快更好发展，GDP总量和财政收入双双突破10000亿元和1000亿元，经济发展实现了新跨越，“十五”经济年均增长11.2%，全省经济发展步入健康增长的快车道。

一、全省生产总值的生产

（一）经济总量迈上新台阶。全省生产总值实现了万亿元大关的历史性突破，达到10096.11亿元，仅次于广东（22366.5亿元）、山东（18516.9亿元）、江苏（18305.7亿元）、浙江（13437.9亿元）、河南（10587.4亿元），居全国第六位。按可比价格计算，比上年同期增长13.4%，增速同比加快0.5个百分点，是1995年以来经济增长最快的一年。

1. 农业持续平稳发展，三大支柱产业带动强劲。2005年，全省认真贯彻落实各项惠农政策，农民的生产积极性继续提高，农作物生产保持了良好发展势头。全年第一产业实现增加值1503.07亿元，比上年增长6.2%。其中，农业实现增加值848.51亿元，增长6.1%，增速同比下降1.1个百分点，占第一产业的比重为56.4%，同比提高0.4个百分点；受国家退耕还林任务锐减27.1%影响，林业实现增加值29.67亿元，增长-3.1%，占第一产业的比重为2%，与上年持平。畜牧业生产持续较快发展，畜产品销路看好，效益提高，2005年，创造增加值539.26亿元，增长7%，同比提高0.4个百分点，占第一产业的比重为35.9%；渔业实现增加值45.31亿元，增长4.1%，占第一产业的比重为3%，与上年持平。全省畜牧、蔬菜、果品三大支柱产业带动强劲，对农林牧渔业增长的贡献率达51.1%，拉动农林牧渔业总产值增长3.3个百分点。第一产业对国民经济增长的贡献率为6.5%，比上年回落1个百分点，拉动地区生产总值增长0.9个百分点，拉力同比减弱0.1个百分点。

2. 第二产业贡献居首位。2005年，第二产业实现增加值5232.5亿元，增长15.4%，增速高出2004年0.6个百分点，为1997年以来最快增速。对经济增长的贡献率达60.5%，拉动经济增长8.1个百分点，同比提高0.4个百分点。其中，工业主导作用日益明显，全部工业完成增加值4665.21亿元，增长15.7%，为1997年以来最快水平。特别是钢铁行业加快了优化整合和产品升级步伐，有力地拉动了工业经济的快速增长，国民经济增长的13.4个百分点中，工业拉动增长7.2个百分点，拉力同比增强0.3个百分点，工业主导格局更加突出。在全部工业增加值中，采矿业、制造业和电力、燃气及水的生产和供应业分别完成增加值684.24亿元、3655.36亿元和325.61亿元，增速分别为20.8%、15.6%和6.9%。全省固定资产投资增势强劲，为建筑业提供了广阔的发展空间，2005年建筑业实现增加值567.29亿元，增长13.5%，同比加快0.8个百分点，对经济增长的贡献率为6.1%，同比提高0.1个百分点，拉动全省生产总值增长0.8个百分点。

3. 服务业自身活力显现。2005年，全省服务业增加值突破3000亿元，达到3360.54亿元，增长13.2%，增幅是1996年以来最高，对经济增长贡献率为33%，同比提高0.1个百分点。拉动全省生产总值增长4.4个百分点，拉力比2004年增强0.2个百分点。在服务业中，交通运输仓储及邮政业发展迅猛，完成增加值702亿元，增长18.1%，增速同比加快1.6个百分点，对经济增长贡献率为9.5%；人民生活、娱乐等更高层次的精神和文化需求大大提高，2005年文化、体育和娱乐业创造增加值26.54亿元，增长22.1%，租赁和商务服务业创造增加值140.84亿元，增长17.7%，对经济增长贡献率分别为0.4%和1.7%；信息传输、计算机服务和软件业实现增加值162.3亿元，增长14.8%，对经济增长的贡献率为1.8%；金融保险业实现增加值211.2亿元，增长2.1%，对经济增长贡献率为0.5%，同比减少1.3个百分点；房地产业实现增加值291.51亿元，增长5.2%，增速同比加快0.7个百分点，对经济增长贡献率为0.7%，与上年持平。

（二）收入分配结构发生变化。从收入分配角度看，劳动者报酬所占比重逐步提升，营业盈余所占比重呈下降趋势。在地区生产总值中，劳动者报酬4160.01亿元，占41.2%，同比提高0.1个百分点；生产税净额1316.07亿元，占13%，同比提高0.9个百分点；固定资产折旧1254.97亿元，占12.4%，同比下降0.2个百分点；营业盈余3365.06亿元，占33.4%，同比下降0.8个百分点。

（三）经济健康快速增长，运行质量稳步提升。

1. 全省人均生产总值达到14782元，比上年增加2295元，按可比价格计算，比上年增长12.7%，增速同比加快0.5百分点，按人民币对美元年平均汇价折算，约合1805美元。

2. 全社会劳动生产率达到28497元/人，比上年增加4230元/人，按可比价格计算，比上年增长11.8%，增速同比加快0.2个百分点。其中，第一、二、三产业劳动生产率分别为9460元/人、51392元/人和35907元/人，分别比上年增加1342元/人、6943元/人和3722元/人。

3. 全省国民经济投入产出率为63.2%，同比提高0.2个百分点。

（四）民营经济发展壮大，经济增长活力增强。2005年，全省民营经济创造增加值4850.8亿元，增长14.7%，增速高出GDP1.3个百分点。占全省生产总值的比重达48.1%，同比提高2.5个百分点，2005年民营经济增加值比上年同期净增加825亿元，占同期GDP增加额的比重达51.0%，对国民经济增长的贡献率为45.2%，拉动经济增长6.1个百分点，民营经济正成为推动经济快速增长的重要力量。

（五）“一线”领跑、“两翼”齐飞。2005年，河北省”一线“地区实现GDP5998.9亿元，占全省GDP的59.4%，支撑作用明显，比上年增长13.9%，对经济增长的贡献率为58.4%，拉动GDP增长7.8个百分点。“南厢”地区实现GDP3488.5亿元，同比增长15.4%，“北厢”地区实现GDP776.0亿元，同比增长14.6%，区域经济协调发展，优势区域辐射带动效应显著增强。

二、全省生产总值的使用

（一）三大需求均呈现较强拉动。

1. 消费需求旺盛，经济良性增长。2005年，全省最终消费为4315.2亿元，增长12.6%，增速同比加快0.1个百分点，对经济增长贡献率为41.5%，同比下降1.3个百分点，拉动经济增长5.6个百分点。其中，政府消费增势迅猛，居民消费增幅继续回落。政府消费1370.82亿元，增长17.1%，增速同比加快4.7个百分点，占地区生产总值的13.6%，比上年提高0.3个百分点。居民消费2944.4亿元，增长10.8%，增速同比减缓1.7个百分点，占地区生产总值的29.2%，比上年减少0.9个百分点。

2. 投资需求仍是拉动经济增长的主动力。2005年，全省资本形成总额为4628.5亿元，增长19.1%，增速同比提高4.6个百分点，对经济增长贡献率为58.3%，同比提高13个百分点，高出消费需求对经济增长贡献率16.8个百分点，成为经济增长的首要拉动力。其中，第一产业资本形成总额为318.61亿元，占6.9%，同比降低0.5个百分点；第二产业资本形成总额为2100.5亿元，占45.4%，比上年减少0.8个百分点；第三产业资本形成总额为2209.37亿元，占47.7%，比上年提高1.5个百分点。全省固定资本形成总额为4239.12亿元，增长21.2%，增速同比加快5.2个百分点。其中，第一产业为224.25亿元，占5.3%，同比下降0.6个百分点；第二产业为1959.71亿元，占46.2%，同比提高2.8个百分点；第三产业为2055.16亿元，占48.5%，比上年下降2.2个百分点。

存货增加增长趋缓。全省存货增加为389.36亿元，比上年增加9.25亿元，增长0.6%，同比回落2.1个百分点。分产业看，第一产业94.36亿元，同比增加16.54亿元，占24.2%，同比上升4.2个百分点；2005年工业产销衔接良好，使第二产业存货大幅减少，仅为140.79亿元，比上年减少125.76亿元，占36.2%，同比下降32.3个百分点；受批发零售业存货增加影响，第三产业存货增加154.21亿元，比上年增加118.47亿元，占39.6%，同比上升30.4个百分点。

3. 外需拉力趋缓，经济外向度有所下降。全省货物和服务净流出总额为1152.43亿元，增长0.2%，低于地区生产总值增速13.2个百分点，对经济增长的贡献率为0.2%，同比下降11.6个百分点，拉动国民经济增长0.2个百分点。其中货物和服务的流出总额为8992.08亿元，比上年增长1.1%，同比下降20.4个百分点；货物和服务的流入总额为7839.65亿元，比上年增长1.3%，同比下降17.7个百分点，外需拉动力减缓。

（二）城乡居民消费差距继续扩大，二元消费结构协调度下降。2005年，城镇居民消费为1839.96亿元，所占份额为62.5%，比上年下降1.5个百分点；农村居民消费为1104.42亿元，所占份额为37.5%，比上年下降1.5个百分点。其中，城镇居民人均消费水平为7927元/人，增长11.7%，同比下降11.2个百分点；农村居民人均消费水平为2449元/人，增长13%，同比提高8.8个百分点。城乡居民人均消费水平的差距扩大为5478元/人，比2004年扩大了549元/人，城乡居民消费水平差距继续呈逐年扩大趋势。城乡居民消费水平比（农村居民为100）为1990年263.1、1995年260.2、2000年244.8、2001年261、2002年290.7、2003年297.0、2004年327.5、2005年323.7。

（河北省统计局　贾　文）

资产负债核算

一、资产负债总量

2004年，全省整体经济保持了平稳快速增长的良好态势，国民资产总体规模继续扩大。年末，全省资产总量突破5万亿元，达50452.90亿元，比上年增加了4878.24亿元，增长10.7%；总负债26228.37亿元，比上年增加2346.5亿元，增长9.8%；资产负债差24224.53亿元，比上年增加2531.73亿元，增长11.7%；资产负债率为52%，在上年下降0.2个百分点的基础上，又下降0.4个百分点；人均资产74097元，比上年增加6599元，增长10.1%，增速下降0.6个百分点。资产与负债总量的增速均出现下降，但总负债下降的速度快于总资产，且增幅差距加大，本年为0.9个百分点，比上年扩大0.3个百分点。

二、资产负债结构

（一）资产结构——金融资产继续位居主导地位。2004年末，全省非金融资产23827.42亿元，增长6.1%，占总资产的比重为47.2%，比上年减少2.1个百分点，继续下降趋势；金融资产为26625.48亿元，增长15.1%，占全部资产的比重为52.8%，比上年提高2.1个百分点。上年资产结构出现趋势性转变，金融资产比重超过非金融资产比重，本年金融资产又以高于非金融资产9个百分点的速度快速增长，使得金融资产在资产结构中进一步巩固了自己已拥有的主导地位。

1. 固定资产低速增长成为非金融资产比重下降的主要原因之一。2004年末，固定资产19735.19亿元，比上年增加633.45亿元，增长3.3%，增幅下降4.5个百分点，占非金融资产和总资产比重分别为82.8%和39.1%，比上年分别降低2.3和2.8个百分点；存货2396.69亿元，比上年总量增加163.53亿元，增长4.3%，占非金融资产和总资产的比重分别为10.1%和4.8%，较上年分别提高0.1和下降0.1个百分点；其他非金融资产1695.54亿元，比上年增长54.7%，占非金融资产和总资产比重分别为7.1%和3.4%，比上年分别提高2.2和1.0个百分点。

2. 金融资产中贷款和社会存款的稳步增长为金融资产比重的进一步提高奠定了基础。2004年末，省内金融机构贷款5426.7亿元，在上年高增长的基础上又增长2.4%，占金融资产的比重为20.4%，较上年下降2.5个百分点；全社会存款9386.51亿元，比上年增长15.5%，增速下降3个百分点，占金融资产比重为35.3%，比上年提高0.2个百分点。

3. 金融资产中通货、股票及其他股权、证券、保险准备金、其他非金融资产高速增长，资产比重进一步提高，为巩固金融资产在总资产结构中的地位铺平了道路。2004年末，其他金融资产8838.37亿元，比上年增长17.5%，占金融资产的比重为33.2%，比上年提高0.7个百分点；通货786.81亿元、股票及其他股权1233.67亿元、有价证券593.03亿元、保险准备金360.38亿元，较上年分别增长52%、32%、22.7%和48.5%，占金融资产比重分别为3.0%、4.6%、2.1%和1.4%。通货、股票及其他股权、有价证券和保险准备金增速比上年提高8.5、34.4、19.4和45.4个百分点，资产比重分别提高0.8、0.6、0.1和0.4个百分点。

（二）负债结构——“接受存款”继续提高，“接受贷款”出现下降，小比重负债项目强势增长。

1. 接受存款负债比重继续提高。接受存款指省内各机构部门在省内金融机构的存款，是金融机构的负债。2004年末，省内金融机构接受存款8673.46亿元，比上年增长12.1％，占全部负债的33.1％。负债比重上升0.7个百分点。

2. 接受贷款增速和负债比重呈下降态势。接受贷款指省内各机构部门在省内金融机构的贷款，是省内各机构部门的负债。全社会接受贷款为6152.24亿元，比上年末增长6.6％，占全部负债的23.5％，增速和负债比重分别比上年下降8.0和0.7个百分点。

3. 有价证券发行存量大幅上扬。2004年末，各种有价证券发行存量101.31亿元，是上年的2.4倍，负债比重为0.4％。

4. 保险准备金继续强势增长。2004年末，保险准备金360.38亿元，比上年增长48.5％，负债比重为1.4％，比上年提高0.4个百分点。

5. 其他金融负债增幅扩大。2004年末，应收应付款等其他金融负债8280.68亿元，比上年增长10.2％，增幅提高7.5个百分点，比重31.6％，比上年提高0.1个百分点。

6. 直接投资增势强劲，比重上浮。2004年末，省内企业发行股票及直接投资2308.23亿元，增速达13.4％，比上年提高10.1个百分点，负债比重为8.8％，比上年提高0.3个百分点。

三、资产所有制结构

在国民资产所有制结构中，非公有制经济资产比重上升；集体机构单位资产快速下滑导致公有制经济资产比重继续呈下降态势。2004年末，全省国民资产的所有制结构中，国有单位资产占总资产的46.3％，集体机构单位占8.5％，外商及港澳台商投资企业占1.4％，其他经济类型单位占43.8％。非公有制经济资产占全部国民资产总量的比重为45.2％，比上年提高3.1个百分点；公有制经济资产比重为54.8％，下降3.1个百分点，其中国有资产比重下降0.1个百分点，集体单位资产下降3个百分点。

非公有制经济资产积累的速度仍快于公有制经济资产的积累速度，且增速差拉大。2004年末，全省非公有制经济资产22804.71亿元，比上年增加3638.03亿元，增长19％；公有制经济资产总量为27648.19亿元，比上年增加1240.2亿元，增长4.7％，其中，国有资产23355.29亿元，比上年增加2188.4亿元，增长10.3％，比上年下降3.5个百分点。非公有制经济在国民经济发展中的作用日渐显著，公有制经济虽然仍是全省经济发展的主力军，但资产增势减弱，资产比重逐年下降。

四、部门资产结构

2004年末，企业部门、金融部门、政府部门、住户部门资产分别达到19239.39亿元、11459.33亿元、3066.12亿元和16688.05亿元，分别比上年增加1267.31亿元、1316.42亿元、317.14亿元和1977.36亿元，增速分别为7.1％、13％、11.5％和13.4％，部门比重分别为38.1％、22.7％、6.1％和33.1％。与上年相比，企业部门资产比重略有下降，金融、政府和住户三部门稍有提升；在资产增长方面，非金融企业部门、金融机构部门发展平稳，略有下降，比上年分别下降1.7和1.6个百分点；政府部门在上年高增长的基础上，回落12.2个百分点，住户部门增长3.4个百分点。在非金融企业部门中，农业企业、工业企业、建筑业企业和国有企业资产分别为900.85亿元、10539.34亿元、1955.54亿元和11002.7亿元，占非金融企业部门资产的比重分别为4.7％；54.8％；10.2％和57.1％。

（河北省统计局　解一平）

资金流量核算

2004年，全省经济发展进入快速增长期，经济的活跃促使资金流量规模进一步扩大，各机构部门经过收入分配环节，资金流量格局发生变化，政府部门的可支配总收入比重增幅最大。

一、基本情况

2004年，全省初次分配总收入为8186.29亿元，比上年增长18.1％，可支配总收入8524.34亿元，比上年增长17.6％，总储蓄为4847.11亿元，比上年增长21.6％，总储蓄率为56.9％。初次分配总收入、可支配总收入、总储蓄的增长速度都超过17％，显示了资金流量在经济上升期的特点。

二、资金的初始流量及结构

增加值在资金流量表（收入分配部分）表现为平衡项，是机构部门在一定核算期内生产活动的成果，是收入分配过程的初始流量。

2004年，全省增加值为8477.63亿元，比上年增长12.9％。从各机构部门增加值构成情况看，非金融企业部门为4049.73亿元，占初始流量总额的47.8％，金融机构部门为209.10亿元，占初始流量总额的2.5％，政府部门为723.97亿元，占初始流量总额的8.5％，住户部门为3494.83亿元，占初始流量总额的41.2％，显然，在收入分配的初始流量当中，非金融企业部门比重最大，占据了大约二分之一的份额。

三、初次分配总收入及构成

2004年，全省初次分配总收入为8186.29亿元，比上年增加1252.16亿元，增长18.1％，同比提高2.7个百分点，增幅较大。

在初始流量的基础上，通过劳动者报酬对劳动因素、财产收入对资本因素的分配，以及生产者因生产活动与政府发生的生产税和补贴的转移，形成了各机构部门的初次分配总收入。2004年，非金融企业部门的初次分配总收入为2153.14亿元，占国民初次分配总收入的比重为26.3％，比上年提高2.2个百分点，金融机构部门的初次分配总收入为159.12亿元，比重为1.9%，比上年下降1.4个百分点，政府部门的初次分配总收入为954.61亿元，比重为11.7%，比上年下降升0.2个百分点，住户部门的初次分配总收入为4919.42亿元，比重为60.1%，比上年下降0.6个百分点。

以上数据显示，从初始流量到初次分配总收入的收入分配过程中，非金融企业部门向住户部门分配支付劳动者报酬、向政府部门支付生产税净额、向金融机构等部门支付财产净收入（利息等），非金融企业部门的比重已由初始流量的47.8%下降至初次分配总收入的26.3%，向其他部门分配支付净额达1896.59亿元；金融机构等部门向其他部门支付劳动者报酬、财产收入等净额为49.98亿元，比重由初始流量的2.5%，下降至初次分配总收入的1.9%；政府部门获得企业部门和其他部门支付的生产税收入净额共230.64亿元，比重由初始流量的8.5%上升至初次分配总收入的11.7%；而住户部门获得其他部门分配支付来的劳动者报酬、财产收入等净额共1424.59亿元，比重由初始流量的41.2%上升至60.1%。住户部门占据了全省初次分配总收入约三分之二的份额。

四、可支配总收入及构成

2004年，全省可支配总收入8524.34亿元，比上年增加1278.39亿元，增长17.6%，同比提高1.3个百分点。

可支配收入分配环节是在初次分配的基础上，通过经常转移的支付和获得，而形成新的收入分配格局的过程，也称作国民收入再分配过程。这一过程的主要项目是经常转移，含收入税、社会保险缴款、社会保险福利、社会补助、其他经常转移等指标。2004年非金融企业部门的可支配总收入为1982.27亿元，占全省可支配总收入的比重为23.2%，比上年提高3.1个百分点；金融机构部门的可支配总收入为184.04亿元，比重为2.2%，比上年下降0.9个百分点；政府部门的可支配总收入为1513.94亿元，比重为17.8%，比上年提高0.9个百分点；住户部门的可支配总收入为4844.09亿元，比重为56.8%，比上年下降3.1个百分点。

以上数据显示，在收入再次分配环节，由于非金融企业部门向政府部门及其他部门支付收入税、社会补助、其他转移等，分配支付净额达170.87亿元，非金融企业部门占全省的比重已由初次分配总收入的26.3%下降至可支配总收入的23.2%；金融机构部门经过再分配环节获得分配净额24.92亿元，比重由初次分配总收入的1.9%上升至可支配总收入的2.2%，增加0.3个百分点；而住户部门获得政府部门和其他部门分配支付来的社会保险福利、社会补助、其他经常转移，再扣除向政府部门支付的收入税、社会保险缴款、其他经常转移后，分配支付净额为75.33亿元，比重由初次分配总收入的60.1%降至56.8%，仍然占据了全省可支配总收入略大于二分之一的份额。政府部门获得其他机构部门和省外部门（中央补助收入）分配支付来的经常转移净额共559.33亿元，比重由初次分配总收入的11.7%上升至可支配总收入的17.8%，增幅达6.1个百分点，是收入再分配环节比重增加幅度最大的一个部门，反映了近年来收入分配向政府部门倾斜的趋势特征。

五、总储蓄及储蓄率

2004年全省总储蓄为4847.11亿元，比上年增加860.68亿元，增长21.6%，同比提高4.7个百分点。总储蓄率为56.9%，比2003年提高1.9个百分点。

总储蓄率是可支配总收入减最终消费的余额，是各机构部门投资的重要资金来源。在可支配总收入的基础上，减去政府消费1125.79亿元，政府部门的总储蓄为388.15亿元，比重占国民总储蓄的8.0%；减去居民消费2551.44亿元，住户部门的总储蓄为2292.65亿元，比重占国民总储蓄的47.3%；非金融企业部门和金融机构部门不是最终消费部门，它们的总储蓄等于各自的可支配总收入，占国民总储蓄的比重分别为40.9%和3.8%。住户部门和非金融企业部门的总储蓄最多，占据了国民总储蓄的88.2%，这两个机构部门成为全省实物投资和净金融投资的主体。

当总储蓄的增长快于可支配总收入时，表明收入的增长快于消费的增长，自有资金增加。2004年，全省总储蓄比上年增长21.6%，可支配总收入增长17.6%，总储蓄比可支配总收入增速快4个百分点，全省可供投资的自有资金增加。

（河北省统计局　方东娜　于　洁）

经济普查

根据国务院《关于开展第一次全国经济普查的通知》要求和统一部署，河北省进行了第一次经济普查。这次普查的标准时点为2004年12月31日，时期资料为2004年度。普查对象是全省从事第二产业、第三产业的全部法人单位、产业活动单位和个体经营户。普查主要内容包括单位基本属性、就业人员、财务状况、生产经营情况、生产能力、原材料和能源消耗、科技活动情况等。经过全省各级政府和有关部门及全体普查人员一年多的共同努力，河北省第一次经济普查的登记填报及数据审核汇总工作全部完成。现将经济普查主要数据分析如下。

一、综合情况

（一）基本单位。2004年，河北省共有从事第二、三产业的法人单位20.97万个，其中，企业法人单位10.93万个，机关、事业法人单位4.09万个，社会团体法人单位0.26万个，其他法人单位5.69万个。产业活动单位26.22万个，其中，第二产业7.24万个，第三产业18.98万个。个体经营户261.82万户，其中，第二产业49.76万户，第三产业212.06万户。

在企业法人单位数中，国有企业0.81万个，占

7.41%；集体企业2.04万个，占18.66%；股份制企业1.41万个，占12.90%；私营企业6.21万个，占56.82%；其他内资企业0.25万个，占2.29%，港澳台商投资企业和外商投资企业0.21万个，占1.92%。全省第二、三产业法人单位数超过2万个的有4个设区市，依次是：石家庄3.51万个，保定2.96万个，唐山2.74万个，邯郸2.18万个。

个体经营户占全省比重在10%以上的有5个设区市：石家庄占13.49%，保定占13.08%，唐山占12.80%，邢台占11.29%，邯郸占11.27%。

在产业活动单位中，占比重超过10%的行业依次为：公共管理和社会组织占30.74%，制造业占23.07%，教育占13.12%，批发和零售业占12.70%。

在个体经营户中比较集中的五个行业是：工业44.60万户，占17.03%；交通运输业53.11万户，占20.28%；批发和零售业112.00万户，占42.78%；住宿和餐饮业13.67万户，占5.22%；居民服务和其他服务业21.08万户，占8.05%。

（二）就业人员。2004年，河北省第二、三产业的就业人员数为1772.85万人。其中，第二产业的就业人员为930.30万人，第三产业的就业人员为842.55万人。在就业人员中，单位就业人员969.38万人，占54.68%；个体经营人员803.46万人，占45.32%。在单位就业人员中，女性328.81万人，占33.92%。

在单位就业人员中，占比重较大的前6个行业依次为：制造业381.39万人，占39.34%；建筑业128.70万人，占13.28%；公共管理和社会组织111.58万人，占11.51%；教育79.24万人，占8.17%；采矿业59.22万人，占6.11%；批发和零售业54.40万人，占5.61%。

在单位就业人员中，具有研究生及以上、大学本科、专科、高中、初中及以下学历的人员分别占0.43%、7.12%、15.77%、33.13%和43.55%；在具有技术职称的人员中，具有高级、中级、初级技术职称的人员分别占9.18%、37.26%和53.56%；在具有技术等级资格证书的人员中，具有高级技师、技师、高级工、中级工资格证书的人员分别占1.78%、6.54%、39.07%和52.61%。

（三）企业实收资本。2004年，河北省第二、三产业10.93万个企业法人单位的实收资本总额为4413.25亿元。在全部企业法人单位的实收资本总额中，由国家投入的资本2120.84亿元，占48.06%；集体投入的资本352.35亿元，占7.98%；个人投入的资本1520.07亿元，占34.44%；港澳台商投入的资本126.60亿元，占2.87%；外商投入的资本293.40亿元，占6.65%。

二、第二产业情况

（一）工业

1. 2004年主要工业产品产量。原煤8651.97万吨，天然原油537.78万吨，卷烟560.04亿支，纱74.14万吨，硫酸（折100%）121.58万吨，烧碱（折100%）56.88万吨，纯碱（碳酸钠）167.18万吨，水泥7585.47万吨，平板玻璃7136.96万重量箱，粗钢5704.49万吨，钢材5056.95万吨，金属切削机床0.34万台，汽车16.61万辆，程控交换机18.66万线，发电量1255.56亿千瓦时。

2. 2004年工业企业分品种能源消费总量。煤炭18290.11万吨，焦炭3223.2万吨，焦炉煤气26.95亿立方米，高炉煤气175亿立方米，天然气8.71亿立方米，原油924.25万吨，汽油36.17万吨，煤油1.23万吨，柴油65.66万吨，燃料油47.87万吨，液化石油气4.89万吨，炼厂干气30.23万吨，热力7602.03万吉焦，电力938.33亿千瓦时。

3. 资产负债和所有者权益。2004年，工业企业法人单位资产合计9563.36亿元，负债合计5685.16亿元，所有者权益合计3878.20亿元。工业企业法人单位资产负债率为59.45%。其中，采矿业为49.06%，制造业为60.86%，电力、燃气及水的生产和供应业为59.80%。

4. 主营业务收入和利润总额。2004年，工业企业法人单位主营业务收入9955.30亿元。其中，采矿业占8.68%，制造业占82.29%，电力、燃气及水的生产和供应业占9.03%。主营业务收入超过500亿元的行业有4个：黑色金属冶炼及压延加工业，电力、热力的生产和供应业，非金属矿物制品业和化学原料及化学制品制造业。

工业企业法人单位利润总额646.37亿元。其中，采矿业占19.69%，制造业占71.13%，电力、燃气及水的生产和供应业占9.18%。利润总额超过50亿元的行业有4个：黑色金属冶炼及压延加工业，电力、热力的生产和供应业，石油和天然气开采业，黑色金属矿采选业。

5. 企业科技活动。2004年，在规模以上工业企业中开展科技活动的有961个，占10.35%。在大中型工业企业中，开展科技活动的企业所占比重为34.59%，小型工业企业中开展科技活动的占6.87%。

2004年，规模以上工业企业投入科技活动经费56.07亿元。其中用于新产品开发的经费21.92亿元，占39.09%。科技活动人员6.92万人，其中科学家和工程师4.25万人，占61.42%。

在科技活动经费投入中，代表企业自主创新能力的研究与试验发展（R&D）经费为26.04亿元，投入强度为0.30%。其中，大中型企业投入研究与试验发展经费24.90亿元，投入强度为0.42%。

分行业看，研究与试验发展经费投入超过亿元的行业有8个：黑色金属冶炼及压延加工业，医药制造业，交通运输设备制造业，化学原料及化学制品制造业，非金属矿物制品业，纺织业，石油和天然气开采业，塑料制品业。投入强度在0.50%以上的行业有7个：仪器仪表及文化、办公用机械制造业，医药制造业，塑料制品业，交通运输设备制造业，石油和天然气开采业，化学纤维制造业，电气机械及器材制造业。

分地区看，研究与试验发展经费投入超过2亿元的设区市有四个：唐山、石家庄、保定和秦皇岛。

2004年，规模以上工业企业实现新产品产值369.81亿元，占同口径工业总产值的4.26%。全年专利申请量为1205件，其中发明专利申请398件，占33.03%。企业技术改造经费支出102.54亿元，技术引进经费支出13.76亿元，消化吸收经费支出1.94亿元。

（二）建筑业

1.建筑业总产值。2004年，全省建筑业企业法人单位的建筑业总产值1040.81亿元。其中，资质内企业1008.67亿元，资质外企业完成32.14亿元。非建筑业企业法人附营的建筑业产业活动单位经营收入14.12亿元。

在建筑业企业法人单位的建筑业总产值中，房屋和土木工程建筑业占89.27%，建筑安装业占6.95%，建筑装饰业占2.15%，其他建筑业占1.63%。

2.房屋建筑面积及竣工价值。2004年，全省总承包和专业承包建筑业企业房屋建筑施工面积11169.18万平方米，房屋建筑竣工面积5636.56万平方米，竣工价值431.75亿元。

2004年，全省总承包和专业承包建筑业企业主要建筑材料消耗量，钢材583.69万吨，木材159.44万立方米，水泥2199.74万吨，铝材23.98万吨。

3.资产负债和所有者权益。2004年，全省建筑业企业的资产合计为1000.92亿元，负债合计为584.79亿元，企业所有者权益合计为416.13亿元，所有者权益占资产的比重为41.6%。

4.工程结算收入和利润总额。2004年，全省建筑业企业法人单位工程结算收入1015.00亿元。其中，房屋和土木工程建筑业占88.89%，建筑安装业占7.22%，建筑装饰业占2.36%，其他建筑业占1.53%；利润总额25.26亿元。其中，房屋和土木工程建筑业占87.32%，建筑安装业占8.06%，建筑装饰业占2.04%，其他建筑业占2.58%。

三、第三产业情况

（一）交通运输、仓储和邮政业

1.资产负债和所有者权益。2004年，交通运输、仓储和邮政业企业法人单位资产合计1618.42亿元，负债合计815.41亿元，所有者权益合计803.01亿元；交通运输、仓储和邮政业企业法人单位资产负债率为50.38%。分行业看，交通运输业为49.35%，仓储业为80.80%，邮政业为24.35%。

交通运输、仓储和邮政业行政事业法人单位资产合计为30.65亿元。

2.主营业务收入和利润总额。2004年，交通运输、仓储和邮政业企业法人单位主营业务收入417.13亿元；交通运输、仓储和邮政业行政事业法人单位业务收入14.79亿元。

交通运输、仓储和邮政业企业法人单位利润总额72.23亿元。

（二）房地产业

1.企业资产负债和所有者权益。2004年，房地产企业法人单位资产合计为837.47亿元，负债合计611.48亿元，所有者权益合计225.98亿元。房地产业企业法人单位所有者权益占资产的比重为26.98%。其中，房地产开发业为26.50%，物业管理业为27.31%，中介服务业为60.86%，其他房地产业为33.46%。

2.主营业务收入和利润总额。2004年，房地产业企业法人单位主营业务收入263.14亿元，利润总额10.59亿元。

3.房地产开发业生产完成情况。2004年，房地产开发业完成投资351.25亿元，商品房建设施工面积3753.05万平方米，竣工房屋面积1536.85万平方米，商品房销售面积1440.97万平方米。其中，住宅销售面积1274.74万平方米，商品房销售额232.32亿元，住宅销售额为188.9亿元。

2004年，物业管理企业在管房屋建筑面积4715.71万平方米，中介服务业房屋代理销售成交合同面积35.85万平方米，房屋代理销售成交合同40.46亿元。

（三）批发零售业

1.商品销售额。2004年，全省批发零售业全年商品销售额合计2681.17亿元，其中批发业销售额1978.97亿元，零售业销售额702.20亿元。

2.企业资产负债和所有者权益。2004年，全部批发零售业企业法人单位资产合计1590.79亿元，批发业占74.08%，零售业占25.92%；负债合计1067.15亿元，批发业占72.12%，零售业占27.88%；所有者权益合计523.64亿元，批发业占78.08%，零售业占21.92%。所有者权益占资产的比重为32.90%。

3.企业主营业务收入和利润总额。2004年全部批发零售业企业法人单位主营业务收入2462.45亿元，批发业占74.80%，零售业占25.20%；利润总额51.15亿元，批发业占74.94%，零售业占25.06%。

（四）住宿和餐饮业

1.住宿和餐饮业营业额。2004年，全省住宿和餐饮业全年营业额63.86亿元。

2.企业资产负债、所有者权益和主营业务收入。2004年，全部住宿和餐饮业企业法人单位资产合计为191.73亿元，负债合计为107.16亿元，所有者权益合计84.57亿元；所有者权益占资产的比重，住宿业为44.22%，餐饮业为43.53%。全部住宿和餐饮业企业法人单位主营业务收入65.11亿元。

（五）其他第三产业

1.企业主营业务收入和利润总额。2004年，其他第三产业企业法人单位的主营业务收入1355.37亿元，利润总额71.41亿元。主营业务收入中，金融业、信息传输及计算机服务和软件业、租赁和商务服务业所占比重分别是60.79%、16.75%、8.84%，三个行业合计占86.38%。利润总额中，三个行业分别占16.45%、58.38%、10.50%，合计占85.33%。

2.行政事业和其他非企业法人单位的资产、收入和支出。2004年，其他第三产业中的行政事业和其他非企业法人单位年末资产合计3178.36亿元，全年收入969.05亿元，全年支出966.72亿元。

（河北省统计局　张永立）

农村经济

2005年，全省各级党委、政府深入贯彻保护农业生产、实现农业可持续发展的指导思想，制定多项支农惠农政策，农业综合生产能力不断加强，粮食生产态势良好，三大主导产业支撑力继续增强，农业产业化经营稳步推进，农民收入较快增长。全年农林牧渔业完成总产值2600.8亿元，完成增加值1503.1亿元，分别比上年增长6.5%和6.2%，农业农村经济持续平稳发展。

一、突出安全生产意识，农业发展步伐平稳

农业生产在保持总量稳步增长的前提下，更加突出农业生产特色和安全生产意识。农、林、牧、渔、服务业呈现“四增一减”的特点。农业、牧业、渔业、农林牧渔服务业产值分别完成1258.0亿元、1124.4亿元、79.5亿元和98.8亿元，分别增长6.0%、7.7%、4.1%和7.5%，林业产值40.1亿元，下降3.1%。

（一）突出保护粮食生产，种植业粮增棉减，蔬菜发展平稳。受粮食直补政策的影响，农民种粮积极性大大提高。粮食产量自上年以来呈现持续增长态势。全年粮食总产量2598.58万吨，增长4.8%，同比提高0.9个百分点，为六年来第二个增长年。其中夏粮1165.9万吨，增长9.1%；秋粮1432.68万吨，增长1.5%。棉花生产受前两年棉花产量迅猛增长的影响，今年棉花播种期间价格大幅下跌，播种面积大幅回落。棉花播种面积860万亩，同比减少14.3%；棉花产量57.7万吨，减少13.3%，同比回落40.8个百分点。蔬菜生产更加注重提质增效，加强无公害生产基地建设，保持平稳增长。蔬菜产量6412.6万吨，增长3.6%。其中设施蔬菜产量1262.5万吨，增长3.0%；占蔬菜总产量的比重达19.7%，与上年基本持平。

（二）突出保护肉食品安全生产，畜产品产销两旺。畜牧业生产坚持速度与效益同步增长的指导思想，突出保护与发展，严格市场监管，加强动物防疫设施建设，畜牧业生产持续较快发展，效益提高。

一是生猪生产平稳，价格稳中略降，效益看好。全年活猪价格持续平稳，而饲料价格降幅相对较大，猪粮比价处于盈利水平，养殖效益增长。生猪出栏4546万头，增长7.6%。

二是结构调整力度加大，牛羊发展相对平稳。全年肉牛出栏590万头，增长5.3%，与上年基本持平；肉羊出栏2566万头，增长7.8%，比上年提高0.9个百分点。牛奶产量340万吨，增长27.7%。

三是严加防范禽流感，价格上扬带动家禽业运行良好。全省家禽生产克服禽流感的影响，禽肉价格上涨了20%，禽蛋价格上涨了2%，受价格拉动作用，家禽生产保持了平稳较快的发展。全省家禽出栏6.7亿只，增长4.9%；禽蛋产量433万吨，增长4.3%。

（三）突出保护耕地，林业生产任务顺利达标。近几年，国家为了保护粮食生产用地，下达到全省的造林任务连续下调。2005年国家下达的造林任务为440万亩，比上年减少160万亩，减少26.7%，使造林面积大幅减少。全省造林面积453万亩，减少27.1%，完成全年任务的103%。其中人工造林面积410万亩，完成年度计划的102%；飞播造林43万亩，完成年度计划的100%。本年新育苗面积29万亩，减少12.3%，完成年度计划的116%，

（四）突出保护水资源，渔业生产保持平稳。2005年，全省水产品产量达到98.9万吨，比上年增加6.1万吨，增长6.6%。其中海洋捕捞产量31.1万吨，减少1.5%；海水养殖产量26.1吨，增长15.6%；淡水产品产量41.8吨，增长8.0%。海洋捕捞产量减少主要是为保护水资源，沿海地区捕捞渔民转产转业，报废船只较多，渔船大量减少。

二、突出和谐发展主题，结构调整步伐加快

全省不断推进农业农村战略性结构调整，农业和农村发展更加突出科学与和谐发展的主题。

（一）三大主导产业带动强劲。全省畜牧、蔬菜、果品三大主导产业完成现价产值1819.5亿元，比上年增长7.5%，同比提高0.8个百分点，占农林牧渔业总产值的比重70%，比上年提高2.3个百分点。其中，畜牧业产值1124.4亿元，占比重43.2%；对农林牧渔业增长的贡献率达51.1%，拉动农林牧渔业总产值增长3.3个百分点。蔬菜产值510.7亿元，占比重为19.6%；果品产值184.4亿元，占比重为7.2%。

（二）农畜产品优化工程进程加快。农产品优质化发展步伐加快。随着良种补贴政策的逐步实施，种植业生产逐步向优质化发展。2005年，全省优质冬小麦播种面积1526万亩，比上年扩大176万亩，增长13%；优质品率42.9%，比上年提高1.3个百分点。优质专用玉米种植面积达1650万亩，比上年增加150万亩，增长10%；优质品率为41%，比上年提高3个百分点。

畜禽良种繁育工程稳步推进。2005年，全省出栏瘦肉型猪4428万头，良种覆盖率94.8%，比上年提高0.1个百分点；优质瘦肉型猪出栏比重占49%，提高1个百分点。牛良种覆盖率86.9%，提高0.2个百分点。羊良种覆盖率79%，提高0.6个百分点。鸡良种覆盖率达到94.9%，提高0.1个百分点。

无公害产地认证工作取得新突破。全省通过国家认证的无公害农产品个数达到228个，累计通过省级认证的无公害蔬菜生产基地483个，面积达到742万亩；无公害畜产品生产企业186家，累计达到557家；无公害水产品产地累计达到106处，面积达到223万亩。

三、农业产业化经营稳步推进

2005年，全省农业产业化继续保持较快发展，产业化经营总量达到1873.1亿元，比上年增加303.8亿元，增长19.4%。全省农业产业化经营率为49.4%，比上年

提高2.7个百分点。

全省农业产业化主导产业177个，比上年末增加6个，实现销售额1237.9亿元，增长15.6%。各类农业产业化龙头经营组织1118个，实现销售总额907.3亿元，增长25.1%。种植、养殖和农产品加工基地共实现产值1012.9亿元，实现销售产值955.5亿元，分别比上年增长15.0%和14.8%。全省共有681.6万农户参与到农业产业化生产经营中来，比上年增长4.7%；全省产业化农户参与度为47.1%，比上年提高1.9个百分点。

四、农民收入较快增长

2005年，全省农民人均纯收入3481.6元，比上年增加310.6元，增长9.8%。其中，农民工资性收入人均1294.5元，增加182.6元，增长16.4%，对农民收入增长贡献率为58.8%。农民第一产业纯收入人均1455.9元，增加76.8元，增长5.6%，对农民收入增长贡献率为24.7%。农民家庭经营非农产业纯收入人均532.7元，增加24.1元，增长4.8%，对农民收入增长贡献率为7.8%。农民财产转移性收入人均199.6元，增加27.1元，增长15.7%，对农民收入增长贡献率为8.7%。

（河北省统计局　郝守环）

农业综合开发

2005年，全省121个开发县共投入农业综合开发财政资金6.27亿元，其中，中央财政资金4.28亿元，地方财政配套1.99亿元（其中省级配套1.4亿元），加上项目单位自筹和农民筹资投劳，总投资达9.73亿元。重点实施了平原土地治理项目、世行三期项目、产业化经营项目和坝上生态农业工程项目。全省改造中低产田89万亩，进行生态综合治理16万亩，建设产业化经营项目30个、投资参股经营项目3个、贷款贴息项目9个。

土地治理项目。继续突出中低产田改造，在平原项目区以建设节水农田为重点，控制打新井、打深井和超采地下水，充分利用现有水源和地上水资源，全面推行管网式输水，既节约了农业用水，保证了农田灌溉，又解决了明渠漏水占地问题。在水资源较丰富的地方，坚持科学规划，合理开采，节水措施同步到位。在山区丘陵区和坝上地区，与小流域治理、生态建设相结合，走区域连片开发、综合治理的路子。在东部沿海和黑龙港地区，实行生物措施和工程措施相结合的办法，改土肥田，治理盐碱地，发展苜蓿种植、旱作农业和枣粮间作。改造后的中低产田基本成为田成方、树成行、路相通、井渠管道连成网，旱能浇、涝能排的高产、稳产、高效、节水农田，农业生产能力明显提高。

产业化经营项目。紧紧围绕畜牧、林果、蔬菜三大特色主导产业大力实施“龙头工程”，进一步提高农业产业化经营水平。集中资金，对带动能力强、发展前景好的龙头企业进行重点扶持和连续扶持。青县小洋人乳业、高碑店市兴达种猪、沙河旭瑞乳制品、宁晋宏威饼干、鸡泽辣椒、抚宁骊华淀粉、张北天露制糖、隆化格林净菜加工等，均有效地带动了当地特色主导产业的发展和农民增收。在抓龙头企业的同时，进一步加强优势农产品基地建设。促进优势农产品和特色农产品向优势产区集中，逐步形成具有较强竞争力的农业产业带和产品群，成为带动当地经济发展的支柱产业。有效带动和促进了十大基地建设，即优质专用小麦基地、优质专用玉米基地、无公害蔬菜和错季蔬菜基地、奶牛基地、肉牛、肉羊基地、瘦肉型生猪基地、平原沙地梨基地、山区和丘陵区大枣、板栗、苹果等优质果品基地、葡萄基地和食用菌基地等。围绕提高农产品加工转化能力和市场开拓能力，积极扶持辐射带动作用强、科技含量高的农业产业化龙头企业，重点支持发展农产品加工业，特别是以粮食为主要原料的加工业，进一步提高项目区粮食等农产品加工转化能力和对优质农产品基地的带动能力。

坝上生态农业工程项目。以流域、区域为基本单元，对区域生态进行综合治理，对区域生态资源要素进行优化配置。在水资源较好的地方，大力推广地下防渗管道，扶持以错季蔬菜、脱毒马铃薯、生态绿色食品等优势产业，发挥区位优势和资源优势；在水资源较差的地方，适当发展旱作农业，发展优质特色产品，突出优质高效、节水为重点的农田基本建设项目，努力提高农业综合生产能力和经济效益。在开发措施上，坚持综合治理、相互配套，特别是加强与基本农田建设相配套的林网建设。经过项目建设，使坝上农业综合生产能力有了较大提高，使生态环境有了明显改善。

世行贷款三期项目。计划总投资7.37亿元，其中世行贷款4080万美元，建设水浇地145万亩，扶持建设83个农民用水者协会。承担外资三期项目的有石家庄、廊坊、唐山、沧州、衡水等5市22个县。先后完成了可行性研究报告的最终修定，通过了世行的评估，制订和下达了项目追溯期计划，确定了2005年物资设备采购清单。召开了世行二期项目总结表彰暨三期项目培训启动会议，对省办出台的六个管理办法和规定进行了培训。

2005年，全省农业综合开发工作的主要作法，一是突出重点，集中投入，充分发挥规模效益。首先，严格控制开发范围。按照国家办项目县管理的有关规定，对申请新进入开发范围的县按有关程序和要求严格评估把关。调整开发县坚持进一退一，力争多退少进。其次，抓重点县建设。按照一批一批抓县的思路，对全省已经选择确定资源条件好、产业优势突出，区位优势明显，开发工作基础比较好的24个平原重点县和2个坝上县，作为第一批重点县，进行投入倾斜和连续扶持。重点县投资规模达到了县均投资规模150%以上，并加强了对重点县的管理和考核。第三，减少项目个数。土地治理项目财政资金500万元以下的县只安排一个项目，单个土地治理项目原则上平原区不低于1万亩，丘陵山区不低于5000亩的原则性规定。产业化经营项目重点扶持了以奶牛、肉牛、肉羊和生猪为主的畜牧业，突出扶持市场前景好、带动作用大、农民受益多的龙头企业。全省扶持的产业化经营项目平均每个项目财政资金330万元，其中450万元以上的重点龙头项目11个，达到6750万元，占总投资的54.8%，初步改变了产业化经营项目小而散的问题。涌现了一批水平高、质量优、效益好的开发典型县和典型项目，像巨鹿、徐水、饶阳、临城、香河、抚宁、藁城等县（市），土地治理项目规模大、质量高、效益好，市县党政领导重视，群众积极，农开办班子强、作风硬、工作好。

二是在项目县管理机制上，坚持总量控制，有退有进，违规淘汰，末位暂停，奖优罚劣，动态管理。坚持以农民要办为前提，充分尊重农民意愿，调动农民筹资投劳的积极性。推行单项工程业主负责制和定额补助，拍卖产权等形式，有效地解决了自筹资金和管护机制问题。利用财政资金引导企业、民间、信贷资金投入农业综合开发，逐步形成了多元化、多层次、多渠道的投入机制。在选项、立项机制上，制定了产业化经营项目竞争立项办法。省市筛选申报的项目都经过竞争产生，土地治理项目在规划区域内乡镇村之间实行竞争立项。在项目运行上，推行了以明确工程产权和使用权为主的运行管护机制改革，做到了责权利紧密结合，使用、管护、维修责任主体统一，保证了所建工程正常运行。在激励和约束机制上，坚持对年度项目计划执行情况进行检查考核，并依据考核结果进行奖罚，有效地调动了市县农发部门和项目区干部群众争先创优的积极性，促进了农业综合开发工作的健康发展。

三是强化项目管理。土地治理项目在实地勘察和征求群众意见的基础上，编制项目建议书和进行扩初设计，产业化经营项目全部由省组织专家进行评估论证。在项目建设中，加强施工质量的监督检查和验收评比，推行了工程质量监理制和项目公示制。特别是工程监理制的推行，起步良好，进展顺利。全省11个设区市监理分部的130多名工程监理人员，经过培训，对实现建设工程的质量、数量、进度“三控制”，起到了有效的把关作用，确保了建一处，成一处，实实在在地让农民受益一处，避免了“形象工程”、“政绩工程”

四是加强资金管理。严格执行国家农发资金管理办法和规范会计制度，坚持专款专用、专帐核算、专人管理。在资金筹措和拨付上，省和多数市的配套资金足额落实，各项财政资金按规定时限及时拨付，做到不滞留，不延期拨付，不抵顶债务。在节约开支上，积极推广大宗物资集中采购，降低成本，节约资金。在有偿资金管理上，全省采取了立项前对企业资产财务情况进行严格审计，放款时办理抵押担保，回收同投资规模挂钩的办法。基本做到了按时回收，并按时归还了国家到期有偿资金。在农发资金使用管理上，继续坚持县级财政报账制，规范报账办法和报账程序。大额现金支付和白条入账明显减少，防止了挤占挪用、虚列支出、套取财政资金和空转财政资金等违规违纪问题的发生。在监督检查上，加大社会监督力度，聘请会计师事务所的注册会计师参加，审查农发资金的支出合理性。并实行检查验收工作责任制，对检查验收结果实行全程责任追究，及时查处违规违纪问题。

五是继续推行投资参股经营项目试点。在2004年试点的基础上，按照《公司法》和国家办《暂行办法》，制定了《河北省参股经营试点管理暂行办法》。拟定了投资参股经营项目《委托经营协议》，授权两家资产经营公司代表国家到企业参股，省办对资产经营公司和参股企业进行监督。由于选项比较准确，监管比较得力，参股项目整体运行较好，试点工作进展顺利，处于全国先进行列，在成都会议和烟台会议上均作了典型发言，受到国家办领导和与会代表的好评。

（河北省农业开发办　闫明珠）

城市经济

2005年，在省委、省政府的正确领导下，全省各地各部门认真贯彻党的十六届五中全会和省委六届八次全会精神，树立和落实科学发展观，深入实施城市化战略和“一线两厢”区域发展布局，取得明显成效。城市化进程平稳快速推进，城市经济实力进一步增强，综合功能不断完善，促进了全省经济社会更快更好发展。

一、城市经济发展水平提高，对国民经济的带动作用增强

综合实力提升。全省11个设区城市实现生产总值3454.2亿元，占全省生产总值的34.2%；人均生产总值达28897元，比上年增加3296元，是全省平均水平的2.0倍；实现全部财政收入546.7亿元，比上年增长21.4%，占全省财政收入的52.8%；人均全部财政收入达4573元，比上年增加743元，是全省平均水平的3.0倍。全社会固定资产投资1612.4亿元，占全省的38.3%，比上年提高0.5个百分点。

产业结构调整优化。设区城市第一产业增加值完成125.9亿元，第二产业完成1862.6亿元，第三产业完成1465.7亿元。三次产业增加值比例为3.7∶53.9∶42.4，其中非农产业增加值占生产总值的96.3%，服务业占42.4%，分别比全省平均水平高11.2和9.1个百分点。城市产业优化程度较高，带动了全省产业结构的优化升级。

利用外资水平进一步提高。设区城市实际利用外资11.6亿美元，增长33.4%，比全省高18.2个百分点，占全省的比重达51.1%，比上年提高7.0个百分点。三资企业合同外资金额13.3亿美元，增长28.9%，占全省合同外资金额的52.4%，提高4.5个百分点。城市利用外资水平的提高，对加快全省对外开放步伐起到了重要的推动作用。

二、城镇聚集能力提高，城市化进程平稳快速推进

产业聚集成效明显。设区城市就业人员595.2万人，占全省的16.7%。其中，第一产业就业人员101.0万人，第二产业就业人员246.6万人，第三产业就业人员247.7万人。非农产业和服务业就业比重分别为83.0%和41.6%，分别比全省高26.8和14.7个百分点，城市对吸纳就业，转移农村劳动力发挥了重要作用。

城市化加快发展。全省城镇人口达到2582.2万人，比上年增加142.6万人，增长5.8%。城市化率达37.69%，比上年提高1.86个百分点。"一线"地区城市化领先优势继续得到加强，城市化率为39.64%，比上年提高1.57个百分点；城市化率超过40%的有4个市，全部集中在"一线"地区。"南厢"地区城市化进程提速，城市化率为35.99%，比上年提高2.36个百分点，增幅高于全省平均水平。"北厢"地区城市化率为34.45%，比上年提高1.37百分点。

三、城市建设力度加大，综合功能不断完善

基础设施建设步伐加快。城市交通状况继续改善。全省城市道路面积1.6亿平方米，比上年增加1136万平方米，增长7.6%；人均道路面积为12.2平方米，增加0.6平方米，增长4.9%。年末拥有公共交通运营车数10624台，增加1725台，增长19.4%，每万人拥有公共交通车辆7.3台，增加0.4台，增长5.4%。节水工作积极推进。供水综合生产能力为831万立方米/日，供水总量15.0亿立方米，分别下降6.5%和7.0%。人均日生活用水量144.6升，下降0.4%。

通信设施快速发展。设区城市电话用户和国际互联网用户分别占全省的1/3强和七成以上。年末电话用户达1345.3万户，比上年增长15.2%，占全省的37.5%；每万人拥有电话户数为11170户，增加1328户，比全省平均水平高1.1倍；年末国际互联网用户218.0万户，占全省的70.1%；每万人拥有互联网用户为1810户，比全省平均水平高3.0倍。

服务设施配套能力增强。全省设区城市用电量696.1亿千瓦小时，其中工业用电545.8亿千瓦小时，居民生活用电43.5亿千瓦小时，分别比上年增长18.2%、13.0%和21.1%。天然气供气总量2.5亿立方米，其中家庭用量0.8亿立方米，用天然气人口142.0万人，分别增长48.2%、24.7%和20.3%；实际集中供热面积1.9亿立方米，增长7.7%，燃气普及率达到94.2%，提高0.9个百分点。

四、城市环境治理有效推进，环境保护得到加强

城市环境得到净化。城市建成区绿化覆盖面积4.6万公顷，园林绿地面积4.5万公顷，建成区绿地面积3.7万公顷，分别比上年增加3326公顷、3167公顷和3077公顷；公共绿地面积10317公顷，比上年增长9.7%；人均公共绿地面积7.8平方米，增长7.0%；全省工业烟尘排放量为56.0万吨，增长3.3%，大大低于全省工业生产增速；工业固体废物综合利用率达50.6%，比上年提高5.9个百分点。

环境质量进一步改善。全省环境污染治理投资总额191.4亿元，比上年增长29.6%；城市污水综合处理率为53.8%，比上年提高4.7个百分点；建成区绿化覆盖率为35.0%，建成区绿地率为28.4%，分别提高0.8和0.9个百分点；污水综合处理率为53.8%，生活垃圾无害化处理率为45.8%，分别提高4.7和3.9个百分点。

五、城镇居民生活水平提高，消费结构逐步升级

城镇居民收支同步较快增长。全省城镇居民人均可支配收入突破9000元，达9107.1元，比上年增长14.5%，增速比上年加快4.7个百分点。设区城市在岗职工平均工资17181元，比全省平均水平高2474元，增长12.8%。地区收入差距进一步缩小，城镇居民收入最高的市与最低的市人均收入之比从上年1.41：1下降到1.36：1。在居民收入较快增长的同时，消费保持了同步增长，城镇居民人均消费性支出6699.7元，比上年增长15.1%，加快8.1个百分点。

居民生活质量不断改善。居民收入的增加，促进了消费结构优化升级，以汽车、电脑为代表的升级换代产品拥有量显著增加。每百户城镇居民家庭拥有家用汽车和家用电脑分别为3.9辆和37.6台，比上年分别增长76.7%和58.0%。居住条件和生活质量进一步改善。全省城镇居民恩格尔系数为34.6%，比上年降低2.2个百分点；城镇居民人均住房使用面积达到21.5平方米，比上年增加2.2平方米。

六、社会事业全面进步，稳定程度逐步提高

科技教育事业稳步发展。专业技术人员增多。设区城市每万人拥有专业技术人员301.8人，其中中级技术职称以上人员138.2人，分别比上年增长9.3%和2.5%。专利受理量和授权量均占全省一半以上。专利申请受理量为3465件，占全省的54.1%，专利申请授权量为2107件，占全省的58.8%。各类教育得到加强。设区城市高等学校在校学生数73.1万人，增长19.7%，比全省高8.7个百分点，占全省的比重达94.5%，比上年提高6.9个百分点；每万人拥有高等学校在校学生数607.1人，比上年增长17.9%。

文化卫生事业得到加强。设区城市有线电视入户率为58.5%，高于全省平均水平34.2个百分点；比上年提高8.5个百分点，增幅高于全省平均水平6.5个百分点。公共图书馆图书藏量7009千册，比上年增长4.1%，每百人图书藏量58.2册，比上年提高2.5%。拥有医生数达到3.5万人，占全省的41.6%，比上年有所提高；每万人拥有医生数达到29.1人，比全省平均水平高1.4倍。

社会保障继续改善。全省城镇登记失业率为3.93%，比上年降低0.1个百分点。社会保障工作积极推进。享受低保人数占社会救济总人数的比例达93.0%，比上年提高3.3个百分点；设区城市社会福利院床位11384张，比上年增长25.2%；基本养老保险参保职工327.7万人，基本医疗保险人数322.3万人，失业保险参保人数300.1万人，分别增长23.9%、33.0%和6.1%。社会治安状况有效改善。设区城市每万人刑事案件立案数为32.4件，比上年减少3.1件。

（河北省统计局　王金锋）

工业经济

2005年，全省工业经济总体保持了良好的运行态势，生产快速增长，亏损额下降，经济效益明显提高，产品结构进一步优化。但进入四季度，受宏观调控政策、市场需求及产品价格变化等多种因素影响，实现利润增幅有所回落，新产品开发步伐较慢。主要特点：

一、工业生产保持快速增长

2005年，规模以上工业完成增加值3219亿元，比上年增长22.9%，是1993年以来增速最高的年份。分月看，多数月份平稳快速增长，各月增长多在20%以上；分行业看，各行业全面增长，38个行业均保持增长，其中有18个行业超过全省平均水平，有10个行业贡献率持续提高，贡献率前3位的依次是黑色金属冶炼及压延加工业为29.9%，石油加工、炼焦及核燃料加工业为8.3%，电力、热力的生产和供应业为6.7%；分经济类型看，外商及港澳台商投资企业增势强劲。外商及港澳台商投资企业完成增加值516.19亿元，增长30.1%，高于全省平均水平7.2个百分点；股份制企业所占份额最大，完成增加值1691.17亿元，占规模以上工业的52.5%。

多数产品产量保持增长。在重点统计的188种主要产品产量中有131种增长，占69.7%，其中，资源类产品全面增长。原煤增长6.5%，天然原油增长5.3%，铁矿石原矿量增长32.3%，天然气增长0.5%。

二、产品结构进一步优化

2005年，新产品增加值增长35%，高于增加值增幅12.1个百分点。一些高附加值的产品增长较快，汽车增长36.4%，自动化仪表及系统增长18.1%，光学仪器增长58.1%，复印机械增长67.3%，玻璃纤维纱增长18.5%。钢材产品中板管带比超过螺纹钢、线材等长材比，达（50.5：48.6），去年为44.6：54.5。其中板带材占钢材总量的43.2%，比上年提高7.3个百分点。

三、经济效益明显提高

（一）主营业务收入突破万亿元大关。2005年，规模以上工业实现主营业务收入10745.82亿元，首次突破万亿元大关，增长25.5%。其中，黑色金属冶炼及压延加工业实现主营业务收入3363.21亿元，增长29.8%，高于全省平均水平4.3个百分点，占全部主营业务收入的比重达31.3%。

（二）资产规模进一步扩大。2005年，规模以上工业资产总额达9473.65亿元，增长14.0%。其中，黑色金属冶炼及压延加工业资产为2436.26亿元，增长25.3%，高于全省平均水平11.3个百分点，占全省资产总额的25.7%；电力、热力的生产和供应业资产为1290.92亿元，增长6.8%，占资产总额的13.6%。

（三）实现利润明显提高。2005年，规模以上实现利润690.38亿元，增长30.7%。在38个行业大类中，有17个行业增幅高于全省平均水平。实现利润主要集中在黑色金属冶炼及压延加工业、石油和天然气开采业、电力热力的生产和供应业、黑色金属矿采选业四个行业，这四个行业实现利润占全省的58.9%，对全省新增利润的贡献率为63.5%。其中，黑色金属冶炼及压延加工业实现利润183.93亿元，增长25.8%；石油和天然气开采业实现利润99.98亿元，增长74.9%。化学原料及化学制品、装备制造及食品等支柱行业利润增幅高于全省平均水平，利润增长在20%以上的有石油和天然气开采业行业等23个行业。

（四）亏损企业亏损额下降。2005年全省亏损企业亏损额为81.53亿元，比上年减亏1.7%，亏损面为16.8%，同比下降1.4个百分点。

（五）经济效益综合指数继续提高。据快报统计，2005年，工业经济效益综合指数192.3，比上年提高14.9点。其中，总资产贡献率14.5%，提高0.9个百分点；资本保值增值率118.2%，提高7.5个百分点；流动资产周转率2.7次，加快0.1次；全员劳动生产率11.8万元/人，增加1.9万元/人；成本费用利润率7.0%，与2004年持平。

四、产销基本衔接

全省工业产品销售率为98.1%，同比下降0.3个百分点，与全国基本持平，居18位。轻工业产品销售率为97.8%，比去年同期下降0.3个百分点，重工业产品销售率98.2%，比去年同月下降0.3个百分点，全省工业产品销售率重工业快于轻工业。分经济类型看，国有及国有控股最高为98.7%，集体企业、股份合作企业、股份制企业、外商及港澳台商投资企业分别为98.1%、97.1%、97.9%和98.5%。

工业运行中存在的主要问题：一是利润增幅回落。2005年实现利润增幅比2004年回落5.9个百分点。利润增幅回落主要是受黑色金属冶炼及压延加工业的影响。黑色金属冶炼及压延加工业实现利润增幅比2004年回落11.8个百分点；二是新产品产值比重依然偏低。2005年全省规模以上工业实现新产品产值372.61亿元，占工业产值的比重仅为3.4%，比上年下降0.9个百分点，低于全国平均水平。

（河北省统计局　康玉林）

乡镇企业

2005年，河北省乡镇企业继续保持了健康快速的发展态势，建设投入迅猛增加，规模实力不断壮大。对推进全省农村工业化、农业现代化建设，促进农民增收继续做出了重要贡献。2005年末，全省乡镇企业实现增加值3922.9亿元，同比增长22.9%，占全省生产总值的比重达38.7%。“十五”期间年均增速为13%，超出“十五”

预期年平均增速近2个百分点，总量比“九五”末增加1800多亿元。11个市乡镇企业增加值占当地生产总值的比重都超过了40%。全省乡镇企业上交税金306.2亿元，同比增长29.6%以上；“十五”期间年均增速超过16%，总量比“九五”末翻了一番多，乡镇企业提供的税金总额在全省全部财政收入中的比重达29.6%。全省有172个（市、区）乡镇企业营业收入超过了10亿元，占到总量的96.6%；其中营业收入50亿元以上的县（市、区）129个，占到总量的75%。乡镇企业上缴税金超1亿元的县（市、区）达到97个。全省乡镇企业达到124.7万家，比“九五”末增加了近20万个；从业人员达到1006.5万人，约占全省农村劳动力总量的33.7%。安置下岗失业人员26.2万人，为维护社会稳定做出了贡献。2005年全省乡镇企业支付劳动者报酬628亿元，职工人均工资6242.5元；农民人均纯收入中有1118元来自乡镇企业的工资收入，占农民人均纯收入的32.1%。

固定资产投入持续增加，企业发展后劲增强。全省乡镇企业完成固定资产投资额完成固定资产投入1069.5亿元，占全省社会固定资产投入（4193.5亿元）的25.5%；同比增长31.5%，比上年略有回落。有7个市固定资产投入增幅超过了30%，建设开工项目2.04万个，投资超亿元以上的项目超过300个，千万元以上项目4167个。投资方向日趋多元化，一批企业技改扩建项目、农业产业化项目、商贸流通项目、房地产项目成为民营企业投资的热点，项目不仅起点高，而且设计规范、建设速度快，项目投产率达77.4%，固定资产交付使用率达70.7%。园区建设成为投资亮点，民营工业园区档次不断提升。

各地乡镇企业依托特色，发挥优势，取得了显著的成效。全省年营业收入5亿元以上的产业集群达到162个，比上年增加了23个，产业集群共完成增加值1355亿元，实缴税金115亿元。超100亿元的产业集群5个，营业收入50亿元以上的产业集群31个，最大的产业集群邯郸市武安市冶金产业营业收入达到333.7亿元。全省各类园区达到491个，其中收入10亿元以上的园区达到62个，增加了13个，武安镇工业园区营业收入达到91.6亿元。乡镇企业随着产业集群和园区的快速发展壮大其聚集度日益提高。依托产业集群，既催生了一大批龙头企业和名牌产品，又带动了主导产业链条的延伸和整体规模的提升。

全省乡镇出口企业达1.25万个，比上年增加了3000多个，完成出口产品交货值434.2亿元，同比增长28.8%。其中自营出口248.1亿元，占出口总额的57.1%，比上年提高了5.1个百分点；出口产品交货值500万元以上企业787个，完成出口产品交货值252.6亿元，占总量的58.1%；纺织服装类产品出口137.3亿元，占出口总量的31.6%。全年全省乡镇企业实际利用外资13.2亿美元。

乡镇企业创新机制日趋完善，研发投入逐年加大，自主开发能力不断提高。全省民营企业研发机构达到488个，新增技术创新示范企业54家，累计达到231家。生产省级名牌产品183个，省级优质产品251个。创中国名牌产品11个，占全省总数的40.7%；创河北省著名商标484件，占全省总量的73.1%；创中国驰名商标8个，占全省总量的1/3。以人为本的经营理念形成广泛共识，高素质的人才受到企业青睐，全年共培训职工200多万人次，引进专业人才1.2万人。

（河北省中小企业局　郑　萍）

个体私营经济

截至2005年底，全省个体工商户达到108.8万户，从业人员269.9万人，同比分别增长6.8%、5.7%，结束了2002年以来徘徊不前的状况；私营企业达到12.68万户，从业人员241.7万人，注册资本1441.6亿元，户均注册资本113.6万元，同比分别增长17.7%、7.9%、24.3%、5.6%。特别是有限公司大幅度增加，达到8.6万户，户均注册资本146.3万元。全年核准冠河北名称私营企业3620户，注册登记私营集团85户。2005年个体私营企业创总产值2029.4亿元，实现销售收入或营业收入2286.5亿元，实现社会消费品零售额1563.2亿元，有力地推动了全省经济发展。

依据国家工商总局的《个体工商户分层分类登记管理办法》规定，2005年7月制定了《河北省工商局委托个体工商户登记管理办法》。具有个体工商户注册登记法定权限的县（市、区）工商局委托辖区内具备条件的工商所进行个体工商户的注册登记和验照、换照。930多个被委托工商所发放个体工商户营业执照8.6万多户次，其中60%以上可以实现当场登记，为业户和群众节约费用100多万元。为深入贯彻落实国务院《关于鼓励、支持和引导个体私营经济等非公有制经济发展的若干意见》，制定了《关于贯彻国务院〈关于鼓励支持和引导个体私营等非公有制经济发展的若干意见〉的实施意见》，省政府办公厅予以转发。《实施意见》共6部分40条，在准入条件、准入领域和注册登记上实现了“七个放宽”，即放宽经营范围，放宽注册地的选择，放宽私营企业注册资本的限制，放宽个体工商户私营企业登记审批程序，放宽经营场所的限制，放宽私营集团的设立条件，放宽企业名称限制，继续开展私营企业巡回年检和上门年检。全省各级工商机关组成212个年检服务小组，出动车辆8950车次、人员2.8万人次，完成对7.5万户私营企业的巡回上门年检，省、市局巡回上门年检率达到62%，县（市、区）局达到81%。据不完全统计，开展巡回上门年检活动为企业节约各种费用近2000万元。

民营企业扶贫开发活动取得显著成效。2005年11月18日在承德召开了十省市民营企业赴贫困地区投资开发恳谈会。此次扶贫开发具有两个明显特点：一是招商引资领域更加广泛。11月份组织了三个招商团，分赴北京、上海、浙江、广东等10省市进行招商，举办项目发布会

18次，首次把扶贫开发活动拓展到省外。二是项目签约多，利用省外资金多。共签约209项，投资总额80.62亿元。其中省外投资项目102个，引资金额43亿元；超亿元以上项目24个，金额42亿元。项目签约投资方涉及到16个省市、10个国家和地区的企业。

为进一步净化经济秩序，保护合法经营，开展了查处取缔无照经营活动。10月20日至11月30日在全省统一开展了查处取缔无照经营专项执法行动，出动执法人员3万多人次，执法车辆8000多台次，排查有限公司、个体工商户、私营企业30多万户。发现无照无证、有证无照、使用过期或作废营业执照等行为的业户8000多户，当场取缔1600多户，补办营业执照3000多户，立案查处700多户，罚没款金额9000多万元。

截至2005年底，全省下岗失业人员持《再就业优惠证》申办个体工商户2万余人，免收工商费共计2118.35万元，下岗失业人员投资兴办私营企业1982人。个体工商户吸纳下岗失业人员就业1.4万人，私营企业吸纳下岗失业人员就业2.5万人。高校毕业生申办个体工商户1546人，免收工商费共计87.9万元，高校毕业生投资兴办私营企业1428人。个体工商户吸纳高校毕业生就业6129人，私营企业吸纳高校毕业生就业2.69万人。个体私营企业已成为下岗职工再就业的重要渠道，在解决大中专毕业生、复转军人就业、再就业方面发挥着越来越重要的作用。

（河北省工商局　王建锋）

固定资产投资

2005年，全省上下认真贯彻落实国家宏观调控政策，将投资重点放在谋划项目，促进经济增长方式转变和产业结构优化升级上，固定资产投资保持平稳较快增长，投资结构进一步优化，重大项目建设取得突破性进展，房地产开发宏观调控取得成效。

一、运行特点

（一）投资保持平稳较快增长。全省全社会固定资产投资完成4210.2亿元，比上年增长30.9%，增幅同比提高1.7个百分点。其中城镇投资3378.3亿元，增长38.5%；农村投资831.9亿元，增长7.1%。月份间投资增幅变动较小，除2月份投资增长18.4%，其余各月投资增幅都在35.0%以上，保持了平稳较快增长。

各地区投资普遍快速增长，增幅在18.5%～48.3%之间。增速超过全省平均水平的有邯郸、沧州、邢台、唐山和衡水5个市，增长速度分别为48.3%、46.5%、42.6%、42.4%和39.1%。石家庄、承德、张家口、廊坊、保定和秦皇岛市增长速度分别为38.4%、25.5%、34.2%、34.6%、22.1%和18.5%。

（二）投资结构调整优化。三次产业投资全面增长。城镇投资中第一产业投资完成60.2亿元，增长36.6%，增速同比加快2.6个百分点；第二产业投资1639.6亿元，增长46.0%，占投资的比重48.5%，同比提高2.5个百分点。其中工业投资快速增长，对投资拉动力增强。工业投资完成1619.5亿元，增长52.3%，比上年加快6.4个百分点；占投资的比重由上年同期的43.6%提高到47.9%。第三产业投资1678.5亿元，增长32.0%。三次产业的比重为1.8：48.5：49.7。

优势产业带动作用增强。黑色金属冶炼及压延加工业进一步调整优化，完成投资281.3亿元，增长25.3%，占城镇投资的8.3%，下降0.9个百分点。食品、纺织、化工、医药、建材等主导行业完成投资快速增长，增速达到47.2%，占城镇投资的比重12.1%，提高0.7个百分点。其中，食品行业投资89.6亿元，增长58.0%；纺织行业投资99.5亿元，增长55.5%；化工行业投资90.2亿元，增长46.0%；医药行业投资45.9亿元，增长53.8%；建材行业投资84.0亿元，增长28.0%。

（三）内资和私营个体企业投资增势强劲。内资企业投资增速快。内资企业完成投资3103.3亿元，增长43.9%，占城镇投资的比重由上年的88.4%提高到91.9%。其中私营企业投资连续两年快速增长，私营个体企业投资468.4亿元，增长2.0倍；占投资的比重由2003年的1.4%、2004年的6.5%，提高到13.9%。

（四）重大项目建设取得突破性进展。在建项目快速增长。全省在建项目13272个，同比增加2450个。其中新开动项目11207个，增加2371个。计划总投资500万元以上新开工项目6765个，增长1.3倍，完成投资1765.8亿元，增长1.1倍，拉动投资增长38.5个百分点。大项目拉动作用明显，重大项目建设达到“九五”时期以来最好水平。亿元以上在建项目1011个，增加220个；完成投资1568.0亿元，增长48.5%；占全部投资46.1%，拉动城镇投资增长21.0个百分点。亿元以上项目主要集中在工业、电力、交通和教育等行业。特别是河北省“一号工程”曹妃甸循环经济示范区建设强力推进，完成投资43.1亿元。高速公路建设投资94.1亿元。

（五）企业自主投资能力增强。全省资金到位情况良好。到位资金3398.8亿元，增长35.7%，资金到位率达到100.6%。其中国内贷款464.8亿元，增长24.8%，占资金来源的13.7%；利用外资78.3亿元，增长35.0%，占资金来源的2.3%；自筹资金2403.9亿元，增长47.4%，其中企事业单位自筹资金1929.2亿元，增长51.3%，占到位资金的56.8%，提高5.9个百分点。

（六）房地产开发投资运行平稳有序。2005年，全省房地产开发投资增长呈逐月回落态势，商品房价格有所回落。表明落实国家对房地产开发行业的宏观调控，稳定住房价格取得成效。开发投资增幅回落，结构比较合理。房地产开发投资完成391.5亿元，比上年增长11.5%。其中商品房屋建设投资289.6亿元，增长23.2%；土地开发投资23.9亿元，增长-44.2%。商品房屋施工面积3821.0万平方米，增长1.8%，其中新开工面积1970.8

万平方米，增长8.7%；竣工面积1129.9万平方米，下降26.5%。销售房屋面积1408.7万平方米，下降2.2%。住宅投资是房地产开发的主体。住宅投资292.1亿元，增长20.2%，占房地产开发投资的74.6%，比上年提高5.4个百分点。商品房屋售价受宏观调控影响较大。全省商品房屋每平方米平均售价1862.1元，比1—7月份回落1.6个百分点，比上年同期增长15.5%。其中住宅每平方米平均售价1777.5元，办公楼平均售价4751.3元，商业营业用房平均售价为2999.2元。

二、存在的主要问题

（一）外商和港澳台投资比重下降。港澳台商企业投资完成161.2亿元，增长33.8%，外商企业投资完成106.9亿元，下降0.7%。增速分别比内资企业慢10.1和44.6个百分点，占城镇投资的比重分别下降0.1和0.8个百分点。

（二）技术改造投资增长缓慢。改建和技术改造投资280.8亿元，增长4.9%，占投资的8.3%，下降2.7个百分点。用于更新的设备投资51.1亿元，下降29.2%，占投资的1.5%，下降1.5个百分点。

（三）房地产开发投资规模偏小。房地产开发投资占城镇投资的11.6%，低于全国平均水平9个百分点左右。

（四）经济适用房开发规模萎缩。经济适用住房开发投资36.7亿元，下降3.8%，占房地产开发投资的比重9.4%，下降1.5个百分点。经济适用住房施工面积544.3万平方米，增长9.9%；竣工面积132.1万平方米，下降32.9%；销售面积155.8万平方米，下降5.7%。

（河北省统计局　林　文）

国有资产监管

2005年，全省国资监管工作继续以"两增、两减、两分"为主线，把"依法、科学、民主"六字方针贯穿于各项工作的始终，坚持以发展为目标、以监管为主业、以企业为中心、以改革为手段、以稳定为前提、以党建为保证的基本工作思路，认真贯彻落实中央和省委、省政府的决策部署，以全新的理念推进工作创新，国有重点企业改革取得了突破性进展，省委、省政府高度关注的一些难题及历史积淀的风险得到了成功破解，各项工作都取得了明显进展。

国资监管效能进一步提高。一是进一步健全国资监管法规体系，为依法规范监管提供了准绳。2005年，先后配套出台了《河北省政府国资委履行出资人职责企业负责人经营业绩考核办法》等22个规范性文件和一系列规章，初步形成了以《河北省企业国有资产监督管理实施办法》为基础，激励与约束并重的国资监管法规体系。各市也从自身实际出发，健全完善了国资监管制度和配套文件。成为全国国资监管机构法规体系最为健全的省份之一。二是摸清企业家底，为国有资本保值增值奠定了基础。组织省政府国资委所出资企业全面开展了第二次清产核资，进一步摸清了家底，锁定了企业经营者责任。加紧实施新的会计准则，健全了全省国有资产统计报告、企业财务预决算和财务报告制度，完善了数据平台。三是积极探索国资监管的有效形式，进一步提高监管效能。在业绩考核和效绩评价方面，对2004年所出资企业的经营状况、班子建设情况进行了全面考核，根据考核结果实施了奖惩；对唐钢等31户所出资企业进行了效绩评价；与所出资人企业签订了2005年度经营业绩责任书，对186名被考核企业负责人的经营者目标任务进行了分解。在企业领导人员管理方面，不断完善法人治理结构，对新任用的企业副职，坚持一般不在董事会、经理层两个班子同时任职的原则；提出了《省政府国资委特邀研究员管理试行意见》，较好地解决了企业领导班子相对老化问题，加快了干部年轻化进程；按照中央和省委组织部要求，重点抓了2004年以来新提拔企业领导人员岗前培训和企业后备领导人员培训工作；省政府国资委共任免企业领导人员111人次，进一步优化了企业领导班子的知识、专业和年龄结构。在规范产权股权管理方面，制定了《企业国有产权公开转让操作规则》等文件，加强了对企业国有产权转让交易的监管；全省产权交易机构完成产权交易项目624宗，实现产权交易金额43.8亿元，盘活存量国有资产145亿元。在有效发挥监事会作用方面，积极探索对股权多元化企业国有资产的监督模式，把监事会监督检查与会计师事务所对企业的财务年审有机结合，提高了监督时效，避免了重复检查。全年提交监督检查报告23份，对企业在财务管理等方面存在的问题提出了整改意见，并认真抓好督办落实。有效发挥审计的监督作用，累计审计资产数额355亿元。四是推行企业法律顾问制度，建立国企法律风险防范机制。在全省国有重点企业中，积极推行企业法律顾问制度，逐步建立起"以事前防范为主，事中控制和事后补救为辅"的企业经营风险法律保障体系。全年协调处理涉法案件200余起，涉案金额30亿元。大力开展律师服务国企改革工作，聘请律师全程参与国企改革，有效地避免了法律风险。五是加强各设区市国资监管工作，全省国资监管体系进一步完善。出台了《关于加强设区市国有资产监管机构建设的指导意见》，对设区市国资监管机构的职能定位、监管范围、监事会工作、国有资产营运机构建设以及探索建立国有资本经营预算制度等提出了明确要求。

国企改革取得重大进展。一是以规划发展引领改革，建立企业改革发展规划策划体系。制发了《履行出资人职责企业发展战略和规划管理办法》和《履行出资人职责企业投资监督管理办法（试行）》，组建了"企业发展战略规划与投资专家委员会"，提高了引领改革发展的科学性和指导性。二是推进优势企业集团做大做强，国有大型企业股份制改革取得标志性成果。在钢铁产业整合上，以减债为契机，在唐钢回购银行债权的同时，顺势而为，由唐钢、承钢、宣钢组建了唐钢集团，形成了年产2000万吨的产能，并积极谋划组建以邯钢集团为基础的南部钢铁集团；在煤炭产业整合上，组建了河北金牛能源集团；研究制定了组建圣仑国际集团有限公司方案，省物产、粮油集团分别组建了隆鑫物流、新良谷物有限公司，完成了省建投对石家庄地方铁路处的兼并重组等工作。三是通过引入国际上有实力的战略投资者，在解决国有股“一股独大”、推进股权多元化方面取得了重大进展。石钢80%国有产权公开转让，引入香港中信泰富进行股份制改造，实现国有资本溢价增值10.33%；华药集团引入跨国公司DSM进行股份制改造，优化了股权结构，依托DSM公司的技术、销售网络，可有效降低生产成本，规避反倾销风险，提升国际竞争力；邢钢在引入增量外资进行股权多元化改革的基础上，推进了在港上市工作。坚持“积极、有序”的原则，稳妥推进国有控股上市公司股权分置改革。金牛能源成为全国首批股权分置改革试点成功的唯一一家国有控股公司，全省已完成和启动股权分置改革程序的国有控股上市公司已达60.87%，市值达到72.40%，走在全国前列。四是采取多种形式，实现劣势企业平稳退出。通过调整完善全省政策性破产四年规划，在2004年国家预批河北省新增14个项目的基础上，2005年又有13户企业列入国家政策性破产建议项目。到2005年底，共有12个项目完成破产工作，分流安置职工3.2万人，核减债务13.9亿元，消灭亏损10.3亿元；有12个资源枯竭煤矿政策性破产项目完成终结，分流安置职工12.1万人，核减债务10.8亿元，减少亏损8.2亿元，争取中央财政资金39.5亿元。五是积极推动省直厅局属企业改制脱钩和市县属国企改革。省政府国资委与省委组织部共同制发了《河北省2005年度深化国企改革工作专项考核办法》，下达了2005年厅局属企业改革目标任务；制订出台了《关于省直部门和省工贸、外贸资产经营公司所属特困企业优先安置职工的有关规定》，为推进特困企业改革创造了条件。到年底，列入改革目标的88户厅局属企业，有40户已完成改制，20户劣势企业准备按新政策退出，其余企业正在运作中。市县属国企共有282户完成初次改制，143户完成二次改制。六是国有大中型企业主辅分离辅业改制取得新突破。全年共有109个省属企业完成辅业改制任务，提前超额完成省政府确定的辅业改制总目标，继续走在全国前列。省属企业分离办社会工作取得阶段性成果，学校、公安机构等已全部移交完毕。积极协调推进中央驻冀企业分离办社会工作，已有8户单位完成移交。七是大力推进债务重组，优化企业资本结构。通过债转股、股权回购和债务重组等方式，解决债务额95.8亿元，实现重组收益和享受国家政策优惠49.6亿元。

以开展保持共产党员先进性教育活动为契机，进一步加强党建和党风廉政建设。一是深入开展先进性教育活动，不断加强新时期党建工作。先后开展了机关、直属事业单位和所出资企事业单位先进性教育活动。通过先进性教育活动，有力地推动了工作作风的转变，基层党组织的创造力、凝聚力和战斗力进一步提高。二是切实抓好企业党风建设和反腐倡廉工作。继续深化企业效能监察工作，共设立效能监察项目673个，提出改进管理建议369条，建章立制438项，避免和挽回经济损失5095万元；省政府国资委所出资企业共立案57起，结案34起，对38人给予党政纪处分，挽回经济损失126万元。三是扎实做好信访工作。在推进国企改革中，紧扣清产核资、资产评估、产权转让、职工安置等关键环节，从源头上建立政策保障体系，维护好国家、职工等各方面的权益，为构建和谐企业提供了保障。以贯彻《信访条例》为重点，加大信访苗头和群体性事件的排查调处力度，进一步完善了应急处置预案，实现了发现得早、化解得了、控制得住、处置得好的目标。共登记办理来信来访423件，办结率70%。

2005年，全省国有及国有控股企业实现销售收入2520.2亿元，同比增长11.6%；利润77.7亿元，同比增长23.7%；上缴税金176.1亿元，同比增长5.6%；国有资产保值增值率达到103.8%，同比增加1.8个百分点。省国资委履行出资人职责企业实现销售收入1470亿元，同比增长10.7%；利润总额59.6亿元，同比增长5.7%；上缴税金115亿元，同比增长2.5%；国有资产保值增值率达107.4%，与上年持平。

（河北省政府国资委　张　兵）

重点项目建设

2005年是“十五”和省委确定的三年“项目年”的最后一年。一年中，各级各部门和广大建设者围绕“一条主线、两大支撑”，狠抓项目谋划，强化在建项目协调，全省重点项目建设取得显著成绩。203项重点项目全年完成投资760.2亿元，完成年计划的129%，较2004年增加244亿元，创历史新高。邯钢冷轧工程、华北石化公司聚丙烯改造、泛亚龙腾纸业、王滩电厂1、2号机组、衡水电厂二期等112个项目建成投产或试生产。石太客运专线、张石高速、石炼化16万吨/年已内酰胺、哈动力大型燃气轮机维修项目（秦皇岛）、深圳华为通讯公司光网络整机生产（廊坊）、唐山司家营铁矿一期工程等72个项目开工建设。

曹妃甸工业区建设取得新突破。矿石码头一期工程建成投产，迁曹铁路开工建设。首钢精品钢铁基地业主公司已挂牌成立，造地工程开工。河北省与中石油、北京市签署“唐山液化天然气（LNG）项目合作框架协议”后，国家发改委已初步同意合作建设方案。原油码头项目，通过了中咨公司的评估。河北省与中石化联合成立大型炼化一体化基地前期工作小组，基地总体实施规划已完成初稿。

能源项目建设实现新突破。列入国家2005—2007年初选、备选电站计划项目12项，总装机容量1060万千瓦，总投资480亿元。其中西柏坡三期、龙山电厂一期、保定热电厂八期工程等开工建设。张家口坝上地区列入国家首批百万千瓦级风电示范基地，建成风电机组8.4万千瓦。蔚州煤电路一体化项目，年产150万吨单侯矿井开工建设；坑口电厂一期工程可研报告完成；沙蔚铁路遗留土地问题得到解决；合资公司已挂牌成立。冀蒙煤电一体化项目，煤炭及坑口电厂建设条件论证已完成，业主公司正式成立。

交通项目建设实现新突破。与铁道部合作建设总投资800亿元、全长1320公里的8条铁路中，石太客运专线、迁曹铁路已开工；张集铁路可研报告获得国家批复；京石、京秦客运专线项目建议书已上报。总投资600亿元、总里程1600公里的高速公路项目中，廊涿、张石高速公路已全线开工。秦皇岛港煤四期扩容、煤五期工程等相继启动，煤四期扩容建成投产。

工业结构调整实现新突破。山海关百万吨造船项目投资人正式签署股东投资认股书，项目方案已上报国家发改委。河北省与东风汽车公司签署合作框架协议，双方确定建立战略合作伙伴关系，东风实业公司与邯郸宇康集团公司合作重组邢台长征汽车公司发展重型车项目。沧州化工12万吨/年己内酰胺项目核准材料已上报国家发改委。石家庄炼油厂800万吨扩能方案已开始编制，16万吨己内酰胺扩建工程已提前启动，邯钢结构优化升级总体方案获国家批复。

采取的主要措施。一是抓重大项目谋划。编制了十大主导产业规划及电力、煤炭、电网、风电、热电联产、交通等专项规划，围绕编制和完善专项规划，谋划了一批产业结构调整升级和支撑未来经济发展的重大基础设施项目。为减少项目谋划的盲目性，深入研究并吃透产业政策，用政策来指导项目谋划，提高项目成功率。通过与中石油、中石化、中海油、东风汽车、长安汽车、首钢集团、中船重工等大集团公司的合作，谋划实施了一批规模大、水平高、效益好的大项目。二是抓项目前期工作跑办。在一些重大项目前期工作的推进过程中，省委、省政府领导亲自出面，对项目进展起到了决定性作用。省直部门、各市以及项目单位，协调联动、密切合作，对加快项目审批进程起到了积极的推动作用。抓住一切机会，通过各种渠道促进项目审批，极大地推进了项目的前期工作。三是抓督导协调。年初筹备召开省重点建设领导小组会议，明确全年工作目标，落实了各级各部门责任。7月份召开了重点项目观摩会，郭庚茂常务副省长对上半年的重点建设工作进行总结，对下半年的工作提出了要求。9月下旬，召开了第二次省重点建设领导小组会，就重点项目用地、“十一五”期间重大项目谋划等问题集中研究。11月下旬，召开了全省重点建设工作座谈会，郭庚茂常务副省长对各市项目进行调度。加大对在建项目的协调调度力度。为保障迁曹铁路与曹妃甸煤码头建设同步，提前就征地拆迁等问题进行协调，并建立了定期协调调度机制；多次对秦皇岛港煤四期扩容、煤五期工程、大秦铁路扩能改造、石太客运专线、保定热电八期、保定金融专科学校新校区、张河湾抽水蓄能电站移民及省科技馆新馆、省艺术中心等重大项目建设中的问题进行协调；与沧州、石家庄市联合组织召开了沧东电厂送出、神木电厂至石家庄北50万伏送变电工程开工动员会，保障了项目建设的顺利进行。

（河北省重点建设领导小组办公室　张存良）

对外经济贸易

2005年，对外经贸稳步增长，规模创历史最好水平，圆满完成了全年及“十五”时期的各项目标，对经济发展起到了积极地促进作用。吸引外资以增资控股为趋势，以大项目为支撑，一、三产业为增长点，南厢地区吸引力增强；对外贸易以非国企出口为主导，钢铁、机电和高技术产品为动力，对美欧、日韩、东盟市场保持强劲增长。但由于国家宏观调控政策的影响，对外经贸的两项重要指标，外商直接投资和出口增速均出现了较大幅度的回落。

一、规模与质量并重，外资投向结构积极变化

全省实际利用外资和审批合同双双保持较快增长，规模创历史最好水平，超额完成全年目标。实际利用外资总额达22.79亿美元，增长15.2%。其中外商直接投资19.13亿美元，增长17.8%；对外借款1.78亿美元，增长1.0倍。新批合同577个，合同外资额25.32亿美元，增长17.9%。

（一）外商增资控股意愿显著增强。随着全省投资环境的逐步改善和吸引外资工作力度的加大，外商增资、控股的意愿正在明显增强。主要表现为：一方面，全省追加合同外资额7.42亿美元，比上年增长83.1%，占新批合同外资额的40.3%。另一方面，独资成为外商首选的投资方式。独资企业到位外资10.0亿美元，增长64.4%，高于全省平均水平46.6个百分点，占全省外商直接投资的52.3%；新批独资企业合同外资额达13.17亿美元，增长26.5%，高于全省平均水平8.7个百分点，占全省新批合同外资额的52.0%。

（二）大项目成为签约合同外资增长的主力。审批投资总额500万美元以上项目数达174个，合同外资额21.96亿美元，增长20.3%，高于全省平均增速2.3个百分点，占全省审批合同外资额的86.7%，同比提高1.7个百分点。其中合同外资额超过1000万美元的项目达51个，合同外资额15.84亿美元，占全省的62.6%。

（三）一、三产业外商投资快增长。第一、第三产业外商投资额分别为4.69万美元和2.68亿美元，分别增长68.8%和33.8%，分别高于全省外商直接投资增速51和16个百分点，占全省外商直接投资的比重分别为2.5%和14.0%，分别提高0.8和1.3个百分点。道路运输业、住宿和餐饮业、娱乐业成为第三产业的增长亮点，道路运输业在上年没有外商投资的情况下，2005年外商投资额达1.03亿美元，其他两个行业外商投资额分别为2.85万美元和2.23万美元，分别增长3.2倍和10.1倍。

（三）南厢地区对外商的吸引力增强。一线、北厢、南厢外商投资规模分别为15.74亿美元、1.55亿美元和5.54亿美元，占全省外商直接投资的比重为69.0：6.8：24.2，分别增长11.4%、12.6%和31.2%，其中南厢地区增速快于一线和北厢地区，比全省增速快16个百分点。

二、出口规模实现突破，结构优化进程加快

全省进出口总额创历史新高，出口总额突破100亿美元，进口增速快于全国平均水平。全年进出口总额160.7亿美元，增长18.8%。其中，出口109.3亿美元，增长17.0%；进口51.4亿美元，增长22.9%。超出全国平均增长水平5.3个百分点。

（一）非国有企业出口主体和拉动作用显著。在国有企业出口下降的情况下，全省出口主要靠非国有企业出口拉动。非国有企业出口72.30亿美元，增长30.7%，高于全省出口平均增长水平13.7个百分点，所占比重在2003年超过50%后，2005年达66.2%，同比增加7个百分点。其中外商投资企业（34.53亿美元，30.0%）、私营企业31.43亿美元，32.9%）和集体企业（6.33亿美元，23.7%）出口增速分别高于全省出口增长水平13、15.9和6.7个百分点。而国有企业出口额为36.97亿美元，同比下降2.9%。

（二）汽车、电子产品带动机电和高技术产品出口快速增长。机电和高技术产品分别出口22.34亿美元和2.35亿美元，分别增长41.3%和70.1%，分别比全省平均增速快24.3和53.1个百分点；占出口总值的比重分别为20.4%和2.1%，同比分别提高3.5和0.7个百分点。机电产品出口增长的动力主要来自汽车业的迅猛发展，其中汽车及汽车底盘、汽车零件分别出口1.54亿美元和1.55亿美元，分别增长2.3倍和62.7%，成为河北省超亿美元的大宗出口商品。高技术产品中，电子、材料和航空航天技术产品分别出口4.37万美元、1.78万美元和2.06万美元，分别增长1.8倍、6.6倍和1.2倍。

（三）钢材及钢坯出口继续保持较快增长。钢材一直是河北省出口前五位商品，2005年由上年的第四位上升到第三位，出口额达7.84亿美元，增长29.7%，高于全省出口平均增速12.7个百分点，拉动全省出口增长1.9个百分点。主要是板材、角钢及型钢增长较快，分别增长54.6%和94.4%，出口额分别为2.71亿美元和3.30万美元。钢坯及粗锻件出口2.00亿美元，增长20.2%，高于全省出口增速3.2个百分点。

（四）对美、韩及欧盟、东盟等国家和地区出口增势强劲。欧盟、俄联邦、美国、日本、韩国排河北省出口的前五位，出口总额占全省的64.9%。其中对欧盟、美国和韩国的出口增势强劲，分别高于全省出口平均增长水平12.1、18和1.2个百分点。欧盟以17.28亿美元成为河北省第一出口伙伴，增长29.1%，比上年提高6.4个百分点；对美国出口13.41亿美元，增长35.0%，对韩国出口11.61亿美元，增长18.2%。对东盟出口7.31亿美元，增长29.2%。

（河北省统计局　杨喜进）

财　　政

2005年，全省全部财政收入完成1035.2亿元，占年计划的124.7%，可比增长33%。其中中央四税收入完成519.5亿元，占年计划的131.8%，增长40.4%；地方一般预算收入完成515.7亿元，占调整预算的100.8%，增长26.5%。全省一般预算支出完成962.2亿元，占调整预算的91.1%，增长22.4%。全省政府基金预算收入完成266.2亿元，占调整预算的102%，比上年增长14%；政府基金预算支出完成275.5亿元，占调整预算的91.4%，增长25.6%。全省财政实现了当前收支平衡。

财政支农力度进一步加大，中央和省定惠农政策得到全面落实。按照“多予、少取、放活”的方针，继续加大对“三农”的投入。一是全面落实减免农业税政策，农村综合配套改革试点工作稳步推进。40个国家级扶贫开发重点县按国家规定免征了农业税，加上自主决定免征农业税的39个县（市、区），全省免征农业税的县（市、区）达到79个。其他地区降低农业税税率2个百分点，农业税附加随农业税同步减免，全省共减免农业税及附加12.4亿元。及时下达农村税费改革转移支付补助资金，保证了乡村组织运转和农村义务教育的正常需要。确定鹿泉、涿鹿等12个农村综合改革试点县（市），制定了《关于深化农村税费改革试点工作的通知》、《关于坚决制止发生新的乡村债务有关问题的通知》、《关于深化县乡财政体制改革试点工作指导意见的通知》、《关于健全农民负担监督管理机制、防止农民负担反弹的意见》等文件，就进一步深化农村税费改革，特别是对乡镇机构、农村义务教育体制和县乡财政体制改革试点提出了原则性要求。二是认真落实对种粮农民直接补贴政策。按照省政府部署，各级财政部门精心组织实施，向种粮农民兑付补贴资金6.5亿元。全省5065万农民从中受益，经过检查验收和问卷调查，农民满意率达到98%。另外，发放良种补贴1.6亿元、农机具补贴2650万元。通过年初预算安排、年中追加，用于防治禽流感资金7000多万元。三是建立健全农业投入稳定增长机制。全省农业支出完成31.6亿元，同比增长30.4%，重点支持了农业服务体系、粮食安全和综合生产能力、农业和农村基础设施、农业产业结构调整、农业产业化经营、绿色生态环境治理、扶贫开发和农业科技推广等八大工程项目建设。整合交通建设资金12.7亿元，争取国家投资补助9.8亿元，新建和改建农村公路1.95万公里，新增通油路村3300个。

支持经济发展力度进一步加大，财政经济步入良性循环轨道。一是支持重点项目建设，促进全省经济增长和结构调整。全省财政基本建设支出完成69.4亿元，同比增长12.3%，争取国家国债专项资金22亿元，重点支持了农村水利、城市基础设施、县域电网改造、交通道路、企业技术改造升级等项目。通过倾斜性安排省级重点项目资本金、公路养路费超收返还、取消资源税定额上解等措施，集中资金3.9亿元，突出支持了曹妃甸工业区建设。利用国际金融组织贷款，争取财政部对国外贷款项目政策补贴1.4亿元。共提贷款9618万美元，河北城市环境、石家庄城市交通、海滦河流域污染治理等大项目进展较快。二是推进国有企业改革。基本完成了驻冀中央企业分离办社会职能的相关工作；妥善解决了省属企业分离办社会遗留问题；积极推动省属企业主辅分离、辅业改制工作，在15户企业所属102个单位中，有63个辅业单位完成了改制工作，涉及资产23亿元，职工2.5万人。向财政部申请破产补助资金5.7亿元，妥善解决了1.6万名职工的安置问题。三是促进县域经济发展。继续实施激励性财政体制，并将其延长至2007年，2005年省多返还市县财力22亿元，有效调动了市县发展经济、增加财政收入的积极性。贯彻落实省委、省政府扩权强县的战略部署，研究制发了《关于扩大部分县（市）管理权限后财政体制有关问题的通知》等文件，并将属于非贫困县的16个扩权县分成增长率降低到5%，基本理顺了扩权县财政体制。省政府办公厅转发了《河北省财政厅关于深化县乡财政体制改革试点工作指导意见》，提出按照因地制宜、分类指导的原则，对乡（镇）分别实行统收统支加激励和比较规范的分税制两类财政体制。研究制定了《2005年缓解县乡财政困难奖励和补助办法》，提出了全省“五奖二补”的方案。除下达中央奖补资金6.93亿元外，省级增加奖补资金3.53亿元，着力缓解县乡财政困难。同时，2005年省对市一般转移支付总规模达31.7亿元，比上年增加16.1亿元。四是支持中小企业信用担保体系建设，促进民营经济发展。截至2005年底，全省共建立担保机构206个，到位担保资本金34.6亿元，有效缓解了中小企业融资难问题。五是完善政策，促进外向型经济发展。根据中央出口退税负担机制的政策调整，相应调整全省负担机制，对于地方负担的7.5%部分，省级负担4.5%、市县负担3%。全省负担出口退税超基数资金3亿元，其中省级1.8亿元。研究制定了《河北省出口企业出口信用保险扶持发展资金管理办法》，鼓励企业开拓国际市场。六是深化收支两条线管理改革，优化经济发展环境。从省级垂直管理部门入手，积极开展行政性收费成本核定工作。研究起草了《关于进一步加强执收执罚部门收支脱钩管理工作的通知》，明确政策措施，促进收支彻底脱钩。

大力支持“和谐河北”建设，社会事业加快发展。一是认真落实省委六届七次全会两个《决定》，大力支持教育、科技事业发展。全省教育事业费支出完成168.3亿元，同比增长18.2%，重点支持了高校双重工程、中小学危房改造、布局调整工程和农村中小学远程教育工程；省财政拨付7182万元，用于提高省属高校生均公用经费标准及职业教育，连同中央补助共下达资金1.3亿元，用于资助农村义务教育阶段家庭经济困难学生“两免一补”。全省财政科学事业费支出完成3.5亿元，比上年增长16.3%，重点支持了科技平台和重点实验室建设、制造业信息化、农副产品加工、创新药物、中成药现代化、高新区再造和构建区域创新体系等项目。省财政从结算资金中安排2000万元增加科技专项资金，分别筹措资金1亿元和5000万元充实省科技风险投资公司和信息产业投资公司资本金。二是促进就业和再就业，落实“两个确保”和“低保”政策。全省财政再就业资金支出4.9亿元，同比增长21.7%，促进了就业再就业目标的实现。养老保险费支出131亿元、下岗职工基本生活费支出7.1亿元，发放城市居民低保资金6.1亿元，基本保证了全省145万元企业离退休人员养老金和9.6万名国有企业下岗职工基本生活费的足额发放，对81万城镇贫困人口最低生活保障动态管理实现了应保尽保。三是促进公共卫生体系建设。全省财政医疗卫生支出44.4亿元，同比增长26.5%，重点支持了疾病预防控制和医疗救治项目、农村卫生基础设施等工程建设。新型农村合作医疗试点工作扎实推进，试点县由3个扩大为11个。各级财政补助资金5610.6万元，123.3万人享受了合作医疗补偿，报销总费用5118.1万元，农民“因病致贫、因病返贫”问题进一步缓解。四是支持文化事业发展。全省文体广播事业费支出24.9亿元，重点支持了爱国主义教育基地、村村通广播电视、文化资源共享、文明生态村等项目。全面推开了农村部分专项计划生育家庭奖励扶助制度，发放奖励扶助资金4550万元。

财政改革进一步深化，机制创新迈出新步伐。一是预算管理改革进一步深化。省政府颁布实施了《河北省省级预算管理规定》，成为全国第一部预算管理方面的地方政府规章，为规范预算管理、深化预算改革提供了新的法制保障。省政府印发了《关于进一步推进省级财政集中财力办大事的指导意见》，对项目的提出、论证、决策、评价标准等加以规范，在进一步整合资金、集中财力办大事，切实提高项目预算、绩效预算、滚动预算的编制质量方面进行了新的探索与实践。同时，按照财政部的要求，较好地完成了政府收支分类改革模拟试点。二是财政国库管理制度改革进一步深化。省级财政国库管理制度改革向基层预算单位延伸，初步建立了以国库单一账户体系为基础、资金拨付以国库集中支付为主要方式的财政国库管理制度。在2004年省级107个一级预算单位和38个基层预算单位试点的基础上，又选择11个政府组成部门的107个基层预算单位进一步扩大试点。11个设区市全部正式启动改革试点，纳入改革范围的市直预算单位超过300个，唐山、秦皇岛两市已将改革扩展到市直所有一级预算单位。三是政府采购改革取得明显成效。初步统计，2005全省实现政府采购85.1亿元，较上年增长18%，比预算节约资金11.4亿元，资金节约率为11.8%。四是创新财政监督机制，切实加强财政法制工作。在省交通、国土资源、教育、林业四部门试行财政监察组委派制度试点；配合监察、审计部门开展专项资金综合治理，对11个市37个县130个单位七项资金治理工作进行了检查，针对存在的问题，提出了加强管理、建立监督管理长效机制的措施，研究起草了《河北省财政专项资金监督管理办法》。

加强《财政违法行为处罚处分条例》的宣传与培训，提高财政工作人员依法理财、依法行政能力。共评审财政投资项目1058个，送审金额37.1亿元，审定金额34.2亿元，审减金额2.9亿元，平均审减率为8%。认真开展会计师事务所年度检查工作，促进会计信息质量的提高。

（河北省财政厅　刘启生）

金　融

2005年，河北省金融运行总体平稳，各项存、贷款稳定增长，信贷结构得到进一步调整和改善。

各项存款突破万亿元关，增势依然较强。截至2005年末，全省全部金融机构人民币存款余额突破万亿元大关，达1.08万亿元，同比增长14.8%，比年初增加1395亿元，同比多增105.8亿元。其特点一是增长波动大。增量最高的1月和负增长的12月相差161.1亿；二是企业存款增势减缓。企业存款比年初增加267.4亿元，同比少增73.1亿元；三是储蓄存款强势增长。储蓄存款比年初增加876.5亿元，同比多增126亿元，其增量占全部存款增量的62.8%，同比提高了4.6个百分点，依然是拉动各项存款增长的强劲因素。

各项贷款增势平稳。截至2005年末，全省全部金融机构人民币贷款余额6415.2亿元，同比增长11.1%，比年初增加682.4亿元，同比多增50.5亿元。贷款增长变化的主要特点：一是贷款增长先快后慢。前三季度，增加较多，四季度增长放慢，10月份出现负增长，人民币贷款下降32亿元；二是薄弱环节贷款明显增加。全省下岗失业人员小额担保贷款当年累计发放5971万元，同比增加830.3万元；助学贷款累计发放1.26亿元，同比增加2602.4万元；三是消费贷款增势缓慢。全省消费贷款比年初增加43.1亿元，同比少增50.9亿元，主要是汽车贷款的负增长所致。汽车贷款比年初下降40.4亿元，同比少增55亿元。个人住房贷款余额422亿元，比年初增加92.7亿元，同比多增14.7亿元；四是房地产开发贷款增速加快。2004年全省房地产开发贷款大幅萎缩，当年减少3.9亿元。2005年增速回升，12月末余额549.5亿元，同比增长33.9%。全省金融机构房地产开发贷款新增42.6亿元，同比多增46.5亿元。

外汇存、贷款业务继续萎缩。截至2005年末，全省金融机构外汇存款余额15.3亿美元，比年初减少1.2亿美元；外汇贷款余额8.1亿美元，比年初减少0.9亿美元。7、8、10、12月份，人民银行虽然连续4次上调小额外币存款利率，但河北省的外汇储蓄依然呈下降趋势。2005年末，外汇储蓄存款余额为8.5亿美元，比年初减少1.5亿美元。截至2005年末，全省银行累计结汇112.2亿美元，同比增长15.2%；售汇49.1亿美元，同比增长19.3%；结售汇实现顺差63.1亿美元，同比增长12.1亿美元。银行结售汇顺差继续扩大；全省国际收支总规模达187.6亿美元，同比增长24.7%。其中收入128.9亿美元，增长22.7%；支出58.6亿美元，增长33.5%，国际收支实现顺差70.4亿美元，增长17.8%；经常项目收入42.9亿美元，增长21.1%，支出52.9亿美元，增长29.5%，经常项目顺差62.3亿美元，增长14.7%；资本项目和金融项目收支大幅增长，收入达13.7亿美元，同比增长38.4%，支出5.6亿美元，增长26.2%，顺差达8.1亿美元，增长48.4%。

金融机构经营效益提高。截至2005年末，全省全部金融机构人民币业务账面盈利24.7亿元，同比多盈利9.2亿元。其中国有商业银行盈利2.6亿元，同比少盈利3亿元；股份制商业银行盈利7.2亿元，同比多盈利2亿元；农村信用社盈利5.2亿元，同比多盈利1亿元。

现金投放。截至2005年末，全部金融机构全年现金收入3.01万亿元，现金支出3.06万亿元，收支相抵现金投放456.2亿元，同比多投124.4亿元，再创历史新高。投放的主要渠道一是工矿及其他产品采购。全年支出1372.4亿元，同比多投231.8亿元；二是工资性全年支出1203.1亿元，同比多投138.5亿元；三是农副产品采购。全年支出711.5亿元，同比多投130.9亿元；四是城乡个体经营净投放574.9亿元，同比多投1.9亿元。

金融市场运行。全省债券市场交易总体呈持续上扬走势，全年货币资金宽松，流动性充足。银行间债券市场交易特点一是债券质押式回购为货币市场交易主要方式。全省银行间债券市场交易总量为3369.8亿元，较上年同期增加831.8亿元，增长24.7%。其中质押式回购3064.9亿元，占交易总量的90.9%。质押式正回购交易量2923.7亿元，较上年同期增加658.8亿元，增长22.5%；逆回购交易量141.3亿元，较上年同期减少1.5亿元，增长率为-1.08%；买断式回购7.8亿元，较上年同期增加4.55亿元，增长58.3%；现券买卖297.1亿元，较上年同期增加169.9亿元，增长74.8%。二是短期融资占融资总量的绝对比重。在债券融资的品种中，期限为7天的交易量占交易总量的71.0%，期限为一个月的占0.9%，两个月的占0.2%，三个月的占0.5%。短期融资占比较重，表明融资用途主要是为了弥补临时性和短期资金头寸不足。三是债券回购利率在低幅徘徊。全省全年债券市场正回购加权平均利率，上半年从3月份开始，呈逐月走低趋势。其原因主要受人民银行3月17日大幅度调低超额准备金率的影响，金融机构资金普遍宽余，导致债券市场利率下降。7月份利率开始有所回升，12月份由于人民银行发行了大量的央行票据，并加大了票据净回笼规模，提升市场利率而使回购利率略有反弹，但仍低于年初水平。四是短期融资券为企业开辟了一条低成本融资的新渠道。唐山钢铁集团有限公司顺利通过了人总行的备案审核，于9月21日成功发行短期融资券20亿元。这是河北省首例、全国首家钢铁企业发行的短期融资券，具有良好的示范效应。

银行间拆借市场及票据市场交易。一是银行间拆借市场交易萎缩，场外拆出资金增幅较大。2005年，全省网上拆入资金为0，较上年同期减少4亿元；拆出资金7.9亿元，较上年同期减少6.4亿元。场外拆入资金1.3亿元，较上年同期增加0.1亿元，增幅0.04%；拆出资金5.6亿元，较上年增加3.4亿元，增幅60.0%。二是票据市场交易增幅较大。截至2005年末，全省金融机构累计办理商业汇票金额1135.1亿元，较上年同期增长302.6亿元，增幅为26.7%；累计办理贴现业务2298.3亿元，较上年同期增长444.5亿元，增幅为19.3%；累计办理再贴现0.1亿元，较上年同期减少5.2亿元。

黄金市场运行。河北省共有24家黄金生产企业，2005年共生产黄金5029.6千克，实现销售收入4.15亿元。赢利企业13家，亏损企业8家，关停企业3家。总体看，黄金生产企业普遍经营困难，有的甚至连年亏损，濒临倒闭破产。河北爱宝首饰股份有限公司为河北省唯一一家上海黄金交易所注册会员，其前身为河北廊坊香河县首饰厂，现有黄金饰品厂、金表厂、银蓝首饰厂、珠宝镶嵌厂、白银饰品厂5个分厂。截至2005年末，该公司产品销售收入9292万元，实现利润1.3亿元。该公司通过上海黄金交易所交易100笔，金额5939万元。代客实物黄金交易业务是工商行总行作为黄金交易所注册会员，接受非会员单位客户委托，通过上海黄金交易所，代理客户进行黄金交易的一项中间业务。工商行唐山市新华道支行是其唯一受托行。截至2005年末，该行年累计办理黄金交易23笔，黄金重量119千克，交易金额1397.9万元。河北省共有三家国有商业银行开办了场外黄金交易业务。中行河北省分行开办的“纸黄金”业务，自2005年1月开办，至2005年末，累计交易439.7千克，实现利润5652万元；建行河北省分行开办“个人账户金”业务，是投资者根据该行报出的本币金买入/卖出价格，买卖黄金份额，以达到保值、增值的目的。自2005年2月份开业至2005年末，累计办理个人账户黄金买卖交易130.5千克，成交金额1533.3万元；农行河北省分行开办的“个人黄金买卖”业务，是农行总行与山东招金集团联合在全国推出，由该行代理销售招金集团标准金条。农行石家庄广安支行为农行总行首批试点行，截至2005年末，该支行共代理销售黄金15.7千克，销售总金额191万元。

（人行石家庄中心支行　曾玉玲）

劳动工资

“十五”以来，省委、省政府高度重视就业再就业工作，不断完善和落实相关政策，通过发展经济扩大就业，就业规模持续扩大，就业格局明显变化。全省国民经济平稳快速增长，综合实力显著增强，为保持职工工资水平的稳步提高奠定了坚实的基础。养老、失业、医疗、工伤和生育五大保险制度不断完善，适应社会主义市场经济体制的社会保障体系框架初步形成。

一、就业规模不断扩大，就业格局明显变化

党的十六届三中全会提出，要把扩大就业放在经济社会发展更加突出的位置。省委、省政府把就业再就业工作列入十项“民心工程”之首进行全面部署，坚持抓发展促就业，积极探索建立经济增长与增加就业协调促进机制，不断完善和进一步落实相关政策，形成了“5大支柱、6个领域和11项政策”为主要内容的促进再就业政策体系。随着全省经济的较快发展和一系列积极就业政策的实施，劳动者自主择业，市场调节就业、政府促进就业的机制已基本形成，全省就业规模不断扩大。

（一）就业规模不断扩大。2005年底，全省就业人员为3568.97万人，比2000年增加183.26万人，年均增加36.65万人，年均增长1.06%，比“九五”时期快0.25个百分点。从城乡构成情况看，有两个明显特点：一是就业总量仍以乡村就业人员为主。2005年，全省城镇就业人员共有876.60万人，占全部就业人员的比重为24.56%，比2000年提高1.76个百分点；乡村就业人员总量达到2692.37万人，占全部就业人员的比重高达75.44%；二是就业规模的扩大主要依靠城镇经济的发展和就业岗位的开拓。与2000年相比，城镇就业人员共增加104.76万人，年均增加20.95万人，年均增长2.58%，乡村就业人员共增加78.50万人，年均增加15.70万人，年均增长率仅为0.59%。

（二）就业渠道进一步拓宽，非公有经济成为吸纳城镇就业主渠道。2005年，全省城镇公有制经济单位就业人员为401.22万人，比2000年减少98.98万人，占城镇就业人员的比重由2000年的64.68%下降到2005年的45.77%，城镇公有制经济单位吸纳就业的能力在逐年下降。而非公有经济就业人数直线上升，2005年达475.38万人，比2000年增加203.74万人。特别是全省民营经济发展步伐加快，私营、个体经济和其他各种形式灵活就业人员保持较快增长，成为促进城镇就业、减轻就业压力的主要渠道。2005年，全省城镇就业人员中，私营个体就业人员达287.16万人，比2000年增加92.12万人，年均增长8.04%，所占比重为32.76%，上升7.49个百分点；其他各种形式灵活就业人员93.89万人，比2000年增加65.90万人，年均增长27.39%，所占比重为10.71%，上升7.08个百分点。

（三）就业结构进一步优化。“十五”以来，全省就业结构表现出第一产业就业人员比重下降，第二、三产业就业人员比重上升的优化趋势。2005年，全省第一产业就业人员1564.72万人，占全部就业人员的比重为43.84%，比2000年减少113.4万人，所占比重下降5.72个百分点；第二产业就业人员1043.56万人，就业比重为29.24%，比2000年增加156.57万人，所占比重上升3.04个百分点；第三产业就业人员960.69万人，就业比重为26.92%，比2000年增加140.09万人，所占比重上升2.68个百分点。

二、工资水平显著提高，差距持续扩大

“十五”期间，全省企业工资分配制度改革继续深化，企业工资宏观调控体系不断完善。一是全面推行了工资集体协商制度；二是发布并提高了企业工资指导线，引导企业合理确定工资增长幅度；三是发布企业不同工种指导价位和人工成本信息，为企业科学确定内部分配方案提供参考依据；四是制定了非全日制劳动者小时最低工资标准和提高了企业最低工资标准；五是加大拖欠农民工工资清理和补发力度。机关事业单位正常的工资晋升制度全面落实，以及较大幅度地提高机关事业单位工作人员工资标准和职务津贴标准等各项提高工资政策的兑现，使全省职工工资总额较快增长，工资水平显著提高。

（一）工资总额较快增长。2005 年，全省城镇单位在岗职工工资总额达 716.07 亿元，比上年增发 90.56 亿元，增长 14.48%，增幅为 1996 年以来最高水平；比 2000 年增加 288.89 亿元，年均增长 10.88%，比“九五”时期年均增速快 5.18 个百分点。

（二）工资水平显著提高。2005 年，全省城镇单位在岗职工平均工资达 14707 元，比上年增加 1782 元，增长 13.79%，年增加额创历史新高；比 2000 年增加 6926 元，年均增长 13.58%，增速比“九五”时期快 5.78 个百分点。

（三）工资差距持续扩大。受地区间经济结构、发展水平、发展速度、就业结构、工资政策差异等多种因素影响，职工工资差距呈现出全面的、多层次扩大态势。一是河北工资水平明显偏低，居全国位次后移。2005 年，河北省工资水平仅居全国第 24 位，比 2000 年后移 2 位；比全国低 3698 元，差距同比扩大 2108 元。二是省内 11 个设区市间差距明显扩大。2005 年最低与最高相差 5491 元，差距比 2000 年扩大 2736 元；三是不同经济类型间差距继续扩大。2005 年，国有、集体和其他单位平均工资分别为 15291 元、9041 元和 14835 元，高低相差 6250 元，差距同比扩大 3291 元；四是不同行业间相差悬殊。2005 年，信息传输、计算机服务和软件业，电力、煤气和水的生产和供应业，科学研究、技术服务和地质勘查业、采矿业和和金融业平均工资均超过 2 万元，分别为 27176 元、22974 元、22403 元、21913 元主 21750 元，而传统的农林牧渔业、批发和零售业，住宿和餐饮业的工资水平仍在万元以下，分别为 5987 元、8523 元和 9324 元，高低相差 21189 元，差距比 2000 年扩大 13027 元。

三、社会保障体系框架初步形成

“十五”期间，全省养老、失业、医疗、工伤和生育五大保险制度不断完善，初步形成了适应社会主义市场经济体制的社会保障体制框架，制度建设正在由为单位服务向社会服务迈进，覆盖范围逐步扩大，正在由原来的国企职工向非公有制经济组织从业人员、灵活就业人员、进城务工人员拓展。

（一）养老保险政策体系进一步完善，覆盖范围日益扩大。2005 年底，全省企业基本养老保险参保人数为 581.45 万人，比上年增加 17.62 万人，比 2000 年增加 33.25 万人；机关事业单位参保人数为 126.49 万人，比上年增加 7.32 万人，比 2000 年增加 34.49 万人。

（二）失业保险在保障失业人员基本生活，促进下岗失业人员再就业方面发挥了更加充分作用。2005 年底，全省参加失业保险的职工人数为 461.2 万人，全年新参保人员 12.0 万人。全省领取失业保险金人数为 13.25 万人，比上年增加 2.23 万人。全年共为 20.24 万名失业人员提供了不同时限的失业保险待遇，比上年增加 2.53 万人。

（三）基本医疗保险制度全面实施，参保人数大幅增加。2005 年底，全省 11 个设区市本级、164 个县级统筹地区全部实施了基本医疗保险制度，参保人数达 562.11 万人，比上年增加 89.64 万人，比 2000 年医改启动时增加了 431.31 万人。

（四）《工伤保险条例》全面实施，工伤、生育保险制度加快推进。2005 年底，全省参加工伤保险人数为 361.36 万人，比上年增加 87.41 万人，比 2000 年增加 209.06 万人。享受工伤待遇职工 1.31 万人，比上年增加 0.42 万人。全省参加生育保险人数为 215.88 万人，比上年增加 101.74 万人，比 2000 年增加 77.88 万人。全年共有 0.84 万人次享受了生育保险待遇，比上年增加 0.39 万人次。

（河北省统局　龚小红）

安全生产

2005 年，全省各级各部门和各单位坚持科学发展观，把安全生产摆在重要位置，加强领导，落实责任，做了大量艰苦细致的工作，使全省安全生产形势保持了总体平稳的态势。

2005 年，全省共发生各类事故 1.95 万起，死亡 5035 人，同比减少 4149 起、402 人，分别下降 17.6% 和 7.4%，下降幅度高于全国平均水平。其中道路交通事故 1.12 万起、死亡 4075 人，同比减少 3908 起、490 人，分别下降 25.9%和 10.7%；危险化学品事故 11 起，死亡 19 人，同比减少 2 起、3 人，分别下降 15.4%和 13.6%；建筑施工事故 39 起，死亡 51 人，同比减少 30 起、16 人，分别下降 43.5%和 23.9%。另外，非煤矿山事故 60 起，死亡 115 人，同比减少 30 起、65 人，分别下降 33.3%和 36.1%。石家庄、秦皇岛、廊坊、保定、沧州、衡水、张家口、邯郸等 8 市的工矿商贸企业安全生产状况较为稳定，事故死亡人数在控制指标之内。全省安全生产工作在六方面有所突破。一是严格落实责任制。从 2003 年开始，省长连续 3 年与各设区市和省直有关部门的主要负责同志签订《安全生产目标管理责任书》。各级各部门对省下达的责任目标层层分解，逐级签订安全生产责任状，形成了一级抓一级，一级保一级，逐级负责的安全生产目标责任体系。一些地方还采取了一些新做法，如保定市把安全生产工作纳入了政绩考核的重要内容，邯郸市出台了《煤矿生产安全事故责任追究暂行办法》。从年终考核结果看，大部分单位责任目标完成较好。二是加快制定政策法规。颁布实施了《河北省安全生产条例》，省政府先后出台了《关于进一步加强地方煤矿安全生产工作的意见》、《关于进一步加强非煤矿山安全生产工作的意见》、《河北省安全生产风险抵押金管理暂行办法》和《关于切实加强全省安全生产应急救援体系建设的意见》等4个政策性文件，省政府办公厅、省安委会制定出台政策性文件13个。安监、煤监、公安、交通、国土等部门也都制定了一大批文件。三是深化专项整治。在煤矿专项整治方面，向高瓦斯煤矿派驻了瓦斯治理督导组，加大了瓦斯治理力度，所有高突矿井全部安装了瓦斯监测监控系统；加大整顿关闭力度，全省共关闭不具备安全生产条件矿井226处。在非煤矿山专项整治方面，认真抓了安全标准化工作，加强对重点地区、重点企业的督查监控，严厉打击越层越界、非法开采活动，全省关闭不具备安全生产条件的非煤矿山1023处。在道路交通专项整治方面，省公安厅、省交通厅等部门开展了治理"双超"、排查治理危险路段、创建平安畅通县区等工作，取得了显著成效。在危险化学品专项整治方面，重点开展了危险化学品生产、储存、经营、使用、运输、废弃处置等环节的整治，对涉及易燃易爆品、剧毒品和有毒气体的单位进行了重点监控。在烟花爆竹专项整治方面，加大了明察暗访力度，促使企业改善了生产条件，严格按照规定进行生产。建筑、民爆等行业的整治力度也进一步加大。四是认真落实安全生产许可证制度。截至2005年底，全省办理煤矿安全生产许可证的矿井330处，占矿井总数的47.7%；办理非煤矿山安全生产许可证1750家，占企业总数的55.5%；办理危险化学品安全生产许可证410家，占企业总数的34.1%；办理烟花爆竹安全生产许可证32家，占企业总数的41.0%；办理民用爆破器材安全生产许可证25家，占企业总数的100%；办理建筑安全生产许可证4106家，占企业总数的85.1%。五是夯实管理基础。开展了全省安全生产示范乡镇活动。95家乡镇达到省示范乡镇标准，其中93家示范乡镇没有发生重特大事故；积极推进安全标准化工作。20个煤矿达到国家一级标准，8个达到国家二级标准，4个达到国家三级标准，1690家非煤矿山企业达到了安全标准化要求；进一步加强宣传教育。认真组织开展了第四次"安全生产月"和"安全生产燕赵行"等活动。各新闻单位加大了对安全生产的宣传力度，广泛地宣传了国家和省的安全生产方针政策；开展大范围、多层次的安全教育培训，一大批企业负责人和安全生产管理人员受到了培训；开展重大危险源普查登记工作。基本摸清了高危行业、重点企业的危险源点分布情况，进一步完善了防范措施。六是强化监督执法力度。省政府和省安委办先后5次组织全省范围的安全生产大检查，查出较大隐患960处。省人大开展了安全生产执法检查，各有关部门开展了安全生产联合执法。省政府成立了省矿山安全生产监察总队，检查矿山企业738个，查出隐患592处。各市按照省政府办公厅要求，着手组建安全生产监察执法队伍，已有3个市组建了监察支队，其他市也在抓紧组建中。

全省安全生产形势依然十分严峻，特别是重特大事故没有得到有效遏制，安全生产长效机制还未真正建立起来。究其原因一是一些领导特别是一些基层领导对安全生产工作的极端重要性认识不到位，存在着重生产、轻安全的倾向，安全生产责任没有落到实处。二已出台的一些措施还没有完全得到落实。三是主体责任落实不到位。相当一些企业对安全生产重视不够，管理混乱，甚至个别企业无视国法、无视监管、违法生产、草菅人命。四是执法不到位。对企业存在的一些重大隐患和问题，发现不及时，有的发现了没有认真处理，导致一些重特大事故的发生。对这些问题，必须引起高度重视。

（河北省安全生产监管局　白瑞理）

物　价

2005年，全省物价部门紧紧围绕党和政府的中心工作，积极运用价格杠杆，深化价格改革，整顿价格秩序，优化发展环境，各项工作都取得了较好成绩。

全省价格总水平保持了基本稳定。2005年前几个月，钢材、水泥、有色金属等生产资料价格持续上涨，煤炭、石油价格维持高价位，化肥等农资价格也出现较大幅度波动，对经济发展和社会稳定产生了一定的影响。针对这些问题，全省物价部门认真贯彻国家和省政府确定的各项宏观调控政策，密切关注市场动态，及时研究应对措施，制定了《关于加强价格监管保持物价基本稳定促进经济快速协调健康发展的意见》，省政府办公厅转发各地执行。为保持市场物价稳定还采取了多项措施：一是加强了市场价格监测分析，完善了价格异常波动监测预警制度。先后下发了《关于加强春节期间市场价格监管工作的通知》和《关于加强"五一"节市场价格监管的通知》，开展了节假日市场价格监督检查。从2月份起，建立了全省农资价格监测周报制度，及时掌握市场动态。二是加强对化肥价格的监管。对化肥生产流通环节实行指导价管理和差率控制，实行备案制度，向大型化肥企业派驻价格监察员，对全省尿素等化肥价格实行临时性最高限价。三是制定了《关于切实做好稳定住房价格工作的通知》，提出了住房价格监管和调控意见。通过一系列调控措施的落实到位，市场价格过快上涨的势头得到有效遏制。2005年全省居民消费价格总水平比上年同期上升1.8%，为全省经济协调全面发展创造了良好的价格环境。

稳步推进价格改革。一是深化电价改革。通过调研和测算对全省统调机组和小火电分别出台了煤电价格联动政策。北网和南网的销售电价平均每千瓦时分别提高2.98

分和2.97分，年调价金额合计33亿元。对全省56家热电联产企业的上网电价和售价进行整顿规范，陆续实施了煤电价格联动，整顿后上网电价年提价额4.2亿元，销售价年提价额0.25亿元。二是推进水价改革。根据国务院办公厅《关于深化水价改革促进节约用水保护水资源的通知》和省政府领导的指示精神，出台了《河北省人民政府关于深化水价改革促进节约用水保护水资源的实施意见》，对加强水资源管理、建立节水制度，提高用水效率，保护水环境将发挥积极的作用。对引滦水利枢纽工程供水价格进行了调整。年内还下发了《河北省南水北调干渠工程基金筹集和使用管理实施办法》和《河北省人民政府办公厅关于2005—2006年度河北省南水北调干线工程基金标准和征收任务的通知》，基金征收工作已经起步。三是疏导运输价格矛盾。择机调整了出租车运价，缓解了燃油涨价对出租车行业的影响，促进了出租车行业的健康发展。落实国家铁路、民航调价方案，自8月1日起恢复对民航国内航线旅客运输收取燃油附加。组织指导铁路企业上调了铁路货物运输价格。加强对城市公共汽车票价调整的指导。四是对热力生产、经营情况进行了调研，向省政府上报了《河北省热力价格管理办法（试行）》，对供热价格管理做了进一步明确。五是调整价格管理权限。赋予22个扩权县（市）享受与设区市相同的价格管理权限，原来需要经过设区市物价局审批、管理和上报的，改为扩权县（市）物价局自行管理或直接上报省局审批，报设区市物价局备案。对减少管理层次，壮大县域经济将起到重要的推动作用。六是推进价格形成机制改革。制定了成本监审工作程序和价格成本核算办法，对电力、水利工程供水、教育收费、城市集中供热等价格开展了成本监审，使价格制定和调整更加科学。

大力整顿和规范价格与收费秩序。一是全面清理行政事业性收费项目。2005年共取消收费项目139项，降低收费标准27项，年可减轻企业和群众负担4亿元。二是着力整顿群众反映强烈的价格和收费热点问题。出台了《河北省民办教育收费管理暂行办法》，进一步明确了民办学校学费标准的制定原则和审批程序。降低了高校专接本学费，减轻学生负担约2250万元。会同卫生厅下发了《关于进一步加强医疗服务价格管理的通知》，研究制定了《河北省新开展、新增医疗服务价格项目管理办法》、《河北省医疗服务价格专家评审办法》。重新修定了《河北省政府定价药品目录》，根据《药品差比价规则》，重新核定了272种药品价格。根据国家有关规定，下调了22种药品价格的最高零售价格，审核了新进政府定价药品目录中的206种药品价格，核定了邯郸等6个市的招标药品零售价格，平均降幅15%～40%，上述措施落实后，全省年可减轻患者负担3亿元左右。调整了部分电信业务资费管理方式，实行城市住宅区物业服务收费分等定级管理，加强廉租住房租金管理，促进了廉租住房建设。制定了全省道路拖车服务临时收费标准和《河北省殡葬收费暂行办法》。三是清理整顿涉农价格和收费。取消了农村中小学和进城务工农民子女借读费，对义务教育阶段家庭经济困难的农民子女，通过“两免一补”、开设“扶志班”等方式予以资助，切实减轻进城务工农民的经济负担。降低了畜产品检疫等4项收费标准。四是制定和调整其他收费标准，规范收费行为。制定了《关于鼓励和支持个体私营等非公有制经济发展的实施意见》，进一步规范了民营企业的价格和收费政策。取消或减免了一批涉及下岗职工从事个体经营的收费项目。全面清理审核旅游景点门票价格，制止了门票价格的过快上涨。五是规范和整顿交通运输收费。降低部分货车通行费标准，年减轻企业和车主负担5.8亿元。召开了将保津、京石、石安高速公路现行的按区段收费改为按里程收费的价格听证会，报经省政府同意已经实施。审核批准了丹拉等四条高速公路以及保衡线温仁收费站等六条普通路车辆通行费收费标准。

深入开展价格监督检查。2005年，全省共查处各种价格违法案件1.03万件，查处违法所得金额3.76亿元，经济制裁金额2.53亿元，退还用户1.43亿元。一是开展了以化肥为主的农资价格和涉农收费检查。通过严肃查处各种价格违法行为，有效地稳定了农资价格。二是加强了节日市场和旅游市场收费检查。与有关部门联合，集中整治价格欺诈，大力查处虚构原价、虚高标价、含糊标价等不正当价格行为。三是针对社会热点问题开展重点检查。先后开展了教育收费检查、医疗服务价格检查、电信资费专项检查、房地产收费检查、殡葬业收费专项检查、制止价格欺诈专项检查。查处了一批社会舆论广泛关注的乱涨价、乱收费问题，有力地震慑了价格违法行为。四是进一步加强价格举报工作。全省各级价格监督检查机构共受理各类价格举报1.3万件，退还用户1196.9万元。

全面推进价格公示制度。一是进一步巩固了农村涉农价费公示制度。在2001年已经普遍实行涉农价费公示的基础上，重新制作了新的公示牌，公示内容由原来22项增加到44项，公示部门由原来的8个扩大到9个。二是在设区市、扩权县（市）开展了价格监管进社区活动。按照省局的统一要求，在居民小区将与居民生活关系密切的价格和收费标准挂牌公示，并聘请义务价格和收费监督员，建立城市社区价费监督网络。全省已悬挂公示牌2955块，聘请价格义务监督员3153名，建立价格监督站1041个。常务副省长郭庚茂出席了涉农公示牌揭牌仪式并作了重要讲话并对价格监管进社区活动给予高度评价，国家发改委《价格理论与实践》专门介绍了河北省的做法。

（河北省物价局　帅红坡）

消费品市场

2005年，在扩大内需、增加城乡居民收入和强化市场建设等积极政策的推动下，全省消费品市场整体发展快速、平稳。

一、市场运行情况

（一）消费品市场实现了快速稳定增长。2005年消费品市场延续了上年繁荣活跃的态势，社会消费品零售总额实现2952.9亿元，比上年增长14.6%。从各月市场增长速度看，呈现持续快速、基本平稳态势，保持在14.1%—15.3%之间，大致以14.6%为均线上下浮动且波动幅度不大。

（二）城乡市场共同繁荣。2005年，城市零售额实现1382.5亿元，增长14.6%；由于增加农民收入和鼓励消费等政策的进一步落实，农村市场发展加快，农村零售额达到1570.4亿元，增长14.7%，增速比城市高0.1个百分点。与上年同期相比，农村市场无论是从规模上还是增长速度上比城市市场都有所提高。

（三）餐饮消费成为拉动消费需求的“领头羊”。餐饮业一直保持了红火的态势，成为拉动消费市场增长的“领头羊”。全年餐饮业零售额实现349.6亿元，增长19.0%，批发零售贸易业零售额达到2541.3亿元，增长14.1%。

（四）股份制企业主导作用明显增强。全省限额以上批发零售贸易企业零售额达到408.6亿元，增长32.4%。其中股份制企业零售额为298.0亿元，占全部限额以上批发零售企业的72.9%，同比提高了5.9个百分点，主导作用进一步增强。从近几年的情况来看，随着大中型商贸企业所有制结构改革的广泛开展和不断深化，在全省限额以上批发零售贸易企业中，股份制企业零售额所占比重逐年增大，由2000年的25.1%提高到了2005年的72.9%，已经成为大中型贸易企业的中流砥柱。从各种经济类型企业增长速度上看，股份制企业增长最快，达到了42.0%，其次是外资企业和国有企业，分别增长20.4%和12.8%，而股份合作企业和集体企业分别下降了30.0%和7.7%。

（五）大部分商品销售看好，热点持续。近年来，随着收入水平的不断提高，城乡居民消费观念逐步“进化”，越来越重视生活的质量，信贷消费成为趋势，吃、穿、用等商品销售全面增长，住宅、家用轿车、手机一直成为市场热点商品，拉动消费品市场快速增长。绝大多数限额以上批发零售贸易企业商品零售额保持较快增长，在统计的16类主要消费品中有14类增长，仅有2类下降（中西医药类和家具类），12类商品增长幅度在20%以上。其中，吃、穿类商品零售额占整个限上贸易企业零售额的比重达到了31.5%。热点商品中通讯器材类和汽车全年零售额分别增长了2.3倍和80.%。用于提高生活质量的日用商品，如化妆品、金银珠宝、体育娱乐用品、电子出版物和音像制品的零售额增长均在30%以上，石油及制品类商品零售额增长了51.8%。

（六）市场建设成就显著。2005年，全省强化市场建设，扩大市场投资，整顿市场秩序，各大市场交易活跃。全省商品市场达到4107个，成交额完成3310.3亿元，市场建设投资为28.7亿元。亿元市场稳步发展，成交额稳定增长，全省共有亿元以上商品交易市场240个，完成商品成交额2322.85亿元，比上年增长10.0%。骨干市场对全省市场成交额增长贡献突出。成交额在10亿元以上的市场有46个，比上年增加3个，其成交额达1733.53亿元，占全部亿元市场成交额的比重达74.6%，比上年提高了1.8个百分点。

（七）消费信心普遍提升。基于对整体经济形势的看好，全省城乡居民消费信心大大提升。据调查，全年四个季度批发和零售业企业家信心指数分别为119、114、111和109，比上年均有大幅度提高，住宿和餐饮业企业家信心指数除第一季度比上年同期水平有所回落以外，其余三个季度也有较大幅度上涨。

二、市场发展的有利因素

（一）宏观经济形势持续走好支撑了消费品市场的快速发展。2005年，全省生产总值比上年增长13.4%；全部工业增加值增长15.9%；全社会固定资产投资增长30.4%，相关行业的发展有力地拉动了消费的增长。

（二）收入的不断增长增加了城乡居民的购买力。中央出台的各项增收政策的贯彻落实，使得城乡居民收入快速增长，全年城镇居民人均可支配收入增长14.5%，农民人均纯收入增长9.8%。收入的稳定增长提升了居民对未来收入的预期，增强了消费信心。

（三）居民消费意识的转变促进了购买力的释放。近年来，城乡居民的消费观念、意识和方式不断改变，越来越重视生活质量的提高，不但提高了一般商品的消费数量，对高档商品的需求也不多增长。

（四）热点商品的持续畅销，在促进消费结构升级的同时也拉动了消费的增长。

三、存在的两个主要问题

从影响全省消费品市场的因素来看，尽管有利因素起着主导作用，但是不利因素也不容忽视。

（一）部分热点商品价格高或者使用费用高，阻碍了消费结构升级，不利于消费规模的进一步扩大。2005年，尽管国家加强了对房地产投资的调控，消费热点商品住宅价格仍然虚高不下，与城镇居民收入水平不相对称，使得有住房需求的居民无力购买。另一消费热点商品汽车近年价格虽呈下降之势，但是价格还是偏高，加上汽车的养路费、保险费、维护费和油价上涨，使得居民即使买得起汽车也养不起汽车，汽车消费走进寻常百姓家的步伐不快。

（二）城乡居民收入没有得到充分的释放。鉴于目前人们对医疗、养老、失业、住房和子女教育等问题的顾虑和多年以来消费、储蓄习惯的影响，在中高收入的家庭中，收入的1/3到1/2以银行存款的形式储存起来，不能形成即期消费。2005年，城乡居民储蓄存款达到7084.0亿元，比年初增加了876.5亿元，比上年多增储126亿元，增长16.8%，比同期社会消费品零售总额增长14.6%高2.2个百分点，居民收入的增长以较大的形式转化为银行存款，未能充分释放。据调查，教育和医疗是影响城市居民消费扩张的两大因素，购买力偏低是影响农民消费的重要原因。

（河北省统计局　孙国庆）

企业景气观察

一、企业景气状况

据国家统计局河北调查总队对全省企业景气监测调查结果显示，由于国内、国际市场对产品需求总量下降，主要原材料和能源价格居高不下等原因，导致企业生产成本上升、效益下降。纵观2005年度企业家信心指数虽然略降，但生产经营仍保持稳定向好态势，信心指数和生产经营指数均在景气区间运行。

（一）从总体上看，全年企业家信心指数和景气指数在较高位运行，指数比上年略降。四个季度的企业家信心指数分布呈下降态势。据调查资料显示，2005年1—4季度企业家信心指数分别为126.05、120.8、121.43、113.49点，全年平均值达120.44点，较上年下降2.82点。由于国家宏观调控政策逐步实施，措施逐步到位，企业经营环境得到改善，信心指数虽略有下降，但全年企业信心指数在较高区间运行。1—4季度全省景气指数分别为122.72、127.1、128.88和118.59点，年平均值达124.32点，较上年微降0.22点，企业生产经营呈健康态势。

（二）分行业观察：国民经济八大行业景气指数年平均值都跃过了临界线在景气区间运行。与上年相比，八大行业呈“四升四降”的态势。其中交通运输邮政业、批发零售业、社会服务业、住宿和餐饮业景气指数年平均达到118.18、117.11、107.52、113.47，分别上升2.56、14.6、3.21、1.64点，工业、建筑业、房地产业、计算机服务及软件业四行业与上年相比呈下降态势，分别下降2.6、1.21、11.31、12.86点。

（三）分经济类型观察：不同经济类型的企业景气指数年平均值均处临界线以上的景气区间运行。国有企业、集体企业、外商及港澳台投资企业景气指数年平均值分别为129.62、113.93、151.67，高于上年13.94、7.31、13.59点。有限责任公司、股份有限公司、私营企业景气指数年平均值分别为120.11、126.73、116.02，低于上年7.32、23.21、6.99点。

（四）分企业规模观察：大型（含特大型）企业景气指数处于强景气区；大、中、小型企业景气指数呈“一升两降”的态势。小型企业景气指数为113.52点，比上年升5.01点，大型（含特大型）企业和中型企业景气指数为141.66、108.22点，分别下降9.71、2.09点。

二、主要经济指标运行情况

据调查资料显示，河北省企业在煤电油运供需矛盾异常突出等诸多不利因素的影响下，企业仍然保持了良好的发展势头，但经济指标与上年相比有不同程度回落。

（一）生产总量虽保持了较高水平，与上年相比呈回落态势。占主导地位的工业企业除一季度外生产总量指标保持在景气区间平稳运行，四个季度景气指数分别为90.07、141.41、139.15和117.25点，全年平均值为121.97点，比上年下降9.35点。

（二）固定资产投资景气指数略有下降。1—4季度投资景气指数为101.92、117.74、122.49、110.41点，全年平均值为113.14点，比上年略降1.02点。

（三）企业盈利能力有所下降。2005年企业受煤电油运等不利因素的影响，盈利空间受到挤压和缩小。1—4季度盈利景气指数分别为102.17、119.52、106.32和96.26点，全年平均值为106.07点，比上年降8.69点。

（四）产品销售情况令人担忧。工业企业产品销售景气指数四个季度分别为94.87、134.41、135.06和110.52点，全年平均值比上年下降10.79点。批发和零售业商品销售景气指数一季度的98.6点为最低点，在不景气区间运行，四季度的115.37点为最高点。二、三季度分别为102.5和104.15点。

三、企业在生产经营中期盼解决的几个问题

一是盼望国家加大宏观调控力度，切实解决主要原材料和能源购进价格偏高问题。2005年由于主要原材料能源购进价格偏高，工业生产成本上升、产品价格下降、企业生产增速回落，经济效益下滑。1—4季度，工业企业成本景气指数比上年分别上升5.5、1.22、23.68和27.42点，景气状况依然低迷。反映工业企业原材料及能源购进价格景气指数虽然比上年提高16.11点，但仅为58.68点，仍处在不景气区间。

二是盼望资金紧张状况好转。流动资金紧张依然是阻碍企业（特别是中小企业）发展的主要问题之一。长期以来，流动资金紧张一直困扰着企业的发展，特别是中小企业。由于融资困难且渠道不畅，一些有发展前途、产品有市场的中小企业迫于资金困扰，无力进行技术设备更新，不能扩大生产规模，直接影响企业的生产上规模、质量上档次，流动资金紧张被企业喻为发展道路上的“拦路虎”。2005年流动资金景气指数均在不景气区间徘徊，虽然比上年提高2.59点，但仅为73.91点，在不景气区间运行。

三是盼望完善市场体系，制止不正当竞争。2005年全省建筑业市场竞争激烈，建筑市场不正当竞争现象在一些地方不同程度存在，在一些工程招标中，人情标、金钱标、串标、暗标等极不正常现象很难杜绝，给建筑业市场带来一定影响。2005年建筑业景气指数除一季度略有上升外，其他三个季度与上年相比，分别下降8.68、3.38和5.3个点。

（国家统计局河北调查总队　邵广华）

消费品价格

2005年以来，全省各地坚持以科学发展观为统领，继续加强和改善宏观调控，国民经济持续快速发展，城乡居民收入稳步提高，经济运行总体上呈现“高增长、低通胀”的特征，市场消费物价总水平呈现温和上涨态势，全省居民消费价格同比上涨1.8%，低于上年2.5个百分点，成功地控制了2004年以来物价上涨的过快势头，商品零售价格下降1.1%。

一、变动特点

（一）居民消费价格总水平稳定中有小幅波动。2005年全省居民消费价格同比上涨1.8%，与全国消费物价总水平相同。从各月看指数波动较小，最高的二月份居民消费价格总指数为103.5，最低的9月份为100.6，全年最大波动幅度仅为2.9个百分点。

（二）商品价格结构特征比较明显。从编制指数的八大类居民消费品和服务项目看，全年价格变动呈“三升五降”态势。其中食品类、娱乐教育文化用品及服务类、居住类同比分别上涨了2.4%、5.0%和5.5%；而烟酒及用品类、衣着类、家庭设备用品及维修服务类、医疗保健和个人用品类、交通和通讯五类商品，同比则分别下降了0.1%、1.2%、1.6%、0.8%和1.0%。尤其是耐用消费品及交通、通讯类商品价格呈现出持续下降的态势，其中：手机下降了21.9%，电视机下降了9.6%，影碟机下降了8.6%，电脑下降了6.0%，洗衣机下降了5.6%，汽车下降了5.0%，电冰箱下降了4.8%，微波炉下降了4.5%，空调下降了2.5%，摩托车下降了1.7%。

（三）资源类商品价格上升势头强劲。2005年全省一些资源类商品价格继续上涨，其中自来水、成品油、燃料等商品是价格上涨的重点。与2004年相比，自来水平均价格上涨了10.0%，汽油价格上涨了15.7%，柴油上涨了15.0%，液化石油气上涨15.4%，而以煤为主的其他燃料则上涨了17.0%。如与居民生活关系最密切的液化石油气，每瓶（14.5千克）价格突破了80元，创历史最高价。

（四）服务项目价格涨幅高。全省服务项目价格平均涨幅为4.1%，比消费品价格平均涨幅高2.9个百分点。服务项目对居民消费价格总水平的影响为0.84个百分点，约占46.7%。

总体来看：2005年全省消费物价总水平呈现出稳中有升的态势，全年除2月份因传统节日“春节”的影响，涨幅（3.5%）较高以外，其余各月消费价格指数均在0.1%～3.0%之间，全年消费价格指数平均为1.8%，恰好处在国际公认的理想区间（1.0%～3.0%），有利于促进全省经济的快速发展。

二、因素分析

影响价格变化的原因是多方位的，价格的高低是市场供求关系直接作用的结果，同时也体现了政策变化、技术进步、生产力水平、国际、国内等诸多因素的作用结果。

（一）食品类价格上涨是推动价格总指数上升的主动力。与2004年相比，食品类价格同比上涨了2.4%，由此影响价格总指数上升了0.8个百分点，占全部涨幅的43.0%，其中主要是粮食、肉、禽、蛋、以及水产品的涨幅较高拉动所致。

（二）政策性调价对推动价格总水平起到了推波助澜的作用。2005年，由于水、电、暖等与人们生活息息相关的一些资源类商品价格持续大幅上涨，给城乡人民生活带来了较大影响。据测算，全省服务项目价格同比上涨4.1%，推动居民消费价格总指数上升0.8个百分点。

（三）工业消费品需求增长仍落后于生产增幅，供求矛盾进一步加剧、价格继续走低。据统计，一般工业消费品除教材及参考书、报纸、部分建筑材料等少数品种价格保持稳中略升外，其他多数品种价格均呈低迷走势，而且往往是消费增长越快的品种，价格下跌幅度相对越大。部分行业的产品价格下降幅度之大、下降时间之长为历史罕见，这主要集中在以下三类：一是家庭设备类，包括洗衣机、冰箱、空调、热水器、微波炉等；二是文化娱乐用耐用消费品类，包括电视机、影碟机、照相机、电脑等；三是交通和通讯工具类，包括摩托车、汽车、手机等。而且低价竞争的范围不断扩大，花样不断翻新。

（四）国际市场的影响。2005年以来，国际经济形势看好，市场需求进一步活跃，同时，由于国内经济的快速发展对国际商品特别是初级产品需求大量增加，石油、铁矿石、钢材和粮食等产品的进口数量不断增大，国际市场价格上涨通过进口传导到国内市场，带动了国内相关商品价格进一步上升。以石油为例，2005年，国际油价再次出现震撼人心的大幅攀升，波动范围基本上已升至每桶55美元至65美元这一高位区间，8月29日在亚洲交易时段达到每桶70.80美元，首次突破70美元大关。受其影响，2005年我国石油价格也相继调整了5次。

三、存在问题

（一）农业生产资料价格的大幅度上涨，农民反应强烈。2005年全省农业生产资料价格同比上涨了6.8%，是近几年涨幅较高的。主要农资品种价格均有大幅度上涨，其中农用机油了上涨16.6%、农用种子上涨了11.2%、化肥平均上涨了12.0%。农业生产资料价格的持续上涨，导致农产品生产成本提高、收益减少，农民反映比较强烈。

（二）垄断性行业产品的持续大幅度上涨使行业收益差距再次拉大。近几年来，而一些国有垄断性行业和一些行政事业收费连续大幅度涨价。2005年成品油价格连续调整了5次，使去年石油、中石化两大集团的利润创历史新高，中石油年赢利近1300亿元，从而一跃成为全亚洲最赚钱的企业。

（国家统计局河北调查总队　康振江）

工业品价格

2005年，河北省工业品价格总水平结束了上年持续高涨的局面，价格上升步伐减缓、成本推动因素有所收敛。与上年同期相比（下同），全年工业品出厂价格上升4.39%，升幅较上年回落7.16个百分点；原材料、燃料、动力购进价格上升7.02%，升幅回落11.37个百分点。

一、工业品价格运行主要态势及特点

（一）工业品出厂价格与原材料、燃料、动力购进价格总水平同比双双表现为持续上扬，升速减缓。其中，工业品出厂价格自2002年8月起一直在上升通道运行，但2005年6月以后，升速逐月回落，进入慢行道；原材料、燃料、动力购进价格自2002年12月上升后，已持续上升37个月，2005年以来，升幅基本逐月回落。

（二）工业品出厂价格中两大部类升幅差距缩小。全年生产资料价格上升5.15%，生活资料价格上升0.63%。二者价格升幅差由上年的8.86个百分点缩小至4.52个百分点。

（三）工业品出厂价格大类行业上升面缩减。在调查的37个工业大类行业中，价格上升的行业由上年33个缩减为27个，其中升幅在10%以上的大类行业由上年11个缩减为5个。对工业品出厂价格总水平变化影响较大的几大类价格变动情况如下：

1. 黑色金属冶炼及压延加工业产品出厂价格快速回落。全年仅上升0.91%，升幅比上年回落25.14个百分点，特别是9月份开始，连续4个月呈降势，这是拉动出厂价格总水平升速减缓的主要原因。

2. 煤炭开采及洗选业价格尽管依然高涨，但升势趋缓。2005年该行业价格同比升幅由上年32.2%回落至22.3%，回落9.9个百分点。

3. 化学原料及化学制品制造业产品价格逐月下降。全年同比上升9.07%。分月看已由1月的上升19.13%，变化为12月的下降3.88%。

4. 原油及加工产品价格持续高涨。2005年天然原油和天然气开采业出厂价格在上年上升20.7%的基础上又上升36.3%，其中天然原油价格上升42.5%；精炼石油产品制造业上升19.2%。

5. 电力、热力、燃气、水的生产和供应业价格升幅继续扩大。2005年电力、热力的生产和供应价格同比上升7.18%，升幅同比扩大4.89个百分点；燃气生产和供应业价格上升5.5%，升幅扩大2.75个百分点；水生产和供应业价格上升7.48%，升幅扩大5.59个百分点。

二、透过工业品价格变动看阻碍工业持续高效发展的潜在因素

（一）能源、原材料等生产要素供给不足、价格高涨成为影响工业经济发展的“瓶颈”。尽管煤电油运供求矛盾有所缓和，但并非可以高枕无忧。一方面为求得工业生产发展的平衡，必须通过大量省外调入和国外进口来满足能源、基础原材料的需求，因其价格上涨过快，购买等量产品要支付更多资金，给企业造成资金压力。另一方面冶金、电力、建材、医药、化工等工业主导行业对资源和能源依赖较强。

（二）产品科技含量低，不利于工业经济持续、健康发展。在市场经济激烈竞争中，高科技产业往往充当了速度和效益的领头羊。而工业经济产业层次不高，产品科技含量偏低，经济发展的效果必然要打折扣。

三、对策与建议

（一）继续贯彻国家宏观调控措施，促进产业结构调整，防止基础产品价格反弹。加强监控，建立战略储备机制，减少国际市场价格波动对国内市场的影响，使价格处于一个相对合理的水平，缓解下游企业不断增加的成本压力。同时，积极发展第三产业，第三产业属劳动密集型产业、且耗能较低，既可解决就业问题，又可增加城市功能，满足人们的物质和文化精神需求，还可在一定程度上缓解能源、原材料的供需矛盾，对工业品价格上升也起一定抑制作用。

（二）将能源供应看作确保经济安全的重要问题，在调整和优化能源结构，增加供给能力的同时，大力节能降耗。首先，树立“在保护中开发，在开发中保护”的新观念，通过强化法制建设，调整能源、原材料工业结构，提高资源利用率，最大限度地发挥资源的经济效益、社会效益和环境效益，为经济可持续发展提供能源保障。其次，积极发展循环经济，建设资源节约型和环境友好型社会，切实把经济增长建立在依靠科技进步、高效利用资源、保护生态环境、提高质量效益的基础之上。

（三）在适当控制投资增长的同时，进一步扩大消费需求，特别是扩大居民消费需求，实现投资和消费均衡增长。应借全面实施“一线两厢”区域发展布局，加速推进城市化进程；抓住全面推进社会主义新农村建设的有利时机，努力增加城乡居民收入，促进居民消费结构升级，稳步提高市场购买力水平。

（四）继续实施工业内部结构调整和体制创新。把工业改组改造和结构优化升级作为重点，发挥后发优势，以高新技术和适用技术改进和提升工业各行业现有生产能力，尤其是优化钢铁行业，搞好产品深度开发，延长产业链条，向多样化、多品种、高附加值质量效益型迈进，以规避市场风险冲击。

（国家统计局河北调查总队　盛亚平）

农产品生产价格

农产品生产价格在经过2003年—2004年连续两年的强势上涨后，到2005年涨势明显趋缓。据抽样调查，2005年，全省农产品生产价格总指数为102.45，涨幅比上年低7.64个百分点，但和全国平均水平101.39比，高1.06个百分点。

一、总体走势

2005年，全省种植业、林业、牧业和渔业产品生产价格均呈上涨态势，但各自的涨幅差异较大。

（一）种植业产品价格总体上涨。生产价格指数为103.85。从内部结构看，谷物、豆类、油料价格下跌，而薯类、棉花，尤其是蔬菜、果品则大幅度的上涨。

1. 谷物略有下跌。主要是由于玉米价格下跌幅度较大，导致谷物价格略有下跌，生产价格指数为98.03。分品种看，调查的六个品种中小麦、稻谷、谷子、高粱和莜麦五个品种仍呈涨势，仅有玉米下跌4.1%。

2. 油料价格回落。油料价格在持续高价位运行之后开始回落，2005年生产价格指数为98.75，分季看一、二、三季度下跌，生产价格指数分别为95.63、98.80和96.91，四季度止跌回升，生产价格指数为100.49，但全年仍呈跌势。

3. 棉花总体呈涨势。棉花价格在一、二季度持续下跌之后，进入第三季度出现拐点，呈直线上扬。生产价格从一季度的每公斤籽棉4.31元上升到第四季度的5.64元，带动全年价格上涨4.9%。

4. 蔬菜价格涨势强劲。蔬菜生产价格继续保持大幅度上涨态势，全年生产指数达到106.04。分类看，除食用菌类略有下跌以外，其他品种叶菜类、块根块茎类、菜用豆类、茄果类、瓜菜类和葱蒜类均呈上涨之势，分别上涨5.6%、2.4%、15.3%、5.4%、7.4%和5.9%。

5. 水果价格出现近年来少有的上涨态势。2005年，水果价格开局良好，从一季度开始，就保持了良好的上涨势头，全年水果生产价格指数达到113.25。分品种看，除杏价略有下跌以外，其他品种均呈涨势，其中苹果、梨、桃、葡萄和红枣分别比上年上涨11.7%、9.3%、15.6%、25.5%和3.8%。

（二）林业产品价格略涨。林业产品生产价格略涨，生产价格指数为100.58。其主要是由于核桃和花椒生产价格上涨所至，分别比上年上涨20.1%和3.8%。而同期板栗价格由于受出口量减少等原因，价格出现了较大幅度的下跌。

（三）牧业产品价格总体仍为涨势。进入下半年以来，牧业产品均出现下跌趋势，但由于一、二季度价格指数较高，致使全年牧业产品价格总体仍为涨势，生产价格指数为100.40，但涨幅比上年回落11.66个百分点。分类看，除毛绒产品、猪和兔的生产价格为下跌趋势以外，其他品种仍呈涨势，牛、羊、奶类、禽肉和禽蛋分别比上年上涨0.2%、0.2%、0.1%、3.4%和3.1%。

（四）渔业价格大幅上涨。渔业产品生产价格指数为107.08，其中对虾、扇贝、哈和草鱼分别比上年上涨13.5%、12.6%、4.1%和3.3%。鲤鱼、鲢鱼和鲫鱼价格分别下跌1.3%、1.0%和1.4%。

二、拉动作用分析

从拉动作用看，2005年，支撑农产品价格上涨的主要动因有以下几点：

棉花对农产品生产价格的拉动力最强。受2004年价格连续下跌的影响，棉农种棉积极性减弱，2005年棉花种植面积减少14.3%，致使产量减少13.2%，由此导致市场供应趋紧，生产价格上涨，拉动农产品价格总体上涨1.45个百分点。

水果拉动力度次之。拉动农产品价格上涨1.41个百分点。拉动水果价格上涨的原因，一是由于2005年雨水多，不利于水果生长，使产量减少，价格上涨；二是由于上年苹果、梨的价格过低，跌至近年的最低点，促使价格上涨。

蔬菜拉动力度排第三位。拉动农产品价格上涨0.41个百分点。拉动价格上涨的原因，一是由于广东、山东和东北等地受灾，促使蔬菜外运增多，从而使供求趋紧，价格上涨；二是叶菜类和块根块茎类2004年价格过低，致使蔬菜价格上涨。

家禽拉动农产品生产价格上涨0.34个百分点。拉动力度排第四位。其中禽肉拉动农产品生产价格上涨0.16个百分点，禽蛋拉动农产品生产价格上涨0.18个百分点。

水产品拉动农产品生产价格上涨0.28个百分点。拉动力度排第五位。拉水产品动价格上涨的原因一是生产资料价格上涨。二是海水产品由于山东、大连等地受灾而产量明显减少，带动价格上涨。

而粮食和猪产品则是拉动农产品生产价格下跌的主要原因：

粮食的向下拉动力度最强。拉动农产品生产价格总指数下跌0.38个百分点。其原因一是粮食产量连续两年增产，打压了粮食价格上行的空间；二是需求量相对低迷。受猪链球菌、禽流感等影响，使饲料需求趋低，对粮食需求减少。

猪产品拉动农产品生产价格下跌0.20个百分点。拉动力度排第二位。拉动猪价格下跌的原因，一是“猪多价廉”。受近年猪价较高的影响，猪的饲养量大幅度增加，导致市场供应量增多，猪价下跌。二是预期消费降低。受猪链球菌疫情影响，部分地区猪肉消费减少，需求降低，加速了价格的下滑。

（国家统计局河北调查总队　李文奎）

城镇居民生活

一、城镇居民生活展现六大亮点

亮点一：城镇居民收入快速提高，增幅加大。据对河北省2380户城镇居民家庭抽样调查，2005年城镇居民人均可支配收入达9107元，比上年增长14.5%。增幅比上年加快4.7个百分点。扣除价格因素，实际增长12.9%。从收入构成看，四项收入来源呈全面攀升态势。居民人均工薪收入6347元，比上年增长13.5%，占可支配收入的比重为69.7%，拉动可支配收入增长8.5个百分点；经营净收入人均644元，增长92.6%；财产性收入117元，增长7.8%；转移性收入2509元，增长6.8%。增收的主要原因，一是河北省省辖市和部分经济发展较快县（市），实行了“阳光补贴政策”，大幅度提高了机关事业单位职工的工资。二是企业效益好转，奖金增多；三是财政收入充盈，部分市、县机关事业单位一次性补发拖欠职工工资和离退休金。

亮点二：地区间收入差距缩小，唐、廊、石三市年人均收入超万元。过去一年中，各级政府更加重视提高居民收入水平和生活质量，由于各地多项增收政策逐步落实到位，使各市市区居民收入差距呈缩小之势。最高收入城市与最低收入城市的人均可支配收入之比，由去年同期的1.41：1缩小为1.36：1。地区间收入差距不断拉大的趋势得到一定控制。经济发展较快的几个城市市区居民人均可支配收入已超过万元，唐山市10488元，廊坊10165元，石家庄10040元。

亮点三：城镇居民人均可支配收入在全国的位次前移。2005年河北省城镇居民收入快速提高，城镇居民人均可支配收入在全国31个省（市、区）中排名第16位，比上年前移1位。在周边省份中河北省仅高于山西、河南，而内蒙、辽宁、山东均高于河北省；但是与内蒙、辽宁的差距呈缩小之势，差额分别由上年同期的172元、56元缩小为30元和0.46元。与山东的差距呈扩大之势。

亮点四：个体经营者收入居五类就业人员之首。随着经济的快速发展，就业渠道的拓宽，加之一系列鼓励和促进个体私营经济发展的优惠政策，使得河北省个体私营者收入快速增长，从事个体经营的人数增加。抽样调查资料显示，2005年，河北省平均每个家庭从事个体经营的人数为0.11人，比上年同期增加0.04人。个体经营者收入跃居五类就业人员之首，该行业年人平均收入为9849元，分别比国有、集体、其他经济类型和个体被雇人员高4.9%、36.7%、25.1%和58.0%，并比河北省平均水平高8.1%。

亮点五：生活质量提高，居民消费需求旺盛，消费结构优化。由于收入快速稳定增长，居民对未来收入信心增加。2005年城镇居民人均消费支出6700元，同比增长15.1%，增速加快了8.1个百分点。

从八大项生活消费支出看，呈现全面增长态势。除食品和居住分别增长8.1%外，其余6项均呈两位数快速增长。其中交通和通信支出增势强劲，年人均已达772元，增长29.6%；旅游消费快速增长，2005年河北省城市居民平均每百人出游达35.16人次，平均每百人次花费达14025元，分别比上年增长39.5%和51.3%。另外，衣着、杂项商品、家庭设备用品及服务、医疗保健和教育文化娱乐服务类也有大幅提高。

从消费结构看，呈现三大特点。一是生活质量提高，恩格尔系数降低。从居民食品消费结构看，城镇居民在酒楼、快餐店等在外用餐支出比上年提高32.1%；干鲜瓜果支出提高13.9%；蔬菜和奶及奶制品支出分别提高5.7%和4.8%，；同时食品支出占生活消费支出的比重即恩格尔系数降为34.6%，同比下降2.2个百分点。二是消费结构优化，非消费性支出增加。城镇居民纳税意识提高，保险投入上升。个人缴纳收入税人均45元，增长31.1%；赡养支出人均386元，增长3.1%；社会保障支出人均430元，增长20.4%。三是消费率上升。即生活消费支出占可支配收入的比重为73.6%，同比上升0.4个百分点。

亮点六：居住环境改善，家庭生活现代化进程加快。一是2005年城镇居民居住环境明显改善。到2005年末河北省城镇居民人均住房使用面积21.53平方米，比上年增长11.4%。目前，83.5%的居民家庭已拥有两居室以上设施配套齐全的住房，有两套以上住房家庭的占9%；自有住房比例上升，由上年同期的89.4%上升到91.6%。二是家用现代化耐用设备快速增加。随着居民收入的持续稳定增长和社会消费环境的逐步改善，居民的消费预期增强，消费层次不断提升，家庭生活现代化进程明显加快，大件商品更新周期缩短。2005年末河北省城镇每百户家庭拥有摄像机4台，增长61.8%；家用汽车4辆，增长76.7%；家用电脑38台，增长58%；已接入互连网计算机达22.8%；移动电话125部，增长51.6%，接入互连网的移动电话达4%。

二、当前城镇居民生活中存在的问题

低收入家庭收入增长相对缓慢，贫富差距拉大。调查资料显示，河北省城市居民高低收入阶层之间的收入差距仍然较大，占全部调查户10%的最高收入户人均可支配收入为20277元，同比增长17.8%；占全部调查户10%的最低收入户人均可支配收入3258元，增长9.5%，比高收入户低8.3个百分点。由于低收入家庭收入增长相对缓慢，致使二者收入之比继续扩大，由上年同期的5.79：1，扩大到今年的6.22：1（最低收入为1）。2005年占调查总体5%的贫困家庭年人均可支配收入仅为2572元，生活消费支出2744元，超支172元，处于入不敷出状态。

城镇居民社会保障覆盖面低下。社会保障制度是市场经济运行的安全网和稳定器，它关系到每个人的切身利益和社会的稳定。据抽样调查，河北省社会保障支出人均430元，同比增长20.4%。但是社会保障覆盖面仍然很低，从被调查的2380户的户主保障情况看，由个人交纳养老保险的占25.9%；个人交纳住房公积金的占22.9%；个人交纳医疗基金的占27.4%；个人交纳失业基金的占12.1%。还有74.1%的人没有参加养老保险，有77.1%的人没有住房基金，72.6%和87.9%的人没有参加医疗保险和失业保险。参加社会保险的不到三分之一，因此城镇居民社会保障覆盖面低的问题应引起高度重视。

教育消费预期增加，影响居民家庭消费速率。随着居民收入的逐年提高、就业竞争的日益激烈和社会发展的需要，人们对教育的重视程度越来越高，家庭子女教育的投入费用越来越大。调查显示，城市居民的教育支出持续增长，特别是培训班费用支出居高不下。2005年河北省城镇居民人均教育支出达到620元，同比增长5.7%，其中参加各类培训班支出人均已达46元，增长30.0%。中小学择校费的兴起，大学本三自费生的扩招，高额学费对中低收入家庭确已成为沉重负担，对未来教育支出预期加大，导致居民家庭其他消费下降。

城镇家庭医疗支出大幅增长，医疗改革有待优化。医疗改革以来，居民就医网点增加，医疗设备提高，但是“看病贵”的问题突现出来。居民对医生收取药品回扣，对患者小病大治意见颇大。2005年河北省城镇居民医疗保健支出大幅增长，人均已达642.71元，同比增长16.8%，其中医疗费增长40.2%。在调查的2380户中，大病患者一次性医疗费快速上升，由2003年的3万元，2004年、2005年分别升为5万元、7万元。

（国家统计局河北调查总队　贾立文）

农村居民生活

2005年，省委、省政府高度重视农民增收工作，增加农业和农村基础设施投入，努力拓宽农民增收渠道，继续加大“一降三补”力度，为农民增收创造了良好环境，全省农业和农村经济稳定健康发展，农民收入、生活消费、生产投入快速增长。

一、农民收入

（一）农民收入增长特征。

1. 农民收入继续保持较快增长态势。2005年，全省农民人均纯收入3481.64元，比上年增加310.58元，增长9.8%，各项收入全面增长。其中，工资性收入1294.50元，增加182.58元，增长16.4%，对农民收入增长贡献率为58.8%；家庭经营第一产业纯收入1455.91元，增加76.75元，增长5.6%，对农民收入增长贡献率为24.7%；家庭经营非农产业纯收入532.66元，增加24.14元，增长4.8%，对农民收入增长贡献率为7.8%；农民财产转移性收入人均199.55元，增加27.10元，增长15.7%，对农民收入增长贡献率为8.7%。

2. 农民收入处于增速回升期。近两年，各级政府高度重视“三农”问题，采取一系列有力措施支持农业、农村经济发展，全省农业、农村经济呈现出可喜局面，粮食生产出现恢复性增长，农产品价格高位运行，农民务工环境明显优化，民营经济持续活跃，为农民增收创造了有利条件，打破了“十五”前三年收入增长缓慢格局，进入新的快速增长期。农民人均纯收入增速由2001年的5.0%、2002年的3.1%、2003年的6.3%，到2004年一跃增长11.1%，2005年继续增长9.8%，从而保证“十五”期间农民人均纯收入年均增速达7.0%。

3. 农民收入结构发生积极变化。随着国民经济的发展，农民收入结构也发生了积极变化。农业收入比重下降，非农收入比重提高。2005年，随着非农务工人数的增加，农民务工收入较大幅度增加；而相反，上年支撑农业收入增加的农产品价格的增收作用相对减弱，引致农民收入结构发生变化。工资性收入人均1294元，在农民纯收入中占居了主导地位，所占比重由上年的35%上升为37.2%；而农业纯收入1181.39元，所占比重降为第二位，由上年35.7%降为33.9%。

4. 农民收入市场化程度提高。随着市场经济的发展和农业结构的调整，农民收入的市场化程度逐步提高。2005年，农民现金纯收入2983.33元，增长17.7%，占农民纯收入的比重85.7%，比2004年提高5.8个百分点，比2000年提高9个百分点。这表明，农民参与市场程度进一步增强，农民收入的内在质量不断提高。

5. 农村居民内部收入差距缩小。按农户收入水平将农户分成五等份，2005年，20%最低收入农户农民人均纯收入1302元，比上年增长13.6%；20%最高收入农户农民人均纯收入7271元，比上年增长8.5%，两者相差5969元，低收入户增速比高收入户高5.1个百分点，收入之比在上年缩小的基础上继续缩小，2003年为1：5.90，2004年为1：5.85，2005年缩小为1：5.58（低收入户农民纯收入为1）。表明农村居民内部收入差距缩小，构建和谐社会取得进一步发展。

（二）农民收入增长动因。

1. 支农政策措施到位。2005年，全省继续增加对农业和农村的投入，新增财政资金的使用重点向“三农”倾斜，充分调动了农民生产积极性；同时，继续加大“一降三补”力度，进一步减轻了农民负担，对农民增收形成直接拉动力。据农村住户抽样调查，2005年，农民一产业税费支出10元，比上年减少21元，下降67.5%；“三补贴”收入在上年12元的基础上继续增加，人均达到13元，惠农政策使农民直接得到收入34元，拉动农民收入增速加快1.1个百分点。

2. 农民务工收入成为农民增收的主要动力。随着“阳光工程”的实施和“春风行动”的推进，以及加大清理拖欠农民工工资和实施最低用工工资等措施保障，农民务工就业环境进一步优化，从而促进了农民务工收入较快增长。2005年，农民在本乡地域内务工工资收入增长25.3%，外出务工收入增长22.1%，两项合计对全年农民收入增长贡献率高达74%，成为拉动全年农民收入增长的主要动力。

3. 蔬菜成为农民增收的支柱产业。蔬菜不仅是全省种植业中的支柱支业，也是农民增收的支柱产业。2005年，蔬菜产量预计比上年增长4.5%，在产量稳定增加的基础上大力发展精特优高品质蔬菜和无公害蔬菜，蔬菜质量明显提高，蔬菜价格也随之上升，蔬菜出售平均价格0.84元/公斤，比上年增长32.8%，拉动农民收入较快增长。

4. 畜牧业生产良好发展促进了农民增收。2005年，由于畜牧产品价格在高价位上平稳运行，农民养殖效益增加，增强了农民养殖积极性，全省畜牧业生产发展良好，产品产量较快增长，全年预计猪、牛、羊、禽肉产量分别增长7.5%、5.4%、6.9%、5.4%，蛋、奶产量分别增长5.4%、28.2%，畜牧业生产的良好发展促进了农民牧业增收，全年农民牧业收入增长9.7%，对农民收入增长贡献率为7.5%。

二、农民生活消费

2005年，农民人均生活消费支出2165.72元，比上年增加330.81元，增长18.0%，呈现生活消费全面较快增长，生活质量进一步提高的态势。

（一）生活消费全面较快增长。2005年，农民人均食品消费787.99元，增长10.5%；人均衣着消费155.52元，增长22.4%；人均居住消费398.90元，增长17.0%；人均家庭设备、用品及服务消费101.49元，增长26.2%；人均交通和通讯消费221.96元，增长25.7%；人均文教娱乐用品及服务消费225.79元，增长23.7%；人均医疗保健消费134.77元，增长16.2%；人均其他商品和服务消费98.92元，增长24.2%。

（二）生活质量进一步提高。2005年，在农民生活消费全面较快增长的同时，生活质量进一步提高。人均居住面积28.35平方米，比上年增长8.7%；百户拥有电冰箱30.6台，增长9.7%；洗衣机74.2台，增长4.8%；空调4.5台，增长24.4%；抽油烟机3.8台，增长22.1%；热水器7.4台，增长12.0%；摩托车58.2辆，增长24.8%；汽车1.1辆，增长34.9%；固定电话76.74部，增长22.5%；移动电话37.1部，增长55.0；彩色电视102.1台，增长21.6%；家用计算机1.2台，增长53.2%。

（三）消费结构趋于优化。随着农民生活消费水平提高，消费结构日趋优化。农民"发展型"消费（包括用品、医疗、交通通讯及文教娱乐）人均支出为1442.79元，增长15.6%，占生活消费支出比重由上年的30.3%上升为31.6%。而吃、穿、住三种主要生存型消费支出比重由上年的68.0%降为66.6%。

三、农民生产投入

2005年，河北农民生产投入增加较多，人均生产投入1338.05元，比上年增加358.74元，增长36.6%，表现为"家庭经营费用支出大幅增长，购置生产性固定资产支出大幅下降"。

（一）家庭经营费用支出大幅增长。2005年，农民人均家庭经营费用支出1242.76元，比上年增加398.29元，增长47.2%。其中，第一产业费用支出增长51.4%，第二产业费用支出增长32.9%，第三产业费用支出增长25.9%。

（二）购置生产性固定资产支出大幅下降。2005年，农民人均购置生产性固定资产支出95.29元，比上年减少39.55元，下降29.3%。购置主要生产性固定资产的支出呈大幅下降趋势，降幅在30%以上。其中，购置生产用房屋及建筑物、大中型铁木农具、工业机械、运输机械支出，分别下降71.9%、62.9%、58.1%、37.5%。

（国家统计局河北调查总队　李维峰）

人　　口

2005年河北省人口总量继续保持低速增长，但人口增速逐渐加快；总人口性别比保持正常；人民健康水平提高，死亡率继续保持较低水平；教育事业稳步发展，人口的整体文化素质进一步提高。同时，出生人口增多，第四次人口出生高峰来临；低年龄组人口性别比明显偏高；人口老龄化加快等。这些人口发展面临的机遇与挑战，应引起各级政府及社会有关方面的关注。

一、人口总量保持低速增长，人口增量小幅增加

2005年1%人口抽样调查结果表明，全省人口出生率为12.84‰，较去年上升了0.86个千分点；死亡率为6.75‰，较去年上升了0.56个千分点；自然增长率为5.79‰，较去年上升了0.30个千分点。据此推算，2005年全省总人口为6851万人，出生人口为88万人，死亡人口为46万人，全年净增42万人。与2004年相比，出生人口增加7万人，死亡人口增加4万人，全年净增人口增加3万人，表明全省总人口增长速度加快，但人口增长仍处于较低水平。"十五"期间，全省总人口增加了177万人，年均增加35万人，年平均增长0.52%，这一时期是河北省历史上人口控制成果最为显著的时期。2005年，人口增量小幅增加，总人口比2004年增长了0.61%，是"十五"时期人口增长幅度稍大的一年。

分地区看，2005年底常住总人口最多的设区市是保定，超过1000万人，达到1073万人，人口较多的还有石家庄、邯郸、唐山，分别为961万人、866万人、726万人，人口数接近全省各市平均数的市有沧州、邢台，分别为684万人、680万人，人口较少的市为秦皇岛、承德、廊坊、张家口和衡水，分别为288万人、337万人、396万人、418万人和422万人。

二、人口性别比正常，低年龄组性别比偏高

在全省总人口中，男性人口为3441万人，占总人口的51.10%；女性人口为3410万人，占总人口的48.90%，性别比（以女性为100）为100.93，男女比例均衡，性别比处在正常范围内。从全省分五岁年龄组的性别比看，15岁以上各年龄组性别比基本正常，均在93—104之间；而少年儿童性别比严重偏高，0—4岁、5—9岁、10—14岁的性别比高达121.72、114.63和110.82，超出了正常出生婴儿性别比103—107范围，这一现象反映了多年来出生婴儿性别比持续偏高，导致少年儿童的性别比超出了正常范围，且随着年龄的减小而升高。本次调查0岁人口的性别比高达120.52。出生人口性别比的持续偏高导致少年儿童的性别比超出了正常范围。随着时间推移，必将影响未来的人口结构，在这批人到达婚育年龄时会产生婚姻挤压现象，并可能由此产生一系列的社会问题，应引起有关部门的高度重视。

三、出生人口增加，第四次出生高峰来临

建国以来，河北省曾出现过三次生育高峰，前三次生育高峰发生于1949—1957年、1962—1972年、1981—1990年，年均出生人口分别为99万人、121万人、111万人，总和生育率分别为5.62、5.42和2.37。前三次生育高峰同时也是出生高峰，其特点是生育高峰和出生高峰同时存在，而从2005年开始进入的第四次出生高峰，是首次低生育水平下的出生高峰。2005年出生人口达到88万人，超过近十年平均水平，总和生育率为1.56，接近政策生育水平1.60，低于更替水平2.10。从1999年开始，河北省已经进入了稳定低生育水平时期，第四次出生高峰的来临，主要受育龄妇女年龄结构的影响，是第三次生育高峰出生的人口进入婚育期的结果。据推测，此次出生高峰将持续10年左右，峰值年份的出生人口将突破100万人。

必须看到，这一阶段的低生育水平还具有不稳定性，因为目前的低生育水平主要是政策限制和行政推动的结果，群众的生育意愿未发生根本转变，哪怕政策发生微小变动，或者工作稍有放松，都会引起生育率的反弹。因此，必须继续稳定现行计划生育政策，优生优育，重视人口控制工作，减少规划外生育，把出生人口高峰对人口总量和未来结构的影响降至最低。

四、死亡率上升，预期寿命提高

“十五”期间，全省每年死亡人口由41万人增加到46万人，年均死亡人口增加5万人，死亡率由6.24‰增加到6.75‰，死亡率上升了0.51个千分点，预期寿命也由2000年的72.53岁上升到2005年的74.38岁（依调查数据初步计算，分年龄死亡率未做平滑处理），上升了1.85岁。表明虽然全省死亡率上升，但死亡水平已稳定在较低水平。分设区市看，2005年死亡率最高的张家口市，死亡率为7.45‰；死亡率较高的市有衡水市、承德市、邯郸市，分别为7.29‰、7.25‰、7.08‰；保定市和邢台市的死亡率接近全省平均水平，分别为6.83‰和6.74‰；死亡率较低的市有廊坊市、唐山市、秦皇岛市、其值为6.56‰、6.48‰、6.47‰；石家庄市和沧州市的死亡率最低，分别为6.34‰和6.26‰。各市死亡率最高与最低相差超过1个千分点。

在全省死亡率水平已经达到很低的情况下，经济发展水平已不是造成死亡率差异的主要原因，而年龄结构已经成为影响各地区死亡水平高低的主要因素。如张家口市60岁及以上老年人口占总人口的比重高达15.01%，而沧州市仅为11.57%，二者相差3.44个千分点。

五、教育事业全面发展，人口素质明显提高

调查资料表明，2005年全省6—11岁小学学龄儿童入学率和12—14岁初中学龄人口的入学率分别达到97.40%和98.69%，均处在高入学水平。6岁及以上各种受教育程度人口除小学程度外均有增加。2005年11月1日零时，全省人口中，具有大学程度的人口为302万人，高中程度的人口为769万人，初中程度的人口为2955万人，小学程度的人口为1920万人，人均受教育年限达到8.14年。与第五次人口普查相比，五年间大学程度的人口增加122万人，高中程度的人口增加53万人，初中程度的人口增加345万人，小学程度的人口减少294万人，人均受教育年限增加0.4年。这表明“十五”期间，中、高受教育程度人口增加，低受教育程度人口减少，整体文化素质显著提高。

六、少年儿童比重下降，人口老龄化加快

2000年，河北省全面进入人口老龄化社会，0—14岁少年儿童人口占总人口比重为22.78%，低于30%，65岁及以上老年人口占总人口比重为7.05%，高于7%，老少比为30.93%，高于30%。到2005年河北省人口老龄化程度进一步加快，少年儿童比重降至17.68%，下降了5.10个百分点，老年人口比重达到8.18%，上升了1.13个百分点。

“十五”期间人口老龄化加快的原因，一是人口控制取得了显著效果，全省生育率稳定在较低水平，新增少年儿童人口占总人口比重迅速下降；二是随着社会经济的快速发展，人民生活水平不断提高，医疗卫生保健事业有了较大发展，人口平均预期寿命不断提高，老年人口逐年增加。积极应对人口老龄化对社会和经济运行带来的挑战，就要加大政府对老龄事业的经费投入，加快社会保障体系建设，完善老年医疗保障体系，加快社区老年福利服务，实行家庭、社区、政府多种养老相结合，依法维护老年人的合法权益，丰富老年人的精神文化生活，开发老年人才资源。

（河北省统计局　张　成）

计划生育

2005年，全省人口计生工作，紧紧围绕稳定低生育水平这个主要任务，以“计生惠民行动”为载体，全面推进计划生育综合改革。计划生育利益导向机制建设、优质服务、性别比治理、人口发展战略研究等重点工作取得了新进展，较好地完成了人口控制目标，低生育水平继续保持稳定。

计划生育利益导向机制建设迈出新步伐。在全省推行了农村部分计划生育家庭奖励扶助制度，首批7.58万名符合政策的奖扶对象全部领到了奖励扶助金。省、市、县普遍设立了计生困难家庭救助公益金，总额达4745万元，救助计生困难家庭8168户；农村独生子女父母奖金落实率接近50%，落实人数12.8万余人，落实资金9997万余元。

计划生育优质服务取得新进展。首次把为全省农村已婚育龄妇女提供生殖健康检查免费服务列入省委、省政府“十大民心工程”，服务人群达980多万人。全省累计投入专项资金5412万元，仅检查费一项全省共免收农民群众近5亿元。下大力气改造扩建了一批县、乡技术服务站，全省各级投入1.1亿元，新建、改扩建县级技术服务站129个、乡级服务站1509个。全省已有11个县（市、区）被评为国家级优质服务先进县（市、区），21个县（市、区）被评为省级优质服务先进县（市、区）。

出生人口性别比升高势头得到有效遏制。全省共查处非法进行胎儿性别鉴定、非法终止妊娠、非法销售和使用终止妊娠药品案件197例，建立了12个跨区域治理出生性别比协作区，在33个县（市、区）开展了“关爱女孩行动”试点。截至2005年底，全省用于“关爱女孩行动”

的经费投入近1500万元，救助困难女孩及其家庭7万多人（户），使8205名女童重返校园。制发了《关于实行三级全员全程包保服务责任制构筑防止选择性别生育屏障的实施方案》，在全省大力推广。充分利用县、乡、村三级计生工作网络优势，组织全体计生工作人员参与，对孕妇进行全程承包，通过宣传教育、生育服务和有效管理，保证怀孕妇女不做胎儿性别鉴定或非医学需要的终止妊娠手术。

流动人口计生管理进一步加强。坚持“公平对待、合理引导、完善管理、优质服务”的方针，加快建立与市场经济相适应、以现居住地管理为主的流动人口计生工作新机制。以实施“双居工程”（居住地管理、居民化服务）为载体，紧紧抓住大型集贸市场、外来工较多的单位、城乡结合部和封闭住宅小区等4大重点区域，完善户籍所在地和现居住地的双向交流和协作制度，完善与公安、工商等部门间的联系，健全基层社区管理服务网络。督促各地落实流动人口的计生奖励优惠政策，在流动人口集聚地成立计生协会，引导流动人口“自我管理、自我教育、自我服务”，积极推进流动人口与常住人口同宣传、同服务、同管理。省人口计生委直接抓了25个“双居工程”示范点，10月28日，召开了全省流动人口计划生育工作经验交流会，对该项工作进行总结、推广。

宣传教育日趋深入。全省人口计生工作把宣传教育作为首位工程，坚持大宣传、大联合、大策划、出精品，加大宣传教育投入，成功举办了一系列大型宣传活动。与国家人口计生委联合组织策划了全国“农村部分计划生育家庭奖励扶助制度首场大型社会宣传日活动”；与北京市联合举办了“京冀同倡婚育新风，携手共建和谐社会”的大型宣传活动；精心组织全省奖励扶助宣传月活动，隆重举行了农村部分计划生育家庭奖励扶助金首发式，组成“奖扶制度在河北”采风团，联合省会主流媒体，采取新闻直播、专题访谈、政策咨询、主题介绍、活动报道等形式，进行了全方位、立体化的报道；召开了以“关爱女孩行动、治理出生人口性别比”为内容的新闻发布会，组织省内媒体、中央驻冀媒体以及香港文汇报等集中报道，营造了良好的治理出生人口性别比的舆论氛围；精心组织了《河北省人口与计划生育工作回顾展》；举办了声势浩大的省会13亿人口日宣传周活动；扎实开展婚育新风进万家活动，14个先进县（市、区），69个先进乡镇（街道），46个先进机关、团体、企业、事业单位，92个先进个人，受到了中宣部等10部委的表彰。

4月15日，省委、省政府召开了全省人口资源环境工作电视电话会。根据2004年度人口目标责任书执行情况的考核结果，向秦皇岛和唐山两市颁发了“2004年度完成人口和计划生育责任目标一等奖”，分别奖励10万元；向石家庄、廊坊、保定、沧州和邯郸五市颁发了“2004年度完成人口和计划生育责任目标二等奖”，分别奖励8万元；向张家口、衡水和邢台三市颁发了“2004年度完成人口和计划生育责任目标三等奖”，分别奖励6万元。对在计划生育各项工作、特别是在国家关于农村部分计划生育家庭奖励扶助制度试点中做出突出成绩的承德市授予“2004年度计划生育工作特别奖”，并颁发奖金10万元。同时，对2004年荣获国家级计划生育优质服务先进县称号的涉县、迁西、丰宁、昌黎5县（市）予以嘉奖，并分别颁发奖金2万元。

（河北省人口计生委　张树朝）

文明生态村建设

2003年，中共河北省委顺应广大农民群众的迫切愿望和要求，提出创建文明生态村的重要部署，并在唐山开展试点。2004年4月，中共河北省委、省政府正式出台了《关于在全省农村广泛开展创建文明生态村活动的意见》，明确提出创建活动要“分三步走”，到2020年全省农村基本建成文明生态村的目标。2005年10月，中共河北省委六届八次全会强调，要把创建文明生态村作为建设社会主义新农村的重要内容，不断向广度和深度推进。

经过连续三年的创建活动，广大农民群众的思想观念、生产方式、生活方式，农村的管理方式都发生了深刻的变革，全省涌现出了一批经济发展、民主健全、精神充实、环境良好，三个文明协调发展的文明生态村。到2005年底，全省已有7374个村基本上建成了第一批文明生态村，占全省行政村总数的15%；4920个行政村列入2006年创建规划，占全省行政村总数的10%。

以“改变落后生活环境”这一农民最关心、最直接、最现实的问题为突破口，第一批文明生态村的人居环境发生了显著变化。全省农村新建村内水泥、柏油、石渣及砖石路3.3万多公里，7000多个村的主要街道和入户小街小巷基本实现了硬化。植树6245万多株，建沼气池41万多个，卫生厕所43万多个，7200多个村建立了垃圾池（点），5800多个村已不同程度地解决了洗澡难，长期困扰农村的“五乱”现象得到有效治理。与此同时，农民素质和农村文明程度进一步提高，文明向上的乡风逐步形成。在第一批创建村中，6861个村安装了路灯，综合文化室7144个、卫生室7255个，室外体育健身场地6672个。7359个村建立了红白理事会、道德评议会、禁赌会等群众自治组织，十星级文明农户活动进一步普及深化。有效改善了村风民风，推动了农村的精神文明建设。

在文明生态村创建中，各地始终坚持科学发展观，以增加农民收入为基本着眼点，将创建成果转化为经济发展的内在动力和外部条件。第一批创建村中，3014个村引进各种富农项目共计4595个，3400多个村搞起了畜沼菜一体化的循环经济。一大批农村文化设施的建成使用提高了农民素质、增强了致富能力。2005年全省共培训农民547万人，进一步激活了农村生产力中这个最活跃的要素。

创建的过程也是一个民主的过程，以锻炼基层干部管理、服务能力和农民群众自治能力为着力点，促进了农村政治文明建设。第一批创建村中，7358个村制定了村规民约，7356个村健全了村民议事制度，7358个村建立了村务公开制度，建成“五好”支部的村达到6076个。创建中，农村基层党组织的凝聚力、战斗力得到增强，党群干群关系进一步密切，有效促进了农村三个文明与和谐社会的建设。

为保证创建活动的质量和实效，各地坚持在每年创建的数量上“宁可少些，也要实些”，“宁可慢些，也要好些”，有效地杜绝了形式主义；在“因地制宜、分类指导”的创建原则下，广大农民群众充分发挥创造力和积极性，“用自己的双手建设美好家园”；通过“城市反哺农村”，以城带乡、全力帮扶创建，动员社会各方面的力量支持农村各项事业发展。创建活动开展以来，全省各级党政机关、企事业单位和帮建单位累计投入资金10亿元。

（河北省社科院　刘书越）

机构编制

省委、省政府决定，从2004年起，三年内全省精简财政供养在职人员20万人。为实现这一目标，本着先易后难、逐步推进的原则，以事业单位为重点，进行清理整顿。省编办会同有关部门在深入调研、摸清底数的基础上，研究提出了《关于省直财政供养人员总量控制工作实施意见》，并于2005年4月30日组织召开了全省财政供养人员总量控制工作会议。对省直财政供养人员总量控制工作进行具体安排部署，对市县财政供养人员总量控制工作进行督促指导。各地在对事业单位定性分类的基础上，突出抓好“五个一批”，即对职能萎缩、名存实亡和两年以上未配备专职人员、不开展业务，以及长期不出成果、没有明显社会效益和经济效益的单位撤销一批；对职责任务不饱满或业务相近的单位合并一批；对从事生产经营活动、已不具有事业单位属性的单位，转制改企一批；规范经费形式一批；规范单位名称、职责和领导职数一批。截至2005年底，全省共精简财政供养在职人员15.69万人，完成总任务的78.44%，实现省委、省政府确定的“时间过半、任务超半”的目标任务。

深化行政管理体制和机构改革，进一步推进政府职能转变。一是整合省级农口管理机构和职能。撤销了省委农村工作领导小组办公室，原有职责划转有关部门。将省畜牧局、水产局并入省农业厅，较好地解决了省级农口党政职能交叉和省政府农口机构散的问题。农业经济综合管理得到明显加强，“大农业”的格局正在逐步形成。二是理顺部分行政管理体制和职责分工。研究提出了《关于组建曹妃甸工业区管理机构的意见》。研究起草《关于推进兽医管理体制改革的实施意见》，对整合市、县农业、畜牧、水产职能和机构，建立健全兽医行政管理、执法和技术机构以及基层动物防疫体系起到了积极作用。参与省级纪检监察派驻机构体制改革，研究提出了有关机构编制的意见。理顺省法学会领导体制，调整了内设机构。为理顺有关部门在安全生产方面的职责，先后明确了水上交通安全、煤矿越层越界开采管理、无人看管铁路道口安全管理、民用爆破器材安全监管、烟花爆竹安全监管和食品安全监管的职责分工。三是基本完成县级政府机构改革工作。研究提出了《关于县级政府机构改革的意见》，并召开了全省县级政府机构改革工作电视电话会议。这次县级政府机构改革，对进一步转变政府职能，推进职能整合和机构调整，促进县域经济和社会发展起到了积极作用。四是开展乡镇机构改革试点。在深入调研和学习考察的基础上，研究起草了《河北省乡镇机构改革试点工作指导意见》。邀请中央编办领导、华北五省市及周边省参加，组织召开了华北机构编制工作年会，对乡镇机构改革进行了深入研讨。深入12个试点县（市），对乡镇职能转型、精干机构设置、精简人员编制等问题进行了系统调研，并对试点工作进行了指导。12月上旬，组织召开了全省乡镇机构改革试点工作座谈会，12个试点县（市）都提出了试点工作的初步方案。五是推进综合行政执法试点。按照综合行政执法的要求，会同有关部门继续开展城市管理领域的综合执法试点；以县级为重点，推进农业、林业综合行政执法工作。配合有关部门深入调研，并考察学习重庆、浙江、广东、云南等省、市的经验做法，研究提出了全省组建文化市场综合执法机构的初步意见。

加强机构编制管理，加大监督检查力度。一是认真落实机构“从严从紧”的工作方针。严格执行控制机构编制的各项规定，组织落实事业单位机构编制下管一级审批制度，全省各级新设立行政、事业单位明显减少，所需编制全部在现有同类编制中调剂解决。3月份省委、省政府颁布了《河北省机构编制管理规定》。为宣传贯彻这一《规定》，开展了有奖知识竞赛和有奖征文活动。结合审批制度改革，对取消审批事项较多的省直部门精简行政编制36名，在实施编制动态管理方面作了有益的探索。开展省直《机构编制管理证》制度试点工作，研制开发了《河北省机关事业单位机构编制证管理系统》软件。深入全省14个监狱调研，研究提出了监狱核编的初步方案。按照中央编办的要求，印发了《关于全省清理吃“空饷”工作的实施意见》。二是严格控制乡镇机构编制和人员增长。按照中央编办的通知要求，研究起草了《关于严格控制乡镇机构和人员编制的通知》。各地规范乡镇机构设置，未经上级党委、政府批准的机构和撤并乡镇后自行保留的办事处一律撤销，从3月起冻结乡镇机关、事业单位和县直部门派驻机构的人员编制，采取措施清理清退乡镇超编、借调和临时聘用人员。在乡镇推行《机构编制管理证》制度，做到定编到人、实名管理，并在一定范围内对外公示。9月，在调查核实的基础上，以县（市、区）为单位，实行乡镇行政和事业编制由省实行总量控制和管理，确保今后5年内乡镇机构编制和实有人员只减不增。三是组织开展全省机构编制工作监督检查。上半年，与省纪委（监察厅）、省委组织部、省人事厅、省财政厅、省审计厅等6个部门联动，对11个设区市、12个省直部门、60个市直部门、28个县（市、区）、141个县直部门、74个乡镇（街道办事处）审批执行机构编制工作情况进行了全面检查。下半年，在市、县自查自纠的基础上，省编办会同省纪委（监察厅）、省委组织部、省人事厅、省财政厅，对11个市、11个县、22个乡镇控制乡镇编制和实有人员情况进行了专项督查，之后接受中央联合督查组对河北省3个市、3个县、11个乡镇控制乡镇机构编制和实有人员情况的监督检查。这两次检查进一步增强了各级各部门的编制意识，广泛宣传了机构编制工作规定和政策，扩大了群众的知情权、参与权和监督权，产生了广泛的社会影响。四是着手建立机构编制监督约束机制。按照省委、省政府关于加强机构编制管理的要求，有7个设区市和多数县（市、区）将机构编制审批执行情况写入《政府工作报告》，建立了向人大的报告制度；一些市建立了领导干部编制工作离任审计、年度量化考核和责任追究制度等。开通了省、市两级编办的12310投诉举报专用电话。结合开展机构编制监督检查，同省纪委（监察厅）、省委组织部、省人事厅、省财政厅、省审计厅联系沟通，定期召开会议，重大督查工作配合行动，初步建立了机构编制监督约束协调联动机制。督促指导市县加强机构编制监督检查队伍建设，部分市级编办建立了专门机构，一些县级编办明确了专人负责机构编制监督检查工作。

（河北省机构编制办公室　房保国）

红色旅游开发

发展红色旅游，对于改进创新思想政治工作、加强革命传统教育，弘扬培育民族精神，带动革命老区经济社会协调发展，具有重要的现实意义和深远的历史意义。2004年下半年以来，红色旅游热席卷全国。河北省作为红色旅游资源大省，红色旅游的市场开发已进入一个全面发展阶段。

河北省拥有丰富的红色旅游资源。河北是一块英雄的土地，具有悠久的历史，灿烂的文化，光荣的革命传统，发展红色旅游得天独厚。目前，河北拥有重要革命纪念地、纪念建筑物118处，其中国家级爱国主义教育示范基地11处，省级爱国主义教育基地38处，总数在全国各省、市、自治区中居第2位。这些红色旅游资源时间序列连续、内容系统完整，反映了中国共产党领导中国革命进程的各个历史时期。在中国共产党创立和大革命时期，河北是中国工人运动的重要基地。伟大的马克思主义者、中国共产党主要创始人之一李大钊的故乡就在河北省乐亭县。他为传播马克思主义和创建中国共产党，为探索和解决中国革命的基本问题，为领导和实现第一次国共合作和第一次国内革命战争，立下了不朽的功勋。乐亭县大黑坨村的李大钊故居、乐亭县城内的李大钊纪念馆以及位于昌黎县的五峰山李大钊革命活动旧址，是当年革命先驱高尚节操和丰功伟绩的历史见证。中国共产党的第一个农村党支部就建立在河北省的安平县，它是在李大钊同志的直接领导下，于1923年8月由弓仲韬同志一手创建的，作为弓仲韬同志故居的全国第一个农村党支部纪念馆会向您讲述当年建立农村基层组织的艰辛和困苦。保定市是当年中国留法勤工俭学运动的发祥地，老一辈无产阶级革命家为了探索救国救民的真理，赴法国勤工俭学就是由河北保定集结而后远行的。为铭记这段历史激励后人，1983年，在保定市金台驿街育德中学旧址上建立了留法勤工俭学运动纪念馆，真实再现了这场远渡重洋、寻求真理的运动热潮；在抗日战争时期，河北是华北敌后抗战的主要战场之一，以保定市阜平县和邯郸市涉县为中心建立的晋察冀和晋冀鲁豫两大抗日根据地，成为坚持华北敌后抗战的中枢。在河北省保定市阜平县建立了中国第一个敌后抗日根据地——晋察冀抗日根据地。阜平晋察冀边区政府及军区司令部旧址、涉县八路军129师司令部旧址、白洋淀、冉庄地道战、狼牙山等革命遗迹闻名全国，影响深远。抗战八年，特别是1941年以后，在党的领导下积极开展人民战争，针对日本帝国主义的“三光”政策，河北抗日军民开展了广泛的群众性反扫荡斗争，涌现出敌后武工队、雁翎队等著名敌后抗日武装，创造出了地道战、地雷战、麻雀战等著名战法，有力地打击了日本侵略者，为抗日战争胜利做出了卓越贡献。在平原上，河北保定清苑县冉庄地道战功绩显赫，被称为“抗日模范村”，成为冀中平原地道战的一面红旗，现有冉庄地道战遗址，基本上保持了当年地道战的原始风貌，全方位地展示了冀中平原抗日斗争的历史画面，来到冉庄，您会看到电影《地道战》里那棵高高耸立的老槐树，树杈上饱经风霜的古钟，陈旧斑驳的磨房，渐被风化的石碾，以及陷于房根墙角的枪眼，您还可以到“爱国主义教育基地堡垒户”家中，听乡亲们讲述当年抗日战争的情况；保定白洋淀也是冀中抗日战争的重要战场，著名的水上游击队——雁翎队威震敌胆。现建有白洋淀文化苑景区，包括千亩荷塘、嘎子村、雁翎队纪念馆等景观。在这里，游客既可以充分感受白洋淀特有的文化韵味，又可亲身体验雁翎队伏击日寇的历史场面，重温白洋淀人民英勇顽强抗击日本侵略者的英雄史绩。著名的“百团大战”也发生在河北大地；在解放战争时期，河北既是中国革命领导中心，又是解放战争的主战场之一。在河北众多的红色旅游资源中，尤为重要的当属革命圣地——西柏坡。平山县西柏坡曾为当时中共中央、中央工委和解放军总部的所在地。党中央、毛主席在平山县西柏坡，指挥了震惊中外的“三大战役”，召开了著名的七届二中全会，筹划了新中国的蓝图，在中国革命史上谱写了光辉的一页。周恩来总理曾指出“西柏坡是党中央毛主席进入北平解放全中国的最后一个农村指挥所。指挥震惊中外的三大战役在此，开党的七届二中全会也在此。”董存瑞舍身炸碉堡的英雄事迹传遍全国，董存瑞的英雄事迹，曾出现在二十世纪五六十年代的中小学课本里，与黄继光、邱少云等战斗英雄一起，深深地影响了一代青少年的成长。为缅怀先烈、激励教育后人，1954年在英雄牺牲的地方承德隆化县修建了董存瑞烈士陵园。几经扩建，现在的陵园是全国以烈士名字命名的陵园中占地面积最大的一个。

除上述外，河北还有许多重要革命遗址和纪念地。如位于邢台县前南峪的中国人民抗日军政大学旧址。近年来，在这里新建了抗大陈列馆，精心制做了大型雕塑“我们战斗在太行山上”。抗大陈列馆现已命名为全国爱国主义教育示范基地。再如坐落于邯郸市内的晋冀鲁豫烈士陵园。该陵园内安息着八路军总部前方司令部、政治部、晋冀鲁豫军区及一二九师为国捐躯的烈士，它是国内建园最早、规模较大、领导人题词最多、民族建筑特色显著、园林艺术水平比较高的一座烈士陵园。

河北省丰富的红色旅游，早已形成了许多经典影视文学作品。许多在我国产生重要影响的影视、文学作品都与河北省的红色历史资源有关，如电影《地道战》、《地雷战》、《狼牙山五壮士》、《小兵张嘎》、《董存瑞》、《大决战》、《马本斋》等，长篇小说《红旗谱》、《敌后武工队》、《野火春风斗古城》、《烈火金刚》、《平原枪声》、《风云初记》、《新儿女英雄传》等。这些影视文学作品曾激励和鼓舞了新中国几代人的成长，在广大人民群众中有着广泛而深远的影响，已成为河北省发展红色旅游的重要文化资源，并提高了相关景点的知名度。

河北省拥有红色旅游持续发展的良好资源组合与市场条件。旅游发展的一个重要规律，就是组合类型越丰富，综合吸引力就越强。河北省红色资源大多与自然风景、文物古迹相邻相伴，组合优势非常明显。如西柏坡处于岗南水库旁，与天桂山、驼梁、温塘温泉等相近，离国家历史文化名城正定、闻名中外的赵州桥也很近。涉县八路军129师司令部旧址，被列为全国30条“红色旅游精品线路”和全国100个“红色旅游经典景区”，境内还有被尊称为“华夏祖庙”的国家4A级景区“娲皇宫”，其主楼倚岩凿险，凌空巧设，以9根铁链栓于悬崖峭壁之上，素有“活楼”、“吊庙”之称，被誉为“国之瑰宝”。娲皇宫内的摩崖刻经，面积达165平方米，刻有六部经文，13.6万多字，被称为“天下第一壁经群”。抗大旧址位于邢台前南峪这个“太行山最绿的地方”，生态旅游资源十分丰富，且和太行奇峡群隔山相望。雁翎队的英雄事迹就发生“华北明珠”——白洋淀。李大钊故居和纪念馆就座落于渤海之滨，除接受革命传统教育以外，人们还可以游海岛，洗海浴，尝海鲜，出海打鱼，并且该地与避暑胜地北戴河、世界历史文化遗产山海关、老龙头和清东陵相距也很近。冉庄地道战遗址紧邻古城保定与定州等等，游客在接受革命传统教育的同时，还能观赏到秀美的山川、丰富的古迹和独特的民风民俗。河北省红色资源与历史人文、自然生态等其他旅游资源相结合，打造综合型、复合性的旅游景区、产品和线路，符合游客的欣赏心理，能够吸引更多的游客，并延长游客滞留时间，增加旅游的经济与社会效益，带动当地经济社会全面发展。河北省还具有发展红色旅游的良好市场条件。一是河北省拥有环绕京津的独特区位优势。多数景区距京津两市都在三、四个小时车程以内，本省和周边省市人口众多，以京津特别是北京为中转地的游客数量十分庞大，客源市场非常活跃。近年来北京还发展成了全国最大的自驾车旅游市场。二是河北省的众多景区（点）与京津的旅游区相近相连，区域协作条件良好，具备吸引投资、联合开发、共同发展的天然优势。特别是2008北京奥运会将为河北省红色旅游发展提供重要契机。三是河北省交通便利。境内铁路、公路、高速公路、民航构成了立体化的交通网络，为迎接八方游客提供了方便快捷的通道。

河北省促进红色旅游可持续发展的主要举措。2004年11月，中央政治局常委李长春同志来河北省视察工作时强调，发展红色旅游是深入贯彻落实党的十六届四中全会精神、不断提高建设社会主义先进文化能力的重要措施，是树立和落实科学发展观的具体体现，既是一项经济工程，更是一项文化工程、政治工程，是一项利党利国利民的重大举措。实施红色旅游工程，就是要把我们党艰苦卓绝的奋斗史、波澜壮阔的革命史、可歌可泣的光荣史牢牢凝固在中华大地上，深深扎根于人民群众的心坎里。中共河北省委、省政府认真贯彻执行党中央、国务院关于积极发展红色旅游的精神，近年来采取了一系列措施，促进本省红色旅游持续健康发展。第一，成立协调领导机构，召开专门会议贯彻中央精神。为加快发展河北省红色旅游，成立了由省委领导任组长的红色旅游协调领导小组，统筹安排部署全省红色旅游工作。专门召开了“发展红色旅游暨爱国主义教育基地工作会议”。会议认真学习贯彻了党中央国务院关于发展红色旅游的决策部署和全国发展红色旅游工作会议及全国爱国主义教育示范基地工作会议精神，认真学习贯彻省委六届七次全会和全省旅游发展大会精神，统一思想，明确任务，安排部署了当前和今后一个时期河北省红色旅游和爱国主义教育基地工作。第二，加大投入和宣传促销力度。近五年来先后为红色旅游景区、景点投入建设资金近4．5亿元，完成了18个新馆建设，对28个教育基地更新陈列展览，对25个景区的基础设施，进行了改善和环境整治。2000年和2004年，中宣部先后两次在河北召开全国教育基地工作方面会议，肯定、批准了河北省的经验和做法。这些基础建设为河北发展红色旅游奠定了坚实基础。2004年以来，为了进一步弘扬“西柏坡精神”，在北京、上海等地举办了“牢记两个务必，永葆政治本色——西柏坡精神巡回展”，所到之处，社会反响强烈，观众好评如潮。李长春同志参观展览后说感谢河北省委为全党做了一件好事。为纪念一代伟人邓小平诞辰100周年，经国家批准，河北省委、省政府在小平同志曾经生活和战斗了六年的革命老区涉县开展了一系列纪念活动，在涉县八路军129师司令部旧址广场举行了隆重而热烈的纪念大会。第三，抓好六项重点工作。一是抓好红色旅游的规划编制工作。《河北省红色旅游发展总体规划》现已基本编制完成。各市结合本地实际，也制定了或正在制定本市红色旅游的发展规划。按照《河北省红色旅游发展总体规划》，河北省红色旅游发展的总体布局是："一个革命圣地、一条黄金走廊、五大红色旅游区、十条精品线路、三十处重点景区"。一个革命圣地，即西柏坡红色旅游区；一条黄金走廊，即京南红色旅游黄金线（北京一保定一石家庄一邢台一邯郸）；五大红色旅游区，即西柏坡红色旅游区、冀南红色旅游区、冀中红色旅游区、冀东红色旅游区、冀北红色旅游区；十条精品线路，即以京津为始点的线路 5 条，以石家庄为始点的线路 2 条，以保定为始点的线路 2 条，以邯郸为始点的线路 1 条；三十处重点景区，即国家级重点红色旅游景区 14 个，省级重点红色旅游景区 16 个。二是抓好红色旅游的资源保护工作。三是抓好红色旅游的交通建设工作。四是抓好红色旅游的设施配套工作。五是抓好红色旅游的宣传推广工作。六是抓好红色旅游的环境整治工作。

（河北省社科院　潘保海）

产业篇

INDUSTRIES

农　　业

【种植业】　2005年，全省粮食播种面积9360.4万亩，比2000年减少1017万亩；平均亩产277.6公斤，比2000年增加31.8公斤，创历史最好水平；总产2598.6万吨，比2000年增加48万吨。棉花生产呈现出布局优化、产区集中、品种优良、能力稳定的特点。"十五"期间，全省年均棉花种植面积793万亩、亩产65公斤、总产量51万吨，分别比"九五"期间年均增加284万亩、12.7公斤和25.5万吨，面积由全国第7位上升到第4位，总产由全国第7位上升到第3位。"十五"时期，全省瓜菜播种面积发展到1822万亩，比"九五"末增加700多万亩，产量6187万吨，居全国第二位，人均占有量908公斤，居全国首位。其中设施生产面积突破700万亩，占蔬菜播种面积的40%以上。全省瓜菜总产值占种植业产值的40%以上，成为种植业中促进农民增收的第一主导产业。"十五"期间，油料生产连续五年保持在150万吨以上，较"九五"期间的100万吨增加30%。2005年，全省油料播种面积838.5万亩，总产152.7万吨。

【农业结构调整】　一是整体规划。以现代农业、绿色农业、生态农业、创汇农业、设施农业为总体方向，实施优势农产品区域布局规划，明确了5大类19个优势农产品的区域布局。二是分类指导。制定了设施蔬菜、食用菌、甘薯、油葵、芦笋等22个产业或作物发展的指导意见，引导各地深入进行结构调整。针对坝上地区自然条件和农业特点，召开了张承地区结构调整研讨会，围绕"绿色"和"特色"，加强支持和引导。三是突出重点。把蔬菜业作为推进结构调整的突破口，制定了"关于发展蔬菜业龙型经济的指导意见"和"关于加快建设无公害绿色蔬菜大省的实施意见"，突出产前、产中、产后全程控制，全面启动无公害蔬菜生产。四是示范带动。评选命名了115个河北农业特产之乡，加快特色产业发展，发挥示范带动作用。全省种植业区域布局趋于合理，京山、京广沿线优质专用粮食、黑龙港优质棉花、冀东和坝上优质油料以及六大特色蔬菜产区等优势产业带初步形成。品种结构进一步优化，优质专用小麦发展到1526万亩，占小麦面积的43%以上；优质抗虫棉基本普及；专用玉米、优质大豆、优质杂粮、薯类较快发展。食用菌、芦笋、中药材、花卉等高效经济作物快速发展，经济效益明显增加。

【农业科技推广】　坚持把科技作为第一生产力，大力实施科教兴农战略。积极探索新形势下的农业科技服务体系，按照"高新技术建龙头，示范园区抓带动，科技服务进村，农技电波入户"的思路，根据不同层次的不同特点，初步建立了从省到农户的"五级一户"农业科技服务体系。省级突出加强龙头建设。加强高新技术引进和产业化开发，先后建设了国家级品种区域试验站、原种场、救灾备荒种子储备库、河北冀岱棉种有限公司、河北农业信息中心、863农业智能信息网等一批重点工程，发挥龙头带动作用，增强面向全省的科技服务和辐射带动能力；市级重点抓好示范带动。建设了一批农业科技示范园区，开展优良品种和关键技术的试验、示范和推广，形成科技聚集效应，带动了区域特色农业的发展和农业科技贡献率的提高；县级广泛开展"电波入户"。全省117个县实现了农技电波入户，覆盖5000多万农村人口。由省配备设备，县农业局制作节目，通过电视台固定时间、固定栏目播放，把农业科学技术、经营管理知识和市场信息等传播到千家万户，被誉为"送到炕头上的科技快餐"；乡级完善推广服务体系。建设了117个乡镇农业科技示范农场，总占地面积3.5万亩，从业人员1000多人，成为优良种苗的引种和繁育基地、新技术试验示范基地、实用技术的培训基地和产业结构调整的"启动器"；村级大力推进技物服务。省农业厅直接扶持建设的500个科技进村服务站，带动全省发展到1.1万个，覆盖了全省21%的行政村。村站集技术推广、示范培训、信息服务、农资供应为一体，大力发展农资连锁经营，有偿为农户提供种子、化肥、农药等农用生产物资，无偿为村民提供市场信息和科技指导，实现了农技推广服务体系向基层的延伸；农户实施"百千万、带闯奔"工程。培养评定100名高级农民技师、1000中级农民技师、1万名初级农民技师，开展绿色证书、青年农民骨干培训和一村一名大学生工程，形成一支带领农民学科技、闯市场、奔小康的骨干队伍。"十五"期间，全省推广农业先进技术近5亿亩次，病虫害综合防治年均3.5亿亩次；培训"绿证"学员30万人，培训青年农民科技骨干15万多人，开展实用技术培训4000多万人次。

【农业信息化建设】　按照"以需求为导向，以应用促建设"的要求，抓管理、抓完善、抓应用，农业信息在优化资源配置、引导结构调整、提升科技服务和促进产销衔接等方面发挥了重要作用，促进了农业生产力的稳步提高。一是建设信息网络，打造服务平台，健全农业信息服务体系。按照"专网设计、光纤连接、共用通道、共享资源"的原则，省市县三级财政共投入近6000万元，全省建成网站163个。其中河北农业门户网站1个，省直农口部门网站12个，市级区域网站11个，县级网站139个。以河北农业信息网为龙头，延伸网络、扩大覆盖，构建了上联农业部、科技部，横联各省市和大型农产品批发市场，下联1479个乡镇、6500个村、34个省内批发市场，1450个龙头企业，4500个中介组织，10万余农业生产大户和农村经纪人的农业信息服务体系。二是整合信息资源，拓展网络功能，提升服务"三农"的能力。河北农业信息网基本具备了数据、语音、多媒体服务功能。数据功能：以河北农业信息网为枢纽，省直农口部门和省、市、县农业部门可以实时进行数据的交换、传输、存储和共享；全省建设了省市县三级共建共享数据库12个；开发了菜篮子产品报价、农产品供求、专家智能咨询、农技视频点播、邮件系统、农资网上展厅、农业信息联播等应用系统7个，设立服务“三农”栏目近万个，累计发布信息2亿多条。同时，按照《河北省电子政务“112”工程实施方案》要求，组织10多个涉农部门实施了农业信息资源规划，在全国率先建立了省级农业信息资源的业务模型、数据模型和共享标准。语音功能：初步建立了电话语音服务平台（目前范围为1个市，35个县），开通了全省统一特服号96356，农民通过固定电话拨打96356，可以获取农业政策、科技、价格、供求等语音信息。开通以来，共接受咨询电话20多万个，人工解答1.3万人次。多媒体功能：初步建立了多媒体远程诊断系统，并与农业部卫星指挥调度系统进行双向对接，实现了部、省、市三级农业远程指挥调度，为禽流感防控、病虫害防治、农资打假、配方施肥等提供了及时服务，极大地提高了农业部门的应急指挥能力。三是面向农民需求，探索延伸方式，创建“三电合一”等有效服务模式。藁城市等一大批县（市）积极探索把网络信息及时传播到千家万户有效途径，创立了“三电一厅”模式。即把传统的农业科技信息，转换为网络、语音、视频信息，通过电脑、电话、电视传播，使广大农民更加方便、快捷、形象地获取所需信息，满足农业生产、经营、管理的需要。农业部称之为“三电合一”，并把它作为县级农业信息化的模板在全国推广。与此同时，全省各地积极探索了手机短信、上网电话、信息机等服务模式，受到农民群众欢迎。2004年以来，先后有20多个省市来河北省学习考察农业信息化。

【无公害农产品生产】 落实农业部“无公害食品行动计划”，制定了《河北省菜篮子放心工程实施方案》、《关于推进无公害食品行动计划加快绿色食品发展的意见》。“十五”以来，全省财政投入1.2亿元用于农产品质量标准、检验检测和市场信息三项体系建设，为提高农产品质量安全水平打下了良好基础。制定实施了省级农业地方标准568项、市级标准1000多项，基本形成覆盖蔬菜、畜牧等主要农产品的无公害质量标准体系；建设、完善了省级和11个市级、6个中心生产区的农产品质量监测中心及120个县级农药残留速测站，基本形成了省、市、县三级农产品质量检测体系；建成了以河北农业信息网、河北农业智能信息网为平台，与各地批发市场联网的市场信息体系，及时为农民提供市场信息。为切实提高农产品的质量安全水平，围绕产前、产中、产后三个环节，实施了“从田间到餐桌”全过程控制。产前，严把环境质量监测评价关。全省蔬菜、畜产品、水产品产地认定分别达到483个、405个、97个。加大了对高毒高残留农药、假冒伪劣肥料等投入品及种子质量的源头治理力度，全省农资产品质量进一步提高，小麦、玉米、棉花等农作物种子质量合格率达95%以上，高毒高残留农药的使用得到了有效控制；产中，推行档案化管理，严格投入品管理，规范生产措施。以村为单位组建“农业技术服务合作社”，推行“农户联保”监督体系，确保了蔬菜质量不断提高。为加快标准化生产技术普及，广泛开展技术培训，并结合创建示范区、示范村、示范县等活动，推动标准化技术的应用。与北京签订“场地挂钩”基地125家，共467万亩，为加强生产环节的规范化管理，开展以查培训、查管理、查农药监管、查产品质量为重点的“四查、四整治”活动，推动了生产过程的标准化；产后，加大产品质量监督检测。全面开展蔬菜质量自检和监督检测工作，累计检测蔬菜样品21万余个，其中省、市定量检测蔬菜样品5500多个批次。2005年全省蔬菜抽样合格率达到95%，比2000年提高15个百分点。在60个蔬菜生产大县实施了产地编码追溯制度，推动农产品质量从产地到餐桌全程追溯，为市场准入做好了充分准备。

【农业对外开放】 一是把利用外资作为增加农业投入的重要补充。引进外资项目200多个，利用外资3.7亿美元，有效改善了农业基本条件。二是把加强项目建设作为带动农业发展的重要内容。重点组织实施了中法葡萄种植及酿酒示范农场项目、日本无偿援助粮食增产项目、德国政府援助建设生态农业示范项目等，取得了显著的经济效益、社会效益和生态效益。三是把优良品种、先进技术的引进作为对外交流与合作的重点。共引进国外先进适用技术125项、优良品种1100个、先进设备80台套，提高了农业科技水平。四是积极发展外向型生产基地，加快与国际接轨的步伐。开展农业对外合作交流1200多人次，适应加入WTO的新形势，重点建设5个国家级园艺产品出口基地和3个出口企业，发挥水产品、蔬菜、果品、花卉等比较优势，大力组织生产和出口，提升河北省农产品的国际竞争力。

【产业化经营与重点项目建设】 全省农业产业化经营工作突出“一个重点、两项建设”，即加快龙头企业发展和生产基地、农民专业合作经济组织建设。到2005年底，省级以上龙头企业发展到161家，建设产业化基地3450万亩；农民专业合作经济组织达到1800家，带动农户650多万户；全省农业产业化经营总量达到1700亿元，产业化经营率达到49.4%，比“九五”末提高13.4个百分点。

“十五”期间，全省农业系统实施重点项目150多个，投资总额累计12.5亿元，比“九五”期间增加7.4亿元，增长1.5倍。重点实施了优质粮产业工程、旱作农业、种子工程、设施农业、生态家园富民工程、农业科技服务体系建设、农业信息化工程、良种繁育基地及种子检测中心、农业有害生物预警与控制、标准粮田项目、现代农机装备推进项目、千万吨奶工程、基层动物防疫、畜禽良繁体系、大型渔港建设、渔业安全管理指挥系统建设等重点工程，有效改善了农业生产条件和科技装备水平，提高了农业综合生产能力。种子工程：每年审定60多个主要农作物新品种，新品种更新更换1400多万亩，主要农作物良种覆盖率达到了97%。生态家园富民工程：“十五”期间，全省共建户用沼气池132.9万户，累计达到152万户，是2000年全省总数的14倍，受益人口600多万，成为全国发展最快的省份之一。旱作农业工程：建设旱作基本农田1900万亩，建设集雨工程12万处，推广旱作农业综合配套技术2600万亩，年增收10亿元以上。秸秆综合利用率达到65%，比“九五”末提高15个百分点。植保工程：建设蝗虫地面应急防治站、农业有害生物预警与控制区域站23个，建立了防蝗机场和省级农业有害生物监控中心。保护性耕作：建设65个核心示范县，推广面积141万亩，每亩节本增效25—35元。

【农民增收】 一是以合同管理为重点，加强对农村土地承包的指导和管理。全省第二轮土地承包顺利完成，签订合同农户1218万户，涉及土地9653万亩，进一步稳定了农村家庭承包经营。认真贯彻落实《农村土地承包法》，合同签订、鉴证、土地流转和纠纷调处仲裁等工作正逐步向依法管理转变。二是深入开展减轻农民负担工作。2005年全省农民人均负担水平为13.5元，比2000年的106元降低92.5元。“十五”期间，全省累计减轻农民税费负担130亿元。普遍推行了农民负担责任追究制，农村报刊征订限额制，涉农税收、价格、收费公示制，农村中小学义务教育一费制。围绕农业生产、农民建房、农村教育、报刊订阅、农民进城务工等重点领域，加大对“三乱”的专项治理力度，减轻农民社会负担12亿元。各级管理部门共查处加重农民负担案件1330起，查处不合理收费8300多万元。三是努力提高农业法制建设水平。省人大颁布实施的农业地方性法规11部，省政府颁布实施的农业行政规章9部，涵盖农业生产、农产品质量、农业投入品、农村经济管理和农民权益保护等重要方面，加上国家法律、行政法规和农业部规章50余部，确立了农业部门执法主体地位，初步形成了相对健全、相互配套的农业法律法规体系，为农业依法行政奠定了坚实基础。“十五”以来，全省农业系统举办法制讲座1478次，农业行政执法立案5087件，结案5018件，送法下乡1671人次，发放宣传资料1310万份。2005年，全省农业综合执法县（市）发展到97个，其中农业部试点县发展到8个，建立了一支5500多人的农业执法队伍，加大了打击假冒伪劣农资等重点领域的执法力度。全省共立案查处农资案件7893起，结案7756起，查获假劣农资产品货值约4102万元，挽回经济损失7417万元。2005年，全省农民人均纯收入达到3481.6元，“十五”期间年均增长7%。特别是近两年来，在国家实施“两减三补”惠农政策、农产品价格上调及农业增产等多种因素共同作用下，农民收入实现两位数增长，超过了城镇居民收入的增幅。

（河北省农业厅　陈汇民　严春晓）

【农机概况】 2005年，全省农机原值达到401.55亿元，比2000年增长18.9%；农机总动力8485.81万千瓦，增长21.2%，居全国第二位。与2000年相比，2005年大中型拖拉机达到10.02万台，增长57.5%。大中拖机具配套比由1∶1.70上升到1∶1.83；小麦联合收割机达到5.47万台，增长30.5%；玉米收获机800台，增加了7倍。免耕播种机9.7万台，增长55.2%，其中小麦免耕播种机4000台。常规农田作业机械如精量半精量播种机、秸秆还田机、化肥深施机、机引铺膜机、节水灌溉机械等也都有较大的增长。2005年，全省机耕面积7147.71万亩，占耕地面积的81.5%，机耕率比2000年提高8%；机播面积7904.22万亩，占播种面积的71.3%，机播率比2000年提高21.8%；机收面积3730.44万亩，占收获面积的34.7%，机收率比2000年提高3.1%。耕、播、收综合机械化水平达62.5%，比2000年提高10.7%。小麦主产区基本实现了小麦生产全程机械化。

“十五”期间，中央和省财政共投资1.1亿元，拉动农民和农村集体筹资10.8亿元，全省承担和实施了“国家优粮产业工程现代农机装备推进项目”等一系列农机化项目。重点突破的农机化技术，面积大、效果好，在全国都处于领先位置。秸秆综合利用，已由单纯直接还田向多途径利用秸秆扩展；重点实施区域提高了机械化秸秆还田能力和作业效果，实现了秸秆禁烧。大力开发推广了秸秆青贮、饲料转化等技术，2005年全省农作物秸秆综合利用率达到68%，机械化直接还田达到40%。机械化保护性耕作扎实推进，在降低作业成本、保护生态环境等方面显现出了生命力，农业部领导对河北省示范推广工作给予高度评价。全省已建立起65个机械化保护性耕作核心示范县，示范推广面积达250万亩，占全国保护性耕作核心示范区的16%，比全国示范推广率高3个百分点。几年来，示范区农民增收节支8000万元左右。

【农机购置补贴】 2005年，中央和省财政共计安排农机购置补贴资金2650万元，惠及98个县（市），其中中央财政安排农机补贴资金1250万元，省财政安排1400万元，按照农业部和省农机补贴实施办法的规定，组织开展了农业机械购置补贴产品选型工作，通过竞争择优筛选，确定了40个厂商的132种型号的农机产品进入《河北省2005年其它类农业机械购置补贴产品目录》。同时从全国通用类农机产品目录中筛选9个拖拉机厂家、52个型号的50至80马力拖拉机，与以上《目录》合并，制定了《河北省2005年省级农业机械购置补贴产品目录》。为抓好落实，一是加强领导。成立了省农机购置补贴工作领导小组，召开了有关会议暨培训班，就全省的农机购置补贴工作进行了安排和部署。二是严格操作程序。在总结上年度农机补贴工作的基础上，继续坚持以“严肃的态度，严格的程序，严密的组织”做好工作。坚持立党为公、执政为民，不挪用、不挤占、不截留，确保农民受益；坚持“公平、公正、公开的”原则，严格程序，增加透明度；坚持“实事求是、因地制宜”的科学态度，根据各地实际情况，合理制定实施方案。坚持“方便群众，便于操作”的工作方法，尽量简化程序，减少环节。三是加强监督管理。制定印发了一系列购置补贴管理办法和文件，规范了项目的管理程序，对项目的运作提出了严格的要求，开展了经常性的督导检查工作。四是建立质量保障体系。制定应急预案，开展补贴机具特别是玉米联合收获机质量跟踪调查和工作性试验。到9月底，全省补贴机具工作全部结束，全省落实补贴机具6073台件。其中拖拉机1318台，玉米收获机206台，播种机械641台，秸秆还田机1813台，旋耕机804台，节水精播机1120台，青饲料收获机等其他机具153台，有9225个农户受益。

此外还组织实施了优质粮食产业工程现代农机装备推进项目。2004年度中央安排的推进项目有藁城市、宁晋县、景县、赵县、清苑县、滦南县6个项目建设单位，总投资为4781.27万元，其中中央投资600万元，资金到位500万元（清苑县、滦南县各到位50万元）。项目区共完成中央补助资金436.98万元，完成总投资2581.48万元，土建工程2400平方米，新增大中型拖拉机352台，小麦免耕施肥播种机149台，小麦精少量施肥播种机105台，玉米精少量免耕施肥播种机127台，玉米联合收获机84台，秸秆还田机60台。

【农机跨区作业】 全省农机系统与公安、交通、财政、物价等部门密切协作，圆满完成了“三夏”农机任务，其主要特点：一是投入机具多。全省投入“三夏”作业的联合收割机、割晒机、拖拉机、农用车、玉米免耕播种机达到200多万台。出动联合收割机6.74万台，其中引进外省联合收割机1.4万台，玉米铁茬播种机21.8万台，秸秆还田机5512台，秸秆切抛机7650台。二是作业进度快。小麦机收会战从6月6日开始，6月26日结束，历时20天。小麦机收面积3314万亩，占小麦收获面积的96%，其中小麦联合收获3027万亩，占小麦收获面积的87%。三是作业效益高。全省共组织9个市、181支跨区作业队、1.2万多台联合收割机到河南、山东、安徽和湖北等省参加跨区作业，平均每台联合收割机赴外省收获430亩，亩收费35元左右，总收入1.8亿多元。本省“三夏”作业的联合收割机、免耕玉米播种机等机械作业，按照每亩收费30元计算，增加的作业收入超过10亿元。四是作业秩序好。没有发现群体性、大规模拦、截机事件，跨区作业秩序明显好于往年。五是安全意识增强。对参加跨区作业的机手全部进行安全教育和培训，提高机手的法律安全意识和技术素质。夏收期间，全省数万台联合收割机等机械南下北上，没有发生重大事故。六是开展帮扶活动农机成为主力军。“三夏”期间，全省各级农机部门共帮助1.2万多个缺少劳力户及时收获了小麦，播种了玉米。8月8日，宋恩华副省长在《河北省农业厅关于全省小麦机收和跨区作业情况的报告》上批示：全省小麦机收和跨区作业又打了一场胜仗，向为此做出贡献的同志们致谢。

【农机技术推广】 保护性耕作。完成推广面积106.4万亩，比2004年增加31.4万亩，增加42%；全省投入资金2376.43万元，新增保护性耕作机具903台（套），新增其它保护性耕作机具2442台（套）。亚洲开发银行专家麦考瑞、联合国粮农组织官员托马斯率朝鲜农业部代表团先后对河北省考察学习保护性耕作经验。针对机具负荷重、效率低的情况，把机具研发和组织开展机具质量攻关会战作为重中之重。省局牵头组织省内外有关科研、院校和企业技术专家进行机具设计改进、论证，认真分析机具质量问题，研究机具改进方案。改进的小麦免耕播种机受到了基层技术人员和机手的称赞，一些重点问题及时得到解决，取得了阶段性地成果。针对项目实施中不同区域、不同种植形式的品种选择、籽种处理、农机作业、田间管理、病虫草害防治等关键技术环节，由农机和农艺技术人员共同完成，进一步总结规律、完善保护性耕作技术体系。

节水精播。安排300万元资金在黑龙港流域11个棉花县、太行山区7个杂粮县、燕山山地的4个花生县、张承高原6个地膜玉米县等28个县（市）推广节水精播机。省农机修造站在3月和4月分别召开全省节水精播项目推广工作会、全省节水精播技术培训现场演示会，推动面上工作开展。为项目县制作了节水精播机技术光盘，印发了技术资料；组成2个组分赴邯郸、邢台等项目县进行督导检查；组织生产企业三包服务技术人员进行售后服务。2005年落实节水精播机1120台，完成作业面积58万亩，占任务数的101.7%。

玉米机收。2005年河北省玉米收获机械化列入国家补贴大中型农业机械优惠政策，面临非常好的发展机遇。全省新增大型玉米联合收获机300余台，联合收获机保有量达到767台，完成作业面积35万亩。全省把4YZ—3型自走式和4YB—3型、4YW—Q—111型、4YW—2型背负式等玉米收获机作为主推机型，收到了良好的效果。籽粒损失率、果穗损失率较上年有所降低，可靠性较上年有所提高。

秸秆综合利用。根据部省划定的重点实施区域，结合本地实际情况，围绕秸秆焚烧对高速公路干线交通造成的危害程度，确定重点县（市）、重点乡镇、重点作物、重点技术模式、重点机具设备和关键农时，对全省秸秆机械化还田利用的各项任务进行全面细化。将外出务工经商人员多、秸秆焚烧严重、实现秸秆禁烧难度大的地区作为重点，相互帮扶，狠抓薄弱环节。借助农机补贴，在更新改造旧机具，提高机械化秸秆还田能力和作业效果，扩大还田面积的基础上，向秸秆综合利用深度开发，提高效益。在秸秆综合利用技术上，加大推广玉米联合收获力度，推进玉米生产机械化进程，同时积极开发推广秸秆青贮、饲料转化等技术，提高了秸秆综合利用质量水平。2005年全省农作物秸秆综合利用率达到68%，其中机械化直接还田40%。通过实施机械化秸秆还田、青贮、秸秆饲料转化、堆沤、食用菌等秸秆综合利用技术，为农民增加收入15亿元；全省有20万农民常年或季节性从事秸秆综合利用工作及相关产业，吸纳和安置大批农村劳动力。

河北—华北区小麦、玉米机械化高效生产基地建设启动。河北省农机化技术推广服务总站协作农业部农业机械化技术开发推广总站，落实资金510万元，在鹿泉市、定州市建设地点落实建设规模4万亩，建立了项目运行机制，完成项目实施方案的初步设计。

【农机维修市场整顿与农机打假】 在全省农机修造与教育培训工作会上明确了农机维修市场整顿与配件打假的重点范围及严厉查处打击的八种违法违规行为。利用农机维修厂点年审、科技下乡等机会，采取多种形式普及真假伪劣农机产品和配件识别知识；组织部分农机生产企业参加了农业部在香河开展的全国放心农资进村下乡活动。建立了方便群众的农机配件打假举报方式，公开打假举报电话，将打假与扶优限劣相结合。在厂点中广泛开展无假冒伪劣产品活动，向社会推介农民信得过的农机产品及遵纪守法的农机维修厂点和配件供应点。各级农机维修部门与工商、技术监督等部门密切配合，对农机维修及配件供应市场进行监督检查。全省共出动农机专项执法人员980人，车辆168部，检查农机维修厂点2652个，农机配件经销点732个，查处无证经营厂点31个，假冒伪劣配件1.52万件，价值70万元。

【农机技能鉴定与安全生产】 2005年全省职业技能鉴定工作步入有序、规范发展的轨道，鉴定人数已达3100多人。张家口、保定两市依托毗邻京、津优势，大力开展农用运输车驾驶员鉴定工作，鉴定数量迅速增长。其他各市均取得了可喜成绩。农机监理系统切实落实农业部《关于开展农机安全专项整治工作的通知》、《关于集中开展拖拉机及驾驶员整顿工作的通知》等文件精神，增强安全防范意识，扎实做好农机安全生产工作。结合年度检审，重点对拖拉机无牌无证行驶、作业，驾驶操作人员无证驾驶，拖拉机、农用运输车违章超载、疲劳驾驶操作等违章行为进行专项整治。全省共查出突出违章农业机械5762台次，违章机手5268人次，共完成检验农业机械41.12万台(任务20万)，其中检验拖拉机11.6万台，农用运输车29.17万台，联合收割机1817台，农田基本建设机械84台，检验与上年同期相比减少13.7万台；审验驾驶员28.98万人，同比减少18.7万人。全省共上报农机事故87起，其中拖拉机60起，农用运输车19起，联合收割机8起。事故共造成重伤29人，死亡10人，直接经济损失24.35万元。事故率、重伤率、死亡率远远低于安全生产控制指标（1.5‰），全年没有发生重、特大事故，农机安全生产形势比较平稳。

（河北省农业厅　郭　恒）

【农垦概况】 “十五”时期是河北省农垦系统改革的重要时期，也是农垦经济和社会事业快速发展的时期。按可比口径计算，“十五”期末，实现农垦生产总值68.2亿元，是2000年的2.1倍，年均增长16.1%，增速比“九五”期间提高1.4倍；实现利税9.1亿元，年均增长12%，增速是“九五”期间的1.6倍；职工生活水平明显改善，人均收入年均增长6.5%。截至2005年底，河北省农垦系统共有国营农（牧）场29个（23个农场，6个牧场）和1个省级农垦科学研究所，其中市属场14个，县属场15个。全系统共有人口39.70万人，其中从业人员21.79万人，占总人口的52.37%。共有各类学校178所，其中普通中等专业学校3所。教职工4684人，其中教师4093人，在校生5.65万人。共有卫生医疗单位130个，其中医院21个，病床1092张，医务人员1130人。土地总面积352.61千公顷，其中耕地80.30千公顷，草场70.06千公顷，林地89.79千公顷，水面48.66千公顷，居民工矿企业占地24.55千公顷，海岸线总长度9.1公里，滩涂洼地7.00千公顷。在农垦生产总值中，一、二、三产业增加值的比重分别为25.54%、47.63%、26.83%，三次产业对经济增长的贡献率分别为17.6%、56.8%和25.6%。

【农垦第一产业】 全年实现农林牧渔业总产值33.51亿元，增长24.62%。其中种植业产值11.05亿元，林业产值0.23亿元，牧业产值9.25亿元，渔业产值8.02亿元，服务业产值4.96亿元。全年农作物总播种面积为87.90千公顷，比上年增加4.91千公顷。其中粮食播种面积59.39千公顷，比上年增加13.63千公顷，占农作物总播种面积的67.57%；棉花面积21.45千公顷，减少6.38千公顷；油料面积0.92千公顷，减少0.22千公顷；蔬菜、瓜类面积3.39千公顷，减少0.49千公顷；其他作物2.69千公顷，减少1.67千公顷。全年粮食总产为33.92万吨，比上年增加4.91万吨，上升16.93%；为国家提供商品粮22.33万吨，比上年增加0.27万吨。

2005年，主要牲畜存栏和畜产量增加，其中奶牛存栏数量及肉类、牛奶产量大幅增加。全垦区日处理鲜奶能力达到1800吨，察北、沽源等农场依托知名企业集团兴建乳品加工企业，建设标准化奶牛养殖小区，培育壮大乳品产业。全年水产品产量6.89万吨，比上年增加6269吨，增长10%。其中淡水产品产量6.1万吨，增长9.87%；海水产品产量7967吨，增长11.07%。对虾产量达到6806吨，增长2.20%。全年植树造林面积8011公顷，比上年增长40.99%，其中防护林6899公顷，比上年增长27.02%。退耕还林832公顷。年末农业机械总动力50.87万千瓦，大中型农用拖拉机1046台，小型拖拉机1.71万台。

【农垦第二产业】 第二产业全年实现增加值32.48亿元，比上年增长28.13%，占农垦生产总值的47.63%，其中工业增加值29.23亿元，比上年增长27.47%；建筑业增加值3.24亿元，比上年增长33.33%。工业企业总数为809个，其中规模以上工业企业（即国有工业企业及年产品销售收入500万元以上的非国有工业企业）180个，销售产值96.58亿元。2005年实现工业总产值115.35亿元，比上年增长25.65%，其中农副食品加工业3.43亿元，食品制造业6.32亿元，纺织业1.88亿元，化学原料及化学制品制造业14.48亿元，造纸及纸制品业18.15亿元，交通运输设备制造业7.77亿元，石油化工及炼焦业17.41亿元。全系统共有建筑企业96个，在岗职工5993人。全年实现增加值3.24亿元，增长33.57%，全年承包的施工单位或单项工程262个，施工房屋建筑面积52.5万平方米。

【农垦民营经济】 2005年，全系统民营经济单位达1.6万个，年销售收入57.5亿元，占工业、第三产业销售收入的72%，完成利税4.7亿元，安置下岗人员近2万人。私营企业中营业收入500万元以上的46家，超过1000万元的26家，超过5000万元的6家，超亿元的3家。初步形成了芦台农场自行车零配件及整车生产工业园区、中捷农场临港化工园区等一批带动区域经济快速发展的经济带。其中芦台农场已成为我国北方最大的自行车零部件生产加工基地，年产车圈1000多万对，占全国总量的五分之一以上，亨利公司已成为全国最大的铝圈生产厂。

【农垦科技】 “十五”期间，农垦系统以技术创新、农业标准化、农业科技园区建设为工作重点，加快实施“科技兴垦”战略，以企业为主体的产学研和科技创新体系初步形成。一是大力引进和推广先进实用农业技术。五年来，全系统共引进、推广动植物优良品种及配套技术256项，良种覆盖率达到90%；引进、推广先进适用技术198项，科技成果转化率达到80%，有三项科技成果获得省科技进步三等奖。二是围绕农垦支柱产业，组织开展技术改造和新产品、新技术的研制、开发。25家骨干企业已有三分之二建立了技术开发中心，引进开发了21个有市场前景、高附加值的新产品。三是推进标准体系建设，提高农业标准化水平。重点围绕“无公害农产品行动计划”，确定实施无公害农产品的发展重点和区域布局，加大农产品质量标准体系的制定、实施力度。五年来，承担了三个农业部行业标准制订项目，四个省级农业标准制订项目，农场自行制定企业技术规程15个，组织实施了无公害蔬菜栽培示范区等11个农业标准示范区建设，农业标准化实施面积37万亩，无公害生产面积33万亩。四是大力推进多种形式的产学研联合。与中国科学院、中国农科院、上海水产大学、国家水产技术推广总站等28家大专院校、科研院所进行了优质罗非鱼选育与繁种、无公害奶牛生产基地建设等10余项技术攻关合作，有的已取得阶段性成果。南大港农场优种羊扩繁基地利用从国外引进的胚胎和冲洗技术扩繁超细毛羊，毛肉兼用，达到国际先进、国内领先水平。芦台农场与中国农大农业生物技术国家重点实验室合作，开展奶牛体细胞克隆技术研究，第一头克隆的冀南黄牛成功诞生，标志着我国对地方品种牛克隆技术的成功，创世界首例，在国内外引起了巨大反响。

【农垦乳业】 截至2005年底，全垦区乳品企业已有10个，全系统良种奶牛存栏达到7.33万头，奶牛养殖小区66个，入驻奶牛4万多头，占奶牛存栏总数的54%，机械化挤奶厅发展到94个，机械化挤奶率达到88%。近五年来牛奶产量年均递增28.1%。由于地理条件和经济发展特点，农垦乳业形成了两种发展模式。一种是乳业龙头企业，拥有自己的知名品牌，但未形成大型的乳业集团。例如河北乡谣乳业公司。第二种是借船出海，依靠大企业发展壮大自己。有9家企业通过与石家庄三鹿、内蒙古伊利、蒙牛等大型乳业集团联合，既提高了自身的经济效益，又开发生产出了直接饮用的鲜牛奶、酸奶、酸奶饮料等一系列液态奶制品，适应了市场需求，与合作方实现了双赢。更重要的是，通过龙头带龙身，极大地带动了全垦区奶牛养殖的大规模发展。

乳业已成为农垦系统的主导产业，全系统良种奶牛存栏6.1万头，占全省良种奶牛总数的15%；牛奶产量18.6万吨，占全省牛奶产量的18%；农垦乳业的发展，带动周边20多个县（市）2万多户农民饲养奶牛9万多头，从业农户年均纯收入达到8000多元，受到当地群众的欢迎。

（河北省农业厅　杨　康）

林　业

【“十五”概况】 “十五”期间，全省林业工作紧紧围绕“构筑京津绿色屏障，再造河北秀美山川”的总体目标，林业发展取得历史性突破。一是发展环境明显优化。党中央、国务院作出了《关于加快林业发展的决定》，省委、省政府作出了《关于推进林业跨越式发展的决定》，省人大出台了《河北省封山育林条例》等多部地方林业法规，省政府制定了《河北省果品强省建设规划》、《河北省林板（纸）一体化建设规划》、《河北省绿色通道工程建设规划》等多项规划。“十五”期间，完成省级以上林业建设投资92.4亿元，是“九五”的4.8倍。二是造林绿化实现历史性突破。完成造林面积3200多万亩，新封山育林1400多万亩，是历史上造林绿化投资最多、规模最大、速度最快、质量最好的时期。三是森林资源大幅增加。全省有林地面积6512万亩，活立木蓄积1.02亿立方米，森林覆盖率23.25%，分别比“九五”末提高18.8%、29%和3.77个百分点，顺利实现林业发展“三步走”战略的第一步目标。四是林果产业实现较快发展。全省果树面积1440万亩，初步形成了平原沙地优质梨、黑龙港及太行山区优质红枣等“五片两带”果品基地建设布局。果品年产量93.5亿公斤，居全国第二位，其中梨、红枣、板栗、柿子、杏扁产量居全国第一位。全省发展速生丰产林基地500多万亩，人造板年生产能力达1100多万立方米，生产规模居全国前列。2005年全省林业产业总产值达到450亿元，比“九五”末增加282亿元。五是全社会办林业迈出新步伐。通过公开拍卖荒山、实行投资到户等措施，民营造林占同期全省造林总面积的48.4%。全省有1.52亿人次参加义务植树，多主体、多层次、多形式的造林绿化格局初步形成。六是森林资源保护工作全面加强。投资1.85亿元初步建成了功能齐全、科学规范的预测预报、监测了望、指挥调度和组织队伍四大体系。五年来全省未出现大的森林火灾，森林火灾受害率控制在0.3‰以下，低于全国0.5‰的平均水平。全省林木有害生物防治率达80%以上，成灾率控制在5‰以下。新建省级自然保护区13处，晋升国家级3处。林业系统自然保护区达到19处，总面积680万亩，为“九五”末的6倍。七是林业支撑保障能力得到提升。《河北省全面协调可持续发展林业战略研究》取得初步成果，成立了省级林业发展专家咨询委员会。投资4000多万元完成了全省森林资源二类调查。启动了集体林产权制度改革试点工作。建立各级林果产品质量检验站13个。科技进步对林业经济增长的贡献率达到45%。

“十五”期间林业建设的经验，概括起来就是六个坚持：一是坚持政府主导，全社会办林业。二是坚持生态优先，生态、经济和社会效益相统一。三是坚持质量第一，积极推进林业增长方式的转变。四是坚持科学态度，遵循自然规律和经济规律。五是坚持以改革促发展，用市场机制调动社会各界发展林业的积极性。六是坚持以保护为基础，正确处理保护与利用的关系。

【2005年概况】 2005年，全省共完成造林合格面积30.5万公顷，占全年计划的103.9%；完成新封山育林面积21.7万公顷，占年计划108.3%；义务植树1.1亿株，占全年计划的110%。

果品业结构调整和提质增效深入推进，林板（纸）业继续保持较快发展。全省果品产量达到了93.5亿千克，占目标任务112.5%。完成以黄金梨、冬枣等为主的名特优果树发展和树上调结构13.1万公顷，完成全年任务的131.1%；新发展速生丰产林基地6.67万公顷，为年计划的100%。全省规划的“六大原料林基地”已初具规模。新发展花卉面积0.24万公顷，总面积已达2.4万公顷。林木种苗、森林旅游、野生动植物养殖、蚕桑等产业均得到较快发展。林业产业总产值达到410.3亿元。河北省人造板产业发展研讨会和河北省速生丰产用材林建设现场会在2005年成功召开，省林业局制定了《河北省平原区千万亩速生丰产林基地建设实施方案》。以“产品上档，产业升级”为重点，坚持强化质量内涵和扩张规模并重，抓龙头企业建设，推动林板（纸）产业发展“由数量增长型向质量效益型转变”。

森林资源保护工作成效显著。一是森林防火工作取得阶段性胜利。全省森林火灾受害率为0.06‰，没有超过0.3‰的控制目标，没有发生大的森林火灾和人员伤亡事故。二是林业有害生物防治扎实开展。全省重点防治森林病虫鼠害26.6万公顷，森林病虫害成灾率控制在0.5%以下，防治率达到了77.9%以上，种苗产地检疫率达到95.6%以上，监测覆盖率达到81%以上。三是野生动植物保护及自然保护区建设得到加强。全省林业系统的自然保护区已达到16个（其中国家级保护区4个），面积40万公顷，占全省国土总面积的2.1%。全力以赴加强野生鸟类禽流感监测，对8个市的重点地区进行了督导检查，全省未发现野生鸟类、家禽感染禽流感疫病。

林业执法力度明显增强。2005年，林业系统开展了以“推进依法治林，巩固绿化成果”为主题的“林业法制行动年”活动。先后组织开展了多项打击破坏森林资源专项行动，全省森林公安机关共查处各类森林案件3787起（其中刑事案件52起），处罚6804人次，破坏森林和野生动植物资源及假冒伪劣种苗案件得到有效遏制。

科技兴林取得初步成果。启动了技术培训、科技下乡、专家咨询、科技示范、科技推广、科技攻关六大科技行动，二类调查、林业站建设等林业基础建设取得了初步成效。黄冠梨鸡爪病、干旱地区造林模式和技术、无公害果品生产等五大攻关课题均已列入国家和河北省科技计划，完成梨、苹果、葡萄无公害果品生产技术推广0.67万公顷。无公害果品、林木种苗、病虫害防治、花卉等56项标准，全部通过专家审定。

林业改革稳步推进。制定了《河北省人民政府关于进一步推进集体林产权制度改革的意见》，并进入全面实施阶段。在分类经营改革方面，完成了所有项目县（单位）的地块调整工作，初步实现了重点公益林区划界定与二类调查数据体系的统一。草拟了《河北省人民政府关于推进国有林场改革的意见》，为下一步推进国有林场改革奠定了基础。

【森林资源规划设计调查】 根据省政府的要求，历时3年的全省森林资源规划设计调查于2005年底完成。本次调查依据国家林业局2003年颁发的《森林资源规划设计调查主要技术规定》和分类标准，充分利用卫星遥感技术、地理信息技术和GPS定位技术（简称3S技术），并在全国首先将高分辨率SPOT5卫星数据应用到森林资源调查中，有效提高了工作质量和调查精度。调查将全省土地面积区划为360多万个独立地块，经过卫星影像判读、现场调查核实、地理信息系统解析计算、内业统计汇总等整套完整程序，最终形成全省新的森林资源本底数据。根据调查统计汇总结果，到2005年底，全省林业用地面积为858.14万公顷，占全省总土地面积的45.72%。全省有林地面积为434.13万公顷，森林覆盖率为23.25%，活立木总蓄积量为1.02亿立方米。

全省森林资源状况具体情况如下：（一）林业用地状况。在林业用地中，郁闭度达到0.20以上的有林地面积为434.13万公顷，国家特别规定的灌木林面积2.21万公顷，一般灌木林面积109.16万公顷；郁闭度为0.10～0.19的疏林地面积10.64万公顷；未成林造林地面积83.32万公顷；苗圃地面积4.53万公顷；无林地面积214.14万公顷。（二）全省森林覆盖率为23.25%。（三）林木蓄积状况。全省活立木总蓄积量为1.02亿立方米。（四）有林地状况。全省有林地总面积434.13万公顷。按类别分，生态公益林面积269.84万公顷，商品林面积164.28万公顷。按起源分，天然林面积186.86万公顷，人工林面积247.27万公顷。按权属分，国有林面积55.94万公顷，集体林面积223.66万公顷，非公有制林面积154.53万公顷。（五）森林资源区域分布状况。按森林覆盖率高低排序，全省11个设区市中，森林覆盖率最高的是承德市，为46.09%，其他各市依次为：秦皇岛市40.4%，唐山市18.26%，石家庄市18.01%，张家口市17.29%，廊坊市16.97%，沧州市16.61%，保定市15.21%，邢台市11.84%，衡水市10.35%，邯郸市最低，为7.82%。在全省五大地貌类型中，冀北山地森林覆盖率最高，为47.65%，其它类型区依次为：冀西北山地21.45%，太行山区19.84%，坝上地区12.70%，平原地区（含沿海）10.92%。

【林业行政综合执法改革】 在全国27个省（自治区、直辖市）的142个县级单位开展了林业行政综合执法试点，隆化县、平泉县、平山县、青龙县、赤城县、顺平县和桃城区被国家林业局确定为国家林业行政综合执法改革试点县。2004年12月省林业局、省编办、省政府法制办、省人事厅、省财政厅等五部门联合下发了《关于我省实行林业行政综合执法有关问题的通知》，对全省实施林业行政综合执法改革的原则目的、执法机构的组建模式、职能任务、编制人员和经费、领导体制、运行机制等方面做了具体规定。保定、张家口、石家庄、承德4个市经当地编制部门批准成立了林业行政综合执法大队，秦皇岛、唐山、衡水、廊坊、邯郸、邢台、沧州7个市在林业行政部门内部组建了林业行政综合执法大队先行开展工作。全省林业行政综合执法改革已经取得四个方面的显著成效：一是理顺了执法体制，整合了执法力量。初步解决了"多头执法"和分散执法问题，扭转了执法权相对分散、多家执法的局面。二是精简了执法队伍，降低了执法成本。三是加大了执法力度，提高了办案效率，遏制了破坏森林资源违法行为。四是提高了办案质量，树立了林业执法的权威和形象。通过综合执法，加强执法监督和管理，建立健全各项管理制度和执法规范，解决了林业行政案件案卷不规范，执法不到位，滥用职权，以罚代刑，执法不严等问题，做到了有法必依、执法必严、违法必究、文明执法。查处的林业行政案件基本做到了事实清楚、证据确凿、程序合法、适用法律准确。

【野生鸟类禽流感疫情监测】 2005年5月份以来，俄罗斯、哈萨克斯坦、蒙古等相邻国家和我国青海、新疆、西藏、内蒙古、安徽、湖南等省、自治区相继出现了高致病性禽流感疫情。河北省是候鸟重要通道，随着季节变化和候鸟的迁徙，禽流感疫情在全省扩散的危险性激增。省林业局采取了有效措施加强了对野生动物禽流感疫情的监测：一是根据形势及国家局有关文件精神，及时有效地向各市及有关直属单位布置好野生鸟类监测的工作。二是要求各地高度重视，积极行动起来，进一步完善应急预案和测报制度。三是在全国候鸟主要迁徙通道、迁徙停歇地、繁殖地、越冬地和野生动物集中分布区域，依托自然保护区、鸟类环志站、森林病虫害防治站以及有关科研、教学等单位，建立了3个国家级（海兴县、秦皇岛野生动物救护繁育中心、衡水湖自然保护区管理局）和4个省级（塞罕坝自然保护区、昌黎县林业局、白洋淀湿地和鸟类自然保护区、怀来县林业局）野生动物疫源疫病监测站，并落实了负责人和观察员。四是全省野生动物疫源疫病监测实行日报告制度，7个国家和省级重点监测站实行24小时值班。五是组成3个调查组分赴保定、衡水、沧州、秦皇岛、张家口、唐山等地包括候鸟栖息地、动物园等重点部位进行了督导检查。由主管局长、森林公安局局长、主管处处长等带队在各地巡回检查。

【组团参展全国博览会】 由中国花卉协会和四川省人民政府联合主办的第六届中国花卉博览会暨第四届中国花卉交易会于9月28日至10月7日在成都市召开。河北省获得团体"铜奖"和"最佳组织奖"。共有科技成果，鲜切花、盆花、盆景、干花、插花、花灌木等12大类共197项展品参展，共获奖75项。其中金奖3项（石家庄市裕华区君子兰花卉基地的君子兰——金丝兰、石家庄市燕赵种业园艺花卉研究所的高山杜鹃——神州红星、保定市金萨工艺品有限公司的干花作品——春之彩）、银奖17项、铜奖33项、优秀奖22项，奖牌总数居全国第五。

2005年9月26日至10月16日，首届中国绿化博览会在江苏省南京市举行。河北省组团参展并取得较好成绩：省绿化委员会获组织工作奖；室内展区——"绿色河北"获金奖；室外景点——"燕赵魂"获优秀奖；省林业科学院培育的中华金叶榆获名优植物银奖；沧州市林业局参展的冬枣获名优植物优秀奖；清苑县林业局参展的山楂盆景获盆景艺术优秀奖。

（河北省林业局　魏红侠）

畜　牧　业

【畜牧生产】 一是家禽业持续发展。全省禽类存栏6.55亿只、出栏7.09亿只，同比分别增长3%和6.44%。二是生猪、肉牛、肉羊稳步发展。全省生猪存栏3094万头、肉牛存栏841万头、肉羊存栏2514万只，同比分别增长4.42%、4.43%和3.63%；出栏生猪4546万头、肉牛590万头、肉羊2566万只，同比分别增长7.63%、5.32%和7.78%。三是奶牛业快速发展。继续实施"千万吨奶工程"，全省奶牛存栏达到176万头，同比增长18.5%。全省肉、蛋、奶产量分别达到578万吨、459万吨和349万吨，同比分别增长6.95%、6.01%和25.89%。2005年，全省实现畜牧业产值1118亿元，比上年增长7.8%。

【兽医工作】 一是兽医行政管理机构正在理顺。省政府出台了《关于推进兽医管理体制改革的实施意见》，进一步明确了全省兽医管理体制改革的基本框架。省畜牧局更名为省畜牧兽医局，为农业厅内设副厅级机构。市、县两级畜牧兽医行政管理机构改革工作正在稳步推进。二是兽医行政执法机构得到加强。经省编委批准，组建了省动物卫生监督所。市、县两级行政执法机构整合工作正在启动。产地检疫、屠宰检疫、生产环节的监督管理和流通环节的监督检查进一步加强，在防止疫情传播、净化畜产品市场、保障畜产品安全等方面发挥了重要作用。三是兽医技术支持体系初步构建。经省编委批准，组建了省动物疫病预防控制中心。市、县两级兽医技术支持机构整合组建工作正在启动。以省级兽医实验室为核心，以11个市级兽医实验室和50个动物疫情测报站为骨干，以基层动物防疫监督分站为补充，以村级协防员为基础的动物疫病监测和疫情测报网络初步形成，在动物疫病的疫情监测、诊断和流行病学调查等方面发挥了重要作用。四是基层动物防疫体系建设成效显著。各级畜牧兽医部门把加强基层动物防疫体系作为防控重大动物疫病的基础性工作，突出重点，积极推进，取得突破性进展。全省扶持建设了869个基层动物防疫监督分站，"三定"工作基本落实，仪器设备基本到位，工作机制初步建立，实现了国务院提出的基层有机构、有队伍、有能力实施各项综合防治措施的目标，在重大动物疫病防控、检疫监督和公益性技术推广工作中发挥了重要作用。五是重大动物疫病防控工作取得显著成效。各级畜牧兽医部门认真贯彻“加强领导、密切配合，依靠科学、依法防治，群防群控、果断处置”的方针，有力、有序、有效地开展重大动物疫病防控工作，实现了省委、省政府提出的“力争不发生，确保不扩散”的基本奋斗目标。在国际国内高致病性禽流感疫情形势非常严峻，特别是周边省份相继发生疫情，对全省构成直接威胁的情况下，各级畜牧兽医部门充分发挥主力军作用，紧急行动，沉着应对，打胜了高致病性禽流感阻击战，成为全国仅有的七个无疫省（市）之一，有力地促进了全省畜牧业健康发展，维护了公共卫生安全和社会稳定。

【产业化经营】 一是龙头企业逐步壮大。全省实施投资亿元以上的畜产品加工项目25个，年内完成投资14.8亿元。主要项目有：定州市伊利液态奶项目，总投资4.4亿元；石家庄三鹿集团引进新西兰恒天然集团资金1.07亿美元；南宫市千喜鹤生猪屠宰及肉制品加工项目，总投资3.5亿元，年屠宰加工生猪300万头，年产值可达60亿元。二是养殖小区发展迅猛。全省养殖小区发展到2100多个，其中奶牛养殖小区568个，同比分别增长6.4%和20.85%。养殖方式正由千家万户的分散饲养向以养殖小区为载体的标准化规模养殖转变。三是各类专业经济合作组织日益健全。各地积极探索加强生产与市场连接的新形式，大力发展专业经济合作组织，积极协调龙头企业与养殖场户的利益关系，取得初步成效。全省各类畜牧专业经济合作组织发展到331个，功能日趋完善，带动力进一步增强。

【畜牧业标准化】 畜牧业标准体系、检验检测体系和认证体系不断完善，无公害畜产品产地认定、产品认证和标准化示范区建设步伐加快，畜产品质量安全水平和市场竞争力明显提高。一是标准制（修）定工作全面开展。经省质量技术监督局发布实施的省级地方畜牧标准达到84项，制定颁布的市级地方标准或技术规程200多项，正在组织制定的省级地方标准24项。以国家标准为指导，以行业标准为主体，以地方标准为补充的上下配套的畜牧业标准体系初步形成。二是质量检验监测体系不断加强。省畜产品质量检验监测中心在通过省质量技术监督局的计量认证和资格认可的基础上，又顺利通过国家认监委实验室认可，被定为农业部委托的无公害农产品认证检测机构，检验检测工作全面开展。11个市级畜产品质量检测中心主要仪器设备基本到位，初步具备了常规检测和筛选检测能力。三是产地认定和产品认证工作开展顺利。以优势产区、优势畜产品为重点，积极组织具备条件的龙头企业、畜禽养殖场、养殖小区和屠宰加工企业开展无公害畜产品产地认定和产品认证工作。全年通过无公害畜产品产地认定生产单位260家，先后有29家企业的31个产品通过了农业部无公害畜产品产品认证。四是标准化示范基地建设初见成效。各地加大政策扶持力度，广泛开展形式多样的畜牧标准化示范基地建设，建成各类省级标准化示范基地80个。其中22个通过了检查验收，在实施畜牧标准化生产中发挥了重要的示范作用。

【畜禽良繁体系建设】 根据品种区域规划要求，坚持培育与引进并重，推广与服务并举的方针，初步形成了育、繁、推、用相配套，科学、实用的畜禽良繁体系。一是种畜禽市场监管工作力度加大。制定了全省种畜禽场分级标准和鉴定验收办法，规范了鉴定验收程序，加强了对种畜禽生产经营活动的监管，严厉打击了生产经营假冒伪劣种畜禽行为，整顿了种畜禽市场秩序。对全省55个省级种畜禽场进行了验收发证工作，引进优种畜禽187万头（只），其中进口种畜禽9.47万头（只），优化了畜禽品种结构。二是实施良种补贴项目成效明显。按照“扩群靠胚胎、提质靠冻精、增效靠规模”的奶业发展思路，认真实施国家奶牛冻精补贴项目。通过积极争取，将张北、滦南、徐水和正定四个县纳入了国家奶牛良种补贴试点县，占全国试点县总数的28%。在农业部组织的中期检查和年终检查中，河北省被认定为项目进度最快、落实程度最好的省份之一。对省级奶牛胚胎移植项目实行了三项重大改革，即将混合胚胎改变为性别鉴定雌性胚胎，将无偿提供胚胎改变为对准胎受体牛实行定额补贴，将养殖户负担移植技术服务费和移植药品费改变为准胎后付款。下放了四项管理权限，即下放了胚胎移植技术单位选择权、移植点的确定权、移植价格的决定权和移植准胎的确认权。省财政厅和省畜牧局严把准胎付款这一关键环节，通过公开招标，确定了四家世界著名的奶牛育种公司、三家国内顶尖种公牛站和七家全国一流胚胎移植公司参与全省良种工程项目建设。并与加拿大建立了奶业战略性合作关系，签署并履行了合作意向书。在24个受体母牛繁殖场完成了近千头高产母犊的繁育任务，采购国内外优质奶牛冻精76.2万支，其中进口冻精5万支，在44个县（市、区）的742个奶牛养殖小区和规模养殖场，配种改良了40万头基础母牛。三是配种改良体系进一步完善。2005年，全省新建和完善了151个牛羊配种改良站点、123个种畜禽场（小区），牛羊配种改良站点分别达到2702处和853处，新增供种能力2.85万头（只）。

【草原保护及饲草资源开发】 认真贯彻实施《草原法》，建立健全草原监理体系，广辟饲草资源，有力地促进了畜牧生产与草原建设的协调发展。一是草原生态建设力度加大。认真实施京津风沙源治理工程，完成工程面积273.2万亩。坚持预防为主，建立应急机制，积极开展草原“三防”工作。鼠害、虫害防治面积分别完成296万亩和224.3万亩，挽回经济损失4000多万元，未发生等级以上火灾和人员伤亡事故。二是农区种草面积不断扩大。大力发展草地农业，推广三元种植结构，发展专用饲草作物种植，实现了种植业与畜牧业的有机结合。以黑龙港流域为重点，积极发展农区牧草，全省完成多年生牧草313.2万亩，同比增长152.3%。三是农作物秸秆开发利用率进一步提高。经过积极争取，实施了八个县的国家级秸秆示范县项目，收到良好效果。各地积极推广秸秆青贮、微贮技术，处理利用秸秆1740万吨，同比增加3.6%。通过支持引导，青贮玉米种植面积达到450万亩，同比增长12.5%。

（河北省畜牧兽医局　王广林　吴　钧）

渔　　业

【概况】　2005年，河北省渔业系统围绕渔业增效、渔民增收这一中心，坚持以市场为导向，大力推进产业结构调整，加快特色渔业发展，加强法制建设和渔业管理，使全省渔业保持了健康稳步的发展态势。全年全省水产品总产量98.9万吨，同比增长6.6%。其中海洋捕捞31.1万吨，同比减产1.2%；海水养殖26.1万吨，同比增长15.6%；淡水养殖33.2万吨，同比增长9.1%。渔业经济总产值113亿元，实现增加值53.3亿元，同比分别增长18.9%和7.2%。渔民人均收入达6500元，同比增长11.5%。渔业出口创汇9108万美元，占大农业出口总值的11.7%。

【水产养殖】　2005年，全省水产养殖面积达16.5万公顷，其中海水养殖面积9万公顷，淡水养殖面积7.5万公顷。大力发展优质高效养殖品种，对虾、扇贝、滩贝养殖规模分别达到2万公顷、1.8万公顷和1.3万公顷；河豚、梭子蟹以及甲鱼、河蟹、冷水鱼、观赏鱼等优势品种养殖发展加快，其中海湾扇贝、红鳍东方鲀养殖均居全国首位。大力推广新型渔业发展模式，浅海筏式养殖、工厂化养殖、盐碱地渔业开发、冷水资源开发等技术的突破和应用，大幅度地增加了渔业产量和效益。其中海淡水工厂化养鱼达到120多万平方米，地下苦咸水养鱼达到3000多公顷，休闲渔业达到1万多公顷。苗种良种覆盖率和苗种自给率进一步提高，全年共生产淡水鱼苗28.12亿尾，海水鱼苗5317万尾，淡水鱼种2.05万吨。

【海洋捕捞】　为保护近海渔业资源，维护海洋生态系统平衡，全省海洋捕捞业积极向远海、外海发展。"十五"期间，全省共报废木质渔船1600多艘，新建250马力以上大型渔船100多艘，赴远海、外海捕捞作业的渔船增加到1000艘，3000多名捕捞人员顺利转产转业，不仅增加了渔民收入，也进一步减轻了近海捕捞强度。2005年在近海海域投入资金700万元（其中中央投资500万元），开展增殖放流，投放各类苗种25亿多尾（粒），取得了良好的生态效益和社会效益。

【水产品加工】　2005年，根据"加工品种多样化，市场营销多元化"原则，大力加强水产品加工流通业的发展。全省水产品加工企业达到246个，水产冷库231座，水产加工能力达到20多万吨。加工水产品总量14.4万吨，产值10.1亿元；出口水产品总量2万多吨，创汇9108万美元，比上年增长67.5%。在加工出口的水产品中，秦皇岛的海湾扇贝居全国第二位，昌黎县还涌现出两个扇贝养殖超亿元的专业村，年收入超百万的养殖户有30多户。唐山的河豚鱼出口、鳕鱼籽来料加工出口，沧州的生物饵料、鱼干粉、鱼油加工，永年淡水鱼加工等均具备了一定规模。

【渔业科技】　围绕优势水产品标准化生产、产业化关键技术示范与推广应用等重点，大力推广工厂化养殖、盐碱地渔业开发、名贵品种繁育等高新技术。通过技术示范和典型引路，引进推广新品种40多个。优质罗非鱼选育及海水陆基养殖、海参和海蜇育苗及养殖等攻关项目已获得成功；良种繁育、水产健康养殖等重点技术得到推广和普及。"十五"期间，共建设省级以上水产原良种场11家，其中已建或在建的国家级水产原良种场达到6家。

截至2005年末，全省已认定无公害水产品产地118处，总面积223万亩，有70个产品获国家级无公害水产品认证。全系统大力加强质量宣传培训，增强社会公众对水产品质量安全的意识。积极开展水生动物疫病防治工作，对45个县的12.4万亩水面进行了养殖病害测报。

【渔业建设】　2005年，全省积极争取国家对渔业基础设施和支撑保障体系建设的资金5000多万元。到"十五"末期，国家对河北省渔业的投入累计达1.7亿多元。重点加强了渔港、渔政车船、水产良种繁育、疫病防治、水产品质量管理、渔业安全管理和渔民培训等方面的建设，增强了渔业服务功能，提高了渔民素质。社会化投资成为渔业产业化经营的重要力量，唐山普林、黄骅鑫海、邯郸春风科技等3家水产企业已跻身省级农业产业化龙头企业行列。秦皇岛银贝、禄权和唐山嘉美等一批水产加工企业迅速壮大。渔业利用外资工作取得积极进展，利用外资总额已达1600多万美元。

【渔业管理】　全省各级渔业执法机构认真宣传贯彻《中华人民共和国渔业法》，全面开展打击非法捕捞专项行动，狠抓伏季休渔管理，加大监督检查力度，有效地保护了渔业资源。特别是伏季休渔管理工作，得到了农业部渔业局和黄渤海区渔政渔港监督管理局的充分肯定。2005年，《河北省渔船管理条例》颁布实施，《河北省渔业捕捞许可管理规定》也已定稿，并对《河北渔业管理条例》提出了初步修改意见，取消渔业行政审批3项，渔业法律宣传进一步深入。捕捞生产许可、苗种生产许可、水生野生动物特许利用制度的实施正在深入进行，全省水域、滩涂养殖证发放率已达95%以上。加强船检港监工作，全省渔船受检率达92%，检验各类船用产品3926台（件）；进出港签证二万余次。全年共组织较大型抢险救助60次，救回渔民195人，渔船25艘，支出救助经费187万元，挽回经济损失1078万元。

（河北省水产局　雷　霞）

工 业 综 合

【概况】　2005年，全省工业系统认真贯彻落实省委、省政府各项决策部署，牢固树立和落实科学发展观，紧紧围绕实现更快更好发展主题，突出"一条主线"，强化"两大支撑"，加强经济运行调节，努力把各项工作往深里做、往实里做，圆满完成了全年各项目标任务。主要特点：一是工业主导作用进一步增强。全部工业完成增加值4759

亿元，同比增长15.9%。全年规模以上工业完成增加值3219亿元，增长22.9%。七大工业主导产业对工业增长的贡献率上升到86%，同比提高4.9个百分点。其中钢铁、石化、装备制造三大战略支撑产业快速发展，实现增加值分别达到1004.5亿元、448.5亿元和395.5亿元，分别增长26%、34%和28.4%。规模以上工业企业实现利润692.1亿元，增长28.4%。其中钢铁工业增长26%，拉动规模以上工业利润增长8.9个百分点；石化工业增长39%，拉动6.5个百分点；装备工业增长41.8%，拉动4.6个百分点。全省工业经济效益综合指数达到192.3，同比提高14.9个百分点，高于全国15.7个百分点。

二是产业结构调整步伐加快。继续贯彻存量调强、增量调优方针，做大做强钢铁、装备制造和石化工业，改造提升食品、医药、建材、纺织服装业。积极有作为地落实国家各项宏观调控政策，在制定和实施七大主导产业专项规划的同时，坚持区别对待、有保有压，强力推进与大公司、大集团的战略合作，既保持了一定的投资规模，又优化了投资结构。工业投资完成1611.2亿元，增长51.5%，占全省城镇固定资产投资的比重达到47.9%，同比提高4.7个百分点。其中钢铁工业完成固定资产投资318.9亿元，同比增长32.4%，低于全省工业投资增速19.1个百分点；同时压缩淘汰落后钢的生产能力200万吨。装备制造、石化工业分别完成投资254.4亿元和192.1亿元，分别增长71.7%和40.7%。投资结构的改善促进了产业结构调整和经济增长方式转变，全员劳动生产率达到11.8万元/人，提高1.89万元/人。

三是产品结构不断优化。主要工业品产销两旺。电力电缆、焦炭、乳制品、罐头、汽车、铁矿石原矿量等同比增长30%以上，钢材、粗钢生铁、化纤、卫生陶瓷、中成药、轻革、蓄电池等增长20%以上，变压器、纱、布、化学原料药、烧碱、日用陶瓷、绒线、平板玻璃等增长10%以上；规模以上工业产销率为98.1%，低于上年同期0.3个百分点，与全国平均水平基本持平。钢材板带比由35.4%提高到44.8%，螺纹钢、线材等所占比重同比下降4.3个百分点，新型干法水泥比重同比提高2个百分点。工业品出口实现交货值514.7亿元，增长24%。外贸结构继续优化，机电产品、高技术产品出口分别增长41.3%和70.1%，钢坯、钢锭、钢材等资源性产品出口增幅减缓。

四是企业所有制结构调整步伐加快。大力推进国有企业股份制改革，进一步建全和完善企业管理体制、法人管理结构、企业领导人员聘任制度，石钢、华药等8家省属企业整体改制进展顺利，市县属国有企业初次改制面达到98%。《河北省钢铁工业结构调整总体实施方案》出台，加快了国有和民营钢铁企业的整合重组步伐。固定资产投资项目核准和备案管理两个办法正式实施，外商投资、境外投资项目核准管理办法试运行，实现了新老体制的平稳过渡。鼓励支持和引导个体私营等非公有制经济发展的实施意见及17个配套文件的出台，促进了民营经济发展，全年完成增加值、实缴税金分别增长14.7%和39.1%。进一步扩大对内对外开放，工业企业实际利用外资有大幅增长，境外上市融资成为新的亮点；国内合作迈出重要步伐。

五是发展后劲稳步提升。截至2005年底，列入全年重点建设的116个工业项目，累计完成投资294.4亿元，为年计划投资的120.8%。40项（包括121个子项目）续建项目已有邯钢130万吨冷轧薄板工程、华北石化分公司聚丙烯装置改造、泛亚龙腾纸业新闻纸生产线等46个子项目建成投产，哈动力秦皇岛出海口基地二期工程、冀衡集团高效水处理药剂卤代二甲基海因技改、晶龙（宁晋）单晶硅产业化基地等72个项目开工建设，司家营铁矿一期工程、华安铸造公司汽车零部件生产线等4项前期项目提前启动，邯钢结构优化产业升级项目已经国家批复，沧州化工12万吨己内酰胺工程正在国家办理核准文件，曹妃甸精品钢铁基地一期工程可研报告已上报国家，东风公司重组长征重型汽车、山海关船厂百万吨造船工程等重点项目前期工作取得实质性进展，河北“一号工程”曹妃甸示范区各项工作正在抓紧推进。同时，研究提出了全省“十一五”期间重大项目谋划思路，谋划筛选了一批投资或销售收入50亿元左右的大基地、大园区、大项目。

存在的主要问题是：主导产业集中度不高，缺乏具有规模竞争的大企业集团，结构调整任务更加紧迫；地区间发展还不平衡，老工业基地和资源型城市改造任务艰巨；自主创新能力不强，增长方式粗放，主体活力不足，体制机制需进一步探索创新；资源制约和环境压力不断加大，工业可持续发展面临严峻考验。

（河北省发改委工业局　马贞年）

煤炭采选业

【概况】 2005年全省原煤产量7956万吨，同比增产800万吨，增幅11.19%，创历史最好水平，在全国28个产煤省中，原煤产量居第九位。国有重点煤矿完成5668万吨，同比增产338万吨，增幅6.36%；地方煤矿完成2288万吨，同比增产461万吨，增幅25.28%，其中国有地方煤矿完成1009万吨，同比增长272万吨，增幅37.08%；乡镇煤矿完成1279万吨，同比增长189万吨，增幅17.32%。全省炼焦精煤产量1649万吨，同比增长6.05%。其中国有重点煤矿精煤产量1529万吨，同比增长5.1%，国有地方煤矿精煤产量120万吨，同比增长20%。省属国有重点煤矿完成工业总产值216.33亿元，比上年增加53.09亿元，增幅32.52%。工业增加值完成102.69亿元，比上年增加27.1亿元，增幅35.84%。产品销售收入233.31亿元，增加48.24亿元，增幅26.07%。应缴增值税18.76亿元，比上年增加4.59亿元，增幅32.39%；从业人员月平均工资达1881元，同比增加422元，增幅28.92%。

2005年，全省共发生煤矿死亡事故66起，死亡315

人，百万吨死亡率为3.851。其中国有重点煤矿32起，死亡43人，百万吨死亡率为0.743；国有地方煤矿11起，死亡26人；乡镇煤矿23起，死亡246人。全年共发生重特大事故16起，死亡259人。全省煤矿百万吨死亡率高于全国平均水平，而且还发生了承德暖儿河煤矿和唐山刘官屯煤矿两起重大瓦斯爆炸事故，损失十分巨大，教训极其惨痛。

【改革与发展】 为搞好全省煤炭开发总体规划，促进煤炭资源和煤层气资源的合理开发，科学有序布局，编制了《冀中煤炭基地规划》、《河北省煤炭工业“十一五”发展规划》和《河北省煤矿瓦斯治理和安全技术改造实施规划》，以规范全省煤炭和煤层气资源的合理开发，促进全省煤炭资源健康的有序开发。2005年，各企业从实际出发，依靠科技进步，加大生产组织协调和管理力度，以建设高产高效矿井为目标，积极推广应用新技术、新工艺、新装备，增强了煤炭企业生产后劲。

加快现代化大型煤炭基地建设，培育大型煤炭企业和企业集团。2005年，邯矿集团兼并盛源公司、邯矿与邢矿集团重组为河北金牛能源集团公司以及开滦集团兼并蔚州矿业公司等企业的兼并重组，使煤炭生产集中度逐步提高，企业竞争力得到加强。为使安全状况好转，促进资源整合，建立小煤矿退出机制。2005年初步关闭了生产能力不足1万吨的小煤矿，使全省煤炭工业采矿秩序明显好转。

积极推进蔚县矿区煤电路一体化综合开发。为了充分发挥蔚县煤炭资源的综合效益，实现煤炭就地转化，发展循环经济，改变贫困地区的落后面貌。开滦集团在兼并蔚州矿业公司和张家口老虎头煤矿的基础上，与大唐国际发电股份有限公司合资设立河北蔚州能源综合开发有限公司，对蔚州矿区煤炭、电力、铁路资源进行综合开发。蔚州矿区的煤电路一体化综合开发包括煤矿、坑口电厂和沙蔚铁路改造。项目完成后，可形成生产原煤1000万吨/年，发电4×60万千瓦装机能力。

加大安全投入力度，有效缓解煤矿安全状况。按照财政部、国家发展改革委、国家安全生产监督管理总局、国家煤矿安全监察局四部门下发的《关于调整煤矿生产安全费用提取标准，加强煤炭生产安全费用使用管理与监督的通知》要求，煤炭生产企业必须足额提取煤矿安全费用，峰峰集团、邯郸矿业集团维简费分别达到45元/吨和40元/吨。并按规定全部用于煤矿安全生产方面的支出，明确落实了煤矿安全改造配套资金渠道，有效缓解了煤矿安全状况。

【重点项目建设】 河北省是国家确定的13个煤炭基地之一，即冀中煤炭基地。基地包括开滦、峰峰、邯郸、邢台、井陉、蔚县、宣化下花园、张家口北部等8个矿区和隆尧、大城平原含煤区，涵盖了除承德兴隆矿区以外的所有矿区。在2020年之前，全省原煤产量将保持在7000万吨左右。

截至2005年底，全省共有开滦集团蔚县矿区单侯矿井等在建新矿井3处，建设规模225万吨/年；峰峰集团羊渠河矿井改扩建等11处在建、改扩建矿井，建设规模471万吨/年。两项合计新增生产能力696万吨/年。

由国家、省两级专家组对全省国有煤矿安全状况进行了会诊。按照专家会诊意见，积极落实整改措施，组织筛选符合国家政策的安全技术改造项目，共安排62个煤矿的安全技改项目，总投资20.3亿元。其中国家补助1.43亿元，省配套解决0.23亿元，其余由企业自筹。这些项目的实施极大地缓解了煤矿安全生产状况。

（河北省发改委能源处　赵明文）

轻工业

【概况】 截至2005年底，全省轻工业规模以上企业共2602家，包括农副食品加工业，食品制造业，饮料制造业，皮革、毛皮、羽绒及其制品业，木材加工即竹、藤、棕、草制品业，家具制造业，造纸及纸制品业，印刷业、记录媒介的复制，文教体育用品制造业，塑料制品业，工艺品及其它制造业等，资产总计1137.95亿元，从业人员58.46万人。2005年实现工业总产值1770.33亿元，同比增长27.42%，居全国第八位；实现利税144亿元，同比增长30.6%，其中利润88.52亿元，同比增长35.17%，居全国第七位；实现销售收入1700.19亿元，同比增长25.51%，居全国第八位；完成出口交货值158.32亿元，同比增长19.34%。全省轻工行业的销售收入、利税、利润和出口交货值分别占全省工业的15.88%、12.33%、12.79%和30.77%。

骨干行业增长较快。农副产品深加工行业实现利税、销售收入为26.77亿元、484.79亿元，增长47.09%、26.7%，分别占轻工行业的18.59%、28.52%；皮革、毛皮、羽绒及其制品业实现利税、销售收入为27.71亿元、222亿元，增长38.55%、37.55%，分别占轻工行业的19.25%、13.06%；塑料制品业实现利税、销售收入为11.83亿元、151.11亿元，增长17.13%、31.86%，分别占轻工行业的8.22%、8.89%。

主要产品产量。方便面49.4万吨，同比增长15.38%；乳制品193.8万吨，同比增长39.62%；罐头29.5万吨，同比增长38.70%；饮料酒163.7万千升，同比增长10.67%；软饮料208.5万吨，同比增长26.53%；人造板538.6万立方米，同比增长14.07%；木地板53.7万平方米，同比增长24.96%；家具420.5万件，同比增长21.90%；机制纸及纸板315.8万吨，同比增长11.95%；塑料制品140.7万吨，同比增长15.69%；日用玻璃制品51.9万吨，同比增长7.73%；日用陶瓷6.3亿件，同比增长13.14%。

企业规模不断扩大。经过多年发展，全省轻工业系统形成了一批经济实力和市场竞争力较强的大中型骨干企业。2005年销售收入超亿元的企业共有241家，石家庄三鹿股份有限公司位居榜首，销售收入为74亿元，秦皇岛金海粮油工业有限公司、三河汇福集团公司分别以51.56亿元、47.57亿元的销售额列第二、第三位，其次是宝硕集团、华龙集团等。销售收入前50位企业实现的销售收入、利税、利润分别占全省轻工行业的22.27%、24.36%、20.67%，主要集中在农副产品加工业、饮料制造业、食品制造业、塑料制品和造纸及纸制品业。

出口交货值占全省工业产品出口比重较大。2005年，全省轻工业产品出口交货值超亿元以上的企业有30个，共完成出口交货值158.32亿元，同比增长19.34%，占全省工业产品出口交货值的30.8%。主要出口产品有玻璃陶瓷、皮革皮毛、塑料制品、粮油食品、地毯、电池等传统轻工产品。

重点项目建设。2005年省级备案项目113个，总投资99.02亿元。其中有秦皇岛北大荒麦芽有限公司年产20万吨优质麦芽项目，总投资3.9亿元；香河北方家具城有限公司新建年产10万套实木家具项目，总投资2.0亿元；石家庄珍极酿造集团有限责任公司搬迁扩建项目，总投资10.1亿元等。这些项目建成后，行业结构将进一步优化，发展后劲大大增强。

（河北省发改委工业局　鲍　蕾）

【制盐业】　2005年，全省盐业系统面对不利的气候条件和食盐价格倒挂、食盐生产企业困难重重的严峻形势，广大干部职工齐心协力，奋力拼搏，扎实工作，仍取得了较好的成绩。全年生产原盐403万吨，完成年度计划的134%，销售369.8万吨，完成年计划的115.6%，其中销售食盐16.64万吨，销售工业盐353.16万吨。

盐业生产。由于2004年以来原盐价格持续上涨，制盐企业在秋季扒盐生产中普遍扒得狠、留茬薄，加之冬季持续低温，春季又遇到倒春寒，降水量大，特别是唐山盐区在产盐黄金季节的5月份和10月份遭受强降雨和冰雹袭击，给原盐生产造成了极大影响。为此，行业上下积极应对，采取有效措施，确保了全省盐业生产的顺利进行。8月上旬，省局及时召开了全省盐业经济运行工作会议，总结春晒生产工作，交流经验，有效促进了生产工作的开展。各制盐企业根据卤水基础情况和气象条件，强化对生产全过程的管理，在制卤、结晶、质量等重点环节加大了人力、物力和资金的投入。沧州盐区仅在滩田维修方面的投入就达近千万元；更新塑苫面积超过2万公亩，稳产、高产能力大大提高。由于措施得力，全省全年生产原盐403万吨，比上年同期多产19万吨，在天时不利的情况下，实现了原盐生产的稳产。

企业改革。大清河盐化集团公司针对唐山三友集团对其实施资产重组的新形势，积极搞好“职工稳定、原盐生产和盐田扩建”三项重点工作，顺利实现了平稳过渡；沧州盐业（集团）公司由中国盐业总公司控股、河北省盐业公司和沧州市国资委共同出资改制为中盐长芦沧州盐业（集团）有限公司，并于12月18日正式挂牌成立；唐山达峰盐场根据唐山市市属国有企业清产核资工作方案，启动并完成了清产核资工作，重组改制工作正在顺利推进；黄骅和海兴盐务局在地方政府的支持下，对乡办盐场进行了整合，分别组建了四个制盐公司，从分散经营逐步走上集约化管理的轨道。海兴县盐务局还全面改革了盐业运销管理机制，全县原盐实行了统一管理、统一纳税；中捷盐场在沧化集团公司整体改制中，调整完善了内部机构，精干了管理队伍，全面修订了各部门的职责，提升了企业的管理水平；唐山恒源盐业有限公司继续深化和完善“吨盐计价，成本倒推，盈亏自负”的分配机制，为企业注入了活力；省盐业公司三个运销分公司在抓好辖区现有盐源管理销售的同时，把工作重点转到探索自我生存、走向市场上来，取得了较好的经济效益。同时，在劳动用工制度和公车使用制度改革方面也进行了有益的尝试。

（河北省盐务管理局　董景宏　高秀华）

【饲料加工业】　2005年，全省建成时产1吨以上（含1吨）的饲料生产企业812家，比上年减少59家，减少6.1%。其中时产5吨以上（含5吨）的饲料生产企业260家，比上年增加40家，增幅为18.2%。全省饲料生产能力达2990吨/时，产品总产量740.3万吨，比上年增加8.6万吨，增长1.2%。其中配合饲料574.2万吨、浓缩饲料150.1万吨、添加剂预混合饲料16.0万吨，配合饲料和浓缩饲料比上年分别增加7.1万吨和5.6万吨，增幅分别为1.3%和3.9%。饲料加工业总产值达135.3亿元，比上年增加3.7亿元，增幅2.8%。

全省共有饲料添加剂生产及分装企业136家，饲料添加剂总产量12.7万吨。其中维生素类0.6万吨，微量元素类0.8万吨，氯化胆碱9.5万吨，其它类2.0万吨。全省共有单一饲料生产企业56家，产品总产量277.0万吨。其中鱼粉7.6万吨，骨粉、肉骨粉5.0万吨，磷酸氢钙10.8万吨，其它原料近253.6万吨。全省共有饲料机械制造专业和兼业厂家10多家，其中能生产成套饲料机械的骨干企业3家，全年共生产饲料机械1116台（套）。

根据《饲料和饲料添加剂管理条例》及农业部的规定，从2000年开始，生产饲料添加剂和添加剂预混合饲料的企业由农业部颁发生产许可证。截至2005年底，全省有136家饲料添加剂和229家添加剂预混合饲料生产企业取得了农业部颁发的生产许可证，并由省饲料办核发产品批准文号。在中国饲料工业展示交易会（于福州）上，宣布了2004年度中国饲料行业信得过产品，河北省5家企业8个产品获此殊荣。分别为沧州大正兽药有限公司的“万灵”牌饲料级氯化胆碱（50%）；河北凯特饲料集团有限公司的313产蛋鸡高峰期配合饲料、101生长肥育猪浓缩饲料；河北华荣制药有限公司的“石药”牌饲料级1%维生素B12；沧州市大洋兽药有限公司的“晓东”牌饲料级氯化胆碱（50%、60%、70%）；沧州市环球药业有限公司的“沧环”牌饲料级氯化胆碱（50%）。

2005年11月5日，在北京召开的“庆祝中国饲料工业协会成立20周年暨第五次全国会员代表大会”上，河北兴达饲料集团有限公司、河北凯特饲料集团有限公司双双荣获“全国三十强饲料企业”称号。

进一步规范饲料、饲料添加剂生产经营秩序。一是按照农业部的有关文件精神，结合企业年检和换发生产许可证工作，严格对饲料生产企业进行整顿。首先由企业进行自查，各市县核查，省局进行抽查。共对全省272家饲料添加剂和添加剂预混合饲料生产企业进行了全面检查，对符合条件的152家企业换发了生产许可证，核发了206个产品批准文号。对不具备条件的企业，限期进行整改。按照农业部的文件要求，对全省动物源性饲料生产企业进行检查验收，发放《动物源性饲料产品质量卫生合格证》8个。二是针对2004年换发饲料审查登记证明所发现的问题，进一步对饲料生产企业进行规范化管理。省局要求饲料生产企业必须具有化验室，配备化验人员，购置必要的化验设备。截至2005年12月31日，全省对1177家配合饲料、浓缩饲料生产企业进行检查验收，审核换发了321家饲料生产企业审查登记证明。三是加强了对饲料市场的整顿和监督检查。省局要求各市每季度各县每月都要检查一次，遇到群众举报要随时检查。各市按照省局的要求，普遍开展了两次以上的全面检查活动。2005年春、秋两季，省局组织有关人员分成四个组对全省11个市进行了督导检查，共计检查了117家饲料生产企业、305家饲料经营企业、388家饲养场（户），查出的问题已按规定进行处理。

加大对“瘦肉精”等违禁药品的查处力度。一是全省11个市全部下发文件提出明确要求，主管局长带队进行督查；二是对规模养猪场的猪料、猪尿进行抽检。除了对养猪重点县（市）进行“瘦肉精”拉网式检查外，在法定的重大节日之前，要求各市对非法生产添加和使用“瘦肉精”等违禁药品的情况进行检查，确保了节日期间让人民群众吃上放心肉。“五一”和“十一”节日之前，省局组成了四个督导组，对11个市进行督查。据统计，全年共督导检查了11个市，55个县（市、区），73个饲料生产企业，103个饲料经营企业，155个养猪场（户）。全省共抽检了猪料1200多份、猪尿3000多份，经检验全部阴性。由于措施得力，“瘦肉精”的非法生产销售和使用在全省得到了有效的遏制。2005年上半年，河北省畜牧局受到农业部和公安部的联合表彰，被授予“全国瘦肉精等违禁药品专项整治工作先进集体”。

（河北省饲料工作办公室　郭丽鲜）

【卷烟生产】 河北中烟工业公司组建于2003年6月，下辖张家口卷烟厂和河北白沙烟草有限责任公司，主要承担对所属卷烟工业企业的生产经营管理、国有资产和企业领导班子管理等职责，以及部分烟用物资经营职能。公司内设办公室（外事办）、人力资源部（纪检监察部）、法律与改革部、科技开发部、市场营销部、财务审计部、生产安全管理部和物资供应部等8个部室，及北方烟机配件有限公司。

2005年，在国家烟草专卖局和省委、省政府的正确领导下，河北烟草工业坚持“做精做强主业，保持平稳发展”的基本方针，紧紧围绕落实“深化改革，推动重组，走向联合，共同发展”的主要任务，内抓管理、外拓市场，深化改革、规范经营，各项工作都取得了新的突破和进展，主要经济指标再创历史新高。全省共生产卷烟120万箱，同比增长7.1%；销售卷烟120万箱，同比增长5.7%；累计实现税利31.5亿元，同比提高22%；其中实现利润5.2亿元，同比提高53.5%，保持了良好的发展态势，实现了高速发展。

张家口卷烟厂是全国烟草行业36家重点企业之一，主要产品为“钻石”、“北戴河”等。其中“钻石”品牌自2001年7月份上市以来，成长迅速，发展态势良好，销量达到16万箱，同比提高44.4%，销量增幅在全国名优烟中排第6位。2005年，该厂共销售卷烟67万箱，实现利税15亿元，同比提高23.7%。

石家庄卷烟厂在品牌合作成功的基础上，与湖南省长沙卷烟厂实施了资产合作。6月9日河北中烟工业公司与长沙卷烟厂各出资50%，组建了河北白沙烟草有限责任公司，跨省联合重组迈出新步伐，企业总体竞争实力进一步增强。2005年共销售卷烟53万箱，实现利税16.1亿元，同比提高20%。主要产品有“新石家庄”、“白沙”、“玉兰”、“灵芝”等，其中“白沙”卷烟销售10万箱，同比提高176.6%；“新石家庄”卷烟销售15万箱，同比提高25.4%。

（河北中烟工业公司办公室）

纺织工业

【概况】 2005年，全省纺织工业入统工业企业895家，从业人员33万人，资产总计424.55亿元。全行业完成工业增加值146.21亿元，同比增长14.94%；实现销售收入528.29亿元，同比增长21.55%；实现利税39.5亿元，同比增长21.91%，其中利润23.64亿元，同比增长17.61%；完成新产品产值6.4亿元，同比增长10.34%。

主要产品产量完成情况：化学纤维22.67万吨，同比增长26.21%；纱68.59万吨，同比增长18.87%；布23.37亿米，同比增长18.59%；印染布9.78亿米，同比增长7.89%；绒线9.51万吨，同比增长11.98%；服装3.0亿件，同比增长1.85%。印染布和服装产量相对稳定，化纤、纱、布产量均保持了较高增长。

2005年全行业出口创汇31.7亿美元，占全省出口额的四分之一，居全省各行业出口第一位；其中服装出口创汇25.2亿美元，占全行业出口创汇总额的79.49%。产品销往美国、日本、伊朗等50多个国家和地区。

唐山三友化纤有限公司开发的抗菌高白度纤维达到世界先进水平；邯郸海盛威纺织印染有限公司、石家庄常山纺织股份有限公司棉一分公司开发的多功能面料畅销市场。“大羽”牌羽绒服、“灵音”牌灯芯绒荣登中国名牌产品榜，“比琦”牌衬衣等一批产品获省名牌产品称号。

【项目和基地建设】 2004年度备案的重点项目中，唐山三友集团化纤有限公司多功能差别化粘胶短纤维技术改造项目，总投资1.96亿元，年产差别化粘胶短纤维1万吨，抗菌高白度纤维5000吨；石家庄常山纺织股份有限公司高档紧密纺纱线技术改造项目，总投资1.64亿元，年产高档精梳无毛羽纱线8464吨；邯郸圣绵纺织有限公司绿色环保织物生产线项目，总投资1.78亿元，年产高档面料2300万米等项目，均已竣工投产。2005年省级备案项目35个，总投资40.2亿元。其中邯郸海盛威纺织印染有限公司高仿真化纤面料生产线项目，总投资2.36亿元；石家庄常山纺织股份有限公司高档大提花装饰面料生产线技术改造项目，总投资1.53亿元；唐山三友集团兴达化纤有限公司4万吨/年差别化粘胶短纤项目，总投资3.46亿元等。以上重点项目至年末均在实施中。这些项目建成后，全省纺织产品结构将进一步优化，市场竞争力大大增强。

建设纺织服装基地，发挥产业集群优势。六大服装基地（卓达服装产业园、辛集皮衣、容城服装、清河羊绒、宁晋牛仔、安新羽绒）建设均有新进展，其中清河国际羊绒科技园区新上四个投资上亿元的羊绒深加工项目；卓达服装产业园百多家服装生产企业各类服装产量达到了1100万件（套），实现销售收入10.2亿人民币，出口创汇5000多万美元。

（河北省发改委工业局　韩　品）

石油和化学工业

【概况】 经过几十年的发展，河北省石油化学工业已经形成了包括石油化工、海洋化工、煤化工、基本化工原料、农用化工、精细化工、生物化工、高分子材料、橡塑制品、化工机械等十几个门类的完整的石油化学工业生产体系。一批在国内同行业中具有很大影响的大型骨干企业已经形成。其中中石油华北油田分公司、中石油华北石化分公司、中石化石家庄炼油厂、中石化沧州炼油厂、河北沧州化工实业集团公司、唐山三友碱业集团有限公司、中国乐凯胶片公司、沧州大化集团、河北冀衡集团等十几家企业已进入国家大型企业行列。2005年，河北省石油化工行业完成工业增加值448.5亿元；完成销售收入1361.1亿元、实现利润124.6亿元、资产总值876.5亿元，分别居国内第九、第八和十一位。其中化学工业完成销售收入1098.01亿元，实现利润24.63亿元，分别居国内第七和第六位；天然原油和天然气开采业完成销售收入263.11亿元、实现利润99.96元，分别居国内第九和第八位；完成出口交货值55.74亿元，同比增长30.7%；新产品产值24.1亿元，下降10.87%。销售收入、实现利润和工业增加值分别占全省工业企业的12.71%、23.12%和13.93%，成为全省的主导产业之一。重点项目建设进度较快，累计完成固定资产总投资192.14亿元，同比增长40.75%。主要产品产量均有大幅度增长，其中天然原油开采量562.45万吨，同比增长5.28%；原油加工量958.84万吨，同比增长7.5%；成品油638.96万吨，增长7%，柴汽比1∶1.8；硫酸（折100%）97.49万吨，增长2.19%；盐酸（含量31%以上）36.69万吨，增长12.31%；烧碱（折100%）56.56万吨，增长15.84%，其中离子膜烧碱25.87万吨，增长9.14%；纯碱177.37万吨，增长9.17%；合成氨339.52万吨，增长6.62%；农用化肥（折纯）208.87万吨，增长-13.6%，其中尿素125.14万吨，增长1.98%；化学农药3.51万吨，减少11.51%，其中杀虫剂2.37万吨，杀菌剂395吨，除草剂7212吨；纯苯6.43万吨，增长1%；精甲醇43.99万吨，增长19.98%；冰醋酸4.28万吨，增长16.6%；涂料（油漆）10.41万吨，增长31.67%；颜料10.35万吨，增长15.6%；初级形态的塑料（塑料树脂及共聚物）62.96万吨，增长4.72%，其中聚氯乙烯树脂41.1万吨，下降0.92%，聚乙烯树脂1.28万吨，增长14.84%，聚丙烯树脂19.01万吨，增长15.48%；已内酰胺6.86万吨，下降0.61%；轮胎外胎112.48万条，下降10.63%，其中子午线轮胎7.57万条，增长8.45%。全省拥有入统石油化工企业900多家，其中大中型企业110多家，产品品种近2000种。

河北省具有丰富的自然资源。境内有华北、冀东、大港三大油田，原油年产量近千万吨，天然气近10亿立方米。煤炭资源丰富，年产原煤在6900万吨以上。开滦、峰峰两大煤田是我国重要的煤炭基地。海盐年产量近500万吨，居国内第二位，是我国重要的海盐产地，南堡、长芦、大清河等盐场是国内最大的盐场。磷、钙、镁等其他各种化学矿的蕴藏量也十分丰富，为石油化学工业的发展提供了资源条件。但总体上看，河北省石油化工行业的产业构成中基础化工原料、肥料、农药、涂料、染料及装备制造等能源、资源密集和高污染行业所占比例明显高于全国平均水平。在原油和天然气开采能力与全国平均水平基本持平的情况下，与石油化工密切相关的原油加工及石油制品、有机化学原料、合成材料等在产业构成中的比例却均低于全国平均水平。尤其是合成材料差距更大，甚至不到全国平均水平的一半。

【基地规划和重点项目建设】 根据河北省石油化学工业的基础条件和外部环境，充分依托沿海临港优势，延伸完善石油化工、煤化工、盐化工、精细化工四大产业链，形成以唐山、石家庄、任丘和沧州“三化一城”为龙头，共同发展的石油化工产业格局。依托曹妃甸大型进口原油码头，建设世界级大型炼油化工一体化石化产业基地，最终形成以石油化工、煤化工、盐化工为主线的产业链。依托唐山三友集团建设大型盐化工基地。以石家庄炼油厂800万吨扩能改造和16万吨己内酰胺为龙头，建设石家庄化工基地。依托华北石化分公司，谋划建设炼油化工一体化产业基地。以沧州化工百万吨级PVC、12万吨己内酰胺和中国化工沧州化工产业基地为龙头，加速沧州化工城的建设步伐。通过实施大基地、大集团战略，形成全省石油化学工业新的经济增长极。

2005年，全省石化工业一批重点项目的前期和建设工作取得突破性进展。曹妃甸30万吨级大型进口原油接卸码头项目已上报国家发改委核准，前期工作进展顺利；曹妃甸大型炼油化工一体化产业基地总体实施方案已完成初稿；唐山三友集团10万吨烧碱、10万吨PVC工程已竣工，20万吨烧碱、20万吨PVC工程正在建设；沧州化工12万吨己内酰胺项目已通过国家发改委核准，40万吨PVC项目正在建设中；中国化工沧州化工产业基地5万吨TDI扩建工程已经开工；石家庄炼油厂800万吨炼油扩能改造项目可行性研究报告已经完成，16万吨己内酰胺扩能改造项目可行性研究报告已批复，各项前期准备工作正在进行；华北石化分公司500万吨炼油扩建项目已基本竣工，大型炼油化工一体化产业基地前期准备工作已经启动；河北冀衡集团循环经济项目已纳入国家第一批循环经济试点计划，工程已全面铺开。

【企业改革】 通过改组改制和资产重组，建立现代化企业管理制度，大型企业集团建设取得突破性进展。近20家企业跻身全国化工500强企业，13家企业跨入全国大型企业行列，石家庄炼油、沧州炼油、唐山三友、中阿化肥、沧州大化、乐凯胶片、冀衡集团等七家企业跻身河北省百强企业。华北油田、石家庄炼油、沧州炼油、华北石化分公司、唐山三友集团、沧州化工、中阿化肥、沧州大化、乐凯胶片、廊坊立邦涂料等20多家企业步入河北省工业企业销售收入300强企业行列。河北冀衡集团等一批企业已完成企业的重组改制工作，国有资本全部退出。沧州大化与中国化工集团通过股权转让和资产重组，组建中国化工沧州化工产业基地。

（河北省发改委工业局　吴树军）

医药制造业

【概况】 全省共有医药工业企业172家，其中化学药品工业企业76家，中药工业企业58家，其它企业38家。2005年，全省医药工业实现销售收入227.38亿元，同比增加21.93%，居全国第四位；完成出口交货值34.52亿元，同比增加18.98%；实现利税24.43亿元，同比增加3.05%。全省化学原料药产量达到39.2万吨，同比增加17.28%；中成药产量3.33万吨，同比增加21.35%。

2005年全省医药经济发展主要特点是：生产平稳增长，效益指标增幅下滑。受市场和政策降价因素影响，以化学原料药生产为主的大企业集团效益指标呈现大幅度下降。中药、医疗器械等中小生产企业实现利税增长较快，但尚不足以平衡全省医药工业整体效益下滑的趋势。去除市场因素和原材料涨价等外部因素外，造成全省医药工业整体效益下滑的深层次原因是医药产业结构偏重。从销售收入比重分析，化学制药工业、中药工业和医疗器械比重分别为77.79%、19.10%和3.10%，化学药品比重高于全国17个百分点，中药工业和医疗器械等工业分别低于全国7个百分点和10个百分点。此外，全国化学药品工业制剂销售收入占全部化学药品工业销售收入的比重为51.33%，河北省仅为9.21%。在国内外同业竞争日趋激烈的情况下，以低附加值大宗原料药生产为主的大企业集团难以承受竞争的压力，企业赢利能力受到挑战，这也进一步证实了河北省医药产业结构调整的必要性和迫切性。

【发展规划与重点项目】 2005年，根据省政府的统一部署，组织开展了《河北省医药产业"十一五"专项发展规划》修订、完善工作。10月至2005年底，根据省政府对全省医药产业为"传统优势产业"的重新定位和国家发改委2004年医药统计年报，经规划起草组全体讨论研究，修改了基期数据，调整了发展目标，充实了相关措施。

河北省"十一五"期间医药产业发展规划的总体思路是以结构调整为主线，以提高竞争力为目标，以参与国际竞争为方向，强化产业技术创新能力与基础设施建设；巩固和提高全省化学原料药优势地位，强力推进化学原料药深加工；大力发展中药产业，推进中药现代化；加强医疗器械与信息技术、生物技术的结合，提高技术层次和产业地位；跟踪生物技术发展趋势，积极培育生物制药产业；加快医药物流基础设施建设，构建现代化的医药物流平台，形成以医药物流为龙头，以原料药深加工和药物制剂为主体，以现代中药和医疗器械为两翼的产业格局，努力实现河北省从医药大省向医药强省转变的战略目标。

在上述发展思路的指导下，经多方论证，积极谋划了"十一五"期间华药新工业园、石药工业园、中药现代化工业园和中国药都健康城四个战略性支撑项目。据初步估算，上述项目"十一五"期间总投资额为118亿元，建成后新增销售收入393亿元，将为全省医药产业持续发展提供强大的后劲。

【体制改革与上市融资】 华北制药集团与荷兰DSM公司的战略合作进入实质运作阶段。经反复谈判协商，2005年10月底，华药与DSM就主要合作事宜达成共识并签署了合作文件。同时就申报国家项目核准有关问题多次与国家主管部门沟通，为项目申报工作做好前期准备。

继2004年神威药业在香港成功上市之后，石家庄四药也在积极谋划香港主板上市的相关工作。另一家新兴制药企业——河北奥星集团药业有限公司也做好了在美国纳斯达克借壳上市的准备工作。

（河北省发改委工业局　刘彦斌）

建材工业

【概况】 2005年，全省建材工业努力克服主要建材产品市场供求矛盾，消化吸收原燃材料涨价等不利因素，总体呈现出生产较快增长、产销合理衔接、结构逐步改善、效益稳步提高的较好发展运行势头。全省规模以上建材工业完成增加值147亿元，同比增长12.3%；水泥产量8850

万吨，同比略有下降；平板玻璃产量4964万重量箱，同比增长10.4%；卫生陶瓷产量1492万件，增长28.5%；建筑陶瓷产量9189万平方米，增长2.1%。规模以上建材工业实现销售产值447亿元，同比增长17.0%；实现出口交货值45亿元，增长20.9%；产销率为98.0%。规模以上建材工业实现销售收入438亿元，同比增长18.3%；实现利润24.4亿元，同比增长11.2%；实现利税44.4亿元，增长9.8%。全年完成固定资产投资83.5亿元，同比增长27.3%。

【结构调整】 2005年，全省建材工业按照国家宏观调控精神和产业政策要求，加强以节能为中心的技术进步，努力推进行业结构调整。一方面对水泥、平板玻璃等传统建材产业，继续按照“控制总量、调整结构、提高质量、保护环境”原则加快技术改造步伐，另一方面加快新型墙材、无机非金属新材料等新型建材产业的发展，全省建材工业产业结构和产品结构进一步优化，增长方式转变趋势继续增强。一是发挥政策导向作用。全面落实“国办发〔2003〕103号”文件精神，从产业政策、规划布局、市场准入、环境监督等方面入手，防止水泥行业盲目投资。按照“上大压小，等量或超量淘汰”的方针，规范水泥工业发展，促进结构调整与优化。与此同时，严格按照国家产业政策要求，规范平板玻璃、建筑卫生陶瓷等传统建材发展，加强有关优惠政策落实，促进新型墙材等新兴建材产业发展。二是制定完善发展规划。按照省政府的统一部署和要求，对《河北省建材工业专项发展规划》进一步修改完善。特别是国务院《促进产业结构调整暂行规定》及与之配套的产业结构调整指导目录下发后，对规划思路、发展目标、发展重点等内容作出相应调整，进一步突出了结构调整内容。这一规划对指导全省建材工业发展将起到重要作用。三是积极推进一批重点项目。一批对建材工业结构调整将产生重要促进作用的项目取得实质性进展。唐山曙光等日产2000吨以上新型干法水泥、涿州北新建材5000万平方米纸面石膏板等一批结构调整项目相继建成投产，沙河特殊品种浮法玻璃、梦牌瓷业等高档卫生瓷、承德跃丰页岩空心砌块等一批改善品种、提高质量、增加新型建材产能的项目进入实施阶段，曹妃甸新型建材工业园等一批重大结构调整项目前期工作取得进展。四是加快淘汰落后产能。按照产业政策要求，明确责任、制定措施，加大督导检查力度，加快淘汰水泥、玻璃行业落后产能。特别在水泥行业严格执行“上大压小”方针，通过环保、生产许可、项目审批等手段，对新上水泥项目开工建设的同时，必须等量或超量淘汰落后产能。

2005年，全省建材工业结构明显优化。新型干法水泥占总量的比重达到30%，其中预分解窑水泥熟料产量1736万吨，同比增长19%。钢化、中空玻璃产量302万平方米，在平板玻璃总量增幅不大的情况下，同比增长了29%，平板玻璃加工率进一步提高。新型墙材、装饰装修材料、防水保温材料、无机非金属新材料行业整体实力继续增强，冀东水泥、耀华玻璃、惠达陶瓷、太行华信、鼎鑫水泥等企业在行业中的地位进一步巩固。

【散装水泥推广】 2005年，全省散装水泥推广工作进一步深化，散装水泥总量继续稳定增长。一是依法兴散进程加快。《邯郸市散装水泥和商品混凝土管理条例》经省人大审议通过，成为全省第一部散装水泥地方性法规；唐山市出台了《唐山市散装水泥专项资金征收和使用管理办法》，对专项资金征收和使用进行了全面规范。二是专项资金征收力度加大。通过宣贯政策、开展专项检查、清理拖欠等措施，强化散装水泥专项资金征收管理，拒缴等违法行为得到遏止。三是继续加大散装水泥设施投入，散装水泥车、混凝土搅拌车和泵车、混凝土搅拌站等设备设施发展明显加快。四是成功举办了“散装水泥宣传周”等活动，为散装水泥发展创造出更好的舆论环境。2005年，全省完成散装水泥供应量1992万吨，同比增长8.7%，散装率为22.5%。

【新型墙材发展】 以促进新型墙材发展、加快淘汰黏土实心砖为中心，适应建筑结构体系的发展、建筑节能与建筑功能改善的要求，大力发展新型墙体材料，努力推进新型墙材产品结构的合理化、企业规模的集约化、技术装备的现代化和推广应用的法制化。一是适应发展循环经济要求，加强粉煤灰、钢铁渣、煤矸石等工业废渣的利用，发展利废烧结制品。二是高起点发展混凝土砌块，完善加气混凝土制品发泡成型技术，推进混凝土砌块施工配套技术应用。三是促进石膏资源、农作物秸杆、生物枝丫材等的加工利用，发展板材制品。四是在巩固已有“禁实”成果基础上，进一步实现“禁实”向小城镇、工业建筑等领域的延伸，为“禁实”逐步向“禁产”转变创造条件。全年新型墙材产量150亿块标砖，比上年增加5亿块标砖；新墙材率达到40%，同比提高2.5个百分点；全年节地2万多亩，利用粉煤灰、煤矸石等工业废渣600万吨。

（河北省发改委工业局 徐建良）

冶金工业

【概况】 2005年，全省主要冶金产品产量为：生铁6766万吨、粗钢7386万吨、钢材6465万吨、铁矿石1.7亿吨、焦炭2485万吨、十种有色金属12.7万吨、铝材16.0万吨，分别比上年增长24.57%、25.33%、29.49%、24.61%、40.07%、-8.29%和-6.42%。其中铁矿石、生铁、粗钢及钢材产量在全国各省市自治区中继续保持第一的位次。全省有21家钢铁企业钢产量超过100万吨，其中唐钢突破1000万吨、邯钢超过500万吨，300—500万吨企业有3家，200—300万吨企业有4家，100—200万吨企业12家。

经济运行质量进一步提高。产销实现良好衔接：重点冶金企业产销率达到98.25%，比上年增长0.17。技术经济指标普遍改善：全省22家重点钢铁企业高炉入炉焦比408.36千克标煤，比全国重点钢铁企业平均入炉焦比低

3.64公斤标煤；高炉喷煤比130.71公斤/吨铁，比全国重点钢铁企业平均高6.71公斤/吨铁；高炉利用系数3.07吨铁/立方米．日，比全国重点钢铁企业平均高0.45吨铁/立方米．日；转炉钢铁料耗1090公斤，与全国重点钢铁企业平均水平持平；炼钢连铸比100%，继续保持全国领先水平；轧钢综合成材率97.34%，比全国重点钢铁企业平均高1.73个百分点；吨钢综合能耗687.99公斤标煤，比全国重点钢铁企业平均低53.06公斤标煤；吨钢可比能耗662.37公斤标煤，比全国重点钢铁企业平均低51.75公斤标煤。

2005年，全省冶金工业完成销售收入3741亿元，占全省工业的34.94%，同比增长33.05%；工业增加值1041亿元，占全省工业的32.34%，同比增长25.46%；利税389.33亿元，占全省工业的33.32%，同比增长29.27%；利润237.14亿元，占全省工业的34.26%，同比增长27.49%。唐钢、国丰、津西3家企业利润总额超过10亿元，邯钢、新兴铸管等7家企业利润总额超过5亿元，邯郸纵横、河北普阳等4家企业利润总额超过2亿元，承钢、石钢、宣钢等10家企业利润总额在1亿元以上。

【固定资产投资与重点项目建设】 2005年，全省冶金工业累计完成固定资产投资335.92亿元，同比增长35.15%，占全省固定资产投资的9.99%，是全省投资强度最大的行业之一。一批重点项目取得突破性进展，曹妃甸精品钢铁基地项目外围配套设施及围海造地工程按计划进行；邯钢结构调整产业升级规划获得国家批准；唐钢中板、国丰1450毫米热带、遵化港陆1250毫米热带等在建项目进展顺利。这些重点工程建设将进一步改善全省冶金工业的产品结构和技术装备结构，提高全行业的整体竞争实力。

【结构调整】 2005年，全省冶金工业结构调整工作取得重大进展。在产品结构方面，铁钢比达到0.92，彻底扭转了河北省钢铁工业铁多钢少、产品初级化的局面；钢材板带比达到43.22%，同比增长8.05个百分点，高于全国平均水平4.64个百分点；在板带类产品中，中厚板、冷热轧薄板宽带钢、涂镀板等高技术含量、高附加值产品比例超过60%。在企业组织结构调整方面，唐钢、宣钢、承钢3家大型国有钢铁企业联合重组为新唐钢集团，唐山市民营钢铁企业由56家整合为30家，武安12家钢铁企业联合组建了新武安钢铁集团。

（河北省发改委工业局　胡继红）

机 械 工 业

【概况】 2005年，全省机械工业入统企业2225家（包括交通运输设备制造业、专用设备制造业、金属制品业、电气机械及器材制造业、通用设备制造业、仪器仪表及文化办公用机械制造业，共计6个大类），职工50.5万人，总资产1207.2亿元。全行业实现销售收入1313.24亿元，同比增长33.66%；完成工业增加值395.5亿元，同比增长31.36%；实现利税121.61亿元，同比增长33.48%；实现利润83.2亿元，同比增长35.35%；完成出口交货值117.9亿元，同比增长44.63%；完成新产品产值85.41亿元，同比增长15.36%；亏损企业369家，比上年增加10家，亏损额8.19亿元，比上年增亏1.17亿元，占全省工业亏损额的10.57%，全行业减亏14.29%。全省机械工业的销售收入、工业增加值、利税、出口交货值和新产品产值，分别占全省工业的12.27%、12.3%、10.41%、23%和26.34%，属第三大行业，主要指标在全国机械工业中居11—12位。

交通运输设备制造业、专用设备制造业、金属制品业、电气机械及器材制造业、通用设备制造业、仪器仪表及文化办公用机械制造业6大行业产值分别为347、192、295、264、269、20亿元，占全省机械工业的比重分别为25%、13.8%、21.3%、19%、19.4%、1.5%。

主要产品产量。农业运输机械8722辆，增长-10.14%；汽车19.39万辆，增长36.43%，其中越野汽车3.06万辆，增长11.77%；摩托车37.73万辆，增长35.19%；交流电动机855.25万千瓦，增长12.15%；变压器5971.52万千伏安，增长19.16%；电力电缆166.28万公里，增长90.11%；蓄电池738.67万千伏安时，增长20.12%；泵18.33万台，增长20.25%；冶炼设备6万余吨，增长22.67%；金属轧制设备1.25万吨，增长49.37%；铲土运输机械1145台，增长-24.77%；输送机械25万米，增长7.68%；矿山设备12.49万吨，增长23.09%；水泥设备1.92万吨，增长-25.81%；棉花加工设备1561台，增长-53.99%；烟草加工机械1251台，增长-23.44%。在这些领域中，形成了一批全国同行业排头兵企业，如保定天威集团、邢台冶金轧辊公司、石家庄泵业集团、长城汽车股份有限公司、保定风帆集团、河北电机股份公司等。

2005年全行业销售收入超过10亿元的企业达到15家，比上年增加8家。主要有：保定天威集团有限公司40亿元、长城汽车股份有限公司35.7亿元、河北长安汽车有限公司25.12亿元、戴卡轮毂制造有限公司18亿元、河北凌云工业集团有限公司17.37亿元、风帆股份有限公司13.55亿元、中国北车集团唐山机车车辆厂12.75亿元、中铁山桥集团有限公司12.02亿元、巨力集团有限公司11.41亿元、邢台机械轧辊（集团）有限公司11.31亿元、河北中兴汽车制造有限公司11.27亿元、保定长城华北汽车限责任公司11.03亿元、河北宝丰线缆有限公司10.95亿元、河北中原钢管制造有限公司10.35亿元、张家口煤矿机械有限公司10.24亿元；利润过5000万元的企业达到14家，比上年增长2家。主要有：保定长城汽车股份有限公司4.94亿元、保定天威集团有限公司1.8亿元、保定天马汽车有限公司8020.2万元、戴卡轮毂制造有限公司7157.8万元、保定长城内燃机制造有限公司1.71亿元、河北宝丰线缆有限公司1.59亿元、华油钢管有限公司6466.7万元、廊坊华洋线缆有限公司8968.9万元、唐山松下产业机器有限公司 1.53 亿元、巨力集团有限公司 1.45 亿元、风帆股份有限公司 6600 万元、河北圣春散热器股份有限公司 5077 万元、巨龙钢管有限公司 6752.4 万元、衡水京华制管有限公司 3.01 亿元。

【改革与发展】 一是企业改革进一步深化。大部分企业完成了公司制改造，建立了现代企业制度，国有经济战略性调整迈出实质性步伐。资本结构多元化初步形成，民营及三资企业资本占总资产的比重达到了 60%以上，行业发展的活力不断增强。二是行业技术进步取得明显成果。60%的大中型企业建立了科研开发机构，主要企业积极采用 CAD、CIMS、ERP 等技术，并加强与高校和科研院所的合作，加大项目建设和技术改造，装备水平、新产品开发速度、管理质量有了进一步提高。三是全行业积极参与京津冀生产协作和分工，与美国、日本、韩国等发达国家的公司以及长安汽车、中船重工、北汽福田等国内大企业合资合作，并不断扩大产品出口，全方位对内对外开放格局基本形成。

【重点项目建设】 2005 年，全省机械工业按照省政府的统一部署，全力推进一批配套能力强，对结构调整、产业升级具有积极带动作用的产品和项目，并取得实质进展。一是山海关船厂百万吨造船工程项目。5 月 18 日，各投资方在廊坊签订了山海关造船公司股东投资认股书，项目建议书已上报国家发改委。二是长安定州汽车基地建设项目。省政府批准成立了河北省长安汽车基地发展协调工作小组，加强了协调工作力度，定州市政府研究制定了优化发展环境、支持基地发展的政策措施，基地发展中的困难和问题，正在逐步解决。2005 年 11 月 5 日，付双建副省长率河北省代表团赴重庆，与长安公司高层领导就加快长安汽车基地发展问题进行了洽谈，就进一步加快河北省长安汽车基地发展达成了共识。在省、市政府的大力支持下，经过企业的努力，2005 年实现产销突破 10 万辆大关。三是唐山机车车辆厂与西门子公司合作生产高速电动车组项目，已获得进入高速电动车组市场的入场卷。2005 年 11 月 4 日，铁道部、中技国际招标公司给中国北车集团唐山机车车辆厂发出签约通知：在 2005 年高速电动车组项目中，唐山机车车辆厂与西门子公司合作获得 60 列时速 300 公里高速电动车组合同。四是保定长城汽车股份有限公司年产 10 万辆 CUV 项目，于 3 月 6 日建成投产，年产 20 万辆新型乘用车项目于 7 月 1 日开工建设。河北福田重机股份有限公司年产 3000 辆专用车，于 6 月 29 日正式建成投产，当年累计销售各类专用车 1055 辆，实现销售收入 2.31 亿元。保定天威 500 千伏及以上特大型变压器技术改造项目进展顺利，主体工程完工，设备安装及调试有序进行。此外，保定天威 500 千伏及以上特大型变压器技术改造、河北思尔可化学有限责任公司年产 2.5 万吨精密农机铸件生产线、石家庄泵业集团大型石化泵国产化、石家庄久乐汽车安全设备有限公司新增 20 万套/年汽车安全气囊、河北宏业机械股份有限公司汽车加热器等一批项目获得国债资金支持。

（河北省发改委工业局　王建军）

电子及通信设备制造业

【概况】 2005 年全省信息产业（不含电信服务业）实现销售收入 192.65 亿元、工业增加值 74.06 亿元、利税 27.06 亿元、出口创汇 3.4 亿美元，与上年相比分别增长 37.51%、38.4%、46.18%、102.63 %，分别是“九五”末的 2.85 倍、2.88 倍、3.28 倍、6.07 倍。销售收入、增加值、利税、出口创汇分别高出全国 13、10、40 和 74 个百分点。其中利润增长 51.86%，高出全国 47 个百分点，利润和综合效益指数在全国排第 9 位。“十五”期间，全省信息产业以项目建设为突破口，整体实力进一步增强。引进和建设亿元以上大项目 19 个，总投资 78.49 亿元，利用外资 3.12 亿美元。开发省级以上新产品 608 项，认定软件企业 180 家，软件产品 983 个。在新型显示器件、现代通信、软件、集成电路和新型元器件、电子新材料等领域形成的特色与优势得到巩固和加强；石—保—廊—唐—秦“一线”的产业聚集度明显提高，各项主要经济指标达到全行业 70%以上。

【信息产业环境建设】 在基地（园区）建设方面，“十五”期间完成了 2 个信息产业聚集地、4 个软件园区、5 个特色产品基地、7 个信息技术转化中心的规划建设，延长了产业链，形成了产业群。有效地承接了国内外 IT 业大公司、大集团向河北省的转移，吸引了国内外 IT 人才到河北省投资创业。在资金支持方面，省政府将信息产业专项资金、信息化专项资金列入年度财政专项。截至 2005 年，省级信息产业专项资金和信息化专项资金累计投入 2.96 亿元，安排项目 221 个，带动社会资金投入 53 亿多元；争取国家各类专项 42 个，资金 1.36 亿元，为软件企业落实政策性退税 3 亿元，助推了产业发展和信息化建设。石家庄、张家口等市也安排了信息产业与信息化专项资金，对项目引进和建设起到了拉动作用。在机制创新方面，建立了环渤海五省市信息产业发展和京津冀三省市信息化工作两个联席会议制度，有效地促进了信息产业和信息化的区域交流与合作。组建了河北省信息产业和信息化两个专家委员会，为科学决策提供了保障。建立了信息安全监控体系和网络应急协调体系，提升了信息安全防护能力。在宣传培训方面，举办了地厅级领导干部“信息化与电子政务高级研修班”和党政机关信息安全知识培训班，增强了各级领导干部的信息化意识，提高了科学行政能力。信息化与信息产业宣传月和连续举办的“信息产业周”活动，搭建了企业交流合作平台，推介了信息产业成果，普及了信息化知识。

【重点项目建设】 “十五”期间，在巩固与日、韩等国合作，拓宽欧美等地招商渠道的同时，抓住我国南资北移的有利时机，重点加大对内招商力度，积极与 IT 业大公司、大集团广泛接触、深入洽谈。先后与中电科技集团、华为、中兴通讯公司、航天科工集团、京东方公司等全国百强电子企业全面展开战略合作，华为北方生产基地、中兴北方产业基地、中电科技集团石家庄信息产业基地、京东方（固安）移动平板显示基地、航天科工集团合作项目、保定天威英利公司多晶硅太阳能电池、宁晋晶龙集团单晶硅及太阳能电池、中信国安盟固利（廊坊）新材料生产基地等一批投资10亿元以上的大项目先后落地建设，累计投资140.16亿元，建成后将实现销售收入516亿元。这些大项目的开工建设，为全省信息产业发展增加了新的经济增长点，提供了强劲的发展动力。

【民营企业发展与无线电监管】 积极培育和扶持民营IT企业发展，制定了《关于鼓励支持和引导信息产业非公有制经济发展的实施意见》，对成长性强、带动作用明显的12家民营IT企业给予政策支持。唐山晶源、秦皇岛海湾公司相继上市，宁晋单晶硅园区单晶硅产量居世界第一，永生华清液晶材料占据国际市场25%，秦皇岛海湾成为国内最大的电子消防报警器材生产企业，石家庄久乐电子安全气囊，新奥博为核磁共振、工业机器人、三维扫描等一批拥有自主知识产权的产品不断涌现，全省电子信息产业实力不断增强。2005年，全省民营IT企业销售收入占全部销售收入的48%，利润占64%，已成为拉动全省信息产业发展的重要力量。

认真贯彻信息产业部和省政府关于整顿和规范市场的实施意见，对移动电话机、卫星天线等专业市场秩序进行了规范整顿。民航专用频率整顿工作取得阶段性成果，无线电频率规划、监测及台站管理、基础设施建设稳步推进，为保障国家“两会”、抗击“非典”、查处“法轮功”利用电视插播进行破坏等重大活动提供了技术保障，维护了空中电波秩序。

【信息化建设】 电子政务：积极推进网上审批系统建设，省建设厅、国土资源厅、商务厅等十多个省直部门网上审批系统建设取得重要成效；衡水市建设了电子政务网络平台、为民服务联动电话和政务服务中心“三合一”的为民联动服务中心，探索了一条适合欠发达地区信息化建设的发展道路；邯郸市开通了全市统一的“政民互动平台”，以信息化手段推动行政权力公开透明运行试点工作取得了显著效果；河北省成为全国产品质量电子监管网首家试点省份，已有5000多家企业签定了入网协议，3300多家企业签定了用码协议，近1000家企业的产品赋码上线，实现了网上查询；建设了全省统一的集电话报税、简易报税和网上报税为一体的综合报税服务平台，80%的小规模纳税人、95%以上的个体双定户和全部增值税一般纳税人实现综合报税服务；石家庄海关为全省7000余家进出口企业、104家银行机构办理了入网手续；“中国河北”门户网站在全国评比中名列省级网站第五名。农业信息化：河北农业信息网着力解决“最后一公里”瓶颈，整合形成12个共建共享数据库；全省农业信息网站点击量达1.1亿人次，年信息发布量达到1.2亿条；开通了35个试点县的电话语音服务、农村信息“户”联网96168服务热线和河北农业手机短信服务。河北省农业信息化建设走在了全国前列。企业信息化：据抽样调查的300家企业显示，全省80%以上大中型企业建立了企业内部网，70%以上建立了企业网站，35%建立了以企业资源计划（ERP）或制造资源计划（MRP）为核心的企业信息管理系统，中国铸造商务平台、中国互通企业信息化公共平台、中国药都网等面向行业和中小企业服务的信息平台建设及应用等取得了明显成效。电子商务：全省220个地方商务之窗网站共发布信息48.6万条，位居全国第一；“河北招商网”发布招商项目、供求信息总量居全国第一，被国际最大的搜索引擎Google网评为全球华文招商网第一名；建设了鸡泽“中国辣椒网”、沧州“中国枣网”、安平“中国丝网网”等20个县域经济特色网站，有力地促进了当地经济发展；一批重点企业借助互联网开展商务活动，北人集团、保龙仓、好日子等连锁企业形成了网上订货、物流配送为一体的电子商务运营模式。社会信息化：在省直有关部门努力下，河北远程教育联网学校达到1.8万所，成为我国目前规模最大的综合性现代远程教育网络系统，初步形成集教育教学、科学普及、服务“三农”、农村党教和人才培养为一体的综合教育服务平台；完善了疫情直报信息系统，建立了全省卫生资源数据库，全省县以上医疗机构的33%建立了医院信息系统；建立了省市两级企业养老保险数据库，信息入库率达到97.3%，开通了12333劳动保障电话咨询服务热线；信息网络安全报警处置系统建设完成，提高了网上缉捕能力；石家庄、邯郸等城市“一卡通”工程，为居民带来了生活便利。信息技术的广泛应用已成为实现经济社会协调发展的新动力，为落实科学发展观、构建和谐河北发挥了重要作用。

【信息资源整合】 为解决网络互联和信息共享程度低等问题，提出了“基于一个传输通道、构建公务内外网”的整合思路和建设整合方案，以省委、省政府两办名义印发了指导性文件；采用市场化运作模式，由中标运营商负责网络的建设和运营维护，走出了一条投入少、见效快、集约式、专业化建网管网新路子，解决了推进机制、投资约束机制等重大问题。开展了信息资源规划试点，建立了网上审批、农业信息发布与服务、公共卫生信息等三个应用系统的各种模型102个、主题数据库67个，形成各类标准8802个。专家评审组给予了高度评价，认为“信息资源规划在全国省级电子政务建设领域尚属首次，达到国内领先水平”，国务院信息办领导认为“河北做了一件非常有创意的工作，走在了全国前列”，国家广电总局、卫生部及北京、福建等十省市到河北省学习考察信息资源规划做法，卫生部拟以河北省公共卫生信息系统的规划成果为基础，制定国家标准。重点领域信息资源开发利用取得重要进展，建设了人口与人力资源数据库，6800多万人口基本数据已入库，协助破获各类案件5000余起，挽回经济损失1.5亿元以上；河北远程教育网教学信息资源总量超过8000G，居全国首位；河北文化信息资源库总量达到1000G；公安业务信息资源库数据记录总量达到1亿多条，面向全警开放查询，为打击刑事犯罪，维护社会稳定，提供了强有力的信息支撑。

（河北省信息产业厅　宋进珠）

电力生产与供应

【概况】 截至2005年底，全省发电装机容量达到2317万千瓦，其中装机容量百万千瓦及以上电厂11座；年发电量1339亿千瓦时，居全国第六位，比上年增长6.63%；发电设备平均利用小时6225小时，居全国前列；供电标准煤耗率完成370克/千瓦时，比上年降低5克/千瓦时。35千伏及以上变电站2744座、变电容量1127万千伏安，其中500千伏变电站11座、1055万千伏安；220千伏变电站121座、3525万千伏安；110千伏变电站673座、4638万千伏安。35千伏及以上输电线路总计4074条，线路总长度5.03万千米，其中500千伏44条4064千米；220千伏309条9188千米；110千伏1189条1.58万千米；35千伏2532条2.13万千米。全社会用电量1502亿千瓦时，全国排名第五位，比上年增长16.30%；在全社会用电量中，第一产业116亿千瓦时，第二产业1126亿千瓦时，第三产业106亿千瓦时，城乡居民生活用电153亿千瓦时。分别比上年增长16.39%、16.62%、10.25%和18.36%。线路损失率5.75%。

【河北南网】 河北省电力公司负责河北南部电网的建设、运营、调度管理，区域包括石家庄、保定、沧州、衡水、邢台、邯郸六市，102个县（市）的供电营业区，面积8.4万平方公里，人口4600万人。河北南网以500千伏和220千伏电网为主网架，北部通过500千伏房保线、保霸线与京津唐电网相联，西部通过500千伏神保双线、侯廉线与山西电网相联，南部通过500千伏辛嘉线、辛聊线与华中、山东电网相联。2005年底，全网拥有500千伏变电站6座，变电容量600万千伏安，线路2195公里；220千伏变电站76座，变电容量2199万千伏安，线路5806公里；发电装机容量1283万千瓦，外购电力129万千瓦；发电量776亿千瓦时，同比增长8.56%；发电设备平均利用小时6302小时；全社会用电量852亿千瓦时，比上年增长13.33%。

河北省电力公司所属基层单位15个，其中供电企业6个，施工设计企业5个，修造企业1个，培训中心2个，科研单位1个。县级供电企业102个，其中石家庄市所属的18个县供电企业全部为直供直管，其它五市83个县级供电企业为趸售代管，另有有限责任公司1个。公司员工约10万人。该公司始终坚持“安全第一、预防为主”的工作方针，克服了电力供需矛盾较为突出，电网结构相对薄弱，外部环境较为恶劣等不利因素的影响，全系统的安全生产工作保持了总体平稳态势，确保了电网安全稳定运行。2005年，全公司没有发生人身死亡事故，没有发生重大电网、设备事故，没有发生恶性误操作事故，共实现23个百日安全长周期。用户供电可靠率达到99.976%，综合电压合格率达到99.491%，均比上年同期有所提高。

【电力供应】 2005年，河北南网季节性、时段性电力供需矛盾仍较突出，但总体上有所缓解。全网期末发购电能力达到1277万千瓦，比上年增加117.5万千瓦，增长10.13%；河北南网最大用电负荷需求达到1384.2万千瓦（出现在6月22日），同比增加221.9万千瓦，增长率为19.09%，实际最大用电负荷为1198.5万千瓦（出现在4月24日），同比增加149.6万千瓦，增长率为14.26%，平均最大用电负荷1044.5万千瓦，同比增长140.7万千瓦，增长率为15.57%。

面对严峻的电力供需形势，河北省电力公司超前谋划、多措并举，提高负荷预测水平，科学安排电网运行方式，积极争取外购电力。认真编制和落实错峰、避峰方案，出色完成了春灌抗旱、迎峰度夏、重大节日和重要政治活动的保电任务，最大限度地保证了全省经济社会发展的用电需求。全年限电天数92天，比上年减少97天，损失电量3.74亿千瓦时，比上年减少3.33亿千瓦时。

【电网建设】 河北省电力公司按照“安全可靠、技术先进，输配、配政协调发展，适度超前、留有裕度，标准统一”的原则，完成了河北南网“十一五”规划编制工作。加大前期工作力度和深度，建立了电网建设项目储备库。强化设计、招标、施工、监理、调试全过程管理，加大对电网的资金投入，电网发展步伐进一步加快。

全年完成电力基本建设投资42.87亿元，超过年初目标计划3.27亿元。其中，电源项目完成4.5亿元；电网项目完成38.37亿元，投资规模创历史最高水平。实现了500千伏廉州、保北变电所扩建工程提前投产，新增变电容量150万千伏安，减轻了主变过负荷压力。220千伏电网项目在原投产目标计划的基础上，实现了安国、孟村送变电工程的提前投产和苑水等7座扩建站抢建投产。全年共实现投产220千伏变压器23台，新增变电容量351万千伏安，超目标计划132万千伏安；实现投产220千伏线路781.65公里，超目标计划290.15公里。投产新建110千伏变电站21座，扩建50座（含县城电网新建12座，扩建2座），新增变电容量319.15万千伏安，线路457公里（含县城电网61.15万千伏安，102.5公里）。全省县城电网改造工程全部竣工，张河湾抽水蓄能工程按计划正点进行。

（河北省电力公司　邢荣英）

建设与建筑业

【概况】 “十五”时期，河北省建设事业进入一个新的历史发展阶段。这五年，城市基础设施投入以年均15%的速度增长，总计完成1065亿元，城市的承载能力显著增强。城镇住宅竣工面积1.2亿平方米，城镇居民的居住条件明显改善。建筑业增加值和从业人数分别达到2049

亿元和247万人，支柱产业的地位进一步增强。

2005年，河北省建设系统以推进城市化工作为主线，抢抓机遇，开拓创新，建设事业改革与发展取得新的成就。城市化工作积极稳妥推进。上半年，省长率团赴山东、河南进行了城市化考察。下半年，省政府召开城市建设观摩暨城市化工作座谈会，建设厅召开重点镇建设现场观摩暨城市化工作座谈会，有力地推动了城市化工作。在建设部指导下，与京津两市共同编制了《京津冀都市圈区域规划》，开展河北区城市布局研究，积极推进环京津、环渤海区域合作。编制了“一线两厢”城镇空间发展和沧州临海地区协调发展规划，曹妃甸工业区总体规划通过审批，全面完成第一批文明生态村规划编制。城市化政策与基础工作不断完善，出台了20多个配套政策，出版了《2004河北城市化发展报告》。各地不断创新城市化工作思路，加快产业发展和集聚，强化城乡规划建设管理，城市化进程明显加快。年转移农村富余劳动力160万人次，城市化水平达到37.5%，比上年提高1.7个百分点。城市化在经济社会发展中的战略地位明显提高。县以上城市规划编制投入7400多万元，比上年增加47%。全省80%的市、县（市）完成总体规划纲要或成果，5个城市和27个县城总体规划通过审批。启动了新一轮城市近期建设规划编制，继续进行了省级重点镇规划修编。较好地发挥了城乡规划的综合调控作用。历史文化名城、名镇、名村保护加强。山海关历史文化名城保护与开发项目全面启动，邢台、赵县被命名为省级历史文化名城，蔚县暖泉镇、怀来县鸡鸣驿村分别荣获中国历史文化名镇、名村称号。为增强规划的严肃性和权威性，严格执行“一书两证”制度，重点完善规划审批程序、专家咨询、规划公示和公布制度，开展“阳光规划行动”，城市规划的公众参与、民主决策和科学决策明显加强。成立了省规划委员会，积极促进派驻城市规划督察员制度的建立，探索城市规划监管的新模式。

【城市建设与管理】 2005年，全省完成城市基础设施投资280亿元，比上年增长17%。积极贯彻落实省政府《关于进一步推进城市市政公用事业改革的意见》，市政公用事业投资市场、经营市场、作业市场全面放开，政事分开、政企分开、事企分开目标基本实现。项目单位自筹资金、银行贷款、吸引社会资金和利用外资，占总投资的65.6%。经营性市政公用企事业单位公司制改造步伐加快，改制和正在改制单位占总数的79.1%。建筑企业改制面达到87%。编制完成园林绿化、环境卫生、市政设施维修养护定额，为实行由“养人”向“养事”改革奠定了基础。城镇供热体制改革全面推进。

公共交通、城市燃气、园林绿化、市容环卫等薄弱环节的投资增长较快。优化投资结构，重点投向城市污水、垃圾处理设施和生态环境建设，以及供水、供热、燃气等地下管网的建设和改造。加强对续建和在建大型城建重点项目的调度，确保项目建设的进度和质量。城乡引水，改造供水管网389公里。治污绿化，建成6座污水处理厂、3座垃圾处理场，增加绿地4100公顷。无障碍设施建设，铺设盲道362公里，建设无障碍大中型公共建筑589座、居住小区188个。重点镇投融资渠道拓宽，首次利用开发银行贷款2亿元。城市设施水平有较大提高，城市功能日趋完善，综合服务能力和水平提高。大力实施公交优先战略，提高交通资源利用率，加快了“公交专用道”、“港湾式停靠站”和公交场等基础设施的建设。以改善生态环境为重点创建园林城市，加强城市中心区绿化，开展全民义务植树、星级公园创建活动。廊坊、邯郸创建国家园林城市通过验收，滦县已申报国家园林县城，保定、乐亭被命名为省级园林城市（县城）。各地狠抓百姓身边的工程，注重小街小巷及公厕、小游园等的改造与建设，沧州市治理城市“五乱”（广告牌匾乱挂、各类垃圾乱倒、各种车辆乱停、流动摊点乱摆、便民设计乱毁）效果较好。在县级市、扩权县开展“燕赵杯”竞赛，市容镇貌明显改观。城建服务体系不断完善，22个县级市、10个扩权县开通“96116”城建便民服务热线。燃气、供水、桥梁安全事故等应急预案的制定，提高了安全运营水平和突发事件的处理能力。

对外开放步伐加快。积极参加省政府组织的招商活动，接待境外代表团来访，提高了建设系统对外开放水平。一些境外房地产、建筑施工、市政公用企业到河北省注册。城市基础设施和房地产开发利用外资1.36亿美元，是上年的1.6倍。

【住宅与房地产业】 “十五”期间，住宅与房地产业持续快速发展，已经成为全省经济的重要产业。住房制度改革基本完成，房地产市场体系基本形成，住房公积金制度基本建立，住房保障工作全面铺开，城镇居民的住房条件明显改善。全省竣工城镇住宅1.2亿平方米，其中经济适用住房1627万平方米。完成房地产开发投资1345亿元，其中商品住宅投资936亿元。

2005年，针对我国部分地区住房价格上涨过快的问题，出台了关于稳定住房价格的若干个政策性文件。全省完成房地产开发投资390.5亿元，同比增长23.6%，比上年回落2.1个百分点。其中商品住宅投资292.7亿元，同比增长30.9%，比上年回落5.2个百分点；全省商品房竣工面积899.2万平方米，同比增长9.6%，其中商品住宅竣工面积811.1万平方米，同比增长14.2%。商品房销售面积976.1万平方米，同比增长12.9%；其中商品住宅销售面积908.6万平方米，同比增长15.3%；全省商品房平均价格为1871元/平方米，比上年度上涨16.5%，商品住宅平均价格1764元/平方米，同比增长18.7%。竣工城镇住宅2066万平方米，其中经济适用住房220万平方米。城镇居民住宅建筑面积由上年度的人均25平方米增加到26平方米。

根据国家《城镇最低收入家庭廉租住房管理办法》，制定了《河北省城市最低收入家庭住房保障管理办法》，对城市最低收入家庭住房保障方式、保障对象、保障标准、资金筹集、申请住房保障的程序等作出明确规定，使住房保障工作纳入法制化管理的轨道。各市、县房地产管理部门按照省委、省政府确定的“十项民心工程”年度目标任务，对人均住房建筑面积10平方米以下的城市最低收入家庭实施了住房保障，保障总户数2.13万户、总人数5.86万人，为1.47万户、4.08万人发放租赁住房补贴1051.85万元，为506户、1526人配租住房506套，为6077户、1.6万多人核减租金217.60万元。廊坊市对人均建筑面积15平方米以下、唐山市对人均建筑面积13平方米以下、石家庄市对人均建筑面积12平方米以下的城市最低收入家庭均提供了住房保障。

明确经济适用住房管理的有关政策和工作要求。秦皇岛市研究确定了20个经济房项目，建设规模100万平方米，制定了《秦皇岛市经济适用住房项目评定实施细则》和《秦皇岛市经济适用住房项目法人招投标实施方案》，规范了经济适用住房项目法人招投标。承德市也印发了经济适用住房项目法人招投标实施细则。廊坊市开工建设了3个经济适用房项目，建筑面积44万平方米。石家庄市正在抓紧进行50万平方米的经济适用住房小区的前期工作，会同物价部门加强了经济适用住房销售价格的监督，纠正和查处违规销售行为。邯郸市房管部门会同规划部门采取对经济适用住房户型面积进行审查等措施，严格控制建设标准。石家庄、沧州等市通过对购房人的资格审查、发放准购证，加强了对销售对象的管理。

11个县（市）相继建立了住房公积金制度，使县（市）建制率达到100%。本级财政为职工补助缴存住房公积金的县（市）由年初的35个增加到54个，占全部县（市）的40%。各市不断强化住房公积金的归集和使用，全年共归集69.5亿元，发放个人住房贷款20.6亿元，收回逾期项目贷款和挤占挪用资金3487万元。11个设区市全部完成了监管信息系统建设，在全国率先实现了部、省、市住房公积金管理数据的联通和传输，及省对市住房公积金管理业务运营情况的实时监控。

各市县共办理商品房合同备案6.3万多件，合同交易面积1098万平方米，存量房交易1153万平方米。办理房屋所有权证和他项权证28.6万个，登记面积7673万平方米，办理抵押登记8.1万宗，抵押登记面积3002万平方米。批准出售公有住房1.7万套，建筑面积71.1万平方米，为1.8万名职工办理了购房补贴审批手续，补贴金额3.8亿元。积极贯彻《物业管理条例》，指导业主成立了148个业主委员会，并对业主委员会进行了培训。加强住房维修资金的归集、使用管理，共归集商品住房维修资金约8亿元。积极推动前期物业管理项目的招投标工作，秦皇岛市制定了《秦皇岛市物业管理招投标管理实施办法》等相关配套措施，对招投标程序、方式公示等作出了明确规定，已有9个住宅小区65万平方米的房屋通过招投标的方式选聘了物业管理企业。全省有5个住宅小区被评为全国物业管理示范小区，28个住宅小区（大厦）被评为全省优秀物业管理小区（大厦）。

【村镇建设】 对省级重点镇规划修编工作，明确提出在规划强制性内容中增加“三区、六线”，突出了空间和用地管治。政府下发了《关于扩大部分重点镇管理权限促进小城镇加快发展的意见》，在赋予重点镇部分县级管理权限方面进行了探索。起草了《省级重点镇发展评价办法》，从经济发展、社会发展、城镇建设、环境水平、政策管理等方面明确了重点镇发展的衡量标准。为促进乡镇总体规划与土地利用总体规划的“合二为一”，在全省启动了村镇房屋权属登记管理试点工作，开展了《河北省乡镇规划指导》的研究制订。公布了试点村镇，组织开展了勘察测绘、登记和发放管理等相关知识培训。在邯郸、邢台两市，组织召开了省级重点镇建设观摩暨城市化工作座谈会，学习交流了10个重点镇建设的先进经验，明确了在新形势下重点镇建设发展的思路与措施。与国家开发银行河北分行联系，争取国家重点镇基础设施贷款，共有9个重点镇申请到2亿元的贷款。

明确了文明生态村创建的目标任务及工作措施。完成了第一批文明生态村规划编制工作，突出了村庄性质规模的确定、各类用地的安排、基础设施的配置，有力地指导了文明生态村的创建工作。征集了包括文化活动室、体育健身场所、学校、卫生室等在内的近百套文明生态村公共建筑设计方案。全省有26个村镇（其中村20个，镇5个，农场1个）被评为全国文明村镇先进单位，蔚县暖泉镇、怀来县鸡鸣驿村分别荣获中国历史文化名镇和名村称号。

【建筑业】 “十五”期间，河北省建筑业完成产值、增加值、利税、利润等主要经济技术指标均名列全国前十名。建筑业增加值占国内生产总值的比重由“九五”末的5.9%提高到2004年的6.2%，等级内各类建筑业企业达到4480家，对经济增长的贡献率达到10.2%。建筑市场已拓展到24个省、市、自治区，京津市场占有率不断提高，开拓了亚洲、非洲和中东等国际市场，承揽建设工程项目遍布10多个国家和地区。完成了一大批国家和省重点工程建设任务，在基础设施建设、住宅建设中发挥了重要作用。建筑业全社会从业人员达到247万人，占全社会从业人数的7.2%，为国民经济发展、促进就业、加快城市化进程作出了重要贡献。

“十五”期间，民营建筑企业占企业总数的84%，完成产值780亿元，施工面积9959万平方米，竣工面积6081万平方米，分别占全省总额的69.2%、76.6%和77.1%，成为推动建筑业发展的最重要力量。违法违规行为得到遏制。5年间全省共查处违法违规的工程建设项目970个，违章率按工程个数计算，由1995年的15.2%下降到2004年的2.87%。

2005年，建筑行业的运行情况良好，法规体系不断健全。为贯彻执行《建筑法》、《招标投标法》、《建设工程质量管理条例》、《建设工程安全生产条例》等法律、法规，对《河北省建筑市场管理条例》进行了修订。依据上位法，对1988年以来有关建筑市场管理规范性文件进行了全面清理，废止或修订172件，同时，制定了相关配套办法。编制印发了《河北省整顿和规范建筑市场秩序三年（2005年—2007年）规划》。为进一步规范房屋建筑和市政基础设施招投标活动，起草了《房屋建筑和市政基础设施招投标活动若干规定》，对《河北省重要设备采购招投标管理办法》、《河北省建设工程交易中心管理办法》进行了修改。为加快工程建设交易中心的发展，明确招标管理机构与交易中心的关系，起草了《关于推进工程建设交易中心发展的指导性意见》。完成了三个课题研究。一是低价中标课题，起草了《河北省建设厅推行低价中标指导性意见》，指导各市推进“三项制度”；二是完成了工程担保课题，修订《河北省工程担保管理暂行办法》，明确工程担保的程序、标准和规则等内容；三是协助建设部完成建筑执法队伍课题研究，起草《加强执法队伍建设意见》。制定了《河北省工程建设项目招标代理项目管理办法》，加强对代理机构工作质量和市场行为的管理。起草《加强有形建筑市场建设的指导意见》，明确有形建筑市场的发展方向及与招投标执法部门的关系。

认真落实季允石省长关于加快建筑业发展的指示精神，积极引导企业实施“提质增速”、“走出去”和“科技兴业”三大战略，为企业发展创造良好的市场环境。实行工程量清单报价、低价中标、工程担保“三项制度”招标的工程达 31.3%，促进了企业核心竞争力的提高。50 家建筑企业通过一级（甲级）资质审查，8000 多名项目经理通过二级建造师考核认定。整顿招投标代理机构，规范了工程招投标活动。京、津、沪、晋等外埠市场进一步开拓，全年成建制输出建筑劳务 40 万人，省四建承接了北京 2008 奥运会“朝阳公园沙滩排球场”工程。全省建筑业完成总产值 1329.5 亿元，增加值 391.4 亿元，同比分别增长 14%和 10.5%。50 家勘察设计、施工企业取得对外经营权，对外工程营业额达 3 亿美元，是上年的 2 倍。

2005 年全省清偿拖欠工程款 56.26 亿元，占拖欠总额的 88.39%。其中政府投资工程清偿 28.11 亿元，清欠比例达 99%。承德、秦皇岛、唐山、邢台、沧州 5 个市，全部完成政府投资工程清欠工作。农民工生产生活环境得到明显改善。全省规模较大、工期较长的施工现场，绝大多数设置了符合标准的宿舍、食堂、水冲式厕所、娱乐学习室等设施，工程质量稳中有升，安全生产形势比较稳定。加大工程质量巡查力度，规范施工图审查，开展建材和机械设备专项整治，有效地规范了工程建设主体的质量行为。1 个项目荣获全国优秀设计金质奖，3 项工程通过国家优质工程验收，评出 100 项省级优质工程，各市相继建成一批特色工程。落实安全生产责任制，加大施工现场监督检查力度，组织特大生产安全事故应急救援演练等，保持了较为稳定的安全生产形势。

【建设科技与教育】 全面推进“四节”工作。按照发展循环经济、建设节约型社会的要求，出台了《关于做好建设领域资源节约工作的意见》，建成节能建筑 1400 万平方米，比上年增长 38%。唐山市利用德国赠款实施既有建筑的节能改造项目有序推进，在全国建设工作会议上作了经验介绍。运用经济杠杆促进节水、加强城乡规划促进节地的作用显现，“禁实”工作正在向县城和乡镇延伸。完成 48 项科技成果鉴定，7 项获得省科技进步三等奖。建设信息化快速发展，电子政务系统初步建立，行业关键业务系统初见成效。适应城镇建设发展的需要，先后举办了 5 期城市规划建设市、县（市）、乡（镇）长培训班，提高了各级领导干部驾驭城市规划建设的能力。建设系统岗位技能培训鉴定 10.1 万人，阳光工程培训农民工 1.56 万人，进一步提高了建设队伍的素质。

组织有关单位申报建设部 2005 年科技项目 23 项，有 19 项列入计划，比上年增加了 14 项。全省共申报科研项目 128 项，从中筛选 53 项作为指令性计划下达，同比增长 30%，并将 70 万元建工新产品试制费补助给各项目，如数拨付；另筛选 67 项作为指导性计划下达，同比增长 3%。向省科技厅推荐 2005 年第一批科研指导性计划项目 5 项，有 3 项列入计划，与上年持平。推荐省科技进步奖参评项目 16 项，有 7 项获得省科技进步三等奖，比 2004 年多 3 项。

组织有关专家对“水泥土组合桩承载力与荷载传递规律研究”、“砂垫层隔震性能试验研究”、“石家庄市主城区雨水资源化研究”、“河北省水工业现状及发展战略研究”等 48 项科研成果进行了鉴定，比上年增加 7%。其中“水泥土组合桩承载力与荷载传递规律研究”、“河北省水工业现状及发展战略研究”、“张家口市城市污水资源化规划及其实施技术研究”等 12 项达国际先进水平，高出 2004 年 5 项；“石家庄市主城区雨水资源化研究”、“石家庄市主要园林植物病虫害普查研究”、“河北省建设事业行政审批管理系统”等 26 项达到国内领先水平，其余 10 项为国内先进和省内领先水平。

为加快新技术推广应用，限制和淘汰落后技术和产品，转发《建设部推广应用和限制禁止使用技术公告》，要求各相关部门和企事业单位，全面推广应用新技术。50 项科技新成果被列入计划进行重点推广。据不完全统计，全年共可增收节支 1.7 亿元，科技成果转化率达 82%。有 1 项第四批“全国建筑业新技术应用示范工程”——“保定电信枢纽大楼扩建工程”通过建设部组织的验收，并有 1 项“中南大学湘雅医院新医疗区医疗大楼”列入第五批“全国建筑业新技术应用示范工程”。组织有关专家对“太和大厦”、“西清公寓”、“怡博苑小区一期工程”等 18 项建筑业新技术应用示范工程进行了验收，这些示范工程均采用建筑业十项新技术中的 6 项以上，并且是严格按照示范工程申报书中拟推广的新技术项目、应用部位和应用数量进行的施工，这 18 项工程采用新技术后共节资降耗约 5400 余万元，各项工程节资额约占工程总造价的 3.1%，社会效益也很显著。

全年共有 85 项科研成果获河北省建设系统科技进步奖，比 2004 年多 37 项，同比增长 77%。其中一等奖 29 项（比 2004 年多 11 项，同比增长 62%）、二等奖 25 项（比 2004 年多 2 项，同比增长 9%），三等奖 31 项（比 2004 年多 24 项）。

为提高施工企业技术水平和科学管理水平，推广技术先进、经济适用、效益显著的新技术成果，组织了施工工法申报和评审工作，邀请专家对各市和有关单位申报的 17 项施工工法进行了评审，共评定出省级施工工法 14 项。

（河北省建设厅　郁达飞）

交通运输业

【概况】 2005年是"十五"计划的最后一年，全省交通运输业围绕实现更快更好、构建和谐河北两大战略目标，采取一系列有效措施，抢抓机遇，加快发展，确保了"十五"计划总体目标的全面完成。

交通建设。一是投资创新高，运输网长度平稳增加。2005年全省交通运输业完成固定资产投资295.4亿元，比上年增长32.8%。其中高速公路和港口建设分别完成投资127.1亿元和79.6亿元，同比分别增长88.8%和97.8%，创历史新高。截至2005年底，全省运输网长度达到12.81万公里，比上年增加0.99万公里。其中公路线路里程达到7.59万公里，比上年增加0.60万公里；民用航线里程大幅回升，达到4.50万公里，比上年增加0.50万公里；中央和地方铁路正线延展长度达到6437.7公里，其中中央铁路5230.7公里，地方铁路1207公里；管道运输线路长度697.63公里。二是路况结构改善，公路路网密度明显提高。2005年全省公路密度达到40.44公里/百平方公里，比上年增加3.04公里。在高速路网建设中，青银、邢临、京承和丹拉5条段429.6公里建成通车，使全省高速公路突破2000公里，达到2135公里，居全国第五位。全省一级、二级公路分别达到2644.8公里和12546.8公里，分别增加146.1公里和1076.6公里；高速、一级、二级公路占等级公路比重分别达到3.2%、3.9%和18.7%，其中高速公路占比比上年提高0.4个百分点；晴雨通车里程7.1万公里，养护里程7.3万公里，分别比上年增加0.6万公里和0.5万公里。公路桥梁达1.71万座，长度74.09万延米。继续加大农村公路建设投资力度，完成投资43.72亿元，新改建公路1.7万公里，新增通油路乡21个，行政村2405个，实现了所有乡和90%的行政村通油路。三是港口建设跳跃发展。2005年全省港口建设完成投资79.6亿元，同比几乎翻了一翻。竣工投产生产性泊位11个，使全省的泊位数达到103个，其中生产用泊位达到80个，万吨级泊位66个。设计吞吐能力达到3.0亿吨，比上年增加0.9亿吨，增长42.67%。作为全省"一号工程"的曹妃甸港区开发取得突破性进展，通岛公路全线贯通，25万吨级矿石码头主体工程及路域形成工程全部完工，矿石码头一期工程二个泊位12月16日开始运营。四是航空基础设施得到加强。石家庄机场平行滑行道建成投入使用。省政府与民航总局共同出资5亿元改扩建石家庄机场，民航总局与秦皇岛市政府决定共同投资6000万元改造秦皇岛机场。

运输生产。2005年全省完成客运量8.09亿人，比上年增长4.0%，旅客周转量989.77亿人公里，增长4.7%，增速分别比上年回落15.3和16.4个百分点。全省完成货运量9.13亿吨，增长4.7%，货物周转量4750.64亿吨公里，增长25.1%，增速分别比上年回落3.6和0.4个百分点。其特点一是公路运输增速趋缓。公路完成客运量7.54亿人，增长4.0%，旅客周转量485.33亿人公里，增长4.1%；完成货运量6.87亿吨，增长3.7%，货物周转量691.45亿吨公里，增长5.0%。增速分别比上年下降了15.3个、13.5个、3.9个和6.3个百分点。二是铁路运输发展平稳。铁路完成客运量5492万人，增长4.2%，旅客周转量504.44亿人公里，增长5.3%；完成货运量1.91亿吨，增长4.6%，货物周转量2120.98亿吨公里，增长8.5%。地方铁路完成货物运输量5691万吨，货物周转量20.2亿吨公里，分别比上年增长26.3%和25.0%，创历史最好水平。三是民航运输加快发展。全年共保障飞机安全起降3.66万架次，同比增长417.4%，其中石家庄机场起降3.63万次，同比增长452.5%。完成旅客吞吐量47万人次，增长78%，是全国平均增速的6倍。完成货邮吞吐量1.66万吨，其中石家庄机场国内货邮吞吐量6108.4吨，同比增长36%。完成国际货运包机544架次，发送货物1.05万吨。四是水上运输继续高位增长。全年水运完成货运2539万吨，增长49.4%；货运周转量1908.06亿吨公里，增长65.9%。其中远洋运输货运量、货物周转量分别达到1718万吨和1797.41亿吨公里，同比分别增长85.5%和69.41%。远洋运输完成货运量和货物周转量分别占全省水运总量的67.7%和94.2%，比上年提高13.3个和1.9个百分点。五是港口吞吐能力增强。全省港口完成货物吞吐量2.73亿吨，增长21.4%。其中煤炭出港量2.26亿吨，占全部出港量的93.7%，铁矿石进港量0.25亿吨，占全部进港量的76.6%。六是管道运输持续下降。由于受生产情况限制，原油货源受到影响，管道运输已经连续五年下降。2005年完成货运量1087.3万吨，下降2.9%，货物周转量30.14亿吨公里，下降5.6%。

运力状况。全省民用车辆拥有量达919.78万辆，比上年增长5.5%，其中民用汽车282.94万辆，增长8.5%。在民用汽车中，载货汽车70.86万辆，增长0.3%；载客汽车119.98万辆，增长11.6%。全省营运汽车达到40.71万辆，增加1.39万辆，其中载客汽车7.30万辆、68.48万客位，载货汽车33.41万辆、171.0万吨，分别增加80辆、减少0.4万客位，增加1.38万辆、21.24万吨位。全省出租车5.24万辆，增加340辆。私人轿车44.63万辆，增长40.0%。民用机动船舶2842艘。其中海上运输机动船保有量为88艘、328万载重吨，最大船舶吨位达到28.6万吨，初步形成以大型远洋散货为主要代表船型的规模化和实力较强的船队。

运输结构。客运中，客运量公路占到93.15%，比上年下降了0.06个百分点，铁路占6.78%，上升0.01个百分点，民航占0.06%，与上年提高了0.04个百分点；旅客周转量公路占49.03%，下降0.3个百分点，铁路50.97%，上升0.3个百分点。货运中，货运量公路占75.17%，下降0.72个百分点，铁路20.86%，下降了0.01个百分点，水运2.78%，上升0.82个百分点，管道1.19%，下降0.09个百分点，民航0.01%；货物周转量中公路14.55%，下降2.8个百分点，铁路44.65%，下降6.9个百分点，水运40.16%，上升9.9个百分点，管道0.63%。下降0.2个百分点。

“十五”期间，在公路建设方面，全省累计固定资产投资达到649亿元，比“九五”投资增长22.7%。新增公路里程16742公里，其中高速公路655公里、二级以上公路6361公里。新、改建农村公路5.8万公里。新增通油路乡171个，通公路村657个，通油路的村8655个。在港口建设方面，累计完成投资198.5亿元，是“九五”投资的4.6倍，年均增长42.6%。新增货运泊位33个，新增吞吐能力1.52亿吨。港口吞吐量年均增长20.5%，比全国港口吞吐量增速高3.2个百分点。在水上运输方面，货运量年均增长34.7%，周转量年均增长48.1%。地方铁路发展到14家，净增营业线路里程590.6公里，货运量和货物周转量年均分别增长34.1%和30.5%。

（河北省统计局　彭永明）

【公路建设】　高速公路建设。全年施工高速公路16条段1600多公里，其中新开工4条段502.9公里，完成投资127.1亿元，完成年计划的100.1%，同比增长88.8%。青银、邢临、京承和丹拉5条段429.6公里建成通车，使全省高速里程突破2000公里，达到2135公里，跃居全国第五位。高速公路覆盖全省各设区市，高速公路建设成为“十五”公路建设的一大亮点。

一般干线公路建设。全年安排一般干线项目59个，其中新开工项目10个，续建项目41个，其他8个，计划投资46.87亿元。全年完成投资36.61亿元，完成年计划的78.1%，建成786公里。12个项目未开工。占年干线计划投资的12.2%，项目开工率80%。

农村公路建设。全省农村公路建设完成投资43.72亿元，完成年计划的124.9%。新改建公路1.7万公里，新增通油路乡21个，建制村2405个。全省实现了乡乡通油路，90%以上建制村通油路（水泥路）。

“十五”期间是全省公路建设史上闪光的五年，公路固定资产投资达到649亿元，比“九五”投资增长22.7%。路网规模不断扩大，技术等级显著提高，高速公路主骨架逐步形成，农村公路通达和通畅水平较大提高。全省公路实现了六个标志性突破，即市市通高速，高速突破2000公里，县县通二级以上高等级公路，乡乡通油路，村村通公路，90%的建制村通了油（水泥）路。“十五”新增公路里程1.67万公里，其中高速公路655公里、二级以上公路6361公里。新、改建农村公路5.8万公里。全省公路通车里程达到7.59万公里，其中高速公路2135公里，二级以上1.73万公里。村道里程达到6.57万公里。公路网密度达到75.43公里/百平方公里（含村道）。新增通油路乡171个，通公路村657个，通油路的村8655个。

【港口建设】　全年港口建设完成投资79.6亿元，完成年计划的100.6%，同比几乎翻一番。竣工投产泊位11个，新增吞吐能力7560万吨，创历史新高。

“十五”期间，全省港口建设累计完成投资198.5亿元，年均增长42.6%。2003年以来呈逐年加速增长之势，三年完成投资150.5亿元，占“十五”总投资的75.8%。一批适应国家需要和满足市场需求的专业化、大型化泊位陆续投入运营。“十五”期间，累计新增货运泊位33个，新增吞吐能力1.52亿吨。到2005年底，全省拥有生产性货运泊位80个，设计吞吐能力2.88亿吨，其中专用煤炭泊位27个，设计通过能力2.17亿吨，已形成国家北煤南运最重要的港口群。

曹妃甸开发取得突破性进展。经过四年多的建设，曹妃甸港区已经具备了大规模开发的基础条件。通岛公路全线贯通，路基东扩工程全面开工，25万吨级矿石码头主体工程及路域形成工程全部完工，堆场及设备系统工程基本完成，矿石码头一期工程二个泊位于12月16日开始运营。同时，一大批专业化煤炭、原油和LNG码头正在加紧建设或正在进行前期工作。

港口功能调整进展显著。秦唐沧三地港口若干杂货、液体化工和集装箱码头的竣工，在一定程度上完善了全省港口功能，增强了港口和腹地经济的互动能力。

【道路场站建设】　全年完成场站投资1.7亿元，完成年计划的86.3%，同比增长3.0%。客运站完成投资1.08亿元，完成年计划89.9%，其中农村客运站点建设完成投资0.6亿元，完成年计划98.6%；货运站完成投资0.6亿元，完成年计划80.7%。城市中心站建设稳步推进，农村客运站点建设全面展开。年内建成县级以上客货站场5个，乡镇客运站184个，候车亭298个，招呼站牌2011个。

沧州汽车西站、省高速客运中心、承德汽车西站和肃宁汽车站建成。邢台客运北站主体工程已开工建设。唐山丰润客运站、衡水客运东、邯郸汽车北站、宽城汽车站已经完成征地。

廊坊物流中心已建成。石家庄国际集装箱多式联运站二期工程已完成1号库房建设，正在进行场地道路和堆场建设。唐山丰润货运站和石家庄公路主枢纽管理中心已完成征地拆迁。衡水货运站，承德、秦皇岛物流中心已经完成征地手续办理工作。

经过“十五”建设，全省道路运输场站设施得到较大改善。“十五”建成县级以上客运站20个，货运站7个，乡镇客运站213个，候车厅623个，招呼站牌4011个。石家庄、唐山两个国家公路主枢纽规划的26个客货站场项目，已建成13个，在建3个。以设区市站场为枢纽，县级站场为节点，农村客运站点为辅助的站场网络进一步完善。

【公路运输】　全年完成运输量7.54亿人、485.3亿人公里、6.87亿吨、691.45亿吨公里，同比分别增长4.0%、4.1%、3.7%和5.0%。其中，营业性运输量3.5亿人、257.1亿人公里、6.2亿吨、641.0亿吨公里，同比分别增长3.6%、4.6%，4.9%和5.4%。公路客、货运输量在综合运输体系中的比重分别达到93.3%、49.5%、76.0%和17.4%，基础地位进一步提高。

公路运输对经济的支撑作用更加明显。全年9个市客运量实现增长，增长面81.8%，其中唐山和承德市分别以其经济和旅游的规模优势增幅较大，分别增长24.8%和14.5%。货运实现了全面增长，道路运输对区域经济发展的支撑作用更加明显。

运力结构进一步优化。全省积极推进营运载客汽车由单一数量增长型，向结构优化型转变。鼓励车辆更新，提高车辆档次，对投放高级客车的在班线审批等方面优先予以许可，中高级客车比例不断提高，客运运力结构得到明显改善。2005年底，高级车1520辆、中级车2.22万辆，同比分别增长9.7%和14%；高级、中级、普通客车的比例由上年的1.9：26.8：71.3，调整为2.1：30.5：67.4，基本满足了不同层次旅客出行需求。旅游客车发展势头较好，由上年的537辆增加到693辆，增长29%。其中高级车增长尤为显著，同比增长42.2%。货运业方面，鼓励发展厢式、罐式货车，大型、重型车和专用运输车辆，运输专业化程度显著提高。2005年底，营运载货汽车达到33.4万辆、171万吨位，同比分别增加4.3%和14.2%。其中普通载货汽车中的重型车6万辆、77.2万吨位，同比分别增加16.6%和27.4%。厢式货车0.87万辆，同比增加41.4%。专用载货汽车1.27万辆，同比增加20.9%，特别是集装箱运输车达到1733辆，同比增加185.2%。

运输组织结构日趋合理。全省加大了对运输市场的改革力度，积极推进公车公营，重点抓了石家庄、邢台、邯郸高速客运线路经营主体整合试点。班线客运经营业户4496户，同比减少191户，全省实现公车公营的车辆4000多辆，压缩淘汰营运客车3100辆。突出解决了客运市场主体多、小、散、弱的问题，取得了较好的经济效益和社会效益。

加快改制步伐，优化资源组合。各大中型运输企业按照国退民进的原则，积极从体制上适应市场发展的需要。通过收购、兼并、资产重组、职工身份置换等形式，加快了改制的步伐，厅属道路运输企业改制工作基本完成。2005年，沧运集团成功收购河北高速客运有限公司，改制工作已经完成；邯运集团兼并了河北快速货运有限公司，改制工作正在进行。

道路运输业向现代物流企业转型初见成效。经过“十五”的建设和市场培育，全省共有7个区域物流中心正在建设，5个国家集装箱多式联运中转站基本建成并投入营运。配送中心及仓库面积分别达到12.5万平方米和1.9万平方米。新增配送箱式货车765辆，城市配送“货的”新增加400辆，物流业务逐步扩大。邯郸交运集团有限公司、沧州交通运输集团公司、河北快速运输有限公司、张家口运输集团有限公司等企业积极向现代物流领域拓展，积累了一定的现代物流运作和管理经验。适时成立了省交企协物流分会，成为各企业在物流业发展方面的桥梁和纽带。

【水路货运】 全省航运企业完成货物运输量2539万吨、1908亿吨公里，分别完成年计划的144.7%和122.1%，同比分别增长57.8%和85.5%，继续呈跳跃增长的态势。其中远洋运输完成1718万吨、1797亿吨公里，同比分别增长90.9%和91.4%。远洋运输在全省水运中继续处于主导地位，货运量由2003年以前低于沿海到2004年超过沿海，2005年发展到比沿海翻番的水平。

“十五”期间，全省海运实现了跨越式发展。货运量年均增长34.7%，周转量年均增长48.1%。尤其以2003—2005年增长最快，三年间完成运量和周转量分别占“十五”期间总量的71.9%和77.7%。

船舶结构更趋合理，市场竞争力进一步增强。2005年全省海上运输机动船保有量为88艘、328万载重吨，与2000年相比，载重能力提高了3.9倍，单船载重提高了2.3万吨，最大船舶吨位达28.6万吨，船舶大型化的趋势更加明显。2005年平均船龄为12.1年，比2001年降低了8.4年，船龄结构更趋合理。初步形成了以大型远洋散货船（干散货、液体散货）为主要代表船型的规模和竞争实力较强的船队。

多种经济成分、多元投资主体投资海运的热潮正在形成。河北远洋运输有限公司已发展成为拥有3艘灵便型、13艘panamax、6艘capesize、3艘vlcc等共计27艘、280万载重吨的远洋船队，位居全国同行业第4名，行业集中度进一步增强。唐山船舶保有量突破30万吨，达到33.4万吨，相当于2000年全省船舶保有量的一半。沧州市船舶运力突破5万吨大关，达到5.5万吨。

【地方铁路运输】 地方铁路运输企业全年完成货物运输量5691万吨、20.2亿吨公里，完成年计划的111.6%和125.2%，同比分别增长26.3%和25.0%，创历史最高水平。

“十五”以来，全省地方铁路运输不断壮大，已发展到14家，营业线路里程达1207公里，“十五”净增590.6公里。其中企业专用铁路发展势头较猛，已发展到6家，营业线路里程达467.5公里。“十五”货运量和货物周转量年均分别增长34.1%和30.5%。

一批骨干企业在全省地方铁路运输中的份额不断加大。滦港公司和首钢矿运部成为地方铁路龙头企业，全年分别完成货运量1267.3和1234.2万吨，同比分别增长46.6.5%和22.8%，两公司运量合计占全省44.0%的份额；分别完成货物周转量9.1和2.1亿吨公里，同比分别增长47.5%和23.8%，两公司货物周转量合计占全省55.3%的份额。

【港口生产】 全省港口完成货物吞吐量2.7亿吨，完成年计划的110.3%，同比增长23.6%。其中外贸货物吞吐量0.73亿吨，同比增长4.1%。吞吐量构成中，煤炭2.26亿吨、矿石2593万吨、钢铁809万吨，同比分别增长18%、72%和38.1%。完成集装箱14万TEU，同比增长60%，其中秦皇岛港完成10.5万TEU，突破10万标箱。

分港口看，秦皇岛港务集团完成吞吐量1.69亿吨，同比增长12.5%，实现了总量、煤炭（1.45亿吨）和内贸煤炭吞吐量（1.1亿吨）三个超亿吨，为缓解国家煤电油运紧张局面做出了较大贡献；京唐港完成3365万吨，同比增长30.0%，实现了超3000万吨的跨越。货种结构更趋合理，矿石、钢铁、水泥和盐呈现高速增长态势，增幅分别为95.5%、34.4%、82.5%和118.8%。货流日趋均衡，内外贸之比由上年的2.7：1降为1.66：1，出港与进港之比由上年的3.1：1降为1.8：1，港口对腹地经济的带动和拉动作用日益显现；沧州港完成吞吐量6781万吨，同比增长59.5%，外贸吞吐量突破1000万吨。

“十五”期间，全省港口吞吐量年均增长20.5%，比全国港口吞吐量增速高出3.2个百分点。2005年比2000年净增了1.66亿吨，增长了1.5倍。2003～2005年增速最快，增速均在20%以上。主要港口都表现活跃。秦皇岛港务集团五年间（除2002年外），均实现了总吞吐量和煤炭吞吐量双超亿吨；京唐港在2001年、2003年和2005年完成吞吐量分别跃上1000、2000和3000万吨台阶；沧州港更是实现了超常规、跨越式的增长，2005年跃上6000万吨台阶。

（河北省交通厅　孙明山）

【航空运输】　2005年年初，季允石省长对河北省民航工作做出了“一定要使石家庄的天空繁忙起来”的重要指示，郭庚茂和付双建副省长也相应做了重要批示。为贯彻落实省领导指示精神，河北机场管理集团确定了新的总体思路和工作目标：采取多种方式与各家航空公司广泛合作，保证通往国内各大区主要城市的航班每天不少于1班，通往与河北省经贸往来密切城市的航班每周不少于4班，通往重要旅游城市的航班每周不少于2班。

运输生产情况。2005年，共完成旅客吞吐量47万人次，同比增长69.0%，其中石家庄45.4万人次，增长78.0%；秦皇岛1.6万人次，减少31.1%；完成货邮吞吐量1.66万吨，同比减少16.7%，其中石家庄机场国内货邮吞吐量6108.4吨，同比增长36.0%；国际货物包机吞吐量1.05万吨，同比减少32.1%。国际货运吞吐量下降主要由于独联体国家国内形势变化及清关政策调整等客观因素的影响，在国内各机场独联体货运包机业务普遍大幅下滑的形式下，石家庄机场的国际货包业务仍占到了整个华北地区的40%。2005年在河北两个机场执行航班的航空公司为：东航河北分公司、东航江苏分公司、深圳航空公司、厦门航空公司、海南航空公司、四川航空公司、上海航空公司、南航哈尔滨分公司、南航海南分公司、南航广西公司。两个机场执行的航线分别为：石家庄至西安、沈阳、大连、银川、广州、上海、厦门、重庆、深圳、温州、成都、海口、昆明、哈尔滨、杭州、呼和浩特、秦皇岛、张家界、香港。秦皇岛至石家庄、哈尔滨。暑期旅游旺季，秦皇岛山海关机场还保障了长春、杭州、黑河、满洲里等地的旅游包机。5月份，首次引进意大利海洋航空公司的B747大型货机直飞欧洲，为机场集团公司国际货运业务向规范、持续、快速发展奠定了基础。

安全生产。全年共保障飞机起降3.66万架次，同比增长417.4%。其中石家庄机场3.63万架次，同比增长452.5%；圆满完成了温家宝总理和朱镕基同志的专机保障任务，较好地保证了飞行安全、空防安全和航空地面安全，全面实现河北民航机场安全运营21周年。

机场建设。与北京泛美国际航空学校合作全面展开。在集团公司的大力支持下，北京泛美国际航校基地建设进展顺利，训练飞机已顺利驻场，并已开始教学飞行训练。年内，一家四星级标准的民营酒店河北欧景假日酒店在石家庄机场落成并试营业，提升了石家庄机场服务保障能力。石家庄机场平行滑行道工程于2005年9月通过验收，并于10月1日正式投入使用。平行滑行道全长3400米，工程总造价4800多万元。

（河北机场管理集团　武妙英）

邮　政　业

【概况】　2005年，全省邮政实现业务收入23.15亿元，比上年增长10.18%，收入绝对值列全国第八位。完成国家局下达计划的104.9%，省定计划的101.2%。全省居民人均用邮费用由2002年的27元提高到34元，增长26%。还清了所有银行贷款，实现收入、成本挂帐双双为零。全省邮政用户服务满意度达到92.04分，居全国第五位。函件业务实现收入1.72亿元，包件业务实现收入8517万元，速递专业实现收入2.5亿元。物流专业实现收入6166万元，全国性“一体化”物流项目达2个，进口“一体化”物流项目达28个，中邮快货协议客户达到152个。报刊发行实现收入1.59亿元，报刊零售实现收入3210万元，订零比例达到24.3%。储蓄余额累计达到677.39亿元，为纪念河北邮政储蓄余额突破600亿元，季允石省长题词“发展邮政储蓄、服务河北经济”用于制作纪念封。绿卡用户数达到152万户，代理保险费达到29.43亿元，储蓄实现业务收入13.51亿元，汇兑实现收入4105万元，集邮专业实现收入1.09亿元，机要通信创造了连续8年质量全红的好成绩。

积极推进信息化建设，通信能力不断增强。不断改造、升级传统网络，保持核心竞争力的领先优势，在建成邮政综合计算机网的基础上，不断提高应用能力。实现邮政储蓄全国范围内的通存通兑；建设了邮政绿卡中间业务平台，开办代收话费、代发工资、代发养老金、代收水电费等近20种代收付业务；完成银联卡改造；完成邮政储蓄统一版本工程，建成了邮政储蓄、中间业务及代理保险、外币储蓄等多个系统相融合的新一代邮政金融计算机系统。全省电子化支局统一版本，实现电子化支局系统数据向国家局量收系统的数据传输上报。完成国家局在河北省的邮政金融电子稽查系统试点，迈出了中国邮政金融稽查电子化、实时化的第一步。在推进信息化建设的同时，加大了实物网的建设力度。建设和完善邮政物流网，在加入中邮物流北方集散网建设的基础上，开通了全省各市至北京、郑州的12条物流专线，为中邮快货和一体化物流业务发展提供了有力支承。在全省启动了邮政服务进社区、进校园、进商厦的“三进工程”和“村邮工程”。到2005年底，“三进工程”网点总数达到695处，“村邮工程”邮政农村服务网点总数达到1.27万处。

邮政服务水平进一步提高。全省邮政部门变“坐等用户”为“上门服务”，对大客户实行派驻式服务；营业窗口实行规范化服务；开展“提高服务质量，让用户满意”专项活动，加大服务工作的监督检查力度。2002年、2003年省局连续两年被评为行风评议优秀单位，2004年、2005年连续两年免评。为促进行风建设不断迈上新台阶，提出了“免评不免建”的要求。全系统精神文明建设成果丰硕。沧州局荣获“全国文明单位”称号，全省共有省级文明单位35个、地市级105个、县级19个，占全省邮政企业总数的98%。石家庄、廊坊局获全国通信行业企业协会管理创新一等奖。国家级青年文明号总数达到6个，省级青年文明号总数达到75个，新增省直青年文明号3个。

【邮政金融电子稽查系统试点成功】 “邮政金融电子稽查系统”是国家局继电子汇兑系统、银联卡改造、邮政储蓄统一版本工程之后，为中国邮政金融稽查工作实行电子化、实时化而开发的应用软件。鉴于河北局顺利完成了电子汇兑系统上线、银联卡改造、统版工程、两网互通等全国性工程，特别是在统版工作中，实现“零障碍”上线。国家局遂将邮政金融电子稽查系统试点工作放在河北。10月12日上午，省局召开了“邮政金融电子稽查系统河北试点上线工程”第一次工作会议，会后不到一个月的时间，完成了设备的招标采购、安装调试、投入使用工作。共编制各种标准数据5.44万条，并对系统进行了回归测试、功能测试、压力测试及全省性实战预演。11月11日上午9时，河北邮政电子稽查系统上线成功，为电子稽查系统在全国推广积累了经验，为河北邮政赢得了荣誉。

【国家邮政局向西柏坡捐赠邮品】 5月26日是毛主席和党中央进驻西柏坡57周年纪念日。这一天，国家邮政局向西柏坡纪念馆捐赠晋察冀边区邮票暨《西柏坡精神铸辉煌》邮册发行仪式在西柏坡纪念馆广场隆重举行。中央保持共产党员先进性教育第37督导组、河北省委、国家邮政局、河北省邮政局、石家庄市委、石家庄市邮政局等有关部门领导及驻石新闻媒体记者出席了捐赠和发行仪式。

此次国家邮政局向西柏坡纪念馆捐赠的珍品邮票共有三套，即：抗战胜利纪念邮票（小型）1套15枚、抗战胜利纪念邮票（大型）1套8枚和毛泽东像邮票(平山版)1套8枚，由西柏坡纪念馆永久收藏。晋察冀边区邮政邮票在西柏坡纪念馆的展呈，丰富和完善了纪念馆的展览内容，是西柏坡纪念馆进行爱国主义教育的又一极好教材。

《西柏坡精神铸辉煌》纪念邮册以生动的图文，再现了西柏坡“新中国从这里走来”的历史地位和以“两个务必”为核心的西柏坡精神的现实意义。具有极高的党史价值和收藏价值，是邮政部门为弘扬西柏坡精神、发展红色旅游作出的积极贡献。邮册的发行对于弘扬西柏坡精神、配合保持共产党员先进性教育活动的深入开展十分有益。

（河北省邮政局　曹福生　丁建利）

通　信　业

【概况】 2005年，全省电信行业继续保持健康发展的良好态势，全年完成电信业务总量500亿元，同比增长22.1%；电信业务收入242.5亿元，同比增长12%。新增电话用户501.7万户，总数达到3592.7万户。其中固定电话用户达到1627.2万户(无线市话293万户)，移动电话用户达到1965.5万户，固定电话主线普及率和移动电话普及率分别达到23.9线/百人和29.3部/百人；互联网上网用户达到311万户，其中宽带用户达到131.7万户。

完成村通电话工程。大力推进“村通电话”工程实施力度，切实加强村村通电话工程的组织协调工作。从2004年初开始，一方面精心部署省内网通、移动、联通公司加大对村通电话工程的建设资金投入、加速建设进度，另一方面积极向省政府汇报村通电话工程的建设情况和困难，取得省政府的大力支持，获得了相关部门的支持和配合。经过全省电信行业的共同努力，2004年和2005年，1934个未通电话的行政村通上了电话，基本实现全省所有行政村通上电话。

完成石家庄市本地网号码升八位工作。在加强对本地网局号和短号码等码号资源管理工作基础上，成立专门机构，积极组织石家庄市本地网号码升八位工作。组织实施了网间联调、升位预演和全网检查，要求各运营企业制定详细的应急保障预案，保证升位工作按计划推进，2005年5月20日升位工作顺利完成。

【电信监管】 通过市场调研、宏观统筹，对互联互通、电信资费、通信建设等市场热点难点问题进行了重点整治。通过广泛宣传关于破坏互联互通的司法解释、依法加强互联互通监管，全省电信网间互联互通情况好于往年，企业间的竞争日趋理性。根据电信市场监管工作需要并结合互联互通实际情况，按月召开河北省电信市场监管工作例会，有针对性协调和解决网间通信质量、市场经营秩序等问题。

进一步营造和谐的电信市场环境。一是充分发挥“电信网间结算及互联互通监测控系统”的技术手段作用，加强对网间通信状况的检测和拨测，并通过召开互联互通网间通信质量分析例会、互联互通问题专题会、现场会、下发质询或督办通知等形式进行协调、调查和解决存在的各类网间通信不畅问题；二是通过建立动态的电信资费审批和备案数据库，加强对电信资费的有效和动态管理。及时准确地处理资费管理工作中的问题，纠正和处理资费违规行为，遏制无序的价格竞争；三是配合省局制定市场秩序考核管理办法，对市场上的各类违规问题和行为进行考核，并作为省局对各电信企业进行评价的依据；四是充分发挥河北省通信行业企业协会作用。建立健全行业和企业自律，签署自律公约，自觉维护行业发展秩序。2005年，通过行业自律共对17家电话声讯台站进行了违约处理。

进一步加大通信建设市场的监管力度。一方面按照部工作部署，对获取通信建设资质的40家企业进行了换证工作，另一方面严格执行通信工程建设规范和强制性标准，加大对省内各电信运营企业的建设行为检查，分别对邢台网通和承德联通分公司的违规行为进行了省内通报，推动了我省通信建设市场的规范和完善。同时我局网络管理处被建设厅评为“全省工程项目管理先进单位”。

规范市场主体的准入行为，增值电信业务管理规范有序。基础电信业务的迅猛发展，拉动了增值电信业务的飞速发展。增值业务的发展又引发了一些信息安全等问题，省局严格严格履行业务审批和备案程序，努力做到公平、公开、公正，进一步简化申办手续，提高审批效率。截至2005年12月底，共发放电信业务经营许可373家，其中ICP167家，ISP7家，短信151家，呼叫中心6家，无线数据传输1家，无线寻呼4家，电话声讯36家，模拟集群通信1家，依法实施各类业务备案3.12万家。

【网络信息安全管理】 根据信息产业部、国家中心有关文件精神，并结合河北省互联网发展的实际，重新修订了《河北省互联网网络安全应急预案》。进一步建立健全了河北省互联网网络安全应急处理工作机制，为提高省内互联网网络安全应急处理能力和水平，保障互联网网络安全提供了制度保障。按照“谁经营、谁负责”的原则，层层落实责任，及时处置各种信息安全突发事件，最大限度地减少危害、消除影响，遏制有害信息在互联网上的传播。一是认真做好应急通信管理工作。组织编制了全省应急通信预案，并结合实际强化实战演习。2005年7月，组织省内各电信运营企业进行了全省防汛通信应急演练，对全省通信行业应对突发事件能力进行了一次全面检验。二是加强重要通信的组织协调，圆满完成各项通信保障任务。按信息产业部的要求，会同北京管局联合组织实施并圆满完成了20国集团（简称“G20”）财长和央行行长会议的通信保障任务。

【电信市场专项整治】 以重点解决电信服务营业场所、信息内容、短信服务等广大人民群众关心的热点难点问题为切入点，对通信产品和服务市场开展了一系列专项整治活动，有效遏止了电信服务市场的无证经营、信息内容格调低下、因网络质量和服务质量差而损害电信用户利益等违法违规行为。一是组织开展互联网站清理整顿工作；二是深入开展信息产业部发起的“畅通网络、诚信服务”主题活动；三是配合做好全省电信网上的“扫黄打非”工作；四是配合开展省政法委组织的规范和治理学校、幼儿园及周边治安秩序工作；五是组织开展移动电话手机市场专项治理工作；六是组织省电信用户委员会开展对电信企业服务协议、格式合同的点评工作；七是配合文化部门开展打击“非法网吧”、“黑网吧”工作；八是配合公安部门开展打击淫秽色情网站行动；九是会同有关部门开展打击淫秽色情声讯台专项行动；十是配合新闻出版等部门开展互联网上盗版行为治理工作。2005年共对11家声讯台实施了行政罚款，取缔2家声讯台；依法关闭短信息经营单位16家、限期整改10家；关闭非法网站1088家。有效地保护了消费者的合法权益，维护了通信市场发展的稳定。

（河北省通信管理局　高德生）

【中国网通河北省分公司】 2005年，中国网通河北省分公司圆满完成了集团公司与河北省委、省政府部署的工作任务，全年营业额完成99.51亿元，超额完成集团考核目标，实现了国有资产的保值增值。2005年11月28日，公司承担的村村通建设任务已经全部完成，累计完成1445个行政村，并全部通过了7个市政府的确认。省政府专门召开庆功会以示嘉奖，村村通电话工程被评为河北“十五”十大成就之一。2005年12月30日，河北网通获得了英标管理体系认证（北京）有限公司（BSI）颁发的ISO9001：2000质量管理体系证书，整体通过了质量管理体系认证。同时，还顺利完成了全省11个本地网网络优化项目实施阶段工作，本地网优化示范项目通过了专家组的审查与肯定，荣获中国通信学会科学技术奖二等奖，并在全集团开始推广；集团在河北实施的ERP项目和内控项目试点工作进展顺利，得到了集团公司主管领导的充分肯定。

引进先进技术，网络通信能力、技术层次和支撑水平再上新台阶。5月21日，石家庄市固定电话及小灵通号码顺利升八位；6月30日，全省11个本地网网络优化项目实施阶段工作全部完成，成为全国第一个全省范围内实施本地网网络优化项目的公司；7月10日，小灵通自助入网功能在全省范围内顺利开通，满足了客户需要；按照集团公司统一要求，完成了改自然月计收费工作；全省本地网交换机、无线市话总容量突破2000万门（线），累计达到2115万门（线），互联网省际出口带宽达到30G，综合通信能力再上新台阶；完成了IMDS系统整体规划，积极推进公司IMDS系统建设。按集团公司要求，实施了“2＋1”项目，启动了集团公司ERP二期试点项目河北试点工程，并于2005年底前完成第一阶段工作；实施了省集中计费整合项目和DCN整合项目。加快企业信息门户项目建设，进一步扩大用户使用范围，在全公司实现了县分公司经理及以上相关管理人员及社区经理的互联互通、信息共享和网上办公；加强了企业信息化管控体系建设，基本实现了企业信息化管理统一、架构一体、标准一致、系统完整、流程规范，这项成果获第二届全国通信行业企业管理现代化创新成果三等奖。

树立科学管理理念，坚持“过程控制、闭环管理、持续改进”，河北网通正逐步建立起完善的自我改进机制，在企业内部管理、产品与服务质量、客户满意度等方面均取得了明显提高。一是顺利完成了集团公司内控项目在河北试点推广工作，初步建立起公司层面和各业务流程层面较为完整的控制体系。二是初步建立了标准的质量管理体系和流程管理体系。获得了英标管理体系认证（北京）有限公司（BSI）颁发的ISO9001：2000质量管理体系证书，使河北网通整体通过了质量管理体系认证，各项业务流程得到优化统一，效率大幅提高。三是细化成本管理。将成本费用分成“确保类、挖潜类、以收定支类”三类进行管控，强化过程控制，提高预算执行力。四是完成了“十一五”网络发展规划、2005年网络滚动发展规划、3G网络、IMDS、唐山两港一市通信网规划。加强投资效益分析，减少投资风险，提高了投资效益。五是强化网络运维管理。开展对无效益网络退网工作，完成了4000多个机房安全整治工作。加强了对干线巡修工作管理，省传输局开发的河北省长途光缆巡检综合管理系统荣获中国通信学会科学技术奖二等奖。六是加大集中采购力度，实现了40类物资6项服务的集中采购。全年省公司完成重大招标采购89次，采购金额11.95亿元，节约资金1亿多元。七是加强企业内部审计。完成全公司审计单位数131个，完成审计项目9113个。工程项目审计中审减工程费用1亿元，综合审减率为5.8%。八是强化基础管理、员工行为规范管理等制度动态管理，全面修订和完善了公司各项制度，并对制度执行情况及时跟踪完善，实现了过程控制、闭环管理、持续改进。

2005年，该公司的服务工作赢得了客户的好评和社会各界的肯定。省公司被中国质量协会、全国用户委员会授予“全国用户满意服务”称号；省公司及石家庄市等9个市分公司、65个县分公司被省消协授予“河北省第八届消费者信得过单位”称号；承德市分公司被中国通信企业协会授予“2005年全国通信行业用户满意企业”称号。衡水市分公司荣获国家级“精神文明建设先进单位”称号，1人获得全国“劳动模范”称号。截至2005年底，该公司共建成文明单位190个，其中国家级文明单位3个。有286个“三星级”窗口单位，国家级“青年文明号”7个，省级“青年文明号”46个。3人获得全国“劳动模范”称号，4人获得全国“五一”劳动奖章，1人获得“中央企业劳动模范”称号，12人获得“河北省劳动模范”称号。

（中国网通河北省分公司　曹嘉仲）

商 贸 流 通

【概况】 2005年召开了全省流通工作会议，并出台了关于促进全省流通业发展的实施意见。明确了加快流通业发展的思路、目标和措施，在许多方面有所创新和突破，极大地促进了全省商贸流通工作的快速发展。围绕市场体系建设，加大城市商业网点规划编制工作力度，多数设区市网点规划编制工作取得了重要进展；加强行业管理，批发零售、餐饮、美容美发、成品油、酒类管理等行业和拍卖、典当、旧机动车交易、报废汽车拆解等特殊行业的日常监管明显加强，出台了《河北省美容美发星级评定标准》，市场准入进一步规范。围绕扩大消费需求，全面推进“万村千乡”市场工程，筛选68个试点县（市）和70家试点企业，推动其按照“农家店”建设规范，发展连锁经营、统一配送，促进农村流通网络建设和改善消费环境；启动商业示范社区创建活动，完成了对全省社区商业的调查措底，确立了首批省级和国家级示范社区；大力开拓国内市场，组织企业参加大型贸展活动。围绕加强市场运行监测和调控，建立和启动了城市生活必需品、重要生产资料、重点流通企业三大监测系统；加强流通领域的食品安全监管，建立了省级商务系统食品安全定点检测体系，推动实施了中德合作食品安全链项目，启动了“三绿工程”，突出抓了禽流感等突发性事件的应对；规范生猪储备管理，加强了重大节日特别是黄金周的市场供应安排。围绕推进流通现代化，大力发展连锁经营、物流配送和电子商务，连锁总店发展到196家，物流配送中心发展到120家。围绕整顿和规范市场经济秩序，在全省组织开展了食品药品安全、保护知识产权、打击商业欺诈、农资市场、建材市场专项整治和打击制售假冒伪劣专项活动，查处了一批大案要案。

2005年，全省社会消费品零售总额实现2953亿元，同比增长14.6%。其中城市零售额实现1382.5亿元，同比增长14.6%；县及县以下零售额实现1570.4亿元，同比增长14.7%。批发零售贸易业稳步增长，零售额实现2541.3亿元，同比增长14.1%；住宿和餐饮业增势强劲，零售额实现349.6亿元，同比增长19.0%。其他行业零售额实现62亿元，增长10.5%。

【流通企业改革】 近年来，河北省流通业以产权制度为突破口，以“两增、两减、两分”为主线，以增资扩股、产权转让和吸收社会资本为主要方式，通过政府支持和市场运作，积极推进流通企业改革，降低国有资本比重，加快建立现代企业制度。根据第一次经济普查，限额以上批发零售贸易、住宿、餐饮企业共1359家，其中有限责任公司、股份合作制和股份制企业443家，占32.6%。全部股份合作制和股份制企业商品销售总额1051.1亿元，占全省批发零售贸易业商品销售总额的21.16%，同比增长51.1%。全省批发业年商品销售额超亿元的企业发展到291家，销售总额1167亿元，占全部批发企业商品销售总额的59%。零售业年商品销售额超亿元的企业发展到96家，商品销售总额333亿元，占全部零售企业商品销售总额的14.68%。有5家企业被评为2005年度全国零售百强。住宿餐饮企业销售额超5000万元企业4家，年销售额占餐饮业社会消费品零售总额的1.01%。

2005年，全省连锁企业总店发展到196家，连锁分店2777家。其中限额以上连锁总店37家，连锁分店1161家，销售额实现48.3亿元，同比增长23。8%，高于同期社会消费品零售总额增长幅度9.2个百分点。内部物流配送中心29家，配送额19.3亿元，占连锁企业销售额的40%。河北省CA认证中心经国家审核批准，已正式投入运营，电子商务保持良好发展势头。

【农村商品市场发展】 2005年，全省共有商品交易市场4107个，市场成交总额3310.3亿元。超亿元市场240个，其中成交额超亿元以上的商品批发市场成交总额2322.9亿元，同比增长10.1%。成交额超10亿元市场46个，超100亿元市场3个，超200亿元市场2个。农副产品专业市场成交额616亿元，年均增长16.2%。2005年，全省农村消费品市场零售额实现1570.4亿元，比上年增长14.7%。农村消费品市场所占比重为53.2%，与“九五”末期基本持平。

按照商务部和《河北省“万村千乡”市场工程试点规划》、《河北省开展“万村千乡”市场工程建设试点工作方案》要求，2005年全省共建设和改造农家店7628家，其中乡级“农家店”460个，村级“农家店”7168家。按照部颁标准经验收合格的“农家店”5264家。“万村千乡”市场工程的实施，使农村购物环境明显改善，维护了农民利益，创造了经济社会效益。

全省批发零售贸易业零售额中，个体私营企业占59.7%，国有和集体企业分别占13.9%和9.1%，股份制企业占11.0%，其他为6.3%。从农产品零售额上看，农民营销组织和农民直销农产品的比重已经超过50%，农产品市场体系已经形成以民营经济占较大比重的市场主体多元化格局。从农民收入结构上看，60%以上的收入来自农副产品的销售，农产品市场已经成为农民致富奔小康的重要途径。

【市场运行监测】 一是完善监测网络，启动了内贸流通数据平台建设。研究开发了“河北省市场运行监测调控网”，及时反映涉及市场运行调控方面的监测数据、市场分析及相关政务信息。积极构建商务数据平台，建立内贸流通数据库。扩大监测范围，调整监测样本企业。把监测范围扩大到22个扩权县，增加经营规模大的企业作为监测对象；邯郸、保定、廊坊、唐山调整监测样板企业，提高了上报率。制定了市场运行监测工作考核管理办法，努力提高全系统数据上报和市场分析的水平；加强市场监测立法工作，起草了《河北省商品市场运行监测管理办法(初稿)》作为立法项目上报法制办，建议以政府规章或地方立法的形式颁布实施，以推动市场运行监测工作的深入开展；探索建立监测保障机制。提出“建立健全流通领域公共信息服务体系，设立省市两级流通领域公共信息服务体系建设资金”的基本思路，被纳入《河北省人民政府关于促进流通业发展的实施意见》。起草了《河北省流通领域公共信息服务体系建设规划》。二是加强市场运行调控。加强重大节日市场安排，保证“春节”、“五一”、“十一”三个黄金周的市场供应。严格规范储备管理工作，对国家和河北省生猪储备基地进行了检查督导；安排落实了2005—2006年度的生猪储备计划；恢复了食糖储备。三是加强应急管理工作。制定了《河北省突发事件生活必需品市场供应应急预案》，由省政府印发实施。积极建立省、市、县三级协调运行的应急管理机制，多数市结合本地实际，制定了应急预案。县级应急管理工作也在逐步启动。四是全力做好防治禽流感工作。制定了《监管检疫组工作方案》、《监管检疫工作预案》和《商务系统防治禽流感工作方案》，加强市场监测，尤其是肉类、禽类产品供求变化。

【食品药品市场专项整治】 食品安全方面。一是对进入省内大中城市市场的主要农产品实行包装上市、产地编码、标识追溯制度，严格市场准入。已完成小麦粉、大米、酱油、食醋、食用植物油等5类食品的市场准入工作，肉制品、乳制品等10类食品市场准入工作基本完成，茶叶、糖果制品等13类食品申报企业的市场准入工作正在顺利开展。二是加大对农产品标准化生产的监管力度，完善无公害蔬菜质量标准体系，推进农业标准化生产。三是大力开展无公害果品产地检测认定，积极推广无公害市场技术。全省累计完成无公害果品产地检测认定850万亩和无公害水产品产地认定200万亩，规模化无公害标准化果品生产基地面积已达总面积的70%以上。无公害水产品产地占全省水产养殖总面积的90%，产量占全省养殖总产量的90%。四是大力推进餐饮业卫生监督量化分级管理，实施“放心肉”工程，建立定点厂信誉保障体系，全省定点屠宰率达到96%。五是严肃查处了唐山田力乳业案件、巨鹿“有毒糖果”、武强劣质“日本豆”、栾城硫磺“绿豆粉丝”、邢台和邯郸的“染色小米”等一大批食品安全事件。

药品安全方面。一是坚持日常监管和专项治理相结合，打假治劣、标本兼治。共查处假劣药品、医疗器械案件1.78万件，案值608.32万元。二是坚持关口前移，建立健全药店“诚信管理档案”。三是把执法力量向重点区域、重点单位倾斜，坚持查办大案，增强打假威慑力。四是加快农村“两网”建设步伐。截至年底，全省有1928个乡镇、4.12万个行政村建起了药品监督网络，覆盖率分别达到全省乡镇、行政村总数的97.7%和85.9%；全省有1928个乡镇、4万多个行政村实现了医疗卫生机构和药店药品配送供应到村，分别占全省乡镇、行政村总数的97.7%、82.8%。五是加强药品广告审查监督管理工作，开展了以规范药品生产、经营、使用行为，取缔非法经营药品、中药饮片活动的专项治理活动，达到了预期目标。

【保护知识产权专项整治】 一是加强舆论宣传。四月份，举办了声势浩大、形式多样的保护知识产权宣传周活动，省政府发布了进一步加强知识产权保护的通告，提高了全社会的知识产权意识。二是加强领导，协调行动。省知识产权局、省公安厅等部门联合印发了《关于打击、防范侵犯知识产权违法犯罪工作联系制度的通知》和《关于行政执法机关向公安机关移送涉嫌经济犯罪案件若干问题的规定的通知》，协调指导各地各有关部门的统一行动。三是严格执法，集中力量查处了一批大案要案。省工商系统检查经营户10万多户，检查各类商品交易市场、展会4465户，查处侵犯商标专用权案件1289起，没收侵权商标标识480万件，没收销毁侵权商品96万件。文体部门积极协调公安工商等部门，深挖地下黑库、清理非法托运站、堵塞违法音像制品运输渠道，共查处、销毁非法光盘300万张（盘）。版权（新闻出版）部门在清理出版物市场中，取缔违法违规书报刊摊点1345家，收缴非法出版物227万册，鉴定各类非法出版物926种、90多万字，查处各类非法出版案件176件。在专利执法检查中，检查商品16.5万件，查处冒充专利129件，查处假冒他人专利35件，受理专利侵权纠纷55件，受理其他专利纠纷案件

193件。公安机关共受理侵犯知识产权犯罪案件68起，立案侦查39起，涉案金额2100余万元，破案34起，抓获犯罪嫌疑人76名。全省检察机关依法批准逮捕破坏市场经济秩序犯罪467件，起诉402件。受理提请逮捕侵犯知识产权犯罪案件8件，批捕侵犯知识产权犯罪案件6件。

【打击商业欺诈专项整治】 工商部门制定了《虚假违法广告专项整治工作方案》，卫生部门制定了《河北省打击非法行医专项行动实施方案》。据不完全统计，专项行动开展以来，全省共检查医疗机构2.59万家，取缔无证行医2387家，对4561家存在违法违规行为的医疗机构依法进行了处罚，警告938家，责令改正2774家，暂停执业249家，移送药监部门2件，移送工商部门22件，移送公安2件。查处地方卫生部门监管责任案件一起。省专项行动领导小组办公室接到群众举报140件，全国打击非法行医专项行动办公室转来的50件均得到及时查处。商务部门制定了《全省打击商贸活动中欺诈行为专项行动工作方案》，重点治理商业零售企业不规范促销、超期占压骗取货款欺诈行为以及美容美发服务业、商业特许经营、对外贸易和对外经济合作等领域的欺诈行为。

【农资市场专项整治】 一是研究制定了种子、农药、肥料、农机及零配件打假工作方案，进一步明确了全年全省农资市场专项整治重点、整治目标和切实可行的措施。二是打防结合。针对重点品种、重点市场和重点区域，加强农资市场督导检查。三是积极开展放心农资下乡、农业科技入户等活动，提高了农民科学用种、用肥、用药水平，进一步发挥了优质农资的增产增效作用。四是认真开展农药专项治理行动，对兽药经营企业和种畜禽场进行了一次全面检查验收，积极推进兽药生产企业通过农业部GMP达标验收，严格农药登记证管理。五是引导和扶持重点农资流通龙头企业发展农资连锁经营和农资市场，积极推进农资市场的诚信体系建设。出台了《河北省放心农资企业管理办法（暂行）》，确定了51家第一批放心农资企业。全省农业系统共出动执法人员11.3万余人次，印发宣传资料235.3万余份，立案查处农资案件1392起，结案1198起。查获假劣农资产品约630.6万公斤，农机及零配件等16.8万台件，总货值约1265.2万元，挽回经济损失6987万元。

【建材市场专项整治】 一是制定实施方案，突出整治重点。质监系统制订了从源头抓好建材质量的工作方案，建设部门印发了《加强全省房屋建筑装饰装修材料使用监督管理的实施意见》，加强建筑装饰装修材料市场管理。二是认真组织实施。集中开展了打击非法生产“地条钢”专项活动和邢台人造板市场专项治理。为防止“地条钢”等违法生产反弹，一抓重点案件回访，二抓执法督导，三抓举报投诉，对重点举报的案件，迅速组织查处。在建材市场专项整治活动中，全省共出动执法人员5.99万人次，查处各类违法案件6532起，端掉制假售假窝点402个，查获假冒伪劣建材产（商）品标值共5670余万元；查获“地条钢”及劣质钢材5600多吨，货值1680余万元；查获假冒伪劣水泥8600多吨，标值270余万元；查获电线电缆2120千米，标值1800余万元；查获其它建材产品标值2400余万元。

（河北省商务厅　曹国华）

【烟草专卖】 “十五”时期，河北省烟草行业连续5年保持快速发展。2002年，实现工商利税30.5亿元，比2000年的14.8亿元翻了一番，提前3年完成了“十五”规划的主要经济指标。2003年6月，烟草工商分开后，商业系统继续保持了良好的发展势头。2005年，累计销售卷烟198.14万箱，实现利税21.71亿元，比2000年分别增长了13.8%和578%。“十五”期间，商业系统累计销售卷烟921.1万箱，实现利税64.45亿元，销量和利税年均增长率分别达到3.29%和41.44%，为国家和河北的经济发展做出了重要贡献。同时，经营管理水平也有了长足的进步。在专卖管理上，建立了公、检、法、烟四部门联合工作机制和京、津、冀联合打假工作机制，不断加大市场专卖管理力度，始终保持了卷烟打假打私的高压态势。“十五”期间，全省共查获假冒卷烟1.7万箱，捣毁制假窝点421个，售假窝点2194个，查获制假设备1131台，拘留制假售假分子528人，判刑344人。特别是2005年，在公安等部门的大力协助下，成功破获了涿州“6.18”和沧州“11.8”两个特大制售假烟网络，在全国率先取得了打击制售假烟网络的重大突破。在卷烟经营上，通过同步推进营销体制改革、组织结构调整和信息化建设，全省县级烟草公司法人资格全部取消，形成了以分公司为市场主体的基本格局；建立了以分公司为主体，以信息化为支撑，采购、访销、配送、财务管理和数据平台“五统一”的卷烟销售网络模式，经营管理理念和经济增长方式发生了深刻转变，向现代流通转变迈出了重大步伐。在内部管理监督上，始终把整顿规范作为重中之重，深入开展财经秩序专项整顿和卷烟体外循环专项治理。坚持以规范促发展，尤其是围绕对领导班子、财务审计、卷烟经营、重点部位和薄弱环节的监管，扎实开展内部管理监督工作，内部监管制度体系逐步健全完善，企业管理逐步走向法制化、制度化、规范化。

“十五”期间，省局（公司）不断创新发展思路，及时调整工作重点，在“工业兴、商业旺、职工富”的“十五”目标引导下，提前3年完成了“十五”的主要经济指标。2003年工商分开后，省局（公司）坚持连续性与开创性的统一，明确发展目标，找准发展定位，努力培育市场经营主体的生机与活力，实现了工商分开后的平稳过渡和共同发展。2004年，按照烟草行业“深化改革、推动重组、走向联合、共同发展”的主要任务，提出了努力建设一个规范、可控、高效、利益共享的卷烟市场体系，为中国烟草做大企业、做强品牌提供强有力的阵地支持的发展思路。根据这一思路，积极推进企业组织结构调整、销售网络建设和信息化建设，初步形成了以分公司为主体的组织架构和以信息化为平台的经营、管理框架，行业的改革和发展又迈上了一个新的台阶。2005年，又提出了实现由以行政管理为主向以资产经营管理为主转变、由传统管理向现代管理转变、由传统商业向现代流通转变、由管理型专卖向服务型专卖转变，大力推进体制、制度和机制创新。在建立与现代企业制度要求相适应的激励约束机制，形成科学、规范的决策机制和管理体系等方面，并为推动全省行业的深层次改革创造了有利条件。

“十五”前两年，在工、商企业分设工作基本到位，内部三项制度改革不断推进的情况下，大力实施品牌战略，积极调整产品生产结构和市场销售结构。逐步形成了“新石家庄”、“钻石”、“玉兰”三大卷烟重点品牌，品牌竞争力和工业企业的综合实力显著增强。在卷烟经营上，实现了由“访送一体”向访送分离经营模式的转变，商业企业的服务水平有了明显提高。尤其是2003年，根据国家局的统一部署，河北烟草顺利完成了工商管理体制改革，为工商双方的后续发展赢得了主动。2004年，省局（公司）积极稳妥地实施企业组织结构调整，到4月底，取消县级公司法人资格工作基本完成，使分公司真正成为经营主体、纳税主体和核算主体。同时，积极进行业务流程重组和运行机制再造，建成了以分公司为主体，以信息化为支撑，以“电话订货、网上配货、电子结算、现代物流”为特征，采购、访销、配送、财务管理、数据平台“五统一”的网络运行模式，在全国烟草行业率先实现了各分公司销售网络都以统一的模式、统一的流程、统一的平台运行，加快了由传统商业向现代流通转变的步伐。在2004年牵头组织京津冀三地率先建立了价格联动机制，并在随后华北、东北、西北十一省市区统一卷烟批发价格的基础上，2005年，在卷烟零售环节又实行了明码实价，提高了行业的价格管理水平，维护了国家和消费者的利益。

自2002年起，全省烟草行业先后开展了财经秩序和体外循环专项整顿，按照“边整边改边规范”的原则，有力地规范了财经秩序和内部生产经营行为。在国家审计署2004年底对河北烟草的全面审计中，得到了较高的评价。2005年通过全面加强行业内部管理监督工作，全省行业初步建立起了内部监管的制度体系和自律机制，初步形成了以规范“两烟”经营为基础、以加强财务审计监督为关键、以强化对领导干部的监督为重点、以纪检监察再监督为保障的内部监管工作格局，有效地防止了决策失误、权力失控、行为失范，为行业的持续稳定协调健康发展提供了有力保障。

（河北省烟草专卖局　丁兰国）

【国有粮食企业改革】　国有粮食购销企业产权制度改革是2005年全省粮食工作的重中之重。各级粮食部门按照省政府提出的目标要求，分类指导，因地制宜，因企制宜，强力推进，取得了重大突破。到2005年底，全省有改革任务的162个市、县（区）有155个完成了产权制度改革任务，占95.6%。从改革情况看，一是产权结构实现了多元化。全省原有的2210家国有粮食购销企业，有190家改制为国有独资公司，446家改制为国有控股公司，137家改制为国有参股公司。849家取消了独立法人资格，改为报账制购销站点，341家实行了承包租赁，31家整体出售转让，42家实行了兼并重组，144家以其它形式进行了改制。到年底，拥有国有产权的粮食购销企业总数减少到了803家，减少64%。二是国有资产监管责任得到了较好落实。各地在对1998年6月1日至2004年5月31日期间发生的政策性挂账进行清理审计的同时，经当地政府批准，共成立具有国有资产管理职能的机构145家。其中新组建国有资产管理（运营）公司87家，国有资产管理中心（办公室）50家，其他管理机构8家，全面落实了国有资产管理责任。三是改制后的企业经营机制逐步完善。结合产权制度改革，各地进一步规范法人治理结构，完善内部劳动、人事和分配制度，企业活力明显增强，干部职工的责任意识和经营意识大大提高。2005年，全省国有粮食企业粮食经营量达到386亿斤，比上年增长5%，改制后的国有独资、控股、参股企业统算实现利润429万元，扭转了多年亏损的局面。尤其是改革先行一步的地方和企业，经济效益明显提高，企业面貌焕然一新。

【粮食购销市场化改革】　2005年是全省放开粮食购销市场以及粮食价格的第二年，各级粮食部门从服务“三农”、支持粮食生产的大局出发，一方面，认真落实国家粮食购销政策，引导国有粮食经营企业转变观念，改进服务，千方百计方便农民售粮，较好地发挥了主渠道作用。全省国有及国有控股粮食企业收购粮食148.9亿斤，同比增长25.9%，占全社会收购量43.7%。另一方面，大力支持多种所有制经济主体参与粮食收购，搞活粮食流通。到2005年底，全省取得收购资格的非国有粮食经营企业、加工企业及个体工商户达到1400多家，比上年初增加200多家，形成了以国有企业为主导、多种经济成份共同参与的粮食流通新格局。在组织好粮食收购的同时，各地扎实做好市场销售和政策性粮食供应工作，全年国有粮食经营企业销售粮食142.3亿斤，保障了粮食市场的基本稳定。特别是军粮供应工作，在保质保量完成国家下达供应计划的基础上，努力发展社会化服务，积极开展多种经营，取得了良好的社会效益和经济效益，受到了部队和社会各界的好评。

【粮食产业化经营】　各级粮食部门以做大做强粮食产业为目标，积极推进产业化进程，促进粮食转化增值。在激烈的市场竞争中，壮大了一批具有较强实力的龙头骨干企业和名牌产品。据统计，到2005年底，全省粮油龙头加工企业已有81家，粮油加工转化总量达到1400万吨，日处理小麦200吨以上的面粉加工企业增加到39家，“五得利”、“甲家”、“黑马”、“廊雪”、“鹏泰”、“金沙河”等面粉品牌在省内外的知名度和市场占有率进一步提高，五得利面粉集团、华龙集团日清食品公司、三河汇福粮油集团、秦皇岛金海粮油工业有限公司等4家民营企业年销售收入均超过10亿元。其中五得利面粉集团以日处理小麦6000吨的生产能力名列全国第一。省政府确定重点扶持的30家粮食经营、加工龙头企业，都有了新发展。柏乡粮库、宁晋粮油总公司、献王集团、省粮油批发交易中心等企业龙头作用日益显现，成为全省粮食产业化经营的新亮点。2005年，各地还开展了“放心粮油”评选活动。经层层评比推荐，省粮食局和省粮油协会累计认定“放心粮油”品种47个，“放心粮油企业”29家，“放心粮店”18家；中国粮食行业协会和中国植物油协会认定河北省“放心面”、“放心油”分别有23个和4个品种。

【粮食流通法制建设】 按照国务院《粮食流通管理条例》赋予的职责，省政府出台了《河北省省级储备粮管理暂行办法》。同时，《河北省粮食流通管理规定》也将以省长令的形式正式发布，从2006年3月1日起施行，这是1998年粮改以来河北省出台的第一部粮食行政规章，标志着全省粮食流通管理步入法制化轨道。依据有关法规，2005年各地全面开始了全社会粮食流通统计，较好地完成了粮食供需平衡调查、粮食企业摸底调查、夏秋两季粮食质量调查和国有粮食企业库存检查等工作任务。为加强对粮食流通领域的监督检查，经省编办批准，省粮食局成立了监督检查处，唐山、承德两市粮食局的内设监督检查机构也正式组建，张家口市粮食局的监督检查科已经市政府批准单设，其它各市也都在积极争取当中。

【粮食宏观调控体系建设】 在储备体系上，按照省政府确定的储备规模和有关规定，省有关部门先后组织了三次省储粮库点及省储粮的招标，确定了62家承储企业，完成了12.75亿斤省储粮的采购任务。市级储备已经到位6.6亿斤，占省核定计划的94%。在价格监测体系上，到2005年底，省粮油信息中心在全省已设立基层价格报送点162个，建立了较为完整的价格数据库和查询系统。每天通过河北粮油信息网向社会发布粮食政策、价格信息和供求信息约200条，基本形成了覆盖全省的粮食价格测报网络。在粮食物流体系上，经过一年努力，《河北省粮食现代物流发展规划》已经完成初稿，确定了今后全省粮食物流体系的基础框架。省粮油批发交易中心经过改造，已成功举办了三次大型粮油交易活动。石家庄市的粮油交易中心（超市）主体基本完工，保定市粮油批发市场建设项目已经立项并通过审批，邯郸市复兴物流中心于2005年上半年开始运营。在质量检测体系上，各级粮油质检中心检测功能明显提升，在粮食收购、陈化粮销售、军粮供应以及粮油制品检验等方面较好地发挥了作用，全省具有粮油质量检验资格的人员已达到3000多人。

【粮油仓储管理】 近几年来，全省利用国债资金建设的79个粮库、利用农发行贴息贷款新（扩）建的30个粮库，2005年全部完成了验收扫尾，加上市、县粮食部门和企业自筹资金建设的仓容，合计新增仓容101.6亿斤，使全省仓容总量达到了280亿斤，储粮条件大为改善。到2005年底，已有144家仓储企业取得了中央和省级储备粮的承储资格。为确保储粮安全，各地粮食部门按照省政府和省粮食局关于安全生产工作的部署，坚持把确保储粮安全摆在重要位置，省局与市局、市局与县局都签定了《安全生产目标管理责任书》，建立了以安全生产目标管理为主体的责任体系，促进了仓储保管规范化水平的进一步提高，储粮企业“一符四无”率都达到95%以上，防止了较大安全生产事故和储粮责任事故的发生。

（河北省粮食局　陈建军）

旅　游　业

【概况】 2005年，河北省的入境旅游、国内旅游和出境旅游协调发展，旅游资源开发和项目建设继续加快，旅游环境和产业素质不断优化提升，旅游总收入继续大幅度增长。全年全省共接待海内外游客8130.5万人次，实现旅游总收入424.1亿元，分别比上年增长11.7%和21.2%。其中接待入境旅游者62.7万人次，实现入境旅游外汇收入2.1亿美元，分别比上年增长12.9%和10.4%。

4月20日，省委、省政府召开全省旅游发展大会。省委、省人大、省政府、省政协七位领导出席会议，省委书记白克明、省长季允石等分别做了重要讲话。会议强调，要真正把旅游业作为主导产业来抓，突出抓好旅游规划、行业管理和体制创新三项重要工作，把旅游资源大省尽快建成旅游经济强省。发展大会后，成立了由才利民副省长任组长、24个省直部门参加的全省旅游工作领导小组。5月24日召开了领导小组第一次会议，明确了各成员单位职责分工，确定了近期工作重点。各地党委、政府高度重视旅游业发展。石家庄市专门召开市长办公会研究制定加快全市旅游业发展的各项措施，提出到2015年建成北方地区著名旅游城市。承德市成立了由市长任组长的旅游产业发展领导小组，制定出台了《进一步加快旅游产业发展，建设旅游大市的决定》。秦皇岛市召开市委常委会专题研究部署旅游发展工作，制定了《秦皇岛市旅游基础设施建设年活动方案》和《对县区旅游工作考核办法》。邢台市委书记亲自带领常务副市长、主管副市长、重点旅游县市的县市委书记和市直有关部门负责同志，赴省内外进行为期一周的旅游考察，切实提高了对发展旅游业的认识。沧州市成立了由市长任组长的旅游工作领导小组，研究制定了《关于进一步加快旅游业发展的意见》。邯郸市成立了由市长任主任的旅游产业发展委员会，研究制定了《关于加快旅游业发展，建设旅游经济强市的意见》。

【红色旅游开发】 一是做好全省红色旅游规划编制工作。组织编制完成《河北省红色旅游发展规划》。《规划》明确提出了建设“一个革命圣地、一条黄金走廊（线）、五大红色旅游区、十条精品线路、三十处重点景区”的红色旅游发展蓝图。二是加大对红色旅游建设的投入。全年红色旅游景区完成基建投入2.8亿元。争取旅游国债资金8950万元，主要支持了涉县八路军129师司令部旧址、清苑冉庄地道战遗址、阜平县晋察冀军区司令部旧址、丰润潘家峪惨案纪念馆4个项目。三是加大红色旅游宣传。印制了河北红色旅游宣传图册、导游讲解词、多媒体光盘、交通示意图、旅游指南等一批宣传品。在全国首批创建了红色旅游网站，并与全国多家红色旅游网站实现链接。与河北移动通信公司共同推进了“红色旅游强省助力工程”，投资2600万元，为全省“十条精品线路”提供通信网络支持。与省委宣传部、省教育厅联合发起红色旅游主题招贴设计和主题摄影大赛活动。在北京、上海、广州市区和全省高速公路增设大型红色旅游宣传广告牌。“五一”前夕，与省委宣传部、团省委、文化厅联合在北京举办了“新中国从这里走来—河北省红色旅游宣传周”活动。实施了三个“百万人河北红色之旅”活动和“万辆自驾车”河北红色之旅活动。据统计，全省重点红色旅游景区接待游客543.3万人次，同比增长40%以上。其中西柏坡纪念馆接待同比增长70%，狼牙山景区增长88%，涉县八路军129师司令部旧址增长152%。四是强化红色旅游教育培训。组织编辑了《河北省红色旅游景点导游词汇编》和《中国红色旅游分省系列丛书（河北卷）》。举办了全省重点红色旅游景区管理人员、骨干导游员和旅行社导游培训班。组织6批红色旅游培训小分队，分赴重点红色旅游景区上门培训。全省共组织红色旅游培训1万人次以上。五是加强红色旅游资源与其他旅游资源的整合。如红、绿（自然生态）结合，红、古（历史文化）结合，红、蓝（海洋）结合，红、俗（民俗风情）结合等，形成优势互补，打造综合性产品，产生叠加效应。六是加强红色旅游区域合作。与北京、上海、江西、福建、广东、陕西七省市签署了合作发展红色旅游的《郑州宣言》，与北京、天津、山西共同推出“走向胜利的征程”红色旅游区域合作活动。10月，西柏坡与井冈山、延安、遵义、瑞金等景区点共同签署了《红色旅游合作井冈山宣言》，11月，又与韶山、井冈山、遵义、延安共同推出了五大革命圣地联展，并签署了《西柏坡共识》。

【旅游资源开发与项目建设】 一是高起点编制旅游发展规划。编制完成了《河北省旅游业发展总体规划》。《河北省“十一五”旅游业发展规划纲要》已完成初稿。推进旅游重点县和重点旅游景区规划编制工作，全年完成31处重点景区详规。二是高水平建设旅游项目。继续加快百项精品工程建设。全省新开工项目102个，在建项目223个，竣工项目118个。大力实施老景区升级提档工程。大部分3A级以上景区都制定出切实可行的改造方案，加快完善景区停车场、游客中心、步游路、标识标牌等基础设施。新修步游路243公里，新建和改建停车场111个。下大力解决“如厕难”问题，制定了全省旅游厕所建设改造方案，全年新建改建旅游厕所234个。三是高标准打造自助旅游服务体系。已编辑印刷中英文版《河北自助游手册》和《河北旅游交通图》，各市旅游咨询服务中心年底前已全部建成启用。与交通、卫生、石油等部门合作，启动建立自助旅游救援体系。四是大力度招商引资。向国家旅游局争取国家旅游发展基金400万元，筛选发布了旅游招商项目105个，组织参加了宁波中国旅游投资洽谈会。积极创新招商方式，利用专业招商、专题招商、网上招商、以商招商等方式，提高全省旅游招商引资水平。全省完成旅游项目总投资45亿元，其中利用外资4200万美元。

【旅游宣传促销】 一是全力开拓入境旅游市场。集中人财物力对选定的目标市场实施重点促销。先后组团赴欧洲、韩国、日本及港澳台地区进行市场促销，其中在韩国举办了“河北旅游宣传周”，与香港旅游发展局共同主办了“旅游新产品介绍会及冀港旅游业界交流会”。与此同时，加大“请进来”力度，组织100多名韩国和新加坡客人在廊坊举办了“市长杯中新韩国际高尔夫球比赛”，正式推出廊坊高尔夫休闲产品。邀请俄罗斯旅行商对秦唐承三市进行旅游产品考察。二是积极开发国内旅游市场。紧紧围绕京津和周边市场，突出红色旅游和自驾车旅游两大消费热点，开展多种形式的促销活动。先后举办了涿州元宵灯会、张家口崇礼滑雪节、顺平桃花节、白洋淀荷花节、张家口草原节等大型旅游节庆活动。同时，积极备战春节、“五一”、“十一”和暑期旅游，三个黄金周旅游总收入比上年增长13.5%。三是推动京津冀区域联合促销。实现共同编制旅游线路、共同制作宣传品、共同举办大型促销活动。8月24—26日，由河北省倡导并主办的京津冀—港澳台旅游合作大会在廊坊召开，两岸六地旅游界及新闻媒体共千余人参加了大会。会议期间，两岸六地进行了旅游推介、交流和洽谈活动，签署了一批合作协议，共同发表了旅游合作宣言，河北省推出了河北省迎奥运百家饭店名录和分布图。

【旅游环境建设】 一是积极推进旅游法制化建设。深入宣传贯彻《行政许可法》和《河北省旅游条例》，认真清理行政许可事项和涉及行政许可的规范性文件，经批准保留的行政许可项目共有8项。制定和完善了行政许可审批程序和7项行政许可配套制度，并向社会公布。二是加快旅游标准化步伐。全省新评星级饭店45家，总量达到350家，其中四星级以上酒店44家。新评4A级景区11家，总数达到41家（居全国第三位）；新评3A级景区9家，总数达到41家；新评2A级景区29家，总数达到75家。积极推进全国工农业旅游示范点评定工作，全省新评示范点12家，总数达到25家。开展树河北旅游新形象活动，评选出省级以上青年文明号14家。三是深化旅游市场治理。坚决清理和查处旅行社虚假广告，恶意销价竞争，超范围经营，“零团费、负团费”，“黑车”、“黑店”、“黑导”等违法违规经营行为。全省共组织联合检查32次，查处旅行社超范围经营2起，违规广告3起，提出警告1起，停业整顿1起，吊销国内旅行社经营许可证1家。推动全省旅行社全部上了旅行社责任险。认真受理各类旅游投诉，采取阳光热线、监督电话、信访举报、公开承诺等形式热情为游客服务，积极推进政风行风建设。在旅游企业启动开展诚信经营、诚信服务活动。四是推进旅游队伍素质化教育推进。制定了《关于在全省旅游从业人员中开展优质服务教育活动的实施意见》，组织了全省旅游行政管理人员培训班，150多位主管县（市区）长、旅游局长和重点旅游景区负责人参加培训。500人参加了全省迎奥运百家旅游饭店管理人员培训班和全省旅行社经理培训班。举办了首届未来导游之星大赛、“山海关杯”河北省导游员技能大赛和全省旅游饭店业服务技能大赛。成功举办了2005年全省导游人员资格考试。五是重视并做好旅游安全工作。进一步健全省旅游安全生产领导小组，完善《旅游行业重特大事故救援预案》，推进安全生产目标管理责任制。全年没有出现重大旅游安全责任事故，圆满完成了省政府下达的安全生产责任目标。

（河北省旅游局　马桂生）

金融业

【人行石家庄中心支行】 2005年，河北省各级人民银行和外汇管理局以科学发展观统领工作全局，按照“稳、严、新、实、廉”的总体要求，努力增强安全意识、管理意识、创新意识和调研意识，较好地履行了中央银行分支机构职责，为促进地方经济发展做出了积极的贡献。

完善工作机制，提高履行中央银行职责的能力。积极推动建立了河北省金融稳定工作协调机制。组织制定了《河北省金融稳定信息共享制度》和关于建立河北省金融稳定网的实施方案，积极研究探索高风险金融机构市场退出工作；协调省直有关部门建立了反洗钱工作协调机制。制定了《河北省反洗钱工作厅（局）际联席会议制度》和《2005年反洗钱现场检查工作指导意见》，对银行业金融机构进行了反洗钱工作现场检查；建立应急事件处置工作机制。制定了《中心支行突发事件应急处置工作规定》和各专业应急处置预案，为各类紧急事件的规范处置打下了基础；完善金融运行监测分析和金融风险监测制度。成立河北省经济金融运行监测分析小组和金融稳定分析小组，制定了《货币政策分析小组工作规程》和《加强经济金融分析工作的实施意见》，并坚持按季召开河北省金融机构金融形势分析暨金融稳定座谈会，邀请省发改委、统计局通报经济运行情况，对全省经济金融运行情况进行全面、深入的分析和判断，对金融领域的苗头性风险问题及时进行提示和预警，并提出前瞻性工作建议，有效促进了稳健货币政策的实施。

继续执行稳健的货币政策，增强“窗口指导”的有效性。积极配合地方政府搭建政、银、企交流合作平台。配合地方政府开展经济金融合作发展恳谈会、银企洽谈会等多种形式的政、银、企对接洽谈活动，相互推介投资项目和金融产品，共同促进地方经济发展；合理运用货币政策工具，有效传导政策意图。2005年，全省共发放支农再贷款7.26亿元，办理再贴现1200万元，支持了“三农”的资金需求。加强利率管理，建立了定期利率监测制度，快速、准确地反馈利率政策执行效果，引导金融机构合理定价。鼓励企业多渠道筹措资金，协调推动唐钢集团成功发行20亿元短期融资券，产生了较好的示范效应；提高“窗口指导”的有效性，支持地方经济发展。制定了《关于加强对个体私营等非公有制经济金融服务的指导意见》，积极扶持非公有制经济发展。加强房地产信贷管理，建立了河北省房地产金融联席会议制度。督导推动下岗失业人员小额担保贷款、助学贷款等政策性业务的开展。2005年，全省累计发放下岗失业人员小额担保贷款3084笔，5910万元，累计发放助学贷款1.03亿元，满足了1.2万名学生的资金需求；支持金融改革，农村信用社改革资金支持工作取得阶段性成果。各级人民银行高度重视农村信用社改革资金支持工作，先后组织完成了4批农村信用联社专项票据申请材料审核上报工作，154家县（市）农村信用联社全部获准认购专项票据，金额200.18亿元。农村信用社股本金大幅增加，盈利水平和能力明显提高，法人治理结构也得到进一步完善。河北省农村信用联社于6月9日正式成立运行。

加强业务管理，提高金融服务水平。2005年4月1日，河北省10个中心支库及所辖县支库的“国库内部往来”业务全部开通运行，实现了市、县两级国库资金往来的直接清算，提高了国库资金清算速度和财政资金的使用效率；京津冀区域票据自动清分系统正式运行。6月10日，人行石家庄中心支行在廊坊举办京、津、冀区域票据自动清分系统正式运行仪式，同时启用（冀）廊坊支票；河北省个人银行结算账户导入工作提前完成。8月3日，河北省个人银行结算账户集中导入人民币银行结算账户管理系统工作提前20天顺利完成，进一步推动了河北省信用体系建设。全省成功导入个人银行结算账户共计6283万户，其中借记卡1916万户、贷记卡79万户、其他4288万户。采取在省级数据处理中心集中导入的银行业金融机构12家，共计导入账户6115万户，占全省全部导入总量的97.3%，有155家银行业金融机构采取人民银行操作员申报方式，共计导入账户168万户，占全省全部导入总量的2.7%，全省导入成功率达99.3%；河北省银行大额支付系统自2005年5月23日起在全省成功运行。省内11个地市及所有县（市）共2888家银行、城市、农村信用社县级联社全部加入大额实时支付系统清算资金，全省日均约汇入划出3.88万笔、金额235.7亿元。银行大额支付系统的成功运行，标志着河北省银行业跨行、跨区域资金汇划迈入了现代化支付清算“高速公路”；履行货币金银管理职能，保证市场现金供应。全省残损人民币实行了集中复点模式和机器销毁。适时停办县支行发行库现金业务，实行零库存管理，加大了商业银行对现金需求的自我调剂力度，提高了现金利用率。对全省各市中心支库和部分县支库进行了全面检查，开展发行库达标升级活动，河北重点库、沧州市中心支库被总行评为全国一级库，秦皇岛抚宁支库、保定高碑店支库通过了总行考核组验收。

【外汇管理】 2005年，河北省外贸进出口总额160.7亿美元，比上年增长18.8%；实际吸引外商直接投资19.1亿美元，增长17.8%。国际收支继续保持“双顺差”的格局，经常项目顺差62.33亿美元，增长14.73%；资本和金融项目顺差8.1亿美元，增长48.35%；国际收支总顺差70.43亿美元，增长17.8%。

直接外债余额较快增长，外债转贷款余额略有减少。截至2005年末，河北省直接外债余额为12.55亿美元，与2004年相比增长13.44%。其中中长期外债余额10.16亿美元，增长18.71%；短期外债余额2.39亿美元，减少17.04%。大型项目签约金额大，以往签约项目资金陆续到位，提款金额多，是中长期直接外债增长主要原因。短期直接外债减少的原因是贸易融资减少，2005年企业采用远期信用证方式进行贸易结算减少28.5%。外债转贷款余额17.71亿美元，减少1.98%。其中中长期外债余额17.23亿美元，减少1.3%；短期外债余额0.48亿美元，减少26.03%。外债转贷款减少的原因：一是新签约项目少，规模也相对较小；二是过去已签约的项目相继进入还本付息期，部分逾期的短期债务办理了展期手续。

改进服务方式，提高服务水平。组织出口收汇网上核销试点工作，按照先分局、后中心支局，先试点、后铺开，先大企业、后小企业的推广思路，确保了试点工作在省局系统的成功推广。启动重点企业联系制度，省分局召开了进出口企业、外汇指定银行联系点座谈会。邯郸中心支局制定了《重点行业联系人制度》，按照不同行业指定联系人，每个季度召开座谈会，宣传外汇政策，分析外汇形势，沟通有关情况，推动了外汇局与重点企业联系点制度的深入开展。充分发挥外汇管理“窗口”服务指导作用，廊坊、邯郸中心支局制定了外汇管理提示制度。通过政策提示、市场提示、监管提示、个案提示，及时向金融机构和涉外企业提示新出台的外汇管理政策，对金融机构在执行外汇管理政策中存在的隐患、应当关注的风险点和异常情况进行及时提示，为银行、企业和地方政府提供了优质服务。同时打造绿色服务通道，及时了解企业需求，引导企业规范运作，解决了天山集团和邢钢集团的外商投资外汇登记问题，有效地支持了地方经济发展。

研发外汇业务信用系统，外汇信用管理走在全国前列。组织廊坊中心支局开发了“金融机构外汇业务信用信息管理系统”，被总局确定为“外汇违法（负面）信息披露试点分局”。总局对该系统给予充分肯定，认为系统的运行，是对外汇信用体系建设有益的探索和尝试，对我国信用信息体系的全面建设具有积极的推动意义。同时，开展了以“守法合规经营——外汇市场繁荣稳定的保证”为主题的“诚信兴商宣传月”活动。活动的形式、内容得到了社会各界的普遍认同，总局予以通报表彰。

加强监督管理，维护外汇秩序稳定。组织了对全省离岸公司的外汇收支专项检查，对建设银行河北省分行、农行河北省分行的外汇业务进行了检查，侦破了一起骗取银行结汇审核和改变投资用途案。全年省局系统组织专项检查43次，检查企业206家，银行60家，处罚36家；立案36起，查处违规金额4.04亿美元；结案35起，结案率97.22%；处罚金额108.24万元，实际收缴罚没款93.24万元，收缴率达86.14%。加大对外商投资企业和境外投资企业的外汇年检的检查力度。全省外商投资企业实际参加联合年检2776家，共计2880家企业参加了外汇年检，参检率为104%，同比增长约15%；全省共有59家境外投资企业参检，参检率为98.3%，同比上升了23.7%。

强化科技服务，提高管理的技术含量。完成出口收汇网上核销系统、反洗钱信息系统、新版结售汇统计系统等业务应用系统的推广升级工作；完成数据备份工程和“外汇账户管理信息系统”数据清理工作。组织了全省信息安全工作现场检查，确保了业务系统的安全运行。为规范外资外汇登记业务管理，组织廊坊、邢台中心支局开发了“外资外汇登记系统”并在省局系统推广。系统具有外资外汇登记数据录入、修改、删除、查询及数据接收汇总、自动输出、电子台账等诸多功能，统一了全省外资外汇登记工作标准，规范了全省数据报送格式，提高了工作效率及数据报送的准确性和及时性。加强国际收支分析监测，密切关注人民币汇率改革后社会各界的反映，做好各项调查反馈和宣传工作。进一步规范国际收支统计申报工作，建立考核制度，国际收支收付汇申报率均保持100%。完成了省分局内部信息网站的开发和试运行，进一步加强了河北省分局系统内部工作交流与信息共享。改进服务方式，积极推广出口收汇网上核销。截至2005年末，全省出口网上核销企业达3247家，网上核销业务量占到核销总量的91%。为防止外汇流失，组织全省外汇局系统对进出口逾期未核销外汇进行了集中清理，取得了显著成效。加强对企业境外资本市场融资的外汇管理和服务，进一步完善外商投资企业外债规模按照“投注差”模式进行管理的措施。认真做好外商投资企业和境外投资企业的外汇年检工作，全省外商投资企业参检率达104%，境外投资企业参检率达98.3%。积极推广使用“外资外汇登记系统”，应用电子化技术手段完善外商投资验资询证工作。探索外汇监管方式的创新，推广完善金融机构外汇业务信用信息管理系统，提高了管理水平。制定了《外汇违规（负面）信息披露试点暂行办法》和实施方案，被总局确定为试点分局，被评为全国外汇违法信息披露推广工作先进单位。

（人行石家庄中心支行　曾玉玲）

【金融监管】　2005年，河北银监局系统以“三个代表”重要思想为指导，不断更新监管理念，全面落实科学发展观，大力加强监管能力建设，努力建立风险监管的长效机制，为促进银行业金融机构安全稳健高效运行，支持地方经济平稳较快发展做出了积极贡献。

银行业金融机构继续保持不良贷款“双降”局面。督促银行业金融机构严格实施贷款五级分类，加强对贷款分类偏离度和贷款质量迁徙情况的监测，对监测中发现的问题，及时提示有关银行业金融机构切实整改。同时加大对不良贷款增加的银行业金融机构的追究力度，对4家资产管理公司石家庄办事处不良资产剥离和处置中的违规现象进行了查处，使银行业金融机构进一步加强了风险管理和内控建设。截至12月末，全省主要银行五级分类不良贷款余额807.4亿元，比年初减少162.1亿元，不良贷款占比16.1%，比年初下降4.17个百分点，继续保持了不良贷款余额和占比“双降”的局面。

现场检查取得良好效果。全年共派出检查组116个，累计工作量1.11万人/天，检查各类银行业金融机构851家。完成了对国有商业银行和股份制商业银行贷款分类偏离度现场检查、对2003年“三项业务”及2004年现场检查问题整改情况的后续检查、对财务公司和租赁公司资产质量五级分类核实及查出问题纠改情况的检查、石家庄市区联社所属农村信用社序时性现场检查等23项现场检查任务。检查中共发现各类违规问题287项，通过下发现场检查意见书、进行监管谈话、监管质询、情况通报、风险提示等方式提出整改意见317条、建议处理人员16名，督促银行业金融机构认真整改。

中小金融机构和信托投资机构风险处置工作初见成效。成立了河北银监局城市信用社处置协调领导小组，制定了《河北省待处置城市信用社处置方案》。对全省停业整顿城市信用社进行了摸底调查，向省政府专题报送了《关于河北省城市信用社风险处置情况的报告》，得到了省政府的大力支持。截至12月末，11家待处置城市信用社中，1家已处置完毕，8家已确定处置方式，其余2家也有了处置方案；省政府对57家停业整顿城市信用社的退市问题已作了原则决策，退市工作按计划启动运作。加强对省国际信托投资公司的监管，支持省政府尽快确定战略合作伙伴，12月11日，省国际信托投资公司与海南航空公司签署了重组协议，为彻底化解其风险奠定了基础。

金融行政管理工作进一步加强。修订和完善了《金融行政管理事项审核委员会工作制度》，全年组织了12次金融行政管理事项审核会议，对36名高管人员任职资格、59个机构设立或撤并及4项其他行政事项进行了审核。严格程序规范，全年换发《金融许可证》307份。在试点的基础上，制订了《河北省国有商业银行分支机构高级管理人员履职考核评价办法（暂行）》，得到银监会肯定，并在全国推广。制订了《关于清理规范邮政储蓄无证网点的实施方案》，对全省历年遗留的174家无证邮政储蓄网点进行了全面核查及复查，实现了全省邮政储蓄机构网点全部持证营业的目标。

案件专项治理取得阶段性成果。积极贯彻落实银监会关于案件专项治理工作的部署，专门成立了案件专项治理工作督导领导小组，两次召开全省银行业金融机构案件专项治理工作督导会议，部署银行业金融机构案件专项治理工作。同时，通过河北省银行业协会、证监局、保监局金融监管协调组织和省级银行业金融机构纪检监察联席会议等渠道，推广案件专项治理工作经验和做法。此外，还针对发案较多的银行业金融机构的情况，多次召开案件分析会，具体进行督导，有效地促进了银行业金融机构案件专项治理工作的深入开展。在各项现场检查中，增加了对操作风险和案件专项治理工作的检查内容，将案件专项治理工作与各项风险及合规性现场检查结合起来，有力地推动了银行业基层经营机构案件专项治理措施工作的落实。与此同时，还组织开展了银行业基层经营机构案件易发点的专项调查，及时提出有针对性的指导性意见，督促各银行业金融机构建立案件专项治理的长效机制。据统计，案件专项治理以来，河北省辖内各银行业金融机构共发生案件35件，涉及金额6227.4万元，成功堵截和防范案件共17件，涉及金额1609万元，堵截率49%。

农村信用社管理体制改革顺利完成。一是积极参与制定改革方案。积极参与研究全省农村信用社改革总体规划，参与制定了《河北省农村信用社改革实施方案》及《河北省农村信用社统一法人工作实施意见》、《河北省组建农村商业银行方案》，并主持制定了一系列农村信用社改革配套文件。河北省上报的改革方案方向正确、措施可靠、内容规范，银监会一次审查通过，为尽快实施改革争取了时间。二是督促农村信用联社搞好清产核资、增资扩股和认购中央银行票据工作。重点对79家2002年末实际资不抵债额占总资产比重低于20%的和75家高于20%的县（市、区）农村信用联社增资扩股计划进行了认真审查、审核，发现问题及时纠正，使全省154家县（市、区）农村信用联社的增资扩股计划全部获得批准。配合人民银行，对152家申请票据发行的县（市、区）农村信用联社进行审查、审核，确保发行票据质量。截至2005年末，全省已有154个县（市、区）农村信用联社取得了中央银行票据200.2亿元，均占机构总数和认购额度的100%，共置换不良贷款154.94亿元，置换历年亏损45.2亿元。三是依法完成省联社及各地办事处的组建。与省联社顺利完成了信用合作行业管理职能和人员的划转移交，河北省农村信用社联合社于6月29日正式挂牌成立。2005年末，省联社各市办事处亦成立，实现了农村信用管理体制的平稳过渡。四是认真做好农村信用社的监管工作。制发了《农村信用合作社联合社民主管理组织及高级管理人员履职情况考核手册》、《农村信用社机构及高级管理人员行政档案管理办法》，规范了农村信用社行政监管工作。开展了农村信用社序时性现场检查、关系人贷款现场检查等，保持了监管工作的持续有效。

开拓创新性监管工作。一是积极探索建立对国有商业银行贷款五级分类偏离度和迁徙变化情况的预警、监测机制，制定了《河北省国有商业银行贷款分类偏离度监测和贷款迁徙率分析考核办法（暂行）》。二是积极探索金融新产品风险识别和防范措施，制定了《商业银行分支机构金融新产品风险监管办法》，提出了识别、计量、控制风险的方法、措施。三是积极探索建立与城市商业银行董事之间的沟通交流机制，促进商业银行董事知责尽责履职，拟定了《河北银监局关于建立与城市商业银行董事会谈制度的指导意见》（试行）。四是积极拓展法律服务途径，对《信访条例》、《行政处罚办法》、《行政复议办法》等法律法规进行了解读，促进了依法监管水平的提高。

（河北银监局　刘艳芝　王　瑾）

【开发行河北省分行】　2005年，是国家开发银行河北省分行各项业务工作取得重大进展的一年。该行在开发性金融理论指导下，以做强做大为战略目标，紧紧围绕两基一支、社会瓶颈、境外项目、金融合作四项重点，强化经营管理，突出在主流业务上下功夫，各项业务取得长足发展，部分指标再创历史新高。全年发放各类贷款283亿元，比上年增加160亿元，增长130%。其中表内贷款发放166亿元，比上年增长49%；表外贷款发放117亿元，比上年增长1189%。年末贷款余额首次突破500亿元大关，达到503亿元，比年初增长51%。其中表内贷款余额380亿元，比年初增长17%；表外贷款余额123亿元，比年初增长1261%。全年新增入库项目70个，申请开行贷款824亿元，累计承诺贷款项目52个，承诺金额655亿元，年末储备库余额475亿元。全年化解不良贷款7亿元，不良贷款率降为零。累计和当期贷款本息回收率分别为100%和101.5%。存款余额18.95亿元，日均存款13.96亿元。实现利润5.84亿元，创历史新高。

大力推进开发性金融合作。该行继续推进与各级政府的开发性金融合作，扩大开发性金融在河北省的影响力。至2005年，开发银行累计向各地市承诺贷款300.76亿元，累计发放贷款179.8亿元；向各县累计承诺贷款35.85亿元，累计发放贷款17.57亿元。项目基本涵盖我省“十五”及“十一五”政府关注的重点行业及项目，涉及高速铁路、高速公路、电力、港口、水利、城市公共设施等重点行业和首钢搬迁等重点项目。

大力开发评审项目。按照总行信贷政策，通过明确电力、公路、铁路、港口、城建等为开发重点，完善开发机制，加强与广大客户的沟通与联系，项目开发评审工作取得明显成效。2005年5月，开发行总行姚中民副行长在唐山市考察曹妃甸工业区，承诺贷款101.19亿元，曹妃甸工业区的矿石码头、煤码头、LNG和首钢搬迁等项目开发实现突破。2005年累计承诺贷款项目52个，金额655亿元。新增入库项目70个，申请开行贷款824亿元。准承诺15个项目633亿元，意向承诺1个项目1亿元，极大地满足了重点项目前期工作需要，受到省、市、县各级党政领导和广大干部的广泛赞誉。

大力开展社会发展瓶颈业务。先后开发培育了县域经济、中小企业、三农、小城镇、红色旅游、国企改制等社会发展瓶颈领域项目38亿元，大力支持建设和谐河北工作。在县域经济方面，先后对9个小城镇给予支持，对6个小城镇的支持也将逐步到位。有3个新农村建设项目纳入支持范围。累计支持17家中小企业，创造3430个就业岗位。还发放5000万元软贷款支持4家中小企业担保中心提高担保能力。承诺6.79亿元、发放5亿元支持沧州市80家国企实施改造，又计划承诺20亿元支持全省国企改造项目。推荐两个“走出去”项目0.54亿美元入库，意向承诺1个项目0.04亿美元，为下一步业务的开展奠定了坚实的基础。对43个不同类型的客户编制了应急贷款预案，预案限额合计18.25亿元。

（国家开发银行河北省分行　李　炜）

【农发行河北省分行】　2005年，全省各级农发行认真履行农业政策性银行职能，主动适应粮棉购销市场化改革形势，大力支持国家粮油储备体系建设，积极拓展商业性信贷业务，努力防范和化解信贷风险，加大基础管理力度，各项工作都取得了明显成效。全年累计发放贷款164.74亿元，同比增加65.2%，支持企业收购商品粮67.52亿公斤、皮棉609万担、棉籽385万担。2005年末，贷款余额370.12亿元，比年初增加了53.17亿元。按照总行考核口径，不良贷款余额比年初下降30.13亿元，不良贷款占比比年初下降10.44个百分点。全行实现各项收入17.66亿元，各项支出16.11亿元，收支轧差账面盈利1.55亿元，同比减亏增盈4.7亿元，较总行下达的亏损计划减亏增盈4.57亿元。资产利润率0.454%；收入成本率25.88%；人均盈利4.27万元；人均存款126.1万元；人均中间业务收入1138元。固定资产购建支出和各项费用支出均控制在总行核定指标内，超额完成了总行下达的财务收支计划。

认真办好粮棉油购销储业务。一是扎实做好传统粮油购销业务。针对新华社《国内动态清样》反映“河北粮食收购企业经营困难无法正常收购”的问题，7月12日—14日，省分行领导分别带队到河间市和临漳县进行调研，督促当地政府协调解决了因粮改不到位、当地没有粮食企业申请贷款问题，并向省政府和总行专题报告。省政府领导对此做出批示，同意该行采取的措施和建议。全年累计发放商品粮油收购调销贷款92.33亿元，同比多发放34.51亿元；支持企业收购商品粮食67.52亿公斤，同比多收26.61亿公斤，扭转了粮油贷款投放量连续两年下降的局面。二是积极做好2005棉花年度新棉收购信贷工作。对2004棉花年度棉花贷款实现“双结零”的企业，根据企业申请，市分行随时上报，由省分行有关处室及时认定审批；对新开户棉花购销企业贷款资格认定，市分行上报后，省分行采取行长办公会的形式及时研究确定；对优质棉纺企业、棉花产业化龙头企业等企业的贷款资格认定，继续实行贷款资格认定和贷款审批一并进行的做法，提交省分行贷款审查委员会审议确定。全年累计向10个产棉大县投放棉花收购贷款16亿元，支持收购皮棉251万担，这10个产棉大县占产棉县总数的16%，皮棉收购量占全部收购量的50.4%。为防范新棉信贷风险，在坚持企业自筹收购资金到位、风险质押金到位、上年度棉花销售回笼款到位和抵押担保措施落实到位的基础上，确定每个企业发放贷款额度。全行累计发放2005棉花年度新棉收购贷款32.32亿元，较上年同期增加17.95亿元，增幅125%。支持企业收购皮棉511万担，较上年同期增加241万担，增幅89%。贷款支持的皮棉收购量占全省皮棉收购量的51%。

拓展新业务。一是拓展商业性信贷业务。将积极支持农业产业化龙头企业、加工骨干企业作为实现信贷业务有效发展的突破口，重点营销了一批市级以上粮棉油产业化龙头企业和骨干加工企业，同时积极营销中小型优质企业。截至年末，省分行组织召开贷审会13次，审议通过贷款项目106个、贷款金额8.91亿元，至年底实际发放贷款7.46亿元。二是积极申办政府信用协议贷款。12月22日，总行行长与河北省省长代表合作双方正式签订了协议。根据协议约定，农发行将在2006年至2008年期间，为河北省提供总额为500亿元的政府信用额度，其中200亿元专项用于支持产业化龙头企业从事粮棉油生产、流通、加工转化正常生产经营所需的流动资金，以及技术改造、生产基地建设、仓储设施建设、基础设施建设等所需的中长期信贷资金；300亿元按照国家政策规定用于支持购销企业从事粮棉油收购、调销、储备（含化肥、糖、肉）等经营业务所需的信贷资金。三是抓好保险代理业务。下发了《关于进一步做好保险代理业务工作的通知》、《关于解决基层行保险代理业务手续费入账变更营业执照有关问题的通知》等文件，对保险管理各项工作进行了规范。组织举办保险代理业务培训，提高了管理人员的业务素质。做好各级行《兼业保险代理许可证》的申办工作。截至年末，11个市分行的152个营业机构全部开办了保险代理业务，其中103个分支行办理了《兼业保险代理许可证》。代理保险手续费收入186.3万元，人均501.5元。四是拓展储备贷款业务。对生猪国家专项储备和生猪、化肥的地方储备计划进行了分解，积极支持符合条件的企业开展生猪储备业务，扩大业务范围。截至2005年末，全省国家储备肉贷款750万元，储备生猪活体500吨。

有效防范和化解信贷风险。一是做好国有粮食购销企业政策性粮食财务挂账贷款的认定和剥离工作。在深入调研的基础上下发了《关于落实国有粮食购销企业其他政策性财务挂账数额的操作要点》，并召开专题会议进行了部署。为确保全省挂账贷款入账、剥离工作顺利开展，首先选择试点单位，开展模拟操作，取得了经验。根据试点情况，及时向省政府提出了将政策性亏损挂账占用我行贷款直接落实到县（含县级）以上粮食行政管理部门，将入账与剥离一步操作的建议，被省政府采纳。9月10日，下发了《关于做好国有粮食购销企业政策性粮食财务挂账占用农发行贷款从企业剥离工作的通知》，统一组织部署全省粮食政策性挂账贷款入账、剥离工作，明确了操作方法、步骤和要求。针对存在的问题，省分行及时下发了《关于进一步明确粮食政策性财务挂账剥离入账工作有关操作要求的通知》，对入账数额、入账依据和贷款本息收回等方面进行规范。政策性粮食财务挂账贷款的剥离，改善了该行财务经营状况，提高了贷款质量。二是防控新增贷款风险。把督促企业销售棉花作为防范市场风险的有效措施来抓，下发促销通知动员促销，对重点、难点单位，进行重点督导。截至年底，累计收回贷款18.1亿元，棉花贷款收回率达到98.37%。2004年度发放棉花收购贷款的56个县105家企业中，有54个县100家企业都实现了贷款本息双结零。加强对准政策性粮食收购贷款的管理。对粮食购进、储存、销售、资金回笼等各个环节实施全过程信贷监督，确保贷款封闭管理。对新发放的商业性贷款，明确了贷款调查、审查审批和贷后管理的主责任人的责任，严格执行审贷分离制度，按权限和贷款操作流程发放贷款。三是抓好不良贷款清收盘活工作。通过经济、行政、法律等办法，多措并举，重点加强督促指导，清收盘活不良贷款。不良贷款余额比年初下降了30.13亿元，剔除挂账科目调整因素外，通过现金清收不良贷款1.3亿元。年末不良贷款占比12.03%，比年初下降了10.44个百分点，实现了不良贷款“双降”。

（农发行河北省分行　刘学森）

【工商行河北省分行】　截至2005年末，中国工商银行河北省分行各项存款较年初增加216.89亿元，其中人民币各项存款（含同业存放）增加216.47亿元，较上年多增66.55亿元，完成总行计划142.42%。人民币储蓄存款、公司存款、机构存款分别增加116.34亿元、17.9亿元、82.23亿元，分别完成总行计划的141.88%、44.75%和274.1%。外汇存款增加0.11亿美元。剔除不良贷款剥离和核销因素，本外币各项贷款新增94.75亿元。其中人民币贷款新增104.06亿元，同比多增34.1亿元。人民币项目贷款、住房贷款分别增加79.76亿元和45.13亿元。累计办理票据贴现338亿元，较上年增加128亿元，实现利润1.76亿元，较上年增加0.95亿元。一般流动资金贷款余额下降58.63亿元，个人消费贷款余额下降5.82亿元。全年实现中间业务收入3.64亿元，较上年增加0.27亿元；收入占比17.98%，同比提高1.15个百分点。办理国际结算30.23亿美元，结售汇19.53亿美元，分别完成总行任务的101%和85%。信用卡发卡量达到19.73万张，实现收入7298万元，分别完成总行任务的102%和116%。电子银行交易额3.78万亿元，同比增长25%，其中网上银行交易额3.68万亿元，同比增长24.7%；电子银行业务收入1114万元，同比增长44.8%。全年实现经营利润19亿元。

扎实做好股份制改革各项工作。2005年4月下旬全行股份制改造正式启动后，在全辖深入开展股改形势宣传教育，进一步统一了思想。扎实开展了不良贷款和非信贷风险资产清理及固定资产清查等工作，顺利剥离不良贷款266.19亿元、非信贷风险资产13.35亿元。固定资产清查确权工作成果显著，土地、房屋产权完善率均超过总行95%的确权目标要求，并圆满完成了资产评估、安永审计和法律尽职调查工作。特殊资产处置工作也取得了阶段性成果。

大力竞争优质信贷市场。重点实施了项目产品战略，加大对公司、住房等大项目、大客户及优质信贷资源的深度发掘。紧紧把握环渤海及河北经济崛起和曹妃甸港区建设等大项目集群建设带来的战略机遇，着力强化对港口、电力、铁路、公路、城建等重点行业板块的营销，唐山港、南水北调、石太铁路以及与省开发行的合作等重大项目贷款营销取得重要进展。经总行和省行出具项目贷款承诺函和意向书的约为1100亿元，优质项目储备日渐丰厚。积极竞争住房信贷市场，住房贷款同比多增17.17亿元。其中个人住房贷款新增27.8亿元，开发贷款新增17.4亿元，增量占比均居省内同业首位，在全行系统排名第五位，较上年上升4个位次。票据融资余额86亿元，比年初增加43亿元，累计办理票据贴现338亿元，转贴现426亿元，收入占比达到8.02%，较上年提高1.65个百分点，票据贴现量居全系统第3位，未出现一笔票据风险。在抓好优质贷款投放的同时，集中精力压缩退出潜在风险贷款，全年压降潜在风险贷款86.52亿元，完成总行任务的113.77%。成功处置唐钢22.03亿元委托持股，清理消化三批非信贷风险资产损失1.32亿元。

积极推进经营机制改革和产品创新。在2004年撤并234个机构网点、完成三年机构精简任务的基础上，2005年又撤并网点14个，进一步优化了机构布局。改革经营绩效考评机制，推进了资金管理体制和票据业务专业化经营改革，顺利完成财务集中改革。加快推广个人理财中心核心竞争力项目，开展了以理财金帐户为中心的各类业务产品的集中营销，提升了理财金帐户、牡丹灵通卡等品牌产品的竞争力。以“五通一网”为核心，拓宽公司和机构业务的产品营销渠道，全面更新产品服务功能，银税通、银财通、债市通以及现金管理、网上银行业务等产品创新和推广取得新进展。进一步理顺中间业务组织管理体制和运行机制，实行绩效工资万元含量考核，促进了中间业务收费管理的规范化和精细化。深化会计业务流程改革，取消辖内往来手工对帐，全面实施会计信息质量专项管理，共清理各类账户7223户。进一步加强业务系统建设，如期完成NOVA1.5—2.1版本、大额支付系统、人民币银行结算账户管理系统、个人消费信贷台账数据移行等300多个项目的测试、升级和投产工作，为全行改革发展提供强大的技术支持。

进一步加强基础管理。强化贷后管理，建立了贷款大户风险监控负责人制度。加大停牌、预警行的整饬力度，对被总行警告、停牌的6个二级分行落实了整改措施。加强内控体系建设，完成了抵质押贷款合同、房地产贷款业务合规性、内审制度执行情况等专项审计。按照总行统一部署，组织开展了依法合规大检查和操作性风险专项检查，对查出的近万个违规违章问题逐一落实了整改措施，并对91个责任单位的1116名责任人进行了处理。完善会计内控体系，规范会计核算风险预警系统运行机制，推进营业经理负责制。全辖委派专职营业经理1614人，进一步加强了对中小网点的核算管理和事中控制。加强党风廉政建设，省行、二级分行与支行层层签订了党风廉政和案件防范工作责任状，召开了全行领导干部集体谈话会，组织省行本部处以上干部到监狱进行现场警示教育，增强了各级干部员工的法纪意识。继续深化“扫雷工程”，加强员工行为评价工作，通过行为评价确定重点人员119名，经帮教已转化81人，对屡教不改的11名重点人员依法解除了劳动合同。加大案件查防力度，强化对重点监控行的检查和整改措施，对查处的有关案件责任人员进行了严肃处理。完善安全保卫设施建设，加大检查力度，积极推进守押体制改革，进一步提高了整体防护水平和案件防控能力，实现了守库、押运、涉枪零风险。

（工商银行河北省分行　张福印）

【农行河北省分行】　2005年，中国农业银行河北分行年末人民币各项存款余额1729.64亿元，比年初增加248.75亿元，超过总行年度计划8.75亿元；外币存款余额7971万美元，比年初增加1266万美元，同比多增1253万美元；各项贷款余额1115.89亿元，比年初增加38.55亿元，优良客户贷款余额占比50.5%，比年初提高6个百分点；以货币资金方式清收不良资产本息33.89亿元，完成总行计划的194.21%；累计处置抵债资产1.65亿元，实现变现收入7068万元，完成总行计划的117.8%；全行累计实现中间业务收入4.45亿元，超过总行计划0.44亿元，同比增加1.05亿元，增幅30.88%，居省内金融机构第一位；全年实现经营利润17.04亿元，超过总行计划3.54亿元。

大力开展业务营销，促进业务结构调整。一是进一步明确市场定位，实施重点发展战略。二是完善营销体系，实行分层营销。省分行重点营销省级及跨地区的大型法人客户和源头性客户；市分行把省、市分行联合确定的重点客户全部纳入直接营销范围；支行重点营销优质中小客户和个人高端客户；营业网点重点营销个人业务、代理业务，搞好柜面结算服务。三是整合内部营销资源，做到上下级行联动、部门联动、法人业务和个人业务联动、传统业务和新业务联动。四是省市分行领导带头拓展高端法人客户和重点项目，实行“一把手”责任制。对曹妃甸钢铁基地及相关系列项目、河北国电龙山电厂、蔚州煤电路综合开发等重点项目的营销都已取得阶段性成果，与省信用联合社等系统性单位签订了全面合作协议，与省政府的全面合作正在顺利推进。五是强化营销手段，方案营销和关系营销有机结合，为高端客户精心设计“一揽子”营销方案。六是加强营销工作的督导。对已经营销成功的项目或客户，开展好后续营销和延伸服务，加快已审批贷款的投放。

全方位、多渠道组织存款。一是积极扩大储蓄资金来源。扎实有效地开展一季度储蓄存款“迎新春”优质服务竞赛活动，提升金钥匙存款品牌，加快金融超市和金钥匙理财建设，强化储蓄业务的集约化经营。重点规范了教育储蓄业务，加强对教育储蓄的日常监管。充分利用银行卡、网内往来、跨中心汇兑、个人贷款等载体或联动功能，促进储蓄存款业务的发展。二是狠抓对公存款业务。借助网上银行、现金管理等业务产品，加大对系统性、集团性客户营销力度，并努力提高贷款回行率。抓大行、抓后进行、抓重点大客户，确保了对公存款实现稳定快速的增长。三是积极做好同业存款组织工作。制定下发了的《关于加强与同业合作的指导意见》，在搞好资金成本和收益核算的基础上，积极组织同业存款，不断扩大同业存款市场份额。四是省行对2005年评审确定的56个不具备一般增量信贷业务经营资格的支行实行定期上存资金差别利率管理，鼓励这些行加大存款组织力度。同时，加强对存款的量、本、利分析和对存款付息成本的监测，努力调整负债结构。

大力发展中间业务。一是扩大银行卡业务的规模和总量。在全省100个大型市场推广了“多商户共用POS系统”，全面发行贷记卡。二是积极发展网上银行、电话银行业务。初步构建起以银行卡业务为主体的电子银行服务体系，省城客户服务中心已顺利通过试运行正式开业。三是抓好代理保险业务。在稳定规模型产品的基础上，重点选择并推出综合收益率高、具有投资理财和双重保障功能的保险产品进行代理销售，抓好“双单作业”，充分挖掘信贷客户保险业务潜力。四是拓展代理业务范围，拓宽收入渠道。与保险公司联合开展了多项“保险代理业务竞赛”。五是积极营销高端票据客户。将转贴现业务统一集中到市分行办理，省分行票据中心已经成立并将于2006年初正式运行。六是抓好国际结算、结售汇等外汇产品的营销和服务。积极推广了福费廷、国际保理等新产品，加快了国际业务的推广普及。

清收、处置消化不良资产。一是领导高度重视。新一届党委成立后立即下发了《关于加大收贷收息力度优化存款结构确保完成全年计划目标的紧急通知》和《关于进一步加大不良贷款清收力度的紧急通知》，由省分行党委成员包片，从省分行机关抽调百人由18位处长带队组成清收工作组，分赴5个重点市分行并直接蹲点到户清收不良贷款。各市分行至少抽调50%的人员深入到经营行一线亲自清收，省、市、县三级行参与清收人员达到2618人。二是加强对后进行的问责调度。省分行对6个市分行进行了现场调度，对26个持续落后的县支行行长和市分行主管行长进行了问责，并给予黄牌警告。三是讲求策略。继续实施领导“包大管难”，全省30个市行行长、主管行长和资产风险管理部门经理确定的73个不良大户中有57户见到成效。对小额不良贷款通过综合运用责任清收、承包清收、委托清收、核销退出等方法，清户9120户。省分行对全省80个不良贷款余额在2亿元以上和不良贷款占比在70%以上的县支行实行直接监测，重点督导。四是实行责任清收。对2004年底前形成的不良贷款由资产风险管理部门负责清收处置；2005年后形成的不良贷款及应收未收息，由信贷管理部门负责监测，前台部门负责清收，年末未收回追究相关责任人责任，共追究511名相关责任人。五是认真抓好信贷资产“摸底清查”，真实反映资产质量。省分行制定了《关于信贷资产风险状况进行摸底清查的安排意见》，明确了清查范围和依据以及操作程序，下发了《关于进一步明确信贷资产风险状况摸底清查有关问题的通知》，按照贷款风险分类认定权限，集中时间、集中人员、集中地点进行了审查。

加强基础管理和内控建设。一是突出抓好三个难点。即抓制度落实，抓重点责任人，抓体系建设。二是紧紧把握好三个重点。即抓会计管理，抓信贷管理，抓安全保卫管理。三是强化案件专项治理，严肃查处违规违纪违法案件。对唐山滦南县支行第二储蓄所出纳员陈丽红贪污公款案、唐山市丰南支行唐坊分理处原会计员尹龙贪污公款案等8起案件进行了集中查处。对70名直接责任人、相关责任人和领导责任人给予了纪律处分和其他处理。对保定建华案件进行了专门查处，经报请总行批准，对该案有关责任人，直至市分行行长、主管行长进行了严肃处理，共处理有关责任人、领导责任人11名。邯郸磁县磁州支行石险峰案件发案后，立即采取了针对性的措施进行查处，并尽可能减少资金损失，该案件正在进一步查处之中。

（农业银行河北省分行　高正芳）

【农行唐山分行】　截至2005年11月末，中国农业银行唐山分行各项存款余额307.49亿元，存款增量位居全省农行系统首位；各项贷款余额达180.42亿元；采取集中清收、重点清收以及加大处置不良资产力度等措施，不良贷款占比及绝对额实现了双下降；实现利润3.85亿元，中间业务收入呈现多元化，国际业务结算量大幅增长。

全力打造一流的经营水平。一是打造一流营销能力。建立并完善了上下级行、部门间、法人客户与个人客户、传统业务和新业务互为联动的营销体系，搭建了全行统一的营销服务平台；创建了快速准确的信息搜集、分析、反应、运用综合机制，采取关系营销、产品营销与方案营销多种营销方式，充实调整了客户经理队伍，完善了客户经理考核办法，充分发挥了各级客户经理的营销主力军作用。二是打造一流资产业务。坚持增量“抓品种、抓质量、抓整合”，存量“抓调整、抓优化、抓退出”的原则。市、县两级行全部实行“一把手”负责制，市分行负责国家、省级重点项目营销，县级行重点营销市、县级重点项目。重点拓展了钢铁、建材、能源、港口建设、高新技术等行业，支持了曹妃甸矿石码头、石油码头、围海造地、首钢焦化、首钢钢联、唐钢、佳华煤化工、冀东水泥等项目。拓展了行业优势明显、规模大、效益好的公司类重点客户和优质系统性、集团性大客户以及高校、医院和土地储备中心等重点客户。营销和维护了国际业务资源丰厚区域的高价值大客户和经济实力强的优质房地产开发项目。加快了个人住房消费贷款的投放，加大了质押贷款、优质不动产抵押个人生产经营贷款等低风险业务的开办力度。实施集中清收、离岗清收、重点清收、责任到人的不良资产管理机制，落实各级领导“包大管难”责任制，健全和落实不良资产清收管理考核激励机制，充分调动清收人员的积极性。市县两级行联手分析市场需求，合理确定抵债资产的处置方式和处置价格，加快抵债资产变现步伐。积极实施信贷资产有效退出。按产业行业政策及时调整信贷资金投放，确定市场性退出、结构性退出、预期性退出等退出机制，明确了一企一策、逐笔锁定的退出方案。强化信用等级评定和授信管理，严把信贷准入关；提高信贷项目评估质量。严格授权管理和授权控制，实现了风险可控，资源优化配置。切实加强贷后管理工作，将贷后管理的工作重心转移到客户经营风险的发现和防范上，转移到已发现潜在风险及事实风险的化解上，认真做好风险预警和化解工作。三是打造一流资金实力。在储蓄工作中，继续开展“三包三营销”和创建“精品屋、高产所”活动。在组织对公存款中，加大高价值客户营销力度，充分运用综合服务手段组织资金。在同业存款组织中，坚持以合作促发展的思路，加强与同业的合作，争取低成本同业存款。同时，通过增加开办业务网点、推广新业务品种、加大市场营销力度等方式，努力组织外币存款。分两步在全行推行柜员制、落实大堂经理制度、设立大客户“绿色通道”、增加营业窗口、提高业务办理速度。四是拓宽中间业务发展渠道。搭建电子银行发展平台，电话银行、网上银行稳步发展，实现了烟草公司电子结算系统、冀东机电公司现金管理系统的稳健运行。继续扩大有效银行卡发卡范围，增加发卡数量和特约商户数量，实现中、农、工、建、交五行远程终端信息和数据共享。增加办理外汇业务机构数量，努力调整国际业务品种结构和客户类型；积极拓展国际业务结售汇、信用证、福费廷等业务，增加业务手续费收入。成立票据中心，加强票据业务管理，对一些大客户、优质客户开通票据业务“绿色通道”。增加代收代付业务品种，加大基金、“汇利丰”等新型金融产品营销宣传力度。

打造科学高效的经营机制。认真做好经营结构调整，优化经济资本配置；根据市场需求和自身实际能力，努力探索人员、网点资源配置的新方式。一是推进分配机制改革。严格执行省分行确定的工资分配办法，重点落实万元含量的考核和兑现，准确匡算和合理预测各部门、各单位的考核项目和任务，在充分考虑行际、所际金融资源差异的基础上又以各营业单位的实际经营成果测算万元含量，拉开差距，调动全员积极性，引导员工发展优势业务，促进全行经营结构的调整。二是优化人力资源配置。副科级以上岗位和“两所”主任一律实行竞聘制，聘期内进行年度考核，优秀的予以奖励，不合格的予以解聘。加大干部员工的交流力度，进一步压缩后勤管理人员充实前台，已有13个行部实行了守押社会化。三是加快网点调整步伐。以市场化、集约化、扁平化和电子化为导向，加快网点资源整合。加大了低效网点的撤并迁速度，提高了新建网点的选址标准和装修标准。积极做好网点升格工作，及时补充人员、完善必要的硬件设施。

打造稳健扎实的管理质量。通过开展内控建设、完善考核评价、实施领导问责、行风建设等基础管理，切实提高管理水平。一是加强内控建设，全面防范风险。强化制度管理，细化了责任追究制度。充分发挥贷审会、财务审查委员会、集中采购领导小组等专门机构作用，规范操作流程，防止违规违纪现象发生。搞好内控评价和整改处理工作，审计部门对整改结果进行后续审计，按整改状况追究相关责任。二是完善对管理者考核评价。在考虑地域差别、前人贡献、远期效果等因素基础上，全面、客观、公正地对班子及其成员做出评价，按评价结果做出相应奖惩。三是落实各项问责制度。加大对领导干部和班子问责力度，强化领导和干部的责任意识。四是扎实推进行风建设。在全省农行系统率先提出了“全心全意为您提供优质服务”的口号；在全辖开展了“树正气、讲团结、保稳定、求发展”大讨论活动和“树形象、求发展”文明优质服务活动，结合总行整肃行风行纪活动和省行的“树立行业新风，优化发展环境”活动，开展了“创建学习型机关、创建法制型机关、创建务实型机关、创建廉政型机关”的“四创”活动，全力打造工作程序科学化、工作内容规范化、工作方式公开化、工作手段现代化的企业形象。组织召开民主评议行风质询会，认真听取各界代表对行风建设方面的意见和建议。三次荣获唐山市委、市政府“双为杯”行风建设优胜单位称号，并享受“免评两年”的殊荣。

（农业银行唐山分行办公室）

【中行河北省分行】 2005年，中国银行河北省分行以科学发展观统领全局，坚持以质量、效益为中心，进一步优化客户结构和资产结构，强化风险管理和内控建设，加快流程整合步伐，深化人力资源和机构改革，推动了各项工作的顺利开展。2005年末，全行本外币资产余额1207.13亿元，较年初增加231.28亿元，增长23.7%。其中人民币资产余额1133.73亿元，较年初增加249.71亿元，增长28.25%。人民币各项存款余额994.24亿元，较年初增加187.42亿元，增长23.23%。其中公司存款余额383.03亿元，新增77.43亿元，增长25%；储蓄存款余额596.49亿元，新增106.05亿元，增长22%；金融机构存款余额87.33亿元，新增44.6亿元。人民币各项贷款余额606.31亿元，较年初增加85.49亿元。其中公司贷款余额386.31亿元，新增60.22亿元；票据融资余额104.75亿元，新增34.27亿元；消费贷款余额115.25亿元，当年投放70.37亿元。实现国际结算量81.3亿美元，同比增加14.64亿美元，增长21.96%。对公外汇资金业务量1.03亿美元，实现收益431万人民币，同比增长82.6%，个人实盘外汇买卖交易额3.4亿美元，实现收益451.29万元。代理外卡收单交易额累计完成4847万元。汇出汇款、汇入汇款、因私售汇业务量分别较上年增长23%、21%和36%。代销开放式基金7.28亿元。全辖实现中间业务收入2.54亿元，同比增加6836万元，增长36.8%。清收各类不良资产9.13亿元。按照五级分类口径，不良率为4.53%，较年初下降了1.62个百分点，处于较低水平。全年实现净收入30.3亿元，同比增加7.48亿元，增长33%。实现本外币营业利润15.38亿元，同比增加5.25亿元，增长52%。资产利润率为0.74%。全辖10家分行、四家管辖支行全部实现经营利润。

充分发挥授信业务带动作用，理性而审慎发展资产业务。在坚持效益、质量和风险可控前提下，积极拓展优质公司贷款，将电力、交通、文教卫生、城市基础设施确定为重点行业，着力调整授信资产结构。从省政府确定的200项重点项目中筛选出符合全行授信政策的106个项目，作为攻关重点，组织全力营销。年末，全行A级客户授信提高了28.58个百分点，B级客户授信提高了7.9个百分点。重点行业授信不断增加，交通运输、仓储和邮政业占比上升到15.58%，电力、燃气、水生产和供应业占比为9%以上，基础设施和基础产业的贷款占比显著增加。

全力以赴抓存款，促进负债业务快速发展。加强了对系统垄断行业、行政事业单位、无贷户的存款营销和服务工作，积极抓好代理国税系统多元化报税、住房公积金托管系统营销和个人理财中心建设。进一步完善激励考核机制，调动了一线员工的吸存积极性。2005年末，全行人民币存款亿元以上的公司客户达到32户，较年初新增2户；存款1000万元以上的公司客户达到571户，较年初新增86户；全行储蓄存款新增超百亿，达到106亿元，创历史最好水平。

大力发展中间业务，收入结构进一步改善。明确负责部门，制定中间业务发展战略，统筹全行中间业务发展。

重点发展国际结算业务，努力提高业务收益。加强对重点客户、目标客户的整体联合营销。加强非贸易结算和人民币结算业务发展力度，加快新产品推广，在全省同业率先推出纸黄金业务，全面开办外汇“五宝”产品，使中间业务收入结构进一步改善。年末，全行实现中间业务收入2.54亿元，同比增加6836万元，增长36.8%，中间业务收入占比达到8.38%。

拓宽金融机构合作范围，推动金融机构业务的快速发展。努力改变单一存款结构局面，拓展存款业务发展空间，积极开展了对股份制银行和商业银行的营销。通过开展代理银行汇票、代理银行承兑汇票、代理资金清算业务、代理保险和代售基金等业务，逐步形成了以产品带动营销、以合作促进业务发展的良好局面，实现了效益增长方式的转变和同业的互利合作、共赢互补。年末，全行累计签发代理银行承兑汇票30.77亿元，吸收存款13.21亿元，实现收益1940万元；累计签发代理银行汇票4.6亿元，吸收存款1.92亿元，实现收益45.78万元。

完成了石家庄地区流程整合和机构改革工作。撤销了原省行经营管理部，扩大省行直接管理范围。根据石家庄地区24家支行的区位、规模、人员、业务特点情况，将支行、网点进行整合，上收20家支行的管理职能和公司授信业务，改为经营性支行，赋予4家管辖支行（机场路、中山、裕华、裕东支行）管理职能，实现扁平化管理。省行有关部门按条线对4家管辖支行实施管理，将石家庄地区中后台业务上收省行。整合后石家庄城区的管理架构为：省行—管辖支行—经营性支行。

完成全辖业务流程整合和机构改革工作。上半年省行本部在对现有人员岗位、职责、业务工作量进行梳理的基础上，结合样板行成果和总行职位设置意见，制定了省行职位设置方案。确定了部门的组织架构，明确了各部门职责和职责调整内容。7月1日，省行本部流程整合和机构改革顺利完成。各分行在6月末，也陆续完成了流程整合和内设机构调整工作。

加强风险管理，切实防范业务发展风险。一是制订了授信政策指引，对重点授信行业提出风险提示并做出指导性授信意见。新投放贷款主要集中在电力、交通运输、冶金、教育等行业，确保新投放项目符合国家产业政策和中行授信政策的要求，保证了新投放项目的优中选优。调整了公司客户授信业务审批权限，所有公司客户新增和存量授信业务全部集中到省行审批，不再对各分行转授权。加强对集团客户的统一授信管理，控制集团客户及关联企业的授信风险。进一步明确和理清贷后管理部门职责，强化了贷后管理工作，有效地防范了业务风险。二是加大清收盘活工作力度，制定授信退出客户名单，规避集中性风险。对全辖公司业务不良资产状况进行了逐户摸底调查，对285户企业分类排队，确定了120户清收对象和10户清收重点对象。制定全辖授信客户退出计划，确定了授信总量控制企业22户，退出企业145户，省行进行监控和督导，适时通报进度情况。对2005年新进入不良或非应计贷款的授信业务，及时采取清收保全措施，加大清收保全工作力度，从量与质两方面努力提升资产水平，取得了明显效果。三是加大处罚力度，实行重点岗位轮岗制度，严防风险发生。为防止各类案件和不合规行为，实行风险抵押金制度，各行按每人3000元的标准将抵押金存入省行专户保存，年末视情况返还或扣减。要求对因各种违规违法行为和案件造成的损失，直接冲抵发生单位当期收入，各行自行记账，省行不平衡。另外，在全辖实行重点岗位轮岗制度，对全辖基层机构负责人任期满三年和在重点业务岗位工作满三年以上的人员，全部安排交流轮岗，并对轮岗人员进行严格的离岗检查和离岗交接。

（中国银行河北省分行　刘　东）

【建行河北省分行】 2005年是建设银行股改上市之年。在这一年里，建行河北分行认真贯彻党的十六届五中全会精神，认真贯彻科学发展观，牢固树立和实践“以客户为中心”的经营理念，以开展保持共产党员先进性教育活动为动力，紧紧围绕“提质增效，强化营销，安全运营，促进各项业务健康较快发展”的工作思路，狠抓业务发展模式与增长方式的转变，强化风险管理与内控建设，积极稳妥推进综合改革，圆满完成了各项工作任务。当年实现拨备前考核利润22.6亿元，完成总行下达计划的110%；实现经济增加值4.25亿元，完成总行下达计划的9.1倍，利润指标和经济增加值指标均创历史最好水平。经济资本回报率达到17.77%，比上年上升10.5个百分点。不良资产率为2.86%，比年初下降1.09个百分点；五级分类口径不良贷款率为4.39%，比年初下降0.15个百分点。全口径存款余额为1774亿元，比年初增加252亿元，增幅16.56%，创历史新高。各项贷款余额为830亿元，比年初增加53.4亿元。实现中间业务收入3.34亿元，同比多实现0.57亿元。实现点均账面利润285.8万元，比上年增加32.1万元；人均账面利润12.9万元，比上年增加1.4万元；点均全口径存款为2.4亿元，比上年增加0.38亿元；人均全口径存款为1080万元，比上年增加177万元，集约化水平明显提高。

狠抓优质业务市场营销，各项业务实现了健康较快发展。在公司业务方面，从资源配置、授权管理、改进服务和队伍建设等四个方面入手，加强部署与调度，适时组织开展了公司机构业务“加强市场营销、促进业务发展”活动，强化高层市场营销，畅通审批“绿色通道”。成功营销了深圳华为公司北方生产基地、石太铁路客运专线等一大批优质重点项目，牵头组织了天铁集团板材基地47.8亿元的跨地区银团贷款，包括唐山曹妃甸矿石码头建设项目在内的一批已通过审批项目落实了信贷投放。为不断扩大企业存款市场份额，制定了《2005年企业存款工作指导意见》，加大对高成长性机构业务客户的集中管理力度，拓宽了机构客户来源。到年末，企业存款比年初增加111亿元，余额达到743.6亿元，跃居省内金融同业首位。在个人银行业务方面，有针对性地开展了“金鸡报新春，建行送新喜”、“比拼服务，硕果秋冬”等主题营销活动，深入挖掘通知存款和“汇得盈”理财等传统优势产品潜能，突出“乐当家”理财卡、吉祥存单、个人账户黄金买卖等特色新产品的带动作用，实现了个人存款平稳快速发展。到年末，个人存款余额达到977.6亿元，当年新增121.3亿元，增幅创历史最高水平。其中，个人外币存款余额达到1.05亿美元，比年初增加4347.3万美元，增幅在省内金融同业居第一位。按照总行部署，深入开展住房金融业务“比服务、比效率、比质量”活动，充分发挥房地产开发贷款与个人住房贷款上下游产品联动营销优势，大力发展直贷式和二手房个人住房贷款业务，在全省推广和应用电子化审批，有力地促进了个人住房贷款的增长。到年末，个人住房贷款余额达到75.2亿元，比年初增长31%。全年新增贷记卡4.6万张，实现信用卡消费交易额2.5亿元，账户活动率跃居全国建行系统第一名，被总行评为信用卡业务先进单位；积极开展电子银行“E路通”品牌营销，全年实现交易额2103亿元。在中间业务方面，针对不同产品组织开展了形式多样的营销竞赛活动。继续做好服务收费工作，在收取借记卡年费4210万元基础上，成功收取了1925万元小额账户管理费；综合运用信息、技术和网络等优势资源，积极研发推广新产品、拓展新业务。与石家庄市政府合作，成功开办了“城市一卡通”业务，以无线POS上线为契机，创造性地开展了代收费业务。努力拓展国际结算市场份额，当年实现国际结算量25亿美元，比上年增长33.4%。

根据总行和银监会统一部署，开展了违法违规行为专项治理活动。为加强内控基础建设，全面推广了风险管理平台工程，开展了“严格会计规章制度、防范会计操作风险”大检查，全面落实了安保工作责任制，“四类案件”得到有效控制，基本实现了全年无新发生案件、事故的目标。为强化资产质量控制，组织开展了授信指引及信贷基础管理现场检查，制定了信贷审批转授权执行制度，建立了授权管理的动态调整机制。围绕提高质量结构迁徙的真实性，加强贷款风险分类管理，建立了贷款五级分类结果调整的省分行核准机制，上收了二级分行非应计贷款风险分类的认定权限。以现金回收和大项目为重点，综合运用催收、诉讼、重组和减免息等手段，加快了不良资产清收处置进度。通过强化资产质量管理，向上迁徙工作取得了显著成效，风险与回报管理能力显著提高。全年纯新发放贷款不良率、纯新发放贷款潜在损失率分别为0.09%和0.61%，均低于上年0.25个百分点。

综合改革取得明显成效。顺利完成了省分行本部及各二级分行的内设机构改革，初步建立了“面向市场、业绩驱动、职责清晰、前中后台分离制衡、强化风险与内控、精简高效”的机构框架；继续推行用人用工制度改革，制定了客户经理、大堂经理队伍建设规划和年度实施意见，完成了省分行本部新一轮员工竞聘上岗和双向选择工作；进一步明确资产保全部门的经营职能，实现了公司类不良贷款的集中经营；按照总行的要求，制定了会计集中管理分步实施意见，实现了结算、清算等五项集中。顺利实施了审计部门业务和人员的整体划转和移交；经过充分准备，稳妥地在省分行营业部实施了守押社会化改革试点；继续实行机构调整和人员结构优化，年内撤并机构网点14个，净减员417人。省分行有关部门和有关行一起，深入基层做好分流员工的思想工作，妥善处置了几起群体性上访，保持了大局稳定。认真实践“以客户为中心”的服务理念，切实解决服务质量、服务效率和服务机制等方面存在的问题。通过合理调度人力开设弹性窗口，增加自助设备分流柜台业务，配备大堂经理疏导客流，设置排队机提高排队效率等措施，使网点客户排队问题得到有效缓解。深入开展服务理念宣传教育、“客户服务明星”评比、“提高员工技能、提供优质服务”柜面服务大比拼劳动竞赛等活动，取得了明显效果。2005年，建行龙卡服务再次被河北省质量协会授予“用户满意服务”称号。

（建行河北省分行　董振辉　范士爽　牟智强）

【交行石家庄分行】　2005年，交通银行石家庄分行按照加快推进战略转型、强化辖内一体化经营的要求，业务发展加快提速，改革全面推进，经营效益快速攀升，各项工作都取得了明显的进步。截止年末，全辖各项人民币存款余额达到244.47亿元，较年初增加39.19亿元，增长19.1%，完成总行下达任务的115.26%。其中对公存款余额168.22亿元，较年初增加26.62亿元，增长18.8%，完成总行下达任务的102.38%；储蓄存款余额76.24亿元，较年初增加12.56亿元，增长19.74%，完成总行任务的157.14%。各项人民币贷款余额139.11亿元，较年初增加15.97亿元，增长12.97%。外币存款余额9285万美元，较年初增加649万美元；外币贷款余额3379万美元，较年初增加490万美元。全年共办理国际结算17.32亿美元，同比增长39.68%，完成总行下达任务的114.87%；实现外汇宝交易32.71亿美元，同比增长15.55%，完成总行下达任务的105%。新增太平洋卡14.45万张，年末达到72.62万张。不良贷款余额占比较年初下降0.26个百分点。全辖合计实现利润3.43亿元，同比增长56%，完成总行下达任务的116.62%，人均创利20.2万元。

积极推进一体化经营，促进各项业务整体发展。2005年是分行升格为省分行的第一年，该行针对形势变化，加快转变思路，从全行一盘棋出发，进行了整体谋划。一是健全制度。研究制定了《关于加强和规范全辖经营管理的实施意见》，规范了管理模式、业务归口和管理流程。二是在日常经营中，省分行领导和各管理部门多次深入基层行调研了解经营管理情况，协调各方关系、营销重点项目，共同研究分析经营管理方面的问题。并通过组织召开经营分析会、业务碰头会等，及时沟通情况，制定措施，解决问题，促进了业务开展。三是发挥各自优势，加强业务联动。省分行与省辖行在重点项目营销、大型业务系统上线、风险排查等工作中密切配合，联系日益紧密，各级、各部门的一体化观念意识不断增强，有效提升了一体化经营能力和实际效果。四是加强基础性建设。上下联动、通力合作，顺利完成了数据大集中一期工程、OA网上办公系统、自助设备运营管理系统、电子银行业务分析系统、人力资源系统等业务和管理系统的上线运行，全行的一体化经营、管理手段进一步完善。

积极推进业务转型，提升持续发展能力。一是高度重视零售业务发展。先后推出双利理财帐户、太平洋车主卡、太平洋贷记卡等私金业务新品种，积极开展产品交叉销售和组合营销，改善用卡环境，强化自助设备管理等多种措施，进一步扩大了私金客户群体，促进了储蓄、太平洋卡业务的快速发展。唐山、秦皇岛分行储蓄存款计划完成率在系统内排名位居前列，省分行本部储蓄业务较往年也有明显的增长。二是采取多种措施，促进国际结算、全国通、代理保险、代销基金等中间业务加快发展。进一步丰富代收代付业务品种，实现了中间业务收入的明显提高。三是积极实施客户结构调整。抓龙头、抓系统，对重点项目集中力量攻关，全年共拓展500万元以上存款大户224个，新增存款20.3亿元；新发展曹妃甸港口建设等1000万元以上优质授信客户70个，新增授信22.5亿元；省分行的银税、银烟，秦皇岛分行的银税、银财、银审、银库合作，进一步巩固和发展，综合收益不断提升；坚持扶优汰劣原则，对已列入“监察名单”企业和经营前景不明、财务状况欠佳、资信存在较大问题以及属于总行禁止、限制类项目和退出行业的授信客户大力实施减持退出，全年共减退8.8亿元，分行资产结构得到优化。

积极推进全面改革，增强经营活力。实施全方位的改革。一是按照总行组织架构调整的相关要求，省分行和省辖行都成立了预算财务部、会计结算部、风险监控部、资产保全部、法律合规部，原财会、计划、帐务中心、风险、清收等部门的职能得到合理归并整合。二是在录用员工和选聘机关工作人员方面进行了一些改革尝试，采取社会公开招聘和公开选聘的方式，不拘一格吸纳优秀人才。三是分步推进支行的扁平化管理，省分行对10家达到一定规模的支行实施了直属管理，起到了很好的激励和示范作用。四是盘活人力资源。本着唯才是举、用人所长的原则，大胆启用一批年轻干部，并在分行机关与支行间、支行与支行间、省分行与省辖行间实施了干部交流。五是全面推进客户经理队伍的浮动管理。根据客户经理业绩调整其等级、薪酬，较好地解决了过去在客户经理队伍中存在的压力不大、动力不足等问题。六是规范临时用工。省分行实现了全部临时用工的社会化管理。

加快业务创新。自行开发了电信话费代收、客户经理考核系统升级等业务系统及程序，全行电子化水平进一步提升。先后推出了远期结售汇、同业授信额度福费廷、速汇金、双币贷记卡、双利理财帐户、外汇宝项下质押贷款等十几项业务新品种，产品体系进一步完善。为近千名客户开通了“银信通”业务，成为与客户沟通的又一重要平台。重视新产品的营销推广，省分行办理了河北省第一笔企业年金业务，成为河北省出版总社企业年金托管人和帐户管理人；与河北日报社合作举办车主卡大型产品推介会，产生了良好反响。秦皇岛分行加强与境外分行的业务联动，与新加坡分行联动办理远期进口开证付汇业务，由香港分行为该行客户河北远洋运输公司提供船舶融资及上市承销等业务，促进了国际业务的加快发展。

强化内部管理，提高全辖行政能力。一是积极推进风险管理转型，建立健全风险管理控制体系。省分行和省辖行都成立了风险管理委员会，积极推进风险经理制度，风险控制体系进一步完善。制定出台了《2005—2007年全面风险管理纲要》，明确了三年内全面风险管理的指导思想、管理理念、组织架构和保障措施，制定了消化现有存量不良资产的实施步骤。二是加强授信管理。健全完善内控制度，规范授信审批流程，加强日常检查，授信管理得到强化。加强个贷业务的风险防范，规范审批程序，严格授信条件，加大个人不良贷款的清收，个贷业务年末不良率有所降低。三是针对存量信贷资产中的风险，对正常、关注类贷款通过“监察名单”进行风险提示，对潜在风险较大的授信客户提前制定行动处置计划并跟踪落实，每周听取汇报，每月分析通报；对风险较大企业转变担保方式，全年共有14户2亿元贷款转办土地房地抵押，控制了风险的扩展，遏制贷款出现新的逆向转化。四是进一步加大不良信贷资产的清收压缩力度。通过清收、诉讼、变现抵债资产、核销等多种手段，共清收压缩一批不良信贷资产。五是加大风险排查力度。在加强日常审计、监察和授信、财会等业务检查力度的同时，按照边查边改、边查边建、边查边补的要求，开展了全行性的风险点排查、基层机构内控管理检查，从不同角度审视风险隐患，严格排查，在一定程度上消除了内控盲点，堵塞了管理漏洞。六是加强财务管理。合理分配财务资源，严控费用开支，对各营业部门费用管理情况进行了全面检查；坚持财务公开原则，通过职代会向全行通报近年来费用开支使用情况，提高了财务资源使用的透明度。

（交通银行石家庄分行　崔希义）

【民生银行石家庄分行】　2005年末，中国民生银行石家庄分行资产总额为132.44亿元，较年初增长22.13亿元；一般性存款余额为125.69亿元，较年初增长23.51亿元，其中对公存款余额105.49亿元、储蓄存款余额20.2亿元，分别较年初增长13.59亿元和9.91亿元。各项贷款余额为69.5亿元，较年初增长13.9亿元，存贷比为55%。票据贴现量102.9亿元；累计办理国际结算3.5亿美元；网上开证量共5578万美元，累计实现外汇业务收入481.1万元人民币；民生卡发卡量4.3万张，卡存款达到9.5亿元；个人信贷业务余额4.3亿元。实现税后利润8118万元。

业务建设。该行以行业开发为核心、以产品推动为契机，不断加大行业整合力度，积极培育客户经理核心团队，初步实现了公司业务开发从非理性、简单化到系统性、条理化的转变。分行在原有的公司业务部基础上重组设立了公司银行管理部，通过不同行业设定不同的商业开发模式，根据不同客户的实际需求，合理设计不同的产品组合和产品营销方案，提升客户经理综合素质，以产品和服务赢得客户。一是围绕总行“调整与提升”的战略要求，编制了《公司业务市场开发规划》、《零售业务市场开发规划》、《金融同业业务市场开发规划》，确定了各项业务的市场定位和目标客户群体，由无序营销向规划指导下的专业营销转变。二是在公司部组建行业中心，制定了交通、电力、钢铁等10大行业开发方案，初步整合了全行客户资源和客户经理资源，为行业系统开发打好基础。加强客户细分，按行业整合出最具活力、最具成长性的客户，并由分行组织相关部门成立营销小组，利用民生的多种产品设计综合营销方案，对企业进行全方位营销。三是加快业务组织体系改革，实现营销模式的升级。用团队营销代替个人的单打独斗，逐步实现业务开发的根本性变革。四是实施客户经理提升计划。通过产品培训、行业中心支持、工作室沟通交流等方式，促进了客户经理由关系型向素质型、由单一产品型向多元产品型、由单兵作战方式向团队作战方式的转变，提高了综合竞争力。五是成立中小企业开发中心。在控制风险的前提下加大中小企业开发力度，实现客户类型由高端客户向基本客户的转移，客户类型调整初见成效。六是积极采取措施，实现票据业务较大突破。充分发挥新产品优势，严格各项业务操作，防范业务风险，累计贴现量较上年增长71亿元。

零售业务。该行从完善考核方式和组建零售业务团队入手，开展特色服务，建立零售业务营销体系，加快个人业务发展。一是从组建零售业务营销团队和搭建贵宾服务立体框架入手，促进个人业务发展。在贵宾服务方面，积极推进总行“3＋N”贵宾项目计划，并结合当地特点，加大对当地特色贵宾服务的投入力度，开展了绿色健康通道、国债预约、美容沙龙、家庭保洁、汽车美容等特色服务项目，在丰富贵宾服务内容的同时强化贵宾服务的差异化特征，通过开展特色服务全面提升服务质量。二是确立零售业务批发做的指导思想，积极拓展代发工资、代收费等集体项目，降低开发成本，提高综合收益率。三是加强营销队伍建设。在原有的零售业务营销团队基础上组建了理财经理队伍，为每个支行配备了一名理财经理，加强了对贵宾客户的维护与提升。四是积极开发委托理财和商铺按揭贷款等新业务，提高市场竞争力。五是进行营销渠道的整合。将直销团队、代销团队、理财经理队伍、客户服务中心、电子银行、柜台服务六个销售渠道进行有机整合，形成全方位、立体化的营销体系。

企业文化建设。一是加强职业道德教育，开展多种形式的学习教育活动，提高员工责任心和执行力。二是举办“争先创优”活动，提高员工争先创优的工作积极性。组织了“会计技能比赛”、“争创服务明星”、“业绩能手”比赛等系列活动，有力地推动了业务发展。三是组织党员干部中秋节前到扶贫点顺平县河口乡北下邑村慰问贫困户，为近百家一对一帮扶对子送去中秋节礼品，并现场捐款3万多元。四是开展丰富多彩的文体活动，增强员工的集体荣誉感和团队意识。成功举办了“中华名人高尔夫邀请赛”，通过开展羽毛球比赛、登山比赛等活动，既提高了员工的身体素质，又增强了团队凝聚力。五是加强对外宣传。多次举办银企合作洽谈会，组织了“河北省煤电企业峰会”，进一步密切了银企关系。六是建立领导干部与员工谈心制度和定期走访困难职工、困难家庭制度及员工生日问候等制度，使员工充分体会到民生银行大家庭的温暖。

人力资源开发。该行把培育员工作为工作的重中之重，一方面通过企业文化教育，提高员工的投入感和认同感；另一方面，通过培训提高员工素质，增强其归宿感。建立长效培训机制，针对不同岗位、不同人员制定详细周密的培训提升计划，从产品介绍到营销方式，从技能培训到知识更新，实行全方位、全员培训。组织了大规模的银行基础知识培训和产品精深培训，结合行业整合和新产品推广，分行公司业务部、授信评审部、国际业务部、人力资源部等部门组成培训小组，联合开展系列培训，有效提高了客户经理的业务素质，为打造核心客户经理团队奠定了良好基础。

（中国民生银行石家庄分行　刘　冰）

【华夏银行石家庄分行】　2005年，总行共下达五项经营指标。该行拨备前利润完成总行计划的100.63％，拨备后利润完成总行计划的103.32％；利润变动费用率为57.4％，控制在总行计划之内；一般性存款余额完成总行核定任务的100.72％；储蓄存款余额完成总行计划的105.4％；四级分类不良贷款余额和五级分类不良贷款余额均控制在总行计划之内。该行连续两年全面完成总行下达计划，迎来了最好的发展时期。

抓好信贷投放，实现良好发展。一是突出效益观念。年初重点抓信贷投放，对重点客户的信贷投放近8亿元，奠定了全年利润计划实现的基础；年中重点抓票据贴现业务，适时调整贴现利率，完善考核激励措施，促进了业务发展；年末重点抓存款增长和项目储备，为来年的业务发展奠定了良好基础。二是突出客户观念。营销工作从以存款为中心向以客户为中心转变，把优质客户增长和重点客户开发作为工作重点，并在发展中调整客户结构。三是突出市场观念。在客户定位上，明确了“以中型工业客户为主体，以煤、电、油、运等垄断行业客户为高端，以商贸、教育、医疗、房地产等领域的重点客户为补充”的基本思路；在行业结构上，坚持资产结构与区域经济结构相协调的原则，合理确定资产组合，控制风险过度集中；在区域布局上，坚持“立足省会、辐射全省、突出重点”的原则，以石家庄本地客户为主体，埠外客户重点发展唐山、廊坊和保定市场，形成集群效应。

改进考核办法，完善激励机制。一是重点突出。改变面面俱到的考核指标体系，突出利润、存款、资产质量和国际业务的考核；二是分类考核。针对各岗位的实际情况，对分行机关、支行领导班子、客户经理和柜台人员，分别制定专门的考核办法；三是严格执行。在2004年度和2005年前三个季度的考核中，全行有2名支行行长被降职并调离行长岗位，有15名干部被亮黄牌，有8名员工被降为准行员。

突出抓好两个重点发展领域。一是票据贴现。4月份成立了票据中心，配备了专门人员，集中负责分行票据业务的运营和管理。2005年，共办理贴现业务2000多笔，累计办理贴现63.4亿元，贴现利息收入6680万元，为完成全年利润计划做出了积极贡献。二是国际业务。通过考核激励和专业指导，引导各支行重视国际结算客户的开发，形成了国际结算业务齐抓共上、全面开花的良好局面。全年共完成国际结算量5.39亿美元，同比增加2.72亿美元，增长102%，居全系统首位；该行的国际结算量在当地10家金融同业中排名第四，首次超过了国有商业银行；外汇业务综合收益达1300万元，同比增加514万元，增长65%。

强化管理，防范风险。一是加强信贷准入管理，把好信贷准入关。一方面，把个人信贷业务的审批权全部上收分行，成立了个贷中心，严格控制和规范个贷发放，防止新的信贷风险发生；另一方面，加强对专职审批人的管理、培训和教育，严格信贷审批程序和贷审会纪律，不断提高审批质量。二是实行客户分类管理。根据风险程度将全行授信客户分成四类，即“绿色、黄色、橙色和红色”，后三类统称为问题授信客户。按照风险不扩大和风险降低的原则，对各类授信客户明确信贷政策，并提前做好处置预案，有效地避免和控制了不良贷款的出现。三是开展不良资产及欠息清收攻坚战活动。为保证完成不良资产控制计划，开展了不良资产及欠息清收攻坚战活动。分行从有限的奖金中拨出专款，进行专项奖励。

加强基础管理，确保安全运行。一是加强信息技术管理，防病毒能力不断增强。在“5.18”病毒事件中，经过排查，最早发现了病毒源，并及时采取防范措施，保证了核心系统的正常运行；还按时完成了资金系统、企业信贷系统、个人信贷系统、同城网络改造等项目的实施。二是加强安全保卫工作，解决了以往的遗留问题，实行了现金集中押运的社会化改革。三是实施会计科长派驻制。加强了会计规范化管理和会计核算体系建设，防范操作风险的能力进一步加强；坚持日常稽核与专项稽核相结合，对规范业务发展起到了保障作用。

解决遗留问题，消除工作隐患。一是有步骤地解决办公大楼的产权问题，前期工作已基本结束。二是有效解决了遗留的枪支弹药问题。补办了11支防暴枪的销毁手续，向公安部门及时上交枪支21支、子弹5507发。此外，还有效解决了多起拖欠装修工程款、退休员工住房补贴、省外高速公路的广告协议等遗留问题，得到了社会公众的高度认可和广大员工的一致好评。

（华夏银行石家庄分行办公室）

【中信银行石家庄分行】 2005年，中信银行石家庄分行以客户为中心，以市场为导向，转变经营观念，巩固传统优势、开拓零售市场、加强风险管理、强化内部控制、狠抓基础环节、堵塞管理漏洞，取得了可喜的经营业绩。截至2005年12月31日，该行资产总量折合人民币126亿元，比年初增加14.5亿元，增幅为13%；存款余额本、外币折合人民币102.68亿元，比年初增加13.76亿元，增幅为15.47%；其中储蓄存款余额折合人民币13.76亿元，较年初新增6.17亿元，增长83.41%；本位币一般性贷款余额折合人民币72.13亿元，较年初增加8.97亿元，增幅为14.21%；国际业务实现进出口收付汇2.38亿美元，比上年增加1.54亿美元，增幅为183%，市场份额继续保持同业领先地位；资金产品综合完成率大于140%；实现利润1.57亿元，实现考核利润1.42亿元，较上年增加0.49亿元，增幅达到52.69%。

经营业务创新求实。根据总行“有进有退”的精神，以“效益”为中心，大力进行结构调整，集中力量开发优质客户、稳定大客户、有选择的发展优质中小客户取得了较好的效果。一是严控保证金存款，降低潜在风险。在大幅提高客户门槛的前提下，保证金存款比年初增加1.74亿元。二是注重中小型企业营销的研究。着手研究与效益好的中小企业建立长期稳定的合作关系的实施办法，对结构调整做出了有益的尝试。三是根据大型企业的融资趋势，调整工作思路迎合市场变化，取得优异成绩。其中为唐钢代售了20亿元的短期融资券，使该项业务成为全国冶金行业之首，河北省融资券发行之首，一次增存20亿元，创利1050万元。此外，还对邯钢集团短期融资券营销，制定发行方案建议书，与其他七家优质企业初步达成发债意向，为今后业务发展闯出一条新路。

零售业务硕果累累。坚决贯彻总行实施零售业务发展战略，围绕“三维四动”发展策略开展工作，取得可喜成绩。其中储蓄存款完成率列中信系统全国第三名，信用卡及有效理财宝新增发卡量均列中信系统全国排名第一，代发工资额及户数居中信系统全国第二名，在石家庄市场银行卡交易情况统计中，该行银行卡交易量、交易金额在11家银行中均位居前列。同时，大力建设贵宾理财业务，突出了品牌优势；突出“中信star，成功人士的选择”这一主题，通过重点宣传“为成功人士进行全方位服务”的内容，使中信star信用卡在高收入人群中获得极高的认同感；在出国金融业务方面继续保持了在本地金融系统的领先地位，借助产品优势，形成了“要出国、找中信”的公众意识，赢得了可观的综合效益。

国际业务和票据业务高速发展。全年实现进出口收付汇业务量比上年增长283.58%。实现中间业务收入人民币463万元。将票据中心独立成为专业营销部门，增加人员、完善制度，取得了较好的成绩。办理商业汇票贴现592笔，金额27.71亿元，直贴利息收入3708.51万元；转贴现买入5508笔，金额116.05亿元，实现利息收入7883.83亿元；卖出商业票据2232笔，金额70.19亿元，利息支出3547.08万元。在全国中信系统贴现业务评比中，票据业务的增量和存量均获一等奖。

风险和内控管理实现双优。调整并优化信贷结构，促进全行业务健康持续发展。大力推行风险文化建设，规避业务操作中的风险。牢牢树立“安全与效益共盈、管理与服务并重”的工作理念，更加注重资产的安全，在严格控制风险的同时注意贴近市场，强化服务，支持了业务的发展。截至12月底，该行各项贷款余额72.13亿元，其中公司业务贷款余额69.08亿元，零售贷款余额3.05亿元，按照贷款五级分类口径，正常类余额72.07亿元，不良贷款余额0.056亿元，不良率仅为0.8‰，较好的规避了风险。完善稽核审计体系，成立了内部审计委员会，加强稽核制度建设，促进内控管理水平的提高。全年共投入数十人次参加检查，主要包括重要凭证、印章、现金的管理、会计柜台、表外业务、贷款的授权条件落实情况、授信客户授信额度使用情况、账外账等内容，合计时间达68天。

财务会计工作再上新台阶。一是制定实施了一系列会计管理制度和细则，完成了帐户清理及三代资产业务上线，并组织了多次会计业务大检查，规范了操作行为，规避了操作风险。在资金计划方面，资金资本市场业务成果显著，交易利润达1136万元，综合完成率列中信系统全国第一。通过积极参与资产的转让，对风险资产进行了有效压缩，同时制定了动态监督体系，在促进业务部门工作的同时，调整了金融机构的存款利率，有效降低了资金成本。在财务方面，配合业务管理体系的改变，重新制定了薪酬考评机制、激励机制，制定了客户经理综合考评管理办法，尝试实行部门费用管理，取得了良好效果。通过财会工作的深化，在存、贷款上升了15%的情况下，整体利润上升68.8%。充分体现了“业务发展，效益为先”的工作思路。

2005年，圆满完成了和西、建北两家支行的选址、筹建、搬迁工作，并保证其日常业务正常开展。根据总公司的统一安排，自2005年11月25日起，“中信实业银行”更名为“中信银行”，中信实业银行石家庄分行也相应更名为中信银行石家庄分行。

（中信银行石家庄分行　郝丽丽）

保　险　业

【概况】　2005年，全省保费收入从2000年的56亿元增长到217亿元，五年接近翻两番，从全国第10位上升到第7位；年均增幅30.90%，超过全国平均水平5.67个百分点，发展速度列全国第一。2005年财产险业务保费收入53.63亿元，同比增长7.63%；人身险业务保费收入163.68亿元，同比增长5.21%。2005年末保险总资产达到481.95亿元。保险企业业务规模和效益实现了同步增长，市场竞争能力进一步增强。

截至2005年底，保险公司省级分公司从2000年的4家增加到19家，分支机构由328家增加到1953家，保险专业中介法人机构从无发展到61家、分支机构77家，保险兼业代理机构从2189家发展到3362家，保险从业人员从2000年3万人增加到13万人。保险主体多元化的市场格局基本形成，保险市场日趋繁荣。

2005年底全省保险产品达到2289个。保险服务区域从城市到农村，服务领域进入各行各业，服务范围涉及社会各个阶层。“十五”期间，各保险公司共支付赔款及给付156.59亿元，其中2005年达到40.43亿元，同比增长9.88%。2005年，承担财产风险保额1.52万亿元，人身风险保额9912.76亿元。特别是在部分地区发生洪涝灾害、石家庄“3.16”特大爆炸案、非典疫病、曹妃甸码头工程风暴潮事故、辛集烟花爆炸案、沙河“11·20”铁矿特大矿难、承德暖儿河矿难及“12.19”重大交通事故等多起重大事件发生后，保险公司以快速的理赔和优质的服务参与灾后救助，为社会稳定、企业恢复生产、人民生活安定做出了重要贡献。保险业较好地发挥了经济补偿、资金融通和社会管理三大功能。

保险业改革和创新取得新成效。各公司创新考核机制和用人机制；创新经营理念，由“产品导向为中心”向“以客户导向为中心”转变；在业务发展渠道上，推进以中介代理为标志的营销体制创新，以银行保险为标志的销售渠道创新；探索出开拓农村保险市场的“保险村”模式、产品说明会模式、以短险业务发展带动长期险业务发展模式等业务推动方式。保险业积极推动农业保险、责任保险、健康险和企业年金等四个重点领域的业务创新，不断扩大保险覆盖面，充分发挥了保险在社会主义新农村建设、完善社会保障体系、建立社会纠纷解决机制等方面的辅助社会管理功能，促进了保险业与经济社会的协调发展。

保险业发展环境明显改善。省政府下发了《关于促进保险业加快发展的意见》，首次以省政府的名义对保险业发展提出意见和要求。部分市也以政府的名义出台了加快保险业发展的意见。在近年来的省、市政府工作报告以及省委、省政府出台的一系列文件，如《关于做好2005年农业和农村工作的实施意见》、《河北省服务业振兴计划》、《关于加强金融生态环境建设的指导意见》、《关于大力推进我省资本市场发展的意见》、《关于扶持农业产业化经营龙头企业的若干意见》、《关于加强城乡统筹、壮大县域经济的若干政策意见》、《关于扶持奶业发展的意见》等20多个文件中，都包含了保险方面的内容，均有力地推动了保险业的持续快速健康发展。

保险作为一种重要的风险管理和投资工具，日益被人们所认可，公众的保险意识大大增强。主动咨询、购买保险产品的人群在扩大，保险与人民群众的生活联系越来越密切，保险正成为新的消费选择和重要理财手段。越来越多的机关和企事业单位，自觉运用保险手段转移风险，保险业作为经济社会发展的“助推器”、“稳定器”作用日益显现。

（河北省保险业监督管理局　翟义刚）

【人保财险河北省分公司】　2005年，中国人民财产保险股份有限公司河北省分公司坚持“以市场为导向，以客户为中心”的经营理念，依靠PICC知名品牌、专业技术人才和诚信优质服务，积极参与河北地方经济建设，努力为构建和谐河北提供良好的保险保障服务。实现了由大型国有保险公司向国有资本和非公有资本参股的混合型股份有限公司的转变，公司业务持续健康发展，经营效益稳步提高。全年共为全省50多万个企业、300多万个家庭、131万辆机动车办理了各种保险，累计为社会提供9080多亿元有效风险保障。在经济生活中充分发挥了保险主渠道作用，有力地促进了全省经济的稳定发展。2005年，全省系统保费收入36.64亿元，业务规模居全国第五位。

努力为国家重点建设项目保驾护航。相继承保了北京——秦皇岛、北京——张家口、天津——上海、石家庄——黄骅、宣化——大同、北京——承德、青海——银川、保定——沧州、环渤海等高速公路工程项目，唐山曹妃甸工程、黄骅港北坡防护堤一期工程、秦皇岛戊己煤码头，遵化、西柏坡热电厂，沧州大化、华药、新奥集团、邯钢、唐钢、石钢、宣钢、承钢，国家储备粮仓库，西气东输、中国援建苏丹管道、丹拉高速公路和境外的苏丹天然气管道工程建设项目、利比亚油气管道建设工程项目、中哈原油管道项目等一大批重点建设项目。

充分发挥保险的经济补偿职能。每当全省范围内发生大规模的自然灾害和保险事故时，该公司总是在关键时刻，有力地支援受灾企业及时恢复生产和灾区重建，充分发挥了保险的经济补偿职能，为促进改革、稳定社会、造福人民及全省的经济建设作出了积极的贡献。2005年先后为石家庄制药集团中润制药公司财产雷击和两次电缆放炮损失赔付467万元和561万元、保定风车气球公司火灾损失赔付439万元、唐山钢铁集团炼钢机损赔付199万元。全省系统缴纳各项税金2.1亿元，有力地支持了地方经济建设。2003年以来，人保财险河北省分公司共处理各类保险赔案67.5万件，赔款达50多亿元。其中2005年，人保财险河北省分公司先后处理各类赔案21万多件，赔款达20多亿元。

加强诚信建设，树立社会形象。作为省内财险市场的主导力量，该公司始终把加强诚信建设，作为提升公司良好社会形象的基础。一是公司成立了诚信建设领导小组及相应的工作机构，把行业作风和诚信建设纳入公司经营目标管理，列入一把手工程，严格实行责任制考核。形成一级抓一级，层层抓落实的工作机制。二是把诚信建设与业务发展、经营管理，摆在同等重要的位置，形成了诚信建设与业务发展同步推进的良好运行机制。三是建立诚信教育机制。在全系统员工中深入开展“诚信教育”活动，增强了“诚信从我做起”的信念。四是建立社会诚信监督机制。向社会公开承诺服务措施，公布服务监督电话，还在社会上聘请了行风建设监督员、联络员，有力地提升了公司的社会影响力。

启动“金牌服务工程”，努力提升服务水平。2005年，在全省系统启动“金牌服务工程”，并从服务承诺、服务标准入手，向社会推出以理赔服务为重点，效率和规范为主题的“理赔无忧—车险快捷服务承诺”活动。主要内容包括对出险原因清楚、责任明确、未涉及第三者、本车定损金额在5000元以下的事故车辆，提供从索赔到汽车修理的全程服务。客户可以在定损完毕后7天之内，直接到指定地点提车；对于客户选择自行修车的，在客户提交修车发票、事故证明等相关索赔单证后3个工作日之内支付赔款。各市分公司还结合地方特点，提供事故救援服务、短信服务、建立汽车俱乐部等特色服务。

拓展服务领域，提升客户满意度。一是在全省系统范围内开展了一次大客户专项回访活动。回访内容包括客户对公司总体服务水平的评价、存在的突出问题及对改进服务工作的意见和建议。采取省分公司统一下发《致客户的一封信》和《大客户服务满意度调查问卷》，承保公司携带信函上门走访，客户将调查问卷直接邮寄省分公司的做法。回访活动中，共发放调查问卷330份，收回问卷295份，回收率为89.4%。在收回的问卷中，认为人保财险的客户服务处于保险业所有财险公司中一流水平和较好的占92.2%；二是推出了赔款信息发布制度。要求全省人保财险分支机构定期在当地新闻媒体发布通知，催促被保险人领取赔款，同时要求各分支机构及时回访客户，征求意见。三是进一步完善了客户投诉处理机制，以提升服务水平和客户满意度。

加快核保和理赔速度，不断提高服务质量。2005年，公司在全省系统开展了“加快理赔速度，提高服务质量”竞赛活动，并制定了具体措施，大大提高了核保的工作效率。在全省构建了统一的保险服务网络，大力推行了限时理赔和简易赔案处理等办法，并着力在缩短理赔周期、加快理赔结案速度，提高理赔服务质量上下功夫。不少基层公司推出了“首问责任制”、“一站式”、“一条龙”等服务新举措。同时，加强了人保财险“95518”专线服务质量建设，加强了出险报案、预约投保、客户咨询、投诉举报、客户回访、车险救援等服务举措。到2005年底，全省系统95518专线服务共开设座席69部，开通专线电话89部，配备专线信息员146名，全年呼入呼出电话118.8万次，比2004年同期增加152%。客户回访率100%，实现了24小时全天候服务。近三年来，共收到客户赠送的“保险王牌、保户救星”、“95518是救命恩人”等锦旗300余面，感谢信1000多封，感谢电话1.22万多次，受到中国质量万里行检查组的高度评价。

积极为社会各界提供所需的保险险种。在服务“三农”方面，先后开办了奶牛保险、小麦收获期火灾保险等险种，并在全省系统开展了“情系三农，服务百姓——2005新产品开发创意大赛”活动，为“三农”提供了有效的风险保障。在广泛开展企业财产保险、机动车辆保险等传统险种的基础上，不断开发适销对路的产品。先后开发出组合产品、礼金产品、储金产品、电子商务产品等系列新险种20多种。该公司已开办的险种达600多个，涉及财产保险、机动车辆保险、责任保险、意外伤害保险等众多方面，最大限度满足了客户的需求。

2002年以来，该公司203个分支公司在民主评议行风活动中全部达标，其中2002年人保财险河北省分公司被评为先进单位，2003年被命名为优秀单位，有101个市县分支公司被评为优秀或先进单位；2004年，人保财险河北省分公司再一次被省委、省政府评为“民主评议行风优秀单位”称号，有83个市县分支公司被评为优秀或先进单位。省精神文明办公室、省文化经济促进会和省千家企事业单位诚信联盟活动组委会授予该公司“诚信示范单位”荣誉称号。在2005年人保财险系统开展的“全国百城服务竞赛”中，人保财险石家庄分公司评为第二名，荣获金奖。2005年，该公司被省工商行政管理学会授予“重合同，守信用”单位，被省消费者协会授予“消费者信得过单位”称号。

（人保财险河北省分公司　张忠义）

税　务

【国税收入】　2005年，全省国税系统累计组织税收收入622.38亿元，占年计划的117.2%，比上年增收138.57亿元，增长28.6%。其中国内增值税和消费税合计完成525.43亿元，占年计划的114.9%，比上年增收108.84亿元，增长26.1%；企业所得税完成60.10亿元，占年计划的143.1%，比上年增收21.75亿元，增长56.7%；外国企业和外商投资企业所得税完成17.21亿元，占年计划的136.6%，比上年增长57.3%；个人储蓄存款利息所得税完成19.64亿元，占年计划的101.8%，比上年增长9.8%。同时，全系统办理出口退税和“免抵调库”73.65亿元，比上年增加4.72亿元，增长6.8%。主要特点：一是收入进度快、增幅高。全系统提前两个月完成全年收入任务，实现国税收入连续三年增幅超过20%，均高于同期全省经济发展速度。二是11个市局均圆满完成收入任务并实现高幅增长。其中承德、唐山、沧州、张家口和衡水五个市增幅分别达到54.7%、37.4%、36.9%、33.9%和31.0%；邯郸、廊坊、邢台和保定四个市增幅分别达到28.9%、25.9%、23.4%和20.7%；石家庄、秦皇岛两个市分别增长16.6%和10.6%。三是“国内两税”仍是增收的主体，所得税收入增势明显。全年“国内两税”增收108.84亿元，占收入增收总额的78.5%；企业和涉外企业所得税分别增长56.7%和57.3%，增收额占增收总额的20.2%。四是结构性增收显著，资源性行业拉动作用明显。受产能扩大、价格提高等因素的影响，钢铁、原油和煤炭三个行业增值税收入增幅在27%以上，电力增值税增长18%。四个行业增值税收入合计200.4亿元，占全省增值税总额的40.9%；四个行业增值税增收合计43.7亿元，占增值税增收总额的41.5%，拉动全省增值税收入增长11.4个百分点。

【国税征管】　为改变征管基础建设的薄弱状况，河北省国税局把2005年作为全系统的“征管基础建设年”，明确提出了“五个到位”的目标要求并狠抓落实。一是推行税收征管信息系统到位。按照总局的统一部署，在全系统推行了税收征管信息系统。该系统于3月1日在9个市全面上线运行，随后完成了唐山、石家庄两个市的并库，将49.95万户纳税人纳入其中，真正实现了征管数据的省局集中。二是机构调整到位。认真落实总局《进一步规范税务系统机构设置明确职责分工的意见》，对内部和外部机构设置进行了调整、规范。与此同时，界定了机构职能，明晰了部门业务界限，较好地做到了职责分明、权责对等、协调配合、监督制约。三是推行税收管理员制度到位。制定下发了税收管理员制度，对税收管理员的基本职责、工作规程、廉政纪律、监督考核、交流轮岗等做出了明确规定。全系统共确定税收管理员9200多名，占全员的40%。四是建立纳税评估制度到位。认真落实总局《纳税评估管理办法》，制定了纳税评估制度，明确了纳税评估的具体指标。结合税收管理员制度和重点税源管理制度的落实，主要对零申报、负申报、低税负企业和部分行业开展了评估。五是推行办税服务厅规范到位。制定了《办税服务厅管理办法》，对办税服务厅名称、窗口设置、办税环境、人员着装、文明服务等进行了统一和规范。以此为依托，认真落实“一站式”服务、全程服务、首问责任、延时服务、限时服务等服务措施，进一步方便了纳税人，提高了办税效率。

【国税执法】　2005年，全省各级国税部门坚持“内外并举，重在治内，以内促外”的原则，大力推进依法治税工作。对内，狠抓税收执法责任制和执法过错责任追究制的落实。按照总局的制度规定，对“两制”进行了修改完善。在此基础上，进一步加大了考核检查和责任追究的力度。共对52个县区局进行了直接检查督导，对151个县区局进行了执法检查。全年共追究执法过错人员3950人次，追究金额15.63万元，暂停执法资格7人，干部职工依法办事的意识明显增强，税收执法行为进一步规范。对外，严肃整顿和规范税收秩序。组织了钢铁生产企业、废旧物资经营及用废企业、以农副产品为主要原料的生产加工企业等专项检查，对保定、宁晋等地废旧物资经营及利用废旧物资生产企业的税收管理秩序进行了专项整治，会同公安、地税部门开展了打击虚开用于抵扣税款发票和骗取出口退税等涉税违法犯罪的专项斗争，加大了对涉税违法案件的查处力度。全年共检查各类纳税人2.31万户，发现有问题的1.03万户，查补税款5.7亿元，使纳税人的依法诚信纳税意识进一步增强。

【国税干部队伍建设】　2005年，河北省国税系统坚持以人为本，努力建设一支政治过硬、业务熟练、作风优良、执法公正、服务规范的干部队伍。一是加强思想政治建设。组织干部职工认真学习“三个代表”重要思想，深入开展“树正气、讲团结、求发展”和保持共产党员先进性教育，使干部职工聚财为国、执法为民和爱岗敬业、遵纪守法的意识不断增强。二是加大业务培训力度。省局共举办军转干部和新录用人员初任培训班、科局长培训班、NIT培训班9期，培训干部646人。同时，与河北经贸大学联合举办了税务稽查进修班，52名稽查人员参加了进修。三是加强税务文化建设。组织了一系列文体活动，活跃了文化生活，培养了团队精神；深入开展精神文明创建活动，5个单位被命名为“全国巾帼示范岗”，4个单位被评为“全国精神文明建设工作先进单位”，5个单位被评为“全国税务系统先进集体”，92个单位被评为省级“青年文明号”。四是强化领导干部廉洁自律。深入开展理想信念和权力观教育，增强了领导干部廉洁自律意识。加大对“五股歪风”的整治力度，组织了两次对税务人员投资入股煤矿问题的检查清理，对顶风违纪的进行了严肃查处。规范了领导干部廉政档案，加强了落实党风廉政建设责任制情况的考核。五是深化行风建设。广泛征求纳税人和社会各界的意见，努力解决群众反映强烈的问题。全系统共聘请特邀监察员6455名，公布行风举报电话521部，发放征求意见函16.53万份，召开座谈会756次，受理咨询及投诉1427个，解决群众反映的问题643个，制定优化环境和便民服务措施676项。六是严肃查办违法违纪案件。全年受理群众信访举报408件，立案20件，查结18件，处分违纪人员25人，为国家挽回经济损失174万元。七是强化“两权”监督。在税收执法权监督上，实施立项监督项目771个，纠正各类问题200多个，提出执法监察建议1038条，协助建章立制195项，挽回经济损失317万元。

（河北省国税局　赵东明）

【地税收入】 2005年是“十五”计划的最后一年。“十五”时期，全省地税系统累计组织各项收入1493.22亿元，年均增长28.25％。其中税收收入1003.65亿元，比“九五”时期增收522.82亿元，年均增长18.4％，成为地方财政收入的主要来源。特别是2005年，全省共组织各项收入458.64亿元，比上年增收98.4亿元，增长27.3％，是历年来增收最多、增长最快的一年。其中税收收入完成294.92亿元，增长30.8％，完成年计划的118.88％；基本养老保险费完成131.74亿元，增长19.67％，完成年计划的103.49％；失业保险费完成10.7亿元，增长21.92％，完成年计划的111.48％；教育费附加等其他7项收入共计完成21.28亿元，增长33.58％。2005年全省地方税收主要有四个特点：一是收入规模实现历史性突破。税收收入总量在全国地税系统中排第8位（2004年为第11位）。二是税收收入增幅高、进度快。全年税收收入增长30.8％，是河北地税系统组建以来进度最快，增幅最高的一年。三是主体税种权重大，增收明显。营业税、企业所得税、个人所得税共完成231.93亿元，占税收收入总量的78.64％；共增收55.3亿元，占增收总额的79.63％。四是行业特征明显，采矿、制造、房地产和建筑业成为拉动地税增长的主要力量。

【地税征管】 围绕组织收入，2005年全省着力从十个方面加强地税征管。一是修改完善了《河北省税收业务工作规程》，进一步体现以信息化为依托，完成了业务流程再造。二是认真落实税收管理员制度，加强税源管理，组织了全省范围的经济税源调查，不断扩大省局重点税源监控范围。三是积极探索纳税评估工作，初步建立了评估工作机制和指标体系。四是基本实现了对纳税人资料的“一户式”管理。五是开展了欠税公告工作。全省公告欠税户6729户，欠税金额17.4亿元。六是推广应用发票管理软件。开展发票“双奖”活动，成立了票证服务中心，加强了发票管理。七是继续分行业、分税种加强税收征管。重点加强了对建筑、房地产、交通运输、采掘业等薄弱环节的征收管理，认真督促各地执行建筑、房地产、交通运输业管理办法和印花税、城建税管理办法，推行了个人所得税软件，出台了《河北省小型采掘业税收管理办法》、《营业税计税营业额管理暂行办法》等新的征管制度和措施。八是加大稽查工作力度。组织开展了房地产、采矿、建材业和个人所得税的专项检查，开展了“上查下”工作，查办了一批大案，全年查补税款7.67亿元。九是制定下发《河北省地税系统纳税服务实施办法》。推广了12366纳税服务热线，推行申报纳税方式多元化，开展了“双定户”委托银行代缴税款工作。十是加大投入力度，提高税收征管信息化水平。完成了一户式查询开发工作，实现了网上纳税申报和网上缴税功能，开展了发票软件、稽查软件执法监控考核软件的开发、试点工作，对征管应用系统组织了验收。省局数据中心建设稳步推进，征管数据的复制上收工作取得阶段性成果。全省网络提速，开通了与省工行的通信线路。

【地税法制建设】 2005年，全省地税系统认真贯彻《行政许可法》和国务院《全面推进依法行政实施纲要》，大力推进依法治税，不断提高依法治税水平。多形式、多渠道地组织“税收宣传月”活动，圆满完成“四五”普法各项工作。大力推行税收执法责任制，修改完善了《河北省税收业务规程》、《执法岗位职责》和《执法过错责任追究办法》，开发出河北地税系统执法监控考核软件，在人机结合搞好执法考核方面做了积极探索，提高了考核的客观公正性，促进了执法责任制的落实。组织了全省税收执法检查，内容涵盖征管、发票、稽查、经费等多方面，成效显著。重大税务案件审理工作取得新进展。

【地税队伍建设】 截至2005年底，全省地税系统共有地税机构1304个，其中省局1个，市局11个，县局136个，区局51个，基层税务所1105个；共有正式干部职工2.05万人。全年有3个单位和1名同志获得全国巾帼文明岗和巾帼建功标兵荣誉称号，3个单位和2名同志获得全国地税系统先进集体和先进工作者，组织开展了省最佳办税服务厅和纳税服务标兵评选工作。全面开展地税系统学习型组织创建工作，继续实施“百、千、万”教育培训工程（百名高层次复合型人才培养、千名中层干部和业务骨干培训及万名基层干部基本技能提升）。全年组织培训30期，总计培训2927人次，并与天津财大、河北大学等高校联合举办两批研究生培训，公务员培训工作考评情况受到国家税务总局的通报表扬。修改下发了《河北省地税系统学历学位教育工作管理暂行规定》等文件，进一步完善了教育培训制度。

（河北省地税局　高军波　侯　锐）

工商行政管理

【概况】 2005年，全省工商行政管理系统紧紧围绕“抓班子、带队伍、保稳定、促发展”的总体思路，全面推进各项工作；以保持共产党员先进性教育为契机，卓有成效地开展党性教育和作风整顿；以促进全省经济发展为目标，大力优化发展环境；以改革、创新为动力，市场监管体制、机制的活力日益显现。经过各级的共同努力，圆满完成了各项工作任务，多项工作得到了省委、省政府和国家工商总局的肯定和表扬。

一是开展了以“查食品、保健康”为主题的食品安全专项整治。全省工商系统认真开展了夏季饮品、奶制品、盐业、农畜水产品等市场整治，共查处各类食品违法案件7349起，违法总值1080多万元，端掉制假售假窝点565个，流通领域食品安全监管取得新成效。二是开展了以“查商标、保名牌”为主题的专项行动。集中对涉外商标侵权、侵犯驰名、著名商标、涉农商标专用权等六类案件进行了查处，全年共查处商标侵权案件1289起，其中涉外商标案件37起，没收侵权商标标识480万件，没收销毁侵权商品96万件。查处仿冒违法案件1069件，查获仿冒商品近4万套（件），案值1650多万元。有效保护了知识产权和广大消费者的合法权益。三是开展了以“打虚假、树诚信”为主题的虚假广告专项整治。制定了《河北省虚假广告专项整治工作方案》，牵头组织开展了以医疗、药品、保健食品、化妆品、美容服务广告为重点的虚假广告专项整治，共查处各类广告违法案件3698件，同时进一步加大广告监测力度，广告违法率明显下降。四是开展了以“查欺诈、保公平”为主题的集中整治。查处合同和商贸活动中的欺诈行为500多起，涉案金额4000多万元；查处传销和变相传销案件217起，取缔传销窝点669个，驱散遣返传销人员1.5万人次，行政拘留650人；整顿和规范医药生产和经销企业730户，查处医药购销中的商业贿赂案件128起；查处垄断行业违法案件137起，有效打击了各类商业欺诈行为。五是开展了以“查农资、保增收”为主题的红盾护农行动。共查处化肥、农药、种子等农资案件5800起，案值近3000万元，为农民挽回经济损失2700万元，有力维护了农民利益。红盾护农工作受到国家工商总局表彰。六是信用分类监管体系建设取得了阶段性成效。制定推行了企业信用分类监管实施办法，强化了属地监管责任，统一了巡查文书，完善了巡查协调机制，实现了巡查结果及时录入。各级依托注册登记数据库、经济户口数据库和市场巡查监管数据库，积极推进企业信用分类监管体系建设，有力推进了监管工作的信息化、现代化。

【市场监管】 一是严把市场主体准入关。认真贯彻执行注册登记法律法规，严格登记材料，严格登记程序，规范市场主体资格。对小煤窑、非煤矿山、易燃易爆、危险化学品等高危行业加大审查力度，严把准入关，有效消除了安全隐患。二是强化年检。利用年检严格审查各类市场主体的前置审批，对不符合条件的，不予通过年检。三是完善商品市场准入制度。对重点商品（食品、农资、）和重要市场（大型集贸市场和超市）实施了商品质量监管制度改革，制定实施了重要商品市场准入备案、商品质量检测、不合格商品退市、商品质量信息公示和索证索票等制度。大型商场（超市）实行协议进入的食品种类达85%以上；在农资经营单位中推行了“两帐两票、一卡一书”制度，普及率达95%以上，加大了源头治理力度。四是12315申诉举报系统建设迈出新步伐。实现了工商所、县（市）、市、省局和国家总局的五级联网，初步形成了统一、高效、信息共享的行政执法综合网络。开通以来，共受理各类申诉举报信息13万余件，日均受理450件，处理侵害消费者权益案件1578件，调解消费纠纷1.2万件，为消费者挽回经济损失1500多万元。

【消协工作】 全省共建立消费者协会分会2293个，建立消费者投诉站和12315联络站4.8万个，受理投诉4.3万多件，调解处理3.9万件，为农民挽回经济损失1800多万元。2005年6月份，国务院办公厅《政务情况交流》对河北省“一会两站”建设情况予以刊载；8月下旬，国家工商总局王众孚局长、王东峰副局长就河北省“一会两站”情况进行了专题调研，再次给予了高度评价。全系统依托“一会两站”开展了“走访十万农户”活动，受理投诉2274件，查处假冒伪劣农资案件710件。季允石省长称这项工作是“作风转变的新气象，服务农民的新举措”。

【鼓励民营经济发展新举措】 制定落实政策，激活发展潜力。按照国务院《关于鼓励、支持和引导个体私营经济等非公有制经济发展的若干意见》，制定了40条实施意见。进一步放宽了经营范围、注册资本、经营场所、私营企业集团的设立条件和企业名称的限制等，支持和鼓励个体私营企业积极参与电力、电信、铁路、民航等垄断行业和领域的投资和经营，为民营经济发展创造了良好的政策环境。落实“双提工程”，转变工作作风。一是实施了“一审一核”制度。企业和个体工商户申请注册登记由过去的多级审核简化为受理员审查、核准员核准两个环节，大大提高了工作效率。二是实施了企业登记绿色通道工程。各级进一步完善了一站式首办责任厅的服务功能，实施了绿色通道工程，提高了服务质量。三是采取了巡回年检、预约年检和上门年检等新举措。上门年检率达60%以上，为企业节约各种费用2000多万元。四是制定实施了《关于提高外商投资企业登记管理工作服务水平，创优服务过程的意见》。走访了百家外商投资企业和开发区，拉近了与外商的距离，树立了良好形象。

【基层工商所建设】 一是加大资金投入，改善基础设施和执法装备。全系统共投入资金近3亿元，新建和改扩建工商所551个、消灭危房所150个，为基层工商所配备执法车575辆、微机2361台，以及必要的办公设备。二是制定了《基层工商所制度规范》。从名称、所牌、标志、软硬件设施到机构设置、政务公示、监管模式改革等，都进行了明确规定，实现了“事事有制可遵，件件有章可循”。三是开展了由省局领导带队、各市局一把手参加的基层工商所大联查。各市局也都组织了形式各异的基层工商所检查，大家相互学习、共同提高，全省基层工商所建设呈现出前所未有的良好局面。

（河北省工商局　王建锋）

【省工经联工作】 2005年，是省政府授权河北省工业经济联合会（河北省经济团体联合会）为全省性经济类行业协会业务主管单位的第一年，也是省工经联（省经团联）事业发展并取得显著成绩的一年。

全力推进行业协会的改革与发展。一是积极促进全省行业协会发展政策的建立和完善。协助省政府办公厅、省发改委筹备召开了全省行业协会发展电视电话会议，对加快行业协会改革与发展进行了全面的安排部署。起草或参与起草了《河北省行业协会调整和规范实施意见》、等五个配套文件。二是努力构建有利于行业协会发展的新的管理体制。认真履行行业协会业务主管单位职责，完成13个政府部门107家行业协会业务主管单位变更工作。争取政府有关部门支持行业协会依法开展活动，对涉及产业发展、行业规范等有关问题进行业务指导和监督。三是培育发展主导产业和重点行业协会。培育并建立了省高新技术、钢管、旧机动车流通、焦化等行业协会，指导省交通运输、纺织、家具、石油成品油等协会设立了20多个分支或代表机构，使之服务领域不断拓展，服务功能更趋完善。四是积极推动行业协会的职能建设。组织召开每年一次的行业工作座谈会，组织行业的新产品、新技术、新工艺的发布及推介活动，组织行业的产销衔接，举办洽谈会、项目发布会、零售采购会、博览会、展销会等展览展销活动。编纂出版了河北省主导产业及重点行业《行业发展通鉴》。

开展调查研究和经济运行分析，提升服务功能。一是面向行业深入调研，取得一大批调研成果。共撰写了《我省医药产业的现状及调整思路》、《循环经济与河北建材可持续发展》、《发挥优势，努力实现食品工业大省向食品工业强省的跨越》、《我省现代物流业发展现状有利因素不利因素分析及对策建议》、《踏下心来做品牌，以名牌战略带动产业升级》（服装）等9篇调研报告，均以《河北工业经济内参》形式呈送省政府及有关部门。二是开展工业经济运行分析。指导行业协会开展行业统计、运行分析和行业发展预警报告，初步构建了以主导产业和重点行业协会为主体的行业统计、行业运行分析、市场预测和行业预警体系，得到省政府有关领导的充分肯定。三是不断提升“河北工经网”的运营水平和质量。

面向企业，强化服务。一是完成了2005年河北百强企业排序。增加了重点行业排序，使排序活动更加公正、科学。河北省百强企业中有21家入选“中国企业500强”，数量增加，位次提升；向省政府提出了《2005年河北百强企业分析报告》，受到省政府有关领导的高度评价。举办了“河北省走新型工业化道路暨河北百强企业发展高层论坛”，对促进全省百强企业的发展产生了积极影响。二是为贯彻落实《公民道德建设实施纲要》，会同省文明办成功举办了“诚信河北论坛”及河北企业诚信联盟活动大会。三是完成了设立“河北工业大奖”的基础性准备工作，并组织全省企业和产品申报中国工业大奖。四是组织指导省模具、服装、冶金、家具、美容美发、奶业等行业协会举办了重大行业活动，对促进行业健康发展，提升展会规模和水平起到了积极作用。

（河北省工经联　苏　辉）

审计　统计　会计

【审计概况】　2005年，全省各级审计机关和审计人员以服务第一要务为宗旨，以强化对权力的制约和监督为重点，以提高审计质量为核心，以加强队伍建设、廉政建设为保障，坚持“全面审计，突出重点”的方针，不断提高依法审计监督的能力，较好地完成了各项审计任务。

2005年全省审计机关共完成审计项目4479个，共查出各种违规金额120.63亿元。对于审计查出的问题，审计机关依法进行了处理，上交财政26.02亿元。共提交审计工作报告、信息4418篇，被各级领导批示或上级部门采用2263篇。此外，通过审计，向纪检监察部门及司法机关移送事项（案件）76件。审计工作在维护经济秩序、促进经济发展、提高财政资金使用效益，严肃财经纪律、加强廉政建设等方面发挥了重要作用。

【财政审计】　按照“摸清家底、揭露问题、规范管理、促进改革、制约权力、提高效益”的总体思路，以推进依法理财、规范财政分配秩序、提高财政资金使用效益为目标，以预算编制的完整性、科学性以及预算执行的真实性、合法性、效益性为重点，不断调整工作思路，突出审计重点，改进审计方法，收到较好效果。通过对931个单位开展的预算执行审计，共查出违规资金46.89亿元，审计处理后已上交财政9.52亿元。对318个单位的财政决算审计，共查出各类有问题资金28.36亿元，上交财政8.83亿元。

各级党委、人大、政府十分重视预算执行审计工作。省本级预算执行审计工作报告引起省领导高度重视，省委书记、省人大主任白克明、省长季允石要求有关部门单位对照审计发现的问题认真进行整改。沧州市预算执行审计工作报告引起市人大、市政府领导高度重视，主要领导均对审计报告作出批示；邢台市将预算执行审计结果在新闻媒体进行了公开披露，市人大、市政府要求在全市采取专项治理行动，落实审计整改意见。

【经济责任审计】　一是制度建设进一步加强，力量得以充实，夯实了经济责任审计工作的基础。全省已建立经济责任审计专职机构122个，其中有17个市县成立了经济责任审计分局，人员编制404人；二是进一步突出审计重点，创新审计方法，提高了审计质量和效率；三是更加重视审计成果利用，促进了领导决策和干部监督管理的科学化。全省各级审计机关共完成经济责任审计项目537个，对603名党政领导干部和企业领导人员的任期经济责任进行了审计，查出各类违规问题资金26亿元。有关部门参考审计结果，平调217人，晋升32人，38人被免降撤职。经济责任审计工作在加强对领导干部的监督与管理，促进领导干部认真履行经济职责，推进党风廉政建设等方面发挥了积极作用。

【专项资金审计】　按照省委省政府的统一安排部署，

2005年，全省审计机关组织开展了对扶贫、救灾救济、公共卫生防治体系建设、农村中小学危房改造和布局调整、农村劳动力转移培训、解决农村人畜饮水、计划生育药具等7项重点专项资金的审计工作。

省、市、县三级审计机关共抽调1400余名审计人员参加了专项资金审计，采取“上审下”、混合编组、异地交叉等多种方式进行审计，共审计相关部门单位2700多个，审计资金总额39.1亿元，审计资金覆盖率96.4%，圆满完成了审计任务。通过审计，基本查清了全省专项资金的总量及分布情况，揭示出专项资金管理和使用中存在的问题，对于审计查出的问题，依法进行了处理处罚。在审计过程中，审计机关与纪检监察部门和司法机关积极沟通配合，密切合作，及时移交了一批审计发现的案件线索。审计工作得到了省委、省政府和省专项资金综合治理工作领导小组的充分肯定，省委、省政府领导分别在审计厅提交的审计综合报告上作出重要批示，要求进一步加强对专项资金的监督和管理，对审计发现的问题逐条落实整改。

【其他审计】 一是金融审计。对河北财达证券公司总部及下属8个营业部2004年度资产负债损益情况进行了审计，同时延伸审计了与该公司有密切关联的财达资产管理公司、财达投资管理服务中心等4家企业。二是企业审计。根据审计署安排，参加了对河北移动通信公司本部及所属155个市县分公司的财务收支及经济责任审计，审计工作受到审计署的好评。配合粮食流通体制改革，在上一年对全省粮食购销和军供企业政策性亏损情况进行清理审计的基础上，开展了审计抽查工作，并最终确认了审计结果数字，审计工作得到省政府领导的充分肯定。三是投资审计。全省共审计固定资产投资项目223个，查出各种违规问题资金7.35亿元，核减工程款2.03亿元。重点加大了对财政性资金和国债建设项目的审计监督力度。省审计厅组织市县审计机关开展了农网三期（县城电网改造项目）和全省监狱布局调整涉及的13个监狱建设项目的审计，并对黄壁庄水库除险加固工程进行了竣工决算审计。四是专项资金（基金）审计。共完成社会保障、科技教育、文化卫生、农业与资源环保等各类专项资金（基金）审计项目1291个，重点加强了失业保险基金、基本养老保险基金、福利彩票经营管理情况等社会保障资金的审计监督。五是行业审计。组织对全省各级法院2004年度的财务收支进行审计，对全省169个食品药品监督管理局2004年度的财务收支进行了审计。六是外资审计。完成了包括疾病控制、农业发展、环境治理以及基础设施建设在内的14个国际贷援款项目的审计，审计单位352个，据实向世界银行和亚洲开发银行等国际金融组织出具了审计报告。七是各级党委政府交办审计任务。省审计厅完成了对省政府驻北京、广州等5个驻外办事处的财务收支审计；对河北长征汽车厂进行了审计，核实了企业资产负债的真实情况；根据省委要求，对西柏坡纪念馆改陈布展工程、城南庄晋察冀边区纪念馆改陈工程、省委滨河住宅小区工程进行了竣工决算审计。

（河北省审计厅　刘元飞）

【统计】 2005年，河北省统计系统紧密围绕全省经济建设全局，充分发挥统计决策咨询和监督职能，统计改革和建设均取得了新的成绩。

统计业务规范化建设取得显著成绩。进一步强化年报、定报工作组织，坚持综合控制，紧密跟踪和把握宏观经济运行态势，加强数据审核评估。积极适应国家加强GDP核算和专业统计工作的新要求和新举措，深入开展统计业务规范年活动，统计工作规范化程度明显提高。积极稳妥地推进GDP核算体制改革，健全工作制度，明确专业职责，规范统计基础，强化专业联动，各季度GDP和有关专业数据均顺利通过国家专业联审。成功开展的经济普查年度GDP核算调整工作，初步解决了省市GDP数据和核算数据与专业数据两个衔接问题。

大型统计调查和统计监测工作取得重要成果。顺利完成全国第一次经济普查，全面掌握了全省第二、第三产业的基本概况，普查数据顺利通过国家数据质量抽查验收，建立了全省统一的普查数据库和名录库。全国1%人口抽样调查工作取得阶段性成果。高质量完成了全省文明城市测评工作。积极着手全省第二次农业普查的准备工作，成立了普查领导小组和办事机构，农普各项准备工作有序进行。开展了城市化发展、农业产业化、县域经济发展评价、科技进步、企业技术进步和高新技术产业、“妇女儿童两纲”等统计调查监测，多项监测成果获得表彰奖励和各级领导的高度肯定。

统计服务质量和水平进一步提高。加强经济运行跟踪监测，及时反映经济运行状况，提出相应调控建议，辅助领导决策。围绕领导和社会各界关心关注的热点、焦点问题，深入研究，合力攻关，产出了一大批精品。进一步强化服务意识，突出统计信息服务职能，为各级领导和有关部门整理、提供了大量统计信息和资料服务。统计信息和新闻宣传工作进一步加强，继续在省直部门处于领先地位。

统计改革实现新的突破。拓展统计领域，丰富统计内容，试行了文化产业统计、资源统计制度，新增加了住宿业统计，建立了民营经济统计调查和主要指标通报制度。健全统计制度和指标体系，在各专业报表制度中增加了反映公有制和非公有制控制能力的标识，增加了建筑业企业科技活动、工业企业水消费和产值综合能耗、房地产开发定期报表制度，调整优化了服务统计报表制度和城市化发展统计监测报表制度，完善了劳动力、城乡就业和失业调查体系及指标体系。探索和改进统计调查方法，稳步实施工业和农业发展速度计算方法改革，加快抽样调查的应用，在规模以下工业全面采用抽样调查，劳动统计实行了全面调查与抽样调查相结合。积极推进报送方式改革，大中型工业企业和重点房地产企业联网直报工作取得重大成绩。积极探索在地统计改革，调整了华油统计报送渠道，实施在地统计。调查队管理体制改革稳步实施，完成了省总队组建。

统计基层基础建设扎实推进。加强县乡统计机构建设，实现了38个县统计机构在政府序列内单设，制定了

《关于在乡镇政府机构改革中加强和改进乡镇统计站建设的意见》。在全省开展了农村统计基础工作和数据质量检查，有力推动了全省农村统计基层基础工作和数据质量的提高。为提高基层统计人员综合素质，编写了《河北省农村统计工作实用手册》。设计下发了《工业企业总产值及主要产品产量》、《主要经济效益指标》和《工业中间投入》三种统计台帐，进一步规范了企业统计工作。

统计法制建设逐步加强。《河北省统计条例》正式颁布实施，并在全省掀起宣传统计法律法规新高潮，圆满完成了“四五”普法考核验收。加大统计执法检查力度，严肃查处统计违法行为，在全省开展了《统计法》贯彻执行情况重点检查。进一步规范统计执法行为，规范执法文书，健全统计行政执法责任制，加强部门统计管理。

统计信息化建设跨上新台阶。成功实施了省市广域网扩容提速，提高了效率，降低了成本。全面完成了省市县三级广域网联接。加强网络应用和数据库建设，高质量完成了经济普查数据处理，1%人口抽样调查数据处理工作进展顺利。自行设计开发了人事编制年报网络处理软件，实现了数据库系统的动态维护和管理。

（河北省统计局　白　洁）

【省会计师协会】　2005，河北省注册会计师协会紧紧围绕全年工作思路，坚持以诚信建设为主线，以制止行业不正当竞争、净化执业环境为重点，真抓实干、开拓创新，较好地完成了全年目标任务。

一是治理执业环境。首先，完善制度措施。相继制发了《关于制止行业不正当竞争行为的暂行规定》及其《实施方案》，并通过报纸、杂志、协会网站等媒体加大宣传力度，营造舆论氛围。其次，加强部门协调。在与省财政厅会计处、监督处和省工商局充分沟通的基础上，代两部门起草了《关于清理整顿注册会计师行业执业环境的通知》，并联合开展了行业清理整顿工作。第三，较好完成年度检查任务。8、9月份，对石家庄、邢台、邯郸三市会计师事务所的执业质量、会计基础工作、内部管理等情况进行了实地检查。共抽查年度审计报告192份、验资报告156份。根据检查结果，对8家不符合设立条件或业务质量问题较严重的事务所，移交财政厅监督局调查处理；对38家存在问题比较严重的事务所给予了通报批评、限期改正、谈话提醒等行业惩戒；对29家事务所下发了风险提示函。另对54名注册会计师进行了行业惩戒。二是加强行业监管与维权工作。区域性自律公约试点初见成效，邢台市试点2004年行业业务收入比全省平均水平高出20个百分点，同时有效遏制了不正当竞争行为。2005年底张家口市顺利纳入试点范围，保定市正在酝酿准备。进一步加强监管基础工作。丰富业务报备软件功能，做到了对机构、个人的适时监控及行业潜在隐患的风险预警。加强与省高院、国资、工商、物价等部门协调沟通，做好行业维权工作，为行业发展创造良好的外部环境。三是圆满完成“两师”年检和注册审批工作。全省应检注册会计师2472人，实际年检2407人，通过年检2405人；全省应检注册资产评估师742人，实际年检696人。全年受理申报注册会计师517人、注册资产评估师87人，审批注册会计师376人、注册资产评估师37人，审批“两师”非执业会员176人；办理注册会计师、注册资产评估师转所、转会600人次；受理举报材料45份、举报电话47个，均按程序处理完毕。同时，加强了对非执业会员的管理，起草了《非执业会员管理暂行办法》。不断强化行业诚信监督管理，为每个执业会员建立了诚信档案。四是组织开展了“两师”后续教育与全国统考。创新培训手段，进一步完善了上级培训、省级培训和执业机构自主培训相结合的三级培训管理体系。加大培训力度，全年举办脱产培训班10期，培训2377人次；岗前培训班2期，培训79人；自主培训单位9所，培训600人；组织参加中注协、中评协培训98人次，总计培训3154人次。会员培训覆盖率达到100%。全省注册会计师全国统考报名2.55万人，5万人、科，参加考试2.64万人、科。考试组织严密细致，确保了万无一失。同时举办各类考前辅导班34期，组织培训2000余人，保证了参考水平。积极与省、市人事局考试中心协调，组织全省并具体实施石家庄辖区2005年度注册资产评估师考试报名的资格审核、考试用书发放等工作；五是规范财务会计工作，加大宣传力度。严格执行国家财务管理制度，坚持收支两条线，做到了增收节支，各项收支零预算管理。同时加强了对执业机构财务工作的监督指导。不断提高会刊质量，及时更新和维护协会网站，增强对外宣传和提高工作效率的双重功能。配合财政部评选表彰杰出会计工作者，共评选出21名全省优秀注册会计师、5名全省优秀注册资产评估师。在21名优秀注册会计师中，1人被评为全省杰出会计工作者，4人被评为全省优秀会计工作者。

2005年，协会秘书处被省财政厅评为先进单位，获中国注册会计师协会2005年度综合评比一等奖，获财政部考办“2004年注册会计师全国统一考试组织管理工作一等奖”，获中注协“2004年会计师事务所执业质量检查特别优秀奖”，“2005年注册会计师考试辅导教材征订发行奖”，协会会刊被石家庄市新闻出版局评为“省会双十佳内部资料性出版物”。

（河北省注册会计师协会　岳有志）

科学技术

【自然科学研究】　2005年省应用技术研究与开发资金9367万元（包括计划管理费350万元，财政追加287万元），共安排指令计划项目264项，经费9017万元。其中攻关计划项目208项，经费6449万元；成果推广计划项目11项，经费270万元；星火计划项目12项，经费500万元；软科学研究项目24项，经费518万元；国际科技合作计划7项，经费180万元；基础研究项目2项，经费1100万元。全年下达省科学技术研究指导计划2批、共

1721项，其中攻关计划1463项，星火计划5项，软科学研究项目247项，国际合作计划3项，成果推广计划项目3项。

2005年共转发国家科技产业化项目5类、149项；转发科技部产业化环境贷款项目（农业银行部分）2项，贷款额度2.17亿元；转发国家科技计划项目40项，经费2373万元。其中攻关项目15项，1520万元；星火计划6项，270万元；火炬计划1项，20万元；推广计划1项，30万元；重点新产品计划12项，290万元；科技兴贸2项，70万元；工程中心2项，170万元；软科学1项，3万元。

2005年度共申报河北省科学技术奖688项，有683项符合参评条件，准予参评。经过评审、争议处理、省科技厅审核，省政府批准，授奖项目共285项。其中自然科学一等奖2项，二等奖1项，三等奖12项；技术发明一等奖1项，二等奖2项；科技进步一等奖9项，二等奖33项，三等奖225项。

2005年度推荐国家科学技术奖11项。石家庄铁道学院、中铁十八局集团有限公司、中铁隧道集团有限公司、铁道建筑研究设计院、河南科技大学等单位完成的“长大隧道全断面岩石掘进机掘进技术研究与应用”，河北医科大学完成的“人类基因组五种DNA遗传标记多态性研究及其法医学应用”，秦皇岛耀华玻璃股份公司、秦皇岛耀华国投浮法玻璃有限责任公司、燕山大学等单位完成的“浮法玻璃生产过程工艺、检控与在线低辐射玻璃工业化生产技术开发”等3项作为主要完成单位的成果获2005年度国家科技进步二等奖。另有2项作为参加单位的成果分获国家科学技术进步一、二等奖：燕山大学参与完成的“宝钢高等级汽车板品种、生产及使用技术的研究”获国家科学技术进步奖一等奖（燕山大学为第6参加单位），邢台矿业集团有限责任公司参与完成的“煤矿巷道高效安全支护成套技术创新体系及应用”获国家科学技术进步二等奖（邢台矿业集团有限责任公司为第5参加单位）。

在应用基础研究方面，2005年鉴定（验收）95项。其中国际领先水平7项，国际先进水平58项，国内领先水平13项，验收项目4项。全年申报和批准专利33项，其中发明专利28项；发表学术论文1239篇，比上年增加85篇，增长6.86%。其中国际期刊论文202篇、国际会议论文196篇、国内论文739篇、国内会议论文102篇；出版学术著作38部，参加学术会议387次，其中国际学术会议170次。省基金资助项目中，2005获省自然科学奖10项，占自然科学获奖项目的66.7%。

【高新技术产业】 全年规模以上高新技术企业的增加值达到267亿元，占全省GDP的比重达到2.6%。一是高新技术企业及产品有较大发展。新认定各类高新技术企业388家，高新技术产品604项，新认定企业累计实现销售收入300亿元，实现利润40亿元，上缴税收20亿元。截至2005年底，全省共有有效期内的高新技术企业673家，高新技术产品1047项，年销售收入507亿元。二是高新技术攻关成果显著。年内共组织实施高新技术攻关项目76项，资助总额达1870万元。内容涉及电子信息、新材料、新能源、机电一体化等领域，重点支持了半导体照明、风力发电、太阳能利用、信息资源开发利用等项目。三是高新技术产业开发区工作得到加强。2005年，石家庄和保定两个国家级高新区共完成技工贸总收入552亿元，同比增长29%；完成GDP149亿元，同比增长20%；实现高新技术产业产值376亿，同比增长29%。全省高新区新获得创新资（基）金立项60项，有力推动了高新区自主创新能力的提升。四是发展壮大科技型中小企业。共组织实施国家和省科技型中小企业基（资）金项目113项，各市也都建立或加大了科技型中小企业创新资金，大力支持中小企业开展技术创新活动。五是加强特色产业基地建设。围绕发展特色产业集群，加快建立一批区域性公共技术创新中心，研究制定了《河北省区域特色产业基地暂行管理办法》。推进4个国家特色产业基地建设，取得了一批科研成果。其中，枣强玻璃钢材料产业化基地有5家企业的项目，获得省发明创造奖。

【传统产业改造与提升】 全年共完成高新技术改造传统产业项目197项，极大地提高了企业的工艺装备水平，为企业增加销售收入158.15亿元。一是制造业信息化等重大科技专项成效显著。石家庄等5个示范市，华药倍达等10家A类示范企业，三友碱业等30家B类示范企业全部通过验收；据统计，新产品开发周期由180天缩短到30天，库存占企业流动资金的比例由9%下降到4%，经济效益总计达12亿元。河北（保定）制造业信息化培训基地等6个培训基地，完成了全年培训任务。河北31家企业入选“中国企业信息化500强”，其中三分之二是“制造业信息化重大科技专项”示范企业。二是组织申报制造业信息化重点企业。华药倍达、保变天威、唐山机车车辆厂和保定天鹅集团等4家国家级制造业信息化重点企业，通过了科技部组织的验收。三是积极搭建ASP服务平台。面向中小企业的制造业信息化ASP服务平台建设进展顺利，完成了天讯公司企业流程管理系统等ASP项目。四是启动了保定高新区火炬创新创业园建设。建立了以涿州市为平台、以钢铁研究总院的“先进钢铁材料技术国家工程研究中心”为技术依托，以涿州国家冶金精细品种工业性试验基地为基地，面向华北，辐射全国的冶金工业新技术、新工艺、新品种的试验和转化基地。

【农业科技】 一是实施“国家粮食丰产科技工程”成效显著。藁城、辛集双双打破全省小麦单产历史最高记录，示范区100万亩小麦总增产量达到5400万公斤。在实施“粮食丰产科技工程”中，做到了技术和管理的双创新，为组织大型科技攻关项目提供了经验，其示范县与技术专家自由双向选择的做法得到国家科技部肯定。二是农业科技传播站建设初具规模。在全省启动、实施了以建设农业科技传播站为主要内容、以构建农业科技传播体系为主要目标的“农业科技传播工程”。制订下发了《河北省农业科技传播站建设实施方案》、《河北省农业科技传播站管理办法（试行）》，“河北省农业科技传播体系培育”列入了国家星火计划重点支持项目。截至2005年底，已建设农业科技传播站试点85家。该项工作被省政府列入了十项民心工程，并得到国家科技部的肯定。三是首次设立了省级农业科技成果转化资金。自2005年起，全省设立农业科技成果转化专项资金，年度经费为500万元。为做好启动工作，省科技厅会同省财政厅制定并下发了《2005年度河北省农业科技成果转化资金项目申报指南》，确定了成果转化的重点领域和内容。当年，共有13个项目得到资助。四是农副产品深加工专项取得重要成果。组织省内外20多家科研单位的100多名科研人员参与了农副产品深加工专项研发工作，鉴定新技术、新产品16项，申报专利6项，建立规模化、标准化的农产品加工原料生产基地23个，培育示范企业33家。五是新品种选育成效显著。共有47个主要农作物新品种通过省级品种审定；12个蔬菜新品种通过鉴定；51个果树、林木新品种通过省级品种审定。在全省建立粮棉油、蔬菜、果树、畜禽、水产等新品种示范基地100多个。共有5个品种获得国家科技部、农业部优质、专用农作物新品种选育后补助奖励。石家庄8号小麦被定为一级抗旱品种，达到国际先进水平。育成的冀豆12号，是国内蛋白质含量最高的大豆品种，已在国内累积推广1200万亩，增加效益50多亿元，获省科技进步一等奖、农业部丰收一等奖。

【公共领域科技发展】 一是资源环境与可持续发展取得新成效。为进一步推进可持续发展实验区建设，成功举办了“第二届国家可持续发展实验区论坛”，学习交流和推广了实验区经验。加紧实施清洁发展机制（CDM）国际合作，积极争取国家项目和资金支持，CDM能力建设列入了国家攻关计划，并受科技部委托，承担了中日政府间CDM能力建设合作项目。完成了《河北省可持续发展领域科技支撑能力对策研究》、《河北省中长期科技发展规划资源环境领域专题》课题研究。二是新药研究与开发取得新进展。通过实施“创新药物和中药现代化”专项，建立了6个新药研发平台，4个中药材GAP研究中心和一批中药材规范化种植示范基地，培养博士和硕士研究生110余人，申请专利17项，研制各类技术标准239项，其中国家药典质量标准58项；制定中药材SOP规程12个，有多项技术填补了国内空白。仅平台建设单位就有19个新药获得新药证书或生产批文，13个品种完成全部研究工作申报新药证书，21个品种进入临床试验阶段，152个品种正在开展临床前研究，获得授权专利9项，开创了全省自主创新研发新药的新局面。三是人口与健康科研成效显著。围绕常见病、多发病、疑难病，进行病因、诊断、防治技术的难题攻关，取得了一批科研成果。其中有3项达到国际先进水平，2项达到国内领先水平。以岭医药研究院的“络病学说与针灸基础理论研究”取得重大突破，列入了国家973计划，吴以岭教授被确定为该项目的首席科学家。四是社会公众科技意识普遍增强。全省科普工作以科普能力建设为基础，以重点科普活动为引导，以营造崇尚科学的社会氛围为目标，组织开展了一系列重点科普活动。成功地举办了2005年科技活动周。围绕“科技以人为本，全面建设小康”的主题，组织实施了11项科学传播行动，在全社会营造了崇尚科学的良好氛围。

【创新创业平台建设】 积极调整科技布局，以培育自主创新能力为目标，大力改善科技创新创业条件，加大公共科技平台建设力度。一是加强自主创新平台建设。通过招标方式确定新建节水农业、生态环境监测、药物质量研究和现代冶金技术等四个省级重点实验室，对省动物生理生化与分子生物学等11个实验室进行了论证、验收，纳入省级重点实验室管理序列，对省电器实验室、省优质苗木速繁中试基地等四个重点实验室进行了专业布局调整。燕山大学亚稳材料制备技术与科学实验室申报新建国家重点实验室取得成功，实现了河北省国家重点实验室零的突破。截至2005年底，省级以上重点实验室、中试基地、工程技术研究中心达到65个，比上年新增14个。二是大型仪器协作共用工作又上新台阶。2005年入网单位达60个，入网仪器设备达179台套，利用率平均提高26%。会同北京、天津科技管理部门拟定了《京、津、冀科技装备资源共享战略联盟协议》，共同向科技部申报了《京、津、冀区域大型仪器设备共享平台建设》项目，为实现区域间的实质性协作奠定了基础。三是抓好生产力促进中心建设。开展了“河北省省级示范生产力促进中心”创建工作，经过专家评审，认定石家庄、廊坊等15家生产力促进中心，为全省第一批“省级示范（试点）生产力促进中心”。全省生产力促进中心达到55家，其中国家级生产力促进中心4家。四是科技企业孵化器获得较大发展。全年共完成石家庄高新区创业服务中心、保定高新区创业服务中心等10家孵化器的验收工作，被验收的孵化器全部通过了ISO9000系列管理体系认证。截至年底，全省共有孵化器18家，其中国家级孵化器5家，孵化面积51.88万平方米；在孵企业1159家，转化科技成果909项。孵化器逐步成为推动全省技术进步、经济发展的重要载体。

【科技合作】 一是大力开展国际科技合作。执行了中匈、中罗、中巴等政府间科技合作项目18项，一批项目列入了科技部国际科技合作重点项目和科技兴贸行动计划。建立了河北省花卉优良品种引进示范基地。二是组团参加了第七届深圳高交会。共组织500家企业、663人参会，签订项目合同、协议和意向共92项。成交总额5.1亿美元，比上届高交会增长29%。河北代表团荣获“优秀组织奖”和“优秀展示奖”。三是加强与中科院等大院大所的科技合作。确定了钢铁工业、制药产业、海水资源开发利用等10个合作领域，征集并筛选出163项送中科院进行合作对接。成功举办“河北省—中国科学院技术合作项目洽谈会”，共有24个技术合作项目正式签约，25个项目达成合作意向。与国家钢铁研究总院签订了合作协议，省院合作建设的“先进钢铁材料技术工程研究中心河冶工模具研究中心”正式成立，“钢铁研究总院新材料产业园”项目正式启动。四是建立区域科技合作新机制。与北京、天津、山西、内蒙古、辽宁和山东等六省市（区）技术市场管理部门共同签署了《环渤海技术转移合作协议》，成立了环渤海技术转移联盟，标志着环渤海经济区的区域技术经济合作进入了一个新阶段。

【专利事业】 2005年，全省专利申请量为6401件，同比增长13.4%，在全国排15位。其中发明1237件，同比增长30%；专利授权量为3585件，同比增长5.2%，在全国排15位。其中发明371件，同比增长3.9%。一是知识产权政策环境建设取得新进展。省知识产权局会同省工商局、省版权局、省商务厅等12部门联合制定出台了《关于加强知识产权工作的若干意见》，为知识产权工作全面深入开展提供了有力支撑。一些市县也相继出台了加强知识产权保护工作的意见或实施政策。知识产权事业“十一五”发展规划编制工作进展顺利。首次设立80万元专利申请资助金，并制订了《河北省2005年发明专利申请资助暂行办法》，有效激发了广大发明人专利申请积极性。积极探索建立长效管理机制和跨地区跨部门执法协作机制，知识产权保护力度逐步加大。建立知识产权联席会议制度和保护知识产权工作组；加快推进专利系统社会信用体系建设；承办召开了华北、西北十省市知识产权工作联席会议，联合签定了《华北、西北十省市保护知识产权宣言（承德）》。二是保护知识产权专项行动取得阶段性成果。认真制定保护知识产权专项行动方案和整规工作三年规划。周密部署保护知识产权专项行动，进一步规范了专利商品市场。据不完全统计，自2004年8月27日开展保护知识产权专项行动以来，到2005年底，全省专利系统出动执法人员2540人（次），检查商业场所879次，检查商品33293件，查处冒充专利139件，查处假冒他人专利63件，受理专利侵权纠纷57件、其他专利纠纷案件193件。三是专利试点工作逐步深入。积极配合国知局做好全国第二批企业专利试点工作，组织华药、乐凯、唐钢等集团有关负责人参加全国企事业专利试点单位高级培训班，并为三家企业安装了《专利分析软件3.0版》，培训了软件操作人员。省知识产权（专利）重点单位验收工作进展良好，在总结上年度全省百家专利工作重点企事业单位验收工作的基础上，组织了2005年全省知识产权（专利）重点单位验收工作，有16家企事业试点单位通过了验收，被评为“河北省知识产权（专利）工作先进单位”。四是国家知识产权局石家庄专利代办处服务质量和水平进一步提高。全年共受理专利申请3259件，办理专利收费8500笔，做到了账目清楚，结转及时。

【科技改革】 一是继续抓好省属转制科研机构产权制度改革。认真落实省政府《关于省属转制科研机构深化产权制度改革实施意见》，召开了相应的工作会议，对改制工作进行了全面部署，取得了阶段性进展。二是积极鼓励和支持驻冀科研机构、高等学校和科技人员参与全省经济建设。研究制定了《关于促进中央驻冀科研单位和高校与我省联合组建创新平台实施成果转化的意见》，充分发挥驻冀科研机构、高等学校和科技人员的作用，支持其承担河北省的科技项目，就地转化科技成果，创办高新技术企业。三是切实改进科技计划管理。进一步完善了科技计划体系，明确了资金使用方向和重点，规范了管理程序。科技三项费与科学事业费做到了统筹使用，自然基金、科技攻关、中小企业资金项目等实现了计划的衔接统一。在科技计划项目立项审批中进一步推行了专家评审与行政决策相结合的决策机制，采用业务处室初审、专家评审、厅长办公会审定的基本决策程序，加大了项目招标力度。四是改善市县科技工作。研究起草了《强县富民科技行动方案》，建立了厅领导班子成员和业务处室与市县联系点制度。组织推荐了第二批全国科技富民试点县，迁西、曲周、正定、香河四县被确定为2005年度国家科技富民强县专项行动计划试点县，获得科技部专项资金支持。与扩权科技局搞好业务衔接，采取以会代训的形式组织对扩权县（市）的科技局进行了科技管理工作培训，基层科技工作得到加强。五是理顺业务处室的有关职能。按照与国家科技部工作协调、上下衔接的要求，积极推进科普工作、县级科技进步考核、科技期刊管理等职能的调整，各项工作实现平稳过渡。

【科技法制建设】 一是加强科技立法。省科技厅完成了“河北省科技法律体系框架建设研究报告”，提出今后15年内河北省科技立法体系框架建设的总体目标和“十一五”期间河北省科技立法体系框架建设任务及重点。并对河北省科技进步条例的修改提出了具体建议，提出了全省具有紧迫性的六个立法项目。研究起草了《河北省科技厅关于全面落实推进科技管理依法行政的实施意见》、《河北省科技厅行政复议案件办理程序规定（草案）》。深入民营科技企业调研，组织开展了《河北省民营科技企业管理条例》修订工作。根据省人大五年立法计划安排，积极做好《河北省科技进步条例》、《河北省技术市场管理条例》的修订准备工作。二是加强科技执法。制定了《河北省科技厅专项资金综合治理工作实施方案》，成立专项资金综合治理工作领导小组，对近两年来的行政事业费专项资金进行了全面清理。针对存在的问题进一步建立和完善了科技项目资金管理、使用、监督等方面的规章制度。对全省高新区执行《河北省高新技术产业开发区条例》情况进行了调研，针对存在问题，提出了改进措施。会同有关部门在全省组织开展了知识产权联合执法行动，维护了市场竞争秩序。三是努力营造自主创新的良好政策环境。2005年3月29至31日，中共河北省委讨论通过《中共河北省委、河北省人民政府关于加强科技工作的决定》，进一步明确了当前和今后一个时期加强科技工作的基本思路。为贯彻全会精神，省科技厅会同有关厅局联合出台了《关于促进中央驻冀科研单位和高校与我省联合组建创新平台实施成果转化的意见》、《河北省科技基础条件平台建设实施意见》等一系列配套文件。

（河北省科技厅　张占圈）

【省社科联工作概况】 履行社科联职能，组织科研力量开展理论与现实问题研究。省社科联把“三个代表”重要思想和树立科学发展观、构建和谐河北作为2005年科研活动的重点，注重与全省保持共产党员先进性教育活动相结合，把研究与宣传相结合，使“三个代表”重要思想的理论研究与解决实际问题紧密联系起来。多渠道组织领导干部与广大社科工作者撰写理论文章和学习体会，利用

《河北日报》的多个版面和“河北社会科学网”专栏刊登重点研究成果，收到了通过研究推动宣传，通过宣传深化研究的效果。经过组织申报、专家评审，省社科联最终确认86项课题为省社科联2005年度立项课题，其中7项确定为省社科联重点督导课题。在研究内容上，注重基础理论研究与应用对策研究并重，既有“三个代表”重要思想研究，又有国情和省情研究，还包括了传统文化特别是具有地域特色的燕赵文化的研究等。这些课题研究对于提升团体会员的研究水平，促进学术团体为全省“三个文明”和和谐社会建设服务，培养学术人才，发挥了很好的作用。在组织、指导、协调团体会员开展科研工作的同时，省社科联还直接组织力量围绕河北经济社会发展中的问题，开展应用和对策研究，推出了一批有较大影响的研究成果。其中省社科联课题组撰写的《一场深刻的乡村革命——河北省文明生态村创建活动的调查》获省委宣传部组织的“三农工作大家谈”征文活动一等奖。省社科联课题组完成的《构建和谐社会的积极探索——河北省“和谐廊坊”建设的调查》在《人民日报》理论版刊登，产生了较大反响。此外，配合全省工作大局，组织专家学者召开了省会社科界纪念抗日战争胜利60周年座谈会；组织社科专家学者和省委党校副厅级领导干部培训班全体学员举行了贯彻落实党的十六届五中全会和省委六届八次全会精神座谈会等多项理论研讨活动。

大力开展社会科学普及，加强理论宣传阵地建设。一是加强与自然科学的联盟，首次参与了全省科技活动周活动。联合各市社科联以“落实科学发展观与构建和谐社会”为主题，举办了多种形式的宣传活动，荣获“2005年河北省科技活动周”先进集体。二是将“省会社会科学普及周”拓展为“河北省社会科学普及周”。实行全省联动，扩大到全省范围，共举办活动50余次。在省会举办的河北省社会科学普及周开幕式上，省社科联和石家庄市社科联以及所属52个学会的658名社会科学工作者开展了现场咨询服务活动。三是参加省直“三下乡”集中活动。通过举办专题座谈会、开展加强党的执政能力建设的宣传教育、举行捐赠仪式、现场发放宣传资料等多种形式，紧紧围绕农村经济社会发展开展社科普及宣传，受到了农村干部群众的欢迎。四是在推动社会科学普及和法制化建设方面做了大量工作。完成了《河北省哲学社会科学普及规定》的调研、起草、论证、会签等工作，引起了省领导、有关部门和省内外社会科学界的高度关注。省社科联主办的《社会科学论坛》，从2005年起，全新改版，每月出版上半月刊·学术评论卷和下半月刊·学术研究卷两期。据不完全统计，《社会科学论坛》全年被人大报刊复印资料全文转载30余篇，索引400多条。刊物被北京大学等高校和社科研究机构评定为重要期刊，并被评为河北省优秀期刊。“河北社会科学网”稿件质量不断提高，栏目内容更加充实，信息传播更加快捷。推出的“河北省社会科学界年度十大要事”在省内外产生较大反响，被收入《中共河北省委年鉴》等多种文献，在全省社科界的影响迅速扩大。

进一步完善社科激励机制，推进“两评”工作更加科学规范公正。2005年是《河北省社会科学奖励办法》颁布实施10周年。根据省政府第38次常务会议要求，省社科联顺利完成了《河北省社会科学奖励办法》的修订工作，经省政府常务会议通过，重新公布实施。在该《办法》重新颁发暨实施10周年之际，省社科联精心谋划了系列庆祝活动。制作了庆祝《办法》颁布十周年纪念册；拍摄了《让思想智慧闪光——庆贺＜河北省社会科学奖励办法＞颁布十周年》电视专题片，在河北电视台综合频道播出；组织了纪念《办法》十周年专场交响音乐会；在《河北日报》组织了专版文章等，全面宣传《办法》实施10年来对繁荣发展全省哲学社会科学事业的重要意义。按照全省社会科学优秀青年专家的评选制度，省社科联组织了河北省第六届社会科学优秀青年专家的评选。此次评审立足创新，打破学科界限，评委在充分审阅每份申报材料的基础上推荐人选，进一步保证了评审工作的科学性和公正性。省政府副省长龙庄伟同志出任评委会主任，始终参加了评定工作。省委常委、宣传部长张群生同志出席了颁奖会并做重要讲话，对本届评选工作给予了充分肯定。为加强对社会科学优秀青年专家的管理和培养，省社科联与历届社会科学优秀青年专家建立了经常性的联系制度，并组织了第三批社会科学优秀青年专家考察团出国进行学术访问，扩大了全省社科界的对外交流。

加强团体会员管理，积极推进制度建设。一是按照中央关于在社科研究系统开展“三个代表”重要思想，马克思主义立场、观点、方法，职业精神和职业道德“三项学习教育”活动的要求和省委的部署，与省委宣传部举办了省社科联系统“三项学习教育”专题培训班。对40余个省级学会、协会、研究会的负责人进行了培训，收到了非常好的效果，并积累了培训经验，得到了省领导的肯定。二是按照中办28号文件精神的要求，对民办社科研究机构进行调研、摸底，与民政部门密切配合，积极推动《河北省民办社科研究机构管理办法》的制定实施。三是做好新成立学会的资格审查和吸收新的团体会员工作。又有5个新学会通过了资格审查，另有河北省晋察冀抗日斗争史研究会、河北省国际教育交流协会、河北省科学方法论研究会、河北省成功学研究会成为省社科联新的团体会员。四是改进和加强与各市社科联的工作联系。指导召开了全省各市(设区)社科联工作会议，明确各市社科联的工作方向和工作重点，促进了各市社科联工作整体水平的提高。

（河北省社科联　孙　浩）

【省社科院科研新进展】　2005年，河北省社科院以学习贯彻白克明书记来院视察时的讲话精神为契机，紧紧围绕“建强院、出名家、创精品”的发展目标，完善科研创新体系，优化科研管理机制，提升科研成果质量，各项事业都取得了长足的进展。全院共实现科研成果457项，其中著作25部，书稿11部，论文259篇，调研报告65份。按新修订的院优秀成果标准，有164项达标，占成果总量的36%。其中在《人民日报》、《光明日报》、《求是》等大报刊发表13篇论文，在全国性重点学术期刊发表6篇论文，上报的65份调研报告中有44份获省级领导批示肯定并转发应用。

紧扣促进河北更快更好发展这个主题，为省委、省政府决策服务的水平进一步提高。一是围绕省长圈定的八个重大课题，集中攻关，取得丰硕成果。2005年，季允石省长为我院圈定了8个重大研究课题，到年底已完成六项，另外两项取得阶段性成果。其中《“一线两厢”战略实施的重点与产业支撑体系研究》、《“和谐河北”的特征及构建过程中需要把握的关键问题的研究》、《“十一五”期间保证投资规模和增长速度途径的政策措施研究》、《科技经济互动机制与我省科技发展的战略方向、重点研究》、《农民收入变动规律与长效增长机制研究》、《河北发展“循环经济”的重点领域及配套政策研究》已被省政府领导批转采用，《我省县域经济发展和发展模式研究》已完成总报告，《扩大我省就业面临的主要问题及思路、途径和政策创新研究》已完成3个专题报告，正撰写总报告。二是围绕制定“十一五”规划深入研究，献计献策，受到高度重视。该院研究人员在省委常委集体学习会上作了题为《编制我省“十一五”规划应注意的主要问题》的专题讲解，使该院科研成果直接进入全省最高决策层，受到省委书记好评；《人均GDP1000至3000美元阶段河北省经济社会发展的特点、基本趋势和对策研究》、《编制我省“十一五”规划需参考的若干重要判断与结论》得到省委书记、省长的高度评价，并批转省委常委和市委书记市长会议参阅；《我省“十一五”服务业发展的问题分析与政策建议》，季允石省长、郭庚茂常务副省长作出重要批示，认为对发展全省服务业很有参考价值；《数字“十一五”：我们离小康还有多远》、《“十一五”规划编制中有关产业分类的建议》等也得到省领导和有关部门的重视。该院还参与了部分省直部门“十一五”规划的编制工作。三是围绕“一线两厢”区域经济发展战略实施，把对策研究推向深入。为深化“一线两厢”战略研究，年初又组织了一个重大课题，对“一线”、“南厢”和“北厢”分别开展研究。由该院组织研究、草拟的“关于实施‘一线两厢’区域经济发展战略的指导意见”已作为冀发〔2005〕12号文件印发全省。《京津冀“都市圈”建设与“北厢”发展战略思考》已在《河北日报》发表，还和张家口市委、市政府共同主办了“河北省‘一线两厢’战略暨‘北厢’区域发展研讨会”。张承两市主要领导参加了研讨，多名国内知名专家学者到会，郭庚茂副省长也发表了重要讲话，省内外新闻媒体作了详尽报道。四是围绕构建和谐河北深入开展研究，提供理论支持。确立了《“和谐河北”的特征及需要把握的关键问题研究》和《和谐社会的法治之路——构建社会主义和谐社会的法制保障研究》两项重大课题，研究成果被吸纳到《中共河北省委关于构建“和谐河北”若干重要问题的指导意见》中。还与秦皇岛市委、省文明办、中国社会学学会合作，在秦皇岛召开了“构建和谐社会、促进社会文明理论与实践研讨会”，来自理论和实际部门的60多位代表从不同侧面探讨了和谐社会构建过程中的重要理论与实际问题，为构建“和谐河北”提供了重要的理论支持。五是围绕培育新时期河北人文精神组织研究，寻求基础学科为现实服务的新突破。启动了“河北人文精神研究”，并列为院重大课题，成立了三个课题组同时开展研究。各课题组对河北历史文化的积极因素和消极影响、新时期时代精神对人文精神的新要求等进行了深入分析，相关研究成果将陆续推出。六是围绕形势分析与预测研究，首次成系列推出蓝皮书。形势分析与预测蓝皮书是该院多年的品牌。2005年第一次组织了系列蓝皮书编撰工程，包括河北经济蓝皮书、农村经济蓝皮书、社会发展蓝皮书、文化发展蓝皮书和一本总报告集，这五本书统一设计、统一要求，统一出版。《总报告集》已呈送省十届人大四次会议、省政协九届四次会议，各分报告邮送各市（县）主要领导参阅。七是围绕发展红色旅游深入开展研究，取得阶段性成果。该院旅游研究中心成立后，其研究课题《红色旅游研究》被列入国家课题，已经拿出初稿。“河北省旅游研究会”已经省民政厅批复成立，集体会员近百个。八是围绕纪念抗战胜利60周年，研究成果丰硕。经与国家档案局多年合作，出版了十卷本的《日军侵略华北罪行档案》，并召开了发行座谈会；该著作入选了国家新闻出版署确定的全国100部纪念抗战胜利60周年的重点出版物。还出版了《日本侵略华北罪行史稿》、《二战强掳战俘劳工口述史》等著作；《弘扬解放区抗战文艺精神》等两篇文章在《人民日报》、《光明日报》发表；《抗日战争时期中国共产党局部执政的历史考察》等三篇论文入选中宣部、中国社科院等部门纪念中国人民抗日战争暨世界反法西斯战争胜利60周年学术研讨会；《抗日战争时期毛泽东新闻思想研究》等8篇论文入选全省学术研讨会。九是围绕河北地方历史文化研究，启动一批重大课题。《河北名人系列研究规划设计》列入院委托课题，在对外省考察和对本省名人资源调查基础上，已确定总体框架和研究计划。《燕赵思想家研究丛书》完成了大部分书稿。李大钊研究继续深化，出版了《李大钊传》等著作。十是围绕宣传党的理论创新成果，推出一批力作。出版了《从邓小平理论到“三个代表”重要思想》、《西柏坡精神学习读本》、《伟大的革命——河北省文明生态村建设理论与实践》、《科学发展观干部学习读本》、《创建美好家园》等一批著作；在《人民日报》、《光明日报》、《求是》杂志等报刊推出了一批有较大影响的理论文章；该院参与撰写、省委宣传部组织的中国共产党执政理论研究系列丛书已经完成两部书稿；马克思主义哲学与现代化研究进展顺利，即将推出丛书的第一批专著；有中国特色的社会主义社会建设理论研究进展顺利。该院研究人员还向省人大常委会组成人员作了《科学发展观与法制建设》的讲解报告。

加快科研创新体系建设，提升科研工作的整体水平。一是重点学科建设扎实推进。贯彻“有所为有所不为”的方针，针对3个重点学科和4个重点扶持学科增加了经费，加大扶持力度，充分发挥首席专家的学术带头人作用，为建成一流学科迈出了坚实的步伐。同时瞄准学科前沿和经济社会发展的重大需求，鼓励新兴学科和交叉学科的发展。二是科研管理制度改革继续深化。完成了《优秀科研成果奖励办法》和《科研人员业绩考核记分标准》的修订，并出台实施。三是人才培养工作有了新进展。根据上级最新文件精神和本院实际，对高级专家延退、退休科研人员返聘、高档次人才引进培养、职工教育、专业技术人员服务年限及报考研究生的暂行规定作了进一步修订和完善。该院报考定向博士研究生学位并被录取的有3人，报考定向博士后并被录取的有1人；2人赴国外培训；采取公开招聘、平等竞争、面试与考核相结合的方法，招录了8名硕士研究生来院工作；先后申报推荐新世纪“三三三人才工程”、省社科优秀青年专家、“省中青年社科专家五十人工程”共16人。四是学术交流活动层次高、影响大。在国际学术交流方面，该院两次组团，分别访问了北欧和澳洲，与一些大学和有关机构开展了学术交流；邀请日本岩手县立大学校长和日本社会学会会长一行访问该院并作学术报告，并就加强交流与合作达成了五项共识。在国内学术交流和社会活动方面，召开了《唐长孺、胡如雷先生与隋唐史》学术研讨会，省内外数十位专家与会，《光明日报》、《中国史研究》等报刊予以报道；还主办了“《电子签名法》与河北电子商务发展”专题研讨会，联办了河北省纪念抗日战争胜利60周年学术研讨会、全国社科院系统联机编目研讨会暨培训班、河北省第十五届青少年犯罪学术研讨会等，接待了日本、台湾、香港等地来访学者多人。

（河北省社科院　孟庆凯）

气象与防震

【气候状况】　2005年，全省年平均气温比常年偏高，年降水量较常年偏少，年日照时数较常年偏少。

气温。全省年平均气温为12.0℃，比常年偏高0.6℃，属偏暖年份。冬季，全省平均气温为-3.6℃，比常年偏低0.6℃；春季为13.0℃，比常年偏高0.5℃；夏季为25.6℃，比常年偏高1.0℃；秋季为13.3℃，比常年偏高1.5℃。

降水。全省年降水量为475.9毫米，较常年偏少9%。降水大于500毫米的地区主要集中在东部地区和南部部分地区，西北部地区大部少于400毫米。冬季，全省平均降水量为19.1毫米，比常年偏多61.8%；春季为75.0毫米，比常年偏多15%；夏季为321.9毫米，比常年偏少11%；秋季为66.1毫米，比常年偏少20%。

日照。全省平均年日照时数为2506.7小时，较常年偏少91.2小时。长城以北大部分地区和长城以南局部地区超过2300小时，其它地区在2300小时以下。冬季，全省平均日照时数450.9小时，较常年偏少97.0小时；春季为768.3小时，较常年偏多32.0小时；夏季为646.4小时，较常年偏少51.1小时；秋季为587.4小时，较常年偏少30.1小时。

【气象灾害】　沙尘。全省有131个县（市）出现沙尘天气，大部分地区沙尘日数多于上年，较常年偏少。沙尘天气影响范围在10个县（市）以上的过程有15次。4月19～20日，出现全年强度最强的一次沙尘天气过程。共有95个县（市）出现沙尘天气，28个县（市）出现了沙尘暴，其中9个县（市）出现了强沙尘暴。4月28日，出现全年范围最大的一次沙尘天气过程，其中54个县（市）出现扬沙、73个县（市）出现浮尘。沙尘天气以扬沙为主，占总沙尘日数的72%，沙尘暴仅占9%。

干旱。6月中旬至7月上旬，全省平均降水量59.1毫米，较常年同期偏少40%。持续的高温少雨，加剧了旱情发展。据7月8日土壤墒情测定，46个县（市）20厘米土壤相对湿度在60%以下，17个县（市）在40%以下，干土层厚度达5—12厘米。10～12月份，全省大部分地区降水量在20毫米以下，较常年显著偏少。特别是11～12月，全省平均降雨量仅为2.8毫米，比常年偏少80%，部分地区无降水。大部分地区出现了有气象记录以来罕见的秋冬连旱，103万公顷耕地出现冬旱，47万公顷农田旱情严重。

冰雹。全省共有114个县（市）次出现冰雹天气，比常年偏少55县次，但涉及到63个县（市）。据统计，雹灾面积达20.6万公顷，直接经济损失7亿元。冰雹天气主要发生在5—7月，占全年总数的85.1%。

高温。6月，中南部大部分县（市）出现了历史同期少见的酷热高温天气。11—24日，全省平均最高气温为34.9℃，比常年偏高4.3℃；21—24日，全省平均最高气温为38.1℃，比常年同期偏高7.8℃。期间，87个县市的平均最高气温达到50年来历史同期最高。21日和23日分别有61个和75个县（市）日最高气温在40℃以上。高温天气使土壤失墒加快，加剧了旱情的发展，造成部分城市供水供电紧张，石家庄市部分中小学因高温影响而停课。

暴雨。主要有三次强降水过程，分别为7月22—24日、8月12日和8月15—17日。8月12日，大部分地区出现雷雨天气，承德市有6个县出现暴雨，其中3个县出现大暴雨，承德部分地区遭受洪灾。8月15—17日，出现全省范围的强降雨过程，77%的地区普降大到暴雨。36个县（市）出现暴雨，其中5个县（市）出现大暴雨。沧州、唐山、秦皇岛、廊坊等地遭受洪涝灾害，受灾人口103.8万人，农作物受灾面积6.5万公顷，绝收0.7万公顷。

台风。受副热带高压和“海棠”台风减弱的低压外围暖湿气流影响，7月22—24日，70%的地区普降大到暴雨。强降雨区域主要集中在中南部地区，其中63个县（市）出现暴雨，17个县（市）出现大暴雨。行唐、定州出现特大暴雨，日降水量分别为210.0毫米和311.4毫米，均突破了本县历史同期最大值。受9号台风“麦莎”减弱的热带风暴影响，8月7—10日，东部和东北部地区先后出现强降雨天气。共有132个县（市）出现了降雨，其中10个县（市）降雨量大于50毫米。另据全省加密自动雨量站网监测，有138个乡（镇）降雨量为50～123毫米。沧州、唐山、秦皇岛三市的13个县（市）出现风暴潮灾害。

寒潮。共出现两次持续时间较长的全省性寒潮天气过程。4月5～9日，全省97%的地区出现了强寒潮。4月8日，大部分地区24小时平均气温下降6.0～9.0℃，有137个县（市）出现了强寒潮，是1961年以来强寒潮天气范围最大的一天。12月1～5日，全省74%的地区出现中等强度以上寒潮天气，大部分地区平均气温普遍下降4.3～15.6℃。

大雾。大部分地区大雾日数为10～30天，局部地区达40天以上。与常年相比，大部分地区偏少5～20天，局部地区偏少20～30天。

雷暴。全年共发生雷电灾害256起，死亡22人，14人受伤，并引起35宗建筑物受损、1785件电子设备损坏，造成供电故障34宗，直接经济损失1024.3万元。8月12日，保定市发生雷电灾害36起，石家庄发生17起，共造成3人死亡，多部电梯等设备损坏，高压线被雷击断着火造成局部断电，一些医院、税务和金融部门的计算机网络系统遭受雷击。

【气象服务】 重大灾害性天气预报准确，气象服务效果显著。省、市气象台对全年几次重大灾害性天气过程和突发灾害性天气均做出了较准确预报，为政府组织防灾减灾提供了科学依据。台风“海棠”、“麦莎”影响全省期间，省气象台和保定、沧州、唐山、秦皇岛市气象局及时发布预警信号，省领导对预报服务工作表示满意。

人工影响天气作业再创佳绩。飞机增雨充分发挥PMS（云粒子测量系统）的作用，作业成效显著。各市气象局积极组织实施火箭、高炮人工增雨防雹作业，全省共进行增雨作业886点次，发射各类火箭弹2663枚、炮弹9198发，取得了明显的经济、社会和生态效益。

努力拓展气象服务领域。6到9月份，省气象局和省国土资源厅在省级电视气象服务节目中共发布地质灾害预报18次，其中有6次出现了地质灾害，由于有关部门提前采取了有效的防治措施，避免了数十人伤亡和上千万元的财产损失。依托高科技手段，加强对森林、草原火灾遥感监测，多次为林业部门提供监测结果，为森林防火发挥了重要作用。积极适应经济建设和社会发展需求，大力开展了防雷技术服务、手机短信服务、电视天气预报服务和气象信息电话服务，社会经济效益明显。

公众气象服务能力明显提高。规范了重大气象信息的新闻发布制度，电视气象服务节目制作质量明显提高；开通了农民频道电视天气预报节目——《兴农气象站》。利用手机短信和12121答询电话开展了森林防火和地质灾害预防等专业专项服务，及时传递预警预报信息，收到明显效果。开展了公众气象服务满意度调查，满意度达到91%。在全省统一开通了气象灾情收集800免费电话，畅通了灾情收集渠道。

【气象监测设施建设】 灾害性天气预报能力得到增强，精细化天气预报业务进一步规范。省、市气象台普遍加大了对新一代天气雷达、加密自动气象站、闪电定位资料的应用力度，积极探索预警预报方法，使灾害性天气的监测预警能力显著提高。完善了天气预报电视会商等制度，增加了中期天气预报和决策气象服务会商，提高了会商效果。建立了气象灾害预警信号发布制度，全社会防御气象灾害的意识明显增强。

新一代天气雷达建设稳步推进。张北新一代天气雷达设备安装调试完毕，张家口、秦皇岛新一代天气雷达信息处理中心主体工程封顶，秦皇岛、承德新一代天气雷达站选址工作基本完成。石家庄新一代天气雷达运转正常，发挥了应有的作用。建成加密自动气象站795个，开发了资料收集和显示系统，全部资料上传，在气象服务工作中发挥了重要作用。

【气象科研】 加强了气象科技平台建设，河北省生态环境监测重点实验室中标。组织申报国家、省部级科技计划10类28项，9项课题列入指令计划，3项课题列入指导计划，落实科研资金97万元。省气象局确立了12个单位项目和5项个人申请项目，年度投入科研经费达30万元。各市气象局及各直属单位共落实科技发展基金66.58万元，支持科研开发项目106项。《太行山区农业气候资源开发应用研究》成果，荣获河北省科技进步二等奖。《人工影响天气综合管理信息系统开发与推广》等科研成果在全国范围推广应用。

（河北省气象局　刘文奎）

【防震减灾】 地震监测预报和台站建设。在2005年进行的2004年全国地震监测预报资料质量评比中，河北省地震局参评资料94项，优秀率为100%，获得学科评比前三名的有7项。其中怀来台获钻孔应变第三名、水汞第三名、气汞第三名；保定中心台获流动重力观测第二名；昌黎台获地电场第三名；红山台获定点核旋第三名；网络信息中心获全国地震信息通讯网第二名。省地震遥测台网全年共处理地震事件1000余条，完成地震速报29次。编辑河北省地震目录、观测报告共计20册，向中国地震局报送快报近50期。34个数字化前兆台网全年正常运行，为分析预报人员提供了丰富、详实、客观的前兆数据。为把监测预报工作落到实处，2005年初省地震局印发了震情跟踪方案，制定了相应的措施，成立了震情短临跟踪工作领导小组和专家组。分析预报人员严密监视震情趋势与变化，及时召开临时会商，严格值班制度，较好地实施了全年震情跟踪工作。在严格坚持年度、半年、月、周会商的基础上，全年共增加临时会商11次，写出20份异常核实和现场考察报告。

台站改造。全年共安排台站基础设施改造和建设等项目26个，完成了承德中心台综合实验楼装修工程、保定中心台、怀来地震台、阜城地震台的环境改造，陡河地震台、顺平地震台、大柏舍地震台的维修改造以及张家口中心台电路改造、易县地震台供暖改造和红山基准台道路维修等工程。为规范台站管理，7月组织召开了全省观测资料质量研讨会和网络项目示范台建设观摩会。继续设立青年科学基金，从34项课题中评审出21项予以资助。组织了2005年度防震减灾优秀成果的评选，评出获奖项目13项。

震害防御工作。进一步完善省、市两级建设项目抗震设防要求和地震安全性评价行政审批工作，推动电子平台建设，并实现了建设单位、个人与省局审批部门在省政府门户网站网上互动审批。通过与省发改委协调，确定了需进行地震安全性评价的重点项目和6项省管项目的抗震设防要求。组织完成全省地震安评报告评审近百余项，工程地震勘查研究院完成地震安全性评价合同额突破1000万元。加强安全性评价从业人员的培训力度，组织核发了地震安全评价二级执业资格证书37份，核发了承德市余利地震工程勘查研究院地震安全性评价丙级资质证书。与法制办共同完成了《河北省地震安全性评价管理条例》的修订稿，坚持将抗震设防要求纳入国家建设工程管理审批程序。积极开展法律培训，严格执法，使省地震局防震减灾法制建设始终保持在全国先进行列。同时整理汇编了河北省地震局行政管理文件。活断层探测和地震危险性评价工作顺利启动。2005年，组织召开了由全省地震系统有关领导和专家参加的座谈会，深入探讨了该项工作的开展方式、技术要求、管理模式等，并取得了共识；举办了“河北省城市活断层探测及地震危险性评价技术方法培训班”，对有关部门和各市地震局主管领导以及技术人员进行了培训，部署了各市工作项目；成立了河北省城市活断层探测与地震危险性评价工作机构，并拟定了实施意见和管理办法；向中国地震局提出了京津冀一体全面开展城市活断层探测和地震危险性评价的建议；向省发改委报送了项目建议书。11个设区市都成立了领导机构。邯郸市钻孔资料收集与三维分析专题、宽频带地震台阵深部探测专题、制图专题、地球化学探测专题已完成；浅层人工地震探测专题、第四系标准钻孔专题正在进行。唐山等7市都预拨了启动资金，并着手进行初步方案的设计。农村民居地震安全示范工程工作稳步推进。2005年，省地震局与省建设厅就推进农村民居地震安全示范工程建设进行了协调，在征求各设区市意见后，提出了全省的指导性意见。起草了《河北省地震安全民居示范工程实施方案》、《关于全面推进农村民居地震安全工程的实施意见》。沧州市地震局这项工作走在了全省的前列。

地震群测群防工作逐步加强。2005年，省地震局组织邯郸、秦皇岛、唐山市地震局和丰南县科技局有关领导及业务人员召开“三网一员”建设工作座谈会，并于会后起草了《关于加强我省地震群测群防工作几点意见的通知(初稿)》，征求各地意见。按照中国地震局的要求，完成了河北省关于市、县机构情况、监测台站情况和群测群防情况的调查和汇总，并将结果纳入了中国地震局“市县防震减灾工作信息网”。邯郸市印发了建立“三网一员”的通知；秦皇岛市4区4县共75个乡镇各设立防震减灾助理员1名，并组织了“三网一员”培训班。其他市推动“三网一员”建设也有了不同程度的进展。采取多种形式，扎实做好防震减灾宣传工作。省地震局多次与省科技馆就建设防震减灾宣传展厅进行沟通，制定方案并向省政府提出建设展厅的建议，争取财政投资1000万元。该展厅将在2006年10月建成并投入使用，届时将使河北省防震减灾知识面向公众宣传的开放度大幅提高。积极联系省委党校，在干部培训中增加防震减灾知识讲座，提高广大领导干部的防震减灾意识。2005年已在学员中播放《重托》宣传资料片，起到了良好的宣传效果。同时省地震局还在《家庭百科报》开辟了防震减灾知识专栏，发表文章48篇，以此作为防震减灾知识进家庭的重要渠道。组织了2005年青少年科技夏令营。编辑出版了《河北防震减灾40周年画册》和2004年《河北地震年鉴》，全年出版《地震报》24期。组织市地震局和中心台的宣传教育基地参加全国防震减灾科普教育基地评选，唐山抗震纪念馆、邢台地震资料陈列馆荣获全国防震减灾宣传教育基地称号。地震中心台积极参加防震减灾宣传教育活动，建设防震减灾宣传教育基地，并向社会公众免费开放，普及了防震减灾知识，进一步提升了台站的社会显示度。努力推进紧急救援工作。地震应急组织和法制体系不断完善。省地震局积极联系省防震减灾联席会议成员单位，及时调整了联席会议的组成部门和人员。协助省政府组织召开了省政府防震减灾工作联席会议扩大会议，会同省发改委、省民政厅、省安全生产监督管理局联合制定了《河北省地震应急工作检查制度》。地震应急预案体系建设得到加强，由省地震局牵头，在征求了省防震减灾联席会议27个成员单位的意见后，对《河北省地震应急预案》进行了重新制定，并由省政府正式印发。

紧急救援队伍建设得到推进。完成了《河北省地震灾害紧急救援大队建设项目建议书(代可行性研究报告)》的编写和训练基地平面图的绘制工作，已报省发改委待组织论证。应急指挥技术系统建设得到充实。省地震局指挥中心重新布设了5条ISDN线路，保障了指挥中心地震现场数据获取系统的正常运行。维修了M4和海事卫星电话、视频投影系统，保证了指挥中心各项功能的正常运行。另外还对应急基础数据库进行了充实和完善。积极开展地震应急培训和演练。2005年6月，省地震局在邯郸市举办了地震应急工作培训班，7月15至16日，在邯郸钢铁集团公司举行了“邯钢集团模拟破坏性地震应急演练”，并对邯钢集团有关部、室领导和动力分厂干部职工200多人进行了防震减灾知识培训。

(河北省地震局　孟书和　王智慧)

【地震活动】　据河北省数字遥测地震台网测定，2005年河北省及京津地区共发生地震926次，ML1.0级以下地震136次，ML1.0～1.9级地震651次，ML2.0～2.9级地震127次，ML3.0～3.9级地震14次，没有4级地震。8月31日蔚县的ML3.9级地震和3月6日发生在青龙的ML3.8级地震，都是非常显著的地震。2005年河北省及京津地区的地震活动仍然比较活跃，小震活动集中在张渤带及河北平原带。唐山老震区的小震活动仍然是唐山地震的余震活动，而晋冀蒙交界地区和河北南部地区的小震丛集表明，晋冀蒙交界地区和冀鲁豫交界地区的震情仍未缓解。2005年的地震频度有所下降，小震频度达到920次，和历史平均水平持平；小震活动仍集中分布在唐山、邢台、张家口等3个地震活跃部位；地震活动与2004年相比，京津唐地区无论是地震频度还是地震能量都比较高，成丛型比较明显，活动范围都比较大；河北平原地震带中部小震较少，京西北及京津地区小震活动有所增强。

（河北省地震局　刘继录）

国土资源监管

【概况】　河北省土地总面积2.83亿亩。按一级地类统计，农用地1.96亿亩，占辖区总面积的69.3%；建设用地2598.76万亩，占辖区总面积的9.2%；未利用地6067.87万亩，占辖区总面积的21.5%。按二级地类统计，农用地中，耕地9615.57万亩、园地914.02万亩、林地6589.31万亩、牧草地1215.24万亩、其它农用地1264.3万亩，分别占农用地的49.1%、4.7%、33.6%、6.2%、6.4%；建设用地中，居民点及独立工矿用地2247.75万亩、交通运输用地163.16万亩、水利设施用地187.85万亩，分别占建设用地的86.5%、6.3%、7.2%；在未利用地中，未利用土地5239.86万亩、其它土地828.02万亩，分别占未利用土地的86.4%、13.6%。

河北省矿产资源丰富，已现各类矿种151种，已探明资源储量的120种，排在全国前5位的矿产有36种。现已探明储量的矿产地985处，其中大中型矿产地428处，占43.5%。全省已开发利用矿产地758处，建成各类矿山企业6898家，从业人数46.1万人。年开采矿石总量近4.10亿吨，采掘业年产值达397亿元，形成了以冶金、煤炭、建材、石化为主的矿业经济体系。地质灾害主要有崩塌、滑坡、泥石流、地面塌陷、地裂缝、海水入侵等。

河北省海岸线长487公里，海岸带总面积11379.88平方公里（其中陆地面积3756.38平方公里，潮间带面积1167.9平方公里，浅海面积6455.6平方公里）。有海岛132个，岛岸线长199公里，海岛面积8.43平方公里。河北省沿海地区处于环渤海经济圈的中心地带，是全国五个重点海洋开发区之一，海洋生物、矿产、港口、原盐、石油、旅游等海洋资源丰富，气候环境适宜，海洋灾害少，是发展海水养殖、盐和盐化工、海洋生物工程、港口运输、滨海旅游等产业的优良地带，适合进行各种形式的综合开发，具有发展海洋经济的巨大潜力。主要海洋产业是水产、交通运输、修造船、原盐、盐化工、石油和旅游。

【建设用地监管】　2005年，国家下达河北省、并由省掌握的用地指标10.14万亩，另有国家掌握、省可用的控制性用地指标11.82万亩，为全省经济发展提供了较好的用地基础和相对宽松的用地环境。在用地计划指标的安排使用上，按照“保障重点、兼顾一般”的原则，制定并实施了建设项目用地指标安排计划，并根据各地项目变动情况及时进行调整。针对工作中存在的问题多次进行调度，切实保证了重大项目用地，兼顾了县域经济发展用地。在建设项目用地审查报批上，依法、及时审批供地，保障项目建设。积极做好建设项目用地预审工作，全年共办理建设项目用地预审194宗，是2001—2004年四年总量的1.3倍。针对建设项目用地报批工作存在的问题，先后召开两次全省调度会、11次重大项目、重点项目用地调度会，及时协调解决了南水北调京石段应急供水工程、青银高速公路、廊涿高速公路、张河湾抽水蓄能电站等一批重点项目组卷报批中的困难和问题，加快了项目用地组卷报批速度。全年通过存量土地挖潜和未利用地的开发利用，为建设项目提供用地10.23万亩。

曹妃甸工业区一期工程于2004年底通过了国家海洋局用海预审，2005年初通过了国土资源部用地预审。在此基础上，一方面积极指导用海单位办理海域使用手续；另一方面及时做好汇报沟通工作，取得国家海洋局的理解与支持，曹妃甸工业区一期工程用海已正式组卷上报国家海洋局。按照国家海洋局“整体论证评价、分步实施报批”的要求，曹妃甸工业区二期工程用海海域使用论证报告与海洋环境影响评价报告经修改后已再次上报国家海洋局。

【地质勘查】　围绕战略性矿产资源勘查、国有资源危机矿山接替资源勘查和重要成矿区（带）公益性、基础性地质调查评价，加大资金投入，狠抓项目实施。2005年共安排使用地勘专项资金5705.86万元，实施了53个地质勘查项目。增加了金、铜、煤炭、锰、铁、水泥灰岩等主要矿种的资源储量，提供矿产地20多处，为国家重点项目建设和资源危机矿山提供了资源保障。

【矿产资源监管】　组织开展矿产资源管理秩序集中治理整顿，完成“一矿一卡”清理。《国务院关于全面整顿和规范矿产资源开发秩序的通知》下发后，省政府下发了《关于全面启动整顿和规范矿产资源开发秩序的通知》，先后召开了全面启动整顿和规范矿产资源开发秩序工作会议、全省整顿和规范矿产资源开发秩序工作电视电话会议，对整顿和规范工作进行部署，并组成四个督导组对各地进行督导检查。年内对全省矿山进行了“一矿一卡”的清理，各地共填报清理卡7762张，基本掌握了全省矿山基本状况、存在的主要问题。与此同时，采取有力措施，对无证采矿、越界采矿、非法转让等违法行为依法打击，对个别矿产资源开发秩序混乱的地方进行重点整顿。全省共取缔无证矿1901个，查处越层越界、非法转让等违法采矿案件290起，维护了矿产资源开发秩序。

狠抓重点矿区矿产资源整合，治散工作取得阶段性成果。按照“重点突破、逐步推开”的原则，确定了2005年抓重点矿区、2006年在全省推开，力争用2—3年的时间完成全省的整合资源、调整矿山布局工作。年内重点抓了22个重点矿区的资源整合工作。纳入整合的22个重点矿区中，沙河市王窑铁矿区、涞源县大湾铅锌矿区等6个矿区的整合规划方案经批准开始实施；武安市小铁矿区、沙河市小铁矿区等8个矿区的整合规划方案已通过初审待批；蔚县煤田、武安市南铭河铁矿区等8个矿区正在编制和上报整合规划方案。

规范和加强矿权管理。一是建立科学、规范、有序的矿权管理机制。出台了《探矿权采矿权管理暂行办法》，规范了矿权设置行为。制定下发了《关于调整采矿权审批管理权限的通知》，理顺了省、市、县三级国土资源管理部门在矿产资源管理上的职责，明确了权限，初步形成了“权责统一、运转高效、监管有力”的工作机制。二是建立严格的矿权审批制度。严格按照规划确定的布局和计划确定的数量设立探矿权、采矿权，对不符合规划、没有纳入计划的一律不予批准。严格矿山扩界和新设矿权的条件，矿山扩界必须与原矿区范围相接、且不宜设置新的采矿权，对国有大矿范围内的、关井严产范围内的、有矛盾纠纷的煤矿扩界坚决不批；新设采矿权凡属“一证多点”、“一证多井”的坚决不批，从源头上根除矿权布局不合理的问题。为落实省政府关于关闭、整改小煤矿的部署，对年产1万吨以下的小煤矿停止了延续登记，对年产1—3万吨、符合延续条件的小煤矿只延期到2006年底。三是完善监管体系。把加强执法监督机构建设作为强化矿产资源管理和监督职能的重要手段，一些矿产资源比较丰富的市、县开始建立专门的监管队伍和专业测量队伍。健全动态监督制度，实行动态巡查，加强日常监督管理。狠抓矿山年检工作，通过年检共发现和取缔非法采矿点14个，查处越层越界矿130个，调处矿业纠纷100余起。

【土地和资源集约利用】 认真贯彻《国务院关于深化改革严格土地管理的决定》，加强耕地保护工作，全面落实基本农田保护责任制，实现了耕地占补平衡的目标。全省基本农田保护“一乡一图、一村一档、一户一书、一地一牌”的管理模式，被国土资源部在全国推广。一是狠抓存量土地盘活和闲置土地利用。完成了城镇存量土地专项调查，查明全省城镇闲置、空闲土地6.1万亩，查明1999年以来城市分批次建设用地中批而未供的土地2.4万亩。在此基础上，积极引导城镇住宅、商业和服务业项目建设同旧城改造有机结合，充分利用城镇存量土地和闲置土地，提高城镇土地利用效率。在下达农用地转用计划指标时，一并下达了存量土地利用计划，并与农用地转用计划执行情况一并考核。二是强化开发区投资强度和用地指标控制。按照“一线两厢”区域发展布局，确定了各类开发区投资强度控制标准：位于“一线地区”的国家级开发区投资强度不得低于160万元/亩，省级开发区投资强度不得低于120万元/亩；位于“两厢地区”的省级开发区，投资强度不得低于80万元/亩。在各类开发区，对固定资产投资小于500万元的项目，不再单独供地。对工业项目用地，强化容积率控制，凡容积率达不到规定标准的一律不批准用地，或者压缩用地面积；严格控制工业项目厂区绿化率，在工业开发区（园区）或工业项目用地范围内，不建造“花园式工厂”。三是规范土地市场行为。严格执行经营性土地招拍挂制度，年内全省国有土地使用权出让面积8.8万亩，出让金总额为155.9亿元。其中招拍挂出让土地面积2.6万亩，占出让总面积的29.5%，比上年增加1.84个百分点。积极探索经营性基础设施用地有偿使用，对高速公路、民用机场、发电厂、煤炭设施、石油天然气设施等用地，以及《划拨用地目录》以外的用地，逐步实行有偿方式供地；同一宗工业项目用地有两个以上意向用地者，以招标拍卖挂牌的方式出让或租赁。出台节约集约用地十项措施，召开相应的新闻发布会，节约集约用地工作已在全省各地广泛深入地开展起来。年内全省利用存量土地7.98万亩，使用未利用地2.25万亩，缓解了各项建设占用农用地的压力。认真做好省级土地利用总体规划修编前期工作，按期向国土资源部报送了规划实施评价和专题研究工作报告，为科学修编规划、推进节约集约用地、保障经济发展用地奠定了坚实基础。

在矿产资源的节约集约利用上，一是推广典型经验，大力推进科学办矿。重点培育了200个科学办矿矿山企业，从制定规划、建立科学合理的管理机制、规范采矿方法等方面进行指导，并通过推广新技术、新工艺，指导矿山企业进行技改70余项，有力地推动了资源利用水平的提高。二是突出重点，狠抓煤炭资源回采率专项检查。与省发改委一道，对煤炭回采率开展了全面检查，对回采率低下的矿山企业实施了责令整改等措施。各级政府增强了对提高煤炭回采率重要性的认识，越来越多的企业开始采取措施提高回采率，煤炭资源开采浪费损失的势头得到了有效遏制。此外，通过严格审查矿产资源开发利用方案、矿产年检、“三率”考核，促进了矿山企业对共伴生矿、低品位矿和尾矿的利用。

【“和谐国土”建设】 一是做好征地补偿安置，维护群众合法权益。在建设项目征地工作中，全面落实征地补偿最低保护价制度，依法履行征地情况告知、征地调查结果确认、征地补偿安置方案征求意见或听证程序。并采取了项目单位凭全额支付征地补偿安置费用的有效凭证领取《建设用地批准书》的措施，对达不到征地补偿标准的、未履行法定程序的、不能保证及时足额支付补偿安置费用的项目用地坚决不征，有效地防止了拖欠补偿费等损害农民利益问题的发生。前三季度征地补偿清理调查结果显示，全省征地补偿到位率达到100%。为了更好地做好征地补偿安置工作，研究制定了《河北省征地区片综合地价测算暂行办法》和《河北省县（市）征地统一年产值标准制定暂行办法》，加快了征地区片综合补偿标准的制订工作。全省80%的县（市）已完成初步成果，3个设区市开始进行市级汇总平衡。二是强化信访工作，在解决突出问题和群体性事件上成效明显。实行领导包案、挂牌督办、专人负责、跟踪落实，认真抓好信访突出问题和群体性事件专项治理工作，并对信访问题突出的市县进行督导检查，指导和帮助信访重点地区把问题协调解决在当地。年内中央联席办交给河北省的土地信访事项，全部结案上报。全面深入地开展排查调处工作。一年来，各地通过排查调处妥善处理苗头隐患和矛盾纠纷130多起。研究制定了全省国土资源系统《接待群众来访工作规则》和《办理群众来信工作规则》，完善了排查调处、督查督办、调处纠纷、协调争议、应急处理等工作机制，提高了妥善处理信访突出问题和群体性事件的水平。三是狠抓地质海洋环境保护，灾害损失降到了历年最低水平。修改完善了地质、海洋灾害防治规划和应急预案，建立了灾害管理信息系统，开展了地质、海洋灾害预警预报工作，增强了灾害防治能力。开展了汛前地质灾害调查与核查，将269处重大地质灾害隐患列入省级防治方案进行重点预防，健全群测群防网络，落实责任，严格执行汛期值班、灾情速报和应急救灾制度，年内成功预报了6起地质灾害。全省虽发生地质灾害17起，但未造成人员伤亡和重大财产损失，地质灾害损失较往年大幅度降低。建立了赤潮防治快速反应体系和赤潮信息报告制度，开展了风暴潮警戒水位核定和海洋灾害风险区划工作，全年及时发现6次赤潮隐患，未造成经济损失。开展了矿山环境保护与绿色矿山建设规划的编制工作，狠抓了11个国家重点矿山环境恢复治理项目和50个省绿色矿山示范区建设，并研究探索矿山地质环境保证金征收使用管理办法。全面启动了海洋环境监测及海洋预警预报体系建设，沿海三市成立了海洋环境监测机构，建立了3个海洋环境监测实验室、4个海洋预报台站。全省近岸海域环境监测站位增设到240多个，全面完成了2005年海洋环境监测任务。柳江盆地地质遗迹保护区晋升为国家级自然保护区，全省新增了2家国家地质公园、3家国家矿山公园、4家省级地质公园。

【海域使用管理】 新上工程用海项目全部实行了海域使用可行性论证和海洋环境影响评价，认真做好海域使用审查报批和海域使用金征收工作。年内全省新发放海域使用权证593本，确权面积1.16万公顷，征收海域使用金3463多万元。除养殖用海外，海域使用确权发证率和使用金征缴率连续4年达到100%。全面推进海域权属管理和有偿使用制度的落实，在养殖用海管理上实现了突破，除昌黎县（涉及军事区）外，市、县发证率达到90%以上，抚宁、滦南达到了100%。继续培育海域使用权市场，明确了养殖用海、旅游用海等经营性用海以及同一海域有两个以上同一类型意向用海者的，都要通过招标拍卖挂牌的方式出让，在推进海域使用市场化配置上迈出了重要步伐。

【地籍管理】 土地登记覆盖面进一步扩大，全省国有土地使用权累计登记发证达到110万本，集体土地所有权登记发证完成了三分之二。土地利用更新调查取得较快进展，已有30个县（市）通过了验收，100个县（市）正进行预检。完成了2005年度土地变更调查统计工作，变更调查数据通过了国土资源部的审核。沧州、廊坊、秦皇岛、唐山、承德等设区市和鹿泉等56个县（市）在补充完善城镇地籍调查成果基础上建立起地籍信息系统，并得到较好应用。配合国土资源部对保定、张家口、石家庄、秦皇岛等市和国家级开发区进行了遥感监测，部分县（市）利用高分辨率卫星遥感数据开展土地利用更新调查，取得了重要的监测成果。

（河北省国土资源厅 杨淑梅）

测　　绘

【概况】 2005年，全省测绘系统深刻领会胡锦涛总书记关于“加强测绘统一监督管理和基础测绘工作”的指示精神，加强测绘工作的统一监督管理，积极开展依法行政，严格测绘市场监管，加强基础测绘工作和测绘科技创新，提升测绘公共服务水平。积极为全省国民经济和社会发展提供准确、及时的测绘保障和服务，整体工作有了新的进展。

测绘法制建设。省人大常委会审议通过了《河北省实施〈中华人民共和国测绘法〉办法》，自2005年9月1日起施行。年内还制定下发了《河北省测绘局2005—2010年立法规划》、《河北省测绘作业证管理规定》、《河北省测绘项目备案登记管理规定》和《河北省测绘“四五”普法工作总结验收标准》，修改完善了《河北省测绘资质管理办法》和《河北省丙丁级测绘资质分级标准》等规范性文件。认真开展测绘行政审批制度改革和行政许可清理工作，省测绘局向社会公布了予以保留的9项测绘行政许可事项，制定了《河北省测绘资质许可程序规定》等9项测绘行政许可程序规定；与省工商行政管理局协商，达成了将测绘资质审批由原来的前置性审批改为后置性审批的意向。全年共受理测绘行政许可事项474项，其中测绘资质审批67项，地图审核175项，协助国家测绘局审核地图3项，提供基础测绘成果审批227项，迁建测量标志审批2项。据统计，年内全省测绘行政累计处罚各类违法案件24起。一是组织了全行业测绘资质分级标准情况的专项检查。先后赴8个设区市，抽查了30家测绘单位，对其中的3家违法单位进行了处罚；二是在省安全厅配合下，上半年查处了北京长地公司超范围从事导航电子地图制作案件；三是5月中旬赴廊坊市，对经贸洽谈会有关单位制作或使用的地图产品进行检查与指导，发现5家单位使用的地图有政治性错误，督促其进行了整改。

基础测绘工作。全年完成的基础测绘项目主要有：1：1万比例尺数字线划图（DLG）532幅，石家庄部分区域数字三维立体景观模型，河北省电子政务基础地理信息（1：10万比例尺三维）平台，编制出版了《河北省行政区划图》，完成了全省136个县（市）行政区地图的编制工作，基本完成了河北省基础地理信息数据库主体建设。

测绘成果保障与服务。省测绘资料馆年内接待有关人员近千人次，并积极提供了各类测绘资料。其中提供各种比例尺地形图5500幅，控制点成果352个；省基础地理信息中心年内接待用户12批次，其中提供DOM、DEM、DLG产品达29.7G，1883幅，航摄数据达68.9G；启用了河北省似大地水准面精化成果。

【“十五”概况】 一是初步建立了地方测绘法规体系。省人大常委会颁布实施了《河北省实施〈中华人民共和国测绘法〉办法》，省政府出台和修订了《河北省地籍测绘管理办法》、《河北省地图编制出版管理办法》、《河北省测量标志保护办法》和《河北省基础测绘管理办法》，省测绘局也先后制发了《河北省测绘资质管理办法》等一系列规范性文件。二是行业管理得到了加强。通过2002年市、县级机构改革和2004年国土资源管理体制改革，进一步明确了市、县（市）国土资源局管理测绘工作的职能，加挂了“测绘管理办公室”的牌子，进而使市、县级测绘管理的机构、职责、人员都得到了落实，为加强测绘行业管理奠定了组织基础；全省具备测绘资质的持证单位已达465家，分布在土地、建设等20多个行业。三是测绘市场环境明显改善。建立了各级测绘行政主管部门的行政执法责任制，开展了以整顿和规范地图市场秩序和国家版图意识宣传教育等为重点的各项活动，查处各类测绘违法案件280起，收缴各种违法地图及地图产品4万余幅（册）、各种违法地球仪近1000件，拆除有严重政治问题的附有国家版图图形的广告、标牌300余块，查处损毁测量标志事件21起。四是基础测绘工作取得明显进展。省级主要完成了全省18.8万平方公里8108幅1：1万比例尺正射影像图数据采集与建库，丘陵与山区的1：1万比例尺数字高程模型5524幅的数据采集，1：1万比例尺数字线划图1792幅的数据采集，全省县级以上行政区划界线测绘，以及省电子政务基础地理信息平台工程、省似大地水平面的精化工程等；市、县级1：500、1：1000、1：2000比例尺地理信息采集和数据库建设工作进展较快。五是为全省经济建设和社会发展提供了及时的测绘成果保障和服务。主要包括各种比例尺模拟地形图3.48万幅，测绘成果数据量达450GB；研制了河北省防治非典地理信息系统、电子政务地理信息系统等；编制出版了2套28幅河北省领导工作用图，11个设区市的地图和城区图、136个县（市）的地图。六是国际合作不断拓展。利用瑞典政府赠款、软贷款及先进的测绘技术，完成了保定、邯郸、秦皇岛3市城市管理地理信息系统项目的建设，启动了建设河北省卫星定位综合服务系统项目；与南非、俄罗斯、澳大利亚、英国、德国等国家和地区的测绘部门建立了联系，其中与澳大利亚合作开展了利用星载雷达监测地下采矿区域变化的项目，与德国合作开展了低空数字摄影测量的试验。指导石家庄市国土资源局与瑞典合作的石家庄市地形（地籍）管理信息系统建设。七是测绘科技取得了新的成果。全行业基本实现了由模拟测绘技术体系向数字化测绘技术体系的转变；测绘人才队伍不断壮大，全省测绘行业具有高级工程师资格的人员已近1000名；测绘项目的科技含量和水平不断提高，先后获得省科技进步二等奖1项，三等奖2项。

【河北省行政区划图】 由省测绘局和省民政厅联合编制，比例尺为1：60万，长106.6厘米，宽147厘米，采用最新勘界成果和全数字计算机制图工艺编制而成的《河北省行政区划图》于9月份出版发行。该图具有四个鲜明特点：一是权威性。它由行政区划和测绘行政主管部门共同编制、专业地图出版社出版，是新华书店公开发行的具有法律效力的河北省最新地图。是今后河北省编制、出版比例尺1：60万或小于1：60万的地图时标绘行政区域界线的依据。二是法定性。该图标绘的省县两级陆地行政区域界线，都是按照国务院批准的毗邻省、市、自治区以及县（市、区）人民政府签署的勘界协议书和附图综合标绘的，是法定的行政区域界线。三是现势性。图中的基本要素，都是根据行政区划变更、地名资料更新和边界线法定后的最新数据进行标绘的，其它各种地理要素也都采用了最新资料。四是先进性。该图的编制采用了最新技术和工艺，详细标绘了全省11个设区市、22个县级市、114个县、36个市辖区、1968个乡镇和近5万个行政村的最新状况，图面清晰、层次分明。

【测绘法宣传】 根据国家测绘局《关于开展测绘法集中宣传活动的通知》要求，省测绘局印发了《关于开展2005年测绘法集中宣传活动的通知》，并统一定制了测绘法宣传材料10万份，在宣传日前发放至各市、县（市）国土资源局。8月29日，国家测绘局政策法规司司长赵晓明，省人大城建环保工委、省司法厅、省国土资源厅、省测绘局及省会各有关部门领导、10家新闻单位参加了在河北省博物馆举行的宣传活动，并在石家庄市召开了《中华人民共和国测绘法》和《河北省实施〈中华人民共和国测绘法〉办法》座谈会。石家庄电视台、河北日报、燕赵晚报、石家庄日报等新闻媒体进行了专题报道，同时省测绘局组成检查组由有关领导带队，深入沧州、衡水等市进行督导检查。据统计，测绘法集中宣传活动期间，全省共设立宣传站点400余个，出动宣传车250多辆，共有600多名各级测绘管理人员直接参加了测绘法宣传日活动，发放测绘法规宣传材料近40万份，解答群众咨询2000余人次，设置宣传展板700多块，悬挂条、横幅800多条，召开不同形式的座谈会70次，有50多家电视台、广播电台在黄金时间播放测绘法宣传活动的新闻，或者采取打字幕的方式宣传测绘法，市以上各类新闻媒体刊登新闻30余篇（次），营造了良好的测绘法制宣传氛围。

【三市城市管理地理信息系统项目完工】 历时4年，河北省测绘局与瑞典海外测量公司合作开发“建立河北省城市管理信息系统项目”，4月底通过瑞典专家的验收，项目总投资2100余万瑞典克朗。2001年，经国家财政部、对外经济贸易合作部同意，省测绘局与瑞典海外测量公司签署了在秦皇岛、保定、邯郸3市建设城市管理地理信息系统项目的协议，并经瑞典国际经济开发署批准，获得瑞典政府赠款958万瑞典克朗，优惠贷款1250万瑞典克朗。

该城市管理地理信息系统建设项目（简称UMGIS），由河北省测绘局组织，瑞典海外测量公司负责技术咨询，秦皇岛、保定、邯郸3市规划局为项目的建设和使用单位。项目的主要目标是开发建立基础地理信息数据库和前台应用系统。数据库系统主要包括三个城市市区内的1：500基础地形数据、正射影像图数据、管线数据和规划数据在内的基础地理信息数据库建设。主要研发了具有数据采集、更新、处理、统计及检索咨询等基本功能的应用系统。该项目利用GIS技术、基于Oracle空间数据的存储、更新和管理技术、数据互操作技术、空间数据网络发布技术、办公自动化及系统集成技术，分别完成了规划管理系统、基于MapInfo的数据库管理系统和AutoDeskMap的数据库管理系统，规划成果公示系统。为城市各部门间的信息交流及共享提供了技术支撑，为政府规划决策提供了科学依据，并能实现政务公开，增强政府部门工作的透明度。

【测绘奖项】 根据《国家科学技术奖励条例》、《社会力量设立科学技术奖管理办法》和《河北省测绘学会科学技术奖励办法》，经省科技厅批准，2005年省测绘学会首次开展了河北省测绘学会科学技术奖评选活动。9月10日省测绘学会组织完成了河北省测绘学会科学技术奖评审工作，共评出一等奖5项，二等奖3项，三等奖1项。其中石家庄市房产管理局完成的《石家庄城市数字房产测绘工程》、东方地球物理勘探有限责任公司完成的《SSoffice地震测量数据处理系统》、河北省测绘产品质量监督检验站完成的《高精度多功能测绘计量综合检定集成系统的研究》、河北省基础地理信息中心完成的《河北省城市管理地理信息系统》、河北省水利水电第二勘测设计研究院完成的《数字黄壁庄水库应用研究》等获得一等奖；河北建设勘察研究院有限公司完成的《城市地下设施信息管理系统》、水利部河北省水利水电勘测设计院完成的《大型水利枢纽建筑物变形监测应用系统》、河北省基础地理信息中心完成的《河北省电子地图网络发布系统》等获得二等奖；河北省基础地理信息中心完成的《测绘资质管理信息系统》获得三等奖。

根据《河北省优秀测绘成果评选办法》，省测绘学会组织了2005年度河北省优秀测绘成果奖评选活动。共评出省优秀测绘成果一等奖8项，二等奖5项，三等奖8项。其中省制图院完成的《吐哈油田地面工程建设图集》、省第一测绘院完成的《合肥市市辖区城镇地籍更新调查与测量（蜀山区）》、石家庄市房产管理局完成的《石家庄城市数字房产1∶500房产测量工程》、唐山冀东油田设计工程有限公司完成的《冀东油田原油外输管道工程》、中国建筑材料工业地质勘查中心河北总队完成的《杭州萧山区1∶500航测数字化测图Ⅱ标段》、省第二测绘院完成的《廊坊市1∶1000比例尺地形图测绘》、东方地球物理勘探有限责任公司完成的《塔里木盆地周边地区似大地水准面的确定》、姚承宽同志编著的《测绘管理探索与实践》等获得一等奖；唐山市水利规划设计研究院完成的《引滦入唐工程除险加固与生态防护规划测量》、秦皇岛市测绘大队完成的《海港区地籍更新调查地籍测量》、中国有色金属工业总公司地质勘查总局测绘中心完成的《2004年度土地利用动态遥感监测》、省煤田地质局物测地质队完成的《邢东矿井1122首采工作面地表岩层移动观测》、东方地球物理勘探有限责任公司完成的《2004年度南山集团柳海井田北部海域三维地震勘探工程项目》等获得二等奖；省制图院完成的《中原经济区交通旅游图》、沧州水利勘测设计院完成的《沧县D级GPS控制网测量》、临城县地质矿产技术服务部完成的《临城县生态科技工业园1∶2000区域地形图测量》、省第一测绘院完成的《承德市四等平面控制网及1∶500比例尺地形图测绘》、唐山市交通勘察设计院完成的《205国道开平陈庄至丰南岭子上村段改建工程带状地形图》、秦皇岛市测绘大队完成的《北戴河区地籍更新调查》、保定房屋测绘队完成的《保定市朝阳北路218号恒通大厦测绘工程》、承德舜达有色测绘院完成的《承德市东、西开发GPS控制测量》等获得三等奖。

（河北省测绘局　宣龙华）

水利管理业

【防汛】 2005年，全省平均降雨472.4毫米，比常年偏少11.2%，属偏枯水年。大范围降水过程有两次，一是7月21日—24日，中南部地区出现强降雨天气，全省平均降雨量49毫米；二是8月10日—12日，受9号热带风暴“麦莎”影响，东部和东北部出现明显的降雨过程，沿海局部发生了风暴潮灾害，承德局部发生了山洪灾害。海委管理的潘家口水库蓄水量达到15.5亿立方米，比上年同期多蓄10.46亿立方米，为天津和唐秦二市增加了抗旱水源。省领导多次对防汛抗洪、防台风和抗旱救灾工作做出重要指示并亲赴现场检查指导。各级防汛抗旱指挥部和水利部门加强洪水调度管理，各有关部门积极配合，积极应对9号台风的袭扰。汛期重点防洪部位做到了物资储备到现场，各项防、抢、撤工作主动有序，确保了人民生命财产安全和重要堤防、大中型水库的安全，全省平稳度过汛期。

【抗旱】 2005年，全省降雨时空分布极不均匀，上半年降雨主要集中在2月和5月，春旱夏旱均十分严重。3、4月份，受旱面积达1993千公顷。特别是6月中下旬，受强盛的干暖气团影响，保定、廊坊及以南地区共有60多个县市平均最高气温达到或超过40℃，为50多年来的同期最高值。进入10月以来，北部基本无有效降雨，张承地区旱情急速发展，受旱面积1600千公顷，中南部局部地区也开始进行补墒秋种，全省受旱面积达到2930千公顷。全省积极组织各地抗旱，充分发挥现有水利工程和现有水源的作用，通过调、蓄、引等措施，先后从安格庄等水库为白洋淀生态补水0.6亿立方米；从岳城、王快、西大洋等水库为沧州等地抗旱应急调水并向衡水湖等湿地补水2.8亿立方米；廊坊市汛期引蓄上游雨洪资源1.2亿立方米。全省组织春季农业灌溉调水工作，为农业灌溉供水3.6亿立方米。

【农田水利与水土保持】 以农村饮水解困工作为重点，认真实施省委省政府提出的《十项民心工程》，完成投资1.54亿元，其中中央投资6618万元，解决了46.8万农村人口饮水困难。继续开展农田水利基本建设工作，累计投入资金27.8亿元，完成各类工程项目21.3万项，增加蓄水能力359万立方米，新增灌溉面积98万亩，改善灌溉面积320.1万亩；新增节水灌溉面积209万亩。继续实施2004年度下达的8处大型灌区建设项目，积极推动用水户参与灌溉管理工作；引进国际先进节水技术和水资源管理技术，提高农田水利的建设与管理水平，充分发挥世行节水和澳援水管理项目作用。

全年水土保持资金投入4.45亿元，争取中央投资1.49亿元，实施了京津风沙源治理、太行山国家水土保持重点建设等工程。省级水土保持投入达3000万元，创历史新高。全年共完成水土流失治理面积2525.28平方公里。积极开展城镇水土保持工作，与省发改委等6个部门联合召开了“河北省城镇水土保持生态建设工作会议”，增加水土保持工作的社会影响，全省水土保持示范城镇的数量已达到10个。开展建设项目监督检查，对1200多个生产建设项目进行了1500多次的执法检查，促进了开发建设项目水土保持方案的编报和落实。审批水土保持方案778个，水土保持设施验收项目224个，查处违法案件270起，有效控制了开发建设过程中的人为水土流失。

【农村水电建设】 围绕落实《河北省人民政府办公厅关于加快农村水电发展的意见》，组织并协调了民营企业投资建设农村水电。新增投产水电项目7处，装机容量8160千瓦，项目总投资4094万元。全省在建的水电项目达到25处，装机容量3.35万千瓦，投资规模2.39亿元。全年水电发电生产3.15亿千瓦时。上调农村水电上网电价，每千瓦时由0.29元调至0.31元。

【水利工程建设】 全年共安排全省水利基建投资计划21.31亿元，其中中央拨款5.83亿元，省预算内基建投资0.75亿元，省水利基金2.48亿元，市县自筹及其它12.26亿元。全省“一号防洪保安工程”黄壁庄水库除险加固工程通过竣工验收，摘掉了病险帽子。继续实施了岗南等14座大中型水库和千里堤等13项重要河道、堤防的除险加固工程，新开工建设西大洋、老虎沟、三旗杆、瀑河4座水库的除险加固。2005年又有武安市口上水库、平山沕沕水水电站两个水利风景区被水利部批准为国家水利风景区。

【节水型社会建设试点】 在继续抓好廊坊市国家级节水型社会建设试点的同时，启动了邯郸成安县、石家庄元氏县、衡水桃城区三个省级试点。试点提出的“用水双控、计量到户、节奖超罚、协会自治、市场激励、群众参与”的自主节水管理模式，为全省乃至全国地下水类型区开展节水型社会建设，提供了可借鉴的经验。水利部汪恕诚部长批示“河北省节水型社会建设‘四步走’的经验很好，很值得总结推广”。

【水资源配置与保护】 实施了外流域调水、区域间引水、城市引水、21世纪初期首都水资源规划项目向北京送水等工程建设，水资源配置能力进一步增强，也在一定程度上缓解了全省水资源压力。完成了引黄济津工作，为天津输水4.3亿立方米，大浪淀、衡水湖相机引水3740万立方米和6590万立方米。张家口的五座水库通过联合调度向北京输水0.5亿立方米。

依法加强水功能区和入河排污口的监督管理。积极采取措施，有效应对水污染事件。根据全省划定的地下水超采区范围，强化对地下水的保护。扎实开展了全省城市自备井关停限采工作，封填自备井270眼，封存自备井80眼，减少地下水开采量1400万立方米，占年开采量的15%。

【水利科技与改革】 2005年共下达水利科研和推广项目52项，其中新上项目20项。有11项科技成果获省科技进步奖，其中省科技发明二等奖1项，省科技进步奖1项；有5项获省山区创业奖，其中二等奖3项。

认真贯彻落实《河北省水利工程管理体制改革实施意见》，以“事企分开、管养分离”为主要内容的水管体制改革进入了实质性实施阶段，完成了4个省直水管单位的定性和定岗定编方案。以规范工程、监理、勘察设计和建设管理单位招标为主要内容的建设管理体制改革正在稳步向前推进。通过承包、租赁、拍卖、股份制等形式的投融资改革，全省累计改制小型水利工程达到128.5万处，占小型水利工程总数的81%，盘活资金48.9亿元，初步解决了小型农村水利工程管理主体缺位、管理责任不落实等问题。大力推广用水户参与管理的灌区管理模式，建立了2000多个农民用水户协会，受到农民群众的欢迎。

（河北省水利厅　孙雪峰）

质量技术监督

【概况】 名牌战略。根据河北工农业产品的特点，省质监局大力培育具有竞争力的工业名牌和具有地方特色的农业名牌。通过建立国家、省级名牌产品梯次推动体系，制定了《河北省名牌产品评价方案》，改进省级名牌评价方法，加强对名牌产品的管理、监督、宣传和服务，促进了名牌产品和名牌企业的顺利发展。2005年，全省11家企业的13项产品荣获“中国名牌产品”称号，创历史新高，几乎是前四年的总和。截至2005年底，河北省有效期内的中国名牌产品共有23项，省名牌产品300项。

质量兴县。依据《河北省质量兴县先进县基本条件》，重点指导了18个县开展质量兴县活动，收到显著成效。至2005年底，全省共有26个县被评为“全省质量兴市先进市、县”；8个县（市）被命名为“全国质量兴市先进市、县”，占全国的11%，“质量兴县（市）”工作走在全国前列。

加大免检产品的培育力度，积极扶持名优企业争创免检产品。2005年，全省获得国家免检企业（产品）30家（33类）。加大对地理标志产品即原产地域保护产品专用标志的使用，进一步推进了地理标志产品保护工作。2005年，全省有7个产品被国家质检总局评为“地理标志产品保护”，全省“地理标志产品保护”总数达到12个。

【标准化】 2005年，全省完成采用国际标准认可项目142项，累计完成5524项；实施采标标志78项，累计完成975项，其中888项已由国家标准委向社会公告。为提高采标质量，年初将20项重点采标项目列入了《河北省

2005年高新技术产业化发展投资计划》，并已全部完成，年产值72.3亿元，创汇1.3亿美元。全年完成省级农业地方标准制修订项目165项，其中林业55项，畜牧业51项，种植业39项，水产业20项；完成市级农业地方标准制修订项目172项。到2005年底，全省拥有省级农业地方标准648项，市级农业地方标准1039项，再加上1911项国家标准和3144项行业标准中适合河北省需要的部分，全省农业标准体系已基本形成。

农业标准化示范区建设。“乐亭县设施桃树无公害栽培管理”和“迁安市林（果）、牧、能一体化农业生态工程建设”两个国家级农业标准化示范区于年内顺利通过验收。全省已建成示范区42个，其中国家级25个、省级17个。伴随第四批64个省级示范项目的启动，全省在建示范区118个，示范区总量160个。据对已建成的28个示范区调查显示：示范区面积645万亩，人口581万人，73.7万户；示范区年总产值达到84.55亿元，年均增加产值22.6亿元。乐亭县设施桃树无公害栽培管理标准化示范区的桃树单产，由示范区建设前的每公顷2.03万公斤提高到3.16万公斤，增产55.6%；年均总产量由示范区建设前的855.53万公斤提高到6763.37万公斤，增加了7倍；从业人员人均纯收入示范区建设前为3130.7元，验收当年达7389.9元，提高了1.36倍。迁安丘陵山区“林（果）、牧、能”一体化农业生态工程标准化示范区三年示范期间，累计为农民新增纯经济效益4300多万元，林果业和养殖业累计节约额分别达到3900万元和1600万元；累计生产沼气139万立方米，相当于节约1080吨标准煤或10.1万千瓦时电能。由于沼液、沼渣的使用，土壤理化性状明显改善，大大改善了山区的生态环境。

【计量监管】 2005年全省组织开展了对集贸市场、加油站的计量专项整治，共检查集贸市场1716个、在用计量器具14.19万台（件），在用计量器具受检率由整治前的90%提高到97%；检查加油站6466个、在用加油机2.29万台，加油机受检率由整治前的97%提高到100%。组织开展了餐饮业计量专项监督检查，共检查4415家餐饮店的在用衡器5289台件，在用衡器合格率由整治前的58.7%提高到97.3%。

【质量监督执法与打假】 围绕营造良好的经济发展环境搞服务，大力整顿和规范市场经济秩序。主要以明确责任主体，严格责任分解、责任考核、责任追究为抓手，以安全、卫生、健康、环保等涉及经济安全的产品为重点，充分发挥了省打假办的组织协调职能，组织各有关部门按照职责开展了食品、药品、化妆品、农资产品等12个专项打假战役。全省各执法部门共查办各类制假售假案件7.3万起，货值5.4亿元。全省质监系统共出动执法人员8.1万人（次），查办各类制假售假违法案1.85万起，涉案货值1.55亿元。

先后对献县建筑扣件、邢台人造板等区域性产品进行了大规模的治理整顿，收到了明显成效。邢台市人造板生产企业已有559家重获开工生产资格，55家企业取得了生产许可证受理通知书，其中35家企业通过了国家生产许可证审查验收。献县建筑扣件的产品质量合格率由5年前的不足19%，提升到85%以上。6月15日，省政府在献县召开了全省区域产品质量治理整顿工作经验交流会，国家质检总局领导和省政府领导对此项工作给予了高度评价。

【食品产品质量监管】 全国质检系统工作会议和全国食品质量安全工作会议召开后，省政府常务会议专门听取了质监局关于食品监管职能划转的情况汇报。省财政拨出巨款支持质监系统食品监管，明确由质监局牵头，调查研究并提出全省食品检测体系方案。出台了《河北省县（市、区）人民政府打假目标责任制实施办法》，严格规定了县级人民政府的食品安全监管责任。省局和邯郸、石家庄、廊坊、张家口5个市局成立了专门负责食品安全监管工作的食品办，其他6个市局的食品安全监管工作由监督处负责。

全省共有2912家企业的3169个产品获取了国家食品生产许可证。小麦粉等5类食品获证企业的产品抽样合格率达到95%以上，同比提高30个百分点。据统计，获证企业的产量占全省的80%。全省获得准入的五类食品在县城以上城市的市场占有率达85%以上，在中等城市食品超市的市场占有率接近100%，已成为广大城市居民放心消费的食品。

省质监局在对全省食品企业调查摸底分析后，确定111个重点整治区域，321个重点乡镇，3645个重点企业（小作坊）作为重点监管对象。明确了具体监管人员，规定了具体工作内容，实现了对重点区域、重点企业、重点产品进行高密度的监控和检查。依照食品企业分布，划分了937个责任区，明确了1482名责任人，形成了严密的辖区监管责任网络。各基层局普遍构建了局领导、队长、队员的责任制的三大监管责任体系，完善了以监管重点、监管任务、监管目标、监管要求、监管奖惩为主要内容的辖区监管责任制。普遍推行了电子档案制度，初步实现了动态监控。与6515家食品生产加工企业签订了“食品生产加工企业质量安全责任书”，强化了食品生产加工企业作为食品质量安全的第一责任人的责任。初步建立了安全预警和快速反应机制。系统各级出台了重大食品质量安全事件应急处置预案，明确了各个责任人的责任和重大食品质量安全事件发生后的处置程序。国家质检总局于2005年12月份在河北省召开了食品安全监管工作现场会。

年内全省建成了12个P2级实验室，其中两家达到国内先进水平，10家达到中心实验室水平，具备各类食品检验检测全项能力。完成了第二批实验室资源调查和食品检验检测资源的调查工作，全省共有949家实验室参加了调查工作的网上填报，其中食品实验室287家。食品检验实验室规划建设步伐加快，制定了《河北省质量技术监督系统食品安全检测体系规划方案》，省、市级食品检验机构的规范建设已经启动，试点实验室的建设方案已确定。

【特种设备安全监管】 本着安全监察工作向基层延伸的工作思路，探索建立乡镇协管员制度，用技术手段管理和保障特种设备的安全生产，提高安全监察的覆盖面和时效性；开展专项整治，集中力量对全省所有在用的28条客运索道进行了全面检查，共发现存在严重安全隐患的索道

6条，消除了索道设备缺陷和事故隐患，保障了索道安全运行；全系统监督检验特种设备7.1万台，定期检验特种设备2.88万台；完成了省政府下达的“不发生特大事故、特种设备安全事故死亡人数和重大事故有所减少”的安全控制目标。2005年底，全省共有16万台特种设备、近300万只气瓶、上万公里压力管道。设备拥有量居全国前10位，设备事故率平均在0.6万台/年，接近发达国家水平，在全国属安全状况较好的省份。

【产品质量电子监管网建设试点】 按照国家质检总局的工作部署和省领导的指示要求，认真开展了中国产品质量电子监管网的建设试点工作。省质监局从2005年9月起，抽调专人与中信技术人员一起，逐市、县地进行了网络建设和使用的推介活动。截至年底，全省已有5473家企业完成赋码签约，3312家企业签约用码，438家企业正式使用电子监管码，省会24家商场、超市、专卖店和农资市场已经布设查询终端，圆满完成了阶段性目标任务，得到了省委、省政府和国家质检总局的高度肯定和赞扬，为国家质检总局即将在河北召开的中国产品质量电子监管网推广应用现场会做好了充分准备。

【质监设施建设】 2005年，全省系统基本建设投入8700多万元。沧州、衡水和张家口等市局的办公检测大楼已经正式启用；秦皇岛、石家庄和邢台市局的大楼已基本完成前期准备工作，近期将破土动工；省局检验检测大楼项目正式启动，完成了征地工作，正在进行前期规划、设计。国家羊绒中心、国家果品及农副产品加工检测中心、国家葡萄酒检测中心，已经总局正式批准。总局重点支持的16个技改项目进展顺利。2005年度棉花公检实验室总投入1500万元，建设进度和质量得到中纤局的充分肯定，增强了质监事业发展的后劲。

在信息化建设方面，一是基本建成了省、市级局域网络。除邢台市局外，其余10个市局全部建成了连接各县级局、各直属单位的内网和与政府网对接的外网，基本实现了无纸化办公和信息共识享。有的在信息传递、公共信息、公用文档、公文管理、档案管理、收发公文等方面实行办公自动化，不仅提高了办事效率，而且节约了人、财、物力。如邯郸市质监局年内下发的公文，除人事等重要公文需要印发外，80%以上的公文是利用局域网下发的。二是建立了质监网站。省局机关和直属事业单位共建立了26个网页，进行政务公开，发布质监信息，为企业和公众提供咨询服务。完善了“12365”打假举报和质量投诉受理系统；研制开发了产品质量定期监督检查信息管理系统。

（河北省质量技术监督局　张贤泽）

食品药品监管

【食品安全综合监管】 一是加强对食品安全综合监管的组织领导和制度建设。制订下发了《河北省人民政府办公厅贯彻落实国务院关于进一步加强食品安全工作决定的通知》，对进一步加强食品安全工作作出具体安排部署。制定了《河北省食品安全体系建设方案》和《全省食品安全综合评价性监测工作计划》，促进了食品安全各方面工作的开展。二是围绕保障节日食品市场安全，组织开展了食品安全专项整治。按照省政府《关于开展食品安全专项督察活动的通知》和《食品安全专项整治联合督察方案》要求，组织卫生、工商、质监等部门，围绕保障节日食品市场安全，开展了一系列食品安全专项检查。同时针对春节期间食品消费特点，组织有关部门对全省肉及肉制品生产经营单位的产品质量状况进行了抽查，并作出综合评价。三是组织查处了一批重大食品安全案件。先后查处了巨鹿、任县制售劣质糖果，武强等地制售劣质日本豆，高碑店制售劣质花生酱等一批涉及面广、影响恶劣的食品安全案件。在查处中取缔非法食品生产企业5家、无卫生许可证的食品生产企业6家，关闭或转产食品加工企业14户。查封了一批劣质食品，查处的产品货价约65万元。四是积极开展食品检测。运用省政府第一次拨付的食品安全专项经费，在全省开展了粮食、肉制品、儿童食品等12大类、130个品种的检测工作。按照国家局的部署，开展了乳制品质量情况检测调查。根据检测结果，编制了《2005年河北省食品安全综合评价性监测白皮书》，分析了全省城乡市场主要食品的质量状况，为进一步加强食品安全监管提供了重要依据。五是组织实施了食品放心工程。编制了《河北省2005—2007年实施食品放心工程三年规划》，提出了2005—2007年食品放心工程的主要任务。按照《十项民心工程2005年度目标一览表》的要求，组织农业、质监等部门积极推进农产品标准化生产。在60个蔬菜生产大县的86家无公害产地推行了产地编码和质量追溯制度，122个农产品获得国家无公害产品认证。积极推行食品市场准入制度，在完成小麦粉等5类食品市场准入工作的基础上，积极推进肉制品、乳制品等10类食品的市场准入工作。到年底，全省共有3643家企业的3926种产品获得了食品生产许可证，15类食品县级以上城市市场有证食品占有率达到91.73%，县级以下市场有证食品占有率达到82.22%，高于省政府制定的15类食品县级以上城市市场有证食品占有率不低于85%，县级以下市场有证食品占有率不低于50%的工作目标。

【药械市场专项整治】 认真落实省政府《关于印发2005年全省食品药品专项整治实施意见的通知》精神，制定了打击制售假劣药品、医疗器械违法犯罪行为专项行动实施方案，组织开展了中药材市场专项整治等六项专项整治行动。各级食品药品监督管理部门共出动执法人员13.8万人次，查处制售假冒伪劣药品、医疗器械案件1.38万件，查处假冒伪劣药品、医疗器械货值1431万元。取缔无证经营户419户，捣毁制假窝点35个，责令停业整顿的药品、医疗器械经营户42个。结合专项整治，查处了临城药品黑批发、安国中药材市场非法制售假劣中药饮片等一批涉及面广、影响较大、群众反映强烈的大案要案。

【农村“两网”建设】 按照国家食品药品监督管理局的

统一部署和省政府办公厅提出的“各级政府要将农村药品监督网、供应网建设作为一项民心工程，明确一位主管领导牵头负责，列入重要议事日程”的要求，积极争取当地政府对“两网”建设工作的支持，同时在全国率先制定了“两网”建设标准，将“两网”建设工作继续引向深入。到年底，全省共有1924个乡镇、4.12万个行政村建起了药品监督网络，分别占乡、村总数的97.79%和90%；有1894个乡镇、4万多个行政村建起了药品供应网络，分别占乡、村总数的96.22%、87.52%。国家局对河北省“两网”建设工作给予了充分肯定和好评。

【医疗机构用药监管】 一是加强对医疗机构药品质量的监督管理。印发了《河北省医疗机构药品质量管理办法(试行)》，对医疗机构药品质量管理情况进行了专项检查。在全省开展了医疗机构药品质量管理达标认定工作，向符合药品质量管理规定条件的医疗机构颁发了《河北省医疗机构药品质量合格证》，促进了医疗机构药品质量管理水平的提高。二是首次开展了医疗机构制剂清理整顿，完成了全省206家医疗机构制剂室的4560个制剂的清理整顿工作。三是加强对医疗机构制剂室的日常监管。对医疗机构制剂室进行日常监督检查256次，检查覆盖面达到100%。

【特殊药品监管】 认真贯彻落实《麻醉药品和精神药品管理条例》，继续加强特殊药品监管的基础性工作。一是在满足合理医疗需求的同时，加强了对特殊药品流通环节的监督管理。建立了层级监督责任制，与监管对象签订了责任状。二是严把特殊药品资格审定和购用审批关，实行了新的审批程序。三是发挥药品监管队伍的作用，积极参与禁毒工作。筹建特殊药品动态监控系统，在试点单位实现了对特殊药品生产、流通、使用等环节全过程、全方位的动态监管。

【药品质管规范认证】 2005年，新完成药品生产企业GMP（药品生产质量管理规范）认证48家。到年底，在全省应通过GMP认证的220家药品生产企业中，已有210家通过认证，占应认证企业总数的95.5%。年内共完成2933家药品零售企业的GSP（药品经营质量管理规范）认证现场检查。在继续开展GMP、GSP认证工作的同时，采取将认证与日常监管相结合、定期检查与飞行检查相结合等方式，加强了对已通过认证企业的日常监管，巩固了认证成果。圆满完成了《药品生产许可证》、《药品经营许可证》、《医疗器械生产许可证》、《医疗器械经营许可证》和《医疗制剂许可证》的换发工作。

【医疗器械监管】 一是转变“重药轻械”思想，将医疗器械监管列入了重要议事日程，医疗器械监管人员基本配齐，并强化了医疗器械监管队伍的培训。二是加大对医疗器械监管的资金投入。积极争取省政府、省财政的支持，首次争取到100万元医疗器械监督抽验专项经费并纳入省级财政预算。三是制定下发了《河北省医疗机构医疗器械监督管理办法》，加强了医疗器械使用环节的监管。四是首次在全省开展了医疗器械监督抽验，圆满完成了全省部分医疗器械生产企业重点产品和7个市部分医疗机构在用医疗设备的监督抽验工作。五是强化了医疗器械监督执法。全年共出动监督执法人员4.93万人次，查处违法医疗器械案件3032起。六是制定了《河北省医疗器械生产安全信用分类管理实施方案（试行）》等4个规范性文件，规范了医疗器械生产企业日常监管，日常监管覆盖面达到了100%。七是规范了医疗器械行政审批，并将审批结果上网公示，增加了行政审批工作的透明度。开辟了防控高致病性禽流感医疗器械生产许可特别审批通道，受到国家农业部、省政府防控办的肯定。八是积极支持医疗器械生产发展。全省医疗器械生产企业总数较2004年增加近40%，达到430多家，且产业结构发生了较大变化。一批三类高风险、高附加值产品逐步投产，部分产品成功打入国际市场。

【药械检测实验室建设】 省药品检验所、省医疗器械与药品包装材料检验所加强了实验室标准化建设，并顺利通过了国家与省有关部门的资格认可。省药品检验所经过近一年的硬件、软件准备和人员培训，于9月28日，向中国实验室国家认可委员会递交认可申请。11月18日顺利通过了中国实验室国家认可委专家组的现场评审。省医疗器械与药品包装材料检验所本着改善硬件水平、强化软件措施、规范管理行为的原则，不断加强实验室建设，实现了操作程序化、管理科学化、工作规范化的要求，在年内通过了国家食品药品监督管理局医疗器械检测机构资格认可和省技术监督局的计量认证。

【药械质量抽验】 全年全省各级药品检验机构共抽验药品2.05万批次。抽验覆盖了化学药品、中成药、中药材、中药饮片、生物制品等各个药品类别，中成药、化学原料药、化学药制剂的评价性抽验合格率为96.22%。省医疗器械与药品包装材料检验所全年完成脱脂棉、一次性使用输液器等16类产品、共计307批次医疗器械与药品包装材料的抽验任务。药械质量抽验有力配合了药械监管工作的开展和药械案件的查处，对促进企业提高生产经营水平，保证消费者用药用械安全，减少药械安全事故发挥了重要作用。

（河北省食品药品监管局　杜会杰）

环境保护

【“十五”概况】 “十五”期间，河北省各级有关部门不断加大环境保护工作力度，全省环境保护工作取得了明显成绩。

主要污染物排放总量得到控制。坚持“不欠新帐，多还旧帐”的方针，认真落实污染物排放总量控制制度，严格建设项目监管，加强区域、重点行业和重点企业污染治理，对水泥、造纸、制革、板材、丝网电镀五大类25个工业密集区污染问题进行集中整治，主要污染物排放总量基本得到控制。与2000年相比，2005年全省化学需氧量、烟尘和工业粉尘排放量分别降低6.9%、6.8%、

12.3%，工业固体废物综合利用率提高14.8个百分点。

城市环境空气质量明显改善。各地突出大气污染防治，加快“四调整五治理一建设”步伐，深化城市环境综合整治，促进了环境空气质量的改善。2005年全省设区城市环境空气质量二级和好于二级的天数平均达295天，比2001年增加123天，增幅71.5%；空气综合污染指数平均为2.75，比2000年下降20.1%。

水环境质量恶化的趋势进一步遏制。认真落实《海河流域水污染防治“十五”计划》和《渤海碧海行动计划》等规划，加快重点工程项目建设，严格滹沱河、滏阳河、洋河、洨河等环境敏感河流污染源监管，有效地遏制了水环境恶化的势头。2005年全省七大水系三类和好于三类的断面比例为30.6%，比2000年上升7.6个百分点；五类和劣五类水质断面比例为53.7%，比2000年降低8.4个百分点。全省湖库水质良好，13座集中饮用水源地水质稳定达标。

生态省建设工作迈出重要步伐。完成了《河北生态省建设规划纲要》编制和论证工作，河北省被列为全国生态省建设试点省。各设区市加快生态市建设步伐，承德生态市建设规划通过论证。生态保护与建设工作明显加强。“十五”期间，新增阳原泥河湾、小五台山、衡水湖、赤城大海坨、柳江盆地等5个国家级自然保护区，新增海兴小山火山地质遗迹等14个省级自然保护区；国家确定了河北省36个生态示范区建设试点，其中围场、平泉、怀来、迁安、阜城5个国家级生态示范区已建成；张家口、遵化、围场、昌黎被列为国家级生态环境监察试点市（县）。

环保创建活动深入开展。各地高度重视环保创建工作，一批先进典型应运而生。廊坊市建成国家环保模范城市，秦皇岛市基本达到了国家环保模范城市指标要求。迁安等3个市被命名为省级环保模范城，保定、唐山等市积极推进省级环保模范城创建工作。燕郊镇、莲子镇、冀州镇被命名为国家级环境优美乡镇，栾城县城等20个城镇被命名为省级环境优美城镇。保定钞票纸厂被命名为国家环境友好企业，石家庄钢铁责任有限公司等100家企业被评为省环保先进企业。“五绿”创建活动全面展开，全省创建了20所国家级、125所省级、524所市级绿色学校。廊坊市在国内率先通过了ISO14001环境管理体系认证，被命名为国家ISO14000示范区。曹妃甸循环经济示范区、西柏坡发电有限责任公司、冀衡集团和石家庄市物资回收总公司等被国家列为循环经济试点，全省有300家企业通过了清洁生产审核。

环保专项治理取得积极成效。各级各有关部门通力协作，连续三年深入开展了环保专项治理，解决了一些危害群众健康的环境问题。据统计，共检查各类企业12.5万家，取缔关闭违法企业2359家，停产治理企业440家，限期治理企业679家。省、市环保部门挂牌督办环境违法案件505个，依法依纪追究相关责任人60人。环保专项治理在社会上产生了“清理一批，警示一方，教育一片”的良好效应，对改善环境质量起了重要作用。

环保基础能力建设扎实推进。全省环保投入逐年增加，2005年达到191.37亿元，占全省GDP的比例由2000年的1.0%提高到1.89%。全省安装污水、大气自动监测仪器344台（套），完成3个水质自动监测站和11个设区市空气自动监测站建设，有9个设区市环境监察机构标准化建设通过验收。建设了河北省水环境重点实验室和国家环境保护制药废水污染控制工程技术中心，为11个设区市装备了具有现代化水平的环境污染应急监测车，基本实现了全省水、气、噪声自动监测系统和污染源在线监测系统的并网运行。

社会的环境意识和公众参与度日益提高。充分利用报刊、广播、电视、网络等各种新闻媒体和举办各类活动，深入开展环境保护宣传教育。加强对各级领导干部、企业负责人的培训，推行环境信息公开制度和环境污染有奖举报制度，开通环保省长电话和“12369”环保热线电话，营造了社会公众“热爱环保、关心环保、支持环保、参与环保”的浓厚氛围。据统计，“十五”期间，省环保局承办人大代表、政协委员的环保提案建议157件，比“九五”增幅18.1%。

总体上看，“十五”期间全省环境质量基本稳定，11个设区市和部分地区环境质量有所改善，多数主要污染物排放总量得到控制，工业产品的污染排放强度下降，生态保护和治理得到加强。但由于目标设计和投入能力等问题，列入“十五”环保计划的一些工程项目未能如期建设和完工，环境基础能力薄弱的问题尚未得到很好解决。环境现状与广大群众的需求还有不小的差距，环境保护的任务还很艰巨。

【生态省建设】 2005年，省环保局联合省发改委，会同有关部门，编制了《生态省建设规划纲要》，确定了生态省建设的目标、任务，绘制了生态省建设“以循环经济为主导的生态经济体系、可持续发展的资源支撑体系、与自然和谐的环境安全体系、优美舒适的人居环境体系、‘以人为本’高度文明的生态社会体系、统筹协调和科学高效的管理政策保障体系”六大体系蓝图。2005年9月1日，《纲要》顺利通过了国家环保总局和省政府联合组织的论证，河北省成为全国生态省建设试点省。

生态保护工作得到进一步加强。秦皇岛柳江盆地、承德塞罕坝和木兰围场被批准为国家级自然保护区。新建了嶂石岩、海兴湿地、唐海湿地三个省级自然保护区和一个葛渔城县级自然保护区，使我省各种类型和不同级别的自然保护区总数达到30个，保护区总面积达到52万公顷，较上年增加5.7万公顷，自然保护区面积占全省国土面积的比率达到2.89%。

邯郸市魏县、衡水市冀州市等10个县（市）被国家环保总局批准为国家级生态示范区建设试点县，全省试点县数目达到47个。其中承德围场县、平泉县、张家口市怀来县、衡水市阜城县、唐山市迁安市生态示范区试点已通过国家环保总局验收，被正式命名为国家级生态示范区。魏县、冀州市等10个县（市）被国家环保总局批准为国家级生态示范区建设试点县。

【水环境】 全年废水治理项目施工总数151个，比上年增加15个；实际完成废水治理项目126个，比上年增加6个；废水治理项目完成投资额5.92亿元，新增废水处理能力102.0万吨/日。从全省废水及其主要污染物排放情况来看，废水排放总量与2004年相比有所减少，化学需氧量排放量与2004年相比基本持平，氨氮排放量比上年有较大增幅。其中废水排放总量为19.6亿吨，比上年减少了4.8%；化学需氧量排放量为66.1万吨，比上年增加了0.4%；氨氮排放量为6.9万吨，比上年增加了9.5%。

全省河流151个监测断面中，17个断流。在所监测的134个断面中，53%的断面水质为Ⅴ类、劣Ⅴ类，15.7%的断面水质为Ⅳ类，31.3%的断面水质为Ⅲ类或者好于Ⅲ类，有33.85%的断面达到水功能区划水质标准的要求。七大水系中，大清河水系水质相对较好，为中度污染；其他水系水质较差，为重度污染。主要污染物为氨氮、挥发酚、生化需氧量、石油类、化学需氧量和高锰酸盐指数。

对14座水库和白洋淀、衡水湖进行了监测。不计总氮、总磷两项富营养化指标，水库水质稳定，13座水库水质达到了Ⅱ类水质标准。白洋淀水质有所好转，87.5%的水域水质达到Ⅳ类，12.5%的水域水质为劣Ⅴ类。

【大气环境】 全省废气治理项目施工总数266个，比上年增加36个；完成废气治理项目238个，比上年增加19个；废气治理项目本年完成投资额11.63亿元，新增废气治理能力1711.2万标立米/时。

全省二氧化硫、烟尘排放量与2004年相比略有增长，工业粉尘排放量比上年有所减少。其中二氧化硫排放量为149.5万吨，与上年相比增加了4.7%；烟尘排放量为73.3万吨，比上年增加了1.4%；工业粉尘为71.3万吨，与上年相比减少了1.5%。

2005年，11个设区城市环境空气质量达到或者好于Ⅱ级标准的天数为295天，与2004年相比增加18天。空气污染综合指数为2.75，比2004年降低10.7%。主要污染物是二氧化硫和可吸入颗粒物。二氧化硫年日均值为0.080毫克/立方米，比2004年降低了17.5%；可吸入颗粒物年日均值为0.099毫克/立方米，比2004年降低了3.9%；二氧化氮年日均值为0.034毫克/立方米，全部达到了国家环境空气质量二级标准。2005年全省平均降水476毫米，共获476个雨水样本，PH值范围在4.09—8.47之间。

综合可吸入颗粒物、二氧化硫、二氧化氮三项主要污染指标，秦皇岛、廊坊、衡水三个城市达到了国家二类区的环境空气质量标准。其他设区城市环境空气质量也普遍好转，空气综合污染指数比2004年均有不同程度的降低。其中，2005年，石家庄达到或者好于Ⅱ级以上天数达283天，比2004年增加3天，空气综合污染指数为2.74，比2004年下降14.6%。

【声环境】 影响城市区域环境的噪声源主要分为生活噪声、交通噪声、工业噪声、施工噪声和其它噪声五类，分别占61.4%、19.0%、8.9%、5.1%和5.6%。生活噪声所占比例比2004年增加了4.1%、交通噪声所占比例比2004年下降了4.6%，两者之和占了80.4%。由于加大了工业治理力度，工业噪声所占比例稳步下降。影响面广的噪声源是生活噪声和交通噪声，污染强度大的噪声源是交通噪声。

11个设区市区域环境噪声平均等效声级分布在51.9—57.0dB（A）之间。其中廊坊、保定、秦皇岛、邯郸、衡水、石家庄、承德市区声环境较好，唐山、邢台、张家口和沧州市区域声环境为轻度污染。

全省11个设区市共监测道路长度为893.5公里，其中184.3公里的路段等效声级超过70dB（A），占监测路段总长度的20.6%，与上年相比下降4.9个百分点。全省11个设区市道路交通噪声平均等效声级分布在65.8—70dB（A）之间，全部达到国家标准。

【建设项目环境管理】 2005年，省级审批建设项目共计396项，其中编制环境影响报告书153项，编制环境影响报告表243项；否决项目56个，组织环境保护竣工验收项目120余项。省市县三级环保部门审批建设项目环境评价文件共计1.22万项，涉及总投资额3153.18亿元，预计环保投资160.42亿元，占总投资的5.09%。环境影响评价制度执行率为99.42%。

【环境法制建设】 2005年3月25日，省人大常委会修订通过了《河北省环境保护条例》，并决定从2005年5月1日起施行。根据省人大常委会和省政府立法计划，在保持法律统一的前提下，研究起草了《河北省辐射环境保护管理条例（草案）》，并经省政府研究同意报省人大审查。

以规范执法行为、加大执法力度为重点，进一步推进环境保护依法行政工作，环境执法工作取得新进展。组织开展了环保执法“四项基本功”训练活动，并对全省环境保护行政处罚案卷予以评查。按照省政府的要求，继续推进行政执法责任制工作，对照法律法规，认真梳理执法依据，分解执法职权，确定执法责任。2005年，全省共实施行政处罚4730件，罚款3716余万元，罚款额度比2004年增长44%。

【环保创建活动】 2005年12月，廊坊市创建国家环境保护模范城市工作通过了国家环境保护模范城市考核验收；保定、唐山两市建成了省级环保模范城。高碑店市城区、枣强县大营镇等7个城镇2005年被省环保局、省建设厅批准命名为省级环境优美城镇，全省省级环境优美城镇达到20个。冀州市冀州镇被国家环保总局命名为全国环境优美乡镇。

【环境投诉和信访】 2005年，省环保局共接办各级领导批示环境违法案件625件。其中中央领导批示2件，省领导直接批示26件，国家环保总局环境监察局及信访办转办212件，省信访局转办7件，省局环保领导批办358件，央视《焦点访谈》曝光2件，《阳光热线》投诉查办18件。行政处罚环境违法案件22起，罚款102万元。解决了一大批领导关注、群众关心的热点、难点环境问题。受到各级领导及群众的好评。全省共受理各类环境举报案件1.22万件，省局举报中心共接到群众举报1892件，接待群众来访173批次，案件处理率达100%。

【环保专项行动】 2005年，在专项行动中共出动执法人员9万人次，检查企业4.68万家，立案1747件，结案1367件。取缔关闭违法企业303家，停产治理170家，限期治理201家。对98家污染企业实行了省市级政府挂牌督办，对7个重点案件下达了监察通知书，依法依纪追究相关责任人21人。全年掀起了五个专项行动高潮：对28个污水处理厂进行了重点检查督察；集中对27个自然保护区进行了检查；结合国外对我国纺织业涉限问题，对全省401家纺织印染企业进行了执法检查；重点查处了国家、省确定的44家连片污染问题；开展了废旧塑料、焦化行业的清理整顿工作，取得了显著成效。

（河北省环保局　解立虎）

教　　育

【义务教育】 2005年，全省教育工作继续坚持义务教育重中之重地位，以农村义务教育为重点，全面巩固成果，提高义务教育质量。认真落实“两免一补”政策，重视解决进城务工人员和流动人口子女的入学问题。坚持“两基”复查制度，大力实施中小学布局结构调整和危房改造工程，积极推进中小学现代远程教育工程，推动全省义务教育不断向高标准、高质量迈进。

全省共有小学20883（22953）所，招生72万人，在校生500.36万人，校均规模239.6人，比全国平均数少57.06人；普通初中3918所，招生115.2万人，在校生370.43万人；职业初中25所，招生0.41万人，在校生1.31万；初中阶段校均规模942.78人，比全国平均数少51.83人。由于学龄人口继续减少和学校布局结构调整，全省小学校数减少2070所，在校生减少46.64万人；初中阶段学校数减少190所，在校生减少34.48万人。

全省小学、初中适龄人口入学率分别达到99.7%和98.4%，其中女童入学率分别为99.72%和98.46%；小学、初中年辍学率分别控制在了0.28%和2.41%；每万人口小学、初中在校生分别为743.9人、546.0人。全省基本普及了残疾儿童少年九年义务教育和学前两年教育。

全省共有小学教职工34.37万人，专任教师32.01万人，专任教师学历合格率99.67%，略高于全国平均数；其中专科及以上学历教师所占比例为65.79%，高出全国平均值9.44个百分点。小学高级技术职称以上专任教师12.95万人，占专任教师的40.4%，低于全国平均值2.15个百分点。生师比（每个专任教师培养学生数）15.63（全国平均值为17.80）。

普通初中有专任教师21.66万人，学历合格率96.55%，高出全国平均值1.33个百分点；其中本科及以上学历专任教师所占比例为38.76%，高出全国平均值3.45个百分点；具有中学一级及以上专业技术职称的专任教师8.37万人，占总数的38.7%，低于全国平均值4.36个百分点；初中生师比17.09（全国平均值为17.80）。

【特殊教育和幼儿教育】 全省有特殊教育学校117所，比上年增加8所；招生1896万人，比上年增加196人；在校生1.14万人，比上年增加500人。幼儿园4034所，比上年增加666所；新入园幼儿77.61万人，比上年增加2.47万人；在园幼儿120.36万人，比上年增加11.83万人。平均每万人口在园幼儿176.77人，比上年增加16.43人。

【高中阶段教育】 从2000年开始，全省正式启动了普及高中段教育工程，不断加强示范性高中和县级职教中心建设，坚持在较高层面上加快发展高中阶段教育。“十五”期间，全省高中阶段招生人数由56万人增加到89.3万人，在学总规模由154.9万人增加到230.7万人，高中阶段毛入学率由40.39%提高到53.5%，每万人口高中阶段在校生由234.5人提高到337.5人，中等职业教育招生和在校生占高中阶段招生和在校生总规模的比例分别为44.38%和38.90%；全省初中毕业生升学率58.79%，低于全国平均值10.89个百分点，居全国第23位。

普通高中。全省共有普通高中816所，招生49.47万人，在校生139.11万人；校均规模1518.72人，低于全国平均值474.78人；每万人口在校生204.3人。普通高中专任教师7.34万人，生师比18.95（全国平均值18.54）；专任教师学历合格率81.98%，比上年提高3.38个百分点，比全国平均数低1.48个百分点，居全国第20位；其中研究生学历教师所占比例为0.42%（全国平均值1.18%）。中级职称以上专任教师所占比例为49%，低于全国平均值4.38个百分点。

中等职业学校。全省共有中等职业学校686所（不含技工学校），招生35.35万人，比上年增加11.42万人；在校生81.04万人，比上年增加17.97万人；校均规模1181.45人，高出全国平均值40.51人。此外，技工学校招生4.2万人，在校生8.3万人。每万口中，中等职业教育在校生135人。

中等职业学校中，普通中专193所，在校生32.68万人；职业高中288所，在校生39.12万人；成人中专204所，在校生9.24万人。

中等职业学校共有专任教师3.97万人，生师比20.40；专任教师学历合格率77.49%，中级职称以上专任教师所占比例为58.83%。

【高等教育】 “十五”期间，全省地方高校在学研究生由3520人增加到1.56万人，普通本专科在校生由25.26万人增加到74.98万人，成人本专科在校生由15.47万人增加到19.3万人。高等教育毛入学率由12.1%提高到21%，进入了大众化发展阶段。学校办学水平不断提高，河北工业大学“211”工程建设项目进展顺利，河北大学实现省部共建。国家级重点学科发展到4个，省级重点学科由50个滚动发展至98个，省级重点实验室39个。博士后科研流动站由2个增加到18个，博士学位授权单位

6个，博士点由25个增加到107个；硕士授权单位由12个增加到16个，硕士点由163个增加到641个。高校科研实力进一步增强，获得国家科技进步一等奖2项，二等奖10项，获得国家技术发明二等奖1项；燕山大学建成国家级科技园区。

基本情况。全省区域内共有普通高校86所，普通本专科招生25.03万人，其中本科9.35万人；在校生77.4万人，其中本科35.16万人。普通高校校均规模8588人，其中本科院校13590人，专科院校4071人。河北省地方普通高校82所，普通本专科招生24.3万人，在校生74.98万人；其中本科院校26所，本科招生8.92万人，在校生33.76万人。共有独立设置的成人高校11所，成人本专科招生8.8万人，在校生19.3万人。平均每万人口高等教育在校生144.3人，居全国第17位；其中万人均普通本专科在校生113.7人。全省共招收研究生6600人，在学研究生1.58万人。地方高校招收研究生6525人，其中招收博士生409人；在学研究生1.56万人，其中博士生1323人。

教师队伍。全省普通高校共有教职工7.59万人，其中专任教师4.27万人，具有研究生学历或硕士及以上学位的专任教师所占比例为34.1%（全国为34.5%），具有副高级及以上专业技术职称的专任教师1.67万人，所占比例为39.2%（全国为38.8%）。全省独立设置的成人高校共有教职工4727人，专任教师2547人。

办学条件。全省普通高校校舍建筑总面积2063万平方米，生均26.65平方米；其中教学及辅助用房面积987.8万平方米，生均12.76平方米。固定资产216.60亿元，其中教学仪器设备总值40.53亿元，生均5236.47元；图书馆藏书4654.0万册，生均60.1册。全省地方普通高校校舍建筑总面积1971.5万平方米，生均26.29平方米；其中教学及辅助用房面积954.9万平方米，生均12.73平方米。固定资产206.11亿元，其中教学仪器设备总值38.96亿元，生均5196.6元；图书馆藏书4494.2万册，生均59.9册。

【教育改革与对外开放】 积极推进办学体制改革，各类民办学校在校生达到92.26万人，民办教育已经成为整个教育事业的重要组成部分。以县级政府管理为主的农村义务教育管理体制不断完善；职业教育“分级管理、政府统筹、地方为主、社会参与”的管理体制不断推进；地方高等教育省市两级办学、以省管理为主的管理体制逐步形成，地方高等教育快速发展。逐步改革规范公办学校收费制度，义务教育普遍实行了“一费制”，普通高中收费执行“三限”政策，高等学校、中等职业学校收费连续几年保持稳定。学校人事分配制度改革、高校后勤社会化改革、毕业生就业制度改革等综合配套改革继续深化，保证和促进了教育事业健康发展。

全省教育系统已与30多个国家和地区近200个教育科研机构建立合作交流关系，中外合作办学项目31个，合作领域不断拓宽。

（河北省教育厅　李生棵　徐献彬）

卫　生

【公共卫生体系建设】 各级政府及有关部门对疾病预防控制和医疗救治体系建设高度重视，省政府把公共卫生体系项目建设列入了“十项民心工程”，作为重点工作来抓；省卫生厅精心组织，协调督导，通过与各市卫生行政部门“一把手”签订体系项目建设责任书等形式，强化责任意识，并与省发改委、省财政厅等部门密切配合，先后召开4次项目调度工作会议，组织开展联合督导活动2次。各市、县（市、区）卫生、计划、财政等部门分工负责，通力合作，保证了建设任务目标的顺利实现。截至2005年底，全省142个疾控项目和106个医疗救治项目基本竣工，疾病预防控制体系建设927万元设备招标任务全部完成，传染病院1352万元的设备已经到位，国家医疗救治体系建设分配的45辆紧急救援中心急救车和98辆农村巡回医疗车全部投入使用。应急机制建设逐步完善，应急能力进一步提高。组织制订并以省政府名义印发了《河北省突发公共卫生事件应急预案》和《河北省突发公共事件医疗卫生救援应急预案》，完善了突发公共卫生事件监测预警、应急报告、信息公布、事件举报、应急处理、工作督导等制度，规范了卫生应急管理工作。组建了重大传染病疫情、群体性不明原因疾病、重大食物中毒、重大职业中毒、重大事故与灾害等12支省级卫生应急救治队。建立了402人、47个专业的省级卫生应急专家库和卫生应急救治队伍培训基地，组织开展了鼠疫、布病、人传染性禽流感、传染性非典型肺炎等多次实战模拟演练，提高了疫情防控和突发公共卫生事件应急处置能力。及时妥善处置了承德炭疽疫情、沧州可疑人猪链球菌感染等多起突发公共卫生事件，有效控制了康保县鼠间鼠疫疫情。省和11个设区市以及部分县级卫生行政部门成立了卫生应急管理机构，初步形成了统一指挥、功能完善、反应迅速、运转协调的突发公共卫生事件应急机制，全省卫生应急指挥和组织协调网络逐步健全。

【农村卫生】 与省财政厅联合起草了《河北省新型农村合作医疗风险基金管理办法》，修订完善了《河北省新型农村合作医疗基金财务管理办法（试行）》、《河北省新型农村合作医疗基金会计核算办法（试行）》，制定了《河北省新型农村合作医疗管理人员培训实施方案》，对各市、11个试点县（市）新型农村合作医疗管理干部、乡镇干部、经办机构和定点医疗机构有关人员进行了培训，提高了试点县（市）领导干部和管理人员的政策水平和管理能力，为新型农村合作医疗工作的顺利开展提供了有力保障。截至2005年底，全省11个试点县（市）418.76万农业人口中共有314.08万人参加了合作医疗，参合率达到75%；全年补偿患者133.37万人次、6842.16万元。迁安市从控制医疗费用入手，加强定点医疗机构监管力度，收到了显著成效，迁安经验在全国新型农村合作医疗试点工作会议上作了典型介绍，并获得了第三届“中国地方政府创新奖”。加快农村卫生服务体系建设步伐，争取国债资金1.89亿元，省级投入4878万元，地方配套1.84亿元，安排农村卫生建设项目576个。组织培训乡村两级卫生人员4.9万人，启动了国家和省双“万名医师支援农村卫生工程”，1037名城市医务人员已进驻44所县级医院和421所中心卫生院开展帮扶工作，提高了基层医疗卫生机构的服务能力和管理水平。

【疾病预防控制】 以艾滋病、结核病、鼠疫等重大传染病防治为重点，充分利用2004年中央补助地方公共卫生专项资金项目，加强疾病监测、人员培训、督导检查、设备装备和宣传教育等工作，保持了传染病疫情网络直报系统的正常运行。建立并启动了艾滋病、结核病和鼠疫等重大传染病疫情专报系统，对全省618名现场流行病学专业技术人员进行了封闭培训。与公安、司法等部门密切配合，完成了1995年前后既往有偿供血人员和监狱、劳教所羁押、收教人员艾滋病病毒抗体筛查工作，共检测血样11.32万份，筛查出艾滋病病毒感染者82例，摸清了“两类人群”的艾滋病病毒感染现状。艾滋病综合防治示范区、全球基金艾滋病项目进展顺利，“四免一关怀”政策得到较好落实。落实监测和灭鼠措施，及时扑灭了康保县发生鼠间鼠疫疫情。与畜牧部门建立了人畜共患传染病防治合作机制，加强猪链球菌病和人感染高致病性禽流感防治工作，针对饲养、贩运、宰杀等高暴露人群实施重点监测，组织疾病预防控制工作人员定期深入医疗机构开展不明原因肺炎病例和死亡病例主动搜索，实现了猪链球菌病和人感染高致病性禽流感防治工作关口前移。制定出台了《河北省应对流感大流行准备计划与应急预案（试行）》，做好了应对流感大流行的各项准备工作。及时处置了围场县炭疽疫情和廊坊市霍乱疫情，有效防止了二代病例的发生。全省涂阳肺结核病人发现率达70%，治愈率达90%以上。把解决群众饮用高氟水纳入省政府“十项民心工程”，完成改水工程19处，新增受益人口12万人。落实食盐加碘消除碘缺乏病主导措施，中小学生甲状腺肿大率保持在国家规定的5%以下。贯彻落实国务院《疫苗流通和预防接种管理条例》，与省财政厅联合下发了《关于安排预防接种补助经费的通知》，对全省40个国家级和12个省级扶贫开发工作重点县的预防接种经费给予了保证，为各地争取预防接种补助经费提供了政策依据。免疫规划工作继续保持了常规免疫高接种率水平，维持了无脊髓灰质炎状态。配合文明生态村建设，大力开展爱国卫生运动，加强农村环境卫生综合治理和改厕工作，卫生创建取得新的进展。

【卫生监督执法】 深化卫生监督体制改革，全省9个设区市和72.1%的县（市、区）组建了独立的卫生监督机构。组织实施“2004年中西部地区卫生监督机构能力建设项目”，确定项目单位为50个，并在摸清装备现状、培训需求的基础上，完成了卫生监督机构设备招标采购和培训任务。积极推行卫生行政执法责任制，对卫生行政许可项目、主体、程序、条件和时限等进行了公示，加大稽查和责任追究力度，规范了卫生行政执法行为。制定了《河北省建筑工地食堂卫生管理暂行规定》和《河北省小饭桌卫生管理暂行规定》，组织开展了食品、化妆品等健康相关产品和餐饮业专项整治活动，依法整顿和规范了市场秩序。稳步推进食品卫生监督量化分级管理工作，全省共完成1.03万家食品生产经营单位的等级评定。深入开展打击非法行医专项行动，全年查处案件1911件，进一步净化了医疗服务市场。

【医疗机构监管与社区卫生】 省政府出台了《关于进一步深化城市医疗服务体制改革的指导意见》，明确了全省城市医疗服务体制改革的指导思想、基本原则和政策措施。加强社区卫生服务机构规范化、标准化建设，与民政厅和中医药管理局联合制定下发了《河北省创建省级社区卫生服务示范区活动实施方案》，开展了省级社区卫生服务示范区创建活动。对51个省级社区卫生服务示范机构进行了复核评估，45个通过了省级复核评估。截至2005年底，全省社区卫生服务街道覆盖率达到72%。组织开展了创建全国社区卫生服务示范区活动，石家庄市长安区、保定市北市区被命名为全国社区卫生服务示范区，石家庄市桥西区、保定市新市区分别通过了国家社区卫生服务示范区和社区卫生服务中医特色示范区复核评估。按照卫生部的统一部署，在全省组织开展了“医院管理年”活动。制发了活动方案和《医院管理评价实施细则》，促进了医疗机构内涵建设与管理，强化了对医疗机构的监管和评价，督导医疗机构规范服务行为，转变服务理念，取得初步成效。

【妇幼卫生】 以贯彻落实中国妇女儿童发展纲要为主线，制定下发了《河北省妇幼保健所（站）规范化建设标准》、《新生儿疾病筛查技术规范》和《河北省托儿所幼儿园卫生保健工作评审标准》等法律法规配套文件，联合省计生委、省医药管理局在全省开展了查处非法进行胎儿性别鉴定和选择性别终止妊娠治理活动。加强妇幼保健机构和妇幼卫生服务网络建设，全省30%的县级妇幼保健机构达到规范化建设标准。组织召开了全省“降消”项目启动电视电话会议，推动“降消”项目的深入开展，50个“降消”项目县工作进展顺利；对县乡村1.47万名妇幼人员进行了培训，通过驻县蹲点和专家传帮带提高了基层人员的业务水平。为755个乡镇卫生院装备产科设备6708件，产前诊断、新生儿疾病筛查、预防艾滋病母婴阻断、生殖健康等工作进展顺利，全省共筛查新生儿20.17万例，筛查确诊苯丙酮尿症26例、先天性甲状腺功能低下42例，并对患儿实行了专案管理，跟踪随访治疗。据统计，2005年全省住院分娩率达到了88%，孕产妇、儿童保健系统管理率分别达到83%，全省出生缺陷率由90年代初的161.2/万降到90/万。孕产妇和5岁以下儿童死亡率分别由“九五”期间的57/10万、27‰下降到51/10万、23‰。由于成绩突出，2005年省卫生厅被国务院妇儿工委授予了“全国实施妇女儿童发展纲要”先进单位称号。

【卫生科技与教育】 完成了全省17个医学重点学科和

25个重点发展学科的评估。选送了77名学科骨干到北京、上海学习深造，确定了12名学科骨干赴国外研修。向省科技厅推荐优秀医学科技成果95项，其中8项获得省科技进步二等奖，40多项获得三等奖。组织开展了全省二级生物安全实验室建设情况的督导检查，保证了实验室生物安全。编制了2005年度省卫生厅医学科学研究重点课题计划，评定指令课题150项、指导课题322项。组织完成了《2005年度河北省科学研究与发展计划》申报工作，共计向省科技厅推荐指导计划747项、指令计划160项。评选出河北省医学适用技术跟踪项目工作32个项目并给予了资助。开展了2005年度全省继续医学教育评估工作，唐山市卫生局等11个市卫生局和19个省直医疗卫生单位被授予“继续医学教育先进单位”，赵淑芳等63名同志获“继续医学教育先进工作者”称号。

【中医药工作】 以中医药继承和发展为主线，发挥中医药的特色和优势，不断加强中医机构内涵建设。在全省遴选50名中医临床技术骨干，启动了“河北省优秀中医临床人才培养项目”。组织实施了乡镇卫生院中医临床骨干培训项目，全省290名乡镇卫生院中医骨干接受了为期半年的理论培训和临床进修。乡村医生中医中专学历教育项目招收学员1000名，教学工作进展顺利。举办中医药应对突发公共卫生事件能力建设项目培训班4期，培训县级以上中医院传染科、急诊科和感染科技术人员100余名。中医特色专科建设工作进一步深入，16个省级重点中医专科建设得到加强，10所中医机构被命名为“示范中医医院”。农村中医工作进一步强化，行唐县顺利通过了国家验收，使全省“全国农村中医工作先进县”达到了7个；涉县等5个县达到了省级标准，使全省省级农村中医工作先进县达到了24个。开展了城市社区和农村基层卫生技术人员中医药适宜技术培训。承德市把全国农村中医先进市作为十件为民实事来抓，并取得实效，顺利通过了全国农村中医工作先进市建设中期评估。中医药科研工作取得突破性进展，以吴以岭教授为项目首席科学家的“络病学说与针灸理论的基础研究”科研项目被列入国家973计划，3项课题在国家“十五”攻关项目“名老中医学术思想、经验传承研究”中中标。

【对外交流与合作】 全年派出留学、研修、访问交流、出国工作或参加国际会议人员36批85人次，出访国家和地区涉及日本、法国、加拿大、澳大利亚等地；接待美国、日本、澳大利亚、世界卫生组织等境外专家和国际友人23批130名；圆满完成了援尼泊尔医疗队工作，医疗队队长王建中被尼泊尔政府推荐为5名对尼泊尔做出突出贡献的人士之一。在外资项目管理上，坚持利用外资与提升疾控能力、推进卫生重点工作相结合，坚持以质取胜原则，全年共组织实施外资项目11个，利用外资总额2300余万美元。配合国债支持公共卫生建设项目的实施，为7个设区市疾控中心和6家市级传染病医院配备仪器设备3500台（件），价值1510万美元，并安排落实120万美元对上述机构专业人员进行业务强化培训；有重点地引进了国外传染病防治的先进技术和管理模式，建立健全了全省应对重大传染病的工作流程和操作标准，增强了传染病应急预案的可操作性；安排外资项目资金400余万美元，新建乡级痰检室650个、艾滋病防治项目县12个，印发宣传资料3000万份，使农民对结核病、艾滋病的知晓率达62%，发现和免费治疗传染性肺结核病人2.08万例，治愈率达98%，为141例符合标准的艾滋病感染者和病人实施了免费治疗，40个乙肝项目县报告接种率达到了95%；按照全省卫生发展规划要求，为承德医学院购置高科技大型医疗设备6台（件），价值495万美元，有效提高了该院的临床、教学和科研开发能力。

【卫生行风建设】 结合“保持共产党员先进性教育”活动的开展，在全省二级以上医院实施了以落实24小时应诊、“一日病房”、扶贫门诊和扶贫病房、贫困患者床位半价收费等10个方面、31条便民利民措施为主要内容的“医疗惠民工程”，得到中央先进性教育督导组和省委、省政府领导的充分肯定。据不完全统计，全年全省医疗机构共为21.5万多名“低保”职工、贫困残疾人和特困患者减免医疗费用3900多万元。深入扎实地开展纠风专项治理和“诚信在卫生，满意在医院”活动，组织医德医风先进事迹报告团深入11个市，进行了弘扬白求恩精神、树立良好医德医风的巡回演讲。认真落实药品集中招标采购、医院单品种用药总量“双排序”、“双公示”、临床医生单品种用药总量监控公示、临床医生用药合理性评价等四项制度，坚持医疗服务信息、医德医风满意率、医疗收费信息、院务信息和药品集中招标采购信息五项公开措施。组建行风稽查大队，加大了对医疗机构诚信践诺和制度落实情况的明察暗访力度，促进了卫生行风的进一步好转。经省统计局信息服务中心测评，省直医疗单位医德医风满意率达到98.68%，比2004年提高了0.01个百分点。

（河北省卫生厅　周志山）

劳动和社会保障

【就业再就业】 全省各级党委、政府大力实施就业再就业“民心工程”，扎实开展政策落实年活动，圆满完成各项目标任务。到年底，全省城乡就业人员3568.97万人，其中城镇就业人员876.6万人。全年城镇新增就业46万人，下岗失业人员再就业25.65万人，“4050”下岗失业人员再就业6.25万人，农村富余劳动力向非农产业转移185万人次，培训下岗失业人员27.06万人，分别完成全年目标任务的128%、143%、208%、142%、108%。劳务输出总量达到440.6万人，城镇登记失业率3.93%，控制在全年4.6%的目标内。一是切实落实就业扶持政策。在全省组织开展了以查看目标责任制落实情况、政策实施管理机制建设情况、配套政策制定情况、政策实施情况、政策效应发挥情况为主要内容的“再就业政策实效”活动，确保了各项就业政策的落实。全省共支出再就业资金4.6亿元，其中社保补贴7029万元、公益性岗位补贴

8723万元、再就业培训补贴4367万元、职业介绍补贴995万元。全省全年为从事个体经营的下岗失业人员发放小额贷款6161.7万元，减免各种税费6746万元；为吸纳下岗失业人员的334户服务型企业减免税额3206万元。二是积极稳妥地推进并轨工作。省政府高度重视，制定了并轨方案，主要领导多次过问，分管领导亲自抓。各级劳动保障部门区别不同情况，加强分类指导，努力做到就业有出路、社保不断线、职工劳动关系得到妥善处理。到年底，国有企业下岗职工出中心工作全部结束，基本完成了下岗职工基本生活保障制度向失业保险制度的并轨。三是加快劳动力市场建设。省政府印发了《关于加快劳动力市场建设的指导意见》，省从再就业资金结余中拿出6000万元支持各市劳动力市场信息系统建设。秦皇岛、邢台两市劳动力市场投入使用，石家庄、承德、张家口、廊坊、沧州、邯郸市新改建劳动力市场开工建设。全省各类职业介绍机构达到2265所，其中劳动保障部门办1809所。四是实施农村劳动力转移培训阳光工程。各级劳动保障部门根据市场需求，以输出人员多、就业和收入稳定的专业为重点，加强农村劳动力技能培训，提高了专业技能水平和就业能力。全年共组织718家培训机构，培训农村劳动力160万人，完成计划的160%。五是强化就业服务。全省就业培训机构积极与企业“联姻”，与2000多个企业建立了定向培训安置关系。普遍开展了创业培训，并在全国率先将创业培训拓展到大中专毕业生和农村劳动力，组织专家对创业者进行指导，提高了就业培训的效果。在就业服务上注重困难群体，积极开展“再就业援助活动”，大力开发社区就业岗位安置就业。以公共就业服务机构为依托，有效开展了技能岗位对接专项服务活动，全年各类职业介绍机构成功介绍职业110.57万人次，比上年增长19.49%。六是加强技能人才队伍建设。省政府制定下发了《关于大力加强高技能人才队伍建设的意见》，在人才培养、评价和评选表彰等方面，明确了相关政策。首次召开了“高技能人才表彰大会”，以省委、省政府的名义对20名“燕赵技能大奖”和100名“河北省技术能手”获得者进行了表彰，进一步优化了高技能人才成长环境。加快实施“河北省三年二万五千新技师培养计划”。到年底，全省共培养新技师0.91万人；职业技能鉴定30.61万人。积极推动公共实训基地建设，秦皇岛高级技工学校完成基础建设。技工学校招生创历史新高，在校学生10.55万人，在校生人数比上年增加2.24万人。此外，石家庄铁路运输学校由北京铁路局移交地方管理，增加了重要的技能人才培养、培训基地。

【劳动关系调整】 一是继续完善劳动关系三方协调机制。全省县（市、区）以上均建立了劳动关系三方协调机制，并开始向乡镇、街道延伸，协商的内容逐步扩展到劳动保障工作的各个领域。同时，积极开展劳动关系和谐企业创建活动，取得明显成效。大力推行集体合同制度，全省国有、集体企业和改制后的各类企业劳动合同签订率保持在98%以上。二是妥善处理国有企业改组改制过程中的劳动关系。严格审核国有企业改制中职工安置方案，按照政策规定“有情”操作。全年省本级审核批复职工安置方案131户，涉及安置各类人员3.2万人，其中安置内退、离退休人员和遗属1.34万人，安置在岗职工1.86万人，在岗职工平稳转移率达94.7%。各级劳动保障部门深入改制后的企业，督促检查职工安置方案落实情况，特别是经济补偿金、安置费落实情况和工资收入水平增长情况，确保了职工的合法权益，有力地支持了国企改革。三是加强对企业工资收入的宏观调控。严格检查最低工资规定执行情况，全省已有近90%的企业落实了该项制度。积极推行工资集体协商、劳动力市场指导价位和人工成本信息发布等制度，促进了职工工资的合理适度增长。四是加大劳动保障执法监察力度。各级劳动保障监察部门加强日常监察和专项检查，主动检查用人单位5.98万户，年检用人单位6.37万户，查处群众举报投诉案件9706件。督促补签劳动合同62.3万份，为34.57万劳动者补发被拖欠工资2.70亿元，督促4324户用人单位补缴社会保险费0.81亿元。集中开展了清理整顿劳动力市场秩序、打击非法使用童工专项检查活动。取缔非法职业介绍组织496户，清退童工102人。会同建设、监察、工会等部门，集中力量开展专项查处，累计解决拖欠农民工工资14.49亿元。其中建设领域10.77亿元，完成了省政府确定的2005年春节前基本解决建设领域拖欠农民工工资的既定目标。五是加强劳动争议仲裁和信访工作。各级劳动仲裁委员会共立案受理劳动争议仲裁案件9782起，审理结案9676件，结案率达到98.9%。全年接待来访5.96万批次，涉及18.84万人次，其中妥善处理539起百人以上的群体访，答复、复查、复核信访人意见书590件。

【社会保障体系建设】 一是扩大社会保险覆盖面。进一步调整完善了社会保险参保政策，以非公有制企业、灵活就业人员和进城务工人员为重点，加强政策宣传，努力扩大保险覆盖面。到年底，企业基本养老保险新增参保24万人，完成全年目标的160%；机关事业单位养老保险新增参保6.3万人，完成210%；基本医疗保险新增参保78万人，完成163%；失业保险新增参保12万人，完成120%；工伤保险新增参保100万人，完成100%；农村社会养老保险新增参保4.1万人，完成103%；生育保险新增参保101.7万人；均超额完成全年目标任务。二是落实社会保险待遇。全年共发放企业离退休人员养老金130.73亿元，发放机关事业单位离退休人员养老金34.53亿元，全部实现按时足额发放。企业退休人员社会化管理服务的工作形式和内容进一步规范，全省企业退休人员社会化管理服务率达到93.4%，其中社区管理服务率达到67.5%。基本医疗保险统筹基金收入49.63亿元，支出37.58亿元，基本满足了参保职工的医疗需求。全省共为20.24万名失业人员及时足额发放失业保险金7.45亿元，确保了失业人员的基本生活。工伤认定做到了依法、及时和准确，为1.31万名伤残、职业病职工和因工死亡职工供养亲属支付各项工伤保险待遇1.47亿元。三是强化基金监督。组织对唐山等部分市养老保险、医疗保险、失业保险、工伤生育保险等五项基金的运行情况进行了现场监督检查，对劳动保障部转办和受理的5起挤占挪用社保基金案件进行了查处，对全省从事社会保险基金监督和稽核工作的人员进行了业务培训。各市社会保险基金监督部门开展了社会保险基金运行状况的自查自纠活动，全省社会保险基金管理更加规范。

【养老和医疗、生育保险】 省政府出台了《河北省企业年金实施意见》，并组织制定了企业年金实施方案指导样本和备案程序，加快推动企业年金工作。通过调查研究，摸清底数，反复测算，提出了河北省逐步做实个人账户方案。进一步完善了相关政策，及时把机关事业单位的聘用人员纳入社会保险范围。研究制定了《河北省关于建立被征地农民社会养老保险制度的意见》，有力地推动了试点工作，邯郸、石家庄、承德、唐山四市的12个县（市）试点取得了明显成效。

全省11个设区市本级、164个县级统筹地区全部实施了基本医疗保险制度。各统筹地区认真贯彻落实省政府〔2004〕149号文件精神，针对效益好的企业不愿参保问题，以规模、影响力较大的企业为重点，主动上门，研究医疗保险参保中的具体情况，加强协调调度，突破难点户，带动一般户，力促企业参保。对关闭破产和困难企业参保问题，通过调研、召开座谈会，广泛听取有关部门、企业的意见，制定具体措施，重点解决资金来源问题，推动企业参加医疗保险。1870家关闭、破产和改制企业的13.7万名退休人员、1310家困难企业的18万名职工的医疗保险问题得到妥善解决。全省所有统筹地区均建立了企业离休医疗费统筹，较好地保障了离休人员的医疗费需求。总结推广了石家庄、廊坊市把生育保险与医疗保险统一缴费、统一管理、统一范围的做法，全省的生育保险有了新的突破。

【失业和工伤保险】 在确保失业人员基本生活的基础上，全省从失业保险基金中拨付2亿多元用于下岗职工基本生活保障和再就业。唐山、石家庄、秦皇岛等市经办机构提前介入，深入企业面对面宣传政策、登记接收失业人员，有力地推动了“并轨”工作。

修改完善了失业保险实施办法，在全国率先将纳入失业保险范围的农民合同制工人逐步实行与城镇职工相同的失业保险政策。针对农民工发生工伤事故后认定难、鉴定难、赔付难的实际情况，经省政府批准，出台了《关于农民工参加工伤保险有关问题的意见》。特别是针对煤矿企业风险高、人员流动性大、农民工集中的特点，探索实行了省属企业省级统筹、地方煤矿市级统筹、乡镇煤矿封闭管理的模式，加强对农民工合法权益的保护。

在《河北省工伤保险实施办法》实施的第一年，全省工伤保险行政管理、业务经办、劳动能力鉴定实现了机构、职能、人员、工作“四到位”。制定了工伤职工停工留薪期管理办法、辅助器具配置办法和标准等一系列配套政策，规范了工伤认定程序，完善了劳动能力鉴定工作规则。同时加强业务培训和政策宣传，推动工伤保险快速发展。

【劳动保障基础工作】 修订了《河北省失业保险实施办法》，合理调整了失业保险金标准的确定方法，扩大了制度覆盖范围。以省政府名义出台了劳动力市场建设、高技能人才培养、企业年金、农村养老保险、劳动保障监察等方面的规范性文件。

经过研究论证，确定了全省劳动保障系统具有法律效力的14项行政许可项目和6项非行政许可类审批项目，对没有列入目录的项目进行了清理。很多市县实行了集中办理或统一到当地政府审批大厅办理，方便了企业和群众，规范了审批行为。印发了《关于全面推进劳动保障系统依法行政三年规划的实施意见》，全年新制定依法行政制度100余件。加强行政复议工作，全年处理行政复议案件200件，有效维护了劳动者合法权益。

编制完成《河北省社会保障信息系统建设方案》，并通过了专家论证，实现了部、省、市三级视频会议系统联通。完成了全省金保工程交换网VPN密钥系统建设，企业养老保险交换数据整理统计入库率达到97%以上。完成省社会保险业务管理软件平台的开发，试点工作取得较大进展。启动了12333劳动保障电话咨询服务系统建设，初步建立了政策法规库和问题解答库。11个设区市全部建立了劳动保障门户网站，形成了以“河北劳动保障网”为枢纽、各市网站为节点的全省劳动保障网站集群系统。

（河北省劳动和社会保障厅　侯文龙）

社会福利与民政管理

【社会救助】 截至2005年底，全省累计保障城市贫困群众972万人次，发放保障金6.2亿元；平均月保障81万人，人均补助64元。全年省级共下拨城市低保资金5.1亿元，其中中央资金4.4亿元，省级资金7000万元。农村救助工作实现重大突破，在全省农村初步建立了农村居民最低生活保障制度。5月17日，省政府下发了《关于建立和完善农村居民最低生活保障制度的通知》，为全面推进我省农村低保制度建设提供了有力保障。为全面推进农村低保制度建设，6月29日，省政府在唐山市召开了全省农村低保工作会议，确定了农村低保工作的目标和任务。会后，省民政厅狠抓落实，制定了具体的实施方案，提出了“低保管理制度化、资格审批程序化、对象管理动态化、监督公开社会化”的农村低保工作标准，促进了全省农村低保制度的有效落实。通过协调，省级财政追加低保补助资金600万元。截至11月底，全省11个设区市、162个涉农县（市、区），全部制定出台了农村低保制度的文件，有142个县（市、区）开始实施运作，提前1个月完成了省政府提出的“年底全省基本建立农村低保制度”的目标。全省农村低保制度的建立，使24.1万户、54.2万农村困难群众得到了最低生活保障。全年共发放低保金6812万元，月人均补助15元左右。另外，还有43.8万农村特困群众得到临时救济，累计发放救济金2934万元。农村五保供养工作稳步推进，走上了规范发展的良性轨道。各地认真贯彻落实《农村五保供养工作条例》和《民政部、财政部、国家发展和改革委员会关于进一步做好农村五保供养工作的通知》精神，认真研究农村税费改革后五保供养工作出现的新情况、新问题，采取有效措施，加快了敬老院的建设和改造步伐。通过典型引路、会议推广、争先创优、以院养院等工作方法，有效保障了全省12.5万名五保对象的生活。全省1720所敬老院（甲级敬老院710所）集中供养3.6万人，年均供养标准为1835元；分散供养8.9万人，年均供养标准为1300元。全年全省下拨敬老院建设补助资金50万元。城市医疗救助试点工作正式启动，规范化、制度化的城市医疗救助制度开始形成。6月1日，省政府下发了《关于建立城市医疗救助制度的实施意见》，进一步健全和完善了全省城市医疗保障体系建设。为有效推进这项工作的开展，选取了64个试点单位和4个省示范点，以点带面，全力推进城市医疗救助工作。年底前，试点县（市、区）全部出台文件并实施运作，非试点单位有25个县（市、区）出台了文件，3个县已开始实施运作。全年有1.6万名城市贫困群众得到医疗救助，发放救助资金1707万元。其中省级预算内资金300万元，省级福彩公益金200万元。农村医疗救助制度进一步完善，工作扎实推进。省级共下拨资金2160万元，其中中央福彩公益金1560万元，省级福彩公益金400万元，省级财政预算200万元。当年全省有18万多农村困难群众得到医疗救助，发放医疗救助金2952万元。其中资助13.7万人参加了新型合作医疗，支出资金191万元。5月24日，省政府下发了《关于建立健全城乡社会救助体系建设的意见》，明确了城乡社会救助的总体思路和基本原则、工作内容和各项管理制度及各部门的职责，为推进城乡社会救助体系建设奠定了基础。

（河北省民政厅　温亚平　王仁国）

【救灾工作】　2005年，全省总体属于轻灾年份，但局部地区先后遭受了较为严重的干旱、风雹、洪涝、风暴潮以及低温冷冻、病虫害、山体滑坡等自然灾害，重灾区主要集中在承德、张家口、保定、沧州、邢台、秦皇岛、石家庄等市。据统计，全省农作物受灾面积2138.3千公顷，其中绝收面积279.2千公顷。受灾人口2150.9万人次，因灾死亡35人，伤病1.9万人；倒塌房屋7307间，损坏房屋2.3万间。全年造成直接经济损失67.3亿元。面对局部严重的自然灾害，省委、省政府高度重视，对抗灾救灾工作多次进行研究部署。各级民政部门在当地党委、政府的正确领导下，认真履行职责，采取有力措施，切实保障了灾区群众的基本生活。为准确掌握灾民生活困难情况，民政部门组织专门力量进村入户，对灾区群众生活情况进行全面细致的调查摸底，详细掌握灾民生活困难底数。对有自救能力、有部分自救能力和无自救能力户分类登记造册，建立台帐和“三无户”档案。在此基础上，各级都制定了切实可行的灾民生活救助方案，对灾区实施分类别、分时段、有重点的救助，确保救灾工作及时有效。为增强灾民的抗灾自救能力，各地认真贯彻“依靠群众，依靠集体，生产自救，互助互济，辅之以国家必要的救济和扶持”的救灾工作方针，努力拓宽救灾渠道，积极扶持灾民发展生产，增收创收。通过引导灾民调整农业结构，推进农业产业化进程，帮助灾民发展大棚蔬菜、食用菌、养鸡、养羊、养牛等短平快的农副业生产项目，尽可能多地增加收入，增强抗灾能力。同时，千方百计引导和帮助受灾群众开展劳务输出，提高抗灾自救能力。仅张家口市全年外出劳务就达35.5万人，人均年纯收入达2361元。在积极争取中央资金支持的同时，全省各级合理调整财政支出结构，努力加大救灾资金投入。全年共发放救灾资金2.11亿元。其中争取中央资金1.07亿元，省级配套2304万元，各市、县财政列支8099.5万元。为保证灾民安全过冬，省民政厅还下拨救灾棉被6000床。全年共救助灾民720万人次，有效地维护了灾区社会稳定。

严格救灾款物发放管理，确保救助到户。进一步加强了全省救灾工作的规范化管理，全面落实了灾民救助卡制度。全省灾民救助工作基本做到了户有卡、村有名册、乡有台帐、县有灾民档案。张家口和石家庄在全市范围内推行了“一站式”发放办法，由县民政局将救灾款物直接发放到户；邢台等市的部分县（市）试行了救灾款物社会化发放制度，救灾款、救灾粮由灾民凭救助卡到农村信用社和乡镇粮站领取，不仅加快了速度，还有效地预防了优亲厚友和贪污挪用等问题的发生。

积极开展社会捐助活动。1月份组织开展了对印度洋海啸灾区的民间捐赠活动，全省共接收捐赠款1276.2万元。其中红十字会接收1149.6万元，民政部门接收126.6万元。集中开展了4月份和10月份捐助月的宣传发动和捐助工作，全省共接收捐款1106.44万元、衣被94.3万件。在全省1811个经常性社会捐助接收站点和“爱心超市”普遍建立了捐助款物接收台账、出入库登记和物资发放标准及手续，严格执行公示制度，自觉接受群众监督。当年，全省创建“爱心超市”185个，救助城乡困难群众9.8万人。认真落实胡锦涛主席批示精神，组织开展了以“冬衣暖人心”为主题的集中社会捐赠活动。省委、省政府领导带头捐赠，全省广大干部职工积极响应，掀起了向灾区困难群众送温暖献爱心的热潮。此次捐赠，全省共有116.9万人参与，接收现金1087万元、衣被128.64万件，救助困难群众100.2万人。

（河北省民政厅　艾　军　王仁国）

【双拥优抚安置】　双拥优抚工作。组织开展了纪念抗战胜利60周年活动，大力营造双拥氛围。各地、各部队开展了以爱国主义为核心内容的多种形式的国防教育活动，广泛开展了“双拥创建月”、“双拥活动周”、“国防教育日”、“全民国防教育月”等活动。以抗日战争胜利60周年为契机，下发了《关于做好慰问在乡抗日老战士老同志工作的通知》，提高了在乡抗日老战士老同志的补助标准，为在乡抗战老战士、老烈属进行了免费体检活动。提高了在乡老复员军人定补标准，所需地方财政配套资金从2006年起，省、市、县财政按比例分别列入年度财政预算，使全省抗日时期的在乡复员军人定补标准平均每人每月达到了220元以上。8月22日至23日，民政部李学举部长为组长、副省长柳宝全为副组长的民政部、河北省政府慰问团，到革命老区安新县慰问部分抗战老战士和烈属。随后，省领导付志方等带队组团，到清苑等县走访慰问了部分抗战老战士。8月29日，省民政厅、省党史办、省委宣传部在华北军区烈士陵园举行了“英雄河北”抗日英烈事迹展开幕仪式，社会各界代表、大中专院校学生1000多人参加。9月1日至4日，组织保定籍的11名抗战老战士赴京参加了全国纪念抗日战争胜利暨世界反法西斯战争胜利60周年活动。9月3日，在省会举办了“英雄河北”大型文艺晚会，19名抗战老战士出席了晚会现场。全省共为5万多名在乡抗战老战士免费进行了体检，为每人发放了不低于100元的慰问品，及时向抗战老战士发放了由解放军总政治部制作、胡锦涛总书记题写的“抗日战争胜利60周年纪念章”8万余枚。在元旦、春节和“八一”期间，全省各级领导都亲自带队走访慰问驻地部队。春节前，省委、省政府、省军区向驻冀部队和广大优抚对象发出了慰问信，为驻冀部队购买并发放了价值100万元的慰问品。为解除空军专机部队飞行员的后顾之忧，配合空军专机部队家访组对河北籍26名飞行员家庭进行了慰问。为帮助部队提高信息化建设水平，6月9日，省委、省政府向北京军区38集团军防空旅赠送了80万元慰问金。10月24日，省委、省政府为在唐山市演习的部队赠送了价值30万元的慰问品。针对“10·2”特大山洪袭击武警福州指挥学校两幢楼房导致学员重大死亡的情况，抽调骨干力量，赶赴福州市积极协调处理河北省5名遇难学员的善后事宜。11月8日，在北京军区召开的华北地区军事设施保护工作电视电话会议上，全省有4个单位和14名个人受到了表彰。针对军地关系出现的新情况、新问题，按照北京军区的要求，及时下发了《关于建立完善规范军地协调关系有关制度的通知》，有效规范了军地关系协调工作。加大了双拥模范城（县）创建工作的力度。5月中下旬，省双拥办分三组对各地申报的新一届省级双拥模范城（县）进行了检查验收。7月30日，省委、省政府、省军区在秦皇岛市召开了河北省庆祝“八一”建军节暨新一届省级双拥模范城（县）命名大会。会议命名62个市、县为新一届省级双拥模范城（县）。全省深入开展军民共建社会主义精神文明活动，涌现出了一大批先进典型，在7月24日召开的全国军民共建社会主义精神文明先进单位、先进个人电视电话表彰会议上，全省军地共有9个单位和6名个人受到表彰。积极开展“援建军营图书室建设活动”。在“援建军营图书室，共建学习型军营”系列活动中，社会各界向驻冀部队捐赠了价值150万元的科技图书7.45万册。狠抓各项双拥优抚政策制度的落实。一是提前完成新残疾证的换发工作。当年的残疾证件换发工作历时3个多月，共审核相关资料32万多件、项目400多万条，换发证件7万多个，比国家规定的时间提前一个多月完成了任务。二是及时下拨抚恤补助资金。年初，按时完成了2004年度优抚对象数据更新录入和上报工作，为中央下拨抚恤补助资金提供了科学的数据。同时，利用创建双拥模范城（县）活动，督促各市积极争取财政支持，千方百计落实配套资金，确保了抚恤补助资金及时足额发放到优抚对象手中。三是认真做好原8023部队退役军人的有关工作。省民政厅与省卫生厅、省劳动和社会保障厅等部门在深入广泛调查的基础上，制订了科学的工作方案，并及时提请省政府确定了原8023部队退役军人体检人员范围，制定了不排除核辐射致病的诊断标准，明确了体检费用开支渠道，规定了落实待遇的条件、程序，指定具有职业病体检诊断资质的石家庄市职业病防治研究所承担体检诊断任务。共对7000多名原8023部队退役军人进行了体检，并出具了诊断结果，为符合条件的人员办理了伤残评定，落实相关待遇。四是加强了优抚事业单位建设。7月28日，省委宣传部、省民政厅、省文化厅等9部门联合下发了《关于加强爱国主义教育基地工作的实施意见》，筹措下拨了1000多万元资金，支持省民政厅直属的4所优抚医院以及市县的40多所光荣院和11所烈士陵园的维修改造。为进一步加强烈士纪念建筑物保护单位建设，经过深入细致地调研，省财政决定从下一年开始，将烈士纪念建筑物保护单位维修改造经费列入预算，分5年实施省级以上重点保护单位维修改造工程，同时对县级以上重点保护单位的维修改造予以支持。驻军为构建和谐河北做出新贡献。据统计，全年驻冀部队共出300.24万个义务劳动日，动用车辆3.65万台次，支援驻地重点工程建设项目1346个，绿化种植草坪84万平方米，植树322.03万棵，转让科技成果252项，培训各类技术人员2.13万名，帮助群众修理农机具4.95万件，义务为群众治病9.09万人次，修筑爱民公路260公里。部队累计建有双拥组织、结共建对子2954个，组织学雷锋活动小组1万余个，开展抢险救灾272次，抢救遇险群众106人，抢运各类物资2340吨。此外，部队还先后向灾区困难群众捐款145万元，捐赠衣服被褥4.46万套（床）。

安置工作。认真落实现行的安置政策法规，坚持安置就业、扶持就业与自谋职业相结合的办法，切实维护退役士兵的合法权益，较好地完成了退役士兵安置任务。积极推进安置改革，全省城镇退役士兵自谋职业人数达5619人，比上年提高8个百分点。严格执行政策，按时完成了60名军队复员干部的接收工作、1—4级伤病残义务兵和1—6级患精神病退役士兵的接收安置工作。省民政厅与军地多方协调下发了《关于做好伤病残士兵集中移交接收工作的通知》，接收安置了北京军区等几百名伤病残退役士兵，解决了部队管理中的实际问题。进一步做好城镇退役士兵安置工作。协调各级人事、劳动和社会保障等部门，以维护退役士兵合法权益为出发点，先后走访慰问复员退伍军人3.87万人。为3536名退役士兵重新落实了岗位，为542名退役士兵补发了未上岗期间的基本生活费，把1019名符合低保条件的待安置退役士兵适时纳入最低生活保障范围，对808名家庭生活确有特殊困难的退役士兵给予了临时性救助。认真执行征兵命令，严格规范优待安置证的发放制度，有效地控制了城镇兵的征集比例。退役士兵两用人才开发使用工作稳步发展，开发使用率达到87%，为农村“两委”领导班子和新农村建设输送了基干人才。适应新时期军事斗争准备需要，大力加强军供站建设。圆满完成过往部队供应保障任务14万人次。争取并下拨资金210万元，提高了快速应急供应保障能力，进一步提高了军供站正规化建设水平。筹措资金2000多万元，建成了功能完善的省退伍军人职业技术服务培训中心，并于10月9日正式投入使用。

军休工作。年初，省政府、省军区联合召开了“河北省军队离休退休干部安置管理暨表彰工作电视电话会议”，深入贯彻中办发〔2004〕2号文件精神。各地以此为契机，加大工作力度，军休干部安置管理工作取得了显著成绩。全省四个方面的军休工作有了新发展，秦皇岛市第一军休所作为省军休工作社会化服务管理试点取得成功。有7个设区市及其所属的大部分县（市）的退休干部纳入了当地医保体系，参保率达71%，从根本上解决了休干医疗费解决难的问题。组织开展了“河北省移交政府安置的军队离休退休干部纪念抗日战争胜利60周年书法绘画摄影展”和“全省首届移交政府安置的军队离休退休干部门球比赛”，丰富了军休干部的文化体育生活。省民政厅与省人事厅、省军区政治部联合表彰了162个军休先进单位和先进个人，其中39名先进个人享受市级先进工作者（劳动模范）待遇。认真贯彻执行国家安置管理的政策规定，交接安置和服务管理工作进展顺利。完成了788人的交接安置任务和1686人的审定任务，完成接收计划的81%，做到了应接尽接，完成任务比例大大超过全国平均水平。同时，为219名休干核发了住房补贴，完成了2004年接收的524名军休干部、156名军退职工的资格审定和数据录入。及时编制上报2001、2004年度审定的1546名军休干部服务管理用房规划预算，分配下拨专项经费1464万元。服务管理工作迈上新台阶。在春节期间，组织慰问了石家庄、承德、廊坊三市的军休干部。下拨各项经费3.07亿元，配备工作用车19台；争取军休所水电暖维修改造项目专款2574万元，下拨854万元。争取军休干部和军休干部遗属、无工作直系亲属医疗、生活补贴386万元。编辑制作了《河北省军队离休退休干部休养所（站）分布图》，并编印了《河北省移交政府安置的军队离休退休干部休养所概况》，对全省122个军休所概况进行了资料采编。在北戴河承办了“全国部分省市军休干部接收安置工作座谈会”，编辑了《国家和军队住房制度改革文件汇编》。

（河北省民政厅　李占雄　赵保礼
赵建成　王仁国）

【社会福利】　一是残疾孤儿手术康复“明天计划”工作成绩显著。全年成功地为282名残疾孤儿实施了手术，为他们走向社会和家庭创造了条件。为扩大社会影响，5月份，在“明天计划”定点医院河北省优抚医院召开了“明天计划”新闻发布会；在河北电视台联合举办了“让明天更美好”六一专题联欢会，部分手术康复的残疾孤儿初次登上舞台，与健康儿童同台演出，向社会展示了他们的风采。石家庄市福利院还组织部分手术康复儿童参加了国家有关部门主办的2008迎奥运少年才华展示比赛，荣获全国一等奖。在全国“明天计划”经验交流会上，河北省作了“实行‘六统一’，履行监护职责，服务残疾孤儿”的典型发言，得到了民政部的高度评价和与会代表的一致好评。二是社会福利事业单位建设及管理逐步规范。初步建立了以国办社会福利机构为示范、其他多种所有制形式的社会福利机构为骨干、社区福利为依托、居家养老为基础的社会服务网络，使福利院基础设施建设逐渐改善，服务水平逐步提升，供养人员生活不断提高。截至年底，全省设区市社会福利院共有床位2432张，供养“三无老人”638人，收养孤残儿童609人。石家庄市社会福利院首个通过ISO—9001国际质量管理体系认证；该市长安区被定为全国养老服务社会化示范活动试点单位。在深入调研的基础上，起草了《河北省社会福院管理规范》，为社会福利机构的管理提供了详细的参照标准。9月份，省民政厅在石家庄市召开了“河北省社会福利院规范化管理工作现场会”，现场会以石家庄市社会福利院、长安区公办民营老年公寓、鹿泉市综合福利中心等三个不同层次的福利机构为示范，向全省推广了福利机构的先进管理经验。三是社会福利企业稳步发展。通过完善年检制度，增强服务意识，规范审批程序，落实各项优惠政策，加快福利企业的改制步伐，社会福利企业实现了健康、稳步发展，残疾人集中就业渠道进一步稳定。截至年底，全省城乡共有福利企业1698家，职工总数为5.4万人，其中残疾职工2.52万人。当年，全省新批社会福利企业120家，安置残疾职工1135人。四是“微笑列车”工作成效显著。“微笑列车”唇腭裂矫治项目是由美国冠群（CA）公司总裁、美籍华人王嘉廉先生资助，由中华慈善总会为项目执行机构，自2001年开始为贫困唇腭裂患者免费进行矫治手术的慈善项目。通过全省各级民政部门及定点医院的共同努力，全年共为1168名贫困唇腭裂患者免费实施了手术，免去手术费260多万元，没有一例唇腭裂患者发生手术质量问题。经有关方面同意，增补河北省优抚医院和河北省医科大学口腔医院为“微笑列车”定点医院。

（河北省民政厅　魏子衡　王仁国）

【福彩发行】　全年共销售福利彩票17亿元，其中电脑票16亿元，“中福在线”即开票1亿元，筹集公益金6亿元，完成销售任务的170%，是上年销售量的212%。一是充分挖掘农村潜力，进一步开发农村彩票新市场。到年底，全省乡镇站点的数量达到1436个，比上年增加30%，覆盖率达到76%。二是开展了第四届“福彩助学”活动。打破以往逐个回访被资助学子的形式，集中北大、清华等北京10所院校的15名学子，召开了“爱心、关怀、自强、责任——河北福彩在京优秀学子座谈会”，中彩中心领导给予高度评价，媒体也进行了追踪报道。随后，全省投入300多万元资助了1000多名家庭贫困的寒门学子步入国家重点大学，使“福彩献真情，爱心助学子”活动成为社会公众谈论的焦点。三是“中福在线”试点扩面工作成果显著。河北省作为“中福在线”试点省，试点成功并迅速在全省铺开。在秦皇岛的带动下，廊坊、保定、唐山、石家庄等市的销售大厅相继开业，并收到良好效果。全省已建成并开业的“中福在线”销售大厅有24个，周均销量稳定在500万元，成为全省彩票市场新的增长点。全省销售的福利彩票品种有：①排列7。于2002年5月13日上市，开奖时间为每周1、3、5，游戏规则为传统排列式规则；②排列5。于2003年6月26日上市，开奖时间为每周3、5，日，游戏规则为传统排列式规则；③组合式玩法29选7。于2001年7月13日上市，开奖时间为每周2、4、6。游戏规则为组合式玩法规则；④组合式玩法20选5。于2002年7月2日上市，为天天开奖，游戏规则为组合式玩法规则；⑤双色球玩法。于2003年2月16日上市，开奖时间为周2、4、日；⑥中福在线。于2004年12月28日上市，为在线即开玩法。河北福利彩票摇奖节目主要在河北电视台3频道播出，节目名称为《好运伴你行》。

（河北省民政厅　唐石林　王仁国）

【社会行政管理】　民间组织管理工作。认真贯彻落实《行政许可法》，切实做好民间组织的行政许可工作。省民政厅共办理行政许可事项审批285项，其中新注册社会团体36个，民办非企业单位35个，基金会3个，办理社团分支机构登记和民间组织变更登记211项。截至年底，全省累计注册登记民间组织1.32万个，其中社会团体7031个，民办非企业单位6144个，基金会11个。按照民政部颁发的《民办非企业单位年度检查办法》，统一了全省民办非企业单位的年检办法，确保了年检质量。全省749个全省性民间组织，应检692个，参检688个，合格674个，注销2个，限期整改12个。按照省委、省政府的总体部署，省民政厅把大力发展行业协会和农村专业经济协会作为工作重点，给予有力扶持。积极配合省工经联，为180多个行业协会办理了业务主管单位变更登记手续，理顺了关系。省民政厅组织人员先后到石家庄、唐山两市14个县（市、区）听取汇报，深入30多个农村专业经济协会走访、座谈，总结推广了沧州市民政局开展培育百家精品协会活动，唐山、石家庄、承德、保定等市采取降低准入门槛，高效、从优、从快发展农村专业经济协会的经验，促进了工作落实。组织开展了民办非企业单位自律与诚信建设活动。据不完全统计，全省有4092个民非单位重新规范了章程，2810个民非单位健全了信息披露制度，3475个单位健全了财务管理制度，3620个单位实现了承诺服务。石家庄白求恩医学专修学院等14家民办非企业单位，被民政部授予“全国民办非企业单位自律与诚信建设先进单位”称号；石家庄市民政局获“全国民办非企业单位自律与诚信建设活动最佳组织奖”，受到民政部的表彰。

区划地名工作。按民政部要求，编写了全省近期和中期行政区划调整规划；办理乡镇级区划调整专件8个。完成了津冀线的联检，解决了三省交会点确认、界桩移位纠正、跨界资源管理等问题21处。省内对90条县界进行了联检，联检中共解决纠纷48处，修复界桩30个。加强勘界成果的利用，与省测绘局联合编辑发布了河北省有史以来第一张具有法定界线的行政区划图，并下发了《关于加强行政区划图（集）编制出版发行工作的通知》，对市、县行政区划图进行了规范化管理。认真贯彻落实国务院办公厅《关于加强行政区域界线管理工作意见的通知》精神，建立了全省行政区域界线附近地区纠纷应急处理联席会议制度。全面完成城市地名设标任务，全省11个地级市、22个县级市按照国家标准完成了城市设标工作，共设置地名标牌18万多块。及时启动了县政府驻地镇地名标志设置工作，开展了地名文化遗产保护工程。根据民政部的安排，河北省承担了全国“千年古县”重点保护对象的申报评定工作试点，先后对井陉、赵县、易县等11个县（市）组织了材料挖掘和申报评定。启动城镇地名规划和地名信息化建设工作，完成了沧州、张家口两个设区市地名命名规划的编制。10个县城驻地镇也完成了地名规划工作。全省地名数据库建设进展较快，11个设区市和172个县市区都建起了自己的地名数据库；其中，石家庄市地名网站已经开通，成为全国10个示范城市之一。

婚姻登记工作。全省共办理结婚登记53.93万对，离婚登记5.04万对，其中涉外、涉港澳台华侨结婚登记273对，离婚登记16对。经考核，全省婚姻登记合格率达到了99.87%。对全省婚姻登记收费情况组织了专项检查，共查处群众举报的借婚姻登记乱收费问题12起，都给予了严肃处理。各地婚姻登记机关积极开展便民利民服务和文明执法，落实了各项便民利民措施。许多婚姻登记处向婚姻当事人提供了人性化、亲情化服务，受到了城乡广大群众的称赞和好评。

殡葬管理工作。殡葬改革工作继续以火化为中心，以殡葬设施建设为依托，以骨灰处理多样化为纽带，以降低丧葬费用为目标，加大公墓管理力度，推动殡葬改革进一步深入开展。全省社会火化率达到85%，超过全国平均火化率33个百分点。强化“三项治理”（治理骨灰装棺土葬、丧事大操大办和封建迷信、乱埋乱葬），加强对丧葬用品市场的管理，推进丧葬习俗朝着文明、节俭方向发展。为规范殡葬收费行为，省民政厅与省物价局联合出台了《河北省殡葬收费管理暂行办法》。10月份在邯郸市召开了全省公墓管理工作现场会，向全省推广了的公墓管理示范单位的先进经验，使经营性公墓逐步走上规范化轨道，炒买炒卖问题基本得到遏制。

救助管理与收养登记工作。救助管理工作以推动救助管理网络信息化建设为基础，以提高救助管理水平为手段，共实施救助1.99万人，保障了城市生活无着的流浪乞讨人员的基本生活权益，维护了社会稳定。积极推动救助管理网络信息化建设，全国救助管理信息系统在11个辖区市救助管理站及2个县级救助管理站已经开通并运行；为促进我省救助管理站的全面建设，规范救助管理工作，制定并下发了《“河北省救助管理文明单位”评比暂行办法》。全省共办理国内收养登记1199件、涉外收养登记17件，合格率达到100%。

（河北省民政厅　张继红　陈　忠　王六一　王仁国）

【老龄工作】　截至2005年底，全省共有60岁以上老年人口781.8万，占全省总人口的11.4%。全省各级认真贯彻落实党中央、国务院关于加强老龄工作的有关精神，针对人口老龄化形势和老龄工作实际，贯彻落实“党政主导、社会参与、全民关怀”的老龄工作方针，围绕实现“六个老有”的工作目标，扎实打基础，全面求发展，全省老龄工作取得了新的进展。开展了敬老爱老助老主题教育活动。由全国老龄委办公室、中宣部、教育部、团中央和全国妇联联合主办，中国老龄事业发展基金会协办的全国敬老爱老助老主题教育活动表彰大会于1月8日在北京人民大会堂隆重举行，唐山市常玉珍同志、沧州市于国栋同志分别被授予“中华孝亲敬老楷模”和“中华孝亲敬老楷模提名奖”荣誉称号；全省有134名同志被评为“全国孝亲敬老之星”。1月18日，省政府印发了《河北省老年人优待办法》，该办法于7月1日正式实施。配合中国太平洋人寿保险股份有限公司石家庄分公司，在石家庄等五市推行《老年人人身意外伤害保险》试点工作。3月11日，省老龄办组织召开了全省设区市老龄办主任会议，会议传达了全国老龄委第七次全体会议和全国省级老龄办主任会议精神，唐山等4个市介绍了开展老龄工作的先进经验，通报表彰了全省老龄工作先进县（市、区）和老龄工作先进单位，印发了《河北省2005年度老龄工作要点》。表彰了“全国老龄工作先进县（市、区、旗)”和“全国老龄工作先进单位”。4月12日，全国老龄委发出了《关于表彰“全国老龄工作先进县（市、区、旗)”和“全国老龄工作先进单位”的决定》，三河市、邯郸市复兴区、遵化市、石家庄市长安区、涿州市、任丘市共6个县（市、区）和赞皇县民政局共8个单位受到表彰。省老龄办先后两次在省内组织农业专家赴曲阳县进行扶贫活动，指导农民科学种田，进一步搭建、拓展了“老有所为”的平台和渠道。同时，对张家口、承德、保定市上报的“银龄行动”项目进行筛选，确定了28个受援项目，并与全国“银龄行动”办公室协调，争取中直机关离退休专家对口进行帮扶。创办了《老年日报·河北老龄版》。6月，省老龄办、省老年文化促进会经过与黑龙江老年日报社多次协商，达成了合作办刊的意见，将该报的第二版辟为“河北老龄版”，主要是宣传河北老龄工作的方针政策，报道河北老龄工作的重大活动，反映工作动态，宣传先进典型。8月28至9月5日，举办了全省老龄工作干部第三期培训班。通过培训，使参训的老龄工作干部，提高了老龄工作理论政策水平和专业知识水平，增强了做好老龄工作的责任感。9月15日，由省老龄委办公室、省老年文化促进会、省电视台联合举办的全省首届老年健康知识竞赛（决赛）在省电视台1号演播大厅隆重举行。来自各设区市的代表、省会各界群众共200余人参加了节目录制。经过紧张激烈的比赛，沧州市代表队获得第一名，石家庄、承德市代表队获得第二名，张家口、秦皇岛、唐山市代表队获得第三名。11月7日，省老龄委发出了《关于表彰全省老龄工作先进个人的通报》，表彰了全省100名老龄工作先进个人。

（河北省民政厅　于连军　梁　铭　王仁国）

文化产业

【艺术生产】　2005年是艺术创作大丰收的一年，新创排了河北民间歌舞晚会《燕赵风韵》，话剧《春打六九头》、《永不倾斜》，河北梆子《绝唱》、《杏妹》，豫剧《蓝花碗、金豆子》等优秀剧目。对河北梆子《大都名伶》、《宝莲灯》，唐剧《人影》等剧目进一步修改和提高。并成功组织创演了纪念抗日战争胜利60周年交响音乐会和大型文艺晚会《英雄河北》，成功组织举办了2005首届中国唐山国际皮影艺术展演和第十届中国吴桥国际杂技艺术节。“太行情·老区行”文艺巡演活动以配合全省文明生态村创建活动为主题，于4月—12月在广大农村进行了巡回演出。省心连心艺术团深入文明生态示范村和贫困村进行演出，共演出200余场，受到了老区群众和社会各界的热烈欢迎和广泛好评。话剧《春打六九头》在全省巡演。河北大戏院、河北美术馆举办了系列演出、展览活动。这些多姿多彩的文化活动极大地丰富了城乡人民群众的文化生活，有力地促进了全省精神文明建设。

精品生产成果丰硕。专业艺术领域共获国家、国际奖项123项。其中杂技《雏风凌空——女子集体车技》、《节日——女子造型》获第十届中国吴桥国际杂技艺术节金狮奖，唐剧《人影》获“2004—2005年度国家舞台艺术精品工程”提名剧目，唐山市皮影剧团皮影戏《观世音传奇》获2005中国唐山国际皮影艺术展演最佳剧目奖，评剧《香妃与乾隆》获第九届中国戏剧节优秀剧目奖，评剧《刘姥姥》获第八届中国映山红民间戏剧节特别荣誉奖，唐山市艺术学校舞蹈《影娃娃》获第五届中国舞蹈荷花奖“民族民间舞新蕾奖”。刘秀荣获第二届巴黎中国戏曲节唯一大奖——中国戏曲塞纳奖，省京剧院张慧敏、保定市艺术剧院河北梆子剧团李玉梅获第22届中国戏剧“梅花奖”，居桂男等6人获得第九届中国少儿戏曲小梅花荟萃活动“小梅花”称号，省话剧院苏润娟《两个人的芭蕾》获第11届中国电影华表奖、优秀夏衍文学剧本奖，周大明的论文《杂技教育的昨天、今天和明天》获“第五届中国文联文艺评论奖”二等奖，周大明和边发吉的科研课题《杂技概论》被确定为全国艺术科学“十五”规划2005年度部级科研课题。在抓好精品和品牌创作两个方面都取得了较好的成绩。

【群众文化】　围绕纪念抗日战争暨世界反法西斯战争胜利60周年，开展了“英雄励我快成长”歌咏比赛、全省革命历史故事大赛、燕赵少年读书之星评选、纪念抗战胜利60周年歌曲征集评比等一系列主题鲜明的群众文化活动，编辑出版了《英雄河北》、《为了胜利》等大型画刊；围绕红色旅游宣传文化活动，配合中办、国办《2004—2010年全国红色旅游发展规划纲要》的实施，组织指导红色旅游群众文艺创作和演出；策划编辑出版了红色旅游河北画报专刊《红色经典》；筹划建设了“红色旅游文献服务网”，在重要红色旅游地所在县建立“红色旅游”分馆4个；配合省政府在北京举办的红色旅游宣传周活动，组织举办了《新中国从这里走来》大型开幕式广场文艺演出；围绕中国电影百年诞辰，举办了“中国电影百年庆典燕赵行”、优秀爱国主义教育影片展映等活动。成功举办了河北省业余歌手大赛、河北省首届河北梆子票友大赛、全省中老年舞蹈比赛、首届冀京津河北梆子票友大赛等群众文化赛事活动，在元旦、春节、元宵节等重大节庆日，全省各地举办了多次大型民艺会演、元宵灯展、民乐会演、小戏小品调演等群众性文化活动。彩色周末和假日文化工程继续向广度和深度拓展，举办广场演出8000余场次，参与演职员80万余人次，宣传观众1000余万人次。举办了“和谐之声——河北省第二届社区文化艺术活动月”。展示了近年来群众文化艺术取得的丰硕成果，推出了一批新人新作，涌现了一批群众文艺精品，宣传展示了河北特色文化。

关注特殊群体的文化需求。开展了“城市因你而美丽—文化艺术进工地”系列演出活动；举办了“燕赵少年读书之星”评比活动；参与举办了第六届全国残疾人艺术汇演河北赛区颁奖演出、全省艾滋病专题文艺汇演等活动。

进一步加强公共文化设施的建设、管理和使用，初步形成结构合理、发展平衡、网络健全、运营高效、服务优质的省、市、县、乡（镇）四级公共文化服务网络。省图书馆改扩建工程完工后总建筑面积将达到4.3万平方米，藏书330万册，阅览坐席3070个，实现年接待读者150万人次。县级两馆建设及文明生态村文化建设工程也取得新进展。

重点文化工程扎实推进。召开了全省文化信息资源共享工程电视电话会议，明确了今后全省共享工程建设的任务和措施，加大了资源建设力度，接收国家中心数据向各级分中心、基层中心传输、投送数据3.8T。全省已建成省级中心1个，市、县级分中心70多个，基层中心和网点230多个；民族民间文化保护工程在制度建设、机构完善、宣传工作及业务工作上都有所加强，对推介和宣传燕赵文化，打造和培养河北地区文化品牌起到了良好的推动作用。送书下乡工程共争取国家资金127万元，为全省19个国家级扶贫开发重点县、190个贫困乡镇图书馆（室）赠送农村适用图书近10万册。农村电影“2131”工程争取国家和省专项资金620余万元，向全省近百个县（市）赠送了30辆流动电影放映车、20个电影大棚、196台电影放映机、137台发电机和400多个电影拷贝。省文化厅在全国农村电影工作总结表彰会议上荣获全国农村电影工作组织奖。

【文化市场监管】 一是严厉打击非法音像制品的经营活动。积极协调有关部门，深挖地下黑库、清理非法托运站、堵塞违法音像制品的运输渠道。查缴地下黑库6个，收缴非法音像制品50余万张。1月、4月举办了两次违法音像制品集中销毁活动，收缴销毁违法音像制品450万张（盘）。开展校园周边综合治理工作，全省共清理校园周边200米内的游戏厅、网吧等场所378家，净化了校园周边的文化市场。二是正式启动全省网吧监管平台系统。通过在全省6000余家网吧、近20万台电脑上安装监控软件和185个省、市、县（区）文化主管部门监控点联网，对网吧的超时营业和非法游戏实现了有效监控，初步实现了以高科技手段管理网络文化市场目标，取得了较好效果。利用农村演出市场预警机制，重点防范和打击了农村庙会低俗演出。大力发展演出中介组织，引进了一大批国内外优秀节目，丰富和活跃了群众文化生活。三是发展先进经营模式。制定实施了《河北省文化厅关于进一步提升文化市场经营业态推进和规范连锁经营的意见》，重点发展了一批连锁经营单位，对带动整个文化市场业态提升将发挥积极作用。编印了《依法行政文件汇编》、《文化市场法律法规文件汇编》，组织了三次文化市场执法人员和经营人员法律培训，在文化市场管理工作中积极推进行政权力公开透明运行试点，进一步规范了行政行为。

【对外文化交流】 全年对外及港、澳、台文化交流项目75批、991人次。其中派出团组33个、365人次；来访团组42批、626人次。涉及20多个国家和地区。接待文化部、外国驻华使节、友人及港澳台地区考察团11起、172人次。

积极实施“走出去”战略，文化交流更加活跃。成功组织了比利时“河北文化周”、“河北—韩国友好周”、香港经贸洽谈会文化展览。在香港迪斯尼乐园、东亚运动会开幕式以及在北美、欧洲、东南亚等地区开展的文化交流中，河北梆子、杂技、歌舞、评剧等多种艺术形式展示了河北丰富的艺术资源，树立了良好的艺术形象。成功举办了第十届中国吴桥国际杂技艺术节和首届中国国际皮影艺术展演，打造了对外文化交流的优势品牌，提高了河北文化的国际影响。

（河北省文化厅　巩雅琼）

【新闻出版】 2005年，在省委、省政府和新闻出版总署的正确领导下，全省新闻出版和版权战线以开展保持共产党员先进性教育活动为契机，一手抓繁荣发展，一手抓依法监管，各项工作都取得了明显成效，为河北经济社会的发展做出了积极的贡献。

围绕中心，服务大局，积极弘扬主旋律。各图书、报刊、电子、音像出版单位紧紧围绕纪念抗日战争胜利60周年、服务三农、加强未成年人思想道德建设等重大纪念活动和中心任务，策划出版了一批优秀出版物，为宣传河北、弘扬正气、凝聚力量，促进全省经济和社会的全面协调发展营造了良好的宣传文化氛围。为纪念抗战胜利60周年，策划出版了7种纪念抗战题材的重点出版物，引起强烈的社会反响。其中，《抗日英雄谱》连环画丛书得到省委、省政府领导的高度评价。同时，重点组织、生产了以《巨人之子毛岸英》、《血色大地的女儿》、《中华五千年》、《二十一世纪农业技术金盘工程》等为代表的近200种适合农民和未成年人阅读需求的优秀出版物，在一定程度上满足了人民群众对出版物的多样化需求。组织参与向青少年推荐优秀出版物活动，河北少儿出版社的《五星红旗》、《中国结丛书》入选总署向全国青少年推荐的100种优秀图书；方圆电子音像出版社的《西柏坡》、《中国共产主义运动的先驱——李大钊》入选中宣部、新闻出版总署等8部委联合向未成年人推荐的百种优秀电子出版物。组织开展了“第六届河北省优秀图书奖”评选活动，9种图书被评为“河北省优秀图书奖”；10种图书被评为“河北省优秀畅销书奖”，起到了很好的导向作用。

实施精品战略，着力打造河北出版的知名品牌。一是深入推进“燕赵文化精品工程”，组织指导各出版社，精心策划出版了《河北历史与文化》、《燕赵历史文化遗产》、《燕赵红色之旅》等20种体现燕赵文化、富有河北特色、深受群众欢迎的“燕赵文化精品工程”系列丛书。二是积极组织出版单位参与“中国图书对外推广计划”，在国家公布的入选推荐书目中，河北省5家出版社的《燕赵文化系列》、《中国唐山皮影艺术》、《中国蔚县剪纸艺术》、《中国结丛书》等13种图书名列其中，为宣传河北，使冀版图书走向世界迈出了可喜的一步。三是通过加强管理、政策扶持、人才培养等措施，积极培育扶持《燕赵都市报》、《燕赵晚报》、《思维与智慧》、《快乐作文》等省内名牌报刊的发展。河北日报社、石家庄日报社等10家报社被评为河北省第一届报社经营管理先进单位；保定日报社、石家庄日报社被评为第二届全国地方报社经营管理先进单位；《思维与智慧》、《华北农学报》获得第一届北方“十佳”期刊奖；《共产党员》、《老人世界》、《小学生必读》等14种期刊获第一届北方优秀期刊奖；《思维与智慧》、《民间故事选刊》等4家期刊获第三届国家期刊奖百种重点期刊称号。

加强宏观指导，积极推进产业发展。在认真调研论证的基础上，编制完成了《河北省新闻出版业“十一五”发展规划》及《河北省印刷业“十一五”总量、结构、布局宏观调控指导意见》，以省委、省政府两办的名义下发了《关于加快发展新闻出版业的若干意见》。以产业园区和产业集群建设为载体，充分发挥河北省环京津的区位优势和比较优势，依托京津冀的出版资源和市场，大力发展印刷复制、包装装潢和民营书业为主的出版产业。采取有效措施，积极推进保定雄县塑印包装工业园区、廊坊北方印刷城、唐山迁安印刷包装产业园等产业园区的规划和建设步伐，努力打造全省环京津出版产业带。同时，组织完成了2004年度全省新闻出版业调查统计工作，全省新闻出版业完成总产值197亿多元，增加值80多亿元，约占全省GDP的1%。

强化公共服务职能，开展各种捐赠活动。2005年，省局组织向张家口市张北县、承德市围场四所希望小学捐赠图书码洋达20万元；组织软件生产商开展“正版软件红色之旅”活动，向阜平县和平山县捐赠价值90万元的正版软件，有力地推动了软件正版化工作，为革命老区经济发展做出了积极贡献；同时，按照总署和省委要求，切实做好援藏工作和对口扶贫工作。配合有关部门，组织开展了第十二届全省青少年“心系祖国，健康成长”读书教育活动。

【出版管理】 加强源头管理，确保出版质量。图书、报刊管理部门从源头抓起，做到关口前移。严格执行重大选题备案制度，加强重大选题管理，通过采取明确审读任务、充实审读人员，落实审读经费，完善审读制度、健全审读体系、运用审读成果等六项举措，切实加强对书报刊的审读，尤其是加强了对敏感题材图书和30家学术理论、时事政治、文摘及文化生活类报刊的审读力度。一年来，审查报送重大选题备案出版物30多种，审读敏感选题40多种，审读图书近200种，占年出版新书数量的10%以上。在全国率先成立了出版物印刷产品质量监督检验机构，召开了全省出版物印刷质量管理工作会议，全面加强对出版物印刷质量的监督管理。在总署组织的2004年度出版物印刷优质产品检测认定工作中，河北省选送的720个图书、期刊品种被认定为出版物印制优质产品，其中优等品5种。河北省出版总社荣获出版物印制优质产品租型单位铜奖，涿州市星河印刷有限公司荣获出版物印制优质产品印制企业百强。

严肃查处各种违规出版行为。加强对书、报、刊号的管理，严肃查处违规出版行为并予以严惩。对方圆电子音像出版社和河北音像出版社的3起“买卖书号”和“变相买卖书号”的违规行为进行了严肃查处。通过召开报刊社负责人会议、记者站站长会议、报纸管理工作会议以及期刊管理工作会议等，认真落实《新闻记者证管理办法》、《报社记者站管理办法》、《报纸出版管理规定》和《期刊出版管理规定》，进一步加大对新闻出版活动的管理力度，查处违规报刊社4家，停刊整顿3家，行政警告1家，找总编谈话40余人次，查处违规案件56件，收回了167家连续性内部资料准印证，注销了9家记者站，取消了22家记者站。

深入开展“扫黄打非”斗争，严厉打击各种侵权盗版行为。一是把查处政治性非法出版物和抓大案要案作为“扫黄打非”工作的重中之重。2005年，各地围绕一些政治事件、敏感话题，全力查缴和封堵政治性非法出版物，使其在全省得到有效遏制。同时，各级新闻出版行政部门以查办非法出版、印制、发行案件为突破口，加大查处力度，特别是对影响政治稳定和未成年人健康成长的案件，做到了追根溯源，从严从快查处。重点查处了定州个体书商销售政治性非法出版物《2005黑幕》案、驻石某指挥学院印刷厂非法印刷案，安新、定兴县教育局违规征订、发行教辅案，沧州肃宁赵九地非法印制发行案，承德平泉一非法教材发行站违规经营教材教辅案等六起大案要案，有力地震慑了违法犯罪分子的嚣张气焰。二是在全省范围内组织开展了一系列以封堵政治性非法出版物、收缴淫秽色情出版物、查处盗版教材教辅、打击盗版音像制品为主要内容的出版物市场专项治理行动，收到较好的效果。开展了以未成年人为主要对象的有害出版物专项治理。各地以中小学校及其周边、城乡结合部、电子出版物市场、电脑科技城等区域和部位为重点，加大查处力度，使淫秽色情“口袋本”、现代迷信读物、有害卡通画册、不良游戏软件、“粗口歌”音像制品等有害出版物明显减少，为青少年健康成长营造了良好的社会环境。专项治理期间，全省共出动检查人员7699余人次，检查出版物经营单位4670多家（次），音像制品经营场所3250家（次），印装企业2267家（次），收缴各类非法出版物8.21万余册，盗版音像制品2.42万余（张），查处违规经营单位67家，取缔无证摊点205个。石家庄市局联合市直八部门共同开展了打击盗版教材教辅专项治理行动，通过建立健全长效监管机制、开设举报专线、开展“拒绝盗版，从我做起”宣传活动、集中销毁非法出版物等多种形式，坚决打击非法出版、印刷、发行、采购、使用盗版教材、教辅的行为，收到了较好的效果。开展了打击盗版音像制品专项行动，各市、县对本辖区内的重点地区、重点场所进行突击检查，对经营不规范、问题多的经营场所责令其停业整顿，对经营盗版音像制品数量大的音像经营单位，严格按照《条例》规定，坚决予以查处。同时，加大排查力度，摧毁了一批地下黑窝点，并通过当地新闻媒体展示专项行动的重大成果，使盗版音像制品泛滥势头得到有效遏制。据统计，全省共出动检查人员1.67万人次，检查经营场所7740余处，收缴盗版音像制品188.95万张，对问题严重的306家经营单位进行了行政处罚，取缔违法经营单位340家。开展了印刷复制业专项整治行动，重点查处各种非法和违规的印刷复制行为，取缔无证照印刷复制窝点。共检查印刷复制企业9813家，查处违法印刷复制活动162起，收缴各类违法印刷品27.42万册（张、盒），没收非法所得和罚款80.82万元，处罚违法违规企业和单位143家，1起1人移交司法机关追究刑事责任。在验收检查中，新闻出版总署、全国扫黄办对河北省此次专项行动给予充分肯定。会同有关部门，开展了整顿和规范市场经济秩序专项行动，各地以图书市场、出版物经营单位以及车站、码头、宾馆、校园周边、居民区为重点，对盗版教材教辅、盗版软件、非法复制等侵权盗版行为进行了重点整治，对危害青少年健康成长的非法出版物予以了坚决取缔，出版物市场逐步走向规范。

【版权管理】 以纪念“世界知识产权”和“世界图书与版权日”为契机，继续加大著作权法宣传力度。深入开展著作权法宣传周活动，开展了中学生版权保护主题教育活动，举行了十大作品著作权登记证书颁发仪式，切实增强全社会著作权知识和保护著作权的意识；成立了河北省版权协会，进一步完善了著作权社会管理组织；按照国务院工作部署，狠抓了省直机关软件正版化工作，落实了省直机关软件正版化资金466万元，以场地许可方式使省直单位软件使用已经全部实现正版化。省级以下政府机关使用正版软件工作进展顺利。

（河北省新闻出版局　杜中伟）

【文物新发现】 全省文物部门文物藏品有52.71万件，其中一级文物1103件，二级文物10561件，三级文物4.74万件。动工实施的文物保护维修项目总预算1.78亿元，已累计拨人文物保护专项经费5148万元，本年度拨入3130万元。2005年，全省新发现的重要文物主要有以下几项：

易县北福地史前遗址考古发掘项目，被评为“2004年度全国十大考古新发现”。在该遗址发现了房址、灰坑、祭祀场所遗迹，出土了玉器、石器、陶器等重要遗物，特别是发现了大量刻陶假面具，为研究原始宗教或巫术提供了重要资料。该遗址处在新石器时代中原、北方、山东三大文化区之间的交界地带，对于研究早期新石器文化生存发展与环境人地关系，具有重要意义。

阳原泥河湾马圈沟遗址出土世界最早的草原猛犸象化石，在国内外产生了重大影响。2001年，考古工作者曾在马圈沟遗址发现了人类活动遗迹，即原始人群对一具草原猛犸象敲骨吸髓的生活场景以及散落在周围的打制石器。与文化遗物相伴，出土的草原猛犸象化石的古地磁年龄为距今166万年，成为全球范围内草原猛犸象最早的化石纪录。此前，草原猛犸象最早见于西伯利亚东北地区，其时代约为120万年前；在欧洲，最早的草原猛犸象发现于100—80万年前的地层中。马圈沟遗址的发掘与研究将草原猛犸象的历史推前了约50万年。泥河湾盆地内新发现旧石器时代早、中、晚不同时期的文物点20余处，在马圈沟遗址发现四层含化石及石块的堆积，后沟遗址出土编号标本696件，其中化石500余件。对泥河湾石器文化序列的建立及泥河湾古湖的演变等方面的研究有重要意义。

涿州永济桥引起文物专家高度重视。3月，国家文物局和清华大学建筑学院的古建专家赴涿州视察了省级文物保护单位——永济桥。永济桥在清理中，南侧发现三种形制的涵洞25孔，北侧发现涵洞4孔。该桥规模宏大，建造科学，结构特殊，风格独特。原桥始建于明代，河水改道后将桥改为堤，清代建成现桥。南北引桥下设涵洞，水小时洞下过水，水大时洞上行洪，既能过水又能行人；桥下分水尖安装破凌铸铁，具有明显的北方特点。专家们认为，永济桥可能属于我国北方地区最长的石拱桥。主桥、南北引桥和两端原有建筑以及清乾隆帝的御制碑，无不昭示着该桥深厚的文化底蕴和重要的历史作用。

在定州市叮咛店镇子远村南的大沙河内，距地表15米深处出土了两具大型古生物化石。经有关专家初步认证，是两根保存完整的诺氏古菱象牙和下颌骨化石，距今约20多万年。象牙长约3.34米，下颌骨直径为80厘米。大象高约4.5米，长约9米，体重约十几吨。20多万年前，这种体形巨大的古象生活在温暖湿润的华北地区，并早已在地球上灭绝。据专家推测，大象化石很可能是古代从上游的唐县境内被洪水冲来。本次考古发现，对研究华北地区古代地理气候演变具有较高的科学价值。

井陉窑遗址发掘总面积310平方米，深度7.8米。在元代古城址层下获得了隋、唐、五代、宋、金连续叠压的窑址文化层，披露了同一位置的唐、宋、金代作坊、房屋、窑炉等，丰富了井陉窑文化。

正定开元寺须弥塔内惊现文物千余件。5月，维修人员在清理正定开元寺须弥塔塔刹时，在宝珠一、二、三层内惊现文物千余件，包括蚌器、玛瑙、水晶、铜器、金银器、木器、玉器、料器、石器、珐琅器、古钱币、经书等类。大多色泽鲜艳、明亮，保存完好，古钱币多为清代，少数为北宋铸造。同时发现的丝簿上记录了这些器物乃清代重修塔时周围村庄的善男信女所捐献。另外，在塔刹宝珠一层上还发现刻有康熙六年铭文，约100余字，简要记叙了须弥塔创建于唐贞观年间，清顺治、康熙年间重修的史实。铭文及众多文物的发现，为研究须弥塔的重修年代及当时的社会生活、人文环境提供了重要的实物资料。

石家庄市发现6座古墓。7月，石家庄市文物部门在市区某宿舍楼工地发现6座古墓，并进行了抢救性发掘。其中2座为“中”字型东汉砖室墓，4座为金代砖室墓。这些古墓虽经早年盗扰，但仍出土大量陶、瓷片及少量铜器和钱币，经初步整理修复，完整或可复原的随葬品约有40多件。根据对两座汉墓的形制结构和墓内随葬品的研究，墓主人应有一定的社会地位。这次发掘对于研究汉代、金代葬俗文化以及石家庄的历史和文化发展具有一定的参考价值。

在南水北调滹沱河倒虹吸工程工地发现宋代石桥。在距地表约7米深的沙层内发现10余块石料，经初步鉴定，认为是一座古桥的构件。共挖掘出各类石件近百块，其中部分石块上刻有文字或留有双银锭腰铁嵌联痕迹，桥面石表面光滑，最大一块长2.2米、宽0.9米、厚0.5米，吸水兽雕刻精美、形象生动。经考证，初步认定此桥始建于北宋政和二年（公元1112年），重修于金大安三年（公元1211年），是一座民间集资兴建的平板石桥，对于研究石家庄一带的历史、交通以及滹沱河水系的变迁具有较重要的意义。

山海关三清观考古获新发现。8月，在配合山海关古城保护项目中，文物部门清理出土大量的建筑基础石料和石碑一通、石造像一尊。三清观位于山海关西罗城小北门外，东南距山海关——天下第一关约1.5公里，南北长74.3米，东西宽57米，占地面积4235平方米，建筑布局为影壁、山门、牌坊、前殿（灵官殿）、东西厢房、正殿、东、西配殿。本次考古勘察清理出原山门基础、牌坊基础和基座、前殿基础及牌坊的抱柱石（也称夹杆石）等。清理出的石造像在河北尚属首次发现，造像高0.78米，盘腿而坐。胸部束有一条黑色宽带，虽历年久远而色未衰褪。当地有关人士初步认定，可能为明代。三清观曾是京东名观之一，历史上多次修缮。

【博物馆与纪念馆陈列宣传】 以纪念抗战胜利60周年暨世界反法西斯战争胜利60周年为契机，完成了晋察冀边区革命纪念馆改陈建设。纪念馆改陈后，基础设施和陈展条件明显改善，建筑面积达1900平方米，展线长350米，展出文物338件、历史图片200多幅。8月31日，省委、省政府隆重举办了晋察冀边区革命纪念馆揭幕仪式。

积极推进河北博物馆新馆建设。3月完成了《河北博物馆项目建议书（代可行性研究报告）》及《河北博物馆环境评估报告》。5月初，省委书记白克明、省长季允石联名致信国家发改委主任马凯，恳请尽快批准河北博物馆项目立项。5月30日，省委、省政府领导及省直有关部门负责人到省博物馆考察调研，省领导特别提出要加大对河北博物馆建设的支持力度。7月《河北博物馆项目建议书代可研报告》通过中国国际咨询公司组织的专家评估，并于8月将评估报告报国家发改委。9月向国家发改委补报了《选址意见书》，土地部门将《土地使用初审意见》报国土资源部。

以发展红色旅游为契机，加强爱国主义教育基地的文物保护工作。会同省发改委、省旅游局、省建设厅编制了红色旅游景区革命旧址维修和纪念馆改陈建设方案。组织实施了唐县白求恩柯棣华纪念馆、华北军区烈士陵园、晋冀鲁豫烈士陵园、前南峪抗大陈列馆等单位的项目申报、展览制作技术指导。冉庄地道战遗址保护工作得到中央和省领导的高度重视。其整体保护规划已经国家文物局批准，年内对地上部分建筑及地道、作战工事进行了维修，已完成9户民居的抢险维修。《冉庄地道战遗址整体维修方案》正抓紧制订，地道战文物的征集、资料收集工作也在加紧进行，将为新馆的展陈提供充实展品。

精心组织创作精品和精品推新。西柏坡纪念馆重新规划和改陈建设，在保持原有建筑风貌的前提下，陈展面积由2200平方米增加到4400平方米，展线长度由340米增加到1100米，展览内容更丰富，主题更鲜明。该馆年内接待中外观众约100万人，创历史新高。山海关长城博物馆围绕学术性、通俗性、趣味性和参与性进行丰富创新，主题陈列学术严谨、内容丰富、散发着浓郁的时代气息，取得了很好的展示效果。“西柏坡—新中国从这里走来”、山海关长城博物馆“华夏脊梁”展览，分获第六届（2003—2004年度）“全国博物馆十大陈列展览精品”特别奖和精品奖。

春节期间，省博物馆在常设陈列全部开放的基础上，特别推出了《恐龙时代》、《丰子恺漫画展》，《“原始”童画》三个展览，设置了多项观众动手参与的互动项目，并通过多种方式提前向社会进行宣传。由于宣传工作深入到位，从1月10日起，就有观众不断打电话咨询，表示了极大的关注与热情。原定于1月25日正式开展的《恐龙时代》展，从23日开始就有许多观众提前目睹了“恐龙风采”，以期先睹为快。为满足人们的参观愿望，省博物馆将春节七天开馆时间定为9时至17时，正月初三还延长至18时，正月初五一天就接待了4230人。截至正月初八，观众已达3万人次，其中免费接待未成年人1.1万人次，票房收入15万元。

【文物保护与维修】 抓好山海关古城文物保护维修工程。省委、省政府领导非常重视山海关古城保护工作，多次召开现场办公会，听取汇报，给予指示。为切实做好古城的文物保护工作，按照工作进度，组织完成了山海关东罗城服远门、东门、东北角台整体保护方案，南门、西门城台维修工程竣工并通过验收，北门修缮工程正在进行。

文物建筑维修工程取得新进展。本着分清轻重缓急、分步实施的原则，完成了涞源兴文塔维修、正定开元寺须弥塔维修加固、定州考棚修复、宣化辽墓防渗治理、响堂山石窟保护等工程；正在进行新城开善寺金刚殿、天王殿、涿州双塔、武安舍利塔等15项维修工程；沧州文庙、涿州双塔及永济桥、涞水怡贤亲王园寝等保护规划正在制定之中。为拓宽业务范围及事业发展，省古建队伍加强与兄弟省市之间的交流与合作，业务遍及西藏、四川等十几省市，完成了西藏萨迦寺等文物勘察设计和内蒙公主府等施工任务。

强化大遗址保护规划编制工作。燕下都遗址、定窑遗址总体保护规划编制工作取得阶段性进展，中山古城遗址、元中都遗址、邢窑遗址、井陉窑遗址、封氏墓群总体保护规划编制工作已经启动。由中国文物研究所和东南大学编制的《邺城遗址保护利用总体规划》已完成初稿，并按照规划论证会的意见进行修改完善。

【文物考古发掘】 全力做好南水北调工程文物保护和考古调查发掘工作。制定出台了《河北省南水北调中线干线建设工程文物保护管理暂行办法》等一系列规章制度，7月召开了南水北调中线干线工程文物保护调度会议。启动了磁县北朝墓群、唐县北放水遗址、邯郸林村墓地以及漕河渡槽工程文物遗存点的考古发掘工作；完成了荆山遗址和墓地考古发掘工作。总勘探面积13万平方米，发掘面积1万余平方米，出土遗物（包括可复原者）3000多件（套）。按要求编制完成了南水北调文物保护控制性项目保护方案及经费概算。9月中旬，承办了国家发改委投资评审中心召开的南水北调控制性文物保护项目概算审查会。

配合基本建设工程，田野考古取得新成果。配合国家重点基本建设工程，共进行了60多项考古调查、勘探和发掘工作，行程3500公里，勘探面积40多万平方米，发现各类文物点400余处，出土各类文物3000余件。石黄公路沧州至黄骅段、西气东输冀宁段、沿海公路秦皇岛至冀津界段等部分考古发掘项目取得重要发现。对昌黎斐家堡元代遗址等发掘，发现灰坑、墓葬、房址等遗迹，出土陶、瓷、铁、铜等各类质地遗物千余件，为研究战国至元代以来古聚落的分布、变迁以及人们的生活方式、民宅建筑形式提供了珍贵的参考资料。

【文物资源利用】 全省各级博物馆、纪念馆认真落实“三贴近”原则，发挥宣传展示和社会服务功能，共举办各具特色的展览160多个。省博物馆充实展览内容，改善服务设施和环境，提高服务质量，除进一步完善基本陈列外，还推出《明代吴门绘画精品展》、《海底世界》等18个精彩展览，年接待观众25万人，其中未成年人15万人，占总人数的60%；省民俗博物馆免费向社会开放，增设了互动参与性活动。参观者可以参与“武强年画”和“蔚县剪纸”的现场制作，增强了吸引力，并推出民俗文化、中华美德进校园和社区等活动，在构建社区精神文明及和谐社会中发挥了积极作用；丰宁满族自治县推出的“胡骑戎马民族风”——丰宁历史文物展以及“无悔的岁月”——承德知青文物展等地方特色展，丰富了当地群众的文化生活。组织专家对廊坊市博物馆、泥河湾博物馆、喜峰口长城抗战纪念馆的建设和陈展方案进行了论证和指导，制定出台了《河北省非国有博物馆管理办法》。

【文物安全防范】 完善重点文物保护单位的安防、消防设施。完成了清西陵的技防工程安装、调试和定州博物馆技防工程验收以及蔚县释迦寺、涉县129师陈列馆、泊头清真寺等10多处文物保护单位的消防方案等工作。年内先后对省直文博单位和部分市县的文物安全工作进行了检查，发现的问题及时进行了整改。

抓住焦点问题，加大文物执法督查力度。全年查处典型文物违法案件10余件，长期未决的金山岭长城管理体制问题得到彻底纠正。金山岭长城交由滦平县管理，原经营公司撤出，恢复金山岭长城管理处（副科级事业单位），隶属县文物局，负责长城保护、管理和利用。配合公安、司法部门，对发生在容城、安新等12起案件中涉及的1298件物品进行了鉴定。其中4件定为三级文物，1034件为一般文物，为公安、司法部门打击文物犯罪提供了量刑的依据。

【文物保护基础工作】 抓好文物建档工作。圆满完成第五批全国重点文物保护单位记录档案以及1—4批全国重点文物保护单位记录档案主卷—文字卷备案工作。共制作档案686卷，完成文字近300万字，图纸、拓片近400幅。因建档工作成绩突出，省文物局被国家文物局评为全国重点文物保护单位记录档案备案先进集体和全国一级文物建档先进集体。向国家文物局推荐第六批全国重点文物保护单位130处，60多处可望公布为全国重点文物保护单位。

受国家文物局委托，完成了全国“文物保护单位记录档案档号编码”课题研究。记录档案档号编码的实施，将使全国每一处文物保护单位都拥有唯一的“身份证号码”，为文物保护单位记录档案标准化、信息化管理提供了必要条件。河北省在全国率先完成了各级文物保护单位编码工作，还完成了31省市(区)60多位编码人员的培训任务。

按照国家文物局的部署，对全省174个国有文物收藏单位46万件文物腐蚀损失情况进行了全面调查。汇总了33万个调查数据，精选了190余张实物照片，统计综合了不同级别、不同材质文物的腐蚀损失百分率，研究分析了馆藏文物保护管理存在的问题；完成了以邯郸市辖区内博物（纪念）馆为试点的调研工作，调研报告较全面地论述了邯郸市博物馆基本情况和建设发展状况；完成了沧州、衡水两市省级文物保护单位的调研和评估工作，掌握了翔实的数据和相关资料。组织专家对省文物研究所、省文物保护中心等十几家文物收藏单位的542件馆藏文物进行了鉴定，其中珍贵文物129件，一般文物408件。

加强文物科研工作。完成了省文物研究所标本室青铜器保护与修复工程，开始进行高庄汉墓出土金属文物的保护修复；承担并完成了辽宁葫芦岛博物馆青铜器保护工程。完成了《古墨无动力修复技术研究》课题项目并申报国家文物局科研课题；完成了泥河湾古象足迹加固保护二期工程技术方案以及正定隆兴寺历代石刻、丰润天宫寺塔出土经卷、定州辽代塔基地宫壁画和汉代墓葬出土彩绘陶器保护方案。

加强文物专项资金的综合治理。制定了《省级文物保护专项补助经费申报、审批等程序的规定》，并建立、健全了相关项目的财务档案。加强财务预算和专项资金监督检查工作，对省直以及部分市县文博单位进行财务审计，组织文物系统财务领导和财会人员进行了法规业务学习培训。

（河北省文物局　王志敏）

【档案业】　2005年，河北省各级档案部门坚持把服务放在档案工作的首位，不断拓展服务领域，推出新的服务举措，丰富服务内容，提高服务水平，为社会各项事业的发展发挥了有力的促进作用。特别是面向社会，积极配合政务公开、依法行政，不断把已公开现行文件利用工作推向深入。截至2005年底，全省已建立省、市、县三级现行文件中心160家，其中省和11个设区市已全部建立，县级已达到86%，此项工作正逐步向乡镇扩展，全省已有216个乡镇建立了现行文件查阅中心试点，各级现行文件中心已收集文件23.5万份，接待利用者5.4万人次。

固本强基，档案馆建设取得丰硕成果。一是基础设施建设成效显著。一年来，有4个县（市）、区建成新的档案馆，另有5个档案馆迁入新居，4个档案馆通过改、扩建，增加了馆库面积，全省各级档案馆建筑面积达到18万平方米。二是档案资源愈益丰富。各级档案部门积极贯彻落实《河北省档案接收和收集管理办法》，确保应进馆档案及时完整地接收进馆，并加大了重大活动、重大事件档案的跟踪和接收力度。同时开展了与人民群众联系密切的档案收集活动和特色档案的征集接收工作，丰富了馆藏内容，优化了馆藏结构。一年来，各级综合档案馆共接收征集档案34万卷，馆藏总量达到658万卷、156万件、176万册。三是档案馆功能逐步拓展。一批设有展厅、报告厅、电子阅览室、现行文件阅览中心等设施的新档案馆陆续建成并投入使用。各级综合档案馆的社会教育功能进一步加强，截至2005年底，全省已有90个档案馆被当地党委、政府命名为爱国主义教育基地，接待参观者达26万人次。

加快发展，档案管理现代化建设积极推进。馆室藏档案文件目录数据库建设进度加快，全省各级综合档案馆已录入案卷级目录188万条，文件级目录2700万条。其中有29个档案馆全部完成了馆藏文件级目录的录入工作。省馆和一半以上的市、县档案馆已开始运用计算机辅助档案管理。网络建设取得较大进展，已有26个市、县建立了档案信息网站，网上开放档案资料目录120多万条。档案科研工作取得新的进展，有3个项目在国家档案局立项，51个项目在省局立项。

依法治档，档案管理水平稳步提高。一年来，各级档案部门坚持依法管理档案事业，强化档案行政执法监督，档案事业宏观管理水平进一步提高。全省95%以上的机关单位实行了新的立卷归档办法，档案管理现代化水平明显提高，省、市、县三级年度立卷合格率每年都在90%以上。全省已有1.66万个机关、团体、事业单位的档案工作通过目标管理认证，已有26个系统实现了档案工作目标管理认定“一片红”。各级档案管理部门积极参与到企业破产清算、检查验收等组织中，共接收了416个转制企业的档案13万卷，确保了破产转制企业档案的完整与安全。根据民营企业的经营管理特点，逐步将各类非公有制经济组织档案工作纳入管理范围，为促进非公有制经济健康发展发挥了积极作用。重点建设项目档案工作不断取得新成绩，全省各级档案部门共对当地重点建设项目档案工作指导100多次，参与项目验收40多项，确保了建设项目档案的齐全完整、安全保管和有效利用。

2005年，各级档案部门围绕纪念抗战胜利60周年等重大事件、重大活动，多层次、全方位搞好服务，取得显著成效。举办了“承德抗日斗争档案展”、“牢记历史、珍爱和平”等有意义、有影响的展览，通过档案刊物、档案信息网站、公共媒体等渠道开展了多种宣传活动。不仅充分发挥了档案工作在服务重大活动方面的资源优势，也向社会广泛地宣传了档案工作。到2005年底，全省各级综合档案馆已向社会开放档案155.5万卷，接待利用者15.5万人次，提供档案资料44.8万卷次；公开出版编研成果43种、447万字，内部参考资料315种、1762万字；举办各类展览80多期，接待参观者255万人次，取得了良好的社会效益和经济效益。

【城市社区档案建设】　全省已有1860个社区建立了档案工作，城市社区建档率达93.6%，其中保定、唐山、石家庄、秦皇岛、衡水、邯郸等6个市社区建档率已达100%。从本年开始，社区档案工作开始走入家庭，各地已建立家庭档案试点751个。社区档案工作在为社区百姓服务、促进社区建设、扩大基层民主、维护社会稳定等方面发挥了显著作用，特别是社情民意、下岗职工和城市贫困人口最低生活保障金发放档案，群众健康档案，孤寡老人档案，诚信档案的建立和利用，有效保障了社区居民的利益，受到了广大群众的欢迎。

【档案为“三农”服务】　全省档案部门把服务“三农”作为档案工作更好地为全面建设小康社会服务的重要任务，在巩固乡镇档案工作规范化和农村建档成果，抓好土地承包合同、流转合同进馆工作的基础上，又结合新的形势，开展了送现行文件下乡、建立专题档案、开展文明生态村建档等工作，把农业农村档案工作进一步引向深入。到2005年底，全省农村建档率达到91.1%，乡镇档案工作“四有一能”率已达92.8%。已接收进馆土地承包合同档案1100多万份、土地流转合同档案22.5万份。据不完全统计，各地通过利用上述档案，已排解纠纷8000多起，为维护农村稳定发挥了重要作用。同时，各级档案部门开拓思路，变被动利用为主动服务，结合当地实际，建立为“三农”服务专题档案、农村法规政策文件汇编、涉农专题档案目录、农民阅档指南等。保定、唐山等市积极开展送现行文件下乡活动，把与农民利益密切相关的政策、法规等送到田间地头，送到农民手中。唐山、衡水、沧州等市协同指导有关部门建立并规范了劳务输出档案，石家庄、衡水、邯郸等市建立了农户信用档案，张家口、承德市狠抓坝上生态农业档案的规范化管理等。为当地农业发展、农村稳定、农民增收发挥了重要作用。

【档案法制建设】 2005年，河北省各级档案部门依据《行政许可法》对档案行政许可项目进行了认真清理，保留并向社会公布了5项行政许可事项，4项非行政许可审批项目；制定了《关于档案行政许可过错责任追究的暂行办法》等7项配套制度，实行了档案行政审批网上公开承诺，明晰了档案行政许可流程，在河北档案信息网站上设置了专门的栏目，将档案行政许可项目纳入了河北省电子政务网上审批系统，为群众提供了方便、快捷的服务。加大行政执法检查力度，除结合立卷改革和实施年度立卷合格证制度，对各级机关、团体、事业单位档案工作进行执法检查外，还适时开展了以档案安全、馆库建设、企业职工档案、基建档案、行业系统档案管理等为重点的专项执法检查。广泛开展档案法制宣传教育活动，利用档案法规宣传月和宣传日及节日、纪念日等契机，采取摆放展牌、橱窗展示、悬挂条幅、散发宣传品、利用电视电台等媒体和文艺演出等形式，大力开展档案法规宣传活动，社会效益明显。

（河北省档案局　李　静）

广播电视

【概况】 “十五”时期，全省广播电视事业成就显著。一是宣传能力得到进一步提升。全省广播和电视节目年制作总量分别达到19.08万小时和11.45万小时，分别比“九五”末增长了32.64%和2.4倍。全省制作的广播电视节目共获得国家级奖150多项，获奖数量和档次居全国前列；相继推出了河北电台《阳光热线》、《财经直播室》，河北电视台《真情旋律》、《今晚报道》等一批在全国有较大影响的知名栏目，其中《真情旋律》被授予“荣誉新闻栏目”称号；广播影视文艺创作进一步繁荣，有5部作品获中宣部“五个一工程”奖，10部作品获中国电视剧“飞天奖”，19部作品获中国电视“金鹰奖”。推出了一批质量较高的影视剧，如《西柏坡》、《神医喜来乐》、《戎冠秀》等，取得了良好的社会效益和经济效益。二是事业建设跨上了新的台阶。完成了全省微波干线数字化改造工程，并实现了京冀晋蒙4省（市、区）的区域联网；完成了832个新通电行政村和2407个50户以上通电自然村“村村通广播电视”工程，广播电视人口综合覆盖率分别达到98.63%和98.62%，高于全国平均水平4.15和2.81个百分点；全省有线广播电视网络总长达到8.14万公里，有线电视用户达到493万户，比“九五”末增加195.65万户，年递增15%以上，增幅高于全国平均水平约7个百分点；河北电台、电视台节目制作、存储、播出、传输、发射等环节基本实现了数字化，一批市、县相继建成了广播电视中心，配备了先进的技术设备，节目制作、播出和传输质量有了较大提高。河北电台的生活频率、少儿·音乐频率和河北电视台的少儿·科教频道、公共频道、农民频道先后开播，三是广播电视宣传实力进一步增强。广播电视经营和投资实现了较快增长。“十五”期间，全省广电系统累计创收69.23亿元，年均增幅15.3%，高于全省国民经济年均增速4.1个百分点；“十五”期末，固定资产总量达到43.03亿元，比“九五”期末增长了1.3倍，年均增幅20.4%。四是广播电视体制改革取得了重要进展。完成了省、市两级有线和无线电视台合并；调整了中波台管理体制，全省设区市18座1千瓦以上中波台按照“省市共管”模式投入运行；完成了省、市两级有线广播电视网络整合，组建了河北广电信息网络股份有限公司及11个设区市分（子）公司。

截至2005年底，全省共有省市级广播电台12座、电视台12座，共有县级广播电视台139座，共计开播广播节目88套、电视节目99套。全年共计播出广播节目34.14万小时，播出电视节目60.66万小时；全年制作广播剧1156部、1198集，制作电视剧16部、330集。全省共有中、短波发射（转播）台30座，发射功率40部、268.0千瓦；共有调频发射（转播）台118座，发射功率164部、121.2千瓦；共有电视发射（转播）台362座，发射功率441部、260.9千瓦。全省开通广播电视专用数字化微波线路1529公里，共有广播电视卫星收转站11352座。全省广播电视系统从业人员2.74万人，全年经营创收收入20.03亿元，比上年增长16.18%。其中广告收入12.88亿元，比上年增长16.46%。

【新闻宣传】 广播电视宣传以贯彻落实“三个代表”重要思想和落实科学发展观为主线，先后兴起了“加快发展、振兴河北”、保持共产党员先进性教育活动、构建“和谐河北”、传达学习十六届五中全会和省委六届八次全会精神四个宣传热潮。全省广电系统精心组织，周密部署，报道思路新、形式活、声势大，有力地引导了社会舆论，得到了各级党委、政府和社会各界的好评。各级电台、电视台认真贯彻“三贴近”原则，努力进行宣传创新，推出了一批人民群众喜爱的栏目和节目，如河北电台的《阳光热线》、河北电视台的《新闻广角》、石家庄的《民生关注》、廊坊的《廊坊零距离》、邢台的《服务直通车》和邯郸的《清晨热线》等。在2004年度中国广播影视大奖评选中，河北电台《阳光热线》和河北电视台《真情旋律》入选“十佳新闻栏目”，获奖数量和档次均居全国省级台前列，省局成功承办了中国广播电视名牌栏目高层论坛暨“十佳新闻栏目”展示晚会。石家庄、承德、保定电视台在飞天奖、金鹰奖和中国电视纪录片优秀奖评选中均榜上有名。唐山市局完成了国家广电总局关于“日本侵华广播史专题研究”的科研立项，填补了国内广播史学研究的空白。对外宣传方面，河北电视台为美国斯克拉电视网提供介绍河北情况的专题片近百部（集）、500小时，河北电台与中央台、唐山、秦皇岛、邯郸等市合作，录制了《走进唐山》、《走进秦皇岛》、《走进邯郸》等大型直播节目，扩大了河北在国内外的知名度和影响力。

【广电建设】 一是广播电视有效覆盖进一步扩大。完成了2407个50户以上通电自然村“村村通”广播电视工程；积极落实“民心工程”目标责任，全省新增有线电视用户67万户，超额完成了年增长15%的目标，其中增幅较大的秦皇岛、承德、石家庄、唐山等，均超过8万户。二是频率、频道资源进一步丰富。经国家广电总局批准，河北电视台农民频道、唐山电台和秦皇岛电台音乐频率、廊坊电台曲艺频率、承德电台交通文艺频率先后开播。三是技术装备和基础设施进一步改善。继省台之后，各市电台、电视台新闻节目制作和传输基本实现了数字化。省局投资600多万元，更新发射机20多部，提高了信号播出质量和安全系数。张家口投资1300多万元建成了电视演播厅，石家庄、邢台完成了新建广电大楼的立项工作。河北数字移动电视相继在秦皇岛、石家庄、保定、唐山、邢台、沧州等地开播，唐山数字电视节目收入超过100万元。

【行业管理】 加强了对新闻直播类节目和娱乐类节目的管理，部署和开展了抵制低俗之风、“净化荧屏”的工作，收到了较好效果。贯彻国家广电总局17号令，先后制止并查处违规播放广告30件，查处了省内个别台违规播放禁播节目和播放虚假药品广告的问题，对不按时完整转播中央台和省台《新闻联播》以及乱播滥放等违纪违规行为进行了纠正。持续开展了境外卫星电视传播秩序专项整治，查处非法接收卫星电视设施单位80家，取缔非法安装单位34家，扣押非法接收设备212台。规范了对广播电视节目制作经营和电视剧制作单位的管理，批准审查电视剧10部。配合公安部门，对从事网上播放视听节目业务的网站和宽带小区进行了检查，查处了违规网站。进一步加强了技术管理，各级广播电视技术部门通过加大设备投入、健全安全保障机制、加强队伍建设等措施，提高了广播电视设施安全防范能力。建立了省级预警信息发布平台，在省、市两级广电网络安装了信息接收终端，20个5万户以上有线电视网络前端全部安装了卫星监控系统，增强了抗干扰的能力，有效地防范了各种破坏活动，确保了广播电视节目安全优质播出。省监测台年内共发现非正常播出64起，特别是在“法轮功”攻击卫星事件中，由于发现及时，处置果断，将损害和影响降到了最低限度。

（河北省广播电视局　汪少峰）

体　　育

【群众体育】 一是构建全民健身服务体系试点工作全面铺开。省级试点取得了新进展，市级22个试点全部开展工作，并向部分县（市、区）扩展。石家庄、张家口、邢台都举行了试点工作经验交流会。《河北省小康体育工程实施方案》以省政府名义正式印发，各市也在制定本地区的实施方案。二是隆重纪念《全民健身计划纲要》颁布十周年。举办了健康长跑暨省会全民健身周活动启动仪式，纪念《全民健身计划纲要》颁布十周年、国际体育运动年暨全国亿万群众健步走，十运会火炬传递活动河北省火炬传递起跑仪式等活动。各地也开展了各具特色的群体活动，有力地宣传了全民健身，强化了群众的健身意识，丰富了群众的业余文化生活。三是省体育局会同省总工会、省直工委等部门，组织召开了省第三届职工运动会和省直机关新世纪第二届运动会。省第三届职工运动会系时隔20年后再次举办，进行了14个大项45个小项的比赛。省直机关新世纪第二届运动会历时2个月，8000人次参加了13个大项的比赛，省领导带头参加比赛。四是群众体育设施不断完善。第九批全民健身路径工程38条路径60%安装在了文明生态示范村，对第二批社区健身苑工程进行了全面建设，新建社区健身苑20个，已累计建成42个。平山“雪炭工程”健身活动中心已经国家体育总局剪彩，涉县“雪炭工程”县体育馆已建成投入使用。省体育局崇礼高原训练滑雪基地被体育总局先后命名为“全国全民健身活动基地”和“全国青少年户外体育活动营地”。五是开展了第二次国民体质监测工作。国民体质监测已在全省全面开展，并将测试数据上报总局和省监测中心，河北省承担的国家网测试数据检验和录入工作也正在进行。六是加强了青少年体育俱乐部和体育传统校建设。对2000—2004年创建的76个青少年体育俱乐部进行了检查评估，将发现的问题限期进行了整改。全省又有四所中学被命名为国家级体育传统校。

【竞技体育】 一是十运会比赛取得历史性突破。河北省代表团共获得15枚金牌、9枚银牌、11枚铜牌，1109.5分，实现了金牌总数、奖牌总数、团体总分超上届，完成了省委、省政府下达的目标任务。在本届全运会上取得的15枚金牌也创造了第三届全运会与天津分家后30年来参加全运会的新纪录，实现了历史性突破。二是第十二届省运会各项筹备工作顺利进行。对注册运动员进行了审核，对新注册的运动员进行了骨龄拍摄；出台下发了《第十二届省运会竞赛规程总则》（草案）和《第十二届省运会各项目的小项设置》；对年度比赛为省运会带分带牌情况进行了统计。2005年底，唐山市已完成场馆建设维修任务的60%，竞赛组织工作进入了试运转。三是业训工作进一步加强。继全省10所全国高水平后备人才基地被总局挂牌后，省级基地的评估和认定工作也在筹备运作。召开了各运动中心和各市业训负责人会议，对省级高水平后备人才基地的认定条件和办法进行了充分的研讨，对下一步省内业训和省级基地认定进行了部署。

【体育产业和设施建设】 2005年全省共发行体育彩票突破14亿元，在全国保持前列，其中6个设区市销售超亿元，在全国体育局长会上河北省体育局被授予“全国体育彩票工作贡献奖”。省水上训练基地、廊坊和沧州全民健身活动中心、崇礼高原训练滑雪基地等一批体育设施在年内陆续建成并投入使用；摔拳跆中心廊坊重建工作如期进行；申办十二届全国冬运会工作进展顺利。

2005年，全省的体育馆在加强思想教育、搞活经营创收、开发体育经济、盘活固定资产等方面都取得了预期效果，全年共举办大型文艺活动 11 次，中小型体育比赛 50 余次，对外开放 364 天，全年创收 610 万元（含全民健身活动中心半年收入 214 万元）。

河北体院建设成效显著。在省委、省政府的领导下，2005 年河北体院领导班子进行了大幅调整，顺利完成了体校并入体院工作，并解决了困扰该校多年的一些实际问题。征地工作基本完成，为迎接 2007 年教育部检查评估积极做准备，也为学院的发展提供了物质保障。

【体育科研】 一是备战十运会科研攻关和科技服务工作。全面贯彻落实“训、科、医一体化”工作方案，推动训练工作科学化进程。为各项目管理中心完善了实验室建设，配备了科研仪器，培训、配备了专门的科研人员，建立了比较完善的制度。各项目管理中心实验室已正常运转，为运动队科学训练提供了有力支持，并为十运会取得好成绩做出了贡献。为各运动队和重点队员有针对性地制定营养恢复方案，统一购买营养补剂，有效提高了运动员的运动能力，保证了运动员大运动量的系统训练。与部分项目管理中心领导、教练员共同成立攻关组，深入运动队了解项目特点及训练、比赛和恢复情况，通过对测试指标的分析、诊断，共同确定训练、比赛方案。同时对反兴奋剂工作常抓不懈。协助竞体处出台了有关反兴奋剂工作的规定和相关文件，并对如何防止误服，给教练员、运动员进行了相应的指导。承担了对参赛运动员的兴奋剂自查工作。在备战十运会期间，为河北省运动员检测 800 多人次，发现异常情况立刻追踪测试，对有怀疑的样品还要送到总局进行检测确认。全力做好运动队的测试工作。全年为各运动队进行各种生理、生化测试 9000 多人次，为教练员科学训练提供了参考和依据。为各运动管理中心及省体校选招运动员进行选材测试 550 多人次，保证了各运动管理中心及省体校选调运动员工作顺利进行。

二是承担了运动员网上注册培训工作和所有注册运动员的骨龄测评工作。在近一个多月的时间里，完成了全省十一个市 9000 多名运动员骨龄拍片工作，随后抽调各市骨龄评定人员进行评定、登统、复议，随后为参赛运动员进行了制卡工作，并于 7 月中旬全部完成，保证了省比赛的顺利进行。

三是完成了部分研究课题。《中国人骨发育标准修订》课题的采样工作，于 5 月初全部结束，6 月底国家体育总局组织专家对课题进行评议，并在 9 月底进行了鉴定，为其在行业推广打下了基础；国家重点奥运攻关课题《我国优秀跳水运动员备战 28 届奥运会最佳竞技状态模式的研究》已结题，并获得省部级科技进步三等奖；另一国家重点奥运攻关课题《女子铅球竞技技术优化及计算机辅助训练研究》在 6 月底进行鉴定，成果正在申报中；《运动性混合果汁饮料》课题正在按计划进行；与国家运医所及北京体育大学合作进行的四项课题研究中，《口服检酸对力量性运动项目恢复效果的研究》和《低氧环境下动物大负荷训练后体内激素变化的研究》已初步完成。省级课题《竞技体育关于运动员肌肉保护素项目的研究》正在申报奖项。

（河北省体育局　魏东霁）

区域经济篇

REGIONAL ECONOMY

石家庄市

2005年，全市人民坚持以邓小平理论、“三个代表”重要思想和科学发展观为指导，积极落实国家和省一系列重大决策部署，紧紧围绕建设全省“首善之区”、构建“和谐石家庄”和率先在全省实现全面建设小康社会的目标，求真务实、开拓奋进，全市经济保持了平稳健康快速发展，各项社会事业取得长足进步。

全市经济稳定较快增长，综合经济实力进一步增强。“十五”期间经济年均增长11.8%。2005年实现地区生产总值1787亿元，按可比价格计算，增长13.7%。第一产业平稳增长，实现增加值248亿元，增长5.5%；第二产业增速较快，实现增加值866亿元，增长18.3%；第三产业实现增加值673亿元，增长10.9%。人均GDP达到19370元。

社会保障体系日益完善，参加各种保险职工逐年增加。年末全市各类企业在职职工及个体工商户共有67.2万人参加基本养老保险，21.9万名离退休人员参加基本养老保险社会统筹；年末全市机关事业单位共有12.8万人参加基本养老保险，2.7万名离退休人员参加基本养老保险社会统筹。城镇职工失业保险参保人数达85.3万人，失业保险覆盖率为95%。农村社会养老保险参保57.5万人。年末全市96.4万人参加了医疗保险，医疗保险覆盖率达83.7%。年末全市共有74470人享受城镇居民最低生活保障。

2005年，全市民营经济呈现快速发展的良好局面，成为推动全市经济持续快速发展的重要力量。全年民营经济实现增加值1011亿元，比上年增长17.5%；上缴税金71亿元，比上年增长27.0%。

国家各项惠农政策的实施，促进了农业生产的稳定发展。2005年全市农林牧渔业总产值457亿元，比上年增长5.4%，其中农业产值204亿元，增长4.5%，牧业产值231亿元，增长5.9%，农林牧渔服务业产值13亿元，增长10.3%。粮食生产再创历史最好水平，全年粮食总产量和亩产分别达到482.4万吨和439公斤，分别比上年增加了12.6万吨和6公斤。

农业结构不断优化，产业化经营进一步增强，特色主导产业不断壮大，绿色农业、精品农业快速发展。畜牧业产值占农林牧渔业总产值的比重达50.6%，和上年持平。农业产业化经营率达到58%，比上年提高2个百分点。

全市工业保持了上年较快增长的态势，并获得效益与生产基本同步增长的好局面。“十五”时期规模以上工业企业完成增加值年均增长19.3%。2005年全市规模以上工业企业完成增加值572亿元，比上年增长22.9%，其中国有控股工业完成增加值172亿元，增长9.6%。工业产销衔接良好，经济效益稳步增长，亏损额减少，全市工业产销率达98.0%，全市规模以上工业实现利税211亿元，增长20.9%，亏损企业亏损额下降18.0%。“药都”建设取得新成绩，成为国家3个生物产业基地之一。

2005年，全市继续落实国家宏观调控政策，加强重点项目建设投资，固定资产投资呈现较快增长。基础设施投资力度加大，投资同上年相比增速持平，投资结构得到优化，投资总量再创历史新高。“十五”时期投资年均增长20.7%。全市全社会固定资产投资完成929亿元，比上年增长31.6%，其中城镇投资完成794亿元，增长38.3%。城镇投资中，第一产业完成投资16亿元，增长13.2%，第二产业完成投资355亿元，增长62.6%；第三产业投资完成423亿元，增长23.8%。

建设项目投资完成668亿元，增长38.3%；施工项目个数3330个，增长42.9%，新开工项目2745个，增长46.6%；房地产开发完成投资122亿元，增长38.7%，施工面积和竣工面积达到698万平方米和108万平方米，分别比上年增长26.3%和28.9%。

在城乡居民收入增长加快情况下，居民购买力进一步增强，消费市场活跃。“十五”时期社会消费品零售额年均增长13.1%。全年实现社会消费品零售总额606亿元，比上年增长15.0%，增速为近几年来较高水平。

住房相关需求增长幅度较大，居民用于建筑装潢材料类消费2.7亿元，增长69.6%；用于服装类消费29.9亿元，增长51.4%；用于化妆品类和金银珠宝类消费5.4亿元和2.9亿元，分别增长26.4%和26.5%；餐饮市场趋旺，零售额达到53.3亿元，比上年增长18.2%。

全市共有商品交易市场684个。全年商品交易市场成交额达1153亿元。年成交额超亿元的市场达55个，其中南三条小商品市场和新华商贸中心成交额分别达到271.5亿元和271.8亿元。

2005年全市居民消费价格指数101.9，比上年略有上升，涨幅同比回落1.7个百分点。原材料购进价格指数为107.6，工业品出厂价格指数102.4。

全市进出口继续保持快速增长。全年外贸进出口总值达44.3亿美元，比上年增长20.8%，其中出口37.2亿美元，增长29.0%。“十五”时期年均出口增长31.2%。在出口中，外商投资企业出口额8.6亿美元，国有企业出口11.6亿美元，集体企业出口2.5亿美元。积极招商引资，利用外资内资有较大增加。年末实有三资企业个数581家。全市实际利用外资4.4亿美元，增长24.8%，“十五”时期年均利用外资增长23.9%。其中直接利用外资3.8亿美元，增长16.1%。引进市外资金147亿元，比上年增加17亿元，增长13%。

旅游业发展良好，旅游收入稳定增长。全年共接待国际旅游人数7.43万人次，其中外国人6.81万人次，比上年增长均超过20%。国际旅游创汇收入2150万美元，比上年增长20%；全年接待国内旅游人数1600万人次，旅游总收入73亿元，比上年分别增长11%和12%。

在经济健康发展的基础上加强税收征管力度，财政保持持续稳定增长。“十五”时期全部财政收入年均增长

13.3%。2005年全部财政收入完成165.6亿元，增长13.7%，其中一般预算收入完成65.9亿元，增长13.8%。全市一般预算支出106.9亿元，增长14.9%，其中企业挖潜改造资金支出2.6亿元，增长30.1%；科技三项费用支出1.7亿元，增长23.2%；城市维护费支出6.3亿元，增长22.4%；抚恤和社会福利救济费支出4.2亿元，增长23.2%。全市向低保人员和下岗职工发放补助和生活费1.8亿元，向企业离退休人员发放养老金16.4亿元，保障了特殊社会群体的资金需要，维护了社会的和谐、稳定发展。

金融秩序稳定，存、贷款余额继续增加。年末全市金融机构存款余额2574亿元，比年初增加337亿元，增长15.1%。城乡居民储蓄存款余额继续增加，年末城乡居民储蓄存款余额1355亿元，比年初增加166亿元，增长13.9%。金融机构贷款余额1561亿元，比年初增加156亿元，增长11.1%。

积极贯彻落实科学发展观，大力推进科技创新。全年取得科技成果210项，其中达到国际领先水平2项，达到国际先进水平35项；达到国内领先水平136项，国内先进水平24项。全年获省级科技进步奖45项。全年申请专利1458项，授权856项。

基础教育进一步巩固提高，中等职业教育发展迅速，高等学校在保持招生规模基础上提高教育水平。全市共有普通高等院校38所，在校生23.6万人。全市普通中学660所，在校生76.1万人。中等职业学校145所，在校生17.3万人。小学2688所，在校生71.6万人。学龄儿童入学率99.8%。

文化事业有所发展。全市共有艺术表演团体19个，艺术表演场所19个。文化馆、群艺馆24个，公共图书馆21个。广播综合覆盖率99.3%，电视综合覆盖率99.2%。

卫生事业发展较快，医生、床位数均比上年增加。全市共有医疗卫生机构（含诊所）1611个，其中医院117个。年末卫生机构实有床位2.53万张，其中医院拥有床位1.93万张。全市拥有卫生技术人员3.37万人，其中执业医师1.31万人。

体育事业取得较好成绩，全民健身运动继续普及。全市举办、承办市级以上运动会21项，参加运动会的运动员2万人次。年末全市拥有健身路径763条，比上年增加103条。

城市公用事业继续较快发展。年内新增天然气用户1.6万户，煤气用户1.6万户。年末供热管道总长度550公里，城市集中供热面积达4580万平方米。城市公共汽车营运线路达84条，营运车辆1789辆，营运线路长1095公里，年客运总量2.66亿人次，均比上年有所增加。

环境保护和治理成效显著，市区绿化美化工作取得新进展，形成市区见蓝天，处处有绿地的良好现象。2005年市区空气综合污染指数为2.77。市区二级以上优、良天气达283天，优、良天气达全年77.5%。全市工业烟尘排放达标率99.5%，工业企业废水排放达标率98.9%，工业固体废物处置利用率92.9%。园林绿化再上新台阶，年末城市公园35个，公园面积593公顷；城市园林绿地面积4899公顷，园林绿化覆盖面积5444公顷；人均公共绿地面积7.6平方米。

全市在岗职工年平均工资为15239元，比上年增长12.0%。城市居民收入增长较快、农民收入稳步增长，居民生活质量提高，居住条件得到改善。市区城市居民人均可支配收入首次突破万元，达到10040元，增长16.4%，增速比上年提高5个百分点，增长速度为近年来最高，人均消费支出7261元，增长11.2%，居民用于衣着、医疗保健及教育文化娱乐方面的支出比上年增长较多，分别为25%、23%和18%。农民人均纯收入为4118元，增长8.4%，增长速度比上年有所回落，但也是近年来较高的增长速度。

居民生活质量进一步提高，居民住户抽样调查显示，截止2005年末，市区城镇居民家庭每百户拥有空调器116台，家用汽车3辆，钢琴1架，移动电话117部，家用电脑43台；农村居民百户拥有彩电100台，洗衣机80台，移动电话55部，电脑2台，空调13台，电冰箱35台。

城乡居民住房条件明显改善。城市居民人均住房使用面积21.5平方米，比上年增加3.3平方米；农民人均住房面积35.6平方米，比上年增加1.2平方米。

（石家庄市统计局　郑向军）

承　德　市

2005年，全市认真贯彻“三个代表”的重要思想，坚持以科学的发展观统领经济和社会发展全局，紧紧围绕国民经济和社会发展“十五”计划的任务和目标，着力构建社会主义和谐社会，保持全市国民经济和社会的持续、稳定、快速发展，完成了年初确定的发展目标，主要经济指标在提前两年实现了“翻两番，三步走”的第一个翻番目标，为“十五”画上了一个圆满句号，为“十一五”实现更快更好发展，建设和谐承德奠定了坚实基础。

一、经济总量取得历史性突破，经济运行质量提高

经济总量突破360亿元，人均GDP超过1000美元。2005年全市生产总值达360亿元，2002年为200亿元，仅用三年时间就增加了160亿元；按可比价计算，比上年增长16.6%，是1997年以来的最高增速。其中，第一产业增加值65.7亿元，增长13.2%；第二产业增加值183.5亿元，增长22.7%；第三产业增加值突破100亿，达111.01亿元，增长11.0%。人均地区生产总值突破1000美元，达1205美元。

财政收入突破45亿元，政府调控能力增强。全市各级各部门积极培育支柱产业，加大企业改革步伐，充分利用企业效益好的良好契机，加大税收的征缴力度，2005年全市实现全部财政收入45.3亿元，比上年增加了16亿元，增速达到54.8%，增速位居各市第二位。一般预算收入完成17.3亿元，增长43.8%，其中，增值税收入3.4亿元，增长63.1%；营业税收入4.4亿元，增长26.1%。一般预算支出46.6亿元，增长30.1%。财政收入占GDP的比重为12.6%，比上年提高2.6个百分点。

对外开放步伐加快，经济外向度提高。全市上下认真落实开放带动战略，积极制定外商投资项目和外商投资企业的优惠政策，进一步优化投资环境，调动了外商来承投资的积极性，外商投资取得较快发展，利用外资突破亿美元。2005年，全市实际利用外资11047万美元，比上年增长9.6%，其中：外商直接投资达到11001万美元，增长12.2%。全市新批三资企业12个，新批三资项目合同外资额12911万美元，年末实有三资企业118家，分布在工业、房地产和社会服务业等行业。

据海关统计，全年进出口总值达2.5亿美元，比上年增长82.0%，其中，进口总值1.3亿美元，增长72.2%，出口总值达1.2亿美元，增长94.4%。

二、三次产业支撑度增强，主导产业作用显著

全市牢牢抓住发展这一第一要务，以调整结构、转变增长方式为主线，坚持“工业立市、农业强市、旅游旺市”思路，突出抓好项目投资、国企改革、扩大开放、民营经济四项重点，加速工业升级、农业增效、旅游创新三大调整，使三次产业保持了快速增长。农村经济稳步发展，产业化经营步伐加快。2005年全市粮食播种面积343.2万亩，比上年增长6.2%，总产量111.6万吨，比上年增长5.61%。全市农林牧渔业总产值突破100亿元大关，达到114.34亿元，比上年增长13.6%。

按照“一县一业”的发展思路，全市形成了马铃薯、果品、时差菜、肉牛、制种、食用菌等农业产业化基地40个，销售额亿元以上的特色产业9个。首先，农业产业化龙头企业个数不断增加，总量规模不断扩大。全市符合统计标准的农业产业化生产各类经营组织111个，比上年同期净增17个；实现农业生产及产业化经营总成果138.17亿元，增长15%。其中：龙头企业（集团）51个，比去年同期增加15个；实现产业化销售总额65.42亿元，增长35%。其次，产业覆盖面不断拓宽，区域特色较明显。51家龙头企业涉及粮食、蔬菜、食用菌、水果、生猪、乳品、林产品、饲料等多种行业，在2004年基础上新增加了蔬菜加工、生猪养殖和屠宰、饲料生产3个行业。

支柱产业效果显著，整体经济向工业化阶段推进。全部工业实现增加值155亿元，比上年增长26.2%。全市规模以上工业企业达413家，增加值突破100亿元，达111.03亿元，增长36.6%。其中，冶金矿山行业和饮料制造业两大行业共完成工业增加值85.2亿元，增长58.3%，占全市规模以上工业的76.8%。

工业化进程加快，工业成为全市经济发展的主要推动力。全年工业经济效益综合指数达到179.1%，比上年提高25.1个百分点。三次产业比重2005年调整至18.1∶51.1∶30.8，与正常年景的1998年（29.4∶38.8∶31.8）比，第一产业在总体经济中的地位弱化，二、三产业得到加强。工业化初级阶段特征显现，2005年全市工业化率2.8，比2001年提高0.6个百分点。

以旅游为龙头的第三产业全面发展。全市坚持“旅游旺市”思路，构建大旅游产业格局，依托旅游业带动提升服务业整体水平，促进第三产业加快发展。2005年全市第三产业增加值突破100亿元，达到111.01亿元，增长11.0%。其中，商贸流通、运输等传统服务业比重下降，旅游业却创历史新高。全年实现旅游总收入30.2亿元，增长29.6%，其中境外收入1998.3万美元，增长18.9%。旅游总收入占第三产业增加值的比重为27.2%，比2000年提高了6.4个百分点。

消费品市场体系逐步完善，城乡居民消费呈健康理智型发展。全市实现社会消费品零售总额117.9亿元，比上年增长12.0%。其中城市社会消费品零售额36.8亿元，增长12.1%；县级社会消费品零售额34.2亿元，增长12.0%；县以下农村实现社会消费品零售额46.9亿元，增长11.9%。在各行业中批发零售贸易业增长11.9%，餐饮业增长12.1%。

三、基础建设迈出新步伐，“两通”实现新跨越

固定资产投资增加，城市基础设施建设增强。全市落实建设“大避暑山庄”战略构想，加快城市化进程，加大投资力度。2005年全市固定资产投资总额达189.25亿元，比上年增长25.7%。固定资产投资结构调整成绩显著。三次产业投资额分别比上年增长2.2倍、76.8%和52%，三次产业固定资产投资的比重（%）由2000年的4.9∶29.9∶65.2调整为2005年的3.8∶51.0∶45.2。在第三产业投资中房地产业、交通、水利、环保及公共设施管理业、公共管理和社会组织投资占67.7%。交通、电力等基础设施规模创历史最好水平。重点项目建设进展迅速。京承高速、红松风力发电等一批重点建设项目如期建设并已部分竣工投产。2005年全年超10亿元建设项目共4个，其中京承高速承德段已部分试通车，累计投资已达25.6亿元，完成计划投资额的92.3%；57扩建2*300兆瓦热力联产工程计划总投资29.83亿元，本年计划投资3.0亿元，全年累计完成3.16亿元，占本年计划投资的105.3%；新建金沟屯水电站计划总投资23.0亿元，本年计划投资20亿元，全年累计完成800万元，占本年计划投资的0.4%；遵小地方铁路计划总投资15.9亿元，本年计划投资5000万元，全年累计完成5000万元，占本年计划投资的100%。

城市环境进一步改善。市区综合改造干道12条，小街巷2条，铺设彩色便道21664.83平方米，比上年增长58.7%。年末市区公共供水生产能力19.73万立方米/日，城市供水普及率达91.5%；供热面积495万平方米，比去年增加30万平方米；全年新增公交车70部，新增运营线路2条。

全年减排二氧化硫82吨，城市环境质量明显改善。市区空气质量二级以上天数已达到256天，创近年来最好水平。重点流域水污染治理成效显著，七条主要河流25

个监测断面中，60%的断面水质达到《河北省地面水功能区划》标准要求，较2004年提高了24%。自然保护区建设成效明显，全市新增塞罕坝和木兰围场2个国家级自然保护区。

交通建设和邮政、通讯业快速发展。高速公路建设实现了零的突破，境内通车里程达68公里；年末全市公路通车里程达到9086公里，比上年末增加1927公里。受工业生产推动，全年公路货运周转量23.08亿吨公里，比上年增长13.1%；公路客运周转量25.91亿人公里，比上年增长9.2%。

全年完成邮政业务总收入8792万元，比上年增长6.6%，电信业务总收入10.2亿元，增长18.9%。年末固定电话用户（含小灵通）54.1万户，全市移动电话用户79.42万户，国际互联网用户4.5万户。

四、社会各项事业全面发展，居民生活水平提高

科技创新推动了产业发展。至2005年末，全市被省认定高新技术企业35家，高新技术技工贸总收入40.5亿元，比上年增长15%。农业先进适用技术推广应用率达98%以上。

各类教育进一步发展。2005学年，全市中等职业教育学校在校生25140人，毕业生6990人。高中在校生7.11万人，初中在校生13.97万人，小学在校生24.85万人。学龄儿童入学率达100%。

文化广播电视业继续发展。年末全市有艺术表演团体8个，文化馆9个，图书馆10个，剧场、影剧院8个。广播人口覆盖率85.39%，电视人口覆盖率90.37%。

公共卫生体系日益完善。到2005年末，全市建成疾控中心9个，传染病区9个，并在市内建成一家传染病医院，同时按统一标准对部分农村卫生院进行了改造。

体育事业成绩显著。年内举办综合运动会27次，单项比赛121次，共获奖牌40枚，其中金牌14枚，银牌18枚，铜牌8枚。

城乡居民收入保持增长。据抽样调查，全年全市城镇居民人均可支配收入7436元，比上年增长9.2%，其中市区居民人均可支配收入7844.6元，增长4.5%，农民人均纯收入达到2582元，比上年增长14.4%。城市居民人均住房使用面积16.11平方米，增长9.1%；农村居民人均居住面积21.7平方米，增长9.9%。

（承德市统计局　鲍景欣　李琳琳）

张家口市

“十五”以来，全市人民坚持“三个代表”重要思想，着力推进思想观念和经济增长方式转变，以经济建设为中心，坚持改革开放，突出跨越式发展主题，经济结构进一步合理，投资力度显著增强。全市经济建设全面提速，经济和社会发展取得显著成就，人民生活水平日益提高。

经济规模不断扩大，经济实力显著增强。“十五”以来，全市经济进入快速发展阶段，经济规模不断扩大，经济实力显著增强。2005年全市生产总值415.79亿元，按可比价计算，比2000年增长63.9%，年均递增10.4%，比“九五”期间提高了1.4个百分点，其中第一、二、三产业年均分别递增9.0%、13.0%、8.3%。人均生产总值由2000年的5866元增加到9876元，人均产值达到1206美元。全部财政收入大幅增长。2005年达到72.53亿元，比2000年增加了55.31亿元，是2000年的4.2倍，“十五”期间年均递增33.3%，比“九五”期间提高了29.3个百分点。地方一般预算收入达到21.11亿元，比2000年增加了12.01亿元，是2000年的2.3倍，“十五”期间年均递增18.3%，比“九五”期间提高了7个百分点。财政对全市经济的贡献进一步增强。

结构调整彰显成效，农村经济全面发展。“十五”以来，全市不断加快农业结构调整，农村经济全面发展。2005年，全市实现农林牧渔总产值121.07亿元，比2000年增加57.97亿元，按可比价计算，比2000年增长53.1%，年均递增8.9%。蔬菜种植面积不断扩大，蔬菜产量种植质量明显提高。2005年蔬菜单产达到3555公斤，比2000年提高1376公斤，总产量达410.39万吨，比2000年增长87.9%，蔬菜种植已成为种植业新的增长点。

“十五”以来，全市畜牧业迅速发展，牧业养殖已占据农业生产的主导地位。牧业产值占农林牧渔业产值的比重由2000年的38.9%提高到46.1%。2005年肉类总产量达到26.12万吨，比2000年增加了5.86万吨；牛奶产量达53.38万吨，是2000年的8倍。

“十五”以来，农业机械化水平明显提高，农业生产条件不断改善。2005年，全市农业机械总动力达到195.33万千瓦，比2000年增长22.7%；农村用电量达51184万千瓦时，比2000年增长45.8%；农村拥有机电井19789眼，比2000年增长39.8%；有效灌溉面积达369.59万亩，比2000年增加4.48万亩。随着全市村村通工程的大力实施，农村人居环境有了较大改善。2005年农村自来水受益村达到2731个，比上年增加79个。通汽车村数达到4014个，比上年增加77个。通电话村数达3917个，比上年增加284个。

“工业立市”深入实施，主导作用日益加强。“十五”以来，随着工业立市战略的深入实施，全市工业经济在全市国民经济中的主导作用日益加强。2005年，全部工业实现增加值163.61亿元，按可比价计算，比2000年增长84.3%，年均递增13%，占全市生产总值的比重由2000年37.1%提高2005年到39.6%。2005年，规模以上工业增加值126.47亿元，按可比价计算，比2000增长89.5%，年均递增13.6%。实现利税59.18亿元，是2000年的3.2倍，年均递增26.4%。实现利润24.27亿元，是2000年的11.6倍，年均增长63.1%。主要工业产品产量不断提高。2005年，原煤产量为746.61万吨，比2000年增长12.4%；生铁产量为374.61万吨，是2000年的2.1倍；钢产量379.21万吨，钢材产量354.04万吨，分别是2000年的3.1倍和6.8倍；发电量182.57亿千瓦时，比2000年增长58.7%。

规模扩张结构优化，经济发展后劲更足。“十五”以来，全市积极调整和优化投资结构，不断加大基础设施建设，积极扩大投资规模，为全市经济持续、快速、健康发展奠定了坚实的物质基础。2005年，全市完成全社会固定资产投资167.75亿元，是2000年的2.2倍，年均递增16.9%。“十五”累计投资达561.2亿元，是“九五”期间累计投资的1.7倍。其中城镇固定资产投资132.83亿元，是2000年的2.1倍，年均递增16.3%。在城镇固定资产投资中，建设与改造投资110.39亿元，是2000年的2.0倍，年均递增14.4%；房地产开发投资21.43亿元，是2000年的5.7倍，年均递增41.4%。

狠抓项目建设，项目特别是大项目明显增强。十五以来，全市城镇固定资产建设开工项目（不含房地产）累计达2811项，其中千万元项目914项，三千万元项目383项。亿元以上项目明显增多。十五累计亿元以上项目130项，占全部项目（不含房开）4.6%，与“九五”相比，增加了73项。

“十五”以来，全市不断加大生产性投入，生产性投资比重进一步提高。2005年全市完成生产性投资53.7亿元，是2000年的2.4倍，年均递增19.6%，占城镇固定资产投资的比重达40.4%，比“九五”末提高5.2个百分点。一些大型生产性项目的建设，如宣钢300万吨钢扩产建设项目、计划总投资5.5亿元的烟厂技改项目的开工、沙岭子电厂二期工程、尚义3.64亿元的风电建设项目建成投产、宣工福田3.85亿元的新厂建设项目等为全市经济建设注入了新的活力。

开放力度不断加大，内外贸易繁荣活跃。“十五”以来，全市适时调整开放思路，坚定不移地实施外向带动战略，以大开放促进大发展，以大开放促进大调整，不断加强和改善投资环境，利用外资规模进一步扩大。十五以来全市累计实际利用外资11877万美元，其中直接利用外资8721万美元。为全市经济发展注入新的活力。

“十五”以来，全市流通领域各项改革不断深化，加之人民生活水平的不断提高，全市消费品市场繁荣活跃。2005年，全市社会消费品零售总额达到146.14亿元，比2000年增长50.9%，年均递增8.6%。分行业看，批发零售贸易业实现零售额115.63亿元，比2000年增长73.9%，年均递增11.7%；餐饮业实现零售额23.03亿元，比2000年增长104.7%，年均递增15.4%。餐饮业一直以来是该市消费增长的热点，增幅居各行业之首。

出口规模不断加大，出口商品的国际竞争力得到进一步提高，目前该市出口市场遍布100多个国家和地区。2005年，全市出口总值达到1.98亿美元，是2000年的3.2倍。

人民得到更多实惠，生活质量明显提高。“十五”以来，随着国民经济的迅速发展，人们的衣、食、住、行等方面都得到较大改善，城乡居民生活水平明显提高。城市居民人均可支配收入由2000年的4578元增加到2005年的7714元，增长了68.5%，年均递增11.0%。农民人均纯收入由2000年的1611元增加到2005年2329元，增长了44.6%，年均递增7.7%。城乡居民储蓄存款由2000年末的196.26亿元增加到2005年末的376.24亿元，增长了91.7%。随着居民收入的不断增加，居民消费理念发生了可喜的变化，消费质量明显提高。2005年城市居民人均消费支出5914元，比2000年增长61.5%。生存型消费比重下降，享受型消费比重上升。城市居民恩格尔系数由2000年40.6%下降到37.5%。2005年城市居民人均交通通讯支出506元，人均教育文化娱乐支出705元，分别比2000年增加305元和246元。城乡居民住房条件进一步改善。2005年末城市居民人均住房使用面积15.54平方米，比2000年增加1.54平方米；农民人均住房面积为19.51平方米，比2000年增加1.11平方米。

城市发展日新月异，各项事业蓬勃发展。“十五”以来，全市不断加大对城市建设的投入力度，城市基础设施建设日新月异。“十五“期间全市通过各种渠道投入城镇建设资金100亿元，其中基础设施建设投资42亿元，是“九五”期间的3倍多。房地产业快速发展，“十五”期间累计房地产投资74.7亿元，是“九五”期间累计投资的5.6倍。

公路建设迅猛发展。2005年，全市公路通车里程达19692公里，比2000年增加了14324公里，是2000年的3.7倍。公路网密度达到30.17公里/百平方公里。二级以上公路达到1470公里，二级以上公路占公路总里程的比重达到13.2%。高速公路快速发展，目前已成为全省拥有高速公路最多的城市。2005年，全市高速公路通车里程达到308公里。2005年公路货运量5271万吨，货物周转量43.12亿吨公里，分别比2000年增长86.4%和14.9%；公路客运量2758万人，客运周转量20.8亿人公里，分别比2000年增长12.8%和21.6%。

“十五”以来，该市不断加大“科教兴市”战略实施力度，积极推进科技进步，加快发展各类教育，经济和社会各项事业全面协调发展。教育事业蓬勃发展，教育条件明显改善，教育现代化、信息化水平不断提高。2005年，全市中等职业学校在校学生3.94万人，其中中等专业学校在校学生2.23万人。全市普通中学年末在校学生25.27万人，普通中学专任教师1.63万人。小学年末在校学生31.97万人。办学水平不断提高。2005年末中小学计算机拥有量达到3.99万台。小学适龄儿童入学率达到99.3%；初中入学率达到95.4%；小学和初中专任教师学历达标率分别达到99.23%和96.67%，“普九”教育进一步巩固和提高。

文化广播事业长足发展。年末全市共有艺术表演团体10个，从业人员438人。公共图书馆13个，总藏量104.65万册件套，其中图书90.13万册。2005年，全市广播综合覆盖率为98.3%，电视综合覆盖率为97.4%，年末有线电视用户达31.2万户，比2000年增长62.7%。

卫生体育事业不断发展。2005年末全市拥有各类卫生机构（不含诊所）319个，卫生技术人员1.29万人。

其中执业医师4126人，职业助理医师1133人。卫生机构实有床位数1.13万张。城乡医疗卫生服务体系进一步健全，防控疫病和重大传染病的能力明显增强。体育事业蓬勃兴旺，群众性体育活动广泛开展，全民健身热潮高涨。2005年，该市成功协办了国际“波司登．所罗门杯”滑雪比赛，法、日、德、中等七国运动员参加了比赛，还成功承办了全国和省级比赛5次。竞技比赛取得较好成绩。全年共获得省级比赛金牌15枚、银牌16枚、铜牌38枚。

（张家口市统计局　郭晓娟）

秦皇岛市

2005年，全市人民以科学发展观为统领，进一步贯彻落实国家宏观调控措施，国民经济实现较快发展，社会事业全面进步，城乡居民生活水平进一步提高。全市生产总值超500亿元、地方财政一般预算收入超25亿元、进出口总额超26亿美元。“十五”期间生产总值年均增长11.1%，人均生产总值超过2200美元。

2005年全市实现生产总值491.15亿元，按可比价格计算，比上年增长12.1%。人均生产总值由上年的15672元增加到18087元。第一产业增加值51.27亿元，比上年增长6.9%；第二产业增加值190.35亿元，增长12.4%；第三产业增加值249.52亿元，增长12.8%。三次产业的比重分别为10.4%、38.8%和50.8%。

农业生产结构进一步调整，农产品获得好收成。粮食与经济作物种植面积比例由上年的82.1∶17.9调整为84.0∶16.0。粮食播种面积233.61万亩，比上年增长3.2%，是1999年以来首次恢复增长，总产量达84.59万吨，比上年增长6.6%，是2000年以来的高产年；油料播种面积32.68万亩，下降11.4%，总产量7.21万吨，下降3.1%；棉花播种面积2.53万亩，下降12.8%，总产量1579吨，减少15.3%；蔬菜播种面积52.78万亩，增长3.1%，总产量201.08万吨，增长3.2%。畜牧业较快增长。肉类、禽蛋和牛奶产量分别达到26.82万吨、10.17万吨和4.52万吨，分别增长16.5%、12.4%和17.7%。林业、渔业发展势头良好。全年完成造林面积7868公顷；水产品产量17.14万吨，增长12.1%。农业生产条件得到改善。农田有效灌溉面积达185.1万亩；农业机械总动力240.67万千瓦，比上年增长6.5%；农村用电量8.15亿千瓦时，增长15.5%。

工业生产快速增长，企业效益有所下降。全年全部工业完成增加值165.01亿元，比上年增长12.4%，；规模以上工业完成增加值127.02亿元，比上年增长21.6%。轻、重工业分别完成增加值26.74亿元和100.28亿元，重工业增长22.8%，轻工业与上年基本持平。外商及港澳台企业增加值48.73亿元，增长15.1%；股份制企业增加值49.62亿元，增长20%。食品、机械、玻璃和金属冶炼四个支柱行业合计完成增加值81.92亿元，比上年增长21.7%，占规模以上工业增加值的64.5%。产销衔接较好，产销率为98.7%。工业企业用电43.71亿千瓦时，增长17.9%。

工业企业效益有所下降。规模以上工业实现利润13.39亿元，比上年下降12.8%；亏损企业亏损额4.55亿元，上升0.7%；企业亏损面38.8%，上升8.5个百分点；在全市39个行业大类中，有26个行业实现盈利或扭亏为盈，有13个行业亏损。

固定资产投资规模继续扩大。全年完成全社会固定资产投资164.93亿元，比上年增长19.3%，其中，城镇固定资产投资129.94亿元，农村固定资产投资34.99亿元，分别比上年增长18.5%和22.5%。在城镇固定资产投资中，项目建设完成投资99.11亿元，增长14.5%；房地产开发投资30.70亿元，增长33.7%；第三产业投资增长39.5%。全市城镇施工项目419个，新开工项目290个，分别比上年增加25个和6个。

消费品市场繁荣活跃。消费结构进一步调整，节日消费和餐饮消费成为亮点。全年实现社会消费品零售总额147.04亿元，比上年增长13.6%。城乡市场共同繁荣，增幅差距进一步缩小。其中，城市零售额104.04亿元，增长13.8%；农村零售额42.99亿元，增长13.0%。批发零售贸易业零售额126.96亿元，增长12.1%；餐饮业零售额19.48亿元，增长28.1%。

对外贸易再创新高。全年实现进出口总额26.68亿美元，比上年增长21.0%。出口完成18.4亿美元，增长14.4%；进口完成8.28亿美元，增长38.9%。进出口货物中，一般贸易进出口总值22.9亿美元，增长22.2%；加工贸易进出口总值3亿美元，增长8.4%。出口商品结构进一步优化，农产品出口额1.54亿美元，增长24.4%；工业制成品出口16.72亿美元，增长12.6%，占出口总值的比重为90.8%，其中机电产品出口2.06亿美元，增长76.8%，占出口总额的11.2%。

直接利用外资创改革开放21年来的最好成绩。新批准外资合同55个，项目总投资8.65亿美元，比上年增长37.5%，其中合同外资额5.77亿美元，增长44.2%。直接利用外资2.36亿美元，增长17.9%。增资扩股成为利用外资最大亮点，占全市直接利用外资的69.5%。

社会运输能力不断提高，现代物流业快速发展。全市投资8036万元新建、改建国省干线公路66.4公里。年末全市公路通车里程达到3366公里，其中高速公路103公里。全年通过铁路、公路发送旅客6301万人次，比上年增长7.0%；发送货物5643万吨，增长1.1%。山海关民航机场发送旅客0.79万人次。港口货物吞吐量达1.71亿吨，比上年增长12.3%。

邮电通信业务快速增长。全市邮政业务收入1.33亿元，发送函件1045万件，特快专递53万件，报刊3535万份，杂志248万份。电信业务总收入5.56亿元。年末固定电话交换机总容量77.9万门；移动电话交换机总容量达138.5万门。全市固定电话用户62.01万户，小灵通用户12.84万户，移动电话达到116.1万户。

旅游业蓬勃发展。加强区域合作，不断开拓创新，整合旅游资源。津秦旅游经济对接、“俄罗斯旅行商走进秦皇岛”、首届秦皇岛地方特色旅游名吃菜肴评选等活动大获成功。旅游基础设施投资加大，山海关古城保护开发工程完成投资近7亿元。这些都极大的促进了该市旅游业的快速发展。2005年全市旅游总收入达69.13亿元，比上年增长14.2%；旅游外汇收入8514万美元，增长10.8%。接待海外游客17.93万人次，增长10.1%；接待国内游客1302万人次，增长7.5%。

财政形势喜人，金融存贷款平稳增长。全市完成财政收入55.57元，比上年增长22.5%。其中地方一般预算收入25.79亿元，增长32.0%。营业税、企业所得税、个人所得税分别增长35.8%、9.6%和26.5%。财政支出54.5亿元，比上年增长29%。其中一般预算支出44.08亿元，增长28.9%。其中基建支出、科学事业费支出、医疗卫生支出分别增长97.8%、28.9%和19.3%。年末金融机构存款余额639.61亿元，比上年增长9.9%，其中居民储蓄存款余额407.67亿元，增长12%。本外币贷款余额385.76亿元，增长9.1%。城乡居民收入快速增长，消费结构继续改善。2005年城市居民人均可支配收入9802元，比上年增长15%；人均消费性支出7236元，增长18.8%。城镇居民购买力主要集中在交通及通讯设备、家用电器、文教娱乐、居住的消费上。农村居民人均纯收入3376元，增长9.8%；人均生活消费支出增长6.4%，税费支出下降42.5%。生活消费中农民用于食品、衣着和文教的费用支出分别增长10.3%、15.5%和26.1%。

价格温和上涨。2005年该市居民消费价格总水平比上年上涨1.1%，涨幅比上年回落2.9个百分点。其中，城市上涨1.4%，农村上涨1.0%。食品类上涨2.8%，是拉动价格总水平上涨的主要因素。工业品出厂价格上涨2.7%，涨幅回落7.5个百分点。农业生产资料价格上涨8.2%，其中化肥价格上涨14.4%，农用机油价格上涨21.7%。

（秦皇岛市统计局　杨素玲）

唐　山　市

2005年，唐山市人民坚持以邓小平理论和“三个代表”重要思想为指导，以科学发展观统领经济社会发展全局，以“走在全省最前列”为目标，扭住发展第一要务不放松，狠抓经济结构调整和项目建设，积极推进国有企业改革和民营经济发展步伐，加速产业、产品结构优化升级和生产力布局调整，经济活力明显增强，城市化进程和县域经济发展步伐加快，科技、教育、文化、卫生、体育等各项社会事业全面进步，人民生活水平持续提高，全面完成了“十五”预期目标，经济和社会发展呈现出令人鼓舞的好局面。

国民经济增长步伐加快，综合经济实力跃上一个新台阶。唐山市生产总值2027.64亿元，比上年增长15.1%，比“九五”末增长81.8%，“十五”期间年均增长12.7%。其中，第一产业增加值236.19亿元，比上年增长6.3%，比“九五”末增长27.8%；第二产业增加值1161.73亿元，比上年增长17.2%，比“九五”末增长1.0倍；第三产业增加值629.72亿元，比上年增长15.3%，比“九五”末增长80.6%。三次产业增加值构成比例由“九五”末的18.9：50.5：30.6调整为11.6：57.3：31.1。唐山市人均生产总值为28466元，比上年增长14.4%，比“九五”末增长77.8%，“十五”期间年均增长12.2%。按年末汇率计算，人均生产总值为3528美元。

居民消费价格平稳上升，工、农业生产资料价格涨势趋缓。唐山市居民消费价格总水平同比上涨2.2%；商品零售价格总水平上涨2.1%；农业生产资料价格上涨9.0%；工业品出厂价格上涨6.2%，其中生产资料价格上涨6.4%，生活资料价格上涨2.6%。

农业和农村经济全面发展。全年完成农业总产值390.48亿元，比上年增长6.7%，比“九五”末增长29.3%，“十五”期间年均增长5.3%。畜牧、水产业产值占农林牧渔业总产值的比重达到49.4%，比上年提高0.9个百分点，比“九五”末提高11.9个百分点。

农业生产稳定增长。粮食总产量271.49万吨，比上年增长7.4%，比“九五”末减少1.5%；棉花总产量3.64万吨，比上年下降16.0%，比“九五”末增长3.1倍；油料总产量23.23万吨，比上年下降0.3%，比“九五”末增长11.2%；蔬菜总产量1214.76万吨，比上年增长0.9%，比“九五”末增长27.4%。

畜牧水产业健康发展。全年肉类总产量80.73万吨，禽蛋产量36.61万吨，奶类产量111.89万吨，分别比上年增长6.8%、4.9%和24.5%。全年水产品产量50.13万吨，比上年增长4.4%。在水产品中，养殖产品比重达58.6%，比“九五”末提高12个百分点。

工业经济持续快速健康发展。全年全部工业完成增加值1076.09亿元，比上年增长17.3%，比“九五”末增长1.0倍，“十五”期间年均增长15.2%。国有及规模以上工业完成增加值789.94亿元，比上年增长21.6%，比“九五”末增长1.5倍，“十五”期间年均增长19.9%。工业结构调整取得新进展。规模以上工业中，黑色金属冶炼及压延加工业、煤炭开采和洗选业、非金属矿物制品业、黑色金属矿采选业、电力、热力的生产和供应业五大主导行业共完成增加值605.62亿元，占规模以上工业比重为76.7%，比“九五”末提高10.5个百分点，对工业增长的贡献率达到65.4%。工业经济效益保持较高水平。全年实现利税总额320.31亿元，实现利润总额198.60亿元，分别比上年增长35.9%和41.8%，比“九五”末增长3.6倍和4.7倍。工业经济效益综合指数达到209.1%，比上年提高10.9个百分点。

固定资产投资保持快速增长。全年完成全社会固定资产投资635.70亿元，比上年增长37.9%，“十五”时期累计完成固定资产投资1864.37亿元，是“九五”时期投资总量的1.9倍，年均增长19.7%。城镇固定资产投资完成452.75亿元，比上年增长36.6%。在城镇固定资产投资中，第二产业投资309.60亿元，增长40.2%。房地产开发投资39.12亿元，增长20.9%。

投资成效显著，重点项目建设加快。唐山市80个重点建设项目累计完成投资240.18亿元，实现连续三年翻番。曹妃甸循环经济示范区列入国家循环经济试点园区。

商品市场规模迅速扩大，流通现代化水平不断提高。全年社会消费品零售总额468.59亿元，比上年增长15.5%，比“九五”末增长1.0倍，“十五”期间年均增长15.4%。分行业看，批发零售贸易业增长15.2%，餐饮业增长19.3%，分别比“九五”末增长1.4倍和1.8倍。

利用外资较快增长。全年实际利用外资5.04亿美元，增长21.9%，其中外商直接投资4.61亿美元，比上年增长18.8%。“十五”期间唐山市累计实际利用外资14.22亿美元。对外贸易持续高速增长。全年进出口总额26.48亿美元，比上年增长45.9%，比“九五”末增长4.4倍，“十五”期间年均增长40.3%。其中进口总额14.51亿美元，出口总额11.97亿美元，分别比上年增长58.1%和33.4%，比“九五”末增长8.9倍和2.5倍。

交通基础设施建设成效显著，运输服务能力逐步增强。全年公路建设投资12.53亿元，公路通车里程达到7698公里，其中高速公路288公里，分别比“九五”末增长6.8%和13.4%。水路运输高速增长。随着曹妃甸矿石码头一期工程建成通航和京唐港建设的不断完善，水上运输对唐山市经济发展带动能力日益增强。全年港口货物吞吐量3365万吨，比上年增长29.3%，比“九五”末增长2.7倍。年末唐山市民用汽车保有量达到33.55万辆，比上年增长7.3%。其中私人汽车24.04万辆，比上年增长15.4%。

邮电通信事业继续快速发展。全年完成邮电业务总收入35.12亿元，比上年增长14.3%，比“九五”末增长1.1倍。固定电话用户229.54万户，比上年增长8.7%，比“九五”末增长1.3倍，电话普及率由“九五”末的14部/百人发展到32部/百人。移动电话用户达到268.87万部，比上年增长20.1%，比“九五”末增长4.4倍，宽带互联网用户达到14.56万户。

财政、税收收入持续快速增长。全年全部财政收入完成226.46亿元，比上年增长41.4%，比“九五”末增长3.9倍，“十五”期间年均增长37.6%。其中，地方财政一般预算收入77.61亿元，比上年增长33.5%。基金收入27.72亿元，比上年增长36.6%。全年税收收入完成227.10亿元，比上年增长45.3%。国税收入163.24亿元，比上年增长46.2%；地税收入63.86亿元，增长43.0%。

金融信贷运行平稳。唐山市金融机构年末人民币存款余额1579.29亿元，比年初增加253.53亿元。其中城乡居民储蓄存款余额1018.57亿元，比年初增加162.33亿元，人均储蓄存款余额14300元，比上年增长18.3%，比“九五”末增长97.4%。年末人民币各项贷款余额834.94亿元，比年初增加88.51亿元。

城市公用设施建设稳步发展，城市功能进一步完善。全年城市基础设施建设投资13.17亿元。城市集中热化率达到56.6%，比“九五”末提高15.1个百分点。城市集中气化率达到98%，比“九五”末提高3.5个百分点。城市自来水普及率保持100%。城市人均公共绿地面积10.1平方米，比上年增加0.2平方米。

城乡环境质量持续好转。全年完成重点污染源治理项目433个，投入治理资金8.79亿元。城市空气环境质量二级及优于二级的天数达到316天，比上年多39天，达到了历史最好水平。

科技自主创新能力提高，对经济社会发展引领和支撑作用加强。唐山市共取得科技成果128项，其中国际先进水平15项，国内领先水平91项，国内先进22项，获河北省科技进步奖28项。市级以上科技成果转化率达到76.0%。唐山市再次被国家授予“全国科技进步先进市”称号，迁安市被评为“全国科技进步示范县（市）”。

教育事业健康发展。唐山市拥有各级各类学校2358所，在校生129.39万人，教职工9.49万人，其中专任教师7.57万人。普通高等学校在校学生7.85万人，比“九五”末增长2.9倍，在校研究生991人，比上年增加270人。普通中学在校学生47.96万人，初中毕业生升学率达到78.52%，巩固率达到98%。小学在校学生44.47万人，小学适龄儿童入学率、巩固率保持在99.9%，三类残疾儿童入学率达到97%。

文化事业发展步伐加快。唐山市拥有艺术表演团体10个，影剧院和开放礼堂7个，群艺馆和文化馆15个，图书馆13个，总藏书149万册，年借阅人数110万人次。广播人口覆盖率100%，电视人口覆盖率100%。有线广播电视用户达到66.94万户，数字电视节目94套，发展数字电视用户10780户。涌现了一大批文化艺术精品，唐剧《人影》、评剧《香妃与乾隆》、《刘姥姥》、舞蹈《影娃娃》分别参加全国性演出，并获得奖项。成功举办了2005中国唐山国际皮影艺术展演，引起了皮影界乃至联合国教科文组织的高度关注，为皮影艺术的发展做出了杰出贡献。

医疗卫生保障能力进一步增强。唐山市共有各类卫生机构325个，其中，医院285所、乡镇卫生院183所，疾病预防控制中心17所，妇幼保健院14所。卫生机构床位达到2.43万张，卫生技术人员2.73万人。

体育事业取得新的进展。竞技体育取得优异成绩，全年在省级以上比赛中获团体冠军6次，获个人单项金牌103枚；培养二级运动员337名；审批二级裁判261名。

城乡居民收入较快增长，生活质量明显提高。全年城市居民年人均可支配收入10488元，比上年增长17.8%，比“九五”末增长62.1%，“十五”期间年均增长10.1%。农民收入增长实现历史性突破。全年农民人均纯收入4582元，比上年增长12.2%，比“九五”末增长

34.3%，“十五”期间年均增长6.1%。消费结构持续升级，全年城市居民年人均消费支出8622元，比上年增长19.8%。全年农民人均生活消费支出2832元，比上年增长12.2%。居民居住条件明显改善。城市居民现住房人均使用面积16.82平方米，比上年增长8.9%，比“九五”末增长12.1%。农民人均居住面积达到29.52平方米，比上年增长1.9%，比“九五”末增长10.9%。城镇在岗职工年人均工资17105元，比上年增长21.5%。

社会保障体系建设积极推进。全年累计为国有企业下岗职工发放基本生活保障金1.16亿元，国有企业下岗职工基本生活保障率达到100%。唐山市6.1万人享受城镇居民最低生活保障，比上年增加0.84万人；享受农村低保的农民6.36万人，增加1.40万人。

（唐山市统计局　郝　明）

廊　坊　市

“十五”以来，廊坊市国民经济总体保持了持续、健康、稳定的发展态势，经济发展进入了一个快速增长的黄金期。2005年是实现“十五”、衔接“十一五”的重要一年，是廊坊发展的关键一年，全市上下紧紧围绕“全党抓经济、重点抓工业、集中精力上项目”的总体思路，加大各项工作力度，全面完成了“十五”既定目标，为“十一五”良好开局奠定了坚实的基础。

一、三大指标表现良好，经济发展的稳定性增强

经济总体保持平稳运行。“十五”时期，廊坊市整体经济保持平稳运行。全市GDP年均递增12.1%，分别高出全省和全国0.9个和2.6个百分点，全市宏观经济处于1999年以来的上升通道。2005年全市地区生产总值实现621.23亿元，增长13.1%，高于上年增速0.6个百分点，人均GDP达到16200元。同时，财政收入快速增长，全年实现财政收入（不含基金）53.7亿元，同比增长27.0%。

价格总水平回落到适度范围。在经济稳定增长的同时，物价涨幅稳步回落。2005年居民消费价格总水平同比上涨1.2%，商品零售价格总水平同比上涨1.9%，涨幅分别比上年同期回落2.0个和1.8个百分点。农业生产资料价格指数102.9，工业品出厂价格指数99.2，涨幅分别比上年同期回落3.7个和8.6个百分点，市场物价进一步趋于稳定。

就业再就业工作取得新成效。“十五”期间，全市从业人员数年均递增3.4%。2005年末全市从业人员达211.9万人，其中当年新增就业岗位2.6万个（包括农业）。当年安置下岗失业人员实现再就业8246名，其中“4050”人员2113人。年末城镇登记失业率为1.2%，低于全年控制指标2.3个百分点。农村富余劳动力转移步伐加快，2005年农村劳动力向非农产业转移14.8万人，比上年增加4.7万人；劳务输出8.4万人，比上年增加2.2万人。

二、三次产业供给增强，工业仍是经济增长主动力

2005年一、二、三产业分别实现增加值100.75亿、336.04亿和184.43亿元，分别增长2.9%、15.8%和13.2%，三次产业均保持了较快增长态势，供给能力进一步增强。“十五”时期，全市继续加大产业结构调整步伐，三次产业结构由“九五”末的17.2∶51.7∶31.1调整到2005年的16.2∶54.1∶29.7，一、三产业比重有所下降，第二产业比重得到提升，工业仍是经济增长主动力。

农业生产形势良好。各级各部门积极贯彻中央一号文件精神，落实以“两减免”、“三补贴”为重点的各项惠农政策，农民的生产积极性继续提高，农村经济发展势头良好。“十五”时期农林牧渔业增加值年均增长5.9%，比“九五”增速提高0.4个百分点。2005年全市粮食作物总产量168.60万吨，增长13.4%，产量创七年来最高。冬小麦播种面积达163.9万亩，增长26.4%，小麦种植正在加速从“数量增长型”向“质量效益型”转变，优良品种推广力度迅速扩大，今年硬粒小麦播种面积达76.9万亩，增长81.2%，为夺取夏粮丰收奠定了基础。

工业保持平稳增长。“十五”时期，第二产业增加值年均增长13.9%，其中工业增加值年均增长15.3%，分别高于全市经济增长1.8个和3.2个百分点。2005年规模以上工业完成增加值151.6亿元，增长24.2%。在全市拥有的32个大类行业中，有十个行业增加值超过5亿元。其中黑色金属冶炼及压延加工业、金属制品业、通用设备制造业、电气机械及器材制造业四大行业仍是拉动工业生产快速增长的主要动力，完成增加值52.4亿元，增长38.5%，对全市工业增长的贡献率为65.5%，拉动工业增长11.9个百分点。

服务业发展加快。随着经济的发展，第三产业实现较快发展。“十五”时期，第三产业增加值年均增长12.2%，对经济增长的贡献率为27.0%，高于“九五”时期的贡献率5.1个百分点。其中，社会服务业发展较快，在增加值构成中所占的比重呈现稳步上升趋势，对经济增长和就业的带动作用进一步提高。

三、三大需求同向拉动，投资仍为经济增长强支撑

投资需求较快增长，工业投资力度加大。“十五”以来，廊坊市充分利用各种条件，挖掘各方潜力，动员一切力量，加大投资力度，全市固定资产投资增势强劲。这一时期固定资产投资规模登上了千亿元台阶，累计完成投资1178.6亿元，是“九五”时期的1.98倍，年均递增17.5%，为“十一五”时期集聚了充沛的发展后劲。2005年，全社会固定资产投资完成341.6亿元，增长28.0%，增幅同比提高9.7个百分点。其中，城镇固定资产投资完成260.0亿元，增长33.7%，增幅同比提高7.1个百分点。特别是2005年，廊坊市加大投资结构调整力度，工业投资增速明显加快。在2005年城镇固定资产投资中，第二产业完成投资137.5亿元，增长43.5%，分别快于第一、三产业81.9和16.1个百分点，增速比上年同期提高14.3个百分点。其中，工业投资完成124.4亿元，增长48.3%，占第二产业比重达90.5%。

消费需求稳步扩大，市场运行逐步攀升。“十五”时期国内贸易年均递增12.6%。在汽车、住房和旅游等消费升温及商业企业开展多种形式促销活动的推动下，廊坊市消费品市场规模明显扩大，运行速度逐步提升。2005年实现社会消费品零售总额178.2亿元，增长15.2%，增速比上年提高0.6个百分点，成为1998年以来的最好水平。

出口快速增长，引资效果良好。“十五”期间廊坊市海关实际出口额年均递增26.5%，高于“九五”时期5.5个百分点；实际利用外资年均递增11.9%，高于“九五”时期2.2个百分点。2005年全市实现出口总值58839万美元，增长32.9%。实际利用外资26396万美元，是2000年的1.8倍，增长18.8%，增速比上年提高2.1个百分点。其中，外商直接投资19370万美元，比上年增长126.0%。

四、三个收入同步增加，经济运行质量稳步提高

财政收入增长较快，金融形势平稳。2005年，全市实现财政收入（不含基金）53.7亿元，增长27.0%，增速比上年提高6.7个百分点。其中地方一般预算收入24.3亿元，增长20.0%。“十五”期间，累计财政收入达到191.5亿元，是“九五”时期的2.6倍，年均递增23.5%，高于“九五”时期年均增速6.3个百分点。2005年财政收入占GDP的比重达到8.5%，比上年提高0.1个百分点。2005年末全市金融机构本外币口径各项存款余额701.3亿元，比年初增加100.7亿元。其中，城乡居民储蓄存款余额476.0亿元，比年初增加58.9亿元。各项贷款余额391.6亿元，比年初增加57.4亿元。

城乡居民收入稳步增加，生活水平提高。在全市经济发展的同时，城乡居民收入不断提高。“十五”时期，城乡居民收入年均增速分别为8.4%和5.4%。“十五”末，城镇居民人均可支配收入登上万元台阶，人均达到10165元，比上年增加954元，增长11.6%，增幅同比提高0.4个百分点。人均总支出9425元，增长14.2%，其中消费支出8190元，增长24.7%；在岗职工平均工资14914元，比上年增加1852元，增长14.2%；农民人均纯收入达4621元，比上年增加283元，增长6.5%。

五、三个方面共同提高，社会经济协调发展

科技、教育事业健康发展。廊坊市坚持实施“科教兴市”战略，科技成为经济社会发展的强大引擎，教育事业进一步发展。2005年实现技工贸总收入182亿元，高新技术产业增加值45.4亿元，比上年分别增长17.4%和18.2%；全年取得科技成果26项，其中达到国际先进水平5项，达到国内领先水平12项，国内先进水平9项。全年获省级科学技术奖4项，市级科技进步奖25项。同时荣获“2003—2004年度全国科技进步先进城市”称号。

2005年教育事业稳步发展。2005年全市高中阶段适龄人口毛入学率70.7%，比上年增加9.5个百分点。高考考生25274人，其中，本一段上线1817人，增长17.0%；本二、本三段合计上线12668人，增长8.6%；本科万人上线率37.6，比上年增加2.8个万分点。提前两年实现了省教育厅确定的基本普及学前三年教育的目标，成为全省第一个普及学前三年教育的地级市。同时，“园林式”学校建设工程开局良好，共创建“园林式”学校365所。

社会保障工作进一步加强。2005年末全市各类企业参加基本养老保险社会统筹人数达18.7万人，其中在岗职工14.6万人，离退休人员4.1万人；年末全市机关及事业单位参加基本养老保险达14.5万人，其中在岗职工11.9万人，离退休人员2.6万人。企业和机关事业单位的养老金按时足额发放，发放率均为100%。全市职工失业保险参保人数达16.9万人，农村社会养老保险参保7.6万人，年末全市26.8万人参加了医疗保险，共有3.9万人享受城镇居民最低生活保障。

城建、环保取得新成效。2005年全市城市基础设施完成投资29亿元，增长16.0%。建成区绿化覆盖率达45%，绿地率41%，人均公共绿地12平方米。城市道路总长度357公里，道路面积550万平方米。天然气管道总长度673公里，供热管道总长度691公里，城市集中供热面积达1040万平方米，比上年增加125万平方米。排水管道长度达314公里。现有水厂3座，管线总长度540公里，全年供水量3300万立方米。城市公共汽车营运线路长285公里，营运车辆208辆。

大气环境质量明显提高。全年市区空气质量二级以上天数达到336天，比上年增加6天，其中一级质量天数52天，比上年增加6天，特别是全市下大力解决困扰市区多年的二氧化硫超标问题，从而实现空气质量全面达标。综合污染指数2.16，较上年下降16.9%。生态环境建设力度加大。全市共划定县级自然保护区（含风景名胜区、森林公园）面积达500平方公里，覆盖率达7.8%。其中自然保护区244.8平方公里，森林公园253.1平方公里，风景名胜区2.2平方公里。建成了全国第一家全市域的ISO14000国家示范区，成为河北省第一家通过创建国家环保模范城市考核验收的城市。据问卷调查统计，公众对市区环境的满意率达93.0%，比上年提高2.9个百分点。

（廊坊市统计局　张　斌）

保　定　市

2005年，保定市坚持以经济建设为中心，树立和落实科学发展观，加快结构调整，强化重大项目建设和县域经济发展，国民经济持续、健康、快速发展，各项社会事业全面进步，人民生活继续改善，实现了年初确定的国民经济和社会发展的预期目标，圆满地完成了“十五”时期的各项目标任务，为“十一五”时期经济社会发展奠定了良好基础。

国民经济综合实力进一步增强，保定市生产总值实现1072.14亿元，比上年增长13.3%，“十五”期间年均增速达到12.4%。其中：第一产业增加值196.1亿元，比上年增长4.4%；第二产业增加值523.2亿元，比上年增长17.7%；第三产业增加值352.8亿元，比上年增长11.6%。人均地区生产总值9990元，比上年增长17.2%。

居民消费价格总指数累计比101.2%，较上年提高1.2个百分点。年末全市城镇单位从业人员63.16万人，增长0.59%。在岗职工工资总额78.94亿元，同比增长12.52%%。城镇单位在岗职工平均工资13275元，同比增长11.79%。

农村经济全面发展。全年农林牧渔业服务业总产值完成343.4亿元，比上年增长4.5%。粮食产量再获丰收。农业实现产值202.2亿元，比上年增长4.6%。粮食播种面积1272.4万亩，比上年增长3.4%，总产量471.4万吨，增长5.5%。畜牧业生产稳步发展。实现畜牧业产值123.9亿元，比上年增长5%，肉类总产量达72.4万吨，比上年增长4.6%，禽蛋产量完成46万吨，比上年增长1.1%。牛羊奶产量40.3万吨，比上年增长23.1%。渔业生产稳定增长。实现渔业产值3.9亿元，增长6.1%，水产品总产量达到5.2万吨，比上年增长4.8%。年末实有林地面积35.5万公顷。

工业生产快速增长。全年完成工业增加值435.6亿元，比上年增长18.6%。国有及年销售收入500万元以上非国有工业完成现价总产值951.5亿元，完成工业增加值250.4亿元，比上年增长26.6%。国有及年销售收入500万元以上非国有工业完成销售收入911.2亿元，比上年增长31.2%，工业产品销售率98.7%，实现利税81.4亿元，比上年增长29.9%。工业经济效益综合指数为117.9%，比上年提高9.4个百分点。

建筑业较快发展。全年完成增加值86亿元，比上年增长11.9%。具有建筑业资质的所有独立核算建筑业企业217个，完成建筑业总产值201.99亿元，比上年增长23.03%，完成增加值43.9亿元，比上年增长8.66%。

固定资产投资稳健增长。全年完成全社会固定资产投资560亿元，比上年增长19.4%，城镇固定资产投资完成412.7亿元，比上年增长22%。其中：第一产业完成投资13.1亿元，比上年增长116.2%；第二产业完成投资181.9亿元，比上年增长25.3%；第三产业完成投资217.5亿元，比上年增长16.4%。

城乡市场繁荣活跃。社会消费品零售总额385.1亿元，比上年增长14%，其中：市的消费品零售额完成178.5亿元，同比增长12.5%；县的消费品零售额完成82.8亿元，同比增长15.2%；县以下的消费品零售额完成123.8亿元，同比增长15.3%。

对外贸易较快增长，据海关统计，完成出口创汇11亿美元，比上年增长45.5%。引进内外资金84.2亿元，比上年增长8.9%，其中引进内资73.5亿元，比上年增长24.7%，实际利用外资1.3亿美元，比上年下降42%，其中：外商直接投资1.1亿美元，比上年下降29%。

交通运输业稳定发展。全年完成货运量6887.7万吨，全年完成客运量7144万人。全年公路运输完成货运周转量663456万吨公里，旅客周转量661566万人公里。邮电通讯业加快发展，完成电信业务收入34.9亿元。年末拥有固定电话用户216.2万户，比年初增长%，年末移动电话用户292.2万户，国际互联网用户达39.5万户，有线电视用户达52.7万户，增长6.7%。接待海外旅游者6.2万人次，比上年增长40.7%，国际旅游收入1653.9万美元，比上年增长40.5%；接待国内游客1705万人次，比上年增长10.64%，旅游收入85.4亿元，比上年增长25%。

财政收入较快增长。完成财政收入101.4亿元，比上年增长17.4%，其中地方一般预算收入37.3亿元，比上年增长14.8%。财政支出101.9亿元，比上年增长22.2%。金融形势稳定，年末金融机构存款余额达1228.2亿元，增长14.1%。金融机构贷款余额531.5亿元，增长5.9%。保险事业继续发展，各类险种保费收入23.9亿元。处理赔案赔付金额达4.4亿元。

科技事业取得新成果。共取得国际、国内领先成果95项，完成省重点攻关项目45项，开发省级以上新产品26项。全年实施省级以上科技成果推广25项，科技成果推广应用率达85%。教育事业全面发展，全市普通高等学校在校学生12.1万人，中等专业学校在校学生12.3万人，普通中学在校学生75.9万人，小学在校学生74.8万人，学龄儿童入学率达99%。成人高等学校在校学生为3.2万人。

文化事业较快发展。《保定日报》、《保定晚报》和《莲池周刊》年总发行量达6413万份，比上年增长20.1%。全市剧团演出场次4802场。拥有公共图书馆21个，总藏书量163.1万册。卫生事业继续发展，年末共有卫生机构506个，医生0.93万人，医院卫生院431个，病床床位2.3万张。体育事业蓬勃发展，共举办市级以上各类比赛3次。举办全民健身活动20次，参加人数46万人。各运动队参加比赛共获省级以上金牌132枚，获省级以上银牌107枚，获省级以上铜牌96枚。

人口继续保持低速增长。年末总户数304.8万户，比上年增加1.3万户，年末总人口1092.2万人，其中市区100.6万人。

环境保护事业继续发展。年末全市重点工业企业专业环保人数达2884人。城市人均公共绿地面积7.05平方米，建成区绿地率31.15%，建成区绿化覆盖率36.3%，生态环境继续改善。

城乡居民收入继续增长。城镇居民人均可支配收入9195元，比上年增长11.3%，农民人均纯收入（不含市区）达到3471元，比上年增长7%。城镇居民人均消费性支出6412元，农村居民人均生活消费（不含市区）支出1773元。

社会保障工作进一步加强。共有9.5万城市居民得到最低生活保障救济，6.6万农村居民得到最低生活保障救济，年末全市有57.1万职工参加了基本养老保险，59万人参加了基本医疗保险，53.9万人参加了失业保险。全市社会福利院4所，城镇收养性老年福利机构3所，农村收养性老年福利机构202所，光荣院25所。

（保定市统计局　魏　勇）

沧　州　市

2005年，经济社会持续、快速发展。圆满完成了“十五”计划确定的各项任务目标，为“十一五”实现更快发展奠定了基础。

总体经济保持了较快的增长势头，经济总量登上新台阶。全市地区生产总值完成1130.8亿元(含华北油田)，突破1000亿元大关，按可比价格计算，比上年增长17%，为2000年以来的最高增幅。其中，第一产业增加值完成135.4亿元，增长6.1%；第二产业增加值完成603.8亿元，增长21.7%；第三产业增加值完成391.6亿元，增长12.9%。整个“十五”期间，全市经济发展较快，地区生产总值年均增长12.6%。特别是后期，经济总量连续跨上新台阶，为“十一五”实现更快发展奠定了基础。消费价格和零售价格总体水平稳定。全年城市居民消费价格水平比上年上涨1.1%，商品零售价格上涨1.3%。

农业经济取得新进步认真落实各项惠农政策，减轻农民负担，保护和发展种粮农民的积极性，大力发展优质、高效、安全和生态农业，农业投入产出效益稳步提高，全年完成农林牧渔业总产值246.4亿元，同比增长6.34%。粮食种植增加，棉花、油料减少。全市粮食种植面积82.57万公顷，比上年增长14.9%；棉花种植面积13.55万公顷，下降20.2%；油料种植面积4.09万公顷，下降4.2%；蔬菜面积7.76万公顷，增长5.3%。畜牧业发展加快，全市畜牧业总产值81.7亿元，同比增长9.69%。肉类总产量45.11万吨，比上年增长7.1%；禽蛋产量33.58万吨，增长6.4%；奶类产量8.81万吨，增长18.9%。渔业稳步增长。渔业总产值8.85亿元，增长2.78%；水产品产量12万吨，增长4.76%。林业保持发展。全市林业总产值0.89亿元，下降24%。全市水果产量达到118.5万吨，增长10.2%。其中枣产量42.37万吨，增长19.3%。

农业产业化经营较快发展。全市产业化经营总量138.2亿元，同比增长30.6%。农业产业化率达到42.5%，比上年提高5.4个百分点。产业化龙头组织的拉动作用进一步增强。全市各类龙头经营组织达到103家，其中销售额亿元以上的龙头企业14家，比年增加3家。龙头经营组织完成的销售额达到74.63亿元，比上年增长34.4%，辐射带动能力进一步增强。

农业生产条件进一步改善，综合生产能力增强。全市农田有效灌溉面积达到56.95万公顷，增长5.5%；年末全市农业机械总动力1011.11万千瓦，比上年末增长14.3%。

工业继续保持高速增长。全年国有及年产品销售收入500万元以上的非国有工业企业（规模以上工业企业，含华油）916家，完成增加值356.47亿元，比上年增长34.52%，其中，国有企业增加值100.48亿元，增长26.5%；集体企业14.3亿元，增长38.6%；股份制企业133.5亿元，增长35.3%；外商及港澳台企业21.9亿元，增长40.6%。在规模以上工业企业中，轻工业增加值44.52亿元，增长120.7%；重工业增加值243.87亿元，增长39.1%。

工业经济效益改善。规模以上工业企业经济效益综合指数为175.7%，比上年提高18.93个百分点；工业产品销售率98.5%；资产负债率55.8%，下降1.3个百分点；总资产贡献率12.4%，增长0.6个百分点。实现利润总额95.9亿元，比上年增长31.1%，其中，国有及国有控股企业实现利润67.73亿元，增长26.1%。亏损企业亏损额19.6亿元，比上年增亏462%。国有及国有控股亏损企业亏损额18.58亿元，比上年增亏649%。

投资规模扩大。全市全社会固定资产投资完成354.52亿元，突破300亿元大关，比上年增长45.5%。其中，地方投资完成340.7亿元，增长47.6%；城镇投资完成194.87亿元，增长46.5%，农村投资完成159.65亿元，增长44.3%。重点项目建设得到加强。全市亿元以上各类大项目达到89个，总投资101.16亿元。

市场繁荣，交易活跃。全市社会消费品零售总额250.1亿元，比上年增长15.1%，是2000年以来增长速度最高的。其中，城市117.12亿元，增长15.4%，占消费品零售总额的46.8%；县的零售额36.62亿元，增长14.6%，占总额的14.6%；县以下零售额96.36亿元，增长14.8%，占总额的38.5%。分行业看，批发零售贸易业零售额213亿元，增长14.4%；餐饮业33.3亿元，增长20.3%。大型商店和商品交易市场继续发展。全市限额以上贸易企业实现消费品零售额22.1亿元，比上年增长18.7%；亿元商品交易市场达到27个，实现商品成交额164.4亿元，增长21.3%。

对外经济合作和招商引资工作取得新成绩，机制更完善，领域更广阔，方式更灵活多样，成效更显著。全市进出口总值达到8.17亿美元，比上年增长20.5%，其中出口6.29亿美元，增长30.2%；进口1.87亿美元，下降3.7%。新批“三资”企业合同90个，同比增长9.8%，合同总金额4.93亿美元，增长63.4%，合同外资额2.55亿美元，增长45.9%。全年实际利用外资14422万美元，增长73.1%。其中直接利用外资14416万美元，增长74%。同时，加强了与京津及国内其他地区的经济技术合作，全年引进省外资金55亿元，增长45%。

交通运输业快速增长，道路建设步伐加快。全市境内公路里程9090公里，其中高速公路210公里，国道525公里，省道890公里，县道1098公里，乡道1987公里，专用路324公里，村道5154公里。全市公路货运周转量988822万吨公里，客运周转量433674万人公里。港口功能进一步发挥，黄骅大港完成吞吐量6781万吨，比上年增长49.3%。邮电通信业快速发展。全年邮政业务总量

2.43亿元，比上年增长7.7%。网通、移动、联通、电信四大电信企业年末固定电话用户达到149万户，移动电话用户174.95万户，互联网用户16.38万户。

财政收入保持增长。全部财政收入完成82.92亿元，按可比口径比上年增长27.3%。地方一般预算收入完成31.17亿元，按可比口径比上年增长25.7%。在一般预算收入中，增值税完成6.16亿元，增长35.4%；营业税完成7.08亿元，增长18.6%；企业所得税完成1.1亿元，，增长29.9%，个人所得税完成1.57亿元，增长20.6%；行政性收费1.91亿元，增长29.1%；罚没收入2.77亿元，增长6.6%。全市一般预算支出63.0亿元，比上年增长26.3%。

金融存款大于贷款，存贷差持续扩大。2005年末全市金融机构存款余额895亿元，比年初增加107亿元。其中，城乡居民储蓄存款余额673亿元，占全部存款的75%，比年初增加62亿元。全市金融机构贷款余额449亿元，比年初增加16亿元。其中，中长期贷款余额143亿元，比年初增加26亿元，短期货款余额264亿元，比年初下降4亿元。全市贷款占存款的50.2%，存贷差446亿元。

各项社会事业进一步发展。全市科技体制改革进一步深化，科技创新力度提高。财政科技三费支出1171万元。教育事业继续发展。全年财政用于教育事业经费支出16亿元，比上年增长25%。小学适龄儿童入学率99.8%，小学在校学生48.2万人，普通中学在校学生49.7万人，初中毕业生升学率47.9%。文化、体育事业进一步发展。文学艺术、社会科学、新闻出版、广播电视等事业继续发展。706实验台建成开播，新发展农村有线电视用户6.5万户；公共图书馆14个，图书藏量753千册；全市电视人口覆盖率达到100%，有线电视用户达到37.8万户，市区有线电视入户率49.5%。卫生事业得到加强。年末全市共有医院卫生院237个，医生8380名，医院卫生院床位1.24万张。疾病防控、农村卫生和环境卫生建设得到加强，在全省率先完成市、县两级疾控中心建设，农村新型合作医疗试点取得积极进展。城市建设成效显著，环境治理工作取得突破。投资28亿元，实施了“一拓三通”等七项城建重点工程，强化了两区城管职能，开展了城市环境综合治理活动，拆除违章建筑11.7万平方米，治理违章摊点1.25万个，城市秩序和环境卫生面貌明显改善。

人民生活改善，城乡居民收入增长。全市城市居民人均可支配收入8597元，比上年增长16.4%；其中人均工薪收入6652元，比上年增加838元；经营净收入305元，增加289元；财产性收入37元，增加8元。农民人均纯收入3311元，比上年增长9.56%；其中工资性收入1267元，增加186元；家庭经营收入1890元，增加92元；转移性和财产性收入153元，增加11元。全市在岗职工人均工资14488元，比上年增长10.7%。

居民消费水平提高。城市居民人均消费性支出5922元，比上年增长7.1%。农村居民人均生活消费支出2006元，增长16.2%。

（沧州市统计局　提长刚）

衡　水　市

2005年，衡水人民以党的十六届五中全会精神为指导，认真贯彻落实中央和全省经济工作会议精神，以科学发展观为统领，以全面建设小康社会为目标，以寻求新的经济增长方式和创建和谐社会为动力，进一步加强和改善宏观调控，积极推进和深化各项改革，努力调整经济结构，大力增强发展后劲，2005年衡水总体经济稳定快速增长，经济与社会各项事业蓬勃发展。

衡水综合实力进一步加强。国民经济平稳较快增长。初步测算，全年实现生产总值519.69亿元，比上年增长14.1%。三次产业对国民经济的贡献率分别为5.7%、70.6%和23.7%，分别拉动经济增长0.81、9.95、3.34个百分点。人均生产总值达到12303元，较上年增长13.5%。

物价总水平有所上涨。全市居民消费价格较上年上涨1.7%，商品零售价格指数较上年增长了1.0%。其中，城市上涨1.0%，农村上涨2.3%。

就业人数稳步增加。年末全市城镇就业人员57.3万人，增加1.8万人。全年全市新增城镇就业岗位3370个，年末城镇登记失业率为2.54%，比上年末下降0.31个百分点。

县域经济实现较快发展。随着“城乡统筹、三化互动、富民强县”思路的逐步深入，全市坚持分类指导，分级考核，促强扶弱带中间，全面提升县域经济的综合实力，各县市区已形成你追我赶，竞相发展的良好格局，县域经济综合实力明显增强。

农业生产在结构调整中保持平稳发展。随着中央和省出台的一系列支持农业发展政策的贯彻落实，特别是促进粮食生产各项政策的实施，农民种粮积极性空前高涨，粮食作物播种面积快速回升。全年粮食播种面积54.8万公顷，较上年增加了5.1万公顷，增长10.2%。由于播种面积的增加，粮食总产量大幅增长，2005年该市粮食总产量达311.0万吨，增加了25.2万吨，增长8.8%；棉花产量13.9万吨，下降13.0%；油料产量11.9万吨，下降了2.4%；肉类总产量37.9万吨，增长9.6%；禽蛋产量28.1万吨，增长20.2%；牛奶产量3.5万吨，增长28.0%；水产品产量0.7万吨，增长8.4%。全年实现农业总产值174.7亿元，比上年增长5.6%。其中，农业产值95.8亿元，增长2.3%；畜牧业产值70.8亿元，增长12.7%；渔业产值0.4万元，增长8.3%。

工业生产保持较快增长，经济效益继续改善。全年实现工业增加值247.6亿元，比上年增长18.5%，其中规模以上工业实现增加值126.5亿元，增长25.4%。轻、重工业分别实现增加值53.3亿元、73.2亿元，较上年分别增长18.7%和45.7%，重工业增速依然快于轻工业。股份制企业完成增加值68.2亿元，占全部入统工业的1/

2强，较上年增长28.7%；股份合作企业完成增加值2.1亿元，增长12.6%；外商及港澳台企业完成增加值15.6亿元，增长15.9%；集体企业增加值完成17.3亿元，增长5.9%；其他经济类型工业企业完成增加值12.4亿元，增长32.4%。全年工业企业经济效益综合指数为189.8，比上年提高13.8个百分点。工业企业实现利润达到30.23亿元，比上年增长30.5%；实现利税45.3亿元，增长29.7%。

固定资产投资势头依然强劲。全年全社会固定资产投资总额318.5亿元，比上年增长33.3%。其中，城镇单位固定资产投资176.0亿元，增长39.1%。其中，二产投资大幅增长，全年达98.6亿元，增长58.6%。投资自主机制作用明显增强，企业、地方自筹和民间投资比重显著提高。城镇单位固定资产投资中自筹和其他资金所占比重由上年的66.9%提高到82.4%。

消费品市场平稳发展。全年社会消费品零售总额141.5亿元，比上年增长15.4%。其中，城市消费品零售额45.1亿元，增长16.3%，县及县以下消费品零售额96.4亿元，增长15.0%。分行业看，批发零售贸易业零售额125.5亿元，增长14.9%；餐饮业零售额14.3亿元，增长22.2%；其他行业零售额1.7亿元，增长4.3%。年末全市商品交易市场达87个，其中，消费品市场76个，生产资料市场11个，全年商品交易市场成交额达到144.5亿元。全市亿元市场共19家，商品成交额达125.8亿元，增长10.2%。

对外贸易协调并进。全年实现进出口总额77224万美元，比上年下降41.8%；其中出口68771万美元，降低45.8%；进口8453万美元，增长46.7%。全年外商实际投资11592万美元，增长18.9%，其中，外商直接投资10379万美元，增长15.8%，新签“三资”企业合同项目30个，增长20%。新批“三资”企业合同外资额3.6亿美元，比上年增长142.9%。

交通运输业稳步发展。年末，全市乡及乡以上公路通车总里程达到5082公里。其中二级以上公路通车里程达到1136公里，占总里程的比重达22.3%；农村公路通车里程达到4351公里，有铺装路面的3196公里，占通车里程的73.5%。全年完成货物周转量34.4亿吨公里，比上年增长18.2%；旅客周转量27.2亿人公里，增长11.0%。

邮电通信业快速增长。全年完成邮电业务总量11.5亿元，比上年增长16.8%。年末移动电话用户达到102.2万户，比上年末增长16.4%。全市互联网用户达到10.5万户，较上年增长了23.0%。

旅游业发展突飞猛进。全年接待海外旅客人数2930人，较上年增长37.9%，创汇收入69.9万美元，较上年增长了16.5%。接待国内旅游人数115.5万人次，旅游创收3.96亿元。

财政收支大幅度增加。全市财政总收入突破30亿元大关，达31.2亿元，比上年增长30.8%。其中市县级一般预算收入13.3亿元，增长30.1%。一般预算支出39.3亿元，比上年增长35.2%。财政支出在重点支持生产、建设的同时，确保了工资、社会保障等重点公共预算支出的需要，支出结构进一步优化。

金融市场平稳运行，保险业务较快增长。年末金融机构各项存款余额516.7亿元，比年初增加60.3亿元。城乡居民储蓄存款375.6亿元，比年初增加42.2亿元。各项贷款余额281.5亿元，比年初增加26.2亿元。全年累计现金收入1420.7亿元，现金支出1438.3亿元，货币净投放17.5亿元，比上年多7.4亿元。全市保险业实现各项保费收入8.5亿元，比上年增长40.9%，赔款给付额2.0亿元，同比增长11.1%。其中，财产保险保费收入1.7亿元，增长4.7%，赔款给付额0.8亿元，增长11.0%；人身保险保费收入6.8亿元，增长53.9%，赔款给付额1.2亿元，增长11.0%。

教育事业稳步推进，科技成果不断涌现。全年普通高中招生3.1万人，毕业生2.6万人；普通初中招生8.1万人，毕业生9.0万人；小学学龄儿童入学率达99.83%。全市拥有职业技术教育学校50所，在校生4.1万人。全年受理专利申请359件，比上年增长34.1%；授权专利175件，增长24.1%。全年共签订技术合同220项，技术合同成交额1280万元。

文化艺术、广播电视等各项事业蒸蒸日上。年末全市共有各类艺术表演团体4个，电影放映管理机构14个，群众艺术馆1个，文化馆11个，公共图书馆11个，博物馆1个。年末全市有广播电台1座，广播综合人口覆盖率为100%；电视节目12套，电视人口综合覆盖率为100%。

卫生事业健康稳步发展，体育战线捷报频传。年末全市共有各类卫生机构191个，其中医院42个，卫生院114个。全市共有卫生技术人员10098人，其中执业医师3626人。卫生机构实有床位7906张。2005年，该市组队参加了河北省16个青少年项目的比赛，获得金牌12枚，银牌10枚，铜牌11枚，并有3个代表队获体育道德风尚奖。同时，还成功举办了多个形式多样的体育竞赛。

社会保障工作进一步强化。年末全市城镇有各种社区服务设施150个，各类福利院床位数4350张，国家抚恤、补助各类优抚对象1.8万人。全年筹集社会福利资金220万元，接受社会捐赠148万元，得到城镇最低生活保障救济的人数达4.5万人，全年共发放低保资金3434万元。

城乡居民生活水平继续提高。全市城市居民人均可支配收入8947元，比上年增长16.3%；城镇居民人均消费支出6720元，增长15.9%。农民人均纯收入3533元，比上年增长11.0%；农民人均生活消费支出1705元，增长9.9%。城镇人均住房使用面积22.1平方米，农村人均住房居住面积27.0平方米。

环保工作进一步加强。全年建设项目环评执行率达到100%。全市拥有各级环境监测站8个，已建成环境噪声达标区11个，环境噪声达标区面积50.9平方公里；烟尘控制区11个，烟尘控制区面积88.2平方公里。空气质量继续改善。市区空气达到二级标准的天数为296天。

（衡水市统计局　万秋生　闫晓洁）

邢 台 市

2005年，邢台人民紧紧围绕实现更快更好发展主题，以科学发展观为统领，深入开展项目年建设活动，扎实推进五项重点工作，全市经济保持平稳较快增长，人民生活稳步提高，全年和“十五”经济增长目标顺利实现。

一、整体经济平稳较快增长，经济总量跃上新台阶

2005年，全市经济在连续两年增速加快的基础上保持平稳较快增长，经济总量和人均水平跨上新台阶。初步测算，全市实现生产总值680.7亿元，按可比价格计算，比上年增长13.0%，为十五期间第二个较快增长年。其中第一产业增加值124.3亿元，增长5.6%；第二产业增加值390.1亿元，增长15.9%；第三产业增加值166.3亿元，增长11.6%。人均生产总值达10041元，比上年增加550元。“十五”期间全市生产总值年均递增11.6%，人均生产总值比“九五”末增加5387元。

二、农业生产稳步增长，产业化进程不断加快

2005年，中央各项惠农政策的落实激发了农民生产积极性，农业生产稳步增长。粮食生产出现回升，扭转了连续五年面积、总产逐年下降的局面。粮食播种面积69.4万公顷，增播10.2%，总产量363.4万吨，增长12.1%；棉花生产与上年高产相比略有下降，棉花播种面积16.0万公顷，减播11.2%，总产量16.8万吨，减少7.8%，总产仍为历史较高水平；蔬菜播种面积5.8万公顷，减播0.1%，总产量达277.8万吨，增长3.1%。优质专用小麦、优质玉米、无公害蔬菜、设施蔬菜种植面积增加。肉、蛋、奶生产保持“两稳一快”格局。肉类总产量41.1万吨，增长2.8%；禽蛋产量54.3万吨，增长3.4%；奶类产量18.1万吨，增长38.4%。畜牧、蔬菜、果品三大支柱产业比重提高，其产值占全市农林牧渔服务业总产值的比重达49.7%。

农业产业化进程加快。一是龙头企业数量增多。其中销售额超亿元的特色主导产业32个，同比增加11个。全市年销售额500万元以上的龙头企业达151个，与上年持平；二是基地规模继续扩大。全市共形成各类农产品生产基地35个，其中种植业基地18个，养殖业基地14个，加工业基地3个。全市有40%的农户加入到产业化经营行列。农业产业化经营率58.9%，同比提高1个百分点。

三、工业生产较快增长，效益水平进一步提高

2005年，全市工业生产保持较快增长。全部工业增加值完成355.9亿元，比上年增长16.1%，其中795家规模以上工业企业完成增加值207.1亿元，比上年增长21.1%。仍保持2003年以来较快增长水平。规模以上工业中，分轻重行业看，轻工业快于重工业增长。分经济类型看，股份制企业是主要增长动力。股份制企业增加值比重较大，增长较快，增长为30.7%，高于规模以上工业增幅9.6个百分点。主要工业产品中，乳制品、纱布等轻工产品快速增长，增速分别达到3.85倍，51.6%和29.4%；成品钢材、钢产量在上年快速增长的基础上仍保持较快增长，增幅分别为27.5%和14.8%。

在工业生产较快增长的同时，经济效益进一步提高。规模以上工业产企业实现品销售收入688.2亿元，产品销售率97.9%。实现利税总额79.0亿元，增长14.9%；实现利润总额51.1亿元，增长13.1%。分经济类型看，国有及国有控股企业实现利税19.2亿元，增长11.2%；私营企业实现利税21.1亿元，增长8.9%；外商及港澳台投资企业实现利税12.9亿元，增长0.1%。黑色金属冶炼及压延加工业、煤炭开采业及洗选业、黑色金属矿采选业、纺织业、电力、热力的生产和供应业仍是全市效益增长的主要支撑力量。

四、固定资产投资快速增长，重点项目建设加快

全市上下扎实有效地开展“项目年”活动，项目建设的规模和质量同步提高。全市固定资产投资快速增长。全社会固定资产投资349.1亿元，比上年增长33.0%，其中城镇固定资产投资197.2亿元，增长42.4%；农村投资151.8亿元，增长22.6%。全社会固定资产投资中，城镇投资比重有所提高，由2004年的27.7%提高到33.0%，提高了5.3个百分点。分产业投资中，第二产业仍是主要投向，第三产业投资步伐加快。第二产业完成投资125.4亿元，占城镇投资比重为63.7%，同比增长42.0%；第三产业完成投资69.4亿元，增长67.1%，比上年加快33.3个百分点。电力煤气及水的生产供应业、交通运输仓储及邮政业投资实现较快增长。新开工项目数量增多，全年新开工项目800个，同比增长17.0%。

重点项目建设加快。全年176项重点项目建设完成投资210亿元，比上年增长53%。邢钢线材制品加工基地建设取得突破，总投资2亿元的新光线材精制项目竣工投产、总投资4亿元的振成机械、总投资10亿元的宁波紧固件等项目入园建设；总投资23亿元的电厂2×30万千瓦机组提前投产发电；总投资24.6亿元的邢临高速公路提前竣工通车；完成了国家重点项目青银高速该市承担的总投资29亿多元、117公里的建设任务；总投资10亿元的德龙技改、总投资30亿元、规模50万吨的新河造纸等项目开工建设。

五、消费品市场平稳运行，对外开放步伐加快

全市社会消费品零售额201.3亿元，比上年增长15.0%。城乡市场同步较快增长。城市零售额56.6亿元，增长10.5%；农村零售额144.7亿元，增长16.9%。主要行业中批零贸易业和住宿餐饮业增长较快。批发零售贸易业零售额176.8亿元，增长14.6%；住宿和餐饮业零售额22.3亿元，增长18.8%。

市场建设取得新成就。年末全市共有商品交易市场115个（新口径），其中消费品市场102个，生产资料市场13个。商品交易市场成交额120.8亿元，其中消费品市场成交额76.7亿元，生产资料市场成交额44.2亿元。

对外开放步伐加快。全年新注册三资企业31家，注册资本22716万美元。全市实际利用外资14178万美元，比上年增长32.1%。其中外商直接投资14172万美元，增长37.6%。进出口总值72873万美元，增长29.6%，其中出口总值53862万美元，增长25.3%。对外贸易中关键设备和技术引进力度加大，结构优化，效益提高。

六、财政收入较快增长，居民收入稳步提高

财政收入较快增长。2005年，全部财政收入完成60.1亿元，增长29.3%。其中地方一般预算收入21.9亿元，增长21.4%；省级收入6.2亿元，增长41.5%；中央级收入32.0亿元，增长33.1%。

城乡居民收入稳步增长。2005年城镇居民人均可支配收入7752元，比上年增长15.8%。2005年农民人均纯收入3280元，增长9.2%，在上年首次突破两位数增长的基础上保持稳定增长。

七、金融形势平稳运行，物价涨势稳中趋缓

2005年，全市金融形势运行平稳，继续保持存大于贷格局。年末金融机构各项存款余额698.3亿元，比年初增长12.3%；金融机构贷款余额373.1亿元，下降3.4%。金融机构现金收入2314.98亿元，比上年增长4.4%；现金支出2401.03亿元，增长4.0%。现金收支相抵净投放货币86.05亿元。

2005年，物价涨势稳中趋缓。全市居民消费价格总水平比上年上涨1.8%，涨幅比上年回落2.4个百分点。农村价格上涨幅度略高于城市，农村消费价格水平比上年上涨2.2%，城市上涨1.2%。物价涨幅较大的主要是居住类、娱乐教育文化用品及服务类、食品类，涨幅分别为5.1%、4.0%和2.9%。工业品价格比上年上涨3.8%。生产资料价格上涨4.7%，生活资料价格下降0.7%。

（邢台市统计局　杨会英）

邯　郸　市

2005年，全市人民以科学发展观为统领，全面贯彻落实党的十六届五中全会和省委、省政府的一系列决策部署，坚持“开放总揽、环境先导和民营突破”的总体思路，以经济结构调整为主线，狠抓四项重点工作，积极推进民心工程建设，经济社会发展取得显著成绩，全面建设小康社会第一步战略目标如期实现，为“十一五”时期更快更好发展打下了坚实的基础。

一、综合

全市生产总值历史性地突破千亿元大关。2005年，全市经济发展取得巨大成就，全市生产总值达到1157.3亿元，比上年增长16.3%，提高1.8个百分点。其中：第一产业增加值158.1亿元，增长7.3%；第二产业增加值582.1亿元，增长19.5%；第三产业增加值417.1亿元，增长15.9%。按常住人口计算，当年人均GDP达到13416元（折合1652美元），增长15.3%，比上年提高1.7个百分点。

三次产业支撑作用增强。2005年，第一产业对经济增长的贡献率为7.0%；第二产业贡献率达到56.6%；第三产业贡献率达到36.4%。三次产业结构由上年的15.0：50.5：34.5变化为2005年的13.7：50.3：36.0。

财政收入跨越百亿大关。2005年，全市各级财政部门开源与节流并重、加大财税创新、强化征收管理使全市财政收入保持了较快增长，全年实现全部财政收入121.1亿元，为历史最好水平，占全年任务的116.2%，比上年增长31.3%。从分系统情况来看，各系统均很好地完成了年初预定任务。跨省经营企业所得税成为新增长点，实现收入1786万元，增长176.5%。国税、地税和财政三大系统也增长较快，分别完成76.9亿元、30.5亿元和13.5亿元，分别增长30.4%、35.7%和26.0%。地方一般预算收入43.2亿元，完成全年预算的115.3%，增长30.9%。分税种来看，各项收入都有不同程度的增长。其中，专项收入增长最快，共完成3.1亿元，增长70.7%。增值税、营业税、企业所得税和个人所得税四项共完成23.0亿元，带动地方一般预算收入增长17.9个百分点。耕地占用税、印花税、土地增值税、契税等小税种也增长较快。地方一般预算支出83.8亿元，增长31.7%。

物价平稳上涨。全市居民消费价格指数为102.1%，比上年上涨2.1%，其中城市上涨1.6%，农村上涨2.5%；商品零售价格指数101.9%，上涨1.9%。

2005年1—4季度全市企业家信心指数分别为125.2点、120.7点、117.7点和103.7点，均在景气区间运行。1—4季度企业家对所在行业总体运行状况表示乐观或基本看好的比例分别为88.0%、87.0%、88.7%和75.7%。企业生产、盈利、用工景气指数同比都在上升。表明该市宏观经济走势看强，企业家对宏观经济持续看好，经济增长的宏观基础较为稳固。

年末城镇登记失业率为4.08%，仍处于4.5%的计划调控目标之内。当年全市共有3.15万名下岗失业人员实现再就业，其中：“4050”下岗失业人员再就业9037人，分别完成全年任务的121.1%和301.2%，21.5万名农村劳动力实现转移就业。

二、农业

农业丰产丰收。随着各项惠农政策逐步落实，以及市场导向作用等因素的共同推动，农业实现丰产丰收，农业综合生产能力稳步提高。一是农业生产稳定增长。全年粮食播种面积1133.1万亩，比上年增长2.9%，单产364.7公斤，为历史新高，增加5.2公斤，总产量413.3万吨，增长4.4%；棉花播种面积154.5万亩，下降7.6%，总产量12.0万吨，下降1.0%；蔬菜总产量648.0万吨，为历史最好水平，增长8.2%；油料播种面积93.7万亩，总产量18.5万吨，分别减少10.6万亩和5149吨。二是畜牧业较快增长。肉类总产量65.2万吨，增长9.5%，其中猪、牛、羊肉产量分别达41.2万吨、6.3万吨和4.4万吨，分别增长11.3%、8.7%和11.3%；禽蛋和奶类产量分别为102.5万吨和10.1万吨，分别增长6.5%和53.7%。

三、工业和建筑业

工业生产加快，效益良好。随着部分新建项目的投产、达产和国企改革、改组的深入推进，使全市工业生产继续承接了上年快速增长态势，活力明显增强，生产继续加快。2005年，全市完成工业增加值510.2亿元，比上年增长19.0%。其中全市规模以上工业完成增加值369.3亿元，增长21.8%。一是产销衔接良好，产品销售率为97.7%，比上年提高0.1个百分点；二是重点行业拉动明显。该市工业第一大支柱行业——钢铁行业完成增加值210.8亿元，占全市规模以上工业增加值比重为57.1%；煤炭行业完成52.1亿元，比重为14.1%；三是工业效益表现良好。全年实现利税首次突破百亿，达119.1亿元，增长19.9%。其中实现利润63.9亿元，增长31.5%。

全市建筑业实现增加值71.9亿元，比上年增长21.9%。全市具有资质等级的总承包和专业承包建筑业企业实现利润37006万元，增长46.1%；上缴税金55475万元，增长16.2%。

四、固定资产投资

固定资产投资扩张有力。全市上下牢固树立抓项目就是抓发展的理念，以建设大项目为载体，加快发展大产业、培育大基地、做强大园区，以项目调结构，以项目强实力，以项目促发展，积极培育经济社会发展的战略支撑，在邯郸钢铁、国电龙山等优化产业升级项目、邯郸机场、青兰高速、城市路网等基础设施建设项目的强劲带动下，使全市固定资产投资继续保持旺盛势头。2005年全市完成全社会固定资产投资491.0亿元，比上年增长41.7%，增幅比上年提高6.9个百分点。其中：城镇完成362.1亿元，增长48.3%，增幅较上年提高8.8个百分点，农村投资128.9亿元，增长26.0%。

全市完成房地产开发投资27.8亿元，比上年增长18.8%，增幅比上年提高0.7个百分点。商品房销售面积105.5万平方米，增长39.1%；其中住宅99.8万平方米，增长52.1%。商品房空置面积14.7万平方米，下降17.3%。商品房销售额16.7亿元，增长51.5%。

五、国内贸易

贸易市场交易活跃。全市实现社会消费品零售总额310.9亿元，比上年增长14.8%。一是批零贸易市场持续活跃，批发零售贸易业实现零售额267.3亿元，增长14.1%，占全市零售额比重为85.9%；二是餐饮业高位运行，实现零售额39.9亿元，增长20.4%；三是城乡消费同步增长，城市、县及县以下消费品零售额分别完成110.9亿元和200.0亿元，分别增长15.0%和14.7%。四是主要大类商品销售增长较快，在限额以上批零贸易企业统计的25类商品中，有17类商品保持增长。其中，汽车类、金属材料类、通信器材类、机电产品及设备类成为销售热点，销售额增幅较大，均在80%以上。

六、对外经济

全市加大招商引资力度，抓住国外产业转移机会，打造邯郸外资进入平台，全年引资工作取得较大成绩。全市实际利用外资15244万美元，比上年增长13.3%，完成全年任务的105.9%。其中直接利用外资12920万美元，增长21.4%。批准外资合同65个，批准合同总投资额37253万美元，批准合同外资额18804万美元，分别增长51.2%、72.6%和44.7%。注册企业64个，注册外方资本16686万美元，分别增长77.8%和48.0%。

全市在加大引资力度的同时，完善出口扶持政策，提升出口企业质量，使外贸进出口额增长较快。全年外贸进出口总值95360万美元，增长32.8%。其中，出口31954万美元，进口63405万美元，分别增长14.3%和44.7%。

七、交通、邮电和旅游

交通运输、仓储和邮政业实现增加值76.7亿元，比上年增长15.9%。货物运输总量10672.6万吨，比上年增长1.6%。其中，铁路2305.6万吨，下降3.2%；公路8367万吨，增长2.9%。旅客运输总量11975.5万人，比上年增长2.5%。其中，铁路455.5万人，增长3.5%；公路11520万人，增长2.4%。

年末主城区公共汽车线路达到92条，比上年末增加15条。运营里程6021万公里，主城区共有公共汽车运营车辆1101辆，客运出租车运营车辆4621辆；全年公共交通共运送乘客10207万人次（不含出租车）；全年出租汽车载客率为30%。

年末全市民用汽车保有量达到24.61万辆，比上年末下降1.4%，其中轿车6.89万辆，增长1.4%。私人汽车保有量达到17.75万辆，比上年末增长0.85%；其中轿车5.22万辆，比上年末增长1.2%。

邮电驶入快车道。全市完成邮电业务总量44.3亿元，比上年增长24.6%。其中，邮政业务总量2.14亿元，增长11.5%；电信业务总量42.1亿元，增长25.4%。本年减少固定电话用户15.4万户，年末达到120.9万户。新增移动电话用户34.5万户，年末达到187.8万户。

旅游事业平稳发展，该市进入中国优秀旅游城市行列。全年接待海外游客6231人次，比上年增长11.2%。旅游创汇收入252.24万美元，增长28.5%。国内旅游发展良好，全年接待国内旅游者768万人次，增长1.03%。旅游业总收入30.3亿元人民币。年末，全市共有星级饭店17家，客房2500间，客房年平均出租率49%。旅行社49家，其中，国际社1家。娲皇宫晋升为国家AAAA级景区；京娘湖、元宝山风景区、八路军一二九师司令部旧址、朝阳沟风景名胜区被评为国家AAA级旅游区；峰峰矿区磁州窑富田遗址、大名县石刻博物馆被评为国家AA级旅游区。

八、金融、证券和保险

全年金融保险业完成增加值13.9亿元，比上年增长14.8%。金融业务进一步扩大。年末全市金融机构（含外资）本外币存款余额1024.39亿元，比年初增加155.72亿元，同比多增140.81亿元。金融机构（含外资）本外币贷款余额656.06亿元，按可比口径计算，比年初增加86.9亿元，同比多增60.65亿元。

证券市场各类证券成交额58.2亿元，比上年下降9.7%。其中股票成交额55.1亿元，下降12.4%；国债成交额1.2亿元，增长239.2%；基金成交额1.0亿元，下降16.9%。

全年保费收入22.14亿元，比上年增长16.5%。其中，财产险保费收入4.17亿元，增长4.3%；人身险保费收入17.97亿元，增长19.8%；健康险和意外伤害险保费收入1.32亿元，增长141.2%。全年各类保险赔款给付支出3.15亿元，比上年增长2.7%；其中财产险赔款1.83亿元，寿险业务给付1.33亿元，健康险和意外伤害险赔款及给付0.51亿元，分别增长18.1%、-12.2%和51.7%。

九、教育和科学技术

教育事业稳步发展。2005年，全市小学招生10.78万人，初中招生17.83万人，高中招生5.8万人。现有幼儿园645所，在园幼儿16.1万人，专任教师3428人；小学3073所，在校生70.2万人，专任教师4.0万人；普通中学574所，在校生74.9万人，专任教师3.5万人。小学适龄儿童入学率达到99.86%，初中适龄人口入学率达到97.74%，万人平均普通高中在校生达到184人，比上年增加14人，创历史最好水平。教育质量进一步提高，全市高考51387名考生中，本科一批上线1998人，比2004年增加67人；本科二批以上上线7357人，增加1455人；本科三批以上上线24894人，增加2057人。年内，河北工程学院升级为河北工程大学。目前，全市拥有普通高等院校4所，在校生4.3万人，专任教师2654人。

成功组织了普通高考、成人高考、中招统考、高中会考、自学考试、社会考试、硕士研究生招生考试等国家级、省级教育考试29次，累计考生34万多人，省内外及本市普通、成人大中专院校共从该市录取新生63860人。成人高校招生报名10325人，比2004年增加了1068人；自学考试开考专业达到了108个，该市独立开考专业达到了10个，考生人数、在籍人数和毕业人数都有了较大幅度增长。

科技事业稳步推进。全市共取得各类科技成果120项，其中达到国内领先水平的45项，国际先进水平的13项。获得2005年度省自然科学奖三等奖1项，省科技进步奖一等奖1项、三等奖8项。开发出省级以上具有自主知识产权的新产品、新技术35项，新通过省认定的高新技术产品30个，高新技术企业19家，实现高新技术技工贸总收入142亿元。

十、文化、卫生和体育

2005年，该市被命名为中国成语典故之都，建成了市数字图书馆，年末全市共有公共图书馆14个，总藏书107.58万册。年末有线电视用户达到34.47万户；有线电视入户率为15.45%。广播、电视综合覆盖率分别达到99.98%和99.05%。

卫生服务体系逐步完善，医疗卫生力量不断增强。2005年，市疾控中心大楼主体完工，14个县级疾控中心建成投入使用。年末全市共有卫生机构424个，比上年增加5个，其中：医院139个，乡镇卫生院214个；医疗卫生机构共有床位21462张，其中：医院15465张，卫生院5241张；全市卫生技术人员达到21525人，其中：执业医师9097人，注册护士5747人。

全市经常参加体育锻炼的人口达到364.2万人，比上年增加24.2万人。全年组织1500余名运动员参加了河北省各项比赛，共获得金牌73枚、银牌94枚和铜牌71枚，分别比上年增加35.5枚、35.5枚、1.5枚。全市拥有体育场4个；室外游泳场35个；运动场30个。

十一、人口、人民生活和社会保障

全市年末总人口871.43万人，比上年末增加8.08万人，增长0.94%。全市人口出生率为11.29‰，比上年下降0.98个千分点；死亡率5.04‰，比上年增加0.33个千分点，人口自然增长率6.25‰，比2004年下降1.31个千分点。

城乡居民收入稳定增加，生活质量进一步提高。城市居民人均可支配收入达到9233元，比上年增长19.8%。城市居民恩格尔系数为35.4%，比上年降低0.9个百分点。城镇居民人均住房建筑面积25.7平方米，比上年增加3.2平方米。农村居民人均纯收入3578元，比上年增长10.6%。农村居民恩格尔系数为38.4%，比上年下降0.3个百分点。农村居民人均住房面积29.5平方米，比上年增加0.4平方米。

年末全市参加基本养老、基本医疗、失业、工伤保险人数分别为43.2万人、62.3万人、63.6万人和40.3万人，分别比上年末净增0.97万人、6.3万人、-3.4万人和0.3万人。全市享受城市最低生活保障的居民为13.13万人，比上年增加0.16万人；享受农村最低生活保障的农民6.85万人，增加5.55万人。

十二、资源与环境

2005年，全市继续严格土地管理，加大闲置土地的收回力度，土地供应在得到控制的前提下，满足了经济社会发展的需要。全年土地供应总量597公顷，其中公用设施用地1.83公顷，占全年供地总量的0.31%；普通商品房用地89.92公顷，占全年供地总量的15.06%。

全市规模以上工业企业煤炭消费3378万吨，比上年增长21.0%，增幅比2004年提高11个百分点；电力消费125.2亿千瓦时，增长19.2%，增幅比2004年提高10.1个百分点。

全年平均年降水量526毫米，与多年平均值523毫米基本持平，属正常降水年份。与2004年451毫米相比，偏多75毫米，偏多量为16.6%。全年供水总量29235万立方米，与上年基本持平。市区全年供水总量19662万立方米，其中居民生活用水4240万立方米，供水管道长度1146公里，供水普及率100%；供气管线长度654公里，用气人口124.42万人，燃气普及率88.34%；城市集中供热面积达到1543万平方米，其中住宅面积1003万平方米。

全市环保工作继续围绕“蓝天、碧水、生态、宁静”四大工程，加大城市环境综合整治力度，加强生态建设与保护，严厉打击环境违法行为，各项工作取得明显成效。全年完成重点污染治理项目30个，年可削减烟（粉）尘7535吨、二氧化硫455余吨，化学需氧量782吨。拆除环境敏感区燃煤大灶180余座、手烧类燃煤锅炉30余台，治理饭店油烟40多家，共取缔反弹的居民楼下饭店160多家，环境违法行为得到有效查处，重污染小企业得到彻底取缔，工业企业稳定达标率保持在90%以上；沁河实现还清目标，滏阳河下游水质好于往年；城市大气环境质量明显改善，全年达到或好于国家二级标准的天数达276天，比上年增加了24天，超额完成了全年目标。

全面加快创建国家园林城市建设步伐，年内全面启动环城林带绿化、积极推进"两湖"、"两河"、"两园"建设，完成了4个公园、13个游园、5个出入市口的绿化建设，实施了联纺西路、前进大街等道路绿化，新增改造绿地373.9万平方米。年末，市区建成区绿化覆盖率达43%，建成区绿地率达35%，人均公共绿地面积10.9平方米。

（邯郸市统计局　贾向东）

县（区、市）域经济专辑

石家庄市矿区

矿区是石家庄市辖区之一，辖两镇一乡两个办事处，30个行政村，45个(家)居委会，人口9.9万，面积69.98平方公里。2005年，矿区以科学发展观统领全局，围绕"建设资源型重工业新城"的奋斗目标，大力实施"工业立区、环境兴区、人才强区"战略，不评不议抓发展，不争不论保稳定，经济和各项社会事业取得了可喜成绩。

地区生产总值完成12.5亿元，比上年增长17.6%，其中第一产业5878万元，增长1.6%；第二产业8亿元，增长22.1%；第三产业3.9亿元，增长12.8%。财政收入完成2.52亿元，增长54%，连续第三年保持50%以上的增幅。规模以上工业企业完成增加值6亿元，实现利税2.9亿元，分别增长7.9%和41.5%。全社会固定资产投资完成7.3亿元，增长40%。外贸出口319万美元，增长88.7%。社会消费品零售总额6.22亿元，增长20%。城镇居民人均可支配收入8397元，农民人均纯收入5267元，分别增长13.8%和8.5%。

结构调整取得积极进展。一是工业主导产业支撑作用增强。机焦、陶瓷、冶金等传统产业新型化改造力度加大，洗选、化工、机械等关联产业增势强劲，煤基、建材两大特色产业链成为拉动增长的主导力量。二是农业产业化水平稳步提高。依托国家级原种猪场，德国尼克祖代鸡厂和昊源林果品集团等龙头企业，重点发展商品猪、蛋鸡、奶牛养殖和优质林果、大棚蔬菜种植，畜牧林果业占农业总产值的比重达到66%，农业产业化经营率达到21%，比上年提高2.8个百分点。三是服务业发展步伐加快。社会消费品零售总额达到6.2亿元，增长20%。餐饮、交通等传统服务业得到长足发展，住房、旅游、通讯、休闲娱乐成为新的消费亮点。成功举办了首届中国·石家庄冰雪旅游文化节，冬季户外滑雪成为对外展示形象的新名片。

经济发展后劲明显增强。全区投资500万元以上续建和新开工项目42个，竣工22个，其中投资亿元以上项目4个，千万元以上项目11个。鑫跃70万吨焦化后续工程、10万吨球团矿生产线、矿务局90万吨重介洗煤一期、华脉户外动感体育健身基地等7个项目竣工投产，采煤沉陷区综合治理、旧城改造等4个续建项目进展顺利，20万吨生物柴油等60多个项目正在抓紧推进。

改革开放步伐加快。入统企业转制面达97%，村集体资产处置工作基本完成。热力公司、区宾馆、区医院、苗圃场等4家单位改制转企，各项配套改革协调跟进。农村信用联社增资扩股845万元，争取专项资金743万元。财税、投资、医疗等改革进展顺利，要素市场体系进一步完善。民营经济实现增加值8.4亿元，上缴税金1.3亿元，同比增长68%和135%，占全区GDP和财政收入的比重分别达到67.2%和50.4%。签约利用内外资项目62个，引进外来企业30多家，引进区外资金4.8亿元，增长6.2%。

城乡面貌进一步改善。新、改、扩建工业大道、金川西路、文兴东路、平涉路、贾凤路、庄旺路、矿市南街等城乡干道7条。9个城乡住宅小区中已有4个开工建设，全区续建和新开工住宅楼34栋、22万平方米，竣工16万平方米。群井水入城和集中供热、集中供气扩容改造等市政工程建成投用，城区居民饮水质量明显改善，新增集中供热能力40万平方米、煤气用户6500户。人民广场竣工开放，城区新增公共绿地面积2.7万平方米。农村城市化步伐加快，98%以上的农民办理了"农转非"，"两委"干部纳入财政开支序列，"村改居"、"五种人"入保等配套工作扎实推进。积极开展文明生态村创建活动，40%的村创建达标。深入实施以工业"三废"治理、环境卫生治理和造林绿化为主要内容的城乡环境综合整治活动，投资2200多万元完成治理项目122个，污水处理厂续建工程完工，停产整顿不达标建材企业10家。植树造林1.4万亩，城区二级以上天数比上年增加83天达到146天。

人民生活质量普遍提高。全年新增就业岗位2900个，下岗失业人员再就业1810人，城镇登记失业率控制在3.5%。工伤保险、农村最低生活保障制度、最低收入家庭住房保障制度、农村部分计划生育家庭奖励扶助制度、60岁以上无固定收入老人每月50元养老补贴制度启动实施，城镇低保实现应保尽保，基本养老保险、基本医疗保险、失业保险分别扩面2094人、4060人、759人，全年累计发放社保资金4200多万元，增长48%。与群众生活密切相关的11件实事得到较好落实。

承　德　县

承德县地处燕山北麓，三面环抱承德市区，是省定贫困县和扩权县。全县总面积3997平方公里，辖25个乡镇421个行政村，总人口47万人。其中农业人口40万人，是个"八山一水一分田"的山区农业县。2005年，全县地区生产总值实现34.6亿元。全社会固定资产投资完成16.7亿元，其中城镇固定资产投资完成13亿元。全部财政收入完成3.2亿元，其中地方一般预算收入1.3亿元，成为全市第二个突破亿元大关的县。城镇居民可支配收入达到6884元，农民人均纯收入2416元。社会消费品零售总额12.6亿元。人口自然增长率控制在7.7‰。城镇登记失业率控制在4.5%。第三产业实现增加值10.1亿元，三产对经济增长的贡献率达到30.5%。

工业经济运行质量和效益明显提升。全县工业实现增加值13.8亿元，其中规模以上企业实现增加值9亿元。重点项目建设进展顺利，帝贤兴业造纸二期、立飞焦化项目相继建成投产，承德日纸一期15万吨高档纸、康达（承德）水泥、高时石材开发等重点项目相继开工建设，金摩铁业、建龙矿业、帝贤化纤城、创为光电、天冶烧结等一批技改扩能项目相继投产，滦河梯级电站、盛华65万件工装、亿财防刺服、华东30万吨铁选、南丰20万吨铁选和一批10万吨以上铁选等项目正在建设。立飞焦化煤气发电、宏鑫20万吨离心铸管、天星药业异地搬迁、帝贤3000万米织布、年产350吨五氧化二钒、天汇(LRES)胶钙建材、畅达松花粉扩能、帝贤50万吨木浆生产、肉鸡屠宰加工、绿丰净菜加工、正桥白灰扩能等项目正在谋划推进。企业改革取得突破性进展，通过采取分块切割、分块处置和优势企业挂靠联等办法，原县属企业造纸厂、化肥厂、玛钢厂等历史遗留问题得到妥善解决，闲置资产得到了有效利用。

果菜牧三大主导产业快速发展。占全县人口85%的农民有40%的纯收入来自农业，其中增收部分的50%来自果菜牧三大主导产业。全县苹果栽培面积5万亩，其中连片高标准果园5000亩，已被命名为省级果品生产基地，常年产量达4万吨。蔬菜种植面积8万亩，其中设施菜基地2万亩，陆地菜基地6万亩，常年产量30万吨。有7.8万亩基地被环评认证并进行产地编码，蔬菜品种已认证为“无公害生产”，并被确定为“奥运蔬菜基地”。畜牧业以猪、鸡、牛饲养为主，养猪80万头，肉牛14.5万头，家禽1180万只。其中肉鸡年出栏650万只。杂交玉米种子、食用菌、中药材等特色产业初具规模，玉米繁种面积5万亩，年产优质杂交种子1500万公斤，“方圆”牌和“承育6号”玉米种子成为省优质名牌产品。裕丰种业、绿丰蔬菜等一批农业产业化龙头企业不断发展壮大，已有省级认证龙头企业1家，市级认证企业5家，农业产业化经营率达到26%。

对内对外开放增长势头强劲。2005年，全县引进县外资金6.75亿元，其中市外资金6.12亿元。引进国内经济技术协作项目65个，引进人才1.25万人。全年实际利用外资6500万美元，外贸出口创汇4432万美元。

基础设施建设得到快速发展。县城中心广场、商贸城、帝贤家园、帝贤劲牛雕塑等标志性建筑和景观建成投入使用，中心街改造、绿化、亮化工程相继完工，城区面貌明显改观。城乡居民人均住房面积分别达到25.7平方米和20.9平方米。县城道路达到58万平方米，人均占有道路9平方米；县城绿化面积195万平方米，绿化率达到33%。近两年来完成公路建设投入2.1亿元，新建道路700公里。通乡工程路面硬化221.2公里；通村工程完成245个村开工建设，完成路基620公里，路面硬化470公里，通油路村达到289个，占69%。全县通车里程达到2921公里。电力建设进一步加快，近两年累计投资1.47亿元，完成了农网、城网改造工程，新建110KV变电站1座，35KV变电站5座，改造35KV变电站2座，新建、改造输电线路632公里，全县最大负荷已达6.1万千瓦。通讯网络基本建成，固定电话用户达到5.7万户，实现了村村通电话目标；移动电话用户达到6.5万户。广播电视综合覆盖率达98%以上。

社会事业全面发展。科技和教育事业健康发展。以创建科技工作先进乡镇和工业企业“五个一”活动为主线，加速推广应用农业新技术、新品种，推进企业创新能力提高。重点组织实施了越夏硬果西红柿生产、光电产品、PS版产品技改扩能等一批科技项目。优先发展教育，多渠道筹资2000万元，改造学校42所，新建、改扩建校舍建筑面积3150万平方米。疾病和预防控制体系不断加强，突发公共卫生事件医疗救治体系、重大疫情信息报告网络体系和卫生执法监督体系建设逐步完善。农村新型合作医疗试点取得较大成绩，参合率达到65.3%。农村部分计划生育家庭奖励扶助制度启动实施，计划生育工作继续保持全省领先水平。

丰宁满族自治县

丰宁位于河北省北部，南邻北京，北接内蒙，分坝下、接坝和坝上三个不同的地貌单元。1987年撤丰宁县设立丰宁满族自治县，总面积8765平方公里，辖9镇17乡、309个行政村，总人口37.9万人，其中农业人口33万人，少数民族人口占总人口的73%。县城距距北京市区188公里。2005年，该县按照建设“工业经济强县，特色农业大县，生态旅游名县”的发展战略，努力实现“两速增，一推进”（迅速增加财政收入、迅速增加农民收入，全面推进社会事业发展）目标，以“三个十”工程（财政收入“十强乡镇”、纳税超千万的“十强企业”和事关丰宁长远发展的“十件实事”）建设为核心，加速推进各项工作，全县经济和社会发展保持了既快又好的良好势头。全年实现生产总值30亿元，同比增长25%；财政收入2.4亿元，比上年翻一番，增幅居22个扩权县首位；完成固定资产投资17.2亿元，同比增长31.3%；城市居民可支配收入6025元，农民人均纯收入2117元。

着力建设“工业经济强县”。围绕建设工业经济强县，抓投入上项目，抓总量提质量，抓改制建机制，抓管理增效益，抓服务优环境，着力进行工业结构调整。持续壮大冶金矿山、食品加工、木材加工、新型建材、电力能源等五大支柱产业，构建复合型的规模骨干企业集群，全年共谋划实施了31个投资千万元以上的工业项目。全年工业实现现价产值25亿元，同比增长60.7%；增加值7.5亿元，同比增长47.7%；分别是“九五”末的2.23倍和2.35倍。其中40户入统工业企业实现现价产值13亿元，同比增长61.2%；工业增加值4.4亿元，同比增长

47.2%；利税3亿元，同比增长141%。

突出发展“特色农业大县”。以奶牛、蔬菜、木材加工为重点，引进和新建投资500万元以上农业产业化龙头项目7个，新建蔬菜批发市场2处。通过龙头企业的辐射带动，新增奶牛1.5万头，奶牛养殖总量已达4.5万头，鲜奶产量达到6.5万吨；新增蔬菜种植面积3.2万亩，总面积已达15.2万亩，年产蔬菜30万吨；新增速生林面积2.5万亩，总面积已达6.4万亩。肉用牛羊、生猪、杏扁、西洋参等7大特色基地初具规模。退耕还林、21世纪初首水、坝上生态农业综合开发、千松坝造林等生态建设项目的持续实施，全县生态环境明显改善，农业基础设施进一步完善，抵御自然灾害能力不断增强。完成生态建设总投资1.7亿元，造林29万亩，草地建设28.3万亩，治理水土流失面积230平方公里，新增和改善灌溉面积14.6万亩。

大力营造“生态旅游名县”。通过参加招商会、推介会，利用中央、北京等电视台发布旅游广告和信息，完善丰宁旅游网等有效措施，打响“奥运在北京，避暑到丰宁”的旅游品牌。在提高和扩大丰宁旅游对外知名度的同时，围绕“吃、住、行、游、购、娱”旅游六要素，投资近亿元实施了8个旅游基础设施建设项目，全县星级宾馆达到6个。全年共接待游客45.2万人次，实现综合收入1.41亿元，分别比上年同期增长10.2%和14.6%，旅游收入连续六年超过1亿元。

基础设施日益完善。投资6亿元完成公路建设727公里，开通了到承德市区的二级路，实现了乡乡通油路，一年来的建设成果，相当于建国54年公路建设里程总和。蓝丰（正蓝旗一丰宁）铁路经过不懈努力，取得实质性进展。电力设施投资完成5000万元，全县用电紧张问题逐步缓解。投资5100万元，实现固定电话村村通，移动通讯信号覆盖达到95%。全年完成县城重点项目建设投资8000万元，城内路网、公园广场、基础设施等有序推进，绿化、亮化、美化程度逐年提高，县城荣获省“燕赵杯”城市环境容貌评比金奖。按照“兴业扩城，产业聚集”的思路，大滩、凤山等建制镇建设档次不断提高。

社会事业全面发展。城乡群众文化生活日益丰富，以张冬阁、王秀杰、王秀莲等为代表的丰宁剪纸艺术正在向文化产业方向发展。文明生态村创建活动扎实开展，共完成道路硬化98公里，建沼气池1332个，建起文化广场2300平米。首批38个示范村达到街道畅通、街院干净、村庄渐绿，农村文化、卫生、体育等社会事业有新的发展。教育基础设施不断完善，教学质量不断提高。基层卫生院改造项目和农村卫生院医疗设备改善工程以及有线电视“乡乡通”工程全部完成年初目标任务，乡镇所在地、旅游区、重点矿区和交通干线公路无线通信信号覆盖率达到90%以上。新增有线用户6500户，总数达到4.2万户。人口出生率控制在限定指标之内。对受灾群众、困难群众和城镇低保对象等弱势群体进行了妥善救助，维护了全县社会稳定。2005年再次被评为“省级双拥模范县”，连续五年保持荣誉称号。大力开展社会治安综合治理，严厉打击各种犯罪和邪教势力，营造较好的发展环境。环保、科技、档案史志、外事侨务、安全生产、民族宗教等均取得长足发展，全县呈现出政治安定、社会稳定的大好形势。

滦平县

滦平县位于河北省东北部、承德市西南部，全县总面积3213.1平方公里，辖7镇15乡，总人口33.3万人。其中农业人口29.6万，少数民族人口19.5万，是省政府批准的民族县和全国扶贫开发工作重点县。2005年，该县坚持以科学发展观为统领，按照“提速、增效、进位”的总体思路和目标，牢牢把握快发展、大发展、跨越式发展基调不动摇，抓既定部署，抓重点工作，抓关键问题，抓薄弱环节。主要经济指标超额完成“十五”计划，为“十一五”发展奠定了坚实基础。

整体经济高位运行，城乡居民收入稳步增长。全县生产总值完成30亿元，增长18.1%，总量是“九五”末的2.4倍。全部财政收入达到4.35亿元，增长88.4%，总量是“九五”末的9.1倍。城镇居民人均可支配收入达到7439元，农民人均纯收入达到2384元，分别增长8.1%和13%。城乡居民储蓄存款余额达到16.6亿元，全社会消费品零售总额达到9.2亿元，分别增长22%和13.5%。

重点项目建设成效显著，投资水平不断提高。全年引进市外资金5.64亿元，同比增长25.3%。全社会固定资产投资完成20.8亿元，增长117%。全年开工建设投资千万元以上重点项目56个，计划总投资33亿元，累计完成15.6亿元。金沟屯200万吨氧化球团、周营子22万变电站等37个项目竣工投产。

“三农”工作进一步加强，农业产业化进程明显加快。粮食生产喜获丰收，产量达到1亿公斤。蔬菜、奶牛、中草药三大主导产业快速发展，新增设施菜种植面积2673亩，总数达到2.46万亩，产量1.2亿公斤；新增奶牛2020头，总数达到7020头，鲜奶产量1万吨；新增中草药种植面积1万亩，总数达到5万亩。肉鸡、优质肉羊、优质果品、优质稻基地建设进展顺利，年出栏肉鸡350万只，存栏优质肉羊10万只，黄金梨基地达到1.15万亩、产量28.3万公斤，推广优质水稻2.3万亩。农业产业化步伐加快，新增市级龙头企业4家，农业产业化经营率达到25%，同比提高12.7个百分点。投入各类扶贫资金1349万元，解决了9000人的温饱问题。

主导产业迅猛发展，工业经济规模和效益大幅提升。全县工业总产值完成31亿元、增长46%，增加值完成10.4亿元、增长61.6%。入统工业企业达到42家，其中有7家进入全市工业50强。冶金矿产业规模不断扩大，产业链条不断延伸，产业、产品结构进一步优化。全年生产铁精粉366万吨。全部工业增加值占生产总值的比重达到34.7%，工业税收占财政收入的比重达到77%，工业经济已成为县域经济的重要支撑，财政收入的主要来源。

经济布局初步形成，重点乡镇支撑作用更加突出。经过“十五”期间的发展，全县经济初步显现出区域布局的特征。东北部乡镇依托矿产资源及紧临承钢的优势，以冶金矿产业为主的工业经济迅速崛起；南部乡镇农业生产设施化水平不断提高，设施农业和旅游观光业形成一定规模；西部乡镇依托长城、潮河等条件，结合京津水源地项目建设，林果、中草药及畜禽养殖业具备了快速发展的基础；县城建设规划及功能分区进一步科学合理，基础设施不断完善，辐射带动和吸纳聚集作用进一步增强。在整体上初步形成了东北部冶金矿产工业区、南部设施农业和旅游观光区、西部生态经济和畜禽养殖区、县城及辐射周边商贸中心的“三区一中心”的区域经济布局。西地、小营、张百湾等6个乡镇共完成财政收入3.48亿元，占全县财政总收入的80%，成为县域经济的重要支撑。

基础设施建设步伐加快，投资环境明显改善。全年完成城建、交通、电力、广播通讯、文化旅游等基础设施投资5.66亿元，同比增长35%。投资120万元，完成了县城和6个建制镇的总体规划修编工作；大力开展文明生态县城创建活动，实施了新建路市政建设示范街等7项重点工程；北山新区一期工程投入使用，金山岭商住广场、福源小区一期工程顺利竣工，周台子小康新村建设扎实推进。112线43公里二级路改造工程全线竣工通车；投资5000万元，完成11个村68公里村村通水泥路工程。小营11万变电站投入运营，完成周营子22万变电站、县城至火斗山增径改造工程；全县售电量达到4.2亿千瓦时，同比增长42%，用电紧张局面有所缓解。新开通全县最后10个行政村程控电话。在巩固第一批29个文明生态示范村的基础上，全面启动第二批28个示范村建设。

统筹协调发展，社会事业全面进步。实施省、市科技项目5项，推广农业实用技术11项，培训农民10.3万人次。投入资金1362万元，在全省率先实现免除九年义务教育“一费制”收费；投入资金1098万元，改造农村中小学危房1.1万平方米。完成6所乡镇卫生院标准化建设，新型农村合作医疗试点工作全面启动。全面落实“计生惠民”政策，计划生育率达到95.2%，人口自然增长率控制在8.2‰以内。新建4个乡镇文化活动中心、60个基层文化活动广场，对县博物馆进行内外装修布展，理顺了长城管理体制。广电资源整合工作基本完成，完成66个自然村广播电视村村通工程，广播电视综合覆盖率达到75%。财政保障能力进一步提高，补发在职职工陈欠工资1282万元；集中资金6500万元，对市政建设、农业产业化发展、重点项目建设进行了扶持；初步建立了农村和城镇低保制度，保证了城乡困难群众的基本生活。全面加强社会治安综合治理、信访矛盾纠纷排查工作，维护了社会稳定。

崇 礼 县

崇礼县位于河北省西北部，总面积2334平方公里。全县辖8乡2镇、211个行政村、408个自然村，总人口12.6万人，耕地面积20万亩。境内自然资源丰富，已探明的矿产资源有8大类36个品种，林地面积100万亩，草场面积150万亩。森林覆盖率达28.6%，天然次生林面积是全省最大的县份之一。野生资源有蕨菜、苦菜、蘑菇以及狍子、狐狸等动植物600余种。主要农作物有蔬菜、蚕豆、马铃薯、莜麦、胡麻等。

近年来，该县以加快发展为主题，以农民增收和财政增长为目标，实施“工业立县、旅游兴县、科教强县、特色农业富县”四大发展战略。加大项目建设力度，突出农业结构调整，加快企业改制步伐，培育和壮大旅游经济，推进城镇化进程，优化投资环境，加大招商引资力度。基本形成了以畜牧业为主导，以错季蔬菜、食用菌、蚕豆、脱毒薯、经济林、山杏六大特色农产品基地为依托的农业产业化经营体系；以黄金、磁铁、玄武岩开发为支撑的工业体系；以冬季滑雪为重点的四季生态旅游发展体系；以旅游促发展的城镇建设体系。2005年，全县经济建设和社会事业呈现出快速发展的良好势头，是近年全县经济发展最快的一年。全年完成地区生产总值8亿元，比上年增长14.0%；全部财政收入完成7000万元，比上年增长52.0%；农民人均纯收入2000元，比上年增加245元。

项目建设取得新进展，固定资产投资快速增长。2005年全县共谋划实施各类项目130个，投资总额33.9亿元，实际到位资金4.45亿元。其中万龙滑雪场和长城岭滑雪场年度建设工程、10家铁矿骨干企业扩建、县城污水处理厂年度建设工程、压缩天然气工程等重点项目全部完成。全社会固定资产投资4.65亿元，比上年增长27.0%，是历史上固定资产投资最多的一年。

特色产业初具规模，农村经济发展迅速。全县蔬菜种植面积10万亩，大棚蔬菜发展到3355亩，形成了万亩以上蔬菜生产基地3个。建成6个蔬菜综合交易市场，新建了四台嘴乡三道营、西湾子镇下两间房、红旗营乡老芽茬蔬菜龙头企业3家。全县蔬菜产量达3.2亿公斤，2004年被北京市确定为唯一“外埠进京蔬菜产销挂钩基地县”。全县奶牛发展到6133头，基础母牛发展到9650头，奶牛养殖园区发展到2处。积极开展舍饲禁牧工作，新建和改建牲畜圈养棚舍面积2万平方米。依托气候优势，在高家营、四台嘴、清三营建设山地梯次食用菌生产基地，已发展食用菌大棚55个，农户80户，生产食用菌64万袋。个体承包治理“四荒”面积达到3.12万亩。大力抓好生态工程建设，全年共完成补植补造工程21万亩，幼林抚育12万亩，巩固了退耕还林成果。京津风沙源治理工程，完成整地面积10.3万亩；完成节水工程80处，新打机井235眼，建蓄水池6座，全县新增水浇地1.19万亩，有效改善了生态环境和水利条件。

工业企业经济效益逐步提高，民营经济得到快速发展。全县完成工业总产值8.82亿元，增加值2.6亿元，上缴税金3345万元，同比分别增长13.2%、23.1%、75.7%。一是抓支柱企业壮大。通过引进战略合作伙伴，总投资2.2亿元的东坪黄金矿业责任有限公司改制工作基本完成；总投资近1000万元的海龙金矿及杨木洼金矿技改项目完成了部分资源勘查及技改项目。二是抓重点项目建设。总投资1.95亿元的高家营工业小区项目，已完成“五通一平”部分工程，入园企业达到11家；风力发电项目测风工作已经完成，2006年将正式开工建设；褐煤开发项目已签订意向性投资协议；总投资1.5亿元的铁精粉技改扩建项目已完成9家。三是抓民营经济发展。继续从统一思想、改善环境、优化服务、规范发展等方面，落实有关政策措施，促进了民营经济的健康发展。以磁铁、黄金、非金属为主的民营矿业开发企业发展到72家，其中铁精粉企业49家。销售铁精粉68万吨，同比增长58.1%；税费收入3153.8万元，同比增长118.2%，占全县财政收入的45.1%，对县域经济的支撑作用明显增强。全县个体工商户和民营企业发展到2468家，上缴税金3850万元，同比增长87.3%。

城镇建设迈上新台阶，基础设施建设取得历史性突破。坚持“完善新城区，改造旧城区，建设生态区”的指导原则，以建成与生态旅游相匹配的精品县城为目标，全力推进集镇城市化、城乡一体化进程。全年基础设施建设项目开工52个，总投资2.69亿元，是全县基础设施建设力度最大、开工项目最多的一年。结合全县生态旅游业开发，完成了《县城总体规划》修编工作；完成了南新街、陵园街、光明街、文娱巷道路改造工程；完成了34个村“村村通”工程、五十家中桥建设工程、农电网改造三期工程、污水处理厂年度建设工程、有线电视光缆入户工程、蔬菜批发市场建设工程、范家西沟桥涵建设两侧道路改造工程等十件民心工程，压缩天然气项目工程完成总工程量的90%，城镇综合服务水平明显提高。全面启动了清水河两岸治理工程，深入开展了“提升服务水平、展示文明形象，全力以赴迎接“钻石情·第五届中国崇礼国际滑雪节”活动，城镇形象明显改善。

滑雪产业发展速度加快，旅游业实现了跨越式发展。围绕建设“国家级滑雪基地”和打造“崇礼滑雪名天下”旅游品牌，加快旅游资源开发，推动了以滑雪为主的生态旅游业上档升级。一是重大活动取得显著成绩。申办第十二届全国冬运会工作得到省政府的同意，市政府已正式向国家体育总局递交了承办第十二届全国冬季运动会的请示；张家口市冬运经济高层论坛在该县举办，并成立了河北省滑雪协会；《崇礼旅游发展总体规划》通过了专家评审；第五届中国崇礼国际滑雪节于11月18日拉开帷幕，新闻发布会在北京成功举办。二是旅游重点项目进展顺利。万龙滑雪场完成投资8000多万元，三星级宾馆正式投入运营，10月份接受了国家旅游局验收，将是张家口市第一个进入国家AAAA级的滑雪旅游景区。11月29日—12月2日，成功举办了“波司登·所罗门”杯国际高山滑雪系列赛；长城岭滑雪场完成投资3000万元，雪具大厅、运动员公寓等工程已完工，12月18日正式开业运营；翠云山度假村已与北京经易智业有限公司正式签订股权转让协议，塞北滑雪场与意大利客商就中意塞北滑雪度假区项目签订了意向性协议，并完成了前期勘测规划设计。由北京皓蓝国际投资有限公司投资5000万元建设的黄土嘴假日酒店项目，完成征地及前期工作，2006年正式开工建设。农家旅馆发展到27家。三是景区基础配套设施逐步完善。完成了长城岭景区围栏封育工程、石雕工程以及长城岭和翠云山步游路等全部工程。全年接待游客43万人次，旅游业总收入近4000万元，同比增长33%。

招商引资取得新成绩，对外开放迈出新步伐。2005年，崇礼县大力实施“引进来，走出去”开放战略，通过创新招商方式，抢抓招商机遇，一大批涉及工业、农业、旅游业等产业项目落户该县。全年签订合同协议项目101个，执行合同协议项目97个，合同协议引进县外资金13.68亿元，实际到位资金3.32亿元，同比增长30%。

阳 原 县

阳原县认真落实省委、省政府“一线两厢”区域经济发展战略，主动融入京津冀和晋冀蒙两大经济圈，建设特色产业带，推动阳原经济更快更好跨越式发展，在区域经济一体化发展中加快强县富民步伐。

实施“两圈一带”战略，努力抢占一体化发展的战略制高点。阳原县地处首都北京和煤都大同之间，处于京津冀经济圈和晋冀蒙经济圈的双重覆盖之下，是“两圈”的重要结合部，也是“两圈”各种物流和生产要素双向流动的重要通道。该县呈两山夹一川的狭长盆地，大秦电气化铁路、京大高速公路和109国道横贯东西，加上纵横交错的地方公路干线和正在修建的张石高速公路，形成了四通八达的交通网络。沿线土地资源丰富，劳动力充足，电力、通讯、水源等基础设施完善，为“两圈”经济互动和共赢提供了独特的优越条件，是投资置业的理想选择。阳原县已初步形成了煤炭运销、皮毛加工和矿产开发三大支柱产业。全县现有铁路煤站5家，加上公路煤站，年营销量可达600万吨，并带动了运输、餐饮、娱乐、汽修等相关产业的发展。现有各类皮毛加工企业和摊点1500多家，拥有鞣、染、裁、制配套生产线，年可加工各类高档裘皮成衣50多万件、碎皮800吨，成交额8亿多元。全县现有矿藏55种，矿点178个。特别是石灰石、白云岩、膨润土、铁锌矿等，储量丰富，品质优良，开发潜力巨大。2003年以来，投资5000多万元，先后建成了年产26万吨的钙灰厂和13万吨的镁灰厂，矿产开发成为一项重要的支柱产业。充分发挥以上优势，将阳原县纳入京津晋蒙经济一体化的布局中，统筹规划，协调发展，以横贯全境的交通干线为轴线，以项目建设为纽带，加强与“两圈”的经济对接，促进区域分工协作和产业梯次布局。逐步建成“两圈”地区的产业转移辐射和企业配套协作基地、物流中转基地、京津地区的生态屏障和特色农产品基地，在全县形成一条特色产业带，打造“两圈”产业和要素聚集的经济隆起园区。强化特色产业在“两圈”中的主导地位，抢占一体化发展的战略制高点，以“两圈”的快速发展带动“一带”经济的振兴。

明确主攻方向，致力构建一体化发展的战略支撑体系。“十一五”期间，该县将按照在“两圈”地区建成三大基地的功能定位，突出抓好煤炭运销转化、皮毛交易加工、矿产资源开发和生态工程建设四大产业，延长产业链条，形成既能强县又能富民的特色产业集群，构建跨越式发展的战略支撑体系。一是打造北方大型煤炭物流中心，发展煤炭运销和化工产业。进一步加强与大同的煤炭资源共享，打造北方煤炭物流中心。到“十一五”末，全县煤炭年发运量力争达到2000万吨，建成我国北方地区重要的煤炭物流中心。在扩大煤炭市场、保证煤炭供给的基础上，着重抓好煤炭化工产业发展。投资9.4亿元，新上年产80万吨焦炭联产10万吨甲醇项目；投资5亿元，新上70万吨焦炭联产2万KW发电项目。二是培育全国性皮毛交易市场，建成皮毛工业园区。投资2亿元的皮毛大市场建设即将启动，力争用2—3年时间，建成京津晋蒙地区皮毛加工、贸易、科研、服务于一体的产业龙头，发展皮毛工业园区。三是构建协作配套体系，提升矿产开采加工产业。进一步加强与首钢、宣钢等大企业的联系，接纳大企业的产业转移和辐射，着力发展矿产资源的深加工。四是营造北京生态屏障，打造天然生态型农产品供应体系。把全县纳入北京生态圈和水源系统进行统筹规划，当好北京的生态屏障。推动生态工程产业化，重点建设三条生态经济带。即在南北两山深山区建设乔灌结合的工程林带，在浅山丘陵区建设以大杏扁为主的优质杂果带，在河川区建设以紫花苜蓿为主的优质牧草带。围绕生态工程建设，重点发展三大配套体系。即养殖体系，饲料饲草体系和绿色食品加工体系。

优化发展环境，着力培育一体化发展的核心竞争力。一是提高自主创新能力，构筑人才战略高地。面向国家部委、高等院校、科研机构和大型企业，引进关键岗位紧缺的高级人才50名，聘请经济技术顾问30名，建设先导型的科技攻关队伍。加快发展职业技术教育和成人教育，培养高素质的劳动者队伍。通过委托代培、挂职锻炼等方式，每年选派一批优秀年轻干部，进行重点培养，造就一支开放型的涉外干部队伍。实施“千名技工输出工程”，每年组织1000名以上的各类技工，到京津地区轮回务工，开阔眼界，提高技能，更好地建设家乡。二是优化区域协作机制，营造良好政策环境。通过政府联席会议、建立友好城市、产业合作论坛等形式，加强政府间的交流与合作，从战略层面统筹规划和合理利用资源、环境和市场，促进产业的梯度转移和分工协作。积极鼓励和发展跨地区的各类商会、行业协会、信用担保中心等中介组织建设，充分挖掘民间的经济技术协作潜力，促进地区之间生产要素的合理流动和优化配置。出台了《关于对重点企业实行挂牌保护的暂行规定》和《关于对重点招商项目引资人员专项奖励的办法》，对重点企业和招商引资有功人员给予保护和适当奖励。

怀来县

怀来县位于河北省西北部，张家口市东南端，县城沙城镇距北京市中心105公里，距张家口市中心87公里。丰沙、京包、大秦、沙蔚四条铁路横贯全境，110国道、京张高速、沙三、官康公路干线纵横交错，是沟通京津与晋蒙的交通枢纽。全县总面积1801平方公里，辖11镇、6乡（其中1个回族乡），279个行政村，总人口34万人。全县拥有耕地面积50万亩，林果面积47万亩，是全国林果百强县、河北省首批粮食基地县和省级“双环”菜篮子基地县，也是河北省首批22个扩权试点县（市）之一、环京津都市圈35个县（市）之一。2005年，该县围绕“大发展、快发展、跨越式发展”这一主题，抢抓“扩权强县”这一大好机遇，紧盯全面实现“十五”计划目标这一战略任务，理思路抓谋划，深层次抓运作，大力度抓落实，全县经济和社会各项事业继续呈现出健康快速发展的良好势头。圆满完成了“十五”计划各项任务，并为“十一五”实现更大的跨越打下了坚实的基础。全县生产总值达到37.4亿元，同比增长14.3%；全部财政收入达到4.02亿元，同比增长27.5%；全社会固定资产投资达13.4亿元，增长25%；社会消费品零售总额达12.1亿元，增长11.3%；农民人均纯收入达到了3730元，增长24.2%；城镇居民人均可支配收入达到7502元，增长15%；城乡居民储蓄存款余额达到28亿元，比年初增长7.8%。

狠抓项目建设、对外开放和招商引资三大重点，经济外向化水平进一步提高。2005年，该县共启动实施项目126个，总投资达到49亿元。其中建海公司100万吨炼钢、宏达矿业铁精粉采选、方圆高档葡萄酒瓶等生产性项目实现了投产或试产；宝平线“三改二”、村村通公路等城乡基础设施项目建成投用；北美枫情、新东方城市广场等建设项目全面完成年度工程任务；德尚葡萄酒庄、金鹰亚麻纺织加工和西柏坡酒业综合酿造等项目如期开工建设。对外开放坚持以向北京开放为中心，积极主动融入京津冀和晋冀蒙经济圈。成功举办了“第七届怀来葡萄采摘暨葡萄酒节”，组织参加了省市各类大型经贸洽谈活动，取得了明显成效。先后有华美光电子元器件研发生产等5个上亿元项目正式签约。招商引资本着“立足京津、深入沿海、多路出击、自主招商”的原则，着力开展跨区域、专业化的招商引资活动。一年来，全县共引进县外投资项目101个，实际引进县外资金7.6亿元，增长33.3%。其中引进总投资超千万元项目17个。实际利用外资558万美元，完成年任务的121.3%。

大力推进工业化、农业产业化和城镇化“三化”互动，经济支撑体系不断强化。2005年，全县规模以上工业完成增加值6.2亿元，实现利税1.99亿元，同比分别增长26.8%和39.9%。初步形成了钢铁、建材、酿造、玻璃及太阳能、农副产品加工和高新技术产业集群。沙城经济技术开发区已入驻企业10家，总投资达到4.3亿元。东花园区域大都会商务中心和科技生活广场项目，已完成项目核准申请报告书编制和环境影响评价。全县农业总产值实现8.7亿元，同比增长22%，产业化经营率达到56%。葡萄产业围绕“一群两带”葡萄酒庄酒堡建设规划的实施，新增葡萄种植面积7500亩，新引进葡萄酒庄园项目3个。围绕建设10万头奶牛、1000万只肉鸡和100万头肉猪三大养殖基地的战略目标，大力推进规模化养殖，奶牛、肉猪和鸡的饲养量分别达到2.98万头、13.9万口和524万只，规模化畜禽养殖小区达到50个，肉、蛋、奶产量比上年分别增长29%、21.4%和29.3%。蔬菜、饲草和食用菌种植面积分别达到4.5万亩、3万亩和5万平方米，果品套袋达到1500万个，有30万亩果园通过了无公害基地认证。以建设京西北中等城市为目标，以改善基础设施条件、提高城市品位、强化城市管理为切入点，按照县城、建制镇、中心村三个层面，加快推进城乡一体化进程。完成了长城北路控制性和北环路两侧的详细规划；稳步推进镇村规划建设管理，东花园镇总体规划已通过评审，鸡鸣驿区域总体规划全部完成。怡兴家园、龙泽公寓等正式开工，完成建筑面积28万平方米。陈黑线油路硬化、王家楼回族乡东沟五村出山道路硬化、县城北环路开通、工业街硬化等城乡主干道工程按计划推进。全年全县完成城镇固定资产投资10.5亿元，增长34.4%。

重抓第三产业、体制改革和民营经济三大关键，经济发展活力进一步增强。以建设京西北区域性商贸中心为目标，重点推进物流业、特色旅游业、新型服务业等产业的快速发展，第三产业优势进一步彰显。全县第三产业增加值完成19.9亿元，比上年增长14.9%。京西果菜批发市场二期建设工程进展顺利，鸡鸣驿、西八里、土木西分场等三个煤炭市场，完成基础设施投资9600万元，新吸纳煤炭经营户近80家。京西北粮油物流中心建设实现签约和启动。天皇山生态旅游等景区建设工程完成投资上亿元，长城葡萄酒有限公司成为全国工业旅游示范景点，鸡鸣驿村被国家有关部门命名为“中国历史文化名村”。全年接待游客23.5万人次，实现旅游收入3500万元。餐饮住宿、交通运输、邮政通信、金融保险等服务业的水平和档次进一步提升。企业改革取得新成效。全年共完成国有和集体企业改制11家，改制面达到68.1%。外贸、物资企业改制总体完成，县属国有集体工商企业和粮食流通体制改革顺利推进。认真落实加快民营经济发展的政策措施，加大对重点企业的扶持力度，民营经济继续保持了良好发展态势。2005年，全县民营经济完成增加值21.4亿元，上缴税金2.8亿元，同比分别增长24.7%和28.4%。

坚持社会事业与经济发展同步推进，构建和谐怀来迈出新的步伐。全年发放救济救助、优抚优待等社会救助资金近200万元，发放城镇低保资金2477万元，对近1600个低收入家庭进行了救济，为失业人员发放救济金612万元，为离退休职工发放养老金7046万元。新增就业人数1868人，下岗失业人员再就业1117人。全年新创建文明生态村19个，全年累计投入创建资金1600多万元。启动实施了学前三年教育工程，全年投入教育资金6200万元，新增教学、住宿等教育设施3.7万平方米。全年投入卫生事业资金1960万元，人民群众就医条件进一步改善。文化、体育等社会事业和安全生产、社会稳定等方面都取得了明显成效。

涿 鹿 县

涿鹿县位于京西北，是重要的环京津县区之一。近年来，该县按照“以项目带产业、以产业促发展”的思路，立足区位、生态、人文等资源优势，加强与京津的产业对接，狠抓项目建设和招商引资，努力营造一流的发展环境，经济发展和各项社会事业进入历史最好时期。该县已初步形成了六大产业集群：一是以涿鹿科技孵化园、单晶硅信息产业研发生产基地、北大青鸟环宇公司为代表的高科技信息产业集群。二是以压力容器、吉庆万丰达精密铸造、正大银光铸造、液压件厂为代表的机械加工制造产业集群。三是以矾山磷矿、天宝化工、安慧沥青、亿能普药业为代表的化工制药产业集群。四是以赵家蓬区石材开发、吉庆矿业、涿鹿煤矿、保得煤炭运销等为代表的资源开发运销产业集群。五是以中德食品安全保障体系建设项目为依托，以玉晶淀粉、五千年生物制药、果仁食品公司、新西兰良种奶牛繁育基地、卓丰养猪、葡萄酒加工为代表的农业产业化产业集群。六是以黄帝城人文景区、东灵山生态景区和国家级黄羊山森林公园景区为代表的旅游产业集群。在此基础上，该县将全力打造“六个第一”：一是全国最大的单晶硅信息产业研发生产基地，二是全国最大的安防产品生产基地，三是河北最大的花岗岩板材生产基地，四是华北最大的新西兰良种奶牛繁育基地，五是京西北最大的无公害农产品供应基地，六是以中华合符坛为代表的中华儿女祭祖第一圣地。2005年，全县完成地方生产总值22.91亿元，较上年增长10.7%。第一产业增加值7.2亿元，第二产业增加值7.27亿元，第三产业8.44亿元，分别较上年增长10.1%、15.1%和8.3%。财政收入1.5亿元，较上年增长49.3%；全社会固定资产投资8亿多元，同比增长63.1%；农民人均纯收入2836元，比上年增加450元，增长18.9%；各项存款余额21.74亿元，较年初增加3.7亿元，其中储蓄存款余额17.6亿元，比年初增加3.16亿元。

抓住京津产业扩散转移机遇，建设京津工业外延基地。该县把优化发展环境作为吸引京津企业落户的突破口，对外来企业实行“三个零”的优惠政策，即：招商阶段零地价（对固定资产投资2000万元以上的生产型项目，由政府出资征地，再无偿划拨给企业）、起步阶段零收费、生产阶段零干扰，并制定了一系列配套政策，全力打造全省乃至全国最优的投资环境。总投资1.4亿元的电子安防产品生产基地项目已完成一期工程，该基地以北大青鸟环宇消防设备有限公司为龙头，分三期实施，其中一期扩能技改项目投资4000万元，于2005年6月份完工投产，火灾报警器年生产能力达到150万只，可实现产值1.5亿元，利税3000万元。2007年生产能力拟达到300万只，跃居国内同行业榜首。同时投资2000万元实施二期工程，开发安防产品，预计2008年建成投产，可新增产值1亿元，新增利税3000万元。2008年再投资8000万元开发楼宇智能产品，力争2010年建成投产。该基地建成后，将形成全国最大的安防产品生产基地。总投资8亿元的单晶硅信息产业研发生产基地项目顺利启动，已有中源单晶硅有限公司、宝伦光伏材料研究所、京仪电子技术有限公司等5家生产研发企业入驻，已有10台单晶硅炉投产。2006年至少再建设单晶硅炉50台，年底达到100台以上。同时，上马自备电厂和变电站两个配套项目。按照“十一五”规划，到2010年，全县单晶硅炉预计发展到500台，产量达到3500吨，占全国单晶硅产量的40%～50%，并形成多晶硅生产、单晶硅生产和切片加工、太阳能电池生产、单晶硅冶炼设备和配套设备制造等系列化产业集群，超过宁晋，建成世界最大的单晶硅信息产业研发生产基地。同时，该县充分利用石材资源优势，大力招商引资，开发花岗岩板材生产。2005年底，花岗岩板材加工能力已达到200万平米，三年内将达到500万平米，建成河北最大的花岗岩板材生产基地。

抓住京津对农产品需求不断增加的机遇，建设京津绿色食品供应基地。该县在稳定粮食生产的基础上，大力发展生态经济和奶牛养殖，推广无公害标准化生产，提高农产品在京津市场的占有率。现已建成葡萄（总面积11.1万亩，总产量5000万公斤）、杏扁（总面积59万亩，总产量200万公斤）、奶牛（存栏2万头）、蔬菜（5万亩，产量1.5亿公斤）四大农产品生产基地和果仁食品有限公司、新澳牧业公司、玉晶淀粉公司等一批农业龙头企业。2006年，该县将与新西兰太平洋资源集团合作，一次性引进新西兰良种奶牛2100头，共同建设良种繁育研究所，全力打造华北最大的新西兰奶牛繁育基地。同时，该县已被商务部确定为中德合资食品安全保障体系建设项目试点县，由国家投资5000万元，德方投资350万欧元，建设覆盖主要农产品的食品生产、监测、检验体系。该项目的实施，将极大地提高该县无公害农产品生产水平和在京津市场的竞争力，为打造无公害农产品供应基地奠定扎实的基础。

抓住奥运会举办机遇，建设京郊旅游胜地。该县利用独特的合符文化资源和丰厚的自然生态资源，向京津旅游市场推出以黄帝城、蚩尤寨为代表的合符文化游，以万亩葡萄长廊为代表的生态观光游，以国家级黄羊山森林公园为代表的避暑休闲游，全力打造京郊旅游胜地。紧紧抓住北京人文奥运契机，以推进中华合符坛建设为着力点，全力做好奥运圣火传递点的争跑工作。已与北京客商签订了开发黄帝城旅游景区的正式协议。由京津及台湾客商投资开发建设的蚩尤寨、东灵山京西狩猎场、桥山黄帝殿、立马关蚩尤祠等项目已陆续建成，并开始接待游客。

唐山市丰南区

丰南是改革开放起步较早的县区之一，全区经济和社会发展保持了持续快速发展的良好势头。2005年，全区完成地区生产总值186亿元，固定资产投资44亿元，全部财政收入25.6亿元，城镇居民可支配收入9800元，农民人均纯收入4720元，分别比上年增长17%、20.5%、60.5%、19.3%和13.5%。

大力推进经济结构调整，经济运行质量和效益全面提升。一是新农村建设取得明显成效。认真落实各项惠农政策，全年直接补贴到农户的资金达3600万元，有力地支持了农业结构调整、龙头企业建设以及农业生产条件改善，极大地调动了农民的生产积极性。按照“以户带村，以村带镇（乡），以镇（乡）带片”的思路，以发展专业村、特色镇为切入点，推进特色产业发展，全区累计建成特色专业村297个，占全区总村数的60%。初步形成了以设施菜、优质棉、露地椒、生态林为重点的种植业特色产业基地和以奶牛、生猪、海淡水养殖为重点的养殖业产业基地，固定资产200万元以上的农业龙头企业达到50家，农业产业化经营率达到56.5%。二是工业结构调整取得积极进展。认真落实国家宏观调控政策，围绕建设钢铁强区，以“品种、质量、整合”为重点，钢铁产业整合调整取得重要进展。全区三大区域四大集团的钢铁工业布局基本形成，国丰钢铁有限公司已成为全省冶金行业规模第三、效益第一企业，并跨入全国合资企业纳税百强行列。钢铁产品中板带比达到76%，竞争实力显著增强。陶瓷、机电、农副产品加工业等非钢铁产业加速发展，惠达陶瓷集团成为全国最大的卫生陶瓷企业，“惠达”商标和惠达陶瓷产品先后荣获中国驰名商标和中国名牌产品。2005年，全区工业完成产值462.9亿元，实现增加值102.5亿元，分别比上年增长21.8%和22.1%。三是服务业稳步发展。制定出台了《关于加快服务业发展的决定》，交通运输、商贸餐饮等传统服务业水平和档次明显提高，房地产、物流仓储、社区服务和信息咨询等新兴服务业加快发展。2005年，全社会消费品零售总额37.56亿元，比上年增长16.8%。四是经济发展区域布局逐步优化。采取有力措施，加快“三区”建设。其中河北丰南经济开发区为省级高新技术开发区，规划总面积6.05平方公里，现有企业58家，形成了以冶金、机电、陶瓷、食品为主的产业体系。2005年，完成工业产值150亿元、利税26.2亿元，分别占全区工业产值、利税的33%和56%；惠达工业园区规划占地面积3平方公里，进区企业20家。形成了以惠达陶瓷集团为龙头的陶瓷出口、机械铸造和煤化工产品生产基地。2005年，完成工业产值18.5亿元、利税3.5亿元；沿海工业发展集中区，一期规划占地面积6平方公里，可容纳投资150亿元左右。规划区道路、供排水、供电、通信等基础设施已动工兴建，并有唐山东方华盛铸造有限公司、唐山丰南顺捷冷弯型钢有限公司两个项目进场施工。园区建成后，将成为全区经济发展新的增长点。

加快改革开放步伐，经济发展活力显著增强。一是城乡企业改革向纵深推进。全区834家城乡企业全部实现改制，508家企业从公有制领域退出，累计退出公有资本52亿元。二是民营经济快速发展。截至2005年底，全区民营企业达到974家。其中资产超亿元企业28家，超10亿元企业4家。2005年，全区民营经济完成增加值135亿元，实现税收24亿元，分别比上年增长20%和58%，分别占全区生产总值和财政收入的72.6%和93.8%。三是对外开放规模和水平进一步提高。2005年，全区进出口总额4.1亿美元，其中出口1.91亿美元。全区实际利用外资和出口创汇连续四年居唐山市各县（市）区第一位。

统筹推进城乡、经济社会和人与自然协调发展，社会全面进步。一是城乡建设快速发展。按照“中心区、建制镇、生态村”梯次推进、协调发展的思路，2005年投资8.5亿元，拆迁改造和新建住宅21.4万平方米，新建改造市政道路17条，新增绿化面积9.3万平方米。积极谋划西城区开发建设，完成了《西城区控制性详细规划》和12项重点工程的单体设计。投入小城镇建设资金7.2亿元，完成各类建筑面积61.5万平方米。黄各庄镇被国家建设部列入“625”工程试点镇。全年投入文明生态村创建资金8690万元，新增87个村达到创建指导标准，文明生态村达到总村数的43%。二是各项社会事业取得新进展。全年全社会累计投入社会事业发展资金2.7亿元，其中区财政投入1.2亿元，各项社会事业发展全面提速。科技方面，加强科技合作，健全农村科技服务推广体系，科技进步对经济增长的贡献率达到51%。教育方面，投资2550万元，实施中小学新建、扩建和农村中小学现代远程教育工程，消除了全部危险校舍，教育硬件设施达到全省先进水平；加强职业教育和成人教育，完成农村劳动力培训9万人。医疗卫生方面，围绕健全完善三级医疗卫生服务网络，投资2270万元，对8所乡镇卫生院进行了新建和改造；进一步完善了以大病统筹为主的新型农村合作医疗制度，全区累计报销医药费用1129万元，受益农民29.8万人，群众参合率较上年提高3.4个百分点，该区被省政府确定为“2006年新型农村合作医疗试点县(区)”。社会保障方面，进一步完善了城乡低保制度，实现了“应保尽保”，年内发放保障金比上年翻了一番；进一步健全农村五保供养制度，供养经费全部纳入区财政预算。总投资2312万元计划新建、扩建的12所乡镇敬老院已完成9所；研究制定了《被征地农民养老保险试行办法》，在丰南镇的试点工作已经展开。

迁安市

2001年迁安市委确定“钢铁迁安、中等城市”奋斗目标后，全市经济社会实现了长足的发展。2004年，实现地区生产总值178.4亿元，完成全社会固定资产投资55.6亿元，全部财政收入21.2亿元。截至2005年10月底，全市地区生产总值达到203亿元，完成全社会固定资产投资61亿元，实现全部财政收入28.3亿元。在2004年度全国最发达百强县（市）评比中列第52位，在第五届全国县域经济基本竞争力百强县（市）评比中居第43位。

实施工业化战略，建设钢铁迁安。5年来，该市累计完成投资98.5亿元，120个工业重点项目已经竣工投产、48个重点项目正在加快建设。一是全面加强与首钢的合作。认真贯彻“依托首钢、服务首钢、发展迁安”的方针，全力支持首钢迁钢基地建设。首钢200万吨钢联、220万吨焦化一期等重点项目已全部投产，迁钢基地形成了年产220万吨铁、220万吨钢、200万吨球团、110万吨焦炭的生产能力。二是抓好为首钢的产业服务和钢铁产业链条的延伸。依托首钢、唐钢、天津轧一制钢公司等大型企业，完成了市内8家钢铁企业的整合工作。集中力量抓好钢铁产业链条延伸，实现钢铁产品就地加工、就地升值。投资10亿元、与唐钢合作的荣信钢铁公司130万吨中厚板等8个项目正在加快建设。三是抓好非钢支柱产业的技术改造。5年来，累计投资45亿元，实施了138个重点技改项目。形成了1100万平方英尺地毯、360万件服装、280万吨水泥、19万吨纸及纸制品、20万吨尿素和20万吨甲醇的生产能力。年产值超亿元、纳税超千万元的企业达到26家。四是抓好基础设施建设，提高产业承载能力。5年来，累计投入7亿元，实施了153.3公里的18个公路重点工程，全市公路通车总里程达到了2144公里，公路密度达到了177.5公里/百平方公里。总投资3.5亿元、年货运量750万吨的煤炭储运站及铁路专用线项目已开工建设。累计投资16亿元，实施了29个电力基础建设工程，全市新增供电能力155.4万千伏安。总投资9.7亿元、在国家发改委立项的16万千瓦热电联产项目已开工建设。

实施城镇化战略，建设中等城市。5年来，该市累计投入50亿元，实施了150个城市重点建设项目，城镇化水平达到49.4%。投资6.5亿元的滦河生态防洪工程全面竣工投入使用，3600亩的黄台湖蓄水形成景观；投资2.35亿元的钢城大桥及钢城路工程全线通车，形成了“一河两区”的中等城市格局。建设了投资1.13亿元的污水处理厂、6200万元的第二水厂和1.65亿元的城市集中供热基础设施工程，全市日处理污水能力达到8万吨、日供自来水能力达到5万吨、集中供热面积达到260万平方米。累计投资13.6亿元，新修了总长26公里的12条城市主干道；建设了市行政办公中心等10个标志性建筑，南部新市区基本形成。累计投资4.3亿元，实施了新一中、第三高中等10个教育基础工程。累计投资1.1亿元，实施了第二人民医院、传染病医院等5个卫生基础设施工程。累计投资1.8亿元，实施了广电新闻大厦、文化中心、老干部活动中心等6个文体基础设施项目。累计投资3.6亿元，实施了家乐超市、冀东汽贸中心、时代广场等一批服务设施项目。累计投资15亿元，建设了94万平方米的经济适用住房和商品房。该市相继荣获省级环保模范城、省级园林城荣誉称号。

统筹城乡发展，做好“三农”工作。5年来，该市累计完成投资8.3亿元，建成了77个农业产业化基地和龙头企业项目，形成了甘薯、肉鸡、奶（肉）牛等六条龙型经济，有5家企业被确定为唐山市农业产业化重点龙头企业。总投资2亿元的北京三元公司奶业项目正在加快建设，投产后，将形成日处理鲜奶300吨、年产液态奶10万吨的生产能力，可提供3000个就业岗位、发展奶牛养殖5万头。该市按照“公共财政向农村倾斜、基础设施向农村延伸、城市文明向农村辐射、社会保障向农村覆盖”的思路，以创建文明生态村作为“三农”工作的总抓手，在全市534个村中开展了创建活动。累计投入7.7亿元，铺设水泥路3586公里、建设沼气池6.6万个、村街植树774万株。从2004年起，全市每年免征全部农业税及其附加2780万元。总投资5000万元的15所乡镇卫生院标准化改造、总投资5000万元的中小学危旧校舍改造工程已全部竣工投入使用。新型农村合作医疗制度不断完善，初步解决了54万农民看病难、看病贵的问题。建立了失地农民养老保障制度，全市每月有3785人领取养老保障金105.3万元。2005年，全市农村劳动力转移就业人数达到1.55万人，累计近6万人。2004年，被列为全国农村劳动力平等就业试点县（市）。村村通油路、村村通自来水、村村通有线电视、村村通公共汽车、提高农村低保和“五保户”供养标准等惠农实事工程均取得明显成效。2005年，全市投向“三农”的资金达到2亿多元，农民人均受益350元以上。

迁西县

迁西县位于唐山市北部，总面积1439平方公里，辖17个乡镇、417个行政村，总人口36万。是个“七山一水分半田，半分道路和庄园”的纯山区县，境内自然资源丰富，经济基础较为雄厚，投资环境十分优越。

林果资源久负盛名。全县山场面积158万亩，有林地面积116万亩，森林覆盖率达55.6%。是“全国造林绿化百佳县”和生态环境建设重点县。板栗、安梨、核桃是传统特色产品，有各种果树3200万株，其中板栗2700万株，常年产量2000万公斤。迁西县因板栗产量、质量、出口量均居全国首位，被国家命名为“中国板栗之乡”；板栗产区素有“华北人参”之美称的栗蘑已实现人工驯化栽培，年产鲜蘑100万公斤，为全国栗蘑栽培第一大县，被命名为“全国食用菌栽培基地县”。境内还有酸枣、蕨菜、蘑菇等340种野生植物资源和黄芹、桔梗、丹参等280种名贵药材。近年来，该县大力实施林果强县战略，以每年造林植果400多万株的速度，不断扩大林果基地规模，栽培面积已达55万亩。为提高板栗质量，大力推行标准化生产，基本实现了基地建设品种化、生产技术规范化、生产过程无害化、采收储藏科学化，市场竞争力不断增强。产品打入上海、广州、大连、深圳等40多个大中城市，一直出口到日本和东南亚等国，深受消费者的喜爱。

矿产资源得天独厚。境内现已探明的矿产资源有金、铁、锰、铜等36种。金属矿中以金、铁最为丰富，其中黄金储量30吨，铁矿远景储量4.7亿吨。全县铁矿已形成选、炼、轧一条龙生产，年产铁精粉500多万吨。铁矿业的龙头——河北津西钢铁股份有限公司，已发展成为全国大型一档企业，跻身全国500强行列。2005年铁、钢、材产量分别为314万吨、337万吨和186万吨，实现销售收入94亿元、利税15亿元；已和香港嘉鑫公司合作实施百万吨H型钢生产项目，并已冠名“中国东方”在香港主板上市，企业规模和实力进一步增强。以瓷石、伟晶岩、膨润土、大理石等为主的非金属开发已初具规模，带动了陶瓷、水泥等相关产业的发展。

旅游资源独具特色。迁西境内山川秀美，森林茂盛，风光旖旎，被联合国列为自然环境“环球五百佳”候选单位，旅游开发前景广阔。举世闻名的万里长城在境内绵延87公里，在潘家口水库俯首入水，形成万里长城绝无仅有的水下长城奇观；青山关是万里长城上保存最为完好的古城堡之一，被专家学者和游客称为“别具一格的长城旅游精品”。京东名岫景忠山乃北方佛教圣地，清朝康熙皇帝曾狩猎于此，誉此山为“天下名山”。每年农历4月18和10月15在此举办文化庙会，省内外10余万人前来观光旅游。山脚下的三屯营镇，自古为军事重镇，民族英雄戚继光曾在此戎边镇守蓟镇总兵府7年。潘家口、大黑汀水库座落境内，库区碧水涟涟，青山秀丽，是旅游、休闲、避暑的好去处。世界古岩瑰宝——36亿7千多万年的太平寨古岩石，更给迁西增添了无穷魅力。突出“青山、碧水、古长城”特色，全县已初步形成“一线五区”的旅游总体格局。“一线”即长城旅游线，“五区”即景忠山宗教文化旅游区、喜峰口山水风光旅游区、大黑汀休闲度假旅游区、太平寨——西寨科学考古旅游区、烈马峪——杨家峪栗乡风情旅游区。

经济基础较为雄厚。近年来，迁西县立足三大资源开发，发展壮大三大主导产业。即以板栗为主的林果业，以钢铁为主的冶金业，以青山、碧水、古长城为特色的旅游业，经济实力迅速增强。2005年，全县地区生产总值由“九五”末的32.2亿元增长到146.9亿元，年均增长35.5%；全社会固定资产投资累计完成92.9亿元，年均增长28.5%；全部财政收入由1.75亿元增长到14.56亿元，年均增长52.7%。综合经济实力跃居全省10强。

投资环境宽松优越。加快“山水园林城市”建设，硬件设施不断完善。境内大秦铁路贯穿东西，三条省级公路和二十八条县乡公路纵横交错，四通八达。因特网、政府网、部门网发展迅速，通讯服务十分便捷。迁西宾馆是国家旅游局审定批准的二星级涉外宾馆，各种服务设施齐全。县城为省级卫生城，环境优美、道路宽敞，商业、服务、金融、信息服务周到。以招商引资为重点，县委、县政府制订了一系列引进资金、技术、人才、项目的优惠政策，不断加快开放步伐。面对新的发展形势，迁西蕴含着巨大的发展潜力和无限商机。

遵化市

遵化市位于河北省东北部燕山南麓，素有“畿东第一城”之称。总面积1521平方公里，人口69.3万。1992年撤县建市，成为唐山市第一个县级市，2005年被省政府确定为第一批扩权的22个县（市）之一。

2005年以来，该市抢抓扩权强县政策机遇，紧紧围绕“跻身全国县域经济基本竞争力50强，早日建成中等城市”的奋斗目标，深入实施“开放带动、科教兴遵、旅游突破、工业强市、龙企富民”发展战略。强力推进项目建设、城市建设、旅游经济三大突破，狠抓民营经济、改革开放、优化环境三项重点工作，认真做好“三农”工作，全市经济社会保持了持续快速健康发展的良好势头。全年完成生产总值212.6亿元，增长22%；财政收入

18.33亿元，增长52.8%；固定资产投资55亿元，同比增长37.5%；出口创汇7405万美元，同比增长110.4%；城镇居民人均可支配收入9986元，同比增长19.7%；农民人均纯收入4908元，同比增长18%。在第五届全国县域经济基本竞争力评价中跃至第55位，比上届提升6位。在第二届全国中小城市综合实力百强评比中名列第65位。

抓好"三农"工作，繁荣农村经济。2005年，全市农业增加值完成19.08亿元，同比增长5.6%。一是进一步优化农业结构。按照"龙头做强、基地做大、产品做优、品牌做响"的思路，大力发展精品农业、特色农业、绿色农业，积极推进标准化生产和外向化经营，打造农业知名品牌。板栗、优质鲜果、食用菌、无公害蔬菜、奶牛、畜禽产品深加工六大特色农业基地的规模不断壮大，特色农产品产值占农业总产值的比重达到46%。全市粮食播种面积达到69.6万亩，总产达23.56万吨，比上年增长5.5%；食用菌达到5500万棒，实现产值1.26亿元，同比分别增长11.7%和7.8%；蔬菜面积达到14.66万亩，产量67.8万吨，实现产值4.7亿元，同比分别增长3%、6%和3.2%。畜牧业发展步伐加快。肉、蛋、奶产量分别达到10.18万吨、4.5万吨和6.68万吨，同比分别增长3.4%、2.0%和2.1%。畜牧业实现产值16.7亿元，同比增长4%，占农业总产值的比重达到52.2%。二是进一步完善为农服务体系。围绕解决农民一家一户的小生产与大市场的对接问题，狠抓了信息、农产品检测、融资、畜禽良繁防疫、市场销售五大服务体系建设。在办好"遵化市农业信息网"的基础上，又开办"中国北方食用菌网"，累计发布相关信息5000多条；进一步发挥农产品检测中心的作用，加强农产品无公害检测，全市农产品市场抽验率达到80%；扎实推进农村信用村户创建工程，全市信用村总数达到332个，信用户达到2.8万户，累计发放"三农"贷款7.95亿元。投资3400万元，建设二元基础母猪、奶牛胚胎移植、肉羊和优质肉牛四大良繁基地，有力提升了养殖业的品种档次。三是进一步提高农业产业化经营水平。深入实施"龙企富民"战略，狠抓龙头企业建设。投资3.13亿元，实施长城科贸公司1万吨食用菌深加工、香港四洲集团1500吨板栗深加工、广野公司1000吨山楂生物食品开发、蓝猫集团新上果汁生产线等6个龙头企业的技改扩建项目。2005年，全市实现销售收入14.5亿元，同比增长50.3%。全市农业产业化经营率达到73.2%。

实施"三大突破"，加快经济发展步伐。坚持把项目建设、城市建设、旅游经济三大突破作为关键性措施，有效促进了全市经济的快速增长。一是以项目建设为载体，增强经济发展动力。按照"建成投产一批、开工建设一批、谋划储备一批"的思路，坚持"一二三产业并举，大中小项目齐抓"，项目建设的规模和质量、速度和效益同步提高。全年实施百万元以上项目128个，总投资100.35亿元，完工项目81个，完成投资28.7亿元。抓调整，增强工业经济整体素质和竞争力。实施了建龙80万吨焦化、60万吨超细粉、26万吨钢管、2.7万千瓦煤气发电、50万吨冷轧带钢和港陆550窄带、200万吨热轧薄板、热电厂二期、钢制易拉罐项目、HAN阻隔防爆技术项目，这些项目的相继建设或投产，使优势行业和骨干企业对经济发展的带动和支撑作用进一步增强。全市工业增加值完成100.5亿元，同比增长29.5%；工业经济效益综合指数达到369.6%，同比提高62.9个百分点。抓基础，解决制约经济发展的瓶颈问题。谋划实施了以龙门口水库续建、污水处理厂为重点的水利工程，以220千伏变电站、黎河4—6级水电站为重点的电力工程，以省道遵宝线遵化段拓宽、县道洪火线大修为重点的道路工程等三大工程建设。通过实施这些工程，有效缓解了经济发展的瓶颈制约。抓储备，积蓄经济发展后劲。各级各部门强化上项目、促发展的意识，集中力量，内引外联，谋项目，引项目，取得明显成效。投资在100万元以上的储备项目已达到198个，总投资额240.8亿元，为全市经济社会持续快速发展奠定了基础。二是以城市建设为依托，提高经济发展的承载力。按照建设工贸、旅游、唐山北部区域中心中等城市的定位，以提高城市品位、增强投资吸引力为核心，大打城市建设总体战，全面改善城市形象和功能。投资230万元，聘请中国城市规划设计研究院对城市总体规划进行新一轮修编，使其真正对经济发展和布局起到指导作用。全面加大城市建设和开发力度。投资11.7亿元（其中财政投资3000万元，争取国家开发银行基础设施贷款1.35亿元，吸引社会资金10.05亿元），实施城市建设项目85项。在基础设施建设方面，实施了东二环北通和北三环东路开通、华明路南通、邦宽附线开通、海南大街东通等城市道路开通工程和二环路综合改造、文化北路改造、街巷硬化等绿化、美化、亮化工程；新建了城区南部集中供热站，入网用户2000户，新增供热面积40万平方米，积极推进城通管网、天然气管网、污水处理厂、第二水厂等项目建设，进一步完善了城市功能，提升了城市品位。在城市开发方面，实施了城中村改造和小区开发项目，新增住房面积20万平方米。同时，加快推进以建明、党峪、堡子店、马兰峪等中心镇为重点的小城镇建设步伐，累计投入资金1500万元用于城镇基础设施建设，全市城镇化率达到47.6%。进一步加强城市管理工作。严格城市规划管理，坚持规划一张图、审批一支笔，严厉查处各种违规建设行为。强化城市综合执法，制定出台了《关于加强城市管理重点工作的意见》，组织相关部门开展了市容市貌专项整顿活动，城市面貌明显改观。实施环卫管理体制改革，对市区155万平方米的清扫保洁权面向社会公开拍卖，提高了保洁质量和水平。三是以旅游开发为龙头，加快第三产业发展。以清东陵为龙头，以汤泉为支点，以长城旅游公路为纽带，加大旅游资源整合开发力度，加快旅游资源优势向经济发展优势的转化。聘请中国科学院对全市旅游业发展制定整体规划，对汤泉皇家旅游度假区进行地质水文勘探和规划设计，投资3000万元实施了汤泉与邦宽公路对接工程，为汤泉深度开发创造条件。投资520万元启动了清东陵金星山南侧旅游服务基地一期工程，加大黄花山景区开发力度，投资300万元用于景区基础设施建设。以世界文化遗产清东陵为龙头，依托长城旅游公路，整合沿线旅游资源，开发了两日游、一日游精品线路和长城徒步游、清东陵世界遗产游、民俗风情游、休闲度假游等旅游产品，进一步丰富了旅游内容。2005年，全市共接待中外游客175万人次，同比增长15%，实现旅游综合收入7.9亿元，同比增长15%。认真贯彻落实唐山市《关于加快服务业发展的意见》，大力发展各种服务业。实施了鑫海钢材市场、燕山果菜批发市场等项目。与北京艾尔集团达成合作意向，拟投资12亿元，分三期建设一座集五星级酒店、大型购物中心、休闲娱乐中心等为一体的综合商业中心，已开始项目前期准备工作。2005年，全市第三产业实现增加值75亿元，同比增长18%。

狠抓三项重点工作，增强经济发展活力。一是大力发展民营经济。进一步完善和落实鼓励、支持民营经济发展的政策、措施，加大对民营经济发展的扶持力度。2005年，全市民营经济完成投资48.5亿元，占全市固定资产投资的87.7%，同比增长50.2%；实现增加值188.2亿元，占全市地区生产总值的88.5%，同比增长23.1%；上缴税金16.4亿元，占全市财政收入的89.4%，同比增长59.2%。二是加大改革开放力度。按照“租赁到期抓出售、已改制企业抓规范、改制难点抓攻坚”的思路，推进企业改革向纵深发展。全市国有（集体）企业改制面达到98%，全年完成企业改制15家，实现资产收益3803万元。抓住国际资本向国内转移和南资北移的机遇，强化大开放意识，按照“靠优势引项目、以产权引资金，以存量引增量”的思路，通过项目招商、网上招商、以商招商等多种形式，扩大引资成果。2005年，全市共引进省外资金6.49亿元，占年计划的108.17%，同比增长13.6%。积极扶持栗源、广野、青宝等出口创汇企业加快发展，帮助具备条件的企业、组织和个人申报外贸经营权。2005年全市外贸经营企业达到73家，扩大了经济外向度。三是进一步优化投资环境。以营造良好的政策环境、法制环境、服务环境、市场环境、人文环境为重点，全面加强环境建设。在全社会营造了“人人都是投资环境，事事关系遵化发展”的浓厚氛围，有力促进了遵化经济的更快更好发展。

廊坊市安次区

安次区是廊坊市两个县级行政区之一，位于京津走廊之间，幅员面积594.9平方公里，下辖8个乡镇（4乡、4镇）、2个街道办事处，284个行政村，全区总人口35.2万人。安次区南北狭长，有落垡、码头、葛渔城、东沽港四个乡镇与天津接壤。京山铁路横贯全区，京九铁路和津保高速公路穿过辖区南端。境内有104、112和廊泊路、廊霸路等主要国、省交通干道。区内自然资源丰富，石油、天然气等矿藏储量较大，主要分布在杨税务、仇庄一带，已打油井近百眼。全区现有林地面积40.1万亩，森林覆盖率达到45%，已连续两年被评为“全国防沙治沙先进示范区”。2005年，安次区认真落实廊坊市委、市政府“全党抓经济、重点抓工业、集中精力上项目”的要求，全力实施“工业强区、项目壮区、环境兴区”战略，努力构筑“一城两园一带三基地”经济发展新格局。改革开放实现较大突破，经济建设迈上新的台阶，各项社会事业取得长足进步，保持了全区协调健康快速发展。

经济指标持续增长。2005年，地区生产总值完成27.4亿元，同比增长13%；财政收入完成1.8亿元，同比增长25.5%，占GDP比重达到6.7%；全社会固定资产投资完成17.5亿元，同比增长25%，其中城镇固定资产投资完成7.08亿元，同比增长48.6%；规模以上工业增加值完成3.3亿元，同比增长18.1%，利润实现5570万元，同比增长94.2%。

项目建设成果丰硕。成功组织参加了东北亚暨环渤海国际商务节、第九届中国（廊坊）农产品交易会暨2005年中国国际农业博览会等大型招商活动，一批促进区域发展的大项目成功落户。全年共谋划运作千万元以上项目87个，同比增加26个，当年完成投资14.12亿元，同比增长113.6%。项目结构进一步优化，工业项目占60%以上，构筑了税源的有力支撑。利用外资实现突破，达到300万美元。

园区建设正式启动。按照“高起点规划、高标准建设、高效能管理”的原则，采取市场化运作方式，规划占地28平方公里的廊坊龙河工业园于2005年11月15日奠基开工。该园的开发建设为安次引进大项目、实现大发展搭建了新的承载平台。园区路、水、电、燃气等基础设施建设正在加紧施工，正式成立了北京招商中心，聘请了一批懂政策、能公关、会谈判的高级招商人才和招商代理，招商引资工作全面展开。已有凯发新生水、世纪千网电池等5个投资超亿元的大项目进驻园区。

城区建设成效明显。新开工建设了蓝波湾、德仁新苑、钰海花园等一批中高档住宅小区，全年开发面积达到40万平方米。永兴热力站供热能力进一步扩大，新增供热面积30万平方米。积极运作城中村改造，完成了整体规划，并确定以北史家务村、前进村为试点，先期启动。

农村经济稳步发展。加大农业结构调整力度，规模养殖小区发展到3个，规模养殖场发展到54个；全年完成造林1.6万亩，更新改造老果园1万亩；加大农业基础设施投入，完成了仇庄乡、码头镇890公顷土地平整工程，更新补打农用井118眼；投资380万元，新打人畜饮水井22眼，解决了1.5万人的饮水安全问题；积极组织开展面向农民的职业技能培训和实用技术培训，转移农村富余劳动力3800人，工资性收入占农民人均纯收入的比重达到47.2%。

城乡基础设施日益完善。西外环、南外环拓宽改造工程建成通车，初步形成了城区“四横四纵”的路网框架；投资655万元，继续实施“村村通油路”工程，新建油路46.81公里；投资794万元，完成了县道葛马线和乡道落小线建设工程，贯通了新的经济发展主动脉。

社会发展进程不断加快。不断改善教学条件，完成了第十二中学学生公寓楼、第五中学体育馆综合楼、实验小学综合楼和调河头乡北马庄小学教学楼建设。组织开展节日文化和广场文化活动，丰富了群众的文体生活；完成了200万字《安次区志》的编写工作，填补了没有史志的空白。新建和修缮乡镇卫生院医疗用房3950平方米，改善了农村就医条件。健全完善了社会保障体系，下大力解决了离退休人员工资和离休干部药费、下岗职工最低生活保障费等问题，城镇低保实现了动态条件下的应保尽保；积极做好就业再就业工作，城镇新增就业岗位2025个，下岗失业人员实现再就业826人，城镇登记失业率控制在1.5%；广泛开展了多种形式的“扶贫送温暖、济困献爱心”活动，实行了“1+1”帮扶制度，区直部门包贫困村、科级干部包贫困户，并设立了救助基金，困难群众的生活得到有效保障；围绕解决人民群众关心关注的问题，集中各方面力量，全面落实了改善农村出行条件、建设农村有线电视网、公共卫生、人畜饮水、基础设施建设等10项民心工程，赢得了广大群众的肯定和认可。

人民生活水平明显提高。2005年，全区农民人均纯收入达到4231元，城镇居民人均可支配收入达到7891元，同比分别增长7.7%和14.6%。

霸　州　市

霸州是一个历史悠久、发展迅速的县级市。全市幅员面积784平方公里，辖7镇（霸州镇、胜芳镇、信安镇、煎茶铺镇、南孟镇、堂二里镇、扬芬港镇）、5乡（岔河集乡、康仙庄乡、东杨庄乡、东段乡、王庄子乡）、一区（省级经济技术开发区）和两个办事处（城区办事处、辛章办事处），383个行政村（街），总人口56万。

霸州位于京、津、保三角地带中心，属环京津、环渤海城市群。北距首都北京80公里。京九铁路与津霸联络线、保津高速公路与即将开工的京开高速公路及106国道与112国道贯境而过，在市区形成了“三黄金”十字交叉。京九铁路京南第一大站——霸州站，为国家二级站，座落在霸州市开发区。市内设地方铁路专用线及货场，货物可直抵香港。保津高速公路从西向东贯穿全市，并于霸州镇、胜芳镇和扬芬港镇各设有一个出口。由霸州驱车至首都机场仅需1个小时，至天津机场仅需50分钟，便捷的交通网络使该市成为华北地区重要的交通枢纽。

发展潜力巨大。上世纪八十年代初，霸州在认真贯彻执行农村联产承包政策的同时，大力发展乡、村集体企业，乡镇企业异军突起，从而带来了全市经济的第一次腾飞。河北省第一个亿元镇（胜芳镇）、亿元村（东升街）都诞生在霸州。1993年、1994年霸州市连续两年成为河北省十强县（市），1995年成为首批小康县市，同年跨入全国名星县（市）行列。1999年该市定为个体私营经济发展年，积极推动非公有制经济的快速发展，完成了经济平台由乡镇集体企业向个体私营企业的过渡。特别是近几年，霸州市确立了“寄希望于民营，寄希望于开放，寄希望于环境，寄希望于创新”的经济发展思路，大力实施“项目带动”战略，积极开展对外招商，相继引进新上了前进钢铁有限公司、河北梅花味精有限公司、华农饲料蛋白有限公司、茗汤温泉乐园等一批超亿元的大项目。2005年，全市地方生产总值完成113亿元，同比增长13.5%；财政收入完成7.52亿元，同比增长38.2%；城镇居民人均可支配收入达到1.08万元、农民人均纯收入达到4806元，同比分别增长10.5%和9%。各项经济指标均完成或超额完成廊坊市下达的各项目标任务，为该市有史以来经济总量增长最快的一年。

主导产业鲜明。以金属延压、钢木家具、塑料加工、机械加工、林木加工、食品加工、线缆制造、乐器制造八大优势产业为支撑，全市民营经济形成了分工合理、功能完善、产业集中、产品市场占有率较高的工业经济体系。按照“比例、规模、领域、速度、形式”五不限的原则，放手、放胆发展民营经济，民营经济得到了蓬勃发展。霸州已成为全国最大的薄壁管生产基地、中国北方最大的钢木家具基地和西洋乐器出口基地。民营经济创造了全市80%以上的财政收入，转移了80%以上的农村剩余劳动力，为农民提供了80%以上的现金收入。2005年民营财税贡献率达到85%，比上年增长近5个百分点；民企三次梯队实现良性互动，纳税1000万元以上企业增至9家。

投资环境良好。近年来，霸州市狠抓环境不放松，并于2004年启动了软硬环境“双十工程”建设，在构筑起了“创业宽松、社会文明、人居安全、低生产成本、低交易成本、低行政成本、低社会成本”的发展环境平台。一是切实加强基础设施建设。城乡路网、电力保障、水利设施等48项基础设施建设，近30亿元的投资相当于前十年的投资总和，基本实现了项目建设到哪里，水、电、讯、气等基础设施就建到哪里。二是突出抓好行政服务体系建设。组建了企业统一收费中心、维护企业权益投诉中心，并在政府系统积极推行“首问负责制”、“限时服务制”和“零缺陷服务”，实行重点问题现场办公，一事一议，特事特办，为经济发展提供了优质高效的政务环境。三是努力加强城镇环境建设。近年来，累计投资30多亿元，完成了商业步行街、文化活动中心、华北商业城、益津路改造、市医院病房楼和门诊楼等市政重点工程。城市功能逐步完善，城市品位迅速提升。

双向开放迈出新步伐。充分发挥地缘、人缘优势，市委、市政府每年都在北京、天津、石家庄等市召开霸州同乡及友好人士联谊会和新闻界朋友联谊会，主动把霸州经济融入京津。充分利用香港“3·26”、河北“5·18”和厦门“9·8”等经贸洽谈活动，广泛宣传推介霸州。开发区按照“京津科技成果转化基地、产品研发基地、产业孵化基地”的发展定位，扬芬港镇按照“面向天津招商桥头堡”的发展定位，成功引进了投资3亿元的北京白菊电器集团、投资2.1亿元的天大天久科技股份有限公司等大项目。按照“立足天津、面向全国、拓展国际”的开放之路，成功引进了大连华农大豆蛋白、沈阳龙源化纤、台湾茗汤温泉、韩国东兴电子等一批重点项目。华彪家具与山东淄博三维投资公司合资4亿元兴建了金彪玻璃有限公司，引进对方成型的管理模式和生产线，仅三个月就投产见效，2005年纳税1372万元；前进钢铁有限公司投资参股澳大利亚铁矿，彻底解决了企业发展原材料不足的问题，2005年纳税1.95亿元。同时，积极发展外向型经济，产品出口逐步实现了由传统的食品、服装、地毯等转向家具、乐器、工艺品等多元化的格局；积极培植外资经营主体多元化，大力发展加工出口和订单出口等项业务。全市取得进出口权限企业已达到86家，剔除三资企业，全市拥有自主经营出口权企业达到18家，连续三年出口创汇增幅达40%以上。

三 河 市

三河因泃河、泇河、鲍邱河三水流经县域而得名。全市总面积643平方公里，耕地总面积53.9万亩。辖10镇2区（省级燕郊经济技术开发区、国家级农业高新技术园区）4个街道办事处，395个行政村街。总人口47.8万人。2005年被确定为扩权县。三河历史悠久，春秋战国时属燕，秦属渔阳郡，汉属幽州潞县，唐武德二年（627年）置临泃县，唐开元四年（716年），建三河县，清康熙年间，曾在三河燕郊建造行宫，为皇帝拜谒东陵往返歇息之所，素有“天子脚下、御驾行宫”之美称。该市区位优越，市区西距北京58公里、南距天津125公里、东到唐山121公里，地处京、津、唐金三角的核心地带，在京津冀一体化和环渤海经济圈中居重要地位。102国道穿腹而过，京秦、大秦两条电气化铁路横贯东西，西北直通首都机场，东南连接天津、京唐两大港口，形成了陆海空立体交通网络。该市经济实力连续12年居廊坊市首位，连续7届进入“河北十强”，2000—2004年连续5年进入全国最发达县市。先后被国家和省命名为“全国科技百强县（市）”、“全国文化工作先进市”、“全国教育改革先进市”、“省级卫生城市”、“省级文明城市”。2005年，地区生产总值完成136.2亿元，同比增长11%；财政收入完成12.27亿元，同比增长22.6%；全社会固定资产投资完成65.9亿元，同比增长32.4%；规模以上工业实现增加值35.5亿元，同比增长39.4%；城镇居民人均可支配收入达到1.1万元，同比增长8.9%；农民人均纯收入达到5364元，同比增长6.3%。

结构调整不断深入，产业层次明显提升。按照“农业调优、工业调强、三产调活”的思路，加大产业结构调整力度，三次产业特色日益鲜明。一产，着力打造现代高效农业。初步形成了“以特色为主、以畜牧为主、以精深加工为主”的产业化发展结构。全市共有各类龙头企业17个，其中国家级龙头企业3个、省级龙头企业1个。其中汇福公司已发展成为亚洲单体生产能力最大的大豆加工企业，福成集团已成为全国最大的私人养牛企业，明慧集团已成为全省最大的私人养猪企业。龙头企业的发展壮大，对全市的种养业起到了很好的带动作用。全市蔬菜面积达到20.5万亩，花卉苗圃面积1.4万亩。同时，建成了肉牛、奶牛、生猪、蛋鸡、肉羊等五大畜牧养殖基地，牛、猪、羊、禽饲养量分别达到35.5万头、91.7万头、90.4万只、1764.2万只。二产，着力打造现代制造业。以河北省（燕郊）软件产业基地、海外留学生创业园为载体，以“整体引进、嫁接改造”为主要实现形式，全面加快高新技术产业发展步伐，初步形成了以信息产业、新医药、新材料为主导的产业群体。先后引进了38个信息产业项目，总投资35.1亿元；17个新医药项目，总投资11亿元；46个新材料项目，总投资12.8亿元。全市高新技术企业达109家，技工贸总收入达55亿元，科技对经济增长的贡献率达60.9%。与此同时，依靠科技进步对建筑建材、印刷装订、机械制造等传统产业进行了大规模的技术改造，走出了一条高科技、低耗能、无污染的新型工业化路子。三产，着力打造现代服务业。全市拥有星级宾馆7家，其中五星、四星各一家；有华堂、京华两个高尔夫球场和燕郊人民公园、潮白河万亩自然公园、新世纪文化广场、泃河带状公园等休闲娱乐设施，以及北京京客隆超市分店、华联超市、兴达超市、运河源建材批发市场、京北图书批销中心等大型购物场所。依托良好的服务设施，相应发展了交通运输、商品流通、餐饮服务等产业，培育了信息咨询、旅游娱乐、房地产开发、连锁销售等新兴服务业。2005年，全市三产增加值达到40.6亿元，占地区生产总值比重达到29.8%。

招商引资日趋活跃，项目建设成效显著。三河立足现有条件，坚持外引内联全方位出击，做到四个面向，即面向科研院所、面向大专院校、面向著名专家和留学生、面向国内外大企业，综合运用网络招商、以商招商、代理招商、外出招商、借势招商、中介招商、存量招商等多种形式，提高招商的实效性。特别是充分发挥燕郊开发区的窗口作用，着力打造招商平台，累计引进各类项目600余个，项目总投资160多亿元，其中来自美、德、意、澳、加、韩、日及港澳台25个国家和地区的外资项目150余个。该市引进了一批大项目、好项目，其中包括总投资27.8亿元、占地498亩的成功（中国）大广场项目和投资30亿元、占地2000亩的中兴通讯项目。

基础设施日臻完善，服务功能不断提高。不断加大基础设施投入力度，完善城市功能。东西市区基础设施实现了供水、排水、供电、供暖、通讯、通路、工业蒸汽、天然气、信息高速公路、土地平整“九通一平”。国家“八五”重点能源建设项目——投资70亿元、装机总容量140万千瓦的三河电厂一期机组已并网发电，二期工程即将动工。全市备有河北、北京两套供电网，燕郊地区实现了双回路供电线路；开通了有线通信、无线通信、光纤通信、数字微波等业务，局域交换机总容量已达到13.2万门；北京电信“6159”局延线到三河，北京市930路公交车直通三河，创下了两项省际间合作的全国第一；建成了4座污水处理厂和垃圾处理厂。随着西部入京第二、第三出口和东南部连接天津出口的打通，以及供热、污水处理、公共交通、轻轨等方面与北京的逐步对接，三河的基础环境将明显改善，服务功能将提高到一个新的层面。

发展环境明显优化，竞争实力逐步增强。在国家政策允许的范围内，制定了一系列优惠政策，对高新技术产业优先安排土地并优惠出让，优先享受科技风险基金的支持，优先享受贷款担保；对引进的高科技人才优先解决户口、住房、子女入学、社会保障等实际问题；建立了地方财源建设基金、中小企业科技创新基金、农业产业化基金，着力解决企业发展过程中融资难的问题。同时，争取到国家开发银行7亿元的大额授信，成为开发行在国内给予县级大额授信的第一个县（市）；开放了房产、土地、会计师事务所等中介机构，打破地方保护和行业垄断，降低了企业融资成本；建立了燕郊开发区、纳税百万元以上企业、印装企业三个收费分中心，实行一个窗口收费，多家分流，从根本上杜绝了乱收费行为；组建了印刷装订、交通运输、矿山等行业协会，促进了行业自律，营造了公平竞争的良好环境。

任 丘 市

任丘市位于河北省中部，是战国时期神医扁鹊的故里。总面积1023平方公里，耕地面积6.2万公顷，总人口77万余人。2005年，全市生产总值完成301.4亿元，同比增长20.2%；全部财政收入完成26亿元，其中地方级收入完成7亿元，同比分别增长24%和17%；社会消费品零售总额完成46.5亿元，增长16%；城镇居民人均可支配收入1万余元，增长8.3%；农民人均纯收入4303元，增长8.1%；全社会固定资产投资完成41.2亿元，同比增长36.9%。

突出抓重点项目建设，经济实力进一步增强。该市始终把项目建设作为经济工作的重中之重，政策向项目倾斜，精力向项目倾注，人财物向项目集中，千方百计为重点项目提供全方位服务，确保了项目建设的顺利进行。经多方争取、积极运作，谋划了总投资180多亿元的大乙烯、总投资50亿元的1000万吨炼油扩建等一批大项目。2005年，全市共启动投资100万元以上的项目859个，总投资达85.6亿元。其中1000万元以上的项目139个，亿元以上项目18个，是近年来投资规模最大、工业项目最多的一年。

突出抓工业园区建设，集群经济进一步扩张。坚持把发展集群经济作为主攻方向，进一步加快了“一区、一带、一基地”和工业小区建设。配合华北油田，开工建设了500万吨炼油扩建、14万吨聚丙烯扩建等投资超亿元的大项目，延长了石化产业链，构筑了产业集群新优势。通过嫁接改造，加强了与国内外大型摩托车企业集团的合资合作，全市已有力帆摩托车任丘基地、河北新世纪川田有限公司、嘉陵大江摩托车有限公司和迪普摩托车厂等4家企业顺利通过国家市场准入。初步形成了以重庆知名摩托车集团为依托，以四大整车生产厂家为龙头，以一批配件生产企业为协作的产业发展格局。进一步加大了铝型材基地和摩托车链轮基地的建设力度，新上了一批扩规提档项目，有效提升了基地的核心竞争能力。玻璃纤维、焊接设备、采暖炉、卫星天线等工业小区建设也都取得了新的进展。工业基地和小区的集聚效应更加明显。

突出抓外资项目建设，对外开放成效进一步显现。充分利用2名韩国经济顾问和该市现有韩资企业的外向引力，成功举办了“中国任丘—韩国企业经贸洽谈会”，邀请100多名韩商前来考察洽谈，合同利用韩资达4000万美元以上；充分利用骨干企业的业务关系，引进了一批产业链项目，促进了规模产业的提档升级；充分利用企业家的人格魅力，广泛开展能人招商，引进了一批大项目、好项目。2005年全市实际利用外资1035万美元，引进内资6.6亿元，同比增长22.2%，完成出口创汇4401万美元，同比增长123.6%。

突出抓兴农惠农项目建设，农民增收步伐进一步加快。重点培育了大发正大肉鸡饲料厂、恒达化工有限公司、康怡生态园等5个产业化龙头项目，进一步壮大了肉鸡、奶牛、水产品等主导产业，加快了农业产业化步伐。抓住国家重点扶持农业发展的政策机遇，争取到了小麦良种繁育基地、农机装备推进等一批国家级农业项目。不折不扣地落实了农业税减免和粮食直补等各项惠农政策，切实加大对“三农”的投入力度，实施了一批农村基础设施建设工程，提高了农业综合生产能力，促进了农民增收。

突出抓基础设施建设，城市功能进一步提升。投资10亿元以上，新上了城市道路建设、天然气入户、新高中等一批城市基础设施项目。完成了老津保路改造、京开中道改造和会战南道整修改造工程，形成了“七纵七横”的市区路网格局。城市建成区面积达到40平方公里，城镇化率达到48%，位于全省县级市首位。石油矿山地质公园顺利通过了国家审批。启动社会资金3.5亿元，重点抓了红盾住宅小区、众凯嘉园、燕春楼商贸中心等一批商饮住宅项目，有效提升了城市功能。同时，集中开展了对城区公交车和出租车辆的治理活动，城市容貌发生了较大改观。

突出抓可持续发展，社会事业全面进步。加强对学校收费的管理，有效遏止了教育乱收费现象。组织召开了“扁鹊文化研讨会”，深入开展了网吧专项治理活动。加大了乡村卫生一体化管理和重大传染病防控力度。强化对人口计生工作的综合治理，圆满完成了人口和计划生育任务目标。开展了重点污染源治理活动。养老保险、工伤保险和失业保险扩面工作超额完成了全年任务目标。完善“网格化”防控警务机制，深入开展了打击“两抢一盗”专项斗争和重点区域的专项治理活动。加大对安全隐患的排查和整治力度，杜绝了重大安全事故的发生。

泊 头 市

泊头市位于河北省东南部，辖区面积1006平方公里，总人口56万，先后荣获“中国鸭梨第一乡”、“中国汽车模具之乡”和“河北省大气污染治理设备生产基地”、“河北省环保产业试点市”等九个国家和省级荣誉称号，并享有“中国铸造名城”美誉。

2005年，该市坚持“特色立市、开放活市、人才强市、实干兴市”，努力在观念更新、对外开放、项目建设、民营经济、城市建设、优化环境、企业改革、社会稳定等方面实现新突破，经济和社会各项事业实现了快速、健康发展。全市生产总值完成79.9亿元，同比增长16.3%；财政收入完成3.2亿元，同比增长16.4%；入统工业增加值完成10.3亿元，同比增长53.6%，实现利税4.3亿元，同比增长40.1%；城镇居民可支配收入达到7938元，同比增长14.1%；农民人均纯收入达到3763元，同比增长11.6%。第五届中国县域经济基本竞争力评价显示，该市在全国2005个县（市、旗）中名列第374位，比上年同期跃升136位，竞争力等级由C级上升为B级。省长季允石就泊头县域经济发展做出批示：“泊头发展县域经济的做法和经验在黑龙港流域具有典型意义，应予以认真总结、推广”。

抓特色，特色产业发展迅猛。制造业集群优势进一步增强。编制了汽车模具产业发展规划，并邀请国家环保产业协会、中国铸协实型铸造专业委员会到泊头指导工作。与中国机械工业联合会共同举办了2005“中国·泊头”汽车模具发展研讨会暨产品技术推介会。市财政设立促进工业经济发展专项资金400万元，引导特色产业提档升级。全市铸造机械、环保设备、汽车模具三大产业企业发展到900家，年销售收入53亿元，同比增长32.5%。其中汽车模具产业年销售收入6亿元，同比增长50%，占全国同行业的16%。铸件及汽车模具产业被列入河北省装备制造业“十一五”专项发展规划。兴林集团、京泊公司被评为“2005年全国汽车零部件最具成长性企业100强”。除尘设备安装制造公司等6家企业成为河北省环保产业十强企业，2家企业成为全国百强环保企业。林果业再上新台阶，泊头鸭梨继打入美国沃尔玛超市后，又成功打入法国家乐福超市。“泊头鸭梨”被评为河北省名牌产品，年出口量7万吨，占河北省出口总量三分之二。

抓项目，发展后劲不断增强。全市固定资产投资百万元以上项目542个，总投资100.3亿元。其中千万元以上项目196个，总投资88.1亿元；亿元以上项目20个，总投资47亿元。不断提高保障项目建设能力，市环保所成为全省唯一具有国家环评乙级填表资格的县级环保机构，利用砖瓦窑、闲置土地为132个新上项目提供用地1672.38亩。园区经济发展迅速，投资2000余万元加强市工业区基础设施建设，年内引进项目28个，总投资10.3亿元。在2005年中国汽车产业集群战略会议上，该市工业区被评为“2005年度全国30强势汽车工业园区”。同时，发展重点乡镇工业区4个，引进项目120个，总投资11亿元。2005年，市和乡镇工业区新增产值6.12亿元，新增利税9000万元，安置劳动力6600人。

抓开放，外向型经济蓬勃发展。在韩国、台湾等地聘请了招商代理，组建了石家庄招商联络处。先后组织60余家企业参加河北日韩投资推介会、上海国际铸造博览会等经贸活动20余次，在青岛、昆山等地开展系列招商活动10余次。建立了政府门户网站—泊头政务网。韩国新永金属株式会社、英国工具和量具协会、吉利集团等60余家国内外组织和企业先后前来参观考察。年内新建三资企业12家，直接利用外资558万美元；引进内资9.6亿元，同比增长54.8%；进出口总值达到4243万美元，与日本本田等6家世界500强企业建立了贸易关系。

抓改革，发展活力日益提升。全市115家市属工商企业改制预案全部经推委会研究批准，其中108家完成改制任务，盘活闲置资产3.1亿元，核销呆坏帐2.2亿元，安置职工1.23万人，补交养老和失业保险金5265.4万元。完成了19个单位“事改企”工作，精简事业编制955人。国有粮食收储企业改革及农村信用社改革进展顺利。

抓城建，城市化步伐加快。投资2.7亿元，实施了红旗大街、运东广场、北环铁路立交桥等重点工程，完成了市区电网改造、1.9万米供水管线改造、南仓街等7条小街小巷硬化及新华街天然气管道铺设等民心工程。启动了泊彩濠庭、阳光家园等住宅小区建设及新世纪花园二期旧城改造拆迁工作。城区面积已扩展到23.2平方公里。投资5300万元，完成了东固路二期、泊淮线商品粮基地路和48个行政村“村村通油路”等工程，境内公路里程达到1110.91公里，是“九五”末的3倍。全市城镇化率达到41.9%。

抓和谐，和谐社会构建实现新突破。把农村作为构建和谐社会的重点来抓。降低农业税税率2个百分点，减轻农民负担1287万元；发放粮食直补资金860万元，全年支农贷款达到7亿元。全市农业龙头企业达到28个，农民专业合作经济组织达到82个，带动农户7.2万户。全年转移农村劳动力7.7万人次，增加农民收入5.5亿元。新增农村有线电视用户6000户，在全省率先推行农村低保制度。全市农村通电话率、通油路率、通客车率分别达到100%、95.7%、85%。教育、卫生、文化、劳动和社会保障、科技、环保、计生、体育、妇女儿童等社会事业都取得了新进展。

安平县

安平县隶属衡水市，辖3镇5乡，230个行政村，人口32万。地处北京、天津、石家庄三角中心，全县总面积495.4平方公里，是中外闻名的“中国丝网之乡”、“中国丝网产业基地”和国家“生猪活体储备基地。”

安平的丝网业始于绢罗加工，起源于明朝弘治元年（公元1488年)，迄今已有500多年的历史。经过多年的发展，丝网业在安平已成为国家“九五”星火区域性支柱产业和省级龙型经济。安平丝网规模庞大，丝网生产遍及全县所有乡村。从业人员达12万多人，年拔丝能力100多万吨，织网能力2亿平方米，全县丝网业2004年实现销售额68亿元。丝网产品已发展到8大系列、600多个品种、6000多种规格，广泛用于石油、化工、建筑、汽车制造、造纸、医药、养殖等工农业生产及航空、航天、国防等领域。安平的丝网产量、销量和出口量均占全国的80%以上，远销美、日、法、意、澳、韩以及中东和香港等130多个国家和地区；安平县拥有世界上最大的国际丝网专业营销网络，在国内外大中小城市设有业务洽谈处和丝网门店6300多家，在美国、法国等20多个国家设有直销点或办事处；该县的中国安平丝网大世界是世界上最大的国际丝网专业市场，建筑面积16万平方米，入驻商户1000多家，年市场成交额38亿元，是河北省著名的十大市场之一，列全国百强市场第31位；中国安平国际丝网产业基地，计划总投资100.3亿元，主建设区规划总占地面积6.5平方公里。一期工程已经完成，二期工程正在建设，已有98家国内外相关企业入驻。全部建成后年销售收入可实现250亿元，利税34亿元；每年一届的中国安平国际丝网博览会是世界上最大的国际丝网专业展会，从2001年起已成功举办了五届，累计接待外商近1300多人次，涉及美国、加拿大、日本、瑞典等35个国家和地区。博览会共签订购销意向价值102亿元，签约合作项目80多个。安平丝网享誉海内外，素有“世界丝网看中国、中国丝网在安平”之说。

安平县结合农村经济结构调整，大力发展生猪业，形成了“一龙、十强、百村、万户”的养殖新格局。规模化养殖促进了全县养猪业的发展，2004年全县生猪出栏68万头，全国养猪业高层论坛会曾先后三次在安平举办；该县生猪品质优良，拥有杜洛克、长白、大约克、皮特兰等全国一流水平的优质品种。特别是京安公司与比利时合资的亚洲唯一的斯格配套系核心群种猪场建成后，使全县生猪品种达到了世界一流水平，商品猪优质率达到了100%；全县生猪生产已从传统的饲养模式转变为科学的现代化养殖模式，并严格按照国家颁布的畜禽防疫、饲养管理、饲料兽药等规定进行生产繁育，基本实现了绿色无公害标准化生产；全县已形成以京、津市场为主，辐射全国的瘦肉型猪销售网络，多次圆满完成了全国“两会”和“大运会”等国家特供特需任务，并远销广州、上海等市。京安公司已被北京市列入“菜篮子”工程。斯格配套系核心群种猪和“京安”牌系列种猪销往全国30个省市，销量全国第一。安平县已成为全省25个农业产业化经营示范县之一，生猪养殖业跻身“河北省八大龙型经济”之列，京安公司被农业部等国家八部委命名为“全国农业产业化重点龙头企业”。

安平县历史悠久，人才辈出，文化底蕴深厚。全国第一个农村共产党支部、中共河北省第一个县委在安平成立。上世纪五十年代王玉坤带领三户贫农办社被毛泽东主席誉为“全国五亿农民的方向”。安平籍的当代文学大师孙犁及其创立的荷花淀派在中外文坛享有盛誉。安平县基础设施完善。电信事业发展迅速，程控交换机总容量6500门，电话普及率18.4部/百人，移动电话用户达6.7万户。电力供应充足，2004年售电量5亿多千瓦时，居衡水市第一。

枣强县

枣强位于河北省东南部，县域面积892平方公里，辖六镇五乡553个行政村，总人口37.8万，其中农业人口26.8万。近年来，枣强县把特色兴县作为提升县域经济竞争力的战略举措，牢牢把握抓住机遇、加快发展这个主基调，开拓创新，扎实苦干，全县经济社会发展实现了新跨越。2005年，全县完成生产总值51.6亿元，全社会固定资产投资29.9亿元，财政收入实现3.3亿元，分别比上年增长11.5%、43%和88.8%，农民人均纯收入达到3951元。一举荣获衡水市“工业发展先进县”、“重点建设先进县”、“财政增收先进县”、“对外开放先进县”等称号，综合实力进入衡水市先进行列。

大力实施以工强县战略，做大做强特色经济。紧紧围绕加快营皮北扩，促进玻璃钢提升的总体思路，对两大产业重点扶持，促其膨胀壮大。皮毛业积极应对宏观政策调整遇到的新情况、新问题，一手抓规范，一手抓发展，总量与质量均有了大幅提升。2005年，皮毛业新增摊点3200多家，总数达到1.8万家，年销售收入超千万元企业新增256家，总数达到374家，全年上交税金2.3亿元，增长187%；玻璃钢业紧紧抓住西气东输、奥运经济等重大机遇，走出去抢合同、拿订单，继续保持了快速发展的良好态势。全县玻璃钢企业达到678家，玻璃钢专业村由18个增加到32个，年销售收入5000万元以上的企业由2家增加到12家。2005年，玻璃钢业利税增幅达到30%以上。

强力推进项目建设，增强发展后劲。不断强化抓发展必须抓项目、抓项目就是抓发展的工作理念，进一步加大了对项目谋划、前期、立项、跑办、建设等环节的推进力度，特别是大力破解土地瓶颈制约，取得了明显成效。2005年，全县谋划投资300万元以上项目120个，总投资33亿元。其中省级重点项目8个，市级重点项目22个。全年新建、续建项目85个，完成投资15.3亿元。大营国际皮草交易中心、大营污水处理厂、曼吉科工艺玻璃等一批重点项目开工建设，为经济持续发展增添了新的活力。坚持把推进项目建设与改革开放结合起来，双管齐下，实现突破。全县已完成企业改制190家，占应改制企业总数的80%，共盘活资产2.45亿元，吸引民间资本1.35亿元。“招商项目年”活动扎实开展，成功举办了中国大营第十四届国际皮草交易会。全年共引进外资810万美元、内资4亿元。

提升壮大园区建设，拓展发展平台。坚持把园区作为产业发展的龙头，不断倾斜政策，做优做强。玻璃钢园区建设提质提速提形象，向北扩展1.7平方公里，新上项目12个，总投资2.6亿元，入区企业累计达到68个；皮毛工业区新上项目13个，总投资1.7亿元，入区企业累计达到90个。玻璃钢园区被国家发改委正式核准保留为省级工业园区，为长远发展创造了条件。皮毛工业区新上项目13个，入区企业达到90个。秀屯、马屯、新屯工业小区建设顺利启动。

制定优惠政策，加快民营经济发展。坚持把民营经济作为富民强县的主体力量，不断完善政策，创优环境。一方面从完善政策入手，制订了一系列鼓励扶持民营经济发展的政策措施；另一方面在整治环境上用力，深入开展行风评议，加大“三乱”整治力度，有力地激发了群众创业热情，推动了企业的快速发展。2005年，全县民营经济完成营业收入153亿元，上交税金3.1亿元。

加快农业结构调整步伐，拓宽农民增收渠道。一是不折不扣地贯彻落实各项惠农政策。以落实中央、省市惠农政策为契机，共发放粮补资金3000多万元，通过实施土地整理开发、兴修农田水利，农业综合生产能力明显提高。二是按市场规律引导农业结构调整。坚持以市场为导向，以区域化、规模化、品牌化为重点，引导发展以林业和畜牧业为特色的特种特养。全县完成植树造林10多万亩，果树面积达到13万亩。养殖业在巩固奶牛产业发展的同时，发展特色养殖户205个，狐、貉、貂年存栏达到4万只，獭兔存栏6.5只，并继续呈现强劲的增长势头。三是深入推进文明生态村创建活动。坚持以“经济发展、民主健全、精神充实、环境良好”为目标，从改善农村人居环境和提高农民素质两个方面入手，以59个首批示范村为重点，实行县级领导干部和乡镇、部门包村责任制，推动文明生态村建设深入开展。59个示范村均取得较大进展，涌现出王尧、东岳庄等一批创建先进典型。

积极推进城镇化建设，不断创优发展环境。坚持以建设环境优美城市为目标，从完善规划、夯实基础、扩充功能抓起，高点站位，尽力而为，有序推进，使城镇化在高起点规划、高标准建设、高效能管理、高素质育人方面迈出了可喜的一步。2005年，城市规划工作有序展开。聘请权威规划设计部门完成了卫千渠改造、森林公园、西、北出入口、玻璃钢园区等专项规划的编制工作。城市建设力度加大。对建设路、和平路、富强路等主干道路进行了拓宽改造，完成了10条小街小巷的路面硬化，居民出行条件明显改善。森林公园进入实质性建设阶段，基础设施和园林绿化成效显著。果蔬中心市场建设进展顺利，已正式运营。多功能住宅小区已开工建设，清理整治县城建设秩序初见成效。县城绿化及日常管理得到加强，绿化面积达到6.8万平方米。环卫工作向纵深开展，县城环境明显改善。经过积极争取，卫千渠排污改造工程成功立项，为开工建设争得了时机。大营镇区改造和环境整治力度不断加大，完成了人民街、经贸路翻修改造，功能日臻完善，环境明显改观，被授予“河北省环境优美城镇”称号。投资8358万元，先后完成了肃临线加宽改建、武馆线枣强南段大修工程。城网改造工程全面完工，流常110千伏、张米、卷子、城东三座35千伏输变电站建成并投入使用。在加强硬环境建设的同时，深入开展了以“集中治理、集中服务”为主要内容的创优环境活动，收到了良好的效果。

武　强　县

武强县辖2镇4乡，238个行政村，面积445平方公里，耕地49.4万亩，人口20.91万，是文化部命名的“木版年画艺术之乡”。由于地处滹滏区间，地势低洼，历史上水旱灾害频发，1986年和1992年两次被国务院确定为国家级贫困县，2001年被确定为全国扶贫开发工作重点县。2005年，完成生产总值22.03亿元，同比增长9.8%；全部财政收入完成8138万元，同比增长18.34%；全社会固定资产投资完成10.9亿元，同比增长29.5%；社会消费品零售总额实现5.73亿元，同比增长16.9%；城镇居民人均可支配收入达到5869元、农民人均纯收入达到2684元，分别增长9.33%和4%。

投资增势强劲，项目建设成效显著。武强县始终把项目建设作为推动全县经济发展的总抓手，着力开展了“项目建设年”活动并取得了明显成效。2005年全县共谋划投资500万元以上新建续建项目99个，总投资20.5亿元，有21个项目竣工投产。其中列入省市重点建设计划的7个项目完成投资3.17亿元，占年度投资计划的100.3%。东北橡胶助剂公司与比利时合资全球独家生产橡胶促进剂新产品项目，完成投资2100万元，橡胶促进剂系列产品年产量达到1.5万吨，年可创产值4亿元，利税6000万元。

县乡工业提速发展，特色优势日趋明显。通过开展行业调研活动，制定了“率先发展两大支柱产业，稳步膨胀两大优势行业，整合凝聚四大传统行业”的发展思路。2005年，化工、线缆两大支柱产业注册企业达到48家，从业人员3000人，行业年产值15亿元，主要经济指标增幅超过30%。乐器、玻璃纤维两大优势行业和食品、变压器配件、碳棒、农机配件四大传统行业注册企业超过200家，仅玻璃纤维行业就新增21家。骨干企业规模进一步扩张，规模以上工业企业完成增加值2.5亿元，实现利税8805万元，同比分别增长8.2%和5.6%；立车集团荧光粉产销量位居全国同行业第一；北方线缆集团工业经济综合效益指数在全国机械工业百强企业中列第30位，在全国电工电器行业中列第10位，在河北省列第一位；金音乐器制造有限公司乐器产品及其“JY”商标分别荣获省名牌产品和省著名商标称号，西管乐器产量居世界第四、全国第一；津武玻璃纤维公司生产的玻璃纤维平织窗纱产量位居全国第二，全省第一。

改革开放纵深推进，企业机制不断完善。坚持因企制宜，一厂一策，重点突破，稳步推进，完成国有集体企业改制任务的90%。坚定不移地实施开放兴县战略，外地客商投资企业达到22家，自营出口企业发展到20家，全年实际利用外资710万美元，增长12.7%，年出口创汇1310万美元，经济发展的外向度进一步提高。

农业结构调整步伐加快，农民增收渠道拓宽。按照“稳粮、增畜、扩菜、营林，发展劳务输出”的思路，多渠道增加农民收入。粮食产量稳中有升，全年总产达到15.68万吨，同比增长1.5%。深入实施畜牧富民战略，以蛋鸡、肉鸭养殖为主的畜禽养殖发展迅猛，新增养殖小区25个，蛋鸡存栏257万只，肉鸭出栏270万只，畜牧业产值占农业总产值的比重达到27%。大力实施设施蔬菜工程，积极引进新品种、新技术，新增保护地蔬菜6000亩，蔬菜总产量达到20.2万吨，“武绿”牌黄瓜被评为省名牌产品。大力推行“四创新一稳定”营林造林机制，林业工作再上新台阶，农田林网控制面积达到20万亩，林地总面积13.4万亩，林木覆盖率达到20.8%。把扶贫开发作为全县工作的重中之重，以参与式整村推进为主要模式，以村为单位、以项目为载体、以农户为基础，着力实施了猪链、菜链、鸭链、鸡链、牛链“五链”扶贫新举措，初步实现了村村有产业、户户有项目的扶贫目标。同时将劳务输出与扶贫开发工作有机结合，通过实施阳光培训工程，典型示范户带动，全县劳务输出正向品牌化、规模化、技能化方向发展，全年共免费培训4070人，新增劳务输出人员4500人。

基础设施建设力度加大，城乡环境明显改善。按照“县城求精、乡村求美”的发展目标，完成了县城总体规划修编工作，规划了5平方公里的县城新区。突出县城发展，确立了“一心一轴两带三区”的总体框架，投资3700万元完成了县城九项重点工程建设，县城供水供电、集中供热、绿化美化、居民住房等基础设施日臻完善，人居环境明显改善。村村通公路进展顺利，共完成72个村153公里的公路铺设，全县通油路村达到202个，占全部村庄的85%。“一池三改”工作顺利实施，建造农村户用沼气池1630个。文明生态村建设扎实推进，首批24个示范村如期完成阶段性创建目标，南立车村被评为全国文明村镇，周窝村、古坛村被评为全省文明生态创建工作先进村。

南皮县

南皮县位于河北省东南部，辖三乡六镇、312个行政村，总面积789.9平方公里，耕地面积77.15万亩，2005年末全县总人口35.6万人。2005年南皮县认真贯彻和落实科学发展观，以大发展快发展为主基调，强力实施“项目立县、工业强县、开放兴县”三大战略，下大力优化经济环境。着力壮大电子五金、纺织、玻璃制品三大产业，提高农业产业化水平，加速推进城镇化进程，全县经济持续保持高位运行，各项指标创历史新高。全年地区生产总值完成26.2亿元，同比增长19%，其中一、二、三产业分别完成5.73亿元、11.84亿元和8.63亿元，同比分别增长5.4%、32.5%和12.9%；全社会固定资产投资完成11.1亿元，同比增长35%；财政收入完成2亿元，同比增长21%；乡镇企业完成总产值75.51亿元，实现利润6.72亿元，同比分别增长28.7%和23.5%；入统企业完成工业增加值2.69亿元，实现利税7825万元，同比分别增长43.4%和44.7%；社会消费品零售总额完成6.28亿元，同比增长16%；城市居民人均可支配收入7500元，农民人均纯收入2754元，同比分别增长9%和8%。

项目建设拉动作用日益凸现。全年共启动100万元以上项目375个，总投资31亿元，其中超亿元项目7个，超千万元项目73个，完成投资18.8亿元，项目数量、投资总额和已完成投资数量分别比上年增长57.1%、47.6%和80%。在项目建设的拉动下，工业产品向部件、整机化转变步伐加快，400型重型打包机、扎毯机、“科能”牌太阳能热水器等一批终端产品脱颖而出；电子五金、纺织、玻璃制品三大产业分别实现产值25亿元、5亿元和2亿元，占全县工业总产值的比重分别达到60%、11.8%和5%，集群优势和市场竞争力得到提升，产业基础得到进一步夯实。

对外开放取得新成果。开通了南皮县政府招商网，积极开展了小团体、多批次对口招商活动，组织部分企业与天津夏利、陕西重汽、宣化重工等大企业进行互访对接，达成一批合作项目。全年引进县外资金5.9亿元，其中省外资金1.8亿元。有针对性地加大了对日韩招商力度，共运作外资项目7个，合同引进外资1860万美元。中美富鸿玻璃、中燃（香港）天然气等一批合资、独资项目相继开工和建成投产，直接利用外资（已到位）达149万美元。31家企业拥有自营进出口权，直接出口创汇580万美元。

农业产业化水平稳步提升。共引进各类农业资金4391万元，启动生态家园富民工程、10万亩小麦良种补贴、3.5万亩退耕还林工程等农业项目17个。全县粮食种植面积55万亩，总产量达18.4万吨，商品率达75%；棉花种植面积22万亩，总产皮棉2266万斤，商品率达95%。以华远公司为龙头，以中小棉花加工企业为链接点，产业链条较为完整的纺织产业发展格局已经形成；蔬菜种植面积达10万亩，其中棚室蔬菜2.3万亩，通过无公害环评认证面积4万亩，无公害生产比例达80%，集蔬菜交易、检测、加工及储藏于一体的大浪淀蔬菜批发市场建设步伐加快，已完成一期投入500万元。全县果品产量5500万公斤，优质果率20%；全年完成工程造林4.3万亩，新增和完善农田林网1万亩，完成四旁植树30万株，森林覆盖率达到19.8%。畜牧业年产值达5.01亿元，占农业总产值的41.8%，大牲畜存栏13.63万头，奶牛存栏2900头，肉蛋产量达3.67万吨，牧草面积8.2万亩。

财政金融形势进一步好转。全年财政收入首次突破2亿元，其中地方一般预算收入4089亿元，同比增长20%。积极争取各类专项补助、转移支付资金，确保了工教人员工资和老干部“两费”的按时足额发放，保证了党政机关事业单位正常运转，完成财政支出2.8亿元。全部减免了农业税，粮食、农机、良种补贴和造林匹配资金全部落实到位，30万农民直接受惠2390万元。年末全县各项存款余额26.76亿元，各项贷款余额13.97亿元，比年初分别增长1.07亿元和1.15亿元。

经济发展环境明显改善。建立健全了县级领导干部分包重点项目建设制度，积极探索了部门服务企业和项目建设的长效工作机制。在国税、地税、工商、环保、质监、国土等涉企职能部门推行了全程服务代理制，开展了“诚信南皮”创建活动，在全县70家重点企业和三个工业区实行了“宁静日”制度。减轻了企业的负担，保护了投资者的合法权益，客商投资环境和市场经济秩序明显好转。

城乡基础设施更趋完善。投资4.78亿元，启动了总面积36.02万平方米的东兴大街、模具城等一批商贸服务和育才、迎宾家园、信合、文教等住宅小区工程；投资1.4亿元，启动了以城区干道、沧宁路、辛霞路和农村道路建设为重点的公路建设工程；全面启动了天然气入户工程；全部完成了投资1904万元的城网电力改造工程；狠抓了城市绿化、亮化、美化，大力开展了城镇环境综合整治活动，改善了人居环境。2005年底，城镇建成区面积已达14.18平方公里，城镇常住人口9.4万人，城镇化水平达到30%。县城用水普及率91.17%，人均道路面积22.18平方米，建成区绿化率3.84%，人均公共绿地面积4.38平方米，集中供热面积达30.7万平方米；形成了国道、省道、县道、乡道纵横贯通的公路网络，主干公路通达里程达169.7公里，并实现了村村通油路、通客车。

宁晋县

宁晋县位于河北省中南部，隶属邢台市，辖10镇1区4乡346个行政村，总面积1029平方公里，耕地面积98.7万亩，总人口70万。2005年被省政府确定为扩权县。宁晋历史悠久，《尚书·尧典》称杨纡，汉置瘿陶郡，天宝元年改瘿陶为宁晋，寓“安宁晋福”之意。该县距省会石家庄60公里，距北京、天津均在单日往返里程之内。青银高速公路和308国道穿境而过，西距京广铁路、107国道、京深高速公路25公里。近年来，该县先后实施了“东城西区”发展战略、“项目建设年、城市建设年、环境建设年”和“招商引资年”活动，倾全县之力上经济，搞建设，全县经济呈现出快速发展态势。2005年，地区生产总值75亿元，同比增长22.95%；财政收入4.02亿元，同比增长33.7%。

农业经济稳步发展。年产粮食58.9万吨，是全国粮食生产先进县、全国首批优质小麦生产基地县。形成了奶牛业、粮食加工业、蔬菜加工业三条龙型经济和“优质梨生产”一大特色农业。建成奶牛养殖小区35个，奶牛存栏达到3.6万头，日产鲜奶220吨；年转化玉米60万吨，产淀粉40万吨、葡萄糖15万吨；食用菌种植户达1.8万户，总产达2.5万吨，成为华北最大的食用菌加工基地；培育了“绿唐”、“燕赵”两个国家级优质梨品牌、10个省级优质梨品牌，率先在全省实现无公害果品生产基地认定，先后被命名为“中国鸭梨之乡”、“全国梨产业十强县”、“省无公害果品生产基地县”。

工业经济势头强劲。民营经济总量占全县GDP的比重达70%以上。拥有年产值超1000万元的企业70家、超5000万元的企业33家、超亿元的企业8家。形成了“单晶硅、纺织服装、电线电缆、农机配件”四个特色产业。单晶硅产业，建成了占地500余亩的单晶硅工业园区，年产单晶硅1000吨。占全国总量的75%，占世界市场份额的21%，是世界上规模较大的太阳能级单晶硅生产基地。纺织服装业，年产值62亿元，服装生产能力1.2亿件套，是河北省纺织基地县、北方重要的牛仔休闲服装生产基地。“灵音”牌灯芯绒获中国名牌产品称号。电线电缆业，年产值58亿元，生产能力4.2亿米，通过国际质量体系认证的55家、3C认证的98家。产品畅销20多个省、市、自治区。永进集团是全省同行业首家国家级冠名企业，建成的50万伏超高压电缆生产线，对提升行业起到了较强的拉动作用。农机配件业，产值达30亿元，克瑞宁晋阀门公司已成为美国克瑞阀门中国总部；大陆村农机配件市场成为华北地区最大的农机交易市场。

内外开放成效显著。累计利用外资9600万美元，引进内资30亿元，注册三资企业达35家。先后出台了《招商引资优惠政策》、《对超大项目实施特别奖励的办法》等一系列文件，对项目投资5—10亿元的分别给予200—600万元不同的奖励，充分调动了全县上下招商引资的积极性。总投资7.5亿元的中澳合资太阳能电池项目，由2002年度诺贝尔环境奖获得者、被誉为“世界太阳能之父”的马丁格林组建的澳大利亚太阳能开发公司、澳大利亚科学家团队参股并担任技术指导，投产后，生产能力将达175兆瓦，产值42亿元，利税5亿元，将成为世界著名的光电能源生产基地。总投资5亿元的玉锋公司生物制药项目，投产后，可实现产值10亿元，利税2亿元，将成为世界较大的VB12生产基地。童泰彩棉高档婴幼儿服饰项目投产后，可年产童装4000万套，实现利税2.2亿元。通过努力，争取了国家开发银行贷款项目，授信额度1.39亿元，成为全省南部唯一获得开发银行贷款资格的县，为加快基础设施建设步伐提供了有力保证。

基础设施日臻完善。县城规划面积37平方公里，建成区面积15平方公里，城市化率35%。天然气管网、污水处理厂等一批项目相继建设，供水、供热、供电设施齐全，邮政、通讯方便快捷，娱乐、服务场所档次较高。构筑了“外围成环、七纵六横”的城市路网和县域内“四纵三横”交通路网格局，形成了从县城到乡镇半小时交通圈。近年来，连续获得省“城市环境综合整治优胜县”、“河北省环境优美县城”和国家“城市环境综合整治优胜县”等荣誉称号。

发展环境日益优化。先后出台了《关于进一步优化发展环境的实施意见》、《支持保护重点企业的暂行规定》等一系列文件，成立了优化环境投诉中心和服务中心，为企业排忧解难，保证企业的正常生产经营；成立了政务大厅，实行“一站式”办公，减少办事程序，提高审批效率。着力打造优质的政策、服务、诚信、法制、收费环境，用优惠政策吸引客商，用诚信和服务感动客商，用可观的利益留住客商。

面对新的发展机遇，宁晋将继续坚持“工业立县、市场活县、特色兴县”战略，进一步加快发展速度，争取到2010年实现地区生产总值200亿元以上，财政收入10亿元以上；力争早日建成集工业、商贸、生态为一体的30万人口中等城市，打造石家庄周边有影响的卫星城。

武安市

武安位于河北省南部，太行山东麓，晋冀豫三省交界地带，总面积1806平方公里，辖22个乡镇、502个行政村，人口72万。武安历史悠久，距今7500年的磁山文化发源于此，有古代冶炼文化、戏剧文化和近代红色文化等遗存；交通便利，自古为西通三晋，东入平原的交通要塞，距京广铁路、京深高速29公里，309国道、邢都公路和邯长铁路贯穿全境，公路密度达每百平方公里72.38公里；资源丰富，煤、铁矿石储量分别达23亿吨、5.62亿吨，是全国重点产煤县和四大富铁矿基地之一，另有丰富的石灰石、石英砂等20余种矿产资源。境内太行山胜景奇峻，人文古迹众多，旅游资源极为丰富。是著名的地方戏曲之乡、古代冶炼之乡、中国小米之乡，素有“冀南宝地、太行明珠”之称。

经过多年发展，武安逐步形成了“以钢铁工业为支撑，建材、焦化、瘦肉型猪、林果、小米、旅游等多业竞相发展”的经济格局。2004年，武安由全省6强跃升至第3强，并首次跻身全国“百强”县（市）。2005年，全市生产总值完成235亿元，同比增长22%，人均GDP超3万元，增长21.8%。在钢铁市场波动的形势下，规模以上工业完成增加值80亿元，增长90%，实现利税23.6亿元，增长75%；财政总收入突破30亿元大关，增长37.4%，其中县级财政收入9.3亿元，增长34.4%。

产业特色日益明显。钢铁工业的主导地位更加突出，完成增加值104.5亿元，形成了集采、选、炼、铸、轧较完整的产业链和企业群，生铁、钢坯、轧材和铸件产能分别达到1000万吨、1000万吨、480万吨、10万吨。特色农业渐成规模，瘦肉型猪、林果、武安小米三大产业逐步发展壮大。瘦肉型猪年饲养量达80万头，以花椒、核桃、板栗为主的林果基地发展到33.4万亩，优质小米及小杂粮种植面积达35万亩，并建成绿源牧业、晶品果业等一批龙头企业和农村经济合作组织，农业产业化经营率达58%。旅游开发方兴未艾，建成了武安国家地质公园、京娘湖国家级水利风景区、国家森林公园，开发打造了京娘湖、朝阳沟、古武当山、东山文化公园等8个精品景区和“红色、山水、文化”三条精品旅游线路，旅游业已成为新的经济增长点。

经济活力不断增强。全年完成固定资产投资49.5亿元，增长31%，其中重点项目投资33.5亿元，增长7%。实际利用外资和出口创汇分别达到1102万美元和1300万美元，引进内资12亿元，经济技术项目85项，人才500名。2005年民营经济增加值完成160亿元，实缴税金17亿元，分别占全市GDP的68%、财政收入的56.5%，全市形成了25家年销售收入超亿元、纳税超千万元的民营企业簇群，民营企业已成为全市经济的主力军。

经济发展环境不断优化。在城建上按照“中等城市”定位，大力实施“西扩东改”战略，建成区面积已达19平方公里，形成了“七纵八横”路网结构，市内实现了集中供热、供气，武安广场、街心游园、交通大厦等一批精品工程相继建成，城市建设连年荣获“河北省园林城市”、“河北省人居环境范例奖”。同时，在企业建设用地、资源供给、电力供应等方面积极创新思路，采取措施，为发展提供保障。

发展步伐更趋协调。2005年市财政向科教文卫事业累计投入4.46亿元，全市科技进步对经济增长的贡献率达到51%。投资2亿多元新建了市一中新校区、九中，高中入学率达68%，初中、小学入学率分别达到99%和100%，巩固率为98%、100%。实施了市医院搬迁和19所乡镇卫生院改造，城乡医院卫生条件明显改善。文化事业欣欣向荣，文化产业快速发展。全民健身运动日益普及，被评为国家级“全民健身先进单位”。生态环境得到改善，投资1.9亿元实施了城区“蓝天工程”，全面启动了耗时3年、斥资3.8亿元的全市河道综合治理工程，城乡居民的生产生活环境将实现根本改观。全力实施了农民减负增收、社会保障、解困再就业等十大民心工程，城镇居民人均可支配收入和农民人均纯收入分别达到9600元和4370元，分别增长19%和7%；城乡居民储蓄存款余额达到124亿元，比年初净增13.8亿元；全社会消费品零售总额达36.6亿元，增长17%。

大 名 县

大名是个基础较差、发展相对缓慢的国家扶贫开发重点县。近年来，该县立足特色产业优势，打特色牌，走开放路，坚持县域经济特色化，特色经济规模化，构建出了振兴大名经济发展的三条龙型经济格局。面粉产业，建成加工企业43家，日加工小麦能力达5600吨，居全国第一。花生产业，种植面积50万亩，总产12万吨，面积和总产均居河北第一。小磨香油产业，有36个小磨香油专业村，1.1万多个专业户，从业人员4万余人。大名上万座小磨香油坊遍布全国各地，年生产香油18万吨，占全国市场份额的80%。

培育龙头，壮大特色。大名三大特色产业虽已形成比较优势，但仍存在着香油产业有名声没规模、花生产业有规模没龙头、面粉产业有龙头没延伸的问题。为此，该县将做大做强龙头企业当作发展特色经济的首要任务来抓。一是“强龙头”，推动面粉产业升级。按照突出重点、扶优扶强的原则，对现有的一些经营状况较好、发展潜力较大的企业，在税费、信贷、土地等方面实行优惠，帮其解决生产经营中存在的突出困难和问题，使一批企业实力迅速增强，向质量型、效益型企业挺进。河北五得利面粉集团公司在冀鲁豫三省拥有4个分公司、16条生产线，日加工小麦5000吨。2003年实现销售收入12.6亿元，在全国面粉行业稳居第一，跻身河北民营企业三十强。2004年被评为农业产业化国家重点龙头企业，成为全市唯一生产型国家重点龙头企业；“五得利”牌小麦粉被评为“中国名牌产品”，为全市填补一项空白。为延伸面粉加工链条，启动了总投资2.38亿元的省重点项目得利城，新上两条日加工小麦各1000吨的高级面粉生产线和1个挂面车间，实现规模扩张，为企业上市准备条件。得利城建成后，大名作为全国最大面粉加工基地县的地位将更加稳固。二是“培龙头”，推动花生产业升级。针对花生基地规模大、加工企业数量少、带动能力弱的局面，从延长产业链、提高新产品附加值、拓展市场空间等方面下功夫，加大龙头企业培育力度，推进花生产业由资源开发型向深加工、外向型、科技型转变。2004年建设了国家“863”星火计划项目咖啡花生露、名福植物油和县油脂厂技改扩建等三大花生深加工项目，总投资近1亿元，年加工消化花生8万余吨。县油脂厂扩建项目已竣工投产，三大项目将彻底解决花生产业有规模无龙头的问题。三是“育龙头”，推动香油产业升级。2004年投资1亿元，启动了中国大名香油城项目，实行统一供料，分户生产，规模经营，连锁销售。把“大名府小磨香油”这一金字招牌擦亮，让大名府香油香飘全国，飘香世界。

扩大开放，发展特色。一是全方位扩大开放。把开放作为“一把手”工程，围绕特色产业资源优势，实施全员跑项目。对重点项目实行一个项目一名县级干部、一套人马、一笔专项经费、一个责任部门“五个一”工作机制，全方位、多层次、宽领域招商引资。吸引了青岛花生大户在大名投资5000万元建设名福植物油项目、北京农牧兴业公司投资3400万元建设咖啡花生露项目、河北辰翔集团投资1亿元建设中国大名香油城等一大批特色产业龙头项目。同时，鼓励社会民间资本创业投资，弘扬全民创业、争创大业的创业精神，动员在外经商大户回乡投资。通过典型带动、政策扶持，掀起了社会民间资本创业投资高潮，形成了大名在外人员“钱回流，凤回巢”的发展态势，回乡人员建设了县油脂厂技改扩建、康宏花生、利利达花生等一批龙头企业项目。二是全力争取各类政策性资金。涉农部门紧紧抓住中央、省、市加大农业投入，特别是加大对粮食主产区和贫困地区投入的机遇，准确把握国家的产业政策导向，筛选论证了一批项目。其中争取到全国优质专用小麦保优节本规范化生产示范区项目，成为邯郸市唯一入选县，面积15万亩，农业部每年每亩补贴良种及配套技术推广费10元，有力地推动了全县优质专用小麦基地的建设。

科技带动，提升特色。积极推进应用农业新技术、新设施，加强实用技术配套应用，建设了金滩镇万亩高新技术生态农业示范园区、科技扶贫示范园区和沿215省道高效农业经济长廊，形成了“卫东学园区、卫西看长廊”的现代农业窗口。在龙头企业建设上，突出提高科技含量，加快技改步伐，加强科学管理。重点龙头企业通过改扩建，进行了技术设备的更新换代和产品的升级换代，大部分面粉企业都采用了世界最先进的瑞士布勒公司制粉设备。五得利面粉集团、邯雪面粉集团等企业还采用了全封闭式电视网络监控系统管理，同时，积极引进先进的质量管理体系，五得利、凯发等企业均通过了ISO9001国际质量体系认证。

优化环境，扶持特色。一是落实“两个凡是”、“两个就是”。即：凡是项目到大名，只能办成，不能说不行；凡是条文规定，都要变成有利大名发展的“绿灯”。客商需要就是大名政策，客商满意就是大名环境。县直各部门都从建设用地、税费减免、基础配套、项目建设、技术服务等方面出台了一系列政策规定，为加快发展创造了良好的投资环境和创业环境。二是实行项目代办制。深入开展“行政提速、服务提质”活动，简化项目审批程序，减少收费项目，实行项目代办制。对新上龙头项目明确一个分包领导、一个责任部门，负责项目的周边环境和一切手续的跑办工作，项目业主只管建设。三是严肃查处破坏环境案件。针对特色产业发展中的热点难点问题，突出抓好减轻企业负担工作。按照“监察＋警察”模式，建立了快速反应机制，小案当天办结，大案不过三天，硬手腕、动真格查处投诉举报案件。2004年共查结11起破坏经济环境案件，党政纪处理9人，辞退13人。坚决刹住“三乱”，为企业发展扫清障碍。

超前服务，引领特色。一是健全服务机构。分别成立了面粉、花生、香油三大产业推进办公室，打破分工，一个产业一套人马，专项推进。各办公室分别负责对三大产业的发展进行规划、管理、协调、服务，加强行业内部自律。二是建立县领导联系企业制和现场办公制。由每名县领导负责联系一家县级重点龙头企业，每月到企业现场办公一次，协调解决各类问题。三是搞好信息、人才服务。认真研究面粉、花生、香油行业国内外发展趋势，用准确、及时、有效的信息指导特色经济发展；鼓励国家干部脱离机关到企业工作，解决企业人才短缺问题。原县电视台台长马秋亮和原县人寿保险公司副经理何现东分别到五得利集团和邯雪集团担任了部门经理。四是搞好信贷服务。为拓宽企业融资渠道，2004年9月成立了大名县中小企业信用担保公司，注册资金1050万元，已为两家企业办理了贷款担保。五是搞好流通服务。一方面加强行业协会建设，搞好产品质量、价格等方面的协调，防止无序竞争，自相残杀。另一方面因势利导，在特色产品主产区、主要集散地兴建一批专业批发市场，以市场拉动特色经济的发展。该县在花生主产区建有南李庄、金滩镇、张集三大花生市场，形成了华北地区最大的花生集散地。南李庄花生市场带动了3000多名农民从事花生流通，有20多个花生购销大户在青岛置业发展。

改革开放篇

REFORM AND OPENING TO THE OUTSIDE WORLD

经济体制改革

【概况】 2005年，全省经济体制改革工作把深化改革同贯彻落实科学发展观、加强和改善宏观调控、促进经济平稳较快发展、构建社会主义和谐社会紧密结合起来，抓住影响经济社会发展的突出矛盾和问题，大力推进体制创新制度建设，各项改革工作取得了新的进展。

国有企业改革。一是省属企业整体改制进展顺利。石钢改制方案已经省政府批准，80%国有产权公开征集产生了意向，受让方香港中信泰富，将成立石钢合资新公司。华药已制定出债转股的资产重组、股权设置方案。邢钢在港上市准备工作正在加紧进行，省政府已批准同意邢钢国有股出境方式。燕山发展有限公司改制重组工作已基本完成。国际信托投资公司与海南航空公司重组工作稳步推进，正就《股权转让合同》沟通、协商。二是市县属企业改革加快。2005年，各设区市共有282户国有企业完成初次改制，143户国有独资企业完成二次改制。全省市县属国有企业初次改制累计完成8334户，改制面达99%。三是企业分离办社会和主辅分离辅业改制进展较快。按照省政府确定的2004、2005两年完成102户辅业单位改制的目标，在2004年已完成64户单位改制的基础上，2005年全部完成了辅业单位分离改制任务。四是债务重组、资产重组、企业重组成绩显著。河北冀雅电子有限公司、秦皇岛奥莱特腈纶有限公司实现了债转股新公司挂牌。唐钢以7.5折购买工行22.85亿元未转股债权、打折购买建行8.1亿元未转股债权已完成。沙蔚铁路开发银行债务重组方案获国务院正式批复。完成了省建投对石地铁处的兼并和邯矿集团对涿鹿煤矿的联合重组。2005年完成政策性破产项目12户，至此，2000年积累的政策性破产项目全部终结。

民营经济发展。省政府下发了《关于鼓励支持和引导民营经济加快发展的实施意见》，各有关部门正在制定和完善鼓励、支持和引导民营经济发展的配套政策措施。2005年，全省共建了担保机构206家，筹集担保资金30亿元，累计担保总额41.8亿元。全省和11个设区市都成立了中小企业信用评价委员会，初步建立了中小企业信用数据库，收集了2000多家信用优良企业的信用信息和10多万家中小企业的基本信用信息，为2500多家企业建立了信用档案。

农村经济体制改革。40个国家级扶贫开发重点县免征了农业税，加上自主决定免征的39个县（市、区），全省免征农业税的县（市、区）达到79个。其他地区降低农业税税率2个百分点，农业税附加随农业税同步减免，全省共减免农业税及附加12.1亿元。全省确定鹿泉等12个县（市）为农村综合改革试点县（市），各试点县（市）制定了综合改革试点方案。

政府管理体制改革。一是深入推进行政审批制度改革。全面完成了与国务院取消、保留和改变管理方式行政审批项目的衔接工作，提请省人大常委会取消地方性法规设立的行政审批事项36项。至此，全省共取消行政审批项目1310项，占行政审批项目总数的57.4%。向社会公布了全省依法保留的行政许可项目830项，接受群众监督。二是深化投资体制改革。省政府印发了《河北省固定资产投资项目核准实施办法》和《河北省固定资产投资项目备案管理办法》，明确了项目核准、备案的程序、条件和责任等内容。三是强力推进扩权强县改革。省政府先后召开了扩权强县工作会、省长办公会、座谈会等六次会议，部署、调度和推动扩权强县工作；制定下发了，《扩大部分县（市）经济和社会管理权限的意见》等4个省政府文件和30多个配套文件，不断完善扩权政策，并督促扩权政策的落实。各级各部门采取集中培训、以会代训、挂职和外出考察等形式进行了业务培训，提高了工作人员的业务素质和工作水平。扩权强县的主要政策已经到位，关系也基本理顺，扩权效应开始显现。

市场体系建设。在继续完善商品市场的同时，积极发展要素市场。大力发展资本市场，全年共有6家企业上市。按照劳动力市场建设规划，11个设区市计划投资建设总面积5.4万平方米的劳动力市场，多数市已开工建设。商业、旅游、娱乐和商品住宅等类经营性用地，已全面实行以招标、拍卖或者挂牌方式出让。以招标、拍卖或者挂牌方式设立探矿权或采矿权正在稳步推进。继续深化价格改革，对张家口、保定、唐山等市的城市供水和污水处理价格进行了调整，涉及调价金额近1亿元。制定了全省煤电价格联动方案，根据新方案，河北北网、南网销售电价平均每千瓦时分别提高2.98分和2.97分，年调价金额为33亿元。研究制定了《关于进一步加强医疗服务价格管理的通知》，初步规范了医疗服务价格。

财政、金融体制改革。一是落实并完善激励性财政体制。按决策测算，省财政共返还各市县2004年“四税”收入34.2亿元，在此基础上，经省政府批准，将激励性财政体制延长至2007年。二是完成扩权强县改革涉及的财政体制基数、专款基数和非税收入核定工作。将属于非贫困县的17个县（市）分成增长率降低到5%。三是积极推进县乡财政体制改革。下发了《关于深化县乡财政体制改革试点工作指导意见》。四是推进预算管理规范化、制度化。省政府颁发了《河北省省级预算管理规定》，使预算管理活动的各个环节都做到了有章可循、有法可依。省级国库管理制度改革在2004年扩展到107个一级预算单位和38个基层预算单位试点的基础上，2005年又选择11个政府部门的107个基层预算单位扩大试点。唐山、保定、秦皇岛、邢台、邯郸、廊坊、张家口7个试点市的改革顺利。四是农村信用社改革取得阶段性成果。全面完成了增资扩股任务，全省农村信用社股本金余额达到191亿元，比2004年9月增加了近130亿元。农村信用社管理体制改革初步完成，新的管理体制已经建立。

社会领域改革。全面启动了省属44个省属转制科研机构的产权制度改革工作。落实和完善了“以县为主”的农村义务教育管理体制。下发了《河北省人民政府关于非公有资本进入文化产业的实施意见》。大力开展城市社区卫生服务建设，全省城市社区卫生服务街道覆盖率已达66.56%；新型农村合作医疗试点工作进展顺利，11个试点县（市）所辖162个乡镇的4543个行政村参加了合作医疗，平均参合率为75%。

（河北省发改委体改处　刘万玲　白士轩）

【国企改革】　2005年，全省国企改革以“两增、两减、两分”为主线，以产权制度改革为核心，以调整职工劳动关系为关键，以国资监管到位为保证，统筹谋划，精心组织，积极协调，取得了重大进展，实现了全省国企改革“三步走”的第二步战略目标。

国有大型企业股份制改革取得标志性成果。积极引入国际上有实力的战略投资者，加快推进国有大型企业股份制改造。石钢80%国有产权公开转让，引入战略投资者香港中信泰富进行整体改制，力争建成国内最大的汽车专用棒材生产基地。完成了省国投向海航的产权转让。华药引入跨国公司DSM进行股份制改造，优化了股权结构，依托DSM公司提供的技术、销售网络，可有效降低生产成本，规避反倾销风险，提升国际竞争力。邢钢在引入增量外资进行股权多元化改革的基础上，加快推进在港上市工作，力争进一步融通资金，加快发展和实现国有资产大幅增值。通过引进战略投资者，扩大了利用外资规模。按照协议，石钢股权转让13亿元，华药合资外方拟分期注入资金2.64亿美元，邢钢改制增资1.56亿元，是近几年省属企业利用外资最多的一年。

国有企业战略重组迈出实质性步伐。以重点突破带动全局，不失时机地加快省属重点企业战略重组。在钢铁产业整合上，按照省委、省政府的决策部署，谋划组建南北两大钢铁集团。以减债和股权回购为契机，在唐钢打折回购银行对唐钢、宣钢债权和金融管理公司所持承钢股权的同时，顺势而为，由唐钢、承钢、宣钢组建了北部钢铁集团—唐钢集团，形成1600万吨的产能，跻身全国钢铁产业第一阵营，将对全省乃至全国钢铁产业战略格局产生重要影响。以邯钢集团为基础的南部钢铁集团也在积极谋划。在煤炭产业整合上，将邯矿集团与邢矿集团合并重组，组建了河北金牛能源集团。2005年该集团煤炭产量达到1500万吨，“十一五”末将达2500万吨，销售收入150亿元。钢铁、煤炭这两大产业的两大集团重组，对优化全省经济结构、实现科学发展必将起到重要带动作用。组织省外贸资产经营公司，着眼于盘活存量资产，做好优势企业。研究制定了组建圣仑国际集团有限公司方案，经省政府批准正在组织实施，努力将省属外贸公司的优势资产打造成全省出口创汇企业的中坚。组织省物产集团、粮油集团，着眼于提高资本运营效益，实施存量资产的整合。分别组建了隆鑫物流、新良谷物有限公司，为企业扭亏为盈搭建起平台。邯矿并购张家口涿鹿煤矿、开滦蔚州矿业公司与张家口老虎头煤矿进行联合重组，实现了集约化开采和战略双赢。完成了省建投对交通厅石家庄地方铁路处的兼并重组，为实现西柏坡电厂煤电路一体化创造了条件。组织实施了省建投与燕山公司的合并重组。

国企债务重组工作取得突出成效。大力推进债务重组，优化企业资本结构，实现了显著的债务重组效益。开滦集团与各金融资产管理公司经过13次谈判，签署了债转股新公司《股东协议》，其中省国资委占79.54%的股权，并按国家政策要求，办理了采矿权价款评估转增国有资本金手续，有效地降低了企业资产负债率，为加快集团发展奠定了坚实基础。华药注册债转股正在积极推进。冀雅电子、秦皇岛奥莱特腈纶债转股公司实现了新公司注册，从根本上解决了困扰两个企业的生存危机。由唐钢集团公司出资购买工行、建行债权，进一步调整和优化了唐钢、宣钢资本结构，为组建北部钢铁集团创造了条件。组织实施沙蔚铁路开发银行债务重组试点工作，大大减轻了沙蔚铁路的财务负担，增强了开滦集团与大唐国际合作开发蔚州矿区煤电路的实力。

国有上市公司股权分置改革工作走在全国前列。坚持“积极、有序”的原则，稳妥推进国有控股上市公司股权分置改革。金牛能源是全国首批股权分置改革试点成功的唯一一家国有控股公司，不仅为国有控股上市公司起到示范作用，也为国资监管部门制定国有控股上市公司股权分置改革管理制度和操作程序提供了重要参考。天威保变等第二批试点企业股改顺利实施。截至2005年底，全省已完成和启动股权分置改革程序的国有控股上市公司已达60.87%，市值达到72.40%，走在全国前列。

国有困难企业关闭破产工作取得重要成果。通过调整完善全省政策性破产四年规划，加快新增建议项目的沟通上报，在2004年国家预批河北省新增14个项目的基础上，2005年又有13户企业列入国家政策性破产建议项目。截至2005年底，共有12个项目完成破产工作，分流安置职工3.2万人，核减债务13.9亿元，消灭亏损10.3亿元；有12个资源枯竭煤矿政策性破产项目完成终结，分流安置职工12.1万人，核减债务10.8亿元，减少亏损8.2亿元，争取中央财政资金39.5亿元。2005年底，2000年以来国务院下达的51个政策性破产项目基本终结。省物产集团、工贸公司所属9户资不抵债的企业实施了依法破产，涉及债务3.7亿元，从根本上解除了企业债务链。

省直厅局属企业改制脱钩工作取得新进展。明确责任，加强督导，积极推动省直厅局属企业改制脱钩工作。省国企改办同省委组织部研究出台了《河北省2005年度深化国企改革工作专项考核办法》，专门明确了2005年厅局属企业改革目标任务，通过督导、调度和实行改制集中办公等措施，加快了改革进程。围绕制约省直厅局属企业改制的难点问题，积极协调，认真研究，制订出台了《关于省直部门和省工贸、外贸资产经营公司所属特困企业优先安置职工的有关规定》，为推进特困企业的改革创造了条件。省直厅局属企业累计完成改制脱钩任务146户。

市县属国企改革接近尾声。2005年，市县属国企共有284户完成初次改制，149户完成二次改制，累计完成8162户，整体改制面达99.3%；政策性破产和市县属国有大中型企业“两分”工作全面完成工作目标。

国企“两分”工作继续深入推进。按照省委、省政府确定的“两增、两减、两分”国企改革工作主线，我委将国有大中型企业主辅分离辅业改制作为推进国企改革的突破口。截止到2005年底，共有109个省属企业完成辅业改制任务，提前超额完成省政府确定的辅业改制总目标，继续走在全国前列。省属企业分离办社会工作取得阶段性成果，学校、公安机构等已全部移交完毕，这项工作也走在了全国的前列。积极协调推进中央驻冀企业分离办社会工作，已有8户单位完成移交。

改革促进了体制机制转换，企业经济效益明显提高。2005年，省国资委履行出资人职责企业继续保持了稳定增长态势，唐钢、开滦等10户钢铁、煤炭企业以全省国企38%的资产，所实现的销售收入、利润、税金分别占全省国企的54%、68%、64%，充分体现了国有大型企业对全省经济的重要支撑和带动作用。

（河北省政府国资委改革处　刘慧昌）

对外开放

【概况】　2005年，是全面完成“十五”计划的关键之年。全省对外开放工作实现了新的突破。外贸出进口总额在2004年首次突破百亿美元的基础上，2005年突破150亿美元，达到160.7亿美元；其中出口首次超过百亿美元，达到109亿美元。实际利用外资创历史最好水平，完成22.8亿美元。“走出去”步伐加快，全省境外投资额首次超过1亿美元。

转变外贸增长方式有了新进展。围绕提高外贸增长质量和效益，建立健全了政策指导体系，制发了《关于进一步转变对外贸易增长方式的指导意见》、《关于充分利用出口退税政策优化出口结构的指导意见》和《关于加强产业损害预警工作的指导意见》。通过加强对外贸易政策培训、加快赋予企业外贸经营权、完善加工贸易监管协调机制、强化出口基地建设、多渠道支持民营出口企业发展、推动企业境外注册商标和开展国际标准认证，以及推动开展银企合作、信贸协作等措施，优化了出口结构。全省机电产品和高新技术产品出口分别增长41.3%和70.1%，其中机电产品出口对全省出口增长的贡献率达到41.1%，有41家机电企业出口额超过千万美元，以长城汽车、中兴汽车和戴卡轮毂等为代表的汽车和汽车零部件企业形成全省新的出口优势。石家庄成为国家级医药出口基地。坚持从战略高度重视进口增长，保障全省铁矿石等重要材料进口，扩大先进技术和关键设备进口，进出口商品结构进一步优化。

提高利用外资质量取得新成效。重点是抓大项目，抓并购和上市项目，抓开发区项目，引导外商投资方向。通过建立档案、分级管理、定期调度、通报进度、全程跟踪等方式促进签约大项目落实，投资16.5亿元的首秦金属材料公司项目获准商务部备案，外方出资最多、合同引资1.68亿美元的秦皇岛美铝渤海铝业有限公司项目和一批投资超3000万美元的大项目落户河北省。围绕促进外资并购和企业境外上市，加强政策引导和咨询服务，加强与有关部门的工作磋商，加强与新加坡大华银行和美国格林斯通公司的合作，全年批准外资并购张家口制药集团新张药股份有限公司等省内企业28家，德龙钢铁、霸州德利太阳能、海湾安全技术、立中车轮、安瑞科气体机械等先后在境外上市。按照全省开发区工作会议要求，加强了标准工业厂房建设、投资环境建设和考核评价体系建设，努力提高投资强度和建筑容积率，开发区成为全省利用外资的重要载体。外商投资对河北省调整优化产业结构的积极作用已经显现，外商投资结构更加符合全省产业结构调整的方向，制造业吸收外商投资占全部外商直接投资的比重达到七成以上，在汽车零部件、粮油食品加工、新能源设备、焊接和切割设备领域初步形成产业集群，服务贸易领域、商业批发零售业利用外资开始起步。

“走出去”战略迈出新步伐。全年新核准非贸易类境外投资企业15个，中方投资1.07亿美元。衡水远大集团投资2637万美元在柬埔寨设立纺织厂、秦皇岛鑫河公司在老挝开采铁矿等项目的进展都很顺利。省建设投资公司通过境外子公司增资，完成对香港伟融投资公司的股权收购，成为全省以收购兼并方式发展境外投资的新尝试。对外承包工程和援外项目进展顺利，全年对外承包工程营业额突破5亿美元，中石油涿州地球物理勘探公司等企业与外商签订了5000万美元以上的大项目，秦皇岛耀华玻璃集团承揽的援助朝鲜玻璃厂项目竣工投产并受到两国领导人的高度赞扬。对外劳务合作稳步推进，劳务基地县建设取得成效，故城县成为国家级劳务基地县；外派劳务企业进一步规范，突发事件应急处理机制正式建立，妥善处理了10余起外派劳务突发事件，制止了定州35名劳务赴卡塔尔等违规欺诈事件。

【对外贸易】　一是进出口总额攀上新台阶。2005年进出口总值完成160.7亿美元，同比增长18.8%。其中出口首次突破百亿美元达109.3亿美元，增长17%；进口51.4亿美元，增长22.9%。“十五”期间，进出口总额、出口总额、进口总额年均递增分别为25.1%、24.1%和27.4%，比“九五”期间增幅分别高18个百分点以上。二是进出口经营主体由审批制改为备案登记制，使对外贸易发展有了新突破。2005年底，全省共有各类进出口企业1.02万个，其中外商投资企业3789个，其他各类进出口企业6428个，是“九五”末期的6倍。民营企业、私营企业得到快速发展。三是出口商品结构不断优化。2005年，工业制成品占出口总额的82.3%，比“九五”末提高12.3个百分点，工业制成品中，机电产品、高新技术产品分别出口22.3亿美元和2.3亿美元，同比增长41.3%和70.1%，所占比重不断提高。初级产品中绿色农产品，特色产品所占比重逐年上升。四是出口市场不断扩大。到2005年底，全省已与200多个国家、地区建立了贸易关系，比“九五”末增加40多个国家和地区。传统市场和发达国家市场得到巩固，同时非洲、拉美等一些新兴市场也得到开拓。五是县域对外贸易取得显著成绩。县域出口已占全省出口总额的1/3以上，成为拉动全省出口增长的主要动力。形成了一批具有县域特色的外向型经济基地，如辛集皮革、容城服装、清河羊绒、肃宁裘皮、安平丝网等。

【利用外资】 一是利用外资质量和效益明显提高。2005年，全省实际利用外资22.8亿美元，其中吸收外商投资21亿美元，同比分别增长15.2%、11.1%。新批外商投资企业577家，同比下降2.9%；合同外资额25.3亿美元，同比增长17.9%。新注册外商投资企业525家，同比下降0.6%；外方注册资本21.2亿美元，同比增长43.2%。“十五”期间，全省累计审批外商投资项目2721多个，实际利用外资额78亿美元，其中吸收外商直接投资67亿美元。总投资在1000万美元以上的外资项目共计456个，合同外资额55亿美元；合同利用外资超过3000万美元的项目45个。华龙日清食品、建滔化工、金海粮油、天威英利新能源、国丰钢铁等一大批重大项目相继建成投产，有效地带动和促进了全省结构调整和产业优化升级。河北唐润、唐津高速公路、衡水恒兴发电、石市桥西污水处理厂等项目，加快了全省基础设施和公用事业建设步伐。

二是大项目不断增加。2005年，批准设立投资总额1000万美元以上的外商投资企业115个，合同外资13.4亿美元，占全省批准合同外资的53.0%。唐山爱信汽车零部件有限公司、廊坊利比特种玻璃有限公司等项目投资超过3000万美元。秦皇岛美铝渤海铝业有限公司投资总额达3.42亿美元，为全省迄今批准的合同外资最多的制造业项目。

三是产业集聚效应日益明显。随着日本丰田汽车、韩国世原精工株式会社、美国亚新科在唐山和廊坊投资企业的设立，唐山、廊坊、秦皇岛、保定四市外商投资的汽车零部件企业达到44家，生产的产品品种达近百种，进一步强化了以四市为基地的汽车零部件产业发展格局。秦皇岛粮油食品加工和汽车零配件、保定新能源设备、唐山焊接和切割设备、石家庄华北药城、廊坊汽车配件、清河国际羊绒产业园、南堡和沧州临港化工园区、燕郊食品医药等都已初具规模，邯郸新材料基地建设也已经起步。

四是外资并购取得进展。2005年已批准外资并购张家口制药集团新张药股份有限公司、唐山达丰焦化有限公司、衡水冀美纱线有限公司等28家省内企业。乐凯胶片股份、保定依棉、邢钢、石钢等重点国有企业通过对外转让股权、产权，引进战略投资者，加快推进了国有企业改革，增强了竞争力。乐凯集团通过向柯达转让股权，引进柯达的先进技术，并加大技术创新力度，使“乐凯”品牌焕发了新的活力，彩卷和彩色相纸重新荣获“中国名牌产品”称号，国内市场份额也分别达到21%和27%。

五是民营企业境外上市方兴未艾。中国制药、新奥燃气、神威药业、津西钢铁、秦皇岛海湾安全技术、保定长城、安瑞克气体机械在香港，邢台德龙钢铁、保定立中车轮、保定华夏科技在新加坡、廊坊德利在美国纳斯达克等10多家企业相继在境外上市，共融资人民币80多亿元。

【对外经济合作】 2005年，全省新核准非贸易类境外投资企业15个，中方投资1.07亿美元，同比增长156%。对外承包工程新签合同额11.05亿美元，同比增长110.4%；完成营业额5.72亿美元，同比增长115.3%。外派劳务人员8571人/次，同比增长3%。一是抓大项目取得新突破。全省对外承包工程项目新签的合同中，1000万美元以上的项目24个。中石油涿州地球物理勘探有限责任公司、唐山中材建设有限公司、唐山二十二冶金建设公司、邯郸中材建设有限公司等企业均与外方签订了5000万美元以上的大项目，创历史最高纪录。对外承包工程的大型成套项目，有力地带动了全省机电产品出口，仅中石油涿州地球物理勘探有限责任公司就实现出口4179万美元。二是经商务部批准，2005年河北省共有6家企业新获对外承包工程经营权。三是加大企业承揽国家援外项目的力度。其中秦皇岛耀华玻璃集团承揽的援朝玻璃厂项目于10月正式竣工投产，吴仪副总理率团赴朝参加了该项目的竣工仪式，胡锦涛主席访朝时，也对其进行了视察。四是全省有13家外派劳务企业通过商务部重新核定。经中国对外承包工程商会的考核批准，故城县成为全国对外劳务合作行业外派劳务基地，为提升全省外派劳务基地建设水平将发挥积极作用。

【高新技术产品进出口】 2005年，全省高新技术产品进出口总额共完成5.57亿美元，比上年同期（下同）增长42.74%，高出全国增幅15个百分点，占全省外贸进出口的比重达到了9.18%。其中出口2.35亿美元，同比增长70.11%，高出全国38个百分点，较上年净增9672万美元，占全省外贸出口总额的2.15%，在全国的排名由上年第14位上升至第13位。进口完成3.22亿美元，同比增长27.78%，高出全国5个百分点，占全省外贸进口总额的6.27%。全省高新技术产品进口除2、3、4月份出现低谷外，从5月份开始一直呈平衡增长态势，并连续5个月保持了24%以上的增长。高新技术产品的出口增幅除3、4月份分别为58.04%和50.81%外，其余十个月均达到了64%以上增幅。第四季度，高新技术产品出口占全省外贸出口的比重由前三季度的1.7%左右上升到2%以上，后三个月占比分别达到2.03%、2.10%和2.15%。

全省高新技术产品进口前三类为计算机集成制造技术类、计算机与通信技术类和电子技术类产品，全年进口额分别为1.07亿美元、7214.31万美元、3929.45万美元，分别增长33.70%、34.37%、30.19%，分别占比49.88%、22.37%、12.19%。三类产品总计占全省高新技术产品进口额的84.44%，比2004年底提高3.58个百分点。全省高新技术产品出口前三类为生命科学技术类、计算机与通信技术类和电子技术类产品，全年出口额分别为8386.22万美元、5321.80万美元、4364.02万美元，分别增长41.65%、38.05%、176.91%，分别占比35.74%、22.68%、18.60%。三类产品总计占全省高新技术产品出口额的77.02%，比2004年底降低5.27个百分点。生命科学技术类产品全年出口首次超越8000万美元。

【开发区建设】 2005年，全省开发区以项目建设和环境建设为主线，克服整顿土地市场、清理开发区带来的影响，努力实施集约化发展，不断提高发展水平，对外开放和经济建设取得了较大的成绩。省商务厅管理的省级以上开发区为32个（含3个国家级经济、高新区）。全省开发区完成地区生产总值627.18亿元，同比增长25.7%；工业销售收入1625.30亿元，同比增长28.9%；财政收入82.58亿元，同比增长33.0%；出口总额20.44亿元，同比增长45.5%；实际利用外资6.76亿美元，同比增长4.1%；进区内资359.89亿元，同比增长27.5%；固定资产投资362.19亿元，同比增长33.6%。2005年综合经济实力较强的10个开发区是：秦皇岛、石家庄高新、廊坊、燕郊、唐山海港、保定高新、石家庄、唐山高新、南堡、香河等开发区；建设发展增幅前10位的开发区是：南堡、清河、任丘、北戴河、沧州临港、唐山港、香河、邢台、涿州、黄骅开发区。2005年开发区生产总值、财政收入、对外贸易分别占全省的6.2%、8.0%和22%，直接利用外资占29%。截至2005年底，累计进区企业1.7万家，其中外商投资企业2016家，内资企业近1.5万家；实际利用外资55.46亿美元，实际进区内资1494.31亿元；基础设施累计投资218.97亿元，固定资产投资1550.76亿元。全省开发区就业人数44.5万人，高新技术企业1112家。

开发区建设与发展的主要特点一是利用外资质量和规模进一步提高。全年批准利用外资项目175个（其中工业项目138个），实际利用外资6.76亿美元，同比增长4.1%。已批准、注册总投资超过500万美元以上的项目有52个，其中总投资1000万美元以上的项目42个（比上年增加3个）。开发区内新增世界500强企业4家，到2005年底，已有38家世界500强在河北省开发区设立了43个企业。2005年，有52家外商投资企业增资2.45亿美元，中方增资2949万美元。实际利用外资超过1000万美元的开发区有13个，其中秦皇岛开发区实际利用外资达1.67亿美元，廊坊开发区为1.35亿美元。二是引进内资稳步增长。2005年共注册内资企业1826家（其中工业企业545家），注册资金69.6亿元。实际进区内资359.89亿元，同比增长27.5%。各开发区实际进区内资额均超过亿元，其中超10亿元的开发区由2004年的11个增加到14个；燕郊、秦皇岛、唐山港、廊坊、石家庄高新和黄骅港开发区进区内资额均超过20亿元。三是经济发展规模明显扩大。全省开发区工业销售收入在2004年突破1000亿元大关后，2005年达到1625.3亿元。工业销售收入超10亿元的开发区由2004年的25个增加到27个，其中石家庄高新区、秦皇岛开发区、保定高新区工业销售收入超过了150亿元；开发区生产总值超5亿元的开发区由上年的24个上升到28个。财政收入超5000万元的开发区由上年的19个增加到26个，过亿元的开发区达16个。四是对外贸易增长强劲。2005年开发区贸易进出口总额35.66亿美元，同比增长57.1%，其中贸易出口总额20.44亿美元，同比增长45.9%。出口创汇占全省的比例为18.75%。出口总额超过1000万美元的开发区21个，秦皇岛开发区、廊坊开发区、石家庄高新区、保定高新区、唐山开发区等5个开发区出口总额超过1亿美元。五是土地利用水平进一步提高。标准厂房建成面积由30万平方米上升到50万平方米。全省开发区每平方公里固定资产投入平均值由2004年5.42亿元提高到6.8亿元，单位面积GDP由2004年的2.22亿元/平方公里提高到2.75亿/平方公里，集约化发展水平进一步提高。

（河北省商务厅　曹国华）

石家庄海关

【海关监管】 2005年，石家庄关区完成了通关监管职能、机构和人员的调整，进一步整合和优化了通关监管资源。与天津海关签订区域通关合作备忘录，初步建立了“属地报关、口岸验放”的通关模式，拓宽了海关业务发展的远景。实施了航空口岸旅客申报制度改革，运行了H2000系统保税仓库电子帐册工程，开展了“选择查验”工作。加强了稽查后续管理，开展了专项稽查和常规稽查。推广网上支付业务，关区共有网上支付签约企业13家。各项便捷通关措施平稳实施，电子口岸建设又有新进展，推行了“窗口叫号”、“红绿灯联合内审”等联合办公服务举措，为2181家进出口企业和银行办理了入网手续，接听咨询热线6000余次。2005年，关区监管进出口货运量为7239万吨，同比增长9.4%，进出口总值为76.3亿美元，同比增长38.4%，监管运输工具6264辆（艘），监管集装箱2.92万箱次，关区进出境人员15万人次，新注册企业1690家。

主要措施一是以“管得住、通得快”为着眼点，努力建立综合监管新机制，形成综合的整体的海关监管能力，切实提高实际监管效能。二是充分利用审单中心和风险中心两大平台，探索和创新监管通关规律，引领监管通关业务改革逐步深入。做好审单管理机制建设，强化审单部门对现场作业的业务指导和管理，充分发挥审单作业作为通关作业综合业务操作平台的作用；探索建立查验新机制，提高查验的有效性。各业务现场发挥一线优势，加大报关单证审核、税费计征、物流监管、执行贸易管制、查验放行等作业环节的工作力度，加强舱单管理和免税品商店的监管，确保实际监管到位。

【海关税征管】 石家庄海关认真落实全国海关综合治税工作会议精神，建立了综合治税责任制和协调配合机制，初步构建了综合治税大格局，在税收征管中发挥了重要的指导作用。继续坚持以税收为“轴心”，质量并举，加大了价格、归类、减免税、加工贸易以及保证金和税单核注等业务环节的监控力度。健全税收分析监控机制，完善反价格瞒骗正面监控和加工贸易基础业务考核评比指标体系和税收考核体系，税收征管能力稳步提升。在国家实施宏观调控、部分税源商品价格大幅波动和税收计划上调的形势下，在不断提高税收征管质量的基础上超额完成了税收计划。2005 年，关区实现税收净入库 30.4 亿元，增收 6.9 亿元，同比增长 29.3%，税收排名居全国第 22 位，较上年上升 2 位，增幅居全国第 10 位。其中通过归类、审价、加贸、稽查等渠道补税 1.54 亿元。全年一般贸易价格水平始终处于 0.95—1.05 绿色最优区间，同名商品归类差异率由上年的 2.07%降至 0.27%。同时，依法做好减免税工作，全年共办理减免税证明 2620 份，审批货值 10.3 亿美元，减免税款 23.2 亿元，同比增长 26.9%，支持了地方经济的发展。

主要作法一是认真研究新的税收绩效考核办法，把考核的重心放到税收征管质量上来，增强税收征管能力，提高应收尽收水平。二是关税职能部门要有效组织实施海关税收各项法规、政策、制度和规程，充分发挥在综合治税大格局中的牵头组织作用。细化职责、明确责任，形成综合治税合力。同时，加强税收征管的风险分析，更好地发挥指导和监控的作用。三是以提高税收征管质量为重点，加强税收征管基础工作。继续通过加强专业认定、开展价格核查和调研来加强审价工作，认真研究减免税审批权限下放后出现的情况和问题，加强减免税审批。继续加强估价、归类、原产地等工作。

【海关缉私】 2005 年继续保持了打私的高压态势，建立了依托风险管理平台、分析业务数据、确定风险重点、开展情报经营的工作机制，深化了缉私办案与海关业务的融合，以专项行动为主线，加大了案件查办力度，相继开展了 301 专项行动、打击加工贸易渠道走私违法活动专项行动和胶印机专项整治行动，侦结了 608 特大氨纶丝走私案并移送审查起诉，查破了 509 旧针织机走私案，维护了经济安全和贸易秩序，全面提高了打击走私能力。同时，缉私部门主动适应调查职能调整后的工作要求，积极承担了关区全部查私办案职能，进一步提高了执法水平，全面推进了行政执法工作。全年共立案走私、违规案件 48 起，案值人民币 2.17 亿元，涉税 2272.75 万元；结案 37 起，案值 6.36 亿元，涉税 1.04 亿元；抓获嫌疑人 14 名；法院判决 5 起 9 人；罚没入库 636.29 万元。

准确把握走私动向，切实提升关区缉私整体效能。一是顺应职能调整要求，积极整合海关缉私资源。查私办案职能完全交由缉私部门承担后，既要充分发挥缉私警察的打私主力军作用，更把打私工作放在海关工作全局，特别是综合治税大格局中统筹考虑，从完善并落实缉私部门与业务、职能部门的联系配合办法入手，积极整合海关缉私资源，在关区内部真正构筑起“目标一致、各司其责、分工联动、优势互补”的打私工作机制。二是准确把握走私动向，始终保持打私高压态势。2002 年来该关查获的重大走私案件基本为“过道式价格瞒骗走私案件”；近两年来关区查获行政案件大幅上升而刑事案件逐年减少；同时，倒卖保税货物、减免税货物移作他用以及进出口环节申报不实等走私违规活动仍是打击重点；对中韩航线开通后出现的“蚂蚁搬家”等新型走私活动也引起足够重视。对于上述动向，要深入开展情报预警和风险分析工作，坚持专项斗争和常规查缉相结合，刑事打击与行政查处相结合，强制规范与引导教育相结合，始终保持打私高压态势，为综合治税建立起强大的执法屏障。三是大力加强基层基础建设，实现缉私工作的协调发展。2005 年唐山、廊坊海关缉私分局相继成立，关区缉私机构布局发生了重大变化。当年该局继续壮大基层分局实力、增强基层分局战斗力，使新的机构布点真正成为打私火力点和业务增长点。在关区各口岸海关（分局）建立起成熟的情报搜集研判机制和快速反应机制，适时组织集中治理和联合行动，牢牢掌握反走私斗争的主动权，努力实现关区缉私工作的协调发展。四是深入推进反走私综合治理，从源头上预防和减少走私活动。依靠地方党政，更好地利用反走私综合治理工作平台，建立包括信息交流、案件移交、联合执法在内的部门间联系配合制度，进一步增强工作主动性，充分发挥海关在构建反走私综合治理格局中的重要推动作用。

【加工贸易保税监管】 为认真落实全国出口加工区工作会议精神，积极做好出口加工区的海关工作，廊坊海关积极协助廊坊市政府申请设立出口加工区并获得国家批准，秦皇岛海关积极协助当地政府吸引高新技术企业入区。对关区 138 本逾期手册进行了集中清理，其中 99 本清理完毕，39 本移交缉私、稽查处理。加强加工贸易单耗管理，统一了关区单耗标准的执法尺度。全年新制定三级单耗标准 34 个，承办制定的国家一级单耗《维生素 C 加工贸易单耗标准》通过了总署和国家发改委的审定，已向全国发布。加工贸易联网监管工作进入实质运行和全面推广阶段，首份电子手册于 6 月份正式生成，又有 15 家企业获准实施联网监管。2005 年，关区共备案加工贸易手册 4195 份，同比增长 9.6%；备案金额 9.7 亿美元。

【风险管理】 不断深化风险管理，逐渐推动向“构建严密风险管理防控体系，促进风险管理工作由虚转实”为重点的转变。制定了“三级风险防控体系”实施方案，整合修订了风险管理各项工作制度，明确了职责分工，建立了联席会议、核查处置、月度通报、绩效考核等工作机制。风险自主分析实现了零的突破，风险核查处置实行了统一归口、集中管理，进一步深化了风险管理的职能作用。全年关区通过 H2000 下达布控指令共 1540 条，通过风险布控共查获有问题报关单 53 票，查获率为 3.43%，10、11、12 月份连续三个月风险信息排在全国 20 名以内。

（石家庄海关　齐金辉）

出入境检验检疫

【概况】 2005年，共检验检疫出入境商品12.72万批，货值首次突破百亿大关达到130.02亿美元，同比分别增长29.52%和57.32%。其中检验检疫出境商品11.65万批、91.01亿美元，同比分别增长29.41%和58.9%；检验检疫入境商品1.07万批、39亿美元，同比分别增长30.71%和53.74%。检出不合格商品638批，货值2.88亿美元，其中检出不合格出境商品171批、460.63万美元，检出不合格入境商品467批、2.83亿美元。截获矮腥黑穗病（TCK）、假高粱、锯齿大戟、双钩异翅长蠹等检疫性有害生物9种38批。完成出入境人员查验10.98万人次（出境人员查验5.21万人次、入境人员查验5.77万人次），健康检查及预防接种2.14万人次，发放国际旅行健康证7968份。对3858艘船舶、691架飞机等交通工具进行了卫生检疫。普惠签证减免关税、对外索赔获赔、涉外财产鉴定直接间接为企业争取有效利益约1亿美元。

【检验检疫执法把关】 一是加大了对重点、大宗商品的监管力度。重点加强了出口煤炭、金属线材和钢坯、石焦油、服装、普通机械、机动车辆及进口矿石、原油、钢铁制品、动力设备、成套设备等大宗商品的检验检疫监管。二是加强了对动植物、食品等敏感性商品的检验检疫监管。强化进出口商品农兽药残留和疫病的检测监控，重点加强了对进口种鸡、皮张、肉类、小麦、大豆、棉花、木质包装和出口活畜、肠衣、水产品、花生、辣椒、板栗等商品的检验检疫监管。对全省12家供港澳注册活牛育肥场进行了年度考核，对发现问题提出了整改措施。对辖区内进境肉类商品进行了全面检查，依法严厉打击非法进口肉类产品活动。对进口食品中“苏丹红”添加剂问题组织开展了市场检查，抽查检测了辖区内290批可能含有“苏丹红”的出口食品及食品添加剂，确保了进出口食品安全。三是加大对涉及安全、卫生、环保等商品的检验监管力度。加强了对输美陶瓷铅、铬溶出量检测，对出口烟花爆竹安全检测和对进口矿产品放射性检测等，确保了安全。加强了对进口旧食品机械、旧医疗器械等旧机电和进口废物原料的检验监管，严防“洋垃圾”入境。四是口岸公共卫生事件应急能力增强。在秦皇岛口岸组织实施了河北局系统口岸鼠疫防控演练，提升了口岸应对突发公共卫生事件的指挥协调、疫情报告和疾病预防控制的应急处理能力。五是完善口岸食品卫生风险管理。推行口岸食品HACCP管理体系，督导口岸从业单位不断提高食品生产和饮食服务质量，确保口岸食品的卫生安全。六是强化口岸把关职能。全年各口岸局办共成功阻止了30批、290多万美元的不合格产品出口，维护了河北出口商品的国际信誉；阻止了80批、近2.6亿美元的不合格商品入境。

【服务地方经济建设】 一是积极参与和主动服务重大项目建设。在曹妃甸港区建设、秦皇岛煤四期、煤五期等重点项目建设的过程中，涉及检验检疫功能设施配套的各项建设和协调准备工作扎实有效。对进口5000万美元以上大型成套设备的张河湾蓄能发电有限责任公司等实行专门机构驻地检验，主动介入，超前服务，保证了重点项目工程顺利建设。二是积极促进县域和特色经济加快发展。在技术壁垒日益增多的情况下，河北农产品出口仍保持了11.6%的增幅。大力扶持汽车产业发展，加强出口汽车监管工作，2005年出口汽车27542辆，货值达18377.868万美元。积极推动单晶硅、轮胎等县域特色产品扩大出口，成效显著。三是为地方产业发展的宏观决策搞好服务。认真搞好日本官方对输日热加工偶蹄动物产品注册企业检查的迎检工作，为河北辖区的8家注册企业顺利通过检查和对日稳定出口铺平了道路。努力作好河北鲜梨出口检验检疫工作，接待了美国、加拿大、墨西哥等7个国家代表团对河北鸭梨产区和出口加工厂的考察，河北鸭梨获准对美国、加拿大出口，新开辟了澳大利亚、墨西哥、斐济市场，并继续向秘鲁、阿根廷推进。2005年共检验检疫出口鲜梨2000多批，5.3万吨，创汇2720多万美元。四是加强对企业的信息支持。加强对WTO相关规则的研究和运用，通过建设河北进出口企业网站、编印《检验检疫动态》等形式为企业提供贸易指导信息和风险预警信息，帮助企业了解国外相关动态，及时采取措施扩大出口、规避风险。五是加强对企业的技术帮扶。全年共开展有针对性的质量管理技术培训90余次，实验室检测技术指导与培训80余次，组织开展与企业实验室间的检测能力比对400多项次，进一步提高了企业的管理水平和检测能力。通过检验检疫技术帮扶，中断十年的承德果酱重返国际市场，秦皇岛蜂蜜在全国率先进入欧盟市场。

【进出口风险管理】 对107种商品开展了风险分析与评估，评估范围基本覆盖了所有重点和敏感商品，形成了87份风险分析与评估报告。一是针对活动物进出口风险大的特点，初步建立了分析数据库。二是对出口花生、熟食、罐头、木质包装、机电产品等，采取了批次追溯、批次相关性分析等处理方式。三是针对输韩水产品，加强暂养介质、金属探测等关键点的控制，提高了把关针对性。四是提升纺织品服装出口风险控制等级，加强了对偶氮染料、甲醛、阻燃性、纤维成分等项目的检验。五是对不能进行前期控制的矿产品及化学危险品等加强了过程检验监管，取得了良好效果。为提高应对突发事件的快速反应和应急处理能力，在清理完善原有14个应急预案的基础上，补充制订了包括行政办公、业务管理、网络安全、疫病防控等在内的7个新的应急预案。积极应对和妥善处置突发事件，检验检疫应急工作处理能力进一步提高。一是积极防控高致病性禽流感。全系统积极行动，严密部署，完善预案，加强防范，做到组织到位、人员到位、责任到位、物资到位、措施到位，口岸机构、内地机构与地方部门实现了联防联控。二是做好口蹄疫防控工作。亚洲Ⅰ型口蹄疫发生后，随即启动重大动物疫情应急预案，对全省的供港澳活牛注册育肥场进行疫情监测，并对其进行清理整顿，强化免疫与抗体监测，有效控制了疫情，保证了活牛尽快恢复供应港澳。三是积极应对孔雀石绿事件。针对欧盟等国在我国出口水产品中检出孔雀石绿残留问题，对全省17家养殖场的水产品、水样进行孔雀石绿残留检测，以及养殖场用药管理，保证了水产品正常出口。四是加强对与四川有贸易关系的肉类进出口加工企业的监管，有效防范了猪链球菌疫情。

【检验检疫改革】 一是积极推进分类管理。全面推行出口产品的分类管理，全省有61家企业实施了一类管理，有120家企业实施了二类管理，同比分别增加12家和35家。保定天威保变电气股份有限公司和石家庄常山纺织股份有限公司2家企业获得了出口免验证书，实现了河北检验检疫出口免验零的突破。二是积极推进“大通关”建设。加快以电子申报、电子监管、电子放行为内容的新“三电工程”建设，电子申报企业达到1255家。有81家企业实行了快速核放制度，64家企业进入检验检疫绿色通道。开展了电子监管试点工作，在全省4家出口食品企业实现了远程视频监控。正式开通了入境货物流向二次电子转单业务，实行了直通式电子报检。进境动植物及其产品网上审批工作进展顺利，为优势行业、优良企业和优质产品扩大出口提供了优质的服务。三是完善市场准入退出机制。加强注册认证工作，推行审核员注册和审核员队伍的动态管理，实行异地审核，保证了审核活动的公正和公平。加强认证监管，完善市场准入退出机制。新增卫生注册/登记企业和质量许可证考核/复查企业共315家，帮助15家企业分别在6个国家进行了注册。全面整顿对韩出口水产品注册企业，取消了11家企业的注册资格。帮助316家企业建立和完善了质量保证管理体系，在全国首创了集ISO9001、ISO14001、HACCP于一体的整合体系认证，颁发了全国首张“CCIC生态纺织品认证证书”。完成了对泊头东方果品有限公司EUREPGAP认证审核，再开河北省先例。为3家企业申领了原产国标记，加强了名牌产品的原产地注册标记保护。四是狠抓出口产品基地建设。积极引导出口企业由“公司+农户”经营模式向“公司+基地”的先进模式转变，大力推动出口农产品、食品基地建设。重点抓了京东板栗、廊坊活牛、秦皇岛养禽业、张家口和邯郸蔬菜、保定速冻果蔬、沧州和石家庄鸭梨、衡水麦苗粉和辛集、肃宁、枣强皮革加工等出口基地建设。完成果园、蔬菜企业和养殖场注册及备案279家，注册果园和蔬菜基地备案面积已达5万亩。

【科技进步】 实验室建设实现上档升级。一是完成了对轻纺实验室、动检实验室和植检实验室的整合和纺织品、棉花和包装检测恒温恒湿实验室建设，新建了百级、千级生物实验室，医学媒介生物（鼠疫）检测实验室和转基因实验室。衡水局常规实验室、廊坊燕郊办事处微生物和动物血清学实验室等基层实验室开始建设。二是开展了系统内29个实验室资源调查工作，并对其进行了初步整合，提高了实验室资源的综合利用效益。三是狠抓实验室技术能力提升。全省系统有13个实验室通过了国家计量认证/实验室认可“二合一”评审。参加了国家实验室认可委组织的花生中黄曲霉毒素、水产品中孔雀石绿、结晶紫等多项实验室能力验证，均取得了满意的成绩。沧州局黄骅港办事处煤炭实验室在参加国家煤矿科院组织的神华煤能力验证中，获得排名第一的好成绩。四是充分发挥6个国家级重点实验室和9个区域中心实验室的技术带动作用，年内新开验包括板栗中的阿维菌素草甘磷、水产品中的孔雀石绿、结晶紫等在内的检测项目28个。科研制标和科研攻关成果丰硕。积极开展科研攻关，科研制标工作取得丰硕成果。有三项成果获国家质检总局2005年度“科技兴检”奖，其中秦皇岛局技术中心负责研制的《蜂蜜五项国家标准的研究》获“科技兴检”一等奖；由省局技术中心完成的《进出口动物源食品中硝基呋喃代谢物残留量检测方法》和秦皇岛局卫检处完成的《输入性蠓类、蚤类病毒检测规程》，获总局“科技兴检”三等奖。《大型全自动煤炭机械采制样系统的研制》通过国家局鉴定，填补了国内相关行业的空白，达到国际先进水平。申报了新的500—600种农药多残留检测方法和30项兽药残留检验方法国家标准的研究课题。在全国范围内率先研究出了食品中“对位红”的检测方法，并开展了检测工作。信息化建设迈上新台阶。完成了省局综合实验楼计算机网络平台的建设。着手构建小型机集群系统，建立全省CIQ2000数据库处理中心，逐步实现全省CIQ2000大集中式管理。省局综合实验楼电化培训教室，具备语音广播、视频投影、网络应用等多种教学培训功能。配合国家质检局开展了质检主干网建设。建立了全局系统网络安全防护系统，增强了网络安全防护能力。办公自动化系统在省局机关正式运行，对内部信息平台进行了改造，进一步优化了功能。

（河北省出入境检验检疫局　李慧卿）

外事　侨务

【概况】 2005年，全省派遣因公出访团组和人员2629批9549人次，涉及经贸、科技、文化、教育、卫生、体育等领域，出访89个国家和地区。全省邀请来访的重要团组和人员430批4910人次。其中邀请美国衣阿华州州长、丹麦菲特烈堡州州长等15位外国省（州、议）长率团来访，为历史最多。邀请外国市级重要外宾率团来访98批1107人次。组织安排省领导会见世界银行行长沃尔福威茨等重要外宾45场次，市领导出面会见153场次。多批次高规格代表团的来访，有效地推动了双方的即期或长期交流合作。

进一步巩固了与18个国家的53个外国地方政府的友好城市关系，密切了与24个国家的44个外国地方政府的友好交流关系，与4个国家的4个地方政府签署了合作会谈备忘录。新开辟了与丹麦菲特烈堡州、比利时弗拉芒大区等16个外国地方政府的友好交流关系。先后派出友城出访团组27批193人次，接待友城来访团组48批420人次。友好关系的发展，有效地推动了全省的对外开放，增进了民间友谊。

继续加强与80多个国家（地区）的480多个华侨华人社团以及千余名侨界重点人士的联系。与世界64个国家和地区的228位华侨华人社团负责人进行了交流或联系。接待华侨华人、港澳同胞来访195批2348人次。在国侨办的支持下，连续第三年在石家庄组织举办“华侨华人专业人士洽谈周”，首次同国务院侨办联合举办“中国寻根之旅夏令营”河北营活动，均取得了良好效果。

与我驻大国、周边国家、部分发展中国家的使领馆保持了经常性的联系，邀请我外交官26批768人次来省考察指导工作。不断加强与外国驻华使馆的联系，邀请接待了西班牙、以色列等56个国家的驻华使节33批363人次来省访问。其中有32个国家的驻华大使来河北实地考察。协调韩国驻华使馆成功举办了“中国河北省·韩国友好周”。

积极在境内外举办一系列洽谈、恳谈、项目发布、展览等活动，力求采用符合国际惯例的组织方式，突出专业化、专题化和“一对一”对口洽谈，努力促成和推动了一批项目合作。在促进互利共赢合作的同时，积极争取国际组织、友好城市、友好人士、华侨华人和港澳同胞捐赠款物折合人民币415.55万元。

改进对外宣传方式，力求取得实际效果。通过参加比利时第60届弗拉芒国际博览会、第7届20国集团财长和央行行长会议、第8届欧亚经济峰会、世界城市和地方政府联合组织2005年理事会会议暨世界市长论坛、首届中法地方政府论坛、中欧环境管理创新与可持续发展大会等一系列重要国际活动，邀请接待51批219人次的外国及港澳地区驻京记者来冀采访。编印发放中、英、法、德多种文字的《中国河北》宣传折页等，以多种形式宣传河北。特别是应比利时东佛兰德省政府和我驻比利时大使的邀请，组织安排8批105人次参加比利时第60届弗拉芒国际博览会，充分利用河北省作为“主宾国”中国的主题省应邀参展的时机，全面展示了中国及河北的经济成就。备受瞩目的20国集团财长和央行行长会议选在香河“天下第一城”举行，进一步提高了河北的国际知名度。

认真组织开展了归侨侨眷扶持发展工作，共争取投放国家及省财政扶贫资金85万元。培训下岗归侨侨眷100余人，大部分实现再就业；走访慰问归侨侨眷688户3030人，发放慰问金及节日礼品30.5万元。审查“四侨”考生材料130余份，圆满完成出证工作；受理接待归侨侨眷来信来访550余人次，做到了“件件有着落，事事有回音”。

经省委、省政府批准，印发了《河北省市厅级人员因公出访会审规则》、《河北省赴港澳中资企业常驻人员审批管理办法》等8个系列文件。编辑出版了《外事礼宾礼仪》，制定了《重要外事会见组织规则》、《重要外事宴请组织规则》、《签证信息服务规则》、《申办签证服务规则》、《华侨事业费管理规则》、《华侨华人联络规则》、《各设区市外（侨）办2005年年度工作考评办法》等7项工作规则，进一步规范了外事侨务工作的管理。全年依法协调处置涉外、涉侨案件117起，及时处理全省因公出访团组和人员境外意外事件6起，确保对外交往的健康发展。

【比利时东佛兰德省省长率团访冀】 5月15日至22日，以安德烈·丹尼斯省长为团长的比利时东佛兰德省代表团一行15人访问。省直有关部门与代表团就农业、环保、旅游等领域的合作以及河北省作为主宾省参加东佛兰德国际博览会有关事项进行了深入洽谈。代表团在冀期间访问了石家庄、廊坊、承德、秦皇岛四市，参加了在廊坊举办的“东北亚暨环渤海国际商务节”，参观了石家庄市桥西污水处理厂等。

会见时白克明重点介绍了河北省经济和社会发展情况，并回顾10年来河北省与东佛兰德省在经济领域的成功合作，希望双方在更广阔的领域开展交流与合作。季允石表示，两省在科技、教育、环保等领域的合作进展顺利，高层往来频繁，友好合作关系不断深入。希望能以此访为起点，把两省业已存在的良好关系进一步推向前进。安德烈·丹尼斯表示，东佛兰德省愿意在园艺和农业、环保及生态建设、科技教育等方面与河北进行更加深入的交流与合作，努力把两省的友好关系发展到一个新的阶段。

【丹麦菲特烈堡州州长率团访冀】 5月24日至26日，以尤根·克里斯滕森州长为团长的丹麦菲特烈堡州代表团一行18人访问河北，双方就公共管理、教育科研、城市规划、医疗卫生、生物科技、电子技术、风力发电等方面的交流与合作进行了深入洽谈。代表团顺访了石家庄、邯郸两市，参观了华北制药集团有限责任公司、石家庄市43中学，并与有关企业进行了对口洽谈。白克明在会见时介绍了河北省近年来经济社会发展情况，希望通过州长的来访，进一步推动两省州的合作，增进两省州人民的友谊。尤根·克里斯滕森表示，菲特烈堡州的经济文化发展同河北省有很多相似之处，双方加强合作的空间很大，希望通过此访，进一步加强同河北省的交流合作。

【韩国忠清南道知事率团访冀】 9月26日，韩国忠清南道知事沈大平率忠清南道政府代表团到三河市燕郊经济技术开发区访问。受省委书记白克明、省长季允石委托，副省长付双建会见了沈大平知事和韩国驻华大使馆经济公使申凤吉，并共同出席了韩国独资企业三河东一玻璃机械有限公司的新厂竣工仪式。付双建表示，河北省与忠清南道缔结友好省道关系11年来，双方在经贸、农业、林业、体育、教育等诸多领域开展了交流与合作，取得了可喜的成绩。希望今后双方进一步加强交流与合作，共同开创两省道合作更加美好的未来。沈大平非常感谢多年来河北省各级党委、政府为在冀投资的忠清南道企业提供的优质服务。希望更多的忠清南道企业到中国、到河北投资发展，为两省道友好交流作出贡献，实现共同繁荣与发展。

【荷兰南荷兰省省长率团访冀】 9月11日至14日，以简·弗兰森省长为团长的荷兰南荷兰省政府企业代表团一行52人访问河北。期间，举行了河北省与南荷兰省工作会谈，签署了《关于进一步加强友好合作会谈备忘录》。

双方企业界人士洽谈了医药、建材、陶瓷、纺织品、模具等方面的交流与合作，并达成了部分合作意向。省委常委、常务副省长郭庚茂与简·弗兰森省长共同签署了《关于进一步加强友好合作会谈备忘录》。强调，两省政府将致力于推动双方在经贸、科技、教育等方面的交流与合作。在开展实质性交流的基础上，争取早日正式建立两省友好合作关系。副省长才利民主持并与简·弗兰森省长共同出席了两省工作会谈，一致同意将医药、机械、贸易、农业及水资源利用等领域作为切入点，加强多领域的交流与合作。

【西班牙驻华大使访问河北】 9月22日，西班牙驻华大使艾力赛和西班牙ACS—德佳德斯港口及物流公共事业公司总裁胡安·卡洛斯访问了河北。季允石在会见时表示，非常感谢艾力赛大使对合资项目的支持。德佳德斯公司参与组建的京唐港国际集装箱码头有限公司，集装箱运输发展势头迅猛，有望在2006年突破10万标箱，这是合作各方密切配合、精诚合作、共同努力的结果。随着河北加快基础设施建设，港口腹地将进一步扩大，发展前景广阔。河北省将一如既往地为合资项目搞好服务，为公司发展提供良好的环境。艾力赛表示，京唐港国际集装箱码头有限公司合作的成功，充分体现了西班牙人民同中国人民之间的深厚友谊。衷心希望双方的合作越来越融洽，公司发展越来越好，各方的感情越来越深。

【驻外使节团来河北考察】 10月24日至27日，应省政府邀请，外交部32位驻外大使、总领事及夫人组成的驻外使节团一行59人来河北考察。期间，省长季允石、副省长才利民代表省政府宴请了使节团。省政府有关部门、石家庄市和保定市政府与外交部使节团举行座谈会，就河北省与使节团成员各所在国进行经济交流合作进行了座谈。使节团参观了石家庄市三鹿乳业集团、石家庄市农业科学研究院、保定天威集团有限公司和河北保硕股份有限公司，观看了河北梆子《宝莲灯》。

在宴请致辞时，省长季允石代表省政府和省委书记白克明对驻外使节团前来考察表示热烈的欢迎。并向驻外使节团介绍了全省经济发展现状，对各驻外使节多年来对河北外事工作和对外交流给予的支持和帮助表示衷心的感谢。希望使节团通过对河北的考察，更进一步促进河北的对外交流与经济发展。驻外使节团团长、驻菲律宾大使李进军表示，考察团有两个任务，一是要通过考察更好地了解中国经济发展现状；二是要利用丰富的对外知识和对外交流资源，促进各地与国际社会的交流，为中国企业和国外企业的合作穿针引线。

座谈时，副省长才利民向使节团介绍了河北的历史、文化和自然资源，并从农业、工业、服务业三个方面介绍了河北对外合作项目。各驻外大使和领事纷纷表示，要更加积极主动地宣传河北，利用掌握的所驻国家经济社会发展信息等，帮助河北企业更好地“走出去、引进来”，推进河北的对外开放。

【白克明率团出访德国冰岛加拿大】 6月15日至26日，应德国勃兰登堡州政府、冰岛驻华大使、加拿大北电网络公司的邀请，省委书记、省人大常委会主任白克明率河北省代表团对德国、冰岛、加拿大进行了友好访问，并取得圆满成功。

出访期间，代表团先后与往访国有关部门、地方政府和议会负责人进行了会见会谈，考察了科技、城建、能源、电信、环保等方面情况，与当地各界人士进行了广泛接触和洽谈，推进了在一些领域的交流与合作。在德国，白克明与勃兰登堡州州长同时也是德联邦参议院议长的马提阿斯·普拉策克先生进行了会谈，两省州领导人于波茨坦签署了会谈备忘录。双方一致认为，为加深相互了解和友谊，促进经济共同发展，同意在经贸、科技等领域开展广泛的交流与合作，并在持续开展经贸、科技合作的基础上，积极探索建立友好省州关系。代表团与勃兰登堡州有关部门负责人和企业界代表就环境保护、机械制造、电子通讯、科技文化等方面的合作进行了具体洽谈；考察了德国西门子公司、惠斯普公司等知名企业，推进了保定天威集团有限公司与这些企业的合资合作项目。在冰岛，白克明与冰岛工商部长斯韦里斯多蒂女士就加强双方的交流与合作进行了会谈，考察了雷克亚未克市能源公司和地热电站，就开发利用地热资源达成了意向。在加拿大，白克明会见了安大略省省长麦坚迪先生和国家工业部副部长赫图比斯女士，双方都表达了发展友好合作关系的愿望；考察了加拿大艾费尔科技有限公司和北电网络公司，分别签署了合作协议和设备引进合同。代表团在多伦多和温哥华，还分别举办了高科技人才恳谈会和与加拿大各界人士会面交流活动，增进了相互了解，促进了友好合作。

【季允石率团出访波兰法国新加坡香港】 9月5日至16日，应波兰玛佐夫舍省省长斯特鲁齐克、法国阿海珐输配电有限公司、新加坡大华继显控股有限公司的邀请，省长季允石率河北经贸代表团先后对波兰、法国、新加坡和香港进行了友好访问，并取得圆满成功。

出访期间，代表团先后与波兰、法国、新加坡地方政府、议会领导人和工商界人士进行了会谈，考察了科技、能源、钢铁、化工、城建、物流、环保和农产品加工等情况，推进了河北省企业与外方企业的项目合作。

在波兰，季允石与波兰玛佐夫舍省省长斯特鲁齐克先生就加强双方的交流合作进行了会谈，并签署了两省合作意向书。出席了河北省在波兰首都华沙组织举办的“中国河北省招商项目推介会”和项目签约仪式，介绍了河北省基础设施、高新技术和绿色农业等重点领域项目。河北省贸促会、河北国际商会与波兰华沙小企业商会签订了友好合作协议，蔚县兴源水煤浆公司与波兰卡普茹姆公司签订了共同开发水煤浆项目的意向协议。

在法国，季允石分别与阿海珐输配电公司高压互感器部全球副总裁和阿塞洛集团高级副总裁进行了洽谈，推动保定天威集团与阿海珐输配电公司互感器合作项目、唐山不锈钢有限责任公司与阿塞洛公司签订了不锈钢技术合作协议。考察了法国陈氏兄弟有限公司物流配送中心，与公司总经理就物流等领域的合作进行了深入的探讨和广泛的交流。

在新加坡，代表团与新加坡大华银行集团、大华继显控股公司主席就帮助指导河北企业在新加坡上市进行了会谈，达成了合作意向；与新加坡 PNE 工业有限公司总裁进行会谈，燕郊经济技术开发区与该公司签订了合作生产新型印刷材料的增资项目协议；与新加坡丰益集团董事长就建设益海（石家庄）粮油工业有限公司项目和在河北建设玉米深加工项目进行洽谈，双方在加快项目建设进度等问题上达成了共识。

在香港期间，季允石与香港的一些知名公司、企业进行了会谈，推动了一批新的项目，促进了原有合作的进一步发展。

【河北文化周在比利时举行】 9 月 17 日至 21 日，河北省在比利时根特市举办了河北文化周活动。比利时王储菲利普、首相伏思达、众议院议长德克罗、东佛兰德省省长丹尼斯、根特市市长贝克、各国驻比使节和中国驻比大使章启月、中国贸促会副会长高燕等贵嘉宾及十几万欧洲游客先后到场观看了“今日河北”大型图片展、“中国河北艺术团”文艺演出、河北艺术大师现场表演。副省长才利民在东佛兰德省议会大厅发表了全面介绍河北的演讲。在比利时 AVS 电视台举办的“中国河北”电视周滚动播出了《蓝天下的河北》等 8 部宣传河北的电视片，受到比利时及欧洲人民的欢迎。河北文化周活动成为第 60 届比利时弗拉芒国际博览会最受关注、最受欢迎的内容。比利时首相伏思达盛赞中国文化艺术精妙绝伦，中国贸促会副会长高燕称赞河北文化周是本届国际博览会的亮点，中国驻比大使章启月称河北文化周是一次成功地宣传中国、宣传河北的典范之作。

【“2005 河北省·韩国友好周”在石家庄举行】 11 月 8 日，由韩国驻华大使馆和河北省人民政府共同举办的“2005 河北省·韩国友好周”在省会河北会堂隆重举行。活动期间，举办了韩国驻华大使记者见面会、投资环境说明会、企业洽谈会、韩国电影周、图片展等系列活动。韩国驻华大使金夏中在河北师范大学作了“共创韩中关系的美好未来”的主题演讲。

省委书记、省人大常委会主任白克明，省委副书记、省长季允石等省领导于 11 月 7 日在省会河北会堂会见了韩国代表团一行 150 余人。省政府在中国大酒店举行了欢迎宴会，季允石在欢迎宴会上致词。白克明在会见时简要介绍了河北省的经济社会发展情况后表示，河北省·韩国友好周对于促进双方在新世纪的交流与合作具有重要的意义。河北将在继续加强基础设施建设的同时，进一步加大对外开放的力度。欢迎韩国工商界朋友来冀投资兴业，河北将竭尽全力，为大家营造良好的投资环境。金夏中大使在会见和宴会上表示，韩国政府鼓励韩国企业到河北投资，鼓励双方各界人士互访。希望通过这次河北省·韩国友好周的成功举办，进一步加深相互了解，巩固双方友谊。

开幕式上，季允石、金夏中和韩国贸易投资团团长金胜云分别致词。季允石在致词中表示，希望通过举办河北省·韩国友好周活动，加深了解和信任，进一步促进两地工商界建立更加紧密的联系，拓展新的合作领域，实现互利共赢，共同开拓更为广阔的发展空间。金夏中在致词中表示，河北省·韩国友好周为双方友好关系的发展播下了良好的种子，希望此次活动能够推动双方合作关系发展到一个新的阶段。真诚期待河北省人民与韩国国民以及双方企业家，增进相互了解，深化交流与合作。

【华侨华人专业人士经洽会在河北举行】 8 月 10 日至 13 日，华侨华人专业人士经济技术合作洽谈会在石家庄举行。来自美国、加拿大、英国等 10 个国家和地区的 76 位华侨华人专业人士携带 120 余个合作项目，同省会 600 多名企事业单位代表进行了多领域的洽谈交流。共签订 67 个项目合作意向和协议，总投资 3.64 亿美元，其中拟利用外资 2.3 亿美元。8 名华侨华人专业人士被聘请为石家庄市专家咨询服务团高级顾问。

【“2005 河北·香港周”在石家庄举行】 6 月 23 日，由香港特别行政区政府和河北省人民政府共同举办，历时 7 天的“2005 河北·香港周”在石家庄人民会堂隆重举行。期间，省长季允石会见了香港特区政府律政司司长梁爱诗一行，并与梁爱诗等共同参观了贸展。

开幕式上，季允石在致辞中表示，香港是国际金融、贸易、航运、旅游中心，是连接东西方经济文化的桥梁和纽带。河北愿与香港共同携手，通力合作，努力开创冀港经济发展的新局面。希望通过“河北·香港周”活动，促进冀港之间在《内地与香港关于建立更紧密经贸关系的安排》框架下的经贸合作和交流，进一步增进两地企业家和专业人士建立紧密联系，拓宽新的合作领域，真正把冀港合作向更高水平推进，实现互惠多赢、共同开拓更广阔的发展空间，为伟大祖国的繁荣振兴作出更大贡献。梁爱诗在致辞中表示，“2005 河北·香港周”是《内地与香港关于建立更紧密经贸关系的安排》实施以来，香港在内地举行的大型推广活动之一，对于促进河北省与香港的经贸发展和进一步合作具有重要意义。香港愿继续成为河北和内地其他地区通往世界各地的桥梁，以及资金和技术的集散地。希望“2005 河北·香港周”能促进冀港在 CEPA 框架下的经贸合作和交流，并向河北介绍香港最新的发展情况，让两地的企业家和专业人士建立更加紧密的联系，探讨互利多赢的合作机会，共同开拓更加广阔的发展空间。

【华侨、华人与港澳同胞概况】 河北省籍华侨、华人、港澳同胞约 35 万人。分布在 5 大洲的 80 多个国家和地区，主要居住在亚洲、美洲、欧洲，以东南亚、日本、蒙古、法国、美国、加拿大最为集中。全省共有归国华侨、侨眷、港澳同胞眷属 30 余万人，其中归国华侨 3775 人。分别来自东南亚各国、蒙古、日本、朝鲜等 23 个国家和地区。全省有阳原、高阳、吴桥 3 个侨乡县。

河北省充分信任、大胆使用归侨、侨眷干部，并切实保障归侨、侨眷参政议政的权利。全省累计提拔到县级以上领导岗位的有 600 多人，现有侨界全国人大代表 1 人、全国政协委员 9 人，省人大代表 9 人，省政协委员 33 人。近年来，全省归侨、侨眷有 2800 多人被评为各级劳模和先进工作者，有 22 人被评为全国归侨、侨眷先进个人，9

个单位被评为全国侨务工作“先进集体”，10名同志被评为“先进个人”。2002年，有2个单位被评为全国社区侨务工作“先进单位”，3个单位被评为全国侨务信访工作“先进集体”，2名同志被评为“先进个人”，5名同志被评为全国侨务信访工作“先进个人”。2004年底，人事部、国务院侨务办公室共同授予省政府侨务办公室侨政处“全国侨办系统先进集体”荣誉称号，国务院侨务办公室授予3个单位“全国侨办系统先进单位”荣誉称号，3名同志“全国侨办系统先进个人”荣誉称号。

全省6000多名归侨、侨眷知识分子中，高级职称1500人，中级职称1700人，有380多人获省部级以上科技进步奖、科技成果奖和科技发明奖，60余人被授予有突出贡献的中青年专家和省管专家。近年来，河北省就归侨侨眷退休金、招生、招工、房改、工资改革、扶贫救济、养老、医疗改革等，先后制定了9项操作性较强的配套政策，使维护归侨侨眷权益既有法可依，又有章可循。还从实际出发，采取有效措施推进侨务扶贫工作，积极筹集资金，加大了对侨务扶贫的投入。为扩大就业门路，积极引导兴办侨属企业，各地为此先后出台了优惠政策，予以重点扶持和保护。2005年，国侨办国内司先后3次到河北调研，充分肯定了河北的侨务扶贫和再就业工作。

（河北省外事办　李宏银）

省际经济技术合作

【概况】 2005年全省实际引进省外资金543.70亿元，引进技术4802项，引进人才45012人，同比分别增长29.35%、0.52%、8.70%。其中从京津两市引进资金、技术、人才分别为280.27亿元、2133项和17619人，分别占全省引进总数的51.55%、44.42和39.14%。

一是积极推进与京、津的合作。6月6日至7日，省政府在三河市燕郊召开了河北省环京津市县长座谈会。环京津6市24县（市、区）的主要领导和省直19个部门的主要负责同志参加了会议。环京津6市24县（市、区）的主要负责同志汇报了与京津开展合作的情况。季允石省长在会上做了重要讲话。他强调要利用京津这个大舞台搞好产业对接，在更大范围、更宽领域、更高层次上加强与京津合作。最后，他要求要继续贯彻“以我为主、主动服务、迎接辐射、促进发展”的方针，要增强主动性，提高组织性、发挥创造性合作。这次会议在总结2004年与京津合作成果的同时，进一步明确了合作方向和合作重点。二是加大与东南沿海发达省市的合作力度。各市抓住“南资北移”、“南企北扩”的有利时机，纷纷走出去开展招商引资活动，取得明显成果。6月26日至29日，石家庄市党政代表团出访广州，举办了2005年石家庄—珠三角经济技术合作洽谈会，会上签订合作项目65项。其中合同、协议60项，总投资67亿元，引进资金51亿元；贸易合同5项，贸易额5.08亿元。邢台市经贸代表团赴福建、厦门等参加第九届中国国际投资贸易洽谈会，共签订投资项目32个，总投资22.79亿元，协议引进资金16.81亿元。6月13—19日，邯郸市组团赴浙江和广东招商引资，共签约项目48个，总投资58亿元。8月22—25日，邯郸市委书记率团赴苏州考察招商，举办了邯郸—苏州经济技术合作恳谈会，共签约46个项目，总投资48.9亿元。三是积极开展与西部地区的合作。9月1日，宋恩华副省长率河北省经贸合作代表团参加了第十四届乌鲁木齐对外经济贸易洽谈会。参会期间，与新疆自治区共同组织召开了“河北省—新疆经贸合作恳谈会”、种棉大县和劳务输出大县座谈会。在本次乌洽会上，河北省41家企业都取得了满意成果。据统计，共签订供货合同、协议、意向23项，总金额2.13亿元；签订合作意向7项，总投资2.1亿元。11月21日，省长季允石率河北省政府代表团赴内蒙古自治区学习考察。在蒙期间，召开了河北省与内蒙古自治区经济技术协作座谈会；举行了国电建设内蒙古能源有限公司揭牌仪式；考察了河北省在内蒙古投资的有关企业。此次出访进一步促进了全省与内蒙的经济技术合作，推动了冀蒙煤电一体化合作项目的进程。

【省校合作】 一是通过高层交往促进省校合作。3月11日在全国“两会”期间，省主要领导同志到清华大学拜访校领导，并共同召开了河北省与清华大学合作座谈会。会上，省委组织部与河北清华发展研究院、清华大学公共管理学院、清华同方北京亚燃投资有限公司就培训干部；省农信联社与河北清华发展研究院、北京同方电子科技有限公司就培训高级管理人员；廊坊经济技术开发区管委会与北京同方电子科技有限公司、河北清华发展研究院就清华同方软件基地入住清华科技园（河北廊坊）成立分公司；张家口市人民政府与清华同方北京亚燃投资有限公司就张家口市燃气改制项目签订了合作协议。4月16日，清华大学和河北清华发展研究院的领导来河北省访问，双方就如何创新河北清华发展研究院的体制和机制问题、如何为省校合作提供有效合作平台问题进行了深入探讨。双方领导还出席了清华大学向河北省捐赠20台清华同方电脑捐赠仪式。二是通过召开会议促进合作。8月1日至4日，在秦皇岛市召开了省校（院）合作研讨会。参加会议的有中国科学院、清华大学等6所大学的领导、专家、教授，省直8个部门和省内5所大学的负责人，11个设区市负责省校合作工作的发改委副主任，共计150人。才利民、龙庄伟两位副省长出席了会议并作重要讲话，省发改委宋晓瑛副主任通报了前一段开展省校（院）合作工作的情况，省外院校的领导和专家教授就如何搞好省校（院）合作提出了许多好的建议，对如何搞好下一步的省校（院）合作提出了明确要求。12月17日，举办了“河北省省校（院）科技合作项目发布恳谈会”，参会省外院校发布科技成果200多项，发布企业技术需求100多项，经过交流洽谈，签订了科技合作项目合同、协议23项。三是省校（院）合作机构健康发展，并开始发挥作用。投资6000万元的河北清华发展研究院科技创新大厦于5月份投入使用，注册资金3000万元的河北清华同方电子有限责任公司已入住创新大厦，电子封装技术研究中心、经济研究中心、未来网络工程研发中心、计算机耗材研发中心、光机电先进制造研究中心、公共安全工程研发中心也相继在创新大厦揭牌。清华科技园（廊坊）的招商引资工作取得了实质性进展。中国科学院河北科技发展中心在推进河北省与中科院的科技合作方面开展了大量的有效工作，为67个企业技术需求找到了合作对象。5月18日在廊坊举办的东北亚暨环渤海国际商务节上，由该中心参与组织的中科院高新技术成果展，成为科技展的亮点，水下机器人和人造小卫星第一次在廊坊市展出。

【对口支援】 一是省领导重视对口支援工作。8月27日至9月5日，省领导刘德旺、陈秀芳率河北省党政代表团参加西藏自治区成立四十周年之际，与阿里地区的领导磋商了对口支援事宜，并赠送了100万元现金和价值200万元的200套太阳能发电系统。在藏期间，专门组织召开了慰问河北省援藏干部座谈会，听取了援藏干部的汇报，并向援藏干部转交了15万元慰问金。二是通过对口支援活动促进项目合作。6月27日至7月2日，在新疆巴州党政代表团来河北省考察访问期间，就双方的合作事宜进行了磋商。省委组织部与巴州组织部就干部挂职；省劳动和社会保障厅与巴州劳动和社会保障局就干部培训；省人事厅与巴州人事局就人才交流；省教育厅与巴州教育局就人才培养；省科技厅与巴州科技局就技术服务；省旅游局与巴州旅游局就旅游合作；省三院与巴州卫生局就医疗合作；华龙日清食品有限公司在巴州博湖县就建立面业基地及食品生产线签订了协议。3月21日至23日省政府组织参加了重庆市政府举办的“三峡工程重庆库区对口支援工作座谈会”，与丰都县签订了“河北省无偿支援丰都县移民迁建项目协议”、“河北省与丰都县干部互派协议”、“河北省对口支援丰都县移民培训协议”、“河北省对口支援丰都县移民劳务输出协议”。9月25日至28日，在“2005三峡库区（重庆）对口支援暨经贸洽谈会和中国光彩事业行”活动中，省畜牧局与丰都县畜牧局签订了合作协议，涞源县三义矿业公司与丰都县政府签订了民俗文化产品开发项目，省国际旅行社与丰都县国际旅行社、河北省中国旅行社与丰都县名山旅行社就互为对方组织客源签订了协议。三是对口援助资金顺利落实。无偿援助西藏阿里地区1300万元的项目建设资金已全部到位，在阿里地区遭受雪灾之后，援助的50万元救灾款发挥了作用。无偿援助丰都县三个公益性项目的200万元资金也已全部到位。

（河北省发改委经合办　张书婷）

市场体系建设

【概况】 2005年，全省市场建设工作以科学发展观为指导，以推进流通现代化为核心，按照“调整、创新、提升、发展”的方针，不断深化体制改革，完善运营机制，改造提升市场档次，全省市场体系建设呈现良好发展势头。

市场规模日益扩大。截至年底，全省商品市场成交总额达到3310.32亿元，按可比口径计算比上年增长10%。全省各类商品市场4107个，其中超亿元市场240个，超十亿元市场46个。超亿元市场成交额2322.85亿元，增长10.1%，占全部商品市场成交额的70%。石家庄新华集贸中心市场、南三条市场和高碑店白沟市场成交额均在百亿元以上，分别比上年增长15%、25.69%和31.85%，其中新华集贸中心市场和南三条市场成交额均超过200亿元。河北保龙仓、石家庄怀特、邯郸阳光、邢台新亚等一批大型市场企业荣膺全国服务业500强。冀东果菜、石家庄桥西蔬菜、魏县天仙果品等一批农产品批发市场国债项目信息和检验检测系统的建设带动了全省市场现代化建设步伐，一批大型市场得到改造提升。

市场机制逐步完善。全省市场建设围绕市场主体、市场客体、市场载体、市场机制、市场规则、市场调控、市场监督、市场对接八个方面，进一步加快了改革步伐。一是按照“谁投资、谁受益”的思路，放宽了投资申办市场的条件，简化了新建市场选址立项、旧有市场升级改造的审批手续和方式，推动市场管理者改革产权制度，运作方式不断创新。二是投资主体实现多元化。越来越多的批发市场借鉴现代企业运作方式，多渠道筹集资金，解决了自身发展的问题。截至年底，全省共完成市场建设投资28.7亿元，综合市场和农业生产资料市场成为投资热点，消费品综合市场、生产资料综合市场、农业生产资料市场投资增长较快。市场建设引导资金发挥了“四两拨千斤”的作用，带动了外资、民间资本进入市场建设领域，初步实现了投资主体多元化，民营经济成为带动市场成交额增长和市场发展的主要因素。三是农村经纪人队伍发展壮大，逐步形成了“市场＋经纪人＋农户”的发展模式。2005年，全省登记注册的农村经纪人1.6万户，从业人员2.9万人，靠农村经纪人实现农副产品销售收入达23.2亿元，较好地解决了农副产品的卖难问题。

市场整体水平有所提高。一是市场信息系统逐步完善。魏县天仙果品、冀东果菜和石家庄桥西蔬菜等农产品批发市场国债项目信息系统建设正在加紧进行，并逐步投入试运行，省内一些较大规模的市场也开始探索建设信息系统，并将重点放在电子监控、结算、管理系统建设等方面。二是一些条件较好的市场已经实现了从传统交易方式向现代交易方式的转变，建立电子商务交易平台，推行竞价拍卖、网上交易和代理制等先进交易方式。三是市场经营方式多元化发展。一些市场已经不再局限于单纯的场地交易，开始向仓储、生产加工、配送等领域拓展，探索一体化经营。四是市场功能日益完善。在商品集散的基础上，市场的价格形成、信息发布和物流配送等综合服务功能逐步加强。

新兴流通方式快速发展。连锁经营、物流配送、电子商务等新型流通方式加快发展，超市、大卖场、便利店、直营店、直销店等新型业态加快普及。一是泰国易初莲花、荷兰万客隆、台湾乐购等外资连锁零售企业，以及北京华联、上海联华、天津家世界等50多家大型连锁零售企业相继在河北省开店设场，沃尔玛已经在石家庄选定店址。世纪联华收购万利福，家世界重组美佳乐，收购整合开始成为外来资本进入本地市场的重要途径。二是石家庄国大36524、沧州好日子、邯郸美食林等便利店等深入社区快速扩张，经营触角进一步向县（市）、乡（镇）延伸。“万村千乡”市场工程加快推进，建成农家店5264家、配送中心35个。全省连锁企业总店发展到196家，分店达到2777家，连锁商业企业销售收入年均增长22%以上。全省物流配送中心发展到100多家，年销售额16.4亿元，7家物流配送中心年销售额超过亿元。三是现代物流业迅猛发展。2005年，全省完成货运总量9.15亿吨，货物周转量4939.6亿吨公里，分别增长5.0%和34.4%。一批物流企业成长壮大，入统物流企业1478个，其中运输和配送企业1088个，仓储企业390个。物流服务市场初步形成，现代物流业增加值达到770亿元，现代物流业对经济的拉动作用日益显现。四是电子商务加快发展。国家相继出台了《中华人民共和国电子签名法》、《关于加快电子商务发展的若干意见》和《电子认证服务管理办法》，为电子商务的发展提供了法律保障。河北省CA中心获得《电子认证服务使用密码许可证》，标志着全省的数字证书认证系统正式通过国家验收；同时开发了安全站点签名和身份认证系统（3SAS），是国内第一个将数字证书、USB电子钥匙和WEB站点应用相结合的系统，实现了安全强度极高的双因子身份认证，确保在线交易的安全；实现了数字证书与组织机构代码IC卡合一，标志着河北省的各企业、事业单位将在互联网络上拥有合法身份。

要素市场稳步发展。全省的劳动力、人才、房地产、信息技术以及资本等要素市场（机构）超过2万个（家），功能逐步完善，作用进一步加强。一是资本市场发展迅速。2005年全省有3家企业上市，与深圳交易所签署了合作备忘录，计划在3—5年内重点推动40家重点中小企业上市。二是劳动力和人才市场建设步伐加快。11个设区市劳动力市场改扩建和就业服务信息数据中心工程全部启动。年末全省各类职业介绍机构达到2265所，其中劳动保障部门开办1809所。全年各类职业介绍机构成功介绍职业110.57万人次，比上年增长19.49%。全省农村劳动力向非农产业转移185万人次，全省劳务输出440.6万人。省阳光工程办公室、劳动、农业、教育、科技、建设等部门共同认定83家培训机构承担2005年阳光工程十大品牌培训任务，将对提高农村劳动力技能发挥重要作用。三是房地产市场规范发展。加强了对一级市场的调控，严格实行了经营性土地招标拍卖挂牌出让制度，二级市场逐步活，跃房地产评估、咨询和代理机构规范发展。四是河北网上技术市场等信息技术市场作用加强。特别是农村技术市场建设，为农民开辟了技术信息快速传递通道，加快了农业技术成果的转化。五是建成覆盖全省的产权交易体系。实现了省市两级产权交易中心“四统一”，即程序统一、服务标准统一、结算方法统一、信息发布统一，具备了区域性产权市场的基本框架，为推进国有企业改革和资源优化配置，促进产权合理流动和区域结构调整提供了公开、公平、公正的市场环境。2005年，全省采用协议转让、拍卖转让、招标转让等多种形式，累计完成产权交易项目2532个，交易金额286.35亿元，盘活国有资产总量612.88亿元。

全省市场建设存在的主要矛盾和问题：一是市场总体规模不大，对经济的拉动作用还不强。二是业态结构不合理，现代流通方式比重低。流通业仍以传统的百货、集贸市场为主，限额以上连锁零售企业销售额34.2亿元，仅占社会消费品零售总额的1.4%，远远低于上海45%、深圳40%、北京24%的水平。三是市场组织化程度低，基础设施薄弱，竞争力不强。

（河北省发改委服务业处　张艳梅）

【证券期货市场发展】　截至2005年底，河北辖区内共有35家上市公司，占全国上市公司总数1389家的2.52%，其中沪市18家，占沪市上市公司总数的2.15%，深市17家，占深市上市公司总数的3.08%，上市公司数量在全国排名第14位。晶源电子发行上市，融资119.5万元，湖大科教获准恢复上市，华夏建通将注册地迁到北京。共有36只股票挂牌交易（宝石发行A、B股），其中A股34只，B股2只。上市公司总体业绩良好，2004年平均每股收益0.302元，净资产收益率为9.90%，湖大科教、河北华玉和唐山陶瓷3家公司亏损。2005年上半年辖区35家上市公司的平均每股收益为0.146元，平均净资产收益率为4.93%。

全省共有证券公司2家，证券营业部61家，证券服务部61家；证券总资产32.31亿元，较上年末32.81亿元下降了1.5%；证券净资产总额4.20亿元，较上年末4.53亿元下降了7.28%；全省资金帐户开户数107.50万户，较上年末增长0.95%；证券托管市值139.19亿元，较上年末165.39亿元下降了15.84%；客户交易结算资金余额25.66亿元，较上年末26.32亿元下降了2.50%；全省证券交易额（含基金）816.49亿元，较上年度下降24.19%。全省证券营业收入合计2.97亿元，较上年度4亿元减少25.85%。全年证券公司及证券营业部总体亏损3226.14万元，其中61家营业部总体盈利3116.51万元，河北证券公司亏损4680.43万元，财达证券公司亏损1662.62万元。总的来看，全年辖区证券行业总体运行平稳，但由于证券市场连续多年低迷，近两年来券商综合治理工作的加紧实施，使得证券公司历史积累的风险集中释放，两家证券公司都存在一定问题。河北证券公司存在较大风险，挪用客户保证金数额较大，净资本严重不足，委托理财亏损严重，涉诉负债、对外借款和担保数额较大；法人治理结构不完善，内部控制机制不健全，股权关系混乱；经营管理不善，少数分支机构恶意违规经营造成巨大损失等。财达证券公司通过了客户交易结算资金独立存管评审，并已开始准备“规范类”券商的申报工作，但也存在着股东占款、偿债压力大、大量服务部待规范等问题。个别证券营业部出现的高管人员职务犯罪行为，给证券公司造成了巨大的经济损失。

截至2005年底，河北辖区内有1家期货经纪公司，5家期货营业部。即河北恒银期货经纪公司，在承德、衡水设立2家营业部。另外北京冠通期货公司在秦皇岛设有一家期货营业部，山西中辉期货公司、黑龙江三力期货公司各在石家庄设有一家营业部。客户开户数1，500户，全年代理交易额661.5亿元。期货市场发展所面临的内部和外部环境已经发生了深刻的变化，迎来重大的历史机遇。

【证券期货市场监管】 2005年，河北证监局认真学习贯彻《国务院关于推进资本市场改革开放和稳定发展的若干意见》(以下简称为《若干意见》)精神，遵循规范与发展并重、监管与服务并举的宗旨，坚持依法行政，着力推动上市公司股权分置改革，突出抓好证券公司综合治理和风险防范，全面落实辖区监管责任制，加强一线监管，依法查办案件，积极开展普法宣传，努力培育上市后备资源，大力支持上市公司、证券公司做优做强，有力地保证了河北证券期货市场规范健康运行。

股权分置改革走在全国前列。上市公司股权分置改革正式启动后，第一批试点的四家中就有河北的金牛能源，率先取得突破。第二批试点天威保变紧随其后，取得成功。辖区股权分置改革试点中的突出表现得到了国家有关部门的充分肯定，金牛能源股权分置改革的成功为国资监管部门制定国有控股上市公司股权分置改革管理制度和操作程序积累了宝贵经验，为后续进行股权分置改革的国有控股上市公司起到了积极的示范作用。全面铺开后，河北上市公司的股改继续积极稳妥推进，多家公司相继进入股改程序。

落实辖区监管责任制，强化日常监管，市场主体规范运作水平不断提高。2005年实施了机构监管责任制和期货监管责任制。建立了以实行AB角责任制度为核心的机构监管体系，制定了以证券、期货监管责任制实施办法为主线的管理制度。进一步完善上市公司辖区监管责任制，调整监管人员分工，建立起“三点一线”、纵横交贯、专业搭配、相互配合、岗位明确、责任到人的责任制体系，补充完善了上市公司监管工作制度。5月份，在石家庄举行的全国落实上市公司辖区监管责任制经验交流会上，河北证监局介绍了经验，得到证监会的肯定。在建立和完善辖区监管责任制的基础上，河北证监局，加大了现场监管力度。全年现场检查10家上市公司、59家证券营业部、服务部；调研走访公司40多次，列席上市公司董事会和股东大会近20次。同时加大非现场监管力度，正式使用“上市公司监管业务管理系统”，新增了电子监管档案，及时了解公司的动态信息；完成了35家上市公司、2家证券公司和1家期货公司定期报告的审核。

防范和化解风险，维护市场和社会稳定。积极防范和化解证券经营机构风险。一是防范河北证券公司风险。在省政府的支持下，按照证监会的要求，及时向河北证券公司派出了现场工作组，加强对公司资金、高管人员、重要权限的控制。二是派驻现场工作组处置亚洲证券石家庄自强路营业部被关闭、南方证券承德营业部被行政接管的风险。三是航空证券保定营业部部分负责人携款潜逃后，及时派驻现场工作组和调查组，在当地公安部门的积极配合下，化解了可能引发的风险，维护了社会稳定。加强防范上市公司资金被占用和违规担保形成的风险。河北证监局将辖区上市公司风险预警级别设为黄、橙、红三色，制定了一户一策的“清欠解保”实施方案。综合运用多种监管手段，使上市公司大股东及关联方占用资金降至22.62亿元，比上年末降低了15.89%；大股东及其附属企业非经营性占用资金4.73亿元，比上年末降低了16.25%。加强防范上市公司退市风险。年初湖大科教连续三年亏损面临终止上市风险，唐山陶瓷连续两年亏损被实行退市风险警示。对此，河北证监局多次现场走访，提醒公司要高度重视，并及时将风险状况向省市政府及国资部门通报。11月18日湖大科教获准恢复上市。

严厉打击违法违规活动，建立稽查与日常监管联动机制。河北证监局完成了第一个自立案件——航空证券保定营业部涉嫌违反证券法规案的调查，完成了南方证券承德营业部涉嫌挪用客户交易资金案的调查，协助证监会和省外监管机构完成协查任务，有力打击了证券市场的违法违规活动。同时做好信访投诉受理、纠纷调解等工作，全年受理信访投诉事项36件。积极探索稽查与机构监管、上市公司监管的联动机制。在对河北证券公司的风险摸底调查及现场工作组进驻、信访事项调查、上市公司专项核查中进行了积极尝试。稽查提前介入，实现了监管关口前移。

构建综合监管体系，加强沟通协调，充分发挥协作监管作用。积极探索跨部门、跨地区的监管协作，建立和巩固综合监管体系。继续加强与公安部门在打击证券期货违法违规活动和其他违法犯罪行为中的相互配合。与省国资委、公安厅、金融办建立工作联系制度，多次召开联席会议、座谈会，加强沟通和协作。与河北银监局、保监局联合签署《河北金融监管协作备忘录》，与银监局建立了基金销售监管协作机制，与人民银行石家庄中心支行建立了反洗钱方面的合作。与证券交易所、期货交易所、登记结算公司建立了沟通交流平台，保证了沟通机制的有效运行。与河北华安、中喜会计师事务所签署合作备忘录，召开联席会议，及时沟通信息。

办理行政许可，开展普法宣传，提高市场主体法制意识。做好行政许可的接收登记、受理审查、送达等工作，全年共办理行政许可事项21件，完成了对辖区证券咨询机构、证券咨询执业人员、期货公司、期货营业部、期货公司高管人员的年检工作，完成了证券期货机构及证券咨询机构各项初审、审批事项。大力开展《公司法》、《证券法》的学习宣传活动。召开了辖区学习贯彻《公司法》、《证券法》暨预防职务犯罪警示教育会议，在12.4全国法制宣传日开展了面向社会公众的“两法”宣传活动。编写、整理了近两年的典型信访案例、违法违规案例和证券民事赔偿案例，向证券市场主体进行宣传。

增强服务意识，大力支持辖区市场发展。积极推动、培育上市后备资源。河北证监局联合交易所、省金融办、中小企业局调查了全省中小企业基本状况，实地考察了石家庄、邢台、衡水、唐山、廊坊、保定等六市的拟上市中小企业，举办了全省企业上市培训班，进行政策法规培训；在调研的基础上，向省政府报送了《关于河北证券市场融资发展及创新情况的报告》，提出加强领导、大力培育后备资源及金融创新的建议，得到省领导的肯定。与石家庄市政府联合召开了“企业上市工作座谈会”，推动企业加快上市步伐。积极为证券公司规范发展提供服务。本着“积极推动、主动服务、严格把关”的原则，加强指导，全程监控，推动财达证券通过了客户交易结算资金独立存管评审。积极与司法部门协调，帮助河北证券公司回收资金，争取权证结算资格，协调4家存管银行妥善解决了“资金包柜”问题。

（河北证监局　王威峰）

统计资料篇

STATISTICAL DATA

行　政　区　划

Administrative Divisions

（2005年）

地　区	城市合计	地级市	县级市	县	市辖区	街道办事处	镇	乡
全　省	**33**	**11**	**22**	**114**	**36**	**242**	**944**	**1 018**
石家庄市	长安区	桥东区	桥西区	新华区	裕华区	井陉矿区	辛集市	藁城市
	晋州市	新乐市	鹿泉市	深泽县	无极县	赵　县	灵寿县	高邑县
	元氏县	赞皇县	平山县	井陉县	行唐县	栾城县	正定县	
承德市	双桥区	双滦区	鹰手营子矿区		承德县	兴隆县	平泉县	滦平县
	隆化县	丰宁满族自治县		宽城满族自治县		围场满族蒙古族自治县		
张家口市	桥东区	桥西区	宣化区	下花园区	宣化县	张北县	康保县	沽源县
	尚义县	蔚　县	阳原县	怀安县	万全县	怀来县	涿鹿县	赤城县
	崇礼县							
秦皇岛市	海港区	山海关区	北戴河区	青龙满族自治县		昌黎县	抚宁县	卢龙县
唐山市	路南区	路北区	古冶区	开平区	丰润区	丰南区	遵化市	迁安市
	滦　县	滦南县	乐亭县	迁西县	玉田县	唐海县		
廊坊市	安次区	广阳区	霸州市	三河市	固安县	永清县	香河县	大城县
	文安县	大厂回族自治县						
保定市	新市区	北市区	南市区	涿州市	定州市	安国市	高碑店市	满城县
	清苑县	涞水县	阜平县	徐水县	定兴县	唐　县	高阳县	容城县
	涞源县	望都县	安新县	易　县	曲阳县	蠡　县	顺平县	博野县
	雄　县							
沧州市	新华区	运河区	泊头市	任丘市	黄骅市	河间市	沧　县	青　县
	东光县	海兴县	盐山县	肃宁县	南皮县	吴桥县	献　县	
	孟村回族自治县							
衡水市	桃城区	冀州市	深州市	枣强县	武邑县	武强县	饶阳县	安平县
	故城县	景　县	阜城县					
邢台市	桥东区	桥西区	沙河市	南宫市	邢台县	临城县	内丘县	柏乡县
	隆尧县	任　县	南和县	宁晋县	巨鹿县	新河县	广宗县	平乡县
	威　县	清河县	临西县					
邯郸市	邯山区	丛台区	复兴区	峰峰矿区	武安市	邯郸县	临漳县	成安县
	大名县	涉　县	磁　县	肥乡县	永年县	邱　县	鸡泽县	广平县
	馆陶县	魏　县	曲周县					

自 然 状 况 和 资 源

Natural Condition and Resources

（2005 年）

项　　目	单　位	数　量	项　　目	单　位	数　量
自然状况			年平均气温	摄氏度	7.8—14.7
地表总面积	平方公里	187 693	**森林资源**		
地表总面积构成			森林面积	千公顷	4 724.9
山　地	%	37.40	林木蓄积量	万立方米	10 226
坝上高原	%	12.97	森林覆盖率	%	23.25
丘　陵	%	4.83	**水利资源**		
平　原	%	30.49	水力资源可开发量	万千瓦	156
盆　地	%	12.10	内陆水域养殖面积	公　顷	74 662
湖泊洼淀	%	2.21	海水养殖面积	公　顷	90 404
大陆海岸线长度	公　里	487	**矿产资源**		
土地资源			煤炭保有资源储量	亿　吨	147.1
耕地面积	千公顷	5 988.9	铁矿保有资源储量	矿石亿吨	72.6
#水田面积	千公顷	103.9	油页岩保有资源储量	万　吨	11 233.2
草场面积	千公顷	4 649	铜矿保有资源储量	铜　吨	367 342
#可利用面积	千公顷	3 235	铅矿保有资源储量	铅　吨	479 765
气候(主要城市)			锌矿保有资源储量	锌　吨	4 170 044
年降水总量	毫　米	345.9—767.5	铝矿保有资源储量	矿石万吨	3 045.0

各 部 门 机 构 数

Grassroots Units in Various Sectors

（2005 年）

部　门	机构数	部　门	机构数
农村基层单位(个)		**公共图书馆(个)**	**153**
基层组织		**群众文化事业(个)**	**2 149**
乡政府	1 018	群众艺术馆	1
镇政府	944	文化馆	174
村民委员会	49 678	文化站	1 974
乡村户数(万户)	1 448.6	＃乡文化站	1 833
国营农场(个)	**30**	**艺术教育事业(个)**	**5**
乡镇企业单位数 (万个)	**124.7**	**其他文化事业(个)**	**9 540**
国有及规模以上非国有工业企业(个)	**9 935**	＃艺术创作机构	6
大型企业	129	艺术研究机构	12
中型企业	1 077	艺术展览机构	1
小型企业	8 729	**文物事业(个)**	**216**
＃国有及国有控股企业	1 232	博物馆	46
集体企业	788	文物机构	167
外商及港澳台商投资企业	993	文物商店	3
建筑业企业(个)	**2 094**	**广播电视台站(座)**	**24**
邮电业(个)		广播电台	12
邮政局所	1 957	电视台	12
教育事业(所)		**卫生事业(个)**	**3 284**
普通高等学校	86	＃医院、卫生院	2 783
普通中学	4 734	疗养院	4
＃高　中	1 136	门诊部、所	60
初　中	4 320	专科防治所、站	8
普通小学(所)	20 883	疾病预防控制中心	192
艺术事业(个)	**221**	妇幼保健院(所、站)	184
＃艺术表演团体	126	**社会福利(个)**	**4 477**
艺术表演场所	95	社会福利事业单位	2 560
＃剧场、影剧院	93	＃收养性福利事业单位	2 053
		社会福利企业	1 621

主要年份国民经济和社会发展总量指标
Principal Aggregate Indicators on National Economic and Social Development in Main Years

指　　标	单　位	1990 年	1995 年	2000 年	2004 年	2005 年
人　口						
年底总人口	万　人	6 159	6 437	6 674	6 809	6 851
＃男	万　人	3 147	3 266	3 397	3 480	3 441
就业及工资						
就业人员数	万　人	2 955.47	3 252.01	3 385.71	3 516.71	3 568.97
＃职　工	万　人	652.71	698.02	621.95	562.67	557.83
城镇登记失业人员数	万　人	7.67	17.48	17.40	28.01	27.82
城镇登记失业率	%	1.1	2.5	2.8	4.0	3.9
工资总额	亿　元	129.32	336.00	427.18	625.51	716.07
职工平均工资	元/人	2 019	4 839	7 781	12 925	14 707
国民核算						
地区收入总值	亿　元	896.41	2 853.02	5 062.69	8 504.50	10 127.42
地区生产总值	亿　元	896.33	2 849.52	5 043.96	8 477.63	10 096.11
第一产业	亿　元	227.89	631.34	824.55	1 333.57	1 503.07
第二产业	亿　元	387.52	1 322.77	2 514.96	4 301.73	5 232.496
第三产业	亿　元	280.92	895.41	1 704.45	2 842.33	3 360.54
支出法地区生产总值	亿　元	896.33	2 849.52	5 043.96	8 477.63	10 096.11
＃最终消费	亿　元	518.86	1 348.75	2 240.68	3 677.23	4 315.20
资本形成总额	亿　元	334.66	1 226.07	2 246.67	3 659.84	4 628.48
固定资产投资						
全社会固定资产投资总额	亿　元	177.21	939.32	1 847.23	3 251.65	4 210.25
＃国有单位固定资产投资	亿　元	110.98	415.61	827.66	1 020.93	1 215.51
集体单位固定资产投资	亿　元	21.18	252.51	507.68	676.27	786.87
城乡个人投资	亿　元	45.05	162.96	310.58	478.58	712.71
财　政						
地方财政收入	亿　元	81.15	119.95	248.76	407.83	515.70
地方财政支出	亿　元	87.28	191.18	415.54	785.56	979.16
物价指数(以上年价格为 100)						
商品零售物价总指数	%	99.9	115.8	99.1	103.2	101.1
城镇居民消费价格总指数	%	101.2	116.1	100.5	103.7	101.4
人民生活						
家庭总户数	万　户	1 584	1 743	1 840	1 960	2 046
城镇平均每户家庭人口	人	3.37	3.16	3.06	2.94	2.91
农村平均每户家庭人口	人	4.52	4.26	4.11	3.95	3.92
城镇人均居住面积	平方米	9.18	11.43	15.42	19.33	21.53
农村人均居住面积	平方米	17.34	21.53	22.87	26.08	28.35
城镇居民人均可支配收入	元		3 991.72	5 661.16	7 951.31	9 107.09
农村居民人均纯收入	元	621.67	1 668.73	2 478.86	3 171.06	3 481.64
城乡储蓄存款余额	亿　元	504.59	1 811.23	3 957.06	6 207.48	7 084.03
结婚数	对	447 300	434 310	475 291	574 611	1 075 042
离婚数	对	10 010	11 163	17 159	43 117	50 280

注：1. 2000 年起就业人员数不包括离开本单位仍保留劳动关系职工人数，其中的职工数为在岗职工。2. 城镇居民人均可支配收入 1995 年前为人均生活费收入。3. 2002 年起城镇人均居住面积为人均总使用面积。4. 2002 年地区生产总值依据经济普查数据进行了调整。

主要年份国民经济和社会发展总量指标(续一)
Principal Aggregate Indicators on National Economic and Social Development in Main Years

指　　标	单　位	1990 年	1995 年	2000 年	2004 年	2005 年
农　业						
耕地面积	千公顷	6 556.0	6 517.3	6 466.0	6 000.6	5 988.9
乡村劳动力	万　人	2 360.5	2 573.5	2 707.1	2 772.0	2 805.9
农林牧渔业总产值	亿　元	357.63	1 147.83	1 544.65	2 375.89	2 600.83
主要农产品产量						
粮　食	万　吨	2 276.9	2 739.03	2 551.1	2 480.1	2 598.6
棉　花	万　吨	57.08	37.05	30.00	66.5	57.7
油　料	万　吨	74.89	109.86	147.00	154.3	152.7
甜　菜	万　吨	12.34	12.36	11.50	21.0	42.7
水　果	万　吨	175.47	431.97	677.31	877.0	918.5
肉　类	万　吨	130.06	310.72	435.30	540.1	577.6
水产品	万　吨	21.86	39.61	80.95	92.8	98.9
工　业						
工业总产值	亿　元	1 123.23	3 688.23	3 426.05	7 846.40	11 007.98
主要工业产品产量						
纱	万　吨	33.55	38.97	43.70	49.88	68.59
布	亿　米	12.69	17.71	15.60	18.22	23.37
化学纤维	万　吨	2.59	6.61	10.24	16.82	22.67
机制纸及纸板	万　吨	88.75	236.97	216.34	313.12	315.82
糖	万　吨	0.55	0.56	1.28	3.03	3.87
卷　烟	万　箱	118.53	112.99	107.97	560.04	600.00
缝纫机	万　架	0.34	8.78	23.76	28.47	27.17
原　煤	万　吨	6 242.97	8 108.31	5 781.21	7 156.15	7 956.40
原　油	万　吨	570.52	517.02	518.26	535.64	562.45
发电量	亿千瓦小时	368.97	607.45	844.42	1 255.35	1 338.63
钢	万　吨	383.69	793.25	1 230.10	5 641.39	7 386.40
成品钢材	万　吨	281.27	771.03	1 306.52	4 697.79	6 465.10
生　铁	万　吨	521.25	1 214.49	1 709.23	5 283.54	6 765.60
水　泥	万　吨	1 310.13	3 154.70	4 694.59	7 825.51	8 850.04
平板玻璃	万重量箱	1 078.95	2 576.94	2 083.30	3 612.31	4 964.25
农用化肥(折纯量)	万　吨	128.51	155.68	195.23	245.78	208.87
小型拖拉机	万　台	12.85	17.91	10.54	6.58	0.02
金属切削机床	台	1 699	2 109	555	1 193	1 717
建筑业						
建筑业企业从业人员	万　人	159.7	209.9	171.2	113.8	108.4
建筑业总产值	亿　元	133.06	555.23	712.28	1 000.44	1 285.29
施工房屋面积	万平方米	5 195.52	11 563.18	9 257.77	11 149.77	11 261.39
竣工房屋面积	万平方米	4 324.61	9 146.28	6 680.54	5 827.08	5 744.23
交通运输邮电						
货物周转量	亿吨公里	1 546.47	2 029.48	2 325.85	3 796.05	4 750.64
铁　路	亿吨公里	1 256.80	1 534.74	1 474.77	1 955.54	2 120.98
公　路	亿吨公里	215.42	397.36	555.42	658.59	691.45
水　运	亿吨公里	48.53	67.88	267.97	1 150.00	1 908.07
管　道	亿吨公里	25.72	29.50	27.69	31.93	30.14

注:1.2002 年及以后年份建筑业统计范围为具有资质等级的建筑业企业。2.2005 年工业数据为快报数。3.2005 年卷烟产量单位为亿支。

主要年份国民经济和社会发展总量指标(续二)

Principal Aggregate Indicators on National Economic and Social Development in Main Years

指标	单位	1990年	1995年	2000年	2004年	2005年
旅客周转量	亿人公里	358.09	493.92	782.87	945.40	989.77
铁路	亿人公里	249.44	287.72	377.24	479.07	504.44
公路	亿人公里	108.44	206.20	405.63	466.33	485.33
港口货物吞吐量	万吨	6 960	8 815	10 771	22 515	27 341
邮电业务量	万元	55 643	360 930	1 910 400	4 307 925	5 284 674
函件	万件	23 716	31 471	26 302	32 623	25 742
报刊期发数(报纸和杂志)	万份	799	831	758	632	590
社会消费品零售总额	**亿元**	308.1	852.1	1 613.9	2 576.4	2 952.9
外贸、外经和旅游						
海关进出口总额	亿美元	22.68	39.28	52.35	135.26	160.71
出口总额	亿美元	19.01	28.66	37.07	93.40	109.27
进口总额	亿美元	3.67	10.62	15.28	41.86	51.44
实际利用外资额	万美元	4 447	108 620	139 378	197 856	227 890
#外商直接投资	万美元	3 935	78 061	102 376	162 341	191 256
外国人旅游人数	人	32 695	135 868	345 494	536 486	573 890
旅游外汇收入额	万美元	511	4 201	13 035	19 042	20 917
金融、保险						
国家银行各项存款	亿元	554.15	1 694.65	3 780.74	6 172.80	7 270.60
国家银行各项贷款	亿元	631.31	1 578.21	3 432.53	4 146.12	4 271.97
保险业务收入	万元	82 439	187 354	566 000	2 054 081	2 173 100
保险金额	亿元		2 678	6 625	14 450	25 152
赔款额	万元		104 327	165 700	367 793	404 300
教育、文化						
财政用于教育支出	万元	151 240	376 931	736 530	1 423 523	1 705 374
高等学校数	所	50	47	47	87	86
高等学校在校学生数	万人	7.60	12.63	24.38	69.74	73.86
中等专业学校在校学生数	万人	10.76	18.03	23.52	27.59	32.68
普通中学在校学生数	万人	207.61	310.24	481.75	532.92	509.54
小学在校学生数	万人	705.48	851.31	813.73	547	500.36
报纸出版数量	亿份	5.29	7.02	9.00	5.2	21.6
杂志出版数量	亿册	0.22	0.38	0.52	0.45	0.43
图书出版数量	亿册	2.44	3.3	3.1	1.9	1.88
科技						
研究与发展经费支出	万元	2.56	15.86	26.27	42.5	59.3
技术市场成交额	万元		84 277	81 892	73 000	104 000
卫生						
卫生机构病床数	万张	14.60	15.90	16.89	15.84	16.23
专业卫生技术人员	万人	18.05	20.18	20.12	19.03	19.11
#医生	万人	8.73	9.36	9.17	8.39	8.41

注:2001年及以后年份邮电业务量采用2000年不变价计算。

主要年份国民经济和社会发展速度指标

Related Indices and Growth Rates on National Economic and Social Development in Main Years

指标	指数(2005年为以下各年%)				平均增长%	
	1990年	1995年	2000年	2004年	1991—1995年	1996—2005年
人口						
年底总人口	111.2	106.4	102.7	100.6	0.9	0.6
#男	109.3	105.4	101.3	98.9	0.7	0.5
就业及工资						
就业人员	120.8	109.7	105.4	101.5	1.9	0.9
#职工	85.5	79.9	89.7	99.1	1.4	-2.2
城镇登记失业人员数	362.7	159.2	159.9	99.3	17.9	4.8
职工工资总额	553.7	213.1	167.6	114.5	21.0	7.9
职工平均工资	728.4	303.9	189.0	113.8	19.1	11.8
国民核算						
地区收入总值	572.2	289.2	170.2	113.4	14.6	11.2
地区生产总值	568.1	287.5	170.2	113.4	14.6	11.1
第一产业	223.1	172.8	133.5	106.2	5.2	5.6
第二产业	740.9	332.0	181.4	115.4	17.4	12.7
第三产业	646.9	290.2	171.5	113.2	17.5	11.2
固定资产投资						
全社会固定资产投资总额	2 375.9	448.2	227.9	129.5	40.7	15.0
#国有单位固定资产投资	1 095.2	292.5	146.9	119.1	32.0	11.8
集体单位固定资产投资	3 715.2	311.6	155.0	116.4	70.3	13.7
城乡个人投资	1 582.0	437.4	229.5	148.9	28.1	13.5
财政						
地方财政收入	635.5	429.9	207.3	126.5	8.1	15.7
地方财政支出	1 121.9	512.2	235.6	124.6	17.0	17.7
物价指数						
商品零售物价总指数	178.2	106.2	103.3	101.1	10.9	0.6
城镇居民消费价格总指数	226.2	116.8	106.9	101.8	14.1	1.6
人民生活						
家庭总户数	129.2	117.4	111.2	104.4	1.9	1.6
城镇平均每户家庭人口	86.4	92.1	95.1	99.0	-1.3	-0.8
农村平均每户家庭人口	86.7	92.0	95.4	99.2	-1.2	-0.8
城镇人均居住面积	234.5	188.4	139.6	111.4	4.5	6.5
农村人均居住面积	163.5	131.7	124.0	108.7	4.4	2.8
城镇居民人均可支配收入	651.7	228.1	160.9	114.5	23.4	8.6
农村居民人均纯收入	560.0	208.6	140.5	109.8	21.8	7.6
城乡储蓄存款余额	1 403.9	391.1	179.0	114.1	29.1	14.6
结婚数	240.3	247.5	226.2	187.1	-0.6	9.5
离婚数	502.3	450.4	293.0	116.6	2.2	16.2
农业						
耕地面积	91.3	91.9	92.6	99.8	-0.1	-0.8

主要年份国民经济和社会发展速度指标(续一)

Related Indices and Growth Rates on National Economic and Social Development in Main Years

指标	指数(2005年为以下各年%)				平均增长%	
	1990年	1995年	2000年	2004年	1991—1995年	1996—2005年
乡村劳动力	118.9	109.0	103.6	101.2	1.7	0.9
农林牧渔业总产值	277.1	187.7	133.7	106.5	8.1	6.5
主要农产品产量						
粮　食	114.1	94.9	101.9	104.8	3.8	-0.5
棉　花	101.1	155.7	192.3	86.8	-8.3	4.5
油　料	203.9	139.0	103.9	99.0	8.0	3.3
甜　菜	346.0	345.5	371.3	203.3	…	13.2
水　果	523.5	212.6	135.6	104.7	19.7	7.8
肉　类	444.1	185.9	132.7	106.9	19.0	6.4
水产品	452.4	249.7	122.2	106.6	12.6	9.6
工　业						
主要工业产品产量						
纱	204.4	176.0	157.0	137.5	3.0	5.8
布	184.2	132.0	149.8	128.3	6.9	2.8
化学纤维	875.3	343.0	221.4	134.8	20.6	13.1
机制纸及纸板	355.9	133.3	146.0	100.9	21.7	2.9
糖	703.6	691.1	302.3	127.7	0.4	21.3
缝纫机	7 991.2	309.5	114.4	95.4	91.6	12.0
原　煤	127.4	98.1	137.6	111.2	5.4	-0.2
原　油	98.6	108.8	108.5	105.0	-2.0	0.8
发电量	362.8	220.4	158.5	106.6	10.5	8.2
钢	1 925.1	931.2	600.5	130.9	15.6	25.0
成品钢材	2 298.5	838.5	494.8	137.6	22.3	23.7
生　铁	1 298.0	557.1	395.8	128.1	18.4	18.7
水　泥	675.5	280.5	188.5	113.1	19.2	10.9
平板玻璃	460.1	192.6	238.3	137.4	19.0	6.8
农用化肥(折纯量)	162.5	134.2	107.0	85.0	3.9	3.0
小型拖拉机	0.2	0.1	0.2	0.3	6.9	-49.3
金属切削机床	101.1	81.4	309.4	143.9	4.4	-2.0
建筑业						
建筑业企业人数	67.9	51.6	63.3	95.3	5.6	-6.4
建筑业总产值	966.0	231.5	180.4	128.5	33.1	8.8
施工房屋面积	216.8	97.4	121.6	101.0	17.4	-0.3
竣工房屋面积	132.8	62.8	86.0	98.6	16.2	-4.5
交通运输邮电						
货物周转量	307.2	234.1	204.3	125.1	5.6	8.9
铁　　路	168.8	138.2	143.8	108.5	4.1	3.3
公　　路	321.0	174.0	124.5	105.0	13.0	5.7
水　　运	3 931.7	2 810.9	712.0	165.9	6.9	39.6
管　　道	117.2	102.2	108.8	94.4	2.8	0.2

主要年份国民经济和社会发展速度指标(续二)
Related Indices and Growth Rates on National Economic and Social Development in Main Years

指标	指数(2005年为以下各年%)				平均增长%	
	1990年	1995年	2000年	2004年	1991—1995年	1996—2005年
旅客周转量	276.4	200.4	126.4	104.7	6.6	7.2
铁　路	202.2	175.3	133.7	105.3	2.9	5.8
公　路	447.6	235.4	119.6	104.1	13.7	8.9
港口货物吞吐量	392.8	310.2	253.8	121.4	4.8	12.0
邮电业务量	9 497.5	1 464.2	276.6	122.7	45.3	30.8
函　件	108.5	81.8	97.9	78.9	5.8	-2.0
报刊期发数(报纸和杂志)	73.8	71.0	77.8	93.4	0.8	-3.4
社会消费品零售总额	**958.6**	**346.6**	**183.0**	**114.6**	**22.6**	**13.2**
外贸、外经和旅游						
进出口总额	708.6	409.1	307.0	118.8	11.6	15.1
出口总额	574.8	381.3	294.8	117.0	8.6	14.3
进口总额	1 401.6	484.4	336.6	122.9	23.7	17.1
实际利用外资额	5 124.6	209.8	163.5	115.2	89.5	7.7
#外商直接投资	4 860.4	245.0	186.8	117.8	81.8	9.4
外国人旅游人数	1 755.3	422.4	166.1	107.0	33.0	15.5
旅游外汇收入额	4 093.3	497.9	160.5	109.8	52.4	17.4
金融、保险						
国家银行各项存款	1 312.0	429.0	192.3	117.8	25.1	15.7
国家银行各项贷款	676.7	270.7	124.5	103.0	20.1	10.5
保险业务收入	2 636.0	1 159.9	383.9	105.8	17.8	27.8
保险金额		939.2	379.7	174.1		25.1
赔款额		387.5	244.0	109.9		14.5
教育、文化						
财政用于教育支出	1 127.6	452.4	231.5	119.8	20.0	16.3
高等学校数	172.0	183.0	183.0	98.9	-1.2	6.2
高等学校在校学生数	971.8	584.8	303.0	105.9	10.7	19.3
中等学校在校学生数	303.7	181.3	138.9	118.4	10.9	6.1
普通中学在校学生数	245.4	164.2	105.8	95.6	8.4	5.1
小学在校学生数	70.9	58.8	61.5	91.5	3.8	-5.2
报纸出版数量	408.3	307.7	240.1	415.6	5.8	11.9
杂志出版数量	195.3	113.1	82.6	95.5	11.6	1.2
图书出版数量	76.9	56.9	60.5	98.8	6.2	-5.5
科　技						
研究与发展经费支出	2 316.4	373.9	225.7	139.5	44.0	14.1
技术市场成交额		123.4	127.0	142.5		2.1
卫　生						
卫生机构病床数	111.1	102.1	96.1	102.4	1.7	0.2
专业卫生技术人员	105.9	94.7	95.0	100.4	2.9	-0.8
#医　生	96.3	89.9	91.7	100.2	1.4	-1.1

主要年份国民经济和社会发展结构指标

Structural Indicators on National Economic and Social Development in Main Years

指　　标	1990 年	1995 年	2000 年	2004 年	2005 年
人口与就业					
人　口					
性别结构					
男	51.1	50.7	50.9	51.1	50.2
女	48.9	49.3	49.1	48.9	49.8
就　业					
产业结构					
第一产业	61.60	53.18	50.07	45.86	43.84
第二产业	23.01	27.03	26.13	28.23	29.24
第三产业	15.39	19.79	23.80	25.91	26.92
宏观经济					
国民核算					
地区生产总值产业结构					
第一产业	25.4	22.2	16.3	15.7	14.9
第二产业	43.2	46.4	49.9	50.7	51.8
第三产业	31.3	31.4	33.8	33.5	33.3
地区生产总值支出结构					
最终消费	57.89	47.33	44.42	43.38	42.74
居民消费	50.97	37.94	33.36	30.09	29.16
政府消费	6.92	9.39	11.07	13.28	13.58
资本形成总额	37.34	43.03	44.54	43.17	45.84
固定资本形成总额	22.76	33.52	36.60	38.69	41.99
存货增加	14.58	9.51	7.94	4.48	3.86
货物和服务净出口	4.78	9.64	11.04	13.45	11.42
投　资					
资金来源结构					
国家预算内资金	7.60	2.12	3.52	2.68	2.44
国内贷款	19.73	15.60	17.49	14.89	13.52
利用外资	4.45	6.05	2.08	1.84	2.01
自筹和其他投资	68.22	76.23	76.91	80.59	82.09
财　政					
财政支出结构					
#基本建设	4.21	3.65	7.35	7.87	7.51
教　　育	17.33	19.72	17.72	18.12	17.42

主要年份国民经济和社会发展结构指标(续一)
Structural Indicators on National Economic and Social Development in Main Years

指　　标	1990 年	1995 年	2000 年	2004 年	2005 年
利用外资					
实际利用外资结构					
对外借款	…	27.55	24.57	4.45	7.81
外商直接投资	88.49	71.87	73.45	82.05	83.92
外商其他投资	11.51	0.58	1.98	13.50	8.27
产　业					
农　业					
农林牧渔业产值结构					
农　业	71.24	65.65	54.82	47.80	48.37
林　业	2.68	2.05	1.64	1.68	1.54
牧　业	23.31	29.98	39.73	43.68	43.23
渔　业	2.77	2.32	3.81	3.03	3.05
工　业					
轻重工业结构					
轻工业	48.5	41.1	34.3	21.5	21.2
重工业	51.5	58.9	65.7	78.5	78.8
运输业					
货运量结构					
按运输方式分					
铁　路	19.76	16.31	16.33	20.87	20.86
公　路	76.04	80.66	81.14	75.89	75.17
水　运	0.63	0.54	0.74	1.95	2.78
民用航空	…	…	…	…	…
管　道	3.57	2.49	1.78	1.28	1.19
国内贸易					
社会消费品零售总额构成					
市		51.1	46.4	46.8	46.8
县		18.0	19.4	20.0	20.0
县以下		30.8	34.2	33.2	33.2
对外经济贸易和国际旅游					
出口商品结构					
初级产品			30.2	19.9	17.7
工业制成品			69.8	80.1	82.3

注:2000 年及以后年份轻重工业结构为规模以上工业。

主要年份国民经济和社会发展结构指标(续二)

Structural Indicators on National Economic and Social Development in Main Years

指　　标	1990 年	1995 年	2000 年	2004 年	2005 年
进口商品结构					
初级产品			36.3	49.8	57.3
工业制成品			63.7	50.2	42.7
来华旅游人数结构					
外国人	68.73	82.33	86.27	92.39	91.60
港澳台同胞	30.86	15.77	13.73	7.61	8.40
教育、科技、文化					
教　育					
在校学生结构					
大学生	0.80	1.00	1.75	5.72	6.33
中学生	24.98	29.60	39.75	49.42	50.76
小学生	74.22	69.40	58.50	44.86	42.91
专任教师结构					
大　学	2.89	2.94	2.99	5.68	6.19
中　学	39.63	43.36	46.26	47.22	47.44
小　学	57.48	53.70	50.75	47.10	46.37
科　技					
各类专业技术人员结构					
#工程技术人员	18.38	14.42	14.42	11.25	10.98
农业技术人员	2.44	2.24	2.14	2.2	2.33
科学研究人员	0.82	4.19	0.28	0.3	0.32
卫生技术人员	11.00	11.57	10.98	12.4	12.54
教学人员	38.99	52.40	55.38	61.2	61.73
生　活					
生　活					
城镇居民消费结构					
食品类	51.16	46.22	34.91	36.82	34.57
衣着类	14.18	15.42	12.29	10.84	11.75
用品及其他	27.14	31.22	43.22	40.22	42.30
居　住	7.52	7.14	9.58	12.12	11.37
农村居民消费结构					
食品类	51.19	56.82	39.50	42.51	41.02
衣着类	9.59	8.12	7.68	6.92	7.18
用品及其他	24.98	20.08	29.23	31.99	33.40
居　住	14.24	14.98	23.59	18.58	18.42

主要年份平均每天主要社会经济活动
Key Indicators of Average Daily Social and Economic Activities in Main Years

指　　标	单　位	1990年	1995年	2000年	2004年	2005年
每天创造的财富						
地区生产总值	万　元	24 557	78 069	138 191	232 264	276 606
第一产业	万　元	6 244	17 297	22 590	36 536	41 180
第二产业	万　元	10 617	36 240	68 903	117 856	143 356
工　业	万　元	9 706	31 520	60 321	104 447	127 814
建筑业	万　元	911	4 720	8 582	13 409	15 542
第三产业	万　元	7 696	24 532	46 697	77 872	92 070
地方财政收入	万　元	2 223	3 286	6 815	11 173	14 129
财政支出	万　元	2 391	5 238	11 385	21 522	26 826
粮　食	万　吨	6.24	7.50	6.99	6.79	7.12
棉　花	吨	1 564	1 015	822	1 823	1 581
油　料	吨	2 052	3 010	4 027	4 228	4 184
肉　类	吨	3 563	8 513	11 926	14 797	15 825
水产品	吨	599	1 085	2 218	2 543	2 710
纱	吨	919	1 068	1 197	1 367	1 879
布	万　米	348	485	427	499	640
原　煤	万　吨	17.10	22.21	15.84	19.61	21.8
发电量	亿千瓦小时	1.01	1.66	2.31	3.44	3.67
原　油	万　吨	1.56	1.42	1.42	1.47	1.54
钢	万　吨	1.05	2.17	3.37	15.46	20.24
成品钢材	万　吨	0.77	2.11	3.58	12.87	17.71
水　泥	万　吨	3.59	8.64	12.86	21.44	24.25
每天消费量						
最终消费	亿　元	1.42	3.70	6.14	10.07	11.82

主要年份平均每天主要社会经济活动(续)
Key Indicators of Average Daily Social and Economic Activities in Main Years

指　　标	单　位	1990 年	1995 年	2000 年	2004 年	2005 年
居民消费	亿　元	1.25	2.96	4.61	6.99	8.07
农　民	亿　元	0.87	1.88	2.50	2.73	3.03
城镇居民	亿　元	0.38	1.09	2.11	4.26	5.04
政府消费	亿　元	0.17	0.73	1.53	3.08	3.76
社会消费品零售额	万　元	8 438	23 344	44 217	70 586	80 901
每天其他社会活动						
资本形成总额	万　元	9 169	33 591	61 553	100 270	126 808
固定资产	万　元	5 590	26 170	50 583	89 856	116 140
存货增加	万　元	3 579	7 421	10 969	10 414	10 667
城镇个人新建住宅面积	平方米	12 052	71 375	31 313	36 569	29 701
农民个人新建住宅面积	平方米	71 375	63 052	110 797	86 192	98 301
货运量	万　吨	159	203	210	239	250
客运量	万　人	71	101	179	213	222
邮电业务总量	万　元	152	989	5 234	11 803	14 479
海关进出口总额	万美元	621	1 076	1 434	3 706	4 403
进口总额	万美元	100	291	419	1 147	1 409
出口总额	万美元	521	785	1 016	2 559	2 994
实际利用外资额	万美元	12	298	382	542	624
来河北旅游人数	人	130	452	1 097	1 591	1 716
居民储蓄额	万　元	13 824	49 623	108 413	170 068	194 083
每天人口变动和婚姻						
出　生	人	3 429	2 451	2 066	2 235	2 410
死　亡	人	1 143	1 111	1 134	1 155	1 267
结　婚	对	1 225	1 190	1 302	1 574	2 945
离　婚	对	27	31	47	118	138

主要年份人均主要工农业产品产量

Per Capita Output of Major Industrial and Major Agricultural in Main Years

年份	粮食（千克）	棉花（千克）	油料（千克）	鲜果（千克）	猪牛羊肉（千克）	水产品（千克）	蔬菜（千克）	纱（千克）
1952	238.44	8.69	9.57	10.84		2.13		0.39
1957	225.70	8.28	8.12	6.23		2.56		1.26
1962	172.64	3.39	2.19	8.31		1.22		0.93
1965	238.63	6.45	4.42	8.20		1.59		2.88
1970	282.97	5.62	5.38	11.65		1.60		4.35
1975	315.78	3.74	4.92	13.20		2.68		3.85
1978	335.72	2.32	4.87	15.81	8.29	2.76	109.53	3.80
1980	396.42	4.81	8.79	15.60	13.45	1.90	103.50	4.00
1985	356.43	11.39	15.75	29.03	14.84	2.31	166.94	4.22
1990	378.23	9.48	12.44	29.15	20.13	3.64	192.19	5.57
1995	427.17	5.78	17.13	67.37	40.36	6.18	355.06	6.08
1996	431.80	4.00	18.68	77.89	44.53	7.85	399.60	5.90
1997	422.30	3.28	18.14	85.50	47.49	9.32	466.38	6.07
1998	445.62	4.13	21.20	96.18	49.77	10.59	548.01	5.33
1999	416.66	3.38	19.65	97.67	51.39	11.52	578.84	5.49
2000	383.97	4.52	22.13	101.94	52.47	12.18	670.38	6.58
2001	372.66	6.27	23.00	100.17	53.33	12.70	731.71	6.88
2002	362.63	5.98	22.52	111.44	55.98	12.96	815.43	7.19
2003	353.64	7.73	24.16	188.20	59.50	12.78	874.32	7.30
2004	365.30	9.80	22.73	198.30	63.50	13.67	911.41	7.35
2005	380.47	8.45	22.36	204.67	67.75	14.48	946.94	10.04

年份	布（米）	原煤（吨）	原油（吨）	发电量（千瓦小时）	钢（千克）	成品钢材（千克）	生铁（千克）	水泥（千克）
1952	5.93	0.03		12.90	2.02	1.16	1.38	9.77
1957	8.50	0.41		26.59	6.75	3.12	3.50	16.53
1962	3.58	0.65		64.86	3.39	2.26	5.49	6.85
1965	12.22	0.62		88.84	7.24	4.12	9.52	20.34
1970	17.61	0.79		145.42	13.90	7.13	22.77	41.62
1975	15.92	1.06		231.12	22.75	13.90	36.47	74.45
1978	16.33	1.14	0.34	335.50	28.94	18.73	44.26	92.18
1980	17.52	1.04	0.31	370.93	37.07	24.12	48.98	107.05
1985	18.07	1.09	0.19	474.76	45.15	34.70	51.52	170.84
1990	21.08	1.04	0.09	612.91	63.74	46.72	86.59	217.63
1995	27.62	1.26	0.08	946.93	123.71	120.25	189.41	492.00
1996	25.18	1.26	0.08	1 008.22	140.63	111.59	194.71	527.06
1997	25.50	1.21	0.08	1 067.06	162.36	120.83	214.84	578.30
1998	19.80	0.86	0.08	1 051.17	168.95	142.20	198.24	593.71
1999	19.81	0.84	0.08	1 171.07	197.81	167.42	222.23	627.14
2000	23.48	0.87	0.08	1 270.95	185.51	196.65	257.26	706.60
2001	25.04	0.88	0.08	1 383.38	294.57	279.82	325.59	729.53
2002	23.75	0.91	0.07	1 509.99	395.96	373.68	434.87	858.90
2003	24.13	0.98	0.08	1 611.67	597.60	539.50	602.89	979.18
2004	26.84	1.05	0.08	1 849.09	830.96	691.97	778.25	1 152.67
2005	34.22	1.16	0.08	1 959.93	1 081.46	946.57	990.57	1 295.76
2005	34.22	1.16	0.08	1 959.93	1 081.46	946.57	990.57	1 295.76

地　区　收　入　总　值

Gross National Income

（1978—2005年）　　单位：亿元

年份	地区收入总值	地区生产总值	第一产业	第二产业	工业	建筑业	第三产业	人均地区生产总值（元）
1978	183.06	183.06	52.20	92.38	83.19	9.19	38.48	364
1979	203.22	203.22	61.11	101.76	89.69	12.07	40.35	400
1980	219.24	219.24	68.09	105.88	94.08	11.80	45.27	427
1981	222.54	222.54	71.03	103.15	92.34	10.81	48.36	427
1982	251.45	251.45	85.59	107.83	95.33	12.50	58.03	474
1983	283.21	283.21	102.10	114.89	101.95	12.94	66.22	526
1984	332.22	332.22	111.46	145.84	129.83	16.01	74.92	609
1985	396.75	396.75	120.34	184.26	164.27	19.99	92.15	719
1986	436.65	436.65	123.45	207.28	185.48	21.80	105.92	782
1987	521.98	521.92	137.66	255.97	231.43	24.54	128.29	921
1988	701.40	701.33	162.31	323.40	289.22	34.18	215.62	1 219
1989	822.89	822.83	196.35	374.92	338.79	36.13	251.56	1 409
1990	896.41	896.33	227.89	387.52	354.26	33.26	280.92	1 465
1991	1 073.09	1 072.07	236.89	459.91	417.17	42.74	375.27	1 727
1992	1 279.55	1 278.50	257.08	573.15	517.75	55.40	448.27	2 040
1993	1 694.78	1 690.84	301.68	847.92	758.10	89.82	541.24	2 682
1994	2 192.67	2 187.49	451.91	1 053.12	926.36	126.76	682.46	3 439
1995	2 853.02	2 849.52	631.34	1 322.77	1 150.49	172.28	895.41	4 444
1996	3 468.24	3 452.97	700.94	1 664.61	1 463.18	201.43	1 087.42	5 345
1997	3 970.06	3 953.78	761.76	1 934.38	1 701.42	232.96	1 257.64	6 079
1998	4 271.79	4 256.01	790.60	2 084.33	1 822.05	262.28	1 381.08	6 501
1999	4 530.95	4 514.19	805.97	2 188.59	1 895.21	293.38	1 519.63	6 849
2000	5 062.69	5 043.96	824.55	2 514.96	2 201.73	313.23	1 704.45	7 592
2001	5 536.14	5 516.76	913.82	2 696.63	2 378.04	318.59	1 906.31	8 251
2002	6 039.42	6 018.28	956.84	2 911.69	2 580.90	330.80	2 149.75	8 960
2003	6 944.21	6 921.29	1 064.05	3 417.56	3 009.92	407.64	2 439.68	10 251
2004	8 504.50	8 477.63	1 333.57	4 301.73	3 812.31	489.42	2 842.33	12 487
2005	10 127.42	10 096.11	1 503.07	5 232.50	4 665.21	567.29	3 360.54	14 782

注：1. 本表按当年价格计算。2. 本表为经济普查后对历史数据进行调整数据。3. 2005年数据为按新行业分类。（以下各表同）

地 区 生 产 总 值 构 成

Composition of Gross Domestic Product

（1978—2005年） 单位：%

年 份	地区生产总值	第一产业	第二产业			第三产业
				工 业	建筑业	
1978	100.0	28.52	50.46	45.44	5.02	21.02
1979	100.0	30.07	50.07	44.13	5.94	19.86
1980	100.0	31.06	48.29	42.91	5.38	20.65
1981	100.0	31.92	46.35	41.49	4.86	21.73
1982	100.0	34.04	42.88	37.91	4.97	23.08
1983	100.0	36.05	40.57	36.00	4.57	23.38
1984	100.0	33.55	43.90	39.08	4.82	22.55
1985	100.0	30.33	46.44	41.40	5.04	23.23
1986	100.0	28.27	47.47	42.48	4.99	24.26
1987	100.0	26.38	49.04	44.34	4.70	24.58
1988	100.0	23.14	46.11	41.24	4.87	30.75
1989	100.0	23.85	45.56	41.17	4.39	30.57
1990	100.0	25.43	43.23	39.52	3.71	31.34
1991	100.0	22.10	42.90	38.91	3.99	35.00
1992	100.0	20.11	44.83	40.50	4.33	35.06
1993	100.0	17.84	50.15	44.84	5.31	32.01
1994	100.0	20.66	48.14	42.35	5.79	31.20
1995	100.0	22.16	46.42	40.37	6.05	31.42
1996	100.0	20.30	48.21	42.37	5.84	31.49
1997	100.0	19.27	48.92	43.03	5.89	31.81
1998	100.0	18.58	48.97	42.81	6.16	32.45
1999	100.0	17.86	48.48	41.98	6.50	33.66
2000	100.0	16.35	49.86	43.65	6.21	33.79
2001	100.0	16.56	48.88	43.11	5.77	34.56
2002	100.0	15.90	48.38	42.88	5.50	35.72
2003	100.0	15.37	49.38	43.49	5.89	35.25
2004	100.0	15.73	50.74	44.97	5.77	33.53
2005	100.0	14.89	51.83	46.21	5.62	33.28

地 区 收 入 总 值 指 数

Indices of Gross National Income

(1978—2005 年,上年=100)　　单位:%

年 份	地区收入总值	地区生产总值	第一产业	第二产业	工 业	建筑业	第三产业	人均地区生产总值
1978	114.5	114.5	110.4	118.0	118.9	111.2	112.0	112.9
1979	106.2	106.2	104.2	107.8	105.2	131.3	104.9	105.1
1980	103.2	103.2	97.4	102.4	103.0	97.7	112.5	102.1
1981	101.0	101.0	105.3	96.5	98.1	84.1	105.0	99.5
1982	111.8	111.8	119.5	103.2	102.8	106.7	118.7	109.7
1983	111.5	111.5	118.7	105.3	105.7	101.0	112.2	109.7
1984	114.4	114.4	108.0	122.8	123.2	119.3	110.0	113.0
1985	112.5	112.5	102.2	118.2	118.0	120.3	117.5	111.3
1986	105.1	105.1	97.4	108.0	108.7	101.9	109.8	103.8
1987	111.6	111.6	101.6	114.9	116.4	100.2	117.3	110.0
1988	113.5	113.5	101.1	116.9	116.7	119.4	120.1	111.9
1989	106.0	106.1	103.7	105.4	106.8	88.2	109.7	104.5
1990	105.8	105.8	105.7	104.0	104.6	95.7	109.0	100.9
1991	111.1	111.0	102.5	110.0	109.3	117.0	120.8	109.4
1992	115.6	115.6	99.4	120.7	122.1	106.9	121.4	114.6
1993	117.8	117.7	104.4	124.6	124.3	128.4	116.6	117.0
1994	114.9	114.9	111.8	116.9	116.2	124.3	113.7	113.9
1995	113.8	113.9	108.6	115.4	115.0	119.5	114.6	113.0
1996	114.2	113.5	105.5	116.6	116.9	113.4	113.0	112.7
1997	112.5	112.5	105.4	114.9	115.1	112.2	112.5	111.7
1998	110.7	110.7	106.2	112.2	112.1	113.3	110.6	110.0
1999	109.1	109.1	104.3	110.6	110.5	111.7	109.0	108.4
2000	109.5	109.5	105.1	110.1	110.8	103.3	110.4	108.7
2001	108.7	108.7	105.3	108.3	108.9	104.0	111.0	108.2
2002	109.6	109.6	105.4	110.6	111.0	107.1	110.2	108.9
2003	111.6	111.6	106.1	114.3	113.9	117.2	110.0	111.0
2004	112.9	112.9	106.7	114.8	115.1	112.7	112.6	112.3
2005	113.4	113.4	106.2	115.4	115.7	113.5	113.2	112.7

地区收入总值指数

Indices of Gross National Income

(1978—2005年,1978年=100) 单位:%

年份	地区收入总值	地区生产总值	第一产业	第二产业	工业	建筑业	第三产业	人均地区生产总值
1978	100.0	100.0	100.0	100.0	100.0	100.0	100.0	100.0
1979	106.2	106.2	104.2	107.8	105.2	131.3	104.9	105.1
1980	109.6	109.6	101.5	110.4	108.4	128.3	118.0	107.3
1981	110.7	110.7	106.9	106.5	106.3	107.9	123.9	106.8
1982	123.8	123.8	127.7	110.0	109.3	115.1	147.1	117.1
1983	138.0	138.0	151.6	115.8	115.6	116.3	165.0	128.5
1984	157.9	157.9	163.7	142.2	142.4	138.7	181.4	145.2
1985	177.6	177.6	167.4	168.1	168.0	166.9	213.2	161.6
1986	186.6	186.6	163.1	181.6	182.6	170.1	234.2	167.7
1987	208.3	208.3	165.7	208.7	212.6	170.4	274.6	184.5
1988	236.4	236.4	167.5	244.0	248.1	203.4	329.8	206.5
1989	250.6	250.8	173.6	257.1	265.0	179.5	361.7	215.8
1990	265.1	265.4	183.6	267.4	277.3	171.8	394.3	217.7
1991	294.6	294.6	188.2	294.2	303.1	201.0	476.4	238.2
1992	340.5	340.5	187.0	355.0	370.0	214.9	578.5	272.9
1993	401.1	400.8	195.3	442.4	459.9	275.9	674.6	319.3
1994	460.9	460.5	218.3	517.2	534.5	342.9	766.7	363.7
1995	524.5	524.5	237.1	596.8	614.6	409.8	879.0	411.0
1996	599.0	595.4	250.1	695.9	718.5	464.7	993.3	463.2
1997	673.9	669.8	263.6	799.5	827.0	521.4	1 117.4	517.4
1998	746.0	741.4	280.0	897.1	927.1	590.7	1 235.9	569.1
1999	813.9	808.9	292.0	992.2	1 024.4	659.8	1 347.1	617.0
2000	891.2	885.8	306.9	1 092.4	1 135.0	681.6	1 487.2	670.6
2001	968.7	962.8	323.2	1 183.1	1 236.1	708.9	1 650.8	725.6
2002	1 061.7	1 055.3	340.6	1 308.2	1 372.5	759.0	1 819.9	790.2
2003	1 184.9	1 177.7	361.5	1 495.4	1 563.9	889.4	2 002.2	877.1
2004	1 337.7	1 329.6	385.7	1 716.7	1 800.1	1 002.4	2 254.3	985.0
2005	1 516.9	1 507.8	409.7	1 981.2	2 081.9	1 137.7	2 550.8	1 110.1

支出法计算的地区生产总值

Gross Domestic Product by Expenditure Approach

（1978—2005 年）

年　份	地　区 生产总值 （亿元）	最终消费	资本形成总额	货物和服务 净　流　出	最终消费率 （消费率） （%）	资本形成率 （投资率） （%）
1978	183.06	93.28	64.26	25.52	51.0	35.1
1979	203.22	104.43	68.95	29.84	51.4	33.9
1980	219.24	114.68	63.84	40.72	52.3	29.1
1981	222.54	129.06	50.73	42.75	58.0	22.8
1982	251.45	140.19	73.96	37.30	55.8	29.4
1983	283.21	156.34	90.10	36.77	55.2	31.8
1984	332.22	186.56	114.66	31.00	56.2	34.5
1985	396.75	229.73	156.90	10.12	57.9	39.5
1986	436.65	262.33	162.79	11.53	60.1	37.3
1987	521.92	318.27	176.58	27.07	61.0	33.8
1988	701.33	434.25	242.39	24.69	61.9	34.6
1989	822.83	480.95	295.30	46.58	58.5	35.9
1990	896.33	518.86	334.66	42.81	57.9	37.3
1991	1 072.07	634.73	384.84	52.50	59.2	35.9
1992	1 278.50	712.19	475.18	91.13	55.7	37.2
1993	1 690.84	870.45	679.12	141.27	51.5	40.2
1994	2 187.49	1 059.29	884.46	243.74	48.4	40.4
1995	2 849.52	1 348.75	1 226.07	274.70	47.3	43.0
1996	3 452.97	1 553.79	1 547.80	351.38	45.0	44.8
1997	3 953.78	1 740.18	1 838.54	375.06	44.0	46.5
1998	4 256.01	1 848.19	2 030.17	377.65	43.4	47.7
1999	4 514.19	1 978.25	2 152.02	383.92	43.8	47.7
2000	5 043.96	2 240.68	2 246.67	556.61	44.4	44.5
2001	5 516.76	2 490.38	2 325.61	700.77	45.1	42.2
2002	6 018.28	2 838.41	2 429.90	749.97	47.2	40.4
2003	6 921.29	3 029.25	2 860.73	1 031.31	43.8	41.3
2004	8 477.63	3 677.23	3 659.84	1 140.56	43.4	43.2
2005	10 096.11	4 315.20	4 628.48	1 152.43	42.7	45.8

居 民 消 费 水 平

Household Consumption

（1978—2005 年）　　单位：%

年份	全省居民消费水平（元）	农村居民	城镇居民	城乡消费水平对比（农村居民＝100）	指数（上年＝100）全省居民	农村居民	城镇居民	指数（1978 年＝100）全省居民	农村居民	城镇居民
1978	165	137	402	293.4	103.7	104.9	90.9	100.0	100.0	100.0
1979	183	153	423	276.5	99.4	106.3	93.4	99.4	106.3	93.4
1980	199	164	460	280.5	119.9	120.6	119.5	119.2	128.2	111.6
1981	223	187	481	257.2	111.1	113.4	103.7	132.4	145.4	115.7
1982	236	198	507	256.1	104.5	104.8	104.0	138.4	152.4	120.4
1983	258	221	513	232.1	110.8	112.8	100.6	153.3	171.9	121.1
1984	301	261	569	218.0	116.8	118.2	111.0	179.1	203.1	134.4
1985	366	319	672	210.7	117.1	118.1	112.8	209.7	239.9	151.6
1986	413	356	773	217.1	104.8	104.6	104.8	219.8	250.9	158.9
1987	494	423	917	216.8	105.2	105.3	104.3	231.2	264.2	165.7
1988	664	557	1 300	233.4	112.9	110.4	118.3	261.0	291.7	196.1
1989	722	583	1 557	267.1	94.7	93.3	98.9	247.2	272.2	193.9
1990	783	605	1 592	263.1	103.9	102.6	107.0	256.8	279.2	207.5
1991	847	675	1 839	272.4	107.0	105.6	108.5	274.8	294.9	225.1
1992	950	729	2 182	299.3	108.6	107.0	109.6	298.4	315.5	246.7
1993	1 089	831	2 496	300.4	111.9	110.2	114.3	333.9	347.7	282.0
1994	1 320	1 001	3 009	300.6	109.5	107.8	110.8	365.7	374.8	312.5
1995	1 686	1 281	3 716	290.1	110.6	110.0	106.8	404.4	412.3	333.7
1996	1 925	1 522	3 834	251.9	106.8	110.7	96.9	431.9	456.4	323.4
1997	2 151	1 641	4 468	272.3	108.8	105.2	113.1	469.9	480.2	365.7
1998	2 207	1 642	4 703	286.4	102.2	102.0	101.2	480.3	489.8	370.1
1999	2 327	1 803	3 950	219.0	112.7	108.8	100.4	541.3	532.3	371.7
2000	2 533	1 848	4 523	244.8	106.6	109.0	100.8	577.0	580.3	374.7
2001	2 749	1 912	4 991	261.0	107.4	103.2	108.3	619.7	598.8	405.8
2002	3 081	1 987	5 776	290.7	107.9	102.2	109.5	668.6	612.0	444.3
2003	3 271	2 042	6 063	297.0	106.7	105.4	104.0	713.4	645.1	462.1
2004	3 758	2 167	7 096	327.5	111.9	104.9	113.5	798.3	676.7	524.4
2005	4 311	2 449	7 927	323.6	110.2	109.7	106.8	879.7	742.3	560.1

资　金　流

Funds Flow

（2004

指　标	企业部门		金融机构部门		政府部门	
	使用	来源	使用	来源	使用	来源
净出口						
增加值		4 049.73		209.10		723.97
劳动者报酬	1 106.38		115.54		528.06	0.00
工资及工资性收入	942.43		112.65		508.18	0.00
单位社会保险付款	163.95		2.89		19.88	
生产税净额	658.89		22.34		2.79	750.72
生产税	693.97		22.34		2.79	806.14
生产补贴		35.08			55.42	
财产收入	179.63	48.31	437.52	525.42	0.08	10.85
利　息	163.17	28.95	436.73	522.24	0.08	10.19
红　利	16.46	18.81	0.00	3.18	0.00	0.66
土地租金						
其他财产收入		0.55	0.79			
初次分配总收入		2 153.14		159.12		954.61
经常转移	188.26	17.39	24.91	49.83	295.52	854.85
收入税	118.26		1.69			152.51
社会保险缴款						244.03
社会保险福利					193.70	
社会补助	0.02				30.53	0.02
其他经常转移	69.98	17.39	23.22	49.83	71.29	458.29
可支配总收入		1 982.27		184.04		1 513.94
最终消费					1 125.79	0.00
居民消费						
政府消费					1 125.79	
总储蓄		1 982.27		184.04		388.15
资本转移	0.00	27.78			95.71	67.93
投资性补助		27.78			95.71	67.93
其他资本转移						
资本形成总额	2 501.72		3.18		524.32	
固定资本形成总额	2 273.65		3.18		524.32	
存货增加	228.07					
其他非金融资产获得减处置						
净金融投资	-491.67		180.86		-163.95	

量　　　　表(收入分配)

of Funds Table

年)

单位:亿元

住户部门		省内合计		国内省外		国外部门	
使用	来源	使用	来源	使用	来源	使用	来源
					-713.96		-426.60
	3 494.83	0.00	8 477.63				
1 732.39	3 445.97	3 482.37	3 445.97		36.40		
1 732.39	3 259.25	3 295.65	3 259.25		36.40	0.00	0.00
0.00	186.72	186.72	186.72				
343.07		1 027.09	750.72		276.37		
363.41		1 082.51	806.14		276.37		
	20.34	55.42	55.42				
26.68	80.76	643.91	665.34	42.62	21.19	0.00	0.00
26.68	72.31	626.66	633.69	18.36	11.33	0.00	0.00
0.00	8.21	16.46	30.86	24.26	9.86	0.00	0.00
		0.00	0.00			0.00	0.00
	0.24	0.79	0.79				
	4 919.42		8 186.29				
324.71	249.38	833.40	1 171.45	388.59	50.54	0.00	0.00
55.33		175.28	152.51		22.77		
244.03		244.03	244.03				
	193.70	193.70	193.70				
	30.53	30.55	30.55				
25.35	25.15	189.84	550.66	388.59	27.77		
	4 844.09		8 524.34				
2 551.44	0.00	3 677.23	0.00				
2 551.44		2 551.44	0.00				
		1 125.79	0.00				
	2 292.65		4 847.11		0.00		0.00
0.00	0.00	95.71	95.71	0.00		0.00	
		95.71	95.71				
		0.00	0.00				
630.62		3 659.84					
478.58		3 279.73					
152.04		380.11					
1 662.03		1 187.27					

资 产

Assets and

（2004 年

指　　标	非金融企业部门		金融机构部门		政府部门		住户
	使　用	来　源	使　用	来　源	使　用	来　源	使　用
非金融资产	**11 819.18**		**1 366.14**		**1 853.58**		**8 788.52**
固定资产	9 296.46		240.10		1 852.16		8 346.47
＃在建工程	1 295.59		20.21		1.82		
存　货	1 971.33		5.87		1.13		418.36
＃产成品和商品库存	764.27						
其他非金融资产	551.39		1 120.17		0.29		23.69
＃无形资产	476.55		24.84				
金融资产与负债	**7 420.22**	**13 280.19**	**10 093.19**	**11 336.26**	**1 212.54**	**866.75**	**7 899.53**
国内金融资产与负债	7 420.22	12 989.52	10 093.19	11 319.20	1 212.54	822.41	7 899.53
通　货	222.20		53.80		8.31		502.50
存　款	2 571.83			8 673.46	524.37		6 290.31
长　期	608.12			2 917.03	16.89		4 588.89
短　期	1 963.71			5 756.43	507.48		1 701.42
贷　款		5 673.25	5 426.71			13.25	
长　期		1 795.93	1 931.84			2.67	
短　期		3 877.32	3 494.87			10.58	
股票及其他股权	842.52	2 308.23	243.61		2.75		144.79
证　券(不含股票)	110.79	92.90	124.32	8.41	2.12		355.80
保险准备金	72.08			360.38	1.51		286.79
其　他	3 600.80	4 915.14	4 244.75	2 276.95	673.48	809.16	319.34
国外金融资产与负债	0.00	290.67	0.00	17.06	0.00	44.34	
直接投资		121.09				1.90	
证券投资							
其他投资		169.58		17.06		42.44	
资产负债差额		**5 959.21**		**123.07**		**2 199.37**	
资产、负债与差额总计	**19 239.40**	**19 239.40**	**11 459.33**	**11 459.33**	**3 066.12**	**3 066.12**	**16 688.05**

负　　债

Liabilities

年 12 月 31 日）　　单位:亿元

部门	省内部门合计		国内省外		国　外		总　计	
来　源	使　用	来　源	使　用	来　源	使　用	来　源	使　用	来　源
	23 827.42						**23 827.42**	
	19 735.19						19 735.19	
	1 317.62						1 317.62	
	2 396.69						2 396.69	
	764.27						764.27	
	1 695.54						1 695.54	
	501.39						501.39	
745.17	**26 625.48**	**26 228.37**	**3 383.91**	**4 133.09**	**352.07**	**0.00**	**30 361.46**	**30 361.46**
745.17	26 625.48	25 876.30	3 383.91	4 133.09			30 009.39	30 009.39
	786.81			786.81			786.81	786.81
	9 386.51	8 673.46	1 583.82	2 296.87			10 970.33	10 970.33
	5 213.90	2 917.03		2 296.87			5 213.90	5 213.90
	4 172.61	5 756.43	1 583.82				5 756.43	5 756.43
465.74	5 426.71	6 152.24	725.53	0.00			6 152.24	6 152.24
427.06	1 931.84	2 225.66	293.82				2 225.66	2 225.66
38.68	3 494.87	3 926.58	431.71				3 926.58	3 926.58
	1 233.67	2 308.23	1 074.56				2 308.23	2 308.23
	593.03	101.31		491.72			593.03	593.03
	360.38	360.38					360.38	360.38
279.43	8 838.37	8 280.68		557.69			8 838.37	8 838.37
	0.00	352.07			352.07	0.00	352.07	352.07
	0.00	122.99			122.99		122.99	122.99
	0.00	0.00					0.00	0.00
	0.00	229.08			229.08		229.08	229.08
15 942.88		**24 224.53**		**-749.18**		**352.07**		**23 827.42**
16 688.05	**50 452.90**	**50 452.90**	**3 383.91**	**3 383.91**	**352.07**	**352.07**	**54 188.88**	**54 188.88**

企业家信心指数

Index of Confidence on Macro Economy of Enterprises

(2005年)

项　　目	一季度	二季度	三季度	四季度
企业家对宏观经济的信心指数	**126.05**	**120.80**	**121.43**	**113.49**
按注册登记类型分				
国有企业	130.51	128.39	133.15	126.01
集体企业	128.35	131.15	133.14	132.25
有限责任公司	125.39	117.60	113.82	104.06
股份有限公司	125.66	113.52	113.13	99.96
私营企业	121.03	105.40	122.11	99.59
外商及港澳台投资企业	145.61	135.87	143.88	135.41
按行业门类分				
工　业	130.13	121.47	121.45	111.62
建筑业	119.83	116.48	131.92	116.83
交通运输、仓储及邮政业	119.51	121.27	119.03	114.48
批发零售业	118.91	113.75	110.88	108.80
房地产业	134.21	124.21	122.75	132.39
社会服务业	117.24	122.22	115.38	100.00
信息传输、计算机服务及软件业	148.46	144.80	138.57	147.27
住宿和餐饮业	104.37	121.04	127.29	125.20
按企业规模分				
大型(含特大型)企业	136.61	126.22	129.67	113.66
中型企业	115.87	112.22	110.07	109.70
小型企业	120.95	120.30	119.50	115.15
按特殊群体分				
国家重点企业	131.89	122.46	124.09	92.57
国家试点企业集团成员企业	83.89	88.93	73.44	75.48
乡镇企业	121.88	116.84	129.46	129.20
上市公司	108.22	90.04	95.05	66.80
国有控股企业	122.03	114.47	117.24	106.78

企 业 景 气 指 数

Prosperity Index of Enterprises

(2005 年)

项 目	一季度	二季度	三季度	四季度
全省企业综合生产经营景气指数	**122.72**	**127.10**	**128.88**	**118.59**
按行业门类分				
工 业	127.51	131.58	135.64	119.08
建筑业	118.33	122.30	124.42	127.06
交通运输、仓储及邮政业	114.25	126.46	119.64	112.27
批发零售业	121.45	118.51	111.28	117.20
房地产业	105.00	116.99	106.99	124.12
社会服务业	103.45	107.41	119.23	100.00
信息传输、计算机服务及软件业	152.17	134.72	125.98	131.06
住宿和餐饮业	99.10	110.62	125.20	118.95
按注册登记类型分				
国有企业	129.13	129.94	131.92	127.48
集体企业	103.70	110.99	124.28	116.76
有限责任公司	122.09	124.70	124.70	108.96
股份有限公司	124.31	137.29	132.15	113.16
私营企业	102.97	105.90	136.12	119.10
外商及港澳台投资企业	157.77	141.35	156.01	151.53
按企业规模分				
大型(含特大型)企业	145.54	143.09	149.36	128.66
中型企业	103.85	112.71	108.60	107.71
小型企业	108.10	114.85	118.00	113.13
按特殊群体分				
国家重点企业	154.25	161.18	162.69	110.33
国家试点企业集团成员企业	26.22	75.17	84.51	75.17
乡镇企业	104.36	108.67	119.50	140.35
上市公司	137.95	136.33	141.27	100.01
国有控股企业	122.61	127.32	130.93	112.95
工 业				
生产成本	59.11	66.10	91.95	85.63
生产总量	90.07	141.41	139.15	117.25
产品订货	120.27	120.65	124.31	113.76
#国外订货	113.57	98.23	95.05	92.28
产品销售	94.87	134.41	135.06	110.52
产品销售价格	118.26	87.73	94.30	82.82
产成品库存	123.94	116.68	112.06	119.14
盈利(亏损)变化	103.16	124.50	109.48	95.71
流动资金	81.08	80.97	82.10	72.63
货款拖欠	104.22	107.10	109.32	120.98
劳动力需求	97.53	97.63	99.68	97.66
固定资产投资	105.62	118.62	127.01	112.66
科技创新	113.65	117.03	121.84	118.25
主要原材料及能源购进价格	35.03	48.65	76.40	74.65
主要原材料及能源供应	92.24	107.24	108.67	114.30

企　业　景　气　指　数(续一)

Prosperity Index of Enterprises

(2005年)

项　　目	一季度	二季度	三季度	四季度
建筑业				
工程合同	75.14	140.51	146.29	121.99
#国(境)外工程合同	90.17	91.59	88.84	93.26
建筑工程量	52.67	167.39	153.65	134.54
新开工工程量	77.81	154.59	149.38	93.12
工程结算收入	74.14	148.15	139.19	157.84
建筑材料购进价格	43.28	71.15	78.43	91.16
工程结算成本	66.57	46.78	68.03	51.00
盈利(亏损)变化	87.90	128.34	129.86	130.43
流动资金	78.67	73.59	52.31	65.28
工程款拖欠	82.96	69.00	61.88	53.50
劳动力需求	55.46	143.36	133.08	103.71
固定资产投资	95.05	121.56	122.06	112.82
交通运输、仓储和邮政业				
业务收费价格	91.11	99.02	90.91	90.91
盈利(亏损)变化	112.58	116.30	85.54	52.89
流动资金	43.21	31.12	53.76	52.02
货款拖欠	89.21	72.94	86.09	93.25
劳动力需求	88.62	92.00	94.45	90.71
固定资产投资	84.42	130.61	132.62	112.46
批发和零售业				
商品购进价格	92.83	82.74	81.96	89.93
商品销售	98.60	102.50	104.15	115.37
#出　口	101.44	101.83	90.83	98.67
商品销售价格	105.26	90.26	105.62	98.88
商品库存	100.83	99.95	97.54	105.81
经营费用	99.15	92.34	89.22	80.43
盈利(亏损)变化	110.57	104.23	96.15	125.73
流动资金	79.85	69.86	76.68	71.44
货款拖欠	112.22	111.77	119.55	118.30
劳动力需求	92.71	86.07	75.17	75.82
固定资产投资	107.48	100.95	103.78	101.01
房地产业				
土地开发	80.20	95.01	72.87	76.99
完成投资	73.19	103.48	93.35	81.79
新开工情况	74.52	96.06	90.29	85.86
房屋竣工	65.77	76.50	86.14	85.57
商品房预售	55.17	92.67	72.56	85.83
商品房销售	62.10	98.72	89.49	88.24
商品房销售价格	122.58	114.60	120.69	120.69

企　业　景　气　指　数(续二)

Prosperity Index of Enterprises

(2005年)

项　　目	一季度	二季度	三季度	四季度
空置商品房	149.88	143.72	137.02	147.50
盈利(亏损)变化	101.53	108.81	105.26	102.20
流动资金	75.69	69.89	65.85	79.81
货款拖欠	132.30	123.47	115.10	136.17
劳动力需求	89.04	84.41	88.47	67.43
固定资产投资	101.64	93.53	80.97	96.54
社会服务业				
竞争能力	131.03	133.33	130.77	128.00
旅游客源	128.57	150.00	183.33	33.33
收费(服务)价格	89.66	92.59	100.00	72.00
营业成本	75.86	55.56	57.69	84.00
盈利(亏损)变化	75.86	96.30	115.38	60.00
流动资金	93.10	96.30	107.69	80.00
货款拖欠	100.00	96.30	103.85	104.00
劳动力需求	113.79	125.93	115.38	88.00
固定资产投资	89.66	111.11	107.69	92.00
信息传输、计算机服务和软件业				
产品销售(提供服务)	123.20	134.78	127.02	134.78
产品订货	110.92	130.74	123.42	119.66
竞争能力	157.15	157.15	152.25	149.78
销售(收费)价格	100.00	91.30	82.61	79.75
营业收入	127.55	145.33	116.38	138.83
营业成本	115.20	74.83	79.01	80.50
盈利(亏损)变化	125.43	129.74	88.69	106.33
流动资金	98.22	83.80	93.32	91.17
货款拖欠	124.01	100.22	80.05	71.25
劳动力需求	94.61	88.25	96.21	109.99
固定资产投资	80.47	114.02	116.94	118.23
住宿和餐饮业				
竞争能力	117.85	133.54	127.29	133.54
客房出租	63.86	72.95	75.81	84.38
收费(服务)价格	81.25	102.08	96.94	91.67
营业收入	72.14	106.45	108.74	107.23
营业成本	87.37	87.37	85.28	57.63
盈利(亏损)变化	79.57	93.82	94.02	97.92
流动资金	47.99	58.40	70.90	64.86
货款拖欠	108.51	93.62	104.26	95.54
劳动力需求	81.45	97.92	87.50	93.75
固定资产投资	110.42	124.80	114.38	108.13

总人口及人口自然变动

Total Population and Natural Changes of Population

（1978—2005年）

年份	总人口（万人）	＃男	出生率（‰）	死亡率（‰）	自然增长率（‰）
1978	5 057	2 595	20.88	6.49	14.39
1979	5 105	2 620	19.86	6.36	13.50
1980	5 168	2 651	20.47	6.46	14.01
1981	5 256	2 692	23.99	6.05	17.94
1982	5 356	2 742	19.35	5.94	13.41
1983	5 420	2 777	17.91	6.60	11.31
1984	5 487	2 815	16.73	5.41	11.32
1985	5 548	2 852	17.10	5.30	11.80
1986	5 627	2 893	20.42	6.12	14.30
1987	5 710	2 936	22.50	6.00	16.50
1988	5 795	2 978	20.35	5.50	14.85
1989	5 881	3 021	20.19	5.44	14.75
1990	6 159	3 147	20.46	6.82	13.64
1991	6 220	3 167	16.61	6.75	9.86
1992	6 275	3 212	15.33	6.43	8.90
1993	6 334	3 227	15.43	6.11	9.32
1994	6 388	3 264	14.93	6.50	8.43
1995	6 437	3 266	13.93	6.32	7.61
1996	6 484	3 309	13.85	6.55	7.30
1997	6 525	3 327	13.11	6.82	6.29
1998	6 569	3 343	13.01	6.18	6.83
1999	6 614	3 357	12.99	6.26	6.73
2000	6 674	3 397	11.30	6.21	5.09
2001	6 699	3 384	11.16	6.18	4.98
2002	6 735	3 420	11.53	6.25	5.28
2003	6 769	3 454	11.43	6.27	5.16
2004	6 809	3 480	11.98	6.19	5.79
2005	6 851	3 441	12.84	6.75	6.09

五次人口普查基本情况

Basic Statistics on Population Census in 1953, 1964, 1982, 1990 and 2000

项　　目	单　位	第一次人口普查 1953.7.1	第二次人口普查 1964.7.1	第三次人口普查 1982.7.1	第四次人口普查 1990.7.1	第五次人口普查 2000.11.1
总人口	**万　人**	**3 563.46**	**4 568.77**	**5 300.55**	**6 108.28**	**6 668.44**
男	万　人	1 794.83	2 338.17	2 712.56	3 121.01	3 393.63
女	万　人	1 768.63	2 230.60	2 587.99	2 987.27	3 274.81
总户数	**万　户**	**820.12**	**1 017.15**	**1 237.70**	**1 536.61**	**1 830.27**
家庭户	万　户			1 231.72	1 530.21	1 793.50
平均家庭户规模	人/户	4.39	4.49	4.14	3.89	3.59
民　族						
民族个数	个	11	30	41	55	56
汉族人口	万　人	3 527.83	4 494.98	5 215.14	5 867.37	6 378.16
各少数民族人口	万　人	35.63	73.75	85.34	240.91	290.28
市镇总人口	**万　人**	**419.53**	**644.79**	**725.89**	**1 173.39**	**1 756.01**
各种文化程度人口						
大　　学	万　人		18.08	23.43	58.25	178.11
高　　中	万　人		56.87	399.86	455.47	716.36
初　　中	万　人		234.91	1 020.08	1 509.42	2 609.93
小　　学	万　人		1 400.54	1 930.58	2 249.16	2 213.51
文盲、半文盲(15周岁及以上)	万　人			1 193.54	1 023.52	513.81
在业人口	**万　人**			**2 759.90**	**3 410.11**	**3 836.27**
不在业人口	**万　人**			**908.76**	**924.47**	**1 313.09**

注：1. 第五次人口普查少数民族人口中含“其他未识别的民族”和“外国人加入中国籍”(入籍)人口。2. 第五次人口普查“高中”文化程度含“高中”和“中专”；“大学”含“大学专科”和“大学本科”。

按年龄和性别分人口数

Population by Age and Sex

（2005年）

年　龄	人口数（人）	男	女	占总人口比　重（%）	男	女	性别比（女=100）
总　计	**552 431**	**277 478**	**274 953**	**100.00**	**50.23**	**49.77**	**100.92**
0—4	30 833	16 922	13 911	5.58	3.06	2.52	121.64
5—9	27 130	14 489	12 641	4.91	2.62	2.29	114.62
10—14	39 676	20 857	18 819	7.18	3.78	3.41	110.83
15—19	55 222	28 097	27 125	10.00	5.09	4.91	103.58
20—24	41 731	20 071	21 660	7.55	3.63	3.92	92.66
25—29	36 138	17 585	18 553	6.54	3.18	3.36	94.78
30—34	41 316	20 229	21 087	7.48	3.66	3.82	95.93
35—39	51 808	25 701	26 107	9.38	4.65	4.73	98.44
40—44	47 108	23 096	24 012	8.53	4.18	4.35	96.19
45—49	41 508	20 916	20 592	7.51	3.79	3.73	101.57
50—54	43 170	21 507	21 663	7.81	3.89	3.92	99.28
55—59	31 563	15 931	15 632	5.71	2.88	2.83	101.91
60—64	20 078	10 219	9 859	3.63	1.85	1.78	103.65
65—69	16 760	8 595	8 165	3.03	1.56	1.48	105.27
70—74	13 689	6 764	6 925	2.48	1.22	1.25	97.68
75—79	8 641	4 023	4 618	1.56	0.73	0.84	87.12
80—84	4 285	1 839	2 446	0.78	0.33	0.44	75.18
85—89	1 362	503	859	0.25	0.09	0.16	58.56
90—94	351	121	230	0.06	0.02	0.04	52.61
95+	62	13	49	0.01	…	0.01	26.53

注：本表为2005年人口变动情况抽样调查样本数据，抽样比为8.06‰。

育龄妇女分年龄、孩次的生育状况

Age specific Fertility Rate of Childbearing Women by Age of Mother and Birth Order

（2004 年 11 月 1 日至 2005 年 10 月 31 日）

年 龄	平均育龄妇女人数（人）	出生人数（人）				生育率（‰）			
			一 孩	二 孩	三 孩及以上		一 孩	二 孩	三 孩及以上
总 计	**158 888**	**6 563**	**3 959**	**2 398**	**206**	**41.31**	**24.92**	**15.09**	**1.30**
15－19	**26 648**	**33**	**32**	**1**		**1.24**	**1.20**	**0.04**	
15	5 533								
16	5 751								
17	5 849	3	3			0.51	0.51		
18	5 107	4	4			0.78	0.78		
19	4 408	26	25	1		5.90	5.67	0.23	
20－24	**21 635**	**2 747**	**2 642**	**100**	**5**	**126.97**	**122.12**	**4.62**	**0.23**
20	4 105	174	174			42.39	42.39		
21	3 999	429	420	9		107.28	105.03	2.25	
22	4 342	697	677	18	2	160.53	155.92	4.15	0.46
23	5 096	834	803	30	1	163.66	157.57	5.89	0.20
24	4 093	613	568	43	2	149.77	138.77	10.51	0.49
25－29	**18 137**	**1 916**	**1 074**	**802**	**40**	**105.64**	**59.22**	**44.22**	**2.21**
25	3 997	474	403	71		118.59	100.83	17.76	
26	3 841	424	315	99	10	110.39	82.01	25.77	2.60
27	3 529	331	165	163	3	93.79	46.76	46.19	0.85
28	3 429	353	108	235	10	102.95	31.50	68.53	2.92
29	3 341	334	83	234	17	99.97	24.84	70.04	5.09
30－34	**22 298**	**1 402**	**179**	**1 123**	**100**	**62.88**	**8.03**	**50.36**	**4.48**
30	3 490	335	72	253	10	95.99	20.63	72.49	2.87
31	4 032	302	37	247	18	74.90	9.18	61.26	4.46
32	4 569	279	27	230	22	61.06	5.91	50.34	4.82
33	4 863	281	24	232	25	57.78	4.94	47.71	5.14
34	5 344	205	19	161	25	38.36	3.56	30.13	4.68
35－39	**25 899**	**418**	**27**	**343**	**48**	**16.14**	**1.04**	**13.24**	**1.85**
35	5 279	152	10	131	11	28.79	1.89	24.82	2.08
36	5 564	114	8	88	18	20.49	1.44	15.82	3.24
37	5 001	78	6	65	7	15.60	1.20	13.00	1.40
38	4 682	43	1	36	6	9.18	0.21	7.69	1.28
39	5 373	31	2	23	6	5.77	0.37	4.28	1.12
40－44	**23 104**	**38**	**4**	**26**	**8**	**1.64**	**0.17**	**1.13**	**0.35**
40	5 363	12	2	9	1	2.24	0.37	1.68	0.19
41	6 026	15	1	9	5	2.49	0.17	1.49	0.83
42	5 556	1			1	0.18			0.18
43	3 100	6	1	5		1.94	0.32	1.61	
44	3 059	4		3	1	1.31		0.98	0.33
45－49	**21 167**	**9**	**1**	**3**	**5**	**0.43**	**0.05**	**0.14**	**0.24**
45	3 756	2	1		1	0.53	0.27		0.27
46	3 938	2		1	1	0.51		0.25	0.25
47	4 365	1		1		0.23		0.23	
48	4 633	4		1	3	0.86		0.22	0.65
49	4 475								

注：本表为 2005 年人口变动情况抽样调查样本数据，抽样比为 8.06‰。

60岁及以上分年龄、

Population Aged 60 and Over by Age,

(2005

年　龄	60岁及以上人口	男	女	身体健康	男	女	基本能保证正常的工作生活
总　计	**65 228**	**32 077**	**33 151**	**41 398**	**21 791**	**19 607**	**14 688**
60－64	**20 078**	**10 219**	**9 859**	**16 608**	**8 804**	**7 804**	**2 543**
60	5 384	2 740	2 644	4 577	2 399	2 178	584
61	3 848	1 922	1 926	3 248	1 681	1 567	451
62	3 787	1 952	1 835	3 132	1 686	1 446	491
63	3 560	1 794	1 766	2 907	1 549	1 358	461
64	3 499	1 811	1 688	2 744	1 489	1 255	556
65－69	**16 760**	**8 595**	**8 165**	**11 676**	**6 395**	**5 281**	**3 595**
65	3 727	1 895	1 832	2 822	1 505	1 317	672
66	3 086	1 614	1 472	2 223	1 242	981	619
67	3 474	1 804	1 670	2 430	1 349	1 081	719
68	3 323	1 725	1 598	2 239	1 240	999	761
69	3 150	1 557	1 593	1 962	1 059	903	824
70－74	**13 689**	**6 764**	**6 925**	**7 358**	**3 877**	**3 481**	**4 063**
70	3 531	1 814	1 717	2 050	1 130	920	996
71	2 721	1 327	1 394	1 526	800	726	767
72	2 782	1 372	1 410	1 496	771	725	838
73	2 479	1 196	1 283	1 235	634	601	770
74	2 176	1 055	1 121	1 051	542	509	692
75－79	**8 641**	**4 023**	**4 618**	**3 755**	**1 861**	**1 894**	**2 728**
75	2 409	1 169	1 240	1 123	581	542	756
76	1 808	871	937	833	421	412	574
77	1 741	806	935	728	349	379	544
78	1 494	657	837	603	289	314	481
79	1 189	520	669	468	221	247	373
80－84	**4 285**	**1 839**	**2 446**	**1 473**	**665**	**808**	**1 303**
80	1 298	582	716	468	230	238	388
81	993	420	573	345	151	194	315
82	786	330	456	254	106	148	245
83	682	292	390	248	111	137	187
84	526	215	311	158	67	91	168
85－89	**1 362**	**503**	**859**	**411**	**147**	**264**	**375**
85	439	163	276	144	52	92	124
86	338	117	221	94	30	64	98
87	250	85	165	68	18	50	66
88	200	79	121	67	31	36	54
89	135	59	76	38	16	22	33
90－94	**351**	**121**	**230**	**103**	**37**	**66**	**74**
90	124	47	77	42	18	24	25
91	93	32	61	25	5	20	23
92	63	21	42	18	5	13	9
93	40	13	27	10	5	5	9
94	31	8	23	8	4	4	8
95＋	**62**	**13**	**49**	**14**	**5**	**9**	**7**

注：本表为2005年人口变动情况抽样调查样本数据，抽样比为8.06‰。

性别、生活能否自理的人口

Sex and Activities of Daily Living

年）

单位:人

男	女	不能正常工作或生活不能自理	男	女	说不准	男	女
6 362	**8 326**	**8 630**	**3 721**	**4 909**	**512**	**203**	**309**
991	1 552	871	402	469	56	22	34
233	351	199	101	98	24	7	17
175	276	144	63	81	5	3	2
185	306	155	77	78	9	4	5
167	294	185	76	109	7	2	5
231	325	188	85	103	11	6	5
1 536	2 059	1 398	628	770	91	36	55
282	390	221	103	118	12	5	7
256	363	229	111	118	15	5	10
307	412	302	138	164	23	10	13
357	404	302	122	180	21	6	15
334	490	344	154	190	20	10	10
1 839	2 224	2 147	1 001	1 146	121	47	74
463	533	460	214	246	25	7	18
333	434	399	184	215	29	10	19
391	447	427	200	227	21	10	11
343	427	452	208	244	22	11	11
309	383	409	195	214	24	9	15
1 227	1 501	2 040	886	1 154	118	49	69
346	410	498	225	273	32	17	15
268	306	381	174	207	20	8	12
252	292	446	195	251	23	10	13
203	278	382	154	228	28	11	17
158	215	333	138	195	15	3	12
581	722	1 428	556	872	81	37	44
183	205	413	157	256	29	12	17
137	178	309	119	190	24	13	11
110	135	276	108	168	11	6	5
80	107	237	98	139	10	3	7
71	97	193	74	119	7	3	4
156	219	542	189	353	34	11	23
49	75	159	58	101	12	4	8
37	61	135	46	89	11	4	7
28	38	112	38	74	4	1	3
23	31	74	23	51	5	2	3
19	14	62	24	38	2		2
31	43	165	52	113	9	1	8
10	15	53	18	35	4	1	3
12	11	44	15	29	1		1
4	5	35	12	23	1		1
3	6	19	5	14	2		2
2	6	14	2	12	1		1
1	6	39	7	32	2		2

60岁及以上分年龄、性别、

Population Aged 60 and Over by Age,

(2005

年　龄	60岁及以上人口	男	女	劳动收入	男	女	离退休金、养老金
总　计	**65 228**	**32 077**	**33 151**	**16 669**	**11 798**	**4 871**	**12 432**
60－64	**20 078**	**10 219**	**9 859**	**9 093**	**6 056**	**3 037**	**4 162**
60	5 384	2 740	2 644	2 731	1 788	943	949
61	3 848	1 922	1 926	1 903	1 233	670	720
62	3 787	1 952	1 835	1 693	1 112	581	808
63	3 560	1 794	1 766	1 446	995	451	858
64	3 499	1 811	1 688	1 320	928	392	827
65－69	**16 760**	**8 595**	**8 165**	**4 977**	**3 678**	**1 299**	**3 849**
65	3 727	1 895	1 832	1 331	913	418	902
66	3 086	1 614	1 472	989	738	251	731
67	3 474	1 804	1 670	1 063	796	267	804
68	3 323	1 725	1 598	891	683	208	738
69	3 150	1 557	1 593	703	548	155	674
70－74	**13 689**	**6 764**	**6 925**	**1 973**	**1 547**	**426**	**2 493**
70	3 531	1 814	1 717	647	506	141	708
71	2 721	1 327	1 394	411	331	80	546
72	2 782	1 372	1 410	375	300	75	512
73	2 479	1 196	1 283	313	234	79	378
74	2 176	1 055	1 121	227	176	51	349
75－79	**8 641**	**4 023**	**4 618**	**552**	**453**	**99**	**1 266**
75	2 409	1 169	1 240	204	168	36	369
76	1 808	871	937	142	113	29	285
77	1 741	806	935	90	75	15	248
78	1 494	657	837	62	53	9	212
79	1 189	520	669	54	44	10	152
80－84	**4 285**	**1 839**	**2 446**	**65**	**56**	**9**	**498**
80	1 298	582	716	31	26	5	160
81	993	420	573	14	12	2	122
82	786	330	456	6	5	1	96
83	682	292	390	9	9		67
84	526	215	311	5	4	1	53
85－89	**1 362**	**503**	**859**	**7**	**7**		**127**
85	439	163	276	4	4		40
86	338	117	221	3	3		33
87	250	85	165				20
88	200	79	121				26
89	135	59	76				8
90－94	**351**	**121**	**230**	**1**	**1**		**33**
90	124	47	77	1	1		11
91	93	32	61				11
92	63	21	42				1
93	40	13	27				6
94	31	8	23				4
95＋	**62**	**13**	**49**	**1**		**1**	**4**

注：本表为2005年人口变动情况抽样调查样本数据，抽样比为8.06‰。

主要生活来源的人口

Sex and Main Source of Support

年）

单位:人

男	女	失业保险金	男	女	最低生活保障金	男	女
8 614	**3 818**	**26**	**17**	**9**	**419**	**198**	**221**
2 637	**1 525**	**14**	**10**	**4**	**63**	**32**	**31**
600	349	2	2		13	8	5
444	276	2	1	1	10	3	7
536	272	2	1	1	15	9	6
521	337	4	3	1	12	5	7
536	291	4	3	1	13	7	6
2 508	**1 341**	**6**	**4**	**2**	**98**	**44**	**54**
560	342	4	3	1	20	12	8
480	251				15	5	10
520	284	1		1	25	11	14
495	243				21	7	14
453	221	1	1		17	9	8
1 862	**631**	**2**		**2**	**103**	**52**	**51**
511	197				31	14	17
379	167	1		1	19	9	10
393	119				18	12	6
303	75				19	9	10
276	73	1		1	16	8	8
1 038	**228**	**4**	**3**	**1**	**89**	**44**	**45**
297	72	2	1	1	21	10	11
227	58				17	11	6
205	43	1	1		23	8	15
179	33				18	10	8
130	22	1	1		10	5	5
430	**68**				**46**	**17**	**29**
141	19				12	6	6
101	21				13	4	9
85	11				6	2	4
56	11				9	4	5
47	6				6	1	5
106	**21**				**15**	**7**	**8**
35	5				4	3	1
27	6				3		3
16	4				5	3	2
21	5				1		1
7	1				2	1	1
30	**3**				**4**	**2**	**2**
10	1				2	1	1
11					2	1	1
1							
5	1						
3	1						
3	**1**				**1**		**1**

60岁及以上分年龄、性别、

Population Aged 60 and Over by Age,

(2005

年　龄	下岗生活费	男	女	内退生活费	男	女	财产性收入
总　计	**35**	**21**	**14**	**31**	**23**	**8**	**145**
60－64	**12**	**5**	**7**	**11**	**10**	**1**	**39**
60	2		2	6	6		5
61	1	1		2	2		10
62	2	2		2	2		9
63	3	1	2				10
64	4	1	3	1		1	5
65－69	**12**	**8**	**4**	**8**	**5**	**3**	**44**
65	3	1	2	2	1	1	16
66	1	1					4
67	2	2		4	3	1	10
68	4	3	1				7
69	2	1	1	2	1	1	7
70－74	**5**	**5**		**8**	**5**	**3**	**27**
70				1	1		10
71	2	2					5
72	1	1		1		1	3
73	1	1		3	3		5
74	1	1		3	1	2	4
75－79	**4**	**2**	**2**	**2**	**1**	**1**	**18**
75	1		1	1		1	4
76	2	2					4
77	1		1	1	1		2
78							5
79							3
80－84	**1**	**1**		**2**	**2**		**15**
80	1	1		1	1		2
81							5
82				1	1		1
83							5
84							2
85－89	**1**		**1**				**2**
85	1		1				1
86							
87							
88							1
89							
90－94							
90							
91							
92							
93							
94							
95＋							

主要生活来源的人口(续)

Sex and Main Source of Support

年)　　　　单位:人

		家庭其他成员供养			其他		
男	女		男	女		男	女
73	**72**	**34 495**	**10 785**	**23 710**	**976**	**548**	**428**
22	**17**	**6 500**	**1 346**	**5 154**	**184**	**101**	**83**
3	2	1 630	311	1 319	46	22	24
4	6	1 165	213	952	35	21	14
6	3	1 227	267	960	29	17	12
7	3	1 194	244	950	33	18	15
2	3	1 284	311	973	41	23	18
24	**20**	**7 515**	**2 186**	**5 329**	**251**	**138**	**113**
8	8	1 393	365	1 028	56	32	24
3	1	1 309	366	943	37	21	16
6	4	1 510	445	1 065	55	21	34
4	3	1 601	493	1 108	61	40	21
3	4	1 702	517	1 185	42	24	18
14	**13**	**8 842**	**3 147**	**5 695**	**236**	**132**	**104**
6	4	2 077	742	1 335	57	34	23
2	3	1 694	582	1 112	43	22	21
1	2	1 817	633	1 184	55	32	23
3	2	1 721	620	1 101	39	23	16
2	2	1 533	570	963	42	21	21
6	**12**	**6 509**	**2 349**	**4 160**	**197**	**127**	**70**
2	2	1 747	654	1 093	60	37	23
2	2	1 322	491	831	36	25	11
	2	1 337	487	850	38	29	9
1	4	1 159	391	768	38	23	15
1	2	944	326	618	25	13	12
6	**9**	**3 586**	**1 294**	**2 292**	**72**	**33**	**39**
1	1	1 067	394	673	24	12	12
3	2	819	294	525	20	6	14
	1	664	231	433	12	6	6
2	3	580	215	365	12	6	6
	2	456	160	296	4	3	1
1	**1**	**1 181**	**368**	**813**	**29**	**14**	**15**
1		381	116	265	8	4	4
		291	85	206	8	2	6
		217	61	156	8	5	3
	1	170	57	113	2	1	1
		122	49	73	3	2	1
		306	**85**	**221**	**7**	**3**	**4**
		106	33	73	4	2	2
		79	20	59	1		1
		61	19	42	1	1	
		34	8	26			
		26	5	21	1		1
		56	**10**	**46**			

分 行 业 就 业 人 员

Number of Employed Persons by Sector

（2005年底）　　单位：万人

行　　业	就业人员	城　镇就业人员	单　位就业人员	私营个体就业人员	灵活就业及其他就业人员	乡　村就业人员
全　省　总　计	**3 568.97**	**876.60**	**495.55**	**287.16**	**93.89**	**2 692.37**
农、林、牧、渔业	1 564.72	11.97	8.50	2.58	0.89	1 552.75
采矿业	85.96	35.85	27.59	7.40	0.86	50.11
制造业	625.74	206.41	120.33	85.13	0.95	419.33
电力、燃气及水的生产和供应业	28.38	19.28	17.44	0.86	0.98	9.10
建筑业	303.48	55.26	33.94	18.06	3.26	248.22
交通运输、仓储和邮政业	152.91	44.20	25.56	14.65	3.99	108.71
信息传输、计算机服务和软件业	12.09	7.37	4.66	1.72	0.99	4.72
批发和零售业	262.07	124.07	27.03	80.04	17.00	138.00
住宿和餐饮业	106.96	62.35	5.06	47.98	9.31	44.61
金融业	23.77	18.12	18.12			5.65
房地产业	6.12	5.00	2.92	1.09	0.99	1.12
租赁和商务服务业	27.81	15.84	4.73	3.40	7.71	11.97
科学研究、技术服务和地质勘查业	9.65	8.10	7.56		0.54	1.55
水利、环境和公共设施管理业	12.63	9.85	8.58		1.27	2.78
居民服务和其他服务业	102.43	55.55	2.09	22.97	30.49	46.88
教　育	112.46	93.85	83.96		9.89	18.61
卫生、社会保障和社会福利业	40.44	26.71	22.84		3.87	13.73
文化、体育和娱乐业	14.68	7.05	4.87	1.28	0.90	7.63
公共管理和社会组织	76.67	69.77	69.77			6.90

注：本表就业人员不包括离开本单位仍保留劳动关系的职工。

按三次产业分的就业人员及构成

Number of Employed Persons by Type of Industry and Composition

（1978—2005年，年底数）

年份	就业人员（万人）				构成（以就业人员为100）		
		第一产业	第二产业	第三产业	第一产业	第二产业	第三产业
1978	2 109.39	1 621.61	292.83	194.95	76.88	13.88	9.24
1980	2 182.80	1 637.42	321.01	224.37	75.01	14.71	10.28
1985	2 555.43	1 603.36	557.49	394.58	62.74	21.82	15.44
1986	2 626.41	1 602.21	607.42	416.78	61.00	23.13	15.87
1987	2 725.75	1 615.62	653.23	456.90	59.27	23.97	16.76
1988	2 808.33	1 659.62	690.33	458.38	59.10	24.58	16.32
1989	2 857.92	1 739.11	674.31	444.50	60.85	23.60	15.55
1990	2 955.47	1 820.51	680.14	454.82	61.60	23.01	15.39
1991	3 040.30	1 905.27	690.04	444.99	62.67	22.70	14.63
1992	3 106.28	1 874.64	722.61	509.03	60.35	23.26	16.39
1993	3 171.37	1 857.14	778.68	535.55	58.56	24.55	16.89
1994	3 210.37	1 780.48	832.60	597.29	55.46	25.93	18.61
1995	3 252.01	1 729.29	879.08	643.64	53.18	27.03	19.79
1996	3 300.16	1 635.17	942.08	722.91	49.55	28.55	21.90
1997	3 324.23	1 634.03	940.24	749.96	49.16	28.28	22.56
1998	3 367.18	1 650.22	932.60	784.36	49.01	27.70	23.29
1999	3 322.30	1 653.25	879.69	789.36	49.76	26.48	23.76
	(3 312.09)	(1 653.25)	(876.34)	(782.50)	(49.91)	(26.46)	(23.63)
2000	3 385.71	1 678.12	886.99	820.60	49.56	26.20	24.24
	(3 351.42)	(1 678.12)	(875.75)	(797.55)	(50.07)	(26.13)	(23.80)
2001	3 409.16	1 676.34	899.68	833.14	49.17	26.39	24.44
	(3 328.85)	(1 676.34)	(866.40)	(786.11)	(50.36)	(26.03)	(23.61)
2002	3 435.00	1 662.59	929.12	843.29	48.40	27.05	24.55
	(3 286.56)	(1 662.59)	(874.12)	(749.85)	(50.59)	(26.60)	(22.81)
2003	3 470.23	1 672.26	942.84	855.13	48.19	27.17	24.64
2004	3 516.71	1 612.85	992.74	911.12	45.86	28.23	25.91
2005	3 568.97	1 564.72	1 043.56	960.69	43.84	29.24	26.92

注：1. 1999年起资料不包括离开本单位仍保留劳动关系职工人数。2. 2003年城镇就业人员包括城镇单位就业人员、城镇私营和个体经济实际就业人员、城镇社区公益岗位和各种灵活方式就业人员。3. 1999—2002年资料按新的统计口径做了调整。括号内数据为调整前老口径统计数据。

主要年份职工人数

Number of Staff and Workers in Main Years

（年底数）　　单位：万人

年　份	职工人数	#国有经济	#城镇集体经济	女职工人数	#国有经济	#城镇集体经济
1952	60.39	57.85	2.54		6.68	
1957	135.13	104.47	30.66		14.45	
1962	149.50	132.88	16.62		24.78	
1965	161.64	139.95	21.69		26.86	
1970	219.48	185.82	33.66	53.83	41.11	12.72
1975	344.99	289.52	55.47	85.54	63.36	22.18
1978	445.10	369.83	75.27	122.55	94.78	27.77
1980	476.83	394.27	82.56	146.84	109.95	36.89
1985	555.15	424.26	130.16	177.64	123.99	53.32
1990	652.71	497.19	151.61	223.90	158.66	63.61
1991	673.75	512.60	155.50	231.10	164.24	64.20
1992	688.45	527.79	154.71	236.95	171.79	62.35
1993	703.72	538.67	151.41	246.63	179.95	60.47
1994	699.25	533.24	141.41	249.44	181.87	57.32
1995	698.02	535.14	132.79	252.84	185.42	54.43
1996	696.16	538.42	126.78	255.56	190.91	51.02
1997	676.74	531.51	112.13	252.52	191.88	45.98
1998	657.00	502.35	93.57	221.41	168.77	30.94
1999	639.62	488.88	84.27	220.62	168.49	27.38
2000	621.95	474.88	75.52	212.13	162.79	23.28
2001	603.86	459.13	69.53	205.47	159.35	20.56
2002	589.14	441.13	62.29	196.89	150.35	17.61
2003	576.57	427.40	57.41	193.58	147.08	15.85
2004	562.67	409.48	52.81	191.15	142.72	14.44
2005	557.83	390.46	48.90	191.86	139.26	13.59

注：1998年女职工人数为在岗女职工人数，1999年起为女性单位就业人数。

分登记注册类型和行业职工人数

Number of Staff and Workers by Registration Status and Sector

（2005年底） 单位:万人

行业	职工人数	国有经济	城镇集体经济	其他经济类型	在岗职工人数	#国有经济	#城镇集体经济	在岗职工占全部职工(%)
全省总计	**557.83**	**390.46**	**48.90**	**118.47**	**483.68**	**342.76**	**36.65**	**86.71**
按企、事业和机关分组								
企业	345.44	180.65	46.38	118.41	280.24	141.74	34.29	81.13
事业	146.82	144.33	2.43	0.06	143.06	140.73	2.27	97.44
机关	65.57	65.48	0.09		60.38	60.29	0.09	92.08
按国民经济行业分组								
农、林、牧、渔业	9.17	8.47	0.59	0.11	8.50	8.01	0.40	92.69
采矿业	31.34	15.31	1.02	15.01	27.54	13.78	0.64	87.87
制造业	150.78	64.88	17.87	68.03	118.50	46.17	12.26	78.59
电力、燃气及水的生产和供应业	17.54	14.44	0.13	2.97	16.86	13.82	0.12	96.12
建筑业	36.17	15.37	8.02	12.78	30.96	12.21	7.55	85.60
交通运输、仓储和邮政业	29.78	24.72	1.71	3.35	25.16	21.83	1.01	84.49
信息传输、计算机服务和软件业	4.62	3.13	0.03	1.46	4.23	2.85	0.03	91.56
批发和零售业	40.65	22.47	10.13	8.05	26.56	13.75	5.85	65.34
住宿和餐饮业	5.83	3.86	0.51	1.46	4.99	3.18	0.44	85.59
金融业	16.77	10.00	4.53	2.24	14.98	8.52	4.38	89.33
房地产业	3.03	1.96	0.06	1.01	2.83	1.78	0.06	93.40
租赁和商务服务业	5.55	3.25	1.63	0.67	4.59	2.59	1.39	82.70
科学研究、技术服务和地质勘查业	8.25	7.85	0.04	0.36	7.44	7.06	0.03	90.18
水利、环境和公共设施管理业	8.84	8.02	0.23	0.59	8.47	7.76	0.21	95.81
居民服务和其他服务业	2.22	1.71	0.39	0.12	2.06	1.61	0.37	92.79
教育	84.11	84.01	0.08	0.02	83.25	83.15	0.07	98.98
卫生、社会保障和社会福利业	23.23	21.57	1.61	0.05	22.57	21.00	1.53	97.16
文化、体育和娱乐业	5.02	4.62	0.21	0.19	4.80	4.41	0.20	95.62
公共管理和社会组织	74.93	74.82	0.11		69.39	69.28	0.11	92.61

分登记注册类型和行业女性就业人数

Number of Female Employed Persons by Registration Status and Sector

（2005年底）　　　　单位:万人

行　业	女性就业人数	国有经济	城镇集体经济	其他经济类型
全　省　总　计	**191.86**	**139.26**	**13.59**	**39.01**
按企、事业和机关分				
企　业	99.29	47.90	12.42	38.97
事　业	76.40	75.21	1.15	0.04
机　关	16.17	16.15	0.02	
按国民经济行业分				
农、林、牧、渔业	3.02	2.88	0.11	0.03
采矿业	5.63	2.44	0.39	2.80
制造业	46.72	16.81	5.73	24.18
电力、燃气及水的生产和供应业	4.80	3.99	0.04	0.77
建筑业	4.81	2.55	0.76	1.50
交通运输、仓储和邮政业	6.83	5.99	0.22	0.62
信息传输、计算机服务和软件业	1.76	1.13	0.00	0.63
批发和零售业	13.28	6.33	2.47	4.48
住宿和餐饮业	2.83	1.80	0.28	0.75
金融业	8.26	4.27	1.87	2.12
房地产业	1.10	0.70	0.02	0.38
租赁和商务服务业	1.41	0.78	0.36	0.27
科学研究、技术服务和地质勘查业	2.25	2.13	0.01	0.11
水利、环境和公共设施管理业	3.58	3.30	0.09	0.19
居民服务和其他服务业	0.90	0.68	0.17	0.05
教　育	49.28	49.21	0.06	0.01
卫生、社会保障和社会福利业	13.70	12.78	0.90	0.02
文化、体育和娱乐业	2.13	1.95	0.08	0.10
公共管理和社会组织	19.57	19.54	0.03	

城镇单位就业人员劳动报酬

Labor Reward of Urban Units Employed Persons

（2005 年）　　单位：万元

行业	就业人员劳动报酬	在岗职工工资总额	＃国有经济	＃城镇集体经济	其他就业人员劳动报酬	离开本单位仍保留劳动关系的职工生活费
全省总计	**7 292 085**	**7 160 660**	**5 260 503**	**341 572**	**131 426**	**351 257**
按企、事业和机关分						
企业	4 319 991	4 201 166	2 324 186	319 184	118 825	240 291
事业	2 066 608	2 056 312	2 034 331	21 193	10 296	33 946
机关	905 487	903 182	901 987	1 195	2 305	77 020
按国民经济行业分						
农、林、牧、渔业	50 917	50 878	47 454	2 420	39.0	1 818
采矿业	604 470	604 118	265 251	5 712	351	29 221
制造业	1 580 418	1 557 063	680 402	98 090	23 355	102 967
电力、燃气及水的生产和供应业	385 999	382 551	285 324	1 213	3 447	6 617
建筑业	437 460	395 364	200 528	74 138	42 096	16 627
交通运输、仓储和邮政业	413 311	410 381	363 095	9 670	2 931	19 188
信息传输、计算机服务和软件业	116 694	113 296	78 240	334	3 398	4 399
批发和零售业	237 622	233 928	138 854	38 096	3 695	26 009
住宿和餐饮业	47 513	46 847	30 209	3 264	666	1 861
金融业	359 253	325 609	203 181	69 160	33 645	26 993
房地产业	41 830	39 964	27 473	687	1 867	1 767
租赁和商务服务业	55 430	53 362	32 643	14 163	2 068	2 419
科学研究、技术服务和地质勘查业	169 272	167 342	161 373	252	1 930	6 160
水利、环境和公共设施管理业	103 487	102 880	95 119	1 463	607	3 086
居民服务和其他服务业	38 634	38 475	33 391	4 216	160	1 212
教育	1 209 363	1 204 752	1 203 596	996	4 611	11 301
卫生、社会保障和社会福利业	347 078	344 183	329 230	14 636	2 895	3 445
文化、体育和娱乐业	71 292	70 305	67 156	1 684	987	1 662
公共管理和社会组织	1 022 043	1 019 364	1 017 984	1 379	2 679	84 506

主要年份职工工资总额和指数

Total Wages of Staff and Workers and Related Indices in Main Years

年　份	工资总额（万元）	#国　有经济单位	#城镇集体经济单位	指　数（上年=100）	#国　有经济单位	#城镇集体经济单位
1952	24 245	23 393	852			
1957	75 864	61 966	13 898			
1962	97 735	89 214	8 521			
1965	99 235	88 722	10 513	102.31	101.41	110.55
1970	118 670	103 934	14 736	109.64	108.87	115.40
1975	189 208	163 144	26 064	109.99	110.64	106.08
1978	256 463	219 056	37 407	114.39	113.15	122.28
1980	340 513	292 414	48 099	118.81	118.69	119.51
1985	580 441	466 525	113 244	121.86	121.73	122.36
1986	716 788	579 844	135 878	123.49	124.29	119.99
1987	825 146	667 635	156 254	115.12	115.14	115.00
1988	1 035 447	841 302	190 789	125.49	126.01	122.10
1989	1 147 097	937 626	204 030	110.78	111.45	106.94
1990	1 293 229	1 064 042	221 831	112.74	113.48	108.72
1991	1 422 357	1 163 790	246 622	109.98	109.37	111.18
1992	1 684 325	1 393 304	276 422	118.42	119.72	112.08
1993	2 108 195	1 739 368	323 734	125.17	124.84	117.12
1994	2 895 850	2 391 572	387 584	137.36	137.50	119.72
1995	3 360 002	2 767 436	441 368	116.03	115.72	113.88
1996	3 652 207	3 020 439	464 211	108.70	109.14	105.18
1997	3 859 772	3 218 123	440 888	105.68	106.54	94.98
1998	3 755 910	3 036 502	349 331	99.75	96.68	81.46
1999	3 979 361	3 227 728	332 995	105.95	106.30	95.32
2000	4 271 797	3 459 724	318 530	107.35	107.19	95.66
2001	4 580 897	3 709 329	313 935	107.24	107.21	98.56
2002	5 040 301	4 039 839	296 030	110.03	108.91	94.30
2003	5 481 960	4 343 902	292 264	108.76	107.53	98.73
2004	6 255 065	4 842 573	311 543	114.10	111.48	106.60
2005	7 160 660	5 260 503	341 572	114.48	108.63	109.66

注：1998年以后职工工资总额为在岗职工工资总额，指数按可比口径计算。

主要年份职工平均工资及指数

Average Wage of Staff and Workers and Related Indices in Main Years

年份	平均货币工资(元)				实际工资指数(上年=100)			
	全部职工	国有经济	城镇集体经济	其他经济类型	全部职工	国有经济	城镇集体经济	其他经济类型
1952	435	438	364					
1957	566	598	457		103.0	102.9	102.9	
1962	577	593	453		107.5	107.9	107.7	
1965	627	647	495		102.3	102.5	102.6	
1970	568	590	451		99.4	99.6	99.6	
1975	564	579	484		99.5	99.7	98.6	
1978	592	608	512		105.5	105.9	104.5	
1980	726	753	592		107.2	107.2	106.8	
1985	1 075	1 128	901	949	107.5	107.3	108.2	106.7
1986	1 268	1 338	1 035	1 180	111.3	111.9	108.4	117.3
1987	1 394	1 471	1 139	1 308	101.6	101.6	101.7	102.4
1988	1 688	1 788	1 351	1 910	102.4	102.7	100.3	123.4
1989	1 821	1 940	1 421	1 870	93.1	93.6	90.8	84.5
1990	2 019	2 166	1 522	2 002	109.6	110.3	105.8	105.8
1991	2 156	2 314	1 629	2 210	100.2	100.2	100.4	103.6
1992	2 485	2 685	1 806	2 537	106.2	106.9	102.2	105.8
1993	3 035	3 272	2 157	3 460	105.7	105.5	103.4	118.1
1994	4 185	4 531	2 762	4 896	106.0	106.4	98.8	110.5
1995	4 839	5 208	3 303	5 158	99.6	99.0	103.0	90.7
1996	5 286	5 653	3 658	5 625	101.5	100.9	102.9	101.4
1997	5 692	6 066	3 843	6 118	103.8	103.4	101.3	104.9
1998	5 820	6 169	3 746	6 190	103.6	103.0	98.8	102.5
1999	7 022	7 354	4 836	7 107	112.9	113.0	112.4	116.3
2000	7 781	8 146	5 187	7 846	110.3	110.2	106.7	109.9
2001	8 730	9 139	5 746	8 678	111.8	111.7	110.3	110.2
2002	10 032	10 578	6 343	9 537	116.5	117.4	112.0	111.5
2003	11 189	11 783	6 919	10 701	109.0	108.9	106.6	109.7
2004	12 925	13 576	7 916	12 527	111.4	111.1	110.3	112.9
2005	14 707	15 291	9 041	14 835	112.2	111.1	112.6	116.8

注:1994 年实际工资指数是按可比口径计算的。

分细行业在岗职工平均工资

Average Wage of Staff and Workers by Sector in Detail

（2005 年）　　单位：元

项　　目	在岗职工平均工资	国有单位	城镇集体单位	其他单位
全　省　总　计	**14 707**	**15 291**	**9 041**	**14 835**
按企业、事业、机关分				
企　业	14 777	16 154	9 012	14 835
事　业	14 436	14 519	9 313	14 154
机　关	15 022	15 023	13 910	
按国民经济行业分				
农、林、牧、渔业	**5 987**	**5 941**	**5 958**	**9 626**
农　业	3 170	3 101	5 034	8 443
林　业	9 413	9 445	3 629	8 476
畜牧业	6 820	6 996	3 838	6 056
渔　业	7 988	7 827		11 337
农、林、牧、渔服务业	10 410	11 190	6 097	21 855
采矿业	**21 913**	**19 123**	**8 766**	**25 536**
煤炭开采和洗选业	21 486	16 799	8 876	26 277
石油和天然气开采业	32 076	32 930		31 012
黑色金属矿采选业	19 860	25 886	6 255	12 400
有色金属矿采选业	12 129	12 109		12 171
非金属矿采选业	12 953	13 308		9 243
其他采矿业				
制造业	**13 087**	**14 578**	**7 924**	**12 991**
农副食品加工业	9 703	7 439	6 435	10 957
食品制造业	9 607	5 794	14 384	10 476
饮料制造业	9 399	10 155	4 699	9 437
烟草制品业	28 970	30 031	19 423	
纺织业	8 146	9 302	6 688	6 901
纺织服装、鞋、帽制造业	7 677	10 653	5 905	7 400
皮革、毛皮、羽毛(绒)及其制品业	8 235	9 109	4 333	8 130
木材加工及木、竹、藤、棕、草制品业	9 445	8 206	5 389	10 640
家具制造业	7 003	5 921	6 953	7 498
造纸及纸制品业	10 524	16 157	7 180	8 256
印刷业和记录媒介的复制	12 421	15 451	8 713	10 111
文教体育用品制造业	8 030	12 238	5 491	8 331
石油加工、炼焦及核燃料加工业	20 606	23 603	13 787	16 871
化学原料及化学制品制造业	11 041	13 452	7 852	9 737
医药制造业	14 980	17 228	11 301	13 701
化学纤维制造业	10 864	11 152	4 926	10 053
橡胶制品业	7 014	8 690	5 572	6 990
塑料制品业	9 596	11 798	7 003	9 086
非金属矿物制品业	9 291	9 053	6 440	9 839
黑色金属冶炼及压延加工业	24 949	26 412	9 700	24 914
有色金属冶炼及压延加工业	14 897	16 402	8 356	14 924
金属制品业	10 352	12 132	8 563	10 779
通用设备制造业	11 004	10 587	8 117	13 017
专用设备制造业	12 865	11 791	8 411	14 966
交通运输设备制造业	13 721	15 760	6 852	12 766
电气机械及器材制造业	12 476	14 925	7 863	12 036

分细行业在岗职工平均工资(续一)

Average Wage of Staff and Workers by Sector in Detail

(2005年) 单位:元

项目	在岗职工平均工资	国有单位	城镇集体单位	其他单位
通信设备计算机及其他电子设备制造	15 598	10 686	5 055	16 465
仪器仪表及文化、办公用机械制造业	9 533	14 188	5 839	9 167
工艺品及其他制造业	7 503	2 723	5 426	7 957
废弃资源和废旧材料回收加工业	10 771		6 561	13 313
电力、燃气及水的生产和供应业	**22 974**	**20 877**	**13 057**	**33 200**
电力、热力的生产和供应业	25 350	23 022	13 429	35 129
燃气生产和供应业	14 062	13 826		15 004
水的生产和供应业	13 514	13 527	6 520	13 592
建筑业	**11 815**	**15 680**	**8 743**	**9 899**
房屋和土木工程建筑业	11 274	15 331	8 698	9 436
建筑安装业	16 253	17 793	9 605	15 609
建筑装饰业	10 561	6 141	7 049	15 635
其他建筑业	10 168	11 267	8 311	9 771
交通运输、仓储和邮政业	**16 183**	**16 489**	**9 428**	**16 268**
铁路运输业	16 354	16 234	18 399	21 370
道路运输业	11 720	12 268	8 148	10 300
城市公共交通业	10 479	10 458	6 789	12 037
水上运输业	39 662	40 281		36 112
航空运输业	25 381	27 303		17 669
管道运输业	53 131	35 627		71 472
装卸搬运和其他运输服务业	11 043	13 377	6 836	10 501
仓储业	12 578	12 633	4 423	15 976
邮政业	16 961	16 961		
信息传输、计算机服务和软件业	**27 176**	**27 616**	**11 730**	**26 562**
电信和其他信息传输服务业	27 579	27 965	9 500	27 046
计算机服务业	9 520	8 978	19 587	7 528
软件业	13 314	12 443	9 500	14 918
批发和零售业	**8 523**	**9 577**	**6 381**	**8 166**
批发业	9 519	10 554	7 152	8 641
零售业	7 376	7 933	5 591	7 889
住宿和餐饮业	**9 324**	**9 379**	**7 539**	**9 758**
住宿业	9 801	9 764	7 289	10 926
餐饮业	8 216	7 772	7 900	8 682
金融业	**21 750**	**23 884**	**15 741**	**25 732**
银行业	22 344	24 895	15 806	29 895
证券业	23 867	22 219		25 808
保险业	17 411	16 488		18 613
其他金融活动	14 702	19 121	8 872	18 800
房地产业	**14 127**	**15 347**	**11 749**	**12 041**
#房地产开发经营	12 619	13 050	11 758	12 152
物业管理	15 061	16 932	11 150	11 907
房地产中介服务	11 845	11 864		10 273
租赁和商务服务业	**11 962**	**12 992**	**10 446**	**11 062**
租赁业	10 593	11 596	9 195	12 359
商务服务业	11 985	13 000	10 482	11 012

分细行业在岗职工平均工资(续二)

Average Wage of Staff and Workers by Sector in Detail

(2005年)　　单位:元

项　　目	在岗职工平均工资	国有单位	城镇集体单位	其他单位
科学研究、技术服务和地质勘查业	**22 403**	**22 905**	**9 138**	**14 409**
研究与试验发展	28 146	28 068		34 710
自然科学研究与试验发展	31 953	31 953		
工程和技术研究与试验发展	32 125	32 069		34 710
农业科学研究与试验发展	18 750	18 750		
医学研究与试验发展	15 700	15 700		
社会人文科学研究与试验发展	17 976	17 976		
专业技术服务业	17 950	18 575	9 346	13 894
#气象服务	15 377	15 377		
地震服务	21 167	21 167		
海洋服务	19 714	19 714		
测绘服务	15 852	15 852		
技术检测	16 254	16 299	7 500	12 556
环境监测	16 302	16 302		
工程技术与规化管理	18 531	19 786	10 124	13 964
科技交流和推广服务业	13 658	13 633	10 765	15 772
地质勘查业	25 248	25 381	6 486	5 408
水利、环境和公共设施管理业	**12 011**	**12 200**	**7 149**	**11 156**
水利管理业	13 082	13 309	7 582	4 932
环境管理业	10 148	9 928	6 459	15 194
公共设施管理业	12 933	13 423	7 725	9 361
居民服务和其他服务业	**18 753**	**20 947**	**11 550**	**9 382**
居民服务业	11 694	12 973	9 523	8 278
其他服务业	21 030	23 135	12 100	15 837
教　育	**14 513**	**14 515**	**13 520**	**8 716**
#初等教育	13 107	13 109		7 436
中等教育	14 457	14 453	20 177	
高等教育	22 553	22 553		
卫生、社会保障和社会福利业	**15 266**	**15 688**	**9 574**	**9 987**
卫　生	15 306	15 751	9 570	9 987
社会保障业	14 796	14 796		
社会福利业	14 110	14 139	10 700	
文化、体育和娱乐业	**14 591**	**15 136**	**8 462**	**8 037**
新闻出版业	23 157	23 271	12 924	
广播、电影、电视和音像业	13 231	13 392	5 871	6 161
文化艺术业	13 458	14 101	8 425	
体　育	14 533	15 110		6 125
娱乐业	9 697	10 247	6 567	8 848
公共管理和社会组织	**14 776**	**14 779**	**12 855**	
#中国共产党机关	15 959	15 959		
国家机构	14 748	14 751	12 855	
人民政协和民主党派	17 669	17 669		
群众团体、社会团体和宗教组织	15 564	15 564		

主要年份全社会固定资产投资

Total Investment in Fixed Assets in Main Years

指　　标	1990年	1995年	2000年	2004年	2005年
投资总额(亿元)	**177.21**	**939.32**	**1 847.23**	**3 251.65**	**4 210.25**
按经济类型分					
国有经济	110.98	415.61	827.66	1 020.93	1 215.51
集体经济	21.18	252.51	507.68	676.27	786.87
城　镇	5.80	34.36	63.92	116.13	192.39
农　村	15.38	218.15	443.76	560.14	594.48
个体经济	45.05	163.00	310.58	478.58	712.71
城　镇	2.12	30.22	118.90	261.93	475.26
农　村	42.93	132.77	191.68	216.65	237.45
联营经济			9.34	25.91	22.65
股份制经济			89.21	763.84	1 096.92
港澳台商投资经济			20.01	120.23	161.20
外商投资经济			38.97	100.93	106.89
其他经济			5.90	64.97	107.51
按资金来源分					
国家预算内投资	13.47	19.91	65.34	89.28	102.72
国内贷款	34.96	146.54	321.19	495.11	569.35
利用外资	7.88	56.82	36.79	61.35	84.73
自筹投资	94.51	557.87	1 185.43	2 259.56	3 024.11
其他投资	26.39	158.18	238.48	420.79	449.86
按构成分					
建筑安装工程	99.76	542.84	1 145.57	1 898.02	2 442.38
设备工器具购置	62.05	318.18	487.35	947.76	1 280.11
其他费用	15.40	78.30	214.31	405.87	487.76
按三次产业分					
第一产业	15.68	64.28	88.96	192.67	224.25
第二产业	91.10	470.13	784.34	1 431.44	1 971.88
第三产业	70.43	404.91	973.93	1 627.54	2 014.11
房屋建筑面积(万平方米)					
施工面积	4 662.40	9 858.77	13 473.63	16 452.29	18 061.61
竣工面积	3 924.42	7 762.93	10 512.58	10 922.70	11 283.61
#住　宅	3 045.15	4 215.38	6 842.97	6 261.29	6 424.85

注:1.1990年房地产开发投资只包括商品房投资,不包括土地开发投资。2.1999年城镇个人投资包括城镇私营个体投资。3.2003年及以后资金来源分组为财务拨款数。

按经济类型分全社会固定资产投资

Total Investment in Fixed Assets by Ownership

（2005 年）

指　　标	总　计	国有经济	集体经济	#农　村	私营个体	#农　村
投资总额(亿元)	**4 210.25**	**1 215.51**	**786.87**	**594.48**	**712.71**	**237.45**
按隶属关系分						
中　央	290.11	163.91				
地　方	3 920.13	1 051.59	786.87	594.48	712.71	237.45
按构成分						
建筑安装工程	2 442.38	820.55	383.94	250.12	445.23	142.52
设备工器具购置	1 280.11	238.37	323.76	291.00	192.10	84.06
其他费用	487.76	156.58	79.17	53.35	75.38	10.87
按三次产业分						
第一产业	224.25	32.81	96.99	96.36	75.91	69.41
第二产业	1 971.88	394.78	385.70	312.05	232.80	20.25
第三产业	2 014.11	787.91	304.18	188.80	404.00	147.79
房屋建筑面积(万平方米)						
施工面积	18 061.61	2 723.27	3 436.34	2 581.72	7 364.65	4 315.11
竣工面积	11 283.61	1 110.00	2 772.06	2 376.00	5 646.00	3 878.84
#住　宅	6 424.85	420.84	472.02	274.92	4 736.55	3 587.64

指　　标	联营经济	股份制经济	港澳台商投资经济	外商投资经　济	其他经济
投资总额(亿元)	**22.65**	**1 096.92**	**161.20**	**106.89**	**107.51**
按隶属关系分					
中　央	0.02	116.94	8.86	0.01	0.25
地　方	22.62	979.98	152.34	106.88	107.26
按构成分					
建筑安装工程	14.62	594.83	63.99	46.88	72.33
设备工器具购置	6.01	360.37	86.07	53.15	20.29
其他费用	2.02	141.72	11.14	6.86	14.89
按三次产业分					
第一产业	1.05	14.47	0.05	0.48	2.49
第二产业	9.56	712.60	103.42	89.32	43.71
第三产业	12.04	369.85	57.74	17.09	61.30
房屋建筑面积(万平方米)					
施工面积	182.95	3 361.23	252.65	163.62	576.90
竣工面积	24.00	1 373.58	73.70	46.66	237.61
#住　宅	0.23	636.84	35.60	13.04	109.73

按城乡分全社会固定资产投资

Total Investment in Fixed Assets of Rural and Urban Area

(1978—2005年)

年份	完成投资(亿元)			比上年增长(%)		
	全社会投资总额	城镇	农村	全社会投资总额	城镇	农村
1978	37.05	37.05		24.0	24.0	
1979	37.95	37.95		2.4	2.4	
1980	37.16	37.16		-2.1	-2.1	
"六五"时期	**401.08**	**233.71**	**167.37**	**20.6**	**7.8**	
1981	53.31	30.73	22.58	43.5	-17.3	
1982	78.09	41.18	36.91	46.5	34.0	63.5
1983	74.34	43.79	30.55	-4.8	6.3	-17.2
1984	84.68	50.86	33.82	13.9	16.1	10.7
1985	110.66	67.15	43.51	30.7	32.0	28.7
"七五"时期	**864.33**	**528.34**	**335.99**	**15.3**	**15.5**	**14.9**
1986	131.30	82.05	49.25	18.7	22.2	13.2
1987	152.01	92.97	59.04	15.8	13.3	19.9
1988	210.85	123.37	87.48	38.7	32.7	48.2
1989	192.96	111.04	81.92	-8.5	-10.0	-6.4
1990	177.21	118.91	58.30	-8.2	7.1	-28.8
"八五"时期	**2 764.95**	**1 767.18**	**997.77**	**40.7**	**38.8**	**44.2**
1991	240.45	138.66	101.79	35.7	16.6	74.6
1992	335.79	217.94	117.85	39.7	57.2	15.8
1993	540.20	360.31	179.89	60.9	65.3	52.6
1994	709.19	461.87	247.32	31.3	28.2	-26.4
1995	939.32	588.40	350.92	32.4	27.4	41.9
"九五"时期	**7 954.03**	**5 035.95**	**2 918.08**	**18.1**	**18.5**	**17.4**
1996	1 187.70	717.73	469.97	26.4	22.0	33.9
1997	1 469.99	880.65	589.34	23.8	22.7	25.4
1998	1 651.15	1 041.43	609.72	12.3	18.3	3.5
1999	1 797.96	1 184.35	613.61	8.9	13.7	0.6
2000	1 847.23	1 211.79	635.44	2.7	2.3	3.6
"十五"时期	**13 966.34**	**10 320.08**	**3 646.26**	**14.1**	**18.3**	**4.6**
2001	1 941.90	1 282.53	659.37	5.1	5.8	3.8
2002	2 046.69	1 373.69	673.00	5.4	7.1	2.1
2003	2 515.86	1 810.68	705.18	22.9	31.8	7.6
2004	3 251.65	2 474.87	776.78	29.2	39.7	10.2
2005	4 210.25	3 378.32	831.93	29.5	36.5	7.1

注:各时期为平均增长速度。

分行业全社会固定资产投资

Total Investment in Fixed Assets by Sector

单位:万元

行业	2005年			2004年		
	全社会投资总额	城镇	农村	全社会投资总额	城镇	农村
全省总计	**42 102 474**	**33 783 207**	**8 319 267**	**32 516 504**	**24 748 672**	**7 767 832**
农、林、牧、渔业	2 242 518	612 073	1 630 445	1 926 721	448 041	1 478 680
采矿业	1 340 758	1 195 437	145 321	597 259	472 811	124 448
制造业	14 864 148	11 795 736	3 068 412	10 998 920	8 251 346	2 747 574
电力、燃气及水的生产和供应业	3 289 548	3 204 258	85 290	2 022 021	1 912 301	109 720
建筑业	224 390	200 410	23 980	696 223	596 854	99 369
交通运输、仓储和邮政业	4 204 527	3 518 754	685 773	2 710 148	2 172 385	537 763
信息传输、计算机服务和软件业	684 972	664 194	20 778	660 910	631 478	29 432
批发和零售业	1 590 012	1 249 218	340 794	973 887	710 420	263 467
住宿和餐饮业	323 141	292 824	30 317	211 877	177 240	34 637
金融业	46 339	41 550	4 789	31 815	26 529	5 286
房地产业	6 889 889	5 486 872	1 403 017	5 904 232	4 540 230	1 364 002
租赁和商务服务业	318 736	300 085	18 651	370 601	321 398	49 203
科学研究、技术服务和地质勘查业	475 973	475 597	376	346 546	346 060	486
水利、环境和公共设施管理业	1 712 262	1 603 775	108 487	1 497 223	1 375 334	121 889
居民服务和其他服务业	194 964	61 519	133 445	169 146	33 195	135 951
教育	1 152 484	943 136	209 348	1 123 551	911 984	211 567
卫生、社会保障和社会福利业	436 488	331 276	105 212	379 553	299 210	80 343
文化、体育和娱乐业	284 522	220 373	64 149	318 278	258 598	59 680
公共管理和社会组织	1 826 803	1 586 120	240 683	1 577 596	1 263 258	314 338

城镇建设项目固定资产投资

Investment in Capital Construction Projects in Urban Area

指　　标	2005年	2004年
投资总额(万元)	**29 162 424**	**20 640 892**
＃住　宅	1 663 112	1 527 403
按隶属关系分		
中　央	2 887 335	1 708 323
地　方	26 275 089	18 932 569
按产业分		
第一产业	612 073	448 041
第二产业	16 395 841	11 233 312
第三产业	12 154 510	8 959 539
按登记注册类型分		
内　资	26 716 506	18 583 263
国　有	11 587 793	9 767 829
集　体	1 561 956	948 641
股份合作	304 639	131 271
联　营	353 189	309 282
国有联营	111 620	39 706
集体联营	15 090	10 438
国有与集体联营	11 724	22 779
其他联营	214 755	236 359
有限责任公司	6 397 604	4 048 194
国有独资公司	300 108	174 558
其他有限责任公司	6 097 496	3 873 636
股份有限公司	2 877 198	2 099 533
私　营	2 573 060	657 495
其　他	1 061 067	621 018
港、澳、台商投资企业	1 408 006	941 153
外商投资	968 896	1 072 685
个体经营	69 016	43 791

城镇建设项目固定资产投资(续)

Investment in Capital Construction Projects in Urban Area

指　　标	2005年	2004年
按项目规模分		
亿元及以上项目投资	15 680 028	10 559 946
亿元以下项目投资	13 482 396	10 080 946
按农轻重工业分		
农　业	612 073	448 041
轻工业	3 736 695	2 410 869
重工业	12 458 736	8 196 346
按主要行业分		
能源工业	4 172 805	2 495 757
交通运输	3 424 134	2 099 157
教　　育	943 136	911 984
科学研究	289 895	223 103
按资金来源分		
国家预算内资金	793 625	671 699
国内贷款	3 962 294	3 286 941
债　　券	21 182	43 789
利用外资	748 327	565 158
自筹资金	21 557 079	14 784 392
其他资金	2 069 081	1 677 038
本年新增固定资产(万元)	**18 048 126**	**13 716 798**
固定资产交付使用率(%)	**61.9**	**66.5**
房屋建筑面积(万平方米)		
施工面积	6 434.17	5 411.98
#住　宅	1 946.22	1 819.92
竣工面积	2 989.18	2 571.78
#住　宅	840.44	865.33
竣工房屋价值(万元)	2 941 091	2 334 975
#住　宅	751 139	731 918

城镇建设项目分行业固定资产投资

Investment in Capital Construction Projects in Urban Area by Sector

（2005 年） 单位：万元

行业	投资总额	按建设性质分			按构成分		
		#新建	#扩建	#改建和技术改造	#建筑工程	#安装工程	#设备工器具购置
全省总计	**29 162 424**	**18 591 645**	**6 331 705**	**2 807 601**	**14 626 024**	**2 177 573**	**9 017 678**
农、林、牧、渔业	**612 073**	**457 722**	**122 723**	**19 966**	**283 373**	**24 903**	**93 950**
农业	144 642	125 578	9 445	3 079	71 630	4 624	18 885
林业	117 647	87 271	21 831	7 925	52 244	1 311	2 655
畜牧业	222 147	142 841	73 429	3 495	99 106	11 759	51 947
渔业	12 000	11 700	300		3 677	875	2 325
农、林、牧、渔服务业	115 637	90 332	17 718	5 467	56 716	6 334	18 138
采矿业	**1 195 437**	**517 519**	**527 240**	**127 570**	**601 954**	**69 975**	**420 534**
煤炭开采和洗选业	433 600	141 386	202 059	73 537	163 858	33 161	191 897
石油和天然气开采业	248 932	4 409	234 230	10 293	222 206	3 621	17 369
黑色金属矿采选业	411 327	293 974	77 042	34 711	183 851	24 471	162 715
有色金属矿采选业	45 285	33 012	7 273	5 000	17 958	3 540	21 024
非金属矿采选业	54 843	43 938	6 636	3 379	13 969	5 022	26 451
其他采矿业	1 450	800		650	112	160	1 078
制造业	**11 795 736**	**6 465 804**	**2 791 661**	**1 592 697**	**4 029 672**	**842 058**	**5 807 181**
农副食品加工业	343 123	248 533	56 701	23 733	127 065	22 570	153 958
食品制造业	390 400	223 952	124 499	20 336	133 080	29 118	195 413
饮料制造业	145 459	90 318	30 845	9 886	49 846	5 640	66 470
烟草制品业	17 243	3 500		8 993	6 953	68	6 926
纺织业	687 836	355 279	168 794	118 024	215 456	34 708	381 083
纺织服装、鞋、帽制造业	159 690	81 058	36 752	14 085	63 255	7 300	74 552
皮革、毛皮、羽绒及其制品业	147 157	93 350	33 180	17 165	67 846	8 243	46 972
木材加工及竹、藤、棕、草制品业	153 949	82 829	67 100	3 550	34 816	5 848	94 621
家具制造业	159 823	104 833	39 810	10 880	72 502	9 071	57 557
造纸及纸制品业	383 901	240 291	75 205	30 730	79 322	53 470	220 943
印刷业和记录媒介的复制	102 962	45 311	31 793	3 758	41 655	10 047	37 337
文教体育用品制造业	23 312	10 790	7 600	3 682	5 996	2 206	13 309
石油加工、炼焦业及核燃料加工业	553 303	321 631	95 747	79 160	193 256	53 494	246 030
化学原料及化学制品制造业	902 026	463 979	244 372	163 660	298 233	73 814	440 433
医药制造业	458 944	310 151	69 480	46 782	185 580	44 808	185 409
化学纤维制造业	28 139	22 300	1 370	4 319	10 450	3 032	11 841
橡胶制品业	208 637	116 132	24 665	47 027	49 510	8 691	116 089
塑料制品业	392 405	296 282	69 095	18 600	141 260	13 862	187 679
非金属矿物制品业	840 356	519 795	207 854	79 145	273 084	62 600	423 736
黑色金属冶炼及压延加工业	2 812 998	1 027 820	828 803	544 901	919 843	211 070	1 526 722
有色金属冶炼及压延加工业	119 763	63 716	33 150	16 730	39 448	7 526	62 226
金属制品业	765 495	527 561	140 708	63 942	257 014	62 270	375 718
通用设备制造业	626 700	416 647	89 461	80 379	256 681	27 956	264 250

城镇建设项目分行业固定资产投资(续一)

Investment in Capital Construction Projects in Urban Area by Sector

(2005 年)　　单位:万元

行　　业	投资总额	按建设性质分			按　构　成　分		
		#新　建	#扩　建	#改建和技术改造	#建筑工程	#安装工程	#设备工器具购置
专用设备制造业	336 189	160 748	96 354	67 438	131 535	22 116	146 739
交通运输设备制造业	461 437	270 561	106 349	69 982	184 284	33 108	185 637
电气机械及器材制造业	302 565	218 720	57 611	17 862	94 237	12 438	159 421
通信设备、计算机及电子设备制造业	122 417	67 356	22 546	8 298	32 901	4 483	65 407
仪器仪表及文化、办公用机械制造业	62 761	31 783	15 618	7 250	17 895	6 379	33 014
工艺品及其他制造业	69 956	45 918	14 399	2 070	36 208	5 192	22 358
废弃资源和废旧材料回收加工业	16 790	4 660	1 800	10 330	10 461	930	5 331
电力、煤气及水的生产和供应业	**3 204 258**	**2 079 297**	**877 149**	**217 557**	**923 718**	**629 699**	**1 281 081**
电力、热力的生产和供应业	2 828 692	1 797 316	813 724	197 080	740 586	560 027	1 197 174
燃气生产和供应业	108 278	88 889	18 662	727	47 582	22 193	30 809
水的生产和供应业	267 288	193 092	44 763	19 750	135 550	47 479	53 098
建筑业	**200 410**	**161 740**	**13 899**	**8 229**	**131 288**	**6 453**	**44 800**
房屋和土木工程建筑业	184 757	148 045	13 754	7 899	123 474	6 045	39 963
建筑安装业	7 679	7 599	80		4 449		2 140
建筑装饰业	6 333	4 555	65	330	2 990	200	2 113
其他建筑业	1 641	1 541			375	208	584
交通运输、仓储及邮政业	**3 518 754**	**2 283 492**	**771 121**	**373 221**	**2 757 344**	**35 156**	**348 000**
铁路运输业	60 596	45 542		6 954	41 659	292	17 465
道路运输业	2 405 175	1 680 530	307 878	355 044	1 999 853	9 999	78 904
城市公共交通业	60 576	30 617	25 180	1 643	53 280	500	5 406
水上运输业	833 183	436 322	387 891	8 970	566 245	12 886	216 302
航空运输业	23 007	400	5 107		3 571		17 500
管道运输业	23 500	11 000	12 500		15 500	6 000	
装卸搬运和其他运输服务业	18 097	6 940	11 157		13 560	60	4 477
仓储业	90 641	69 591	20 200	610	61 447	5 389	7 946
邮政业	3 979	2 550	1 208		2 229	30	
信息传输、计算机服务和软件业	**664 194**	**483 195**	**161 789**	**11 425**	**117 970**	**178 035**	**349 439**
电信和其他信息传输服务业	637 218	456 509	161 789	11 225	106 217	171 835	345 041
计算机服务业	2 647	2 447		200	1 504		693
软件业	24 329	24 239			10 249	6 200	3 705
批发和零售业	**1 249 218**	**1 001 400**	**138 700**	**76 725**	**885 950**	**72 540**	**117 161**
批发业	416 710	323 978	56 268	21 761	301 838	21 222	46 488
零售业	832 508	677 422	82 432	54 964	584 112	51 318	70 673
住宿和餐饮业	**292 824**	**217 135**	**32 094**	**36 508**	**194 727**	**35 054**	**30 079**
住宿业	151 923	119 191	15 738	11 914	113 405	12 310	10 969
餐饮业	140 901	97 944	16 356	24 594	81 322	22 744	19 110
金融业	**41 550**	**17 505**	**10 304**	**1 137**	**25 281**	**1 215**	**11 424**
银行业	34 083	12 425	8 804	750	19 694	1 115	10 924

城镇建设项目分行业固定资产投资(续二)

Investment in Capital Construction Projects in Urban Area by Sector

(2005年) 单位:万元

行业	投资总额	按建设性质分			按构成分		
		#新建	#扩建	#改建和技术改造	#建筑工程	#安装工程	#设备工器具购置
证券业	600	100			100		500
保险业	5 897	4 010	1 500	387	5 187	100	
其他金融活动	970	970			300		
房地产业	**866 089**	**768 668**	**46 886**	**13 300**	**687 280**	**22 322**	**10 515**
房地产业	866 089	768 668	46 886	13 300	687 280	22 322	10 515
租赁和商务服务业	**300 085**	**275 685**	**6 905**	**15 095**	**180 736**	**69 215**	**8 094**
租赁业	590	590			310		210
商务服务业	299 495	275 095	6 905	15 095	180 426	69 215	7 884
科学研究、技术服务和地质勘查业	**475 597**	**251 277**	**218 581**	**3 545**	**161 746**	**11 599**	**208 660**
研究与试验发展	130 299	96 181	29 479	3 445	88 327	7 234	31 169
专业技术服务业	112 400	100 100	12 100	100	34 292	3 134	5 472
科技交流和推广服务业	47 196	46 696			22 700	460	4 075
地质勘查业	185 702	8 300	177 002		16 427	771	167 944
水利、环境和公共设施管理业	**1 603 775**	**1 167 615**	**238 565**	**174 740**	**1 261 688**	**42 414**	**61 596**
水利管理业	322 980	233 960	41 293	47 150	270 685	4 237	6 266
环境管理业	196 869	156 534	26 743	3 438	158 131	5 350	15 539
公共设施服务业	1 083 926	777 121	170 529	124 152	832 872	32 827	39 791
居民服务和其他服务业	**61 519**	**39 638**	**12 290**	**5 821**	**40 941**	**3 368**	**10 290**
居民服务业	33 869	17 818	9 080	4 391	22 212	2 152	6 895
其他服务业	27 650	21 820	3 210	1 430	18 729	1 216	3 395
教育	**943 136**	**651 999**	**176 396**	**34 443**	**721 223**	**27 419**	**50 969**
教育	943 136	651 999	176 396	34 443	721 223	27 419	50 969
卫生、社会保障和社会福利业	**331 276**	**228 308**	**59 289**	**17 375**	**216 920**	**13 979**	**62 642**
卫生	311 647	211 432	57 795	17 375	204 311	13 522	61 309
社会保障业	4 718	4 278			4 252	13	440
社会福利业	14 911	12 598	1 494		8 357	444	893
文化、体育和娱乐业	**220 373**	**181 398**	**24 315**	**9 742**	**162 848**	**13 176**	**13 761**
新闻出版业	12 574	10 484	2 090		10 878	653	669
广播、电视、电影和音像业	17 468	15 628	820		10 903	842	2 294
文化艺术业	43 182	28 471	12 401	2 180	33 990	882	2 976
体育	10 069	3 475	5 094	1 500	7 839	990	720
娱乐业	137 080	123 340	3 910	6 062	99 238	9 809	7 102
公共管理和社会组织	**1 586 120**	**1 342 248**	**101 798**	**68 505**	**1 241 365**	**78 993**	**87 502**
中国共产党机关	14 568	4 686	3 512	5 820	7 368	1 663	2 877
国家机构	1 034 726	829 567	80 956	60 045	789 794	40 515	75 016
人民政协和民主党派							
群众团体、社会团体和宗教组织	10 507	4 717	4 700	390	9 207	110	850
基层群众自治组织	526 319	503 278	12 630	2 250	434 996	36 705	8 759

主要年份国有单位固定资产投资

Investment in Fixed Assets of State-owned Units in Main Years

年份	投资总额（亿元）			
		建设项目投资	# 国家预算内投资	房地产开发
1978	36.69	36.69	23.69	
1980	36.17	36.17	18.57	
1985	62.64	62.64	15.10	
1986	76.28	76.28	18.02	
1987	86.36	86.36	18.43	
1988	111.35	111.35	17.10	
1989	101.25	101.25	14.89	
1990	110.98	107.10	12.24	3.88
1991	127.97	122.50	11.81	5.47
1992	200.39	189.07	12.78	11.32
1993	295.29	275.86	15.60	19.43
1994	336.16	312.78	12.61	23.38
1995	415.61	390.19	14.59	25.42
1996	506.07	481.50	15.24	24.57
1997	640.71	613.80	17.70	26.91
1998	725.85	690.17	23.02	35.68
1999	823.18	779.26	34.31	43.93
2000	827.66	783.90	32.04	43.76
2001	773.63	720.13	50.87	53.49
2002	720.51	672.66	26.09	47.85
2003	829.12	788.81	35.45	40.31
2004	1 020.93	998.21	57.44	22.72
2005	1 174.13	1 158.78	77.54	15.35

注：国有建设项目2004年及以前包括国有基本建设项目、国有更新改造项目和国有其他固定资产投资项目。2005年为城镇国有建设项目。国家预算内投资2004年及以前为国有基本建设项目。

城镇建设项目新增主要产品生产能力(效益)

Newly Increased Production Capacity(Efficiency) through Capital Construction Projects in Urban Area

(2005年)

能力(效益)名称	单　位	数　量	能力(效益)名称	单　位	数　量
原煤开采	万吨/年	713	输电线路长度(11万伏及以上)	公　里	2 217.09
洗　　煤	万吨/年	898	变电设备能力(11万伏及以上)	万千伏安	1 130.86
焦　　炭	万吨/年	883	水　　泥	万吨/年	561
天然原油开采	万吨/年	44	平板玻璃	万重量箱/年	559.47
石油加工　蒸馏设备	处理万吨/年	10	石墨及炭素制品	吨/年	800
裂化设备能力	处理万吨/年	4	胶合板	万立方米/年	18.75
焦化设备能力	万吨/年	10	纤维板	万立方米/年	34
加氢精制设备能力	处理万吨/年	100	刨花板	万立方米/年	3.3
润滑油(综合能力)	万吨/年	2	硫　　酸	吨/年	320 000
铁矿石原矿开采	万吨/年	1 944.01	烧　　碱	吨/年	30 000
铁矿选矿处理量	万吨/年	1 901.7	合成氨	吨/年	85 100
铁矿石成品矿	万吨/年	812.3	农用氮磷钾化学肥料		
炼　　铁	万吨/年	939.92	氮　　肥	吨/年	300 020
炼　　钢	万吨/年	827	磷　　肥	吨/年	11 050
平炉钢	万吨/年	60	化学农药	吨/年	2 900
转炉钢	万吨/年	345	丙　　烯	吨/年	100 000
电炉钢	万吨/年	5	纯　　苯	吨/年	40
连铸坯	万吨/年	355	精 甲 醇	吨/年	1 006
钢　　材			油　　漆	吨/年	2 500
热轧钢材	万吨/年	814.51	染　　料	吨/年	2 100
冷轧钢材	万吨/年	699	塑料树脂及共聚物	吨/年	57 800
锻压钢材	万吨/年	72	合成橡胶	吨/年	2 520
挤压钢材	万吨/年	5	合成纤维聚合物	吨/年	1 500
铜冶炼	吨/年	32 200	轮胎外胎	万条/年	52
#电解铜	吨/年	19 500	轮胎内胎	万条/年	25
铅锌选矿　处理原矿	万吨/年	5	化学原料药	吨/年	23 263
铅冶炼	吨/年	15 000	中成药	吨/年	2 989.4
#电解铅	吨/年	15 000	原电池(折一号电池)	万　只	9 080
铅加工	吨/年	152	内燃机制造	台/年	100 000
金采矿(原矿)	万吨/年	150	金属切削机床制造	台/年	240
金选矿　(1)处理原矿	吨/年	150	汽车制造		
(2)金含量	公斤/年	20	载货汽车制造	辆/年	25 000
发电机组装机容量			客车制造	辆/年	20 000
火力发电	万千瓦	239.4	其他汽车制造	辆/年	500
其他发电	万千瓦	7.4			

城镇建设项目新增主要产品生产能力(效益)(续)

Newly Increased Production Capacity(Efficiency) through Capital Construction Projects in Urban Area

(2005 年)

能力(效益)名称	单　位	数　量	能力(效益)名称	单　位	数　量
摩托车制造	辆/年	36 000	新(扩)建客、货运站	个	2
化学纤维	吨/年	2 100		平方米	13 706
棉纺锭	锭	656 540	耕地面积	万　亩	2.11
食用植物油	日处理原料:吨	197	造林面积	万　亩	171.15
	日精炼油:吨	44.7	水库容量(总库容)	亿立方米	0.35
机制糖	日处理原料:吨	7 500	有效灌溉面积	万　亩	41.91
	年生产糖:吨	500	除涝面积	万　亩	1.65
乳制品			商业冷藏库	万　吨	3.15
奶 粉	吨/年	28 650	粮食仓库	万公斤	20 450
其他乳制品	吨/年	0.8		平方米	33 654
酒			高等院校　学生席位	个	19 250
啤　酒	万吨/年	34	建筑面积	平方米	268 256
白　酒	万吨/年	5.12	中等学校　学生席位	个	100 248
其他酒	万吨/年	0.7	建筑面积	平方米	749 938
机制纸	万吨/年	11.5	小 学 校　学生席位	个	41 326
自行车	万辆/年	61.2	建筑面积	平方米	171 420
移动通信基站设备	信道/年	1 773	其他院校　学生席位	个	7 010
程控交换机	万线/年	359.53	建筑面积	平方米	32 432
新建公路	公　里	2 589.44	医院病床	张	6 854
#高速公路	公　里	463.38	宾馆、旅馆、招待所客房数	间	2 028
一级公路	公　里	63.3		平方米	112 187
二级公路	公　里	593.21	城市自来水供水能力	万吨/日	51.08
改建公路	公　里	2 148.77	城市自来水管道长度	公　里	339.57
#一级公路	公　里	169.76	城市天然气储气能力	万立方米/日	11.61
二级公路	公　里	1 287.14	城市供热能力　蒸汽	吨/小时	130.2
新建独立公路桥梁	延长米	258	热水	兆瓦/小时	135
	座	7	城市公共交通车辆购置	辆	259
新建独立公路隧道	延长米	2 045	城市道路扩建长度	公　里	161.49
	座	1	城市道路扩建面积	万平方米	382.71
新(扩)建港口码头	年吞吐量:万吨	3 000	城市排水管道铺设长度	公　里	155.95
	泊位:个	1	城市污水处理能力	万吨/日	62.4
#新(扩)建沿海港口码头	年吞吐量:万吨	3 000	城市永久性桥梁	座	4
	泊位:个	1	城市防洪堤长度	公　里	20.55

分行业城镇建设项目施工、投产个数和新增固定资产

Number of Capital Construction Projects in Urban Area under Construction and Put into Use and Newly Increased Fixed Assets by Sector

(2005年)

行业	施工项目个数（个）	本年投产项目个数（个）	建设项目投产率（%）	本年完成投资（万元）	本年新增固定资产（万元）	固定资产交付使用率（%）
全省总计	**13 272**	**7 645**	**57.60**	**29 162 424**	**18 048 126**	**61.89**
农、林、牧、渔业	**657**	**407**	**61.95**	**612 073**	**451 070**	**73.70**
农业	124	74	59.68	144 642	112 305	77.64
林业	129	90	69.77	117 647	88 320	75.07
畜牧业	185	116	62.70	222 147	164 500	74.05
渔业	9	4	44.44	12 000	3 300	27.50
农、林、牧、渔服务业	210	123	58.57	115 637	82 645	71.47
采矿业	**463**	**251**	**54.21**	**1 195 437**	**898 166**	**75.13**
煤炭开采和洗选业	149	73	48.99	433 600	321 505	74.15
石油和天然气开采业	8	4	50.00	248 932	180 388	72.46
黑色金属矿采选业	200	118	59.00	411 327	348 295	84.68
有色金属矿采选业	22	11	50.00	45 285	18 220	40.23
非金属矿采选业	82	44	53.66	54 843	29 658	54.08
其他采矿业	2	1	50.00	1 450	100	6.90
制造业	**5 259**	**3 022**	**57.46**	**11 795 736**	**7 646 913**	**64.83**
农副食品加工业	246	163	66.26	343 123	368 262	107.33
食品制造业	179	112	62.57	390 400	268 043	68.66
饮料制造业	86	46	53.49	145 459	103 026	70.83
烟草制品业	4	1	25.00	17 243	8 165	47.35
纺织业	396	199	50.25	687 836	494 684	71.92
纺织服装、鞋、帽制造业	106	69	65.09	159 690	122 492	76.71
皮革、毛皮、羽绒及其制品业	61	31	50.82	147 157	82 542	56.09
木材加工及竹、藤、棕、草制品业	94	67	71.28	153 949	110 757	71.94
家具制造业	134	102	76.12	159 823	129 937	81.30
造纸及纸制品业	147	80	54.42	383 901	209 519	54.58
印刷业和记录媒介的复制	69	51	73.91	102 962	80 571	78.25
文教体育用品制造业	22	16	72.73	23 312	17 992	77.18
石油加工、炼焦业及核燃料加工业	91	54	59.34	553 303	222 654	40.24
化学原料及化学制品制造业	550	274	49.82	902 026	609 131	67.53
医药制造业	157	90	57.32	458 944	313 118	68.23
化学纤维制造业	16	7	43.75	28 139	10 339	36.74
橡胶制品业	111	75	67.57	208 637	123 733	59.31
塑料制品业	202	147	72.77	392 405	256 951	65.48
非金属矿物制品业	507	299	58.97	840 356	560 726	66.72
黑色金属冶炼及压延加工业	473	146	30.87	2 812 998	1 565 797	55.66
有色金属冶炼及压延加工业	72	45	62.50	119 763	79 838	66.66
金属制品业	405	281	69.38	765 495	547 627	71.54
通用设备制造业	410	273	66.59	626 700	432 457	69.01
专用设备制造业	214	120	56.07	336 189	219 677	65.34

分行业城镇建设项目施工、投产个数和新增固定资产(续一)

Number of Capital Construction Projects in Urban Area under Construction and Put into Use and Newly Increased Fixed Assets by Sector

(2005 年)

行业	施工项目个数(个)	本年投产项目个数(个)	建设项目投产率(%)	本年完成投资(万元)	本年新增固定资产(万元)	固定资产交付使用率(%)
交通运输设备制造业	200	109		461 437	384 669	83.36
电气机械及器材制造业	154	74	48.05	302 565	147 453	48.73
通信设备、计算机及电子设备制造业	59	32	54.24	122 417	82 411	67.32
仪器仪表及文化、办公用机械制造业	26	12	46.15	62 761	39 269	62.57
工艺品及其他制造业	58	38	65.52	69 956	47 113	67.35
废弃资源和废旧材料回收加工业	10	9	90.00	16 790	7 960	47.41
电力、煤气及水的生产和供应业	**567**	**291**	**51.32**	**3 204 258**	**1 804 615**	**56.32**
电力、热力的生产和供应业	409	209	51.10	2 828 692	1 611 189	56.96
燃气生产和供应业	52	34	65.38	108 278	78 322	72.33
水的生产和供应业	106	48	45.28	267 288	115 104	43.06
建筑业	**293**	**197**	**67.24**	**200 410**	**174 950**	**87.30**
房屋和土木工程建筑业	277	185	66.79	184 757	164 317	88.94
建筑安装业	4	2	50.00	7 679	3 610	47.01
建筑装饰业	7	6	85.71	6 333	6 188	97.71
其他建筑业	5	4	80.00	1 641	835	50.88
交通运输、仓储及邮政业	**993**	**581**	**58.51**	**3 518 754**	**2 295 341**	**65.23**
铁路运输业	13	5	38.46	60 596	19 634	32.40
道路运输业	785	461	58.73	2 405 175	1 884 407	78.35
城市公共交通业	23	13	56.52	60 576	35 316	58.30
水上运输业	78	38	48.72	833 183	272 403	32.69
航空运输业	2	1	50.00	23 007	400	1.74
管道运输业	2			23 500		
装卸搬运和其他运输服务业	11	7	63.64	18 097	6 427	35.51
仓储业	74	54	72.97	90 641	76 325	84.21
邮政业	5	2	40.00	3 979	429	10.78
信息传输、计算机服务和软件业	**166**	**123**	**74.10**	**664 194**	**392 555**	**59.10**
电信和其他信息传输服务业	155	118	76.13	637 218	389 744	61.16
计算机服务业	5	4	80.00	2 647	2 450	92.56
软件业	6	1	16.67	24 329	361	1.48
批发和零售业	**888**	**591**	**66.55**	**1 249 218**	**792 184**	**63.41**
批发业	298	214	71.81	416 710	265 714	63.76
零售业	590	377	63.90	832 508	526 470	63.24
住宿和餐饮业	**255**	**153**	**60.00**	**292 824**	**151 561**	**51.76**
住宿业	109	53	48.62	151 923	80 662	53.09
餐饮业	146	100	68.49	140 901	70 899	50.32
金融业	**38**	**22**	**57.89**	**41 550**	**24 386**	**58.69**
银行业	31	20	64.52	34 083	18 986	55.71
证券业	1			600		
保险业	5	2	40.00	5 897	5 400	91.57
其他金融活动	1			970		

分行业城镇建设项目施工、投产个数和新增固定资产(续二)

Number of Capital Construction Projects in Urban Area under Construction and Put into Use and Newly Increased Fixed Assets by Sector

(2005年)

行业	施工项目个数(个)	本年投产项目个数(个)	建设项目投产率(%)	本年完成投资(万元)	本年新增固定资产(万元)	固定资产交付使用率(%)
房地产业	**277**	**115**	**41.52**	**866 089**	**446 203**	**51.52**
房地产业	277	115	41.52	866 089	446 203	51.52
租赁和商务服务业	**98**	**46**	**46.94**	**300 085**	**103 513**	**34.49**
租赁业	2	2	100.00	590	590	100.00
商务服务业	96	44	45.83	299 495	102 923	34.37
科学研究、技术服务和地质勘查业	**135**	**86**	**63.70**	**475 597**	**237 912**	**50.02**
研究与试验发展	69	51	73.91	130 299	94 680	72.66
专业技术服务业	43	26	60.47	112 400	99 647	88.65
科技交流和推广服务业	12	5	41.67	47 196	27 860	59.03
地质勘查业	11	4	36.36	185 702	15 725	8.47
水利、环境和公共设施管理业	**839**	**469**	**55.90**	**1 603 775**	**916 247**	**57.13**
水利管理业	219	133	60.73	322 980	145 663	45.10
环境管理业	73	36	49.32	196 869	69 170	35.14
公共设施服务业	547	300	54.84	1 083 926	701 414	64.71
居民服务和其他服务业	**82**	**56**	**68.29**	**61 519**	**38 410**	**62.44**
居民服务业	51	39	76.47	33 869	20 830	61.50
其他服务业	31	17	54.84	27 650	17 580	63.58
教　育	**693**	**386**	**55.70**	**943 136**	**438 955**	**46.54**
教　育	693	386	55.70	943 136	438 955	46.54
卫生、社会保障和社会福利业	**273**	**159**	**58.24**	**331 276**	**196 157**	**59.21**
卫　生	247	143	57.89	311 647	187 748	60.24
社会保障业	4	2	50.00	4 718	1 168	24.76
社会福利业	22	14	63.64	14 911	7 241	48.56
文化、体育和娱乐业	**157**	**88**	**56.05**	**220 373**	**124 365**	**56.43**
新闻出版业	6	1	16.67	12 574	628	4.99
广播、电视、电影和音像业	23	14	60.87	17 468	10 540	60.34
文化艺术业	55	35	63.64	43 182	27 160	62.90
体　育	8	5	62.50	10 069	6 445	64.01
娱乐业	65	33	50.77	137 080	79 592	58.06
公共管理和社会组织	**1 139**	**602**	**52.85**	**1 586 120**	**914 623**	**57.66**
中国共产党机关	18	15	83.33	14 568	5 236	35.94
国家机构	802	429	53.49	1 034 726	679 794	65.70
人民政协和民主党派						
群众团体、社会团体和宗教组织	17	9	52.94	10 507	4 400	41.88
基层群众自治组织	302	149	49.34	526 319	225 193	42.79

在建总投资10亿元以上城镇建设项目主要经济指标

Major Economic Indicators of Investment Over One Hundred Million under Construction

（2005年）　　单位：万元

建设单位及建设项目	开工时间	计划总投资	累计完成投资	#本年完成投资	累计新增固定资产
总　计		**20 499 379**	**9 782 498**	**6 196 348**	**3 390 496**
石家庄长安区长风办事处南翟营村住宅楼	200103	110 000	102 000	42 000	
石家庄滹沱河生态开发整治工程	200301	146 000	72 500	50 215	
石家庄市东星实业总公司东星旧村A、B区改造	200501	180 000	4 628	4 628	
石家庄市环城公路建设指挥办公室石环公路	200509	428 000	27 224	27 224	
河北科技大学新校区建设	200409	179 600	45 000	38 000	
河北张河湾蓄能发电有限责任公司张河湾电站	200312	412 000	123 100	54 600	
西柏坡电厂三期工程	200501	498 000	142 066	142 066	100 413
河北泛亚龙腾纸业有限公司30万吨新闻纸	200403	241 286	211 285	106 102	106 102
冀东石油油气勘探开发工程	200101	251 770	542 365	227 128	173 177
唐山钢铁集团有限责任公司超薄带钢续建及加工	200309	136 000	104 125	55 082	4 416
唐钢130万吨冷轧	200412	315 853	78 116	77 856	4 416
唐港铁路有限公司迁曹铁路	200510	464 528	2 000	2 000	
唐山市开滦集团有限公司开滦技改	199005	165 859	165 859	138 752	150 089
唐山佳华煤化工有限公司京唐港焦化厂一期工程	200312	131 500	89 997	56 765	
唐山港口投资有限公司32号泊位设计调整工程	200405	291 691	26 416	12 218	
开滦京唐港焦化工程筹建处200万T/A焦化厂一期	200506	117 262	31 597	31 597	
河北大唐王滩发电厂筹建处一期工程	200503	594 670	444 558	444 558	431 171
唐山曹妃甸钢铁围海造地	200503	138 720	95 534	95 534	272
唐山曹妃甸实业开发有限责任公司矿石码头一期工程	200503	312 086	284 579	245 800	
唐山不锈钢有限责任公司钢铁	200301	610 000	105 000	70 000	70 000
唐山国丰钢铁有限公司新丰三期	200404	205 390	156 004	124 223	
唐钢滦县司家营铁矿有限责任公司	200406	169 000	67 800	66 300	66 300
乐亭县旅游局旅游开发	200203	976 100	52 610	18 070	18 070
河北津西钢铁股份有限公司H型钢工程	200405	130 000	80 000	70 788	
遵化电厂二期工程筹建处2*300MW热电厂	200401	270 000	17 000	11 000	
唐山港陆钢铁有限公司1250热轧生产线	200401	106 000	90 511	69 650	
河北首钢迁安钢铁公司200万吨钢搬迁工程	200408	282 200	328 644	263 144	328 644
秦皇岛秦热发电有限公司热电厂三期扩建工程	200409	308 347	114 409	53 249	
秦皇岛港务集团有限公司煤五期工程	200501	380 000	289 000	289 000	
秦皇岛山海关古城保护开发项目	200403	182 000	56 000	31 000	25 000
河北鑫港国际商贸中心	200408	180 000	55 491	40 000	
邯郸纵横钢铁公司200万吨中宽带钢	200304	300 000	317 537	119 177	119 177
国电河北龙山发电厂一期工程	200501	499 733	109 576	101 000	804
邯郸市交通局青红高速山东界至邯郸西段	200408	273 140	125 000	95 000	
邯郸钢铁集团公司冷轧薄板技术改造	200304	428 100	273 536	38 500	27 000
邯郸市城市建设投资有限公司路网工程	200312	127 329	54 127	41 126	
普阳钢铁有限公司板坯连铸、宽厚板生产线	200503	100 000	81 000	81 000	

在建总投资10亿元以上城镇建设项目主要经济指标(续)

Major Economic Indicators of Investment Over One Hundred Million under Construction

(2005年)　　　　单位:万元

建设单位及建设项目	开工时间	计划总投资	累计完成投资	#本年完成投资	累计新增固定资产
邢台市交通局邢威高速	200307	154 843	157 277	56 116	157 277
邢临高速威县至冀鲁界段	200405	117 175	115 175	93 175	115 175
邢台国泰发电有限责任公司2*300MW供热机组	200405	232 059	169 361	139 125	2 285
中煤旭阳公司200万吨煤化工项目	200311	140 000	68 500	18 500	
鑫磊临日产5000吨新型干法水泥熟料生产技改	200405	100 000	5 000	3 500	
大唐保定热电厂八期扩建工程	200501	184 857	6 159	5 472	
保定至沧州高速公路	200411	484 100	98 719	98 719	
长城工业园一、二期工程	200305	138 000	126 220	34 480	55 687
长城汽车股份有限公司三期工程	200508	284 100	5 000	5 000	5 000
涿州市北新工业园基本建设	200501	131 900	20 000	20 000	
中国石油集团东方地球物理堪探有限责任公司	200501	180 000	175 555	175 555	
张家口市交通局丹拉高速张集段	200210	203 424	143 744	22 522	143 744
张家口市交通局张石高速张北至旧罗家洼段	200409	286 249	135 901	104 876	
张家口高新区经三路纬二路及拆迁	200405	173 900	31 973	14 823	
滦电57扩建2*300兆瓦热力联产工程	200507	298 343	31 600	31 600	
承德发展计划局遵小地方铁路	200512	159 000	5 000	5 000	
京承高速路	200306	277 513	256 186	67 448	
黄骅发电厂一期工程	200308	537 068	300 327	173 104	
黄骅港二期工程	200210	278 200	198 796	11 657	
石黄公路沧州至黄骅港段高速公路	200312	264 000	134 340	80 871	
黄骅港外航道整治工程	200403	164 535	130 569	107 694	130 569
沧州市交通局津汕高速公路	200404	254 970	104 543	74 743	
沧保高速公路筹建处沧保高速公路(沧州段)	200503	242 194	42 742	42 742	
新奥集团股份有限公司新奥科技园	200406	200 000	12 328	12 328	
华为技术(廊坊)有限公司	200503	200 000	11 398	11 398	
香河经纬家具城	200404	100 000	28 500	25 200	20 200
中信国安第一城国际会议展览有限公司会展中心	199204	380 000	377 662	88 778	16 258
三河发电有限责任公司二期工程	200503	280 000	2 368	2 368	
衡水电厂二期工程	200403	215 780	180 555	31 518	172 500
省南水北调中线干线京石应急段工程	200312	132 237	55 441	34 697	
省交通厅青银公路冀鲁石家庄段高速公路	200412	462 385	450 889	155 208	450 889
河北省高速公路管理局廊坊至涿州段		339 603	40 521	40 521	
河北省道路开发中心大广公路(冀京界)至深州高速路		938 900	10 000	5 000	
华北电网有限公司河北北部送变电	199703	486 327	412 292	290 612	125 183
河北省移动通信有限公司移动通信工程	199904	326 900	326 900	320 345	249 067
河北省联通通信有限公司设备购置	199804	159 080	95 190	95 190	
河北省电力公司河北省南网送变电	199706	349 573	349 573	262 111	121 611

主要年份农村集体经济固定资产投资

Investment in Fixed Assets of Rural Collective-owned Units in Main Years

指　　标	1990年	1995年	2000年	2004年	2005年
投资总额	**153 761**	**2 181 425**	**4 437 587**	**5 601 372**	**5 944 782**
按资金来源分					
自筹资金	83 576	1 245 648	3 256 453	4 224 445	4 691 930
银行、信用社贷款	37 203	465 185	702 578	1 020 552	904 644
群众集资	18 028	232 685	231 280		
国家扶持资金	4 950	19 802	194 748	211 738	233 533
引进外资	3 178	97 968	52 529	24 437	64 592
其他投资	6 826	120 137		120 200	5 083
按行业分					
农、林、牧、渔业	36 577	177 960	347 096	908 959	936 304
工　业	62 474	1 421 949	2 929 706	2 790 788	3 097 620
建筑业	573	55 406	103 518	98 152	22 891
交通、邮政业	3 438	142 585	165 239	450 877	577 375
批发零售住宿餐饮业	4 220	67 632	141 600	241 092	290 871
文教卫生社会福利业	33 347	107 284	215 241	297 618	313 916
其他行业	13 132	208 609	535 187	813 886	705 805
竣工房屋建筑面积(万平方米)	**312.62**	**2 148.03**	**1 863.98**	**2 466.04**	**2 376.00**
#住　宅		146.78	146.02	258.17	274.92

注:2002年及以前年度分行业数据中,交通邮政业为交通邮电业,批发零售和住宿餐饮业为批发和零售贸易餐饮业。

城镇和工矿区个人建房

Building Construction by Individuals in Cities and Towns and in Industrial and Mining Areas

(1985—2005年)

年　份	城镇工矿区个数（个）	建房户数（户）	竣工房屋建筑面积（万平方米）	#住　宅	竣工房屋价值（万元）	#住　宅
1985	530	13 505	61.45	54.30	5 055	4 384
1986	531	11 657	71.13	60.37	6 383	5 309
1987	516	15 176	132.54	114.25	12 818	10 152
1988	617	22 330	171.10	143.69	23 763	20 009
1989	631	17 820	128.80	120.20	20 398	18 398
1990	653	13 814	108.70	94.79	21 215	17 710
1991	647	14 702	117.71	100.53	26 566	21 277
1992	711	16 003	165.05	127.30	43 962	32 596
1993	714	74 507	749.14	613.49	203 007	157 152
1994	763	74 988	809.09	677.27	249 124	196 059
1995	834	79 032	953.50	814.70	301 863	260 031
1996	813	89 803	963.05	826.23	394 854	316 012
1997	800	85 283	966.97	820.80	423 528	351 385
1998	808	98 452	390.47	1 146.62	636 139	514 786
1999	793	106 521	1 471.84	1 188.37	719 984	579 073
2000	680	93 368	1 465.70	1 142.93	758 373	607 076
2001	531	100 812	1 523.97	1 246.01	810 151	595 346
2002	524	101 828	1 423.47	1 181.37	882 107	644 518
2003	656	94 449	1 300.73	1 034.76	768 781	563 459
2004	681	112 325	1 749.52	1 334.79	1 025 100	809 562
2005	608	97 449	1 386.99	1 084.09	1 007 591	785 733

农村个人固定资产投资和建房

Individual Investment in Fixed Assets and Building Construction in Rural Areas

（1985—2005年）

年份	投资总额（万元）	竣工房屋投资（万元）	#住宅	购买生产性固定资产投资（万元）	竣工房屋建筑面积（万平方米）	#住宅	竣工房屋造价（元/平方米）	#住宅
1985	298 000	195 642	182 533	102 358	4 501	4 180	44	44
1986	359 822	260 767	245 397	99 055	5 210	4 920	50	50
1987	398 281	291 036	273 402	107 245	4 814	4 519	61	61
1988	499 057	369 514	319 109	129 543	4 556	3 962	81	81
1989	541 861	409 349	349 993	132 512	4 172	3 569	98	98
1990	429 344	300 279	294 392	129 065	2 657	2 605	113	113
1991	766 958	582 594	550 727	184 364	5 206	4 996	112	110
1992	546 134	401 504	375 097	144 630	3 599	3 493	112	107
1993	630 000	475 398	428 400	154 602	3 087	2 898	154	148
1994	939 969	569 168	438 813	370 801	2 357	1 915	190	182
1995	1 327 776	763 276	633 945	564 500	2 742	2 301	278	275
1996	1 435 517	803 518	650 362	631 999	2 690	1 959	299	332
1997	1 905 761	1 101 954	929 314	803 807	3 210	2 716	343	342
1998	1 924 263	1 358 974	1 358 974	565 289	3 475	3 475	391	391
1999	1 756 132	1 418 346	1 163 256	337 786	3 887	3 613	365	322
2000	1 916 841	1 613 181	1 178 865	303 660	4 370	4 044	369	292
2001	2 086 309	13 211 56	1 370 608		3 978	3 892	332	352
2002	2 050 000	1 174 363	1 110 486		3 693	3 402	318	326
2003	1 994 491	1 203 077	1 100 113		3 660	3 348	329	329
2004	2 166 460	1 187 529	1 092 411		3 424	3 146	347	347
2005	23 744 85	1 250 815	1 197 039		3 879	3 588	322	334

房地产开发企业主要指标

Main Indicators of Real Estate Development

指　　标	2003年	2004年	2005年
企业个数(个)	**762**	**1 653**	**1 169**
内　　资	716	1 574	1 111
港澳台投资	30	49	37
外商投资	15	30	21
个体经营	1		
年末从业人员数(人)	**30 892**	**51 472**	**39 573**
内　　资	29 448	49 395	36 950
港澳台投资	1 127	1 444	1 913
外商投资	312	633	710
个体经营	5		
土地开发及购置(万平方米)			
本年土地开发面积	559.58	645.80	523.01
本年土地购置面积	1 040.32	1 246.93	968.57
本年完成投资额(万元)	**2 512 674**	**3 512 546**	**3 915 256**
#商品房投资	1 838 167	2 351 282	2 896 485
土地开发投资	193 688	428 274	239 192
#住　宅	1 642 136	2 429 507	2 920 522
#经济适用房	288 197	381 347	367 261
资金来源小计(万元)	**2 631 696**	**3 868 821**	**4 131 320**
国家预算内资金	7 644	9 350	
国内贷款	384 960	511 538	682 504
利用外资	23 715	23 898	34 424
自筹资金	1 131 948	1 567 805	1 776 377
其他资金来源	1 083 429	1 756 230	1 638 015
房屋建筑面积(万平方米)			
施工房屋面积	2 908.68	3 753.05	3 820.96
#新开工面积	1 529.49	1 813.38	1 970.80
竣工房屋面积	1 207.27	1 536.85	1 129.92
#住　宅	1 011.75	1 318.58	1 021.79
#经济适用房	168.18	196.92	132.07
商品房屋销售面积(万平方米)	**939.43**	**1 440.97**	**1 408.74**
#住　宅	838.02	1 274.74	1 322.32
#经济适用房	139.59	165.22	155.81
商品房屋销售价格(元/平方米)	**1 463**	**1 612**	**1 862**
#住　宅	1 343	1 482	1 777
#经济适用房	1 122	1 210	1 493
主要经济指标			
实收资本(万元)	850 783	1 704 576	1 881 471
资产总计(万元)	4 362 011	7 761 168	9 317 561
资产负债率(%)	77.39	73.50	69.52
经营总收入(万元)	1 409 743	2 531 215	2 607 415
主营业务税金及附加(万元)	70 408	132 187	147 751
利润总额(万元)	18 995	102 743	84 997

注:2005年年末从业人员为年平均从业人员数。

房地产开发企业基本情况

Basic Condition of Enterprises for Real Estate Development

（2005年）

项目	企业个数（个）	年平均从业人员（人）	资本金（万元）	资产总计（万元）	净资产（所有者权益）（万元）
全省总计	**1 169**	**39 573**	**1 881 471**	**9 317 561**	**2 840 292**
按登记注册类型分	**1 111**	**36 950**	**1 705 955**	**8 595 710**	**2 628 719**
内资企业	1 111	36 950	1 705 955	8 595 710	2 628 719
国有	66	2 723	89 324	392 459	116 628
集体	5	121	7 642	59 442	37 727
股份合作	26	481	35 455	148 948	58 688
有限责任公司	425	15 425	576 177	3 666 714	958 321
国有独资公司	1	40	1 000	8 401	1 035
其他有限责任公司	424	15 385	575 177	3 658 313	957 286
股份有限公司	133	4 379	171 029	1 091 682	313 705
私营	450	13 672	819 248	3 207 441	1 134 506
其他内资企业	6	149	7 080	29 024	9 144
港澳台商投资	37	1 913	132 520	544 212	161 823
合资经营	29	876	89 725	335 880	112 446
合作经营	3	47	18 920	37 368	19 535
独资经营	4	978	23 675	169 885	29 632
股份有限	1	12	200	1 079	210
外商投资经济	21	710	42 996	177 639	49 750
合资经营	18	486	35 044	159 726	39 870
合作经营	1	181	1 000	10 057	2 530
外资	1	36	5 952	6 350	6 350
股份有限	1	7	1 000	1 506	1 000
按隶属关系分					
中央	4	104	3 876	16 641	6 766
省	24	970	50 746	457 120	80 122
市	238	8 864	340 687	2 031 555	571 393
县	180	5 621	218 422	898 120	301 566
其他	723	24 014	1 267 740	5 914 125	1 880 445
按资质等级分					
一级	4	1 169	37 571	258 677	80 701
二级	51	4 682	149 127	1 434 315	285 091
三级	186	7 314	450 494	2 338 008	750 514
四级	669	18 374	877 883	3 685 184	1 202 370
暂定	246	7 498	331 588	1 405 364	450 956
其他	13	536	34 808	196 013	70 660
按营业状况分					
营业	1 127	39 014	1 847 174	9 227 458	2 793 265
其他	42	559	34 297	90 103	47 027

房地产开发企业建设总规模、完成投资及新增固定资产
Total Size of Construction, Actually Completed Investment and Newly Increased Fixed Assets for Real Estate Development

（2005 年）　　单位：万元

项　　目	计划总投资	自开始建设累计完成投资	本年完成投资	商品房投资	土地开发投资	本年新增固定资产
全　省　总　计	**12 130 976**	**5 473 368**	**3 915 256**	**2 896 485**	**239 192**	**1 775 585**
按登记注册类型分						
内资企业	11 237 565	5 016 651	3 611 256	2 647 466	230 642	169 9617
国　　有	423 082	240 857	153 538	101 028	34 107	116 317
集　　体	55 144	12 206	12 206	12 206		7 700
股份合作	62 946	41 528	30 058	23 400	1 760	27 987
有限责任公司	4 851 964	2 233 275	1 562 455	1 135 053	65 947	633 650
国有独资公司	18 600	1 994	1 994	1 876		
其他有限责任公司	4 833 364	2 231 281	1 560 461	1 133 177	65 947	633 650
股份有限公司	1 030 758	541 497	433 997	306 776	40 385	273 351
私　　营	4 776 415	1 915 038	1 404 998	1 060 089	88 063	621 192
其他内资企业	37 256	32 250	14 004	8 914	380	19 420
港澳台商投资	664 721	305 150	204 005	156 396	6 050	57 664
合资经营	491 034	210 755	116 847	74 400	5 050	35 651
合作经营	10 750	9 156	1 919	1 919		7 055
独资经营	162 937	85 239	85 239	80 077	1 000	14 958
股份有限						
外商投资经济	228 690	151 567	99 995	92 623	2 500	18 304
合资经营	206 140	133 581	91 104	85 844	2 500	13 984
合作经营	8 050	7 986	589	589		
外　　资	14 500	10 000	8 302	6 190		4 320
股份有限						
按隶属关系分						
中　央	52 000	24 233	13 800	11 213	1 961	19 196
省	492 448	241 723	219 773	192 027	2 910	29 442
市	2 485 616	1 164 775	784 001	501 086	83 002	371 115
县	895 819	536 916	421 133	31 0291	28 466	307 304
其　他	8 205 093	3 505 721	2 476 549	1 881 868	122 853	1 048 528
按资质等级分						
一　级	289 026	135 582	133 034	52 711	21 877	101 102
二　级	1 699 690	759 297	498 105	398 011	13 051	151 492
三　级	2 833 303	1 298 285	885 914	671 648	50 250	440 651
四　级	4 625 011	2 281 184	1 615 145	1 193 186	105 034	740 648
暂　定	2 283 086	879 548	681 485	512 496	47 780	336 592
其　他	400 860	119 472	101 573	68 433	1 200	5 100
按营业状况分						
营　业	12 036 845	5 409 202	3 860 796	2 859 855	238 272	1 735 903
其　他	94 131	64 166	54 460	36 630	920	39 682

按用途分的房地产开发企业完成投资额

Actually Completed Investment of Enterprises for Real Estate Development by Use

（2005 年）

单位：万元

项　　目	完成投资额	住　宅	#普通住宅	#经济适用房	#别墅、高档公寓	办公楼	商业营业用房	其　他
全　省　总　计	**3 915 256**	**2 920 522**	**1 406 074**	**367 261**	**103 885**	**97 133**	**472 660**	**424 941**
按登记注册类型分								
内资企业	3 611 256	2 687 695	1 337 074	360 586	72 332	89 426	450 179	383 956
国　　有	153 538	107 098	41 060	43 153		3 922	3 727	38 791
集　　体	12 206	9 050				1 000	2 156	
股份合作	30 058	26 551	16 899	7 211	311	200	2 538	769
有限责任公司	1 562 455	1 109 161	491 798	177 764	39 228	59 467	216 538	177 289
国有独资公司	1 994	1 994						
其他有限责任公司	1 560 461	1 107 167	491 798	177 764	39 228	59 467	216 538	177 289
股份有限公司	433 997	341 557	209 175	27 670	11 751	14 128	54 735	23 577
私　　营	1 404 998	1 082 643	575 068	102 488	21 042	10 709	169 285	142 361
其他内资企业	14 004	11 635	3 074	2 300			1 200	1 169
港澳台商投资	204 005	140 869	38 221	4 615	5 814	6 617	18 142	38 377
合资经营	116 847	57 816	15 558	4 425	4 314	6 617	16 202	36 212
合作经营	1 919	1 855	165	190	1 500		25	39
独资经营	85 239	81 198	22 498				1 915	2 126
股份有限								
外商投资经济	99 995	91 958	30 779	2 060	25 739	1 090	4 339	2 608
合资经营	91 104	83 656	22 477	2 060	25 739	1 090	3 750	2 608
合作经营	589						589	
外　　资	8 302	8 302	8 302					
股份有限								
按隶属关系分								
中　央	13 800	13 800	13 800					
省	219 773	135 901	19 708	23 073	6 400	20 495	50 731	12 646
市	784 001	608 643	307 071	99 727	1 790	14 950	62 780	97 628
县	421 133	300 401	154 585	66 686	311	10 578	59 564	50 590
其　他	2 476 549	1 861 777	910 910	177 775	95 384	51 110	299 585	264 077
按资质等级分								
一　级	133 034	120 594	118 243	368	1 983		10 314	2 126
二　级	498 105	401 457	220 629	5 425	1 500	14 496	53 585	28 567
三　级	885 914	664 893	318 107	93 683	38 679	19 703	107 763	93 555
四　级	1 615 145	1 193 160	585 517	145 324	41 755	50 929	211 134	159 922
暂　定	681 485	474 062	161 260	61 423	19 968	12 005	86 117	109 301
其　他	101 573	66 356	2 318	61 038			3 747	31 470
按营业状况分								
营　业	3 860 796	2 889 344	1 398 614	358 700	103 885	96 933	468 064	406 455
其　他	54 460	31 178	7 460	8 561		200	4 596	18 486

房地产开发企业的土地开发及购置

Land Development and Purchase of Enterprises for Real Estate Development

（2005 年）

项　　目	本年完成开发土地面积（平方米）	土地购置费用（万元）	待开发的土地面积（平方米）	本年购置土地面积（平方米）
全　省　总　计	**5 230 099**	**493 670**	**2 160 132**	**9 685 693**
按登记注册类型分				
内资企业	5 062 986	462 015	2 096 132	9 406 859
国　　有	119 648	14 777	67 487	257 141
集　　体				
股份合作	66 822	2 248	73 326	45 727
有限责任公司	1 862 757	201 413	802 620	3 982 425
国有独资公司				
其他有限责任公司	1 862 757	201 413	802 620	3 982 425
股份有限公司	1 072 116	55 785	226 477	1 177 507
私　　营	1 919 285	183 703	899 582	3 912 955
其他内资企业	22 358	4 089	26 640	31 104
港澳台商投资	167 113	30 720	64 000	231 334
合资经营	157 113	30 720	64 000	231 334
合作经营				
独资经营	10 000			
股份有限				
外商投资经济		935		47 500
合资经营				
合作经营				
外　　资		935		47 500
股份有限				
按隶属关系分				
中　央	19 000	1 961	40 000	59 000
省	167 520	8 282		165 548
市	1 428 731	133 843	329 226	2 088 984
县	628 625	30 052	330 553	1 317 699
其　他	2 986 223	319 532	1 460 353	6 054 462
按资质等级分				
一　级	654 732	26 973	111 389	333 939
二　级	410 659	40 464	234 587	616 141
三　级	938 944	114 821	544 972	2 417 857
四　级	2 107 398	205 374	869 833	4 333 552
暂　定	1 088 159	75 738	336 684	1 849 310
其　他	30 207	30 300	62 667	134 894
按营业状况分				
营　业	5 219 950	476 160	2 160 132	9 419 773
其　他	10 149	17 510		265 920

房地产开发企业的资金来源

Source of Funds of Enterprises for Real Estate Development

（2005年）　　　　单位：万元

项目	本年资金来源小计	国内贷款	#银行贷款	利用外资	#外商直接投资	自筹资金	其他资金来源
全省总计	**4 131 320**	**682 504**	**651 936**	**34 424**	**32 008**	**1 776 377**	**1 638 015**
按登记注册类型分							
内资企业	3 814 903	639 462	612 894	130		1 666 662	1 508 649
国有	165 053	34 633	32 633			58 492	71 928
集体	14 206					11 006	3 200
股份合作	24 707	3 600	3 600			19 047	2 060
有限责任公司	1 722 054	309 958	298 305			725 197	686 899
国有独资公司	2 000						2 000
其他有限责任公司	1 720 054	309 958	298 305			725 197	684 899
股份有限公司	423 400	67 128	57 931	80		146 508	209 684
私营	1 443 334	218 143	214 425	50		704 641	520 500
其他内资企业	22 149	6 000	6 000			1 771	14 378
港澳台商投资	204 031	16 397	16 397	33 994	31 708	85 208	68 432
合资经营	111 151	13 397	13 397	33 994	31 708	24 286	39 474
合作经营	2 793					2 519	274
独资经营	90 087	3 000	3 000			58 403	28 684
股份有限							
外商投资经济	112 386	26 645	22 645	300	300	24 507	60 934
合资经营	107 297	22 145	18 145	300	300	23 918	60 934
合作经营	589					589	
外资	4 500	4 500	4 500				
股份有限							
按隶属关系分							
中央	14 806	3 000	3 000			1 000	10 806
省	206 385	71 914	57 717			63 610	70 861
市	889 217	216 567	212 567	1 410	1 330	238 057	433 183
县	424 261	28 402	26 402			192 754	203 105
其他	2 596 651	362 621	352 250	33 014	30 678	1 280 956	920 060
按资质等级分							
一级	131 668	24 400	24 400			3 600	103 668
二级	592 536	166 776	157 776			151 624	274 136
三级	911 547	140 644	124 898	348	126	451 390	319 165
四级	1 760 138	270 296	265 427	4 826	2 762	771 204	713 812
暂定	646 030	67 688	66 735	130		375 531	202 681
其他	89 401	12 700	12 700	29 120	29 120	23 028	24 553
按营业状况分							
营业	4 085 610	682 504	651 936	34 424	32 008	1 743 971	1 624 711
其他	45 710					32 406	13 304

房地产开发建设房屋建筑面积和造价

Floor Space of Building and Their Cost in Real Estate Development

（2005 年）

项　　目	施工房屋面积（万平方米）	竣工房屋面积（万平方米）	#住　宅	房屋面积竣工率（%）	竣工房屋价值（万元）	竣工房屋造价（元/平方米）	竣工房屋住宅套数（套）
全　省　总　计	**3 820.96**	**1 129.92**	**1 021.79**	**29.57**	**1 374 134**	**1 216**	**80 008**
按登记注册类型分							
内资企业	3 583.58	1 083.40	977.16	30.23	1 324 840	1 223	75 144
国　　有	221.53	60.35	59.11	27.24	54 615	905	3 181
集　　体	8.39	8.39	7.17	100.00	7 700	917	540
股份合作	35.35	25.90	24.30	73.27	27 326	1 055	1 177
有限责任公司	1 371.09	409.25	358.19	29.85	505 000	1 234	28 599
国有独资公司	3.67						
其他有限责任公司	1 367.42	409.25	358.19	29.93	505 000	1 234	28 599
股份有限公司	437.63	144.03	131.15	32.91	191 831	1 332	10 129
私　　营	1 494.54	427.82	390.84	28.63	530 648	1 240	30 884
其他内资企业	15.05	7.66	6.40	50.87	7 720	1 008	634
港澳台商投资	176.11	35.04	33.73	19.90	35 188	1 004	2 714
合资经营	122.84	30.11	29.42	24.51	29 447	978	2 377
合作经营	4.93	4.93	4.32	100.00	5 741	1 164	337
独资经营	48.34						
股份有限							
外商投资经济	61.28	11.47	10.89	18.72	14 106	1 229	2 150
合资经营	53.44	8.27	7.69	15.48	9 786	1 183	1 742
合作经营	3.19						
外　　资	4.65	3.20	3.20	68.82	4 320	1 350	408
股份有限							
按隶属关系分							
中　央	8.50	8.50	8.50	100.00	19 196	2 258	840
省	154.28	30.97	28.38	20.07	22 252	719	2 310
市	830.88	213.68	190.43	25.72	261 511	1 224	15 057
县	486.56	208.17	187.56	42.78	208 546	1 002	13 250
其　他	2 340.75	668.60	606.91	28.56	862 629	1 290	48 551
按资质等级分							
一　级	127.27	21.77	21.06	17.10	32 192	1 479	1 584
二　级	512.77	114.45	101.32	22.32	124 019	1 084	7 257
三　级	950.19	272.19	247.18	28.65	364 687	1 340	21 083
四　级	1 548.05	505.54	454.12	32.66	588 696	1 164	37 214
暂　定	619.89	213.70	196.27	34.47	263 040	1 231	12 766
其　他	62.79	2.28	1.84	3.63	1 500	658	104
按营业状况分							
营　业	3 770.70	1 105.86	1 002.69	29.33	1 355 212	1 225	78 752
其　他	50.27	24.06	19.10	47.87	18 922	786	1 256

商品房屋销售情况

Selling of Commercial Houses

（2005年）

项　　目	实际销售商品房屋面积（万平方米）	#住　宅	商品房销售额（万元）	#住　宅	商品房平均售价（元/平方米）	#住　宅
全　省　总　计	**1 408.74**	**1 322.32**	**2 623 116**	**2 350 398**	**1 862**	**1 777**
按登记注册类型分						
内资企业	1 342.80	1 261.32	2 456 353	2 222 489	1 829	1 762
国　有	74.75	73.07	128 517	124 422	1 719	1 703
集　体	2.98	0.58	4 434	934	1 489	1 621
股份合作	17.12	15.86	25 431	21 982	1 486	1 386
有限责任公司	516.80	478.00	981 189	871 969	1 899	1 824
国有独资公司						
其他有限责任公司	516.80	478.00	981 189	871 969	1 899	1 824
股份有限公司	181.43	173.97	352 864	332 689	1 945	1 912
私　营	543.08	513.35	953 086	860 070	1 755	1 675
其他内资企业	6.66	6.50	10 832	10 423	1 626	1 604
港澳台商投资	48.34	45.97	100 286	95 088	2 074	2 069
合资经营	31.59	29.44	52 971	48 857	1 677	1 659
合作经营	2.18	2.11	4 680	4 558	2 146	2 157
独资经营	14.58	14.41	42 635	41 673	2 925	2 892
股份有限						
外商投资经济	17.60	15.03	66 477	32 821	3 778	2 184
合资经营	15.41	12.85	63 464	29 808	4 118	2 320
合作经营						
外　资	2.18	2.18	3 013	3 013	1 379	1 379
股份有限						
按隶属关系分						
中　央	8.50	8.50	11 147	11 147	1 311	1 311
省	23.24	21.47	59 856	53 138	2 575	2 475
市	301.31	282.24	644 776	569 475	2 140	2 018
县	233.61	217.94	307 285	273 858	1 315	1 257
其　他	842.08	792.17	1 600 052	1 442 780	1 900	1 821
按资质等级分						
一　级	58.68	57.94	158 510	154 992	2 701	2 675
二　级	173.01	162.34	421 694	357 466	2 437	2 202
三　级	320.93	306.69	631 676	588 414	1 968	1 919
四　级	656.31	609.82	1 081 173	957 430	1 647	1 570
暂　定	198.60	185.07	327 441	291 485	1 649	1 575
其　他	1.22	0.46	2 622	611	2 152	1 324
按营业状况分						
营　业	1 385.96	1 301.95	2 598 964	2 329 928	1 875	1 790
其　他	22.79	20.38	24 152	20 470	1 060	1 005

按用途分的商品房屋实际销售面积

Floor Space of Buildings Actually Sold by Use

（2005 年）

单位：平方米

项目	商品房销售面积	住宅	#普通住房	#经济适用房	#别墅、高档公寓	办公楼	商业营业用房	其他
全省总计	**14 087 428**	**13 223 216**	**8 185 721**	**1 558 128**	**266 753**	**158 571**	**603 708**	**101 933**
按登记注册类型分								
内资企业	13 428 047	12 613 248	7 833 773	1 558 128	243 045	144 223	569 133	101 443
国有	747 468	730 701	250 731	390 597		5 339	10 428	1 000
集体	29 779	5 763				24 016		
股份合作	171 167	158 603	137 163	1 960		244	12 320	
有限责任公司	5 167 951	4 780 017	2 709 486	756 352	118 781	62 801	273 540	51 593
国有独资公司								
其他有限责任公司	5 167 951	4 780 017	2 709 486	756 352	118 781	62 801	273 540	51 593
股份有限公司	1 814 253	1 739 733	1 151 783	129 430	33 195	17 681	44 975	11 864
私营	5 430 792	5 133 450	3 562 210	256 746	91 069	34 142	227 470	35 730
其他内资企业	66 637	64 981	22 400	23 043			400	1 256
港澳台商投资	483 426	459 657	287 591		8 183		23 279	490
合资经营	315 869	294 427	182 289		3 274		21 442	
合作经营	21 806	21 133	676		4 909		408	265
独资经营	145 751	144 097	104 626				1 429	225
股份有限								
外商投资经济	175 955	150 311	64 357		15 525	14 348	11 296	
合资经营	154 106	128 462	42 508		15 525	14 348	11 296	
合作经营								
外资	21 849	21 849	21 849					
股份有限								
按隶属关系分								
中央	85 000	85 000	85 000					
省	232 414	214 733	7 205		24 692	17 681		
市	3 013 133	2 822 359	1 767 154	517 184	19 104	31 061	125 197	34 516
县	2 336 113	2 179 429	1 159 564	525 699	5 379	29 511	121 216	5 957
其他	8 420 768	7 921 695	5 166 798	515 245	217 578	80 318	357 295	61 460
按资质等级分								
一级	586 792	579 422	557 777		21 645		7 145	225
二级	1 730 098	1 623 384	1 035 450		14 199	20 625	59 281	26 808
三级	3 209 261	3 066 875	1 678 209	450 225	96 290	8 094	102 549	31 743
四级	6 563 119	6 098 229	3 844 437	676 891	109 958	90 813	333 346	40 731
暂定	1 985 975	1 850 690	1 068 760	427 484	24 661	39 039	93 820	2 426
其他	12 183	4 616	1 088	3 528			7 567	
按营业状况分								
营业	13 859 554	13 019 458	8 071 961	1 468 130	266 753	158 571	579 592	101 933
其他	227 874	203 758	113 760	89 998			24 116	

按销售方式分的商品房实际销售面积及平均销售价格

Floor Space of Buildings Actually Sold and Average Selling Price of Commercial Houses by Sale Method

（2005 年）

项目	商品房销售面积（平方米）	现房	期房	商品房平均销售价格（元/平方米）	现房	期房
全省总计	**14 087 428**	**7 046 232**	**7 041 196**	**1 862**	**1 851**	**1 873**
按登记注册类型分						
内资企业	13 428 047	6 665 014	6 763 033	1 829	1 783	1 875
国有	747 468	346 383	401 085	1 719	1 389	2 005
集体	29 779	24 146	5 633	1 489	1 461	1 610
股份合作	171 167	111 887	59 280	1 486	1 810	873
有限责任公司	5 167 951	2 419 460	2 748 491	1 899	1 766	2 016
国有独资公司						
其他有限责任公司	5 167 951	2 419 460	2 748 491	1 899	1 766	2 016
股份有限公司	1 814 253	1 127 196	687 057	1 945	2 082	1 720
私营	5 430 792	2 626 942	2 803 850	1 755	1 725	1 783
其他内资企业	66 637	9 000	57 637	1 626	1 200	1 692
港澳台商投资	483 426	323 773	159 653	2 074	2 361	1 494
合资经营	315 869	166 125	149 744	1 677	1 870	1 463
合作经营	21 806	16 897	4 909	2 146	2 217	1 903
独资经营	145 751	140 751	5 000	2 925	2 958	2 000
股份有限						
外商投资经济	175 955	57 445	118 510	3 778	6 941	2 245
合资经营	154 106	56 596	97 510	4 118	7 019	2 434
合作经营						
外资	21 849	849	21 000	1 379	1 720	1 365
股份有限						
按隶属关系分						
中央	85 000	85 000		1 311	1 311	
省	232 414	135 271	97 143	2 575	2 201	3 097
市	3 013 133	1 654 942	1 358 191	2 140	2 108	2 178
县	2 336 113	1 268 006	1 068 107	1 315	1 313	1 318
其他	8 420 768	3 903 013	4 517 755	1 900	1 917	1 886
按资质等级分						
一级	586 792	485 188	101 604	2 701	2 827	2 103
二级	1 730 098	890 386	839 712	2 437	2 378	2 500
三级	3 209 261	1 655 488	1 553 773	1 968	1 904	2 037
四级	6 563 119	3 114 143	3 448 976	1 647	1 640	1 654
暂定	1 985 975	901 027	1 084 948	1 649	1 439	1 823
其他	12 183		12 183	2 152		2 152
按营业状况分						
营业	13 859 554	6 909 165	6 950 389	1 875	1 869	1 881
其他	227 874	137 067	90 807	1 060	940	1 240

房地产开发经营情况

Real Estate Development and Management

（2005 年）　　　　单位：万元

项　　目	主营业务收入	土地转让收入	商品房屋销售收入	房屋出租收入	其他收入	主营业务税金及附加	利润总额
全省总计	**2 596 193**	**19 458**	**2 515 755**	**4 199**	**56 781**	**147 751**	**84 997**
按登记注册类型分							
内资企业	2 418 024	19 458	233 8281	4 199	56 086	138 407	88 018
国　有	112 830		93 250	429	19 151	5 296	-6 505
集　体	3 099		3 098		1	112	76
股份合作	32 759		32 692	64	3	1 946	3 459
有限责任公司	1 066 565	7 943	1 042 293	2 380	13 949	60 897	28 819
国有独资公司	6 411		6 411			451	304
其他有限责任公司	1 060 154	7 943	1 035 882	2 380	13 949	60 446	28 515
股份有限公司	282 636	248	277 488	605	4 295	16 740	27 760
私　营	917 527	11 267	886 852	721	18 687	53 400	34 678
其他内资企业	2 608		2 608			16	-269
港澳台商投资	140 149		139 812		337	6 948	3 484
合资经营	113 276		112 939		337	5 558	4 729
合作经营	3 526		3 526			223	-791
独资经营	23 347		23 347			1 167	-452
股份有限							-2
外商投资经济	38 020		37 662		358	2 396	-6 505
合资经营	31 675		31 317		358	2 035	-181
合作经营							-448
外　资	6 209		6 209			361	-5 858
股份有限	136		136				-18
按隶属关系分							
中　央	11 187		11 187			421	1 542
省	63 901		61 981	255	1 665	3 471	-490
市	588 330	6 550	565 114	1 937	14 729	34 762	35 138
县	339 542	451	327 029	249	11 813	18 087	20 989
其　他	1 593 233	12 457	1 550 444	1 758	28 574	91 010	27 818
按资质等级分							
一　级	151 962		151 230	563	169	8 498	26 030
二　级	556 113	2 839	552 123	748	403	28 396	16 080
三　级	683 272	2 439	665 067	68	15 698	39 154	50 406
四　级	875 676	8 314	834 357	2 083	30 922	54 192	3 603
暂　定	295 297	5 866	279 738	482	9 211	15 536	-11 998
其　他	33 873		33 240	255	378	1 975	876
按营业状况分							
营　业	2 580 082	19 458	2 499 644	4 199	56 781	146 677	85 485
其　他	16 111		16 111			1 074	-488

主要年份地方财政收入

Local Revenue in Main Years

单位:万元

年份	地方财政收入	#企业收入	#农牧业税和耕地占用税	#工商税收
1952	44 402	1 382		21 759
1957	66 937	6 917		38 453
1962	107 595	19 144		47 299
1965	123 758	41 932		53 347
1970	205 451	96 280		92 221
1975	303 682	127 790		158 267
1978	451 034	206 861		204 513
1980	350 210	115 870		72 583
1985	451 481	35 531		386 628
1990	811 520	115 310	36 518	714 170
1995	1 199 520	152 643	93 523	798 228
1996	1 517 776	190 896	124 303	942 598
1997	1 760 742	226 458	131 656	1 100 859
1998	2 067 587	257 773	136 175	1 262 950
1999	2 232 757	296 603	119 756	1 323 028
2000	2 487 621	358 488	142 700	1 386 300
2001	2 835 023	524 774	131 618	1 525 131
2002	3 023 068	337 433	316 685	1 710 832
2003	3 358 263	308 921	336 805	1 930 839
2004	4 078 273	440 135	263 825	2 397 923
2005	5 157 017	628 482	223 720	3 063 123

注:1994年以后为新口径。

主要年份预算外资金收入

Extra-budgetary Revenue in Main Years

单位:亿元

年份	预算收入	预算外收入	地方财政预算外资金	行政事业单位预算外资金	其他预算外资金	预算外收入相当于预算收入(%)
1980	35.02	18.93	2.74	4.74	11.45	54.05
1985	45.15	39.86	2.45	9.59	27.81	88.28
1990	81.15	80.01	3.43	26.91	49.67	98.60
1995	119.95	92.29	13.06	79.24		76.94
1996	151.78	158.05	13.69	88.40	55.96	104.13
1997	176.07	138.13	4.31	72.22	61.60	78.45
1998	206.76	104.65		85.99	18.66	50.61
1999	223.28	113.98		80.49	33.49	51.05
2000	248.76	117.53		78.47	39.06	47.25
2001	283.50	140.79		106.43	34.36	49.66
2002	302.31	126.01		114.10	11.91	41.68
2003	335.83	147.33		136.30	11.03	43.87
2004	407.83	178.52		159.40	19.12	43.77
2005	515.70	206.80		181.16	25.56	40.10

注:2004年预算外收入为预算外财政专户资金收入。

主要年份地方财政支出

Local Expenditures in Main Years

单位:万元

年份	地方财政支出	#基本建设	#流动资金	#支援农业	#文教科学卫生事业费	#行政经费
1952	18 778	5 050	1 286	501	3 226	7 011
1957	50 749	16 648	294	3 210	13 086	9 144
1962	58 761	8 162	908	11 224	16 364	10 666
1965	96 502	26 300	2 885	9 576	18 970	11 844
1970	121 319	64 040	2 843	8 756	17 670	14 321
1975	209 174	79 522	11 773	24 402	35 965	17 308
1978	324 358	109 662	20 312	36 082	47 773	21 888
1980	283 627	82 516	7 242	35 438	63 532	27 639
1985	416 591	66 010	899	14 142	122 630	52 431
1990	872 853	35 780	1 164	50 375	254 800	98 951
1995	1 911 822	69 728		44 812	580 457	236 027
1996	2 318 975	89 171		56 002	658 976	250 175
1997	2 704 603	161 698		57 501	753 651	252 177
1998	3 015 508	222 220		68 529	812 039	277 567
1999	3 507 969	271 852		71 160	913 974	306 893
2000	4 155 374	305 316		70 714	1 039 202	373 495
2001	5 141 754	381 937		72 459	1 264 178	462 856
2002	5 765 891	465 864		76 212	1 523 360	582 588
2003	6 467 439	415 300			1 736 165	670 410
2004	7 855 591	618 577			1 999 282	802 101
2005	9 791 635	735 846			2 443 590	974 398

主要年份预算外资金支出

Extra-budgetary Expenditures in Main Years

单位:亿元

年份	预算外支出	#固定资产投资支出	#福利支出	#奖励支出	#行政事业费支出	#基本建设支出	#乡镇统筹支出	#社会保障基金支出
1980	19.15							
1985	36.46	15.79	3.50	2.70	2.07			
1990	80.79	30.23	9.08	2.14	12.07			
1995	89.97	26.92	1.81		44.67			
1996	152.11				46.91	43.23	13.51	35.64
1997	133.33				44.31	20.84	18.38	41.24
1998	97.67				48.52	7.17	18.80	
1999	107.21				59.73	23.46	19.65	
2000	110.00				71.76	12.90	20.07	
2001	129.75				81.60	15.59	19.24	
2002	119.86				93.11	9.71	5.78	
2003	147.33				89.78	3.90	4.44	
2004	161.03				145.86	0.85	3.36	
2005	191.88				173.66	1.14	3.74	

注:1. 乡镇统筹支出1997年为乡镇自筹、统筹资金支出。2.2004年预算外收入为预算外财政专户资金支出。

分项目地方财政收支

Local Revenue and Expenditures by Item

(2005年)

项目	金额（亿元）	比重（%）	项目	金额（亿元）	比重（%）
财政总收入	**515.70**	**100.00**	企业挖潜改造资金	21.13	2.16
#工商税收类	360.31	69.87	科技三项费用类	7.40	0.76
增值税	121.03	23.47	农业支出	32.27	3.30
营业税	105.28	20.41	社会保障补助支出	72.51	7.41
个人所得税	28.24	5.48	工交等部门事业费	15.65	1.60
城建税	29.25	5.67	流通部门事业费	1.62	0.17
其他工商税	76.51	14.84	城市维护费	46.07	4.71
农牧业税收耕地税	22.38	4.34	文教卫生事业费	240.84	24.60
农牧业税	4.72	0.92	科学事业费	3.52	0.36
农业特产税	0.06	0.01	抚恤和社会救济费	28.33	2.89
耕地占用税	2.78	0.54	国防支出费	1.17	0.12
契　　税	14.82	2.87	行政管理费类	97.44	9.95
企业收入	62.85	12.19	公检法支出类	68.82	7.03
#国有企业计划亏损补贴	-1.39	-0.27	政策性补贴支出类	21.03	2.15
财政总支出	**979.16**	**100.00**	支援不发达地区支出	6.14	0.63
#基本建设类	73.58	7.51	其他支出类	241.64	24.68

各时期地方财政收支及指数

Local Revenue and Expenditures and Indices by Period

时期（年份）	总收入（万元）	总支出（万元）	平均增长（%）	
			总收入	总支出
“一五”时期	311 571	207 744	8.56	22.00
“二五”时期	839 252	640 968	9.96	2.98
1963－1965	313 804	306 963	4.78	17.98
“三五”时期	715 957	475 430	10.67	4.68
“四五”时期	1 302 940	891 644	8.13	11.51
“五五”时期	1 840 251	1 539 005	2.89	6.28
“六五”时期	1 865 313	1 550 232	5.21	7.99
“七五”时期	3 304 361	3 392 465	12.44	15.94
“八五”时期	5 512 131	6 881 072	8.13	16.98
“九五”时期	10 066 483	15 702 429	15.71	16.80
“十五”时期	18451644	35022310	15.70	18.70
1952－2005	44568109	66629040	9.39	12.53
1978－2005	40429883	63498713	9.44	13.45

各 种 价 格 指 数

General Price Indices

（1978—2005年，上年＝100）

年　份	居民消费价格指数	城市居民消费价格指数	农村居民消费价格指数	商品零售价格指数	城市商品零售价格指数	农村商品零售价格指数
1978		100.2		99.8	100.2	99.8
1979		101.7		101.4	101.7	101.1
1980		107.2		105.3	107.5	103.7
1981		103.2		102.1	103.4	101.4
1982		100.9		101.5	100.9	101.7
1983		102.0		101.4	101.8	101.1
1984	102.5	103.1	102.1	103.4	102.7	103.6
1985	106.8	108.9	105.7	106.8	109.2	105.5
1986	105.7	106.0	105.4	105.2	105.7	104.8
1987	107.8	108.2	107.4	108.3	108.3	108.2
1988	118.0	118.3	117.8	118.1	119.0	117.5
1989	118.7	115.9	122.2	118.4	115.8	120.8
1990	100.6	101.2	99.9	99.9	99.9	100.0
1991	103.4	106.6	101.6	102.8	106.5	101.3
1992	106.1	108.5	103.9	105.2	107.4	103.3
1993	113.8	115.5	111.9	110.5	111.7	109.5
1994	122.6	124.9	120.0	121.4	123.1	119.8
1995	115.2	116.1	114.8	115.8	115.2	116.6
1996	107.1	107.6	106.8	106.2	106.0	106.3
1997	103.5	103.7	103.4	102.1	102.0	102.1
1998	98.4	98.7	98.1	97.7	97.9	97.3
1999	98.1	98.7	97.6	97.8	98.0	97.7
2000	99.7	100.5	99.1	99.1	99.2	98.9
2001	100.5	100.4	100.6	99.8	99.4	100.2
2002	99.0	98.6	99.5	99.2	98.8	99.6
2003	102.2	102.3	102.0	100.2	100.1	100.4
2004	104.3	103.7	104.8	103.2	102.3	104.0
2005	101.8	101.4	102.2	101.1	101.0	101.2

各 种 价 格 指 数

General Price Indices

(1978—2005年,1978年=100)

年 份	居民消费价格指数	城市居民消费价格指数	农村居民消费价格指数	商品零售价格指数	城市商品零售价格指数	农村商品零售价格指数
1979		101.7		101.4	101.7	101.1
1980		109.0		106.8	109.3	104.8
1981		112.5		109.0	113.0	106.3
1982		113.5		110.6	114.0	108.1
1983		115.8		112.1	116.1	109.3
1984	102.5	119.4	102.1	115.9	119.2	113.2
1985	109.5	130.0	107.9	123.8	130.2	119.4
1986	115.7	137.8	113.7	130.2	137.6	125.1
1987	124.7	149.1	122.1	141.0	149.0	135.4
1988	147.1	176.4	143.8	166.5	177.3	159.1
1989	174.6	204.4	175.7	197.1	205.3	192.2
1990	175.6	206.9	175.5	196.9	205.1	192.2
1991	181.6	220.6	178.3	202.4	218.4	194.7
1992	192.7	239.4	185.3	212.9	234.6	201.1
1993	219.3	276.5	207.4	235.3	262.0	220.2
1994	268.9	345.3	248.9	285.7	322.5	263.8
1995	309.8	400.9	285.7	330.8	371.5	307.6
1996	331.8	431.4	305.1	351.3	393.8	327.0
1997	343.4	447.4	315.5	358.7	401.7	333.9
1998	337.9	441.6	309.5	350.4	393.3	324.9
1999	331.5	435.9	302.1	342.7	385.4	317.4
2000	330.5	438.1	299.4	339.6	382.3	313.9
2001	332.2	439.9	301.2	338.9	380.0	314.5
2002	328.9	433.7	299.7	336.2	375.4	313.2
2003	336.1	443.7	305.7	336.9	375.8	314.5
2004	350.6	460.1	320.4	347.7	384.4	327.1
2005	356.9	466.5	327.4	351.5	388.3	331.0

注:全省居民消费价格指数及农村居民消费价格指数是以1983年=100计算的。

居民消费价格分类指数

Consumer Price Indices by Category

（上年＝100）

项目	2005年			2004年		
	全省	城市	农村	全省	城市	农村
居民消费价格指数	**101.8**	**101.4**	**102.2**	**104.3**	**103.7**	**104.8**
食品	**102.4**	**103.0**	**101.6**	**110.7**	**110.0**	**111.6**
粮食	103.1	103.2	103.0	123.7	123.2	124.2
淀粉及薯类	109.8	111.8	106.2	107.2	103.6	113.2
干豆类及豆制品	103.8	104.8	101.6	123.3	125.6	119.5
油脂	96.6	96.4	96.6	122.1	118.2	126.1
肉禽及其制品	102.5	101.9	103.0	115.9	116.4	115.2
蛋	102.8	102.6	103.3	124.9	124.0	126.0
水产品	104.0	106.3	99.3	114.1	115.2	112.1
菜	100.5	104.0	94.4	94.3	93.4	95.7
调味品	100.7	101.1	100.4	102.3	104.3	100.9
糖	101.6	101.2	102.4	100.6	101.6	98.5
茶及饮料	100.0	99.9	100.3	100.0	100.5	99.0
干鲜瓜果	109.8	108.9	112.6	107.7	107.5	108.2
糕点饼干面包	100.3	99.9	101.4	102.4	102.8	101.5
奶及奶制品	101.7	101.5	102.2	103.0	102.9	103.1
在外用膳食品	101.0	101.3	100.4	102.4	101.9	103.1
其他食品及食品加工服务	100.7	104.2	99.3	100.3	99.9	100.4
烟酒及用品	**99.9**	**99.8**	**99.9**	**100.7**	**102.3**	**99.5**
烟草	99.4	99.1	99.6	98.9	99.6	98.3
酒	100.3	100.4	100.3	102.7	105.8	100.7
吸烟饮酒用品	99.9	100.2	98.7	99.2	99.4	98.5
衣着	**98.8**	**98.4**	**99.6**	**96.8**	**96.6**	**97.1**
服装	98.7	98.2	99.7	96.7	96.6	96.9
衣着材料	99.7	99.1	100.6	98.1	97.9	98.3
鞋袜帽	98.7	98.3	99.2	96.6	95.9	97.2
衣着加工服务	101.2	100.7	103.1	102.0	100.5	105.8
家庭设备用品及维修服务	**98.4**	**97.9**	**99.4**	**97.4**	**97.1**	**97.9**
耐用消费品	97.8	97.7	98.3	95.7	95.2	96.9
室内装饰品	99.0	98.7	99.4	97.4	100.4	95.0
床上用品	99.5	99.1	100.2	100.9	100.4	101.5
家庭日用杂品	99.0	98.2	100.1	99.7	100.7	98.6
家庭服务及加工维修服务	99.4	98.1	102.9	100.9	100.9	100.9
医疗保健和个人用品	**99.2**	**99.1**	**99.4**	**102.2**	**101.0**	**103.2**
医疗保健	98.7	98.4	99.0	103.3	100.7	105.6
个人用品及服务	100.3	100.6	100.1	99.8	101.7	98.2
交通和通讯	**99.0**	**98.3**	**99.8**	**98.6**	**98.2**	**98.9**
交通	100.7	100.7	100.8	99.9	100.5	99.4
通信	97.5	96.6	98.7	97.4	96.6	98.4
娱乐教育文化用品及服务	**105.0**	**101.3**	**108.3**	**102.4**	**100.8**	**103.9**
文娱用耐用消费品及服务	93.5	91.8	95.8	91.7	91.8	91.6
教育	108.3	104.6	110.9	105.1	103.6	106.2
文化娱乐用品	100.3	100.3	100.2	100.8	101.1	100.2
旅游及外出	96.4	96.2	99.5	96.3	96.2	99.6
居住	**105.5**	**106.8**	**104.5**	**105.9**	**105.7**	**106.1**
建房及装修材料	101.8	100.2	102.2	102.2	100.7	102.6
租房	105.3	105.9	100.0	102.8	103.5	97.8
自有住房	100.4	100.9	100.2	100.2	100.1	100.3
水、电、燃料	109.7	109.7	109.6	110.9	108.5	114.3

商品零售价格分类指数

Retail Price Indices by Category of Commodities

（上年＝100）

项目	2005年			2004年		
	全省	城市	农村	全省	城市	农村
商品零售价格指数	**101.1**	**101.0**	**101.2**	**103.2**	**102.3**	**104.0**
食品类	102.2	102.9	101.5	109.6	108.3	111.0
饮料、烟酒	100.1	100.3	100.0	101.0	102.3	99.8
服装、鞋帽类	99.1	98.1	100.2	97.7	97.0	98.3
纺织品类	101.2	99.6	102.1	100.7	99.4	101.5
家用电器及音像器材	95.9	95.8	96.1	93.5	92.8	94.1
文化办公用品	98.0	97.1	98.8	98.4	97.2	99.4
日用品	99.9	99.3	100.4	98.6	99.2	98.1
体育娱乐用品	99.5	99.4	99.6	97.9	97.3	98.4
交通、通信用品	93.3	92.0	94.6	92:3	92.1	92.6
家具	100.3	99.8	100.9	98.8	99.1	98.6
化妆品类	99.5	99.2	99.8	99.4	100.0	98.7
金银珠宝类	104.2	104.9	103.5	112.2	111.3	113.2
中西药品及医疗保健用品类	98.5	98.6	98.3	99.6	99.4	99.7
书报杂志及电子出版物类	100.6	100.9	100.2	102.2	102.1	102.4
燃料类	114.7	114.7	114.5	116.7	110.6	121.4
建筑材料及五金电料类	101.3	100.6	101.8	102.2	101.7	102.4

居民消费和商品零售价格指数

Consumer Price Indices and Retail Price Indices of Commodities

（2005年）

项目	居民消费价格指数			商品零售价格指数			农业生产资料价格指数
	全省	城市	农村	全省	城市	农村	
1950年＝100		512.9		400.8	422.6	387.8	342.9
1952年＝100		450.9		346.8	373.2	336.2	302.2
1957年＝100		420.5		324.8	344.6	318.9	294.7
1965年＝100		473.7		343.0	396.1	315.0	330.7
1970年＝100		472.8		346.0	393.8	320.3	349.1
1978年＝100		466.5		351.5	388.3	331.0	395.2
1980年＝100		427.5		329.7	355.3	315.8	392.5
1985年＝100	326.1	358.5	303.6	284.1	298.4	277.0	335.2
1990年＝100	202.9	225.4	186.5	178.6	189.5	172.1	205.3
1995年＝100	115.1	116.3	114.5	106.3	104.6	107.7	126.5
2000年＝100	108.0	106.5	109.4	103.5	101.6	105.5	114.4
2004年＝100	101.8	101.4	102.2	101.1	101.0	101.2	106.8

主要年份农业生产资料价格分类指数

Price Indices of Agricultural Means of Production by Category in Main Years

（上年＝100）

项　目	1995 年	2000 年	2001 年	2002 年	2003 年	2004 年	2005 年
农业生产资料价格指数	**120.9**	**101.5**	**100.2**	**100.4**	**99.8**	**106.7**	**106.8**
小农具	115.1	98.8	101.2	103.0	99.8	99.6	100.5
饲　料	144.8	96.2	104.7	99.6	101.6	110.7	99.2
幼禽家畜	123.6	113.5	104.2	103.4	101.3	124.4	106.2
大牲畜	114.1	101.4	101.5	100.1	103.9	100.4	99.7
半机械化农具	108.9	99.1	99.0	98.2	94.8	99.7	99.9
机械化农具	115.8	97.7	98.6	98.3	97.8	99.1	101.3
化学肥料	129.5	95.0	100.3	101.6	100.8	106.4	112.0
农药及农药械	119.1	97.7	96.9	97.8	98.5	102.9	101.2
农用机油	103.8	120.3	99.7	98.4	109.7	110.8	116.6
其　他	119.0	97.8	99.4	108.0	85.9	106.6	108.6

主要年份工业品出厂价格分类指数

Ex-factory Price Indices of Industrial Products by Category in Main Years

（上年＝100）

项　目	1995 年	2000 年	2001 年	2002 年	2003 年	2004 年	2005 年
全部工业品	**111.43**	**105.27**	**99.85**	**99.40**	**107.13**	**111.55**	**104.39**
轻工业	120.87	99.17	99.22	98.60	101.51	103.88	100.66
以农产品为原料	121.64	100.44	99.25	98.56	103.19	106.00	99.80
以非农产品为原料	118.71	95.27	99.07	98.73	99.69	101.57	101.62
重工业	106.65	107.92	100.06	99.78	111.30	117.36	107.13
采　掘	112.00	135.25	97.64	103.13	114.45	135.56	122.89
原　料	101.98	106.76	100.68	99.78	112.99	115.44	106.15
加　工	111.57	98.53	99.35	98.55	108.00	113.40	102.96
生产资料	108.77	106.98	99.65	99.34	108.43	113.07	105.15
采　掘	112.00	132.56	98.13	103.22	114.49	135.64	122.85
原　料	104.59	105.95	100.62	99.66	111.74	112.85	105.22
加　工	114.13	99.20	98.38	97.91	104.96	109.25	102.01
生活资料	117.97	98.44	101.18	99.69	100.80	104.21	100.63
食　品	117.81	95.96	101.99	100.11	101.71	105.77	100.35
衣　着	121.92	101.82	99.40	100.68	100.86	102.54	100.48
一般日用品	116.35	97.49	99.87	98.18	98.01	101.61	102.01
耐用消费品	100.44	98.75	99.17	99.35	98.71	99.29	100.98

主要年份主要原材料、燃料、动力购进价格指数
Purchasing Price Indices of Major Raw Material, Fuel and Motive in Main Years

(上年=100)

项　　目	1995 年	2000 年	2001 年	2002 年	2003 年	2004 年	2005 年
全部原材料	**110.91**	**103.31**	**101.02**	**97.25**	**109.38**	**118.39**	**107.02**
燃料、动力类	105.73	107.50	103.00	105.71	110.41	116.70	115.70
黑色金属材料类	93.37	100.10	105.07	98.58	122.96	133.95	107.27
＃钢　材	91.24	102.78	99.84	97.12	115.61	123.78	104.89
其　他	95.89	99.46	107.22	100.02	127.31	139.30	110.61
有色金属材料和电线类	134.50	115.59	94.22	93.48	111.80	122.93	111.26
化工原料类	122.74	104.56	98.65	98.05	107.01	111.49	106.76
木材及纸浆类	116.81	102.57	97.53	93.35	100.53	102.34	103.35
建筑材料及 非金属矿类	110.81	111.17	99.33	89.21	98.72	111.22	104.03
其他工业原料及半成品类	100.94	94.65	101.08	98.44	101.45	117.93	105.83
农副产品类	132.73	94.79	102.91	94.20	113.97	121.49	98.90
纺织原料类	123.64	109.95	93.75	89.37	112.24	107.32	97.19

固定资产投资价格指数
Price Indices of Investment in Fixed Assets

(1991—2005 年,上年=100)

年　　份	固定资产投资	建筑安装工程	设备、工器具购置	其他费用
1991	106.8	104.1	110.5	107.2
1992	129.3	131.2	122.0	148.3
1993	124.8	133.0	121.0	86.0
1994	110.0	108.1	110.1	123.2
1995	106.9	106.0	106.2	115.1
1996	103.9	106.0	100.0	101.9
1997	101.5	105.0	95.0	101.2
1998	97.8	99.4	94.4	98.5
1999	99.4	100.0	96.4	104.3
2000	101.1	102.3	98.4	100.9
2001	99.9	100.6	97.9	100.4
2002	99.5	100.0	98.0	100.3
2003	102.3	104.2	98.5	101.4
2004	107.0	109.6	103.6	102.1
2005	101.9	101.8	101.9	102.0

农产品生产价格指数

Production Price Indices of Farm Produces

（上年＝100）

指 标 名 称	2002年	2003年	2004年	2005年
农产品生产价格指数	**98.01**	**107.48**	**110.09**	**102.45**
种植业产品	**98.02**	**111.76**	**107.10**	**103.85**
谷物及其他作物	102.81	117.84	111.94	100.42
谷 物(原粮)	95.71	106.09	123.91	98.03
小 麦	97.14	102.85	135.25	100.25
稻 谷	95.52	111.18	119.90	107.02
玉 米	94.68	108.13	115.97	95.90
薯 类	113.57	99.85	117.51	111.47
豆 类	99.38	120.28	127.48	92.69
大 豆	100.00	120.73	128.05	96.60
油 料	103.75	127.33	117.76	98.75
花 生	103.76	127.37	117.76	96.78
油菜籽	100.55	106.45	120.76	106.39
芝 麻	102.19	105.49	116.59	103.28
向日葵	112.44	101.95	125.24	107.54
棉 花(籽棉)	115.38	139.88	85.73	104.86
麻 类	141.70			
黄红麻	141.70			
其他农作物				
青饲料		114.29		100.36
蔬菜、园艺作物	72.01	103.99	105.64	106.03
蔬 菜	72.01	103.99	105.64	106.03
叶菜类	97.90	108.41	95.41	105.59
瓜菜类	67.10	91.06	106.00	107.36
块根、块茎菜类	68.21	125.99	81.16	102.39
茄果菜类	68.88	102.82	110.89	105.33
葱蒜类	55.33	115.52	112.12	105.92
菜用豆类	41.23	88.88	127.72	115.34
食用菌(干鲜混合)	109.59	106.81	93.17	94.14
其他园艺作物				
观赏苗木	97.44	95.74		
水果、饮料和香料作物	98.46	97.11	92.88	113.25

农产品生产价格指数(续)

Production Price Indices of Farm Produces

(上年=100)

指标名称	2002年	2003年	2004年	2005年
水　果	98.46	97.11	92.88	113.25
苹　果	89.13	107.55	92.77	111.72
梨	99.43	109.44	87.70	110.80
瓜果类	131.00	83.11	126.18	113.51
其他水果	98.96	91.22	93.08	114.41
中药材	156.58	124.12	85.66	113.59
农作物副产品	80.00			
林业产品	**79.72**	**95.00**	**112.34**	**100.58**
林木的培育和种植				90.69
育种育苗		96.57		90.69
木材竹材采运	80.48	96.10		
木材采运	80.48	96.10		
原　木	80.48	96.10		
林产品	79.27	94.60	112.34	100.58
牧业(畜产品)	**98.30**	**102.97**	**112.06**	**100.40**
牲畜的饲养	100.84	101.43	102.25	100.17
牛	106.60	101.69	103.07	100.24
羊	93.98	101.06	100.72	100.17
奶　类	91.92	101.02	102.66	100.10
毛绒类	95.94	103.68	122.57	94.53
猪的饲养	93.35	107.68	125.25	98.50
家　禽	100.14	99.56	112.86	103.41
肉　禽(毛重)	100.53	101.97	111.27	103.92
禽　蛋	99.89	97.97	113.91	103.08
其他畜牧业	164.85			
渔　业	**104.34**	**106.14**	**126.99**	**107.08**
海水水产品	109.84	108.89	136.98	110.55
海水鱼类				
海水虾蟹类	54.51	99.61	90.73	113.46
海水贝类	141.18	114.15	163.16	108.90
内陆水域水产品	93.57	100.76	107.47	100.28
淡水鱼类	93.57	100.76	107.47	100.28

主要年份人民物质文化生活提高情况

Improvement in People's Material and Cultural Life in Main Years

项　　目	单　位	1990 年	1995 年	2000 年	2004 年	2005 年
城乡居民收入						
农民人均纯收入(抽样调查)	元	621.7	1 668.7	2 478.9	3 171.1	3 481.6
职工平均工资	元	2 019	4 839	7 043	12 925	14 707
城镇居民家庭人均可支配收入(抽样调查)	元	1 397.4	3 991.7	5 661.2	7 951.3	9 107.1
每人每年生活消费						
全省居民消费水平	元	783	1 686	2 533	3 758	4 311
城镇居民人均生活费支出	元	1 278.0	3 256.8	4 348.5	5 819.2	6 699.7
农民人均生活费支出	元	456.8	1 104.3	1 365.2	1 834.9	2 165.7
社会消费品零售额(包括社会集团)	元	511.7	1 328.8	2 429.1	2 576.4	2 952.9
平均每人居住面积(抽样调查)						
城　镇	平方米	9.18	11.43	15.42	19.33	21.53
农　村	平方米	17.34	21.53	22.87	26.08	28.35
交　通						
每百户拥有自行车　城　镇	辆	259	256	221	225	194
农　村	辆	174	192	186	203	174
城市每万人拥有公共车辆(省辖市区)	辆	2.37	3.94	7.97	6.89	7.30
储　蓄						
年底城乡居民储蓄存款余额	亿元	504.6	1 811.2	3 957.1	6 207.5	7 084.0
人均储蓄存款余额	元	819.3	2 814.0	5 955.8	9 143.5	10 372.3
文　化						
每百户拥有彩色电视机　城　镇	台	68	92	112	127	124
农　村	台	6	23	65	84	102
每百户拥有收录机　城　镇	台	78	77	49	57	41
农　村	台	18	29	20	19	11
每百户拥有电冰箱　城　镇	台	49	77	84	95	92
农　村	台	1	6	22	28	31
教　育						
学龄儿童入学率	%	99.0	99.2	99.9	99.8	99.7
每万人口拥有当年大学生毕业生数	人	3.8	5.7	6.2	21.1	25.0
卫　生						
每万人口拥有病床	张	23.9	24.8	25.4	23.3	23.7
每万人口拥有医生	人	14.5	14.6	13.8	12.4	12.3
就　业(抽样调查)						
城镇每一就业者负担人数(含本人)	人	1.65	1.67	1.83	1.93	1.94
农村居民家庭每户整半劳动力	人		2.73	2.74	2.80	2.81

城乡居民家庭人均收入及恩格尔系数

Per Capita Annual Income and Engle Coefficient of Urban and Rural Households

（1978—2005 年）

年份	农村居民家庭人均纯收入		城镇居民家庭人均可支配收入		农村居民家庭恩格尔系数（%）	城镇居民家庭恩格尔系数（%）
	绝对值（元）	指数（1978 年=100）	绝对值（元）	指数（1978 年=100）		
1978	114.06	100.0	276.24	100.0		
1979	136.11	119.3	313.20	113.4		
1980	175.77	154.1	400.56	145.0	56.06	60.08
1981	204.41	179.2	402.48	145.7	52.19	53.34
1982	238.70	209.3	432.84	156.7	54.29	56.28
1983	298.07	261.3	448.68	162.4	53.52	56.93
1984	345.00	302.5	519.24	188.0	52.24	55.36
1985	385.23	337.7	630.72	228.3	50.03	49.96
1986	407.61	357.4	766.44	277.5	48.51	50.24
1987	444.40	389.6	855.00	309.5	48.44	51.67
1988	546.62	479.2	1 080.48	391.1	46.95	46.50
1989	589.40	516.7	1 256.88	455.0	48.12	52.00
1990	621.67	545.0	1 397.35	505.8	49.05	51.16
1991	657.38	576.3	1 489.32	539.1	47.94	51.34
1992	682.48	598.4	1 763.40	638.4	52.47	49.51
1993	803.80	704.7	2 201.04	796.8	58.39	46.31
1994	1 107.25	970.8	3 007.68	1 088.8	56.69	47.29
1995	1 668.73	1 463.0	3 674.16	1 330.1	56.81	46.22
1996	2 054.95	1 801.6	4 429.66	1 476.0	52.18	44.78
1997	2 286.01	2 004.2	4 958.67	1 652.3	50.28	41.95
1998	2 405.32	2 108.8	5 084.64	1 694.3	47.51	40.02
1999	2 441.50	2 140.5	5 365.03	1 787.7	43.68	37.70
2000	2 478.86	2 173.3	5 661.16	1 886.4	39.50	34.39
2001	2 603.60	2 282.7	5 984.82	1 994.3	39.72	35.35
2002	2 685.16	2 354.2	6 678.73	2 225.3	38.92	35.42
2003	2 853.29	2 501.6	7 239.12	2 412.2	39.94	35.16
2004	3 171.06	2 780.2	7 951.31	2 648.6	42.51	36.82
2005	3 481.64	3 052.5	9 107.09	2 734.6	41.02	34.56

注：1995 年及以前城镇居民家庭使用“生活费收入”，1996 年及以后使用“可支配收入”，指数为可比。

城镇居民家庭基本情况

Basic Indicators of Urban Households

（2001—2005 年）

项　　目	单　位	2001 年	2002 年	2003 年	2004 年	2005 年
调查户数	**户**	**2 160**	**2 260**	**2 260**	**2 260**	**2 380**
调查户人口						
平均每户家庭人口数	人	3.07	2.97	2.97	2.94	2.91
平均每户就业人口数	人	1.65	1.51	1.52	1.52	1.50
平均每户就业面	%	53.75	50.84	51.18	51.70	51.50
平均每一就业者负担人（含就业者本人）	人	1.86	1.97	1.95	1.93	1.94
平均每人全部年收入	**元**		**7 014.24**	**7 608.48**	**8 381.42**	**9 616.80**
#可支配收入	元		6 678.73	7 239.12	7 951.31	9 107.09
平均每人总支出	**元**		**6 588.91**	**7 284.12**	**7 747.18**	**8 461.56**
#服务性消费支出			1 164.48	1 214.40	1 324.12	1 550.04
平均每人消费性支出	**元**	**4 479.75**	**5 068.38**	**5 439.72**	**5 819.18**	**6 699.67**
食　品	元	1 583.68	1 795.05	1 912.44	2 142.36	2 315.76
#粮　食	元	205.43	179.10	182.88	218.07	219.04
油脂类	元	82.42	78.42	95.28	107.58	109.28
肉禽及制品	元	297.63	329.89	340.80	383.25	492.20
在外用餐	元	90.02	162.05	184.08	250.21	330.62
衣　着	元	530.02	577.39	587.64	630.93	787.33
#服　装	元	339.69	390.41	403.92	438.51	551.98
家庭设备用品及服务	元	399.04	356.24	365.40	343.21	414.49
医疗保健	元	420.15	527.15	550.92	550.29	642.71
交通和通讯	元	390.24	509.14	607.80	595.95	772.34
娱乐教育文化服务	元	498.06	603.51	660.60	682.87	795.43
居　住	元	461.18	553.66	595.20	705.18	762.08
杂项商品及服务	元	197.39	146.22	159.96	168.39	209.51
现住房人均总使用面积	**平方米**	**15.75**	**18.74**	**18.91**	**19.33**	**21.53**

按收入等级划分的城镇居民家庭基本情况

Basic Indicators of Urban Households by Level of Income

（2005 年）

项目	全省	最低收入户	#困难户	低收入户	中等偏下户
调查户数(户)	2 380				
调查户比重(%)	100.00	10.00	5.00	10.00	20.00
平均每户家庭人口(人)	2.91	3.33	3.22	3.16	3.07
平均每户就业人口(人)	1.50	1.24	1.14	1.56	1.53
平均每户就业面(%)	51.50	37.24	35.40	49.37	49.84
平均每一就业者负担人数					
(包括就业者本人)(人)	1.94	2.69	2.82	2.03	2.01
平均每人全部年收入(元)	9 616.80	3 434.15	2 755.80	5 246.06	6 975.18
平均每人可支配收入(元)	9 107.09	3 258.15	2 572.45	5 013.00	6 588.49
平均每人消费性支出(元)	6 699.67	3 264.08	2 743.64	4 022.08	5 246.30

项目	中等收入户	中等偏上户	高收入户	最高收入户	#更高收入户
调查户数(户)					
调查户比重(%)	20.00	20.00	10.00	10.00	5.00
平均每户家庭人口(人)	2.96	2.84	2.63	2.39	2.31
平均每户就业人口(人)	1.61	1.56	1.51	1.30	1.30
平均每户就业面(%)	54.39	54.93	57.41	54.39	56.28
平均每一就业者负担人数					
(包括就业者本人)(人)	1.84	1.82	1.74	1.84	1.78
平均每人全部年收入(元)	8 756.19	11 129.25	14 300.40	21 245.25	25 379.23
平均每人可支配收入(元)	8 254.39	10 501.09	13 541.31	20 276.92	24 250.40
平均每人消费性支出(元)	6 263.41	7 527.57	8 897.58	13 803.59	14 134.44

城镇居民家庭人均全年现金收支
Per Capita Cash Income and Cash Expenditure in Urban Households

单位:元

指　　标	2002 年	2003 年	2004 年	2005 年
总 收 入	**7 014.24**	**7 608.48**	**8 381.42**	**9 616.80**
♯可支配收入	6 678.73	7 239.12	7 951.31	9 107.09
工薪收入	4 496.61	4 924.32	5 589.89	6 346.53
工资及补贴收入	4 295.37	4 720.56	5 384.09	6 157.99
其他劳动收入	201.25	203.76	205.80	188.54
经营净收入	227.15	279.24	334.28	643.84
财产性收入	98.73	118.80	108.97	117.46
转移性收入	2 191.76	2 286.12	2 348.28	2 508.96
♯养老金或离退休金	1 957.02	1 991.76	2 078.40	2 188.22
出售财物收入	**51.62**	**56.04**	**138.35**	**91.26**
借贷收入	**1 773.79**	**2 379.24**	**2 293.25**	**2 628.91**
总 支 出	**6 588.91**	**7 284.12**	**7 747.18**	**8 461.56**
消费支出	5 068.38	5 439.72	5 819.18	6 699.67
♯服务性消费支出	1 164.48	1 214.40	1 324.12	1 550.04
购房与建房支出	470.21	740.64	670.96	409.85
转移性支出	759.04	785.88	893.97	911.81
财产性支出	10.60	10.08	5.50	9.82
社会保障支出	280.67	307.80	357.57	430.41
借贷支出	**1 884.35**	**2 507.16**	**2 875.99**	**3 374.32**

主要年份城镇居民家庭平均每百户年底耐用消费品拥有量
Number of Major Durable Consumer Goods Owned Per 100 Urban Households at the Year-end in Main Years

项　目	单　位	1995 年	2000 年	2001 年	2002 年	2003 年	2004 年	2005 年
自行车	辆	256	221	232	216	216	225	194.06
成套家具	套				77	79	83	85.83
电风扇	台	157	166	170	160	160	164	137.87
洗衣机	台	94	93	95	96	97	100	95.52
电冰箱	台	77	84	86	91	92	95	92.07
微波炉	台		10	14	20	25	31	40.27
家用电脑	台		7	9	14	17	24	37.63
影碟机	台		32	34	41	45	48	50.91
彩色电视机	台	92	112	116	121	122	127	124.34
录音机	台	77	49	51	54	55	57	41.49
照相机	架	34	38	38	44	45	48	46.47
空调器	台	6	33	38	47	53	62	81.43
摩托车	辆	12	37	37	31	34	36	31.56

主要年份城镇居民家庭平均每人全年购买的主要商品数量
Per Capita Purchases of Major Commodities in Urban Households in Main Years

项　目	单　位	1995 年	2000 年	2001 年	2002 年	2003 年	2004 年	2005 年
粮　食	千克	91.10	94.53	97.13	83.76	85.44	83.75	80.40
鲜　菜	千克	120.01	128.23	134.45	131.52	138.12	140.88	133.91
食用植物油	千克	8.13	9.97	10.42	10.08	10.68	10.54	10.62
猪　肉	千克	13.44	12.90	12.79	14.64	14.64	13.48	13.86
牛羊肉	千克	3.18	4.13	3.78	4.32	4.32	5.08	5.01
家　禽	千克	1.39	2.56	2.64	4.92	4.80	4.45	4.81
鲜　蛋	千克	14.78	17.54	16.46	15.84	16.92	15.61	15.56
鱼　虾	千克	4.34	5.63	6.03	7.56	8.16	7.72	7.57
酒	千克	10.65	11.55	11.68	13.08	12.72	12.93	12.69
鲜瓜果及制品	千克	44.21	64.97	63.14	67.32	68.16	62.82	63.37
糕　点	千克	4.48	3.18	3.24	3.84	4.20	4.52	4.55
鲜　奶	千克	6.20	11.87	13.29	23.64	29.28	25.29	23.80
男士服装	件	1.71	1.90	1.84	2.04	2.04	1.95	2.09
女士服装	件	1.99	2.70	2.61	2.88	2.88	2.77	3.12
儿童服装	件	0.89	0.99	0.90	1.08	1.08	1.02	1.31

按收入等级分城镇居民家庭平均每人全年购买主要商品数量

Per Capita Annual Purchases of Major Commodities of Urban Households by Level of Income

（2005 年）

项　目	总平均	最低收入户	#困难户	低收入户	中等偏下户	中等收入户	中等偏上户	高收入户	最高收入户	#更高收入户
粮　食（千克）	80.40	78.87	79.81	80.07	75.09	79.13	81.18	82.54	93.34	91.73
淀粉及薯类（千克）	13.18	11.30	10.96	11.84	13.05	12.45	12.91	15.70	16.86	15.96
食用植物油（千克）	10.62	9.68	10.13	10.17	10.36	10.82	10.96	10.76	11.46	11.34
食用动物油（千克）	0.08	0.10	0.09	0.07	0.08	0.09	0.08	0.08	0.07	0.08
猪　肉（千克）	13.86	9.61	8.13	11.44	12.20	14.29	14.82	16.88	18.86	19.15
牛　肉（千克）	2.67	1.82	1.76	2.35	2.18	2.69	2.93	3.15	3.90	4.20
羊　肉（千克）	2.34	1.39	0.95	1.97	2.17	2.53	2.47	2.66	3.21	3.69
家　禽（千克）	4.81	2.84	2.14	3.34	4.33	4.72	5.09	6.23	7.90	7.68
鲜　蛋（千克）	15.56	12.58	11.79	13.68	14.62	15.67	16.59	17.71	18.26	18.82
鱼（千克）	6.05	4.05	3.59	5.07	5.48	6.15	6.70	6.97	8.06	8.80
虾（千克）	1.52	0.66	0.52	0.83	1.15	1.46	1.79	2.13	2.95	3.23
鲜　菜（千克）	133.91	112.30	111.16	114.54	127.15	131.23	140.11	155.41	165.22	164.43
白　酒（千克）	3.21	2.58	1.78	3.69	3.06	3.02	3.07	3.62	4.07	4.37
果　酒（千克）	0.32	0.06	0.03	0.14	0.21	0.46	0.41	0.35	0.56	0.42
啤　酒（千克）	8.92	5.94	4.36	7.75	8.43	9.78	9.14	9.53	11.71	11.54
茶　叶（千克）	0.23	0.18	0.15	0.18	0.21	0.24	0.23	0.30	0.29	0.33
鲜　果（千克）	43.54	27.39	24.94	35.88	37.75	42.49	48.29	50.95	67.50	68.90
鲜　瓜（千克）	19.83	10.55	9.56	14.80	17.84	19.60	22.97	23.63	29.99	28.67
糕　点（千克）	4.55	2.83	2.36	3.79	4.37	4.46	4.91	4.94	6.71	6.94
鲜　奶（千克）	23.80	12.45	11.25	17.58	22.04	24.16	25.58	30.18	36.25	37.48
奶　粉（千克）	0.38	0.29	0.22	0.40	0.45	0.37	0.34	0.37	0.39	0.42
酸　奶（千克）	6.06	3.12	2.27	3.83	5.80	6.00	7.09	7.68	8.61	9.43
男士服装（件）	2.09	1.19	1.09	1.62	1.84	2.07	2.40	2.73	2.87	3.12
女士服装（件）	3.12	1.70	1.37	2.19	2.79	3.19	3.52	4.05	4.50	5.18
儿童服装（件）	1.31	0.96	0.72	1.22	1.27	1.43	1.46	1.33	1.25	1.17
鞋　类（双）	2.64	2.05	1.81	2.41	2.45	2.59	2.92	2.92	3.24	3.48

按收入等级分城镇居民家庭平均每百户年底耐用消费品拥有量
Number of Durable Consumer Goods Owned Per 100 Urban Households at Year-end by Level of Income

（2005 年）

项　　目	总平均	最低收入户	#困难户	低收入户	中等偏下户	中等收入户	中等偏上户	高收入户	最高收入户	#更高收入户
成套家具(套)	85.83	68.29	61.45	77.75	84.32	86.89	89.28	93.37	93.85	97.11
摩托车(辆)	31.56	19.60	17.54	31.42	35.25	38.87	35.81	26.00	18.36	14.04
自行车(辆)	194.06	178.31	168.35	201.53	198.80	190.61	198.34	203.01	181.03	174.74
助力车(辆)	13.19	5.73	5.06	4.47	10.55	11.72	18.82	23.09	13.59	16.71
家用汽车(辆)	3.94	1.46	0.78	2.38	2.85	3.14	3.37	4.50	11.39	11.60
洗衣机(台)	95.52	79.42	75.44	92.51	95.67	95.66	99.28	98.91	100.18	103.09
电风扇(台)	137.87	114.78	104.51	130.75	140.44	135.44	149.41	145.39	133.04	130.16
电冰箱(台)	92.07	69.34	61.85	90.00	91.79	91.50	97.70	94.22	100.97	100.98
冰　柜(台)	15.54	9.91	5.04	10.41	12.01	13.98	17.58	17.24	28.24	28.47
彩色电视机(台)	124.34	102.75	97.82	117.00	117.32	124.14	130.74	137.96	135.25	130.49
影碟机(台)	50.91	29.78	22.53	41.59	49.57	54.22	57.31	49.06	62.12	55.27
录音机(台)	41.49	25.77	22.67	32.61	36.65	41.56	48.65	50.02	48.18	48.30
录放像机(台)	14.00	4.54	4.04	11.56	12.67	13.68	15.99	16.65	20.41	25.45
家用电脑(台)	37.63	9.42	3.63	16.87	31.34	38.64	48.90	45.68	58.46	55.81
组合音响(套)	22.81	11.43	7.86	18.99	18.80	23.75	27.75	21.78	32.18	33.16
摄像机(架)	3.98	1.14	1.60	1.01	1.20	2.30	6.53	4.09	11.96	13.73
照相机(架)	46.47	16.67	8.77	27.68	36.00	48.21	52.88	67.99	69.03	70.30
钢　琴(架)	1.51	0.79		0.29	1.52	0.80	1.40	2.32	3.94	4.51
其他中高档乐器(件)	5.82	0.58		1.48	7.08	6.24	6.87	4.58	10.22	13.40
微波炉(台)	40.27	12.75	4.58	22.74	29.58	40.29	48.58	53.63	67.80	67.41
空调器(台)	81.43	31.02	22.25	47.26	61.74	86.32	92.62	103.21	135.55	130.42
取暖器(台)	18.33	11.89	15.03	10.87	14.13	21.45	18.86	24.75	24.50	27.02
电炊具(台)	71.29	39.55	25.24	53.21	63.05	72.20	82.86	84.16	90.89	95.14
淋浴热水器(台)	68.13	37.78	31.57	52.98	62.33	69.16	76.54	80.37	86.22	86.79
排油烟机(台)	74.64	49.59	45.86	57.97	71.25	76.52	85.91	80.63	84.49	84.14
消毒碗柜(台)	4.71	0.23		4.28	1.25	3.56	6.18	8.97	9.91	10.19
洗碗机(台)	0.76	0.57		1.44	1.05	0.85	0.97			
饮水机(台)	41.38	17.53	11.35	27.21	34.24	44.05	50.64	49.25	55.17	52.07
吸尘器(台)	12.82	3.56		6.43	7.65	10.18	14.17	19.82	30.65	28.34
健身器材(套)	5.06	1.04	1.60		1.78	4.61	6.55	6.11	15.61	16.74
普通电话(部)	92.85	84.92	89.63	86.55	92.30	90.90	96.59	97.66	97.47	100.06
移动电话(部)	124.53	58.98	43.53	90.81	112.06	135.90	142.59	144.63	153.82	150.95
传真机(部)	0.89			0.26	1.18	0.85	0.94		2.55	1.75

农民家庭基本情况

Basic Indicators of Rural Households

（2000—2005年）

项目	2000年	2001年	2002年	2003年	2004年	2005年
调查户数(户)	**4 200**	**4 200**	**4 200**	**4 200**	**4 200**	**4 200**
调查户人口(人)						
常住人口	17 267	17 021	16 859	16 723	16 588	16 465
平均每户常住人口	4.11	4.05	4.01	3.98	3.95	3.92
平均每户整、半劳动力	2.74	2.72	2.74	2.79	2.80	2.81
平均每个劳动力负担人口	1.50	1.49	1.47	1.43	1.41	1.40
平均每人全年收入(元)						
总收入	3 307.55	3 478.42	3 631.13	3 785.42	4 213.45	4 985.96
纯收入	2 478.86	2 603.60	2 685.16	2 853.29	3 171.06	3 481.64
现金收入	2 607.23	2 788.67	3 041.33	3 201.98	3 434.60	4 317.68
按人均纯收入水平分组的户数构成(%)						
500元以下	3.17	2.52	2.23	1.64	1.57	0.90
500－1000元	8.02	7.36	7.17	6.38	4.55	3.48
1000－1500元	13.36	13.60	12.63	12.00	9.71	7.98
1500－2000元	15.31	14.64	14.17	14.57	12.60	10.88
2000－2500元	17.60	15.24	14.83	15.02	14.48	12.93
2500－3000元	12.81	13.62	14.17	13.31	13.26	13.29
3000元以上	29.74	33.02	34.80	37.07	43.83	50.54
调查户居住情况(平方米/百人)						
年末住房面积	2 287.28	2 408.14	2 489.83	2 555.47	2 607.78	2 835.30
#钢筋混凝土结构面积	297.90	335.23	344.16	379.13	384.91	611.14
砖木结构面积	1 835.00	1 924.10	2 010.29	2 060.75	2 095.31	2 109.87
年末住房价值(元/百人)	529 279.85	569 674.23	597 849.90	629 090.36	649 274.89	835 221.47
年内新建(购)住房面积	94.37	100.49	77.48	65.05	43.24	74.30
#钢筋混凝土结构面积	43.17	37.20	34.12	29.56	16.67	38.40
砖木结构面积	49.73	60.59	44.42	35.49	25.36	35.90
新建楼房面积	22.49	12.34	14.46	16.12	11.01	13.26
新建(购)住房价值(元/百人)	32 516.69	32 676.55	26 526.48	23 578.89	19 314.00	30 869.91

农民家庭平均每人纯收入

Per Capita Net Income of Rural Households

(2000—2005 年)　　单位:元

指　　标	2000 年	2001 年	2002 年	2003 年	2004 年	2005 年
平均每人纯收入	**2 478.86**	**2 603.60**	**2 685.16**	**2 853.29**	**3 171.06**	**3 481.64**
工资性收入	949.25	978.38	1 043.67	1 071.83	1 110.92	1 293.50
家庭经营纯收入	1 417.99	1 501.22	1 506.11	1 645.17	1 887.68	1 988.58
按产业划分						
第一产业企业得到的	914.45	993.62	931.14	1 076.84	1 310.51	1 455.91
第二产业企业得到的	113.26	121.46	155.02	159.05	164.94	154.89
第三产业企业得到的	390.28	386.15	419.95	409.28	412.23	377.77
转移性、财产性收入	111.62	124.00	135.38	136.28	172.45	199.56

农民家庭平均每人生活消费支出

Per Capita Living Expenditures of Rural Households

(2000—2005 年)　　单位:元

项　　目	2000 年	2001 年	2002 年	2003 年	2004 年	2005 年
平均每人生活消费支出	**1 365.23**	**1 429.81**	**1 476.42**	**1 600.10**	**1 834.92**	**2 165.72**
食　品	539.33	567.95	574.59	639.10	780.09	888.37
主　　食	203.77	214.02	216.58	218.46	294.83	281.22
在外饮食	30.26	33.22	38.44	56.66	59.78	92.04
衣　着	104.84	106.24	109.18	114.97	127.06	155.52
居　住	322.04	329.39	318.99	311.46	340.88	398.90
家庭设备、用品服务	65.41	66.59	68.58	71.65	80.42	101.49
医疗保健	78.28	81.33	99.14	101.63	115.97	221.96
交通和通讯	84.55	98.89	110.42	149.52	176.60	225.79
文化教育娱乐用品及服务	130.71	139.22	156.91	186.46	182.56	134.77
其他商品和服务	40.07	40.21	38.60	25.28	31.33	38.92

主要年份农民家庭平均每百户耐用消费品年底拥有量
Number of Durable Consumer Goods Owned Per 100 Rural Households at the Year-end in Main Years

品　名	单　位	1995 年	2000 年	2001 年	2002 年	2003 年	2004 年	2005 年
自行车	辆	192	186	188.98	192.57	191.02	202.71	174.38
电风扇	台	94	150.36	155.05	159.43	161.24	165.69	161.00
洗衣机	台	36	58.86	63.14	65.57	68.17	70.74	74.17
电冰箱	台	6	21.74	23.83	25.17	26.83	27.86	30.64
摩托车	辆	7	34.33	39.26	43.62	43.83	46.62	58.17
大型家具	件	506	186	195.67	203.67	202.10	197.67	246.57
黑白电视机	台	76	51.17	47.02	44.64	40.71	40.60	14.60
彩色电视机	台	23	64.76	71.52	77.38	79.64	83.98	102.14
收录机	台	29	19.74	18.71	18.64	17.36	18.55	11.10
照相机	架	2	4.17	3.79	4.14	4.33	4.36	3.50
吸尘器	台	0.26	0.36	0.38	0.4	0.43	0.43	0.48
录放像机	台	0.86	3.24	2.76	2.79	2.71	2.86	2.83
抽油烟机	台	0.19	1.86	2.26	2.52	2.98	3.12	3.81

主要年份农民家庭平均每人主要消费品消费量
Per Capita Consumption of Major Consumer Goods in Rural Households in Main Years

品　　名	1995 年	2000 年	2001 年	2002 年	2003 年	2004 年	2005 年
粮食(原粮)	208.53	213.75	205.41	209.38	217.40	215.49	200.84
#小　麦	148.65	153.10	153.47	156.31	153.62	149.42	139.80
稻　谷	6.82	14.63	12.55	12.60	17.59	19.21	17.47
豆类及豆制品	3.83	3.31	3.58	3.23	2.66	2.70	2.81
#大　豆	2.58	1.95	2.03	1.80	1.97	2.01	1.97
蔬　菜	89.04	61.45	63.37	58.78	55.97	57.89	57.70
食　油	4.67	5.91	6.79	6.85	6.59	4.95	6.75
#植物油	3.89	5.32	6.23	6.35	6.12	4.51	6.28
肉禽及制品	5.90	8.06	8.39	8.57	8.69	8.53	10.54
#猪　肉	4.94	6.63	6.74	6.85	6.58	6.13	7.15
牛　肉	0.23	0.35	0.38	0.34	0.29	0.43	0.47
羊　肉	0.10	0.19	0.18	0.21	0.23	0.31	0.37
家　禽	0.22	0.37	0.43	0.40	0.54	0.53	0.75
蛋及制品	3.69	5.09	5.23	5.63	6.36	6.00	6.27
水产品	1.56	1.79	1.98	2.18	2.25	2.21	2.48
#鱼　类	1.44	1.65	1.78	2.00	2.06	1.99	2.23
虾贝蟹类	0.05	0.06	0.07	0.09	0.08	0.10	0.12
食　糖	0.68	0.59	0.89	0.98	0.65	0.73	0.77
酒	5.20	6.50	6.63	6.93	7.29	7.64	9.16
水果及制品	11.26	16.74	14.58	13.43	9.40	11.02	12.42
坚果及制品	0.03	0.60	0.73	0.58	0.69	0.79	1.11

农村基层组织和劳动力

Basic Rural Units and Labor Force

（2000—2005 年）

指　　标	单　位	2000 年	2001 年	2002 年	2003 年	2004 年	2005 年
农村乡镇情况							
乡政府	个	1 073	1 064	1 035	1 034	1 030	1 018
镇政府	个	900	910	933	937	937	944
村民委员会	个	49 951	49 914	49 838	49 752	49 697	49 678
乡村户数、人口、劳动力							
乡村总户数	万　户	1 422.6	1 434.1	1 434.7	1 436.1	1 439.4	1 448.55
乡村人口数	万　人	5 382.4	5 385.6	5 388.8	5 383.0	5 389.9	5 422.28
乡村从业人员	万　人	2 707.1	2 717.9	2 731.8	2 748.0	2 772.0	2 805.94
#男	万　人	1 447.7	1 454.0	1 462.1	1 470.8	1 484.1	1 504.12
按行业分							
农、林、牧、渔业	万　人	1 665.4	1 665.0	1 652.0	1 660.2	1 600.4	1 552.75
工　业	万　人	388.4	390.3	403.5	441.9	481.5	518.86
建筑业	万　人	202.5	205.7	212.5	243.7	259.4	275.22
交通运输、仓储和邮电通信业	万　人	92.1	93.7	94.5	101.0	107.9	114.71
批发和零售业、住宿和餐饮业	万　人	135.3	137.5	141.2	162.7	183.6	202.87
金融业	万　人	5.5	5.2	5.5	5.5	5.5	5.60
其他非农行业	万　人	217.9	220.5	222.6	133.0	133.7	135.93
国有农林牧渔场从业人员	**万　人**	**8.5**	**8.0**	**7.6**	**7.9**	**8.0**	**8.4**

注：乡村人口数是指户口在乡村的常住人口。

耕　　地　　面　　积

Areas Under Cultivation

（2000—2005 年）

指　　标	单　位	2000 年	2001 年	2002 年	2003 年	2004 年	2005 年
年末实有耕地面积	**千公顷**	**6 466.0**	**6 448.9**	**6 125.1**	**5 991.3**	**6 000.6**	**5 988.9**
水　田	千公顷	136.7	110.6	107.3	93.0	96.3	103.9
旱　地	千公顷	6 329.3	6 338.3	6 017.8	5 898.3	5 904.3	5 885.0
#水浇地	千公顷	4 345.7	4 374.8	4 307.8	4 311.0	4 363.5	4 443.8
占耕地面积比重	%	67.2	67.8	70.3	72.0	72.7	74.2
当年增加的耕地面积	**千公顷**	**2.0**	**2.0**	**9.7**	**7.4**	**9.6**	**8.1**
#新开荒地面积	千公顷	0.5	1.4	3.5	5.4	5.0	4.4
占增加耕地面积比重	%	22.7	67.9	35.7	72.6	52.1	54.1
当年减少耕地面积	**千公顷**	**14.8**	**19.0**	**172.6**	**212.9**	**54.6**	**53.4**
国家基建占地	千公顷	5.9	7.0	4.7	5.3	5.5	4.8
占减少耕地面积比重	%	39.7	36.8	2.7	2.5	10.1	9.0

注：从 2002 年起年末实有耕地面积为年末常用耕地面积，不包括坡度在 25 度以上的陡坡地。

主要年份农、林、牧、渔业总产值及构成

Gross Output Value and Composition of Farming, Forestry, Animal Husbandry and Fishery in Main Years

年份	农林牧渔业总产值	农业	林业	牧业	渔业	农林牧渔服务业
绝对数(亿元)						
1980	97.79	79.86	3.10	14.00	0.83	
1985	167.33	128.65	6.15	31.16	1.37	
1990	357.63	254.77	9.58	83.38	9.90	
1991	377.64	259.28	12.38	94.88	11.10	
1992	419.82	282.47	13.93	108.50	14.92	
1993	511.29	344.52	15.30	139.10	12.37	
1994	796.33	518.27	19.44	238.17	20.45	
1995	1 147.83	753.52	23.50	344.18	26.63	
1996	1 298.04	801.26	24.80	437.59	34.39	
1997	1 437.29	845.18	26.38	523.14	42.59	
1998	1 505.91	885.88	27.37	547.57	45.09	
1999	1 539.77	879.64	28.14	582.96	49.03	
2000	1 544.65	846.72	25.37	613.68	58.88	
2001	1 680.48	899.38	34.02	685.92	61.16	
2002	1 729.16	918.62	37.49	707.13	65.92	
	(1 739.41)	(840.07)	(38.52)	(732.43)	(55.82)	(72.57)
2003	1 956.87	958.30	41.27	820.58	57.72	79.00
2004	2 375.89	1 135.75	40.01	1 037.72	72.08	90.33
2005	2 600.83	1 258.00	40.13	1 124.43	79.44	98.83
构成(农业总产值=100)						
1980	100	81.66	3.17	14.32	0.85	
1985	100	76.88	3.68	18.62	0.82	
1990	100	71.24	2.68	23.31	2.77	
1991	100	68.65	3.28	25.13	2.94	
1992	100	67.28	3.32	25.85	3.55	
1993	100	67.38	2.99	27.21	2.42	
1994	100	65.08	2.44	29.91	2.57	
1995	100	65.65	2.05	29.98	2.32	
1996	100	61.73	1.91	33.71	2.65	
1997	100	58.80	1.84	36.40	2.96	
1998	100	58.83	1.82	36.36	2.99	
1999	100	57.13	1.83	37.86	3.18	
2000	100	54.82	1.64	39.73	3.81	
2001	100	53.52	2.02	40.82	3.64	
2002	100	53.13	2.17	40.89	3.81	
	(100)	(48.30)	(2.21)	(42.11)	(3.21)	(4.17)
2003	100	48.97	2.11	41.93	2.95	4.04
2004	100	47.80	1.69	43.68	3.03	3.80
2005	100	48.37	1.54	43.23	3.05	3.80

注：本表按当年价格计算，2002年括号内数及以后年份数据按新分类、生产者价格计算，不包括农民家庭兼营商品性工业，包括农林牧渔服务业。

主要年份农、林、牧、渔业总产值指数
Indices of Farming, Forestry, Animal Husbandry and Fishery in Main Years

（上年＝100）

年　份	农林牧渔业总产值	农　业	林　业	牧　业	渔　业	农林牧渔服务业
1978	122.1	125.0	113.1	97.2	101.5	
1980	93.8	92.1	96.2	104.0	100.9	
1985	103.3	98.6	104.6	131.1	126.2	
1986	98.5	97.0	91.7	106.0	123.2	
1987	104.5	404.3	103.3	105.3	116.9	
1988	107.8	105.6	104.8	117.6	115.4	
1989	103.1	102.5	98.9	105.5	109.2	
1990	105.4	104.4	107.3	107.1	143.7	
1991	103.6	102.1	104.3	106.6	111.4	
1992	100.9	95.1	103.8	110.3	140.7	
1993	108.7	109.3	95.2	119.5	57.8	
1994	116.2	113.1	105.4	123.6	120.3	
1995	111.9	110.5	105.4	114.0	124.3	
1996	109.4	104.0	103.0	119.1	123.2	
1997	107.5	105.0	105.2	110.6	120.1	
1998	107.8	107.4	102.1	108.6	110.2	
1999	104.8	102.2	102.9	108.6	110.4	
2000	105.7	105.4	98.4	106.2	108.7	
2001	105.3	105.2	122.1	104.7	104.3	
2002	105.0	104.0	110.9	106.5	103.3	
2003	106.3	105.6	111.7	107.3	99.4	110.5
2004	106.7	106.8	93.8	106.8	107.8	109.6
2005	106.5	106.0	96.9	107.7	104.1	107.5

注：本表按可比价格计算，2003 年及以后年份数据不包括农民家庭兼营商品性工业，包括农林牧渔服务业。

农、林、牧、渔业分项产值

Gross Output Value of Farming, Forestry, Animal Husbandry and Fishery by Branch

指标	绝对数(亿元)		构成(%)	
	2005年	2004年	2005年	2004年
农、林、牧、渔业总产值	**2 600.83**	**2 375.89**	**100.00**	**100.00**
农业产值	**1 258.00**	**1 135.75**	**48.37**	**47.80**
谷物及其他作物	556.93	558.90	21.41	23.52
谷　物	344.36	342.20	13.24	14.40
薯　类	37.44	29.09	1.44	1.22
油　料	52.09	55.37	2.00	2.33
豆　类	14.90	20.14	0.57	0.85
棉　花	95.76	99.41	3.68	4.18
麻　类	0.20	0.15	0.01	0.01
糖　类	1.35	0.67	0.05	0.03
烟　草	0.76	0.86	0.03	0.04
其他农作物	10.07	11.00	0.39	0.46
蔬菜、园艺作物	520.25	443.91	20.00	18.68
蔬菜(含果用瓜)	510.65	434.72	19.63	18.30
花　卉	1.14	1.14	0.04	0.05
其他园艺作物	8.46	8.05	0.33	0.34
水果、坚果、饮料和香料作物	169.00	121.57	6.50	5.12
水　果	169.00	121.57	6.50	5.12
园林水果	125.65	85.22	4.83	3.59
瓜果类	43.35	36.35	1.67	1.53
中药材	11.83	11.37	0.46	0.48
林业产值	**40.13**	**40.01**	**1.54**	**1.69**
林木的培育和种植	14.40	16.67	0.55	0.70
育种育苗	2.40	2.76	0.09	0.11
造　林	6.18	8.47	0.24	0.36
抚育和管理	5.82	5.44	0.22	0.23
木材采运	3.76	3.93	0.15	0.17
林产品	21.97	19.41	0.84	0.82
#干　果	15.21	13.58	0.58	0.57
牧业产值	**1 124.43**	**1 037.72**	**43.23**	**43.68**
牲畜饲养	308.10	288.07	11.85	12.12
牛的饲养	162.94	162.44	6.26	6.84
羊的饲养	71.76	59.33	2.76	2.50
其他牲畜饲养	8.20	7.76	0.32	0.32
奶产品	60.51	54.78	2.33	2.30
毛绒产品	4.69	3.77	0.18	0.16
猪的饲养	422.81	409.74	16.26	17.25
家禽饲养	355.95	310.41	13.68	13.07
#肉　禽	120.24	90.32	4.62	3.80
禽　蛋	235.71	220.09	9.06	9.26
猎狩和捕捉动物	0.02	0.02	…	…
其他畜牧业	37.55	29.48	1.44	1.24
渔业产值	**79.44**	**72.08**	**3.05**	**3.03**
海水产品	46.45	40.67	1.79	1.71
内陆水域水产品	32.99	31.41	1.27	1.32
农林牧渔服务业产值	**98.83**	**90.33**	**3.80**	**3.80**

注:本表按新分类、生产者价格计算,不包括农民家庭兼营商品性工业,包括农林牧渔服务业。

农、林、牧、渔业增加值

Value-added of Farming, Forestry, Animal Husbandry and Fishery

(2005 年)

指　　标	金　额 (万元)	构　成 (%)	指　　标	金　额 (万元)	构　成 (%)
农林牧渔业总产值	**26 008 300**	**100.00**	牧　业	5 851 706	53.31
农　业	12 580 005	48.37	渔　业	341 283	3.11
林　业	401 325	1.54	农林牧渔服务业	585 068	5.33
牧　业	11 244 259	43.23	**农林牧渔业增加值**	15 030 695	100.00
渔　业	794 421	3.06	农　业	8 485 099	56.45
农林牧渔服务业	988 290	3.80	林　业	296 683	1.97
中间消耗	**10 977 605**	**100.00**	牧　业	5 392 553	35.88
农　业	4 094 906	37.30	渔　业	453 138	3.02
林　业	104 642	0.95	农林牧渔服务业	403 222	2.68

注：本表按新分类、生产者价格计算，不包括农民家庭兼营商品性工业，包括农林牧渔服务业。

农村非农行业总产值

Gross Output Value of Non-agricultural Sector

(2005 年)　　单位：亿元

指　　标	金　额	指　　标	金　额
农村非农行业总产值	**14 182.72**	＃农村供销社	0.55
农村工业总产值	11 915.26	补充资料：	
农村建筑业总产值	901.60	**农民进城(含县城)办非农行业产值**	**769.17**
＃开垦荒地产值	1.33	农民进城办工业产值	304.57
农村运输业总产值	610.55	农民进成办建筑业产值	155.70
农村批发、零售贸易业、餐饮业总产值	755.31	农民进城办运输业产值	70.24
批发、零售贸易业产值	495.93	农民进成办批发零售贸易业产值	177.78
＃农村供销社	10.72	农民进成办餐饮业产值	60.88
餐饮业产值	259.38		

注：本表按当年价格计算。

主要年份主要农作物总播种面积

Total Sown Areas of Major Farm Crops in Main Years

单位:千公顷

年份	总播种面积	#粮食作物播种面积	#夏收	#经济作物播种面积	#棉花	#油料
1978	9 370.9	7 949.4	2 979.1	959.1	576.6	300.2
1980	9 013.9	7 487.2	2 703.8	1 073.9	548.7	461.0
1985	8 656.5	6 492.7	2 367.5	1 677.5	850.3	749.8
1986	8 772.9	6 827.3	2 506.2	1 423.6	707.5	655.3
1987	8 690.1	6 687.9	2 364.7	1 496.8	824.9	626.9
1988	8 786.9	6 659.0	2 433.5	1 573.1	928.4	617.7
1989	8 764.9	6 760.5	2 461.0	1 493.9	878.1	563.9
1990	8 786.7	6 827.8	2 515.0	1 502.1	910.9	543.5
1991	8 814.8	6 798.0	2 535.0	1 564.5	955.2	559.1
1992	8 570.5	6 625.9	2 550.1	1 481.4	882.1	549.4
1993	8 676.7	7 040.5	2 530.4	1 129.6	520.0	556.3
1994	8 649.3	6 801.7	2 466.5	1 327.2	685.3	590.2
1995	8 720.1	6 829.5	2 515.3	1 349.3	700.5	604.5
1996	8 872.1	7 137.3	2 610.4	1 071.6	427.5	601.1
1997	8 856.9	7 099.4	2 745.3	1 033.3	377.1	602.7
1998	9 097.7	7 305.7	2 793.8	990.2	315.7	632.4
1999	9 055.2	7 236.1	2 765.8	932.3	266.6	635.2
2000	9 024.4	6 918.7	2 716.6	1 033.9	307.4	686.4
2001	8 990.8	6 628.9	2 629.6	1 091.0	418.5	631.7
2002	8 935.1	6 484.4	2 493.2	1 099.5	407.4	642.0
2003	8 638.5	5 944.0	2 232.9	1 266.7	581.4	634.0
2004	8 695.4	6 003.4	2 200.5	1 303.2	669.1	583.6
2005	8 785.5	6 240.2	2 415.4	1 180.3	573.5	559.0

主要年份粮食、棉花、油料单位面积产量

Yield of Grain, Cotton and Oil-bearing Per Hectare in Main Years

单位:千克/公顷

年　　份	粮食耕地面积产量	粮食播种面积产量	棉花播种面积产量	油料播种面积产量	#花　生
1978	3 300.0	2 123.0	203.0	816.0	1 305.0
1980	3 081.8	2 033.5	450.5	979.2	1 508.8
1985	4 551.3	3 028.9	739.3	1 159.2	1 749.6
1986	4 368.8	2 878.9	723.0	942.3	1 397.9
1987	4 250.9	2 870.9	759.1	1 098.6	1 721.9
1988	4 540.8	3 037.2	621.3	1 057.8	1 526.1
1989	4 578.5	3 059.8	610.4	992.9	1 601.2
1990	4 997.0	3 334.7	626.6	1 377.9	1 951.5
1991	5 012.5	3 337.3	664.0	1 303.3	2 014.0
1992	5 249.0	3 298.6	346.9	1 207.0	1 645.0
1993	5 081.0	3 380.7	370.0	1 447.5	2 110.4
1994	5 428.7	3 710.1	569.1	1 808.9	2 483.9
1995	5 985.8	4 010.6	528.8	1 817.3	2 547.6
1996	5 919.0	3 908.0	604.0	2 007.0	2 686.0
1997	5 828.0	3 869.0	660.0	1 957.0	2 672.0
1998	6 170.0	3 993.0	856.0	2 195.0	2 787.0
1999	5 628.6	3 795.3	835.0	2 038.9	2 740.5
2000	5 500.0	3 687.2	976.4	2 141.1	2 861.6
2001	5 723.4	3 759.0	1 000.9	2 434.8	2 917.6
2002	5 650.5	3 756.4	986.5	2 356.1	2 927.3
2003	5 824.5	4 017.2	897.9	2 572.6	3 026.4
2004	5 986.4	4 131.1	994.4	2 644.2	3 071.2
2005	6 108.8	4 164.2	1 006.5	2 732.0	3 198.1

注:2001 年以后粮食耕地面积产量数据中粮占耕地面积与粮食抽样面积衔接,并按粮食抽样产量计算而得。

主要农作物分品种播种面积和产量

Yield and Sown Area of Major Farm Crops by Assortment

项　　目	播种面积(千公顷)		总产量(万吨)		每公顷产量(千克)	
	2005年	2004年	2005年	2004年	2005年	2004年
农作物总播种面积	**8 785.5**	**8 695.4**				
粮食作物	**6 240.2**	**6 003.4**	**2 598.6**	**2 480.1**	**4 164**	**4 131**
谷　物	5 611.3	5 322.9	2 452.9	2 319.4	4 371	4 357
#夏收谷物	2 289.6	2 162.8	1 243.2	1 053.9	5 430	4 873
稻　谷	87.7	83.5	51.6	47.3	5 884	5 665
小　麦	2 377.1	2 161.5	1 150.3	1 053.2	4 839	4 873
玉　米	2 677.4	2 630.6	1 193.8	1 157.6	4 459	4 400
谷　子	194.8	222.7	43.5	44.4	2 233	1 994
高　粱	30.4	43.5	7.4	7.3	2 434	1 678
豆　类	333.1	359.7	51.2	57.6	1 537	1 601
#大　豆	254.9	274.3	42.4	44.3	1 663	1 615
薯　类	295.8	320.8	94.5	103.1	3 195	3 214
经济作物	**1 180.3**	**1 303.2**				
油　料	559.0	583.6	152.7	154.3	2 732	2 644
#花　生	438.8	448.9	140.3	137.9	3 197	3 071
油菜籽	35.4	47.8	4.7	6.5	1 328	1 364
芝　麻	15.2	16.2	1.5	1.5	987	926
胡麻籽	43.4	42.5	2.3	4.4	530	1 025
葵花籽	24.0	26.7	3.5	3.8	1 458	1 442
棉　花	573.5	669.1	57.7	66.5	1 006	994
麻　类	2.2	2.1	0.7	0.4	3 182	2 061
#黄红麻	0.3	0.4	0.1	0.1	3 333	2 161
大　麻	0.1	1.7	…	0.3	3 000	2 043
甜　菜	10.5	8.6	42.7	21.0	40 667	24 291
烟　叶	3.7	4.4	1.0	1.1	2 703	2 478
#烤　烟	2.6	2.9	0.5	0.5	1 923	1 771
药　材	31.4	35.3				
蔬菜瓜类	**1 210.2**	**1 191.5**	**6 947.0**	**6 656.9**	**57 404**	**55 869**
蔬　菜	1 104.8	1 082.2	6 467.6	6 187.5	58 541	57 175
瓜　类(果用瓜)	105.4	109.3	479.4	469.4	45 484	42 941
其他农作物	**154.8**	**197.2**				
#青饲料	84.4	115.8				
绿　肥	…	0.5				

主要年份主要农产品产量

Yield of Major Farm Crops in Main Years

年份	粮食总产量(万吨)	谷物	#小麦	#稻谷	#玉米	豆类	#大豆	薯类	棉花总产量(万吨)
1978	1 687.9		631.4	54.3	516.6		32.3	163.8	11.71
1980	1 522.5		378.8	83.1	663.2		29.7	125.2	24.72
1985	1 966.6		744.3	78.0	678.9		38.5	144.5	62.86
1990	2 276.9		927.7	91.6	829.2		53.5	138.6	57.08
1991	2 268.7	2 072.0	900.4	89.1	906.1	66.1	56.6	130.6	63.43
1992	2 185.6	2 009.4	917.9	95.5	834.3	57.2	44.0	119.0	30.60
1993	2 380.2	2 136.4	902.1	86.6	965.1	107.8	91.5	136.0	19.24
1994	2 523.5	2 263.3	921.7	88.3	1 065.3	118.0	98.7	142.2	39.00
1995	2 739.0	2 507.0	1 060.3	90.3	1 183.4	94.3	78.6	137.7	37.05
1996	2 789.5	2 557.1	1 139.1	92.2	1 168.4	89.9	73.6	142.5	25.84
1997	2 746.7	2 554.1	1 330.7	102.4	1 009.5	68.0	58.2	124.6	24.87
1998	2 917.5	2 680.3	1 253.6	99.2	1 187.2	95.0	76.0	142.2	27.02
1999	2 746.3	2 552.1	1 280.5	93.1	1 088.0	68.6	56.7	125.6	22.26
2000	2 551.1	2 355.6	1 208.0	65.8	994.5	74.5	62.9	121.0	30.01
2001	2 491.8	2 309.0	1 122.7	47.2	1 059.5	67.1	56.3	115.7	41.93
2002	2 435.8	2 256.3	1 099.5	55.7	1 035.0	60.6	49.4	118.9	40.19
2003	2 387.8	2 205.9	1 018.8	41.1	1 073.6	60.6	46.4	121.3	52.20
2004	2 480.1	2 319.4	1 053.2	47.3	1 157.6	57.6	44.3	103.1	66.54
2005	2 598.6	2 452.9	1 150.3	51.6	1 193.8	51.2	42.4	94.5	57.72

年份	油料总产量(万吨)	#花生	#芝麻	烟叶总产量(吨)	#烤烟	麻类总产量(吨)	#黄红麻	#青麻	#大麻(线)
1978	24.50	17.37	1.26	10 940	6 385	16 615	9 130	2 425	4 840
1980	45.14	35.77	3.23	5 900	1 540	17 785	9 720	2 535	5 315
1985	86.92	58.01	5.14	20 135	5 440	59 890	52 305	3 530	3 045
1990	74.89	57.81	2.74	22 090	11 596	20 148	18 158	565	750
1991	72.87	60.18	2.91	26 373	15 039	19 918	18 501	547	780
1992	66.31	50.03	1.97	16 285	7 985	19 857	18 766	354	665
1993	80.53	69.45	2.86	13 878	6 533	19 033	18 068	374	438
1994	106.75	90.13	3.06	10 185	5 853	12 986	11 965	204	683
1995	109.86	94.68	2.47	9 427	6 513	13 996	13 095	283	388
1996	120.65	100.48	2.22	16 334	9 661	11 575	10 805	83	339
1997	117.98	106.79	1.62	18 872	13 965	14 294	12 966	585	230
1998	138.82	118.53	2.23	12 488	8 302	14 257	13 313	475	344
1999	129.51	117.98	1.85	12 082	7 839	9 042	8 535	212	220
2000	146.97	132.59	2.03	12 429	7 360	7 951	7 436	358	157
2001	153.81	144.27	1.99	9 356	4 062	7 231	6 897	154	180
2002	151.26	140.45	1.64	11 083	5 252	10 271	10 060	119	96
2003	163.10	148.14	1.64	10 693	4 378	6 214	5 801	34	72
2004	154.32	137.85	1.50	10 952	5 135	4 329	778	13	3 534
2005	152.73	140.33	1.46	9 759	4 928	7 262	767	71	28

主要年份平均每人主要农产品产量

Per Capita of Major Agricultural Products in Main Years

（按平均人口计算）　　单位：千克

年　份	粮　食	棉　花	油　料	园林水果	生猪存栏（头）	猪牛羊肉	水产品
1978	335.72	2.32	4.87	15.81	0.25	8.29	2.76
1980	296.42	4.81	8.79	15.60	0.25	13.45	1.90
1985	356.43	11.39	15.75	29.03	0.26	14.84	2.31
1990	378.23	9.48	12.44	29.15	0.25	20.13	3.64
1991	366.55	10.25	11.77	31.84	0.25	21.19	3.83
1992	349.83	4.90	10.61	36.27	0.26	23.13	4.87
1993	377.53	3.05	12.77	41.77	0.26	26.20	3.95
1994	396.71	6.13	16.78	56.04	0.28	33.34	4.98
1995	427.17	5.78	17.13	67.37	0.32	40.36	6.18
1996	431.80	4.00	18.68	77.89	0.35	44.53	7.85
1997	422.30	3.82	18.14	85.50	0.36	47.49	9.32
1998	445.62	4.13	21.00	96.18	0.37	49.77	10.59
1999	416.64	3.38	19.65	97.67	0.38	51.39	11.52
2000	383.97	4.52	22.12	101.94	0.38	52.47	12.18
2001	372.65	6.27	23.00	100.17	0.38	53.33	12.70
2002	362.63	5.98	22.52	111.44	0.39	55.98	12.96
2003	353.64	7.73	24.16	118.03	0.41	59.50	12.78
2004	365.30	9.80	22.73	129.17	0.44	63.50	13.67
2005	380.48	8.45	22.36	134.48	0.45	67.74	14.49

主要年份主要农业机械和农产品加工机械拥有量

Ownership of Agricultural Machinery and Machinery for Procession Farm Products in Main Years

（年底数）

指　　标	单　位	1990年	1995年	2000年	2004年	2005年
农业机械总动力	**万千瓦**	**2 822.2**	**4 336.3**	**7 000.4**	**8 135.6**	**8 487.2**
大中型拖拉机	万　台	3.0	2.9	6.4	9.0	10.1
小型拖拉机	万　台	59.4	91.5	129.8	139.6	144.7
大中型拖拉机配套农具	万　台	4.1	4.6	10.8	16.4	18.4
小型拖拉机配套农具	万　台	56.0	89.7	156.7	182.5	191.6
排灌用动力机械	万　台	184.3	223.7	269.5	265.1	265.3
♯电动机	万　台	75.3	97.5	131.2	136.6	139.5
柴油机	万　台	109.0	125.7	138.2	128.4	125.8
农用水泵	万　台	111.1	134.9	163.7	159.6	165.9
节水灌溉机械	万　套	1.1	1.7	3.1	3.6	3.5
农副产品加工机械						
粮食加工机械	万　部	17.2	16.5	19.0	36.9	36.2
棉花加工机械	万　台	2.0	1.7	1.7	3.1	3.2
油料加工机械	万　台	2.2	2.9	3.4	5.2	5.4
运输机械						
农用运输汽车	万　辆	2.2	61.9	160.4	221.5	252.2
（包括农用机动三轮车）	万千瓦	17.6	530.4	1 706.1	2 734.8	3 070.1

主要年份农业机械化、电气化、化肥、水利

Mechanization，Electrification，Chemical Fertilizer and Water Conservancy of Agriculture in Main Years

指　　标	单　位	1995 年	2000 年	2004 年	2005 年
农业机械化情况					
当年实际机械耕地面积	千公顷	4 595.89	5 072.60	4 707.93	4 745.47
当年机械播种面积	千公顷	2 956.26	4 550.57	4 778.86	5 282.47
当年机械收获面积	千公顷	1 881.15	2 688.00	2 258.13	2 480.45
农业电气化情况					
农村用电量	亿千瓦小时	118.51	180.45	266.58	337.05
乡、村及村以下办水电站	个	120	105	123	116
乡、村及村以下办水电站装机容量	万千瓦	1.98	1.90	3.04	3.68
农用化肥施用量					
折纯量	万　吨	220.68	270.62	289.88	303.39
平均每公顷耕地施用化肥(折纯)	千　克	338.61	418.52	483.09	506.59
农药使用量	**万　吨**	**7.27**	**7.28**	**7.57**	**8.08**
平均每公顷耕地使用农药	千　克	11.15	11.26	12.61	13.48
农田水利情况					
有效灌溉面积	千公顷	4 040.01	4 482.32	4 459.76	4 547.75
年末实有机井数量	万　眼	79.80	88.03	91.85	93.72

农民家庭平均每户生产性固定资产原值

Original Value of Productive Fixed Assets Per Rural Households

(2000—2005 年,年底数)

项　　目	2000 年	2001 年	2002 年	2003 年	2004 年	2005 年
平均每户生产性固定资产原值	**6 328.32**	**6 365.72**	**6 671.58**	**7 273.40**	**7 879.61**	**9 335.54**
农　业	4 132.77	4 321.84	4 503.24	4 337.65	4 693.35	4 646.31
工　业	586.06	715.16	771.66	874.41	936.57	1 085.80
建筑业	31.57	29.07	48.40	69.00	85.67	38.33
交通运输业	1 101.14	963.71	959.11	928.83	1 144.44	1 356.43
批发零售贸易及餐饮业	309.91	183.68	224.91	357.73	350.29	528.02
社会服务业	104.06	82.09	81.20	87.24	96.69	123.43
文教卫生事业	10.00	10.31	13.40	19.17	19.29	71.55
其　他	52.80	59.87	69.64	95.58	80.91	19.21

农民家庭平均每百户生产性固定资产数量

Number of Productive Fixed Assets Per 100 Rural Households

（2000—2005 年，年底数）

项　　目	2000 年	2001 年	2002 年	2003 年	2004 年	2005 年
汽　车（辆）	2.33	2.20	2.27	2.51	2.61	3.32
大中型拖拉机（台）	2.03	1.95	2.07	2.20	2.29	2.48
小型及手扶拖拉机（台）	34.49	33.03	34.15	35.50	35.77	36.43
机动脱粒机（台）	6.30	6.12	6.03	5.43	5.55	2.17
胶轮大车（辆）	12.34	11.68	11.24	10.91	10.45	7.15
农用水泵（台）	25.91	27.53	28.92	30.62	31.66	22.99

主要年份林业及干鲜果生产

Forestry, Yield of Dry Fruit and Fruit in Main Years

指　　标	单　位	1990 年	1995 年	2000 年	2004 年	2005 年
林业生产						
当年造林面积	千公顷	276.68	328.98	305.00	414.13	304.77
#用材林	千公顷	99.79	101.20	72.22	61.40	51.16
经济林	千公顷	26.19	68.80	50.16	30.97	19.90
防护林	千公顷	120.90	148.74	179.67	319.62	232.27
当年零星（四旁）植树	万　株	13 009	13 950	12 748	11 738	12 496
村及村以下林木采伐量	万立方米	57.31	65.00	66.37	54.75	48.25
年末实有林地面积	千公顷	3 435.44	3 673.75	4 331.94	4 688.83	4 724.87
干鲜果生产						
干　果	吨	50 042	65 532	71 900	132 974	164 307
#核　桃	吨	12 254	19 099	30 102	38 401	47 032
板　栗	吨	26 565	28 812	34 620	84 661	107 079
园林水果	吨	1 754 709	4 319 652	6 791 425	8 769 525	9 184 789
#苹　果	吨	467 647	1 255 794	1 806 155	2 142 882	2 202 273
梨	吨	763 038	1 686 062	2 551 647	3 131 868	3 246 220
花椒产量	吨	**3 687**	**5 324**	**7 743**	**11 417**	**11 936**

主要年份大牲畜头数

Number of Large Livestock in Main Years

单位:万头

年份	大牲畜年末数	#役畜	牛	马	驴	骡
1978	354.70	270.43	134.60	79.81	83.07	56.95
1980	341.05	252.91	120.71	78.02	78.26	63.88
1985	446.50	341.94	155.10	71.95	142.57	76.88
1990	525.22	396.40	207.90	56.95	176.71	83.66
1991	528.86	392.43	213.38	54.98	176.58	83.92
1992	557.68	392.35	248.55	53.24	173.37	82.52
1993	624.13	415.15	323.82	50.98	169.57	79.76
1994	755.79	441.75	464.99	47.94	165.90	76.96
1995	870.88	486.57	579.34	48.68	167.69	75.17
1996	926.92	517.55	639.59	49.36	164.23	73.74
1997	939.07	488.61	661.70	49.54	158.17	69.66
1998	950.98	477.29	678.85	49.03	155.36	67.74
1999	962.55	489.90	693.94	48.21	153.61	66.79
2000	955.40	474.64	697.89	45.04	149.14	63.33
2001	935.80	438.84	693.35	43.31	138.92	60.22
2002	935.09	383.15	708.81	40.64	130.04	55.60
2003	965.13	347.58	757.94	36.83	121.05	49.31
2004	999.05	332.31	805.63	35.53	112.56	45.33
2005	1 019.05	309.46	841.34	33.13	104.11	40.47

注:1980 年前大牲畜总数中含骆驼。

主要年份肉类总产量、牛奶产量及猪、羊头数

Output of Meat, Milk and Number of Hogs, Sheep and Goats in Main Years

年份	猪牛羊肉产量(万吨)	年末出栏肉猪(万头)	生猪存栏头数(万头)	羊存栏只数(万只)			牛奶产量(万吨)
					山羊	绵羊	
1978	41.7	570.5	1 245.7	600.7	346.1	254.6	1.82
1980	69.1	716.9	1 293.4	814.9	461.4	353.5	2.65
1985	81.9	1 018.5	1 421.4	721.1	372.8	348.3	7.32
1990	121.2	1 395.5	1 494.2	1 074.5	562.6	511.9	11.18
1991	131.1	1 480.8	1 555.8	995.4	517.9	477.5	13.21
1992	144.5	1 607.0	1 632.4	960.6	503.7	456.9	15.39
1993	165.2	1 727.3	1 642.0	1 002.6	524.1	478.5	17.49
1994	212.1	2 032.5	1 792.5	1 219.2	642.3	576.9	28.55
1995	258.8	2 409.6	2 052.8	1 565.7	803.4	762.3	32.55
1996	287.7	2 740.4	2 235.9	1 781.2	904.6	876.6	40.06
1997	308.9	2 948.0	2 372.3	1 922.7	971.0	951.7	46.74
1998	325.8	3 110.7	2 447.1	2 014.0	1 003.2	1 010.8	55.82
1999	338.7	3 258.0	2 497.7	2 063.5	1 014.5	1 049.0	68.35
2000	348.6	3 374.1	2 516.5	2 090.0	999.3	1 090.7	84.20
2001	356.6	3 475.6	2 530.5	2 120.4	970.0	1 150.4	107.38
2002	376.0	3 651.8	2 647.0	2 121.7	906.2	1 215.5	136.89
2003	401.8	3 921.4	2 800.9	2 252.8	928.8	1 324.0	197.90
2004	431.1	4 224.1	2 962.6	2 425.6	973.6	1 452.0	266.46
2005	462.7	4 546.4	3 093.5	2 513.7	1 013.3	1 500.4	340.35

主要年份水产品产量

Output of Aquatic Products in Main Years

单位:吨

年份	水产品总产量	海水产品	#鱼类	#甲壳类	内陆水域水产品	#鱼类	#甲壳类
1978	139 017	128 043	43 988	63 856	10 974	10 232	214
1980	97 610	86 479	41 902	38 144	11 131	9 811	643
1985	127 495	104 529	58 578	39 276	22 966	21 464	1 489
1990	218 553	164 880	61 762	71 295	53 673	50 912	2 722
1991	236 885	170 474	49 575	76 677	66 411	63 058	3 267
1992	304 522	225 432	46 186	66 614	79 090	75 036	4 026
1993	248 766	156 160	46 215	53 513	92 606	88 512	3 544
1994	317 334	178 948	59 445	58 376	138 386	132 267	4 833
1995	396 070	210 215	73 868	62 853	185 855	178 218	6 330
1996	506 930	283 038	81 682	72 035	223 892	215 806	5 317
1997	606 110	338 322	119 981	69 949	267 788	255 759	11 192
1998	693 317	384 917	156 073	84 556	308 400	290 273	14 679
1999	759 566	423 429	180 402	84 302	336 137	316 480	15 356
2000	809 496	482 032	187 945	80 707	327 464	306 535	15 084
2001	848 887	514 411	185 570	92 362	334 476	312 911	15 942
2002	870 571	518 440	181 557	91 831	352 131	315 759	19 720
2003	862 715	489 702	177 773	90 483	373 013	340 328	25 936
2004	928 218	541 332	190 417	94 519	386 886	351 315	26 843
2005	989 461	571 808	191 613	95 057	417 653	386 333	23 696

受灾情况

Natural Disaster

指标	单位	2005年	2004年	指标	单位	2005年	2004年
受灾面积	**千公顷**	**1 721.80**	**1 543.22**	**成灾人口**	**万人**	**468.68**	**369.64**
#成灾	千公顷	976.02	797.52	特重灾民	万人	28.46	14.41
旱灾	千公顷	934.15	391.25	重灾民	万人	82.86	60.10
#成灾	千公顷	596.17	198.68	轻灾民	万人	357.36	295.13
水灾	千公顷	108.80	110.78	**得到国家救济**			
#成灾	千公顷	65.28	61.61	人次数	万人次	69.53	79.16
风雹灾	千公顷	347.47	546.91	**因灾缺粮情况**			
#成灾	千公顷	188.14	345.28	缺粮数量	万吨	17.59	11.51
霜灾	千公顷	18.29	64.63	缺粮人口	万人	156.92	112.57
#成灾	千公顷	8.75	35.14	**因灾损失**			
病虫灾	千公顷	247.75	319.00	减产粮食	万吨	144.19	106.94
#成灾	千公顷	93.55	119.63	减产棉花	万吨	4.28	7.37
其他灾	千公顷	65.36	110.66	减产油料	万吨	6.65	5.75
#成灾	千公顷	24.14	37.17	死亡人口	人	92	9

农垦系统国营农牧场基本情况
Basic Statistics on State-owned Farms and Pastured of Farmland Reclamation System

（2000—2005 年）

指　　标	单　位	2000 年	2001 年	2002 年	2003 年	2004 年	2005 年
农场数	个	**30**	**30**	**31**	**30**	**30**	**30**
农场人口及职工							
人　口	人	290 157	294 244	294 857	292 047	295 221	397 033
职工人口	人	94 660	88 198	92 261	87 633	83 851	85 212
土地总面积	公　顷	**35 720**	**351 804**	**351 767**	**351 767**	**352 607**	**352 607**
#耕地面积	公　顷	90 380	86 849	81 903	80 098	79 785	80 297
牧草地面积	公　顷	99 080	86 967	78 381	71 687	70 800	70 062
#已利用面积	公　顷	84 730	82 616	78 381	53 013	52 126	52 126
林地面积	公　顷	38 330	44 909	60 209	70 147	74 950	89 785
水面面积	公　顷	47 680	47 500	47 323	47 183	47 080	48 663
#养殖面积	公　顷	10 010	11 924	11 300	11 904	13 089	15 156
茶果桑园面积	公　顷	2 880	2 798	2 957	2 710	2 873	2 913
农作物总播种面积	公　顷	**94 840**	**81 392**	**86 303**	**74 022**	**82 985**	**87 903**
#粮　食	公　顷	68 540	53 090	59 843	38 424	45 763	59 393
#谷　物	公　顷	61 350	44 031	54 461	35 480	42 553	54 083
#小　麦	公　顷	19 710	14 379	13 282	7 511	9 212	15 975
稻　谷	公　顷	27 010	10 847	22 317	9 805	15 692	17 962
经济作物	公　顷						
#棉　花	公　顷	3 390	8 961	9 812	20 133	27 830	21 454
油　料	公　顷	12 380	2 573	2 315	1 874	1 140	920
主要农产品产量							
#粮　食	吨	240 341	194 500	298 392	227 379	290 060	339 161
#谷　物	吨	232 711	186 475	292 010	219 233	279 347	324 412
#小　麦	吨	50 070	48 026	40 210	38 495	40 429	54 400
稻　谷	吨	141 569	71 525	182 816	91 386	151 699	174 670
经济作物							
#棉　花	吨	4 121	12 751	12 292	23 247	32 567	25 133
油　料	吨	3 466	2 573	1 479	2 472	1 700	983
鲜　果	吨	17 295	18 141	19 282	19 408	21 475	21 762
林业生产情况							
当年造林面积	公　顷	5 417	6 757	16 177	13 805	5 682	8 011
林业采伐量	立方米	2 420	1 950	3 372	2 600	4 900	2 758
畜牧业渔业生产							
年末大牲畜存栏	头	36 500	41 100	49 360	61 100	72 439	82 832
年末猪存栏	头	90 100	97 100	100 047	141 900	297 771	199 849
年末羊存栏	只	51 700	60 900	68 609	78 200	101 466	102 147
#山　羊	只	14 600	10 700	17 656	13 500	10 651	8 373
畜产品产量							
肉类总产量	吨	21 210	35 091	25 026	30 605	35 507	42 800
牛奶产量	吨	68 104	97 390	125 446	149 520	182 850	208 148
禽蛋产量	吨	6 817	2 839	3 179	6 986	6 858	7 801
水产品产量	吨	48 207	52 633	53 917	59 209	62 664	68 933
#养　殖	吨	39 057	42 622	45 786	49 212	53 888	61 000

农村乡镇企业基本情况

Basic Statistics on Township and Village Enterprises

项　　目	2005 年	2004 年	项　　目	2005 年	2004 年
乡镇企业单位数(万个)	**124.7**	**118.1**	商、饮、服务及其他企业	233.8	203.9
按隶属关系分			**乡镇企业增加值(亿元)**	**3 922.9**	**3 192.9**
集　体	2.6	2.4	**按隶属关系分**		
私营及个体	122.1	115.7	集　体	633.4	554.4
按部门分			私营及个体	3 289.5	2 638.5
农业企业	3.1	1.9	**按部门分**		
工业企业	36.9	45.9	农业企业	27.4	23.2
建筑企业	2.8	3.9	工业企业	2 604.6	2 178.2
交通运输企业	20.9	20.5	建筑企业	343.2	171.0
商、饮、服务及其他企业	61.0	45.7	交通运输企业	281.8	195.4
乡镇企业人数(万人)	**1 006.5**	**914.5**	商、饮、服务及其他企业	665.9	625.1
按隶属关系分			**主要财务指标(亿元)**		
集　体	127.6	159.9	营业收入	14 693.1	11 932.3
私营及个体	878.9	754.6	成本费用		10 403.3
按部门分			国家税金(实交)	306.2	240.0
农业企业	14.9	8.5	净利润	1 130.7	929.4
工业企业	574.7	544.6	劳动者报酬	628.1	512.6
建筑企业	120.1	99.5	年末固定资产原值	5 072.6	3 578.7
交通运输企业	63.0	58.0			

按各种分组的全部国有及年产品销售收入500万元以上非国有工业主要指标

Major Indicators of All State-owned Enterprises and Non-state-owned Enterprises with Annual Product Sales Over 5 Million by Various Kinds

(2005年)　　单位:亿元

类　　别	企　业单位数(个)	#亏损企业	工业总产值	固定资产原价合计	亏损企业亏损总额	利税总额
全　省　总　计	**9 935**	**1 673**	**11 007.98**	**6 306.27**	**81.53**	**1 163.23**
按登记注册类型分						
内资企业	8 942	1 451	9 292.69	5 282.88	73.04	930.22
国有企业	847	332	1 395.52	1 474.70	19.87	112.68
中央企业	96	34	853.86	918.71	7.66	78.49
地方企业	751	298	541.66	555.99	12.22	34.19
集体企业	788	125	500.64	125.87	1.31	49.52
股份合作企业	195	31	112.63	26.11	0.29	7.31
联营企业	39	7	97.89	58.32	1.12	4.67
国有联营企业	12	1	78.73	48.91	1.08	2.29
集体联营企业	7	1	5.94	0.97	0.01	0.35
国有与集体联营企业	8	1	7.15	6.43	…	1.47
其他联营企业	12	4	6.08	2.01	0.03	0.56
有限责任公司	1 839	383	3 328.68	2 202.96	21.29	297.62
国有独资公司	58	19	983.52	992.38	7.20	90.48
其他有限责任公司	1 781	364	2 345.17	1 210.58	14.09	207.14
股份有限责任公司	449	89	993.49	683.00	21.94	170.18
私营企业	4 724	481	2 829.00	703.02	7.21	284.57
私营独资企业	1 376	88	642.92	138.84	1.29	77.62
私营合伙企业	484	32	176.97	32.68	0.25	20.00
私营有限责任公司	2 552	334	1 625.68	430.16	5.42	146.15
私营股份有限公司	312	27	383.44	101.35	0.25	40.81
其他企业	61	3	34.84	8.90	0.01	3.67
港澳台商投资企业	319	68	689.09	305.86	2.47	89.99
合资经营企业(港或澳台资)	239	48	558.29	256.59	1.79	69.90
合作经营企业(港或澳台资)	14	2	63.33	20.17	0.01	16.50
港澳台商独资企业	63	17	60.82	25.74	0.65	3.37
港澳台商投资股份有限公司	3	1	6.65	3.36	0.03	0.23
外商投资企业	674	154	1 026.20	717.53	6.01	143.02
中外合资经营企业	457	97	599.96	362.27	3.59	58.13
中外合作经营企业	26	10	16.71	14.61	0.68	1.14
外资企业	184	47	219.15	121.04	1.73	29.48
外商投资股份有限公司	7		190.38	219.61		54.27
按轻重工业分						
轻工业	3 576	585	2 447.07	1 043.09	19.54	227.52
重工业	6 359	1 088	8 560.91	5 263.17	61.99	935.71
按企业规模分						
大型企业	129	16	4 226.39	3 155.44	18.71	521.37
中型企业	1 077	214	3 318.14	2 029.25	39.80	321.39
小型企业	8 729	1 443	3 463.45	1 121.58	23.02	320.47

分行业全部国有及年产品销售收入500万元以上非国有工业企业主要指标
Major Indicators of All State-owned Enterprises and Non-state-owned Enterprises with Annual Product Sales Over 5 Million by Sector

（2005年）

单位:亿元

行业类别	企业单位数（个）	#亏损企业	工业总产值（当年价）	工业增加值	实收资本	流动资产合计	#产成品
全省总计	**9 935**	**1 673**	**11 007.98**	**3 219.00**	**2 128.53**	**4 032.20**	**500.40**
煤炭开采和洗选业	156	23	292.96	119.91	128.80	173.59	11.63
石油和天然气开采业	5	1	263.56	158.94	77.85	96.33	2.41
黑色金属矿采选业	549	110	290.80	115.40	38.54	115.54	15.14
有色金属矿采选业	34	6	9.17	2.63	4.20	5.80	1.03
非金属矿采选业	81	14	27.61	11.96	14.39	16.85	2.63
农副食品加工业	581	92	493.12	104.68	51.07	104.77	18.86
食品制造业	229	51	232.36	52.93	45.23	59.38	5.89
饮料制造业	146	47	113.59	48.86	32.15	68.02	10.56
烟草制品业	4		54.22	33.15	5.37	31.00	0.32
纺织业	661	74	426.39	106.40	75.25	145.41	30.60
纺织服装、鞋、帽制造业	232	27	90.58	26.89	14.54	29.26	6.66
皮革、毛皮、羽毛(绒)及其制品业	307	13	228.97	63.69	16.05	36.41	6.42
木材加工及木、竹、藤、棕、草制品业	98	9	62.73	20.01	8.65	9.64	1.99
家具制造业	92	11	39.13	9.66	7.43	11.13	2.01
造纸及纸制品业	302	49	160.80	44.48	36.39	44.15	8.48
印刷业和记录媒介的复制	106	28	36.75	13.45	14.46	17.48	2.46
文教体育用品制造业	44	6	8.82	2.60	1.71	2.81	0.73
石油加工、炼焦及核燃料加工业	110	36	501.03	120.65	88.14	121.01	17.01
化学原料及化学制品制造业	705	95	585.55	144.64	135.06	247.42	32.11
医药制造业	164	41	215.43	66.24	74.00	145.66	17.52
化学纤维制造业	24	7	44.58	12.87	13.51	16.23	2.44
橡胶制品业	220	16	75.72	24.25	16.43	33.25	6.26
塑料制品业	321	53	158.22	48.52	29.17	60.02	8.55
非金属矿物制品业	1 088	213	451.55	147.11	138.73	209.07	35.33
黑色金属冶炼及压延加工业	514	97	3 437.06	889.12	313.56	1 128.98	117.50
有色金属冶炼及压延加工业	171	31	148.04	33.46	31.42	41.85	4.99
金属制品业	583	76	305.96	85.95	59.61	112.79	19.66
通用设备制造业	745	108	281.77	84.22	62.94	142.49	30.44
专用设备制造业	368	75	208.05	52.30	53.33	143.29	23.05
交通运输设备制造业	330	67	336.81	91.53	86.68	212.45	28.13
电气机械及器材制造业	360	44	265.60	73.33	37.22	110.24	21.91
通信设备、计算机及其他电子设备制造业	80	15	57.06	25.14	28.32	33.74	4.31
仪器仪表及文化、办公用机械制造业	58	5	20.07	8.19	5.62	17.24	1.53
工艺品及其他制造业	88	7	28.14	8.85	4.35	10.91	1.01
废弃资源和废旧材料回收加工业	4	1	2.97	0.49	0.22	0.87	0.02
电力、热力的生产和供应业	248	66	1 025.54	354.45	337.20	236.80	0.64
燃气生产和供应业	22	10	10.77	5.67	12.55	26.25	0.10
水的生产和供应业	105	49	16.50	6.40	28.38	14.06	0.08

分行业全部国有及年产品销售收入500万元以上非国有工业企业主要指标(续一)

Major Indicators of All State-owned Enterprises and Non-state-owned Enterprises with Annual Product Sales Over 5 Million by Sector

(2005年)

单位:亿元

行业类别	流动资产年平均余额	固定资产合计	固定资产原价	固定资产净值年平均余额	资产总计	流动负债合计
全省总计	**3 822.02**	**4 669.77**	**6 306.27**	**3 894.23**	**9 473.65**	**4 381.88**
煤炭开采和洗选业	166.25	265.49	355.12	194.62	469.15	178.60
石油和天然气开采业	97.92	193.28	412.50	159.81	301.71	66.64
黑色金属矿采选业	105.50	83.08	96.84	71.42	217.91	110.32
有色金属矿采选业	5.26	5.91	7.83	5.16	13.41	5.87
非金属矿采选业	16.88	25.43	32.67	23.15	46.46	16.24
农副食品加工业	98.43	82.10	100.71	74.51	204.60	109.55
食品制造业	54.22	64.99	76.05	56.42	145.34	67.81
饮料制造业	62.78	57.26	86.49	54.95	138.65	90.60
烟草制品业	29.64	15.28	25.22	13.49	46.64	29.40
纺织业	141.51	142.55	182.73	121.54	323.67	153.91
纺织服装、鞋、帽制造业	28.64	17.86	23.99	16.73	52.09	25.75
皮革、毛皮、羽毛(绒)及其制品业	34.28	18.97	24.25	16.81	61.01	28.69
木材加工及木、竹、藤、棕、草制品业	9.01	11.77	13.79	12.36	25.56	11.15
家具制造业	9.86	11.03	13.85	10.43	25.80	9.42
造纸及纸制品业	40.44	69.31	86.48	53.50	123.33	46.27
印刷业和记录媒介的复制	18.06	23.11	35.35	20.70	44.18	17.77
文教体育用品制造业	2.59	1.99	2.51	1.92	4.99	2.28
石油加工、炼焦及核燃料加工业	104.50	138.28	182.00	123.44	272.51	146.96
化学原料及化学制品制造业	240.47	217.70	307.48	179.27	542.73	283.82
医药制造业	146.59	123.46	174.23	113.19	325.66	163.89
化学纤维制造业	15.99	34.39	44.29	29.65	55.73	25.94
橡胶制品业	31.50	24.32	31.60	23.10	60.11	27.52
塑料制品业	57.90	58.51	68.07	47.97	130.51	67.57
非金属矿物制品业	201.73	285.29	375.55	260.80	548.04	260.34
黑色金属冶炼及压延加工业	1 041.11	1 147.23	1 264.06	841.59	2 436.26	1 283.00
有色金属冶炼及压延加工业	39.73	34.88	56.54	32.64	85.82	35.13
金属制品业	104.29	79.76	97.26	73.85	204.05	106.95
通用设备制造业	139.54	86.32	115.52	74.58	252.23	140.50
专用设备制造业	136.54	62.79	92.91	53.84	226.31	153.81
交通运输设备制造业	198.77	104.96	138.46	84.52	346.18	186.08
电气机械及器材制造业	99.04	70.77	85.85	59.22	205.43	100.43
通信设备、计算机及其他电子设备制造业	31.86	35.09	57.36	33.69	74.44	25.03
仪器仪表及文化、办公用机械制造业	14.90	6.74	9.12	5.70	25.05	13.76
工艺品及其他制造业	10.46	6.14	8.57	5.72	18.44	9.95
废弃资源和废旧材料回收加工业	0.77	0.22	0.44	0.22	1.09	0.81
电力、热力的生产和供应业	248.79	989.01	1 522.39	879.05	1 290.92	329.60
燃气生产和供应业	22.31	25.92	31.49	19.17	59.70	32.46
水的生产和供应业	13.96	48.59	66.68	45.48	67.95	18.05

分行业全部国有及年产品销售收入500万元以上非国有工业企业主要指标(续二)

Major Indicators of All State-owned Enterprises and Non-state-owned Enterprises with Annual Product Sales Over 5 Million by Sector

(2005年)

单位:亿元

行业类别	长期负债合计	所有者权益合计	主营业务收入	主营业务成本	主营业务税金及附加	利润总额	本年应交增值税
全省总计	**1 330.81**	**3 681.65**	**10 745.82**	**9 133.88**	**94.67**	**690.38**	**378.18**
煤炭开采和洗选业	85.68	204.26	310.09	224.12	3.34	16.42	23.71
石油和天然气开采业	57.00	178.07	266.17	142.32	3.55	99.98	17.93
黑色金属矿采选业	9.94	97.33	284.21	186.66	4.88	51.05	18.89
有色金属矿采选业	1.81	5.74	8.79	5.73	0.06	1.84	0.51
非金属矿采选业	7.74	22.05	27.96	16.30	1.09	2.61	2.36
农副食品加工业	13.57	78.46	484.27	428.80	1.92	20.45	5.41
食品制造业	9.44	66.72	228.99	190.09	0.81	12.34	5.70
饮料制造业	14.43	31.63	102.92	74.08	6.82	4.78	5.19
烟草制品业	1.19	16.05	53.52	22.99	20.68	5.06	5.91
纺织业	35.51	126.25	405.08	356.23	2.64	18.45	10.18
纺织服装、鞋、帽制造业	2.59	22.94	85.97	71.43	0.48	5.05	1.54
皮革、毛皮、羽毛(绒)及其制品业	2.02	29.11	220.79	187.07	2.04	19.88	6.00
木材加工及木、竹、藤、棕、草制品业	1.65	12.69	59.39	49.39	0.56	4.02	1.12
家具制造业	3.70	12.18	36.25	27.62	0.29	2.34	0.87
造纸及纸制品业	25.87	49.56	151.41	128.20	0.96	6.73	4.38
印刷业和记录媒介的复制	4.83	21.53	32.77	25.21	0.18	2.24	1.57
文教体育用品制造业	0.10	2.59	7.63	6.63	0.05	0.37	0.20
石油加工、炼焦及核燃料加工业	12.08	97.33	502.08	493.91	14.05	-19.24	8.82
化学原料及化学制品制造业	49.46	204.96	559.50	457.25	2.93	39.24	16.59
医药制造业	36.90	124.09	219.55	169.17	0.66	13.17	9.15
化学纤维制造业	13.90	15.86	38.96	35.61	0.12	-0.97	0.92
橡胶制品业	3.54	28.49	69.37	56.42	0.68	5.53	2.07
塑料制品业	13.64	47.53	152.26	129.56	0.64	8.25	3.07
非金属矿物制品业	77.95	205.79	434.55	354.52	2.94	24.39	16.74
黑色金属冶炼及压延加工业	297.29	847.14	3 363.21	3 038.63	9.80	183.93	115.03
有色金属冶炼及压延加工业	13.34	36.40	143.37	131.02	0.30	3.19	2.64
金属制品业	7.81	86.64	295.07	258.10	0.97	14.65	5.71
通用设备制造业	18.00	92.04	262.15	210.09	1.39	18.53	8.79
专用设备制造业	18.19	51.95	200.66	163.94	0.89	10.23	5.57
交通运输设备制造业	18.75	139.02	333.58	280.53	1.98	20.08	6.55
电气机械及器材制造业	10.41	90.81	248.23	199.69	1.00	19.19	5.20
通信设备、计算机及其他电子设备制造业	5.10	44.08	52.82	43.45	0.14	1.94	1.88
仪器仪表及文化、办公用机械制造业	1.04	10.11	19.04	13.70	0.19	2.06	0.77
工艺品及其他制造业	2.81	5.67	26.96	22.26	0.08	1.79	0.41
废弃资源和废旧材料回收加工业		0.27	2.82	2.20	0.04	0.16	0.09
电力、热力的生产和供应业	429.89	523.99	1 026.47	908.02	5.29	71.73	55.47
燃气生产和供应业	8.34	18.54	12.61	10.80	0.08	0.04	0.51
水的生产和供应业	15.30	33.79	16.33	12.17	0.11	-1.15	0.75

分行业国有及国有控股工业企业主要指标
Major Indicators of State-owned and State-holding Industrial Enterprises by Sector

（2005 年）　　单位：亿元

行业类别	企业单位数（个）	#亏损企业	工业总产值（当年价）	实收资本	流动资产合计	#产成品
全省总计	**1 232**	**442**	**4 023.53**	**1 117.18**	**1 858.99**	**174.32**
煤炭开采和洗选业	38	11	242.10	117.39	159.14	10.13
石油和天然气开采业	4	1	262.64	77.55	96.06	2.41
黑色金属矿采选业	11	1	24.80	4.58	15.84	1.40
有色金属矿采选业	1		0.68	0.42	0.33	…
非金属矿采选业	21	3	13.88	12.45	13.69	2.09
其他采矿业						
农副食品加工业	68	22	41.10	5.58	11.21	2.17
食品制造业	31	13	9.50	2.88	5.10	0.57
饮料制造业	29	10	33.56	6.71	27.50	2.73
烟草制品业	3		53.77	5.34	30.95	0.28
纺织业	48	17	55.12	18.33	37.21	8.86
纺织服装、鞋、帽制造业	11	5	7.22	1.84	4.31	0.41
皮革、毛皮、羽毛(绒)及其制品业	4	1	2.16	0.82	2.02	0.45
木材加工及木、竹、藤、棕、草制品业	3	2	0.30	0.05	0.17	0.03
家具制造业	6	4	0.35	0.33	0.37	0.09
造纸及纸制品业	12	3	16.68	15.34	9.85	0.85
印刷业和记录媒介的复制	28	13	10.65	7.59	5.85	0.87
文教体育用品制造业	1	1	0.17	0.05	0.08	0.02
石油加工、炼焦及核燃料加工业	15	9	364.57	63.83	63.01	7.07
化学原料及化学制品制造业	68	17	174.33	74.27	101.31	8.68
医药制造业	26	11	120.12	45.16	96.92	12.36
化学纤维制造业	7	4	38.27	12.66	15.23	2.16
橡胶制品业	9	4	3.77	1.74	3.17	0.84
塑料制品业	21	9	39.17	8.27	21.43	2.90
非金属矿物制品业	98	33	90.43	50.44	82.62	10.80
黑色金属冶炼及压延加工业	27	1	1 051.56	126.97	484.12	41.16
有色金属冶炼及压延加工业	14	9	23.55	16.67	13.30	1.00
金属制品业	41	8	17.41	6.64	17.05	2.35
通用设备制造业	79	39	34.13	17.15	46.97	12.05
专用设备制造业	74	36	81.23	27.99	80.47	11.79
交通运输设备制造业	54	23	126.20	34.90	105.47	14.60
电气机械及器材制造业	34	14	61.92	7.85	37.20	9.11
通信设备、计算机及其他电子设备制造业	15	8	19.65	23.06	20.27	3.41
仪器仪表及文化、办公用机械制造业	6	1	3.47	0.65	3.08	0.20
工艺品及其他制造业	6	2	0.64	0.83	3.42	0.03
废弃资源和废旧材料回收加工业						
电力、热力的生产和供应业	209	52	976.25	286.14	219.42	0.27
燃气生产和供应业	14	8	7.46	8.24	11.51	0.09
水的生产和供应业	96	47	14.70	26.46	13.35	0.08

分行业国有及国有控股工业企业主要指标(续一)

Major Indicators of State-owned and State-holding Industrial Enterprises by Sector

(2005 年) 单位:亿元

行业类别	流动资产年平均余额	固定资产合计	固定资产原价	固定资产净值年平均余额	资产总计	流动负债合计
全省总计	**1 744.39**	**2 793.83**	**4 118.36**	**2 298.91**	**5 054.86**	**2 218.16**
煤炭开采和洗选业	152.86	252.63	340.15	182.99	439.14	167.67
石油和天然气开采业	97.64	193.21	412.36	159.74	301.30	65.58
黑色金属矿采选业	14.31	11.74	17.15	10.87	30.44	14.02
有色金属矿采选业	0.38	0.35	0.80	0.28	0.68	0.52
非金属矿采选业	13.88	19.41	25.87	17.25	36.80	12.89
其他采矿业						
农副食品加工业	11.41	11.97	15.31	10.92	25.33	14.86
食品制造业	4.69	5.70	6.94	4.69	11.66	7.86
饮料制造业	23.79	17.45	27.76	18.78	51.36	39.49
烟草制品业	29.60	15.28	25.22	13.49	46.58	29.33
纺织业	35.45	42.62	65.14	38.67	90.23	54.50
纺织服装、鞋、帽制造业	4.00	2.30	4.13	2.00	7.34	4.09
皮革、毛皮、羽毛(绒)及其制品业	2.04	0.64	1.42	0.55	2.87	1.70
木材加工及木、竹、藤、棕、草制品业	0.17	0.05	0.04	0.02	0.25	0.17
家具制造业	0.39	0.45	0.67	0.45	0.86	0.37
造纸及纸制品业	8.53	31.04	38.31	18.93	43.10	10.59
印刷业和记录媒介的复制	6.58	12.56	20.56	10.76	19.12	6.20
文教体育用品制造业	0.08	0.08	0.11	0.08	0.16	0.07
石油加工、炼焦及核燃料加工业	52.72	80.21	121.05	71.99	150.21	68.77
化学原料及化学制品制造业	102.07	110.75	173.23	82.29	263.62	144.33
医药制造业	101.56	86.46	128.44	78.80	226.98	123.74
化学纤维制造业	15.09	33.14	42.87	28.43	53.36	24.83
橡胶制品业	3.18	2.75	4.77	2.50	6.03	3.79
塑料制品业	21.78	28.09	30.25	22.01	55.37	32.06
非金属矿物制品业	81.06	129.22	169.91	112.64	236.05	121.33
黑色金属冶炼及压延加工业	402.50	540.31	671.16	383.28	1 110.37	575.11
有色金属冶炼及压延加工业	13.18	17.56	29.35	17.19	35.22	11.79
金属制品业	16.47	9.19	14.22	8.90	27.62	19.04
通用设备制造业	46.18	28.45	38.97	21.66	84.57	56.18
专用设备制造业	76.50	33.76	54.76	27.39	126.26	100.55
交通运输设备制造业	96.92	50.39	71.83	42.85	164.12	107.49
电气机械及器材制造业	30.90	25.43	27.96	16.90	70.70	41.59
通信设备、计算机及其他电子设备制造业	21.08	26.48	46.55	26.80	50.87	16.95
仪器仪表及文化、办公用机械制造业	2.57	2.32	2.65	1.89	5.49	2.90
工艺品及其他制造业	3.14	1.16	1.68	1.01	4.87	3.80
废弃资源和废旧材料回收加工业						
电力、热力的生产和供应业	228.77	909.73	1 404.20	808.38	1 183.78	304.49
燃气生产和供应业	9.72	16.05	20.56	11.73	29.26	11.56
水的生产和供应业	13.20	44.90	62.03	41.78	62.91	16.92

分行业国有及国有控股工业企业主要指标(续二)

Major Indicators of State-owned and State-holding Industrial Enterprises by Sector

(2005 年)　　　　单位:亿元

行业类别	长期负债合计	所有者权益合计	主营业务收入	主营业务成本	主营业务税金及附加	利润总额	本年应交增值税
全省总计	**981.22**	**1 819.34**	**4 021.79**	**3 388.06**	**57.04**	**224.40**	**183.21**
煤炭开采和洗选业	84.28	186.91	259.09	181.08	2.92	11.65	21.61
石油和天然气开采业	57.00	177.71	265.28	141.54	3.55	99.92	17.87
黑色金属矿采选业	2.04	14.39	24.16	6.58	0.57	6.74	2.39
有色金属矿采选业	0.09	0.06	0.68	0.59			
非金属矿采选业	7.13	16.47	15.15	7.84	0.88	1.30	1.78
其他采矿业							
农副食品加工业	4.00	6.18	38.81	34.26	0.15	0.94	0.48
食品制造业	1.73	1.75	9.49	7.59	0.03	0.16	0.25
饮料制造业	1.74	8.99	30.30	20.98	2.19	0.79	1.78
烟草制品业	1.19	16.06	53.16	22.74	20.68	5.04	5.88
纺织业	15.90	17.06	57.99	52.05	0.30	-0.50	2.72
纺织服装、鞋、帽制造业	0.97	2.26	7.12	6.35	0.01	0.08	0.15
皮革、毛皮、羽毛(绒)及其制品业	0.02	1.14	2.22	1.79		0.16	0.04
木材加工及木、竹、藤、棕、草制品业	0.03	0.04	0.30	0.26		0.01	0.01
家具制造业	0.11	0.36	0.46	0.39			
造纸及纸制品业	17.57	14.56	15.43	12.25	0.10	-0.46	0.89
印刷业和记录媒介的复制	1.52	11.38	10.41	7.15	0.10	1.31	0.90
文教体育用品制造业	0.05	0.05	0.10	0.08		-0.01	
石油加工、炼焦及核燃料加工业	8.97	57.16	373.48	379.46	12.63	-23.90	3.00
化学原料及化学制品制造业	27.02	90.83	175.25	144.01	0.89	8.33	5.77
医药制造业	28.80	74.44	127.36	107.26	0.25	1.66	3.68
化学纤维制造业	13.52	14.99	33.08	30.60	0.11	-1.27	0.86
橡胶制品业	1.35	0.86	3.57	2.98	0.02	-0.16	0.20
塑料制品业	7.78	15.49	36.75	31.63	0.09	1.12	0.87
非金属矿物制品业	44.37	69.84	90.57	72.59	0.48	-0.37	4.73
黑色金属冶炼及压延加工业	170.78	361.70	1 012.98	908.53	4.54	44.01	45.73
有色金属冶炼及压延加工业	9.69	13.37	23.94	21.38	0.08	-1.44	0.36
金属制品业	1.59	6.31	17.28	14.35	0.07	0.38	0.46
通用设备制造业	12.83	15.44	33.04	26.90	0.15	-1.50	1.43
专用设备制造业	13.35	10.72	83.06	69.04	0.31	1.25	2,35
交通运输设备制造业	13.92	42.66	132.27	113.02	0.49	4.19	2.51
电气机械及器材制造业	4.96	24.14	65.16	55.63	0.14	2.09	1.39
通信设备、计算机及其他电子设备制造业	3.80	30.09	17.28	14.82	0.05	-1.61	0.91
仪器仪表及文化、办公用机械制造业	0.39	2.20	3.30	2.42		0.35	0.02
工艺品及其他制造业	1.25	-0.18	0.51	0.25		-0.02	
废弃资源和废旧材料回收加工业							
电力、热力的生产和供应业	402.71	469.78	978.92	870.13	5.12	65.87	51.24
燃气生产和供应业	5.11	12.60	9.20	8.52	0.05	-0.31	0.29
水的生产和供应业	13.66	31.52	14.64	11.02	0.11	-1.38	0.66

分行业年产品销售收入500万元以上集体工业企业主要指标

Major Indicators of Collective-owned Enterprises with Annual Product Sales Over 5 Million by Sector

(2005年)

单位:亿元

行业类别	企业单位数(个)	#亏损企业	工业总产值(当年价)	实收资本	流动资产合计	#产成品
全省总计	**788**	**125**	**500.64**	**51.26**	**131.42**	**21.51**
煤炭开采和洗选业	15	3	9.82	0.58	0.96	0.15
黑色金属矿采选业	55	9	23.77	1.60	5.75	1.54
有色金属矿采选业	8		2.41	0.13	0.94	0.15
非金属矿采选业	8		1.53	0.13	0.27	0.05
农副食品加工业	41	3	41.10	2.67	5.29	0.89
食品制造业	7		1.92	0.16	0.23	0.08
饮料制造业	5	2	4.10	0.54	2.18	0.32
纺织业	35	3	24.91	2.37	6.42	1.38
纺织服装、鞋、帽制造业	24	6	9.74	1.77	3.04	0.62
皮革、毛皮、羽毛(绒)及其制品业	10		11.03	0.63	1.09	0.26
木材加工及木、竹、藤、棕、草制品业	6		2.89	0.24	0.44	0.08
家具制造业	6		8.38	0.19	0.53	0.15
造纸及纸制品业	40	6	19.04	3.22	4.26	1.10
印刷业和记录媒介的复制	11	2	6.97	0.51	1.72	0.16
文教体育用品制造业	2		0.34	0.02	0.08	
石油加工、炼焦及核燃料加工业	9	1	9.59	0.70	1.84	0.38
化学原料及化学制品制造业	72	3	43.79	5.45	10.47	1.68
医药制造业	7	2	12.62	2.01	4.67	0.23
化学纤维制造业	3		1.62	0.07	0.06	0.02
橡胶制品业	12	1	2.99	0.20	0.48	0.10
塑料制品业	17	3	5.37	0.64	1.14	0.18
非金属矿物制品业	147	31	65.61	9.01	14.03	2.55
黑色金属冶炼及压延加工业	30	13	94.43	4.53	32.98	4.14
有色金属冶炼及压延加工业	10	5	5.43	0.23	1.05	0.11
金属制品业	42	9	18.56	4.31	7.90	1.65
通用设备制造业	63	6	27.01	3.63	7.13	1.74
专用设备制造业	28	5	7.80	1.07	3.20	0.48
交通运输设备制造业	29	5	7.76	1.17	4.10	0.48
电气机械及器材制造业	33	4	25.69	2.38	5.69	0.73
通信设备、计算机及其他电子设备制造业	2		0.96	0.28	2.45	0.01
仪器仪表及文化、办公用机械制造业	1		0.18	0.05	0.08	
工艺品及其他制造业	6	1	1.54	0.36	0.53	0.04
电力、热力的生产和供应业	2	1	1.21	0.39	0.32	0.02

分行业年产品销售收入500万元以上集体工业企业主要指标(续一)

Major Indicators of Collective-owned Enterprises with Annual Product Sales Over 5 Million by Sector

(2005年)

单位:亿元

行业类别	流动资产年平均余额	固定资产合计	固定资产原价	固定资产净值年平均余额	资产总计	流动负债合计
全省总计	**126.49**	**89.28**	**125.87**	**82.14**	**238.66**	**133.63**
煤炭开采和洗选业	0.83	0.75	0.94	0.64	1.75	0.83
黑色金属矿采选业	5.97	3.80	4.95	3.33	10.52	5.03
有色金属矿采选业	0.81	0.29	0.38	0.21	1.25	0.79
非金属矿采选业	0.25	0.38	0.41	0.33	0.66	0.28
农副食品加工业	5.00	3.87	4.73	2.95	9.76	4.03
食品制造业	0.24	0.34	0.43	0.35	0.62	0.22
饮料制造业	2.24	2.29	3.74	2.22	4.82	4.82
纺织业	6.77	4.33	5.75	4.27	11.99	7.07
纺织服装、鞋、帽制造业	2.88	1.94	2.93	1.46	6.19	3.42
皮革、毛皮、羽毛(绒)及其制品业	0.99	0.83	0.90	0.82	2.12	0.79
木材加工及木、竹、藤、棕、草制品业	0.29	0.26	0.38	0.26	0.72	0.31
家具制造业	0.45	0.28	0.37	0.22	1.02	0.44
造纸及纸制品业	4.12	5.07	6.44	4.25	10.84	4.29
印刷业和记录媒介的复制	1.69	1.37	1.72	1.29	3.41	1.14
文教体育用品制造业	0.08	0.04	0.05	0.03	0.12	0.04
石油加工、炼焦及核燃料加工业	1.89	1.83	2.30	1.46	4.45	2.11
化学原料及化学制品制造业	9.76	6.57	8.48	6.12	18.38	7.54
医药制造业	4.86	4.87	6.28	5.13	11.10	3.09
化学纤维制造业	0.10	0.10	0.11	0.10	0.17	0.10
橡胶制品业	0.51	0.44	0.52	0.44	0.92	0.62
塑料制品业	1.06	1.00	1.42	0.90	2.52	1.22
非金属矿物制品业	13.53	14.68	22.01	13.94	30.92	14.91
黑色金属冶炼及压延加工业	32.88	18.08	23.25	16.38	51.95	46.28
有色金属冶炼及压延加工业	1.05	0.41	4.11	0.50	1.77	1.20
金属制品业	7.30	3.79	5.75	3.67	12.52	5.93
通用设备制造业	6.77	4.66	6.54	4.30	12.99	5.53
专用设备制造业	3.18	1.12	2.12	1.04	4.99	3.36
交通运输设备制造业	3.55	1.64	2.34	1.53	6.01	2.86
电气机械及器材制造业	5.56	3.01	4.63	2.75	8.99	3.76
通信设备、计算机及其他电子设备制造业	0.94	0.42	0.43	0.38	2.87	0.34
仪器仪表及文化、办公用机械制造业	0.07	0.04	0.03	0.02	0.13	0.04
工艺品及其他制造业	0.54	0.36	0.55	0.35	1.10	0.69
电力、热力的生产和供应业	0.29	0.29	0.70	0.38	0.89	0.49

分行业年产品销售收入500万元以上集体工业企业主要指标(续二)

Major Indicators of Collective-owned Enterprises with Annual Product Sales Over 5 Million by Sector

(2005年)

单位:亿元

行业类别	长期负债合计	所有者权益合计	主营业务收入	主营业务成本	主营业务税金及附加	利润总额	本年应交增值税
全省总计	**17.18**	**83.23**	**481.80**	**401.14**	**3.91**	**32.62**	**12.99**
煤炭开采和洗选业	0.14	0.76	9.60	8.90	0.10	0.34	0.15
黑色金属矿采选业	0.83	4.63	22.71	17.60	0.44	2.57	1.31
有色金属矿采选业	0.03	0.43	1.70	1.01	0.03	0.53	0.11
非金属矿采选业	0.07	0.30	1.27	0.94	0.02	0.16	0.05
农副食品加工业	0.83	4.91	40.45	31.16	0.20	4.05	0.46
食品制造业	0.07	0.33	1.84	1.42		0.26	0.01
饮料制造业	0.01	-0.01	3.50	2.66	0.50	-0.07	0.13
纺织业	0.76	3.42	23.64	21.42	0.12	0.93	0.42
纺织服装、鞋、帽制造业	0.33	2.38	9.11	6.93	0.16	0.26	0.27
皮革、毛皮、羽毛(绒)及其制品业	0.09	1.18	10.77	9.94	0.04	0.60	0.16
木材加工及木、竹、藤、棕、草制品业	0.08	0.33	2.82	2.35	0.01	0.32	0.16
家具制造业		0.38	8.14	5.25	0.15	0.57	0.34
造纸及纸制品业	0.88	5.56	16.89	13.70	0.14	1.25	0.37
印刷业和记录媒介的复制	0.25	2.02	6.96	5.60	0.02	0.13	0.10
文教体育用品制造业		0.06	0.34	0.28	0.01	0.04	0.02
石油加工、炼焦及核燃料加工业	0.38	1.84	8.02	6.96	0.08	0.53	0.24
化学原料及化学制品制造业	0.71	9.18	42.39	34.57	0.40	2.97	1.25
医药制造业	0.73	7.27	12.42	9.74	0.03	1.04	0.57
化学纤维制造业		0.07	1.52	1.17		0.13	0.01
橡胶制品业	0.01	0.29	2.78	2.30	0.02	0.24	0.10
塑料制品业	0.45	0.68	4.83	4.09	0.01	0.25	0.10
非金属矿物制品业	4.46	11.51	62.65	49.74	0.48	4.75	1.52
黑色金属冶炼及压延加工业	3.78	1.65	94.43	87.98	0.35	3.49	2.72
有色金属冶炼及压延加工业	0.10	0.46	5.27	4.91	0.03	0.19	0.12
金属制品业	0.27	6.28	18.77	15.67	0.09	1.31	0.47
通用设备制造业	0.78	6.37	25.49	20.42	0.17	2.56	0.71
专用设备制造业	0.25	1.18	7.90	6.73	0.07	0.41	0.32
交通运输设备制造业	0.11	2.88	7.20	6.22	0.04	0.30	0.25
电气机械及器材制造业	0.75	3.34	24.36	17.92	0.18	2.43	0.36
通信设备、计算机及其他电子设备制造业		2.53	0.71	0.55		0.05	0.04
仪器仪表及文化、办公用机械制造业		0.09	0.18	0.08		0.02	
工艺品及其他制造业	0.04	0.37	1.47	1.31	0.01	0.05	0.01
电力、热力的生产和供应业		0.40	1.21	1.27	0.01	-0.07	0.11

主要年份主要工业产品产量

Output of Major Industrial Products in Main Years

产品名称	单位	1990年	1995年	2000年	2004年	2005年
化学纤维	万吨	2.59	6.61	10.26	16.82	22.67
#合成纤维	万吨	1.62	5.32	6.15	6.66	8.94
纱	万吨	33.55	38.97	43.70	49.88	68.59
布	亿米	12.69	17.71	15.60	18.22	23.37
呢绒	万米	696.81	3 641.00	662.86	200.47	133.30
毛线	吨	7 081.36	105 725.10	105 574.00	90 874.14	95 151.30
丝织品	万米	4 081.36	4 805.97	3 478.20	1 994.00	1 866.00
机制纸及纸板	万吨	88.75	236.97	216.34	313.12	315.82
皮鞋	万双	743.77	1 646.02	309.59	154.34	107.35
胶鞋	万双	5 204.75	11 458.21	4 814.50	2 184.75	2 104.58
日用陶瓷	亿件	5.03	6.38	6.01	5.95	6.31
塑料制品	万吨	11.33	74.66	42.33	74.25	140.75
日用精铝制品	吨	2 043.00	6 252.80	5 943.00	1 003.00	
缝纫机	万架	0.34	8.78	23.76	28.47	27.17
自行车	万辆	43.94	29.68	3.74		9.41
灯泡	万只	6 104.94	9 533.07	8 397.36	24 130.05	25 462.24
干电池(折一号电池)	亿只	2.66	4.93	2.93	3.80	4.36
原盐	万吨	190.68	334.57	432.62	401.40	419.07
食用植物油	万吨	22.91	40.66	29.88	78.24	78.87
糖	万吨	0.55	0.56	1.28	3.03	3.87
饮料酒(混合量)	万吨	73.16	136.22	160.39	144.72	163.68
#白酒	万吨	20.25	27.22	26.40	9.55	10.17
啤酒	万吨	50.04	107.06	130.60	126.92	142.96
罐头	万吨	8.78	25.03	16.40	20.27	29.46
卷烟	万箱	118.53	112.99	107.97	560.04	600.00
钢	万吨	383.69	793.25	1 230.10	5 641.39	7 386.40
生铁	万吨	521.25	1 214.49	1 709.23	5 283.54	6 765.61
铁合金	万吨	5.06	10.88	8.78	10.74	7.47
成品钢材	万吨	281.27	771.03	1 306.62	4 697.79	6 465.10
铝	万吨	2.22	6.57	4.15	8.52	7.22
发电量	亿千瓦小时	368.97	607.45	844.42	1 255.35	1 338.63
#水电	亿千瓦小时	7.03	12.63	4.70	5.22	5.61

注:1998年开始工业产品产量统计口径为全部国有及年产品销售收入500万元以上的非国有工业企业。饮料酒2004和2005年为万千升,卷烟2004和2005年为亿支。

主要年份主要工业产品产量(续)

Output of Major Industrial Products in Main Years

产品名称	单位	1990年	1995年	2000年	2004年	2005年
原煤	万吨	6 242.97	8 108.31	5 781.21	7 156.15	7 956.40
原油	万吨	570.52	517.02	518.26	535.64	562.45
天然气	亿立方米	2.94	3.49	5.14	6.85	6.90
铁矿石(原矿量)	万吨	2 826.98	5 183.92	5 889.44	10 281.44	15 227.10
焦炭(折标)	万吨	417.10	866.36	792.47	1 595.85	2 485.34
硫酸	万吨	56.90	81.69	96.83	110.46	97.49
烧碱(氢氧化钠)	万吨	12.33	28.30	32.48	48.81	56.56
纯碱(无水碳酸钠)	万吨	26.61	69.84	99.84	166.39	177.37
合成氨	万吨	165.10	200.08	252.27	309.85	339.52
农用化肥(折纯量)	万吨	128.51	155.68	195.23	245.78	208.87
化学农药(原药)	吨	13 649.90	39 789.16	55 733.00	49 848.00	35 063.10
纯苯	吨	11 949	25 564	38 962	59 587	64 259
电石(碳化钙)	万吨	12.77	17.81	10.52	4.24	5.85
塑料树脂及共聚物	万吨	5.11	17.10	31.25	60.32	62.96
油漆	万吨	4.18	15.53	6.06	7.38	10.41
合成橡胶	吨	576.00	3 922.00	8 489.00	4 582.20	8 518.00
轮胎外胎	万条	78.54	189.55	121.37	125.86	112.48
合成洗涤剂	万吨	3.77	5.29	1.83	11.14	12.89
化学药品(原药)	万吨	1.90	5.95	10.17	32.00	39.20
中成药	吨	7 157.90	10 679.20	20 077.00	31 940.27	33 333.71
工业锅炉	蒸发量吨	3 771.00	10 165.40	4 418.00	8 038.70	11 546.00
内燃机生产量	万千瓦	49.64	70.78	51.05	478.20	484.42
变压器	万千伏安	967.75	1 548.28	2 394.54	5 008.09	5 971.52
泵	万台	22.22	39.41	14.40	13.73	18.33
金属切削机床	台	1 699	2 109	555	1 193	1 717
汽车	辆	8 494	20 256	13 989	143 486	193 941
改装汽车	辆	7 221	24 414	31 070	28 593	46 911
摩托车	辆	26 810	26 836	273 231	356 761	377 251
小拖拉机	万台	12.85	17.91	10.54	6.58	0.02
水泥	万吨	1 310.13	3 154.70	4 694.59	7 825.51	8 850.04
平板玻璃	万重量箱	1 078.95	2 576.94	2 083.30	3 612.31	4 964.25
卫生陶瓷	吨	577.41	1 158.71	105 715.00	1 185.23	1 492.34
砖	亿块	328.00	481.54	115.26	74.34	104.99
瓦	亿片	6.02	12.92	1.24	1.92	1.21

注:卫生陶瓷1995年及以前、2004和2005年为万件。

全部国有及年产品销售收入500万元以上非国有工业企业全员劳动生产率
Overall Labor Productivity of All State-owned Enterprises and Non-state-owned Enterprises with Annual Product Sales over 5 Million

单位:元/人·年

类型	2005年		2004年	
	全部企业劳动生产率	国有及国有控股企业劳动生产率	全部企业劳动生产率	国有及国有控股企业劳动生产率
全省总计	**108 446**	**112 867**	**87 213**	**84 911**
大型企业	143 313	133 115	105 920	98 873
中型企业	103 111	97 710	88 916	79 881
小型企业	86 739	50 890	70 975	39 000
按主要行业分				
煤炭开采和洗选业	59 914	58 655	41 749	40 632
石油和天然气开采业	275 193	276 572	174 434	175 310
黑色金属矿采选业	135 208	98 972	125 594	103 242
有色金属矿采选业	47 433	27 195	32 738	21 230
非金属矿采选业	56 928	40 336	40 192	30 635
农副食品加工业	145 261	89 644	108 217	65 915
食品制造业	77 966	42 178	73 965	31 475
饮料制造业	99 728	74 303	89 024	52 188
烟草制品业	582 712	610 957	454 011	475 226
纺织业	46 391	25 550	41 424	25 542
纺织服装、鞋、帽制造业	33 931	31 572	32 185	25 309
皮革、毛皮、羽毛(绒)及其制品业	122 817	36 498	100 611	22 951
木材加工及木、竹、藤、棕、草制品业	92 298	39 822	82 763	131 864
家具制造业	69 499	8 501	61 458	38 488
造纸及纸制品业	65 242	65 204	48 724	40 853
印刷业和记录媒介的复制	63 739	64 844	50 568	59 589
文教体育用品制造业	34 522	17 291	31 927	
石油加工、炼焦及核燃料加工业	240 612	422 221	150 775	198 627
化学原料及化学制品制造业	89 155	68 244	66 464	53 576
医药制造业	90 343	69 559	76 466	62 951
化学纤维制造业	78 453	75 381	69 267	70 622
橡胶制品业	55 049	22 063	55 522	23 041
塑料制品业	77 205	57 367	64 092	42 461
非金属矿物制品业	53 142	48 437	45 825	38 307
黑色金属冶炼及压延加工业	219 294	218 133	177 970	156 545
有色金属冶炼及压延加工业	125 418	43 796	96 672	12 246
金属制品业	90 481	42 378	62 427	42 181
通用设备制造业	58 050	22 541	44 478	22 120
专用设备制造业	57 132	39 726	47 216	41 088
交通运输设备制造业	72 144	58 629	69 321	51 650
电气机械及器材制造业	129 780	78 591	101 445	56 202
通信设备、计算机及其他电子设备制造业	79 474	54 353	86 459	88 459
仪器仪表及文化、办公用机械制造业	71 700	55 226	50 400	52 897
工艺品及其他制造业	38 737	13 380	33 837	12 573
废弃资源和废旧材料回收加工业	88 723		50 957	
电力、热力的生产和供应业	227 102	227 228	191 022	190 855
燃气生产和供应业	42 974	34 323	34 548	32 732
水的生产和供应业	34 105	31 789	26 926	24 774

全部大中型工业企业主要指标

Major Indicators of all Large and Medium-sized Industrial Enterprises

（2005年）　　　　单位：亿元

行业	企业单位数（个）	工业总产值（现价）	实收资本	流动资产合计	固定资产原价	产品销售收入	本年应交增值税
全省总计	**1 206**	**7 544.53**	**1 502.73**	**3 044.23**	**5 184.69**	**7 455.87**	**293.28**
轻工业	361	1 196.74	262.66	543.47	705.68	1 170.60	38.31
重工业	845	6 347.79	1 240.07	2 500.76	4 479.01	6 285.27	254.97
按主要行业分							
煤炭开采和洗选业	26	249.18	119.84	164.73	342.48	267.17	22.13
石油和天然气开采业	5	263.56	77.85	96.33	412.50	266.17	17.93
黑色金属矿采选业	44	119.25	14.95	62.00	50.75	119.81	9.32
有色金属矿采选业	6	3.25	0.94	2.22	3.66	3.46	0.20
非金属矿采选业	6	11.41	11.64	12.36	23.47	12.81	1.65
农副食品加工业	38	223.60	22.63	59.52	51.57	227.70	1.81
食品制造业	26	170.67	28.99	42.66	48.57	168.95	4.23
饮料制造业	26	68.20	16.15	45.53	58.31	59.28	3.80
烟草制品业	3	53.77	5.34	30.95	25.22	53.16	5.88
纺织业	82	180.55	38.41	86.55	122.45	171.31	5.44
纺织服装、鞋、帽制造业	16	23.38	4.52	13.88	8.65	23.41	0.49
皮革、毛皮、羽毛(绒)及其制品业	15	57.57	3.05	14.85	9.53	55.24	1.07
木材加工及木、竹、藤、棕、草制品业	6	20.10	1.79	2.28	3.12	20.20	0.37
家具制造业	4	3.95	1.83	4.13	4.97	3.82	0.10
造纸及纸制品业	36	63.05	23.91	24.69	58.63	60.55	1.99
印刷业和记录媒介的复制	10	17.96	7.07	7.81	18.13	17.46	0.96
石油加工、炼焦及核燃料加工业	36	448.14	80.23	105.92	162.49	453.02	7.59
化学原料及化学制品制造业	96	336.43	94.23	177.31	238.48	328.85	10.58
医药制造业	30	173.74	57.80	123.48	152.97	181.37	7.65
化学纤维制造业	6	38.22	12.60	15.17	42.78	33.03	0.86
橡胶制品业	17	28.2	4.75	14.05	12.92	25.98	0.87
塑料制品业	15	60.57	8.06	32.49	34.58	60.17	1.46
非金属矿物制品业	91	172.97	70.41	126.53	241.24	172.76	8.54
黑色金属冶炼及压延加工业	157	3 015.22	271.34	1 051.60	1 194.58	2 946.98	108.77
有色金属冶炼及压延加工业	13	42.33	21.38	18.63	39.26	42.81	0.93
金属制品业	45	102.47	21.93	42.01	31.20	96.80	1.72
通用设备制造业	68	110.47	29.23	77.20	60.37	100.87	3.78
专用设备制造业	37	98.57	27.58	82.28	54.25	101.48	2.86
交通运输设备制造业	57	253.54	64.71	178.54	106.75	253.70	4.37
电气机械及器材制造业	25	122.17	13.07	65.43	48.73	114.00	2.44
通信设备、计算机及其他电子设备制造业	9	25.79	22.04	23.46	47.68	23.67	1.30
仪器仪表及文化、办公用机械制造业	3	7.77	2.63	6.04	4.41	7.47	0.22
工艺品及其他制造业	5	6.47	1.38	5.20	4.12	6.21	0.06
电力、热力的生产和供应业	129	956.18	292.51	208.54	1 399.87	958.43	51.15
燃气生产和供应业	7	5.52	6.95	10.01	18.00	7.42	0.23
水的生产和供应业	10	9.71	20.94	9.27	47.66	9.79	0.49

按行业分大中型工业企业主要经济效益指标
Major Indicators on Economic Benefit of Large and Medium-sized Industrial Enterprises

(2005 年)

行 业	工 业 增加值率 (%)	总资产 贡献率 (%)	资 产 负债率 (%)	流动资产 周转次数 (次)	工业成本 费用利润率 (%)	全员劳动 生 产 率 (元/人·年)	产 品 销售率 (%)
全 省 总 计	**28.64**	**12.62**	**62.02**	**2.59**	**6.90**	**122 764**	**98.16**
煤炭开采和洗选业	52.25	9.35	56.70	1.69	5.59	59 738	99.21
石油和天然气开采业	69.08	40.16	40.98	2.72	61.97	275 193	98.52
黑色金属矿采选业	48.68	35.01	54.05	2.08	33.65	130 074	93.93
有色金属矿采选业	48.69	25.46	60.46	1.56	37.96	41 366	103.11
非金属矿采选业	60.31	10.97	54.39	1.01	10.15	39 561	97.75
农副食品加工业	21.39	10.93	64.85	4.12	3.45	172 102	100.96
食品制造业	22.57	13.67	54.14	4.46	5.15	82 232	97.69
饮料制造业	34.74	13.84	85.93	1.48	4.05	105 617	95.55
烟草制品业	67.73	68.97	65.53	1.80	17.54	610 957	99.06
纺织业	24.65	5.98	63.56	2.05	1.82	31 563	98.28
纺织服装、鞋、帽制造业	27.14	8.62	59.79	1.76	4.90	31 455	96.50
皮革、毛皮、羽毛(绒)及其制品业	33.69	28.75	54.03	3.86	10.29	146 827	97.50
木材加工及木、竹、藤、棕、草制品业	31.45	38.28	57.25	9.87	8.04	115 900	96.01
家具制造业	27.10	5.72	70.86	1.26	3.66	27 465	92.57
造纸及纸制品业	23.79	5.50	59.81	2.77	2.52	64 465	97.70
印刷业和记录媒介的复制	47.43	12.47	40.82	2.19	9.59	122 182	97.28
石油加工、炼焦及核燃料加工业	17.93	1.49	65.78	5.05	-4.44	273 707	99.18
化学原料及化学制品制造业	22.48	10.59	64.30	1.88	7.59	73 214	97.04
医药制造业	30.70	8.13	61.99	1.45	6.08	97 190	95.39
化学纤维制造业	20.84	0.92	71.93	2.20	-3.71	75 759	97.09
橡胶制品业	28.31	15.39	64.62	1.93	8.93	49 156	98.52
塑料制品业	18.01	8.73	69.98	1.91	6.11	66 095	100.57
非金属矿物制品业	29.83	6.14	64.57	1.41	4.43	48 854	97.72
黑色金属冶炼及压延加工业	25.31	13.59	65.67	3.05	6.03	218 642	97.80
有色金属冶炼及压延加工业	16.78	1.93	58.15	2.33	-2.32	60 616	101.00
金属制品业	29.35	10.62	62.55	2.52	4.66	84 097	97.95
通用设备制造业	32.48	9.28	67.85	1.31	7.37	58 510	97.76
专用设备制造业	22.84	6.59	76.82	1.31	3.72	45 365	97.20
交通运输设备制造业	20.06	7.70	62.11	1.54	5.94	73 988	97.95
电气机械及器材制造业	31.36	10.85	55.70	2.07	8.03	162 365	96.58
通信设备、计算机及其他电子设备制造业	26.31	3.23	34.03	1.04	0.57	69 618	96.30
仪器仪表及文化、办公用机械制造业	27.91	11.07	48.89	1.36	10.39	55 163	97.90
工艺品及其他制造业	32.75	7.02	76.10	1.26	7.38	25 230	96.85
电力、热力的生产和供应业	29.27	12.53	59.24	4.31	7.64	244 104	99.91
燃气生产和供应业	47.09	0.97	53.92	0.89	-1.98	35 710	100.36
水的生产和供应业	51.03	-0.25	51.86	1.08	-10.77	40 400	99.79

全部国有及年产品销售收入500万元以上非国有工业企业主要经济效益指标

Major Indicators of Economic Benefit of All State-owned Enterprises and Non-state-owned Enterprises with Annual Product Sales over 5 Million

(2005年)

类别	工业增加值率(%)	总资产贡献率(%)	资产负债率(%)	流动资产周转次数(次)	工业成本费用利润率(%)	全员劳动生产率(元/人·年)	产品销售率(%)
全省总计	**28.78**	**13.52**	**61.14**	**2.81**	**6.97**	**108 446**	**97.95**
轻工业	28.30	13.80	61.95	2.95	5.71	73 565	97.65
重工业	28.92	13.46	60.94	2.78	7.33	125 032	98.03
大型企业	29.18	12.84	61.13	2.54	7.45	143 313	98.41
中型企业	27.96	12.29	63.34	2.64	6.19	103 111	97.84
小型企业	29.08	16.76	57.99	3.50	7.14	86 739	97.47
主要工业部门							
煤炭开采和洗选业	48.76	9.93	56.46	1.87	5.71	59 914	99.05
石油和天然气开采业	69.08	40.16	40.98	2.72	61.97	275 193	98.52
食品制造业	23.73	13.80	54.10	4.22	5.76	77 966	97.94
饮料制造业	33.82	13.49	77.19	1.64	5.31	99 728	96.92
烟草制品业	67.51	68.99	65.59	1.81	17.41	582 712	99.00
纺织业	26.37	11.12	61.00	2.86	4.85	46 391	97.70
纺织服装、鞋、帽制造业	28.48	14.93	55.96	3.00	6.48	33 931	98.60
造纸及纸制品业	26.01	10.92	59.82	3.74	4.75	65 242	97.39
石油加工、炼焦及核燃料加工业	18.57	2.53	64.28	4.80	-3.77	240 612	98.86
化学原料及化学制品制造业	24.87	12.70	62.23	2.33	7.67	89 155	96.84
医药制造业	30.61	8.46	61.90	1.50	6.37	90 343	95.76
非金属矿物制品业	30.42	9.25	62.45	2.15	6.00	53 142	98.21
黑色金属冶炼及压延加工业	25.45	13.87	65.23	3.23	5.82	219 294	97.84
金属制品业	28.64	11.58	57.54	2.83	5.31	90 481	97.84
通用设备制造业	30.70	12.46	63.51	1.88	7.72	58 050	97.62
电气机械及器材制造业	30.42	14.21	55.79	2.51	8.50	129 780	96.95
通信设备、计算机及其他电子设备制造业	30.09	5.95	40.79	1.66	3.90	79 474	95.75
电力、热力的生产和供应业	29.67	11.88	59.41	4.13	7.44	227 102	99.87

国有及国有控股工业企业主要经济效益指标

Major Indicators of Economic Benefit of State-owned and State-holding Industrial Enterprises

（2005 年）

类别	工业增加值率（%）	总资产贡献率（%）	资产负债率（%）	流动资产周转次数（次）	工业成本费用利润率（%）	全员劳动生产率（元/人·年）	产品销售率（%）
全省总计	**30.39**	**10.44**	**64.01**	**2.31**	**5.96**	**112 867**	**98.67**
轻工业	32.33	8.15	71.65	1.52	1.28	62 861	97.28
重工业	30.15	10.82	62.77	2.46	6.53	126 036	98.84
大型企业	31.22	11.39	62.01	2.33	6.86	133 115	98.80
中型企业	28.36	9.48	66.07	2.50	4.53	97 710	98.70
小型企业	29.82	4.85	75.77	1.50	1.75	50 890	97.02
主要工业部门							
煤炭开采和洗选业	52.20	8.88	57.44	1.69	4.82	58 655	99.02
石油和天然气开采业	69.23	40.18	41.02	2.72	62.25	276 572	98.52
食品制造业	24.70	4.66	84.98	2.02	1.76	42 178	98.92
饮料制造业	32.33	11.03	82.49	1.27	2.89	74 303	97.08
烟草制品业	67.73	68.97	65.53	1.80	17.54	610 957	99.06
纺织业	29.00	4.04	81.09	1.64	-0.86	25 550	97.58
纺织服装、鞋、帽制造业	29.71	2.98	69.25	1.78	1.11	31 572	99.74
造纸及纸制品业	22.63	1.40	66.22	1.81	-2.90	65 204	96.20
石油加工、炼焦及核燃料加工业	14.76	-4.44	61.94	7.08	-6.15	422 221	99.74
化学原料及化学制品制造业	20.20	7.78	65.54	1.72	5.00	68 244	98.84
医药制造业	25.16	4.02	67.20	1.25	1.30	69 559	95.83
非金属矿物制品业	29.82	3.08	70.41	1.12	-0.40	48 437	96.42
黑色金属冶炼及压延加工业	25.82	9.78	67.43	2.52	4.53	218 133	98.24
金属制品业	24.74	4.31	77.15	1.05	2.32	42 378	100.89
通用设备制造业	25.40	1.47	81.74	0.72	-4.37	22 541	96.54
电气机械及器材制造业	19.25	7.19	65.86	2.11	3.29	78 591	93.88
通信设备、计算机及其他电子设备制造业	21.82	-0.70	40.84	0.82	-8.53	54 353	92.46
电力、热力的生产和供应业	29.00	12.00	60.32	4.28	7.14	227 228	99.87

年产品销售收入500万元以上集体工业企业主要经济效益指标
Major Indicators of Economic Benefit of Collective-owned Enterprises with Annual Product Sales over 5 Million

（2005年）

类别	工业增加值率（%）	总资产贡献率（%）	资产负债率（%）	流动资产周转次数（次）	工业成本费用利润率（%）	全员劳动生产率（元/人·年）	产品销售率（%）
全省总计	**29.44**	**22.24**	**65.13**	**3.81**	**7.49**	**87 745**	**97.81**
轻工业	31.47	23.52	57.44	4.56	7.78	95 764	98.29
重工业	28.42	21.68	68.51	3.52	7.36	83 852	97.58
大型企业	17.78	12.91	102.77	2.22	4.50	124 283	98.40
中型企业	33.07	18.09	52.57	3.60	7.44	92 788	97.81
小型企业	30.28	28.10	59.45	4.59	8.17	82 934	97.70
主要工业部门							
煤炭开采和洗选业	27.31	37.06	56.69	11.55	3.75	83 686	99.70
石油和天然气开采业							
食品制造业	28.44	47.80	47.02	7.78	17.77	147 637	98.34
饮料制造业	26.32	13.39	100.16	1.56	-2.28	58 499	98.36
烟草制品业	40.71	85.19	113.48	7.69	6.16	56 563	91.18
纺织业	27.26	13.71	71.45	3.49	4.21	84 409	96.48
纺织服装、鞋、帽制造业	24.63	12.73	61.51	3.17	3.43	33 925	103.70
造纸及纸制品业	31.90	17.93	48.67	4.10	8.60	63 751	97.23
石油加工、炼焦及核燃料加工业	47.51	19.96	58.57	4.25	7.34	184 290	95.49
化学原料及化学制品制造业	28.30	26.75	50.03	4.34	8.26	112 179	96.41
医药制造业	39.45	15.40	34.47	2.55	10.34	178 969	98.79
非金属矿物制品业	31.51	23.79	62.79	4.63	9.17	63 039	98.51
黑色金属冶炼及压延加工业	21.35	14.01	96.83	2.87	3.87	138 230	98.52
金属制品业	28.78	15.77	49.84	2.57	7.87	57 410	99.37
通用设备制造业	30.11	27.76	50.94	3.76	11.82	69 211	97.86
电气机械及器材制造业	29.44	37.19	62.85	4.39	12.69	159 926	97.79
通信设备、计算机及其他电子设备制造业	36.82	4.28	11.70	0.76	8.22	51 799	92.86
电力、热力的生产和供应业	24.02	5.91	55.52	4.20	-5.24	25 603	100.00

建　筑　业　企　业

Main Economic Indicators

（2005

指　标	合　计	按登记类型分		
		内资企业	#国有经济	#集体经济
企业单位数(个)	2 094	2 087	189	181
从业人员(人)	1 084 108	1 083 379	159 358	98 084
自有施工机械设备年末总台数(万台)	47.70	47.68	6.34	3.63
自有施工机械设备年末净值(万元)	975 913.2	975 039.6	205 018.6	56 254.2
自有机械设备年末总功率(万千瓦)	716.67	715.00	156.72	47.58
建筑业总产值(万元)	12 852 930.8	12 846 662.8	3 657 513.8	585 680.3
建筑工程	10 584 909.7	10 582 587.5	2 792 147.8	485 083.2
安装工程	1 718 555.5	1 717 303.2	770 912.5	73 074.5
其他产值	549 465.6	546 772.1	94 453.5	27 522.6
应付工资	1 177 300.9	1 176 217.8	225 606.0	85 371.8
应付福利费	136 549.1	136 353.6	29 966.2	7 042.7
工程结算税金及附加	367 696.6	367 507.5	92 921.2	19 568.1
管理费用中的税金	25 396.2	25 334.6	3 971.7	1 544.3
营业利润	298 666.0	298 582.9	40 093.7	20 848.2
房屋建筑施工面积(万平方米)	11 261.39	11 260.87	16 06.17	7 22.83
房屋建筑竣工面积(万平方米)	5 744.23	5 744.23	551.89	434.51
资产合计(万元)	9 805 203.6	9 797 963.4	2 703 551.6	475 400.5
流动资产合计(万元)	6 782 558.7	6 777 655.4	2 016 462.4	286 566.7
固定资产原价(万元)	3 152 960.5	3 150 505.9	791 917.9	199 996.7
流动负债合计(万元)	5 815 956.7	5 813 489.6	2 051 913.0	203 814.2
长期负债合计(万元)	225 253.4	225 253.4	111 633.3	10 739.7
所有者权益(万元)	3 763 993.5	3 759 220.4	540 005.3	260 846.6
#实收资本(万元)	2 816 828.4	2 812 752.3	443 991.3	180 325.0
利润总额(万元)	294 145.6	294 064.9	40 505.7	20 594.4
利税总额(万元)	687 238.4	686 907.0	137 398.6	41 706.8
劳动生产率				
按总产值计算(元/人)	118 557.66	118 579.58	229 515.54	59 712.11
技术装备率(元/人)	8 211.6	8 209.2	12 175.6	5 512.8
动力装备率(千瓦/人)	6.0	6.0	9.3	4.7
房屋建筑面积竣工率(%)	51.0	51.0	34.4	60.1
产值利润率(%)	2.3	2.3	1.1	3.5
产值利税率(%)	5.3	5.3	3.8	7.1

主　要　经　济　指　标

on Construction Enterprises

年）

		按行业分					
港澳台商投资企业	外商投资企业	房屋和土木工程建筑业	房屋工程建筑	土木工程建筑	建筑安装业	建筑装饰业	其他建筑业
4	3	1 444	1 127	317	233	344	73
295	434	981 774	833 441	148 333	65 347	24 386	12 601
0.02	…	43.56	38.77	4.79	2.45	1.27	0.42
762.4	111.2	889 662.9	618 958.4	270 704.5	55 919.5	12 334.1	17 996.7
1.64	0.04	663.28	477.71	185.57	33.28	10.31	9.81
4 785.6	1 482.4	11 351 869.2	8 138 071.3	3 213 797.9	1 221 916.2	164 871.4	114 274.0
2 322.2		10 037 792.4	7 412 360.6	2 625 431.8	452 478.5	59 714.3	34 924.5
474.9	777.4	993 088.8	550 507.2	442 581.6	705 496.1	15 998.9	3 971.7
1 988.5	705.0	320 988.0	175 203.5	145 784.5	63 941.6	89 158.2	75 377.8
884.0	199.1	1 065 644.4	881 665.3	183 979.1	80 773.4	20 617.1	10 266.0
151.3	44.2	121 494.5	97 850.4	23 644.1	10 935.4	2 644.3	1 474.9
104.8	84.3	332 770.9	245 587.8	87 183.1	26 300.2	5 605.1	3 020.4
61.0	0.6	20 882.2	17 271.5	3 610.7	3 364.8	865.3	283.9
130.8	-47.7	263 529.4	172 376.2	91 153.2	24 519.8	8 047.9	2 568.9
0.52		10 986.90	10 697.95	2 88.95	2 39.78	17.91	16.79
		5 603.08	5 507.47	95.61	131.81	1.11	8.23
3 264.0	3 976.2	8 794 282.7	6 128 124.8	2 666 157.9	685 877.1	214 903.7	110 140.1
1 780.8	3 122.5	6 117 180.2	4 247 652.7	1 869 527.5	455 280.4	150 394.9	59 703.2
1 403.3	1 051.3	2 778 011.3	1 759 661.0	1 018 350.3	260 094.6	57 970.0	56 884.6
640.6	1 826.5	5 306 643.0	3 562 869.7	1 743 773.3	386 051.1	77 654.7	45 607.9
		194 469.8	123 403.8	71 066.0	20 994.8	3 325.8	6 463.0
2 623.4	2 149.7	3 293 169.9	2 441 851.3	851 318.6	278 831.2	133 923.2	58 069.2
2 052.1	2 024.0	2 454 749.6	1 858 920.7	595 828.9	210 263.6	104 165.4	47 649.8
128.4	-47.7	260 046.4	167 560.6	92 485.8	23 778.0	7 834.3	2 486.9
294.2	37.2	613 699.5	430 419.9	183 279.6	53 443.0	14 304.7	5 791.2
162 223.73	34 156.68	115 626.09	97 644.24	216 661.02	186 988.87	67 609.04	90 686.45
24 753.2	2 725.5	8 185.8	6 760.8	15 800.1	8 656.3	4 906.4	15 144.9
53.1	1.0	6.1	5.2	10.8	5.2	4.1	8.3
		51.0	51.5	33.1	55.0	6.2	49.0
2.7	-3.2	2.3	2.1	2.9	1.9	4.8	2.2
6.1	2.5	5.4	5.3	5.7	4.4	8.7	5.1

建筑业企业技术装备情况
Number and Power of Machinery and Equipment Owned by Construction Enterprises

(1991—2005 年)

年份	自有机械设备年末总台数（台）	自有机械设备年末总功率（万千瓦）	#施工机械功率	自有机械设备年末净值（万元）	技术装备率（元/人）	动力装备率（千瓦/人）
1991	109 405	226.15	147.81	133 116	3 362	5.71
1992	94 837	212.56	144.15	138 588	3 398	5.21
1993	188 111	330.00	220.00	169 752	2 637	5.13
1994	196 886	412.22	251.00	247 707	2 926	4.90
1995	213 972	331.78	248.29	2 851 719	3 741	4.35
1996	326 300	471.49	368.98	399 500	3 884	4.58
1997	291 800	483.63	399.64	490 300	4 995	4.93
1998	309 600	482.76	389.03	448 200	5 166	5.56
1999	363 100	519.76	425.95	497 700	5 775	6.03
2000	380 673	603.88	457.22	5 715 649	6 525	7.00
2001	432 840	663.66	520.42	6 955 482	7 342	7.00
2002	449 741	604.35	509.69	1 030 110	10 331	6.10
2003	443 997	575.41	416.01	1 046 003	10 573	5.80
2004	508 692	1 251.48		989 386	8 697	11.00
2005	435 734	716.67		975 913	8 212	6.00

注:2004 年自有机械设备总台数、总功率、净值数据为自有施工机械设备总台数、总功率、净值数,技术装备率和动力装备率是用自有施工机械设备净值和自有施工机械设备总功率计算。

按承包类型分的建筑业企业主要指标
Major Economic Indicators on Construction Enterprise by General Contractors

指标	2003 年	2004 年	2005 年
总承包企业			
企业个数(个)	1 124	1 371	1 338
从业人员(人)	684 976	1 025 503	1 053 286
建筑业总产值(万元)	6 774 134	8 924 352	11 518 883
一　级	2 798 941	3 803 432	5 256 800
二　级	2 145 880	2 787 101	3 195 002
三级及以下	1 423 628	1 696 404	1 888 373
利润总额(万元)	135 661	197 672	239 490
利税总额(万元)	406 816	839 388	592 672.3
专业承包企业			
企业个数(个)	494	792	756
从业人员(人)	124 341	112 101	132 664
建筑业总产值(万元)	1 025 179	1 080 089	1 334 048
一　级	370 096	420 389	489 944
二　级	455 069	422 721	544 565
三级及以下	200 014	236 979	299 539
利润总额(万元)	44 963	48 309	54 655
利税总额(万元)	104 659	184 223	94 566

建筑业主要经济指标

Major Economic Indictors on Construction Enterprises

（2000—2005年）

指　　标	单　位	2000年	2001年	2002年	2003年	2004年	2005年
建筑业总产值	亿　元	492.10	614.50	729.04	779.93	1 000.44	1 285.29
竣工产值	亿　元	357.67	435.30	563.31	585.71	682.94	755.01
产值竣工率	%	72.70	70.80	77.27	75.10	68.26	58.74
按总产值计算的劳动生产率	元/人	51 217	57 869	64 410	70 048	80 818	108 148
按增加值计算的劳动生产率	元/人	9 929	11 558	12 533	15 169	20 366	47 733
房屋建筑竣工面积	万平方米	3 481.42	4 365.8	4 741.0	4 748.3	5 827.08	5 744.23
#住　宅	万平方米	2 260.98	2 748.5	3 042	3 092.7	3 723.06	3 693.9
房屋面积竣工率	%	55.6	21.6	57.2	53.3	52.3	51.0
人均竣工面积	平方米/人	36.0	41.0	42.0	42.6	51.2	48.3
年末固定资产原价	亿　元	185.15	219.90	268.17	271.14	313.01	315.30
年末固定资产净值	亿　元	125.09	152.90	202.62	177.50	215.34	211.54
利润总额	亿　元	6.74	12.60	14.60	18.06	24.60	29.41
人均利润	元/人	701	1 190	1 292	1 622	2 162	2 475
年末自有机械设备总功率	万千瓦	603.88	663.70	604.35	575.40	1 251.48	716.67
年末自有机械设备净值	亿元	57.16	69.55	103.01	104.60	98.94	97.59
技术装备率	元/人	6 525	7 342	10 331	10 573	8 697	8 212
动力装备率	千瓦/人	7	7	6	6	11	6
资金利润率	%	1.41	2.23	2.00	9.30	2.87	3.31

运 输 线 路 长 度

Length of Transportation Routes in Main Years

（1990—2005 年）　　　　单位:公里

年　份	公路通车里程	内河通航里程	地方铁路里程	中央铁路营业里程
1990	43 640	75	691.5	2 815.3
1991	47 464	75	774.0	2 825.2
1992	48 334	75	783.1	2 825.7
1993	49 195	75	775.4	3 031.2
1994	50 496	75	765.9	3 078.1
1995	51 630	75	770.0	3 076.3
1996	54 146	75	665.8	3 450.6
1997	56 009	75	665.8	3 464.0
1998	57 263	75	632.1	3 473.0
1999	58 162	75	585.5	3 467.0
2000	59 152	75	554.8	3 474.2
2001	62 615	75	613.8	3 476.4
2002	63 079	75	1 004.7	3 508.1
2003	65 391	75	1 200.7	3 508.1
2004	70 198	75	1 218.7	3 521.6
2005	75 894	286	1 207	3 675.9

注:内河通航里程 2005 年为普查数据,指水深 1 米以上的航道。

交 通 运 输 工 具 拥 有 量

Number of Transportation Tools

指　标	单　位	2005 年			2004 年		
		合　计	#个　人	#占合计%	合　计	#个　人	#占合计%
汽　车	辆	2 829 441	1 988 958	70.3	2 608 917	1 722 372	66.0
载客汽车	辆	1 199 797	969 982	80.8	1 030 467	794 333	77.1
#轿　车	辆	531 255	446 339	84.0	391 672	318 909	81.4
载货汽车	辆	708 612	344 505	48.6	706 423	315 711	44.7
#普通载货	辆	576 146	283 041	49.1	590 187	267 328	45.3
其他汽车	辆	921 032	674 471	73.2	872 027	612 328	70.2
摩托车	辆	4 699 041	3 866 923	82.3	4 494 053	3 513 103	78.2
拖拉机	辆	1 546 900	1 507 230	97.4	1 487 316	1 486 316	99.9
挂　车	辆	121 134	41 029	33.9	128 508	41 366	32.2
运输船舶							
货　船	艘	88	61		106	75	
净载货量	吨	3 014 425	298 502		3 647 300	2 553 120	
拖　船	艘	7			6		
功　率	千瓦	17 529			17 064		
货运驳船	艘	15	14		14	14	
净载重量	吨	14 523	12 470		12 470	12 470	
地方铁路							
机　车	台	122			118		
货　车	辆	1 427			1 180		
客　车	辆	21			19		

全　社　会　客　运　量

Passenger Traffic

（1990—2005 年）　　　　单位：万人

年　份	总　计	铁　路	#地方铁路	公　路	水　运	民　航
1990	25 745	5 034	45	20 525	183	4.0
1991	26 745	4 849	34	21 721	172	3.0
1992	31 525	4 832	32	26 693		
1993	35 686	5 118	20	30 567		1.0
1994	35 109	5 093	8	30 013		3.0
1995	36 714	4 655		32 038		21.0
1996	36 589	4 272		32 303		13.6
1997	38 021	4 254		33 755		12.0
1998	58 403	4 633		53 761		8.7
1999	61 575	4 704		56 862		8.6
2000	65 255	4 902		60 341		12.0
2001	72 229	4 841		67 377		10.7
2002	76 094	5 004		71 081		9.1
2003	65 219	4 441		60 767		10.7
2004	77 784	5 270		72 500		13.8
2005	80 918	5 492		75 402		23.8

全　社　会　旅　客　周　转　量

Passenger-Kilometers

（1990—2005 年）　　　　单位：亿人公里

年　份	总　计	铁　路	#地方铁路	公　路	水　运	民　航
1990	358.09	249.44	0.12	108.44	0.20	
1991	386.23	268.41	0.10	117.68	0.14	
1992	466.66	290.09	0.09	176.56		
1993	489.95	305.32	0.06	184.63		
1994	499.63	307.03	0.03	192.61		
1995	493.92	287.72		206.20		
1996	480.14	264.97		215.17		
1997	514.21	287.75		226.46		
1998	676.38	313.09		363.29		
1999	729.94	338.23		391.71		
2000	782.87	377.24		405.63		
2001	849.33	402.56		445.35		1.42
2002	897.84	415.26		482.58		
2003	780.46	383.76		396.69		
2004	945.40	479.07		466.33		
2005	989.77	504.44		485.33		

全 社 会 货 运 量

Freight Traffic

(1990—2005年) 单位:万吨

年 份	总 计	铁 路	#地方铁路	公 路	水 运	民 航	管 道	港口货物吞吐量
1990	58 203	11 501	597	44 258	363	0.10	2 080	6 960
1991	58 735	11 460	626	44 900	345		2 030	7 236
1992	60 648	11 734	664	46 571	354		1 989	8 156
1993	61 979	11 929	733	47 722	340		1 988	7 877
1994	73 510	12 056	740	59 097	409	…	1 949	8 404
1995	74 214	12 106	879	59 860	404	…	1 844	8 815
1996	76 786	12 159	969	62 235	439	0.10	1 953	8 944
1997	76 347	12 452	1 117	61 568	363	2.00	1 962	8 426
1998	75 559	11 720	1 109	61 564	414	2.70	1 858	8 420
1999	76 141	11 723	1 313	62 340	504	3.70	1 570	9 012
2000	76 808	12 546	1 314	62 321	571	3.09	1 366	10 771
2001	80 835	14 954	2 293	63 696	945	3.80	1 236	12 558
2002	84 315	15 368	2 915	66 655	1 105	2.62	1 184	14 432
2003	80 551	16 646	3 815	61 570	1 172	2.48	1 161	18 002
2004	87 265	18 216	4 504	66 227	1 700	1.81	1 120	22 515
2005	91 330	19 051	5 690	68 652	2 539	1.45	1 087	27 341

注:管道输油量1987年后为河北省境内数。

全 社 会 货 物 周 转 量

Freight Ton-kilometers

(1990—2005年) 单位:亿吨公里

年 份	总 计	铁 路	#地方铁路	公 路	水 运	管 道
1990	1 546.47	1 256.80	1.89	215.42	48.53	25.72
1991	1 619.00	1 291.43	2.04	248.71	52.61	26.25
1992	1 782.31	1 375.26	2.26	333.94	51.40	21.70
1993	1 858.00	1 428.66	2.51	346.08	52.80	30.45
1994	1 945.85	1 478.67	2.67	372.56	65.86	28.75
1995	2 029.48	1 534.74	3.45	397.36	67.88	29.50
1996	2 098.49	1 514.31	3.85	473.62	78.97	31.59
1997	2 063.13	1 504.09	4.51	455.01	70.82	33.21
1998	1 956.15	1 345.11	4.31	501.78	80.74	28.51
1999	2 116.34	1 371.23	4.95	537.52	180.78	26.81
2000	2 325.85	1 474.77	5.34	555.42	267.97	27.69
2001	2 760.82	1 613.04	7.92	608.01	512.70	27.07
2002	2 862.79	1 658.24	9.98	632.40	543.34	28.82
2003	3 023.79	1 787.73	11.75	591.60	612.19	32.28
2004	3 796.05	1 955.54	16.19	658.59	1 150.00	31.93
2005	4 750.64	2 120.98	20.24	691.45	1 908.07	30.14

注:管道1987年后为河北省境内数。

沿 海 港 口 基 本 情 况

Basic Indicators of Coastal Ports

（2005 年）

港口名称	合计			#生产用			设计吞吐能力（万吨）
	码头长度（米）	泊位个数（个）	#万吨级	码头长度（米）	泊位个数（个）	#万吨级	
总　计	**19 575**	**103**	**66**	**18 170**	**80**	**66**	**30 349**
#秦皇岛港	12 098	48	38	10 780	48	38	17 456
#生产用码头	10 780	48	38	10 780	48	38	17 456
煤码头	4 635	19	17	4 635	19	17	14 250
油码头	1 035	4	3	1 035	4	3	1 540
散杂码头	4 410	22	17	4 410	22	17	1 233
其　他	700	3	1	700	3	1	433
黄骅港	2 946	14	10	2 946	14	10	6 785
唐山港	4 444	18	18	4 444	18	18	6 108

沿 海 主 要 港 口 货 物 吞 吐 量

Volume of Freight Handled in Major Coastal Ports

（2005 年）　　单位：万吨

货物分类	合计	外贸	内贸	出港量	外贸	内贸	进港量	外贸	内贸
总　计	**27 341.3**	**7 258.1**	**20 083.2**	**24 088.0**	**5 284.4**	**18 803.7**	**3 253.3**	**1 973.7**	**1 279.5**
煤炭及制品	22 632.6	4 807.3	17 825.3	22 581.7	4 773.3	17 808.4	50.8	34.0	16.9
石油、天然气及制品	351.6	50.7	300.8	152.6	16.6	136.0	198.9	34.1	164.8
#原　油	172.4	10.9	161.5	88.9		88.9	83.5	10.9	72.6
金属矿石	2 592.6	1 607.5	985.1	54.4	0.6	53.8	2 538.3	1 606.9	931.4
#铁矿石	2 529.3	1 564.7	964.6	38.2		38.2	2 491.2	1 564.7	926.4
钢　铁	809.2	217.4	591.8	780.8	192.4	588.5	28.4	25.0	3.4
#钢　材	193.8	2.0	191.8	193.2	1.6	191.6	0.6	0.4	0.2
生　铁	14.1	13.1	1.0	14.1	13.1	1.0			
矿建材料	102.7	19.3	83.4	31.8	19.3	12.5	70.9		70.9
水　泥	143.2	120.3	22.9	143.2	120.3	22.9			
木　材	4.5	4.3	0.2	3.9	3.9		0.6	0.4	0.2
非金属矿石	24.7	8.5	16.3	17.1	8.5	8.6	7.6		7.6
化肥农药	46.9	38.5	8.4	19.8	11.8	8.0	27.1	26.7	0.4
盐	71.1	37.5	33.5	5.6	5.6		65.4	31.9	33.5
粮　食	217.6	173.0	44.6	52.1	24.0	28.1	165.5	148.9	16.5
#小　麦	20.4	20.4		0.1	0.1		20.3	20.3	
玉　米	44.0	18.7	25.3	44.0	18.7	25.3			
大　豆	108.7	106.9	1.8				108.7	106.9	1.8
其　他	344.6	173.8	170.8	244.9	108.1	136.8	99.7	65.8	34.0

注：主要港口包括秦皇岛港、黄骅港和唐山港。

主要年份邮电通信网

Telecommunications Facilities in Main Years

（年底数）

年份	邮政局、所（处）	#设在农村的	邮路总长度（万公里）	长话电路（路）
1978	1 802	1 511	16.5	1 350
1980	1 752	1 434	17.0	4 539
1985	2 928	2 588	2.6	2 304
1990	2 443	1 078	2.8	5 177
1991	2 411	1 083	2.9	8 024
1992	2 403	1 090	3.0	11 692
1993	2 398	1 087	3.2	13 248
1994	2 470	1 902	3.3	30 846
1995	2 538	1 869	3.5	33 090
1996	2 555	1 820	3.7	43 537
1997	2 472	1 863	3.9	61 111
1998	2 389	1 750	3.9	70 111
1999	2 081	1 455	4.0	87 497
2000	2 018	1 390	4.1	122 560
2001	2 013	1 371	4.1	187 292
2002	1 978	1 312	4.5	796 340
2003	1 952	1 272	5.3	20 173
2004	1 955	1 258	5.4	22 531
2005	1 957	1 242	4.7	27 306

注：1.1982 年后的邮路长度不包括农村路线。2.2003 年及以后长话电路计量单位为 2M。

主要年份邮电业务量

Post and Telecommunications Services in Main Years

年份	邮电业务总量（万元）	函件（万件）	报纸期发数（万份）	市内电话（户）	农村电话（户）
1978	5 904	15 417	267	59 630	20 773
1980	6 420	15 961	304	62 100	19 800
1985	12 618	21 639	580	99 340	63 682
1990	55 643	23 716	473	198 242	37 691
1991	72 836	22 570	567	252 755	43 604
1992	103 676	24 692	609	381 549	53 250
1993	164 048	29 282	876	579 960	79 909
1994	217 834	32 172	672	957 791	146 473
1995	360 930	31 471	504	1 513 364	380 026
1996	485 001	30 171	584	1 995 767	657 122
1997	634 216	25 858	589	2 356 302	932 078
1998	885 071	25 699	499	2 762 371	1 272 000
1999	1 164 413	21 235	1 149	3 153 630	1 720 036
2000	1 910 400	26 302	522	3 917 457	2 755 083
2001	1 670 100	31 698	422	4 860 720	4 191 530
2002	2 198 441	36 078	508	5 584 495	5 459 573
2003	2 931 845	20 056	484	7 315 000	6 075 000
2004	4 307 925	32 623	451	9 062 000	6 718 000
2005	5 284 674	25 742	378	9 469 503	6 808 869

主要年份社会消费品零售总额

Total Retail Sales of Consumer Goods in Main Years

项　　目	1995 年	2000 年	2001 年	2002 年	2003 年	2004 年	2005 年
社会消费品零售总额(亿元)	**852.1**	**1 613.9**	**1 778.3**	**1 968.3**	**2 177.9**	**2 576.4**	**2 952.9**
按销售地区分							
市的零售额	435.7	749.6	837.2	941.6	1 064.4	1 206.7	1 382.5
县的零售额	153.7	312.8	346.3	382.7	421.1	515.1	591.3
县以下的零售额	262.7	551.6	594.7	643.9	692.4	854.6	979.1
按行业分							
批发和零售业	583.8	1 121.1	1 240.0	1 382.9	1 558.5	2 226.5	2 541.3
餐饮业	57.5	162.6	189.1	216.2	233.5	293.8	349.6
其　他	210.8	330.2	349.1	369.1	385.9	56.1	62.0

注:2004 年和 2005 年按行业分“餐饮业”为“住宿和餐饮业”合计数据。

商品交易市场基本情况

Basic Indicators of Commodity Markets

(2005 年)

项　　目	市场个数 (个)	当年成交额 (万元)	当年投资额 (万元)
总　　计	**4 107**	**33 103 227.0**	**287 031.9**
消费品市场	**3 814**	**28 214 972.9**	**266 939.9**
消费品综合市场	2 881	12 818 547.8	148 495.5
农副产品市场	591	7 675 319.1	46 463.4
工业消费品市场	265	7 048 451.0	67 238.0
其他市场	77	672 655.0	4 743.0
生产资料市场	**293**	**4 888 254.1**	**20 092.0**
生产资料综合市场	45	577 522.0	518.0
工业生产资料市场	174	3 374 590.0	17 569.0
农业生产资料市场	42	728 967.0	130.0
其他市场	32	207 175.1	1 875.0

限额以上批发零售贸易业商品购进、销售、库存总额

Total Purchases,Sales and Inventory of Enterprises above Designated Size in Wholesale and Retail Sale Trade

（2005 年）

单位:万元

项目	购进总额	#进口	销售总额	批发	零售	年末库存总额
总计	**14 291 695**	**113 578**	**16 001 314**	**11 641 434**	**4 359 881**	**1 567 911**
#国有及国有控股	7 718 784	87 346	8 704 205	6 957 261	1 746 945	879 479
按登记注册类型分组						
内资企业	14 272 988	113 578	15 956 891	11 602 802	4 354 089	1 566 492
国有企业	4 464 233	83 196	5 016 754	4 166 651	850 103	407 409
集体企业	361 531	814	375 352	255 129	120 223	74 488
股份合作企业	107 631		95 328	29 476	65 852	14 520
联营企业	13 446		16 647	16 647		
国有联营企业	13 446		16 647	16 647		
有限责任公司	4 764 631	13 806	5 223 709	3 614 104	1 609 606	464 060
国有独资企业	280 304	120	299 339	195 176	104 162	35 454
其他有限责任公司	4 484 327	13 686	4 924 371	3 418 927	1 505 444	428 606
股份有限公司	2 724 187	1 503	3 196 193	2 058 194	1 137 999	439 529
私营企业	1 837 330	14 259	2 032 908	1 462 601	570 307	166 485
私营独资企业	89 547		94 640	65 085	29 555	4 825
私营合伙企业	12 865		10 735	6 449	4 285	3 197
私营有限责任公司	1 626 878	14 259	1 812 050	1 308 748	503 302	143 299
私营股份有限公司	108 040		115 483	82 319	33 165	15 164
外商投资企业	18 707		44 424	38 632	5 792	1 420
中外合资经营企业	11 281		34 713	28 921	5 792	969
中外合作经营企业	7 426		9 711	9 711		450
按国民经济行业分组						
农畜产品批发业	489 477	1 085	481 910	475 069	6 841	129 824
食品、饮料及烟草制品批发业	1 953 464		2 370 525	2 347 628	22 897	158 588
#米、面制品及食用油批发业	94 452		97 790	96 410	1 381	26 410
烟草制品批发业	1 476 146		1 807 470	1 805 264	2 206	91 195
纺织、服装及日用品批发业	522 005	29 508	599 403	585 804	13 599	24 534
#服装批发业	244 728	20 866	289 120	287 118	2 002	11 942
文化、体育用品及器材批发业	99 184		106 848	102 433	4 415	4 796
医药及医疗器材批发业	978 659	3 628	1 050 778	982 787	67 991	135 008
矿产品、建材及化工产品批发业	5 573 723	70 527	6 162 245	5 554 866	607 379	588 694

限额以上批发零售贸易业商品购进、销售、库存总额(续)

Total Purchases, Sales and Inventory of Enterprises above Designated Size in Wholesale and Retail Sale Trade

(2005 年)

单位:万元

项目	购进总额	#进口	销售总额	批发	零售	年末库存总额
#煤炭及制品批发业	996 323	5 731	1 138 044	1 135 123	2 921	37 222
石油及制品批发业	2 908 699	6 950	3 215 667	2 633 165	582 502	385 346
金属及金属矿批发业	1 143 269	120	1 172 621	1 163 652	8 969	61 014
建材批发业	46 383		66 955	66 714	241	14 317
化肥批发业	305 634	814	297 494	287 210	10 284	50 438
机械设备、五金交电及电子产品批发业	817 548	5 539	878 470	741 994	136 476	61 620
#汽车、摩托车及零配件批发业	309 481		324 983	216 240	108 743	20 947
家用电器批发业	30 926	1 063	50 330	49 512	817	8 807
计算机、软件及辅助设备批发业	18 299		17 635	16 383	1 253	1 080
贸易经纪与代理	18 250		21 078	21 078		8
其他批发业	223 773		212 250	211 857	393	19 248
综合零售业	1 693 559	1 503	2 052 685	69 146	1 983 539	252 606
#百货零售业	1 173 380	1 503	1 479 726	57 482	1 422 244	147 240
超级市场零售业	490 619		541 213	8 686	532 527	102 307
食品、饮料及烟草制品专门零售业	11 906		12 681	5 424	7 257	2 741
纺织、服装及日用品专门零售业	24 697		28 970	3 850	25 119	2 400
#服装零售业	11 696		15 398		15 398	855
文化、体育用品及器材专门零售业	95 701		95 920	3 824	92 097	23 954
#图书零售业	91 509		91 866	3 824	88 042	22 176
医药及医疗器材专门零售业	115 050	1 788	129 605	31 150	98 455	15 307
#药品零售业	94 010	1 788	104 951	23 433	81 519	13 532
汽车、摩托车、燃料及零配件专门零售业	1 315 840		1 410 270	430 216	980 054	103 430
#汽车零售业	938 727		1 047 097	347 011	700 087	78 847
机动车燃料零售业	367 716		353 570	82 868	270 703	23 242
家用电器及电子产品专门零售业	333 300		354 958	58 726	296 232	38 900
#家用电器零售业	197 983		218 999	17 847	201 152	33 967
计算机、软件及辅助设备零售业	10 071		9 922	921	9 001	280
通讯设备零售业	124 401		125 039	39 958	85 081	4 457
五金、家具及室内装修材料专门零售业	22 997		29 616	15 340	14 276	6 070
无店铺及其他零售业	2 565		3 103	242	2 861	185

限额以上批发零售贸

Major Financial Indicators of Enterprises above Designated

(2005

项目	年末资产负债			损益	
	资产总计	负债总计	所有者权益合计	主营业务收入	主营业务成本
批发、零售贸易企业总计	**6 792 287.7**	**5 311 327.8**	**1 480 959.9**	**14 702 350.8**	**12 981 719.5**
#国有及国有控股	3 303 974.2	2 466 141.5	837 832.7	7 743 747.1	6 954 770.2
按登记注册类型分组					
内资企业	6 780 119.3	5 304 969.8	1 475 149.5	14 697 400.6	12 977 309.8
国有企业	2 072 709.5	1 419 884.1	652 825.4	4 374 413.3	3 811 509.9
集体企业	513 931.1	479 276.0	34 655.1	319 350.2	298 385.9
股份合作企业	43 596.2	34 916.9	8 679.3	92 438.2	82 371.8
联营企业	3 223.8	1 583.0	1 640.8	16 647.3	13 446.1
国有联营企业	3 223.8	1 583.0	1 640.8	16 647.3	13 446.1
有限责任公司	2 086 161.1	1 710 371.3	375 789.8	4 736 754.9	4 343 066.5
国有独资企业	134 505.1	116 306.4	18 198.7	209 637.1	199 362.1
其他有限责任公司	1 951 656.0	1 594 064.9	357 591.1	4 527 117.8	4 143 704.4
股份有限公司	1 130 717.5	974 624.9	156 092.6	2 890 662.6	2 648 919.8
私营企业	929 780.1	684 313.6	245 466.5	2 267 134.1	1 779 609.8
私营独资企业	26 931.4	16 222.0	10 709.4	91 567.1	83 328.2
私营合伙企业	7 238.8	6 150.4	1 088.4	10 544.0	9 275.0
私营有限责任公司	843 443.4	623 341.2	220 102.2	2 053 578.3	1 581 420.6
私营股份有限公司	52 166.5	38 600.0	13 566.5	111 444.7	105 586.0
外商投资企业	12 168.4	6 358.0	5 810.4	4 950.2	4 409.7
中外合资经营企业	12 168.4	6 358.0	5 810.4	4 950.2	4 409.7
按国民经济行业分组					
农畜产品批发业	595 349.2	530 835.5	64 513.7	403 040.8	375 172.0
食品、饮料及烟草制品批发业	806 863.3	383 395.0	423 468.3	2 054 051.3	1 719 629.4
#米、面制品及食用油批发业	92 522.8	78 735.1	13 787.7	93 704.5	89 232.5
烟草制品批发业	463 855.8	86 736.1	377 119.7	1 551 663.8	1 281 070.8
纺织、服装及日用品批发业	187 442.1	142 506.5	44 935.6	569 995.9	536 315.7
#服装批发业	100 519.6	62 462.5	38 057.1	292 264.2	272 932.4
文化、体育用品及器材批发业	69 263.1	38 378.5	30 884.6	135 771.1	88 057.3
医药及医疗器材批发业	476 977.7	472 372.8	4 604.9	971 799.5	918 668.7
矿产品、建材及化工产品批发业	1 889 862.2	1 514 457.2	375 405.0	5 806 080.1	5 298 871.1
#煤炭及制品批发业	431 443.8	305 229.6	126 214.2	1 070 664.4	882 154.0
石油及制品批发业	732 589.7	618 110.8	114 478.9	3 007 650.3	2 829 794.4
金属及金属矿批发业	369 329.9	288 559.5	80 770.4	1 114 384.7	1 011 626.3
建材批发业	67 737.5	44 704.6	23 032.9	67 451.4	63 284.5
化肥批发业	127 879.7	112 041.8	15 837.9	285 606.9	267 837.1
机械设备、五金交电及电子产品批发业	408 042.9	347 286.3	60 756.6	806 558.4	760 296.6
#汽车、摩托车及零配件批发业	140 300.4	102 730.9	37 569.5	296 642.6	276 673.9
家用电器批发业	35 452.8	33 939.0	1 513.8	32 073.1	30 365.0
计算机、软件及辅助设备批发业	2 539.3	1 740.8	798.5	17 635.5	17 251.9
贸易经纪与代理	7 902.7	5 925.6	1 977.1	16 512.4	15 916.4
其他批发业	24 348.2	22 106.5	2 241.7	113 016.5	113 422.7
综合零售业	1 328 859.4	1 060 562.6	268 296.8	1 565 503.6	1 382 312.0

易、餐饮企业财务状况

Size in Wholesale and Retail Sale Trade,Catering Services

年）　　　　　　　　　　　　　　　　　　　　　　　　　　　　单位:万元

			及	分	配		
主营业务税金及附加	主营业务利润	其他业务利润	营业费用	管理费用	财务费用	营业利润	利润总额
22 518.6	**999 602.1**	**121 383.9**	**604 247.5**	**427 076.6**	**73 069.9**	**212 863.9**	**186 881.9**
12 432.0	574 363.0	42 303.3	248 540.9	260 365.4	32 093.6	171 888.0	159 016.2
22 482.3	999 097.9	120 830.2	603 911.0	426 584.1	72 841.5	212 863.4	186 882.3
8 243.2	371 513.9	35 127.8	121 297.2	181 971.6	19 006.5	156 483.5	156 102.3
439.1	13 468.5	5 032.7	9 298.8	14 169.8	2 764.2	-803.2	-3 399.6
234.0	4 381.4	753.5	2 166.8	7 815.4	2 081.9	1 740.7	494.8
26.3	3 174.9	132.6	2 241.5	433.2	-6.0	639.8	646.7
26.3	3 174.9	132.6	2 241.5	433.2	-6.0	639.8	646.7
5 960.5	313 726.0	58 837.5	257 338.1	112 100.8	25 999.5	32 525.9	38 824.7
134.0	8 484.4	1 982.5	4 639.0	6 802.0	2 441.9	-2 877.5	-404.8
5 826.5	305 241.6	56 855.0	252 699.1	105 298.8	23 557.6	35 403.4	39 229.5
4 825.8	187 843.6	4 734.2	122 552.4	77 504.3	11 953.6	11 054.3	-14 948.0
2 753.4	104 989.6	16 211.9	89 016.2	32 589.0	11 041.8	11 222.4	9 161.4
210.0	5 440.0	406.7	4 998.4	1 300.8	239.1	1 682.2	1 660.1
9.8	416.6	79.3	315.4	175.0	10.6	-5.1	-3.7
2 253.6	94 983.6	15 404.2	80 377.1	29 093.1	9 996.0	9 219.7	7 237.8
280.0	4 149.4	321.7	3 325.3	2 020.1	796.1	325.6	267.2
36.3	504.2	553.7	336.5	492.5	228.4	0.5	-0.4
36.3	504.2	553.7	336.5	492.5	228.4	0.5	-0.4
102.4	23 407.4	2 483.7	17 382.4	15 895.8	6 920.0	-6 819.8	-1 386.7
5 836.2	291 123.0	3 246.2	56 959.0	81 315.9	2 031.4	181 427.6	169 914.0
519.2	-722.5	295.5	4 859.0	4 975.8	1 821.8	-4 647.2	-5 001.2
4 534.8	243 611.7	828.6	25 666.8	68 081.2	-1 092.2	169 012.1	168 189.6
256.1	21 783.6	1 337.8	14 837.0	14 546.9	2 421.6	-927.1	-473.4
85.6	12 231.3	326.6	11 093.3	7 875.2	673.2	90.7	-98.3
88.6	10 165.1	96.5	3 311.3	6 636.1	56.4	294.5	2 456.5
763.7	31 572.6	497.2	26 559.5	17 717.7	8 214.4	-8 443.8	-5 400.4
6 083.6	372 605.5	925.3	283 522.6	85 046.5	19 474.6	43 378.1	27 593.3
2 466.6	167 438.1	5 623.7	160 057.4	15 438.4	5 649.6	7 431.6	16 351.1
2 522.9	163 416.0	-7 608.6	95 105.9	43 981.4	4 170.7	34 748.6	8 110.5
658.9	20 650.6	1 357.6	12 838.0	9 493.8	4 882.5	1 664.9	2 337.2
15.9	2 264.0	473.9	3 294.8	1 370.4	682.2	-711.2	-691.9
7.7	6 532.1	333.5	4 614.8	3 783.9	1 855.2	234.2	1 343.6
547.4	30 774.5	6 360.0	19 430.9	17 817.2	4 955.5	493.5	-194.0
108.3	9 238.0	1 195.8	4 921.8	4 032.9	1 658.0	1 618.4	611.3
34.3	857.5	458.8	1 032.7	899.0	703.3	-340.5	-362.2
4.4	347.9		275.2	123.0	-1.2	-18.0	-8.7
4.2	591.8	44.5	349.4	382.7	99.5	-123.9	-157.8
22.6	-465.3	884.7	1 702.0	1 631.5	324.5	-3 205.5	-2 015.1
6 082.3	129 424.7	80 716.8	110 571.2	134 578.6	19 938.5	2 523.7	-5 845.3

限额以上批发零售贸

Major Financial Indicators of Enterprises above Designated

（2005

项目	年末资产负债			损益	
	资产总计	负债总计	所有者权益合计	主营业务收入	主营业务成本
#百货零售业	1 035 188.6	809 719.8	225 468.8	1 042 085.0	915 397.7
超级市场零售业	256 889.3	217 642.9	39 246.4	495 073.1	441 255.9
食品、饮料及烟草制品专门零售业	25 803.5	20 805.9	4 997.6	12 040.3	9 828.7
纺织、服装及日用品专门零售业	14 497.0	11 540.8	2 956.2	19 883.8	17 435.0
#服装零售业	5 982.6	5 371.9	610.7	11 697.6	9 769.4
文化、体育用品及器材专门零售业	107 635.7	68 999.5	38 636.2	84 185.4	59 214.5
#图书零售业	103 268.0	66 997.6	36 270.4	80 682.1	56 569.3
医药及医疗器材专门零售业	71 852.5	68 491.4	3 361.1	124 623.8	113 752.3
#药品零售业	61 468.2	59 524.7	1 943.5	103 568.3	93 895.9
汽车、摩托车、燃料及零配件专门零售业	584 614.8	461 146.1	123 468.7	1 660 552.8	1 243 652.5
#汽车零售业	473 598.9	362 364.7	111 234.2	947 682.4	910 303.9
机动车燃料零售业	99 191.9	88 068.8	11 123.1	703 988.5	324 869.8
家用电器及电子产品专门零售业	138 863.0	114 686.0	24 177.0	324 245.8	299 555.9
#家用电器零售业	109 385.7	93 173.6	16 212.1	190 813.8	190 622.5
计算机、软件及辅助设备零售业	3 532.0	2 181.8	1 350.2	7 927.9	6 982.5
通讯设备零售业	25 327.6	18 844.0	6 483.6	124 640.5	101 175.9
五金、家具及室内装修材料专门零售业	50 011.3	43 783.2	6 228.1	31 386.1	27 055.3
无店铺及其他零售业	4 099.1	4 048.4	50.7	3 103.2	2 563.4
餐饮企业总计	**153 105.2**	**109 377.5**	**43 727.7**	**118 937.6**	**69 680.7**
#国有及国有控股	37 187.7	31 286.1	5 901.6	14 301.6	7 516.8
按登记注册类型分组					
内资企业	152 743.3	109 037.0	43 706.3	116 335.6	67 815.1
国有企业	37 852.4	31 286.1	6 566.3	14 791.6	7 976.8
集体企业	5 870.3	5 137.7	732.6	7 427.6	3 851.1
股份合作企业	3 643.2	2 625.9	1 017.3	5 362.4	3 639.2
有限责任公司	34 023.5	26 880.9	7 142.6	19 547.5	10 002.5
其他有限责任公司	34 023.5	26 880.9	7 142.6	19 547.5	10 002.5
股份有限公司	4 278.3	3 838.3	440.0	5 381.8	3 152.4
私营企业	65 874.9	38 103.1	27 771.8	61 924.7	38 177.8
私营独资企业	16 649.1	10 030.8	6 618.3	30 728.1	19 957.5
私营合伙企业	3 574.9	2 351.5	1 223.4	3 610.9	2 684.9
私营有限责任公司	44 010.3	24 207.8	19 802.5	24 337.7	13 493.1
私营股份有限公司	1 640.6	1 513.0	127.6	3 248.0	2 042.3
其他企业	1 200.7	1 165.0	35.7	1 900.0	1 015.3
外商投资企业	361.9	340.5	21.4	2 602.0	1 865.6
中外合作经营企业	111.0	9.0	102.0	360.6	219.9
外资企业	250.9	331.5	-80.6	2 241.4	1 645.7
按国民经济行业分组					
正餐服务业	153 020.4	109 333.9	43 686.5	118 738.1	69 494.4
快餐服务业	84.8	43.6	41.2	199.5	186.3
其他餐饮服务业					

易、餐饮企业财务状况(续)

Size in Wholesale and Retail Sale Trade,Catering Services

年)　　　　单位:万元

及	分	配					
主营业务税金及附加	主营业务利润	其他业务利润	营业费用	管理费用	财务费用	营业利润	利润总额
5 240.0	91 066.1	56 268.1	55 825.9	112 467.2	19 054.3	3 654.4	-4 009.0
788.0	38 016.2	22 394.0	52 767.9	20 539.7	811.7	-425.1	-1 298.2
35.6	1 734.4	542.0	1 228.7	2 392.7	478.2	-1 283.9	-959.8
136.7	1 716.9	765.9	1 655.5	1 543.8	163.7	-273.8	-242.5
67.9	1 411.7	394.8	1 285.0	1 082.9	87.7	-197.2	-197.0
329.4	18 008.4	2 269.1	5 292.8	14 061.9	95.4	3 403.4	3 465.0
319.4	17 160.5	2 261.5	5 180.7	13 507.9	69.9	3 237.4	3 320.1
245.7	6 451.1	276.9	6 231.9	5 901.9	1 076.6	-3 244.3	-3 285.4
236.5	5 945.5	276.9	5 999.2	5 548.0	923.1	-3 103.3	-2 725.7
1 507.8	54 893.9	6 867.6	40 267.3	18 707.9	5 515.7	7 173.9	5 456.3
1 216.6	26 671.7	6 670.5	16 581.9	14 552.0	4 742.2	4 358.5	5 546.8
281.7	27 836.9	185.5	23 421.9	3 926.1	705.7	2 971.5	69.1
216.4	1 901.8	13 745.0	13 151.7	6 630.2	934.8	-2 099.3	-2 325.3
99.8	-2 911.2	13 305.4	8 418.9	5 216.1	700.8	-2 043.5	-1 980.2
5.1	485.9	44.5	248.3	189.2	72.3	56.3	52.3
110.6	4 239.4	389.5	4 374.9	1 215.7	160.3	-85.2	-368.4
245.3	3 387.5	247.2	1 274.8	2 071.3	350.7	723.8	425.3
14.6	525.2	77.5	519.5	198.0	18.4	-133.2	-142.8
6 491.2	**33 184.1**	**178.1**	**31 233.1**	**11 074.3**	**2 534.8**	**-2 658.1**	**-2 102.5**
726.6	4 858.3	62.5	4 209.3	1 975.6	747.0	-731.4	-397.6
6 473.2	32 583.6	178.1	30 481.4	11 064.7	2 534.8	-2 733.1	-2 059.6
727.6	4 887.3	62.8	4 218.3	1 980.3	747.3	-716.1	-382.3
396.7	2 825.6		1 550.4	1 570.0	132.1	-63.5	-35.2
325.1	1 174.1		1 002.9	314.5	54.3	26.6	26.6
1 279.5	6 594.4	0.9	6 473.8	2 130.5	574.9	-963.1	-873.0
1 279.5	6 594.4	0.9	6 473.8	2 130.5	574.9	-963.1	-873.0
245.7	1 462.9		1 534.5	372.1	43.1	32.9	32.9
3 387.4	15 327.4	114.4	15 500.4	4 594.1	875.4	-1 055.9	-833.7
1 567.4	7 036.8	109.1	7 073.7	1 663.0	340.2	-30.1	-274.5
88.1	837.8		820.0	143.8	37.0	-163.0	-140.3
1 523.0	7 175.5	5.3	6 871.2	2 466.5	448.7	-445.4	-308.4
208.9	277.3		735.5	320.8	49.5	-417.4	-110.5
111.2	311.9		201.1	103.2	107.7	6.0	5.1
18.0	600.5		751.7	9.6		75.0	-42.9
18.0	4.8		108.3	9.6		122.7	4.8
	595.7		643.4			-47.7	-47.7
6 488.3	33 173.8	178.1	31 229.6	11 071.0	2 534.7	-2 663.1	-2 107.5
2.9	10.3		3.5	3.3	0.1	5.0	5.0

限额以上批发零售贸易业商品分类销售额
Total Sales of Enterprises above Designated Size in Wholesale and Retail Sale Trade by Category

(2005年)　　单位:亿元

项　　目	销售额	批　发	零　售
合　计	**1 577.6**	**1 169.0**	**408.6**
食品、饮料、烟酒类	315.2	255.5	59.6
#粮油类	32.8	23.7	9.2
肉禽蛋类	11.0	1.9	9.1
其他食品类	51.4	25.8	25.6
饮料类	8.5	2.0	6.6
烟酒类	211.4	202.2	9.2
服装鞋帽、针、纺织品	109.6	40.3	69.2
#服装类	63.3	21.1	42.2
鞋帽类	15.0	0.6	14.4
针、纺织品类	31.3	18.6	12.7
化妆品类	11.3	3.0	8.3
金银珠宝类	7.6	0.1	7.5
日用品类	25.5	5.5	20.0
#洗涤用品类	8.6	1.9	6.7
儿童玩具类	1.1	0.0	1.1
五金、电料类	14.0	11.6	2.3
体育、娱乐用品类	3.3	0.4	2.9
书报杂志类	22.9	14.2	8.8
电子出版物及音像制品	1.1	0.1	1.0
家用电器和音像器材类	71.6	21.0	50.6
中西药品类	117.9	90.6	27.3
#西　药	99.8	78.6	21.2
中草药及中成药	14.7	9.8	5.0
文化办公用品类	4.4	1.4	2.9
家具类	2.5	0.3	2.2
通讯器材类	22.6	7.9	14.7
煤炭及制品类	102.8	102.5	0.3
木材及制品类	0.9	0.9	0.0
石油及制品类	369.2	295.0	74.2
化工材料及制品类	62.5	62.1	0.4
#化肥类	30.4	30.4	0.0
金属材料类	126.6	126.2	0.4
建筑及装潢材料类	6.9	6.1	0.8
机电产品及设备类	37.3	34.6	2.6
#农机类	7.3	7.3	0.0
汽车类	103.8	52.2	51.5
种子饲料类	5.7	5.7	0.0
棉麻类	16.1	16.1	0.0
其他类	16.6	15.3	1.2

商品销售总额前10名的批发企业

The Top 10 Wholesale Enterprises and Total Value of Sales

（2005年，按国民经济行业中类分别排序） 单位：千元

位次	企业名称	商品销售总额
	农畜产品批发业	
1	河北省景县庆源粮油有限公司	780 820
2	河北省景县粮油集团有限公司	388 510
3	河北保定银河棉麻集团有限公司	348 345
4	中棉集团河北棉华有限公司	275 670
5	衡水市棉麻总公司	222 509
6	中种集团承德长城种子有限公司	193 058
7	隆化县三北种业公司	163 614
8	河北衡水和平路国家粮食储备库	160 273
9	唐山世杰进出口有限公司	129 159
10	河北柏乡国家粮食储备库	126 892
	食品、饮料及烟草制品批发业	
1	河北省烟草公司石家庄分公司	2 355 770
2	河北省烟草公司保定分公司	2 323 800
3	中国烟草总公司河北省公司	1 929 880
4	河北省烟草公司唐山分公司	1 888 470
5	河北省烟草公司邯郸分公司	1 655 932
6	河北省烟草公司廊坊分公司	1 504 880
7	河北省烟草公司沧州分公司	1 409 720
8	河北省烟草公司邢台分公司	1 357 872
9	河北省烟草公司张家口分公司	1 051 283
10	廊坊中糖华洋实业公司	1 039 216
	纺织、服装及日用品批发业	
1	河北圣仑进出口集团公司	2 026 585
2	河北省宏远国际经贸集团公司	1 041 914
3	保定市天鹏进出口集团有限公司	425 267
4	石家庄中山日化有限责任公司	400 685
5	东方国际服装中心	325 184
6	河北省纺织工业供销公司	318 731
7	河北轻工进口股份有限公司	275 358
8	石家庄常山纺织集团供销公司	173 242
9	廊坊市泉宏达纺织工业有限公司	165 775
10	邯郸县供销合作社联合社	160 517
	文化、体育用品及器材批发业	
1	河北省新华书店	972 712
2	河北省保定市工艺品进出口公司	50 095
3	武安市新华书店	21 341
4	遵化市新华书店	20 876
5	河北教育厚朴实业公司	3 453
	医药及医疗器材批发业	
1	石家庄乐仁堂股份有限公司	1 504 042
2	河北东盛英华医药有限公司	1 464 622
3	华北制药集团销售有限公司	1 113 008
4	邢台市万邦医药有限责任公司	1 004 043
5	河北恒祥医药集团有限公司	872 379
6	河北同汇医药有限公司	489 218
7	保定市保北医药药材有限公司	452 491
8	河北省医药公司	288 505
9	保定康华医药公司	277 149
10	河北省衡水医药采购供应站	230 036
	矿产品、建材及化工产品批发业	
1	中国石油化工有限公司石家庄分公司	4 217 726
2	河北物产金属材料有限公司	3 792 520
3	中国石油化工股份有限公司唐山分公司	3 681 576
4	秦皇岛秦发实业集团有限公司	2 264 581
5	中国石油化工股份有限公司保定分公司	2 143 151
6	中国石油化工股份有限公司邯郸分公司	2 070 162
7	中国石油化工股份有限公司沧州分公司	2 061 234
8	中石化河北邢台石油分公司	1 736 126
9	秦皇岛中油华奥销售有限公司	1 495 712
10	河北省农业生产资料有限公司	1 408 568
	机械设备、五金交电及电子产品批发业	
1	河北中机合作有限公司	546 415
2	保定市长城客车销售有限公司	480 108
3	河北机械进出口公司	473 470
4	河北省衡水农业机械总公司	330 170
5	沧州新世纪外贸有限公司	319 330
6	唐山供电公司物资供应公司	296 496
7	邢台大众汽车广场有限公司	260 754
8	石家庄松联通讯器材有限公司	233 932
9	石家庄市建江通信设备有限公司	224 424
10	河北机械设备进出口公司	223 089
	贸易经纪与代理	
1	衡水祥运工贸物流有限公司	108 940
2	河北轻工进出口秦皇岛公司	34 617
3	冀州市对外经济贸易局	20 601
4	河北省安平县进出口公司	960
	其他批发业	
1	邯郸市第一物资再生利用总公司	1 070 950
2	武安市广源物资回收有限责任公司	383 574
3	邯郸市汇力物资有限公司	165 011
4	霸州市辛章购销合作有限公司	147 164
5	石家庄市物资回收总公司	86 067
6	唐山市再生资源有限公司	79 554
7	霸州市霸州镇购销合作有限公司	73 786
8	香河县渠口供销合作社	38 457
9	霸州市东杨庄供销废旧金属回收有限公司	29 571
10	承德市奥联资源再生利用有限公司	27 849

商品销售总额前10名的零售企业

The Top 10 Retail Enterprises and Total Value of Sales

（2005年，按国民经济行业中类分别排序）　　单位：千元

位次	企业名称	商品销售总额	位次	企业名称	商品销售总额
	综合零售业		2	河北省唐山药材采购供应站	148 747
1	石家庄北国商城有限责任公司	2 426 183	3	衡水市仁和医药有限公司	70 020
2	唐山百货大楼集团有限责任公司	1 670 194	4	河北神威大药房连锁有限公司	67 662
3	河北保百集团有限公司	1 002 656	5	唐山市医药药材公司	66 891
4	石家庄人民商场股份有限公司	818 423	6	河间市河发医药公司	57 863
5	石家庄东方城市广场	782 439	7	承德市医药采购供应站	57 332
6	河北保定时代商厦有限公司	638 657	8	河北金保康药业有限公司	54 163
7	廊坊市商业明珠大厦	603 799	9	唐山市北大医药有限公司	49 651
8	河北保龙仓商业连锁有限公司	521 705	10	河北省先进医疗器械公司	46 160
9	秦皇岛渤海物流控股股份有限公司	516 059		**汽车、摩托车、燃料及零配件专门零售业**	
10	邯郸市新世纪商业广场股分有限公司	501 612	1	唐山市冀东物贸集团有限公司	3 269 114
	食品、饮料及烟草制品专门零售业		2	中国石油天燃气股份有限公司保定分公司	1 152 096
1	唐山隆义实业集团公司	42 403	3	轩宇汽车集团有限公司	1 144 735
2	保定市新市区粮食局	16 973	4	河北汽车集团有限责任公司	988 420
3	怀来县供销社稻香园食品店	16 732	5	中国石油天然气有限公司唐山销售分公司	832 858
4	秦皇岛市对外供应总公司	14 758	6	中国石油天然气股份有限公司秦皇岛销售分公司	674 197
5	承德县旺源商贸有限公司	11 568	7	河北常青实业集团有限公司	398 545
6	邯郸市峰峰矿区经贸公司太安批零商店	8 400	8	中国石油天然气股份有限公司衡水销售分公司	389 124
7	宣化区粮食局粮油仓库	6 693	9	河北荣华东风汽车销售服务有限公司	353 639
8	峰峰矿区食品公司彭城商店	3 935	10	河北骏通汽车贸易有限公司	340 897
9	河北省唐山市炊具机械贸易中心	1 554		**家用电器及电子产品专门零售业**	
10	石家庄大江烟酒食品有限公司	1 324	1	河北国美电器有限公司	514 642
	纺织、服装及日用品专门零售业		2	河北恒信移动商务股份有限公司	492 690
1	河北建投能源投资股份有限公司世贸名品商场	67 713	3	唐山市丰南区立兴商贸有限公司	325 047
2	河北三利国际名品购物有限公司	46 802	4	秦皇岛天洋电器有限公司	260 548
3	邯郸市土产回收总公司	36 970	5	石家庄市大中电器有限公司	226 912
4	秦皇岛天洋东方经营管理有限公司	27 968	6	河北苏宁电器连锁加盟有限公司	155 961
5	峰峰矿区峰峰供销社	16 380	7	天津苏宁电器联销加盟有限公司	137 700
6	涉县供销合作社联合社工业品公司	16 132	8	河北恒信移动商务股份有限公司唐山分公司	134 409
7	怀来县百货大楼有限公司	12 558	9	邢台市华业通信设备有限公司	130 212
8	廊坊市文兴商贸有限公司	6 062	10	张家口五交化大厦	99 462
9	石家庄北百缝纫机有限公司	5 832		**五金、家具及室内装修材料专门零售业**	
10	秦皇岛天洋贸易有限公司	5 431	1	迁安西迪电力发展有限公司	55 091
	文化、体育用品及器材专门零售业		2	迁安市昌宇五金交电有限责任公司	39 940
1	石家庄市新华书店	90 001	3	张家口市通达机电汽车销售有限公司	34 521
2	河北省保定市新华书店	48 932	4	唐山大陆建材家居用品超市有限公司	22 360
3	邯郸市新华书店	45 531	5	邯郸市五金交电化工总公司五金家电公司	21 745
4	河北省张家口市新华书店	45 141	6	鹿泉市宏鑫五交化有限责任公司	20 990
5	河北省唐山市新华书店	40 912	7	邯郸市五交化总公司五金大楼	14 019
6	河北省沧州市新华书店	37 384	8	唐县供电局多种经营公司	13 715
7	定州市新华书店	32 881	9	河北东明家具基地有限公司霸州分公司	12 480
8	河北省衡水市新华书店	26 010	10	行唐县供销社商场	11 650
9	廊坊市新华书店	25 780		**无店铺及其他零售业**	
10	河北省秦皇岛市新华书店	25 276	1	沙河市民用爆破器材公司	16 336
	医药及医疗器材专门零售业		2	遵化市天赐液化气有限公司	10 459
1	唐山市新华医药贸易有限公司	195 245	3	邢台市燃料公司	4 237

营业收入前50名的餐饮企业

The Top 50 Catering Enterprises and Total Value of Sales

（2005年）　　　　单位：千元

位次	企业名称	营业收入	位次	企业名称	营业收入
1	唐山凤凰园美食城	65 480	26	石家庄市釜洋斋总店	11 304
2	唐山明星饭店	37 159	27	邯郸市丛台区大光明美食广场	11 219
3	唐山市路北长城大酒店	36 894	28	张家口市恒通营销天府山珍砂锅城	10 608
4	石家庄市湘君府餐饮有限公司	32 653	29	唐山市洋洋大酒店有限公司	10 292
5	河北思特利贸易集团有限公司	32 520	30	河北玉兰香保定会馆饮食有限公司	10 237
6	石家庄市燕风楼烤鸭店	31 914	31	张家口香楼餐饮有限公司	9 798
7	唐山新华大酒店有限责任公司	28 677	32	迁西宾馆	9 663
8	唐山鸿宴饭庄	26 283	33	唐山市金龙大酒店有限责任公司金龙大酒店	9 595
9	秦皇岛羊城酒店有限公司	26 087	34	国美海天霸	9 517
10	保定市金泰花园酒店	23 890	35	石家庄市新山东大酒店	9 511
11	石家庄市裕华区光明渔港饭店	22 600	36	石家庄市饮食总公司富豪大酒店	9 348
12	唐山南澳餐饮有限公司	22 398	37	秦皇岛市百味食品有限公司	9 339
13	唐山市京东餐厅	18 651	38	邢台烟草大厦	9 202
14	承德市乾隆餐饮有限公司新乾隆酒楼	18 522	39	衡水老北京餐饮有限公司	9 017
15	秦皇岛丰圣企业有限公司	18 395	40	石家庄饭店	8 712
16	武安市蓝天宾馆	16 779	41	宣化区清远楼饭庄	8 654
17	唐山圣典餐饮有限公司	16 469	42	迁西明星饭店	8 562
18	廊坊市浪淘沙餐饮服务中心	16 350	43	承德市顺凯达海洋康乐城有限公司	8 351
19	廊坊市广阳区爱民道阳光海鲜巨无霸	13 783	44	邢台市天桥饭店有限责任公司	8 213
20	石家庄荷塘月色美食有限公司	13 766	45	石家庄市福满楼	7 978
21	唐山紫微星实业有限公司	13 042	46	石家庄市中华酒店	7 966
22	福华楼火锅城	12 891	47	保定市老城根餐饮发展有限公司	7 920
23	保定市玉兰香饮食有限公司	12 570	48	昌黎大厦金岛商务酒店有限公司	7 880
24	迁安龙仕发展有限公司	12 108	49	唐山北京东来顺餐饮有限公司	7 871
25	唐山蓝天大酒店	11 477	50	唐山京唐宾馆有限公司	7 823

亿元以上商品市场按市场成交额排序

Order of Commodity Markets by Transaction Value Over 100 Million RMB

(2005 年)

单　　位	位　次	成交额（万元）	营业面积（平方米）
新华集贸中心市场	1	2 717 600	160 000
南三条批发市场	2	2 714 901	650 000
高碑店市白沟市场	3	1 711 516	1 800 000
安国市东方药城	4	677 762	360 000
安平县丝网大世界	5	402 536	59 300
留史皮毛市场	6	400 100	98 660
标准件商城	7	400 000	50 000
石家庄桥西蔬菜中心批发市场	8	385 000	200 000
河北省肃宁县尚村皮毛市场	9	381 000	64 000
路南区荷花坑市场	10	370 920	66 200
香河家具城	11	350 000	1 200 000
邯郸市(馆陶)金风禽蛋农贸批发市场	12	341 710	200 000
高阳县庞口汽拖配件城	13	334 000	210 000
魏县天仙果品批发市场	14	330 000	120 000
玉田县鸦鸿桥小商品批发市场	15	326 025	229 846
石家庄青年街市场	16	320 000	30 000
秦皇岛市海阳农副产品批发市场	17	300 261	150 000
孟村辛大管件市场	18	300 070	700 000
路南区小山工业品批发市场	19	290 345	10 000
沧县崔尔庄小枣批发市场	20	272 900	28 000
清河县绒毛市场	21	256 132	76 000
晋州市新世纪商城	22	254 014	55 000
正定县恒山板材批发市场	23	237 121	150 000
南大堡蔬菜批发市场	24	220 000	59 623
定州市鲜活农蔬菜批发市场	25	214 625	136 100
高阳县纺织商贸城	26	210 000	210 000
河北衡水橡胶城	27	201 500	53 000
乐亭县冀东果菜批发市场	28	178 500	120 000
保定市市场服务中心工农路批发市场	29	163 650	210 000
宁晋县大陆村农机配件市场	30	150 000	46 620
长安装饰材料和平路市场	31	146 830	24 084
中国自行车零件城	32	135 475	40 000
廊坊市钢材交易市场有限公司	33	134 350	20 000
辛集市皮革商业城皮具市场	34	132 000	10 000
陶山市场	35	128 495	5 300
邯郸市魏县天龙建筑材料市场	36	122 496	80 000
饶阳县瓜菜果品交易市场	37	121 560	199 800
丰润县冀东胶合板市场	38	120 025	63 000
武安市摩托车大世界	39	118 000	21 000
小王东机床厂	40	116 650	88 000

亿元以上商品市场按市场成交额排序(续一)

Order of Commodity Markets by Transaction Value Over 100 Million RMB

(2005年)

单　　位	位　次	成交额（万元）	营业面积（平方米）
永清县大阁蔬菜瓜果销售中心	41	116 000	140 000
张家口市怀来县土木煤炭市场	42	114 710	1 033 333
桃城区蔬菜批发市场	43	110 000	25 000
保定市利民路农资科技市场	44	104 500	7 000
临西县轴承大世界开发有限公司	45	102 000	34 000
井陉县煤炭市场	46	100 000	374 854
张家口市怀来县京西果菜批发市场	47	99 620	11 330
长安装饰材料北宋路市场	48	98 800	21 500
河北高邑蔬菜批发市场	49	90 000	180 000
沧州市新华区车站工业品批发市场	50	87 100	70 000
汽车贸易交易中心	51	86 020	123 000
河北一山实业集团有限公司	52	84 740	21 317
承德裕华路市场	53	81 461	8 500
枣强县大营皮毛交易市场	54	80 508	50 000
石家庄市光华路生产资料贸易区	55	77 811	105 000
涉县太行商贸城	56	77 800	98 000
唐山市冀东生产资料市场	57	77 771	174 718
藁城市禽蛋市场	58	76 200	70 000
范西路电子通讯器材市场	59	73 323	32 000
定州市中山市场	60	72 145	11 000
磁县磁州新市场	61	70 677	36 000
邯郸市蔚庄果蔬菜批发市场	62	70 500	15 000
元氏县马村乡禽蛋批发市场	63	68 000	11 000
秦皇岛市昌黎县农副产品批发市场	64	64 598	70 000
枣强县人民市场	65	60 938	1 000 000
邯郸市永年中原农副产品市场	66	60 000	6 000
新乐市花生米批发市场	67	59 980	35 000
饶阳县果品蔬菜市场管理委员会	68	59 507	30 060
辛集市河北一集市场	69	58 362	70 010
张家口市钢材市场	70	58 000	36 000
丰南市通达商贸城	71	54 601	50 000
大名县南李庄花生市场	72	53 000	63 800
井陉县河北建材专业市场	73	52 300	7 500
路南区建国路市场	74	51 375	10 400
张家口市宣化区蔬菜副食品综合交易市场	75	51 195	54 170
佳农批发市场	76	50 600	53 077
任丘市瓜果蔬菜市场	77	50 040	50 000
玉田县二郎庙市场	78	49 070	124 330
银白佛钢材市场	79	47 360	10 050
河北省汽车自选市场北市场	80	46 705	40 000

亿元以上商品市场按市场成交额排序(续二)

Order of Commodity Markets by Transaction Value Over 100 Million RMB

(2005 年)

单　　位	位　次	成交额(万元)	营业面积(平方米)
沧州市新华区道东批发市场	81	45 010	72 000
邯郸市当歌酒类市场	82	45 000	12 000
任丘市张刘庄铝型材市场	83	45 000	125 000
冀粤建材市场	84	44 460	3 000
辛兴毛线市场	85	42 100	30 386
威县冀南瓜菜有限公司	86	42 000	61 000
晋州市古城禽蛋市场	87	41 608	7 000
井陉县河北钙镁市场	88	41 000	20 000
大城县东阜摩配市场	89	40 650	3 000
米氏家具精品	90	39 930	20 400
故城县东阳市场	91	39 540	32 000
正定县禽蛋批发市场	92	39 000	12 000
张家口市阳原县煤炭市场	93	38 940	333 783
徐水县白塔铺蔬菜果品批发市场	94	38 800	7 371
磁县磁州商都	95	38 708	60 000
河间市西关商贸城	96	38 540	103 334
张家口市康保县杂粮市场	97	38 000	333 350
玉田县鸦鸿桥河西市场	98	37 654	51 178
正定县梅山商城	99	37 510	15 500
保定市府河市场	100	36 714	10 000
任丘市华油东风市场	101	35 800	35 160
长安装饰材料燕山商城	102	35 796	9 550
河间米各庄汽车配件专业市场	103	35 650	12 000
正定县西关蔬菜批发市场	104	35 000	8 000
唐山市新华道集贸市场	105	34 752	125 000
路南区北方陶瓷城	106	34 110	7 000
晋州市东寺果品市场	107	33 553	4 000
藁城市新市场	108	33 541	75 400
鸡泽县辣椒工贸城	109	33 000	31 500
宁晋县华鑫建材专业市场	110	32 870	120 000
河北省时代汽车广场	111	32 341	12 000
长安装饰材料跃进路市场	112	32 293	27 030
深州市贸易城	113	32 156	400 000
晋州市农副产品综合批发市场	114	32 123	6 700
霸州市益津市场	115	31 260	1 000 000
顺兴蔬菜批发市场	116	30 910	6 890
唐山市旧机动车市场	117	30 432	669
秦皇岛市抚宁县关内第一集	118	30 422	96 400
冀州市辣椒专业市场	119	30 200	23 400
邯郸市建材超级批发市场	120	30 100	80 000

亿元以上商品市场按市场成交额排序(续三)

Order of Commodity Markets by Transaction Value Over 100 Million RMB

(2005年)

单　　位	位　次	成交额 (万元)	营业面积 (平方米)
玉田县鸦鸿桥综合市场	121	30 089	125 000
新乐市集贸市场	122	29 970	49 000
任丘会占道综合市场	123	29 865	69 800
古城石村贸易区	124	28 160	51 667
青县津南盘古市场	125	27 762	126 620
石家庄市兽药市场	126	27 679	13 000
秦皇岛市华运建筑装饰材料城	127	27 500	43 000
沧州市朝阳农贸市场	128	27 482	6 924
泊头市红旗路综合批发市场	129	27 184	65 000
涉县清漳批发市场	130	26 823	20 748
张家口市宣化区煤炭市场	131	26 620	6 566
秦皇岛市北戴河区石塘路市场	132	26 140	15 000
迁安市迁安购物中心	133	25 660	9 604
承德市兴隆县中心市场	134	25 497	4 010
定州市高蓬布匹批发市场	135	25 140	13 600
定州市地道桥钢材市场	136	25 134	82 708
好家居建材市场	137	25 117	25 000
保定市北市区建华路市场	138	24 500	5 580
邯郸市腾达商贸家电市场	139	24 463	10 000
隆尧县兴隆市场	140	24 376	400
武安市建材市场	141	24 200	50 000
磁县粮油食品批发市场	142	24 116	19 066
路南区大里路市场	143	23 870	14 003
任丘市裕华市场	144	23 780	27 000
香河县绿源蔬菜批发市场	145	23 569	4 000
秦皇岛市抚宁县城关商贸中心	146	23 567	66 700
邯郸县北方建筑装饰材料城	147	22 800	46 000
赵县梨乡商城	148	22 651	78 100
沧州市新华区富园蔬菜批发市场	149	22 650	20 000
武安市钢材市场	150	22 500	11 000
武安市商贸城	151	22 400	60 500
宁晋县蔬菜果品批发市场	152	21 690	25 000
邯郸市亚森家俱城	153	21 648	43 900
大城县平舒市场	154	21 390	15 040
赵县集贸市场	155	21 356	53 100
安次区兴安市场	156	21 200	40 000
天河移动通讯广场	157	20 660	4 500
河间市卧佛堂汽车配件市场	158	20 350	100 000
肃宁县兴宁集贸市场	159	20 050	64 000
邢台市中北商城	160	19 821	3 000

亿元以上商品市场按市场成交额排序(续四)

Order of Commodity Markets by Transaction Value Over 100 Million RMB

(2005 年)

单　　位	位　次	成交额 (万元)	营业面积 (平方米)
石家庄城东农副产品批发市场	161	19 365	15 000
任丘市西环建材市场	162	19 300	31 000
藁城市南董集贸市场	163	19 186	30 500
泊头市刘庄蔬菜批发市场	164	19 110	18 200
秦皇岛市海港区马坊市场	165	19 060	5 578
黄骅市海圆市场	166	18 800	17 566
沧州市新华区鞋类批发市场	167	18 730	20 000
京南刘园蔬菜果品交易市场	168	18 600	135 500
吴桥县荣昌市场	169	18 380	7 500
邯郸市峰峰矿区新市区市场	170	18 054	10 300
巨鹿县古郡新市场	171	18 051	5 000
曲周县城北蔬菜批发市场	172	18 000	15 000
固安方城农副产品批发市场	173	18 000	30 000
霸州市胜芳镇钢木家具市场	174	18 000	42 000
邯郸市魏 县天民粮油批发交易市场	175	18 000	59 940
新乐市机动三轮车厂市场	176	17 990	35 000
芦阜庄旧钢材市场	177	17 530	80 000
广平广源市场	178	17 200	1 780
新华区中化钢铁市场	179	16 700	20 000
威县振威市场	180	16 692	53 717
秦皇岛市海港区天桥市场	181	16 405	4 209
武安市农副产品交易市场	182	16 400	30 000
由由水鲜城	183	16 398	7 000
沧州商城	184	16 362	22 191
承德商城	185	16 004	21 300
新乐市承安集贸市场	186	15 940	26 000
张家口市宣化县煤炭市场	187	15 799	151 200
邯郸市峰峰矿区蔬菜批发市场	188	15 690	11 880
阜城县崔庙粮保器材市场	189	15 680	75 000
阜城县古城灯具市场	190	15 600	6 500
邯郸市魏县飞天干菜食品市场	191	15 400	2 000
枣强县玻璃钢城材料市场	192	15 080	202 066
商业街市场	193	15 070	180 000
鸡泽县商贸城	194	15 000	11 620
张家口市张北县牲畜交易市场	195	15 000	45 384
井陉县中心市场	196	14 960	18 000
宽城县城关市场	197	14 865	6 250
秦皇岛市果菜批发市场	198	14 500	13 400
滦南县京东第一集	199	14 351	233 330
秦皇岛市旧机动车交易市场	200	14 310	60 000

亿元以上商品市场按市场成交额排序(续五)

Order of Commodity Markets by Transaction Value Over 100 Million RMB

(2005 年)

单　　位	位　次	成交额（万元）	营业面积（平方米）
任丘市废旧钢铁市场	201	14 270	77 260
路北区西郊蔬菜果品批发市场	202	14 200	3 240
秦皇岛市昌黎县碣石山市场	203	14 152	10 759
藁城市南孟集贸市场	204	14 086	8 000
涿州市农产品批发交易中心	205	13 872	66 000
滦南县奔城综合集贸市场	206	13 520	13 937
河北省景县橡胶市场	207	13 500	80 000
桃城区问津街副食市场	208	13 075	5 200
藁城市梅花集贸市场	209	12 976	150 000
行唐县龙州商城	210	12 878	66 667
乐亭县北新路市场	211	12 875	15 000
张家口市张北县农副产品批发市场	212	12 600	7 383
邢台市荣昌果品商贸总公司	213	12 564	13 200
冀州市迎宾市场	214	12 428	68 498
盐山县劝业场集贸市场	215	12 341	20 000
承德市桥东市场	216	12 292	11 200
满城县陶家佐草莓果品蔬菜批发市场	217	12 200	26 640
迁西板栗市场	218	12 060	8 000
阜城县衡德瓜菜批发市场	219	12 000	53 000
行唐县口头农贸市场	220	11 896	30 600
秦皇岛市北方机动车配件交易城	221	11 820	36 582
深州市果品专业市场	222	11 525	46 000
承德市农副产品批发市场(蔬菜、果品)	223	11 492	7 000
藁城市果品批发市场	224	11 400	55 500
张家口市生产资料市场	225	11 400	60 000
保定市北市区东风桥市场	226	11 110	2 000
满城县孔村废旧物资交易市场	227	11 000	19 800
衡水市商贸城	228	10 920	56 000
唐县城关消费品综合市场	229	10 821	29 815
遵化市贸易城综合市场	230	10 685	116 550
乐亭县中堡果菜批发市场	231	10 560	28 000
威县邵固堤市场	232	10 418	100 000
石家庄北方摩托车商城	233	10 390	11 000
围场县二道河子胡萝卜市场	234	10 200	30 000
围场县锥子山大集	235	10 055	12 774
望都县新望农贸市场	236	10 040	11 000
围场县棋盘山大牲畜交易市场	237	10 030	39 960
张家口市宣化县沙岭子综合贸易大市场	238	10 022	10 000
围场县腰栈时差菜市场	239	10 005	20 000
正定县车站肉食水产品市场	240	10 000	6 060

海关进出口贸易总额

Total Value of Imports and Exports by Customs

(1989—2005年) 单位:万美元

年份	进出口贸易总额	出口总额	进口总额	进出口差额(+、-)
1989	219 587	179 905	39 682	140 223
1990	226 785	190 069	36 716	153 353
1991	240 550	202 052	38 498	163 554
1992	246 227	194 801	51 426	143 375
1993	243 727	167 991	75 736	92 255
1994	316 065	230 303	85 762	144 541
1995	392 804	286 635	106 169	180 466
1996	420 412	308 989	111 423	197 566
1997	411 928	325 480	86 448	239 032
1998	422 917	311 632	111 286	200 346
1999	458 038	311 957	146 081	165 876
2000	523 460	370 685	152 775	217 910
2001	573 775	395 613	178 163	217 450
2002	666 565	459 402	207 163	252 239
2003	897 892	592 863	305 029	287 834
2004	1 352 624	934 031	418 593	515 438
2005	1 607 132	1 092 685	514 447	578 238

石家庄海关进出口商品总额

Total Value of Imports and Exports by Shijiazhuang Customs

(2005年) 单位:万美元

贸易方式	进出口商品总额	出口	进口
合计	**1 607 132**	**1 092 685**	**514 447**
一般贸易	1 338 770	934 921	403 849
国家间、国际组织援助赠送物资	1 313	1 310	2
加工贸易	221 020	145 311	75 709
来料加工装配贸易	36 657	22 091	14 566
进料加工贸易	184 363	123 220	61 143
寄售、代销贸易			
边境小额贸易			
加工贸易进口的设备	72		72
对外承包工程货物	10 763	10 763	
租赁贸易	115	115	
外商投资企业投资进口的设备物品	31 068		31 068
出料加工贸易	1	1	
保税仓库进出境货物	3 525	257	3 268
出口加工区进口设备	296		296
其他	190	8	182

石家庄海关按国别(地区)分的进出口商品总额
Import and Export Value through Shijiazhuang Customs by Country and Region

(2005年) 单位:万美元

国别(地区)	进出口	出口	进口	国别(地区)	进出口	出口	进口
合计	**1 607 132**	**1 092 685**	**514 447**	韩国	152 077	116 074	36 003
#东南亚国家联盟	92 955	73 071	19 885	斯里兰卡	2 638	2 620	18
欧洲联盟	255 625	172 784	82 841	叙利亚	4 812	4 812	
亚太经济合作组织	991 249	741 165	250 084	泰国	14 873	12 154	2 719
亚洲	**691 462**	**502 163**	**189 299**	土耳其	11 579	10 697	882
阿富汗	101	101		阿联酋	14 680	14 099	581
巴林	670	669	1	也门	2 346	2 346	
孟加拉国	3 331	3 327	4	越南	13 390	13 234	155
文莱	77	77		中国	716		716
缅甸	1 468	1 364	104	台湾省	75 091	61 437	13 654
柬埔寨	775	774	1	哈萨克斯坦	5 128	4 761	367
塞浦路斯	369	369		吉尔吉斯	126	126	
朝鲜	1 805	1 488	317	塔吉克斯坦	28	28	
香港	33 721	32 033	1 688	土库曼斯坦			
印度	79 094	15 056	64 038	乌兹别克斯坦	273	273	
印度尼西亚	27 337	19 222	8 114	**非洲**	**49 437**	**41 789**	**7 649**
伊朗	10 302	6 095	4 208	阿尔及利亚	4 704	4 704	
伊拉克	1 326	1 326		安哥拉	1 215	1 215	
以色列	6 250	6 086	165	贝宁	1 028	887	140
日本	164 419	120 592	43 826	博茨瓦那	50	50	
约旦	2 100	2 100		布隆迪	74	74	
科威特	2 179	2 165	14	喀麦隆	325	325	
老挝	6	6		加那利群岛	20	20	
黎巴嫩	804	804		佛得角	19	19	
澳门	318	317	1	乍得	76	76	
马来西亚	16 038	11 419	4 619	科摩罗	20	20	
马尔代夫	30	30		刚果	793	793	
蒙古	1 573	677	897	吉布提	336	336	
尼泊尔	237	236	1	埃及	4 622	4 607	15
阿曼	397	397		赤道几内亚	17	17	
巴基斯坦	6 765	6 609	156	埃塞俄比亚	1 740	1 133	607
巴勒斯坦	19	19		加蓬	94	94	
菲律宾	9 041	7 250	1 791	冈比亚	133	133	
卡塔尔	1 490	1 112	378	加纳	1 601	1 601	
沙特阿拉伯	11 715	10 212	1 503	几内亚	252	252	
新加坡	9 950	7 569	2 381	几内亚(比绍)	3	3	

石家庄海关按国别(地区)分的进出口商品总额(续一)
Import and Export Value through Shijiazhuang Customs by Country and Region

(2005 年) 单位:万美元

国别(地区)	进出口	出口	进口	国别(地区)	进出口	出口	进口
科特迪瓦	338	256	82	丹　麦	5 060	3 403	1 658
肯尼亚	1 508	1 454	54	英　国	24 908	20 869	4 039
利比里亚	195	195		德　国	66 989	33 067	33 921
利比亚	1 814	1 814		法　国	21 588	11 487	10 100
马达加斯加	1 435	1 425	10	爱尔兰	2 040	1 979	61
马拉维	68	66	2	意大利	43 169	30 636	12 533
马　里	70	35	35	卢森堡	332	135	197
毛里塔尼亚	423	423		荷　兰	20 446	18 088	2 358
毛里求斯	449	447	2	希　腊	3 651	3 579	72
摩洛哥	2 404	2 366	38	葡萄牙	1 880	1 787	92
莫桑比克	437	435	3	西班牙	23 017	18 356	4 661
纳米比亚	10	10		阿尔巴尼亚	2 285	2 274	11
尼日尔	88	88		安道尔	1	1	
尼日利亚	4 027	3 958	69	奥地利	3 495	481	3 014
留尼汪	59	59		保加利亚	920	890	29
卢旺达	33	33		芬　兰	4 472	2 370	2 101
圣多美和普林西比	6	6		直布罗陀	5	5	
塞内加尔	322	322		匈牙利	2 280	2 025	255
塞舌尔	3	3		冰　岛	43	43	
塞拉利昂	89	89		马耳他	302	302	
索马里	1	1		摩纳哥	4	4	
南非(阿扎尼亚)	11 352	5 404	5 948	挪　威	1 920	1 025	895
苏　丹	2 076	2 073	4	波　兰	4 518	4 233	285
坦桑尼亚	1 114	904	210	罗马尼亚	2 979	2 705	274
多　哥	417	230	188	圣马力诺	25	25	
突尼斯	2 367	2 224	144	瑞　典	6 391	3 013	3 378
乌干达	310	310		瑞　士	4 426	824	3 602
布基纳法索	138	63	75	爱沙尼亚	337	337	
民主刚果	313	313		拉脱维亚	769	764	5
赞比亚	84	61	23	立陶宛	725	723	2
津巴布韦	98	98		格鲁吉亚	134	134	
莱索托	224	224		亚美尼亚	12	12	
斯威士兰	1	1		阿塞拜疆	103	103	
厄立特里亚	39	39		白俄罗斯	134	134	
非洲其他	2	2		摩尔多瓦	29	29	
欧　洲	**452 953**	**354 944**	**98 009**	俄罗斯联邦	174 464	165 363	9 101
比利时	15 630	11 777	3 854	乌克兰	8 950	7 698	1 252

石家庄海关按国别(地区)分的进出口商品总额(续二)

Import and Export Value through Shijiazhuang Customs by Country and Region

(2005年) 单位:万美元

国别(地区)	进出口	出　口	进　口
南斯拉夫联盟	697	697	
斯洛文尼亚	365	351	14
克罗地	510	510	
捷克共和国	2 517	2 305	212
斯洛伐克	375	348	27
马其顿	8	8	
波　黑	48	44	4
拉丁美洲	**123 911**	**27 187**	**96 724**
安提瓜和巴布达	13	13	
阿根廷	5 948	1 662	4 286
阿鲁巴岛	3	3	
巴哈马	7	7	
巴巴多斯	56	56	
伯利兹	25	25	
玻利维亚	20	20	
巴　西	89 829	5 650	84 179
开曼群岛	3	3	
智　利	4 887	3 728	1 158
哥伦比亚	1 116	973	143
多米尼加	165	165	
哥斯达黎加	616	616	
古　巴	563	563	
库腊索岛	3	3	
多米尼加	682	682	
厄瓜多尔	541	535	6
法属圭亚那	1	1	
格林纳达	22	22	
瓜德罗普	17	17	
危地马拉	1 469	1 468	
圭亚那	107	107	
海地	145	145	
洪都拉斯	186	186	
牙买加	420	420	
马提尼克	8	8	
墨西哥	4 934	3 590	1 344
尼加拉瓜	356	356	
巴拿马	1 600	1 600	
巴拉圭	257	138	119
秘　鲁	1 434	1 385	49
波多黎各	678	678	
圣卢西亚	11	11	
圣马丁岛	11	11	
圣文森特和格林纳丁斯	2	2	
萨尔瓦多	291	291	
苏里南	113	113	
特立尼达和多巴哥	359	359	
特克斯和凯科斯群岛	20	20	
乌拉圭	263	233	30
委内瑞拉	6 721	1 311	5 410
英属维尔京群岛			
拉丁美洲其他	3	3	
北美洲	**199 751**	**153 930**	**45 820**
加拿大	25 920	19 878	6 042
美　国	173 829	134 051	39 778
格陵兰	1	1	
大洋洲	**89 618**	**12 672**	**76 946**
澳大利亚	84 003	10 195	73 809
斐　济	217	217	
新喀里多尼亚	51	51	
瓦努阿图	6	6	
新西兰	4 797	1 661	3 137
巴布亚新几内亚	252	252	
社会群岛	14	14	
所罗门群岛	60	60	
汤　加	5	5	
萨摩亚	10	10	
基里巴斯			
图瓦卢	1	1	
密克罗尼西亚	48	48	
马绍尔群岛	1	1	
帕　劳	3	3	
大洋洲其他	2	2	

利　用　外　资　概　况

Utilization of Foreign Capital

（1984—2005 年）

年　份	总　计		对外借款		外商直接投资		外商其他投资	
	项　目（个）	金　额（万美元）	项　目（个）	金　额（万美元）	项　目（个）	金　额（万美元）	项　目（个）	金　额（万美元）
审批利用外资协议(合同)								
1984	22	904			7	174	15	730
1985	53	4 804	1	175	39	4 093	13	536
1986	31	1 751			17	1 011	14	740
1987	25	4 539			25	4 233		306
1988	91	19 962			91	18 689		1 273
1989	73	9 486			73	6 310		3 176
1990	110	8 877			110	8 593		284
1991	322	16 351			322	16 161		190
1992	1 428	144 090	65	8 972	1 363	133 253		1 865
1993	1 975	193 358	58	24 149	1 917	169 052		157
1994	1 096	148 462	27	60 125	1 069	88 014		323
1995	1 220	188 794	16	19 445	1 204	168 656		693
1996	923	210 368	17	30 777	906	179 216		375
1997	742	172 670	11	20 175	731	142 088		10 407
1998	652	128 467	9	12 004	643	111 611		4 852
1999	530	113 879	6	21 645	524	91 057		1 177
2000	510	94 822	9	19 624	501	72 445		2 753
2001	507	107 759	4	3 332	503	99 763		4 664
2002	482	136 259	8	3 540	474	127 929		4 790
2003	586	251 313	13	27 703	573	196 502		27 108
2004	603	244 047	9	2 614	594	214 731		26 702
2005								
实际利用外资								
1984		546		51		160		335
1985		1 423		597		393		433
1986		1 127				685		442
1987		1 032				744		288
1988		1 910				1 673		237
1989		4 373				2 685		1 688
1990		4 447				3 935		512
1991		18 967		11 133		7 615		219
1992		28 682		10 441		17 951		290
1993		48 447		12 572		35 735		140
1994		73 742		21 402		52 340		
1995		108 620		29 924		78 061		635
1996		160 062		36 035		123 652		375
1997		213 649		53 622		149 620		10 407
1998		210 348		41 603		163 893		4 852
1999		193 747		48 292		144 278		1 177
2000		139 378		34 249		102 376		2 753
2001		93 521		13 196		75 661		4 664
2002		104 793		17 558		82 445		4 790
2003		155 800		17 125		111 567		27 108
2004		197 856		8 813		162 341		26 702
2005		227 890		17 794		191 256		18 840

注：1990 年以前年度数据为部门数，仅供参考使用。

对外承包工程和劳务合作

Contracted Projects and Labor Cooperation with Foreign Countries and Territories

（1984－2005 年）

年 份	签订合同的国家（地区）（个）	合同份数（份）	合同金额（万美元）	派出人次（人次）	完成营业额（万美元）
承包工程					
1985	4	4	321		466
1986	1	2	9		326
1987	1	6	672		301
1988	2	9	1 468		679
1989	3	3	422		902
1990	9	9	327	121	584
1991	5	15	1 291	971	1 085
1992	9	9	4 881	623	1 363
1993	1	1	947	2	
1994	3	4	608	65	263
1995	7	16	2 127	428	1 798
1996	4	9	317	113	902
1997	6	60	1 518	330	1 467
1998	11	26	5 187	855	2 486
1999	12	24	5 770	836	4 001
2000	13	50	9 440	1 170	4 624
2001	16	26	5 265	662	2 412
2002	22	38	21 329	2 998	12 022
2003	25	40	31 669	1 509	17 940
2004	25	69	48 200	1 484	23 095
2005	35	91	107 533	1 832	54 139
劳务合作					
1984	1	1	7		
1985	1	1	11		7
1986	1	1	15		
1987		2	8		2
1988	2	9	1 188		21
1989	7	19	314		79
1990	16	16	523	67	50
1991	13	19	1 339	18	108
1992	8	8	167	470	8
1993	9	13	232	88	49
1994	36	62	1 405	1 124	477
1995	29	71	1 238	1 796	862
1996	24	159	4 093	2 937	2 761
1997	33	157	4 167	3 344	3 235
1998	33	195	4 726	3 055	2 500
1999	27	255	5 664	3 415	2 985
2000	37	219	6 035	4 151	3 975
2001	21	110	3 377	5 753	4 206
2002	15	61	3 373	4 218	2 751
2003	25	62	2 258	2 256	2 144
2004	15	62	1 919	1 829	1 602
2005	12	53	2 169	1 707	1 557

外　　商　　直　　接

Statistics on Foreign

(2005

项　　目	新　批　合　同			外商直接投资
	项目个数(个)	项目总投资	合同外资额	
合　计	**577**	**544 600**	**253 154**	**191 256**
按投资方式分组				
港、澳、台投资经济	217	226 441	108 638	70 025
港澳台合资经营企业	95	109 834	39 521	32 889
港澳台合作经营企业	14	18 665	7 272	1 873
港澳台独资经营企业	108	97 942	61 845	34 231
港澳台投资股份公司				1 032
外商投资经济	360	318 159	144 516	121 231
中外合资经营企业	179	153 638	59 258	42 332
中外合作经营企业	27	45 463	15 400	13 150
外资企业	154	119 058	69 858	65 749
外商投资股份公司				
按产业分组				
第一产业	32	18 687	11 092	4 686
第二产业	457	415 249	188 118	159 746
第三产业	88	110 664	53 944	26 824
按国民经济行业分组				
农、林、牧、渔业	32	18 687	11 092	4 686
采矿业	7	5 166	2 886	2 240
制造业	432	361 894	172 712	146 971
电力、燃气及水的生产和供应业	16	44 113	10 354	10 260
建筑业	2	4 076	2 166	275
交通运输、仓储和邮政业	7	35 919	9 075	10 491
信息传输、计算机服务和软件业	1	226	164	104
批发和零售业	3	608	338	172
住宿和餐饮业	19	16 462	10 712	2 851
金融业	2	3 258	3 222	5
房地产业	26	34 155	17 063	9 102
租赁和商务服务业	13	4 068	3 707	542
科学研究、技术服务和地质勘查业	9	3 579	3 433	347
水利、环境和公共设施管理业	2	2 860	607	467
居民服务和其他服务业	3	5 797	2 242	500
教　育				14
卫生、社会保障和社会福利业				
文化、体育和娱乐业	3	3 732	3 381	2 229

投　　资　　情　　况

Direct Investment

年）　　　　　　　　　　　　　　　　　　　　　　　　　　单位：万美元

新注册三资企业				期末实有三资企业(个)			
注册户数（户）	投资总额	注册资本	外商注册资本	合　计	开工在建	投产企业	#当　年
525	**345 012**	**275 055**	**212 313**	**3 789**	**634**	**1 819**	**99**
200	160 528	116 395	91 826	1 518	254	724	31
89	83 886	53 312	28 626	1 054	143	558	24
13	12 967	6 434	5 066	103	14	48	
98	63 675	56 649	58 134	358	97	115	7
				3		3	
325	184 484	158 660	120 487	2 271	380	1 095	68
163	101 870	87 238	52 604	1 363	215	721	45
21	23 145	15 464	11 578	154	37	64	1
141	59 469	55 958	56 305	753	128	309	22
				1		1	
29	16 252	10 696	9 289	94	20	23	3
416	262 323	222 357	165 487	3 207	512	1 624	88
80	66 437	42 002	37 537	488	102	172	8
29	16 252	10 696	9 289	94	20	23	3
7	4 566	3 583	3 195	45	10	10	
390	222 122	201 500	150 173	3 048	480	1 567	85
17	35 289	16 983	11 883	62	17	24	3
2	346	291	236	52	5	23	
4	8 286	5 596	5 193	65	16	39	1
1	6	6	4	15	3	6	
3	608	406	338	31	2	11	
17	12 354	7 903	7 282	70	21	16	2
2	3 258	3 240	3 222	6	2		
21	26 886	15 788	12 635	157	34	60	4
15	2 565	2 244	2 243	50	5	12	
9	601	513	456	26	3	6	
3	3 206	1 414	1 389	13	4	2	1
2	4 917	2 012	1 874	23	5	13	
				4	2	1	
				2	1	1	
3	3 750	2 880	2 901	26	4	5	

外 商 直 接

Statistics on Foreign

(2005

项 目	新批合同			外商直接投资
	项目个数（个）	项目总投资	合同外资额	
按投资国别、地区分组				
亚 洲	**371**	**324 700**	**159 645**	**118 238**
＃香 港	188	214 677	99 795	62 177
澳 门	2	1 166	1 206	520
台 湾	27	10 598	7 637	7 328
印度尼西亚	2	315	234	400
日 本	45	35 662	17 049	13 506
马来西亚	4	6 398	2 196	1 058
菲律宾	1	9	3	7 682
新加坡	19	8 565	4 657	12 668
韩 国	73	41 665	24 951	10 279
泰 国	1	25	46	
东南亚联盟	28	16 438	7 723	24 086
非 洲	**3**	**697**	**646**	**197**
欧 洲	**53**	**25 906**	**15 808**	**20 280**
＃比利时	1	169	120	59
丹 麦	2	371	133	2
英 国	10	8 141	6 737	13 071
德 国	5	3 860	1 794	2 184
法 国	4	2 843	1 388	991
爱尔兰				
意大利	8	4 637	1 916	1 326
卢森堡				
荷 兰	3	3 106	2 026	717
希 腊				
葡萄牙				
西班牙	3	87	69	21
芬 兰				
瑞 士				
欧 盟	36	24 029	14 692	19 212
拉丁美洲	**39**	**86 667**	**26 434**	**27 315**
开曼群岛	2	10 271	2 576	786
英属维尔京群岛	36	75 504	23 468	25 151
北美洲	**84**	**86 077**	**42 366**	**19 499**
＃加拿大	22	8 378	3 161	2 351
美 国	62	77 457	39 145	17 076
大洋洲	**27**	**20 553**	**8 255**	**5 727**
＃澳大利亚	21	12 891	6 700	2 563
新西兰	1	-84	-131	

投 资 情 况（续）

Direct Investment

年）

单位：万美元

新注册三资企业				期末实有三资企业（个）			
注册户数（户）	投资总额	注册资本	外商注册资本	合 计	开工在建	投产企业	#当 年
338	**218 945**	**160 370**	**126 759**	**2 516**	**403**	**1 235**	**62**
175	152 325	108 842	85 299	1 215	193	561	25
2	1 166	1 808	1 233	19	4	7	
23	7 037	5 745	5 294	284	57	156	6
2	457	457	310	13	2	7	
41	22 498	17 520	14 784	351	41	197	12
4	6 312	2 796	2 224	32	4	13	1
1	9	7	3	20	7	7	1
18	1 474	5 560	4 886	139	19	79	
62	22 742	13 623	11 035	390	66	184	15
1	25	25	46	17	4	10	
27	8 697	10 900	7 830	227	38	119	3
1	**500**	**317**	**544**	**25**	**3**	**16**	**1**
51	**26 642**	**23 682**	**19 787**	**384**	**73**	**197**	**13**
1	169	120	120	7		6	
2	371	272	132	7	2	2	
12	12 670	15 926	13 489	74	13	45	5
5	3 240	1 999	1 740	66	13	23	2
3	1 913	1 412	1 265	31	5	19	2
6	3 974	1 751	1 352	43	9	20	1
				2		2	
3	3 106	1 263	1 263	17	1	11	
				1	1		
				1	1		
3	87	71	69	18	2	8	1
				1	1		
				6	3	1	
35	25 530	22 527	19 143	284	52	143	11
30	**20 339**	**24 651**	**21 853**	**168**	**26**	**81**	**7**
3	4 275	7 026	7 170	10	2	3	1
26	15 864	17 177	14 293	136	23	65	5
78	**61 401**	**54 202**	**34 779**	**581**	**107**	**242**	**14**
22	7 101	4 228	2 490	118	23	43	8
56	54 300	49 974	32 289	460	84	197	6
27	**17 185**	**11 833**	**8 591**	**115**	**22**	**48**	**2**
20	12 291	9 468	6 276	91	14	40	2
1	99	-81	-131	9	4	3	

主要年份旅游事业发展情况

Development of International Tourism in Main Years

指 标	1995 年	2000 年	2001 年	2002 年	2003 年	2004 年	2005 年
海外旅游人数总计(人)	**165 026**	**400 464**	**434 288**	**473 580**	**280 256**	**580 662**	**626 484**
外国人	135 868	345 494	380 772	426 983	257 642	536 486	573 890
华 侨	3 141						
港澳和台湾同胞	26 017	54 970	53 516	46 597	22 614	44 176	52 594
旅游外汇收入总额(万美元)	**4 201**	**13 035**	**14 715**	**16 703**	**8 460**	**19 042**	**20 917**

接待外国旅游人数

Number of Foreign Tourism

单位：人

国 别	2000 年		2004 年		2005 年	
	人 数	比 重 %	人 数	比 重 %	人 数	比 重 %
总 计	**400 464**	**100.0**	**580 662**	**100.0**	**626 484**	**100.0**
亚 洲	**199 170**	**49.7**	**300 066**	**51.7**	**299 196**	**47.8**
#日 本	48 613	12.1	93 881	16.2	84 874	13.5
韩 国	25 220	6.3	67 015	11.5	81 216	13.0
蒙 古	4 805	1.2	7 030	1.2	4 130	0.7
印度尼西亚	8 004	2.0	6 072	1	7 552	1.2
马来西亚			59 592	10.3	59 506	9.5
菲律宾	7 039	1.8	4 782	0.8	5 831	0.9
新加坡	23 686	5.9	37 695	6.5	34 688	5.5
泰 国	7 650	1.9	6 697	1.2	6 911	1.1
印 度	3 022	0.8	3 320	0.6	3 658	0.6
其 他			13 982	2.4	10 830	1.7
美 洲	**26 131**	**6.5**	**37 151**	**6.4**	**46 713**	**7.5**
#美 国	17 309	4.3	21 204	3.7	27 164	4.3
加拿大	5 510	1.4	8 991	1.5	13 163	2.1
其 他			6 956	1.2	6 386	1.0
欧 洲	**102 396**	**25.6**	**177 237**	**30.5**	**200 693**	**32.0**
#英 国	18 007	4.5	37 411	6.4	43 615	7.0
法 国	11 392	2.8	28 183	4.9	34 070	5.4
德 国	11 123	2.8	17 314	3	26 020	4.2
意大利	12 531	3.1	14 559	2.5	10 207	1.6
瑞 士	3 390	0.8	2 613	0.5	3 866	0.6
瑞 典	2 897	0.7	3 152	0.5	5 116	0.8
荷 兰	11 012	2.7	12 894	2.2	3 044	0.5
俄罗斯	22 801	5.7	48 873	8.4	56 231	9.0
西班牙	1 476	0.4	1 817	0.3	3 615	0.6
其 他			10 421	1.8	14 909	2.4
大洋洲	**15 659**	**3.9**	**16 929**	**2.9**	**20 378**	**3.3**
#澳大利亚	8 042	2.0	9 457	1.6	10 782	1.7
新西兰	2 989	0.7	3 800	0.7	5 022	0.8
其 他			3 672	0.6	4 574	0.7
其 他(含非洲)	**57 108**	**14.3**	**49 279**	**8.5**	**6 910**	**1.1**

主要年份各项存款、贷款余额

Deposits Balances and Loans Balances in Main Years

年　份	银行存款（亿元）	#企业存款	#财政性存款	#城镇储蓄存款	#农村存款	#其他存款	农村信用社存款余额（万元）
1952	2.52	1.07	1.15	0.29			
1957	5.66	1.07	1.92	0.83	1.84		
1962	11.81	3.78	5.56	0.87	1.60		
1965	13.26	4.02	5.07	1.63	2.53		
1970	38.52	9.76	21.97	2.15	4.63		
1975	47.99	11.72	23.00	4.74	8.53		
1978	77.23	16.35	43.59	6.69	10.60		118 004
1980	100.91	23.65	46.23	12.46	18.32		199 947
1985	195.64	69.99	24.09	52.08	41.21	3.98	619 463
1990	554.15	135.20	32.89	305.81	63.88	14.31	1 998 984
1995	1 694.65	465.34	49.72	1 171.37	4.04		5 983 353
1996	2 159.37	612.33	47.39	1 494.06	4.45		7 199 155
1997	2 591.11	780.30	17.48	1 756.54	5.20	5.29	8 414 377
1998	3 030.11	822.06	30.65	2 080.25	12.65	84.39	9 829 637
1999	3 306.12	818.40	23.40	2 341.58	7.69	54.14	11 506 000
2000	3 780.74	1 020.15	33.96	2 553.83	8.26	80.06	13 890 293
2001	4 053.75	983.52	39.66	2 813.36	12.75		
2002	4 543.39	993.92	57.16	3 158.92	13.71	130.20	16 514 254
2003	5 273.35	1 138.11	93.95	3 599.96	8.84	190.45	18 467 326
2004	9 249.94	2 083.56	156.20	6 207.48	161.84	278.81	20 775 253
2005	10 764.93	2 360.31	154.94			484.79	

年　份	银行贷款（亿元）	#工业贷款	#商业贷款	#农业贷款	#乡镇企业贷款	#固定资产贷款	农村信用社贷款余额（万元）
1952	1.95	0.23	1.36	0.32			
1957	14.42	0.94	10.91	2.51			
1962	35.80	4.58	25.02	5.41			
1965	32.68	3.19	21.49	6.84			
1970	53.69	10.91	34.97	7.35			
1975	68.21	19.09	43.70	4.91			
1978	91.51	27.04	56.90	6.90			29 123
1980	114.13	30.24	72.58	9.09			38 354
1985	266.25	62.45	154.46	9.34	6.42	22.26	274 502
1990	631.31	209.40	266.30	27.39	24.27	76.59	1 364 223
1995	1 578.21	467.55	520.54	57.60	46.27	262.85	3 852 480
1996	1 894.66	572.68	605.72	72.02	54.74	295.75	4 880 514
1997	2 372.15	740.81	695.87	101.68	70.28	337.00	5 418 593
1998	2 795.20	793.06	779.52	124.79	80.03	444.56	6 171 363
1999	3 038.32	786.08	786.22	120.81	86.52	539.79	7 387 681
2000	2 933.19	660.74	688.8	88.53	59.36	784.92	8 957 068
2001	3 098.89	647.83	664.32	85.78	58.41	1 019.51	9 967 546
2002	3 488.18	692.62	662.78	87.52	59.38	1 207.92	10 770 927
2003	3 854.72	763.69	603.63	86.62	63.63	1 442.65	12 078 868
2004	6 152.24	873.62	641.38	800.21	467.92	1 949.57	13 535 025
2005	6 415.23	810.43	642.85	831.80	449.43		

注：1. 自1996年始农村存款改为农业存款。2. 2004年存、贷款均为全部金融机构数。

主要年份现金收入和现金支出

Cash Income and Cash Expenditures in Main Years

单位:万元

年　份	现金收入	#商品销售收入	#服务业收入	#税款收入	#储蓄存款收入
1957	266 604	161 354	11 575	7 968	24 382
1962	302 896	201 530	30 674	8 411	19 451
1965	290 997	209 787	21 151	4 931	22 515
1970	350 264	260 129	15 899		
1975	498 116	376 896	34 896	2 656	44 342
1978	581 646	434 012	38 996	1 063	64 794
1980	883 638	628 480	52 955	1 921	131 752
1985	2 351 353	1 317 808	128 510	17 231	535 151
1990	8 326 524	2 816 258	355 716	56 194	3 641 342
1995	40 146 305	7 634 560	1 334 905	195 156	21 499 385
1996	47 834 631	8 463 347	1 787 602	240 599	25 454 039
1997	56 189 042	8 879 143	2 229 539	307 315	31 381 250
1998	89 302 980	11 020 384	3 642 531	558 778	56 741 368
1999	105 846 615	12 391 995	4 361 178	662 092	70 715 939
2000	125 598 106	14 469 568	5 371 622	681 124	83 383 702
2001	150 703 510	15 839 873	6 192 185	840 218	104 198 087
2002	167 912 500	17 220 100	7 220 800	1 067 300	117 973 600
2003	211 376 800	20 068 800	7 981 200	1 181 700	156 902 300
2004	270 270 900	25 033 500	9 903 100	1 387 000	202 526 400
2005	301 279 400	27 895 800	10 281 100	1 618 200	226 476 300

年　份	现金支出	#工资及对个人其他支出	#农副产品采购支出	#行政企业管理费支出	#储蓄存款支出
1957	258 006	77 774	33 119		21 907
1962	284 951	109 276	33 812		21 863
1965	290 833	107 162	50 100		20 568
1970	342 159	125 474	40 889		
1975	519 394	191 460	51 807		39 055
1978	621 924	260 476	48 231		57 509
1980	960 476	343 693	140 497		96 186
1985	2 535 431	625 838	556 336	129 343	419 930
1990	8 255 698	1 605 053	1 071 153	401 484	2 909 771
1995	38 895 164	5 043 474	1 606 715	1 929 194	19 446 260
1996	46 829 586	5 539 896	1 449 220	2 376 629	23 633 380
1997	55 850 392	5 830 839	1 750 640	2 757 207	30 298 281
1998	89 417 079	7 291 524	2 023 377	3 771 349	54 559 311
1999	106 532 452	7 589 913	3 159 343	4 480 451	69 352 622
2000	127 065 619	7 822 688	4 088 124	5 349 049	83 104 261
2001	151 694 685	7 703 198	4 303 961	6 271 392	103 880 163
2002	169 345 700	8 073 000	4 545 500	7 358 400	117 945 100
2003	214 088 000	8 906 100	4 907 900	8 298 300	155 920 500
2004	273 588 300	10 645 700	5 805 700	10 365 400	199 783 900
2005	305 840 800	12 031 100	7 115 400	10 686 400	223 996 000

主要年份城乡居民储蓄存款年末余额
Outstanding Amount of Saving Deposit in Urban and Rural Areas in Main Years

单位:亿元

年　份	总　计	城镇储蓄	农户储蓄
1952	0.29	0.29	
1957	1.72	0.83	0.89
1962	1.57	0.87	0.70
1965	2.62	1.63	0.99
1970	3.13	2.15	0.98
1975	7.59	4.74	2.85
1978	11.17	6.69	4.48
1980	21.06	12.46	8.60
1985	102.86	52.08	50.78
1990	504.59	316.10	188.49
1995	1 811.23	1 247.77	563.46
1996	2 288.77	1 943.06	345.71
1997	2 712.98	2 284.55	428.43
1998	3 207.62	2 693.00	514.62
1999	3 681.89	3 022.05	659.84
2000	3 957.06	3 152.35	804.71
2001	4 364.18	3 419.48	944.70
2002	4 811.30	3 680.17	1 131.13
2003	5 457.00	4 064.09	1 392.91
2004	6 207.48	4 517.25	1 690.23
2005	7 084.03	5 096.75	1 987.28

注:本表为全部金融机构数。1996 年后城镇储蓄为定期储蓄,农户储蓄为活期储蓄。

保险业务经济技术指标
Economic and Technical Indicators of Insurance Business

(1993—2005 年)

年　份	保险业务收入(万元)	保险金额(亿元)	已决赔款(万元)
1993	121 274	2 163	73 260
1994	159 981	2 660	97 910
1995	187 354	2 678	104 327
1996	216 803	3 633	117 235
1997	373 377	5 376	124 631
1998	403 400	5 858	123 200
1999	436 000	5 215	164 900
2000	565 800	6 625	165 700
2001	764 100	7 376	268 500
2002	1 126 300	12 094	267 900
2003	1 671 000	10 804	283 300
2004	2 054 081	14 450	367 793
2005	2 173 100	25 152	404 300

各级各类学校数

Number of Schools by Level and Type of School

(1990—2005年)　　单位：所

年份	普通高等学校	普通中学	高中	初中	职业中学	普通小学
1990	50	5 403	181	4 745	362	48 568
1991	50	5 321	199	4 687	313	48 414
1992	48	5 314	206	4 712	323	48 189
1993	54	5 260	212	4 680	318	47 975
1994	52	5 294	257	4 723	358	47 623
1995	47	5 256	250	4 695	359	47 133
1996	45	5 175	273	4 598	392	46 503
1997	46	5 076	301	4 465	436	46 243
1998	46	4 984	325	4 338	474	45 343
1999	48	4 949	358	4 272	494	39 770
2000	47	4 910	380	4 194	463	36 465
2001	63	5 098	377	4 024	362	31 529
2002	75	5 053	390	3 908	369	28 433
2003	83	5 024	394	3 863	361	25 700
2004	87	4 917	814	4 103	313	22 953
2005	86	4 734	1 136	4 320	288	20 883

注:2004年及以前年份的职业中学包括职业高中与职业初中,2005年为职业高中(以下各表同)。

各级各类学校专任教师数

Number of Full-time Teachers by Level and Type of School

(1990—2005年)

年份	普通高等学校（人）	普通中学（万人）	高中	初中	职业中学（人）	普通小学（万人）
1990	13 585	15.59	2.55	13.04	11 312	26.99
1991	13 226	15.81	2.62	13.19	11 940	27.25
1992	13 372	16.18	2.62	13.56	12 570	26.91
1993	14 250	16.43	2.51	13.92	13 531	27.16
1994	14 740	17.01	2.47	14.54	14 822	27.20
1995	14 808	17.95	2.59	15.37	16 621	27.01
1996	15 514	19.43	2.88	16.56	19 854	27.73
1997	16 656	21.06	3.25	17.81	22 303	28.98
1998	16 622	22.57	3.65	18.91	24 544	30.29
1999	17 263	23.98	4.05	19.93	25 002	31.54
2000	19 414	25.37	4.37	21.00	23 782	32.95
2001	23 707	26.92	4.82	22.10	21 824	33.28
2002	28 091	27.73	5.35	22.37	21 110	33.22
2003	34 542	28.59	6.13	22.46	19 990	32.92
2004	39 235	29.01	6.75	22.25	19 782	32.48
2005	42 715	29.00	7.34	21.66	19 223	32.01

各级各类学校招生数

Number of New Students Enrollment by Level and Type of School

（1990—2005年）

年　份	普通高等学校（人）	普通中学（万人）	高　中	初　中	职业中学（人）	普通小学（万人）
1990	23 803	75.78	10.81	64.97	51 512	125.33
1991	23 701	83.28	10.61	72.67	60 654	125.32
1992	32 956	89.39	10.16	79.23	70 162	132.54
1993	41 789	92.54	10.11	82.43	74 930	144.48
1994	42 141	104.41	11.87	92.54	88 741	159.10
1995	43 027	120.64	14.66	105.98	95 099	162.60
1996	42 796	129.43	15.76	113.67	125 393	156.74
1997	46 357	140.14	18.77	121.37	154 997	148.33
1998	49 578	149.84	21.61	128.23	187 611	128.24
1999	76 900	163.12	23.22	139.90	169 533	116.15
2000	106 447	177.22	26.22	151.00	134 336	107.05
2001	148 260	181.02	31.20	149.82	137 325	93.34
2002	170 792	185.65	37.96	147.69	135 341	78.96
2003	192 135	187.90	44.93	142.97	144 724	72.74
2004	238 597	172.40	46.40	126.00	128 854	71.50
2005	235 131	164.67	49.47	115.20	181 050	72.00

各级各类学校在校学生数

Number of Students Enrollment by Level and Type of School

（1990—2005年）

年　份	普通高等学校（人）	普通中学（万人）	高　中	初　中	职业中学（人）	普通小学（万人）
1990	76 018	207.61	31.24	176.37	126 727	705.48
1991	74 349	222.21	31.82	190.39	141 444	724.35
1992	84 083	239.26	31.13	208.13	160 727	747.68
1993	104 287	247.76	28.92	218.84	172 061	775.85
1994	120 297	273.60	30.45	243.15	206 078	816.04
1995	126 290	310.24	35.58	274.66	242 698	851.31
1996	126 645	350.09	41.39	308.70	303 659	882.85
1997	135 974	389.35	48.78	340.57	373 509	901.12
1998	144 383	416.08	55.87	360.21	446 580	895.44
1999	180 700	447.43	62.99	384.44	465 441	864.35
2000	243 847	481.75	70.04	411.71	416 143	813.73
2001	350 518	501.76	80.39	421.37	353 652	747.65
2002	472 966	528.05	94.80	433.25	342 748	674.55
2003	553 255	543.72	114.23	429.49	349 822	606.58
2004	697 440	532.92	129.39	403.53	337 000	547.00
2005	738 600	509.54	139.11	370.43	391 232	500.36

各级各类学校毕业生数

Number of Graduates by Level and Type of School

（1990—2005年）

年份	普通高等学校（人）	普通中学（万人）	高中	初中	职业中学（人）	普通小学（万人）
1990	22 762	65.70	10.54	55.16	39 780	82.56
1991	23 406	58.75	9.78	48.97	38 691	90.66
1992	23 387	58.99	10.05	48.94	40 252	96.91
1993	22 130	63.02	10.53	52.49	45 617	101.50
1994	27 491	67.27	9.26	58.01	52 576	108.04
1995	36 388	75.35	8.84	66.50	57 460	119.22
1996	41 837	82.84	9.34	73.50	83 979	121.62
1997	42 234	97.24	11.33	85.91	97 938	124.72
1998	40 562	116.52	14.06	102.46	114 501	132.68
1999	39 606	124.61	15.82	108.79	133 644	144.52
2000	41 255	131.42	18.16	113.42	151 104	154.93
2001	15 871	137.08	21.28	115.80	147 822	153.78
2002	62 910	147.54	23.48	124.06	123 220	152.69
2003	107 562	163.10	26.49	136.61	100 617	145.92
2004	143 148	173.06	31.87	141.19	100 150	128.09
2005	170 945	178.03	39.63	138.40	91 352	117.46

高等教育学校（机构）数

Number of School or Institution of Higher Education

（2005年）　　单位：所

项目	总计	中央部委	其他部委	地方部门	教育部门	非教育部门	民办
研究生培养机构	**17**	**3**	**3**	**14**	**14**		
普通高校	15	1	1	14	14		
科研机构	2	2	2				
普通高校	**86**	**4**	**4**	**70**	**53**	**17**	**12**
本科院校	29	3	3	26	25	1	
专科院校	57	1	1	44	28	16	12
#高等职业学校	48			36	21	15	12
成人高等学校	**11**			**14**	**7**	**7**	
民办的其他高等教育机构	**45**						**45**

高等教育学校(机构)学生数

Number of Students in Regular Institutions of Higher Education

(2005 年)　　单位:人

项　　目	招生数	在校学生数	毕(结)业生数	授予学位数
研究生	6 600	15 786	2 836	2 795
博　士	409	1 323	180	168
硕　士	6 191	14 463	2 656	2 627
普通本科、专科生	250 273	774 006	180 377	59 278
本　科	93 494	351 561	65 451	59 278
专　科	156 779	422 445	114 926	
成人本科、专科生	88 007	193 001	88 136	5 774
本　科	23 465	51 311	18 422	5 774
专　科	64 542	141 690	69 714	
在职人员攻读博士硕士学位	1 995	4 049		708
学历文凭考试		2 470	657	
自考助学班	5 305	20 298	4 501	
研究生课程进修班		248	575	
普通预科生		150		
进修及培训		14 815	71 409	
留学生	310	557	317	19

分学科研究生情况

Number of Postgraduate Students by Field of Study

（2005年）　　单位:人

项目	招生数	博士	硕士	在校学生数	博士	硕士	毕业生数	博士	硕士
分学科研究生总计	**6 600**	**409**	**6 191**	**15 786**	**1 323**	**14 463**	**2 836**	**180**	**2 656**
哲学	77		77	159		159	13		13
经济学	270	9	261	576	18	558	81		81
法学	304	12	292	692	18	674	128		128
教育学	198	9	189	508	33	475	108	5	103
文学	579	7	572	1 338	20	1 318	210	6	204
历史学	136	14	122	335	39	296	56	6	50
理学	702	42	660	1 796	121	1 675	348	31	317
工学	2 279	160	2 119	5 705	601	5 104	985	49	936
农学	299	30	269	779	74	705	161	9	152
医学	1 103	93	1 010	2 592	297	2 295	548	73	475
军事学	38		38	68		68			
管理学	615	33	582	1 238	102	1 136	198	1	197
分学科研究生数(普通高校)	**6 578**	**409**	**6 169**	**15 719**	**1 323**	**14 396**	**2 812**	**180**	**2 632**
哲学	77		77	159		159	13		13
经济学	270	9	261	576	18	558	81		81
法学	304	12	292	692	18	674	128		128
教育学	198	9	189	508	33	475	108	5	103
文学	579	7	572	1 338	20	1 318	210	6	204
历史学	136	14	122	335	39	296	56	6	50
理学	702	42	660	1 796	121	1 675	348	31	317
工学	2 257	160	2 097	5 638	601	5 037	961	49	912
农学	299	30	269	779	74	705	161	9	152
医学	1 103	93	1 010	2 592	297	2 295	548	73	475
军事学	38		38	68		68			
管理学	615	33	582	1 238	102	1 136	198	1	197
分学科研究生数(科研机构)	**22**		**22**	**67**		**67**	**24**		**24**
工学	22		22	67		67	24		24

分学科本、专科学生数
Number of Students in Undergraduate and Junior Colleges by Field of Study

（2005年）　　单位：人

项　目	招生数	本　科	专　科	在校学生数	本　科	专　科	毕业生数	本　科	专　科
总　计	**250 273**	**93 494**	**156 779**	**774 006**	**351 561**	**422 445**	**180 377**	**65 451**	**114 926**
＃师　范	23 795	8 798	14 997	92 189	43 704	48 485	30 344	12 073	18 271
哲　学	37	37		153	153		52	52	
经济学	10 939	4 387	6 552	38 122	18 732	19 390	8 189	3 727	4 462
法　学	12 913	4 493	8 420	41 423	19 851	21 572	12 815	3 747	9 068
教育学	20 953	3 117	17 836	70 280	12 566	57 714	24 401	2 922	21 479
文　学	27 077	11 264	15 813	82 871	45 215	37 656	17 913	8 957	8 956
＃外　语	11 356	4 391	6 965	35 009	18 246	16 763	6 650	2 891	3 759
艺　术	9 489	3 032	6 457	25 149	11 426	13 723	5 091	2 474	2 617
历史学	452	452		1 894	1 894		588	588	
理　学	9 887	9 808	79	37 331	36 713	618	7 758	7 559	199
工　学	90 654	34 733	55 921	271 495	122 910	148 585	61 209	23 509	37 700
农　学	6 248	1 862	4 386	19 116	7 194	11 922	4 949	1 516	3 433
医　学	23 659	8 242	15 417	80 419	36 810	43 609	14 397	4 821	9 576
管理学	47 454	15 099	32 355	130 902	49 523	81 379	28 106	8 053	20 053

注：本表统计范围为高等教育学校（机构）。

成人本、专科分学科学生数

Number of Students in Adult Institutions of Higher Education by Field of Study

(2005年)　　单位:人

项目	招生数	本科	专科	在校学生数	本科	专科	毕业生数	本科	专科
总计	**88 007**	**23 465**	**64 542**	**193 001**	**51 311**	**141 690**	**88 136**	**18 422**	**69 714**
成人高等学校办	**6 668**	**916**	**5 752**	**15 706**	**1 487**	**14 219**	**12 193**		**12 193**
#师范	8		8	67		67	106		106
经济学	262		262	648		648	447		447
法学	481		481	1 411		1 411	1 398		1 398
教育学	78		78	203		203	284		284
文学	909		909	2 311		2 311	3 034		3 034
#外语	108		108	364		364	434		434
艺术	21		21	64		64	200		200
理学				3		3	5		5
工学	683		683	1 728		1 728	1 212		1 212
医学	2 413	916	1 497	4 345	1 487	2 858	1 798		1 798
管理学	1 842		1 842	5 057		5 057	4 015		4 015
普通高等学校办	**81 339**	**22 549**	**58 790**	**177 295**	**49 824**	**127 471**	**75 943**	**18 422**	**57 521**
#师范	4 160	3 222	938	11 371	7 999	3 372	11 006	5 053	5 953
经济学	2 528	457	2 071	5 535	1 280	4 255	2 848	413	2 435
法学	6 198	3 053	3 145	14 779	7 721	7 058	5 505	2 423	3 082
教育学	2 191	649	1 542	4 430	1 200	3 230	2 106	454	1 652
文学	4 353	2 525	1 828	11 518	6 006	5 512	9 613	3 596	6 017
#外语	1 700	1 005	695	4 922	2 338	2 584	3 483	1 388	2 095
艺术	1 282	725	557	3 136	1 700	1 436	2 158	949	1 209
历史学	172	131	41	387	323	64	389	183	206
理学	1 485	911	574	3 445	1 961	1 484	2 564	1 039	1 525
工学	23 754	7 141	16 613	52 561	15 877	36 684	21 197	4 960	16 237
农学	603	62	541	1 575	141	1 434	524	52	472
医学	17 754	3 079	14 675	40 650	6 601	34 049	14 111	2 548	11 563
管理学	22 301	4 541	17 760	42 415	8 714	33 701	17 086	2 754	14 332

中 等 职 业 学 校 机 构 数

Number of Secondary Vocational Schools

（2005 年）　　　　单位：个

项　　目	总　　计	中央部门	地方部门	教育部门	非教育部门	民　　办
中等职业学校	**686**	**11**	**528**	**428**	**100**	**147**
普通中等专业学校	194	4	102	56	46	88
成人中等专业学校	204	4	182	149	33	18
职业高中学校	288	3	244	223	21	41
其他机构(教学点)(不计校数)	**80**	**2**	**67**	**51**	**16**	**11**

注：中等职业学校未含技工学校数据(以下各表均同)。

中等职业学校(机构)学生分科类情况

Students in Secondary Vocational Schools by Field of Study

（2005 年）　　　　单位：人

项　　目	招生数	#初中毕业生	#应届毕业生	在校学生数	毕业生数	#获得职业资格证书
总　　计	**353 544**	**331 230**	**323 375**	**810 472**	**212 430**	**87 869**
农林类	24 988	24 171	23 873	59 436	17 308	8 149
资源与环境类	2 016	1 977	1 955	3 979	1 263	719
能源类	3 910	3 566	3 532	9 004	1 457	647
土木水利工程类	9 584	8 829	8 469	21 714	5 670	3 172
加工制造类	61 527	59 629	58 632	128 702	21 391	12 047
交通运输类	11 516	11 028	10 919	25 288	5 746	3 229
信息技术类	86 296	82 286	79 292	186 660	49 619	22 039
医药卫生类	35 594	33 634	32 984	88 043	26 069	8 731
商贸与旅游类	17 720	16 528	16 403	40 506	10 993	4 530
财经类	22 469	21 224	21 071	56 815	16 432	7 887
文化艺术与体育类	15 949	15 352	15 145	38 695	9 591	4 159
社会公共事物类	9 279	6 106	6 002	19 200	6 072	1 434
师范类	18 932	14 725	14 563	52 569	18 334	6 340
其　他	33 764	32 175	30 535	79 861	22 485	4 786

普通高中学校和学生情况

Statistics on Regular Senior Secondary Schools and Students

（2005年）

项目	学校数（所）	#高级中学	#完全中学	招生数（人）	在校学生数（人）	毕业生数（人）
总计	**1 136**	**414**	**402**	**494 683**	**1 391 138**	**396 263**
教育部门和集体办	752	361	238	430 433	1 228 728	360 856
社会力量办	302	45	146	58 548	145 496	30 457
其他部门办	82	8	18	5 702	16 914	4 950
城市	**417**	**92**	**207**	**156 002**	**423 426**	**119 097**
教育部门和集体办	235	62	125	126 246	349 182	102 134
社会力量办	108	24	66	24 798	59 160	12 481
其他部门办	74	6	16	4 958	15 084	4 482
县镇	**518**	**282**	**147**	**306 229**	**874 700**	**251 842**
教育部门和集体办	393	265	88	277 702	801 455	237 180
社会力量办	117	15	57	27 783	71 415	14 194
其他部门办	8	2	2	744	1 830	468
农村	**201**	**40**	**48**	**32 452**	**93 012**	**25 324**
教育部门和集体办	124	34	25	26 485	78 091	21 542
社会力量办	77	6	23	5 967	14 921	3 782

普通初中学校和学生情况

Statistics on Regular Junior Secondary Schools and Students

（2005年）

项目	学校数（所）	#初级中学	#九年一贯制	招生数（人）	在校学生数（人）	毕业生数（人）
总计	**4 320**	**3 598**	**320**	**1 152 019**	**3 704 263**	**1 384 009**
教育部门和集体办	3 758	3 367	153	1 025 212	3 340 878	1 281 328
社会力量办	461	204	111	114 780	324 802	89 967
其他部门办	101	27	56	12 027	38 583	12 714
城市	**591**	**266**	**118**	**189 408**	**566 781**	**195 307**
教育部门和集体办	382	209	48	149 220	454 398	163 718
社会力量办	117	33	18	29 587	77 577	19 993
其他部门办	92	24	52	10 601	34 806	11 596
县镇	**1 373**	**1 137**	**89**	**477 832**	**1 514 279**	**540 589**
教育部门和集体办	1 171	1 043	40	417 244	1 338 660	493 803
社会力量办	195	93	45	59 235	172 011	45 755
其他部门办	7	1	4	1 353	3 608	1 031
农村	**2 356**	**2 195**	**113**	**484 779**	**1 623 203**	**648 113**
教育部门和集体办	2 205	2 115	65	458 748	1 547 820	623 807
社会力量办	149	78	48	25 958	75 214	24 219
其他部门办	2	2		73	169	87

普通小学学校和学生情况

Statistics on Regular Primary Schools and Students

（2005年）

项　　目	学　校　数 （所）	招　生　数 （人）	在校学生数 （人）	毕业生数 （人）
总　　计	**20 883**	**720 038**	**5 003 578**	**1 174 631**
教育部门和集体办	20 440	690 511	4 767 696	1 120 390
社会力量办	390	20 896	181 281	44 400
其他部门办	53	8 631	54 601	9 841
城　市	**1 037**	**120 136**	**773 021**	**141 200**
教育部门和集体办	968	108 136	687 986	124 426
社会力量办	32	4 310	36 731	7 984
其他部门办	37	7 690	48 304	8 790
县　镇	**2 208**	**139 432**	**976 473**	**214 114**
教育部门和集体办	2 068	130 742	897 150	196 838
社会力量办	130	7 863	73 754	16 322
其他部门办	10	827	5 569	954
农　村	**17 638**	**460 470**	**3 254 084**	**819 317**
教育部门和集体办	17 404	451 633	3 182 560	799 126
社会力量办	228	8 723	70 796	20 094
其他部门办	6	114	728	97

各类技工学校情况

Statistics on Technical Schools

（2005年）

指　　标	单　位	合　　计	国务院各部门	省、自治区、直辖市
学校数	所	164	4	160
在校学生数	人	105 508	2 171	103 337
教职工数	人	10 863	320	10 543
专任教师数	人	8 111	186	7 925
文化技术理论课指导教师	人	4 863	128	4 735
生产实习课指导教师	人	1 987	45	1 942
理论实习一体化教师	人	1 261	13	1 248

各级普通学校毕业生升学率和学龄儿童入学率

Proportion of students Entering into Schools of Higher Grade and Enrollment Rate of School-age Children

(1990—2005年)　　单位:%

年　　份	学龄儿童入学率	小学升初中	初中升高级中学	高中升高等教育
1990	99.0	79.9	35.3	
1991	98.3	81.6	41.5	
1992	98.4	83.7	42.6	
1993	98.5	82.9	44.0	
1994	98.4	86.9	47.3	
1995	99.2	90.2	47.3	
1996	99.7	93.5	21.4	
1997	99.8	98.8	49.0	
1998	99.8	98.1	47.1	
1999	99.9	98.0	42.3	
2000	99.9	98.7	43.3	
2001	99.5	98.8	43.4	
2002	99.5	96.7	39.5	
2003	99.4	98.0	32.9	
2004	99.8	98.4	32.9	
2005	99.7	98.1	35.7	63.16

平均每万人口在校学生数和大中小学学生构成

Student Enrollment Per 10000 Population and Composition of Student Enrollment in Main Years

(1990—2005年)

年　　份	各级学校学生占全省人口(%)	平均每万人口中			大中小学学生各占学生总数比重(%)		
		大学生(人)	中学生(人)	小学生(人)	大学生(人)	中学生(人)	小学生(人)
1990	15.8	12	394	1 171	0.8	25.0	74.2
1991	16.0	12	407	1 165	0.7	25.5	73.8
1992	16.5	13	438	1 195	0.8	26.6	72.6
1993	17.0	16	155	1 231	1.0	26.7	72.3
1994	18.0	19	500	1 278	1.1	27.8	71.1
1995	19.0	20	567	1 333	1.0	29.6	69.4
1996	20.2	20	636	1 367	1.0	31.4	67.6
1997	21.1	21	726	1 386	1.0	33.4	65.6
1998	21.4	22	755	1 368	1.0	35.2	63.8
1999	15.9	27	800	1 316	1.3	37.3	61.4
2000	20.8	37	832	1 225	1.8	39.8	58.5
2001	20.2	52	845	1 118	2.6	41.9	55.5
2002	19.5	70	875	1 002	3.6	44.9	51.5
2003	18.8	82	902	896	4.3	48.0	47.7
2004	17.9	102	886	803	5.7	49.5	44.8
2005	17.1	115	864	730	6.7	50.5	42.7

注:1. 本表仅为普通学校在校学生数,不含各级各类成人学校在校学生。2. 中学生包括中等专业学校、技工学校、普通中学和农、职中学。

主要年份各级学校教师负担学生数

Student-teacher Ratio by Level of School in Main Years

年份	高等学校		中等学校		小学	
	教师数（万人）	平均每个教师负担学生数（人）	教师数（万人）	平均每个教师负担学生数（人）	教师数（万人）	平均每个教师负担学生数（人）
1980	0.9	4.9	20.1	16.7	27.1	27.1
1985	1.2	4.9	17.2	15.6	24.7	24.3
1990	1.4	5.6	18.6	12.8	27.0	26.1
1991	1.3	5.7	18.9	13.4	27.2	26.6
1992	1.3	6.3	19.4	14.1	26.9	27.8
1993	1.4	7.3	19.8	14.5	27.2	28.6
1994	1.5	8.2	20.6	15.5	27.2	30.0
1995	1.5	8.4	21.8	16.6	27.0	31.5
1996	1.6	8.2	23.7	17.3	27.7	32.5
1997	1.7	8.2	25.6	17.3	29.0	31.1
1998	1.7	8.7	27.3	18.1	30.3	29.6
1999	1.7	10.4	28.8	18.3	31.5	27.4
2000	1.9	12.6	29.9	18.5	33.0	24.7
2001	2.4	14.8	31.1	18.2	33.3	22.5
2002	2.8	16.8	31.8	18.5	33.2	20.3
2003	3.5	15.8	32.2	19.0	32.9	18.4
2004	3.9	18.2	31.8	19.0	32.5	16.8
2005	4.7	22.0	33.8	17.8	32.0	15.6

注：1. 教师是指专任教师。2. 中等学校包括中等专业学校、技工学校、普通中学和农、职业中学。3. 高等学校是指普通高校、成人高校、民办的其他高等教育机构。

主要年份各级学校女学生和女教师数
Number of Female Students and Teachers by Level of School in Main Years

单位:万人

项　　目	1990 年	1995 年	2000 年	2004 年	2005 年
女学生数	**448.45**	**590.03**	**678.86**	**593.81**	**576.44**
高等学校	3.26	5.81	11.77	34.44	37.71
中等专业学校	5.71	9.82	14.19	15.81	22.67
普通中学	96.22	149.29	233.06	264.07	253.89
农业、职业中学	6.31	13.45	21.84	17.38	20.46
小　　学	336.95	411.66	398.00	262.11	238.78
女学生占学生总数比重(%)	**47.18**	**48.50**	**49.01**	**49.04**	**49.04**
高等学校	42.94	46.02	48.28	49.38	51.06
中等专业学校	53.05	54.45	60.32	57.32	54.08
普通中学	46.35	48.12	48.38	49.55	49.83
农业、职业中学	49.86	55.42	52.49	51.56	52.3
小　　学	47.76	48.36	48.91	47.92	47.72
女教师数	**21.50**	**25.39**	**37.90**	**43.14**	**44.31**
高等学校	0.43	0.53	0.84	1.88	2.09
中等专业学校	0.51	0.65	0.74	0.47	1.13
普通中学	6.05	8.30	14.09	17.30	17.41
农业、职业中学	0.43	0.80	1.31	1.16	1.15
小　　学	14.08	15.09	20.92	22.33	22.09
女教师占教师总数比重(%)	**45.78**	**51.36**	**59.17**	**63.23**	**63.25**
高等学校	32.01	37.16	43.50	44.82	48.86
中等专业学校	41.89	48.66	52.45	55.97	55.07
普通中学	38.77	46.24	55.53	59.63	60.05
农业、职业中学	38.37	48.19	54.95	58.65	59.59
小　　学	52.17	55.87	63.50	68.75	69.01

注:2005 年农业、职业中学是指职业高中。

从事科技活动人员

Number of Scientific and Technical Personnel

(2001—2005年) 单位:人

项目	2001年		2002年		2003年
	从事科技活动人员	#科学家和工程师	从事科技活动人员	#科学家和工程师	从事科技活动人员
总计	**100 797**	**68 304**	**109 451**	**73 879**	**113 510**
按单位类型分					
科研机构	9 673	6 483	9 731	6 330	10 094
高等院校	12 364	12 300	12 835	12 773	13 376
规模以上工业企业					
#大中型工业企业	48 017	28 812	51 142	30 170	55 850
其他	30 743	20 709	35 743	24 606	34 190
按隶属关系分					
中央	25 285	17 278	27 200	17 446	27 979
地方	75 512	51 026	82 251	56 433	85 531

项目	2003年	2004年		2005年	
	#科学家和工程师	从事科技活动人员	#科学家和工程师	从事科技活动人员	#科学家和工程师
总计	**78 575**	**112 591**	**74 950**	**125 278**	**85 747**
按单位类型分					
科研机构	7 393	9 648	7 320	11 446	8 069
高等院校	13 244	12 321	10 543	12 697	10 954
规模以上工业企业		69 199	42 499	74 977	49 388
#大中型工业企业	34 510	60 101	37 420	66 670	44 398
其他	23 428	21 423	14 588	26 158	17 336
按隶属关系分					
中央	19 720	26 177	18 040	31 578	20 252
地方	58 855	86 414	56 910	93 700	65 495

科技活动经费筹集与使用总额

Total Funds and Expenditures for Scientific and Technological Activities

（2001—2005 年） 单位：万元

项目	当年科技活动经费筹集总额	#政府资金	#企业资金	当年科技活动经费使用情况（内部支出）	#人员劳务费	#固定资产购置	外部支出
2001 年 总 计	**534 944**	**142 024**	**311 123**	**491 089**	**116 408**	**167 464**	**28 863**
按单位类型分							
科研机构	107 520	97 360	775	100 265	28 566	22 854	811
高等院校	35 537	21 321	8 988	33 180	7 279	23 296	716
大中型工业企业	229 970	6 691	195 351	210 949	45 272	63 616	15 689
其 他	161 916	16 653	106 008	146 696	35 290	57 698	11 647
按隶属关系分							
中 央	180 995	80 454	86 615	174 349	40 808	53 219	6 961
地 方	353 949	61 570	224 507	316 741	75 600	114 245	21 902
2002 年 总 计	**644 340**	**163 389**	**387 556**	**613 500**	**144 043**	**162 761**	**34 386**
按单位类型分							
科研机构	122 092	111 700	1 584	128 563	32 937	13 748	303
高等院校	42 815	22 882	14 496	32 721	7 546	11 494	331
大中型工业企业	289 966	6 495	251 195	278 862	56 499	76 496	20 588
其 他	189 467	22 312	120 281	173 354	47 061	61 023	13 164
按隶属关系分							
中 央	228 771	96 611	112 005	233 004	52 041	58 779	9 250
地 方	415 568	66 778	275 551	380 496	92 002	103 982	25 136
2003 年 总 计	**795 662**	**209 663**	**461 690**	**742 940**	**151 542**	**216 431**	**49 203**
按单位类型分							
科研机构	228 771	96 611	112 005	233 004	52 041	58 779	350
高等院校	58 369	28 947	26 010	52 202	8 661	15 078	972
大中型工业企业	387 175	16 483	317 583	370 848	77 505	108 917	34 972
其 他	121 347	67 622	6 092	86 886	13 335	33 657	12 909
按隶属关系分							
中 央	280 048	122 579	114 016	276 536	45 022	76 324	10 794
地 方	515 614	87 086	347 674	466 405	106 520	140 106	38 409
2004 年 总 计	**951 032**	**205 292**	**644 945**	**860 294**	**178 457**	**270 217**	**62 972**
按单位类型分							
科研机构	184 726	146 674	8 223	141 442	30 060	20 615	325
高等院校	71 786	33 940	35 046	65 648	10 250	19 622	759
规模以上工业企业	592 904	14 901	535 580	560 724	115 411	192 192	54 788
#大中型工业企业	553 860	13 205	506 029	513 369	102 717	174 993	52 711
其 他	101 616	9 777	66 095	92 480	22 736	37 788	7 099
按隶属关系分							
中 央	302 555	119 181	138 522	271 676	48 452	74 922	9 325
地 方	648 477	86 111	506 423	588 619	130 005	195 295	53 646
2005 年 总 计	**1 200 994**	**218 664**	**906 872**	**1 113 700**	**198 973**	**351 817**	**59 463**
按单位类型分							
科研机构	262 091	157 658	97 463	191 592	25 542	25 216	310
高等院校	75 235	37 975	33 593	68 978	8 717	24 761	2 655
规模以上工业企业	743 303	12 834	691 383	746 391	139 023	256 118	48 182
#大中型工业企业	692 041	7 909	651 425	690 149	129 511	233 834	46 313
其 他	120 365	10 197	84 433	106 739	25 691	45 721	8 316
按隶属关系分							
中 央	399 721	126 818	250 279	343 618	48 151	99 585	12 397
地 方	801 272	91 847	656 593	770 084	150 822	252 232	47 065

国有地方企事业单位各部门专业技术人员

Number of Scientific and Technical Personnel in Local State-owned Enterprises and Institutions

单位:人

项　　目	2003 年	2004 年	2005 年
全　省　总　计	**1 142 766**	**1 121 921**	**1 131 635**
农、林、牧、渔业	39 337	38 276	38 189
采矿业	28 508	26 077	22 779
制造业	103 656	70 589	65 311
电力、煤气及水的生产和供应业	7 904	9 669	9 760
建筑业	14 891	18 756	19 534
交通运输 、仓储和邮政业	26 543	21 802	21 305
信息传输、计算机服务和软件业	1 128	735	737
批发和零售业	24 697	16 112	13 313
住宿和餐饮业	729	1 257	1 029
金融业	3 223	2 980	2 536
房地产业	762	4 311	4 317
租赁和商务服务业	3 835	1 010	952
科学研究、技术服务和地质勘查业	16 618	14 564	14 834
水利、环境和公共设施管理业	20 600	19 367	20 153
居民服务和其他服务业	24 729	3 542	4 630
教　　育	671 342	700 154	700 685
卫生、社会保障和社会福利业	127 990	130 826	138 063
文化、体育和娱乐业	25 600	24 488	31 489
公共管理和社会组织	674	17 406	22 019

大中型工业企业技术开发机构、人员情况

Number of Scientific and Technical Personnel for Technical Development of Large and Medium-sized Industrial Enterprises

（2005 年）

项　　目	技术开发机构数（个）	企业从事技术开发人员总计（人）	技术开发机构中的开发人员人数（人）
全　省　总　计	**342**	**66 670**	**24 317**
按工业行业分			
煤炭开采和洗选业	9	6 158	1 607
石油和天然气开采业	24	3 834	1 669
黑色金属矿采选业	1	336	70
有色金属矿采选业			
非金属矿采选业	2	213	89
其他采矿业			
农副食品加工业	4	309	103
食品制造业	6	708	247
饮料制造业	11	719	618
烟草制品业		100	
纺织业	18	4 938	1 252
纺织服装、鞋、帽制造业	3	141	52
皮革、毛皮、羽毛(绒)及其制品业	3	51	40
木材加工及木、竹、藤、棕、草制品	2	27	27
家具制造业	1	117	18
造纸及纸制品业	3	256	41
印刷业和记录媒介的复制	1	52	24
文教体育用品制造业			
石油加工、炼焦及核燃料加工业	3	269	73
化学原料及化学制品制造业	43	4 033	1 933
医药制造业	16	4 449	1 961
化学纤维制造业	2	1 434	250
橡胶制品业	6	359	177
塑料制品业	6	851	417
非金属矿物制品业	24	2 722	1 346
黑色金属冶炼及压延加工业	18	13 940	3 718
有色金属冶炼及压延加工业	2	433	319
金属制品业	6	723	333
通用设备制造业	32	3 555	1 272
专用设备制造业	28	3 753	1 518
交通运输设备制造业	35	5 490	2 449
电气机械及器材制造业	16	2 401	1 928
通信设备、计算机及其他电子设备制	4	397	172
仪器仪表及文化、办公用机械制造业	2	455	455
工艺品及其他制造业			
废弃资源和废旧材料回收加工业			
电力、热力的生产和供应业	9	2 849	79
燃气生产和供应业	1	365	8
水的生产和供应业	1	233	52

大中型工业企业技术开发经费收支情况
Funds and Expenditures for Technical Development of Large and Medium-sized Industrial Enterprises

（2005 年）　　单位：万元

项　　目	筹集总额	#政府资金	#企业资金	支出总额	#开发新产品用款
全　省　总　计	**692 041.3**	**7 909.0**	**651 425.1**	**736 461.8**	**359 940.5**
按隶属关系分					
中央工业	121 684.6	1 705.4	110 589.4	140 401.4	59 366.0
地方工业	570 356.7	6 203.6	540 835.7	596 060.4	300 574.5
按工业行业分					
煤炭开采和洗选业	61 804.8	163.0	61 641.8	61 438.8	5 858.8
石油和天然气开采业	25 213.4		19 127.4	25 758.6	1 596.8
黑色金属矿采选业	1 438.6	100.0	1 338.6	1 438.6	
有色金属矿采选业					
非金属矿采选业	2 130.0	30.0	2 100.0	1 459.5	197.0
其他采矿业					
农副食品加工业	4 172.1	18.0	4 154.1	4 811.9	1 792.7
食品制造业	10 436.1	1 069.7	9 306.4	11 207.0	5 937.3
饮料制造业	4 263.5	83.0	3 878.5	4 072.8	1 393.4
烟草制品业	374.9		374.9	7 785.3	105.7
纺织业	17 240.4	265.0	16 975.4	19 548.0	14 254.4
纺织服装、鞋、帽制造业	141.0		141.0	229.0	60.0
皮革、毛皮、羽毛(绒)及其制品业	372.1		372.1	374.1	311.5
木材加工及木、竹、藤、棕、草制品	1 645.7		1 645.7	1 645.7	1 500.0
家具制造业	1 500.0	219.0	1 281.0	637.9	600.0
造纸及纸制品业	3 256.6	13.0	3 243.6	3 266.3	1 054.7
印刷业和记录媒介的复制	2 195.1		2 194.8	2 195.1	
文教体育用品制造业					
石油加工、炼焦及核燃料加工业	7 664.9		7 664.9	7 664.9	497.2
化学原料及化学制品制造业	57 444.7	897.8	52 366.9	56 392.8	23 865.3
医药制造业	44 531.6	1 734.2	42 768.4	54 364.9	22 548.1
化学纤维制造业	10 507.0	200.0	10 307.0	9 597.5	3 109.0
橡胶制品业	1 107.7		1 107.7	1 161.5	990.1
塑料制品业	11 680.5	100.0	7 926.0	11 645.7	7 176.3
非金属矿物制品业	34 164.3	222.1	29 356.6	36 867.1	24 571.9
黑色金属冶炼及压延加工业	211 629.7	50.0	211 579.7	222 042.1	138 087.0
有色金属冶炼及压延加工业	4 622.4		4 622.4	4 673.4	2 964.5
金属制品业	4 557.3	510.0	3 487.3	4 263.0	3 748.5
通用设备制造业	14 789.6	323.5	12 282.2	15 114.0	10 566.1
专用设备制造业	23 115.2	860.0	20 159.7	23 794.1	12 258.3
交通运输设备制造业	66 756.4	625.0	63 447.0	75 283.7	37 786.7
电气机械及器材制造业	46 692.1	371.7	40 215.4	50 875.5	33 413.3
通信设备、计算机及其他电子设备制	3 682.6	33.0	3 473.6	3 666.3	1 913.9
仪器仪表及文化、办公用机械制造业	1 515.7		1 515.7	1 515.7	1 515.7
工艺品及其他制造业					
废弃资源和废旧材料回收加工业					
电力、热力的生产和供应业	10 083.4	10.0	10 068.4	10 576.4	233.0
燃气生产和供应业	900.6	4.0	896.6	700.8	
水的生产和供应业	411.3	7.0	404.3	393.8	33.3

主要年份省内三种专利申请受理量及批准量

Three Kinds of Patent Applications Examined and Granted in Main Years

单位:件

项　　目	1995 年	2000 年	2001 年	2002 年	2003 年	2004 年	2005 年
受理专利合计	**2 707**	**3 848**	**4 693**	**5 153**	**5 623**	**5 647**	**6 401**
发　明	426	601	650	837	994	979	1 273
实用新型	2 004	2 429	2 807	2 982	3 292	3 248	3 618
外观设计	277	818	1 236	1 334	1 365	1 420	1 510
受理专利分布情况							
个人发明	2 266	3 080	3 562	3 973	4 437	4 340	4 705
单位发明	441	768	1 131	1 180	1 186	1 307	1 696
大专院校	22	27	27	55	92	108	218
科研单位	61	45	78	97	80	63	103
工矿企业	251	682	1 003	1 007	1 001	1 131	1 353
机关团体	107	14	23	21	13	5	22
批准专利合计	**1 580**	**2 812**	**2 790**	**3 352**	**3 572**	**3 407**	**3 585**
发　明	55	221	196	191	272	357	371
实用新型	1 342	1 917	1 837	2 015	2 189	2 064	2 246
外观设计	183	674	757	1 146	1 101	986	968
批准专利分布情况							
个人发明	1 248	2 137	2 036	2 465	2 660	2 507	2 650
单位发明	332	675	754	887	912	900	935
大专院校	11	27	31	20	30	52	80
科研单位	47	61	46	63	59	71	56
工矿企业	130	568	659	787	809	765	791
机关团体	144	19	18	17	14	12	8

文化、文物事业机构和人员数

Number of Institution and Personnel in Culture and Cultural Relics

（2005 年）

机　构　类　别	机　构　数（个）	从业人数（人）
文化事业合计	**12 068**	**52 375**
艺术事业	221	7 646
＃艺术表演团体	126	5 715
话剧、儿童剧、滑稽剧团	2	167
歌舞团、轻音乐团	7	610
文工团、文宣队、乌兰牧骑	6	121
戏曲剧团	99	3 798
＃京　剧	5	359
曲艺、杂技、木偶、皮影团	6	490
艺术表演场所	95	1 831
剧场、影剧院	93	1 740
公共图书馆事业	153	1 690
群众文化事业	2 149	5 590
群众艺术馆	1	60
文化馆	174	2 520
文化站	1 974	3 010
＃乡文化站	1 833	2 811
艺术教育事业	5	540
其他文化事业	9 540	36 909
艺术创作机构	6	33
艺术研究机构	12	150
艺术展览机构	1	40
其　他	9 521	36 686
文物事业合计	**216**	**6 333**
文物保护管理机构	161	4 256
文物科研机构	4	168
其他文物机构	2	598
博物馆	46	1 295
综合性博物馆	20	385
历史类博物馆	25	889
艺术类博物馆	1	21
文物商店	3	16

艺术表演团体演出情况

Basic Statistics on Performance of Art Troupes

种类	演出场次(万场)		#到农村演出		观众人数(万人次)	
	2005年	2004年	2005年	2004年	2005年	2004年
全省总计	**3.1**	**3.17**	**1.9**	**2.1**		**2 755.3**
按剧种分						
#话剧、儿童剧、滑稽剧团		0.01				5.4
歌舞团、轻音乐团	0.1	0.07		0.01	99.4	97.5
文工团、文宣队、乌兰牧骑	0.1	0.06	0.1	0.05	54.6	53.7
戏曲剧团	2.1	1.99	1.7	1.71	1 946.5	2 210.3
#京剧	0.1	0.05		0.02	72.6	57.0
曲、杂、木、皮团	0.7	0.69	0.1	0.04	64.4	46.2

艺术表演团体收支情况

Income and Expenditures of Art Troupes

(2005年)

种类	剧团数(个)	总收入(万元)	#演出收入	总支出(万元)	经费自给率(%)	人均收入(元)
全省总计	**101**	**13 889.3**	**3 529.8**	**8 149.1**	**25.4**	
话剧、儿童剧、滑稽剧团	2	743.2	101.3	478.5	13.6	15 850.3
歌舞团、轻音乐团	6	2 559.4	411.4	1 049.7	16.1	24 749.2
乐团	1	654.4	127.9	444.2	19.6	18 120.7
文工团、文宣队、乌兰牧骑	5	94.6	24.4	73.7	25.8	1 727.3
戏曲剧团	78	7 437.9	2 176.0	4 623.4	29.3	7 410.5
#京剧	4	1 128.5	107.6	721.7	9.5	11 331.5
曲、杂、木、皮团	5	1 271.3	581.2	757.9	45.7	10 477.6

群众艺术馆、文化馆(站)业务活动及经费收支

Basic Statistics on Activities and Expenditures of Mass Art Centers and Cultural Centers

(2005 年)

项目	单位	总计	群众艺术馆	文化馆	文化站
机构数	个	2 149	1	12	162
举办展览	个	7 342	2	56	971
组织文艺活动	次	24 946	26	576	6 511
举办培训班	次	11 798	480	1 080	1 718
班　次					
结业人次	千人次	496	10	15	60
负责指导单位					
农村集镇文化中心	个			319	802
馆办文艺团体	个	88		29	59
基层文化示范点	个	1 645	4	70	1 571
文化户	户	42 091		2 116	20 971
群众业余演出团(队)	个	3 797		246	3 551
总支出	万元	10 548.8	460.7	2 542.1	4 089.6
社会保障缴费	万元	425.4	23.8	114.3	211.6
修缮费	万元	64.5		27.3	20.3

公共图书馆业务活动及经费收支

Facilities, Services and Expenditures of Public Libraries

(2005 年)

项目	单位	总计	省级图书馆	地(市)级图书馆	县(市)级图书馆
总藏量	万册(件)	1 307.10	152.70	517.90	636.50
书架单层总长度	万米	35.20	3.40	18.70	13.10
图书馆流动情况					
总流通人次	万人次	634.50	68.34	241.68	324.50
累计发放借书证数	万个	41.60	14.50	10.80	16.30
为读者服务举办各种活动					
次　数	次	1 248.00	32.00	209.00	1 007.00
参加人数	万人次	32.10	4.50	6.10	21.47
总支出	万元	7 208.30	995.20	4 017.80	2 195.30
＃购书费	万元	676.50	197.50	358.00	121.00
本年新购图书	万册	33.20	5.40	15.60	12.20
公用房屋建筑面积	万平方米	26.40	3.00	7.40	16.10
＃书　库	万平方米	6.20	1.00	2.00	3.20
阅览室座席	万个	2.00	0.10	0.40	1.40

博物馆、文物机构业务活动情况

Facilities and Services of Museums and Cultural Relics Agencies

（2005 年）

项　目	单　位	合　计	博物馆	文物机构	文物保护管理机构	文物科研单位
藏　品	件	527 123	217 289	309 834	112 057	197 777
#一级品	件	1 103	403	700	258	442
展　览	个	193	156	37	37	
参观人数	万人次	887.4	430.0	457.4	457.4	

主要年份广播、电视事业发展情况

Basic Statistics on Broadcasting and Television Stations in Main Years

项　目	单　位	1990 年	1995 年	2000 年	2004 年	2005 年
职工年末人数	人	16 799	18 987	21 779	26 972	27 367
广播电台	座	84	115	12	12	12
发射台及转播（中波）	座	27	30	30	30	30
发射机功率（中波）	部/千瓦	33/353.6	38/366.5	40/288	40/278	40/268
广播覆盖率	%	73.1	73.7	97.9	98.43	98.63
县广播电视站（台）	座			128	128	139
电视台	座	39	47	11	12	129
电视发射台及转播台	座	619	728	593	318	362
发射机功率	部/千瓦	708/168	860/211	695/219	407/246.9	441/260.9
电视覆盖率	%	83.1	89.0	97.4	98.4	98.62

体委系统职工人数

Number of Staff and Workers in Sports Commissions

（2005年）　　单位：人

项　目	总　计	各级体委机关	体育运动学校	业余体校	优秀运动队	训练基地
全省总计	**5 692**	**1 223**	**671**	**1 296**	**1 157**	**38**
运动员	764				764	
专职教练员	1 139		155	825	154	2
专职文化教师	669		252	168		
科研人员	27				7	
公务员	872	872				
医务人员	40		6	4	13	
管理人员	1 007	172	122	169	168	133
其他人员	1 174	179	136	130	51	290

等级运动员、裁判员分项发展人数

Number of Athletes and Referees in Grades by Type of Sports

（2005年）　　单位：人

运动项目	等级运动员	#女　性	#一级运动员	#二级运动员	等级裁判员	#女　性	#一级	#二级
全省总计	**2 166**	**893**	**284**	**116**	**2 086**	**840**	**72**	**1 991**
#田　径	897	424	38	32	705	311	52	646
游　泳	163	74	38		77	35		76
举　重	13	8	4	12	15	6		15
体　操	13	10	6	5				
射　击	64	22	26	8	8	3		7
摔　跤	87	14	16		5			5
柔　道	57	25	16	13	7	1		6
篮　球	243	74	24	1	472	159		470
排　球	129	59	22		166	76		166
乒乓球	96	48	15	28	150	65		148
羽毛球	12	8			137	58		135
足　球	164	41	34	8	79	13	20	59
武　术	128	44	12	7	64	18		64

卫生机构、床位、人员数

Number of Health Institutions, Beds and Persons Engaged

(2005 年)

机构名称	机构数(个)	床位数(张)	全部职工(人)	卫生技术人员	执业医师	执业助理医师
全省总计	**3 284**	**162 267**	**235 811**	**191 083**	**65 110**	**18 956**
市	1 206	93 916	137 777	109 839	39 193	7 814
县	2 078	68 351	98 034	81 244	25 917	11 142
医院	817	118 421	162 628	130 088	46 383	8 508
市	523	79 288	108 863	86 606	31 252	4 588
县	294	39 133	53 765	43 482	15 131	3 920
#综合医院	541	90 059	124 388	100 175	35 874	5 871
中医医院	154	15 135	21 774	17 572	6 498	1 747
中西医结合医院	11	1 420	2 123	1 646	647	211
专科医院	111	11 807	14 343	10 695	3 364	679
#口腔医院	7	146	534	408	207	28
眼科医院	8	1 163	2 078	1 494	551	66
耳鼻喉科医院	2	115	280	258	86	34
肿瘤医院	5	338	468	332	99	37
精神病医院	23	2 713	1 981	1 433	380	81
传染病医院	9	1 707	2 335	1 710	472	61
结核病医院	2	250	251	152	35	10
骨科医院	14	1 413	1 778	1 385	424	124
疗养院	4	780	261	167	36	5
社区卫生服务中心						
卫生院	1 966	35 560	42 702	37 677	9 850	7 759
门诊部	60	798	1 188	1 051	429	108
急救中心	3	79	149	129	38	6
采供血机构	12		1 384	806	126	35
妇幼保健院(所、站)	184	6 047	12 816	10 308	3 821	1 204
专科疾病防治院(所、站)	8	376	336	268	132	27
疾病预防控制中心(防疫站)	192	51	12 944	9 664	3 874	1 224
卫生监督所	28		1 048	725	333	73
卫生监督检验(监测、检测)所(站)	1		51	37	17	
医学科学研究机构	4	155	221	117	47	2
医学在职培训机构						
健康教育所(站、中心)						
其他卫生机构	5		83	46	24	5

卫生机构、床位、人员数(续)

Number of Health Institutions, Beds and Persons Engaged

(2005 年)

机构名称	注册护士	药剂人员	检验人员	其他	其他技术人员	管理人员	工勤人员
全省总计	**49 754**	**14 451**	**10 920**	**31 892**	**11 797**	**13 433**	**19 498**
市	34 194	7 993	6 227	14 418	6 618	8 366	12 954
县	15 560	6 458	4 693	17 474	5 179	5 067	6 544
医院	43 381	9 949	6 276	15 591	7 566	9 701	15 273
市	31 074	6 493	4 002	9 197	4 946	6 654	10 657
县	12 307	3 456	2 274	6 394	2 620	3 047	4 616
#综合医院	35 160	7 406	4 784	11 080	5 504	7 330	11 379
中医医院	4 002	1 731	897	2 697	1 173	1 187	1 842
中西医结合医院	452	97	72	167	109	147	221
专科医院	3 767	715	523	1 647	780	1 037	1 831
#口腔医院	64	10	8	91	30	37	59
眼科医院	505	104	41	227	57	145	382
耳鼻喉科医院	65	20	13	40	2	11	9
肿瘤医院	84	30	18	64	23	41	72
精神病医院	577	80	56	259	117	161	270
传染病医院	713	140	136	188	165	181	279
结核病医院	63	11	12	21	1	26	72
骨科医院	379	84	57	317	84	147	162
疗养院	44	5	7	70	14	64	16
社区卫生服务中心							
卫生院	3 317	3 452	1 939	11 360	2 058	1 734	1 233
门诊部	201	133	61	119	28	61	48
急救中心	56	9	8	12	2	4	14
采供血机构	229	42	227	147	161	108	309
妇幼保健院(所、站)	2 202	666	664	1 751	676	760	1 072
专科疾病防治院(所、站)	47	8	19	35	5	28	35
疾病预防控制中心(防疫站)	237	167	1 654	2 508	1 071	859	1 350
卫生监督所	11	7	43	258	147	79	97
卫生监督检验(监测、检测)所(站)	7		13			14	
医学科学研究机构	20	12	8	28	47	10	47
医学在职培训机构							
健康教育所(站、中心)							
其他卫生机构	2	1	1	13	22	11	4

县及县以上医院病床使用情况

Utilization of Hospital Beds at County and above County Level

（2005 年）

分组名称	病床周转数（次）	病床工作日数（日）	病床使用率（%）	出院者平均住院日数（日）
合　计	**21.28**	**208.12**	**57.02**	**9.68**
#医　院	22.57	242.07	66.32	10.62
卫生院	15.43	101.47	27.8	6.51
门诊部	10.83	101.76	27.88	9.3
妇幼保健院（所、站）	35.79	213.29	58.44	5.9
专科疾病防治院（所、站）	0.67	9.03	2.47	13.39
非营利性	21.51	208.90	57.23	9.61
#医院	22.94	245.00	67.12	10.57
卫生院	15.43	101.47	27.8	6.51
门诊部	11.37	104.44	28.61	9.09
妇幼保健院（所、站）	35.79	213.29	58.44	5.9
专科疾病防治院（所、站）	0.68	9.18	2.51	13.39
营利性	16.22	191.12	52.36	11.67
#医　院	16.45	194.32	53.24	11.7
卫生院				
门诊部	9.36	94.47	25.88	9.99
妇幼保健院（所、站）				
专科疾病防治院（所、站）				
政府办	22.86	209.77	57.47	9.08
#医　院	25.27	254.82	69.81	9.98
卫生院	15.43	101.51	27.81	6.51
门诊部	10.47	92.41	25.32	8.74
妇幼保健院（所、站）	35.79	213.29	58.44	5.9
专科疾病防治院（所、站）	0.68	9.18	2.51	13.39

医院诊疗人次及入院人数

Hospital Patients

（2005 年）

医院类别	诊疗人次（万人次）	#门、急诊	入院人数（万人）	每百诊次入院人数（人）	出院人数（万人）	#治　愈
全省总计	**8 312.82**	**7 804.40**	**345.69**	**4.43**	**343.88**	**211.51**
医　院	5 040.33	4 718.92	267.98	5.68	266.53	148.37
疗养院	11.11	1.04	0.10	9.81	0.10	0.06
卫生院	2 798.55	2 647.44	55.07	2.08	54.81	46.94
门诊部	66.29	59.53	0.87	1.46	0.86	0.83
妇幼保健院（所、站）	392.19	373.84	21.65	5.79	21.55	15.30
专科疾病防治院（所、站）	4.35	3.63	0.02	0.67	0.03	0.01

社会福利事业、企业单位和工作人员数
Number of Social Welfare Institutions and Enterprises and Persons Engaged

项　目	单　位　数(个)			工作人员数(人)		
	2000 年	2004 年	2005 年	2000 年	2004 年	2005 年
全　省　总　计	**4 675**	**4 448**	**4 477**	**84 594**	**78 082**	**65 251**
社会福利事业单位	2 217	2 099	2 560	11 234	11 499	13 458
民政部门办	195	210		4 193	4 369	
社会办	2 022	1 889		7 041	7 130	
社会福利企业单位	2 180	2 056	1 621	69 555	62 262	47 450
民政部门办	141	76	71	7 677	4 282	4 275
社会办	2 039	1 980	1 550	61 878	57 980	43 175
烈士纪念建筑物管理单位	87	90	90	864	814	812
救助类单位	19	21	21	410	371	400
♯救助管理站	17	19	20	361	321	371
安置农场	2	2	1	49	50	29
殡仪服务单位	172	182	185	2 531	3 136	3 131

注:社会福利事业单位中的“民政部门办”指国家办社会福利事业,“社会办”包括“集体和民办社会福利事业;社会福利企业中的“民政部门办”指国有社会福利企业,“社会办”包括“集体和其他社会福利企业”。

社会福利事业单位基本情况
Basic Statistics on Social Welfare Institutions

项　目	院　数(个)		工作人员(人)		床　位(张)		年末收养人数(人)	
	2005 年	2004 年	2005 年	2004 年	2005 年	2004 年	2005 年	2004 年
全省收养性事业单位总计	**2 053**	**2 099**	**11 436**	**11 499**	**66 850**	**61 511**	**42 470**	**41 811**
优抚类收养性单位	161	161	3 429	3 347	10 662	10 256	7 131	6 977
福利类收养性单位	1 892	1 938	8 007	8 152	56 188	51 255	35 339	34 834
♯社会福利院	47	44	793	808	4 008	3 859	2 749	2 676
城乡老年福利机构	1 829	1 885	6 839	6 957	50 732	46 442	32 024	31 691
其他福利机构	16	9	375	387	1 448	954	566	467

注:城乡老年福利机构是指城镇和农村老年福利机构之和。

享受救济、补助人员情况

Persons Relief Funds or Receiving Subsidies

项目	单位	2003年	2004年	2005年
城乡居民最低生活保障人数				
城镇居民最低生活保障人数	人	818 323	811 250	816 314
农村居民最低生活保障人数	人	178 003	138 999	347 505
传统救济情况				
城镇临时救济人次数	人次	68 515	56 580	27 404
农村临时救济人次数	人次	854 727	367 970	394 719
农村定期救济人数	人	103 129	109 395	88 129
农村定期救济五保户数	户	12 076	15 604	22 789

婚姻登记情况

Basic Statistics on Marriage Registration

（2000—2005年）

项目	2000年	2001年	2002年	2003年	2004年	2005年
内地居民登记结婚数(对)	475 153	445 421	470 499	524 041	574 611	1 075 042
初婚数(人)	881 891	816 272	851 947	952 850	1 041 641	974 708
再婚数(人)	68 415	74 570	89 051	95 232	107 581	100 884
男性	34 944	39 443	43 770	49 207	54 087	50 736
女性	33 471	35 127	45 281	46 025	53 494	50 148
恢复结婚数(对)	2 013	2 562	2 659	3 669	4 128	5 552
内地居民准予登记离婚数(对)	17 084	19 321	22 924	25 785	43 117	50 280
涉外婚姻(对)	213	188	197	223	227	275
#准予登记结婚数(对)	138	185	193	219	227	275
#国内公民(人)	138	185	193	219	227	275

注：涉外婚姻包括结婚和离婚对数。

国内公证文书分类

Domestic Notary Documents by Type

项　目	办理公证(件)			各类公证所占比重(%)		
	2000年	2004年	2005年	2000年	2004年	2005年
经济合同公证合计	**428 719**	**107 766**	**96 309**	**100.00**	**100.00**	**100.00**
购　销	10 338	9 800	1 273	2.41	9.09	1.32
建筑工程承包	1 192	386		0.28	0.36	
联　营	210	51	60	0.05	0.05	0.06
拍　卖	845	651	301	0.20	0.60	0.31
财产租赁	1 005	895	1 120	0.23	0.83	1.16
贷　款	32 100	49 066	44 285	7.49	45.53	45.98
担保书	1 347	457	740	0.31	0.42	0.77
科技协作	15	2	31	…	…	0.03
招标、投标	1 294	774	1 232	0.30	0.72	1.28
农林牧副渔业承包	315 511	6 264	7 414	73.59	5.81	7.70
乡镇企业承包	342	443	148	0.08	0.41	0.15
供用电	875	796	260	0.20	0.74	0.27
企业租赁	354	176	183	0.08	0.16	0.19
资产经营责任制	69			0.02		
工商服务业承包	406	1 666	28	0.09	1.55	0.03
劳务合同	9 533	2 733	1 602	2.22	2.54	1.66
其他经济合同	5 810	10 583	6 051	1.36	9.82	6.28
法人(代表人)资格	278	382	412	0.06	0.35	0.43
法人委托书	617	2 660	3 182	0.14	2.47	3.30
执行许可证明	221	180	226	0.05	0.17	0.23
其　他	46 357	19 801	27 761	10.80	18.37	28.82
民事公证合计	**167 024**	**91 614**	**92 343**	**100.00**	**100.00**	**100.00**
收　养	426	129	482	0.26	0.14	0.52
解除收养	75	27	31	…	0.03	0.03
继承权	2 134	6 131	9 342	1.28	6.69	10.12
遗　嘱	3 051	4 053	3 923	1.83	4.42	4.25
产　权	319	457	205	0.19	0.50	0.22
亲属关系	559	1 005	2 415	0.33	1.10	2.62
房屋买卖	9 374	6 149	9 785	5.61	6.71	10.60
房屋租赁	987	1 271	2 501	0.59	1.39	2.71
留学协议	259	183	97	0.16	0.20	0.11
遗赠抚养协议	545	358	393	0.33	0.39	0.43
其他民事协议	21 614	20 202	8 660	12.94	22.05	9.38
委托书	2 720	9 091	11 461	1.63	9.92	12.41
赠与书	2 879	4 785	7 970	1.72	5.22	8.63
声明书	2 023	4 206	5 675	1.21	4.59	6.15
现场监督	2 179	1 028	1 159	1.30	1.12	1.26
文本相符	208	647	470	0.12	0.71	0.51
宅基地使用权	79	129	190	…	0.14	0.21
证据保全	1 066	1 742	1 924	0.64	1.90	2.08
计划生育	88 088	12 707	6 665	52.74	13.87	7.22
死　亡	578	302	37	0.35	0.33	0.04
其　他	27 861	17 012	18 958	16.80	18.57	20.53

涉外公证文书分类

Foreign-related Notary Documents by Type

项　　目	办　理　公　证（件）			各类公证所占比重（%）		
	2000年	2004年	2005年	2000年	2004年	2005年
合　计	**37 924**	**33 225**	**37 004**	**100.00**	**100.00**	**100.00**
出　生	5 644	4 347	4 864	14.88	13.08	13.14
学　历	6 543	6 512	6 378	17.25	19.60	17.24
经　历	1 485	901	642	3.92	2.71	1.73
生存、居住	121	490	97	0.32	1.47	0.26
死　亡	26	39	190	0.07	0.12	0.51
国　籍	59	127	230	0.16	0.38	0.62
收养子女	6	42	150	…	0.13	0.41
亲属关系	2 858	3 745	4 253	7.54	11.27	11.49
婚姻状况	7 293	1 720	1 746	19.23	5.18	4.72
继承权		13	109		0.04	0.29
受、未受刑事处分	4 020	3 759	4 119	10.60	11.31	11.13
委托书	107	222	298	0.28	0.67	0.81
职　称	905	227	290	2.39	0.68	0.78
声明书	259	364	387	0.68	1.10	1.05
文本相符	2 722	2 752	2 899	7.18	8.28	7.83
其　他	5 876	7 965	10 352	2.40	23.97	27.98

各城市土地面积

Area of Land

（2005年）　　单位：平方公里

城市名称	城市面积	#建成区面积	#城市建设用地面积	#居民用地面积	#公共设施用地面积	#工业用地面积
城市合计	**4 979.99**	**953.22**	**909.67**	**260.74**	**115.92**	**207.59**
石家庄市	455.81	165.65	164.47	49.00	29.65	25.60
承德市	708.18	56.71	37.80	10.82	3.49	6.62
张家口市	819.00	76.82	76.82	22.10	3.43	21.09
秦皇岛市	363.20	82.62	82.62	17.54	16.09	14.64
唐山市	1 230.20	196.03	190.20	56.97	20.15	63.56
廊坊市	292.00	48.07	47.50	17.18	2.24	4.45
保定市	312.30	97.91	97.91	22.34	12.29	26.52
沧州市	183.00	42.00	37.06	14.51	3.61	6.93
衡水市	50.00	35.04	34.66	7.62	2.30	4.30
邢台市	132.30	50.57	38.83	8.92	7.30	10.22
邯郸市	434.00	101.80	101.80	33.74	15.37	23.66

各城市人口状况

Conditions of Population

（2005年）

城市名称	年末总人口（万人）	#非农业人口	年平均人口（万人）	年出生人口（人）	年死亡人口（人）	年末总户数（万户）
城市合计	**1 204.41**	**956.59**	**1 195.37**	**118 565**	**46 832**	**357.38**
石家庄市	224.15	224.15	220.71	19 801	6 392	57.17
承德市	46.14	34.34	45.94	4 778	2 606	16.73
张家口市	86.54	70.93	86.30	6 354	3 585	30.40
秦皇岛市	77.63	77.63	76.76	6 114	3 523	26.59
唐山市	298.95	165.82	297.93	31 540	17 235	93.34
廊坊市	76.45	44.52	76.41	7 202	2 209	20.38
保定市	100.71	88.53	100.12	11 713	3 297	28.42
沧州市	49.89	46.52	49.37	5 866	1 075	13.76
衡水市	45.23	25.60	44.84	5 909	1 483	12.88
邢台市	57.87	56.36	57.01	5 149	1 440	17.90
邯郸市	140.85	122.19	139.98	14 139	3 987	39.81

各城市地区生产总值

Gross Domestic Product

（2005年） 单位：万元

城市名称	地区生产总值（当年价格）	第一产业	第二产业	#工业	第三产业	#交通运输、仓储及邮政业
城市合计	**34 542 227**	**1 259 231**	**18 625 960**	**16 758 046**	**14 657 036**	**3 163 792**
石家庄市	7 282 180	83 060	3 043 447	2 600 455	4 155 673	790 751
承德市	1 034 710	22 927	664 697	590 461	347 086	41 963
张家口市	1 795 661	34 819	1 077 614	1 005 815	683 228	62 164
秦皇岛市	3 073 049	52 995	1 137 207	952 826	1 882 847	641 307
唐山市	10 744 665	654 234	6 658 449	6 288 484	3 431 982	907 002
廊坊市	1 348 375	133 354	608 084	491 106	606 937	58 463
保定市	2 309 428	118 190	992 426	781 479	1 198 812	133 045
沧州市	1 453 482	18 506	817 271	752 271	617 705	157 231
衡水市	1 065 927	91 633	591 714	513 271	382 580	44 991
邢台市	1 336 283	17 331	908 067	848 584	410 885	117 207
邯郸市	3 098 467	32 182	2 126 984	1 933 294	939 301	209 668

城市名称	#信息传输、计算机服务和软件业	#金融业	#房地产业	#科学研究、技术服务和地质勘查业	地区生产总值（2000年价格）	人均地区生产总值（元，当年价格）
城市合计	**980 146**	**1 120 498**	**1 088 104**	**326 241**	**29 536 329**	
石家庄市	322 883	378 020	206 308	199 040	6 562 664	32 994
承德市	17 328	32 337	16 855	10 230	810 592	22 523
张家口市	49 178	33 329	75 472	8 988	1 711 189	20 807
秦皇岛市	52 946	74 045	126 572	25 605	2 679 268	40 029
唐山市	172 157	258 613	229 108	28 474	8 201 645	36 064
廊坊市	74 626	91 974	67 668	11 657	1 258 761	17 647
保定市	105 395	102 479	82 463	9 559	2 239 168	23 067
沧州市	55 745	34 254	78 974	4 281	1 153 584	29 439
衡水市	6 893	52 287	21 082	5 370	958 990	23 772
邢台市	85 650	33 240	115 699	12 010	1 175 945	23 091
邯郸市	37 345	29 920	67 903	11 027	2 784 523	22 135

各城市就业及失业人员

Employed Persons and Unemployed Persons

（2005 年底）　　单位：万人

城市名称	单位就业人员	第一产业	第二产业	采矿业	制造业	电力、燃气及水的生产和供应业	建筑业	第三产业
城市合计	**250.25**	**1.06**	**128.71**	**19.83**	**82.20**	**9.88**	**16.80**	**120.48**
石家庄市	56.03	0.21	26.33	0.56	20.02	1.96	3.79	29.49
承德市	9.60	0.05	4.32	0.57	2.93	0.52	0.30	5.23
张家口市	17.47	0.03	8.98	0.31	6.77	0.84	1.06	8.46
秦皇岛市	19.50	0.17	7.75	0.01	5.74	0.84	1.16	11.58
唐山市	49.94	0.33	30.51	9.14	16.60	1.93	2.84	19.10
廊坊市	9.81	0.03	3.75	0.00	2.56	0.26	0.93	6.03
保定市	20.77	0.05	10.09	0.00	8.13	0.67	1.29	10.63
沧州市	11.38	0.07	5.12	0.00	3.27	0.37	1.48	6.19
衡水市	8.58	0.05	3.06	0.00	2.50	0.35	0.21	5.47
邢台市	13.64	0.01	7.12	2.13	3.67	0.78	0.54	6.51
邯郸市	33.53	0.06	21.68	7.11	10.01	1.36	3.20	11.79

城市名称	交通运输、仓储及邮政业	信息传输、计算机服务和软件业	批发和零售业	住宿和餐饮业	金融业	房地产业	租赁和商业服务业	科学研究、技术服务和地质勘查业
城市合计	**19.50**	**3.35**	**15.11**	**3.70**	**9.05**	**2.23**	**2.99**	**5.04**
石家庄市	4.91	0.56	4.95	1.23	1.79	0.30	0.83	1.90
承德市	0.85	0.13	0.36	0.21	0.30	0.06	0.14	0.12
张家口市	1.34	0.20	1.20	0.16	0.50	0.36	0.22	0.26
秦皇岛市	3.16	0.24	0.58	0.28	1.13	0.15	0.36	0.41
唐山市	3.03	0.29	1.73	0.45	1.80	0.27	0.59	0.28
廊坊市	0.41	0.15	0.50	0.20	0.36	0.37	0.16	0.24
保定市	1.42	0.72	1.56	0.33	0.81	0.11	0.25	0.40
沧州市	1.00	0.28	0.72	0.18	0.40	0.10	0.10	0.21
衡水市	0.96	0.22	0.86	0.10	0.50	0.12	0.07	0.16
邢台市	0.76	0.26	0.93	0.23	0.53	0.16	0.05	0.44
邯郸市	1.66	0.30	1.72	0.33	0.93	0.23	0.22	0.62

城市名称	水利、环境和公共设施管理	居民服务和其他服务业	教育	卫生、社会保障和社会福利	文化、体育和娱乐业	公共管理和社会组织	私营和个体就业人员（人）	年末城镇登记失业人员（人）
城市合计	**5.21**	**0.65**	**20.98**	**9.32**	**2.78**	**20.57**	**1 030 219**	**159 814**
石家庄市	1.03	0.24	4.32	1.90	1.10	4.43	104 842	20 500
承德市	0.19	0.03	0.85	0.49	0.22	1.28	47 584	5 145
张家口市	0.28	0.06	1.53	0.70	0.13	1.52	52 634	27 600
秦皇岛市	0.63	0.06	1.70	0.91	0.20	1.77	133 779	12 413
唐山市	1.00	0.16	4.20	1.61	0.31	3.38	118 832	33 122
廊坊市	0.46	0.00	1.45	0.43	0.08	1.22	55 934	3 650
保定市	0.34	0.02	2.04	1.00	0.17	1.46	51 927	8 788
沧州市	0.26	0.01	0.92	0.56	0.16	1.29	62 500	2 713
衡水市	0.16	0.02	0.84	0.41	0.06	0.99	48 609	2 848
邢台市	0.24	0.03	1.08	0.47	0.17	1.16	133 780	9 780
邯郸市	0.62	0.02	2.05	0.84	0.18	2.07	219 798	33 255

各城市职工人数、工资、离退休人员及人民生活

Staff and Workers, Wage, VCSR and RRSW and People's Life

(2005年)　　单位:元

城市名称	在岗职工平均人数(万人)	在岗职工工资总额(万元)	城镇居民人均可支配收入	城镇居民人均消费性支出	食品	衣着	家庭设备、用品及服务
城市合计	**246.82**	**4 240 669**					
石家庄市	55.84	999 667	10 040	7 261	2 643	880	402
承德市	9.76	160 244	7 845	5 946	2 242	686	335
张家口市	17.18	274 865	7 714	5 914	2 217	754	294
秦皇岛市	19.81	391 269	9 802	7 236	2 403	768	415
唐山市	48.60	923 935	10 488	8 622	3 135	764	427
廊坊市	9.50	170 375	10 165	8 190	2 697	908	490
保定市	20.00	316 024	9 195	6 412	2 206	894	363
沧州市	11.22	154 443	8 597	5 922	1 994	763	255
衡水市	8.34	114 918	8 947	6 720	1 906	698	755
邢台市	13.44	225 705	7 752	4 854	1 794	598	279
邯郸市	33.13	509 224	9 233	6 821	2 412	860	595

城市名称	医疗保健	交通和通信	教育文化娱乐服务	居住	城镇居民人均住房使用面积(平方米)	居民消费价格指数(上年=100)	年末离休、退休、退职人员(万人)
城市合计							**94.85**
石家庄市	691	698	921	790	21.54	101.9	17.25
承德市	613	602	717	585	16.11	101.8	3.74
张家口市	555	506	705	626	15.54	102.0	10.25
秦皇岛市	602	1 032	942	854	18.60	101.1	7.25
唐山市	765	1 463	889	949	16.82	102.2	19.86
廊坊市	1 326	745	790	996	23.62	101.2	2.79
保定市	593	640	815	712	22.89	101.2	8.90
沧州市	497	579	838	826	22.49	101.1	4.00
衡水市	758	619	865	903	22.07	101.7	2.41
邢台市	490	482	364	649	22.95	101.8	6.79
邯郸市	618	602	885	639	20.22	102.1	11.61

各城市固定资产投资

Investment in Fixed Assets

（2005年）

城市名称	全社会固定资产投资完成额（万元）	#城镇固定资产投资完成额	#房地产开发投资完成额	#住宅	施工项目个数（个）	#本年新开工项目	全年新增固定资产（万元）
城市合计	**16 124 189**	**14 475 504**	**3 031 367**	**2 196 027**	**4 045**	**2 798**	**6 959 919**
石家庄市	4 280 361	4 278 631	1 134 218	730 640	819	489	1 061 400
承德市	494 396	465 529	120 046	64 399	212	174	22 762
张家口市	594 872	576 840	146 854	126 843	168	127	340 151
秦皇岛市	1 254 399	1 170 460	281 542	233 119	252	140	719 359
唐山市	3 263 954	2 637 290	272 811	186 725	820	438	1 994 869
廊坊市	836 875	651 323	319 975	285 642	180	127	420 095
保定市	1 241 093	1 073 803	194 114	138 269	271	188	387 124
沧州市	962 234	926 906	126 688	100 528	261	228	420 399
衡水市	705 852	555 964	86 765	73 077	341	321	361 013
邢台市	783 365	749 571	127 014	90 152	263	192	484 209
邯郸市	1 706 788	1 389 187	221 340	166 633	458	374	748 538

城市名称	商品房屋销售面积（万平方米）	#住宅	商品房屋空置面积（万平方米）	商品房屋销售额（万元）	#住宅	现房平均销售价格（元/平方米）	期房平均销售价格（元/平方米）
城市合计	**921.97**	**841.20**	**188.23**	**2 056 657**	**1 561 329**		
石家庄市	145.47	137.27	17.27	341 096	288 507	2 342	2 348
承德市	43.57	37.51	18.71	87 856	67 061	2 024	2 009
张家口市	93.21	89.48	20.16	153 797	142 640	1 692	1 624
秦皇岛市	138.62	127.36	42.57	365 170	326 907	2 469	2 769
唐山市	117.54	82.78	9.57	344 639	25 416	2 905	3 240
廊坊市	130.13	126.48	25.05	304 476	291 625	2 441	2 145
保定市	34.22	31.18	12.47	65 217	56 598	1 553	2 028
沧州市	53.90	51.90	5.80	96 518	88 838	1 812	1 746
衡水市	52.39	51.28	8.82	93 082	89 512	1 779	1 573
邢台市	39.65	34.80	13.41	71 206	60 207	1 720	2 000
邯郸市	73.27	71.16	14.40	133 600	124 018	2 055	1 721

各城市财政、金融主要经济指标

Major Indicators of Public Finance and Banking

(2005 年)　　单位:万元

城市名称	地方财政一般预算收入	#各项税收	#企业所得税	#个人所得税	财政支出	#基本建设支出
城市合计	**2 188 464**	**1 695 859**	**170 044**	**124 075**	**3 207 952**	**312 067**
石家庄市	412 472	336 826	35 310	31 330	540 206	48 029
承德市	99 001	86 728	7 412	7 641	151 759	18 122
张家口市	149 557	120 105	7 536	6 815	278 906	58 430
秦皇岛市	205 060	162 166	12 788	10 014	290 976	23 284
唐山市	461 123	386 268	41 092	21 380	720 783	80 798
廊坊市	130 971	89 251	7 639	7 229	187 375	10 663
保定市	173 017	112 227	9 932	10 079	268 308	22 630
沧州市	134 082	100 253	8 388	7 885	180 729	9 937
衡水市	64 256	48 109	5 334	3 825	120 968	5 116
邢台市	118 541	82 668	10 346	7 710	138 558	6 139
邯郸市	240 384	171 258	24 267	10 167	329 384	28 919

城市名称	#企业挖潜改造资金	#科技三项费用	#城市维护建设费	#科学支出	#教育支出	#医疗卫生支出
城市合计	**88 189**	**35 017**	**287 766**	**13 106**	**451 522**	**170 435**
石家庄市	17 141	11 548	43 640	3 727	92 480	33 731
承德市	2 374	672	10 385	595	18 179	6 565
张家口市	6 101	843	24 871	1 119	28 422	11 550
秦皇岛市	5 038	1 857	35 054	513	36 294	8 710
唐山市	26 716	7 727	78 625	1 943	100 941	41 784
廊坊市	1 402	6 781	23 772	1 034	38 851	8 287
保定市	7 415	2 060	17 348	765	27 216	19 585
沧州市	744	547	21 156	1 423	37 371	11 098
衡水市	643	532	3 937	532	15 235	5 569
邢台市	3 668	397	6 561	488	19 142	6 522
邯郸市	16 947	2 053	22 417	967	37 391	17 034

城市名称	#抚恤和社会福利救济	#社会保障补助支出	#政策性补贴支出	年末金融机构存款余额	#城乡居民储蓄存款余额	年末金融机构贷款余额
城市合计	**95 492**	**210 339**	**7 285**	**55 304 601**	**30 524 929**	**35 236 762**
石家庄市	20 187	33 656		18 216 740	7 418 651	12 446 474
承德市	4 737	11 892	124	1 797 661	1 032 328	1 200 836
张家口市	9 083	25 658	221	2 728 079	1 760 050	1 796 441
秦皇岛市	8 192	15 130	3 511	4 641 860	2 639 104	3 074 844
唐山市	22 841	57 226	746	10 302 241	5 849 412	5 954 989
廊坊市	3 841	5 550	95	2 910 430	1 526 962	1 668 495
保定市	5 249	19 955	300	3 282 072	2 325 235	1 747 156
沧州市	4 546	8 490	597	2 106 753	1 241 738	1 599 383
衡水市	3 289	3 796	700	1 754 119	906 560	1 235 500
邢台市	4 793	6 326	694	3 037 268	2 283 861	1 619 889
邯郸市	8 734	22 660	297	4 527 378	3 541 028	2 892 755

各城市规模以上工业企业主要经济指标

Major Indicators on Economic Benefit of Industrial Enterprises Above Designated Size

（2005 年）　　单位:万元

城市名称	工业企业单位（个）	内资企业	港、澳、台商投资企业	外商投资企业	工业总产值	内资企业	港、澳、台商投资企业	外商投资企业
城市合计	**2 544**	**2 154**	**117**	**273**	**52 831 198**	**44 251 684**	**3 156 196**	**5 423 318**
石家庄市	373	316	25	32	9 416 817	8 690 785	251 170	474 862
承德市	109	103	1	5	2 037 668	1 995 775	7 705	34 188
张家口市	152	139	1	12	2 816 639	2 235 825	3 699	577 115
秦皇岛市	271	194	20	57	3 626 022	1 849 882	158 204	1 617 936
唐山市	767	688	25	54	17 689 736	14 898 876	1 365 207	1 425 653
廊坊市	172	94	11	67	1 615 462	776 619	175 194	663 649
保定市	177	151	10	16	3 046 981	2 747 802	176 079	123 100
沧州市	102	90	3	9	2 377 172	2 339 544	9 265	28 363
衡水市	128	111	10	7	1 589 204	1 304 084	234 816	50 304
邢台市	93	87	1	5	2 156 084	1 466 511	678 350	11 223
邯郸市	200	181	10	9	6 459 413	5 945 981	96 507	416 925

城市名称	工业增加值	从业人员年平均人数（万人）	流动资产年平均余额	固定资产净值年平均余额	主营业务收入	#主营业务税金及附加	本年应交增值税	工业利润总额
城市合计	**14 527 037**	**137.19**	**22 428 802**	**24 021 667**	**52 490 031**	**528 142**	**2 007 006**	**2 396 079**
石家庄市	2 362 135	25.82	4 170 292	4 600 885	9 415 171	158 692	360 550	297 110
承德市	505 612	5.23	856 052	978 245	1 679 383	10 278	78 109	26 063
张家口市	958 333	8.97	1 174 928	1 490 186	2 805 848	123 328	170 618	193 530
秦皇岛市	910 674	7.78	1 769 739	1 654 592	3 714 799	12 762	74 065	94 404
唐山市	4 975 652	40.58	6 999 306	6 956 164	17 914 695	75 380	673 826	1 085 269
廊坊市	374 497	3.72	896 057	784 242	1 522 769	4 792	46 210	63 300
保定市	654 325	8.93	1 748 974	1 400 946	2 989 317	45 511	84 600	100 871
沧州市	539 788	4.00	714 140	832 529	2 466 680	41 670	37 023	4 963
衡水市	472 456	3.78	724 345	666 239	1 559 192	8 223	50 243	111 035
邢台市	660 404	7.43	810 213	1 002 685	2 145 269	11 546	109 669	124 162
邯郸市	2 113 161	20.95	2 564 756	3 654 954	6 276 908	35 960	322 093	305 298

各城市交通邮电及用电情况

Conditions of Transportation, Post and Telecommunications Services and Electricity Consumption

（2005年）

城市名称	民用汽车拥有量（辆）	#私　人	公路客运量（万人）	公路货运量（万吨）	年末邮政局（所）数（处）	邮　政业务收入（万元）	电　信业务收入（万元）
城市合计	**2 829 441**	**1 988 958**	**75 402**	**68 652**	**406**	**115 278**	**1 268 408**
石家庄市	463 870	318 794	12 797	10 546	85	26 449	408 543
承 德 市	110 601	84 584	3 124	3 108	29	3 558	43 011
张家口市	145 788	102 887	2 759	5 278	19	3 344	64 531
秦皇岛市	138 886	80 794	5 833	4 260	46	8 787	89 689
唐 山 市	356 327	248 722	11 198	10 607	67	14 883	193 141
廊 坊 市	326 021	270 563	5 147	5 203	32	5 601	69 265
保 定 市	425 397	240 972	7 339	6 552	25	26 371	80 297
沧 州 市	259 316	218 644	6 568	7 964	15	6 355	58 978
衡 水 市	138 610	81 801	3 603	3 613	17	2 200	40 278
邢 台 市	189 677	138 858	5 513	3 154	19	8 567	50 531
邯 郸 市	274 948	202 339	11 521	8 367	52	9 163	170 144

城市名称	固定电话用户数（万户）	移动电话用户数（户）	国际互联网用户数（户）	能源消耗量（万吨标准煤）	全年用电量（万千瓦小时）	#工业用电	#城乡居民生活用电
城市合计	**523.05**	**8 222 243**	**2 180 430**	**10 291**	**6 961 006**	**5 457 922**	**434 743**
石家庄市	95.32	2 134 587	825 314	1 425	1 086 019	782 249	111 552
承 德 市	14.22	277 800	70 254	305	232 313	80 672	14 538
张家口市	39.06	565 001	137 476	509	478 621	277 726	19 416
秦皇岛市	42.34	754 650	239 598	309	514 964	350 117	43 835
唐 山 市	124.56	1 751 355	152 854	4 468	2 524 982	2 361 729	55 152
廊 坊 市	29.69	455 363	83 947	48	147 977	77 367	24 553
保 定 市	44.68	595 980	199 302	159	434 311	349 390	40 797
沧 州 市	24.63	306 720	90 686	190	166 345	110 831	19 945
衡 水 市	25.13	270 598	51 900	217	150 249	113 064	24 726
邢 台 市	27.91	370 127	105 045	873	380 255	267 942	28 036
邯 郸 市	55.51	740 062	224 054	1 788	844 970	686 835	52 193

各城市内贸、外经主要经济指标

Major Indicators of Domestic Trade and Foreign Economy Trade

（2005 年）

城市名称	限额以上批发零售贸易业商品销售总额（万元）	社会消费品零售总额（万元）	限额以上批发零售贸易企业（个）	#零售业	当年新签外资项目（合同）（个）
城市合计	**12 927 902**	**10 268 299**	**632**	**290**	**211**
石家庄市	4 460 886	2 524 498	157	61	23
承 德 市	361 720	367 818	27	13	3
张家口市	489 618	771 000	43	25	6
秦皇岛市	1 285 932	1 040 430	49	23	41
唐 山 市	1 864 056	2 163 679	99	46	41
廊 坊 市	831 004	268 204	33	14	30
保 定 市	1 439 222	1 115 250	67	34	10
沧 州 市	568 182	298 782	30	11	19
衡 水 市	150 092	389 045	28	10	7
邢 台 市	493 399	435 229	28	12	3
邯 郸 市	983 791	894 364	71	41	28

城市名称	当年合同外资金额（万美元）	当年实际使用外资金额（万美元）	#外商直接投资金额	已投产（营业）外资企业数（个）	外资企业从业人员（人）
城市合计	**132 641**	**116 486**	**89 748**	**814**	**181 551**
石家庄市	4 402	24 203	11 375	165	49 730
承 德 市	1 461	1 392	1 346	18	2 906
张家口市	4 565	694	341	26	3 160
秦皇岛市	43 498	18 496	18 430	137	25 022
唐 山 市	39 194	33 623	30 321	161	47 747
廊 坊 市	10 291	14 122	7 959	80	16 769
保 定 市	8 846	9 660	7 786	86	7 795
沧 州 市	5 909	2 149	2 149	38	4 700
衡 水 市	5 626	3 236	2 945	30	4 962
邢 台 市	285	3 069	3 063	14	7 879
邯 郸 市	8 564	5 842	4 033	59	10 881

各城市教育事业及专业技术人员主要经济指标

Conditions of Education and Scientific and Technical Personnel

(2005年)

城市名称	学校数(个)				专任教师数(人)			
	普通高等学校	中等职业技术学校	普通中学	小学	普通高等学校	中等职业技术学校	普通中学	小学
城市合计	**80**	**354**	**681**	**1 680**	**42 008**	**21 217**	**53 102**	**48 394**
石家庄市	32	115	106	208	15 665	5 835	8 340	7 382
承德市	5	14	22	63	1 511	574	2 270	1 639
张家口市	3	19	55	140	1 847	1 748	4 049	3 698
秦皇岛市	4	17	52	88	3 426	982	4 074	3 756
唐山市	8	50	166	466	3 922	3 344	12 282	11 099
廊坊市	5	13	37	174	2 704	1 016	3 062	3 437
保定市	9	30	45	118	6 975	1 550	3 392	3 254
沧州市	4	12	32	86	948	1 081	2 635	2 743
衡水市	2	23	24	86	695	1 307	2 709	2 513
邢台市	4	25	62	73	1 661	1 552	3 958	2 423
邯郸市	4	36	80	178	2 654	2 228	6 331	6 450

城市名称	在校学生数					各类专业技术人员(人)	#中级技术职称以上人员
	普通高等学校(人)	中等职业技术学校(人)	普通中学(万人)	小学(万人)	成人高等教育学校(人)		
城市合计	**731 233**	**471 592**	**83.99**	**80.75**	**191 696**	**363 497**	**166 482**
石家庄市	268 128	161 708	13.53	15.19	23 780	59 452	28 730
承德市	24 094	13 659	3.12	2.87	6 257	15 700	8 844
张家口市	29 136	26 230	6.16	6.53	16 430	46 609	16 777
秦皇岛市	67 844	12 890	4.85	4.85	14 857	33 053	15 522
唐山市	71 961	62 033	17.75	17.60	28 525	67 872	32 704
廊坊市	40 911	28 814	4.81	5.11	10 424	16 759	6 433
保定市	120 832	40 858	5.39	5.91	62 301	26 881	11 567
沧州市	18 575	18 086	4.30	3.84	8 313	14 865	8 095
衡水市	9 281	26 991	4.11	3.46	1 552	24 611	9 460
邢台市	33 641	29 792	7.79	4.69	8 461	20 495	9 750
邯郸市	46 830	50 531	12.18	10.70	10 796	37 200	18 600

各城市文化、卫生及社会保障情况

Conditions of Culture, Public Health, Social Security

（2005 年）

城市名称	剧场、影剧院（个）	公共图书馆图书藏量（千册）	医院、卫生院（个）	医院、卫生院床位数（张）	医生数（人）	基本养老保险参保人数（人）
城市合计	**40**	**7 009**	**619**	**70 931**	**34 990**	**3 277 023**
石家庄市	6	2 548	75	12 103	8 154	665 643
承 德 市	2	298	30	3 644	1 326	93 656
张家口市	3	681	47	4 896	2 515	331 215
秦皇岛市	1	536	38	3 650	2 016	257 190
唐 山 市	13	955	130	13 667	6 687	670 759
廊 坊 市	2	441	39	2 729	1 458	118 516
保 定 市	2	710	58	8 411	3 676	277 875
沧 州 市	2	206	16	3 299	1 834	122 516
衡 水 市	2	75	36	2 748	1 820	112 147
邢 台 市	3	179	38	4 773	2 098	184 124
邯 郸 市	4	380	112	11 011	3 406	443 382

城市名称	基本医疗保险参保人数（人）	失业保险参保人数（人）	社会福利院（个）	社会福利院床位数（张）	社区服务设施（个）	城镇居民最低生活保障人数（人）
城市合计	**3 222 828**	**3 000 954**	**186**	**11 384**	**6 497**	**305 437**
石家庄市	670 324	588 100	15	2 194	1 288	33 104
承 德 市	110 274	117 798	14	435	162	27 226
张家口市	265 082	240 417	10	836	180	61 227
秦皇岛市	289 414	198 443	7	385	122	21 597
唐 山 市	635 219	516 868	72	4 585	1 191	29 835
廊 坊 市	131 681	68 214	18	621	58	15 464
保 定 市	333 862	311 065	6	514	167	13 539
沧 州 市	153 912	107 210	5	298	1 053	11 584
衡 水 市	81 541	74 184	10	555	47	12 012
邢 台 市	155 185	179 195	7	232	849	19 643
邯 郸 市	396 334	599 460	22	729	1 380	60 206

各城市市政公用事业

Basic Statistics on Urban Public Utilities

（2005年）

城市名称	年末实有城市道路面积（万平方米）	排水管道长度（公里）	供水综合生产能力（万立方米/日）	供水总量（万平方米）	#居民家庭用水	用水人口（万人）	煤气（人工、天然气）供气总量（万平方米）	#家庭用量	用煤气(人工、天然气)人口（万人）
城市合计	**11 595**	**7 982**	**650.95**	**123 370**	**39 558**	**1 028.79**	**98 794**	**35 134**	**503.87**
石家庄市	1 932	1 559	109.17	26 612	7 428	214.40	15 891	6 682	129.40
承德市	371	270	34.45	7 621	3 515	46.14	22 370	332	4.40
张家口市	800	530	77.20	10 756	3 236	86.54	5 018	3 411	49.00
秦皇岛市	1 157	1 141	41.70	10 845	2 517	77.63	5 088	3 356	34.27
唐山市	1 946	1 365	118.05	21 313	10 736	185.56	23 627	10 130	100.73
廊坊市	552	315	22.10	3 368	1 656	36.70	3 418	1 526	28.76
保定市	1 217	663	52.00	9 209	2 296	100.71	3 723	878	33.75
沧州市	724	290	28.80	3 931	1 440	49.89	1 824	304	10.79
衡水市	503	309	11.88	2 482	834	32.50			
邢台市	686	477	53.60	7 571	1 660	57.87	5 602	989	22.20
邯郸市	1 708	1 064	102.00	19 662	4 240	140.85	12 233	7 526	90.57

城市名称	液化石油气供气总量（吨）	#家庭用量	用液化气人口（万人）	公共交通运营车（标台）	全年公共汽(电)车客运总量（万人次）	年末实有出租汽车（辆）	园林绿地面积（公顷）	#公共绿地面积	建成区绿化覆盖面积（公顷）
城市合计	**160 083**	**120 106**	**468.84**	**8 712**	**94 788**	**36 963**	**37 064**	**8 662**	**35 901**
石家庄市	24 870	18 155	85.00	1 789	26 583	6 700	5 410	1 574	5 444
承德市	9 386	8 791	35.94	312	6 815	2 026	1 599	914	1 804
张家口市	14 058	11 012	24.85	674	5 486	3 650	2 687	381	2 601
秦皇岛市	12 951	11 652	43.36	743	10 317	3 567	3 686	659	3 516
唐山市	35 778	25 442	81.13	1 865	13 169	4 304	7 441	1 699	8 556
廊坊市	2 210	2 210	7.94	208	2 500	1 700	3 523	458	2 072
保定市	30 603	14 385	64.95	603	7 692	2 836	3 050	710	3 554
沧州市	9 181	7 481	39.10	334	5 105	3 018	1 008	150	1 260
衡水市	4 055	4 055	27.20	302	1 150	1 440	902	207	1 053
邢台市	8 228	8 228	25.52	438	5 132	3 148	3 003	376	1 658
邯郸市	8 763	8 695	33.85	1 444	10 839	4 574	4 756	1 535	4 383

各市地区生产总值及指数

Gross Domestic Product and Its Indices

（2005年）

市	地区生产总值（亿元）	第一产业	第二产业	工业	建筑业	第三产业
全省	**10 096.11**	**1 503.07**	**5 232.50**	**4 665.21**	**567.29**	**3 360.54**
石家庄市	1 786.78	247.76	865.66	764.98	100.68	673.35
承德市	360.29	65.74	183.54	155.22	28.32	111.01
张家口市	415.79	67.36	185.93	165.00	20.93	162.50
秦皇岛市	491.15	51.27	190.35	165.01	25.34	249.52
唐山市	2 027.64	236.19	1 161.73	1 076.09	85.64	629.72
廊坊市	621.23	100.75	336.04	292.01	44.03	184.43
保定市	1 072.14	196.13	523.20	435.55	87.65	352.82
沧州市	1 130.80	135.40	603.79	548.64	55.15	391.61
衡水市	519.69	90.56	275.29	247.59	27.70	153.84
邢台市	680.75	124.33	390.07	355.91	34.16	166.35
邯郸市	1 157.29	158.08	582.09	510.15	71.94	417.12

市	地区生产总值指数（上年=100）	第一产业	第二产业	工业	建筑业	第三产业
全省	**113.4**	**106.2**	**115.4**	**115.7**	**113.5**	**113.2**
石家庄市	113.7	105.5	118.3	119.4	110.0	110.9
承德市	116.6	113.2	122.7	126.2	106.0	111.0
张家口市	113.1	108.7	117.9	118.0	117.4	109.8
秦皇岛市	112.1	106.9	112.4	112.4	112.0	112.8
唐山市	115.1	106.3	117.2	117.3	115.7	115.3
廊坊市	113.1	102.9	115.8	116.3	111.6	113.2
保定市	113.3	104.4	117.7	118.6	114.0	111.6
沧州市	117.0	106.1	121.7	121.2	126.8	112.9
衡水市	114.1	105.0	117.3	118.5	107.2	112.1
邢台市	113.0	105.6	115.9	116.1	114.2	111.6
邯郸市	116.3	107.3	119.5	119.0	121.9	115.9

主要年份各市地区生产总值

Gross DomesticProduct in Main Years

单位:亿元

市	1995 年	2000 年	2001 年	2002 年	2003 年	2004 年	2005 年
全　省	**2 849.52**	**5 043.96**	**5 516.76**	**6 018.28**	**6 921.29**	**8 477.63**	**10 096.11**
石家庄市	533.56	969.83	1 044.38	1 134.82	1 307.35	1 541.70	1 786.78
承 德 市	97.47	161.16	179.27	195.72	228.50	292.83	360.29
张家口市	149.49	227.89	244.88	267.69	306.31	368.65	415.79
秦皇岛市	166.21	263.13	284.84	314.15	361.66	430.28	491.15
唐 山 市	498.60	915.05	1 006.46	1 102.29	1 295.32	1 630.04	2 027.64
廊 坊 市	184.90	328.91	368.70	410.20	471.35	545.10	621.23
保 定 市	338.23	592.22	636.05	690.65	778.69	922.95	1 072.14
沧 州 市	250.96	451.34	487.20	516.33	608.86	730.56	1 130.80
衡 水 市	163.54	277.22	309.79	348.92	396.77	454.66	519.69
邢 台 市	200.51	366.28	395.68	420.28	486.61	594.86	680.75
邯 郸 市	289.86	542.35	584.28	637.23	735.91	896.15	1 157.29

注:2000—2003 年全省数据及各市 1999、2000—2003 年数据为按照经济普查口径调整的历史数据,其中唐山未做历史数据调整,衡水、邢台和邯郸 1995 年数据为原年报数,未做调整。

各市支出法计算的地区生产总值

Gross Domestic Product by Expenditure Approach

(2005 年)　　单位:亿元

市	地区生产总值	最终消费	居民消费	政府消费	资本形成总额	货物和服务净流出
全　省	**10 096.11**	**4 315.20**	**2 944.38**	**1 370.82**	**4 628.48**	**1 152.43**
石家庄市	1 786.78	677.58	481.34	196.24	987.60	121.60
承 德 市	360.29	177.57	136.91	40.66	209.82	-27.10
张家口市	415.79	196.40	136.78	59.62	195.04	24.34
秦皇岛市	491.10	191.31	132.88	58.43	209.39	90.40
唐 山 市	2 027.64	640.18	457.96	182.22	651.50	735.96
廊 坊 市	621.23	240.30	192.37	47.94	359.55	21.37
保 定 市	1072.14	559.39	419.77	139.63	597.13	-84.38
沧 州 市	1 130.80	396.44	301.32	95.12	551.50	182.86
衡 水 市	518.65	227.63	174.86	52.77	276.13	14.89
邢 台 市	680.76	291.94	227.14	64.80	381.22	7.60
邯 郸 市	1 157.29	373.58	319.59	54.00	637.90	145.81

各市人口数及人口自然变动

Total Population and Natural Changes of Population

（2005 年）

市	总人口（万人）	#男性	出生率（‰）	死亡率（‰）	自然增长率（‰）
全省	**6 851**	**3 441**	**12.84**	**6.75**	**6.09**
石家庄市	961	481	12.17	6.34	5.84
承德市	337	171	14.33	7.25	7.07
张家口市	418	213	12.99	7.45	5.54
秦皇岛市	288	145	12.48	6.47	6.01
唐山市	726	366	11.50	6.48	5.01
廊坊市	396	201	12.07	6.56	5.51
保定市	1 073	530	13.59	6.83	6.76
沧州市	684	348	12.50	6.26	6.24
衡水市	422	211	12.44	7.29	5.15
邢台市	680	344	13.12	6.74	6.37
邯郸市	866	432	13.84	7.08	6.75

各市人口年龄构成和抚养比

Age Composition and Dependency Ratio of Population by Region

（2005 年）

市	人口数（人）	0—14 岁	15—64 岁	65 岁及以上	总抚养比（%）	少年儿童抚养比	老年人口抚养比
全省	**552 431**	**97 639**	**409 642**	**45 150**	**34.86**	**23.84**	**11.02**
石家庄市	76 608	13 066	57 612	5 930	32.97	22.68	10.29
承德市	27 831	5 161	20 267	2 403	37.32	25.47	11.86
张家口市	34 721	6 025	24 970	3 726	39.05	24.13	14.92
秦皇岛市	21 547	3 673	15 875	1 999	35.73	23.14	12.59
唐山市	59 828	9 160	44 989	5 679	32.98	20.36	12.62
廊坊市	32 398	5 473	24 290	2 635	33.38	22.53	10.85
保定市	86 966	15 835	64 178	6 953	35.51	24.67	10.83
沧州市	53 514	9 591	39 744	4 179	34.65	24.13	10.51
衡水市	35 057	6 214	26 202	2 641	33.80	23.72	10.08
邢台市	53 847	9 749	40 006	4 092	34.60	24.37	10.23
邯郸市	70 114	13 692	51 509	4 913	36.12	26.58	9.54

注：本表是 2005 年人口变动情况抽样调查样本数据，抽样比为 8.06‰。

各市户数、人口数、性别比和户规模

Household, Population and Sex Ratio by Region

(2005年)

市	户数(户)	家庭户	集体户	人口数(人)	男	女	性别比(女=100)
全省	**166 200**	**165 020**	**1 180**	**552 431**	**277 478**	**274 953**	**100.92**
石家庄市	21 969	21 599	370	76 608	38 321	38 287	100.09
承德市	8 901	8 775	126	27 831	14 089	13 742	102.53
张家口市	12 532	12 443	89	34 721	17 734	16 987	104.40
秦皇岛市	7 230	7 204	26	21 547	10 846	10 701	101.36
唐山市	19 366	19 235	131	59 828	30 130	29 698	101.45
廊坊市	9 410	9 355	55	32 398	16 451	15 947	103.16
保定市	25 433	25 286	147	86 966	42 935	44 031	97.51
沧州市	16 568	16 497	71	53 514	27 243	26 271	103.70
衡水市	10 702	10 597	105	35 057	17 522	17 535	99.93
邢台市	15 064	15 027	37	53 847	27 249	26 598	102.45
邯郸市	19 025	19 002	23	70 114	34 958	35 156	99.44

市	家庭户人口数(人)	男	女	集体户人口数(人)	男	女	平均家庭户规模(人/户)
全省	**547 852**	**275 357**	**272 495**	**4 579**	**2 121**	**2 458**	**3.32**
石家庄市	75 066	37 867	37 199	1 542	454	1 088	3.48
承德市	27 403	13 812	13 591	428	277	151	3.12
张家口市	34 479	17 545	16 934	242	189	53	2.77
秦皇岛市	21 486	10 796	10 690	61	50	11	2.98
唐山市	59 246	29 937	29 309	582	193	389	3.08
廊坊市	32 301	16 385	15 916	97	66	31	3.45
保定市	86 175	42 567	43 608	791	368	423	3.41
沧州市	53 245	27 021	26 224	269	222	47	3.23
衡水市	34 728	17 364	17 364	329	158	171	3.28
邢台市	53 693	27 148	26 545	154	101	53	3.57
邯郸市	70 030	34 915	35 115	84	43	41	3.69

注:本表是2005年人口变动情况抽样调查样本数据,抽样比为8.06‰。

各市按性别和婚姻状况分的人口

Population by Sex, Marital Status and Region

（2005 年） 单位：人

市	15岁及以上人口	男	女	未婚	男	女	初婚有配偶	男	女
全　省	**454 792**	**225 210**	**229 582**	**91 493**	**50 760**	**40 733**	**328 391**	**161 027**	**167 364**
石家庄市	63 542	31 234	32 308	14 217	7 458	6 759	44 709	22 050	22 659
承 德 市	22 670	11 382	11 288	3 904	2 393	1 511	16 694	8 182	8 512
张家口市	28 696	14 626	14 070	4 547	2 901	1 646	21 346	10 612	10 734
秦皇岛市	17 874	8 897	8 977	2 751	1 620	1 131	13 622	6 699	6 923
唐 山 市	50 668	25 446	25 222	9 500	5 330	4 170	36 689	18 318	18 371
廊 坊 市	26 925	13 512	13 413	5 797	3 247	2 550	19 409	9 606	9 803
保 定 市	71 131	34 588	36 543	14 209	7 806	6 403	51 592	24 738	26 854
沧 州 市	43 923	21 899	22 024	8 391	4 627	3 764	32 439	16 023	16 416
衡 水 市	28 843	14 267	14 576	5 445	3 019	2 426	21 280	10 489	10 791
邢 台 市	44 098	21 903	22 195	9 923	5 546	4 377	30 912	15 156	15 756
邯 郸 市	56 422	27 456	28 966	12 809	6 813	5 996	39 699	19 154	20 545

市	再婚有配偶	男	女	离婚	男	女	丧偶	男	女
全　省	**9 183**	**3 819**	**5 364**	**3 202**	**2 136**	**1 066**	**22 523**	**7 468**	**15 055**
石家庄市	1 168	526	642	409	251	158	3 039	949	2 090
承 德 市	649	279	370	205	129	76	1 218	399	819
张家口市	927	316	611	324	227	97	1 552	570	982
秦皇岛市	456	178	278	174	90	84	871	310	561
唐 山 市	1 511	601	910	493	303	190	2 475	894	1 581
廊 坊 市	438	178	260	144	105	39	1 137	376	761
保 定 市	1 298	516	782	493	341	152	3 539	1 187	2 352
沧 州 市	841	366	475	272	186	86	1 980	697	1 283
衡 水 市	458	196	262	140	97	43	1 520	466	1 054
邢 台 市	620	281	339	249	185	64	2 394	735	1 659
邯 郸 市	817	382	435	299	222	77	2 798	885	1 913

注：本表是 2005 年人口变动情况抽样调查样本数据 抽样比为 8.06‰。

各市按性别和受教育程度分的人口

Population by Sex, Educational Level and Region

（2005 年）　　单位:人

市	6岁及6岁以上人口	男	女	未上过学	男	女	小　学	男	女
全　省	**515 480**	**257 255**	**258 225**	**35 564**	**9 404**	**26 160**	**154 961**	**73 219**	**81 742**
石家庄市	71 952	35 779	36 173	3 981	1 028	2 953	17 916	8 607	9 309
承 德 市	25 902	13 060	12 842	2 624	771	1 853	8 456	3 959	4 497
张家口市	32 514	16 595	15 919	3 062	1 007	2 055	11 859	5 911	5 948
秦皇岛市	20 178	10 086	10 092	1 093	277	816	6 315	3 020	3 295
唐 山 市	56 338	28 304	28 034	3 363	763	2 600	16 651	8 071	8 580
廊 坊 市	30 492	15 391	15 101	1 883	495	1 388	10 057	4 771	5 286
保 定 市	80 564	39 474	41 090	5 316	1 510	3 806	25 139	11 805	13 334
沧 州 市	49 868	25 183	24 685	4 006	1 077	2 929	15 327	7 284	8 043
衡 水 市	32 639	16 205	16 434	1 516	320	1 196	10 259	4 877	5 382
邢 台 市	50 240	25 229	25 011	3 730	907	2 823	14 032	6 474	7 558
邯 郸 市	64 793	31 949	32 844	4 990	1 249	3 741	18 950	8 440	10 510

市	初　中	男	女	高　中	男	女	大专以上	男	女
全　省	**238 523**	**127 569**	**110 954**	**62 043**	**34 304**	**27 739**	**24 389**	**12 759**	**11 630**
石家庄市	31 635	16 639	14 996	11 756	6 298	5 458	6 664	3 207	3 457
承 德 市	10 293	5 748	4 545	3 117	1 763	1 354	1 412	819	593
张家口市	12 339	6 739	5 600	3 951	2 154	1 797	1 303	784	519
秦皇岛市	8 630	4 544	4 086	3 025	1 633	1 392	1 115	612	503
唐 山 市	25 397	13 718	11 679	7 964	4 313	3 651	2 963	1 439	1 524
廊 坊 市	14 396	7 791	6 605	2 868	1 628	1 240	1 288	706	582
保 定 市	37 897	19 698	18 199	9 111	4 859	4 252	3 101	1 602	1 499
沧 州 市	23 650	12 935	10 715	4 918	2 809	2 109	1 967	1 078	889
衡 水 市	16 764	8 751	8 013	3 081	1 724	1 357	1 019	533	486
邢 台 市	26 213	14 175	12 038	5 013	2 969	2 044	1 252	704	548
邯 郸 市	31 309	16 831	14 478	7 239	4 154	3 085	2 305	1 275	1 030

注:本表是 2005 年人口变动情况抽样调查样本数据,抽样比为 8.06‰。

各市按性别分15岁及15岁以上文盲、半文盲人口
Illiterate and Semi-Literate PopulationAged 15 and Over by Sex and Region

（2005年） 单位：人、%

市	15岁及15岁以上人口	男	女	文盲、半文盲人口	男	女	文盲、半文盲占15岁及以上人口的比	男	女
全　省	**454 792**	**225 210**	**229 582**	**32 675**	**8 432**	**24 243**	**7.18**	**3.74**	**10.56**
石家庄市	63 542	31 234	32 308	3 606	920	2 686	5.67	2.95	8.31
承 德 市	22 670	11 382	11 288	2 434	686	1 748	10.74	6.03	15.49
张家口市	28 696	14 626	14 070	2 852	922	1 930	9.94	6.30	13.72
秦皇岛市	17 874	8 897	8 977	964	235	729	5.39	2.64	8.12
唐 山 市	50 668	25 446	25 222	3 149	694	2 455	6.21	2.73	9.73
廊 坊 市	26 925	13 512	13 413	1 712	441	1 271	6.36	3.26	9.48
保 定 市	71 131	34 588	36 543	4 813	1 330	3 483	6.77	3.85	9.53
沧 州 市	43 923	21 899	22 024	3 665	946	2 719	8.34	4.32	12.35
衡 水 市	28 843	14 267	14 576	1 391	285	1 106	4.82	2.00	7.59
邢 台 市	44 098	21 903	22 195	3 498	843	2 655	7.93	3.85	11.96
邯 郸 市	56 422	27 456	28 966	4 591	1 130	3 461	8.14	4.12	11.95

注：本表是2005年人口变动情况抽样调查样本数据，抽样比为8.06‰。

各　市　职　工　人　数
Number of Staff and Workers

（2005年底） 单位：万人

市	职工人数	#国有经济	#城镇集体经济	在岗职工人数	#国有经济	#城镇集体经济
全　省	**557.83**	**390.46**	**48.90**	**483.68**	**342.76**	**36.65**
石家庄市	97.84	71.34	10.50	86.34	64.19	8.56
承 德 市	25.91	17.64	1.49	23.36	16.00	1.21
张家口市	44.23	33.14	5.39	34.50	26.52	3.16
秦皇岛市	30.10	20.58	1.61	27.11	18.75	1.25
唐 山 市	84.06	46.19	5.72	72.12	40.17	4.50
廊 坊 市	25.73	19.43	1.14	23.86	17.85	0.97
保 定 市	67.72	49.80	6.10	59.01	43.28	4.84
沧 州 市	50.21	35.11	4.80	45.93	32.49	3.76
衡 水 市	23.74	17.62	2.59	21.43	15.98	2.25
邢 台 市	37.47	26.83	2.96	31.69	22.79	2.24
邯 郸 市	69.22	51.17	6.60	56.84	43.25	3.91

注：全省总计中含河北驻天津单位和其他单位，不等于各市汇总数。

各市城镇单位就业人员劳动报酬

Labor Reward of Urban Units Employment

（2005年）　　单位：万元

市	就业人员劳动报酬	在岗职工工资总额	#国有经济	#城镇集体经济	其他就业人员劳动报酬	离开本单位仍保留劳动关系职工的生活费
全　省	**7 292 085**	**7 160 660**	**5 260 503**	**341 572**	**131 426**	**351 257**
石家庄市	1 339 486	1 327 349	1 086 085	77 184	12 137	57 067
承 德 市	333 338	331 632	229 554	11 419	1 706	16 375
张家口市	477 444	471 850	372 078	28 374	5 594	36 800
秦皇岛市	506 470	496 353	358 503	17 520	10 117	21 279
唐 山 市	1 254 060	1 233 068	651 788	43 959	20 992	74 966
廊 坊 市	361 726	354 202	270 219	9 850	7 523	12 824
保 定 市	842 674	789 430	627 420	44 876	53 244	36 321
沧 州 市	668 800	663 245	499 748	37 203	5 554	20 500
衡 水 市	259 623	256 895	195 770	22 989	2 729	11 732
邢 台 市	435 703	431 166	302 533	16 601	4 537	26 829
邯 郸 市	792 408	785 301	646 637	31 597	7 106	36 089

注：全省总计中含河北驻天津单位和其他单位，不等于各市汇总数。

各市在岗职工工资总额及平均工资

Total Wages and Average Wage of Staff and Workers(on Post)

（2005年）

市	在岗职工工资总额（万元）	国有经济	城镇集体经济	其他经济类型	在岗职工平均工资（元）	国有经济	城镇集体经济	其他经济类型
全　省	**7 160 660**	**5 260 503**	**341 572**	**1 558 585**	**14 707**	**15 291**	**9 041**	**14 835**
石家庄市	1 327 349	1 086 085	77 184	164 080	15 239	16 791	8 875	11 954
承 德 市	331 632	229 554	11 419	90 658	13 898	14 232	9 248	13 952
张家口市	471 850	372 078	28 374	71 398	13 505	13 998	8 747	13 958
秦皇岛市	496 353	358 503	17 520	120 330	17 529	18 517	10 881	16 380
唐 山 市	1 233 068	651 788	43 959	537 321	17 105	16 243	9 787	19 560
廊 坊 市	354 202	270 219	9 850	74 133	14 914	15 204	10 133	14 812
保 定 市	789 430	627 420	44 876	117 134	13 275	14 488	8 777	10 602
沧 州 市	663 245	499 748	37 203	126 295	14 488	15 390	9 440	13 483
衡 水 市	256 895	195 770	22 989	38 136	12 038	12 241	10 432	12 131
邢 台 市	431 166	302 533	16 601	112 032	13 546	13 265	7 162	16 712
邯 郸 市	785 301	646 637	31 597	107 068	13 776	14 896	7 989	11 106

注：全省总计中含华北石油、河北驻天津单位和其他单位，不等于各市汇总数。

各市全社会固定资产投资

Total Investment in Fixed Assets

(2005 年)　　单位:万元

市	投资总额	城镇	建设项目	房地产开发	城镇工矿区个人建房	农村	非农户	农户
全省	**42 102 474**	**33 783 207**	**29 162 424**	**3 915 256**	**705 527**	**8 319 267**	**5 944 782**	**2 374 485**
石家庄市	9 290 289	7 947 681	6 678 020	1 221 027	48 634	1 342 608	961 455	381 153
承德市	1 892 496	1 419 298	1 249 441	158 715	11 142	473 198	385 558	87 640
张家口市	1 677 488	1 331 721	1 107 394	214 307	10 020	345 767	256 610	89 157
秦皇岛市	1 649 322	1 299 415	991 141	306 961	1 313	349 907	281 968	67 939
唐山市	6 357 025	4 527 465	4 067 120	391 197	69 148	1 829 560	1 541 569	287 991
廊坊市	3 416 103	2 600 020	1 993 295	586 182	20 543	816 083	624 544	191 539
保定市	5 603 258	4 127 394	3 632 298	289 209	204 887	1 475 864	968 475	507 389
沧州市	3 545 152	1 948 652	1 706 778	184 660	57 214	1 596 500	1 327 440	269 060
衡水市	3 184 608	1 760 146	1 530 107	132 159	97 880	1 424 462	1 130 224	294 238
邢台市	3 490 735	1 972 400	1 760 553	153 307	58 540	1 518 335	774 706	743 629
邯郸市	4 909 695	3 620 995	3 218 257	277 532	125 206	1 288 700	833 406	455 294

注:全省农村投资为抽样调查数,各市为全面调查数。

各市按构成和建设性质分的城镇建设项目投资

Investment in Capital Construction Projects in Urban Area by Use of Funds and Type of Construction

(2005 年)　　单位:万元

市	投资总额	按构成分			按建设性质分		
		#建筑工程	#安装工程	#设备工器具购置	#新建	#扩建	#改建和技术改造
全省	**29 162 424**	**14 626 024**	**2 177 573**	**9 017 678**	**18 591 645**	**6 331 705**	**2 807 601**
石家庄市	6 678 020	3 359 699	513 953	1 921 276	4 775 459	873 161	701 633
承德市	1 249 441	706 318	103 807	361 520	817 827	288 784	113 369
张家口市	1 107 394	694 292	65 036	236 321	510 960	488 710	93 677
秦皇岛市	991 141	515 188	38 172	374 364	296 413	611 393	48 421
唐山市	4 067 120	2 094 291	251 249	1 436 147	2 139 861	918 013	552 774
廊坊市	1 993 295	971 448	164 096	626 963	1 416 761	333 151	169 493
保定市	3 632 298	1 823 715	219 326	1 041 157	2 244 934	936 315	320 680
沧州市	1 706 778	942 168	87 496	463 135	1 152 069	450 377	67 536
衡水市	1 530 107	639 037	67 260	536 393	999 287	199 590	168 933
邢台市	1 760 553	805 454	126 682	675 145	1 157 658	413 741	146 395
邯郸市	3 218 257	1 743 492	189 204	943 548	2 252 198	432 668	410 690

注:全省总计中含不分地区数,不等于各市合计。

各市城镇建设项目施工、投产个数和新增固定资产

Number of Capital Construction Projects in Urban Area under Construction and Put into Use and Newly Increased Fixed Assets

(2005 年)

市	施工项目个数(个)	全部建成投产项目个数(个)	项目建成投产率(%)	新增固定资产(万元)	固定资产交付使用率(%)
全　省	**13 272**	**7 645**	**57.6**	**18 048 126**	**61.9**
石家庄市	3 069	1 322	43.1	3 210 852	48.1
承 德 市	579	278	48.0	576 302	46.1
张家口市	723	453	62.7	884 227	79.8
秦皇岛市	419	192	45.8	620 874	62.6
唐 山 市	1 023	477	46.6	2 713 459	66.7
廊 坊 市	981	614	62.6	1 330 533	66.8
保 定 市	2 177	1 384	63.6	2 302 984	63.4
沧 州 市	861	612	71.1	1 005 006	58.9
衡 水 市	730	552	75.6	1 419 852	92.8
邢 台 市	978	506	51.7	1 292 539	73.4
邯 郸 市	1 724	1 254	72.7	1 744 748	54.2

注:全省总计中含不分地区数,不等于各市合计。

各市城镇建设项目施工、竣工房屋建筑面积及价值

Floor Space of Buildings under Construction, Completed and Value in Capital Construction Projects in Urban Area

(2005 年)　　单位:万平方米　万元

市	施工面积	#住　宅	竣工面积	#住　宅	竣工房屋价值	#住　宅
全　省	**6 434.17**	**1 946.22**	**2 989.18**	**840.44**	**2 941 091**	**751 139**
石家庄市	2 077.35	733.01	802.11	225.60	873 717	222 666
承 德 市	117.17	31.08	56.66	18.91	59 334	15 219
张家口市	237.17	89.45	112.89	32.54	106 106	27 657
秦皇岛市	201.58	60.38	91.83	37.48	109 135	39 323
唐 山 市	400.00	123.51	177.77	67.27	155 077	63 050
廊 坊 市	564.15	93.67	371.18	82.39	368 448	62 171
保 定 市	983.57	331.51	468.31	125.17	453 223	106 887
沧 州 市	422.34	128.67	201.03	65.45	206 786	51 241
衡 水 市	403.98	126.90	268.61	86.36	230 296	79 435
邢 台 市	370.66	75.94	161.86	31.14	133 455	24 734
邯 郸 市	620.44	152.09	273.09	68.13	238 877	58 756

注:全省总计中含不分地区数,不等于各市合计。

各市城镇建设项目资金来源
Source of Funds of Investment in Capital Construction Projects in Urban Area

（2005 年）　　单位：万元

市	本年资金来源	国家预算内资金	国内贷款	债券	利用外资	自筹资金	其他资金
全　省	**29 151 588**	**793 625**	**3 962 294**	**21 182**	**748 327**	**21 557 079**	**2 069 081**
石家庄市	6 772 903	273 047	612 024	6 542	105 342	5 283 557	492 391
承 德 市	1 250 548	158 682	143 382	300	43 585	860 624	43 975
张家口市	1 203 012	65 240	276 243	1 588	21 839	680 230	157 872
秦皇岛市	938 746	30 519	36 061		19 689	828 333	24 144
唐 山 市	3 825 135	29 454	927 610	1 943	182 067	2 442 184	241 877
廊 坊 市	2 174 729	19 585	107 832		140 020	1 854 823	52 469
保 定 市	3 560 838	55 563	185 437	3 904	29 125	3 111 309	175 500
沧 州 市	1 851 262	52 941	647 166	800	45 824	953 516	151 015
衡 水 市	1 561 161	650	88 165	1 280	17 631	1 258 192	195 243
邢 台 市	1 647 351	17 351	177 282	2 125	69 160	1 309 721	71 712
邯 郸 市	3 222 453	47 623	379 227	2 700	74 045	2 433 878	284 980

注：全省总计中含不分地区数，不等于各市合计。

各市城镇和工矿区私人建房
Building Construction by Individuals in Cities and Towns and in Industrial and Mining Areas

（2005 年）

市	城镇工矿区个数（个）	竣工房屋建筑面积（万平方米）	#住宅	竣工房屋价值（万元）	#住宅	建房户数（户）
全　省	**608**	**1 386.99**	**1 084.09**	**1 007 591**	**785 733**	**97 449**
石家庄市	81	122.84	102.31	65 120	56 134	7 862
承 德 市	45	18.45	17.92	12 829	12 382	1 390
张家口市	45	17.23	14.83	11 778	10 043	1 957
秦皇岛市	2	1.98	1.72	1 313	1 076	220
唐 山 市	13	56.37	40.37	69 926	38 848	4 587
廊 坊 市	51	99.39	74.73	75 276	46 419	7 038
保 定 市	85	363.29	268.71	264 777	227 929	26 200
沧 州 市	77	111.18	82.63	87 388	61 581	5 545
衡 水 市	55	253.17	180.33	168 430	114 697	14 583
邢 台 市	76	109.44	101.13	81 580	74 878	8 473
邯 郸 市	78	233.67	199.42	169 174	141 746	19 594

各市分行业城镇建设项目投资

Investment in Capital Construction Projects in Urban Area by Sector

（2005 年）　　　　单位：万元

市	投资总额	农林牧渔业	采矿业	制造业	电力、燃气及水的生产和供应业	建筑业	交通运输、仓储和邮政业
全　省	**29 162 424**	**612 073**	**1 195 437**	**11 795 736**	**3 204 258**	**200 410**	**3 518 754**
石家庄市	6 678 020	161 898	100 656	2 556 370	628 848	67 384	413 272
承 德 市	1 249 441	48 884	184 711	356 911	165 706	5 436	233 579
张家口市	1 107 394	46 192	105 378	297 793	101 779	9 178	226 477
秦皇岛市	991 141	5 824	9 300	205 946	104 159	585	415 165
唐 山 市	4 067 120	15 096	490 345	1 926 887	589 867	21 557	550 774
廊 坊 市	1 993 295	35 082	900	1 213 569	32 891	27 034	50 130
保 定 市	3 632 298	130 649	82 055	1 527 094	184 066	33 719	410 450
沧 州 市	1 706 778	32 933	11 391	601 400	231 085	5 079	430 075
衡 水 市	1 530 107	18 112		819 266	95 355	8 676	105 367
邢 台 市	1 760 553	17 891	47 367	901 227	295 742	5 901	211 399
邯 郸 市	3 218 257	99 512	163 334	1 389 273	222 037	15 861	271 337

市	信息传输、计算机服务和软件业	批发和零售业	住宿和餐饮业	金融业	房地产业	租赁和商务服务业	科学研究、技术服务和地质勘查业
全　省	**664 194**	**1 249 218**	**292 824**	**41 550**	**866 089**	**300 085**	**475 597**
石家庄市	86 590	350 454	67 604	18 669	399 238	131 684	55 130
承 德 市	1 384	21 975	11 510		16 002	2 438	33 876
张家口市	4 938	40 666	10 182	1 680	20 506	8 575	4 865
秦皇岛市	271	6 991	22 066		2 200	210	
唐 山 市	27 235	55 472	23 620	3 755	89 693	3 380	1 560
廊 坊 市	9 147	115 540	32 016		46 316	96 435	48 315
保 定 市	44 021	227 911	61 329	4 805	89 466	17 376	196 845
沧 州 市	29 421	85 449	8 582	7 387	66 979	720	4 686
衡 水 市	22 933	67 165	6 060	430	34 389	150	110 095
邢 台 市	5 040	24 486	10 585	934	26 553	3 290	2 890
邯 郸 市	7 299	253 109	39 270	3 890	74 747	35 827	17 335

市	水利、环境和公共设施管理业	居民服务和其他服务业	教　育	卫生、社会保障和社会福利业	文化、体育和娱乐业	公共管理和社会组织
全　省	**1 603 775**	**61 519**	**943 136**	**331 276**	**220 373**	**1 586 120**
石家庄市	511 330	15 030	328 929	133 551	39 973	611 410
承 德 市	57 737	1 225	37 786	18 053	3 989	48 239
张家口市	90 639	3 923	39 776	14 903	11 416	68 528
秦皇岛市	86 175	1 740	43 934	18 276	42 198	26 101
唐 山 市	160 006	4 222	40 841	7 769	2 755	52 286
廊 坊 市	81 031	8 920	69 239	23 107	8 600	95 023
保 定 市	136 582	5 920	167 980	52 676	63 608	195 746
沧 州 市	84 174	3 460	27 085	11 989	5 220	59 619
衡 水 市	85 638	130	23 516	6 898	1 430	124 497
邢 台 市	56 605	1 680	22 481	8 873	4 254	113 355
邯 郸 市	219 161	15 269	127 569	35 181	36 930	191 316

各市工业分行业城镇建设项目投资

Investment in Capital Construction Projects in Urban Area by Industrial Sector

（2005 年）

单位:万元

市	工业投资	采矿业	煤炭开采和洗选业	石油和天然气开采业	黑色金属矿采选业	有色金属矿采选业	非金属矿采选业
全　省	**16 195 431**	**1 195 437**	**433 600**	**248 932**	**411 327**	**45 285**	**54 843**
石家庄市	3 285 874	100 656	47 803		25 385	3 000	23 818
承 德 市	707 328	184 711	4 429		149 190	23 449	7 643
张家口市	504 950	105 378	59 334		26 628	18 386	1 030
秦皇岛市	319 405	9 300	9 300				
唐 山 市	3 007 099	490 345	157 937	237 421	93 965		1 022
廊 坊 市	1 247 360	900		900			
保 定 市	1 793 215	82 055			74 105	450	7 500
沧 州 市	843 876	11 391		10 611			780
衡 水 市	914 621						
邢 台 市	1 244 336	47 367	27 795		6 732		12 840
邯 郸 市	1 774 644	163 334	127 002		35 322		210

市	其他采矿业	制造业	农副食品加工业	食品制造业	饮料制造业	烟草制品业	纺织业
全　省	**1 450**	**11 795 736**	**343 123**	**390 400**	**145 459**	**17 243**	**687 836**
石家庄市	650	2 556 370	92 734	89 537	22 673	7 340	257 346
承 德 市		356 911	9 086	1 030	10 690		1 000
张家口市		297 793	14 567	18 240	4 044	8 993	9 521
秦皇岛市		205 946	15 580	3 621	10 368		3 172
唐 山 市		1 926 887	5 620	41 813	22 628		4 158
廊 坊 市		1 213 569	50 806	40 965	2 930		24 998
保 定 市		1 527 094	22 482	48 111	16 103	910	171 790
沧 州 市		601 400	13 555	9 270	21 100		47 490
衡 水 市		819 266	11 915	15 810	19 980		32 741
邢 台 市		901 227	43 270	86 708	2 450		98 270
邯 郸 市	800	1 389 273	63 508	35 295	12 493		37 350

市	纺织服装、鞋、帽制造业	皮革、毛皮、羽绒及其制品	木材加工及竹、藤、棕、草制品业	家具制造业	造纸及纸制品业	印刷业和记录媒介的复制	文教体育用品制造业
全　省	**159 690**	**147 157**	**153 949**	**159 823**	**383 901**	**102 962**	**23 312**
石家庄市	49 248	66 315	66 047	15 743	148 783	43 795	3 310
承 德 市		600	8 001		48 800		
张家口市	800	200	1 150		7 870	1 000	
秦皇岛市	1 534		1 390			50	600
唐 山 市	2 250		300	170	10 058	165	
廊 坊 市	10 740	11 000	26 641	114 010	18 259	18 309	10 850
保 定 市	46 530	51 650	10 310	8 450	74 535	29 242	4 220
沧 州 市	9 696	1 021	7 265	1 650	7 020	3 558	2 750
衡 水 市	10 750	10 741	16 980	5 370	553	4 053	1 582
邢 台 市	12 542	1 530	365	2 530	50 990		
邯 郸 市	15 600	4 100	15 500	11 900	17 033	2 790	

各市工业分行业城镇建设项目投资(续)

Investment in Capital Construction Projects in Urban Area by Industrial Sector

(2005 年)　　单位:万元

市	石油加工、炼焦业及核燃料加工业	化学原料及化学制品制造业	医药制造业	化学纤维制造业	橡胶制品业	塑料制品业	非金属矿物制品业
全　　省	**553 303**	**902 026**	**458 944**	**28 139**	**208 637**	**392 405**	**840 356**
石家庄市	57 145	354 078	281 646	9 700	30 945	104 017	194 451
承 德 市	380	14 428	3 620		300		51 193
张家口市	1 486	20 263	6 085		500	300	16 986
秦皇岛市		1 450	551	150	1 000	2 946	55 408
唐 山 市	173 557	59 809	6 400		2 960	23 268	42 881
廊 坊 市		85 145	11 332	12 150	7 594	40 349	93 058
保 定 市	41 980	100 747	58 806	4 819	62 841	58 978	142 217
沧 州 市	97 329	66 021	8 631		1 900	28 310	24 236
衡 水 市	80 566	40 916	1 000	88 720	72 350	36 587	
邢 台 市	60 945	62 572	16 781	320	9 090	7 995	129 674
邯 郸 市	120 481	56 947	24 176		2 787	53 892	53 665

市	黑色金属冶炼及压延加工业	有色金属冶炼及压延加工业	金属制品业	通用设备制造业	专用设备制造业	交通运输设备制造业	电气机械及器材制造业
全　　省	**2 812 998**	**119 763**	**765 495**	**626 700**	**336 189**	**461 437**	**302 565**
石家庄市	107 453	12 921	87 234	193 107	105 405	49 959	42 250
承 德 市	178 396	3 883	3 070	3 180	2 000	1 890	
张家口市	140 701	1 207	3 330	4 092	28 280	1 150	6 420
秦皇岛市	14 304	92	470	24 677	18 651	44 744	968
唐 山 市	1 420 307	300	30 679	23 257	14 013	15 404	6 705
廊 坊 市	78 049	12 358	255 130	49 298	39 203	104 388	48 920
保 定 市	14 840	59 772	67 746	93 471	58 376	130 842	110 106
沧 州 市	12 740	700	105 799	53 370	17 558	18 735	20 815
衡 水 市	61 510	15 080	146 040	44 917	3 998	26 658	43 864
邢 台 市	168 175	10 490	7 888	53 517	10 206	38 495	11 054
邯 郸 市	616 523	2 960	58 109	83 814	38 499	29 172	11 463

市	通信设备、计算机及电子设备制造	仪器仪表及文化、办公用机械制造	工艺品及其他制造业	废弃资源和废旧材料回收加工业	电力、燃气及水的生产和供应业	电力、热力的生产和供应业	燃气生产和供应业	水的生产和供应业
全　　省	**122 417**	**62 761**	**69 956**	**16 790**	**3 204 258**	**2 828 692**	**108 278**	**267 288**
石家庄市	27 674	18 050	7 074	10 390	628 848	500 926	42 040	85 882
承 德 市		186	15 178		165 706	152 419		13 287
张家口市	258		350		101 779	91 076	3 489	7 214
秦皇岛市	3 800	242	178		104 159	89 217	5 620	9 322
唐 山 市	14 185		6 000		589 867	523 297	8 755	57 815
廊 坊 市	28 152	10 365	8 170	400	32 891	24 997	4 184	3 710
保 定 市	12 680	2 500	20 240	1 800	184 066	124 974	4 922	54 170
沧 州 市	9 663	9 722	1 496		231 085	214 888	10 027	6 170
衡 水 市	7 550	14 000	5 035		95 355	84 865	4 100	6 390
邢 台 市	13 200	200	970	1 000	295 742	279 979	10 365	5 398
邯 郸 市	5 255	7 496	5 265	3 200	222 037	189 331	14 776	17 930

各市房地产开发企业个数和从业人员

Number of Enterprises and Employed Persons of Real Estate Development

（2005年）

市	企业个数（个）	内资企业	港澳台投资企业	外商投资企业	从业人员年平均人数（人）	内资企业	港澳台投资企业	外商投资企业
全　　省	**1 169**	**1 111**	**37**	**21**	**39 573**	**36 950**	**1 913**	**710**
石家庄市	205	186	12	7	9 867	8 386	1 250	231
承 德 市	75	75			1 851	1 851		
张家口市	100	98	2		3 170	3 091	79	
秦皇岛市	136	131	2	3	3 124	3 017	36	71
唐 山 市	117	113	1	3	4 604	4 507	20	77
廊 坊 市	118	112	4	2	4 125	3 993	80	52
保 定 市	71	70	1		2 462	2 459	3	
沧 州 市	74	72	2		2 271	2 217	54	
衡 水 市	60	60			2 558	2 558		
邢 台 市	107	93	9	5	2 644	2 140	249	255
邯 郸 市	106	101	4	1	2 897	2 731	142	24

各市房地产开发企业建设总规模、完成投资及新增固定资产

Total Size of Construction, Actually Completed Investment and Newly Increased Fixed Assetsfor Real Estate Development

（2005年）　　单位：万元

市	计划总投资	自开始建设累计完成投资	本年完成投资	商品房投资	土地开发投资	本年新增固定资产
全　　省	**12 130 976**	**5 473 368**	**3 915 256**	**2 896 485**	**239 192**	**1 775 585**
石家庄市	3 789 510	1 298 234	1 221 027	988 648	64 986	330 660
承 德 市	532 537	245 312	158 715	113 593	6 720	85 041
张家口市	691 031	305 643	214 307	131 917	7 928	127 346
秦皇岛市	840 907	553 312	306 961	207 883	5 515	129 742
唐 山 市	1 073 514	595 901	391 197	268 713	42 667	209 888
廊 坊 市	1 866 460	773 228	586 182	383 666	41 813	353 626
保 定 市	794 574	444 684	289 209	233 885	16 777	145 292
沧 州 市	424 650	295 307	184 660	134 007	4 691	123 175
衡 水 市	380 502	207 234	132 159	109 303	13 965	96 203
邢 台 市	608 225	319 030	153 307	116 146	27 376	52 930
邯 郸 市	1 129 066	435 483	277 532	208 724	6 754	121 682

各市按用途分的房地产开发企业完成投资额

Actually Completed Investment of Enterprises for Real Estate Development by Use

(2005 年)　　　　单位:万元

市	完成投资额	住宅	#普通住宅	#经济适用房	#别墅、高档公寓	办公楼	商业营业用房	其他
全　省	**3 915 256**	**2 920 522**	**1 406 074**	**367 261**	**103 885**	**97 133**	**472 660**	**424 941**
石家庄市	1 221 027	809 444	148 776	128 469		46 562	182 977	182 044
承德市	158 715	94 345	73 287	1 864		6 143	29 055	29 172
张家口市	214 307	166 841	51 120	28 591		6 778	22 927	17 761
秦皇岛市	306 961	256 086	94 963	23 230	9 237	7 437	27 405	16 033
唐山市	391 197	269 748	217 007	14 948		890	64 722	55 837
廊坊市	586 182	527 160	424 641	4 800	85 289	9 665	34 438	14 919
保定市	289 209	214 555	122 053	5 100	886	2 575	63 583	8 496
沧州市	184 660	146 894	84 366	56 728		443	16 428	20 895
衡水市	132 159	116 039	68 075	4 940	290	1 740	5 827	8 553
邢台市	153 307	113 950	39 635	14 489	4 700	7 167	8 847	23 343
邯郸市	277 532	205 460	82 151	84 102	3 483	7 733	16 451	47 888

各市房地产开发企业的土地开发及购置

Land Development and Purchase of Enterprises for Real Estate Development

(2005 年)

市	本年完成开发土地面积（平方米）	土地购置费用（万元）	待开发的土地面积（平方米）	本年购置土地面积（平方米）
全　省	**5 230 099**	**493 670**	**2 160 132**	**9 685 693**
石家庄市	664 629	84 703	17 200	1 035 502
承德市	117 407	26 497	7 358	659 224
张家口市	384 904	37 777	81 914	1 206 485
秦皇岛市	683 979	87 630	95 583	1 081 117
唐山市	628 132	68 573	307 425	1 168 071
廊坊市	801 653	80 657	828 525	1 687 786
保定市	525 989	22 824	225 047	667 415
沧州市	451 600	18 443	282 244	659 911
衡水市	187 805	21 234	75 605	405 193
邢台市	479 172	12 983	98 842	318 431
邯郸市	304 829	32 349	140 389	796 558

各市房地产开发企业的资金来源

Source of Funds of Enterprises for Real Estate Development

(2005年) 单位:万元

市	本年资金来源小计	国内贷款	#银行贷款	利用外资	#外商直接投资	自筹资金	其他资金来源
全　　省	**4 131 320**	**682 504**	**651 936**	**34 424**	**32 008**	**1 776 377**	**1 638 015**
石家庄市	1 107 984	136 091	112 637	29 120	29 120	573 195	369 578
承 德 市	156 892	12 788	12 788			60 359	83 745
张家口市	252 311	47 222	47 130	1 212	1 132	90 618	113 259
秦皇岛市	427 137	67 846	67 846	564		132 820	225 907
唐 山 市	493 797	137 073	137 073	1 500		162 971	192 253
廊 坊 市	580 989	101 648	100 995			253 082	226 259
保 定 市	271 197	38 618	32 849	50		160 631	71 898
沧 州 市	203 742	30 636	30 636			63 870	109 236
衡 水 市	173 956	21 845	21 245			87 252	64 859
邢 台 市	174 735	30 940	30 940	1 630	1 630	68 122	74 043
邯 郸 市	288 580	57 797	57 797	348	126	123 457	106 978

各市房地产开发建设房屋建筑面积和造价

Floor Space of Building and Their Cost in Real Estate Development

(2005年)

市	施工房屋面积(平方米)	竣工房屋面积(平方米)	#住宅	房屋面积竣工率(%)	竣工房屋价值(万元)	竣工房屋造价(元/平方米)	竣工房屋住宅套数(套)
全　　省	**38 209 624**	**11 299 215**	**10 217 865**	**29.6**	**1 374 134**	**1 216.1**	**80 008**
石家庄市	7 444 454	1 928 492	1 730 717	25.9	211 738	1 097.9	13 855
承 德 市	2 190 808	617 326	505 320	28.2	61 463	995.6	4 331
张家口市	3 309 130	830 392	782 276	25.1	90 722	1 092.5	5 770
秦皇岛市	3 372 935	745 151	666 306	22.1	111 976	1 502.7	7 533
唐 山 市	3 610 818	1 398 225	1 242 244	38.7	169 743	1 214.0	9 933
廊 坊 市	5 466 858	1 769 962	1 654 826	32.4	284 321	1 606.4	12 340
保 定 市	2 875 545	1 108 894	970 667	38.6	135 215	1 219.4	6 857
沧 州 市	2 384 645	868 148	764 016	36.4	104 792	1 207.1	4 926
衡 水 市	1 818 442	649 095	620 627	35.7	73 045	1 125.3	5 161
邢 台 市	2 351 991	555 454	523 519	23.6	44 448	800.2	4 260
邯 郸 市	3 383 998	828 076	757 347	24.5	86 671	1 046.7	5 042

各市商品房屋销售情况

Selling of Commercial Houses

（2005 年）

市	实际销售商品房屋面积（平方米）	#住宅	商品房销售额（万元）	#住宅	商品房平均售价（元/平方米）	#住宅
全省	**14 087 428**	**13 223 216**	**2 623 116**	**2 350 398**	**1 862**	**1 777**
石家庄市	2 232 011	2 116 636	417 309	360 935	1 870	1 705
承德市	679 415	588 581	121 498	92 362	1 788	1 569
张家口市	1 183 423	1 134 118	167 741	153 693	1 417	1 355
秦皇岛市	1 617 524	1 477 096	397 665	354 095	2 458	2 397
唐山市	1 630 826	1 515 678	353 825	319 329	2 170	2 107
廊坊市	2 300 289	2 186 918	479 727	449 862	2 086	2 057
保定市	977 649	882 046	139 008	114 479	1 422	1 298
沧州市	1 003 317	960 899	154 497	142 654	1 540	1 485
衡水市	831 304	812 189	120 149	115 779	1 445	1 426
邢台市	576 463	551 333	104 335	95 717	1 810	1 736
邯郸市	1 055 207	997 722	167 362	151 493	1 586	1 518

各市按用途分的商品房屋实际销售面积

Floor Space of Buildings Actually Sold by Use

（2005 年）　　单位：平方米

市	商品房销售面积	住宅	#普通住房	#经济适用房	#别墅、高档公寓	办公楼	商业营业用房	其他
全省	**14 087 428**	**13 223 216**	**8 185 721**	**1 558 128**	**266 753**	**158 571**	**603 708**	**101 933**
石家庄市	2 232 011	2 116 636	1 285 526	299 432	8 478	55 554	59 596	225
承德市	679 415	588 581	446 264	29 256		23 827	60 369	6 638
张家口市	1 183 423	1 134 118	257 361	179 029		33 237	16 068	
秦皇岛市	1 617 524	1 477 096	909 455	23 653	68 345	11 316	76 342	52 770
唐山市	1 630 826	1 515 678	1 308 255	54 716		1 466	93 175	20 507
廊坊市	2 300 289	2 186 918	1 935 344	16 700	97 182	1 000	106 873	5 498
保定市	977 649	882 046	454 237	29 730	7 845	13 963	72 090	9 550
沧州市	1 003 317	960 899	416 367	460 356	9 636		42 418	
衡水市	831 304	812 189	513 121	53 476	4 559		15 115	4 000
邢台市	576 463	551 333	152 202	76 833	41 900	3 800	20 696	634
邯郸市	1 055 207	997 722	507 589	334 947	28 808	14 408	40 966	2 111

各市按用途分的商品房屋平均销售价格

Average Selling Price of Commercial Houses by Use

(2005 年)　　单位:元/平方米

市	商品房屋平均销售价格	住宅	#普通住房	#经济适用房	#别墅、高档公寓	办公楼	商业营业用房	其他
全省	**1 862**	**1 777**	**1 785**	**1 493**	**3 391**	**4 752**	**2 999**	**1 599**
石家庄市	1 870	1 705	1 433	1 980	6 091	7 266	2 677	2 222
承德市	1 788	1 569	1 619	1 589		3 596	3 350	517
张家口市	1 417	1 355	1 340	1 450		3 093	2 344	
秦皇岛市	2 458	2 397	2 186	537	3 411	4 418	3 817	1 788
唐山市	2 170	2 107	2 132	1 824		2 838	3 198	2 087
廊坊市	2 086	2 057	1 984	1 049	4 324	1 000	2 708	1 499
保定市	1 422	1 298	1 187	923	2 414	2 744	2 767	790
沧州市	1 540	1 485	1 676	1 248	2 839		2 792	
衡水市	1 445	1 426	1 550	1 253	1 989		2 627	1 000
邢台市	1 810	1 736	1 077	2 810	2 000	1 966	3 775	915
邯郸市	1 586	1 518	1 754	1 230	2 101	4 195	2 359	767

各市按销售方式分的商品房实际销售面积及平均销售价格

Floor Space of Buildings Actually Sold and Average Selling Price of Commercial Houses by Sale Method

(2005 年)

市	商品房销售面积(平方米)	现房	期房	商品房平均销售价格(元/平方米)	现房	期房
全省	**14 087 428**	**7 046 232**	**7 041 196**	**1 862**	**1 851**	**1 873**
石家庄市	2 232 011	911 417	1 320 594	1 870	2 175	1 659
承德市	679 415	412 705	266 710	1 788	1 741	1 861
张家口市	1 183 423	590 844	592 579	1 417	1 358	1 476
秦皇岛市	1 617 524	737 153	880 371	2 458	2 291	2 599
唐山市	1 630 826	706 109	924 717	2 170	1 947	2 340
廊坊市	2 300 289	1 475 771	824 518	2 086	2 085	2 086
保定市	977 649	426 879	550 770	1 422	1 372	1 461
沧州市	1 003 317	678 010	325 307	1 540	1 514	1 594
衡水市	831 304	508 404	322 900	1 445	1 576	1 239
邢台市	576 463	194 430	382 033	1 810	1 511	1 962
邯郸市	1 055 207	404 510	650 697	1 586	1 713	1 507

各市房地产开发经营情况

Real Estate Development and Management

（2005年）　　单位：万元

项　　目	主营业务收　　入	土　　地转让收入	商品房屋销售收入	房　　屋出租收入	其他收入	主营业务税金及附加	利润总额
全　　省	**2 596 193**	**19 458**	**2 515 755**	**4 199**	**56 781**	**147 751**	**84 997**
石家庄市	410 272	1 242	389 572	429	19 029	21 937	-1 360
承 德 市	167 235	898	165 566	720	51	6 738	-7 360
张家口市	179 006	5 839	157 840	135	15 192	9 557	1 550
秦皇岛市	202 930		200 058	99	2 773	14 610	8 992
唐 山 市	431 819	8 855	421 863	907	194	25 830	28 603
廊 坊 市	464 422		461 633		2 789	26 770	31 589
保 定 市	189 182	180	185 724	1 007	2 271	10 840	4 413
沧 州 市	102 640		99 338	72	3 230	5 978	6 406
衡 水 市	156 980	2 444	154 261	2	273	8 658	17 043
邢 台 市	98 422		91 006		7 416	6 230	-368
邯 郸 市	193 285		188 894	828	3 563	10 603	-4 511

各市人民生活基本情况

Basic Conditions of People's Livelihood

（2005年）　　单位：元

市	城镇居民人均可支配收入	城镇居民人均消费性支出	#食品支出	农村居民人均纯收入	农村居民人均生活费总支出	#食品支出
全　　省	**9 107.09**	**6 699.67**	**2 315.76**	**3 481.64**	**2 165.72**	**888.37**
石家庄市	10 039.83	7 261.02	2 643.26	4 117.60	2 283.07	855.89
承 德 市	7 844.61	5 945.57	2 241.51	2 581.57	2 016.48	897.98
张家口市	7 714.18	5 914.32	2 216.79	2 329.00	1 706.40	712.56
秦皇岛市	9 802.39	7 235.73	2 402.63	3 376.28	2 213.04	832.42
唐 山 市	10 487.93	8 621.90	3 134.90	4 581.91	2 832.32	1 124.74
廊 坊 市	10 165.18	8 189.90	2 697.26	4 621.24	2 376.96	929.80
保 定 市	9 194.68	6 412.19	2 205.83	3 470.50	1 772.92	729.38
沧 州 市	8 597.06	5 921.51	1 993.77	3 310.61	2 005.91	767.47
衡 水 市	8 946.77	6 720.36	1 905.58	3 532.56	1 704.78	734.86
邢 台 市	7 752.34	4 853.84	1 794.40	3 280.08	1 811.08	702.68
邯 郸 市	9 232.58	6 820.71	2 411.66	3 577.72	1 727.54	663.86

各市商品零售及农资价格分类指数

Retail Price Indices of Commodities and Price Indices of Agricultural Means of Production by Category by Cities

(2005年,上年=100)

市	总指数	食品类	饮料、烟酒	服装、鞋帽类	纺织品类	家用电器及音像器材	文化办公用品	日用品	体育娱乐用品
全　　省	**101.1**	**102.2**	**100.1**	**99.1**	**101.2**	**95.9**	**98.0**	**99.9**	**99.5**
石家庄市	101.5	102.5	100.2	99.9	100.8	97.1	97.0	100.2	99.0
承德市	101.1	102.1	99.8	96.3	100.7	95.2	99.3	99.4	98.6
张家口市	101.1	104.9	98.7	92.5	99.0	95.3	100.4	99.1	99.6
秦皇岛市	102.4	102.8	98.3	94.4	98.1	98.9	98.6	100.5	100.6
唐山市	102.1	104.4	100.2	99.4	99.6	98.6	97.4	99.8	100.8
廊坊市	101.9	101.7	100.0	102.1	98.5	97.3	98.7	100.4	100.4
保定市	100.6	100.4	100.3	97.1	98.9	96.4	100.1	100.2	98.5
沧州市	101.3	101.3	100.0	96.3	103.2	96.4	99.8	100.6	99.9
衡水市	101.0	101.4	98.7	99.1	102.0	95.2	98.3	99.4	99.0
邢台市	101.1	102.7	101.2	97.3	98.5	95.7	95.3	99.2	96.2
邯郸市	101.9	102.4	100.8	101.7	100.1	93.0	91.2	98.3	98.1

市	交通、通信用品	家具	化妆品类	金银珠宝类	中西药品及医疗保健用品类	书报杂志及电子出版物类	燃料类	建筑材料及五金电料	农业生产资料价格指数
全　　省	**93.3**	**100.3**	**99.5**	**104.2**	**98.5**	**100.6**	**114.7**	**101.3**	**106.8**
石家庄市	91.6	102.7	99.1	105.7	100.4	99.7	114.6	101.6	107.7
承德市	94.7	101.1	98.1	102.2	98.3	99.6	114.6	100.7	105.1
张家口市	95.5	100.4	100.2	104.6	97.9	100.3	116.2	100.6	109.0
秦皇岛市	95.2	100.8	99.8	103.2	94.3	105.4	117.8	101.4	108.2
唐山市	94.4	99.8	99.8	105.7	99.9	101.6	115.8	102.1	109.0
廊坊市	95.5	98.0	98.3	101.0	97.3	103.3	116.2	101.8	102.9
保定市	95.4	99.0	99.0	103.9	93.7	99.0	111.7	104.1	107.3
沧州市	95.1	96.8	100.4	108.1	97.8	100.0	111.7	103.0	105.3
衡水市	94.4	99.3	100.1	104.8	98.0	101.2	115.1	102.0	104.0
邢台市	95.9	101.0	98.9	100.2	98.0	99.6	117.2	102.5	104.5
邯郸市	94.2	96.3	99.3	105.2	96.6	102.6	121.2	101.5	108.9

各市居民消费价格分类指数

Consumer Price Indices by Category and by Cities

(2005年,上年=100)

市	总指数	食品	烟酒及用品	衣着	家庭设备用品及维修服务	医疗保健和个人用品	交通和通讯	娱乐教育文化用品及服务	居住
全省	**101.8**	**102.4**	**99.9**	**98.8**	**98.4**	**99.2**	**99.0**	**105.0**	**105.5**
石家庄市	101.9	102.5	100.2	99.7	99.2	100.3	99.1	104.7	104.0
承德市	101.8	101.9	99.5	95.8	100.7	98.7	100.5	108.9	103.3
张家口市	101.6	104.6	99.3	92.7	99.2	99.1	99.6	99.2	108.7
秦皇岛市	101.1	102.8	98.1	93.6	101.0	98.3	100.2	101.7	105.1
唐山市	102.2	104.6	99.9	100.1	100.6	99.6	98.8	103.5	102.8
廊坊市	101.2	102.2	99.9	97.0	96.4	98.9	98.1	107.1	103.7
保定市	101.2	101.2	100.5	97.2	98.5	97.2	99.4	106.2	104.1
沧州市	101.1	100.3	101.0	95.1	98.1	100.7	99.9	107.1	104.4
衡水市	101.7	101.3	99.0	99.5	98.7	99.6	99.0	106.2	105.9
邢台市	101.8	102.9	100.9	97.4	97.8	100.2	98.3	104.0	105.1
邯郸市	102.1	102.5	100.5	101.8	95.5	98.8	99.3	102.3	107.0

各市耕地面积

Areas of Cultivation

(2005年) 单位:公顷

市	年末常用耕地面积	旱地	#水浇地	水田	水田、水浇地占耕地面积%
全省	**5 988 925**	**5 884 996**	**4 443 816**	**103 929**	**75.9**
石家庄市	572 699	572 318	514 461	381	89.9
承德市	270 303	247 578	110 326	22 725	49.2
张家口市	690 649	684 165	239 908	6 484	35.7
秦皇岛市	171 996	158 997	110 406	12 999	71.7
唐山市	545 106	493 658	441 153	51 448	90.4
廊坊市	367 137	367 137	278 748		75.9
保定市	761 595	757 096	651 461	4 499	86.1
沧州市	745 088	745 088	569 476		76.4
衡水市	565 355	565 355	487 313		86.2
邢台市	647 982	647 853	507 247	129	78.3
邯郸市	651 015	645 751	533 317	5 264	82.7

各市农、林、牧、渔业总产值和增加值

Gross Output Value and Value-added of Farming, Forestry, Animal Husbandry and Fishery

(2005 年)　　单位:万元

市	农林牧渔业总产值	农业	林业	牧业	渔业	农林牧渔服务业
全省	**26 008 300**	**12 580 005**	**401 325**	**11 244 259**	**794 421**	**988 290**
石家庄市	4 569 477	2 040 325	55 610	2 311 519	33 123	128 900
承德市	1 143 441	469 362	109 394	547 307	7 405	9 973
张家口市	1 210 684	575 345	55 041	558 415	5 020	16 863
秦皇岛市	953 525	407 021	16 335	430 130	80 612	19 427
唐山市	3 904 806	1 771 513	89 323	1 461 026	466 574	116 370
廊坊市	1 832 859	1 061 084	16 203	702 543	28 947	24 082
保定市	3 433 610	2 022 384	36 054	1 239 190	39 446	96 536
沧州市	2 464 006	1 391 387	8 872	817 060	88 478	158 209
衡水市	1 746 884	957 732	15 416	708 415	4 341	60 980
邢台市	2 266 600	1 211 572	22 804	866 066	3 699	162 459
邯郸市	3 194 686	1 535 776	30 513	1 416 152	37 990	174 255

市	农林牧渔业中间消耗	农业	林业	牧业	渔业	农林牧渔服务业
全省	**10 977 605**	**4 094 906**	**104 642**	**5 851 706**	**341 283**	**585 068**
石家庄市	2 091 869	738 412	11 807	1 268 218	14 873	58 559
承德市	486 070	168 388	23 848	286 119	2 848	4 867
张家口市	537 084	238 056	26 528	262 566	2 090	7 844
秦皇岛市	440 783	143 406	2 252	255 091	31 446	8 588
唐山市	1 542 950	486 033	23 239	778 931	197 620	57 127
廊坊市	825 381	412 392	5 304	380 511	14 874	12 300
保定市	1 472 313	659 652	13 707	731 018	20 035	47 901
沧州市	1 110 005	502 291	3 212	464 090	44 062	96 350
衡水市	841 318	385 710	7 708	409 297	2 015	36 588
邢台市	1 023 259	415 085	11 274	489 327	1 650	105 923
邯郸市	1 613 873	632 292	12 614	847 183	17 470	104 314

市	农林牧渔业增加值	农业	林业	牧业	渔业	农林牧渔服务业
全省	**15 030 695**	**8 485 099**	**296 683**	**5 392 553**	**453 138**	**403 222**
石家庄市	2 477 608	1 301 913	43 803	1 043 301	18 250	70 341
承德市	657 371	300 974	85 546	261 188	4 557	5 106
张家口市	673 600	337 289	28 513	295 849	2 930	9 019
秦皇岛市	512 742	263 615	14 083	175 039	49 166	10 839
唐山市	2 361 856	1 285 480	66 084	682 095	268 954	59 243
廊坊市	1 007 478	648 692	10 899	322 032	14 073	11 782
保定市	1 961 297	1 362 732	22 347	508 172	19 411	48 635
沧州市	1 354 001	889 096	5 660	352 970	44 416	61 859
衡水市	905 566	572 022	7 708	299 118	2 326	24 392
邢台市	1 243 341	796 487	11 530	376 739	2 049	56 536
邯郸市	1 580 813	903 484	17 899	568 969	20 520	69 941

注:全省总数为省计算数,各市数为上报数,各市相加不等于全省总数。

各市农、林、牧、渔业中间消耗、增加值占总产值的比重

Intermediate Consumption and Value-added of Farming, Forestry, Animal Husbandry and Fishery as Percentage of Gross Output Value

（2005 年）　　单位：%

市	农业		林业		牧业
	中间消耗	增加值	中间消耗	增加值	中间消耗
全　省	**32.55**	**67.45**	**26.07**	**73.93**	**52.04**
石家庄市	36.19	63.81	21.23	78.77	54.87
承德市	35.88	64.12	21.80	78.20	52.28
张家口市	41.38	58.62	48.20	51.80	47.02
秦皇岛市	35.23	64.77	13.79	86.21	59.31
唐山市	27.44	72.56	26.02	73.98	53.31
廊坊市	38.87	61.13	32.73	67.27	54.16
保定市	32.62	67.38	38.02	61.98	58.99
沧州市	36.10	63.90	36.20	63.80	56.80
衡水市	40.27	59.73	50.00	50.00	57.78
邢台市	34.26	65.74	49.44	50.56	56.50
邯郸市	41.17	58.83	41.34	58.66	59.82

市	牧业	渔业		农林牧渔服务业	
	增加值	中间消耗	增加值	中间消耗	增加值
全　省	**47.96**	**42.96**	**57.04**	**59.20**	**40.80**
石家庄市	45.13	44.90	55.10	45.43	54.57
承德市	47.72	38.46	61.54	48.80	51.20
张家口市	52.98	41.63	58.37	46.52	53.48
秦皇岛市	40.69	39.01	60.99	44.21	55.79
唐山市	46.69	42.36	57.64	49.09	50.91
廊坊市	45.84	51.38	48.62	51.08	48.92
保定市	41.01	50.79	49.21	49.62	50.38
沧州市	43.20	49.80	50.20	60.90	39.10
衡水市	42.22	46.42	53.58	60.00	40.00
邢台市	43.50	44.61	55.39	65.20	34.80
邯郸市	40.18	45.99	54.01	59.86	40.14

注：本表按当年价格计算。

各市农、林、牧、渔业总产值指数

Indices of Gross Output Value of Farming, Forestry, Animal Husbandry and Fishery

(2005年,上年=100)

市	农林牧渔业总产值指数	农业	林业	牧业	渔业	农林牧渔服务业
全省	**106.5**	**106.0**	**96.9**	**107.7**	**104.1**	**107.5**
石家庄市	105.4	104.5	105.2	105.9	103.3	110.3
承德市	113.6	117.1	116.6	110.2	185.0	106.0
张家口市	108.3	98.2	96.9	120.3	75.5	128.4
秦皇岛市	108.2	102.8	80.9	116.4	103.1	107.2
唐山市	106.7	103.7	113.3	110.5	105.6	105.2
廊坊市	102.0	101.0	96.4	103.1	113.6	104.0
保定市	104.5	104.6	77.0	105.0	106.1	107.9
沧州市	106.3	104.0	75.9	109.7	102.8	115.0
衡水市	105.6	102.3	82.0	112.7	108.3	90.8
邢台市	103.8	104.3	120.9	104.0	97.1	98.3
邯郸市	107.7	104.5	102.5	108.9	120.8	128.5

注:本表按可比价格计算。

各市农村非农行业总产值

Gross Output Value of Non-agriculture

(2005年)　　单位:亿元

市	农村非农行业总产值	农村工业总产值	农村建筑业总产值	#开垦荒地产值	农村运输业总产值	农村批发零售贸易和餐饮业产值	批发、零售贸易业产值	餐饮业产值
全省	**14 182.72**	**11 915.26**	**901.60**	**1.33**	**610.55**	**755.31**	**495.93**	**259.38**
石家庄市	2 403.77	1 783.33	121.95	0.26	152.34	346.15	272.72	73.43
承德市	488.16	305.79	32.62	0.03	57.19	92.56	69.32	23.24
张家口市	330.74	147.67	24.73	0.02	54.53	103.82	80.24	23.58
秦皇岛市	410.61	231.63	33.90	0.03	55.60	89.47	60.01	29.46
唐山市	3 015.74	2 397.56	111.11	0.23	202.50	304.57	249.92	54.65
廊坊市	1 689.64	1 281.13	72.92	0.03	71.32	264.27	213.12	51.15
保定市	2 015.76	1 440.05	161.08	0.10	116.56	298.08	210.01	88.06
沧州市	2 003.11	1 455.36	118.25	0.10	100.98	328.51	266.36	62.15
衡水市	1 108.21	870.80	57.06	0.10	42.32	138.04	104.59	33.45
邢台市	1 462.22	1 160.17	68.57	0.12	73.91	159.58	122.60	36.98
邯郸市	1 988.22	1 289.45	99.11	0.31	191.32	408.33	318.38	89.96

注:全省总数为省计算数,各市数为上报数,各市相加不等于全省总数。

各市主要农作物总播种面积

Total Sown Areas of Major Farm Crops

（2005 年）　　单位：千公顷

市	总播种面积	#粮食作物播种面积	#谷　物	#夏　收	#棉　花播种面积	#油　料播种面积	#蔬　菜播种面积
全　省	**8 785.46**	**6 240.24**	**5 611.28**	**2 379.44**	**573.45**	**559.03**	**1 104.78**
石家庄市	1 007.98	732.65	668.44	340.09	16.72	69.86	164.08
承 德 市	292.08	228.78	172.04			5.01	49.06
张家口市	680.86	465.58	336.41			56.93	76.97
秦皇岛市	221.25	155.74	111.59	14.16	1.69	21.78	35.18
唐 山 市	792.32	477.70	434.32	116.67	32.78	74.91	174.97
廊 坊 市	509.74	318.50	290.85	109.71	45.37	20.99	100.52
保 定 市	1 181.15	848.24	780.83	357.97	34.39	83.12	157.15
沧 州 市	1 111.11	825.75	748.75	364.19	135.54	40.91	77.63
衡 水 市	813.07	547.55	518.18	262.50	124.77	42.40	83.53
邢 台 市	980.10	694.42	659.41	339.75	160.19	52.11	57.72
邯 郸 市	1 058.38	755.42	717.20	384.57	103.03	62.47	127.95

各市农业机械化、电气化、化肥、水利

Mechanization, Electrification, Chemical Fertilizer and Water Conservancy of Agriculture

（2005 年）

市	农业机械化情况			农村电气化情况			农用化肥施用量		农田水利
	机耕面积（公顷）	机播面积（公顷）	机收面积（公顷）	农村用电量（万千瓦小时）	乡、村办水电站（个）	乡、村办水电站发电量（万千瓦小时）	折纯量（吨）	平均每公顷耕地施化肥（折纯，千克）	有效灌溉面积（公顷）
全　省	**4 745 472**	**5 282 465**	**2 480 448**	**3 370 506**	**116**	**2 911.12**	**3 033 926**	**506.59**	**4 547 745**
石家庄市	485 888	597 004	327 031	515 196	25	1 589.60	486 060	848.72	514 842
承 德 市	166 524	82 591	14 166	111 243	10	257.00	90 315	334.13	133 051
张家口市	500 060	313 847	93 861	51 184	13	610.12	87 694	126.97	246 392
秦皇岛市	98 609	38 674	26 265	81 457			119 367	694.01	123 405
唐 山 市	458 737	332 660	152 510	807 581	11	10.00	387 869	711.55	492 601
廊 坊 市	286 733	317 091	114 356	349 113			161 792	440.69	278 748
保 定 市	557 294	686 866	346 083	284 104	15	370.80	417 815	548.61	655 960
沧 州 市	576 223	865 297	383 745	375 131	14		287 878	386.37	569 476
衡 水 市	514 691	639 107	297 558	197 133			240 267	424.98	487 313
邢 台 市	537 142	711 768	330 084	208 501			313 599	483.96	507 376
邯 郸 市	563 571	697 560	394 789	389 863	28	73.60	441 270	677.82	538 581

各市主要农产品产量

Yield of Major Farm Crops

（2005年）　　单位：粮食：万吨，其他：吨

市	粮食总产量	谷物	#夏收	#稻谷	#小麦	#玉米	豆类	薯类
全　　省	**2 598.58**	**2 452.87**	**1 150.90**	**51.56**	**1 150.33**	**1 193.83**	**51.24**	**94.47**
石家庄市	482.43	453.07	227.72	0.42	227.72	217.66	10.26	19.10
承德市	111.60	96.44		12.05		76.86	4.62	10.54
张家口市	106.58	87.91		2.15		68.97	3.74	14.93
秦皇岛市	84.59	65.79	7.59	7.39	7.16	46.98	3.76	15.04
唐山市	271.49	254.19	59.82	42.07	59.79	150.92	5.71	11.59
廊坊市	168.60	161.51	57.15		57.00	103.47	4.28	2.81
保定市	471.42	441.52	202.01	1.75	201.99	233.23	5.39	24.51
沧州市	363.20	344.31	148.49		148.49	189.66	12.42	6.47
衡水市	310.98	301.11	150.51		150.50	145.10	4.79	5.09
邢台市	363.36	352.85	183.83		183.83	153.19	5.45	5.06
邯郸市	413.26	400.35	206.07	2.11	206.07	178.82	6.19	6.72

市	棉花总产量	油料总产量	#芝麻	#花生	麻类总产量	#黄红麻	烟叶	#烤烟
全　　省	**577 194**	**1 527 270**	**14 566**	**1 403 277**	**7 262**	**767**	**9 759**	**4 928**
石家庄市	17 529	238 671	1 038	217 903	8		1 638	1 638
承德市		7 804	231	1 714	2		101	
张家口市		39 303		748	6 231		2 950	2 950
秦皇岛市	1 579	72 144	284	70 977			4	
唐山市	36 385	232 309	209	232 081	1 012	767	2 794	31
廊坊市	48 319	45 040	1 161	39 938			556	
保定市	31 749	281 525	1 479	277 813	1		1 716	309
沧州市	136 874	98 556	3 554	86 807				
衡水市	138 744	118 707	1 974	114 277				
邢台市	167 712	130 613	2 452	119 093	2			
邯郸市	120 409	184 691	1 441	170 344	6			

注：粮食、棉花、油料作物产量全省数均为抽样调查数，各市为全面调查，相加不等于总数。

各市主要农业机械和农产品加工机械拥有量

Ownership of Agricultural Machinery and Machinery for Processing Farm Products

(2005年底)

市	农业机械总动力(万千瓦)	大中型拖拉机(混合台)	小型拖拉机(台)	排灌用动力机械(台)	#柴油机	#电动机	粮食加工机械(台)	农用运输车(辆)
全　　省	**84 872 097**	**100 894**	**1 446 840**	**2 653 132**	**1 258 359**	**1 394 573**	**361 855**	**2 521 506**
石家庄市	18 039 338	17 265	184 318	488 421	259 127	229 294	78 851	432 619
承德市	1 793 818	2 293	28 908	37 065	8 379	28 686	23 246	52 683
张家口市	1 953 311	1 107	41 949	19 104	3 759	15 345	9 459	58 116
秦皇岛市	2 406 744	2 587	47 367	71 291	23 291	48 000	80 070	85 994
唐山市	8 531 439	14 631	135 448	289 737	51 695	238 042	24 712	375 533
廊坊市	6 037 773	10 112	81 127	140 438	45 357	95 081	16 792	236 437
保定市	9 827 382	15 828	156 372	291 740	145 220	146 520	23 118	336 012
沧州市	10 168 421	9 605	244 117	441 989	304 121	137 868	30 578	266 369
衡水市	7 527 221	7 433	238 731	251 581	158 286	93 095	9 450	120 659
邢台市	7 806 354	11 059	205 259	287 799	109 853	177 946	25 544	177 029
邯郸市	10 780 296	8 974	83 244	333 967	149 271	184 696	40 035	380 055

各　市　大　牲　畜　头　数

Number of Large Livestock

(2005年底)　　单位:百头

市	大牲畜年末数	#役　畜	牛	马	驴	骡
全　　省	**101 905**	**30 946**	**84 134**	**3 313**	**10 411**	**4 047**
石家庄市	17 316	3 940	15 599	377	945	395
承德市	9 294	2 341	7 879	623	403	389
张家口市	7 316	2 811	5 232	268	913	903
秦皇岛市	2 909	1 129	2 492	21	343	53
唐山市	11 600	3 257	9 591	279	1 432	298
廊坊市	6 027	978	4 881	150	793	203
保定市	6 788	1 167	5 327	131	1 201	129
沧州市	12 292	4 884	10 209	429	1 183	471
衡水市	11 555	4 687	9 567	457	1 183	348
邢台市	9 216	3 124	7 581	256	1 121	258
邯郸市	7 592	2 628	5 776	322	894	600

各市肉类总产量、牛奶产量及猪、羊头数

Output of Meat, Milk and Number of Hogs, Sheep and Goats

（2005 年）

市	猪牛羊肉产量（吨）	年末出栏肉猪（百头）	生猪存栏（百头）	羊存栏（百只）	山羊	绵羊	牛奶产量（吨）
全省	**4 626 430**	**454 635**	**309 352**	**251 368**	**101 329**	**150 039**	**3 403 456**
石家庄市	887 272	89 195	52 730	24 412	5 646	18 766	732 740
承德市	297 153	26 421	19 381	15 421	6 351	9 070	98 492
张家口市	223 715	19 675	12 306	23 094	2 297	20 797	533 791
秦皇岛市	218 123	22 360	12 895	8 760	3 948	4 812	45 234
唐山市	626 740	69 507	41 634	12 702	4 514	8 188	1 118 898
廊坊市	323 803	22 979	15 474	23 623	6 049	17 574	68 385
保定市	622 199	68 765	50 946	29 401	9 830	19 571	401 176
沧州市	287 026	20 710	17 122	29 444	15 334	14 110	88 107
衡水市	318 982	31 094	23 440	23 270	11 345	11 925	35 219
邢台市	302 777	28 658	21 805	16 817	8 407	8 410	180 694
邯郸市	518 640	55 271	41 619	44 424	27 608	16 816	100 720

各市水产品产量

Output of Aquatic Products

（2005 年） 单位：吨

市	水产品总产量	海水产品	#鱼类	#甲壳类	内陆水域产品	#鱼类	#甲壳类
全省	**989 461**	**571 808**	**191 613**	**95 057**	**417 653**	**386 333**	**23 696**
石家庄市	29 232				29 232	25 887	1 991
承德市	11 316				11 316	10 914	402
张家口市	6 958				6 958	6 950	8
秦皇岛市	171 355	166 392	17 731	7 156	4 963	4 625	322
唐山市	501 284	307 103	100 080	71 957	194 181	179 167	14 916
廊坊市	37 591	5 653	5 000	533	31 938	31 466	460
保定市	52 053				52 053	44 368	1 605
沧州市	119 684	92 660	68 802	15 411	27 024	25 010	2 008
衡水市	7 037				7 037	6 983	54
邢台市	5 035				5 035	5 018	15
邯郸市	47 916				47 916	45 945	1 915

各市全部国有及年产品销售收入500万元以上非国有工业企业个数和工业总产值

Number of Gross Industrial Value of All State-owned Enterprises and Non-state-owned Enterprises with Annual Product Sales Over 5 Million

（2005年）　　单位：个数：个　产值：亿元

市	全部工业		内资企业		#国有企业		#集体企业	
	企业个数	工业总产值	企业个数	工业总产值	企业个数	工业总产值	企业个数	工业总产值
全　省	**9 935**	**11 007.98**	**8 942**	**9 292.69**	**847**	**1 395.52**	**788**	**500.64**
石家庄市	1 925	2 015.58	1 787	1 863.55	152	315.93	231	194.33
承 德 市	452	385.47	435	377.71	33	8.06	22	10.11
张家口市	373	366.31	340	292.67	79	76.09	20	4.86
秦皇岛市	488	494.53	382	268.16	54	47.96	32	9.90
唐 山 市	1 505	2 738.01	1 368	2 225.95	90	248.00	143	105.79
廊 坊 市	683	616.82	525	489.08	51	63.63	40	16.25
保 定 市	1 295	946.73	1 142	837.39	123	137.22	72	27.48
沧 州 市	1 024	1 022.05	930	956.11	59	257.86	44	35.24
衡 水 市	814	451.02	755	402.12	44	37.37	58	28.86
邢 台 市	795	706.17	755	603.58	64	60.46	66	31.21
邯 郸 市	581	1 265.29	523	976.36	98	142.92	60	36.60

市	#股份制经济		#中外合资、合作企业		外商投资企业		港、澳、台投资企业	
	企业个数	工业总产值	企业个数	工业总产值	企业个数	工业总产值	企业个数	工业总产值
全　省	**5 152**	**6 331.29**	**483**	**616.67**	**674**	**1 026.20**	**319**	**689.09**
石家庄市	902	1 087.67	70	51.49	88	101.15	50	50.88
承 德 市	331	345.00	11	5.83	12	6.11	5	1.65
张家口市	202	205.80	17	12.97	27	68.52	6	5.12
秦皇岛市	236	196.83	44	129.79	80	208.93	26	17.44
唐 山 市	676	1 489.86	60	138.33	87	284.19	50	227.88
廊 坊 市	359	357.95	63	50.24	122	96.82	36	30.92
保 定 市	686	564.77	91	38.40	109	61.54	44	47.80
沧 州 市	605	589.13	49	36.27	62	40.40	32	25.54
衡 水 市	437	283.14	33	16.95	38	20.64	21	28.26
邢 台 市	417	441.50	25	17.30	25	17.30	15	85.30
邯 郸 市	301	769.64	20	119.11	24	120.61	34	168.32

各市全部国有及年产品销售收入500万元以上非国有工业企业主要指标

Major Indicators of All State-owned Enterprises and Non-state-owned Enterprises with Annual Product Sales Over 5 Million

(2005年)

单位:亿元

市	企业单位数(个)	#亏损企业	工业增加值	资本金总额	流动资产合计	#产成品
全　　省	**9 935**	**1 673**	**3 219.00**	**2 128.53**	**4 032.20**	**500.40**
石家庄市	1 925	139	620.65	386.71	597.66	85.88
承 德 市	452	136	111.03	77.89	175.46	16.01
张家口市	373	147	127.11	84.10	171.95	19.96
秦皇岛市	488	199	127.02	131.17	229.09	33.78
唐 山 市	1 505	322	789.58	452.43	1 030.31	109.75
廊 坊 市	683	135	151.61	138.47	221.49	26.29
保 定 市	1 295	212	250.41	205.18	402.31	62.68
沧 州 市	1 024	111	346.70	223.57	317.34	35.81
衡 水 市	814	54	126.50	72.94	150.36	22.60
邢 台 市	795	79	209.96	141.92	242.18	28.09
邯 郸 市	581	139	367.64	214.14	494.05	59.57

市	流动资产年平均余额	固定资产合计	固定资产原价	固定资产净值年平均余额	资产总计	流动负债合计
全　　省	**3 822.02**	**4 669.77**	**6 306.27**	**3 894.23**	**9 473.65**	**4 381.88**
石家庄市	580.84	731.21	1 071.45	641.48	1 480.93	701.43
承 德 市	166.33	207.17	249.26	162.86	424.43	240.17
张家口市	164.05	230.08	346.98	204.54	424.23	216.41
秦皇岛市	220.95	264.36	345.49	223.13	527.66	275.44
唐 山 市	986.74	1 221.38	1 447.24	934.82	2 402.51	1 157.57
廊 坊 市	210.81	204.40	264.28	189.62	469.48	223.93
保 定 市	385.35	367.54	473.65	287.72	855.10	391.55
沧 州 市	303.74	391.03	672.29	335.61	780.46	270.94
衡 水 市	143.72	144.57	198.49	132.64	314.61	147.63
邢 台 市	230.07	314.24	419.88	248.89	614.75	241.30
邯 郸 市	429.43	593.78	817.26	532.92	1 179.49	515.49

市	长期负债合计	所有者权益合计	主营业务收入	主营业务成本	主营业务税金及附加	本年应交增值税
全　　省	**1 330.81**	**3 681.65**	**10 745.82**	**9 133.88**	**94.67**	**378.18**
石家庄市	222.12	544.60	1 961.03	1 630.14	24.43	64.06
承 德 市	40.22	143.34	340.39	276.93	4.10	17.36
张家口市	93.56	113.61	364.82	305.46	13.77	21.14
秦皇岛市	68.57	182.13	499.02	444.15	2.66	11.84
唐 山 市	361.53	883.36	2 729.77	2 327.32	13.26	108.44
廊 坊 市	48.60	190.92	586.95	512.65	1.61	14.50
保 定 市	106.04	344.69	901.64	766.94	8.87	25.56
沧 州 市	82.65	412.49	1 020.73	853.13	13.78	30.09
衡 水 市	39.16	125.32	426.40	362.88	2.29	12.05
邢 台 市	78.50	285.23	688.21	575.47	3.91	23.96
邯 郸 市	189.86	455.96	1 226.86	1 078.82	6.00	49.18

各市国有及国有控股工业企业主要指标

Major Indicators of State-owned and State-holding Industrial Enterprises

（2005 年）　　　　单位:亿元

市	企业单位数（个）	# 亏损企业	工业增加值	资本金总额	流动资产合计	#产成品
全　　省	**1 232**	**442**	**1 117.18**	**1 858.99**	**174.32**	**1 744.39**
石家庄市	234	74	225.21	341.84	42.59	335.77
承 德 市	53	28	31.73	74.03	4.21	68.99
张家口市	103	59	61.17	114.20	9.71	110.62
秦皇岛市	84	38	65.93	105.65	18.02	105.89
唐 山 市	129	45	220.69	435.16	22.89	411.00
廊 坊 市	83	32	34.15	37.01	3.58	36.31
保 定 市	165	62	89.91	167.83	22.02	161.07
沧 州 市	81	21	158.09	177.94	13.01	173.08
衡 水 市	71	13	28.68	33.95	2.57	33.02
邢 台 市	88	27	47.30	67.19	5.32	66.82
邯 郸 市	141	43	154.34	304.19	30.40	241.82

市	流动资产年平均余额	固定资产合计	固定资产原价	固定资产净值年平均余额	资产总计	流动负债合计
全　　省	**2 793.83**	**4 118.36**	**2 298.91**	**5 054.86**	**2 218.16**	**981.22**
石家庄市	485.30	732.50	419.33	913.60	453.88	179.69
承 德 市	109.33	150.54	86.67	202.59	125.09	28.65
张家口市	195.28	302.62	174.18	324.75	162.89	83.15
秦皇岛市	133.89	210.13	126.55	256.95	124.80	39.14
唐 山 市	709.19	895.16	531.24	1 222.80	532.19	251.53
廊 坊 市	79.19	113.57	75.13	122.49	46.72	33.15
保 定 市	209.09	278.05	149.67	414.35	186.77	78.03
沧 州 市	274.08	529.91	231.11	504.55	151.81	68.78
衡 水 市	70.74	107.83	63.34	115.29	41.62	27.09
邢 台 市	113.21	191.17	75.50	199.26	70.45	26.99
邯 郸 市	414.54	606.89	366.20	778.24	321.95	165.02

市	长期负债合计	所有者权益合计	主营业务收入	主营业务成本	主营业务税金及附加
全　　省	**1 819.34**	**4 021.79**	**3 388.06**	**57.04**	**183.21**
石家庄市	275.57	691.57	606.97	14.79	25.42
承 德 市	48.77	131.81	115.37	0.62	5.85
张家口市	78.40	268.34	227.25	12.36	16.80
秦皇岛市	92.39	187.92	164.22	0.74	4.94
唐 山 市	439.08	918.46	765.27	6.43	46.00
廊 坊 市	41.75	92.85	77.19	0.60	4.52
保 定 市	146.85	317.87	267.96	4.37	12.19
沧 州 市	271.41	559.47	452.59	11.80	21.13
衡 水 市	45.57	96.98	81.99	0.76	4.70
邢 台 市	95.35	144.85	114.41	1.20	8.75
邯 郸 市	284.19	611.68	514.85	3.36	32.90

各市年产品销售收入500万元以上集体工业企业主要指标

Major Indicators of Collective-owned Enterprises with Annual Product Sales Over 5 Million

（2005年）　　单位：亿元

市	企业单位数（个）	# 亏损企业	工业增加值	资本金总额	流动资产合计	#产成品
全　省	**788**	**125**	**51.26**	**131.42**	**21.51**	**126.49**
石家庄市	231	8	18.21	29.38	6.36	28.48
承 德 市	22	5	1.29	2.98	0.80	3.27
张家口市	20	10	0.68	2.80	0.45	2.60
秦皇岛市	32	23	1.99	5.57	0.78	5.56
唐 山 市	143	43	8.59	44.71	6.93	44.13
廊 坊 市	40	2	2.62	3.96	0.62	3.84
保 定 市	72	13	2.73	6.04	1.08	5.63
沧 州 市	44		4.30	9.68	0.65	7.49
衡 水 市	58	3	2.53	8.86	1.34	8.14
邢 台 市	66	4	4.51	7.92	1.39	7.87
邯 郸 市	60	14	3.81	9.52	1.10	9.47

市	流动资产年平均余额	固定资产合计	固定资产原价	固定资产净值年平均余额	资产总计	流动负债合计
全　省	**89.28**	**125.87**	**82.14**	**238.66**	**133.63**	**17.18**
石家庄市	23.49	33.33	21.59	59.41	23.24	5.28
承 德 市	2.10	3.27	1.49	6.21	3.61	0.25
张家口市	1.13	1.80	1.03	4.02	3.17	0.41
秦皇岛市	4.58	7.28	4.30	10.97	9.81	0.44
唐 山 市	25.36	37.65	23.10	71.39	57.42	5.88
廊 坊 市	2.80	4.00	2.71	7.18	2.47	0.37
保 定 市	4.94	6.67	4.61	11.64	5.63	0.78
沧 州 市	5.31	6.52	4.83	15.28	3.93	0.39
衡 水 市	4.27	5.57	3.88	13.38	7.77	0.83
邢 台 市	8.65	10.46	8.77	18.83	4.83	0.87
邯 郸 市	6.64	9.31	5.83	20.35	11.76	1.68

市	长期负债合计	所有者权益合计	主营业务收入	主营业务成本	主营业务税金及附加
全　省	**83.23**	**481.80**	**401.14**	**3.91**	**12.99**
石家庄市	29.70	187.74	146.45	1.65	4.70
承 德 市	2.33	9.20	7.24	0.13	0.41
张家口市	0.44	4.80	4.32	0.04	0.17
秦皇岛市	0.60	9.46	7.92	0.53	0.34
唐 山 市	8.10	104.70	93.57	0.50	4.11
廊 坊 市	4.11	15.63	12.10	0.11	0.36
保 定 市	5.09	24.57	20.65	0.10	0.43
沧 州 市	9.81	33.10	28.12	0.18	0.55
衡 水 市	4.75	27.27	23.39	0.09	0.39
邢 台 市	12.98	29.69	23.98	0.31	0.67
邯 郸 市	5.32	35.64	33.39	0.27	0.86

各市主要工业产品产量

Output of Major Industrial Products

（2005年）

市	化学纤维（万吨）	纱（吨）	布（万米）	印染布（万米）	毛 线（吨）	呢 绒（万米）	丝织品（万米）	机制纸及纸板（万吨）
全 省	**22.67**	**685 940.47**	**233 717.52**	**97 831.82**	**95 151.30**	**133.30**	**1 866**	**315.82**
石家庄市	2.45	196 608.30	104 458.70	74 159.10				50.40
承 德 市		17 074.00				113.60		5.31
张家口市		98.00	10.50					1.01
秦皇岛市	5.30	9 900.00						16.15
唐 山 市	11.29	18 866.00	2 246.90	1 342.00			1 866	137.46
廊 坊 市	0.69	1 937.00	343.00		3 945.80			4.09
保 定 市	2.92	73 604.30	70 404.90	6 662.90	91 205.50	19.70		50.29
沧 州 市	0.01	70 442.00	2 343.27	2 189.63				13.08
衡 水 市		49 872.95	10 382.26					4.34
邢 台 市		111 156.00	17 930.87	7 589.19				33.69
邯 郸 市		136 381.92	25 597.12	5 889.00				

市	自行车（辆）	手 表（只）	日用陶瓷（万件）	肥 皂（吨）	合成洗涤剂（吨）	卷 烟（亿支）	原 盐（万吨）	饮料酒（万千升）
全 省	**94 123**		**63 078.45**	**62 585**	**128 923**	**600.0**	**419.07**	**163.68**
石家庄市			3 667.40	62 437	127 330	176.2		30.80
承 德 市								8.82
张家口市			7 243.52	148		335.0		23.77
秦皇岛市			711.00					25.39
唐 山 市	35 673		28 433.63		178		233.45	45.47
廊 坊 市								5.74
保 定 市			64.00			88.8		10.33
沧 州 市							185.62	6.26
衡 水 市			1 033.90					1.87
邢 台 市	58 450							1.32
邯 郸 市			21 925.00		1 415			3.91

注：卷烟单位为亿支，饮料酒为万千升，日用陶瓷为万件。

各市主要工业产品产量(续)

Output of Major Industrial Products

(2005年)

市	发电量(亿千瓦小时)	原煤(万吨)	生铁(万吨)	钢(万吨)	成品钢材(万吨)	铝(吨)	水泥(万吨)	硫酸(万吨)
全省	**1 338.63**	**7 956.40**	**6 765.61**	**7 386.40**	**6 465.10**	**72 226.8**	**8 850.04**	**97.49**
石家庄市	241.62	115.88	452.26	528.97	314.67		2 981.84	21.21
承德市	25.05	252.40	338.74	351.85	252.31		209.72	10.14
张家口市	183.20	746.61	374.61	379.21	353.93		144.64	7.40
秦皇岛市	73.74	62.74	22.46	164.82	93.12		328.27	8.38
唐山市	234.17	3 582.28	3 291.18	3 722.12	3 153.49		2 848.61	7.40
廊坊市	45.88				427.62		305.32	
保定市	116.64	21.76	13.14	66.40	19.84	72 226.8	403.99	7.44
沧州市	7.78		5.97	24.55	118.27		63.51	5.32
衡水市	76.26		32.60		49.96		128.52	12.70
邢台市	107.47	953.05	428.36	451.62	469.35		504.35	5.52
邯郸市	226.83	2 221.69	1 806.26	1 696.86	1 212.54		931.27	11.98

市	烧碱(万吨)	合成氨(万吨)	农用化肥(折100%)(万吨)	化学农药(吨)	金属切削机床(台)	小型拖拉机(台)	变压器(万千伏安)	化学药品(吨)
全省	**56.56**	**339.52**	**208.87**	**35 063.1**	**1 717**	**220**	**5 971.52**	**392 006.34**
石家庄市	4.95	105.03	65.59	13 175.0	128		33.56	276 322.10
承德市		9.12	6.77					656.05
张家口市	4.82	33.88	17.27	5 177.0			25.50	373.54
秦皇岛市		13.24	0.34					98 825.77
唐山市	4.74	28.57	24.72		1		43.64	3 110.00
廊坊市	2.52		1.18					171.50
保定市	8.12	7.69	2.33	1 525.6	1 069		5 744.16	
沧州市	17.55	55.91	36.26	151.0	111		1.70	846.00
衡水市	8.09	36.16	20.33	95.0				10 891.00
邢台市		7.81	7.39	7 300.0	300		62.73	542.00
邯郸市	5.76	42.11	26.68	7 639.5	108	220	60.23	268.38

注:全省产品中含华北油田,故各市合计不等于全省。

各市全部国有及年产品销售收入500万元以上非国有工业企业全员劳动生产率

Overall Labor Productivity of All state-owned Enterprises and Non-state-owned Enterprises with Annual Product Sales Over 5 Million

单位:元/人·年

市	2005年			2004年		
	全员劳动生产率	轻工业	重工业	全员劳动生产率	轻工业	重工业
全　　省	**108 446**	**73 565**	**125 032**	**87 213**	**61 006**	**99 406**
石家庄市	109 021	101 267	116 512	87 640	82 541	92 331
承 德 市	90 439	51 892	102 926	70 209	43 752	80 578
张家口市	85 572	95 852	83 094	68 245	72 453	67 190
秦皇岛市	100 782	99 760	101 208	77 605	62 876	83 708
唐 山 市	132 546	59 728	146 577	106 718	49 955	117 382
廊 坊 市	102 543	75 512	116 948	86 101	67 032	96 808
保 定 市	74 825	56 111	92 311	64 309	46 654	81 421
沧 州 市	138 419	75 535	160 311	91 801	52 464	104 994
衡 水 市	101 681	80 577	116 082	77 651	72 066	81 486
邢 台 市	87 597	58 207	108 852	82 915	61 190	95 990
邯 郸 市	112 883	30 609	136 402	95 947	25 115	116 091

注:本表按工业增加值计算。

各市建筑业生产情况

Productive Indicators on Construction Enterprises

(2005年)

市	建筑企业个数(个)	从业人员(人)	建筑企业平均人数(人)	建筑业总产值(万元)	建筑业增加值(亿元)	房屋建筑施工面积(万平方米)	房屋建筑竣工面积(万平方米)	#住宅
全　　省	**2 094**	**1 084 108**	**1 191 729**	**12 852 930.8**	**567.29**	**11 261.4**	**5 744.2**	**3 693.9**
石家庄市	233	177 079	175 941	2 651 115.8	100.68	2 070.5	915.2	536.1
承 德 市	144	29 354	50 553	567 417.5	28.32	410.7	232.7	172.4
张家口市	93	42 807	47 733	502 553.0	20.93	586.6	316.8	225.5
秦皇岛市	239	47 227	65 989	720 554.6	25.34	637.2	293.0	181.1
唐 山 市	256	143 665	171 275	2 206 156.5	86.38	1 539.9	756.8	442.4
廊 坊 市	212	96 122	99 995	816 610.9	44.03	822.2	445.8	279.4
保 定 市	236	182 969	214 620	2 052 990.1	87.65	1 862.0	1 042.2	704.6
沧 州 市	209	115 001	120 350	1 040 364.7	55.15	912.0	581.9	420.4
衡 水 市	107	43 795	43 999	370 749.2	27.70	519.6	248.9	176.6
邢 台 市	129	58 225	60 557	426 553.3	34.16	645.4	321.2	194.1
邯 郸 市	236	147 864	140 717	1 497 865.2	71.94	1 255.2	589.7	361.2

各市建筑业主要财务指标

Major Financial Indicators on Construction Enterprises

（2005 年）　　单位：万元

市	资产合计	#流动资产	#固定资产	负债合计	流动负债	长期负债	所有者权益	#实收资本
全　省	**9 805 204**	**6 782 559**	**2 297 614**	**6 041 210**	**5 815 957**	**225 253**	**3 763 994**	**2 816 828**
石家庄市	1 708 245	1 133 378	382 669	1 058 397	987 351	71 047	649 848	506 843
承 德 市	430 908	275 729	128 799	217 614	208 872	8 742	213 295	164 415
张家口市	398 028	300 657	76 084	275 823	268 356	7 467	122 205	80 049
秦皇岛市	815 972	606 614	144 074	556 862	545 353	11 510	259 110	187 063
唐 山 市	1 749 923	1 310 110	307 415	1 241 006	1 222 969	18 037	508 917	373 191
廊 坊 市	800 868	561 356	178 550	458 876	439 831	19 046	341 992	246 232
保 定 市	1 653 056	1 145 153	397 650	1 019 934	1 003 037	16 897	633 123	480 508
沧 州 市	524 550	292 853	200 148	211 719	198 571	13 148	312 831	237 018
衡 水 市	230 315	132 088	79 998	94 570	89 906	4 664	135 745	93 052
邢 台 市	333 480	209 074	107 239	168 727	147 589	21 138	164 752	128 576
邯 郸 市	1 159 859	815 547	294 988	737 682	704 123	33 559	422 177	319 882

各市商品交易市场及亿元以上商品交易市场基本情况

Basic Statistics of Commodity Markets and Commodity Markets on Sales Value Over 100 Million RMB

（2005 年）

市	商品交易市场			亿元以上商品交易市场		
	市场个数（个）	当年成交额（万元）	当年投资额（万元）	摊位数（个）	市场成交额（万元）	#零售额
全　省	**4 107**	**33 103 227**	**287 032**	**286 611**	**23 228 528**	**4 713 797**
石家庄市	684	11 531 179	115 987	57 199	8 774 420	1 470 606
承 德 市	423	803 058	7 200	8 697	201 901	114 691
张家口市	222	694 163	16 642	2 817	491 906	63 175
秦皇岛市	213	764 453	2 669	22 435	562 735	191 840
唐 山 市	537	3 513 633	7 658	27 499	1 823 450	743 216
廊 坊 市	250	1 579 880	600	16 931	927 199	317 310
保 定 市	779	5 015 152	42 746	51 374	4 164 799	677 688
沧 州 市	505	2 791 926	2 000	38 999	1 644 226	285 048
衡 水 市	87	1 444 742	13 331	22 769	1 258 253	139 591
邢 台 市	115	1 208 034	9 823	21 686	872 999	140 564
邯 郸 市	292	3 757 007	68 376	16 205	2 506 640	570 068

各市国内贸易基本情况

Basic Conditions of Domestic Trade

（2005年）　　单位：万元

市	限额以上批发业法人企业（个）	限额以上零售业法人企业（个）	社会消费品零售总额（亿元）	批发和零售业	住宿和餐饮业	其他
全省	**516**	**484**	**2 952.9**	**2 541.3**	**349.6**	**62.0**
石家庄市	120	85	606.2	542.7	53.3	10.2
承德市	22	23	117.9	96.5	17.6	3.8
张家口市	30	27	146.1	115.6	23.0	7.5
秦皇岛市	31	28	147.0	126.9	19.5	0.6
唐山市	69	81	468.6	397.2	63.4	8.0
廊坊市	40	43	178.2	150.6	25.8	1.8
保定市	51	65	385.1	329.3	37.1	18.7
沧州市	38	25	250.1	213.2	33.3	3.6
衡水市	35	29	141.5	125.5	14.3	1.7
邢台市	38	20	201.3	176.5	22.4	2.4
邯郸市	42	58	310.9	267.3	39.9	3.7

市	限额以上批发零售贸易业购进总额	#进口	限额以上批发零售贸易业销售总额	#批发额	限额以上批发零售贸易业库存总额	商品交易市场成交额
全省	**14 291 695.4**	**113 578.3**	**16 001 314.4**	**11 641 433.8**	**1 567 911.3**	**33 103 227**
石家庄市	4 214 313.0	46 676.4	4 760 465.2	3 352 841.7	367 107.5	11 531 179
承德市	421 276.8		445 606.4	344 361.1	31 956.3	803 058
张家口市	539 658.6	1 788.2	656 602.5	503 029.9	67 816.7	694 163
秦皇岛市	1 170 309.2	45 934.3	1 401 169.0	1 061 111.5	52 911.2	764 453
唐山市	2 007 743.8		2 361 108.8	1 746 485.9	155 196.8	3 513 633
廊坊市	984 485.3		1 059 255.0	813 964.0	100 195.9	1 579 880
保定市	1 622 762.7	7 453.6	1 751 313.3	1 079 306.5	161 005.5	5 015 152
沧州市	718 451.7	814.0	776 391.1	554 901.8	81 584.2	2 791 926
衡水市	774 748.6	7 620.9	811 698.9	612 883.4	99 839.0	1 444 742
邢台市	825 272.3		880 007.9	773 506.0	184 141.2	1 208 034
邯郸市	1 012 673.4	3 290.9	1 097 696.3	799 042.0	266 157.0	3 757 007

各市外商投资企业情况

Basic Condition of foreign-funded Enterprises

（2005 年）　　单位：金额：万美元　企业：个

市	批准合同			注册三资企业			外商直接投资额	到2004年底实有外商投资企业	#开工在建企业	#投产（开业）企业
	合同个数	合同总金额	合同外资额	个数	注册资本	外方注册资本				
全　省	**577**	**544 600**	**253 154**	**525**	**275 055**	**212 313**	**191 256**	**3 789**	**634**	**1 819**
石家庄市	84	59 742	19 744	78	27 427	18 863	26 353	581	19	341
承 德 市	13	23 124	12 918	12	10 512	9 871	11 001	118	27	39
张家口市	19	18 294	10 608	16	10 986	9 275	2 397	99	14	53
秦皇岛市	55	86 488	57 736	51	45 699	37 836	23 613	391	72	192
唐 山 市	69	135 126	50 363	55	60 432	44 437	46 096	418	46	265
廊 坊 市	64	56 564	21 185	56	22 111	19 102	19 370	494	32	203
保 定 市	56	20 845	11 864	56	16 342	13 447	10 539	562	173	287
沧 州 市	90	53 349	29 123	83	31 159	25 465	14 416	360	101	157
衡 水 市	30	35 582	11 302	23	9 206	3 753	10 379	191	11	106
邢 台 市	32	18 233	9 507	31	17 882	13 578	14 172	200	43	74
邯 郸 市	65	37 253	18 804	64	23 299	16 686	12 920	375	96	102

各市非国有经济基本情况及效益

Basic Statistic on Township and Village Enterprises

（2005 年）

市	企业个数（个）	企业从业人数（人）	企业增加值（万元）	企业营业收入（万元）	企业实交税金（万元）	固定资产原值（万元）
全　省	**1 783 768**	**13 058 835**	**53 050 327**	**188 441 615**	**4 493 209**	**63 840 224**
石家庄市	237 669	2 449 609	11 220 322	40 059 784	805 369	13 250 078
承 德 市	108 690	456 253	1 641 884	5 499 510	233 455	1 978 662
张家口市	101 362	547 976	1 309 648	4 621 260	199 576	1 562 760
秦皇岛市	75 707	389 076	1 732 677	6 642 256	207 319	2 457 968
唐 山 市	273 107	1 426 257	12 269 121	41 589 433	1 198 578	11 767 091
廊 坊 市	108 811	843 666	4 931 047	18 855 198	236 112	5 966 736
保 定 市	220 250	1 829 655	7 579 426	27 475 454	370 917	5 199 034
沧 州 市	161 640	1 304 628	6 765 780	24 066 843	250 403	7 055 466
衡 水 市	124 218	1 135 193	4 854 620	13 336 834	222 121	2 960 955
邢 台 市	146 224	1 050 089	5 498 446	19 842 158	297 060	5 022 414
邯 郸 市	226 090	1 626 433	7 344 260	28 520 784	472 299	6 619 060

各市大中型工业企业技术开发活动情况

Basic Condition of Technical Development of Large and Medium-sized Industrial Enterprises

（2005年）

市	技术开发机构数 （个）	企业从事技术开发人员 （人）	技术开发机构中的开发人员 （人）	新产品销售收入 （万元）
全　省	**342**	**66 670**	**24 317**	**4 364 556.8**
石家庄市	81	13 816	5 228	846 733.0
承 德 市	7	2 300	402	114 458.2
张家口市	23	3 370	1 850	228 024.2
秦皇岛市	19	3 761	1 777	424 854.4
唐 山 市	59	13 737	4 167	1 452 938.1
廊 坊 市	12	828	191	66 433.5
保 定 市	39	7 493	4 197	754 765.8
沧 州 市	26	4 061	1 839	77 972.8
衡 水 市	16	2 405	951	66 027.4
邢 台 市	16	5 912	1 019	136 603.6
邯 郸 市	44	8 987	2 696	195 745.8

各　市　人　才　状　况

Basic Condition on Talent

单位：人

市	人才资源总量		劳动年龄人口		人才密度指数(%)	
	2005年	2004年	2005年	2004年	2005年	2004年
全　省	**4 240 239**	**3 646 823**	**47 372 591**	**45 422 802**	**9.0**	**8.0**
石家庄市	669 597	640 810	6 489 178	6 489 178	10.3	9.9
承 德 市	167 183	161 556	2 309 073	2 263 180	7.2	7.1
张家口市	212 233	214 732	2 779 045	2 740 706	7.6	7.8
秦皇岛市	198 692	194 413	1 909 700	1 892 017	10.4	10.3
唐 山 市	475 093	452 917	4 866 802	4 823 622	9.8	9.4
廊 坊 市	237 253	238 796	2 755 208	2 591 472	8.6	9.2
保 定 市	474 305	473 816	7 147 321	7 215 520	6.6	6.6
沧 州 市	432 531	437 796	4 567 854	4 499 501	9.5	9.7
衡 水 市	205 265	182 939	2 726 990	2 518 270	7.5	7.3
邢 台 市	296 219	264 635	5 043 000	4 905 300	5.9	5.4
邯 郸 市	427 936	384 413	5 883 977	5 774 827	7.3	6.7

各市婚姻登记情况

Basic Condition on Marriage Registrations

（2005年）

市	内地居民登记结婚（对）	#初婚数（人）	#再婚数（人）	内地居民登记离婚（对）	准予登记涉外婚姻（对）
全　　省	**591 857**	**974 352**	**100 690**	**50 280**	**275**
石家庄市	70 144	126 135	14 153	6 167	
承 德 市	25 652	44 568	6 736	3 576	
张家口市	27 834	49 633	6 035	3 976	
秦皇岛市	21 732	35 735	7 729	3 775	
唐 山 市	108 672	90 048	18 624	9 093	
廊 坊 市	30 685	52 739	8 631	2 946	
保 定 市	89 863	169 144	10 582	6 320	
沧 州 市	52 960	96 030	9 890	5 083	
衡 水 市	34 590	64 916	4 264	1 769	
邢 台 市	61 190	114 467	7 913	3 619	
邯 郸 市	68 535	130 937	6 133	3 956	

各市地方财政收入及支出

Local Revenue and Expenditures

（2005年）　　单位：万元

市	地方财政收入	#增值税	#营业税	地方财政支出	#基本建设
全　　省	**5 157 017**	**1 210 346**	**1 052 792**	**9 791 635**	**735 846**
石家庄市	658 796	102 170	197 599	1 081 627	69 281
承 德 市	172 945	34 273	43 977	485 209	56 418
张家口市	211 136	45 890	50 343	586 958	85 340
秦皇岛市	257 879	30 034	86 744	440 826	27 979
唐 山 市	776 137	197 276	154 068	1 277 866	106 252
廊 坊 市	242 965	31 542	72 394	479 809	30 856
保 定 市	372 628	52 649	71 012	861 124	44 629
沧 州 市	311 724	61 593	70 781	629 702	27 014
衡 水 市	133 188	21 741	24 218	392 988	19 811
邢 台 市	218 518	48 839	39 309	518 765	27 084
邯 郸 市	432 148	100 199	71 466	838 438	71 453

注：全省总计数中含省本级数，故不等于各市相加。

县域经济发展评价综合位次

The Synthesised Ranking Based on Economic Growth for County

（2005 年）

县（市）	综合位次	县（市）	综合位次	县（市）	综合位次
迁安市	1	无极县	48	承德县	95
任丘市	2	河间市	49	清苑县	96
武安市	3	内丘县	50	柏乡县	97
唐山市丰南区	4	永年县	51	南皮县	98
遵化市	5	兴隆县	52	安新县	99
三河市	6	宁晋县	53	蔚　县	100
迁西县	7	景　县	54	定兴县	101
唐山市开平区	8	高阳县	55	望都县	102
鹿泉市	9	赵　县	56	馆陶县	103
霸州市	10	元氏县	57	临西县	104
藁城市	11	容城县	58	曲周县	105
香河县	12	深州市	59	涿鹿县	106
唐山市丰润区	13	大城县	60	安次区	107
唐海县	14	昌黎县	61	献　县	108
正定县	15	深泽县	62	盐山县	109
辛集市	16	安国市	63	阳原县	110
乐亭县	17	东光县	64	巨鹿县	111
宽城满族自治县	18	怀来县	65	阜平县	112
涉　县	19	满城县	66	博野县	113
滦　县	20	隆尧县	67	崇礼县	114
玉田县	21	蠡　县	68	万全县	115
邯郸县	22	徐水县	69	大名县	116
栾城县	23	滦平县	70	隆化县	117
大厂回族自治县	24	饶阳县	71	怀安县	118
滦南县	25	临城县	72	青龙满族自治县	119
涿州市	26	孟村回族自治县	73	肥乡县	120
清河县	27	灵寿县	74	新河县	121
黄骅市	28	故城县	75	平乡县	122
沙河市	29	雄　县	76	南和县	123
高碑店市	30	丰宁满族自治县	77	临漳县	124
文安县	31	平泉县	78	易　县	125
新乐市	32	涞源县	79	魏　县	126
磁　县	33	固安县	80	顺平县	127
晋州市	34	邱　县	81	赤城县	128
安平县	35	吴桥县	82	海兴县	129
井陉县	36	行唐县	83	任　县	130
平山县	37	成安县	84	曲阳县	131
肃宁县	38	广平县	85	张北县	132
邢台县	39	鸡泽县	86	唐　县	133
冀州市	40	武强县	87	涞水县	134
沧　县	41	阜城县	88	围场满蒙自治县	135
青　县	42	永清县	89	广宗县	136
定州市	43	南宫市	90	威　县	137
泊头市	44	赞皇县	91	尚义县	138
高邑县	45	宣化县	92	沽源县	139
枣强县	46	武邑县	93	康保县	140
抚宁县	47	卢龙县	94		

各县（市）地区生产总值

Gross Domestic Product

（2005年）　　单位：万元

县（市）	位次	地区生产总值	县（市）	位次	地区生产总值	县（市）	位次	地区生产总值
任丘市	1	3 013 859	冀州市	47	512 882	武邑县	93	270 486
迁安市	2	2 458 829	徐水县	48	511 421	容城县	94	263 590
武安市	3	2 352 093	枣强县	49	505 083	肥乡县	95	263 020
遵化市	4	2 126 019	安平县	50	502 034	馆陶县	96	262 396
藁城市	5	1 501 624	献　县	51	500 016	广平县	97	262 394
迁西县	6	1 469 545	井陉县	52	499 786	深泽县	98	261 825
三河市	7	1 361 676	魏　县	53	494 240	隆化县	99	257 847
滦南县	8	1 356 454	蠡　县	54	492 162	高邑县	100	254 554
玉田县	9	1 258 304	宽城满族自治县	55	485 068	临西县	101	252 042
辛集市	10	1 208 660	大名县	56	463 230	鸡泽县	102	243 521
乐亭县	11	1 150 433	大城县	57	457 769	邱　县	103	242 178
霸州市	12	1 101 020	满城县	58	449 764	围场满蒙自治县	104	239 939
鹿泉市	13	1 093 711	故城县	59	443 010	涿鹿县	105	236 452
河间市	14	1 041 159	清苑县	60	427 350	赞皇县	106	235 588
沧　县	15	1 002 267	行唐县	61	415 784	巨鹿县	107	230 965
定州市	16	987 417	东光县	62	414 800	宣化县	108	229 458
滦　县	17	952 926	定兴县	63	414 041	唐　县	109	227 008
永年县	18	872 919	卢龙县	64	401 006	威　县	110	226 628
涿州市	19	854 110	临漳县	65	380 790	武强县	111	215 268
高碑店市	20	841 199	怀来县	66	373 974	涞源县	112	205 200
涉　县	21	823 853	南宫市	67	371 378	张北县	113	201 419
邯郸县	22	821 964	高阳县	68	364 865	大厂回族自治县	114	192 707
磁　县	23	820 918	内丘县	69	361 586	阳原县	115	188 291
正定县	24	802 634	安国市	70	357 886	孟村回族自治县	116	180 030
泊头市	25	799 505	成安县	71	342 594	望都县	117	173 444
平山县	26	770 347	承德县	72	341 444	临城县	118	171 620
晋州市	27	748 205	兴隆县	73	337 786	顺平县	119	162 972
新乐市	28	745 082	平泉县	74	331 191	柏乡县	120	162 387
沙河市	29	741 577	饶阳县	75	324 964	赤城县	121	155 725
栾城县	30	729 179	曲周县	76	323 125	南和县	122	153 852
宁晋县	31	728 682	蔚　县	77	321 280	博野县	123	147 393
清河县	32	719 553	易　县	78	320 641	平乡县	124	145 202
黄骅市	33	715 999	盐山县	79	309 446	涞水县	125	144 985
文安县	34	700 237	阜城县	80	305 065	广宗县	126	138 952
深州市	35	675 009	安新县	81	304 927	任　县	127	131 052
昌黎县	36	646 637	丰宁满族自治县	82	300 534	万全县	128	128 425
抚宁县	37	637 167	灵寿县	83	300 312	怀安县	129	126 494
香河县	38	622 977	滦平县	84	297 582	海兴县	130	123 209
赵　县	39	601 450	永清县	85	293 712	康保县	131	120 569
无极县	40	596 281	曲阳县	86	290 800	阜平县	132	116 708
元氏县	41	581 907	青龙满族自治县	87	290 593	新河县	133	96 002
青　县	42	576 312	固安县	88	289 073	沽源县	134	90 532
邢台县	43	558 839	雄　县	89	286 655	崇礼县	135	86 437
景　县	44	557 648	唐海县	90	285 227	尚义县	136	74 444
肃宁县	45	539 011	吴桥县	91	274 932			
隆尧县	46	524 931	南皮县	92	273 616			

各县(市)在岗职工平均工资

Average Wage of Staff and Workers(on Post)

(2005年)　　　　单位:元

县　(市)	位次	在岗职工平均工资	县　(市)	位次	在岗职工平均工资	县　(市)	位次	在岗职工平均工资
任丘市	1	23 047	南和县	47	11 918	河间市	93	10 637
涿州市	2	19 824	井陉县	48	11 878	吴桥县	94	10 617
迁西县	3	18 351	文安县	49	11 828	广宗县	95	10 575
遵化市	4	16 768	青龙满族自治县	50	11 808	安新县	96	10 563
三河市	5	16 345	沽源县	51	11 736	临西县	97	10 517
武安市	6	15 807	鹿泉市	52	11 729	新河县	98	10 513
迁安市	7	15 757	深州市	53	11 699	曲周县	99	10 484
涉　县	8	14 669	阜平县	54	11 665	巨鹿县	100	10 439
滦南县	9	14 158	孟村回族自治县	55	11 641	赤城县	101	10 381
磁　县	10	14 096	栾城县	56	11 604	魏　县	102	10 313
滦平县	11	13 977	易　县	57	11 600	万全县	103	10 307
滦　县	12	13 962	平山县	58	11 593	内丘县	104	10 298
蔚　县	13	13 893	卢龙县	59	11 546	深泽县	105	10 284
青　县	14	13 842	泊头市	60	11 481	尚义县	106	10 267
永年县	15	13 720	安平县	61	11 462	故城县	107	10 204
霸州市	16	13 658	崇礼县	62	11 362	威　县	108	10 195
邯郸县	17	13 640	涞源县	63	11 342	灵寿县	109	10 163
宽城满族自治县	18	13 601	冀州市	64	11 334	辛集市	110	10 159
肃宁县	19	13 495	容城县	65	11 329	任　县	111	10 130
乐亭县	20	13 417	肥乡县	66	11 310	涿鹿县	112	10 103
大厂回族自治县	21	13 230	雄　县	67	11 258	临漳县	113	10 096
高阳县	22	13 095	献　县	68	11 255	承德县	114	10 035
徐水县	23	12 982	新乐市	69	11 251	武强县	115	10 008
玉田县	24	12 942	清河县	70	11 225	永清县	116	9 994
张北县	25	12 894	定州市	71	11 221	阜城县	117	9 976
兴隆县	26	12 801	大城县	72	11 182	顺平县	118	9 924
抚宁县	27	12 789	馆陶县	73	11 169	元氏县	119	9 887
邢台县	28	12 768	饶阳县	74	11 112	南宫市	120	9 795
昌黎县	29	12 742	隆尧县	75	11 108	曲阳县	121	9 719
宣化县	30	12 557	康保县	76	11 103	平乡县	122	9 638
宁晋县	31	12 498	清苑县	77	11 088	定兴县	123	9 568
沧　县	32	12 497	满城县	78	11 045	行唐县	124	9 561
唐海县	33	12 466	藁城市	79	11 035	武邑县	125	9 540
平泉县	34	12 408	广平县	80	10 970	安国市	126	9 489
香河县	35	12 273	怀来县	81	10 962	无极县	127	9 471
柏乡县	36	12 260	景　县	82	10 934	涞水县	128	9 451
黄骅市	37	12 258	东光县	83	10 900	望都县	129	9 437
正定县	38	12 247	成安县	84	10 838	阳原县	130	9 416
丰宁满族自治县	39	12 170	蠡　县	85	10 821	怀安县	131	9 132
枣强县	40	12 167	鸡泽县	86	10 799	海兴县	132	8 984
高碑店市	41	12 139	盐山县	87	10 776	晋州市	133	8 854
隆化县	42	12 113	南皮县	88	10 728	邱　县	134	8 854
沙河市	43	12 058	固安县	89	10 727	高邑县	135	8 578
围场满蒙自治县	44	11 996	唐　县	90	10 709	赞皇县	136	6 497
临城县	45	11 994	赵　县	91	10 700			
博野县	46	11 962	大名县	92	10 643			

注:唐海县在岗职工相关指标的统计范围不含包地职工。

各县(市)全社会固定资产投资总额

Total Investment in Fixed Assets

(2005年)　　单位:万元

县 (市)	位次	全社会固定资产投资总额	县 (市)	位次	全社会固定资产投资总额	县 (市)	位次	全社会固定资产投资总额
迁安市	1	705 376	定兴县	47	230 000	怀来县	93	133 510
三河市	2	659 483	内丘县	48	229 410	临西县	94	130 555
定州市	3	603 287	泊头市	49	227 322	曲阳县	95	129 076
霸州市	4	587 453	沧　县	50	225 744	馆陶县	96	126 845
遵化市	5	552 880	灵寿县	51	221 988	临城县	97	126 311
涿州市	6	506 010	邢台县	52	220 963	涞源县	98	120 716
武安市	7	500 562	故城县	53	214 098	南宫市	99	118 073
藁城市	8	497 644	蠡　县	54	205 105	望都县	100	115 431
鹿泉市	9	431 284	河间市	55	198 707	武强县	101	111 367
景　县	10	429 531	雄　县	56	196 102	南皮县	102	110 977
香河县	11	424 270	易　县	57	194 492	唐　县	103	109 880
任丘市	12	411 993	大城县	58	188 914	唐海县	104	106 287
滦　县	13	400 753	宽城满族自治县	59	188 440	吴桥县	105	103 375
辛集市	14	398 724	满城县	60	186 952	顺平县	106	102 258
乐亭县	15	386 619	饶阳县	61	183 399	蔚　县	107	100 411
高碑店市	16	386 286	青　县	62	182 654	青龙满族自治县	108	98 384
新乐市	17	386 200	魏　县	63	179 510	肥乡县	109	97 253
涉　县	18	370 655	肃宁县	64	179 392	深泽县	110	96 534
栾城县	19	357 366	大名县	65	179 359	阜平县	111	96 006
深州市	20	356 993	永清县	66	179 102	涞水县	112	94 518
晋州市	21	348 829	无极县	67	175 310	孟村回族自治县	113	93 000
平山县	22	339 890	成安县	68	174 621	平乡县	114	91 601
宁晋县	23	338 251	丰宁满族自治县	69	172 310	张北县	115	87 538
正定县	24	325 023	鸡泽县	70	172 248	抚宁县	116	86 915
文安县	25	321 764	承德县	71	166 748	博野县	117	83 125
玉田县	26	320 900	赞皇县	72	165 859	南和县	118	82 097
迁西县	27	319 353	平泉县	73	162 198	涿鹿县	119	80 158
黄骅市	28	316 186	固安县	74	161 210	邱　县	120	75 724
永年县	29	307 292	兴隆县	75	160 469	柏乡县	121	73 893
井陉县	30	303 147	广平县	76	159 711	卢龙县	122	73 568
滦南县	31	300 903	巨鹿县	77	159 608	宣化县	123	71 236
枣强县	32	293 943	东光县	78	157 961	万全县	124	70 021
赵　县	33	291 974	高阳县	79	157 926	任　县	125	68 295
沙河市	34	290 494	曲周县	80	157 212	阳原县	126	64 004
冀州市	35	287 258	武邑县	81	156 107	广宗县	127	63 685
邯郸县	36	282 993	献　县	82	156 023	新河县	128	62 275
元氏县	37	281 452	安新县	83	154 736	大厂回族自治县	129	57 032
磁　县	38	269 171	盐山县	84	150 247	康保县	130	56 965
滦平县	39	268 048	临漳县	85	149 751	沽源县	131	54 032
徐水县	40	264 972	阜城县	86	147 333	尚义县	132	51 470
隆尧县	41	261 248	高邑县	87	144 094	怀安县	133	51 378
安平县	42	252 549	容城县	88	143 812	赤城县	134	50 514
清苑县	43	241 214	威　县	89	141 945	崇礼县	135	47 058
行唐县	44	240 548	围场满蒙自治县	90	140 917	海兴县	136	37 337
清河县	45	237 896	隆化县	91	140 263			
安国市	46	234 211	昌黎县	92	136 056			

各县(市)地方财政一般预算收入

Local Revenue

(2005年)　　单位:万元

县　(市)	位次	地方财政一般预算收入	县　(市)	位次	地方财政一般预算收入	县　(市)	位次	地方财政一般预算收入
迁安市	1	105 754	赵　县	47	10 405	赞皇县	93	4 582
武安市	2	80 698	安平县	48	10 085	广平县	94	4 478
任丘市	3	70 617	丰宁满族自治县	49	10 069	涿鹿县	95	4 457
遵化市	4	59 830	滦平县	50	10 015	永清县	96	4 354
三河市	5	51 068	青　县	51	9 922	南宫市	97	4 326
迁西县	6	42 492	泊头市	52	9 683	大名县	98	4 320
藁城市	7	32 295	元氏县	53	9 390	东光县	99	4 239
霸州市	8	27 816	清苑县	54	9 001	阜平县	100	4 228
涿州市	9	27 755	安国市	55	8 940	涞水县	101	4 219
乐亭县	10	26 782	满城县	56	8 829	张北县	102	4 112
定州市	11	26 183	深州市	57	8 804	南皮县	103	4 089
邯郸县	12	25 581	大城县	58	8 742	怀安县	104	3 993
鹿泉市	13	25 269	冀州市	59	8 726	盐山县	105	3 993
滦南县	14	24 703	平泉县	60	8 605	武邑县	106	3 924
辛集市	15	22 382	景　县	61	8 521	成安县	107	3 785
滦　县	16	21 821	肃宁县	62	8 421	临漳县	108	3 580
涉　县	17	21 585	隆尧县	63	8 416	武强县	109	3 329
玉田县	18	21 325	蔚　县	64	7 902	临城县	110	3 320
黄骅市	19	20 878	兴隆县	65	7 768	围场满蒙自治县	111	3 256
平山县	20	20 693	行唐县	66	7 746	威　县	112	3 253
高碑店市	21	20 643	赤城县	67	7 614	吴桥县	113	3 217
抚宁县	22	19 360	固安县	68	7 372	曲周县	114	3 214
磁　县	23	18 850	定兴县	69	7 266	万全县	115	3 187
井陉县	24	17 493	蠡　县	70	7 242	临西县	116	3 127
正定县	25	17 460	高阳县	71	7 134	望都县	117	3 078
宁晋县	26	17 200	内丘县	72	7 083	顺平县	118	3 009
沧　县	27	16 982	易　县	73	7 035	馆陶县	119	2 951
宽城满族自治县	28	16 805	卢龙县	74	6 961	孟村回族自治县	120	2 920
永年县	29	15 594	枣强县	75	6 961	崇礼县	121	2 673
香河县	30	15 224	安新县	76	6 960	海兴县	122	2 622
沙河市	31	14 646	高邑县	77	6 528	肥乡县	123	2 582
青龙满族自治县	32	14 277	灵寿县	78	6 439	邱　县	124	2 567
邢台县	33	14 117	雄　县	79	6 339	平乡县	125	2 491
晋州市	34	13 977	深泽县	80	6 295	博野县	126	2 435
新乐市	35	13 285	宣化县	81	5 997	巨鹿县	127	2 403
河间市	36	13 172	容城县	82	5 820	柏乡县	128	2 083
栾城县	37	12 910	阳原县	83	5 579	鸡泽县	129	1 848
承德县	38	12 386	唐　县	84	5 578	任　县	130	1 785
唐海县	39	12 307	故城县	85	5 509	南和县	131	1 715
昌黎县	40	12 221	献　县	86	5 158	新河县	132	1 391
徐水县	41	11 665	隆化县	87	5 040	沽源县	133	1 383
文安县	42	11 664	阜城县	88	5 024	广宗县	134	1 305
涞源县	43	11 238	曲阳县	89	5 014	尚义县	135	1 126
怀来县	44	11 109	饶阳县	90	4 743	康保县	136	1 041
清河县	45	10 795	大厂回族自治县	91	4 731			
无极县	46	10 436	魏　县	92	4 712			

各县(市)农民人均纯收入

Rural Household Per Capita Net Income

(2005年)　　单位:元

县(市)	位次	农民人均纯收入	县(市)	位次	农民人均纯收入	县(市)	位次	农民人均纯收入
三河市	1	5 364	安新县	47	3 884	涿鹿县	93	2 836
鹿泉市	2	5 313	雄　县	48	3 836	涉　县	94	2 830
香河县	3	5 253	冀州市	49	3 818	巨鹿县	95	2 785
藁城市	4	5 060	柏乡县	50	3 794	孟村回族自治县	96	2 762
大厂回族自治县	5	4 981	定州市	51	3 775	南皮县	97	2 755
乐亭县	6	4 980	泊头市	52	3 762	平乡县	98	2 739
遵化市	7	4 908	深州市	53	3 757	临城县	99	2 718
迁安市	8	4 908	怀来县	54	3 730	献　县	100	2 710
新乐市	9	4 872	元氏县	55	3 726	武邑县	101	2 698
晋州市	10	4 828	望都县	56	3 718	武强县	102	2 684
霸州市	11	4 806	沧　县	57	3 711	灵寿县	103	2 681
正定县	12	4 797	昌黎县	58	3 710	涞水县	104	2 676
栾城县	13	4 667	枣强县	59	3 691	盐山县	105	2 659
文安县	14	4 644	成安县	60	3 665	易　县	106	2 633
清河县	15	4 602	邢台县	61	3 656	魏　县	107	2 580
迁西县	16	4 590	隆尧县	62	3 645	曲阳县	108	2 545
武安市	17	4 520	井陉县	63	3 643	大名县	109	2 511
无极县	18	4 476	青　县	64	3 620	威　县	110	2 508
辛集市	19	4 467	黄骅市	65	3 616	平泉县	111	2 482
蠡　县	20	4 457	宁晋县	66	3 606	新河县	112	2 456
涿州市	21	4 445	临漳县	67	3 602	平山县	113	2 430
安国市	22	4 420	肃宁县	68	3 601	承德县	114	2 416
滦　县	23	4 407	曲周县	69	3 552	广宗县	115	2 385
玉田县	24	4 377	临西县	70	3 540	滦平县	116	2 384
永清县	25	4 318	河间市	71	3 531	赞皇县	117	2 316
邯郸县	26	4 306	抚宁县	72	3 452	海兴县	118	2 306
任丘市	27	4 303	邱　县	73	3 445	唐　县	119	2 283
唐海县	28	4 274	故城县	74	3 437	顺平县	120	2 237
滦南县	29	4 240	南宫市	75	3 366	隆化县	121	2 150
容城县	30	4 238	吴桥县	76	3 300	丰宁满族自治县	122	2 118
深泽县	31	4 155	饶阳县	77	3 294	围场满蒙自治县	123	1 990
安平县	32	4 120	阜城县	78	3 283	崇礼县	124	1 980
赵　县	33	4 110	南和县	79	3 279	蔚　县	125	1 958
高阳县	34	4 109	卢龙县	80	3 216	沽源县	126	1 956
高碑店市	35	4 100	肥乡县	81	3 176	张北县	127	1 950
沙河市	36	4 076	鸡泽县	82	3 169	康保县	128	1 946
固安县	37	4 052	广平县	83	3 158	怀安县	129	1 936
徐水县	38	3 987	任　县	84	3 152	阳原县	130	1 913
磁　县	39	3 976	内丘县	85	3 136	尚义县	131	1 890
高邑县	40	3 975	东光县	86	3 133	万全县	132	1 874
定兴县	41	3 957	兴隆县	87	3 118	阜平县	133	1 830
大城县	42	3 955	博野县	88	3 101	赤城县	134	1 730
满城县	43	3 894	宽城满族自治县	89	3 050	涞源县	135	1 685
永年县	44	3 893	行唐县	90	2 929	青龙满族自治县	136	1 675
景　县	45	3 893	馆陶县	91	2 913			
清苑县	46	3 886	宣化县	92	2 869			

各县(市)城乡居民储蓄存款余额

Saving Deposit in Urban and Rural Areas

(2005年)　　单位:万元

县　(市)	位次	城乡居民储蓄存款余　额	县　(市)	位次	城乡居民储蓄存款余　额	县　(市)	位次	城乡居民储蓄存款余　额
任丘市	1	1 266 839	故城县	47	319 138	涿鹿县	93	176 039
武安市	2	1 239 177	平山县	48	310 792	魏　县	94	174 046
遵化市	3	1 108 959	献　县	49	310 384	巨鹿县	95	173 018
迁安市	4	956 413	栾城县	50	310 000	平乡县	96	170 371
辛集市	5	832 468	满城县	51	305 226	饶阳县	97	167 278
定州市	6	766 385	东光县	52	304 479	滦平县	98	165 739
三河市	7	700 112	井陉县	53	303 793	永清县	99	159 097
涿州市	8	676 639	涉　县	54	302 306	隆化县	100	157 611
河间市	9	657 052	唐　县	55	301 374	曲周县	101	154 045
玉田县	10	650 818	南宫市	56	298 526	围场满蒙自治县	102	152 557
霸州市	11	650 005	高阳县	57	288 994	临城县	103	149 697
正定县	12	635 626	怀来县	58	280 480	丰宁满族自治县	104	148 950
高碑店市	13	617 168	肃宁县	59	264 641	涞水县	105	148 082
藁城市	14	599 963	安新县	60	261 993	阜平县	106	147 449
晋州市	15	561 204	赵　县	61	261 973	临西县	107	146 756
沧　县	16	560 340	新乐市	62	260 702	大名县	108	146 457
迁西县	17	535 630	易　县	63	258 249	武强县	109	146 405
沙河市	18	533 973	安平县	64	256 508	顺平县	110	144 980
文安县	19	495 287	卢龙县	65	255 450	南和县	111	144 187
泊头市	20	485 733	元氏县	66	255 387	大厂回族自治县	112	142 154
鹿泉市	21	483 864	深泽县	67	254 864	阳原县	113	137 453
黄骅市	22	477 330	固安县	68	253 000	怀安县	114	132 911
抚宁县	23	455 386	定兴县	69	252 631	赞皇县	115	132 516
徐水县	24	446 766	曲阳县	70	247 573	高邑县	116	130 750
蔚　县	25	442 753	平泉县	71	237 802	赤城县	117	130 375
昌黎县	26	431 456	吴桥县	72	228 363	博野县	118	128 851
蠡　县	27	431 332	宽城满族自治县	73	225 239	孟村回族自治县	119	125 224
大城县	28	422 297	兴隆县	74	223 661	成安县	120	125 078
永年县	29	418 953	南皮县	75	221 717	张北县	121	121 203
景　县	30	408 695	宣化县	76	220 988	万全县	122	113 751
乐亭县	31	396 151	容城县	77	218 826	海兴县	123	107 612
枣强县	32	395 643	隆尧县	78	217 242	任　县	124	105 769
宁晋县	33	390 519	承德县	79	214 894	肥乡县	125	104 973
无极县	34	383 987	青龙满族自治县	80	214 159	邱　县	126	103 650
邯郸县	35	377 909	武邑县	81	212 774	新河县	127	97 614
深州市	36	371 665	雄　县	82	212 330	广平县	128	94 214
滦　县	37	371 167	灵寿县	83	209 048	鸡泽县	129	93 930
香河县	38	367 525	阜城县	84	208 332	馆陶县	130	93 930
冀州市	39	363 427	行唐县	85	208 053	康保县	131	72 949
青　县	40	349 987	盐山县	86	206 925	广宗县	132	72 756
安国市	41	346 952	临漳县	87	191 067	柏乡县	133	70 945
滦南县	42	343 637	内丘县	88	188 780	崇礼县	134	62 760
邢台县	43	340 973	唐海县	89	183 795	尚义县	135	60 913
清苑县	44	330 810	望都县	90	182 012	沽源县	136	49 823
磁　县	45	327 880	威　县	91	180 372			
清河县	46	320 036	涞源县	92	179 144			

各县（市）粮食总产量

Output of Grain

（2005年） 单位:吨

县（市）	位次	粮食总产量	县（市）	位次	粮食总产量	县（市）	位次	粮食总产量
宁晋县	1	603 899	南和县	47	245 053	武强县	93	156 847
景　县	2	527 424	滦　县	48	238 312	宣化县	94	156 235
辛集市	3	512 899	遵化市	49	235 576	博野县	95	152 428
藁城市	4	498 322	青　县	50	231 908	抚宁县	96	149 195
隆尧县	5	488 544	东光县	51	231 711	永清县	97	148 489
临漳县	6	487 367	霸州市	52	231 661	内丘县	98	148 435
大名县	7	468 790	馆陶县	53	229 658	巨鹿县	99	143 446
定州市	8	464 159	临西县	54	223 354	灵寿县	100	136 936
赵　县	9	457 269	肃宁县	55	221 298	鸡泽县	101	133 158
深州市	10	450 111	三河市	56	220 582	青龙满族自治县	102	130 255
沧　县	11	445 055	迁安市	57	217 714	高阳县	103	128 033
永年县	12	441 731	卢龙县	58	216 013	顺平县	104	122 427
魏　县	13	432 300	吴桥县	59	215 928	涿鹿县	105	121 029
玉田县	14	406 812	鹿泉市	60	214 620	万全县	106	120 900
任丘市	15	393 954	安国市	61	209 070	威　县	107	117 510
晋州市	16	386 676	大城县	62	206 250	新河县	108	117 360
河间市	17	384 448	雄　县	63	205 016	高邑县	109	116 597
定兴县	18	368 581	冀州市	64	203 913	涞水县	110	115 525
清苑县	19	367 290	平山县	65	202 616	蔚　县	111	111 677
滦南县	20	355 771	容城县	66	200 043	赞皇县	112	111 158
徐水县	21	354 480	安平县	67	196 945	围场满蒙自治县	113	106 550
无极县	22	349 868	隆化县	68	192 678	井陉县	114	104 059
故城县	23	345 752	唐海县	69	191 554	广宗县	115	103 271
泊头市	24	340 671	香河县	70	190 976	邱　县	116	102 212
献　县	25	324 916	安新县	71	190 383	滦平县	117	100 004
昌黎县	26	315 043	易　县	72	183 048	孟村回族自治县	118	97 239
正定县	27	308 620	望都县	73	181 985	海兴县	119	92 316
阜城县	28	304 172	文安县	74	181 745	怀来县	120	89 404
枣强县	29	299 743	邢台县	75	181 406	张北县	121	88 578
乐亭县	30	297 630	深泽县	76	180 150	怀安县	122	84 621
行唐县	31	296 771	柏乡县	77	179 469	涉　县	123	82 543
新乐市	32	294 121	邯郸县	78	176 382	大厂回族自治县	124	79 353
涿州市	33	293 328	满城县	79	174 911	迁西县	125	70 923
肥乡县	34	290 449	曲阳县	80	172 423	临城县	126	69 287
曲周县	35	286 528	承德县	81	170 516	涞源县	127	69 071
磁　县	36	283 129	唐　县	82	170 250	阳原县	128	65 050
高碑店市	37	281 124	丰宁满族自治县	83	170 139	宽城满族自治县	129	56 800
武邑县	38	273 309	清河县	84	169 264	阜平县	130	53 703
栾城县	39	272 785	蠡　县	85	164 830	赤城县	131	52 308
元氏县	40	269 453	黄骅市	86	164 524	沽源县	132	50 805
任　县	41	268 298	南宫市	87	162 808	兴隆县	133	45 696
成安县	42	259 393	南皮县	88	159 995	康保县	134	28 574
平泉县	43	256 241	饶阳县	89	159 555	尚义县	135	24 907
盐山县	44	254 492	沙河市	90	157 746	崇礼县	136	18 700
固安县	45	252 439	广平县	91	157 528			
武安市	46	251 257	平乡县	92	156 954			

各县（市）棉花总产量

Output of Cotton

（2005年）　　单位：吨

县（市）	位次	棉花总产量	县（市）	位次	棉花总产量	县（市）	位次	棉花总产量
威　县	1	51 733	肃宁县	39	5 609	南和县	77	559
南宫市	2	39 301	安新县	40	5 508	高碑店市	78	534
邱　县	3	30 047	广平县	41	5 027	内丘县	79	525
东光县	4	28 288	青　县	42	4 837	卢龙县	80	508
故城县	5	24 765	玉田县	43	4 387	藁城市	81	501
冀州市	6	23 048	永清县	44	4 280	抚宁县	82	500
吴桥县	7	20 504	黄骅市	45	4 198	柏乡县	83	491
成安县	8	20 001	海兴县	46	3 597	行唐县	84	476
枣强县	9	19 811	清苑县	47	3 474	平山县	85	429
文安县	10	19 002	武安市	48	3 429	易　县	86	421
深州市	11	18 851	安平县	49	3 076	高邑县	87	386
广宗县	12	17 445	魏　县	50	2 869	望都县	88	364
河间市	13	15 158	武强县	51	2 691	三河市	89	340
曲周县	14	14 276	平乡县	52	2 641	新乐市	90	316
景　县	15	13 917	泊头市	53	2 555	雄　县	91	302
临西县	16	13 745	永年县	54	2 516	沙河市	92	270
肥乡县	17	13 253	磁　县	55	2 344	栾城县	93	255
南皮县	18	12 267	邯郸县	56	2 270	鹿泉市	94	226
献　县	19	11 492	乐亭县	57	2 032	无极县	95	219
辛集市	20	9 658	任　县	58	1 780	遵化市	96	210
蠡　县	21	9 557	赵　县	59	1 487	灵寿县	97	201
任丘市	22	9 358	唐海县	60	1 457	香河县	98	190
武邑县	23	8 900	定兴县	61	1 274	迁西县	99	184
阜城县	24	8 769	滦南县	62	1 222	滦　县	100	170
巨鹿县	25	8 662	大名县	63	1 058	迁安市	101	163
饶阳县	26	8 564	元氏县	64	1 050	容城县	102	137
清河县	27	8 543	博野县	65	1 006	顺平县	103	133
霸州市	28	8 305	邢台县	66	824	曲阳县	104	97
馆陶县	29	8 285	孟村回族自治县	67	812	赞皇县	105	90
宁晋县	30	8 279	唐　县	68	797	涉　县	106	87
临漳县	31	7 808	深泽县	69	777	徐水县	107	73
盐山县	32	7 479	临城县	70	775	大厂回族自治县	108	60
鸡泽县	33	7 066	晋州市	71	733	井陉县	109	56
大城县	34	6 869	定州市	72	673	涞水县	110	54
高阳县	35	6 044	安国市	73	669	青龙满族自治县	111	8
新河县	36	5 755	满城县	74	588			
隆尧县	37	5 703	正定县	75	573			
沧　县	38	5 665	昌黎县	76	561			

各县(市)油料总产量

Output of Oil-bearing Crops

(2005年)　　单位:吨

县(市)	位次	油料总产量	县(市)	位次	油料总产量	县(市)	位次	油料总产量
大名县	1	114 193	张北县	47	8 885	康保县	93	3 209
定州市	2	63 257	永清县	48	8 769	平乡县	94	3 169
滦　县	3	46 599	容城县	49	8 731	宣化县	95	3 111
滦南县	4	44 939	故城县	50	8 637	南和县	96	3 092
遵化市	5	41 583	武邑县	51	8 627	隆化县	97	2 954
昌黎县	6	38 575	深泽县	52	8 603	肥乡县	98	2 875
辛集市	7	37 546	高阳县	53	8 507	新河县	99	2 863
新乐市	8	37 280	永年县	54	8 503	邱　县	100	2 850
河间市	9	37 193	涞水县	55	8 134	邯郸县	101	2 817
高碑店市	10	31 335	雄　县	56	7 809	万全县	102	2 800
深州市	11	29 442	沙河市	57	7 545	黄骅市	103	2 800
迁安市	12	26 110	魏　县	58	7 487	孟村回族自治县	104	2 742
安国市	13	24 622	枣强县	59	7 332	海兴县	105	2 712
清苑县	14	22 250	临漳县	60	7 275	泊头市	106	2 698
定兴县	15	21 565	任丘市	61	7 103	东光县	107	2 595
正定县	16	21 278	曲阳县	62	6 841	南皮县	108	2 152
献　县	17	20 399	平山县	63	6 743	盐山县	109	2 059
行唐县	18	20 199	高邑县	64	6 408	阜城县	110	2 010
巨鹿县	19	16 370	霸州市	65	6 275	吴桥县	111	1 833
无极县	20	16 163	井陉县	66	5 915	怀安县	112	1 799
抚宁县	21	16 095	南宫市	67	5 853	香河县	113	1 646
蠡　县	22	15 552	柏乡县	68	5 583	赤城县	114	1 572
赞皇县	23	15 147	玉田县	69	5 232	涿鹿县	115	1 417
饶阳县	24	15 104	武强县	70	5 231	丰宁满族自治县	116	1 288
广宗县	25	14 705	磁　县	71	5 109	沧　县	117	1 276
景　县	26	14 497	徐水县	72	5 077	青龙满族自治县	118	1 195
乐亭县	27	14 417	武安市	73	5 027	围场满蒙自治县	119	1 180
馆陶县	28	14 348	灵寿县	74	4 776	兴隆县	120	1 019
藁城市	29	13 993	鹿泉市	75	4 713	怀来县	121	1 007
隆尧县	30	13 710	成安县	76	4 514	文安县	122	925
安平县	31	13 524	广平县	77	4 329	阜平县	123	866
赵　县	32	13 260	迁西县	78	4 271	任　县	124	852
卢龙县	33	12 759	大城县	79	4 178	涉　县	125	825
固安县	34	12 648	尚义县	80	4 160	崇礼县	126	745
博野县	35	12 536	栾城县	81	3 973	鸡泽县	127	712
内丘县	36	12 440	顺平县	82	3 898	大厂回族自治县	128	677
宁晋县	37	12 122	临城县	83	3 860	承德县	129	626
望都县	38	11 855	临西县	84	3 796	安新县	130	619
晋州市	39	10 971	青　县	85	3 582	三河市	131	572
邢台县	40	10 901	阳原县	86	3 525	宽城满族自治县	132	331
涿州市	41	10 672	清河县	87	3 475	唐海县	133	323
冀州市	42	10 355	蔚　县	88	3 436	滦平县	134	264
易　县	43	9 635	唐　县	89	3 381	涞源县	135	233
元氏县	44	9 445	满城县	90	3 306	平泉县	136	89
威　县	45	9 260	沽源县	91	3 262			
肃宁县	46	9 195	曲周县	92	3 244			

各县(市)猪牛羊肉产量

Output of Pork, Beef and Mutton

(2005年)　　单位:吨

县(市)	位次	猪牛羊肉产量	县(市)	位次	猪牛羊肉产量	县(市)	位次	猪牛羊肉产量
定州市	1	114 333	行唐县	47	34 916	邢台县	93	19 592
藁城市	2	113 689	围场满蒙自治县	48	34 440	沙河市	94	19 428
玉田县	3	109 492	泊头市	49	33 980	阜城县	95	19 156
遵化市	4	86 928	曲周县	50	33 623	枣强县	96	18 848
新乐市	5	81 430	肥乡县	51	33 122	南和县	97	18 501
三河市	6	79 954	邯郸县	52	32 703	深泽县	98	18 247
抚宁县	7	78 579	曲阳县	53	31 854	东光县	99	16 959
正定县	8	73 385	磁　县	54	31 611	高邑县	100	16 958
迁安市	9	71 715	香河县	55	31 443	博野县	101	16 930
滦南县	10	68 780	景　县	56	31 282	清苑县	102	16 663
大名县	11	64 530	乐亭县	57	31 111	任丘市	103	16 241
无极县	12	63 548	沧　县	58	30 972	肃宁县	104	15 639
辛集市	13	62 429	容城县	59	30 790	邱　县	105	15 089
平山县	14	62 412	灵寿县	60	30 446	孟村回族自治县	106	14 896
易　县	15	58 629	成安县	61	30 260	巨鹿县	107	13 950
滦　县	16	58 347	井陉县	62	29 838	宽城满族自治县	108	13 944
丰宁满族自治县	17	58 257	唐　县	63	29 641	临城县	109	13 448
鹿泉市	18	55 567	涿鹿县	64	28 324	柏乡县	110	13 235
晋州市	19	53 601	武邑县	65	28 079	顺平县	111	12 884
栾城县	20	51 757	献　县	66	27 814	广宗县	112	12 883
承德县	21	50 632	平泉县	67	26 463	怀安县	113	12 839
隆化县	22	49 016	南宫市	68	26 062	鸡泽县	114	12 597
魏　县	23	48 329	安国市	69	25 626	广平县	115	12 070
永年县	24	48 174	望都县	70	25 275	青　县	116	11 743
固安县	25	45 917	满城县	71	25 083	阳原县	117	11 359
深州市	26	45 697	隆尧县	72	25 052	雄　县	118	11 052
武安市	27	44 482	盐山县	73	24 928	黄骅市	119	11 021
元氏县	28	44 340	饶阳县	74	24 439	清河县	120	10 407
昌黎县	29	44 296	文安县	75	24 223	海兴县	121	10 214
卢龙县	30	43 647	河间市	76	24 218	涉　县	122	9 934
临漳县	31	42 567	赤城县	77	23 998	武强县	123	9 736
徐水县	32	41 239	迁西县	78	23 841	高阳县	124	9 502
故城县	33	41 075	吴桥县	79	23 246	蠡　县	125	9 477
定兴县	34	39 920	蔚　县	80	22 597	沽源县	126	9 050
威　县	35	38 651	康保县	81	22 418	任　县	127	9 027
涿州市	36	38 430	唐海县	82	22 358	万全县	128	8 572
馆陶县	37	38 304	宣化县	83	22 352	尚义县	129	8 366
青龙满族自治县	38	37 992	涞水县	84	21 419	怀来县	130	8 121
赵　县	39	37 750	宁晋县	85	21 287	新河县	131	7 773
永清县	40	37 439	临西县	86	21 217	阜平县	132	7 705
滦平县	41	36 494	南皮县	87	21 176	平乡县	133	6 970
高碑店市	42	36 354	大城县	88	20 949	涞源县	134	6 349
张北县	43	35 642	霸州市	89	20 853	崇礼县	135	4 191
冀州市	44	35 244	赞皇县	90	20 027	安新县	136	3 753
安平县	45	35 238	兴隆县	91	19 976			
大厂回族自治县	46	35 201	内丘县	92	19 710			

各县(市)社会消费品零售总额

Total Retail Sales of Consumer Goods

(2005年)　　　　单位:万元

县　(市)	位次	社会消费品零售总额	县　(市)	位次	社会消费品零售总额	县　(市)	位次	社会消费品零售总额
辛集市	1	606 146	抚宁县	47	138 531	饶阳县	93	81 074
迁安市	2	502 304	行唐县	48	135 973	宽城满族自治县	94	79 584
任丘市	3	465 000	昌黎县	49	134 223	威　县	95	78 174
遵化市	4	427 573	青　县	50	131 090	阳原县	96	77 738
河间市	5	406 560	邯郸县	51	127 138	高邑县	97	77 328
藁城市	6	396 788	承德县	52	126 000	内丘县	98	75 313
滦南县	7	360 376	怀来县	53	121 071	馆陶县	99	74 642
三河市	8	348 600	兴隆县	54	120 303	肥乡县	100	73 420
武安市	9	334 153	元氏县	55	118 870	广平县	101	73 020
永年县	10	322 229	满城县	56	118 753	任　县	102	72 310
滦　县	11	318 950	故城县	57	118 603	唐海县	103	71 733
定州市	12	315 430	平山县	58	118 174	东光县	104	71 355
高碑店市	13	314 830	安平县	59	116 251	唐　县	105	69 698
乐亭县	14	314 582	平泉县	60	113 382	宣化县	106	69 522
玉田县	15	305 472	隆尧县	61	112 540	青龙满族自治县	107	68 269
涿州市	16	304 287	高阳县	62	112 422	鸡泽县	108	67 645
霸州市	17	290 441	固安县	63	109 338	涞水县	109	64 504
香河县	18	280 969	南宫市	64	108 000	南和县	110	64 112
鹿泉市	19	276 697	围场满蒙自治县	65	107 202	张北县	111	62 900
无极县	20	264 820	成安县	66	106 420	南皮县	112	62 810
正定县	21	258 128	雄　县	67	104 988	武强县	113	62 374
晋州市	22	252 523	冀州市	68	104 083	顺平县	114	59 007
赵　县	23	251 625	安新县	69	103 630	万全县	115	58 215
新乐市	24	232 701	定兴县	70	102 108	阜城县	116	58 014
磁　县	25	224 304	临漳县	71	101 953	平乡县	117	57 600
迁西县	26	221 280	永清县	72	101 426	吴桥县	118	56 352
沧　县	27	219 996	井陉县	73	97 861	孟村回族自治县	119	56 236
泊头市	28	206 513	深泽县	74	96 565	临城县	120	51 925
黄骅市	29	205 500	盐山县	75	95 821	怀安县	121	51 616
文安县	30	186 937	蔚　县	76	95 059	赤城县	122	50 415
魏　县	31	186 450	易　县	77	94 661	邱　县	123	49 846
宁晋县	32	184 988	曲阳县	78	93 126	博野县	124	48 580
徐水县	33	171 940	献　县	79	92 295	康保县	125	48 222
栾城县	34	171 578	滦平县	80	92 149	望都县	126	46 117
大名县	35	169 949	临西县	81	92 000	大厂回族自治县	127	44 394
沙河市	36	168 643	枣强县	82	91 370	柏乡县	128	41 769
涉　县	37	163 600	赞皇县	83	91 349	沽源县	129	40 704
清河县	38	160 048	隆化县	84	90 269	广宗县	130	40 510
深州市	39	157 424	灵寿县	85	90 027	阜平县	131	39 529
安国市	40	154 315	卢龙县	86	88 920	涞源县	132	38 561
大城县	41	151 719	容城县	87	88 854	新河县	133	36 361
景　县	42	151 500	涿鹿县	88	87 274	尚义县	134	30 519
蠡　县	43	148 663	肃宁县	89	85 915	海兴县	135	27 992
清苑县	44	141 534	巨鹿县	90	85 340	崇礼县	136	23 602
邢台县	45	140 213	武邑县	91	85 276			
曲周县	46	139 430	丰宁满族自治县	92	82 145			

各　县　（市）　国　民

Major Indicators of National

（2005

县　（市）	行政区域土地面积（平方公里）	乡镇个数（个）	村民委员会个数（个）	#自来水受益村	#通电话的村	地区生产总值（万元）	第一产业
石家庄市							
井陉县	1 381	17	318	261	317	499 786	52 149
正定县	468	9	174	174	174	802 634	160 173
栾城县	345	8	182	182	182	729 179	173 426
行唐县	1 025	15	330	231	330	415 784	98 177
灵寿县	1 066	15	279	147	279	300 312	49 575
高邑县	222	5	107	107	107	254 554	61 687
深泽县	296	6	125	111	125	261 825	61 371
赞皇县	1 210	11	212	120	212	235 588	65 052
无极县	524	11	213	212	213	596 281	109 895
平山县	2 648	23	717	690	717	770 347	129 294
元氏县	668	15	208	157	208	581 907	108 579
赵　县	675	11	281	281	281	601 450	161 189
辛集市	951	15	344	344	344	1 208 660	260 480
藁城市	836	14	239	239	239	1 501 624	323 019
晋州市	619	10	224	224	224	748 205	135 367
新乐市	525	11	160	160	160	745 082	160 918
鹿泉市	603	12	208	200	208	1 093 711	129 054
承德市							
承德县	3 997	25	421	278	418	341 444	95 012
兴隆县	3 123	20	290	98	288	337 786	64 966
平泉县	3 296	19	332	205	331	331 191	99 146
滦平县	3 213	22	220	106	219	297 582	61 863
隆化县	5 475	25	362	222	350	257 847	82 955
丰宁满族自治县	8 765	26	309	263	308	300 534	98 825
宽城满族自治县	1 932	18	205	112	199	485 068	40 888
围场满蒙自治县	9 220	37	312	231	306	239 939	85 875
张家口市							
宣化县	2 108	14	318	308	306	229 458	53 880
张北县	4 232	20	384	142	381	201 419	93 058
康保县	3 365	15	326	43	253	120 569	56 094
沽源县	3 654	14	233	46	212	90 532	46 903
尚义县	2 632	14	172	116	162	74 444	31 572
蔚　县	3 220	22	547	314	528	321 280	52 546
阳原县	1 849	14	301	145	301	188 291	35 153
怀安县	1 706	11	273	230	272	126 494	36 283

经　济　主　要　指　标(1－1)

Economy by County and City

年）

第二产业	第三产业	年末总人口（万人）	年末总户数（户）	#乡村户数	出生人口（人）	死亡人口（人）	人口密度（人/平方公里）
274 644	172 993	32.0	103 031	82 037	4 723	1 459	232
374 102	268 359	43.9	122 835	95 704	5 459	2 820	936
344 075	211 678	32.1	88 771	71 123	4 556	1 697	929
219 470	99 137	41.7	124 465	104 460	6 242	1 663	405
168 731	82 006	31.2	91 447	69 886	4 360	1 584	292
122 235	70 632	17.5	48 994	39 487	2 627	1 310	790
137 107	63 347	24.8	72 114	60 112	3 491	1 404	836
118 585	51 951	23.1	66 564	58 986	3 586	1 372	191
307 161	179 225	48.5	134 931	112 479	6 330	3 407	925
478 909	162 144	45.0	133 433	114 960	6 493	2 649	169
298 787	174 541	39.2	92 067	76 000	5 281	2 085	585
282 284	157 977	55.6	145 774	130 670	7 125	3 692	823
641 517	306 663	61.0	186 127	151 662	6 652	4 323	642
728 364	450 241	74.6	201 594	173 255	9 461	4 832	891
370 191	242 647	51.7	142 955	128 635	7 143	3 162	832
384 933	199 231	45.3	120 520	95 766	8 278	2 706	858
656 965	307 692	35.9	111 538	85 913	4 186	1 844	593
156 281	90 151	47.5	151 028	123 011	6 455	2 588	119
175 588	97 232	31.8	100 416	78 725	6 874	5 813	102
131 221	100 824	46.4	139 512	115 649	5 999	5 013	142
138 719	97 000	33.3	105 987	82 883	5 650	5 273	104
88 462	86 430	42.7	132 605	108 361	10 173	4 975	78
114 368	87 341	38.2	123 287	97 199	5 804	3 257	44
358 977	85 203	23.5	71 690	59 146	3 960	2 286	121
62 130	91 934	51.8	156 422	123 783	11 091	6 966	56
86 739	88 839	29.8	106 235	91 844	3 189	1 176	141
48 066	60 295	36.6	140 845	113 632	4 262	2 282	87
23 685	40 790	28.1	100 225	83 013	2 992	1 526	84
13 408	30 221	21.8	72 848	61 410	2 546	1 506	61
13 700	29 172	19.0	69 461	55 972	1 860	1 056	72
126 188	142 546	46.3	150 330	139 735	4 726	3 289	144
58 783	94 355	27.5	96 912	76 505	2 729	1 831	149
30 423	59 788	24.2	85 948	66 729	2 383	1 525	142

各县（市）国民

Major Indicators of National

（2005

县（市）	行政区域土地面积（平方公里）	乡镇个数（个）	村民委员会个数（个）	#自来水受益村	#通电话的村	地区生产总值（万元）	第一产业
万全县	1 162	11	172	158	172	128 425	30 201
怀来县	1 801	17	279	249	274	373 974	46 099
涿鹿县	2 802	17	373	345	371	236 452	74 793
赤城县	5 287	18	440	287	333	155 725	49 718
崇礼县	2 324	10	211	202	205	86 437	19 448
秦皇岛市							
青龙满族自治县	3 510	25	396	201	393	290 593	72 045
昌黎县	1 212	16	446	85	446	646 637	204 827
抚宁县	1 618	11	615	272	615	637 167	161 765
卢龙县	961	12	548	63	548	401 006	101 691
唐山市							
滦　县	1 028	12	504	368	504	952 926	153 699
滦南县	1 270	17	594	256	594	1 356 454	288 308
乐亭县	1 406	14	680	393	680	1 150 433	410 429
迁西县	1 439	17	417	226	417	1 469 545	98 614
玉田县	1 165	20	750	343	750	1 258 304	300 027
唐海县	732	1				285 227	102 113
遵化市	1 521	25	648	648	648	2 126 019	190 836
迁安市	1 208	17	461	301	461	2 458 829	169 275
廊坊市							
固安县	697	9	421	400	421	289 073	146 381
永清县	774	10	386	336	386	293 712	120 911
香河县	458	9	300	280	300	622 977	113 908
大城县	910	10	394	394	394	457 769	71 400
文安县	1 038	13	383	383	383	700 237	77 140
大厂回族自治县	176	5	105	90	105	192 707	54 197
霸州市	784	12	383	383	383	1 101 020	96 291
三河市	643	10	395	388	395	1 361 676	163 230
保定市							
满城县	650	12	204	204	204	449 764	85 076
清苑县	867	18	266	246	266	427 350	135 175
涞水县	1 685	15	284	116	283	144 985	42 934
阜平县	2 495	13	209	208	209	116 708	27 336
徐水县	723	14	304	270	304	511 421	125 001
定兴县	714	16	274	30	274	414 041	111 885
唐　县	1 417	20	345	204	345	227 008	70 885
高阳县	472	9	180	180	180	364 865	42 870

经 济 主 要 指 标(1—2)

Economy by County and City

年)

		年末总人口	年末总户数		出生人口	死亡人口	人口密度
第二产业	第三产业	(万人)	(户)	#乡村户数	(人)	(人)	(人/平方公里)
50 149	48 075	22.0	76 929	62 464	2 343	1 476	189
128 463	199 412	33.9	117 071	86 730	4 021	2 179	188
77 293	84 366	33.1	113 409	92 586	4 370	2 883	118
57 048	48 959	28.1	94 329	80 661	3 713	1 262	53
42 973	24 016	12.3	44 568	35 165	1 488	925	53
132 743	85 805	52.6	154 732	130 887	7 377	1 607	149
251 371	190 439	55.0	188 490	154 738	6 143	3 455	453
308 297	167 105	51.6	169 208	136 885	5 884	3 022	319
130 283	169 032	41.9	132 840	118 365	4 858	2 774	435
486 908	312 319	54.1	154 220	140 085	7 242	3 588	525
679 267	388 879	57.7	172 016	154 688	7 704	4 326	453
377 721	362 283	49.3	162 790	141 569	5 334	4 106	351
976 142	394 789	36.5	110 618	96 138	5 734	1 922	252
543 182	415 095	66.0	193 829	160 097	8 950	4 587	565
94 424	88 690	13.7	46 744	36 054	1 379	551	187
1 185 152	750 031	69.6	215 914	179 384	10 832	7 623	457
1 445 863	843 691	68.7	207 607	145 353	11 850	3 216	565
83 398	59 294	39.4	111 724	87 881	4 730	3 288	565
103 803	68 998	36.8	98 367	84 935	3 874	1 708	475
330 456	178 613	30.5	93 421	74 799	2 873	2 366	666
268 035	118 334	45.7	122 871	102 946	5 307	2 802	502
442 687	180 410	45.9	126 170	111 697	5 797	2 729	441
94 946	43 564	11.2	37 119	24 514	987	515	635
707 455	297 274	57.1	162 630	119 479	6 613	936	725
797 993	400 453	48.6	153 743	87 121	5 001	2 784	750
261 929	102 759	38.8	105 507	88 683	10 055	3 837	596
197 334	94 841	61.2	169 941	141 856	6 713	3 986	710
45 783	56 268	34.3	97 877	85 580	2 688	1 183	203
38 834	50 538	21.0	65 040	53 758	2 836	1 166	84
238 784	148 636	55.7	153 062	126 509	7 363	6 258	771
203 703	98 453	56.5	146 746	125 301	6 599	3 357	791
92 370	63 753	54.2	145 387	128 573	7 380	1 559	381
249 080	72 915	31.2	84 520	69 870	3 163	1 276	659

各　县（市）国　民

Major Indicators of National

（2005

县（市）	行政区域土地面积（平方公里）	乡镇个数（个）	村民委员会个数（个）	#自来水受益村	#通电话的村	地区生产总值（万元）	第一产业
容城县	314	8	127	115	127	263 590	55 412
涞源县	2 448	17	285	235	277	205 200	16 589
望都县	370	8	147	33	147	173 444	62 228
安新县	724	12	207	207	207	304 927	46 956
易　县	2 534	27	463	306	463	320 641	104 841
曲阳县	1 084	18	367	146	367	290 800	56 109
蠡　县	649	13	232	232	232	492 162	76 153
顺平县	708	10	237	200	236	162 972	50 985
博野县	340	7	133	133	133	147 393	54 077
雄　县	524	9	223	184	223	286 655	48 659
涿州市	742	11	409	127	409	854 110	101 395
定州市	1 274	22	486	266	486	987 417	341 808
安国市	486	10	198	161	198	357 886	103 170
高碑店市	672	10	442	88	442	841 199	83 563
沧州市							
沧　县	1 520	19	517	517	517	1 002 267	136 997
青　县	968	10	345	345	345	576 312	152 230
东光县	710	9	447	428	447	414 800	100 766
海兴县	920	7	197	197	197	123 209	31 823
盐山县	795	12	450	413	450	309 446	63 513
肃宁县	515	9	253	253	253	539 011	109 678
南皮县	790	9	312	275	312	273 616	74 826
吴桥县	583	10	473	472	473	274 932	94 960
献　县	1 173	18	500	500	500	500 016	123 865
孟村回族自治县	387	6	126	126	126	180 030	27 247
泊头市	1 007	12	657	657	657	799 505	115 013
任丘市	1 023	15	413	413	413	3 013 859	103 878
黄骅市	1 803	10	327	327	327	715 999	77 322
河间市	1 333	20	615	615	615	1 041 159	116 107
衡水市							
枣强县	903	11	553	545	553	505 083	106 047
武邑县	833	9	545	545	545	270 486	114 883
武强县	444	6	238	237	238	215 268	47 387
饶阳县	574	7	197	197	197	324 964	140 540
安平县	495	8	230	230	230	502 034	57 076
故城县	941	13	538	499	538	443 010	124 725
景　县	1 189	16	848	827	848	557 648	124 927

经　济　主　要　指　标(1—3)

Economy by County and City

年)

		年末总人口	年末总户数		出生人口	死亡人口	人口密度
第二产业	第三产业	(万人)	(户)	#乡村户数	(人)	(人)	(人/平方公里)
156 530	51 648	25.0	68 486	52 934	5 523	1 877	793
135 070	53 541	26.5	87 176	66 804	2 774	1 556	108
68 262	42 954	26.2	72 175	58 770	2 862	1 580	707
183 342	74 630	41.4	121 950	107 178	8 052	4 025	569
119 438	96 362	54.9	154 166	136 609	6 574	2 697	216
135 572	99 119	54.6	140 472	125 841	7 944	5 901	504
294 502	121 507	49.1	128 141	106 933	6 830	2 718	758
63 781	48 206	30.1	86 096	74 086	4 134	1 291	425
56 027	37 289	25.3	65 577	63 025	3 112	1 723	743
180 909	57 087	33.7	91 637	78 281	4 829	3 653	643
323 546	429 169	59.7	198 605	107 480	7 189	4 177	803
453 110	192 499	115.1	309 861	254 742	16 805	4 002	900
147 435	107 281	39.7	110 117	90 268	4 763	1 902	817
527 736	229 900	57.2	161 743	110 587	7 672	2 489	849
528 914	336 356	65.8	173 776	162 808	11 063	6 051	432
295 710	128 372	39.4	118 033	88 089	4 233	2 785	406
198 970	115 064	34.9	110 620	89 957	3 963	2 276	492
48 056	43 330	21.6	63 410	47 562	3 503	2 515	234
147 872	98 061	40.7	110 282	96 375	14 593	6 051	510
248 703	180 630	32.5	91 464	74 601	6 361	3 911	633
108 583	90 207	35.4	98 925	83 906	4 800	1 794	446
84 393	95 579	27.8	90 161	71 148	2 780	1 297	476
250 153	125 998	57.2	144 759	133 696	6 702	3 005	486
112 007	40 776	18.6	50 448	41 385	1 445	456	480
435 759	248 733	55.2	166 815	117 673	8 287	4 160	546
2 441 778	468 203	78.8	257 902	150 799	9 804	4 485	701
343 037	295 640	41.7	120 264	89 936	5 098	2 613	231
584 856	340 196	77.1	205 171	174 736	10 932	5 343	577
277 283	121 753	38.0	114 900	85 028	7 737	1 507	418
95 029	60 574	30.9	87 280	72 144	7 014	1 935	369
116 715	51 166	20.9	59 661	49 982	2 935	650	469
124 890	59 534	28.6	77 121	69 608	2 925	1 494	497
294 242	150 716	31.2	93 387	78 312	4 596	1 144	628
172 654	145 631	47.2	134 213	101 454	10 829	4 857	498
281 617	151 104	50.1	140 998	115 244	6 950	4 243	420

各县（市）国民

Major Indicators of National

（2005

县（市）	行政区域土地面积（平方公里）	乡镇个数（个）	村民委员会个数（个）	#自来水受益村	#通电话的村	地区生产总值（万元）	第一产业
阜城县	697	10	610	606	610	305 065	77 465
冀州市	921	11	412	412	412	512 882	92 487
深州市	1 252	17	469	469	469	675 009	159 803
邢台市							
邢台县	1 928	17	581	567	544	558 839	58 907
临城县	797	8	220	167	220	171 620	31 450
内丘县	788	9	309	282	309	361 586	35 108
柏乡县	268	6	121	121	121	162 387	48 978
隆尧县	749	12	276	276	276	524 931	117 174
任　县	431	8	195	195	195	131 052	44 772
南和县	418	8	218	218	218	153 852	63 501
宁晋县	1 029	14	346	346	346	728 682	127 518
巨鹿县	630	10	291	286	291	230 965	55 733
新河县	366	6	169	169	169	96 002	25 570
广宗县	503	8	213	178	213	138 952	48 398
平乡县	406	7	253	253	253	145 202	31 509
威　县	994	16	522	469	522	226 628	126 704
清河县	502	6	320	295	320	719 553	42 308
临西县	542	9	295	289	295	252 042	71 147
南宫市	854	11	456	431	456	371 378	84 080
沙河市	999	10	290	267	289	741 577	47 012
邯郸市							
邯郸县	522	11	258	253	258	821 964	63 446
临漳县	744	14	425	425	425	380 790	136 058
成安县	2 729	9	234	234	234	342 594	122 198
大名县	1 053	20	651	368	651	463 230	130 217
涉　县	1 509	17	308	252	308	823 853	33 564
磁　县	1 015	19	372	285	372	820 918	81 313
肥乡县	502	9	263	259	263	263 020	84 938
永年县	898	20	450	439	450	872 919	200 403
邱　县	448	7	218	214	218	242 178	68 037
鸡泽县	336	7	169	169	169	243 521	54 599
广平县	320	7	169	163	169	262 394	51 257
馆陶县	336	8	277	258	277	262 396	89 781
魏　县	862	21	542	435	542	494 240	105 170
曲周县	667	10	338	313	338	323 125	98 276
武安市	1 806	22	502	373	501	2 352 093	74 089

经　济　主　要　指　标(1—4)

Economy by County and City

年)

第二产业	第三产业	年末总人口(万人)	年末总户数(户)	#乡村户数	出生人口(人)	死亡人口(人)	人口密度(人/平方公里)
165 383	62 217	32.7	95 494	86 117	4 480	664	468
271 637	148 758	36.3	119 375	92 497	5 616	3 627	394
318 926	196 280	56.6	156 338	135 266	7 821	3 811	451
378 928	121 004	38.9	113 133	101 122	4 337	2 358	218
91 539	48 631	19.7	50 383	46 640	2 849	837	246
235 932	90 546	25.7	68 956	59 858	3 261	1 567	325
81 240	32 169	18.2	52 763	42 352	2 597	894	676
259 012	148 745	49.0	130 570	109 427	7 539	4 182	652
42 771	43 509	30.8	80 134	68 945	4 340	9 677	724
48 078	42 273	32.2	79 548	70 729	5 752	2 817	765
447 360	153 804	73.4	190 382	155 072	10 311	6 524	693
113 941	61 291	36.3	95 495	80 980	5 015	2 558	574
45 110	25 322	16.5	47 754	38 395	2 047	896	450
60 365	30 189	27.2	70 561	65 041	5 681	5 481	541
66 057	47 636	27.7	66 563	61 793	2 308	1 264	684
39 030	60 894	53.8	142 078	127 053	8 729	3 524	540
544 217	133 028	35.7	95 243	74 821	3 342	6 337	715
104 271	76 624	33.1	96 582	64 295	6 493	4 413	610
191 512	95 786	45.2	122 791	102 820	4 460	3 605	528
537 103	157 462	47.3	133 088	101 090	5 499	2 150	473
529 257	229 261	39.9	104 303	88 627	4 575	3 050	761
132 625	112 107	59.9	153 138	126 168	11 222	3 799	802
126 921	93 475	37.2	99 016	83 942	4 766	2 997	136
168 883	164 130	76.2	185 648	152 449	9 352	3 385	718
660 423	129 866	39.0	130 657	107 186	5 044	2 066	257
495 623	243 982	64.7	164 336	136 885	6 853	3 580	635
85 660	92 422	30.7	80 692	73 428	2 386	4 191	616
406 832	265 684	86.1	217 984	189 562	3 100	1 537	957
106 201	67 940	21.0	52 537	46 108	3 696	764	462
121 319	67 603	25.3	59 139	54 734	2 276	1 577	752
135 705	75 432	25.2	61 507	52 307	4 948	1 562	781
98 343	74 272	30.0	74 259	65 324	3 567	958	881
171 291	217 779	81.5	186 809	167 600	6 361	3 419	943
127 949	96 900	41.3	102 048	86 137	5 381	2 494	617
1 741 987	536 017	72.6	215 114	185 486	10 291	4 336	400

各 县 （市） 国 民

Major Indicators of National

（2005

县 （市）	年末单位从业人员（人）	#第二产业	#第三产业	乡村从业人员（人）	#农林牧渔业	城镇在岗职工人数（人）	城镇在岗职工工资总额（万元）
石家庄市							
井陉县	21 538	8 122	13 213	143 759	71 755	21 123	25 286
正定县	23 981	6 734	17 095	222 674	73 059	23 981	29 317
栾城县	15 464	4 653	10 505	163 241	92 335	15 464	18 137
行唐县	16 032	2 885	12 636	185 754	97 245	16 031	15 460
灵寿县	13 604	3 794	9 711	132 458	86 137	13 063	13 250
高邑县	10 841	4 170	6 627	89 265	46 360	10 829	9 288
深泽县	7 329	437	6 892	125 023	56 562	7 285	7 487
赞皇县	14 869	5 750	8 990	112 486	51 305	14 860	9 646
无极县	17 102	5 476	11 626	247 598	119 824	16 770	15 833
平山县	17 810	3 380	14 113	206 591	142 406	17 756	20 391
元氏县	15 550	3 691	11 859	185 900	126 301	15 341	15 183
赵　县	17 707	3 649	13 827	275 039	128 594	17 639	18 898
辛集市	29 348	8 121	20 987	300 527	105 185	29 312	29 747
藁城市	26 849	8 088	18 728	384 911	88 899	26 679	30 182
晋州市	22 694	8 698	13 877	259 837	108 695	22 681	20 259
新乐市	17 552	5 510	11 742	181 930	54 320	17 444	19 362
鹿泉市	25 589	11 304	14 232	156 871	76 791	25 010	29 959
承德市							
承德县	25 840	12 377	12 625	232 445	158 987	25 787	26 472
兴隆县	16 025	4 488	11 132	147 240	100 085	16 004	21 156
平泉县	22 026	4 680	16 335	223 036	111 422	21 489	27 461
滦平县	10 052	1 133	8 546	151 238	88 118	9 974	14 815
隆化县	14 417	1 654	11 991	225 887	152 329	14 286	18 113
丰宁满族自治县	15 440	1 547	12 794	174 424	92 081	15 417	18 996
宽城满族自治县	16 818	7 484	9 164	103 519	67 392	16 437	21 802
围场满蒙自治县	18 857	2 514	15 237	231 697	179 669	18 679	22 573
张家口市							
宣化县	14 797	4 539	10 258	146 548	100 433	14 623	18 372
张北县	10 968	1 300	9 430	190 465	145 057	10 808	13 985
康保县	9 389	1 237	8 152	138 231	109 424	9 168	10 547
沽源县	7 152	427	6 568	113 630	93 466	6 812	8 001
尚义县	9 300	1 917	7 290	101 319	76 659	8 751	8 868
蔚　县	22 524	5 365	16 895	180 560	124 841	22 449	31 081
阳原县	17 004	6 218	10 588	112 951	80 182	16 973	16 222
怀安县	12 522	2 590	9 767	110 951	77 213	12 498	13 424

经济主要指标(2-1)

Economy by County and City

年)

在岗职工平均工资（元）	全社会固定资产投资额（万元）	地方财政一般预算收入（万元）	地方财政支出（万元）	农村居民人均纯收入（元）	农民人均住房面积（平方米）	常用耕地面积（公顷）	农林牧渔业总产值（万元）	农林牧渔业总产值指数（上年=100）
11 878	303 147	17 493	30 798	3 643	37	22 690	95 974	106.4
12 247	325 023	17 460	36 160	4 797	32	27 303	319 891	103.4
11 604	357 366	12 910	27 554	4 667	53	26 579	320 011	105.5
9 561	240 548	7 746	24 710	2 929	32	35 900	186 386	105.7
10 163	221 988	6 439	24 838	2 681	29	22 118	129 835	106.4
8 578	144 094	6 528	14 923	3 975	25	15 970	115 473	101.3
10 284	96 534	6 295	17 070	4 155	37	19 800	112 814	107.2
6 497	165 859	4 582	18 355	2 316	29	15 973	108 186	109.8
9 471	175 310	10 436	26 477	4 476	38	35 303	253 662	102.5
11 593	339 890	20 693	43 283	2 430	28	30 185	222 149	103.7
9 887	281 452	9 390	24 176	3 726	33	35 056	204 239	103.9
10 700	291 974	10 405	30 237	4 110	30	50 590	284 806	104.5
10 159	398 724	22 382	47 663	4 467	43	69 506	482 007	105.4
11 035	497 644	32 295	54 013	5 060	39	54 700	610 803	101.3
8 854	348 829	13 977	31 615	4 828	39	40 582	255 292	104.0
11 251	386 200	13 285	29 448	4 872	33	28 006	322 104	107.4
11 729	431 284	25 269	44 359	5 313	42	27 586	229 711	108.2
10 035	166 748	12 386	45 512	2 416	21	31 878	181 841	119.6
12 801	160 469	7 768	32 904	3 118	32	6 367	117 096	113.6
12 408	162 198	8 605	44 917	2 482	21	39 245	159 652	114.1
13 977	268 048	10 015	37 426	2 384	17	21 273	112 797	115.5
12 113	140 263	5 040	37 142	2 150	18	38 893	144 018	115.7
12 170	172 310	10 069	49 731	2 118	18	65 276	171 578	107.1
13 601	188 440	16 805	47 453	3 050	21	8 090	66 066	111.6
11 996	140 917	3 256	38 365	1 990	17	54 459	147 121	105.4
12 557	71 236	5 997	23 030	2 869	26	47 073	101 552	107.0
12 894	87 538	4 112	27 035	1 950	16	113 557	178 630	107.9
11 103	56 965	1 041	19 380	1 946	17	95 932	106 826	98.5
11 736	54 032	1 383	18 569	1 956	18	86 014	98 463	127.5
10 267	51 470	1 126	16 143	1 890	14	56 754	64 279	100.4
13 893	100 411	7 902	30 339	1 958	21	77 186	94 714	102.8
9 416	64 004	5 579	24 253	1 913	17	46 761	66 520	108.2
9 132	51 378	3 993	25 083	1 936	21	33 007	57 827	99.7

各县（市）国民

Major Indicators of National

（2005

县（市）	年末单位从业人员（人）	#第二产业	#第三产业	乡村从业人员（人）	#农林牧渔业	城镇在岗职工人数（人）	城镇在岗职工工资总额（万元）
万全县	10 358	2 671	7 632	102 654	68 412	10 175	10 365
怀来县	17 009	7 300	6 500	149 975	103 373	16 819	18 406
涿鹿县	22 292	9 348	11 542	149 325	110 084	21 339	21 042
赤城县	11 275	2 484	8 067	112 945	81 393	11 252	11 906
崇礼县	9 850	4 202	5 581	57 544	42 421	9 834	10 903
秦皇岛市							
青龙满族自治县	17 127	3 865	13 029	246 518	187 134	16 587	19 452
昌黎县	21 382	2 548	18 467	274 593	176 763	21 287	27 000
抚宁县	30 280	12 386	17 759	239 858	173 522	29 702	40 751
卢龙县	15 433	3 835	11 359	224 712	163 339	15 385	17 881
唐山市							
滦　县	25 224	2 744	22 418	274 069	139 596	24 959	32 926
滦南县	28 890	12 590	15 986	279 047	204 145	28 644	40 617
乐亭县	21 260	3 824	17 180	258 529	138 393	20 981	29 673
迁西县	21 781	7 271	14 488	164 423	86 905	21 350	38 793
玉田县	26 088	8 336	17 752	308 530	121 237	25 390	32 758
唐海县	45 719	8 354	6 024	67 442	41 258	12 726	15 864
遵化市	26 267	4 225	21 378	307 296	112 391	26 083	43 403
迁安市	45 615	23 225	21 717	272 734	79 895	44 919	72 365
廊坊市							
固安县	13 622	1 318	12 304	177 327	140 228	13 419	14 337
永清县	11 901	1 361	10 481	178 974	121 568	11 381	11 375
香河县	21 998	7 758	14 221	132 408	67 629	21 950	27 106
大城县	16 901	1 594	15 307	195 734	98 420	16 867	18 964
文安县	17 929	1 507	15 098	202 711	102 112	17 885	21 137
大厂回族自治县	8 963	2 404	6 495	42 670	19 861	8 892	11 832
霸州市	21 768	2 432	19 327	236 066	88 097	21 664	29 367
三河市	30 551	9 428	21 123	135 792	52 869	30 462	49 709
保定市							
满城县	17 586	4 167	13 203	194 217	123 126	17 417	19 279
清苑县	22 093	4 223	17 771	329 099	195 354	21 582	23 839
涞水县	15 829	7 355	8 474	173 370	139 100	15 798	14 999
阜平县	9 352	1 186	8 019	82 492	59 765	9 137	10 713
徐水县	19 674	4 659	14 074	286 062	177 422	18 903	24 869
定兴县	21 804	9 441	12 363	274 196	177 205	21 349	21 340
唐　县	39 806	26 876	12 793	258 982	176 397	20 536	21 729
高阳县	10 838	502	9 249	156 238	72 402	10 591	13 859

经　济　主　要　指　标(2—2)

Economy by County and City

年）

在岗职工平均工资（元）	全社会固定资产投资额（万元）	地方财政一般预算收入（万元）	地方财政支出（万元）	农村居民人均纯收入（元）	农民人均住房面积（平方米）	常用耕地面积（公顷）	农林牧渔业总产值（万元）	农林牧渔业总产值指数（上年=100）
10 307	70 021	3 187	19 093	1 874	22	27 315	51 182	118.0
10 962	133 510	11 109	29 731	3 730	25	25 531	87 335	115.0
10 103	80 158	4 457	30 280	2 836	25	23 255	126 470	106.1
10 381	50 514	7 614	27 285	1 730	19	28 894	85 055	109.0
11 362	47 058	2 673	12 890	1 980	14	15 874	30 670	108.9
11 808	98 384	14 277	37 999	1 675	23	20 030	132 193	113.8
12 742	136 056	12 221	36 087	3 710	29	61 500	353 365	126.9
12 789	86 915	19 360	45 543	3 452	29	35 785	291 552	110.2
11 546	73 568	6 961	30 221	3 216	31	40 325	194 966	107.0
13 962	400 753	21 821	46 000	4 407	30	52 638	259 382	107.6
14 158	300 903	24 703	57 233	4 240	31	67 456	511 820	108.4
13 417	386 619	26 782	53 877	4 980	32	62 957	620 734	107.4
18 351	319 353	42 492	76 471	4 590	30	14 885	148 703	114.1
12 942	320 900	21 325	54 602	4 377	25	68 995	494 717	107.8
12 466	106 287	12 307	24 098	4 274	28	23 866	192 339	108.4
16 768	552 880	59 830	100 288	4 908	30	50 985	320 049	103.9
15 757	705 376	105 754	144 514	4 908	30	44 659	275 156	104.3
10 727	161 210	7 372	21 194	4 052	26	44 508	278 462	100.9
9 994	179 102	4 354	23 914	4 318	28	43 312	244 759	105.8
12 273	424 270	15 224	34 877	5 253	33	28 307	207 088	99.5
11 182	188 914	8 742	31 556	3 955	30	55 780	146 611	107.3
11 828	321 764	11 664	33 216	4 644	25	58 011	142 788	105.0
13 230	57 032	4 731	15 719	4 981	32	10 311	96 125	98.3
13 658	587 453	27 816	53 489	4 806	36	41 135	171 336	99.3
16 345	659 483	51 068	78 469	5 364	36	35 870	307 179	101.3
11 045	186 952	8 829	26 493	3 894	25	25 328	153 376	105.7
11 088	241 214	9 001	32 199	3 886	28	51 661	239 573	107.2
9 451	94 518	4 219	21 550	2 676	26	22 484	79 238	105.1
11 665	96 006	4 228	19 851	1 830	25	8 377	46 299	128.2
12 982	264 972	11 665	30 929	3 987	25	45 923	222 922	106.6
9 568	230 000	7 266	26 377	3 957	35	48 410	195 945	104.5
10 709	109 880	5 578	29 164	2 283	30	27 674	119 990	101.3
13 095	157 926	7 134	21 877	4 109	30	33 593	80 958	104.0

各县（市）国民

Major Indicators of National

（2005

县（市）	年末单位从业人员（人）	#第二产业	#第三产业	乡村从业人员（人）	#农林牧渔业	城镇在岗职工人数（人）	城镇在岗职工工资总额（万元）
容城县	9 184	1 032	8 128	125 983	49 881	8 955	10 084
涞源县	11 718	2 025	2 672	122 217	88 043	11 654	13 277
望都县	20 481	11 923	8 558	127 863	90 766	20 237	19 084
安新县	12 143	581	11 422	223 996	148 769	11 746	12 374
易　县	20 330	7 172	12 848	257 943	181 438	15 558	18 041
曲阳县	19 671	7 698	11 973	245 903	158 804	15 479	14 677
蠡　县	13 662	631	12 687	252 511	141 554	12 838	13 850
顺平县	11 946	3 168	8 680	148 131	110 141	11 955	12 772
博野县	6 927	719	6 190	139 349	68 306	6 547	7 904
雄　县	10 373	1 175	9 198	188 492	114 648	10 071	11 379
涿州市	46 074	14 979	30 946	241 624	164 631	45 454	91 338
定州市	35 334	10 575	24 661	619 573	393 973	34 844	40 218
安国市	14 728	1 554	13 031	158 738	83 292	14 701	14 062
高碑店市	34 996	19 168	15 733	262 151	135 326	34 561	43 723
沧州市							
沧　县	24 825	7 537	17 269	353 584	99 996	24 812	31 498
青　县	18 959	4 468	12 935	179 963	96 376	18 911	26 044
东光县	16 545	6 921	9 624	160 197	89 797	16 542	18 015
海兴县	10 448	2 821	6 308	97 279	66 401	10 418	9 578
盐山县	17 307	5 572	11 735	198 905	126 556	17 096	18 172
肃宁县	12 918	3 319	9 547	182 388	76 191	12 908	17 736
南皮县	12 607	3 445	9 162	150 317	109 799	12 607	14 569
吴桥县	14 377	3 991	10 275	148 171	102 948	14 367	15 547
献　县	17 059	739	16 205	259 868	171 713	17 059	19 267
孟村回族自治县	9 356	2 325	6 993	80 394	50 712	9 356	10 797
泊头市	31 554	14 638	16 906	229 275	89 888	31 486	34 877
任丘市	100 178	51 748	47 821	275 891	65 677	98 155	225 947
黄骅市	29 293	9 394	19 390	156 230	48 066	28 894	34 225
河间市	26 625	8 506	17 884	382 379	118 443	26 326	27 530
衡水市							
枣强县	10 575	923	9 586	153 196	90 187	10 568	12 870
武邑县	9 590	1 500	8 090	143 321	76 625	9 331	8 920
武强县	7 998	1 549	6 449	88 974	62 287	7 839	7 748
饶阳县	8 736	1 411	7 143	142 408	77 304	8 734	9 684
安平县	12 192	3 071	9 023	147 635	52 399	12 036	13 736
故城县	15 601	2 923	11 643	187 670	113 125	15 525	15 766
景　县	16 639	4 489	12 052	220 530	104 123	16 639	18 462

经　济　主　要　指　标(2—2)

Economy by County and City

年)

在岗职工平均工资(元)	全社会固定资产投资额(万元)	地方财政一般预算收入(万元)	地方财政支出(万元)	农村居民人均纯收入(元)	农民人均住房面积(平方米)	常用耕地面积(公顷)	农林牧渔业总产值(万元)	农林牧渔业总产值指数(上年=100)
11 329	143 812	5 820	16 169	4 238	26	21 287	103 379	108.9
11 342	120 716	11 238	28 054	1 685	25	18 758	32 865	105.4
9 437	115 431	3 078	16 175	3 718	35	22 471	109 600	104.2
10 563	154 736	6 960	22 600	3 884	27	32 372	91 300	104.7
11 600	194 492	7 035	32 825	2 633	26	36 851	191 541	105.4
9 719	129 076	5 014	22 833	2 545	31	29 538	106 700	105.7
10 821	205 105	7 242	24 350	4 457	32	44 622	135 209	111.0
9 924	102 258	3 009	19 773	2 237	23	25 192	91 769	102.8
11 962	83 125	2 435	13 210	3 101	28	21 575	96 299	104.7
11 258	196 102	6 339	18 357	3 836	25	31 843	82 332	104.5
19 824	506 010	27 755	50 901	4 445	31	46 728	179 651	105.5
11 221	603 287	26 183	60 568	3 775	29	77 004	632 977	101.4
9 489	234 211	8 940	21 406	4 420	36	32 871	157 784	100.7
12 139	386 286	20 643	37 155	4 100	26	44 317	165 100	107.8
12 497	225 744	16 982	34 827	3 711	27	85 472	234 774	105.1
13 842	182 654	9 922	29 288	3 620	23	55 041	245 118	107.1
10 900	157 961	4 239	25 038	3 133	30	48 062	179 727	101.8
8 984	37 337	2 622	18 278	2 306	21	28 604	62 608	98.4
10 776	150 247	3 993	28 400	2 659	28	43 831	117 826	104.2
13 495	179 392	8 421	26 859	3 601	22	37 369	199 408	115.0
10 728	110 977	4 089	27 991	2 755	25	44 934	136 544	105.4
10 617	103 375	3 217	21 691	3 300	27	37 781	160 533	105.0
11 255	156 023	5 158	28 703	2 710	23	70 852	235 719	111.9
11 641	93 000	2 920	18 996	2 762	19	20 490	53 016	100.0
11 481	227 322	9 683	37 135	3 762	22	54 526	201 358	107.3
23 047	411 993	70 617	71 883	4 303	29	55 548	222 996	108.9
12 258	316 186	20 878	36 543	3 616	24	47 882	149 192	107.8
10 637	198 707	13 172	38 698	3 531	25	90 581	221 033	106.0
12 167	293 943	6 961	35 283	3 691	30	60 487	169 890	108.6
9 540	156 107	3 924	23 722	2 698	18	53 370	190 166	104.5
10 008	111 367	3 329	17 585	2 684	20	28 913	82 389	102.3
11 112	183 399	4 743	20 469	3 294	26	38 666	222 816	105.0
11 462	252 549	10 085	25 651	4 120	25	35 264	112 156	103.8
10 204	214 098	5 509	28 088	3 437	25	57 845	283 512	105.7
10 934	429 531	8 521	35 190	3 893	32	79 313	230 633	103.5

各县（市）国民

Major Indicators of National

（2005

县（市）	年末单位从业人员（人）	#第二产业	#第三产业	乡村从业人员（人）	#农林牧渔业	城镇在岗职工人数（人）	城镇在岗职工工资总额（万元）
阜城县	12 978	2 102	10 152	128 099	56 526	12 974	12 989
冀州市	17 603	7 351	10 174	157 234	82 042	17 503	19 769
深州市	19 374	5 051	14 136	263 090	116 722	19 358	22 031
邢台市							
邢台县	16 038	4 843	10 976	193 488	113 360	15 161	19 415
临城县	6 308	409	5 899	83 931	59 933	6 267	7 593
内丘县	10 070	3 554	6 507	111 457	77 204	9 960	10 430
柏乡县	7 032	1 016	5 817	82 958	46 005	6 322	7 787
隆尧县	13 016	799	11 497	200 899	78 810	12 786	14 157
任　县	6 927	511	6 416	128 701	63 137	6 617	6 809
南和县	6 407	608	5 717	145 830	97 483	6 366	7 544
宁晋县	19 724	5 342	14 321	319 980	182 047	19 271	24 081
巨鹿县	10 046	1 595	8 394	186 131	122 766	9 190	9 521
新河县	5 303	2 280	3 023	69 399	47 207	5 043	5 302
广宗县	6 128	680	5 416	129 744	87 032	6 045	6 573
平乡县	9 466	1 950	7 295	120 039	74 199	9 250	9 111
威　县	11 348	1 459	9 889	245 598	159 256	10 614	10 886
清河县	13 805	4 132	9 673	137 115	27 096	13 715	15 303
临西县	10 325	1 278	9 042	136 344	80 105	9 280	9 815
南宫市	14 302	3 298	10 941	149 419	98 498	13 292	13 913
沙河市	22 084	6 898	14 904	188 030	87 421	21 552	25 921
邯郸市							
邯郸县	21 625	8 456	13 035	181 679	97 832	11 177	15 184
临漳县	13 949	1 168	12 781	251 218	161 227	12 996	12 950
成安县	16 667	6 484	10 083	183 362	81 726	11 025	11 671
大名县	16 932	1 392	15 033	305 865	258 593	14 656	15 452
涉　县	21 567	5 965	15 449	177 194	69 855	12 807	18 651
磁　县	27 364	7 732	18 959	291 331	122 909	20 010	28 049
肥乡县	10 363	2 800	7 522	151 145	120 914	7 375	8 086
永年县	27 202	7 228	19 344	399 938	169 418	24 527	33 681
邱　县	15 763	5 500	10 263	97 446	53 086	8 174	7 233
鸡泽县	7 684	1 059	6 387	106 899	52 165	6 338	6 840
广平县	9 650	3 158	6 475	106 741	65 991	7 468	7 993
馆陶县	7 684	1 059	6 387	145 789	82 493	7 166	8 156
魏　县	16 521	1 355	15 141	335 509	260 360	14 550	15 036
曲周县	13 923	2 888	10 858	174 458	93 566	10 516	10 212
武安市	29 124	4 441	24 094	339 368	117 770	22 953	35 487

经　济　主　要　指　标(2－4)

Economy by County and City

年)

在岗职工平均工资(元)	全社会固定资产投资额(万元)	地方财政一般预算收入(万元)	地方财政支出(万元)	农村居民人均纯收入(元)	农民人均住房面积(平方米)	常用耕地面积(公顷)	农林牧渔业总产值(万元)	农林牧渔业总产值指数(上年＝100)
9 976	147 333	5 024	19 933	3 283	26	38 864	151 868	112.5
11 334	287 258	8 726	28 273	3 818	28	57 182	193 215	111.5
11 699	356 993	8 804	33 280	3 757	39	81 108	296 745	105.5
12 768	220 963	14 117	39 206	3 656	41	33 474	112 530	100.7
11 994	126 311	3 320	18 833	2 718	32	18 709	66 150	107.4
10 298	229 410	7 083	20 466	3 136	33	23 988	70 358	104.4
12 260	73 893	2 083	11 571	3 794	32	19 490	116 012	103.5
11 108	261 248	8 416	24 112	3 645	33	53 866	243 575	104.5
10 130	68 295	1 785	14 845	3 152	33	31 912	83 021	104.4
11 918	82 097	1 715	15 196	3 279	27	29 915	129 595	105.4
12 498	338 251	17 200	40 878	3 606	29	65 824	234 211	105.6
10 439	159 608	2 403	18 893	2 785	23	42 484	111 261	108.5
10 513	62 275	1 391	12 734	2 456	26	22 238	61 399	99.6
10 575	63 685	1 305	15 437	2 385	32	35 072	112 052	108.8
9 638	91 601	2 491	15 599	2 739	30	28 359	56 794	104.0
10 195	141 945	3 253	22 782	2 508	26	68 820	286 166	104.7
11 225	237 896	10 795	27 972	4 602	31	33 755	95 249	103.7
10 517	130 555	3 127	16 288	3 540	30	39 456	145 291	105.1
9 795	118 073	4 326	24 296	3 366	29	59 745	173 026	96.2
12 058	290 494	14 646	39 347	4 076	32	27 512	121 716	103.7
13 640	282 993	25 581	43 975	4 306	40	32 335	124 920	106.9
10 096	149 751	3 580	27 561	3 602	31	49 868	257 010	108.2
10 838	174 621	3 785	21 711	3 665	35	37 085	250 803	111.1
10 643	179 359	4 320	37 791	2 511	25	76 114	293 038	107.8
14 669	370 655	21 585	44 828	2 830	26	13 490	69 301	108.5
14 096	269 171	18 850	43 591	3 976	31	50 173	164 254	110.4
11 310	97 253	2 582	17 921	3 176	18	38 777	213 300	106.5
13 720	307 292	15 594	40 716	3 893	29	63 944	475 330	111.2
8 854	75 724	2 567	13 558	3 445	32	33 301	188 612	109.8
10 799	172 248	1 848	16 710	3 169	30	26 142	118 563	107.2
10 970	159 711	4 478	19 549	3 158	25	23 202	77 696	107.8
11 169	126 845	2 951	18 060	2 913	30	30 424	285 540	103.0
10 313	179 510	4 712	37 322	2 580	28	61 451	217 828	108.0
10 484	157 212	3 214	22 455	3 552	28	51 113	227 018	107.5
15 807	500 562	80 698	109 851	4 520	42	50 719	155 428	108.8

各 县 （市） 国 民

Major Indicators of National

（2005

县（市）	农业机械总动力（万千瓦）	化肥使用量（折纯量）（吨）	农村用电量（万千瓦时）	有效灌溉面积（公顷）	总播种面积（公顷）	#粮食作物播种面积	粮食产量（吨）
石家庄市							
井陉县	40	9 475	11 461	11 356	32 406	25 174	104 059
正定县	143	44 455	13 352	27 303	55 611	40 815	308 620
栾城县	61	17 327	12 486	26 579	52 616	35 629	272 785
行唐县	80	22 332	13 178	28 550	59 631	46 208	296 771
灵寿县	33	9 654	20 550	16 208	36 558	30 113	136 936
高邑县	29	10 721	7 960	15 970	31 414	18 959	116 597
深泽县	65	14 059	14 359	19 800	35 051	26 727	180 150
赞皇县	35	10 173	15 801	9 630	34 950	24 131	111 158
无极县	86	28 699	21 796	35 303	63 874	49 852	349 868
平山县	59	14 619	9 280	16 800	47 878	36 771	202 616
元氏县	57	29 675	8 623	26 080	56 008	45 168	269 453
赵　县	279	60 480	31 050	50 590	80 739	62 724	457 269
辛集市	209	63 015	25 256	69 506	110 850	76 637	512 899
藁城市	213	58 912	58 658	54 700	104 671	65 354	498 322
晋州市	129	32 485	77 019	40 582	68 215	57 029	386 676
新乐市	180	30 363	22 290	28 006	60 741	38 000	294 121
鹿泉市	63	15 740	100 738	23 275	49 356	35 747	214 620
承德市							
承德县	23	18 315	37 166	18 060	34 554	27 329	170 516
兴隆县	19	7 980	6 757	5 100	10 193	8 827	45 696
平泉县	29	13 938	7 610	17 280	43 320	39 096	256 241
滦平县	15	6 637	16 338	12 080	23 989	18 487	100 004
隆化县	21	11 541	3 666	26 990	36 094	28 937	192 678
丰宁满族自治县	21	11 142	4 719	23 524	59 634	48 359	170 139
宽城满族自治县	8	4 873	21 347	3 057	12 556	9 539	56 800
围场满蒙自治县	34	13 208	7 871	24 910	64 682	44 810	106 550
张家口市							
宣化县	14	9 437	8 063	27 778	44 693	37 942	156 235
张北县	15	7 165	4 454	23 157	110 651	60 257	88 578
康保县	29	2 040	1 156	14 141	92 674	50 854	28 574
沽源县	11	3 254	1 477	18 462	91 450	47 294	50 805
尚义县	8	3 835	1 139	11 333	44 883	28 885	24 907
蔚　县	15	9 551	4 361	30 123	72 642	60 854	111 677
阳原县	11	5 874	2 093	21 909	49 158	42 063	65 050
怀安县	9	8 197	2 923	18 746	32 951	26 441	84 621

经　济　主　要　指　标(3—1)

Economy by County and City

年）

棉花产量（吨）	油料产量（吨）	猪肉产量（吨）	牛肉产量（吨）	羊肉产量（吨）	奶类产量（吨）	水产品产量（吨）	规模以上工业总产值（万元）
56	5 915	19 520	7 227	3 091	9 900	381	385 598
573	21 278	57 624	15 491	270	57 247	2 300	1 023 369
255	3 973	40 272	10 815	670	94 737	210	387 165
476	20 199	30 548	3 551	817	120 936	1 000	500 766
201	4 776	22 598	6 386	1 462	14 570	2 850	243 255
386	6 408	15 668	784	506	3 924	31	284 526
777	8 603	16 858	394	995	17 111	60	243 426
90	15 147	10 582	8 863	582	2 010	350	187 000
219	16 163	35 853	25 599	2 096	24 100	500	619 109
429	6 743	36 330	23 174	2 908	11 782	12 995	981 825
1 050	9 445	36 000	5 460	2 880	38 000	540	452 676
1 487	13 260	28 980	7 560	1 210	30 050	200	690 440
9 658	37 546	47 880	8 738	5 811	31 322	520	1 304 987
501	13 993	73 306	38 185	2 198	80 912	100	1 209 906
733	10 971	41 170	10 067	2 364	24 300	350	589 612
316	37 280	60 300	18 880	2 250	55 000	50	668 181
226	4 713	53 815	1 114	638	84 804	5 406	972 587
	626	38 917	9 912	1 803	1 799	500	327 610
	1 019	17 235	990	1 751	1 068	1 600	315 241
	89	18 098	5 440	2 925	810	300	223 107
	264	28 807	4 983	2 704	10 892	480	173 901
	2 954	28 185	17 392	3 439	2 979	415	87 569
	1 288	26 970	24 016	7 271	64 176	1 160	132 319
	331	12 285	336	1 323	550	5 600	500 436
	1 180	18 450	14 086	1 904	11 966	421	47 589
	3 111	15 928	2 289	4 135	25 228	540	92 342
	8 885	20 715	9 150	5 777	198 230	1 060	48 025
	3 209	10 852	5 531	6 035	26 721	86	14 468
	3 262	3 844	2 079	3 127	101 614	2 460	5 119
	4 160	4 606	2 081	1 679	4 500	150	5 446
	3 436	15 259	2 444	4 894	8 592	650	104 011
	3 525	7 316	1 412	2 631	5 034	550	30 132
	1 799	10 575	571	1 693	5 789	308	22 488

各 县 （市） 国 民

Major Indicators of National

（2005

县（市）	农业机械总动力（万千瓦）	化肥使用量（折纯量）（吨）	农村用电量（万千瓦时）	有效灌溉面积（公顷）	总播种面积（公顷）	#粮食作物播种面积	粮食产量（吨）
万全县	10	4 455	4 765	17 562	24 171	20 208	120 900
怀来县	22	11 856	6 360	16 230	26 874	21 987	89 404
涿鹿县	16	14 705	5 942	23 255	24 800	21 290	121 029
赤城县	17	3 696	1 263	11 470	36 112	28 685	52 308
崇礼县	8	1 109	743	5 000	16 743	10 302	18 700
秦皇岛市							
青龙满族自治县	15	14 670	7 545	18 743	32 784	28 681	130 255
昌黎县	77	48 339	25 601	46 073	78 610	58 190	315 043
抚宁县	50	22 411	26 197	25 060	53 813	26 698	149 195
卢龙县	81	30 492	12 135	29 250	43 725	36 183	216 013
唐山市							
滦　县	80	44 167	22 914	43 630	71 226	44 625	238 312
滦南县	96	37 663	13 857	67 456	109 206	58 862	355 771
乐亭县	107	74 109	9 087	61 768	86 392	47 772	297 630
迁西县	35	15 218	17 610	9 528	19 194	13 851	70 923
玉田县	88	63 846	35 899	62 654	116 071	74 999	406 812
唐海县	14	7 971	25 498	23 866	23 474	20 235	191 554
遵化市	117	30 160	211 657	50 862	68 818	46 407	235 576
迁安市	147	17 875	141 426	32 902	65 702	44 082	217 714
廊坊市							
固安县	85	23 662	12 298	39 240	74 370	43 901	252 439
永清县	108	20 082	9 541	32 270	62 115	26 900	148 489
香河县	42	22 418	12 306	23 310	45 321	31 226	190 976
大城县	58	11 755	33 722	32 320	66 363	46 925	206 250
文安县	69	11 072	47 459	33 750	60 956	38 812	181 745
大厂回族自治县	24	5 378	5 151	10 310	17 972	14 789	79 353
霸州市	107	25 494	180 000	39 900	60 704	39 866	231 661
三河市	74	28 781	37 955	34 860	54 511	38 272	220 582
保定市							
满城县	46	13 419	19 893	23 070	44 021	31 293	174 911
清苑县	70	39 654	17 125	51 567	89 654	60 053	367 290
涞水县	25	6 996	7 645	16 155	31 688	26 157	115 525
阜平县	12	4 375	2 362	5 446	14 012	12 572	53 703
徐水县	78	27 238	13 806	41 241	72 757	60 158	354 480
定兴县	51	27 024	8 843	48 405	78 102	61 005	368 581
唐　县	44	16 754	9 281	19 619	44 921	37 514	170 250
高阳县	19	11 647	12 973	28 970	40 047	25 983	128 033

经济主要指标(3—2)

Economy by County and City

年)

棉花产量（吨）	油料产量（吨）	猪肉产量（吨）	牛肉产量（吨）	羊肉产量（吨）	奶类产量（吨）	水产品产量（吨）	规模以上工业总产值（万元）
	2 800	6 667	1 107	798	18 757	4	8 917
	1 007	5 819	1 277	1 025	56 619	50	166 399
	1 417	22 367	1 333	4 624	31 540	240	85 451
	1 572	13 403	6 750	3 845	2 395	588	55 313
	745	2 377	912	902	4 982	12	47 454
8	1 195	30 020	4 160	3 812	600	930	83 021
561	38 575	29 770	12 113	2 413	16 750	101 040	434 412
500	16 095	71 139	5 200	2 240	12 244	39 201	707 571
508	12 759	34 875	6 208	2 564	14 719	1 726	94 275
170	46 599	41 198	15 409	1 740	198 519	2 180	603 393
1 222	44 939	60 671	7 460	649	290 501	142 996	993 794
2 032	14 417	25 422	2 765	2 924	68 975	138 400	432 049
184	4 271	17 912	1 938	3 991	20 761	25 081	1 316 054
4 387	5 232	90 002	18 040	1 450	25 270	5 681	654 197
1 457	323	22 048	170	140	1 397	60 883	324 975
210	41 583	66 286	17 584	3 058	66 761	3 660	1 988 065
163	26 110	57 615	12 189	1 911	45 426	760	3 378 222
	12 648	25 639	18 016	2 262	6 156	332	69 654
4 280	8 769	21 410	9 118	6 911	13 268	530	112 370
190	1 646	20 314	9 520	1 609	874	2 515	430 674
6 869	4 178	10 500	6 224	4 225	20 000	970	194 206
19 002	925	11 400	5 776	7 047	400	7 678	307 391
60	677	5 568	27 576	2 057	1 233	2 775	336 687
8 305	6 275	15 037	2 384	3 432	1 493	6 400	1 685 912
340	572	39 369	34 297	6 288	9 170	14 005	1 414 686
588	3 306	23 457	636	990	8 620	800	478 450
3 474	22 250	15 351	477	835	41 518	245	438 005
54	8 134	16 965	2 240	2 214	1 656	600	67 270
	866	6 965	375	365	4 110	2 800	23 266
73	5 077	35 404	4 964	871	66 307	400	324 801
1 274	21 565	34 185	3 033	2 702	5 056	200	289 229
797	3 381	22 410	1 024	6 207	1 335	1 800	78 502
6 044	8 507	8 842	78	582	9 300	1 200	314 747

各 县 （市） 国 民

Major Indicators of National

（2005

县 （市）	农业机械总动力（万千瓦）	化肥使用量（折纯量）（吨）	农村用电量（万千瓦时）	有效灌溉面积（公顷）	总播种面积（公顷）	#粮食作物播种面积	粮食产量（吨）
容城县	39	9 205	6 183	21 024	35 471	29 720	200 043
涞源县	16	4 019	2 563	905	21 173	19 471	69 071
望都县	36	18 234	3 982	22 471	38 681	26 133	181 985
安新县	41	11 284	7 251	25 115	45 189	38 394	190 383
易　县	24	18 342	7 317	19 436	50 963	41 157	183 048
曲阳县	36	10 461	3 619	18 155	43 356	38 317	172 423
蠡　县	58	19 255	39 799	44 622	56 843	32 882	164 830
顺平县	38	16 056	11 820	22 500	33 573	25 483	122 427
博野县	32	17 027	6 767	21 575	35 889	23 529	152 428
雄　县	28	11 516	25 182	18 671	44 148	34 792	205 016
涿州市	50	24 026	15 929	42 322	71 224	54 073	293 328
定州市	115	61 635	25 980	77 004	141 080	72 496	464 159
安国市	66	21 923	6 008	32 871	53 147	31 257	209 070
高碑店市	39	14 829	13 545	42 100	68 295	50 515	281 124
沧州市							
沧　县	128	37 415	54 842	81 733	122 725	111 854	445 055
青　县	85	18 136	22 681	32 732	84 533	53 937	231 908
东光县	47	20 632	12 980	45 458	66 443	39 736	231 711
海兴县	26	7 624	3 960	11 303	42 013	32 654	92 316
盐山县	45	14 139	8 897	26 865	69 238	59 203	254 492
肃宁县	46	23 298	17 348	35 489	55 000	37 954	221 298
南皮县	63	14 192	11 369	32 670	64 812	36 810	159 995
吴桥县	47	21 696	9 976	36 910	61 109	36 190	215 928
献　县	60	24 255	30 255	47 798	105 144	73 905	324 916
孟村回族自治县	22	6 776	28 796	12 882	29 787	26 108	97 239
泊头市	120	26 817	33 600	48 541	78 740	71 210	340 671
任丘市	98	31 866	52 817	49 500	95 957	73 470	393 954
黄骅市	81	13 457	35 087	22 679	77 001	62 852	164 524
河间市	125	23 551	43 358	77 047	126 579	85 866	384 448
衡水市							
枣强县	30	15 913	15 817	51 747	79 442	54 729	299 743
武邑县	39	16 127	12 641	43 302	74 210	49 913	273 309
武强县	39	5 924	3 381	22 228	40 368	29 537	156 847
饶阳县	53	16 826	13 811	33 241	59 711	28 599	159 555
安平县	46	15 027	22 365	30 850	48 989	36 304	196 945
故城县	139	30 043	10 509	40 273	94 517	59 500	345 752
景　县	101	31 959	11 176	71 610	120 201	91 315	527 424

经　济　主　要　指　标(3—3)

Economy by County and City

年)

棉花产量 (吨)	油料产量 (吨)	猪肉产量 (吨)	牛肉产量 (吨)	羊肉产量 (吨)	奶类产量 (吨)	水产品产量 (吨)	规模以上工业总产值 (万元)
137	8 731	28 560	1 472	758	17 981	1 410	177 468
	233	4 550	767	1 032	756	500	185 150
364	11 855	23 191	921	1 163	15 270	41	62 099
5 508	619	3 151	198	404	10 800	30 750	427 516
421	9 635	43 488	10 816	4 325	450	5 200	188 601
97	6 841	26 135	4 004	1 715	17 050	2 250	56 415
9 557	15 552	8 476	266	735	6 100	10	590 677
133	3 898	11 116	1 056	712	6 615	80	117 044
1 006	12 536	14 841	587	1 502	1 642	11	72 785
302	7 809	8 826	263	1 963	1 330	1 400	197 022
	10 672	33 993	1 548	2 889	17 723	1 550	674 781
673	63 257	92 250	17 201	4 882	84 000	504	682 884
669	24 622	22 698	1 588	1 340	11 045	21	264 922
534	31 335	29 723	4 108	2 523	5 607	230	618 814
5 665	1 276	15 477	12 061	3 434	5 400	415	729 978
4 837	3 582	5 942	3 136	2 665	25 812	171	657 981
28 288	2 595	6 389	6 605	3 965	1 850	718	197 298
3 597	2 712	2 842	5 024	2 348	416	7 298	55 420
7 479	2 059	15 162	8 112	1 654	200	302	252 641
5 609	9 195	12 972	1 673	994	3 698	224	365 841
12 267	2 152	8 175	10 508	2 493	6 217	610	101 024
20 504	1 833	11 720	9 611	1 915	2 100	100	133 682
11 492	20 399	18 238	7 080	2 496	7 361	1 010	196 256
812	2 742	1 688	10 458	2 750	625	71	122 226
2 555	2 698	20 618	8 820	4 542	2 850	760	352 207
9 358	7 103	12 196	1 993	2 052	7 641	16 000	3 851 921
4 198	2 800	3 770	4 402	2 849	2 506	83 966	309 388
15 158	37 193	16 210	5 152	2 856	1 992	450	451 358
19 811	7 332	13 276	3 690	1 882	7 086	180	450 224
8 900	8 627	16 152	8 398	3 529	1 012	185	128 979
2 691	5 231	7 617	1 190	929	1 050	113	93 066
8 564	15 104	22 806	766	867	1 396	27	158 758
3 076	13 524	34 267	318	653	791	191	253 519
24 765	8 637	27 450	7 230	6 395	4 800	1 676	170 235
13 917	14 497	21 415	7 763	2 104	1 500	120	482 956

各 县 （市） 国 民

Major Indicators of National

（2005

县 （市）	农业机械总动力（万千瓦）	化肥使用量（折纯量）（吨）	农村用电量（万千瓦时）	有效灌溉面积（公顷）	总播种面积（公顷）	#粮食作物播种面积	粮食产量（吨）
阜城县	50	19 027	18 284	37 266	66 217	50 996	304 172
冀州市	60	26 565	23 999	48 634	70 717	34 754	203 913
深州市	159	52 798	29 348	80 000	112 875	80 070	450 111
邢台市							
邢台县	31	16 336	14 087	23 014	48 103	37 305	181 406
临城县	21	8 071	3 102	9 728	28 980	23 260	69 287
内丘县	20	9 689	5 262	16 406	43 131	34 054	148 435
柏乡县	28	11 385	5 556	18 571	32 639	27 690	179 469
隆尧县	74	38 074	25 311	44 866	93 686	75 941	488 544
任　县	47	14 343	17 976	30 145	52 281	46 556	268 298
南和县	43	13 304	9 519	29 848	52 065	44 889	245 053
宁晋县	84	43 193	24 423	64 527	120 278	101 341	603 899
巨鹿县	44	12 734	8 163	28 771	61 638	32 966	143 446
新河县	23	5 752	2 579	13 327	35 672	28 259	117 360
广宗县	21	10 358	5 382	18 174	45 633	21 179	103 271
平乡县	31	13 496	10 601	19 928	38 729	32 591	156 954
威　县	73	31 867	7 879	54 959	78 087	24 590	117 510
清河县	38	16 677	22 496	33 755	48 991	36 428	169 264
临西县	53	26 503	8 098	32 467	54 188	37 811	223 354
南宫市	65	22 848	11 474	37 042	81 257	35 527	162 808
沙河市	63	12 859	13 153	20 230	44 086	37 608	157 746
邯郸市							
邯郸县	72	25 808	23 587	23 672	46 089	38 566	176 382
临漳县	85	45 729	8 678	48 880	91 698	71 348	487 367
成安县	60	45 962	9 200	35 200	65 369	40 548	259 393
大名县	77	37 940	9 911	66 070	128 415	84 048	468 790
涉　县	25	6 956	3 395	5 735	26 743	24 050	82 543
磁　县	109	27 589	29 398	31 700	72 065	60 854	283 129
肥乡县	47	36 756	6 265	37 870	72 072	49 305	290 449
永年县	143	44 094	17 000	54 490	114 623	67 528	441 731
邱　县	35	21 069	1 605	27 300	46 490	17 564	102 212
鸡泽县	30	14 993	7 625	22 030	42 978	24 489	133 158
广平县	27	16 400	5 556	22 970	38 190	30 005	157 528
馆陶县	58	19 479	10 144	28 080	55 894	37 529	229 658
魏　县	77	29 093	4 885	49 940	94 165	83 079	432 300
曲周县	83	42 818	10 043	40 400	74 967	53 199	286 528
武安市	138	19 474	236 327	35 430	71 393	60 071	251 257

经济主要指标(3—4)

Economy by County and City

年)

棉花产量（吨）	油料产量（吨）	猪肉产量（吨）	牛肉产量（吨）	羊肉产量（吨）	奶类产量（吨）	水产品产量（吨）	规模以上工业总产值（万元）
8 769	2 010	14 010	3 122	2 024	700	230	111 693
23 048	10 355	23 182	7 821	4 241	3 594	2 312	547 387
18 851	29 442	35 087	6 476	4 134	1 573	228	507 474
824	10 901	12 369	6 308	915	1 245	657	829 599
775	3 860	9 006	4 034	408	840	822	97 137
525	12 440	17 113	2 325	272	950	36	392 498
491	5 583	12 641	241	353	2 417		71 132
5 703	13 710	19 382	3 773	1 897	3 131		440 260
1 780	852	8 039	215	773	523	30	43 843
559	3 092	15 626	2 148	727	7 233	65	28 009
8 279	12 122	17 931	2 531	825	100 272		981 495
8 662	16 370	8 550	4 448	952	1 262	94	143 637
5 755	2 863	6 038	1 041	694	4 950	793	35 621
17 445	14 705	8 310	3 086	1 487	1 170	67	46 336
2 641	3 169	4 380	1 808	782	710	200	48 004
51 733	9 260	22 371	12 125	4 155	2 632	190	34 379
8 543	3 475	6 733	2 410	1 264	1 000	575	763 815
13 745	3 796	11 510	6 392	3 315	1 780	150	88 008
39 301	5 853	14 625	8 640	2 797	1 250	220	147 029
270	7 545	13 809	4 846	773	7 600	321	697 732
2 270	2 817	29 300	1 640	1 763	17 000	802	777 604
7 808	7 275	27 960	8 560	6 047	7 250	15	40 491
20 001	4 514	22 860	4 000	3 400	11 250	60	115 222
1 058	114 193	48 862	10 368	5 300	600	1 520	216 842
87	825	6 591	2 384	959	1 528	1 900	622 875
2 344	5 109	26 167	3 338	2 106	19 236	27 386	282 239
13 253	2 875	25 362	4 526	3 234	3 577	160	70 886
2 516	8 503	37 372	6 304	4 498	10 742	10 116	360 181
30 047	2 850	9 671	1 896	3 522	507	120	70 243
7 066	712	9 787	1 472	1 338	800	126	88 076
5 027	4 329	10 381	698	991	1 824	130	126 739
8 285	14 348	32 275	4 263	1 766	1 406	175	88 076
2 869	7 487	41 922	2 384	4 023	472	95	99 629
14 276	3 244	24 352	6 048	3 223	3 590	3 100	122 382
3 429	5 027	39 832	3 936	714	2 200	905	3 240 574

各县（市）国民

Major Indicators of National

（2005

县（市）				流动资产年平均余额（万元）	固定资产净值年平均余额（万元）	产品销售收入（万元）	本年应交增值税（万元）
	＃内资企业	＃港澳台商投资企业	＃外商投资企业				
石家庄市							
井陉县	330 366	12 452	42 780	60 662	54 541	324 341	6 780
正定县	941 035	67 711	14 623	90 023	130 384	1 001 454	14 505
栾城县	268 236	616	118 313	145 107	107 619	387 767	18 784
行唐县	500 766			27 341	42 968	474 352	19 909
灵寿县	199 116	28 933	15 206	42 948	60 560	207 709	5 053
高邑县	280 958	3 568		30 861	34 502	267 296	12 505
深泽县	212 829	18 617	11 980	26 889	13 094	164 829	4 147
赞皇县	147 100	700	39 200	50 300	55 800	181 200	6 000
无极县	538 123	17 964	63 022	55 007	60 214	592 443	10 457
平山县	945 994	35 831		183 874	162 301	1 029 536	28 109
元氏县	449 316		3 360	57 152	68 247	383 841	6 261
赵　县	648 509	6 566	35 365	75 973	157 106	672 822	11 960
辛集市	1 213 643	53 646	37 698	242 000	211 400	1 308 000	41 900
藁城市	1 172 403	24 620	12 883	151 343	141 977	1 052 076	14 315
晋州市	561 690		27 922	130 186	101 686	582 725	32 301
新乐市	658 150	601	9 430	65 983	112 428	663 377	13 621
鹿泉市	884 766	12 176	75 645	204 843	300 392	973 781	29 318
承德市							
承德县	316 888		10 722	135 559	159 166	271 745	9 593
兴隆县	306 713	4 426	4 102	111 359	88 328	312 423	16 798
平泉县	206 715	2 720	13 672	87 793	66 478	208 958	10 567
滦平县	173 901			100 490	73 887	190 535	12 393
隆化县	87 569			39 286	35 342	91 815	4 963
丰宁满族自治县	132 319			54 429	42 654	111 956	10 266
宽城满族自治县	500 436			248 693	147 141	483 364	28 281
围场满蒙自治县	45 989	1 600		22 167	40 517	41 932	1 526
张家口市							
宣化县	91 631		712	45 254	31 440	92 072	4 346
张北县	37 794		10 231	20 335	27 822	50 530	2 309
康保县	14 468			7 514	7 811	14 295	820
沽源县	5 119			3 689	1 797	4 530	90
尚义县	5 446			10 447	23 487	4 984	345
蔚　县	102 648	1 363		55 403	151 822	96 295	8 349
阳原县	9 851	3 083	17 198	16 330	9 002	28 872	429
怀安县	22 488			8 885	3 814	21 921	

经　济　主　要　指　标(4—1)

Economy by County and City

年)

利润总额（万元）	建筑业企业单位数（个）	建筑业从业人员（人）	建筑业总产值（万元）	公路里程（公里）	民用汽车拥有量（辆）	邮电业务总量（万元）	本地电话用户（户）
13 315	5	5 943	13 556	972	19 800	9 706	74 306
67 715	13	9 017	55 695	743	12 184	21 566	135 641
57 006	7	1 735	16 752	486	3 900	10 128	101 642
53 660	1	820	8 860	850	840	6 992	48 900
29 410	3	450	8 751	396	1 861	3 860	43 611
30 044	3	2 395	8 371	301	1 274	2 577	36 625
6 376	4	8 733	54 102	128	1 062	3 448	43 000
22 900	7	1 160	2 190	526	5 655	4 082	22 728
40 770	5	3 717	20 257	472	9 500	7 183	94 359
74 448	6	2 570	12 914	2 504	6 435	5 136	78 484
49 886	2	1 412	11 039	737	7 600	7 560	60 090
50 553	2	497	5 125	699	6 435	6 576	101 615
119 400	9	6 176	50 895	974	7 731	12 192	153 208
108 519	10	7 877	62 292	1 059	15 130	12 314	195 078
62 170	6	1 963	7 459	507	4 589	2 467	121 396
70 408	8	5 131	21 229	477	6 170	8 217	82 040
84 492	9	4 047	20 882	708	19 545	13 691	117 206
16 748	10	801	67 967	2 921	5 030	5 666	57 128
14 071	5	2 451	25 190	2 147	3 774	4 242	49 237
20 762	11	1 687	16 920	1 594	1 981	8 640	58 935
42 550	7	722	47 579	2 266	3 186	3 727	52 341
13 589	8	1 781	35 935	968	3 108	3 882	52 465
18 939	5	2 920	61 340	2 483	1 408	11 804	50 182
90 526	7	1 000	25 341	837	3 200	8 097	35 751
2 419	10	1 277	32 792	2 296	2 090	5 102	70 814
45	3	1 307	18 330	1 172	5 144	12 820	49 876
7 980	4	845	12 186	1 757	3 100	324	33 768
1 783	3	952	7 192	2 354	4 308	1 306	17 453
300	1	470	2 280	981	395	3 023	14 100
-201	2	960	3 700	400	458	2 602	12 773
1 628	4	1 231	11 850	2 110	8 905	4 339	64 954
1 012	4	3 989	23 877	992	1 100	2 845	45 712
1 877	5	1 080	16 650	1 431	2 590	2 648	35 000

各县（市）国民

Major Indicators of National

（2005

县（市）	#内资企业	#港澳台商投资企业	#外商投资企业	流动资产年平均余额（万元）	固定资产净值年平均余额（万元）	产品销售收入（万元）	本年应交增值税（万元）
万全县	8 382		535	5 404	2 178	115 861	163
怀来县	65 698	41 427	59 274	140 572	90 287	157 443	8 985
涿鹿县	85 251		200	46 986	94 081	81 850	4 602
赤城县	55 313			27 095	14 457	66 892	4 227
崇礼县	47 454			16 364	21 113	39 943	865
秦皇岛市							
青龙满族自治县	80 209	2 645	167	41 521	59 086	85 101	4 214
昌黎县	367 938	3 316	63 159	107 796	76 361	403 737	14 845
抚宁县	300 716	10 167	396 688	236 766	404 115	694 278	22 495
卢龙县	82 849	63	11 364	53 683	37 172	92 238	2 547
唐山市							
滦　县	554 284	47 002	2 107	142 028	182 507	608 118	25 955
滦南县	860 254	72 975	60 565	321 293	280 937	974 945	29 058
乐亭县	396 976		35 073	83 854	64 021	410 531	9 841
迁西县	322 476	697	992 881	425 105	269 059	1 285 671	65 555
玉田县	472 652	25 596	155 949	177 937	115 866	550 587	12 272
唐海县	320 674		4 301	55 345	47 964	326 605	6 189
遵化市	1 222 426	669 625	96 014	604 137	479 689	1 828 187	111 358
迁安市	3 210 784	98 131	69 307	1 053 023	945 152	3 348 929	150 421
廊坊市							
固安县	62 842		6 812	38 952	35 583	65 998	3 325
永清县	101 730	3 216	7 424	38 628	41 145	98 290	3 610
香河县	280 993	39 858	109 823	109 956	92 324	353 062	8 841
大城县	194 206			37 053	30 038	193 329	6 090
文安县	291 574	4 920	10 897	73 915	77 991	30 665	5 073
大厂回族自治县	296 967		39 720	102 394	62 921	335 252	3 773
霸州市	1 649 960	13 156	22 796	409 735	257 598	1 656 670	30 820
三河市	1 239 338	70 161	105 187	398 321	529 671	1 349 861	37 058
保定市							
满城县	469 660		8 790	79 874	87 239	454 415	15 086
清苑县	392 373	3 676	41 956	110 399	61 355	468 865	8 949
涞水县	60 978	5 990	302	35 462	31 136	62 895	3 866
阜平县	23 266			7 751	5 971	22 135	1 119
徐水县	294 065	2 067	28 669	160 710	110 729	323 878	11 713
定兴县	287 508		1 721	93 595	54 091	234 225	8 148
唐　县	71 683		6 819	37 759	36 320	69 856	2 037
高阳县	264 847	18 418	31 482	117 220	75 859	223 802	32 525

经济主要指标(4—2)

Economy by County and City

年)

利润总额（万元）	建筑业企业单位数（个）	建筑业从业人员（人）	建筑业总产值（万元）	公路里程（公里）	民用汽车拥有量（辆）	邮电业务总量（万元）	本地电话用户（户）
5 508	5	978	16 196	658	1 200	2 777	38 120
4 729	4	3 149	116 775	991	1 016	4 828	60 628
7 744	5	1 469	13 638	1 500	1 230	3 812	66 126
2 552	3	1 005	3 905	336	2 106	1 824	23 632
5 287	3	1 018	4 477	654	1 528	834	15 273
672	7	929	10 297	1 547	4 150	3 548	43 378
14 094	10	3 182	15 459	541	6 576	19 914	105 000
20 361	22	7 714	75 528	904	7 191	7 228	90 627
-267	7	1 277	9 883	944	4 880	8 138	52 590
42 284	13	3 480	18 904	1 131	11 000	8 522	169 642
36 855	9	9 094	49 918	1 332	8 400	7 695	124 211
15 940	11	7 447	90 872	1 646	3 395	7 702	176 785
220 630	13	4 086	27 501	1 840	1 615	6 229	71 897
24 029	17	8 203	40 381	2 077	18 168	14 119	222 839
10 538	12	4 183	56 721	574	4 959	7 656	50 434
369 581	16	9 655	61 304	2 198	27 636	31 712	225 300
425 933	27	11 200	116 527	2 144	34 324	23 376	244 550
-1 309	12	1 865	7 537	782	18 125	5 063	77 895
4 047	8	5 675	26 644	665	8 039	6 441	76 849
18 364	5	7 185	42 522	472	10 713	6 465	93 842
12 424	8	7 290	31 931	677	12 241	20 321	103 107
11 278	3	454	5 462	1 134	21 735	15 457	130 814
2 974	5	1 429	11 618	168	5 409	2 036	34 334
73 033	20	6 883	46 352	1 411	26 578	26 458	155 174
104 712	27	16 662	178 322	935	19 381	8 658	124 560
27 004	5	9 348	53 698	288	5 200	6 266	80 887
12 681	10	7 876	54 481	644	7 179	6 781	90 832
5 547	5	5 162	19 490	1 229	1 542	3 739	43 000
1 053	1	2 964	8 495	1 679	2 801	3 580	42 401
32 992	2	1 790	8 865	1 011	10 189	7 067	90 659
28 055	6	5 816	25 339	769	4 854	5 133	92 115
-1 899	13	19 755	114 293	770	2 600	5 204	76 778
10 004	1	1 500	2 800	400	2 590	7 157	69 013

各　县　（市）　国　民

Major Indicators of National

（2005

县（市）	＃内资企业	＃港澳台商投资企业	＃外商投资企业	流动资产年平均余额（万元）	固定资产净值年平均余额（万元）	产品销售收入（万元）	本年应交增值税（万元）
容城县	111 168	17 665	48 635	87 476	31 894	172 731	1 847
涞源县	185 000	150		90 000	83 644	195 410	10 059
望都县	50 678	3 084	8 337	12 936	21 206	58 206	1 926
安新县	416 326		11 190	72 820	38 271	418 805	5 406
易　县	161 058	2 821	24 722	42 429	77 864	146 611	5 242
曲阳县	53 458	1 415	1 542	24 020	40 190	53 762	1 570
蠡　县	538 314	49 429	2 934	54 863	49 677	581 886	4 633
顺平县	67 849	12 826	36 369	65 540	27 566	113 184	2 239
博野县	55 265	2 853	14 667	27 079	16 178	66 987	1 457
雄　县	188 111		8 911	40 470	53 401	189 093	2 305
涿州市	445 847	160 237	68 697	416 301	238 498	648 284	17 668
定州市	560 856	34 283	87 745	173 927	127 751	675 342	30 936
安国市	255 560	7 115	2 247	65 635	53 894	237 177	7 195
高碑店市	575 865	9 105	33 844	178 629	112 857	584 829	11 729
沧州市							
沧　县	720 563	2 794	6 621	101 704	57 650	718 374	8 994
青　县	451 152	61 990	144 839	227 777	129 559	638 706	12 477
东光县	197 298			57 767	61 455	171 278	6 988
海兴县	28 697	723	26 000	29 212	16 084	53 825	3 789
盐山县	248 278	1 179	3 184	82 563	44 308	260 995	4 675
肃宁县	282 825	7 915	75 101	78 438	59 894	338 284	6 602
南皮县	101 024			41 137	32 658	96 665	4 092
吴桥县	105 587	27 186	909	30 375	24 131	126 045	2 069
献　县	189 266		6 990	36 352	42 748	196 058	9 303
孟村回族自治县	116 838	2 634	2 754	38 024	35 412	121 110	2 583
泊头市	329 663	8 356	14 188	103 900	112 755	336 761	15 425
任丘市	3 809 998	18 365	23 558	1 149 836	1 590 225	3 914 555	170 097
黄骅市	186 048	93 683	29 657	109 973	120 938	279 500	8 385
河间市	388 818	21 277	41 263	205 203	184 761	419 861	7 720
衡水市							
枣强县	444 887	1 774	3 563	51 845	58 366	407 466	13 663
武邑县	124 533		4 446	40 253	30 754	94 550	4 866
武强县	86 163	688	6 215	34 564	30 674	866 771	2 631
饶阳县	147 331		11 427	44 032	44 847	156 278	3 905
安平县	159 558	20 702	73 259	101 437	49 998	245 403	6 684
故城县	123 052	24 650	22 533	64 699	32 870	167 021	4 222
景　县	465 048		17 908	118 753	192 774	421 821	10 716

经 济 主 要 指 标(4—3)

Economy by County and City

年)

利润总额（万元）	建筑业企业单位数（个）	建筑业从业人员（人）	建筑业总产值（万元）	公路里程（公里）	民用汽车拥有量（辆）	邮电业务总量（万元）	本地电话用户（户）
8 991	1	2 100	8 128	359	9 700	4 611	47 000
11 000	8	1 479	11 809	845	2 600	7 080	37 285
2 155	4	15 381	54 079	510	903	3 005	52 951
7 420	6	3 932	18 933	581	1 514	7 884	98 052
3 579	7	3 919	27 300	1 400	2 210	11 822	88 000
892	9	10 560	43 204	900	2 684	8 551	63 118
21 799				580	3 624	6 693	71 791
2 791	3	3 410	18 383	770	1 698	3 106	37 883
2 605	1	500	2 560	220	1 812	3 233	35 928
13 871	4	3 037	20 016	623	4 162	10 056	76 292
29 681	26	7 813	338 760	747	13 640	19 032	165 084
57 736	25	30 302	149 094	1 782	3 152	41 634	475 130
33 038	2	1 440	8 190	502	858	8 594	78 186
48 112	10	14 769	186 880	1 008	9 612	19 113	148 020
40 161	17	4 134	52 937	1 633	7 092	10 601	143 173
61 685	6	4 894	35 725	774	18 936	7 537	116 475
17 318	6	3 505	11 872	1 087	6 710	7 458	83 006
1 364	3	1 272	5 217	474	1 350	4 260	40 120
7 855	4	4 454	19 749	911	2 947	3 559	62 683
23 557	10	1 275	14 516	412	3 155	8 122	63 836
2 484	3	2 226	10 074	742	5 720	4 233	62 566
5 634	6	2 458	13 801	523	1 440	3 629	61 114
6 620	4	4 400	24 730	1 066	7 863	7 151	100 353
3 414	4	2 900	26 429	443	2 316	5 013	36 111
23 910	11	7 964	73 030	1 099	3 957	13 425	111 021
746 082	45	20 901	144 351	1 243	51 293	37 697	273 222
3 628	32	16 126	111 993	1 360	6 200	21 413	125 000
34 650	6	7 538	37 165	1 114	22 001	47 442	181 912
32 054	9	3 145	12 280	562	12 988	13 174	92 464
7 879	3	1 375	5 450	610	7 788	9 238	50 575
5 631	6	2 623	12 879	312	5 591	6 484	44 214
5 912	5	3 595	19 019	296	8 413	7 315	57 416
11 916	5	1 172	10 340	424	12 691	13 273	81 469
7 616	11	5 387	40 220	453	12 434	11 370	94 494
43 795	9	1 847	36 982	760	14 192	12 493	86 330

各　县　（市）　国　民

Major Indicators of National

（2005

县（市）	#内资企业	#港澳台商投资企业	#外商投资企业	流动资产年平均余额（万元）	固定资产净值年平均余额（万元）	产品销售收入（万元）	本年应交增值税（万元）
阜城县	111 693			20 525	31 787	102 394	3 396
冀州市	541 695		5 692	125 272	98 907	519 027	11 845
深州市	496 442		11 032	97 774	82 717	489 552	7 865
邢台市							
邢台县	824 312	1 023	4 264	255 210	251 150	802 213	35 760
临城县	87 454	9 683		23 833	35 938	96 295	4 031
内丘县	314 086	78 411		102 203	148 104	379 837	15 787
柏乡县	65 773	576	4 783	11 382	16 640	68 589	1 033
隆尧县	440 260			213 567	220 363	465 455	9 861
任　县	43 843			10 857	13 334	30 849	601
南和县	28 009			13 774	18 377	25 933	732
宁晋县	850 788	38 362	92 345	248 880	170 131	952 085	16 070
巨鹿县	143 637			52 350	83 898	132 314	2 308
新河县	31 904		3 717	9 179	8 681	30 478	948
广宗县	46 336			15 899	14 364	43 776	1 086
平乡县	41 716	6 289		19 062	16 051	44 569	1 389
威　县	34 379			20 219	15 599	33 939	945
清河县	702 872	29 055	31 888	222 677	140 673	715 646	18 861
临西县	82 327		5 680	18 996	19 594	81 570	1 779
南宫市	124 558	3 410	19 061	33 954	32 070	139 709	2 827
沙河市	689 939	7 794		212 736	273 186	676 629	15 213
邯郸市							
邯郸县	231 388	541 218	4 998	250 282	365 001	785 364	15 357
临漳县	35 053	5 438		17 170	18 819	34 762	302
成安县	111 065	2 670	1 487	36 366	38 905	104 462	2 116
大名县	201 166	15 676		29 917	18 746	210 499	161 626
涉　县	611 675	11 200		133 384	77 427	641 163	15 248
磁　县	214 085	46 500	21 654	110 352	69 038	289 875	13 199
肥乡县	59 418	11 468		17 138	12 313	60 612	687
永年县	212 506	74 320	73 355	84 038	101 287	390 453	12 934
邱　县	65 725	4 518		22 109	22 913	63 102	812
鸡泽县	88 076			12 337	9 121	80 362	2 141
广平县	86 296		40 443	38 998	31 096	90 307	822
馆陶县	88 076			12 337	9 121	80 362	2 141
魏　县	76 334	21 498	1 797	18 211	22 538	83 601	1 391
曲周县	122 382			19 926	30 424	112 837	1 779
武安市	1 727 137	813 803	699 634	917 246	833 706	3 130 340	99 607

经　济　主　要　指　标(4—4)

Economy by County and City

年)

利润总额（万元）	建筑业企业单位数（个）	建筑业从业人员（人）	建筑业总产值（万元）	公路里程（公里）	民用汽车拥有量（辆）	邮电业务总量（万元）	本地电话用户（户）
6 590	3	1 305	3 927	368	8 014	8 064	59 616
29 155	10	4 962	26 490	397	14 573	10 790	93 219
25 780	4	2 196	10 201	687	17 004	13 809	94 417
67 661	7	3 421	16 298	1 444	1 024	2 428	61 007
3 150	5	1 208	2 707	598	1 300	2 198	34 022
9 780	3	748	4 506	794	1 055	3 099	48 000
5 337	1	510	3 793	231	292	1 400	26 428
16 502	3	1 046	5 688	708	3 043	5 071	87 619
588	4	2 962	18 416	338	2 544	3 011	44 466
-39	4	2 131	10 297	409	3 300	5 200	45 506
108 986	7	3 138	8 921	1 797	8 585	8 245	122 636
12 753	2	1 526	12 677	545	870	3 170	39 039
2 279	5	2 889	12 483	299	234	346	18 296
4 181	3	1 161	6 693	402	720	1 653	19 315
2 454	1	540	2 648	405	932	5 794	48 043
672	4	702	3 053	973	744	3 362	45 000
69 425	9	4 017	7 414	687	2 020	10 731	84 276
13 483	6	133	454	647	802	3 124	39 000
10 673	8	5 377	25 612	786	1 348	8 112	77 637
57 677	7	2 961	14 716	1 293	5 000	7 878	104 495
35 502	9	5 315	34 071	600	13 986	5 645	63 346
2 182	5	5 903	21 430	536	740	4 214	45 777
4 822	3	5 982	17 040	493	3 500	2 905	84 159
8 039	6	3 187	8 251	1 691	227	915	80 084
9 528	17	6 020	32 925	1 520	7 182	9 565	58 757
43 468	11	3 007	16 297	1 760	6 458	12 154	116 370
3 199	4	900	11 705	520	2 760	4 035	27 280
31 771	14	6 484	41 280	1 227	8 378	13 215	139 852
1 529	3	1 600	9 388	414	479	3 465	21 240
5 728	1	382	1 627	364	1 563	2 044	26 213
5 762	3	1 962	8 785	337	640	2 288	28 064
5 728	4	4 019	17 755	364	1 563	2 044	26 213
4 118	8	11 522	43 745	952	2 543	6 376	83 000
5 552	5	2 369	14 783	547	1 485	5 464	43 787
170 925	9	3 559	33 896	1 311	12 804	17 074	297 000

各县（市）国民

Major Indicators of National

（2005

县（市）	社会消费品零售总额（万元）	城乡居民储蓄存款余额（万元）	学龄儿童入学率（%）	小学学校数（所）	小学专任教师数（人）	小学在校学生数（人）	普通中学学校数（所）
石家庄市							
井陉县	97 861	303 793	100.0	73	1 598	27 083	25
正定县	258 128	635 626	100.0	118	2 172	31 848	32
栾城县	171 578	310 000	100.0	119	1 872	30 180	20
行唐县	135 973	208 053	100.0	288	1 937	31 180	47
灵寿县	90 027	209 048	100.0	224	1 678	25 603	42
高邑县	77 328	130 750	100.0	80	1 094	11 508	16
深泽县	96 565	254 864	100.0	65	1 288	17 580	18
赞皇县	91 349	132 516	100.0	93	1 319	17 844	19
无极县	264 820	383 987	100.0	156	2 531	33 863	30
平山县	118 174	310 792	100.0	365	2 148	33 042	36
元氏县	118 870	255 387	100.0	150	2 072	39 219	37
赵　县	251 625	261 973	100.0	157	2 688	54 554	43
辛集市	606 146	832 468	100.0	192	2 709	43 350	54
藁城市	396 788	599 963	100.0	181	3 088	56 921	50
晋州市	252 523	561 204	100.0	175	2 201	38 214	32
新乐市	232 701	260 702	100.0	95	2 201	38 572	29
鹿泉市	276 697	483 864	100.0	97	1 704	25 308	25
承德市							
承德县	126 000	214 894	100.0	215	1 803	29 232	39
兴隆县	120 303	223 661	100.0	241	1 697	20 431	27
平泉县	113 382	237 802	100.0	256	2 582	35 908	40
滦平县	92 149	165 739	100.0	155	1 542	24 009	28
隆化县	90 269	157 611	100.0	291	2 106	30 836	35
丰宁满族自治县	82 145	148 950	100.0	237	1 699	27 717	29
宽城满族自治县	79 584	225 239	100.0	169	1 215	14 872	30
围场满蒙自治县	107 202	152 557	100.0	176	2 138	34 970	35
张家口市							
宣化县	69 522	220 988	100.0	156	1 422	18 262	18
张北县	62 900	121 203	99.0	390	1 775	24 183	24
康保县	48 222	72 949	99.8	257	1 150	15 946	19
沽源县	40 704	49 823	99.5	218	1 085	14 465	15
尚义县	30 519	60 913	100.0	215	988	13 049	10
蔚　县	95 059	442 753	100.0	166	2 198	41 485	24
阳原县	77 738	137 453	92.3	113	1 255	25 987	22
怀安县	51 616	132 911	99.3	75	1 123	15 078	11

经　济　主　要　指　标(5—1)

Economy by County and City

年）

普通中学专任教师数（人）	普通中学在校学生数（人）	农业技术人员（人）	医院、卫生院（个）	医院、卫生院床位数（床）	医院、卫生院技术人员（人）	参加农村合作医疗的人数（人）	参加农村养老保险的人数（人）
1 699	23 379	750	19	543	570		20 090
3 770	51 049	723	12	818	1 023	333 891	145 000
1 727	27 621	157	11	546	467	253 199	44 000
1 727	38 098	1 099	17	800	724		16 448
1 755	32 501	660	17	453	567		2 948
984	15 335	413	7	286	271		4 721
920	18 344	398	8	438	404		731
1 050	19 498	4 792	13	402	378		7 335
2 523	35 546	590	13	567	482		4 620
2 131	32 057	800	28	629	723	329 369	4 723
1 958	30 785	67	18	581	663		130
3 208	56 150	95	13	700	547		
3 977	63 554	288	21	1 016	1 424		2 090
3 606	71 497	585	16	1 177	1 116		4 531
2 142	39 996	2 689	14	761	1 012		37 380
2 394	40 357	340	14	887	881	1 131	3 243
2 121	30 678	274	15	604	577	257 581	98 000
2 067	27 809	303	27	566	781	308 944	1 118
1 155	14 552	126	24	936	813		2 144
1 748	27 138	789	23	711	923		32 284
1 322	15 280	998	24	531	708		222
1 496	21 360	103	28	755	1 154		14 000
1 565	22 471	317	29	815	1 132		209
1 006	16 603	350	21	544	481		4 260
1 609	25 022	818	41	821	920		330
1 318	12 757	56	17	630	601		9 828
1 520	23 693	433	22	608	498		18 582
900	10 368	205	17	326	242		19 596
727	9 539	310	16	340	209		5 310
489	7 501	138	17	295	279		14 644
1 391	24 772	220	25	784	822	251 875	25 489
971	16 099	130	16	414	546		7 000
740	11 240	30	13	404	381		

各 县 （市） 国 民

Major Indicators of National

（2005

县 （市）	社会消费品零售总额（万元）	城乡居民储蓄存款余额（万元）	学龄儿童入学率（%）	小学学校数（所）	小学专任教师数（人）	小学在校学生数（人）	普通中学学校数（所）
万全县	58 215	113 751	100.0	70	1 109	16 371	12
怀来县	121 071	280 480	100.0	94	1 411	20 224	18
涿鹿县	87 274	176 039	100.0	140	1 517	22 079	22
赤城县	50 415	130 375	100.0	22	1 216	15 170	21
崇礼县	23 602	62 760	99.8	110	585	8 709	5
秦皇岛市							
青龙满族自治县	68 269	214 159	100.0	280	2 128	32 122	55
昌黎县	134 223	431 456	100.0	200	2 736	34 894	41
抚宁县	138 531	455 386	100.0	148	2 371	32 745	49
卢龙县	88 920	255 450	100.0	172	2 437	32 149	33
唐山市							
滦　县	318 950	371 167	100.0	116	2 037	32 513	37
滦南县	360 376	343 637	100.0	146	2 558	44 274	40
乐亭县	314 582	396 151	100.0	142	2 085	33 734	41
迁西县	221 280	535 630	100.0	203	1 879	26 035	32
玉田县	305 472	650 818	100.0	136	4 091	37 768	43
唐海县	71 733	183 795	100.0	42	651	9 660	11
遵化市	427 573	1 108 959	100.0	157	3 246	44 342	45
迁安市	502 304	956 413	100.0	164	2 959	42 558	53
廊坊市							
固安县	109 338	253 000	100.0	108	1 966	25 328	21
永清县	101 426	159 097	100.0	111	2 056	28 955	23
香河县	280 969	367 525	100.0	79	1 898	18 382	21
大城县	151 719	422 297	100.0	158	3 659	38 888	38
文安县	186 937	495 287	100.0	157	2 856	40 332	31
大厂回族自治县	44 394	142 154	100.0	28	604	6 329	8
霸州市	290 441	650 005	100.0	133	3 916	48 430	26
三河市	348 600	700 112	100.0	93	2 225	32 726	28
保定市							
满城县	118 753	305 226	100.0	102	2 209	25 825	22
清苑县	141 534	330 810	100.0	153	3 031	41 663	42
涞水县	64 504	148 082	100.0	101	1 725	19 876	25
阜平县	39 529	147 449	100.0	93	1 077	13 531	19
徐水县	171 940	446 766	100.0	131	1 968	32 022	31
定兴县	102 108	252 631	100.0	208	2 865	48 556	39
唐　县	69 698	301 374	100.0	205	2 292	43 217	42
高阳县	112 422	288 994	100.0	95	1 774	19 410	20

经济主要指标(5—2)

Economy by County and City

年)

普通中学专任教师数(人)	普通中学在校学生数(人)	农业技术人员(人)	医院、卫生院(个)	医院、卫生院床位数(床)	医院、卫生院技术人员(人)	参加农村合作医疗的人数(人)	参加农村养老保险的人数(人)
767	11 321	135	13	280	376		
1 694	7 086	115	20	572	561		11 565
1 202	17 357	2 012	20	463	522	216 433	10 719
765	7 003	65	21	523	341		18 000
293	4 513	93	12	277	194		6 717
2 186	34 529	418	27	703	873		4 875
2 445	34 429	620	20	1 272	1 535		43 693
2 320	30 731	193	13	769	926		51 388
1 591	25 740	631	14	546	783	268 601	14 316
3 403	49 084	504	14	1 252	1 086		31 986
2 620	36 327	2 787	22	930	1 377	438 175	59 000
2 055	31 565	784	18	884	888		36 000
2 165	26 497	360	20	826	775		20 586
3 968	52 325	574	24	1 385	1 287		4 912
615	9 755	412	2	485	237	92 900	
4 453	69 861	248	28	1 558	1 156	537 272	38 332
5 195	70 489	653	27	2 445	2 660	543 321	51 900
1 594	31 439	356	11	633	680	5 274	5 928
1 372	28 133	121	12	466	421		6 986
1 697	25 771	2 158	12	638	777	217 229	17 899
2 485	42 426	266	12	532	769		1 492
2 217	41 373	675	15	713	748		37 862
605	5 293	130	7	419	387		207
2 409	49 138	980	18	1 137	1 427		491
2 738	38 388	2 786	20	1 804	1 733	288 038	2 261
2 070	22 537	2 820	16	649	623		2 863
2 648	49 507	2 436	20	392	732		17 766
1 608	24 634	77	17	406	596	752	2 117
674	11 092	939	15	290	441		
2 536	28 571	125	17	900	1 058		10 000
2 510	40 685	1 898	18	450	543		2 659
1 947	35 943	175	22	613	564		
1 277	21 794	46	11	481	490	54	

各 县 （市） 国 民

Major Indicators of National

（2005

县 （市）	社会消费品零售总额（万元）	城乡居民储蓄存款余额（万元）	学龄儿童入学率（%）	小学学校数（所）	小学专任教师数（人）	小学在校学生数（人）	普通中学学校数（所）
容城县	88 854	218 826	100.0	64	1 063	16 879	12
涞源县	38 561	179 144	100.0	262	1 632	26 000	21
望都县	46 117	182 012	100.0	47	1 103	14 766	16
安新县	103 630	261 993	100.0	133	2 530	23 917	23
易 县	94 661	258 249	92.2	180	2 668	44 523	46
曲阳县	93 126	247 573	100.0	157	2 850	41 554	37
蠡 县	148 663	431 332	99.0	134	2 145	42 971	23
顺平县	59 007	144 980	100.0	112	1 580	15 810	20
博野县	48 580	128 851	100.0	76	997	15 075	9
雄 县	104 988	212 330	100.0	133	1 852	23 876	19
涿州市	304 287	676 639	100.0	109	2 328	34 873	35
定州市	315 430	766 385	100.0	284	4 545	81 765	73
安国市	154 315	346 952	100.0	112	2 110	24 467	22
高碑店市	314 830	617 168	100.0	127	3 210	37 621	31
沧州市							
沧 县	219 996	560 340	100.0	185	3 265	41 629	43
青 县	131 090	349 987	100.0	124	2 113	29 104	26
东光县	71 355	304 479	100.0	77	2 093	21 884	20
海兴县	27 992	107 612	100.0	95	1 278	17 491	17
盐山县	95 821	206 925	99.8	159	2 082	36 724	23
肃宁县	85 915	264 641	99.9	72	1 370	18 445	18
南皮县	62 810	221 717	100.0	130	2 000	27 155	25
吴桥县	56 352	228 363	100.0	80	1 831	16 141	22
献 县	92 295	310 384	99.9	187	3 190	44 064	41
孟村回族自治县	56 236	125 224	98.7	72	1 272	18 369	15
泊头市	206 513	485 733	98.9	173	2 981	35 602	40
任丘市	465 000	1 266 839	100.0	165	4 320	49 223	66
黄骅市	205 500	477 330	100.0	125	2 945	40 383	36
河间市	406 560	657 052	99.6	226	3 454	44 866	53
衡水市							
枣强县	91 370	395 643	100.0	106	2 244	29 856	30
武邑县	85 276	212 774	100.0	130	1 465	27 781	20
武强县	62 374	146 405	99.7	105	691	15 439	14
饶阳县	81 074	167 278	99.2	84	1 308	17 876	17
安平县	116 251	256 508	100.0	137	1 988	18 707	16
故城县	118 603	319 138	99.2	115	2 097	37 833	31
景 县	151 500	408 695	100.0	115	2 310	39 161	35

经　济　主　要　指　标(5—3)

Economy by County and City

年)

普通中学专任教师数（人）	普通中学在校学生数（人）	农业技术人员（人）	医院、卫生院（个）	医院、卫生院床位数（床）	医院、卫生院技术人员（人）	参加农村合作医疗的人数（人）	参加农村养老保险的人数（人）
737	10 390	115	10	382	443		460
843	12 365	399	19	549	461	170 000	3 300
1 216	18 856	363	10	392	422	166 468	2 030
1 447	19 159	181	14	368	344		11 600
2 443	46 657	68	30	500	627		59 983
2 469	37 773	908	23	830	728		59
1 749	31 417	554	15	323	655		2 010
1 127	13 396	43	12	346	518		
641	12 634	135	9	259	321		
1 130	19 018	190	11	311	478		1 179
2 593	36 123	407	24	1 967	1 330		28 500
4 670	87 783	426	26	1 309	1 674	594 759	71 157
1 844	27 698	1 097	12	693	1 025		51 000
3 150	51 420	550	17	740	1 042		
2 667	43 623	312	21	657	728		6 425
1 716	29 488	935	12	565	806	288 437	29 750
1 290	21 832	137	11	503	625		12 000
818	16 218	38	10	259	284		1 987
1 562	31 590	169	14	344	575		24 400
1 472	26 941	404	11	479	442		4 308
1 460	29 146	239	11	507	589		2 570
1 145	17 371	562	12	466	808		6 502
2 189	38 874	1 935	20	641	729		1 101
728	12 042	139	8	203	309		428
2 180	35 492	850	16	700	1 650		
4 157	59 805	3 126	36	2 130	2 941		17 060
2 418	34 323	400	19	1 254	1 451	2 402	2 570
2 884	57 384	3 199	22	661	1 001	500 662	9 596
1 649	26 559	36	12	390	402	231 850	34 786
1 448	27 942	210	11	369	390		1 818
880	16 089	168	8	288	237		562
1 144	21 663	125	11	550	459		1 725
1 415	23 024	145	11	339	316		6 486
1 785	36 443	192	15	579	748		26 671
2 000	41 981	189	17	720	1 095	353 065	54 064

各　县　（市）　国　民

Major Indicators of National

（2005

县　（市）	社会消费品零售总额（万元）	城乡居民储蓄存款余额（万元）	学龄儿童入学率（%）	小学学校数（所）	小学专任教师数（人）	小学在校学生数（人）	普通中学学校数（所）
阜城县	58 014	208 332	99.8	107	1 748	28 140	23
冀州市	104 083	363 427	100.0	64	1 750	26 066	27
深州市	157 424	371 665	100.0	207	2 620	36 497	47
邢台市							
邢台县	140 213	340 973	100.0	109	1 691	23 508	37
临城县	51 925	149 697	100.0	61	713	12 911	22
内丘县	75 313	188 780	100.0	87	1 295	17 677	22
柏乡县	41 769	70 945	100.0	62	993	13 932	15
隆尧县	112 540	217 242	100.0	212	2 683	42 493	33
任　县	72 310	105 769	100.0	109	1 230	26 072	31
南和县	64 112	144 187	100.0	116	1 105	29 799	24
宁晋县	184 988	390 519	100.0	268	2 802	51 898	49
巨鹿县	85 340	173 018	100.0	167	1 741	25 549	33
新河县	36 361	97 614	100.0	82	715	12 948	16
广宗县	40 510	72 756	100.0	166	1 361	25 060	25
平乡县	57 600	170 371	100.0	115	1 278	27 496	22
威　县	78 174	180 372	100.0	242	2 257	44 371	40
清河县	160 048	320 036	100.0	78	1 663	27 290	27
临西县	92 000	146 756	100.0	140	1 964	38 944	20
南宫市	108 000	298 526	100.0	147	2 243	29 238	38
沙河市	168 643	533 973	100.0	188	2 918	55 363	41
邯郸市							
邯郸县	127 138	377 909	100.0	127	2 114	27 910	26
临漳县	101 953	191 067	100.0	242	2 064	32 087	35
成安县	106 420	125 078	100.0	128	1 763	22 018	28
大名县	169 949	146 457	100.0	258	3 186	56 047	43
涉　县	163 600	302 306	100.0	188	1 726	31 070	44
磁　县	224 304	327 880	100.0	218	2 785	43 962	39
肥乡县	73 420	104 973	100.0	95	1 349	25 649	16
永年县	322 229	418 953	100.0	371	6 026	103 769	58
邱　县	49 846	103 650	100.0	109	1 297	18 030	14
鸡泽县	67 645	93 930	99.8	95	1 540	22 064	15
广平县	73 020	94 214	100.0	76	1 217	18 653	17
馆陶县	74 642	93 930	99.8	95	1 540	22 064	15
魏　县	186 450	174 046	100.0	342	3 321	69 227	43
曲周县	139 430	154 045	100.0	171	2 324	49 112	22
武安市	334 153	1 239 177	98.5	415	3 694	70 449	65

经　济　主　要　指　标(5—4)

Economy by County and City

年）

普通中学专任教师数（人）	普通中学在校学生数（人）	农业技术人员（人）	医院、卫生院（个）	医院、卫生院床位数（床）	医院、卫生院技术人员（人）	参加农村合作医疗的人数（人）	参加农村养老保险的人数（人）
1 352	25 582	1 900	12	282	549		6 442
1 761	33 043	529	13	601	799		74 774
2 308	42 935	256	19	741	865		33 608
1 532	32 678	1 670	23	902	871	57 829	7 000
918	19 401	120	11	441	414		
1 346	23 610	65	11	490	482		1 343
877	15 438	54	8	255	228		
1 718	41 786	285	14	465	540		2 104
1 114	18 878	46	10	375	398		173
885	22 386	585	10	292	214		350
2 539	44 041	82	19	897	917	291 793	464
1 503	28 817	113	12	515	403		1 363
610	13 007	324	8	298	390		
786	18 965	590	13	292	339		50
1 053	16 474	21	10	418	279	7 159	660
1 557	36 311	1 200	18	717	562		771
1 530	34 036	72	9	517	789	6 598	2 202
1 185	28 807	1 256	12	540	436		1 029
1 876	34 936	1 390	15	494	615		25 728
2 458	49 918	60	20	972	833	100	9 585
1 925	40 750	447	15	655	748		17 638
2 741	59 839	155	16	562	483	278 741	4 351
1 717	25 785	768	11	500	442		
2 220	67 378	174	23	625	627		51
1 826	35 954	662	20	945	760		17 650
2 712	57 411	234	24	1 076	868		8 608
990	23 600	33	12	424	360		604
4 359	73 019	430	23	954	1 078		3 390
833	14 976	89	9	323	399		803
887	26 997	79	9	311	461		
1 345	24 919	58	8	188	205		
887	26 997	79	10	396	499		
2 498	62 936	1 715	25	758	827		240
1 766	35 157	486	12	487	460	303 688	4 000
3 877	66 865	166	24	1 460	909	528 094	8 900

地　区　生　产　总　值

Gross Domestic Product

（2004 年）

地　区	地区生产总值	第一产业	第二产业	工　业	建筑业	第三产业	#交通运输仓储及邮电通信业	人均地区生产总值（元/人）
全　国	**136 875.87**	**20 768.07**	**72 387.19**	**62 815.13**	**9 572.06**	**43 720.61**	**7 694.15**	**10 561**
北　京	4 283.31	102.90	1 610.37	1 290.16	320.21	2 570.04	283.09	37 058
天　津	2 931.88	102.29	1 560.16	1 436.73	123.43	1 269.43	285.05	31 550
河　北	**8 768.79**	**1 370.40**	**4 635.23**	**4 086.43**	**548.80**	**2 763.16**	**724.34**	**12 918**
山　西	3 042.41	253.37	1 810.08	1 568.47	241.61	978.96	235.77	9 150
内蒙古	2 712.08	506.07	1 332.47	1 015.66	316.81	873.53	242.96	11 305
辽　宁	6 872.65	769.90	3 278.88	2 832.99	445.90	2 823.87	613.03	16 297
吉　林	2 958.21	560.96	1 379.31	1 142.08	237.23	1 017.94	180.21	10 932
黑龙江	5 303.00	587.76	3 155.33	2 814.42	340.92	1 559.92	306.23	13 897
上　海	7 450.27	96.71	3 788.22	3 492.89	295.33	3 565.34	489.04	55 307
江　苏	15 403.16	1 315.38	8 716.11	7 714.40	1 001.71	5 371.68	945.43	20 705
浙　江	11 243.00	816.00	6 045.00	5 381.40	663.60	4 382.00	834.95	23 942
安　徽	4 812.68	932.42	2 169.82	1 735.99	433.83	1 710.44	312.22	7 768
福　建	6 053.14	777.87	2 950.33	2 532.68	417.65	2 324.94	601.42	17 218
江　西	3 495.94	711.70	1 595.74	1 110.74	485.00	1 188.50	300.27	8 189
山　东	15 490.73	1 778.30	8 724.52	7 799.31	925.21	4 987.91	990.65	16 925
河　南	8 815.09	1 647.48	4 515.35	3 862.18	653.17	2 652.26	678.73	9 470
湖　北	6 309.92	1 020.09	2 994.67	2 593.88	400.79	2 295.16	395.82	10 500
湖　南	5 612.26	1 155.85	2 214.41	1 781.14	433.27	2 242.00	425.38	9 117
广　东	16 039.46	1 245.42	8 890.29	8 011.15	879.14	5 903.75	1 351.62	19 707
广　西	3 320.10	811.38	1 288.26	1 044.83	243.43	1 220.46	286.44	7 196
海　南	769.36	283.84	180.41	119.68	60.73	305.11	66.81	9 450
重　庆	2 665.39	431.32	1 181.24	927.51	253.73	1 052.83	153.83	9 608
四　川	6 556.01	1 394.26	2 690.00	2 165.22	524.77	2 471.76	480.47	8 113
贵　州	1 591.90	334.11	714.66	574.62	140.04	543.13	99.64	4 215
云　南	2 959.48	604.33	1 314.19	1 053.36	260.83	1 040.96	212.56	6 733
西　藏	211.54	43.33	57.61	15.43	42.18	110.60	17.78	7 779
陕　西	2 883.51	394.98	1 416.82	1 064.81	352.01	1 071.71	277.54	7 757
甘　肃	1 558.93	281.40	758.18	576.22	181.96	519.35	84.32	5 970
青　海	465.73	57.81	227.06	158.64	68.42	180.86	36.65	8 606
宁　夏	460.35	65.13	239.42	186.30	53.12	155.80	29.90	7 880
新　疆	2 200.15	444.70	1 010.07	745.00	265.07	745.38	138.49	11 199

注：1. 本表绝对数按当年价格计算，指数按可比价格计算。2. 人均地区生产总值，北京、天津和上海采用户籍人口计算，其他地区采用常住人口计算。

各地区人口平均预期寿命

Population Life Expectancy by Region

地区	1990年 预期寿命	男	女	2000年 预期寿命	男	女
全国	**68.55**	**66.84**	**70.47**	**71.40**	**69.63**	**73.33**
北京	72.86	71.07	74.93	76.10	74.33	78.01
天津	72.32	71.03	73.73	74.91	73.31	76.63
河北	**70.35**	**68.47**	**72.53**	**72.54**	**70.68**	**74.57**
山西	68.97	67.33	70.93	71.65	69.96	73.57
内蒙古	65.68	64.47	67.22	69.87	68.29	71.79
辽宁	70.22	68.72	71.94	73.34	71.51	75.36
吉林	67.95	66.65	69.49	73.10	71.38	75.04
黑龙江	66.97	65.50	68.73	72.37	70.39	74.66
上海	74.90	72.77	77.02	78.14	76.22	80.04
江苏	71.37	69.26	73.57	73.91	71.69	76.23
浙江	71.78	69.66	74.24	74.70	72.50	77.21
安徽	69.48	67.75	71.36	71.85	70.18	73.59
福建	68.57	66.49	70.93	72.55	70.30	75.07
江西	66.11	64.87	67.49	68.95	68.37	69.32
山东	70.57	68.64	72.67	73.92	71.70	76.26
河南	70.15	67.96	72.55	71.54	69.67	73.41
湖北	67.25	65.51	69.23	71.08	69.31	73.02
湖南	66.93	65.41	68.70	70.66	69.05	72.47
广东	72.52	69.71	75.43	73.27	70.79	75.93
广西	68.72	67.17	70.34	71.29	69.07	73.75
海南	70.01	66.93	73.28	72.92	70.66	75.26
重庆				71.73	69.84	73.89
四川	66.33	65.06	67.70	71.20	69.25	73.39
贵州	64.29	63.04	65.63	65.96	64.54	67.57
云南	63.49	62.08	64.98	65.49	64.24	66.89
西藏	59.64	57.64	61.57	64.37	62.52	66.15
陕西	67.40	66.23	68.79	70.07	68.92	71.30
甘肃	67.24	66.35	68.25	67.47	66.77	68.26
青海	60.57	59.29	61.96	66.03	64.55	67.70
宁夏	66.94	65.95	68.05	70.17	68.71	71.84
新疆	62.59	61.95	63.26	67.41	65.98	69.14

注：2000年各省人口平均预期寿命是根据各省1990年以来人口变动调查公布的死亡率对2000年人口普查死亡数据修正后计算的。

各地区人口年龄构成和抚养比

Age Composition and Dependency Ratio of Population by Region

(2004年)

地　区	人口数(人)	0－14岁	15－64岁	65岁及以上	总抚养比(%)	少年儿童抚养比	老年人口抚养比
全　国	**1 253 065**	**241 866**	**903 897**	**107 303**	**38.63**	**26.76**	**11.87**
北　京	14 213	1 415	11 217	1 581	26.71	12.62	14.10
天　津	9 868	1 294	7 510	1 065	31.40	17.23	14.18
河　北	**66 078**	**11 531**	**49 270**	**5 277**	**34.11**	**23.40**	**10.71**
山　西	32 352	6 852	23 218	2 282	39.34	29.51	9.83
内蒙古	23 233	3 976	17 520	1 736	32.61	22.70	9.91
辽　宁	41 100	5 715	31 497	3 888	30.49	18.14	12.34
吉　林	26 397	3 667	20 762	1 968	27.14	17.66	9.48
黑龙江	37 241	5 413	29 297	2 531	27.11	18.48	8.64
上　海	16 702	1 469	12 661	2 572	31.92	11.60	20.31
江　苏	72 295	11 803	52 739	7 753	37.08	22.38	14.70
浙　江	45 682	7 131	34 082	4 469	34.04	20.92	13.11
安　徽	62 575	13 575	43 670	5 330	43.29	31.09	12.21
福　建	34 048	6 560	24 591	2 897	38.46	26.67	11.78
江　西	41 524	8 963	29 229	3 333	42.07	30.67	11.40
山　东	89 072	15 256	65 608	8 209	35.77	23.25	12.51
河　南	94 372	20 033	66 664	7 675	41.56	30.05	11.51
湖　北	58 510	11 276	42 442	4 792	37.86	26.57	11.29
湖　南	65 041	12 055	47 274	5 712	37.58	25.50	12.08
广　东	77 645	19 528	51 973	6 144	49.39	37.57	11.82
广　西	47 408	9 935	33 475	3 997	41.62	29.68	11.94
海　南	7 916	1 892	5 429	595	45.81	34.85	10.96
重　庆	30 553	6 377	20 678	3 498	47.75	30.84	16.92
四　川	84 919	16 666	60 815	7 438	39.63	27.40	12.23
贵　州	37 780	9 640	25 293	2 847	49.37	38.11	11.25
云　南	42 720	9 601	29 818	3 300	43.27	32.20	11.07
西　藏	2 636	653	1 813	169	45.38	36.03	9.35
陕　西	36 022	7 135	26 131	2 756	37.85	27.31	10.55
甘　肃	25 409	5 611	18 118	1 679	40.24	30.97	9.27
青　海	5 213	1 216	3 691	307	41.26	32.94	8.32
宁　夏	5 662	1 462	3 879	321	45.97	37.70	8.28
新　疆	18 880	4 167	13 531	1 182	39.53	30.79	8.74

注：本表是2004年人口变动情况抽样调查样本数据，抽样比为0.966‰。

在岗职工工资总额及平均工资

Total and Average Wage Bill of Staff and Workers(on Post)

地　　区	工资总额(亿元)				平均货币工资(元)			
	合　计	国有单位	城　镇集体单位	其他单位	合　计	国有单位	城　镇集体单位	其他单位
全　国	**16 900.2**	**10 777.2**	**838.4**	**5 284.6**	**16 024**	**16 729**	**9 814**	**16 259**
北　京	1 315.1	625.7	34.0	655.3	29 674	34 009	13 422	28 026
天　津	377.7	192.0	14.4	171.4	21 754	23 086	13 157	21 541
河　北	**625.5**	**484.3**	**31.2**	**110.1**	**12 925**	**13 576**	**7 916**	**12 527**
山　西	453.9	335.9	28.8	89.3	12 943	13 353	8 094	14 034
内蒙古	323.1	234.0	12.2	76.9	13 324	14 209	9 010	11 965
辽　宁	726.7	477.3	38.5	210.9	14 921	15 715	8 464	15 301
吉　林	350.1	246.0	19.2	84.8	12 431	12 540	7 504	14 188
黑龙江	592.3	385.0	30.2	177.1	12 557	12 675	6 473	14 598
上　海	806.3	407.8	26.4	372.1	30 085	31 507	20 127	29 657
江　苏	1050.3	591.4	48.2	410.8	18 202	20 876	11 350	16 346
浙　江	1003.1	564.3	59.7	379.1	23 506	33 426	18 013	16 867
安　徽	421.5	280.4	25.9	115.1	12 928	13 522	7 840	13 453
福　建	559.8	269.7	25.4	264.7	15 603	18 529	12 307	13 745
江　西	305.5	236.7	13.7	55.1	11 860	12 291	7 873	11 569
山　东	1107.5	772.6	67.4	267.5	14 332	16 031	9 864	12 026
河　南	802.0	497.5	79.6	224.9	12 114	12 701	8 686	12 588
湖　北	579.6	404.2	27.8	147.6	11 855	13 096	7 608	10 270
湖　南	513.2	408.6	29.0	75.6	13 928	14 469	9 908	13 311
广　东	1771.1	942.4	84.7	743.9	22 116	25 979	11 937	20 267
广　西	352.2	267.4	17.6	67.2	13 579	14 141	8 920	13 298
海　南	91.3	71.8	3.0	16.6	12 652	12 664	8 121	14 005
重　庆	294.0	190.4	16.4	87.1	14 357	15 847	9 839	12 831
四　川	673.9	484.0	42.0	147.9	14 063	15 818	9 758	11 362
贵　州	236.6	177.6	10.8	48.2	12 431	12 870	8 630	12 103
云　南	344.5	264.0	11.5	69.0	14 581	15 320	9 519	13 307
西　藏	44.5	41.0	0.3	3.2	30 873	30 165	9 600	61 138
陕　西	416.2	324.3	16.5	75.4	13 024	13 333	7 373	13 973
甘　肃	249.6	213.9	11.7	23.9	13 623	14 358	8 459	11 766
青　海	69.7	61.3	2.2	6.2	17 229	18 686	10 302	11 291
宁　夏	87.1	56.7	2.1	28.4	14 620	15 212	10 613	13 926
新　疆	356.3	269.1	7.8	79.4	14 484	14 477	11 594	14 870

全社会固定资产投资

Total Investment in Fixed Assets

（2004 年）

地　区	全社会投资	按城乡分			按经济类型分		
		城　镇	#房地产开发	农　村	国有经济	集体经济	个体经济
全　国	**70 477.4**	**59 028.2**	**13 158.3**	**11 449.3**	**24 040.3**	**9 965.7**	**9 880.6**
北　京	2 528.2	2 333.0	1 473.3	195.2	734.4	239.8	166.3
天　津	1 245.7	1 128.7	263.9	117.0	484.0	116.2	82.9
河　北	**3 218.8**	**2 442.0**	**315.9**	**776.8**	**1 030.8**	**676.5**	**438.7**
山　西	1 443.9	1 315.2	125.8	128.7	556.8	119.4	190.1
内蒙古	1 788.0	1 707.5	111.4	80.5	871.0	45.5	215.3
辽　宁	2 979.6	2 580.3	701.1	399.3	930.6	326.4	523.5
吉　林	1 169.1	1 059.4	159.9	109.7	456.4	53.6	161.4
黑龙江	1 430.8	1 317.0	214.1	113.9	641.8	47.7	219.1
上　海	3 050.3	2 863.0	1 175.5	187.3	909.3	308.8	253.3
江　苏	6 557.1	5 008.2	1 269.8	1 548.9	2 003.2	1 557.9	898.0
浙　江	5 781.4	3 998.8	1 295.2	1 782.6	1 515.3	1 649.3	622.6
安　徽	1 935.3	1 613.0	350.3	322.2	716.5	182.7	402.4
福　建	1 892.9	1 594.5	477.8	298.4	571.9	235.5	291.5
江　西	1 713.2	1 477.9	242.8	235.3	724.0	160.7	322.6
山　东	6 970.6	5 418.6	764.8	1 552.1	1 750.2	1 618.9	962.9
河　南	3 099.4	2 434.9	258.8	664.5	1 092.8	408.3	616.9
湖　北	2 264.8	2 005.2	337.3	259.7	927.9	181.1	328.4
湖　南	2 072.6	1 679.4	334.9	393.2	836.0	268.4	362.6
广　东	5 870.0	5 029.4	1 355.8	840.6	1 719.3	897.9	846.1
广　西	1 236.5	1 094.6	192.4	141.9	535.8	45.8	277.9
海　南	317.1	291.0	56.0	26.0	100.4	13.9	27.7
重　庆	1 537.1	1 400.6	393.1	136.5	617.8	112.1	277.0
四　川	2 818.4	2 322.9	510.1	495.5	1 002.6	374.0	445.6
贵　州	865.2	780.2	121.7	85.0	504.2	38.4	134.1
云　南	1 291.5	1 113.0	149.9	178.6	606.9	63.0	249.8
西　藏	162.4	162.4	5.4		137.0	1.2	9.6
陕　西	1 508.9	1 378.5	231.2	130.4	810.6	71.2	214.8
甘　肃	733.9	660.8	72.1	73.2	446.7	48.2	92.8
青　海	289.2	272.7	26.2	16.4	149.0	10.5	28.5
宁　夏	376.2	316.8	67.2	59.4	137.9	38.4	77.7
新　疆	1 147.2	1 046.4	104.7	100.7	519.2	54.5	140.6

各地区全社会住宅投资

Total Investment in Residential Building by Region

（2004 年）

地区	合计	城镇	#房地产	农村	#农户
全国	**13 465.1**	**11 010.1**	**8 837.0**	**2 455.0**	**2 002.2**
北京	855.6	831.7	776.0	23.9	11.9
天津	206.5	182.9	175.2	23.6	8.0
河北	**555.3**	**423.3**	**223.5**	**132.0**	**114.6**
山西	155.2	117.7	72.2	37.5	37.0
内蒙古	154.5	137.7	68.8	16.9	16.8
辽宁	594.0	521.2	480.6	72.8	53.5
吉林	165.2	150.1	112.7	15.1	14.1
黑龙江	246.4	218.6	139.7	27.8	27.8
上海	921.2	914.1	900.7	7.1	6.2
江苏	1 274.0	1 052.2	960.9	221.8	109.0
浙江	1 274.5	1 073.8	978.0	200.7	156.3
安徽	425.8	293.8	242.3	132.0	129.3
福建	414.6	347.3	308.5	67.2	62.2
江西	261.0	198.0	151.9	62.9	56.9
山东	1 088.5	790.5	549.9	298.0	202.3
河南	585.7	337.4	175.0	248.3	240.8
湖北	383.4	300.9	228.3	82.5	75.8
湖南	421.1	279.6	207.0	141.5	126.1
广东	1 182.6	1 031.6	889.4	151.0	134.7
广西	269.2	184.6	112.7	84.6	82.4
海南	68.8	61.4	47.0	7.4	7.1
重庆	317.5	265.7	208.7	51.8	37.1
四川	537.6	426.2	338.2	111.4	65.4
贵州	130.7	97.0	71.0	33.7	33.0
云南	253.2	159.5	100.3	93.6	89.6
西藏	19.9	19.9	5.3		
陕西	312.3	256.4	150.4	55.9	54.5
甘肃	116.1	95.7	46.9	20.4	18.7
青海	28.9	25.6	16.6	3.4	3.3
宁夏	57.0	48.1	41.8	8.9	8.2
新疆	138.1	116.7	57.5	21.5	19.9

地方财政收入与支出

Local Financial and Expenditure

（2004年）

地　　区	收入合计	#增值税	#营业税	支出合计	#基本建设	#农业支出	#教育事业费
地方合计	**116 933 709**	**22 044 306**	**34 709 830**	**205 928 063**	**20 937 024**	**7 103 281**	**31 462 978**
北　京	7 444 874	831 922	3 331 645	8 982 756	739 446	217 329	1 213 881
天　津	2 461 800	527 313	783 942	3 750 212	693 881	80 147	553 991
河　北	**4 078 273**	**948 119**	**855 106**	**7 855 591**	**618 577**	**242 201**	**1 423 523**
山　西	2 563 634	751 383	483 454	5 190 569	430 855	189 392	802 684
内蒙古	1 967 589	328 885	550 223	5 641 117	759 463	199 691	662 206
辽　宁	5 296 405	963 291	1 416 704	9 313 979	865 445	342 856	1 210 028
吉　林	1 662 807	343 569	407 799	5 077 758	414 223	161 463	607 409
黑龙江	2 894 200	754 995	522 784	6 975 516	483 451	266 089	918 029
上　海	11 061 932	1 993 832	4 424 582	13 825 254	3 106 700	163 284	1 553 500
江　苏	9 804 939	2 289 088	2 824 927	13 120 404	1 012 157	505 486	2 143 705
浙　江	8 059 479	1 717 155	2 862 683	10 629 355	732 868	511 209	2 000 797
安　徽	2 746 284	457 877	602 792	6 015 280	508 578	253 414	1 055 638
福　建	3 335 230	626 652	1 017 528	5 166 787	410 376	184 204	1 008 963
江　西	2 057 667	282 633	553 126	4 540 598	342 389	215 747	737 127
山　东	8 283 306	1 548 971	1 764 502	11 893 716	600 330	509 248	2 048 284
河　南	4 287 799	716 233	928 070	8 799 580	672 263	266 272	1 532 898
湖　北	3 104 464	543 408	722 562	6 462 888	374 575	245 887	1 045 080
湖　南	3 206 279	485 920	786 115	7 195 435	464 763	340 831	1 043 285
广　东	14 185 056	2 772 410	4 847 764	18 529 500	2 541 273	416 013	2 879 522
广　西	2 377 721	345 222	613 483	5 074 721	454 371	205 701	905 379
海　南	570 358	81 156	190 337	1 272 006	149 311	44 060	179 249
重　庆	2 006 241	293 187	585 417	3 957 233	529 594	115 066	497 847
四　川	3 857 848	575 859	1 102 487	8 952 534	848 048	328 016	1 225 217
贵　州	1 492 855	246 900	379 489	4 184 181	382 750	172 806	737 679
云　南	2 633 618	483 105	565 676	6 636 354	648 877	291 589	1 118 233
西　藏	100 188	11 125	43 139	1 338 335	324 028	51 159	151 132
陕　西	2 149 586	431 844	619 259	5 163 052	463 151	187 379	743 497
甘　肃	1 041 600	229 028	270 531	3 569 366	328 815	112 281	536 579
青　海	269 960	64 392	85 068	1 373 363	208 426	48 029	152 629
宁　夏	374 677	72 155	134 373	1 230 177	205 213	61 434	161 044
新　疆	1 557 040	326 677	434 263	4 210 446	622 827	174 998	613 943

注：根据《财政部关于下达出口退税免抵未调库影响地方财政收入资金的通知》，2004年中央本级出口退税增列200亿元，增加地方财政本级收入中增值税200亿元，这一增加额未在该表中反映。

居民消费价格指数和商品零售价格指数

Consumer Price Indices and Retail Price Indices

（2004年，上年＝100）

地　区	居民消费价格指数			商品零售价格指数		
	全省（区、市）	城　市	农　村	全省（区、市）	城　市	农　村
全　国	**103.9**	**103.3**	**104.8**	**102.8**	**102.1**	**104.2**
北　京	101.0	101.0		99.2	99.2	
天　津	102.3	102.3		100.8	100.8	
河　北	**104.3**	**103.7**	**104.8**	**103.2**	**102.3**	**104.0**
山　西	104.1	103.6	105.4	103.1	102.4	104.2
内蒙古	102.9	102.5	103.9	102.7	102.4	103.1
辽　宁	103.5	102.8	106.3	101.9	101.5	103.9
吉　林	104.1	103.6	105.1	103.5	103.1	104.9
黑龙江	103.8	103.5	105.2	102.8	102.1	105.0
上　海	102.2	102.2		100.9	100.9	
江　苏	104.1	103.7	104.6	102.2	101.7	103.5
浙　江	103.9	102.8	104.6	102.7	102.0	103.6
安　徽	104.5	104.3	104.8	102.7	102.2	103.3
福　建	104.0	103.8	104.3	102.7	102.4	103.2
江　西	103.5	103.3	103.5	103.0	101.9	104.0
山　东	103.6	102.8	104.6	102.8	102.3	103.7
河　南	105.4	105.4	105.4	105.7	105.3	106.0
湖　北	104.9	104.5	105.8	104.1	103.1	105.4
湖　南	105.1	104.1	105.7	103.9	103.0	105.0
广　东	103.0	102.6	103.7	102.9	102.5	103.7
广　西	104.4	104.1	104.9	103.9	103.4	104.4
海　南	104.4	103.2	106.4	103.4	103.0	103.8
重　庆	103.7	103.7		101.4	101.4	
四　川	104.9	104.6	105.2	103.7	102.8	104.6
贵　州	104.0	103.5	105.3	103.2	102.4	104.4
云　南	106.0	106.1	105.9	104.7	104.5	105.0
西　藏	102.7	102.0	103.4	100.7	100.5	101.2
陕　西	103.1	103.0	103.2	102.5	101.9	103.7
甘　肃	102.3	101.3	104.3	102.1	102.0	102.1
青　海	103.2	102.1	105.5	102.6	102.7	102.2
宁　夏	103.7	103.3	104.5	102.8	102.1	104.2
新　疆	102.7	102.1	104.5	100.7	99.4	103.2

城镇居民家庭人均收支

Urban Household Per Capita Income and Expenditure

（2004年）　　单位：元

地　　区	可支配收入	总收入	消费性支出	#食　品	#衣　着	#医疗保健	#教育文化娱乐服务	#居　住
全　国	**9 421.61**	**10 128.51**	**7 182.10**	**2 709.60**	**686.79**	**528.15**	**1 032.80**	**733.53**
北　京	15 637.84	17 116.46	12 200.40	3 925.54	1 062.47	1 182.81	2 115.89	1 065.67
天　津	11 467.16	12 279.73	8 802.44	3 278.24	624.61	823.99	1 232.38	1 230.17
河　北	**7 951.31**	**8 381.42**	**5 819.18**	**2 142.36**	**630.93**	**550.29**	**682.87**	**705.18**
山　西	7 902.86	8 428.81	5 654.15	1 917.75	747.43	401.75	901.40	614.20
内蒙古	8 122.99	8 488.13	6 219.26	2 024.87	897.88	473.64	858.38	627.02
辽　宁	8 007.56	8 706.46	6 543.28	2 643.95	651.66	541.26	845.37	661.80
吉　林	7 840.61	8 226.78	6 068.99	2 180.09	739.52	527.32	795.04	700.04
黑龙江	7 470.71	7 803.41	5 567.53	1 972.24	719.28	537.44	762.49	611.44
上　海	16 682.82	18 501.66	12 631.03	4 593.32	796.72	761.70	2 195.15	1 326.69
江　苏	10 481.93	11 236.68	7 332.26	2 931.70	610.96	496.77	1 031.14	760.71
浙　江	14 546.38	15 881.63	10 636.14	3 851.23	941.80	828.81	1 681.09	971.33
安　徽	7 511.43	7 993.55	5 711.33	2 509.02	637.88	395.74	623.48	534.30
福　建	11 175.37	12 117.93	8 161.15	3 394.63	598.37	476.75	1 050.30	869.25
江　西	7 559.64	7 876.70	5 337.84	2 296.48	513.57	268.11	785.66	505.47
山　东	9 437.80	10 187.12	6 673.75	2 310.66	829.22	484.42	983.07	601.54
河　南	7 704.90	8 073.36	5 294.19	1 855.44	650.30	436.53	694.56	578.60
湖　北	8 022.75	8 522.06	6 398.52	2 516.20	710.96	461.40	938.62	641.62
湖　南	8 617.48	9 190.21	6 884.61	2 479.58	689.48	475.61	1 091.29	640.73
广　东	13 627.65	14 953.39	10 694.79	3 953.30	620.07	649.70	1 577.70	1 205.12
广　西	8 689.99	9 324.00	6 445.73	2 727.09	423.17	461.67	960.77	660.26
海　南	7 735.78	8 121.85	5 802.40	2 722.84	300.17	350.17	686.75	564.86
重　庆	9 220.96	9 910.09	7 973.05	3 015.32	779.68	537.95	1 200.52	903.22
四　川	7 709.87	8 261.44	6 371.14	2 560.35	557.94	433.36	874.37	600.67
贵　州	7 322.05	7 518.72	5 494.45	2 260.46	585.18	301.26	793.40	468.21
云　南	8 870.88	9 546.29	6 837.01	2 895.60	651.72	623.22	725.08	592.93
西　藏	9 106.07	10 395.86	8 338.21	3 799.17	1 079.74	320.65	617.39	483.20
陕　西	7 492.47	8 043.23	6 233.07	2 236.48	609.33	513.27	1 025.76	646.92
甘　肃	7 376.74	7 990.65	5 937.30	2 204.04	736.19	411.95	853.31	572.49
青　海	7 319.67	7 785.09	5 758.95	2 056.06	621.98	451.95	746.89	664.20
宁　夏	7 217.87	7 748.53	5 821.38	2 156.34	636.81	440.77	651.14	660.19
新　疆	7 503.42	8 201.82	5 773.62	2 083.13	766.73	375.18	840.59	566.99

农村居民家庭人均收支

Rural Household Per Capita Income and Expenditure

（2004 年）　　单位：元

地　区	纯收入	#工资性收入	#家庭经营纯收入	生活消费支出合计	#食　品	#衣　着	#居　住	#文教、娱乐用品及服务
全　国	**2 936.40**	**998.46**	**1 745.79**	**1 754.46**	**629.88**	**119.55**	**297.16**	**247.63**
北　京	6 170.33	3 698.74	1 600.80	4 562.58	1 443.57	308.85	745.04	743.72
天　津	5 019.53	2 358.69	2 427.51	2 513.22	888.93	181.21	508.06	376.87
河　北	**3 171.06**	**1 110.92**	**1 887.68**	**1 557.52**	**503.70**	**127.00**	**340.88**	**182.56**
山　西	2 589.60	987.52	1 497.19	1 366.32	486.45	171.51	172.06	235.01
内蒙古	2 606.37	394.79	2 037.70	1 667.23	500.57	132.87	241.41	291.98
辽　宁	3 307.14	1 075.86	1 991.49	1 692.82	607.45	154.23	265.24	217.95
吉　林	2 999.62	457.80	2 292.76	1 662.30	624.33	133.50	182.87	237.34
黑龙江	3 005.18	413.14	2 329.44	1 554.23	565.37	123.87	290.94	188.51
上　海	7 066.33	5 468.54	854.08	6 032.42	1 894.83	279.64	1 446.15	805.55
江　苏	4 753.85	2 443.35	2 018.51	2 528.29	859.21	163.53	462.08	373.39
浙　江	5 944.06	2 855.82	2 533.15	4 410.85	1 602.97	258.34	786.50	597.96
安　徽	2 499.33	884.62	1 489.17	1 407.47	491.56	86.68	263.57	199.95
福　建	4 089.38	1 488.47	2 206.92	2 606.75	1 054.57	159.60	377.47	313.09
江　西	2 786.78	1 017.51	1 670.18	1 534.38	610.00	105.80	190.10	237.28
山　东	3 507.43	1 178.32	2 147.47	2 024.82	642.00	137.27	361.71	298.23
河　南	2 553.15	753.99	1 716.71	1 248.80	439.70	107.74	222.41	168.04
湖　北	2 890.01	755.23	2 051.62	1 479.46	502.01	92.04	241.17	245.68
湖　南	2 837.76	1 081.23	1 614.57	1 895.31	774.87	112.29	280.13	279.96
广　东	4 365.87	2 173.21	1 805.69	2 791.74	1 196.85	116.49	431.59	314.34
广　西	2 305.22	857.63	1 365.26	1 447.75	613.79	64.42	264.75	178.83
海　南	2 817.62	397.32	2 257.56	1 295.70	614.85	58.96	97.40	164.42
重　庆	2 510.41	931.69	1 418.84	1 231.90	440.91	79.08	177.49	198.65
四　川	2 518.93	829.17	1 568.26	1 373.49	525.33	91.03	191.94	209.58
贵　州	1 721.55	505.24	1 115.87	821.69	292.86	55.57	153.71	140.21
云　南	1 864.19	325.86	1 386.61	1 087.22	393.96	61.87	209.90	143.20
西　藏	1 861.31	530.33	1 103.41	839.23	320.89	154.28	114.07	37.84
陕　西	1 866.52	690.38	1 028.34	1 352.61	428.89	91.71	229.44	258.83
甘　肃	1 852.22	527.58	1 228.93	1 050.94	296.03	82.27	174.73	202.64
青　海	1 957.65	460.90	1 333.62	1 191.05	356.05	120.27	208.03	108.14
宁　夏	2 320.05	618.37	1 506.06	1 488.81	379.60	122.49	316.15	217.06
新　疆	2 244.93	138.23	1 970.36	1 283.90	384.25	134.81	283.78	126.92

农 业 生 产 条 件

Basic Indicators of Agriculture

（2004 年）

地　区	农业机械总动力（万千瓦）	农用大中型拖拉机（台）	小型拖拉机（台）	大中型拖拉机配套农具（部）	有效灌溉面积（千公顷）	化肥施用量（万吨）	农村用电量（亿千瓦小时）
全　国	**64 027.9**	**1 118 636**	**14 549 279**	**1 887 110**	**54 478.4**	**4 636.6**	**3 933.0**
北　京	340.0	9 630	25 326	16 758	186.7	14.5	38.4
天　津	608.1	9 400	36 400	14 200	353.4	22.9	48.4
河　北	**8 135.6**	**89 745**	**1 396 019**	**163 534**	**4 459.8**	**289.9**	**310.8**
山　西	2 186.5	29 862	252 189	62 080	1 088.2	93.4	63.2
内蒙古	1 772.3	51 117	521 931	71 285	2 635.9	104.4	26.7
辽　宁	1 619.5	35 566	175 577	50 846	1 520.1	117.9	158.0
吉　林	1 319.8	66 424	496 945	141 433	1 595.2	159.1	23.7
黑龙江	1 952.2	127 795	715 714	222 328	2 282.1	143.8	33.5
上　海	105.2	4 324	8 619	11 504	245.7	15.0	114.3
江　苏	3 052.5	40 100	867 136	75 236	3 839.0	336.8	679.8
浙　江	2 026.7	4 376	199 306	5 498	1 406.9	93.3	441.2
安　徽	3 784.4	26 000	2 016 664	55 053	3 304.6	277.6	59.4
福　建	981.0	1 500	112 486	457	941.5	121.7	137.6
江　西	1 465.2	9 000	116 300	6 700	1 841.6	123.5	42.3
山　东	8 751.9	211 805	1 760 142	383 089	4 766.8	451.0	304.1
河　南	7 521.1	97 000	2 828 600	189 210	4 829.1	493.2	157.7
湖　北	1 763.6	68 263	320 850	74 521	2 071.0	281.9	64.8
湖　南	2 923.9	7 200	163 833	7 321	2 683.3	203.2	57.5
广　东	1 798.7	4 500	323 850	8 200	1 312.6	201.3	748.2
广　西	1 814.3	17 960	347 100	13 923	1 516.0	195.2	32.4
海　南	243.9	4 835	28 472	2 322	169.8	41.1	3.3
重　庆	728.3	2 651	8 403	1 181	616.8	77.0	38.5
四　川	2 006.8	9 100	125 900	8 300	2 503.3	214.7	107.8
贵　州	797.2	12 100	47 670	4 000	692.9	74.3	30.3
云　南	1 608.5	23 800	304 830	9 002	1 469.4	137.2	40.3
西　藏	191.6	5 818	64 899	2 209	153.7	4.0	0.6
陕　西	1 307.0	26 600	180 758	49 731	1 296.8	143.1	84.0
甘　肃	1 321.3	14 347	363 089	23 662	1 003.3	72.4	41.4
青　海	325.8	2 861	230 496	3 211	180.3	6.6	2.9
宁　夏	528.5	12 084	169 150	11 800	406.3	27.6	9.0
新　疆	1 046.5	92 873	340 625	198 516	3 106.6	99.2	32.6

农林牧渔业总产值和主要农产品人均占有量

Gross Output Value of Farming, Forestry, Animal Husbandry, Fishery and Output of Major Farm Corps Per Capita

(2004年)

地　区	农林牧渔业总产值（亿元）	主要农产品人均占有量（千克）					
		粮　食	棉　花	油　料	猪牛羊肉	水产品	牛　奶
全　国	**36 239.0**	**362**	**4.9**	**23.7**	**44.6**	**37.8**	**17.4**
北　京	262.0	48	0.5	2.0	28.4	4.5	47.5
天　津	241.0	121	11.8	1.5	41.1	30.5	53.3
河　北	**2 375.9**	**365**	**9.8**	**22.7**	**62.9**	**13.6**	**39.2**
山　西	481.8	319	3.6	8.5	18.3	1.1	18.4
内蒙古	851.3	632	0.3	43.5	71.3	3.2	209.0
辽　宁	1 510.5	408	0.1	10.9	51.9	95.5	13.9
吉　林	940.7	927		14.1	56.0	4.4	9.4
黑龙江	1 136.6	786		12.1	35.2	11.3	98.1
上　海	248.9	62	0.1	4.3	3.8	19.9	14.6
江　苏	2 417.6	381	6.8	32.1	32.7	49.3	7.2
浙　江	1 332.3	178	0.5	10.4	28.0	105.0	5.5
安　徽	1 644.4	426	6.4	46.6	40.3	26.6	1.6
福　建	1 317.3	210		7.9	36.0	168.9	5.9
江　西	1 055.0	390	2.0	17.5	40.2	36.6	2.7
山　东	3 453.9	384	12.0	40.4	50.4	78.5	17.6
河　南	2 963.9	440	6.9	42.2	57.1	4.4	7.7
湖　北	1 695.4	350	6.6	52.3	43.7	50.3	1.9
湖　南	1 913.3	395	3.0	20.9	68.3	24.9	1.0
广　东	2 154.8	171		9.5	30.1	81.8	1.3
广　西	1 294.5	287		12.0	36.8	55.2	1.0
海　南	438.7	233		11.2	44.5	166.8	0.1
重　庆	612.8	366		13.4	46.8	7.5	2.7
四　川	2 252.3	361	0.4	26.0	60.4	9.9	6.0
贵　州	524.6	296		21.3	35.1	2.3	0.9
云　南	965.2	343		7.6	58.5	5.0	6.1
西　藏	62.7	353		19.8	76.5	0.2	74.6
陕　西	651.2	281	2.2	12.5	24.2	2.0	26.0
甘　肃	477.4	309	4.2	18.6	27.1	0.6	9.8
青　海	86.6	165		53.9	45.0	0.3	42.4
宁　夏	125.5	497		23.6	35.7	9.7	78.8
新　疆	750.7	409	91.5	22.9	55.2	3.7	68.4

注：农林牧渔业总产值按当年价格计算。

平均每一农林牧渔业从业人员主要农产品生产量

Output of Major Farm Corps Per Agricultural Laborer

(2004 年)　　单位:千克

地　　区	粮　食	棉　花	油　料	猪牛羊肉	水产品	牛　奶
全　国	**1 518**	**20.4**	**99.1**	**186.8**	**158.5**	**73.1**
北　京	1 195	13.2	49.3	712.1	113.7	1 192.9
天　津	1 519	148.8	19.2	516.9	383.5	670.9
河　北	**1 521**	**40.8**	**94.7**	**262.1**	**56.7**	**163.4**
山　西	1 651	18.7	43.9	94.5	5.5	95.1
内蒙古	2 900	1.4	199.7	327.2	14.9	959.1
辽　宁	2 542	0.7	67.9	323.2	595.0	86.4
吉　林	5 024		76.3	303.2	24.0	50.7
黑龙江	4 165		63.8	186.4	59.7	519.8
上　海	1 552	2.6	108.0	96.3	502.5	368.0
江　苏	2 392	42.5	201.6	205.0	309.6	45.3
浙　江	982	2.7	57.4	155.0	580.8	30.5
安　徽	1 501	22.5	164.0	142.0	93.7	5.6
福　建	1 010		38.1	173.0	810.6	28.5
江　西	1 721	8.8	77.1	177.5	161.8	12.0
山　东	1 582	49.4	166.4	207.4	323.1	72.4
河　南	1 300	20.3	124.7	168.8	13.0	22.7
湖　北	1 895	35.7	283.7	236.8	272.6	10.5
湖　南	1 329	10.2	70.3	229.6	83.6	3.4
广　东	906		50.5	159.5	433.2	7.1
广　西	915		38.2	117.5	175.9	3.2
海　南	1 006		48.1	191.9	718.8	0.5
重　庆	1 418		51.7	181.2	29.0	10.6
四　川	1 316	1.4	94.6	220.0	36.0	22.0
贵　州	881		63.4	104.5	6.8	2.7
云　南	892		19.7	152.0	13.0	15.9
西　藏	1 132		63.7	245.6	0.6	239.3
陕　西	1 069	8.5	47.3	92.0	7.6	98.9
甘　肃	1 058	14.4	63.7	92.8	1.9	33.5
青　海	664		216.7	181.2	1.1	170.6
宁　夏	2 005	0.2	95.2	144.1	39.0	317.9
新　疆	2 377	532.0	132.9	321.2	21.6	397.8

全部国有及规模以上非国有工业企业主要指标

Main Indicators of All State-owned and Non-state-owned above Designated Size Industrial Enterprises

（2004年） 单位：亿元

地　　区	企业单位数（个）	资产总计	流动资产年平均余额	固定资产净值年平均余额	产品销售收入	利润总额	本年应交增值税
全　国	**219 463**	**195 261.69**	**86 884.71**	**73 849.25**	**187 814.77**	**11 341.64**	**6 396.44**
北　京	4 324	6 082.44	2 842.91	1 737.59	5 110.84	310.85	161.62
天　津	5 076	5 113.82	2 381.51	1 842.09	5 494.61	412.53	139.35
河　北	**8 006**	**7 836.16**	**3 244.00**	**3 288.02**	**8 132.17**	**513.18**	**305.39**
山　西	3 355	5 318.46	2 003.90	2 258.12	3 295.28	218.41	222.43
内蒙古	2 014	3 030.90	973.79	1 397.80	2 064.03	123.89	98.19
辽　宁	7 836	10 167.83	4 305.11	4 418.35	8 320.43	389.31	275.79
吉　林	2 486	3 981.39	1 596.81	1 653.24	3 190.84	178.73	126.48
黑龙江	2 607	4 684.46	1 845.33	2 297.60	3 613.08	760.24	254.71
上　海	12 557	13 684.78	6 867.50	4 420.09	13 863.25	1 003.48	377.11
江　苏	27 123	20 227.30	10 083.14	6 729.49	24 492.28	1 111.42	651.70
浙　江	31 887	15 222.05	7 592.45	4 438.73	16 693.54	942.80	501.19
安　徽	4 456	4 428.81	1 836.23	1 743.22	3 604.97	175.26	152.24
福　建	10 428	5 815.90	2 698.33	2 260.27	6 212.68	350.64	152.64
江　西	3 445	2 519.42	1 018.15	1 048.24	2 117.08	72.16	92.28
山　东	20 304	17 620.36	7 559.42	6 554.56	21 055.08	1 383.57	707.12
河　南	9 620	7 413.86	3 161.29	3 096.00	7 065.33	376.53	265.55
湖　北	6 542	7 766.62	2 830.77	3 664.26	5 097.01	279.76	198.68
湖　南	6 529	4 173.82	1 603.12	1 842.28	3 452.44	156.51	157.60
广　东	25 956	21 798.11	11 335.51	7 166.97	26 691.35	1 274.29	606.92
广　西	3 209	2 502.82	932.87	1 086.05	1 834.93	121.84	97.97
海　南	532	477.24	206.00	204.74	348.14	27.66	16.46
重　庆	2 600	2 716.55	1 178.92	925.81	2 078.02	113.38	85.85
四　川	6 481	6 747.64	2 811.27	2 653.92	4 542.69	200.07	191.95
贵　州	2 329	2 036.74	807.54	835.54	1 188.07	60.41	74.40
云　南	1 987	3 210.96	1 308.17	1 213.02	1 952.96	189.14	142.18
西　藏	164	80.50	23.32	44.63	19.18	2.99	1.85
陕　西	2 547	4 164.89	1 652.11	1 857.75	2 496.96	245.33	133.26
甘　肃	2 918	2 391.12	910.32	1 097.31	1 537.27	64.20	77.93
青　海	432	958.20	309.02	461.89	359.99	40.06	20.79
宁　夏	482	796.72	323.04	361.91	507.38	15.79	23.02
新　疆	1 231	2 291.85	642.88	1 249.77	1 382.90	227.23	83.80

注：本表为统计快报数据。

主 要 工 业 产 品 产 量

Output of Major Industrial Products

（2004 年）

地　区	纱（万吨）	卷烟（亿支）	原煤（亿吨）	原油（万吨）	发电量（亿千瓦小时）	钢材（万吨）	平板玻璃（万重量箱）
全　国	**1 120.00**	**18 744.13**	**19.56**	**17 500.00**	**21 870.00**	**29 723.12**	**30 058.02**
北　京	2.37	123.94	0.09		150.63	851.04	656.73
天　津	7.81	110.00		1 443.01	337.69	1 493.50	375.77
河　北	**49.88**	**560.04**	**0.72**	**535.64**	**1 255.56**	**4 697.79**	**3 612.31**
山　西	9.74	125.00	3.72		1 049.31	1 102.64	414.05
内蒙古	2.25	152.50	1.72		815.38	601.36	1 042.83
辽　宁	14.85	229.32	0.62	1 296.37	888.74	2 598.07	1 748.54
吉　林	6.01	296.50	0.24	478.89	374.06	430.93	268.21
黑龙江	5.99	352.72	0.72	4 672.23	550.13	197.76	477.79
上　海	11.31	791.70		31.86	766.15	1 818.41	845.81
江　苏	216.19	840.86	0.27	168.94	1 488.44	3 749.91	4 195.04
浙　江	71.73	639.34	0.01		1 115.19	626.38	1 962.37
安　徽	34.80	951.30	0.79		606.85	945.71	482.34
福　建	54.46	573.04	0.11		659.64	568.40	536.53
江　西	18.63	326.29	0.12		327.77	774.90	627.91
山　东	264.05	1 144.72	1.46	2 674.30	1 640.25	2 011.69	3 535.97
河　南	106.37	1 434.73	1.44	523.41	1 185.58	966.02	3 346.34
湖　北	81.78	1 081.15	0.04	78.20	1 105.92	1 334.33	1 073.92
湖　南	23.91	1 350.17	0.30		605.18	802.11	887.74
广　东	25.05	1 018.29	0.02	1 467.47	2 022.53	1 141.68	965.06
广　西	11.03	510.20	0.05	3.59	338.09	376.12	486.61
海　南		59.00		8.04	66.47	17.55	
重　庆	7.40	386.32	0.18		218.85	275.01	144.95
四　川	20.27	693.74	0.44	14.30	881.76	1 011.97	975.15
贵　州	1.51	973.72	0.98		713.04	203.22	58.88
云　南	1.39	3 106.92	0.17		513.49	345.50	312.70
西　藏					11.65		
陕　西	18.63	610.62	0.84	1 527.97	480.95	201.28	477.99
甘　肃	2.11	220.50	0.31	76.34	455.40	295.31	312.69
青　海	0.39		0.04	222.02	173.44	37.38	74.50
宁　夏	0.14	11.50	0.24		252.85	14.09	67.27
新　疆	24.81	70.00	0.22	2 227.71	244.10	233.06	92.02

运输邮电业基本情况

Basic Conditions of Transport, Post and Telecommunication Services

（2004年）

地　区	公路里程（公里）	#等级路	民用汽车总计（万辆）	#私人汽车	移动电话用户（万户）	互联网上网人数（万人）	本地电话年末用户（万户）	#住宅电话
全　国	**1 870 661**	**1 515 826**	**2 693.71**	**1 481.66**	**33 482.4**	**9 400**	**31 175.6**	**24 487.0**
北　京	14 630	14 404	182.42	125.22	1 340.7	402	847.5	645.4
天　津	10 514	10 420	58.34	36.97	423.6	193	407.0	325.7
河　北	**70 200**	**61 735**	**180.91**	**112.65**	**1 512.9**	**387**	**1 554.9**	**1 305.8**
山　西	65 813	63 690	81.63	41.13	753.8	211	770.9	657.2
内蒙古	75 976	67 421	60.18	39.88	594.6	93	492.2	401.5
辽　宁	52 415	52 196	116.27	47.95	1 194.4	322	1 470.1	1 253.2
吉　林	46 796	44 693	57.31	29.13	763.8	179	655.6	558.6
黑龙江	66 821	61 303	74.16	36.01	1 017.1	278	1 082.6	948.7
上　海	7 805	7 780	83.51	31.77	1 311.3	441	868.2	615.7
江　苏	78 262	70 141	161.19	78.20	2 232.9	661	2 582.4	2 018.3
浙　江	46 935	44 316	162.34	102.79	2 322.5	534	1 974.8	1 377.8
安　徽	71 783	65 800	68.28	27.78	873.4	240	1 191.6	1 031.3
福　建	56 208	44 594	58.01	34.14	1 138.1	326	1 264.7	947.7
江　西	61 860	40 554	40.48	12.61	671.3	156	693.4	559.7
山　东	77 766	77 757	211.43	117.10	1 909.4	848	2 464.1	2 167.1
河　南	75 719	70 901	130.97	64.10	1 392.3	305	1 583.9	1 326.3
湖　北	89 673	72 757	77.83	35.18	1 129.8	429	1 072.9	829.2
湖　南	87 875	44 411	71.78	41.60	1 036.4	312	1 085.3	889.0
广　东	111 452	101 707	305.40	200.13	5 373.9	1 188	2 954.9	2 022.4
广　西	59 704	47 304	49.07	23.39	874.5	285	810.9	627.7
海　南	20 873	11 948	14.55	6.06	165.0	47	197.3	135.9
重　庆	32 344	24 046	34.84	14.36	811.6	181	642.4	512.1
四　川	113 043	76 402	126.78	75.90	1 514.6	523	1 369.9	1 028.6
贵　州	46 128	33 850	34.09	16.84	440.0	98	387.6	299.3
云　南	167 050	110 876	88.86	54.48	732.4	206	547.4	398.9
西　藏	42 203	10 131	8.24	3.40	39.7	7	37.7	25.4
陕　西	52 720	47 324	62.53	31.71	788.7	258	791.9	610.7
甘　肃	40 751	31 613	19.39	9.11	358.0	120	477.3	350.3
青　海	28 059	25 322	10.45	4.89	117.7	20	94.4	72.1
宁　夏	12 456	12 325	12.40	5.90	158.6	31	119.6	90.8
新　疆	86 824	68 104	50.07	21.29	489.7	119	495.2	373.4

贸易、外经主要指标

Main Indicators of Internal and Foreign Trade

(2004 年)

地　　区	社会消费品零售总额（亿元）	限额以上连锁零售企业从业人数（万人）	进口贸易总额（万美元）	出口贸易总额（万美元）	外商直接投资（万美元）
全　国	**53 950.1**	**105.6**	**115 455 433**	**59 332 558**	**56 122 875**
北　京	2 191.8	9.6	9 457 573	2 056 926	7 400 647
天　津	1 052.7	1.5	4 202 861	2 085 175	2 117 685
河　北	**2 522.9**	**1.9**	**1 352 585**	**933 926**	**418 659**
山　西	884.8	1.8	538 249	403 447	134 802
内蒙古	892.0	0.3	372 171	135 447	236 724
辽　宁	2 642.8	1.7	3 441 086	1 891 351	1 549 736
吉　林	1 252.6	0.6	679 045	171 475	507 570
黑龙江	1 555.4	0.7	678 900	368 069	310 831
上　海	2 454.6	19.8	16 000 992	7 350 526	8 650 467
江　苏	4 159.7	17.4	17 084 901	8 749 423	8 335 478
浙　江	3 645.4	6.0	8 520 488	5 813 854	2 706 634
安　徽	1 503.1	1.0	721 156	393 681	327 474
福　建	1 995.8	1.0	4 752 701	2 939 476	1 813 226
江　西	1 059.9	1.0	352 795	199 475	153 319
山　东	4 483.4	5.3	6 065 822	3 584 452	2 481 370
河　南	2 808.2	2.9	661 955	417 464	244 491
湖　北	2 667.5	4.5	676 581	338 219	338 362
湖　南	2 069.8	3.9	544 352	310 643	233 708
广　东	6 370.4	14.6	35 713 062	19 157 104	16 555 958
广　西	973.4	0.9	427 722	238 559	189 164
海　南	220.2	0.1	340 169	109 255	230 915
重　庆	955.0	2.8	385 715	209 075	176 640
四　川	2 384.0	2.0	686 699	397 970	288 728
贵　州	517.6	0.5	151 373	86 661	64 712
云　南	884.9	1.5	374 117	223 861	150 256
西　藏	63.7	0.0	19 989	13 022	6 967
陕　西	966.5	1.1	364 238	239 658	124 581
甘　肃	535.8	0.3	176 315	99 638	76 677
青　海	115.6	0.2	57 552	45 476	12 075
宁　夏	137.8	0.2	90 821	64 626	26 195
新　疆	482.1	0.5	563 452	304 627	258 825

注:1. 社会消费品零售总额为统计快报数据。2. 进出口贸易总额为按经营单位所在地。

教　育　、　卫　生　情　况

Main Indicators on Education and Public Health

（2004 年）

地　区	在校学生数（人）					卫生机构数（个）	医疗机构床位数（张）	执业（助理）医师（人）
	普通高等学校	普通中等专业学校	普通中学	职业初中	小学			
全　国	**13 334 969**	**11 747 467**	**86 953 707**	**525 134**	**112 462 256**	**296 492**	**3 250 938**	**1 904 771**
北　京	499 524	208 019	661 314		516 042	4 835	77 141	49 091
天　津	285 655	135 229	599 105		554 844	2 560	40 969	25 208
河　北	**697 440**	**630 727**	**5 329 189**	**26 945**	**5 470 049**	**17 760**	**157 626**	**101 070**
山　西	345 318	328 386	2 574 329	27 211	3 592 007	9 510	107 930	68 294
内蒙古	198 709	173 956	1 565 791	83 680	1 658 154	7 416	66 253	50 177
辽　宁	583 465	412 239	2 360 549	1 651	2 794 330	14 230	176 886	92 265
吉　林	362 191	164 170	1 599 638	41 310	1 741 380	8 219	85 942	58 257
黑龙江	465 703	222 538	2 410 400	11 969	2 315 394	8 230	119 463	63 974
上　海	415 701	217 356	836 286	703	542 898	2 551	85 315	43 775
江　苏	994 808	909 152	5 051 258		5 282 096	13 400	186 282	104 512
浙　江	572 759	728 559	2 661 362	67	3 443 066	11 937	134 491	83 052
安　徽	501 290	519 691	4 591 145	158 097	6 237 115	8 973	121 716	64 483
福　建	325 727	400 822	2 521 017	314	2 869 442	8 672	80 272	43 586
江　西	489 854	397 698	2 978 991	1 911	3 862 115	12 080	83 832	50 084
山　东	946 124	1 048 100	6 283 412	1 703	6 278 002	16 526	229 418	138 314
河　南	702 846	979 518	7 594 170	6 830	10 140 634	13 821	207 560	109 367
湖　北	892 018	458 459	4 517 196	34 003	4 749 500	9 909	137 515	89 852
湖　南	639 001	649 161	4 719 117	2 327	4 325 557	14 885	147 164	89 934
广　东	726 866	655 428	5 808 649		10 496 221	15 744	198 645	113 266
广　西	281 044	344 237	3 061 961	5 248	4 705 591	9 034	91 795	53 390
海　南	57 883	51 191	541 724		1 001 835	2 515	18 144	12 111
重　庆	284 546	321 831	1 707 489	267	2 718 999	6 539	63 288	36 603
四　川	637 340	599 872	4 909 216	6 645	7 365 754	24 605	189 350	113 126
贵　州	179 852	158 768	2 493 395	37 787	4 794 083	6 664	61 421	36 856
云　南	216 308	271 485	2 350 637	21 782	4 406 482	9 436	101 654	53 248
西　藏	14 731	8 549	135 888	107	326 952	1 326	6 411	4 356
陕　西	583 926	413 101	3 025 555	4 280	3 709 746	11 703	102 990	59 683
甘　肃	200 282	175 122	1 844 406	1 204	3 155 535	11 404	61 439	34 451
青　海	29 483	18 737	315 284	1 993	512 586	1 439	15 438	8 635
宁　夏	41 448	48 975	387 286	3 519	677 738	1 483	16 867	10 698
新　疆	163 127	96 391	1 517 948	43 581	2 218 109	9 086	77 721	43 053

国土面积和人口

Territory and Population

国家和地区	国土面积（万平方公里）	2003年年中人口数（万人）	2003年人口增长率（%）	2003年人口密度（人/平方公里）
世界总计	**13 427.9①**	**630 146**	**1.2**	**47**
亚　洲	**3 187.0**	**382 339**	**1.3**	**120**
中　国②	960.0	129 227	0.6	135
日　本	37.8	12 765	0.1	338
印　度③	328.7	1 065 46	1.5	324
印度尼西亚	190.5	21 988	1.3	115
菲律宾	30.0	8 000	1.8	267
泰　国	51.3	6 283	1.0	122
马来西亚	33.0	2 443	1.9	74
新加坡	0.1	425	1.7	6 860
巴基斯坦	79.6	15 358	2.4	193
缅　甸	67.7	4 949	1.3	73
孟加拉国	14.4	14 674	2.0	1 019
土耳其	77.5	7 133	1.4	92
蒙　古	156.7	259	1.4	2
朝　鲜	12.1	2 266	0.5	188
韩　国	9.9	4 770	0.6	481
越　南	33.2	8 138	1.4	245
非　洲	**3 030.9**	**85 056**	**2.2**	**28**
埃　及	100.1	7 193	2.0	72
尼日利亚	92.4	12 401	2.6	134
欧　洲	**2 297.6**	**72 634**		**32**
德　国	35.7	8 248		231
英　国	24.3	5 947	0.3	245
法　国	55.2	6 014	0.5	109
意大利	30.1	5 742	-0.1	191
捷　克	7.9	1 024		130
波　兰	31.3	3 859		123
罗马尼亚	23.8	2 233	-0.2	94
保加利亚	11.1	790	-0.9	71
俄罗斯联邦	1 707.5	14 325	-0.6	8
北美洲	**2 272.5**	**50 667**	**1.2**	**22**
美　国	962.9	29 404	1.0	31
加拿大	997.1	3 151	0.8	3
墨西哥	195.8	10 346	1.5	53
南美洲	**1 783.4**	**36 228**	**1.4**	**20**
巴　西	854.7	17 847	1.3	21
阿根廷	278.0	3 843	1.2	14
大洋洲	**856.4**	**3 223**	**1.2**	**4**
澳大利亚	774.1	1 973	1.0	3
新西兰	27.1	388	0.8	14

注：①是指有定居人口的各大洲面积，未包括尚无定居人口的南极洲。如包括南极洲，全世界陆地面积为14950万平方公里。②中国为年底总人口。③不包括查谟、克什米尔和锡金等地区。

按三次产业划分的就业

Employment by Type of Industry

单位:%

国家	第一产业		第二产业		第三产业	
	2000年	2001年	2000年	2001年	2000年	2001年
中国	50.0	50.0	22.5	22.3	27.5	27.7
孟加拉国	62.1		10.3		23.5	
印度尼西亚	45.3	43.8	17.3	17.0	37.3	37.5
以色列	2.2	19.3	24.0	23.4	73.0	56.0
日本	5.1	4.9	31.2	30.5	63.1	63.9
韩国	10.9	10.3	28.0	27.4	61.0	62.3
马来西亚	18.4		32.2		49.5	
巴基斯坦	48.4		18.0		33.5	
菲律宾	37.4	37.4	16.0	15.6	46.5	47.0
新加坡	0.2	0.3	34.2	25.4	65.4	74.2
泰国	48.8	46.6	19.0	19.5	32.2	33.9
土耳其	34.5	32.6	24.5	24.3	40.9	43.1
埃及	29.6		21.3		49.1	
加拿大	3.3	2.9	22.6	22.7	74.1	74.4
墨西哥	17.5	17.6	26.9	26.0	55.2	56.0
美国	2.6	2.4	22.9	22.4	74.5	75.2
阿根廷	0.7	0.4	22.7	22.9	76.2	76.3
巴西	24.2①	20.6	19.3①	20.0	56.5①	59.2
委内瑞拉	10.6	9.6	22.8	22.1	66.5	68.2
保加利亚	26.2	26.3	28.3	27.6	45.5	46.0
捷克	5.1	4.8	40.0	40.4	54.8	54.8
法国	1.6	1.6	24.5	24.4	73.9	74.1
德国	2.7	2.6	33.4	32.5	63.8	64.7
意大利	5.4	5.3	32.4	32.1	62.1	62.5
荷兰	3.3	2.9	21.3	21.2	72.9	73.4
波兰	18.8	19.1	30.9	30.5	50.4	50.4
罗马尼亚	42.8	42.3	26.2	26.2	31.0	31.5
俄罗斯联邦	11.5②	11.8①	29.4②	29.4①	59.1②	58.8①
西班牙	6.6	6.4	31.3	31.6	62.0	61.9
乌克兰	20.5	19.7	31.4	30.8	42.4	43.9
英国	1.5	1.4	25.4	24.9	72.7	73.4
澳大利亚	4.9	4.9	22.0	20.9	73.1	74.1
新西兰	8.7	9.1	23.2	22.8	67.6	67.9

注:①1999年数据。②1998年数据。

国内生产总值及其增长率

Gross Domestic Product and Its Growth Rate

国家和地区	2004年国内生产总值（亿本币）	国内生产总值增长率（比上年增长%）				
		2000年	2001年	2002年	2003年	2004年
世　界		**4.6**	**2.5**	**3.0**	**4.0**	**5.1**
中　国	136 876	8.0	7.5	8.3	9.5	9.5
孟加拉国	35 380	5.6	4.8	4.9	5.4	5.4
印　度	299 461	5.4	4.8	4.4	7.5	7.3
印度尼西亚	23 030 314	4.9	3.8	4.4	4.9	5.1
伊　朗	14 700 467	5.9	3.7	7.5	6.6	6.6
以色列	5 213	7.5	-0.9	-0.7	1.3	4.3
日　本	5 048 473	2.8	0.2	-0.3	1.4	2.6
哈萨克斯坦	55 425	9.8	13.5	9.8	9.3	9.4
韩　国	7 796 570	8.5	3.8	7.0	3.1	4.6
马来西亚	4 476	8.6	0.3	4.1	5.3	7.1
蒙　古	15 254	1.1	1.0	3.9	5.3	6.0
缅　甸	117 411	13.7	11.3	12.0	13.8	5.0
巴基斯坦	48 552	3.4	2.7	3.2	5.6	6.5
菲律宾	47 710	4.4	1.8	4.3	4.7	6.1
新加坡	1 806	9.6	-2.0	3.2	1.4	8.4
斯里兰卡	19 722	6.0	-1.5	4.0	5.9	5.2
泰　国	65 760	4.8	2.2	5.3	6.9	6.1
土耳其	4 266 327 810	7.4	-7.5	7.9	5.9	8.0
越　南	7 130 719	6.8	6.9	7.1	7.3	7.7
埃　及	4 744	5.4	3.5	3.2	3.1	4.1
尼日利亚	95 761	5.4	3.1	1.5	10.7	3.5
南　非	13 753	4.2	2.7	3.6	2.8	3.7
加拿大	12 933	5.2	1.8	3.4	2.0	2.8
墨西哥	76 349	6.6	0.0	0.6	1.6	4.4
美　国	117 335	3.7	0.8	1.9	3.0	4.4
阿根廷	4 473	-0.8	-4.4	-10.9	8.8	9.0
巴　西	17 548	4.4	1.3	1.9	0.5	5.2
委内瑞拉	2 026 666	3.7	3.4	-8.9	-7.7	17.3
白俄罗斯	494 452	5.8	4.7	5.0	6.8	11.0
保加利亚	382	5.4	4.1	4.9	4.3	5.7
捷　克	27 511	3.3	2.6	1.5	3.7	4.0
法　国	16 232	4.2	2.1	1.1	0.5	2.3
德　国	21 770	2.9	0.8	0.1	-0.1	1.7
意大利	13 518	3.0	1.8	0.4	0.3	1.2
荷　兰	4 649	3.5	1.4	0.6	-0.9	1.3
波　兰	8 837	4.0	1.0	1.4	3.8	5.3
罗马尼亚	23 879 143	2.1	5.7	5.1	5.2	8.3
俄罗斯联邦	167 788	10.0	5.1	4.7	7.3	7.1
西班牙	7 987	4.4	2.8	2.2	2.5	2.7
乌克兰	3 459	5.9	9.2	5.2	9.6	12.1
英　国	11 603	3.9	2.3	1.8	2.2	3.1
澳大利亚	8 385	3.2	2.5	4.0	3.4	3.2
新西兰	1 460	3.6	2.6	4.7	3.4	5.0

农业生产指数

Agricultural Production Indices

（2004年，1999—2001年＝100）

国家和地区	农业	种植业	畜牧业	食品	非食品
世界	**109.0**	**109.5**	**108.2**	**108.9**	**111.2**
发达国家	**104.2**	**106.8**	**101.9**	**104.3**	**101.8**
发展中国家	**111.7**	**110.8**	**113.8**	**111.5**	**114.6**
亚洲	**111.6**	**110.5**	**114.4**	**111.5**	**113.2**
中国①	122.1	117.2	129.6		
孟加拉国	104.7	105.0	102.6	104.6	105.5
印度	104.6	102.1	111.2	104.1	115.2
印度尼西亚	114.6	113.1	125.8	114.8	111.4
伊朗	111.1	116.6	103.1	111.9	87.8
以色列	103.0	94.2	117.2	103.2	96.0
日本	97.8	95.8	99.6	97.9	94.2
哈萨克斯坦	100.8	98.0	112.0	98.8	143.2
朝鲜	109.0	110.0	113.6	109.3	102.8
韩国	92.2	90.5	98.7	92.5	77.2
马来西亚	116.9	117.1	116.7	116.9	116.8
蒙古	92.3	105.0	92.1	92.3	92.3
缅甸	116.6	116.6	122.8	116.6	113.5
巴基斯坦	109.0	105.2	112.5	109.3	107.3
菲律宾	113.2	109.5	123.2	113.5	98.6
新加坡	66.6	100.0	70.7	66.6	
斯里兰卡	96.5	94.4	106.0	95.2	101.6
泰国	102.4	105.3	89.4	99.8	125.8
土耳其	104.7	104.6	106.8	105.2	99.8
越南	118.6	118.3	118.9	118.7	116.5
非洲	**106.6**	**106.0**	**108.0**	**106.8**	**103.6**
埃及	108.9	105.1	119.2	108.8	110.7
尼日利亚	104.9	104.6	108.8	105.0	97.6
南非	103.8	98.5	109.8	104.4	83.2
北美洲	**106.7**	**109.0**	**102.9**	**106.4**	**112.2**
加拿大	101.8	102.8	103.5	102.2	83.4
墨西哥	107.5	105.6	108.6	107.8	94.7
美国	107.3	110.5	102.0	106.8	117.8
南美洲	**114.8**	**116.6**	**112.8**	**113.8**	**133.5**
阿根廷	101.1	105.0	94.4	101.4	90.4
巴西	125.4	126.7	123.6	123.7	154.1
委内瑞拉	99.4	93.4	103.4	99.6	88.4
欧洲	**103.8**	**106.7**	**101.6**	**104.0**	**90.2**
白俄罗斯	114.9	129.6	107.7	115.1	89.2
保加利亚	99.1	106.0	95.9	97.7	134.2
捷克	104.1	109.8	95.3	104.1	97.7
法国	100.0	104.3	97.3	100.0	100.9
德国	102.8	105.5	101.0	102.8	80.4
意大利	95.4	95.6	98.1	95.5	89.8
荷兰	93.0	98.7	90.9	93.0	102.4
波兰	107.0	95.8	106.2	107.2	72.2
罗马尼亚	125.2	132.6	119.1	125.4	104.0
俄罗斯联邦	114.2	117.0	107.7	114.3	101.1
西班牙	103.4	103.0	111.0	103.6	89.2
乌克兰	116.1	125.6	107.8	116.1	119.5
英国	97.9	99.3	97.2	98.0	84.0
大洋洲	**97.2**	**93.9**	**101.3**	**99.6**	**76.0**
澳大利亚	90.9	92.1	93.2	93.3	71.1
新西兰	114.2	105.2	115.5	115.7	96.2

注：① 2000年为基期的总产值指数。

工　业　生　产　指　数

Industry Production Indices

（1995年＝100）

国　　家	总指数			#制造业		
	2001年	2003年	2004年	2001年	2003年	2004年
中　　国①	176.6	219.1	244.3			
孟加拉国	140.9	157.2	164.8	139.9	152.8	162.8
印　　度	135.4	153.3	165.6	138.7	170	171.8
印度尼西亚				90.5	83.8	95.3③
以色列	116.4	114.4	121.1④	116.7	110.2	121.1
日　　本	97.7	100.6	106.0	96.9	99.8	105.4
韩　　国	156.1	175.8	194.3	156.0	176.2	194.7
马来西亚	142.1	162.3	180.6	149.3	172.3	194.1
蒙　　古	121.9	115.2②		81.1	89.0②	
巴基斯坦	122.9	155.1	200.9⑤	124.6	159	211.9⑤
新加坡	126.6	140.8	159.3	125.1	139.5	158.9
泰　　国				113.5	138.4	149.8
土耳其	107.9	131.8	144.5	106.5	129.5	142.3
南　　非	106.7	111.0	116.1	109.0	112.1	116.3
加拿大	118.0	124.3	128.4	121.7	133.5	136.3
墨西哥	136.4	136.7	142.1	140.3	136.4	142.9
美　　国	124.9	124.0	129.2	128.0	127.5	133.0
阿根廷				90.4	95.8	114.5⑥
巴　　西	111.5	114.4	124.0	107.2	109.1	116.7
捷　　克	117.6	130.4	143.3	121.8	135.8	150.4
法　　国	117.6	113.4	116.4	118.8	114	116.8
德　　国	117.8	114.0	117.4	120.0	115.7	119.3
保加利亚	79.9	96.4	113.5	195.9	98.1	120.4
意大利	106.8	104.3	104.8	105.8	102.2	102.3
荷　　兰	112.1	107.5	110.2	114.4	108.4	109.1
波　　兰	144.1	158.9	179.1	153.5	172.8	198.0
罗马尼亚	90.4	97.5	101.8	93.6	103.7	109.2
西班牙	117.9	119.9	122.0	117.3	119.5	121.0
乌克兰	122.4	152.2	166.9			
英　　国	105.4	102.6	103.1	105.2	101.6	103.9
委内瑞拉				95.9	72.7	93.7
澳大利亚	106.7	120.3	120.2	105.3	120.2	121.5
新西兰	104.2	114.5	114.6	103.3	106.7	116.1

注：①工业增加值指数。②2003年第二季度数字。③2004年第三季度数字。④2004年8月份数字。⑤2004年12月份数字。⑥2004年第三季度数字。

中国主要指标居世界位次

Precedence of Main Indicators of China in the World

指　　标	1978年	1990年	2000年	2002年	2003年	2004年
国内生产总值	**10**	**11**	**6**	**6**	**7**	**7**
人均国民总收入①	**175(188)**	**178(200)**	**141(207)**	**136(207)**	**133(206)**	
进出口贸易额	**27**	**16**	**8**	**5**	**4**	**3**
主要工业产品产量						
钢	5	4	1	1	1	
煤	3	1	1	1	1	
原　油	8	5	5	5	5	
发电量	7	4	2	2	2	
水　泥	4	1	1	1	1	
化　肥	3	3	1	1	1	
化学纤维	7	2	2			
棉　布	1	1	2	1	1	
糖	8	6	4	3	3	
电视机	8	1	1	1	1	
主要农业产品产量						
谷　物	2	1	1	1	1	1
肉　类②	3	1	1	1	1	1
棉　花	3	1	1	1	1	1
大　豆	3	3	4	4	4	4
花　生	2	2	1	1	1	1
油菜籽	2	1	1	1	1	1
甘　蔗	9	4	3	3	3	3
茶　叶	2	2	2	2	2	2
水　果		4	1	1	1	1

注:①括号中所列数为排序的国家和地区数。②1993年以前为猪、牛、羊肉产量的位次。

居 民 消 费 价 格 指 数

Consumer Price Indices

（2000 年＝100）

国　　家	总　指　数			＃食　品		
	2002 年	2003 年	2004 年	2002 年	2003 年	2004 年
中　　国①	105.4	111.5		103.4	110.1	
孟加拉国	108.2	112.5	116.6	104.9	108.4	111.5
印　　度②	124.7	133.0	141.3	120.2	121.2	128.3
印度尼西亚	127.2	148.1		124.0	145.9	
伊　　朗	106.8	100.7	100.3	105.4	102.8	102.5
以 色 列	98.4	98.1	98.1	98.6	98.4	99.3
日　　本	106.9	110.7	114.7	107.7	112.4	119.5
韩　　国	103.2	104.4	105.9	101.4	102.7	105.0
马来西亚	107.3	112.8		98.7	105.7	
蒙　　古③	190.2	259.8		201.2	274.3	
缅　　甸（仰光）	107.4	110.5	118.7	105.9	108.6	120.2
巴基斯坦	109.4	112.6		106.1④		
菲 律 宾	100.6	101.1		100.5	101.1	
新 加 坡	125.1	133.0		127.5	134.9	
斯里兰卡（科伦坡）	102.3	104.1	107.0	101.0	104.6	
泰　　国（曼谷）	223.8	323.9		224.5⑤	290⑤	
土 耳 其	103.7	107.0				
越　　南	105.0	109.5		105.3	112.3	
埃　　及	115.4	122.1		122.0	131.9	
南　　非	104.9	107.8	109.7	107.2	109.1	111.3
加 拿 大	111.7	116.8	122.3	109.6④	115.1④	122.9④
墨 西 哥	104.5	106.9	109.7	105.0	107.3	111.0
美　　国	124.5	141.3	147.5	132.0	157.3	165.1
阿根廷（布宜诺斯艾利斯）	115.9	132.9		117.0	140.8	
巴　　西	229.8	295.0		217.9	267.6	
白俄罗斯	113.6	116.3	123.4	106.5	105.4	112.5
保加利亚	106.6	106.6	109.7	104.3⑥	104⑥	109⑥
捷　　克	103.6	105.8	108.0	107.8	110.2	110.9
法　　国	103.4	104.5	106.2	105.3	105.2	104.8
德　　国	115.0	120.3	128.5	119.9		131.2
匈 牙 利	105.4	108.2	110.5	107.9	111.3	113.7
意 大 利⑦	107.6	109.9	111.2	117.0	118.3	107.8
荷　　兰	107.5	108.4	112.1	104.6⑧	103⑧	107.9⑧
波　　兰	164.8	189.9		160.5	184.1	
罗马尼亚	140.6	159.8		136.1	151.3	
俄罗斯联邦	103.5	106.7	109.9	104.7	109.0	113.2
西 班 牙⑨	112.8	118.7		114.4	121.5	
乌 克 兰	103.5	106.5	109.6	104.0	105.4	106.0
英　　国	107.6	110.5	113.1	110.4	114.4	117.1
澳大利亚	105.4	107.3	109.7	109.4	109.7	110.5
新 西 兰						

注：① 上年为 100。②指产业工人。③ 仅指乌兰巴托。④包含酒精饮料和烟草。⑤包括烟草。⑥1995 年＝100。⑦不包括烟草。⑧包括酒精饮料。⑨自 2002 年起，2001 年为 100。

统 计 资 料 使 用 说 明

一、统计资料内容说明

1.《河北经济年鉴—2006》的统计资料篇全面反映河北省经济和社会发展情况。收录了全省2005年及历史重要年份经济和社会各方面大量的统计数据，以及各市、县2005年经济和社会发展的主要统计数据，并附有各省市自治区主要指标及国际统计主要指标。本篇内容分为23部分，即：综合，人口、就业人员及工资，固定资产投资，财政，物价，人民生活，农村经济，工业，建筑业，运输、邮电，国内贸易，对外经济、旅游，金融、保险，教育，科技、专利，文化、体育，卫生，民政、司法、其他，城市概况，各市概况，各县概况，各省市自治区主要指标，国际统计主要指标。为了便于读者使用，篇尾的《主要统计指标解释》对主要统计指标的含义、统计范围、统计方法以及历史变动情况作了简要说明。

2. 本年鉴统计资料所使用的度量衡单位均采用国际统一标准计量单位。

3. 本年鉴资料大部分来自年度统计报表，部分来自抽样调查，各省市自治区主要指标和国际统计主要指标来自2005年《中国统计年鉴》。

4.“城市概况”中各市数据为市区数，不含所辖县。

5.“各市概况”中有些指标是由各市统计部门计算的，在方法上与全省有不一致的地方，故分市之和不等于全省，这些指标是：地区生产总值、农业总产值、农业中间消耗和农业增加值等。

6. 本年鉴部分数据合计数或相对数由于单位取舍不同而产生的计算误差均未作机械调整。

7. 根据国家统计局要求，地区生产总值历史资料要根据“河北省第一次全国经济普查”的数据结果进行修正。本年鉴地区生产总值及其分组资料，调整历史区间为2001至2003年，2004年使用经济普查数据，力求年报数据与普查数据的衔接。

8. 由于各种原因，本年鉴对以前发表的统计资料进行了核实，相应调整了部分数据。读者在使用历史资料时，如数据有出入，请以本年鉴数据为准。

二、符号说明

1.“…”，表示数据不足本表最小单位数；

2.“空格”，表示该项统计指标数据不详或无该项统计指标数据；

3.“#”，表示其中的主要项；

4.“①”，表示本表下有注解。

主 要 统 计 指 标 解 释

森林覆盖率 通常是指森林面积占土地总面积之比，是反映一个国家或地区森林资源和绿化水平的重要指标。国家规定在计算森林覆盖率时，森林面积还包括灌木林面积、农田林网树占地面积以及四旁树木的覆盖面积。计算公式为：

$$森林覆盖率(\%)=\frac{森林面积}{土地总面积}\times 100\%$$

本《年鉴》森林覆盖率是按有林地面积计算的。

矿产保有储量 指探明的矿产储量（包括工业储量和远景储量）扣除已开采部分和地下损失量后的年末实有储量，是反映国家矿产资源现状的重要指标。

可比价格 指计算各种总量指标所采用的扣除了价格变动因素的价格，和进行不同时期总量指标的对比。按可比价格计算总量指标有两种方法：一种是直接用产品产量乘某一年的不变价格计算；另一种是用价格指数进行伸缩。

不变价格 指以同类产品某年的平均价格作为固定价格，用于计算各年的产品价值。按不变价格计算的产品价值消除了价格变动因素，不同时期对比可以反映生产的发展速度。新中国成立后，随着工农业产品价格水平的变化，国家统计局先后五次制定了全国统一的工业产品不变价格和农业产品不变价格。从1949年到1957年使用1952年工（农）业产品不变价格，从1957年到1971年使用1957年不变价格，从1971年到1981年使用1970年不变价格，从1981年到1990年使用1980年不变价格，从1991年开始使用1990年不变价格。

平均增长速度 我国计算平均增长速度有两种方法：一种是习惯上经常使用的“水平法”，又称几何平均法，是以间隔期最后一年的水平同基期水平对比来计算平均每年增长（或下降）速度；另一种是“累积法”，又称代数平均法或方程法，是以间隔期内各年水平的总和同基期水平对比来计算平均每年增长（或下降）速度。

在一般正常情况下，两种方法计算的平均每年增长速度比较接近；但在经济发展不平衡、出现大起大落时，两种方法计算的结果差别较大。

本《年鉴》内所列的平均增长速度，除固定资产投资用“累积法”计算外，其余均用“水平法”计算。从某年到某年平均增长速度的年份，均不包括基期年在内。如建国四十三年的平均增长速度是以1949年为基期计算的，则写为1950－1992年平均增长速度，其余类推。

各个计划时期 年鉴中各个“时期”代表的年份如下：恢复时期为1950年到1952年；第一个五年计划时期（简称一五时期）为1953年到1957年；第二个五年计划时期（简称二五时期）为1958年到1962年；第三个五年计划时期（简称三五时期）为1966年到1970年；第四个五年计划时期（简称四五时期）为1970年到1975年；第五个五年计划时期（简称五五时期）为1976年到1980年；第六个五年计划时期（简称六五时期）为1981年到1985年；第七个五年计划时期（简称七五时期）为1986年到1990年；第八个五年计划时期（简称八五时期）为1991年到1995年；第九个五年计划时期（简称九五时期）为1996年到2000年；第十个五年计划时期（简称十五时期）为2001年到2005年。

企业（单位）登记注册类型 是以在工商行政管理机关登记注册的各类企业为划分对象，以工商行政管理部门对企业登记注册的类型为依据，将企业登记注册类型分为内资企业、港澳台商投资企业和外商投资企业三大类。内资企业包括国有企业、集体企业、股份合作企业、联营企业、有限责任公司、股份有限公司、私营公司和其他企业；港澳台商投资企业和外商投资企业分别包括合资经营企业、合作经营企业、独资经营企业和股份有限公司。对不在工商行政管理部门进行登记注册的行政机关、事业单位和社会团体，主要按其经费来源和管理方式进行划分。

国内生产总值（GDP） 指按市场价格计算的一个国家（或地区）所有常住单位在一定时期内生产活动的最终成果。国内生产总值有三种表现形态，即价值形态、收入形态和产品形态。从价值形态看，它是所有常住单位在一定时期内生产的全部货物和服务价值超过同期投入的全部非固定资产货物和服务价值的差额，即所有常住单位的增加值之和；从收入形态看，它是所有常住单位在一定时期内创造并分配给常住单位和非常住单位的初次收入之和；从产品形态看，它是所有常住单位在一定时期内最终使用的货物和服务价值减去货物和服务进口价值。在实际核算中，国内生产总值有三种计算方法，即生产法、收入法和支出法。三种方法分别从不同的方面反映国内生产总值及其构成。

国民总收入（GNI） 即国民生产总值，指一个国家（或地区）所有常住单位在一定时期内收入初次分配的最终结果。一国常住单位从事生产活动所创造的增加值在初次分配中主要分配给该国的常住单位，但也有一部分以生产税及进口税（扣除生产和进口补贴）、劳动者报酬和财产收入等形式分配给非常住单位；同时，国外生产所创造的增加值也有一部分以生产税及进口税（扣除生产和进口补贴）、劳动者报酬和财产收入等形式分配给该国的常住单位，从而产生了国民总收入的概念。它等于国内生产总值加上来自国外的净要素收入。与国内生产总值不同，国民总收入是个收入概念，而国内生产总值是个生产概念。

三次产业 三产业的划分是世界上较为常用的产业结构分类，但各国的划分不尽一致。我国的三次产业划分是：

第一产业是指农、林、牧、渔业。

第二产业是指采矿业，制造业，电力、煤气及水的生产和供应业，建筑业。

第三产业是指除第一、二产业以外的其他行业。

劳动者报酬 指劳动者因从事生产活动所获得的全部报酬。包括劳动者获得的各种形式的工资、奖金和津贴，既包括货币形式的，也包括实物形式的，还包括劳动者所享受的公费医疗和医药卫生费、上下班交通补贴、单位支付的社会保险费、住房公积金等。对于个体经济来说，其所有者所获得的劳动报酬和经营利润不易区分，这两部分统一作为劳动者报酬处理。

生产税净额 指生产税减生产补贴后的余额。生产税指政府对生产单位从事生产、销售和经营活动以及因从事生产活动使用某些生产要素（如固定资产、土地、劳动力）所征收的各种税、附加费和规费。生产补贴与生产税相反，指政府对生产单位的单方面转移支出，因此视为负生产税，包括政策亏损补贴、价格补贴等。

固定资产折旧 指一定时期内为弥补固定资产损耗按照规定的固定资产折旧率提取的固定资产折旧，或按国民经济核算统一规定的折旧率虚拟计算的固定资产折旧。它反映了固定资产在当期生产中的转移价值。各类企业和企业化管理的事业单位的固定资产折旧是指实际计提的折旧费；不计提折旧的政府机关、非企业化管理的事业单位和居民住房的固定资产折旧是按照统一规定的折旧率和固定资产原值计算的虚拟折旧。原则上，固定资产折旧应按固定资产的重置价值计算，但是目前我国尚不具备对全社会固定资产进行重估价的基础，所以暂时只能采用上述办法。

营业盈余 指常住单位创造的增加值扣除劳动者报酬、生产税净额和固定资产折旧后的余额。它相当于企业的营业利润加上生产补贴，但要扣除从利润中开支的工资和福利等。

支出法国内生产总值 是从最终使用的角度反映一个国家（或地区）一定时期内生产活动最终成果的一种方法，包括最终消费、资本形成总额及货物和服务净出口三部分。计算公式为：

支出法国内生产总值＝最终消费＋资本形成总额＋货物和服务净出口

最终消费 指常住单位为满足物质、文化和精神生活的需要，从本国经济领土和国外购买的货物和服务的支出。它不包括非常住单位在本国经济领土内的消费支出。最终消费分为居民消费和政府消费。

居民消费 指常住住户在一定时期内对于货物和服务的全部最终消费支出。居民消费除了直接以货币形式购买的货物和服务的消费支出外，还包括以其他方式获得的货物和服务的消费支出，即所谓的虚拟消费支出。居民虚拟消费支出包括如下几种类型：单位以实物报酬及实物转移的形式提供给劳动者的货物和服务；住户生产并由本住户消费了的货物和服务，其中的服务仅指住户的自有住房服务和付酬的家庭雇员提供的家庭和个人服务；金融机构提供的金融媒介服务；保险公司提供的保险服务。

政府消费 指政府部门为全社会提供的公共服务的消费支出和免费或以较低的价格向居民住户提供的货物和服务的净支出，前者等于政府服务的产出价值减去政府单位所获得的经营收入的价值，后者等于政府部门免费或以较低价格向居民住户提供的货物和服务的市场价值减去向住户收取的价值。

资本形成总额 指常住单位在一定时期内获得减去处置的固定资产和存货的净额，包括固定资本形成总额和存货增加两部分。

固定资本形成总额 指生产者在一定时期内获得的固定资产减处置的固定资产的价值总额。固定资产是通过生产活动生产出来的，且其使用年限在一年以上、单位价值在规定标准以上的资产，不包括自然资产。可分为有形固定资本形成总额和无形固定资本形成总额。有形固定资本形成总额包括一定时期内完成的建筑工程、安装工程和设备工器具购置（减处置）价值，以及土地改良、新增役、种、奶、毛、娱乐用牲畜和新增经济林木价值。无形固定资本形成总额包括矿藏的勘探、计算机软件等获得减处置。

存货增加 指常住单位在一定时期内存货实物量变动的市场价值，即期末价值减期初价值的差额，再扣除当期由于价格变动而产生的持有收益。存货增加可以是正值，也可以是负值，正值表示存货上升，负值表示存货下降。存货包括生产单位购进的原材料、燃料和储备物资等存货，以及生产单位生产的产成品、在制品和半成品等存货。

货物和服务净出口 指货物和服务出口减货物和服务进口的差额。出口包括常住单位向非常住单位出售或无偿转让的各种货物和服务的价值；进口包括常住单位从非常住单位购买或无偿得到的各种货物和服务的价值。由于服务活动的提供与使用同时发生，一般把常住单位从非常住单位得到的服务作为进口，非常住单位从常住单位得到的服务作为出口。货物的出口和进口都按离岸价格计算。

直接消耗系数 也称为投入系数，记为 aij（ij＝1，2，…，n）它是指在生产经营过程中第 j 产品（或产业）部门的单位总产出所直接消耗的第 i 产品部门货物或服务的价值量，将各产品（或产业）部门的直接消耗系数用表的形式表现出来，就是直接消耗系数表或直接消耗系数矩阵，通常用字母 A 表示。

完全消耗系数 指第 j 产品部门每提供一个单位最终使用时，对第 i 产品部门货物或服务的直接消耗和间接消耗之和。将各产品部门的完全消耗系数用表的形式表现出来，就是完全消耗系数表或完全消耗系数矩阵，通常用字母 B 表示。

机构单位 指有权拥有资产和承担负债，能够独立地从事经济活动并与其他实体进行交易的经济实体。

机构部门 将相同性质的机构单位归并在一起，就形成机构部门。资金流量核算将常住机构单位划分为以下四个机构部门：非金融企业部门、金融机构部门、政府部门、住户部门。与常住单位发生经济往来关系的非常住单位组成国外部门，在资金流量核算中也视同机构部门。

非金融企业与非金融企业部门 非金融企业指主要从事市场货物生产和提供非金融市场服务的常住企业，它主要包括从事上述活动的各类法人企业。所有非金融企业归并在一起，就形成非金融企业部门。

金融机构与金融机构部门 金融机构指主要从事金融媒介以及与金融媒介密切相关的辅助金融活动的常住单位，它主要包括中央银行、商业银行和政策性银行、非银行信贷机构和保险公司。所有金融机构归并在一起，就形成金融机构部门。

政府单位与政府部门 政府单位指在我国境内通过政治程序建立的、在一特定区域内对其他机构单位拥有立法、司法和行政权的法律实体及其附属单位。政府单位的主要职能是利用征税和其他方式获得的资金向社会和公众提供公共服务。通过转移支付，对社会收入和财产进行再分配。它主要包括各种行政单位和非营利性事业单位。所有政府单位归并在一起，就形成政府部门。

住户与住户部门 住户指共享同一生活设施、部分或全部收入和财产集中使用、共同消费住房、食品和其他消费品与消费服务的常住个人或个人群体。所有住户归并在一起，就形成住户部门。

非常住单位与国外部门 所有不具有常住性的机构单位都是非常住单位。将所有与我国常住单位发生交易的非常住单位归并在一起，就形成国外部门。

初次分配总收入 初次分配是生产活动形成的净成果在参与生产活动的生产要素的所有者及政府之间的分配。生产活动的净成果是增加值。生产要素包括劳动力、土地、资本。劳动力所有者因提供劳动而获得劳动报酬；土地所有者因出租土地而获得地租；资本的所有者因资本的形态不同而获得不同形式的收入：借贷资本所有者获得利息收入；股权所有者获得红利或未分配利润；政府因直接或间接介入生产过程而获得生产税或支付补贴。初次分配的结果形成各个机构部门的初次分配总收入。各部门的初次分配总收入之和就等于国民总收入，亦即国民生产总值。

经常转移 转移是一个机构单位向另一个机构单位提供货物、服务或资产，而同时并没有从后一机构单位获得任何货物、服务或资产作为回报的一种交易。经常转移包括扣除资本转移外的所有转移。其形式有收入税、社会保险付款、社会补助和其他经常转移。

可支配总收入 在初次分配总收入的基础上，通过经常转移的形式对初次分配总收入进行再次分配。再分配的结果形成各个机构部门的可支配总收入。各部门的可支配总收入之和称为国民可支配总收入。

总储蓄 指可支配总收入用于最终消费后的余额。各部门的总储蓄之和称为国民总储蓄。

资本转移 指一个部门无偿地向另一个部门支付用于非金融投资的资金，是一种不从对方获取任何对应物作为回报的交易。资本转移具有不同于经常转移的两个特征，一是转移的目的是用于投资，而不是用于消费；二是资本转移其实物形式往往涉及除存货和现金以外资产所有权的转移；其现金形式往往涉及除存货以外的资产的处置。资本转移包括投资性补助和其他资本转移。

净金融投资 它反映机构部门或经济总体资金富余或短缺的状况。从实物交易角度看，它是指总储蓄加资本转移收入减资本转移支出减非金融投资后的差额。从金融交易角度看，它是金融资产的增加额减金融负债的增加额之后的差额。

通货 指以现金形式存在于市场流通中的货币，包括本币和外币。

存款 指金融机构接受客户存入的货币款项，存款人可随时或按约定时间支取款项的信用业务。包括活期存款、定期存款、住户储蓄存款、财政存款、外汇存款和其他存款等。

贷款 指金融机构将其所吸收的资金，按一定的利率贷放给客户并约期归还的信用业务。包括短期贷款、中长期贷款、财政贷款、外汇贷款和其他贷款。

证券（不含股票） 由债券购买者承购的或因销售产品而拥有的，可在金融市场上交易并代表一定债权的书面证明。包括政府债券、金融债券、企业债券、商业票据、支付固定收入但不提供法人企业残余价值分享权的优先股等。

股票及其他股权 指股票购买者及直接投资者对其投资企业净资产所拥有的权益。股票是股份公司签发的证明股东投资并按其所持股份享有权益和承担义务的权益性证券。其他股权是机构单位以直接投资的方式用除股票、债权性证券以外的土地、房屋及建筑物、机器设备、存货、资源资产等实物资产，商标、专利权、土地使用权、特许使用权、商誉等无形资产及货币资金直接向其他单位进行的投资。通常以股权证、出资证明书、参与证或类似的单据为凭证。

保险准备金 指对人寿保险准备金和养恤基金的净权益、保险费预付款和未结索赔准备金。

结算资金 指金融机构用于结算目的汇兑在途的资金。

金融机构往来 指各金融机构之间的资金往来，包括同业存放款和同业拆借款。

准备金 指各金融机构在中央银行的存款及缴存中央银行的法定准备金。

中央银行贷款 指中央银行向各金融机构的贷款。

经常项目 包括货物、服务、收益及经常性转移。

货物进出口 指通过我国海关进出口的货物。货物的进出口值都按离岸价格估价。离岸价格可视为进口商在出口商边境领取货物时支付的购买者价格。当进口商领取该货物时，该货物已装载到进口商自己的运载工具或其他运载工具，出口商已为该货物支付了出口税或获得了出口退税。

服务进出口 指常住单位与非常住单位之间相互提供的服务。包括运输服务、旅游服务、通讯服务、建筑服务、保险服务、金融服务、计算机和信息服务、咨询服务、广告、宣传服务、电影音像服务、专有权力使用费和特许费、其他商务服务、政府服务。

收益 指常住单位与非常住单位之间因相互提供生产要素而产生的收入，包括劳动者报酬和投资收益。其中投资收益包括直接投资、证券投资和其他投资的收益和支出，以及直接投资收益的再投资。

资本项目 包括移民转移、债务减免等资本性转移。

金融项目 包括直接投资、证券投资和其他投资。

直接投资 指外国、港澳台地区在我国和我国在外国、港澳台地区以独资、合资、合作及合作勘探开发方式进行的投资。

证券投资 指我国对外国、港澳台地区发行的股票、债券等有价证券和我国购买外国、港澳台地区发行的股票、债券等有价证券。

其他投资 指除直接投资和证券投资以外的所有对外金融资产与负债交易项目。包括外国提供给我国和我国提供给外国的贸易信贷、贷款、货币和存款以及其他资产。

储备资产增减额 指我国在黄金储备、外汇储备、在国际货币基金组织的储备头寸、特别提款权、使用基金信贷等方面本年末与上年末余额之间的差额。负号表示储备资产增加，正号表示储备资产减少。

企业景气调查 企业景气调查的对象是企业主要负责人。调查方式是问卷调查，收集企业家对本行业景气状况和生产经营状况的判断以及对本行业、企业未来发展的预期，由企业主要负责人亲自填表。企业景气调查为季度调查。全省共抽中样本单位 1120 多家，包括全部大型企业和部分中小型企业；调查范围覆盖国民经济六个主要行业，即工业，建筑业，交通运输、仓储及邮电通信业，批发和零售贸易、餐饮业，房地产业和社会服务业等。企业景气指数通常用百分数表示，0.00％－100％表示景气，0.00％－－100％表示不景气，一般说来，正值越高越景气，负值越高越不景气。

出生率（又称粗出生率） 指在一定时期内（通常为一年）平均每千人所出生的人数的比率，一般用千分率表示。计算公式为：

$$出生率=\frac{年出生人数}{年平均人数}\times 1000‰$$

式中：出生人数指活产婴儿，即胎儿脱离母体时（不管怀孕月数），有过呼吸或其他生命现象。年平均人数指年初、年底人口数的平均数，也可用年中人口数代替。

死亡率（又称粗死亡率） 指在一定时期内（通常为一年）一定地区的死亡人数与同期平均人数（或期中人数）之比，一般用千分率表示。计算公式为：

$$死亡率=\frac{年死亡人数}{年平均人数}\times 1000‰$$

人口自然增长率 指在一定时期内（通常为一年）人口自然增加数（出生人数减死亡人数）与该时期内平均人数（或期中人数）之比，一般用千分率表示。计算公式为：

$$人口自然增长率=\frac{本年出生人数-本年死亡人数}{年平均人数}\times 1000‰=人口出生率-人口死亡率$$

总抚养比 也称总负担系数。指人口总体中非劳动年龄人口数与劳动年龄人口数之比。通常用百分比表示。说明每 100 名劳动年龄人口大致要负担多少名非劳动年龄人口。用于从人口角度反映人口与经济发展的基本关系。计算公式为：

$$GDR=P_{0\sim 14}+P\,65+/\ P_{15\sim 64}\times 100\%$$

其中：GDR 为总抚养比；$P_{0\sim 14}$ 为 0～14 岁少年儿童人口数；P_{65+} 为 65 岁及 65 岁以上的老年人口数；$P_{15\sim 64}$ 为 15～64 岁劳动年龄人口数。

老年人口抚养比 也称老年人口抚养系数。指某一人口中老年人口数与劳动年龄人口数之比。通常用百分比表示。用以表明每 100 名劳动年龄人口要负担多少名老年人。老年人口抚养比是从经济角度反映人口老化社会后果的指标之一。计算公式为：

$$ODR=P_{65+}/P_{15\sim 64}\times 100\%$$

其中：ODR 为老年人口抚养比；P_{65+} 为 65 岁及 65

岁以上的老年人口数；$P_{15\sim64}$为15～64岁的劳动年龄人口数。

少年儿童抚养比 也称少年儿童抚养系数。指某一人口中少年儿童人口数与劳动年龄人口数之比。通常用百分比表示。以反映每100名劳动年龄人口要负担多少名少年儿童。计算公式为：

$$CDR = P_{0\sim14}/P_{15\sim64} \times 100\%$$

其中：CDR为少年儿童抚养比；$P_{0\sim14}$为0～14岁少年儿童人口数；$P_{15\sim64}$为15～64岁劳动年龄人口数。

就业人员 指从事一定社会劳动并取得劳动报酬或经营收入的人员，包括在岗职工、再就业的离退休人员、私营业主、个体户主、私营和个体就业人员、乡镇企业就业人员、农村就业人员、其他就业人员（包括民办教师、宗教职业者、现役军人等）。这一指标反映了一定时期内全部劳动力资源的实际利用情况，是研究我国基本国情国力的重要指标。

各单位的就业人员 指在各级国家机关、政党机关、社会团体及企业、事业单位中工作，取得工资或其他形式的劳动报酬的全部人员。包括在岗职工、再就业的离退休人员、民办教师以及在各单位中工作的外方人员和港澳台方人员、兼职人员、借用的外单位人员和第二职业者。不包括离开本单位仍保留劳动关系的职工。各单位的就业人员反映了各单位实际参加生产或工作的全部劳动力。

城镇私营和个体就业人员 城镇私营就业人员指在工商管理部门注册登记，其经营地址设在县城关镇（含县城关镇）以上的私营企业就业人员，包括私营企业投资者和雇工。城镇个体就业人员指在工商管理部门注册登记，并持有城镇户口或在城镇长期居住，经批准从事个体工商经营的就业人员，包括个体经营者和在个体工商户劳动的家庭帮工和雇工。

职工 指在国有、城镇集体、联营、股份制、外商和港、澳、台投资、其他单位及其附属机构工作，并由其支付工资的各类人员。不包括下列人员：(1) 乡镇企业就业人员；(2) 私营企业就业人员；(3) 城镇个体劳动者；(4) 离休、退休、退职人员；(5) 再就业的离、退休人员；(6) 民办教师；(7) 在城镇单位中工作的外方及港、澳、台人员；(8) 其他按有关规定不列入职工统计范围的人员。

在岗职工 指在本单位工作并由单位支付工资的人员，以及有工作岗位，但由于学习、病伤产假等原因暂未工作，仍由单位支付工资的人员。

工资总额 指各单位在一定时期内直接支付给本单位全部职工的劳动报酬总额。工资总额的计算原则应以直接支付给职工的全部劳动报酬为根据。各单位支付给职工的劳动报酬以及其他根据有关规定支付的工资，不论是计入成本的还是不计入成本的，不论是按国家规定列入计征奖金税项目的，还是未列入计征奖金税项目的，不论是以货币形式支付的还是以实物形式支付的，均包括在工资总额内。

平均工资 指企业、事业、机关单位的职工在一定时期内平均每人所得的货币工资额。它表明一定时期职工工资收入的高低程度，是反映职工工资水平的主要指标。计算公式为：

$$平均工资 = \frac{报告期实际支付的全部职工工资总额}{报告期全部职工平均人数}$$

平均工资指数 指报告期职工平均工资与基期职工平均工资的比率，是反映不同时期职工货币工资水平变动情况的相对数。计算公式为：

$$平均工资指数 = \frac{报告期职工平均工资}{基期职工平均工资} \times 100\%$$

平均实际工资指数 职工平均实际工资指扣除物价变动因素后的职工平均工资。职工平均实际工资指数是反映实际工资变动情况的相对数，表明职工实际工资水平提高或降低的程度。计算公式为：

$$平均实际工资指数 = \frac{报告期职工平均工资指数}{报告期城镇居民消费价格指数} \times 100\%$$

在业人口（又称就业人口） 指十五周岁及十五周岁以上人口中从事一定社会劳动并取得劳动报酬或经营收入的人口。

不在业人口 指十五周岁及十五周岁以上人口中未从事社会劳动的人口，包括在校学生、料理家务、待升学、市镇待业、离退休、退职、丧失劳动能力等非在业人口。

从业人员 指从事一定社会劳动并取得劳动报酬或经营收入的人员，包括全部职工、再就业的离退休人员、私营业主、个体户主、私营和个体从业人员、乡镇企业从业人员、农村从业人员、其他从业人员（包括民办教师、宗教职业者、现役军人等）。这一指标反映了一定时期内全部劳动力资源的实际利用情况，是研究我国基本国情国力的重要指标。

各单位的从业人员 指在各级国家机关、政党机关、社会团体及企业、事业单位中工作，取得工资和其他形式的劳动报酬的全部人员。包括在岗职工、再就业的离退休人员、民办教师以及在各单位中工作的外方人员和港澳台方人员、兼职人员、借用的外单位人员和第二职业者。不包括离开本单位仍保留劳动关系的职工。各单位的从业人员反映了各单位实际参加生产或工作的全部劳动力。

城镇私营和个体从业人员 城镇私营从业人员指在工商管理部门注册登记，其经营地址设在县城关镇（含城关镇）以上的私营企业从业人员；包括私营企业投资者和雇工。城镇个体从业人员指在工商管理部门注册登记，并持有城镇户口或在城镇长期居住，经批准从事个体工商经营的从业人员；包括个体经营者和在个体工商户劳动的家庭帮工和雇工。

城镇登记失业人员 指有非农业户口，在一定的劳动年龄内，有劳动能力，无业而要求就业，并在当地就业服务机构进行求职登记的人员。

城镇登记失业率 指城镇登记失业人数同城镇从业人数与城镇登记失业人数之和的比。计算公式为：

城镇登记失业率

$$=\frac{\text{城镇登记失业人数}}{\text{城镇从业人数}+\text{城镇登记失业人数}}\times 100\%$$

职工 指在国有经济、城镇集体经济、联营经济、股份制经济、外商和港、澳、台投资经济、其他经济单位及其附属机构工作，并由其支付工资的各类人员，不包括返聘的离退休人员、民办教师、在国有经济单位工作的外方人员和港、澳、台人员。

在岗职工 指在本单位工作并由单位支付工资的人员，以及有工作岗位，但由于学习、病伤产假等原因暂未工作，仍由单位支付工资的人员。

职工工资总额 指各单位在一定时期内直接支付给本单位全部职工的劳动报酬总额。工资总额的计算原则应以直接支付给职工的全部劳动报酬为根据。各单位支付给职工的劳动报酬以及其他根据有关规定支付的工资，不论是计入成本的还是不计入成本的，不论是按国家规定列入计征奖金税项目的还是未列入计征奖金税项目的，不论是以货币形式支付的还是以实物形式支付的，均包括在工资总额内。

职工平均工资 指企业、事业、机关单位的职工在一定时期内平均每人所得到货币工资额。它表明一定时期职工工资收入的高低程度，是反映职工工资水平的主要指标。计算公式为：

职工平均工资

$$=\frac{\text{报告期实际支付的全部职工工资总额}}{\text{报告期全部职工平均人数}}$$

职工平均实际工资 扣除物价变动因素后的职工平均工资。计算公式为：

职工平均实际工资

$$=\frac{\text{报告期职工平均工资}}{\text{报告期城镇居民消费价格指数}}$$

全社会固定资产投资 以货币形式表现的在一定时期内全社会建造和购置固定资产的工作量以及与此有关的费用的总称。该指标是反映固定资产投资规模、结构和发展速度的综合性指标，又是观察工程进度和考核投资效果的重要依据。全社会固定资产投资按登记注册类型可分为国有、集体、个体、联营、股份制、外商、港澳台商、其他等。

城镇固定资产投资 指城镇各种登记注册类型的企业、事业、行政单位及个体户进行的计划总投资（或实际需要总投资）50万元及50万元以上的建设项目投资、房地产开发投资、城镇和工矿区私人建房投资。县城及以上区域内发生的投资，县及县以上各级政府及主管部门直接领导、管理的建设项目和企业事业单位的投资均为城镇固定资产投资。

房地产开发投资 指各种登记注册类型的房地产开发公司、商品房建设公司及其他房地产开发法人单位和附属于其他法人单位实际从事房地产开发或经营活动的单位统一开发的包括统代建、拆迁还建的住宅、厂房、仓库、饭店、宾馆、度假村、写字楼、办公楼等房屋建筑物和配套的服务设施，土地开发工程（如道路、给水、排水、供电、供热、通讯、平整场地等基础设施工程）的投资；不包括单纯的土地交易活动。

城镇和工矿区私人建房投资 包括市、县城、城关镇、工矿区所辖范围内的全部私人建房，不论其房主是否系本地的常住户口均应包括。

农村投资 包括在农村区域范围内进行固定资产投资活动的企业、事业、行政单位及农村个人投资。

建设总规模 是指在报告期内所有施工项目的计划总投资。这个指标和施工项目相对应。

在建总规模 是指在报告期末所有在建项目的计划总投资。

在建净规模 是指报告期末所有在建项目建成投产尚需的投资总量。在建净规模＝在建总规模－累计完成投资。

固定资产投资的资金来源 根据固定资产投资的资金来源不同，分为国家预算内资金、国内贷款、利用外资、自筹资金和其他资金。

（1）国家预算内资金：分为财政拨款和财政安排的贷款两部分。包括中央财政的基本建设基金（分经营性基金和非经营性基金两部分）、专项支出（如煤代油专项等）、收回再贷、贴息资金，财政安排的挖潜改造和新产品试制支出、城建支出、商业部门简易建筑支出、不发达地区发展基金等资金中用于固定资产投资的资金；地方财政中由国家统筹安排的资金等。

（2）国内贷款：指报告期固定资产投资单位向银行及非银行金融机构借入的用于固定资产投资的各种国内借款，包括银行利用自有资金及吸收的存款发放的贷款、上级主管部门拨入的国内贷款、国家专项贷款（包括煤代油贷款、劳改煤矿专项贷款等）、地方财政专项资金安排的贷款、国内储备贷款、周转贷款等。

（3）利用外资：指报告期收到的用于固定资产建造和购置的国外资金（包括设备、材料、技术在内）。包括对外借款（外国政府、国际金融组织贷款、出口信贷、外国银行商业贷款、对外发行债券和股票）、外商直接投资及外商其他投资。不包括我国自有外汇资金（国家外汇、地方外汇、留成外汇、调剂外汇和中国银行自有资金发行的外汇贷款等）。计算利用外资时，需要折算成人民币，折算中所使用的外汇汇率按现汇计算，即按使用外汇时的汇率计算。

（4）自筹资金：指固定资产投资单位报告期收到的，由各地区、各部门及企、事业单位筹集用于固定资产投资的预算外资金，包括中央各部门、各级地方和企、事业单位的自筹资金。

（5）其他资金：指在报告期收到的除以上各种资金之外其他用于固定资产投资的资金，包括企业或金融机构通过发行各种债券筹集到的资金、群众集资、个人资金、无偿捐赠的资金及其他单位拨入的资金等。

固定资产投资按国民经济行业分 根据建设项目建成投产后的主要产品或主要用途及社会经济活动性质来确定国民经济行业。一般情况下，一个建设项目或一个企业、事业单位只能属于一种国民经济行业。

固定资产投资按隶属关系分 是按建设单位或企业、事业、行政单位的主管上级机关确定的。

（1）中央：是指中共中央、人大常委会和国务院各部、委、局、总公司以及直属机构直接领导的建设项目和企业、事业、行政单位。这些单位的固定资产投资计划由国务院各部门直接编制和下达，建设中所需物资、主要设备以及建设中的问题都由中央有关部门安排和解决。

（2）地方：是由省（自治区、直辖市）、地区（州、盟、省辖市）、县（旗、县级市）三级政府及业务主管部门直接领导和管理的建设项目、企业、事业、行政单位。地方项目还包括不隶属以上各级政府及主管部门的建设项目和企业、事业单位，如外商投资企业和无主管部门的企业等。

固定资产投资按建设性质分 根据整个建设项目情况来确定。建设项目的性质一般分为新建、扩建、改建和技术改造、迁建、恢复。房地产开发单位、农村投资、城镇工矿区私人建房投资不划分建设性质。

（1）新建：一般指从无到有"平地起家"开始建设的企业、事业和行政单位或建设项目。现有企业、事业、行政单位一般不属于新建。但如有的单位原有基础很小，经过建设后新增的固定资产价值超过该企、事业、行政单位原有固定资产价值（原值）三倍以上的也应作为新建。

（2）扩建：指在厂内或其他地点，为扩大原有产品的生产能力（或效益）或增加新的产品生产能力，而增建主要的生产车间（或主要工程）、分厂、独立的生产线。行政、事业单位在原单位增建业务用房（如学校增建教学用房、医院增建门诊部、病房等）也作为扩建。

现有企、事业单位为扩大原有主要产品生产能力或增加新的产品生产能力，增建一个或几个主要生产车间（或主要工程）、分厂，同时进行一些更新改造工程的，也应作为扩建。

（3）改建和技术改造：指现有企业、事业单位，对原有设施进行技术改造或更新（包括相应配套的辅助性生产、生活福利设施）的建设项目。现有企业、事业单位为适应市场变化的需要，而改变企业的主要产品种类（如军工企业转产民用品等）的建设项目，应作为改建。原有产品生产作业线由于各工序（车间）之间能力不平衡，为填平补齐充分发挥原有生产能力而增建不增加本企业主要产品设计能力的车间，也应作为改建。技术改造是指企业、事业单位在现有基础上，用先进的技术代替落后的技术，用先进的工艺和装备代替落后的工艺和装备，以改变企业落后的技术经济面貌，实现以内涵为主的扩大再生产，达到提高产品质量、促进产品更新换代、节约能源、降低消耗、扩大生产规模、全面提高社会经济效益的目的。技术改造具体包括以下内容：机器设备和工具的更新改造；生产工艺改革、节约能源和原材料的改造；厂房建筑和公共设施的改造；劳动条件和生产环境的改造等。

固定资产投资按构成分 固定资产投资活动按其工作内容和实现方式分为建筑安装工程，设备、工具、器具购置，其他费用三个部分。

（1）建筑安装工程（建筑安装工作量）：指各种房屋、建筑物的建造工程和各种设备、装置的安装工程。包括各种房屋建造工程，各种用途设备基础和各种工业窑炉的砌筑工程及金属结构工程；为施工而进行的各种准备工作和临时工程以及完工后的清理工作等；铁路、道路的铺设，矿井的开凿及石油管道的架设等；水利工程；防空地下建筑等特殊工程；列入房屋工程预算内的暖气、卫生、通风、照明、煤气等设备的价值及装设油饰工程；列入建筑工程预算内的各种管道（蒸汽、压缩空气、石油、给排水等管道）、电力、电讯电缆导线等的敷设工程；以及各种机械设备的安装工程；为测定安装工程质量，对设备进行的试运工作；房地产开发单位进行的商品房屋开发建设工程、土地开发工程。

在安装工程中，不包括被安装设备本身的价值。（2）设备、工具、器具购置：指建设单位或企、事业单位购置或自制的，达到固定资产标准的设备、工具、器具的价值。新建单位及扩建单位的新建车间，按照设计或计划要求购置或自制的全部设备、工具、器具，不论是否达到固定资产标准均计入“设备、工具、器具购置”中。

（3）其他费用：指在固定资产建造和购置过程中发生的，除上述几项内容以外的各种应分摊计入固定资产的费用。

施工项目 指报告期内进行过建筑或安装施工活动的项目。凡是报告期内施过工的建设项目，不论施工时间长短，均作为施工项目统计。施工项目个数可以反映一定时期固定资产投资的实际规模，与同期全部建成投产项目个数相比，可以从建设速度的角度反映固定资产投资的效果。根据建设项目施工活动的不同性质，施工项目又分为：本年正式施工项目、本年收尾项目和以前年度全部停缓建项目。

全部建成投产项目 工业项目指设计文件规定形成生产能力的主体工程及其相应配套的辅助设施全部建成，经负荷试运转，证明具备生产设计规定合格产品的条件，并经过验收鉴定合格或达到竣工验收标准，与生产性工程配套的生活福利设施可以满足近期正常生产的需要，正式移交生产的建设项目。非工业项目指设计文件规定的主体工程和相应的配套工程全部建成，能够发挥设计规定的全部效益，经验收鉴定合格或达到竣工验收标准，正式移交使用的建设项目。

新增生产能力（或工程效益） 指通过固定资产投资活动而增加的设计能力（或工程效益），该指标是以实物形态表现的反映固定资产投资成果的指标，也是考核投资经济效果的重要依据之一。新增生产能力（或工程效益）一般有以下几种表现形式：

（1）用产品数量表示，以工程在单位时间内（一般是一年）所能生产的产品数量（即年产量）表示。如原煤开采用万吨/年表示，化学农药用吨/年表示，拖拉机制造用台/年表示等。某些化工产品由于含量差别较大，按其设计含量计算折合量表示，如硫酸、纯碱、烧碱等。

（2）用单位时间内所能处理的原料数量表示，以工程每天（或小时）所能处理原料的数量表示。如机制糖工程日处理原料吨，食用植物油日处理原料吨，城市污水处理能力用万吨/日表示等。

（3）用新增加的主要设备的数量或容量表示，如新增棉布织机、丝织机等台数，毛纺锭等锭数，发电厂新增发电机组容量用千瓦表示等。

（4）用建筑物容积、容量、面积、长度表示，是非工业项目或工程新增效益的一种表现形式。如铁路投产里程、新建公路、水库容量、粮食仓库、学校学生席位、医院病床、有效灌溉面积等。

根据工程的特点，有时需要用两种或两种以上的复合计量单位表示新增生产能力（或工程效益），如新增内燃机生产能力同时用年产台数、千瓦数表示等。

为了规范新增生产能力（或工程效益）的名称和计算单位，国家统计局制订了《新增生产能力（或工程效益）目录及代码》。各固定资产投资单位在统计新增生产能力（或工程效益）时，必须按目录中规定的名称、计量单位和代码填报。

房屋建筑面积 指房屋建筑物勒脚以上外墙外围的水平截面面积，包括房屋建筑物的有效面积和结构面积。该指标是从实物形态上反映建设规模和建设成果的重要指标之一，也是检查工程形象进度、计算工程造价、分析投资效果、研究施工任务和建筑材料之间平衡情况的重要依据。

住宅建筑面积 指施工和竣工房屋建筑面积中供居住用的房屋建筑面积。

施工面积 指报告期内施工的全部房屋建筑面积。包括本期新开工的面积和上期开工跨入本期继续施工的房屋面积，以及上期已停建在本期恢复施工的房屋面积。本期竣工和本期施工后又停缓建的房屋，其建筑面积仍计入本期房屋施工面积中。

竣工面积 指在报告期内房屋建筑按照设计要求已经全部完工，达到住人和使用条件，经验收鉴定合格（或达到竣工验收标准），正式移交使用单位的各栋房屋建筑面积的总和。

房屋建筑面积竣工率 指一定时期内房屋竣工面积占同期房屋施工面积的比率。是从房屋建筑施工速度的角度反映投资效果的指标。

新增固定资产 指报告期内已经完成建造和购置过程，并已交付生产或使用单位的固定资产价值。该指标是表示固定资产投资成果的价值指标，也是反映建设进度，计算固定资产投资效果的重要指标。

建设项目投产率 指一定时期内全部建成投产项目个数与同期施工项目个数的比率。该指标是从建设单位建设速度的角度反映投资效果的指标。

固定资产交付使用率 指一定时期新增固定资产与同期完成投资额的比率。该指标是反映固定资产动用速度，衡量建设过程中宏观投资效果的综合指标。由于新增固定资产是较长时期内形成的结果，而投资额则是当年完成的，因此，该指标一般适宜于反映较长时期内固定资产的动用情况。

经济适用房 指根据地方经济适用房计划安排建设的政策性住宅。经济是指房屋建筑造价和销售价格低于一般商品住宅；适用是指适合中低收入家庭购买使用。经济适用房主要是由国家统一下达投资计划，房地产公司开发，对外销售；用地一般采用行政划拨或招标投标方式，免收土地出让金；对各种经批准的收费减半征收，开发利润不超过3%；销售价格实行政府指导价。该指标可以分析房地产投资结构，反映中低收入家庭商品住宅的供求平衡情况。

财政收入 指国家财政参与社会产品分配所取得的收入，是实现国家职能的财力保证。财政收入所包括的内容几经变化，目前主要包括：营业税，地方企业所得税，利息所得税之外的个人所得税地方分享的部分，城镇土地使用税，固定资产投资方向调节税，城镇维护建设税，房产税，车船使用税，印花税，屠宰税，农牧业税，农业特产税，耕地占用税，契税，土地增值税、国有土地有偿使用收入，增值税25%部分，证券交易税（印花税）6%部分和除海洋石油资源税以外的其他资源税。

财政支出 国家财政将筹集起来的资金进行分配使用，以满足经济建设和各项事业的需要，主要包括：地方行政管理和各项事业费，地方统筹的基本建设、技术改造支出，支援农村生产支出，城市维护和建设经费，价格补贴支出等。

预算外资金收支 预算外资金指国家机关、事业单位和社会团体为履行或代行政府职能，依据国家法律、法规和具有法律效力的规章而收取、提取和安排使用的未纳入国家预算管理的各种财政性资金。其范围主要包括：法律、法规规定的行政事业性收费、政府性基金和附加收入等；国务院或省级人民政府及其财政、计划（物价）部门审批的行政事业性收费；国务院及财政部审批建立的政府性基金、附加收入等；主管部门所属单位集中上缴资金；用于乡镇政府开支的乡自筹和乡统筹资金；其他未纳入预算管理的财政性资金。社会保障基金在国家财政尚未建立社会保障预算制度以前，先按预算外资金管理制度进行管理，专款专用。财政部门在银行开设统一的专户，用于预算外资金收入和支出管理。部门和单位的预算外收入必须上缴同级财政专户，支出由同级财政按预算外资金收支计划和单位财务收支计划统筹安排，从财政专户中拨付，实行收支两条线管理。

居民消费价格指数 是反映一定时期内城乡居民所购买的生活消费品价格和服务项目价格变动趋势和程度的相对数，是对城市居民消费价格指数和农村居民消费价格指数进行综合汇总计算的结果。该指数可以观察和分析消费品的零售价格和服务价格变动对城乡居民实际生活费支出的影响程度。

城市居民消费价格指数 是反映一定时期内城市居民家庭所购买的生活消费品价格和服务项目价格变动趋势和程度的相对数。该指数可以观察和分析消费品的零售价格和服务项目价格变动对职工货币工资的影响，作为研究职工生活和确定工资政策的依据。

农村居民消费价格指数 是反映一定时期内农村居民家庭所购买的生活消费品价格和服务项目价格变动趋势和程度的相对数。该指数可以观察农村消费品的零售价格和服务项目价格变动对农村居民生活消费支出的影响，直接反映农民生活水平的实际变化情况，为分析和研究农村居民生活问题提供依据。

商品零售价格指数 是反映一定时期内城乡商品零售价格变动趋势和程度的相对数。商品零售物价的变动直接影响到城乡居民的生活支出和国家的财政收入，影响居民购买力和市场供需的平衡，影响到消费与积累的比例关系。因此，该指数可以从一个侧面对上述经济活动进行观察和分析。

农业生产资料价格指数 指反映一定时期内农业生产资料价格变动趋势和程度的相对数。农业生产资料价格指数分为小农具、饲料、幼禽家畜、半机械化农具、机械化农具、化学肥料、农药及农药械、农机用油等八大类。其编制目的是了解农业生产中物质资料投入价格的变动状况，服务于国民经济核算。1994 年以前，农业生产资料价格指数仅仅是商品零售价格指数的一个类别，此后，从商品零售价格指数中分离出来，单独编制。

农产品生产价格指数 是反映一定时期内，农产品生产者出售农产品价格水平变动趋势及幅度的相对数。该指数可以客观反映农产品生产价格水平和结构变动情况，满足农业与国民经济核算需要。其中某代表品生产价格指数是通过对全部有出售该产品行为的调查单位的个体指数进行几何平均求得的，类价格指数是通过对其所属的类（或代表品）的价格指数进行加权平均求得的。季度累计价格指数的计算方法与分季指数的计算方法相同。

工业品出厂价格指数 是反映一定时期内全部工业产品出厂价格总水平的变动趋势和程度的相对数，包括工业企业售给本企业以外所有单位的各种产品和直接售给居民用于生活消费的产品。该指数可以观察出厂价格变动对工业总产值及增加值的影响。

原材料、燃料和动力购进价格指数 是反映工业企业作为生产投入，而从物资交易市场和能源、原材料生产企业购买原材料、燃料和动力产品时，所支付的价格水平变动趋势和程度的统计指标，是扣除工业企业物质消耗成本中的价格变动影响的重要依据。

目前，我国编制的原材料、燃料和动力购进价格指数所调查的产品包括燃料动力、黑色金属、有色金属、化工、建材等九大类的 900 多种产品。

固定资产投资价格指数 是反映一定时期内固定资产投资品及项目的价格变动趋势和程度的相对数。固定资产投资额是由建筑安装工程投资完成额、设备工器具购置投资完成额和其他费用投资完成额三部分组成的。编制固定资产投资价格指数应首先分别编制上述三部分投资的价格指数，然后采用加权算术平均法求出固定资产投资价格总指数。

该指数可以准确地反映固定资产投资中涉及的各类投资品和取费项目价格变动趋势和变动幅度，消除按现价计算的固定资产投资指标中的价格变动因素，真实地反映固定资产投资的规模、速度、结构和效益，为国家科学地制定、检查固定资产投资计划并提高宏观调控水平，为完善国民经济核算体系提供科学的、可靠的依据。

城镇居民家庭总收入 指家庭成员得到的工薪收入、经营净收入、财产性收入、转移性收入之和，不包括出售财物收入和借贷收入。

城镇居民家庭可支配收入 指家庭成员得到可用于最终消费支出和其它非义务性支出以及储蓄的总和，即居民家庭可以用来自由支配的收入。它是家庭总收入扣除交纳的所得税、个人交纳的社会保障支出以及记账补贴后的收入。计算公式为：

可支配收入＝家庭总收入－交纳所得税－个人交纳的社会保障支出－记账补贴

城镇居民家庭消费性支出 指家庭用于日常生活的支出，包括食品、衣着、家庭设备用品及服务、医疗保健、交通和通信、娱乐教育文化服务、居住、杂项商品和服务等八大类支出。

城镇家庭服务性消费支出 指家庭用于支付社会提供的各种非商品性服务费用。

城镇居民家庭购买商品支出 指被调查的城镇居民家庭为自用或赠送亲友而购买商品的全部支出，包括从商店、工厂、饮食业、工作单位食堂、集市以及直接从农民手中购买各种商品的开支。商品支出分为以下八类：食品；衣着；家庭设备用品及服务；医疗保健、交通与通信；娱乐、教育、文化服务；居住；杂项商品和服务。

城镇家庭收入分组方法 将所有调查户依户人均可支配收入由低到高排队，按10%，10%，20%，20%，20%，10%，10%的比例依次分成：最低收入户、低收入户、中等偏下收入户、中等收入户、中等偏上收入户、高收入户、最高收入户等七组。总体中最低5%的户为困难户。

农村居民家庭总收入 指调查期内农村住户和住户成员从各种来源渠道得到的收入总和。按收入的性质划分为工资性收入、家庭经营收入、财产性收入和转移性收入。

农村居民家庭工资性收入 指农村住户成员受雇于单位或个人，靠出卖劳动而获得的收入。

家庭经营收入 指农村住户以家庭为生产经营单位进行生产筹划和管理而获得的收入。农村住户家庭经营活动按行业划分为农业、林业、牧业、渔业、工业、建筑业、交通运输业邮电业、批发和零售贸易餐饮业、社会服务业、文教卫生业和其他家庭经营。

农村居民家庭财产性收入 指金融资产或有形非生产性资产的所有者向其他机构单位提供资金或将有形非生产性资产供其支配，作为回报而从中获得的收入。

农村居民家庭转移性收入 指农村住户和住户成员无须付出任何对应物而获得的货物、服务、资金或资产所有权等，不包括无偿提供的用于固定资本形成的资金。一般情况下，是指农村住户在二次分配中的所有收入。

农村居民家庭现金收入 指农村住户和住户成员在调查期内得到以现金形态表现的收入。按来源分成工资性收入、家庭经营现金收入、财产性收入、转移性收入。

农村居民家庭纯收入 指农村住户当年从各个来源得到的总收入相应地扣除所发生的费用后的收入总和。计算方法：

纯收入＝总收入－税费支出－家庭经营费用支出－税费支出－生产性固定资产折旧－调查补贴－赠送农村外部亲友支出

纯收入主要用于再生产投入和当年生活消费支出，也可用于储蓄和各种非义务性支出。“农民人均纯收入”按人口平均的纯收入水平，反映的是一个地区或一个农户农村居民的平均收入水平。

农村居民家庭生活消费支出 指农村常住居民家庭用于日常生活的全部开支，是反映和研究农民家庭实际生活消费水平高低的重要指标。

恩格尔系数 指食物支出金额在生活消费总支出金额中所占的比例。计算公式为：

$$恩格尔系数=\frac{食品支出金额}{生活消费总支出金额}\times 100\%$$

农林牧渔业总产值 指以货币表现的农、林、牧、渔业全部产品和对农林牧渔业生产活动进行的各种支持性服务活动的价值总量，它反映一定时期内农林牧渔业生产总规模和总成果。1957年以前的农林牧渔业总产值中包括了厩肥和农民自给性手工业（如农民自制衣服、鞋、袜，自己从事粮食初步加工等）。1958年及以后，林业中增加了村及村以下竹木采伐产值；牧业中取消了厩肥产值；副业中取消了农民自给性手工业产值，增加了村及村以下办的工业产值；渔业中增加了海洋捕捞水产品产值。1980年及以后，在副业中增加了农民家庭兼营工业商品部分的产值。从1984年起村及村以下工业产值划归工业。从1993年起取消副业，将野生动物的捕猎划入牧业、野生植物采集和农民家庭兼营商品性工业划归农业。从2003年起，执行新的国民经济行业分类标准，农林牧渔业总产值中包括了农林牧渔服务业产值。林业中增加了森林采运业产值。农业中取消了家庭兼营商品性工业产值，将野生林产品的采集划归林业。第一次农业普查以后，由于畜牧业产品年报数据与普查数据之间存在一定的差距，国家统计局农调总队对畜牧业年报数据与普查数据进行衔接，相应的畜牧业产值进行调整。

农林牧渔业总产值的计算方法通常是按农、林、牧、渔业产品及其副产品的产量分别乘以各自单位产品价格求得；少数生产周期较长，当年没有产品或产品产量不易统计的，则采用间接方法匡算其产值；然后将四业产品产值相加即为农林牧渔业总产值。

粮食产量 指全社会的产量。包括国有经济经营的、集体统一经营的和农民家庭经营的粮食产量，还包括工矿企业办的农场和其他生产单位的产量。粮食除包括稻谷、小麦、玉米、高粱、谷子及其他杂粮外，还包括薯类和豆类。其产量计算方法，豆类按去豆荚后的干豆计算；薯类（包括甘薯和马铃薯，不包括芋头和木薯）1963年以前按每4公斤鲜薯折1公斤粮食计算，从1964年开始改为按5公斤鲜薯折1公斤粮食计算。城市郊区作为蔬菜的薯类（如马铃薯等）按鲜品计算，并且不作粮食统计。其他粮食一律按脱粒后的原粮计算。

棉花产量 指全社会的产量。包括春播棉和夏播棉。产量按皮棉计算。3公斤籽棉折1公斤皮棉，不包括木棉。

油料产量 指全部油料作物的生产量。包括花生、油菜籽、芝麻、向日葵籽、（亚麻籽）和其他油料，不包括大豆、木本油料和野生油料。花生以带壳干花生计算。

水产品产量 指人工养殖的水产品和天然生长的水产品的捕捞量。包括海水的鱼类、虾蟹类、贝类和藻类以及内陆水域的鱼类、虾蟹类和贝类，不包括淡水生植物。水产品产量是通过各级水产和统计部门逐级上报取得数据。1995年及以前，贝类中牡蛎按鲜肉计算；蚶、蛤、蛀按5斤鲜品折1斤计算。1996年以后则统一按鲜品计算。

猪、牛、羊肉产量 指当年出栏并已屠宰、除去头蹄下水后带骨肉（即胴体重）的重量。

耕地面积 是指耕地总资源中专门种植农作物并经常进行耕种、能够正常收获的土地。包括当年实际耕种的熟地；弃耕、休闲不满三年，随时可以复耕的地；开荒利用三年以上的土地。在统计口径上包括南方小于1米、北方小于2米宽的沟、渠、路和田埸。不包括临时种植农作物的坡度在25度以上的陡坡地；在河套、湖畔、库区临时开发的成片或零星土地；也不包括已列为国家和省（区、市）退耕计划但临时耕种的土地。

农作物播种面积 指实际播种或移植有农作物面积。凡是实际种植有农作物的面积，不论种植在耕地上还是种植在非耕地上，均包括在农作物播种面积中。在播种季节基本结束后，因遭灾而重新改种和补种的农作物面积，也包括在内。它是反映我国耕地面积利用情况的一个重要指标。目前，农作物播种面积主要包括粮食、棉花、油料、糖料、麻类、烟叶、蔬菜和瓜类、药材和其它农作物九大类。

农用化肥施用量 指本年内实际用于农业生产的化肥数量，包括氮肥、磷肥、钾肥和复合肥。化肥施用量要求按折纯量计算数量。折纯量是指把氮肥、磷肥、钾肥分别按含氮、含五氧化二磷、含氧化钾的百分之百成份进行折算后的数量。复合肥按其所含主要成分折算。公式为：

折纯量＝ 实物量 × 某种化肥有效成份含量的百分比

农业机械总动力 指主要用于农、林、牧、渔业的各种动力机械的动力总和。包括耕作机械、排灌机械、收获机械、农用运输机械、植物保护机械、牧业机械、林业机械、渔业机械和其他农用机械内燃机按引擎马力折成瓦（特）计算、电动机按功率折成瓦（特）计算不包括专门用于乡、镇、村、组办工业、基本建设、非农业运输、科学试验和教学等非农业生产方面用的动力机械与作业机械。

乡村从业人员 指乡村人口中劳动年龄在16周岁以上实际参加生产经营活动并取得实物或货币收入的人员，包括劳动年龄内经常参加劳动的人员，也包括超过劳动年龄但经常参加劳动的人员，但不包括户口在家的在外学生、现役军人和丧失劳动能力的人，也不包括待业人员和家务劳动者。从业人员按从事主业时间最长（时间相同按收入）分为农业从业人员、工业从业人员、建筑业从业人员、交运仓储及邮电业从业人员、批零贸易及餐饮业从业人员、其它从业人员。

工业 指从事自然资源的开采，对采掘品和农产品进行加工和再加工的物质生产部门。具体包括：（1）对自然资源的开采，如采矿、晒盐等（但不包括禽兽捕猎和水产捕捞）；（2）对农副产品的加工、再加工，如粮油加工、食品加工、缫丝、纺织、制革等；（3）对采掘品的加工、再加工，如炼铁、炼钢、化工生产、石油加工、机器制造、木材加工等，以及电力、自来水、煤气的生产和供应等；（4）对工业品的修理、翻新，如机器设备的修理、交通运输工具（包括小卧车）的修理等。

1984年以前农村的村及村以下办工业归属农业，1984年以后划归工业。

工业统计调查单位为独立核算法人工业企业。

独立核算法人工业企业指从事工业生产经营活动的单位。独立核算法人工业企业应同时具备以下条件：①依法成立，有自己的名称、组织机构和场所，能够承担民事责任；②独立拥有和使用资产，承担负债，有权与其他单位签订合同；③独立核算盈亏，并能够编制资产负债表。

本年鉴中涉及的企业登记注册类型：

（1）国有及国有控股企业　指国有企业加上国有控股企业。国有企业（即原全民所有制工业或国营工业）指企业全部资产归国家所有，并按《中华人民共和国企业法人登记管理条例》规定登记注册的非公司制的经济组织。包括国有企业、国有独资公司和国有联营企业。1957年以前的公私合营和私营工业，后均改造为国营工业，1992年改为国有工业，这部分工业的资料不单独分列时，均包括在国有企业内。国有控股企业是对混合所有制经济的企业进行的“国有控股”分类。它是指这些企业的全部资产中国有资产（股份）相对其他所有者中的任何一个所有者占资（股）最多的企业。该分组反映了国有经济控股情况。

（2）集体企业 指企业资产归集体所有，并按《中华人民共和国企业法人登记管理条例》规定登记注册的经济组织。是社会主义公有制经济的组成部分。包括城乡所有使用集体投资举办的企业，以及部分个人通过集资自愿放弃所有权并依法经工商行政管理机关认定为集体所有制的企业。

（3）股份合作企业 指以合作制为基础，由企业职工共同出资入股，吸收一定比例的社会资产投资组建，实行自主经营，自负盈亏，共同劳动，民主管理，按劳分配与按股分红相结合的一种集体经济组织。（4）联营企业 指两个及两个以上相同或不同所有制性质的企业法人或事业单位法人，按自愿、平等、互利的原则，共同投资组成的经济组织。联营企业包括：

国有联营企业指国有企业与国有企业间的联营；

集体联营企业指集体企业与集体企业间的联营；

国有与集体联营企业指国有企业与集体企业间的联营。

（5）有限责任公司 指根据《中华人民共和国公司登记管理条例》规定登记注册，由两个以上，五十个以下的股东共同出资，每个股东以其所认缴的出资额对公司承担有限责任，公司以其全部资产对其债务承担责任的经济组织。

有限责任公司包括国有独资公司及其他有限责任公司。

(6) 股份有限公司 指根据《中华人民共和国企业法人登记管理条例》规定登记注册，其全部注册资本由等额股份构成并通过发行股票筹集资本，股东以其认购的股份对公司承担有限责任，公司以其全部资产对其债务承担责任的经济组织。

(7) 私营企业 指由自然人投资设立或由自然人控股，以雇佣劳动为基础的营利性经济组织。包括按照《公司法》、《合伙企业法》、《私营企业暂行条例》规定登记注册的私营有限责任公司、私营股份有限公司、私营合伙企业和私营独资企业。

(8) 港、澳、台商投资企业 指企业注册登记类型中的港、澳、台资合资、合作、独资经营企业和股份有限公司之和。

(9) 外商投资企业 指企业注册登记类型中的中外合资、合作经营企业、外资企业和外商投资股份有限公司之和。

“三资”企业系指港、澳、台商投资企业和外资企业的简称。

轻工业 指主要提供生活消费品和制作手工工具的工业。按其所使用的原料不同，和分为两大类：(1) 以农产品为原料的轻工业，是指直接或间接以农产品为基本原料的轻工业。主要包括食品制造、饮料制造、烟草加工、纺织、缝纫、皮革和毛皮制作、造纸以及印刷等工业；(2) 以非农产品为原料的轻工业，是指以工业品为原料的轻工业。主要包括文教体育用品、化学药品制造、合成纤维制造、日用化学制品、日用玻璃制品、日用金属制品、手工工具制造、医疗器械制造、文化和办公用机械制造等工业。

重工业 指为国民经济各部门提供物质技术基础的主要生产资料的工业。按其生产性质和产品用途，可分为下列三类：(1) 采掘 (伐) 工业，是指对自然资源的开采，包括石油开采、煤各部门提供基本材料、动力和燃料的工业。包括金属冶炼及加工、炼焦及焦炭化学、化工原料、水泥、人造板以及电力、石油和煤炭加工等工业、(3) 加工工业，是指对工业原料进行再加工制造的工业。包括装备国民经济各部门的机械设备制造工业、金属结构、水泥制品等工业，以及为农业提供的生产资料，如化肥、农药等工业。

根据上述划分原则，修理业中以重工业产品为修理作业对象的划为重工业，反之划为轻工业。

工业增加值 指工业企业在报告期内以货币表现的工业生产活动的最终成果。

实收资本 指企业实际收到投资者的可作为长期周转使用的经营资金。根据现行会计制度规定，实收资本按投资主体分为：国家资本、集体资本、法人资本、个人资本、港澳台资本和外商资本。

资产总计 指企业拥有或控制的能以货币计量的经济资源，包括各种财产、债权和其他权利。资产按流动性分为流动资产、长期投资、固定资产、无形资产、递延资产和其他资产。

(1) 流动资产 指企业可以在一年内或者超过一年的一个生产周期内变现或耗用的资产合计。包括现金及各种存款、短期投资、应收及预付款项、存货等。

(2) 固定资产 指企业固定资产净值、固定资产清理、在建工程、待处理固定资产损失所占用的资金合计。

(3) 无形资产 指企业长期使用而没有实物形态的资产。包括专利权、非专利技术、商标权、著作权、土地使用权、商誉等。

负债合计 指企业承担的能以货币计量，将以资产或劳务偿付的债务。负债一般按偿还期长短分为流动负债和长期负债、递延税项等。

(1) 流动负债 指企业在一年内或者超过一年的一个营业周期内需要偿还的债务合计，其中包括短期借款、应付及预收款项、应付工资、应交税金和应交利润等。

(2) 长期负债 指企业在一年以上或者超过一年的一个营业周期以上需要偿还的债务合计，其中包括长期借款、应付债务、长期应付款项等。

所有者权益 指企业投资人对企业净资产的所有权。企业净资产等于企业全部资产减去全部负债后的余额，其中包括投资者对企业的最初投入，以及资本公积金、盈余公积金和未分配利润，对股份制企业即为股东权益。

固定资产原价 指企业在建造、购置、安装、改建、扩建、技术改造某项固定资产时所支出的全部货币总额。它一般包括买价、包装费、运杂费和安装费等。

固定资产净值 是指固定资产原价减去历年已提折旧额后的净额。

流动资产 是指可以在一年或者超过一年的一个营业周期内变现或者耗用的资产，包括现金及各种存款、短期投资、应收及预付货款、存货等。

产品销售收入 指企业销售产品和提供劳务等主要经营业务取得的收入总额。

产品销售成本 指企业销售产品和提供劳务等主要经营业务的实际成本。

产品销售税金及附加 指企业销售产品和提供工业性劳务等主要经营业务应负担的城市维护建设税、消费税、资源税和教育费附加。

产品销售利润 指企业销售产品和提供工业性劳务等主要经营业务收入扣除其成本、费用、税金后的利润。

利润总额 指企业实现的利润。

应交增值税 指企业在报告期内应交纳的增值税额。

总资产贡献率 反映企业全部资产的获利能力，是企业经营业绩和管理水平的集中体现，是评价和考核企业盈利能力的核心指标。计算公式为：

总资产贡献率

$$=\frac{\text{利润总额}+\text{税金总额}+\text{利息支出}}{\text{平均资产总额}}\times 100\%$$

资产负债率 该指标既反映企业经营风险的大小，也反映企业利用债权人提供的资金从事经营活动的能力。计算公式为：

$$\text{资产负债率}=\frac{\text{负债总额}}{\text{资产总额}}\times 100\%$$

工业成本费用利润率 指在一定时期内实现的利润与成本费用之比，是反映工业生产成本及费用投入的经济效益指标，同时也是反映降低成本的经济效益的指标。计算公式为：

$$\text{工业成本费用利润率}=\frac{\text{利润总额}}{\text{成本及费用总额}}\times 100\%$$

工业增加值率 指在一定时期内工业增加值占同期工业总产值的比重，反映降低中间消耗的经济效益。计算公式为：

$$\text{工业增加值率}=\frac{\text{工业增加值(现价)}}{\text{工业总产值}}\times 100\%$$

流动资产周转次数 指在一定时期内流动资产完成的周转次数，反映流动资产的周转速度。计算公式为：

$$\text{流动资产周转次数}=\frac{\text{产品销售收入}}{\text{全部流动资产平均余额}}$$

产品销售率 指报告期工业销售产值与同期全部工业总产值之比，是反映工业产品已实现销售的程度，分析工业产销衔接情况，研究工业产品满足社会需求程度的指标。计算公式为：

$$\text{产品销售率}=\frac{\text{工业销售产值}}{\text{工业总产值(现价)}}\times 100\%$$

全员劳动生产率 指根据产品的价值量指标计算的平均每一个就业人员在单位时间内的产品生产量。是考核企业经济活动的重要指标，是企业生产技术水平、经营管理水平、职工技术熟练程度和劳动积极性的综合表现。目前我国的全员劳动生产率是将工业企业的工业增加值除以同一时期全部就业人员的平均人数来计算的。计算公式为：

$$\text{全员劳动生产率}=\frac{\text{工业增加值}}{\text{全部就业人员平均人数}}$$

建筑业统计单位 指从事房屋、构筑物建造和设备安装活动的法人企业。建筑业法人企业应同时具备的条件是：① 依法成立，有自己的名称、组织机构和场所，能够承担民事责任；②独立拥有和使用资产，承担负债，有权与其他单位签订合同；③独立核算盈亏，能够编制资产负债表。

建筑业总产值（自行完成施工产值） 是以货币表现的建筑企业在一定时期内生产的建筑业产品和服务的总和。建筑业总产值包括建筑工程产值、安装工程产值和其他产值三部分内容。

（1）建筑工程产值：指列入建筑工程预算内的各种工程价值。

（2）安装工程产值：指设备安装工程价值，不包括被安装设备本身价值。

（3）其他产值：建筑业总产值中除建筑工程、安装工程以外的产值。包括房屋构筑物修理产值、非标准设备制造产值、总包企业向分包企业收取的管理费以及不能明确划分的施工活动所完成的产值。

建筑业增加值 指建筑业企业在报告期内以货币表现的建筑业生产经营活动的最终成果。目前建筑业增加值采用分类法（收入法）计算，即从收入的角度出发，根据生产要素在生产过程中应得到的收入份额计算。具体计算公式为：

建筑业增加值＝本年固定资产折旧＋本年应付工资＋本年应付福利费总额＋工程结算税金及附加＋营业利润＋管理费用中的税金＋劳动失业保险费

房屋建筑施工面积 指在报告期内施工的全部房屋建筑面积，包括本期新开工的房屋面积、上期施工跨入本期继续施工的房屋面积、上期停缓建在本期恢复施工的房屋面积、本期竣工的房屋面积及本期施工后又停缓建的房屋面积。

房屋建筑竣工面积 指在报告期内房屋建筑按照设计要求全部完工，达到了住人和使用条件，经验收鉴定合格，正式移交使用单位的房屋建筑面积。

公路里程 指在一定时期内实际达到《公路工程技术标准 JTJ01－88》规定的等级公路，并经公路主管部门正式验收交付使用的公路里程数。包括大中城市的郊区公路以及通过小城镇街道部分的公路里程和桥梁、渡口的长度，不包括大中城市的街道、厂矿、林区生产用道和农业生产用道的里程。两条或多条公路共同经由同一路段，只计算一次，不得重复计算里程长度。它是反映公路建设发展规模的重要指标，也是计算运输网密度等指标的基础资料。

货（客）运量 指在一定时期内，各种运输工具实际运送货物（旅客）数量。它是反映运输业为国民经济和人民生活服务的数量指标，也是制订和检查运输生产计划、研究运输发展规模和速度的重要指标。货运按吨计算，客运按人计算。货物不论运输距离长短、货物类别，均按实际重量统计。旅客不论行程远近或票价多少，均按一人一次客运量统计；半价票、小孩票也按一人统计。

货物（旅客）周转量 指在一定时期内，由各种运输工具运送的货物（旅客）数量与其相应运输距离的乘积之总和。它是反映运输业生产总成果的重要指标，也是编制和检查运输生产计划，计算运输效率、劳动生产率以及核算运输单位成本的主要基础资料。计算货物周转量通常按发出站与到达站之间的最短距离，也就是计费距离计算。

邮电业务总量 指以价值量形式表现的邮电通信企业为社会提供各类邮电通信服务的总数量。邮电业务量按专业分类包括函件、包件、汇票、报刊发行、邮政快件、特快专递、邮政储蓄、集邮、公众电报、用户电报、传真、长途电话、出租电路、无线寻呼、移动电话、分组交换数据通信、出租代维等。计算方法为各类产品乘以相应的平均单价（不变价）之和，再加上出租电路和设备、代用户维护电话交换机和线路等的服务收入。它综合反映了一定时期邮电业务发展的总成果，是研究邮电业务量构成和发展趋势的重要指标。计算公式为：

邮电业务总量＝∑（各类邮电业务量×不变单价）＋出租代维及其他业务收入

社会消费品零售总额 指批发和零售业、餐饮业、新闻出版业、邮政业和其他服务业等，售予城乡居民用于生活消费的商品和社会集团用于公共消费的商品之总量。社会消费品零售总额包括：

1. 批发和零售业企业（单位）：

（1）售予城乡居民的各种生活消费品；

（2）售予入境旅游的外国人、华侨、港澳台同胞的各类商品；

（3）售予行政事业单位、社会团体、军队和武警等机构的商品，以及以零售方式售予各类企业的商品。具体包括：用于非生产和社会交往的办公用品，如通讯设备、计算器具和设备、电讯网络设备、文印设备、音像视听器材和设备、纸张、本册、文具及装订文印材料、家具、日用电器、针纺织品、清洁卫生用品、文体用品、奖品、纪念品、礼品等；供内部人员乘坐的交通工具和燃料；用于办公设施修缮的各类配件、材料、工具等；用于取暖和防暑降温的设备、燃料、材料及食品等；专用于教学的用品和设备；非营利医疗机构的中、西药品、中药材和医疗设备器材；非专用的劳动保护用品；不对外营业的内部食堂用的餐具、炊具、设备、清洁卫生工具和食品、燃料等；军队、武警用于其人员生活的衣着品和个人用品；其他各类非生产性设备和用品。

2. 餐饮业出售的主食、菜肴、烟酒饮料和其他商品。

3. 新闻出版业、邮政业售予城乡居民、企事业单位、军队和武警等机构的书报杂志、音像制品、邮品等。

4. 其他服务业出售的食品、烟酒饮料、服装鞋帽、日常生活用品、医药保健用品、艺术品、工艺美术品、玩具、殡葬用品以及其他消费品。

消费品市场成交额 指从事消费品交易的商品市场的全部商品成交金额。消费品市场包括农副产品市场和工业消费品市场。

进出口总额 海关进出口总额指实际进出我国国境的货物总金额。包括对外贸易实际进出口货物，来料加工装配进出口货物，国家间、联合国及国际组织无偿援助物资和赠送品，华侨、港澳台同胞和外籍华人捐赠品，租赁期满归承租人所有的租赁货物，进料加工进出口货物，边境地方贸易及边境地区小额贸易进出口货物（边民互市贸易除外），中外合资经营企业、中外合作经营企业、外资独资经营企业进口货物和公用物品，到、离岸价格在规定限额以上的进出口货样和广告品（无商业价值、无使用价值和免费提供出口的除外），从保税仓库提取在中国境内销售的进口货物，以及其他进口货物。进出口总额用以观察一个国家在对外贸易方面的总规模。我国规定出口货物按离岸价格统计，进口货物按到岸价格统计。

利用外资 指我国各级政府、部门、企业和其他经济组织通过对外借款、吸收外资直接投资以及用其他方式筹措的境外现汇、设备、技术等。

对外借款 是我国利用外资的主要部分。指通过对外正式签订借款协议、从境外筹措的资金，包括外国政府贷款、国际金融组织贷款、外国银行商业贷款、出口信贷以及对外发行债券等。1996年及以前还包括对外发行股票。

外商直接投资 指外国企业和经营组织和个人（包括华侨、港澳台胞以及我国在境外注册的企业）按我国有关政策、法规，用现汇、实物、技术等在我国境内开办外商独资企业、与我国境内的企业和经济组织共同举办中外合资经营企业、合作经营企业或合作开发资源的投资（包括外商投资收益的再投资）以及经政府有关部门批准的项目投资总额，企业从境外借入的资金。

对外承包工程 指各对外承包公司以招标议标承包方式承揽的下列业务：（1）承包国外工程建设项目，（2）承包我国对外经援项目，（3）承包我国驻外机构的工程建设项目，（4）承包我国境内利用外资进行建设的工程项目，（5）与外国承包公司合营或联合承包工程项目时我国公司分包部分，（6）对外承包兼营的房屋开发业务。对外承包工程的营业额是以货币表现的本期内完成的对外承包工程的工作量，包括以前年度签订的合同和本年度新签订的合同在报告期内完成的工作量。

对外劳务合作 指已收取工资的形式向业主或承包商提供技术和劳动服务的活动。我国对外承包公司在境外开办的合营企业，中国公司同时又提供劳务的，其劳务部分也纳入劳务合作统计。劳务合作经营额按报告期内向雇主提交的结算数（包括工资、加班费和奖金等）统计。

存款 指企业、机关、团体和居民根据资金必须收回的原则，把货币资金存入银行和其他信用机构保管并取得一定利息的一种信用活动形式。根据存款对象的不同可划分为企业存款、财政存款、基本建设存款、城镇储蓄存款、农村存款等科目。它是银行信贷资金的主要来源。

贷款 指银行或其他信用机构根据资金必须归还的原则按一定利率，为企业、个人等提供资金的一种信用活动形式。我国银行贷款分为流动资金贷款、固定资产贷款、城乡个体工商户贷款以及农业贷款等科目。

城乡居民储蓄存款余额 指某一时点城乡居民存入银行及农村信用 的储蓄金额，包括城镇居民储蓄存款和农民个人储蓄存款，不包括居民的手存现金和工矿企业、部队、机关、团体等单位存款。

保险金额 指保险人承担赔偿或或者给付保险金责任的最高限额。

小学学龄儿童入学率 指调查范围内已入小学学习的学龄儿童占校内外学龄儿童总数（包括弱智儿童在内，但不包括盲聋哑儿童）的比重。计算公式为：

小学学龄儿童入学率

$$=\frac{\text{已入学的小学学龄儿童数}}{\text{校内外小学学龄儿童总数}}\times 100\%$$

工程技术人员 指在国民经济各行业中从事工程技术工作的自然科学技术专业人员，包括高级工程师、工程师、助理工程师、技术员和未评定职称的技术人员。

农业技术人员 指在国民经济各行业中从事农业技术工作的自然科学技术专业人员，包括高级农艺师、农艺师、助理农艺师、技术员和未评定职称的技术人员。

卫生技术人员 指在国民经济各行业中从事卫生医务工作的自然科学技术专业人员，包括正副主任医师、主治医师、医师、医（护 ）士和未评定职称的技术人员。

科学研究人员 指在国民经济各行业中从事科学技术活动的自然科学技术专业人员，包括正副研究员、助理研究员、研究实习员、技术员和未评定职称的技术人员。

教学人员 指在国民经济各行业中从事教学活动的专业人员，包括正副教授、讲师、助教、教师和在中学从事教学活动的人员。

等级运动员人数 指经过考试正式批准授予等级运动员称号的人数。运动员等级分为国际级运动健将、运动健将、一级运动员、二级运动员、三级运动员、少年级运动员。

等级裁判员人数 指经考试正式批准授予等级裁判员称号的人数。裁判员等级分为国际裁判、国家级裁判、一级裁判、二级裁判、三级裁判。

医院 指设有固定床位，能收容病人住院并能为病人提供医疗、护理服务的医疗机构，包括县及县以上医院、农村乡卫生院和其他医院三部分。医院按所属性质不同分为卫生部门、工业及其他部门和集体经济单位三类。县及县以上医院按业务性质不同分为综合医院和专科医院。

卫生技术人员 指卫生事业机构支付工资的全部职工中现任职务为卫生技术工作的专业人员，包括中医师、西医师、中西医结合高级医师、护师、中药师、西药师、检验师、其他技师、中医士、西医士、护士、助产士、中药剂师、西药剂师、检验士、其他技士、其他中医、护理员、中药剂员、西药剂员、检验员和其他初级卫生技术人员。

医生 指经卫生部门审查合格，从事医疗工作的专业人员。分为中医医生和西医医生。包括卫生技术人员中的中医师、西医师、中西医结合高级医师、中医士、西医士和其他中医。

社会福利事业单位 指集中收养社会孤老、残、幼的机构，包括由民政部门管理的社会福利院、儿童福利院、精神病人福利院和城镇集体举办的福利院及农村集体举办的敬老院。

社会福利事业单位收养人数 包括民政部门管理和城镇、农村集体举办的社会福利事业单位中收养的老人、少年儿童、缺乏生活自理能力的残疾人员和精神病人。

公证人员 指在国家公证机关依法办理公证事务的司法人员，包括公证员、助理公证员和在公证处工作的其他人员。

调解民间纠纷 指调解委员会依照法律规定，根据自愿原则，用说服教育的方法调解民间发生的有关民事权利和义务的争执，促成当事双方达到协议和谅解，解决纠纷。包括婚姻家庭纠纷，财产权益纠纷等，不包括法院受理调解的民事案件数。

全年供水总量 指公用自来水厂和自备水源的社会单位全年的供水总量，包括有效供给量及损失水量。

生活用水量 指居民日常生活与公共福利设施的用水量，包括居民、饮食店、旅馆、医院、理发店、浴池、洗衣店、游泳池、商店、学校、机关、部队等单位的用水量。

年底实有铺装道路长度 指除土路外，路面经过铺装宽度在3.5米以上的道路，包括高级、次高级道路和普通道路。

城市下水道总长度 指所有排水总管、干管、支管及暗渠、检查井、连接井进出水口等长度之和。

大事记

EVENTS

2005年河北省经济与社会发展大事记

一月

一月四日

上午，省委、省政府1500多名机关干部向印度洋地震海啸灾区捐款。省委书记白克明、省长季允石等省委、省政府领导带头献爱心。现场捐款共计10.9万余元。

一月九日

上午，全国妇联“送温暖、三下乡”河北行活动在平山县举行。全国妇联副主席、书记处书记陈秀榕，副省长龙庄伟出席捐赠仪式。

一月十日

上午，政协河北省第九届委员会第三次会议在省会河北会堂开幕。省政协主席赵金铎向大会作政协河北省第九届委员会常务委员会工作报告。出席大会在主席台前排就座的有：省政协主席赵金铎，副主席赵燕、杨迁、刘健生、秦朝镇、王建忠、赵铁练、刘德忠、李有成、段惠军、丛斌，秘书长解玉琦。出席大会并在主席台就座的有：白克明、季允石等省委省政府领导同志，全国政协常委叶连松、孔小均，担任过省级领导职务的老同志。省各民主党派、工商联、有关人民团体负责人应邀出席会议，省直有关部门负责同志应邀列席会议。

上午，中国红十字会“红十字博爱送万家”河北省启动仪式在邯郸市举行。中国红十字总会顾问孙爱明率慰问团参加，副省长孙士彬出席并致辞。

下午，省领导白克明、季允石、赵金铎、陈秀芳、张力、王建忠，到省会白楼宾馆看望了出席省政协九届三次会议的来自港澳地区的省政协委员，并与大家亲切交谈。

一月十一日

上午，省十届人大三次会议在省会河北会堂开幕。大会执行主席、主席团常务主席白克明宣布大会开幕并主持会议。省长季允石代表省政府作政府工作报告，大会执行主席、主席团常务主席白克明，赵世居、刘作田、张士儒、何少存、韩葆珍、王加林、白润璋、韩生雨在主席台前排就座。出席大会并在主席台就座的有：季允石、刘德旺、冯文海、赵金铎、钟志明、张群生、郭庚茂、吴振华、付志方、陈秀芳、刘金国、张力、张连仁、于庆田、才利民、付双建、柳宝全、孙士彬、龙庄伟、郭世昌、赵燕、杨迁、刘健生、秦朝镇、王建忠、赵铁练、刘德忠、李有成、段惠军、丛斌、刘瑞川、侯磊、曹淑信、陈进、方文平、高义勋、刘鑫、李广文、谢建华，担任过省级领导职务的十届人大代表吕传赞、陈玉田、李炳良、张震环、郝廷华、龚焕文、韩立成，还有担任过省级领导职务的老同志叶连松、郭志、李文珊、刘善祥、吴野渡、李永进、董耐芳、宁全福、周欣、张建新、陈立友、张润身、王树森、赵惠臣、王满秋、郭洪岐、王幼辉、陈慧、李月辉、杨国春、王士昌以及大会主席团其他成员。列席大会的有：省政府各部门及有关单位的负责人，出席省政协九届三次会议的政协委员。

下午，省长季允石分别到唐山代表团和廊坊代表团，与代表们一起讨论审议政府工作报告。他强调，要居安思危，切实增强忧患意识和责任意识，抓住难得的发展机遇，努力实现更快更好发展。

一月十二日

上午，省长季允石到参加省政协九届三次会议的民建、工商联组，与委员们一起讨论政府工作报告。季允石强调，就河北的现实情况而言，有质量、有效益的速度，越快越好。要把加快民营经济发展作为实现全省更快更好发展的重要环节，毫不动摇地鼓励、支持和引导民营经济加快发展。

上午，全省食品安全工作电视电话会议召开。针对近日中央媒体曝光的巨鹿有毒糖果和武强食品生产企业质量问题，省委书记白克明、省长季允石分别作出批示，要求坚决依法查处经营者的违法违规行为，严肃追究监管失职的责任者。与此同时，省政府办公厅下发《关于进一步加强食品安全监管工作的紧急通知》，决定从1月15日到1月30日，立即在全省开展食品安全专项整治联合行动。副省长付双建出席会议并讲话。

一月十三日

下午，省长季允石到省十届人大三次会议衡水代表团，和代表们一起审议省人大常委会和省法院、省检察院工作报告。季允石指出，实现全省经济更快更好发展，必须坚持以改革开放为动力，这是全面实现“翻两番、三步走”战略目标的需要，是建设经济强省的重要一环。

一月十四日

上午，省委书记、省人大常委会主任白克明，省长季允石分别参加了解放军代表团的审议。代表们对政府工作报告给予充分肯定，围绕进一步加强国防后备力量建设问题进行讨论。省委常委、省军区司令员钟志明参加审议。

上午，全国学习贯彻《宗教事务条例培训班》在河北省举行。副省长柳宝全出席开班仪式并致辞。

下午，历时5天的政协河北省第九届委员会第三次会议，圆满完成了各项预定议程，落下帷幕。会议期间，委员们审议通过了政协河北省第九届委员会常务委员会工作报告、政协河北省第十九届委员会常务委员会关于九届二次会议以来提案工作情况的报告，增补了九届省政协副主席和常务委员；列席了省十届人大三次会议，听取并讨论了季允石省长所作的政府工作报告和会议期间的其他重要报告。

一月十五日

上午，省十届人大三次会议圆满完成各项任务胜利闭幕。大会由大会执行主席、主席团常务主席白克明主持。会议号召，全省人民要紧密团结在以胡锦涛同志为总书记的党中央周围，高举邓小平理论和“三个代表”重要思想的伟大旗帜，高扬“树正气、讲团结、求发展”的主旋律，同心同德，扎实工作，开拓进取，为创造河北更加美好的明天而努力奋斗。

一月十七日

上午，省委召开议军会议，集中研究了加强河北省国防后备力量信息化建设的问题。省委书记、省军区党委第一书记白克明，省委副书记、省长、省国防动员委员会主任季允石出席会议并讲话。

下午，省长季允石在省会河北会堂会见了马来西亚成功集团有限公司总裁陈立远一行。副省长才利民、省政府顾问郭世昌、省政府秘书长尹亚力参加会见。

一月十八日

上午，全省政法工作会议召开。省委常委、政法委书记刘金国出席会议并讲话。副省长柳宝全就贯彻落实会议精神，积极做好春节期间的维护稳定和安全保卫工作讲了意见。省人大常委会副主任白润璋、省政协副主席王建忠及省法院院长刘瑞川、省检院检察长侯磊等出席会议。

一月二十日

上午，省委、省政府召开全省经济责任审计工作电视电话会议，贯彻落实全国经济责任审计工作会议精神，安排部署全省经济责任审计工作。省长季允石、国家审计署审计长李金华出席会议并讲话，省委常委、常务副省长郭庚茂主持会议。

上午，省委、省政府召开电视电话会议，决定从今年1至5月在全省范围内开展集中打击赌博违法犯罪活动专项行动。副省长柳宝全出席会议并讲话。

一月二十二日

上午，全省“百万青少年红色之旅”启动仪式在省会文化广场举行。随着省委常委、宣传部长张群生宣布出发令，参加首发团的100多名省会高校大学生踏上前往革命纪念地西柏坡的旅程。省人大常委会副主任何少存、副省长才利民、省政协副主席秦朝镇出席了启动仪式。

一月二十四日

上午，省委召开全省保持共产党员先进性教育活动动员大会，根据《中共中央关于在全党开展以实践“三个代表”重要思想为主要内容的保持共产党员先进性教育活动的意见》和中央保持共产党员先进性教育活动工作会议的要求，对全省保持共产党员先进性教育活动进行动员部署。省委书记白克明、中央督导组组长任彦申作重要讲话。省委副书记、省长季允石主持会议。省委副书记刘德旺宣读了《中共河北省委关于深入开展保持共产党员先进性教育活动的实施方案》。

一月二十六日

昨天至今天，国务院南水北调工程建设委员会办公室主任张基尧、副主任宁远一行，到河北省考察南水北调工程。省委常委、常务副省长郭庚茂、副省长宋恩华出席了座谈会并讲话。

上午，省政府召开全省安全生产电视电话会议，省长季允石强调，安全生产责任重大，事关全局，时刻不能放松，时刻不能掉以轻心，要努力实现安全生产与经济社会的同步协调发展。副省长付双建对全省安全生产工作进行了全面总结和部署，省政府秘书长尹亚力主持会议。

上午，省长季允石参加中国网通河北分公司工作会议。他强调，要充分发挥自身优势，紧紧围绕抓住机遇、加快发展这个主题，始终走在前列，更好地发挥在全省信息化建设中的主力军作用。

一月二十九日

上午，中国红十字总会顾问、中国麻风病防治协会理事长王立忠，中国红十字总会顾问孙爱民和副省长、省红十字会会长孙士彬，到望都皮肤病防治院，慰问麻风病人和麻风病防治工作者。

二月

二月二日

昨天和今天，副省长付双建到张家口市，走访慰问部分困难职工和老劳模。

今天，省委省政府发出慰问信，向全省驻军和武警部队官兵，军烈属，复退和残疾军人等祝贺春节。

二月四日

上午，省委、省政府在石家庄召开全省扩权强县工作会议，对扩大部分县（市）管理权限工作进行安排部署。辛集市等22个县（市）被赋予与设区市相同的部分经济和社会管理权限。省长季允石，省委常委、常务副省长郭庚茂出席会议并讲话。

二月六日

上午，省领导白克明、季允石、刘德旺、张毅、冯文海、钟志明、张群生、郭庚茂、吴振华、付志方、陈秀芳、刘金国、张力，分别走访慰问了驻省会的省级老同志，向他们致以节日的祝贺。白克明、季允石等省领导关切地询问老同志们的身体和生活情况，并代表省委、省人大常委会、省政府、省政协，向老同志们拜年，祝愿他们身体健康，阖家幸福。

上午，副省长付双建检查省会春运工作，慰问春运一线干部职工。

下午，副省长柳宝全与省会石家庄市消防部门负责人一起，到省会部分公共场所和企业检查节日消防安全情况。

二月七日

上午，省会各界人士春节团拜会在中国大酒店举行。省委、省人大常委会、省政府、省政协领导同省会各界人士共550余人欢聚一堂，辞旧迎新，共庆中华民族的传统节日。省委书记白克明发表了热情洋溢的讲话，省长季允石主持。

二月十八日

2月16日至今日，海南省委书记、省人大常委会主任汪啸风，省委副书记、省长卫留成率团到河北省考察访问。在冀期间，省委书记、省人大常委会主任白克明，省委副书记、省长季允石等省领导与考察团一行进行了座谈和考察。考察活动于今天圆满结束。16日下午，冀琼座谈会在石家庄市中国大酒店举行。白克明和汪啸风分别介绍了两省的经济社会发展情况。17日上午，考察团在白克明等省领导的陪同下，先后到中共中央旧址和西柏坡纪念馆参观。海南省委、省政府向平山县北冶乡清风村捐款30万元，支持老区农村发展集体经济。17日下午和18日，考察团还先后在石家庄市和保定市考察了部分企业和爱国主义教育基地。

二月十九日

上午，为期4天的2005年河北省大中专毕业生就业市场在新落成的河北省人才大厦举行。省领导刘德旺、郭庚茂、付志方、何少存、龙庄伟、刘健生出席省人才大厦开业庆典并视察市场。

二月二十二日

下午，为期两天的全省农村工作会议结束。省委、省政府对这次会议非常重视，省委常委会进行了专门研究。省委书记白克明对开好这次会议提出了明确要求。省委副书记冯文海出席会议并讲话，副省长宋恩华主持会议并讲话。

下午，省环境保护工作领导小组召开会议，对2004年度环保目标考核工作进行部署，省环保工作领导小组副组长、副省长柳宝全出席会议并讲话。

二月二十四日

下午，省委、省政府召开全省维护稳定工作电视电话会议，对全国“两会”期间的安全保卫和维护稳定工作进行安排部署。省委常委、政法委书记刘金国出席会议并讲话，副省长柳宝全主持会议，省法院院长刘瑞川、省检察院检察长侯磊、省军区副司令员宋长森等出席会议。

二月二十五日

昨天和今天，省委常委、常务副省长郭庚茂带领省直有关部门就农村信用社改革和项目建设工作赴邢台市进行专题调研。

下午，省综合治理委员会铁路护路联防领导小组第一次会议暨2004年度全省铁路护路联防先进集体、先进个人表彰大会召开。副省长柳宝全出席会议并讲话。

二月二十七日

省委、省人大常委会、省政府、省政协四大班子的党员领导同志赴西柏坡参观学习，上了一堂专题党课，并进行了学习交流。上午，省领导一行集体参观了西柏坡纪念馆，共同回顾了我党的光辉历史，在党的七届二中全会旧址，重温了毛泽东同志关于“两个务必”的论述，学习了胡锦涛同志在西柏坡学习考察时的重要讲话。下午，省委书记白克明主持专题党课和学习交流。省委讲师团主任郭金平围绕如何理解共产党员先进性的基本内涵和新时期如何保持共产党员先进性这两个问题进行了深刻的讲解。学习交流中，季允石、刘德旺等六位领导同志先后发言。

二月二十八日

下午，省长季允石以普通党员身份，参加了省政府办公厅综合一处党支部的学习讨论。季允石指出，要高度重视党的先进性建设的实践性，努力成为“三个代表”重要思想的坚定实践者。几天来，副省长郭庚茂、才利民、宋恩华、付双建、柳宝全、孙士彬分别参加了省政府办公厅综合二处党支部、外事商务处党支部、农业经济处党支部、工业交通处党支部、建设环保处党支部和文化卫体处党支部的学习讨论。郭世昌、宋叔华、陈立友等老同志也参加了所在党支部的学习讨论。

三月

三月一日

上午，出席十届全国人大三次会议和全国政协十届三次会议的河北省全国人大代表和政协委员，从石家庄启程抵京。省领导刘德旺、赵世居等到石家庄火车站为代表、委员送行。省领导赵金铎、陈秀芳同代表、委员一起抵京。

三月三日

下午，出席十届全国人大三次会议的河北省代表团举行全体会议，推选代表团团长、副团长，审议大会主席团、秘书长名单草案及大会议程草案，传达日前召开的各代表团召集人会议精神。全国人大代表、省委书记、省人大常委会主任白克明主持会议。会议经过表决，推选白克明为代表团团长，季允石、冯文海、郭庚茂、张力、刘作田、韩葆珍为副团长。

三月四日

上午，省长季允石接受中央电视台《和谐社会话“两会”》栏目专访，畅谈怎样看待经济飞速发展和社会和谐稳定的关系，如何使河北实现更快更好发展。

三月六日

下午，省委书记白克明和省长季允石在北京会见了首钢董事长朱继民、总经理王青海，并就首钢搬迁有关问题进行了沟通和交流。省委常委、常务副省长郭庚茂，省委常委、省委秘书长张力参加了会见。

三月七日

上午，各界妇女代表欢聚在省会河北会堂，共同庆祝“三八”国际劳动妇女节。省委副书记刘德旺发表热情洋溢的讲话，省人大常委会副主任白润璋、副省长孙士彬、省政协副主席杨迁出席大会。

下午，省政府召开全省森林草原防火暨造林绿化工作电视电话会议。会议强调，各地要切实抓好森林草原防火，搞好造林绿化。副省长宋恩华出席会议并讲话。

晚上，省领导在北京饭店同来自香港的部分全国人大代表和全国政协委员进行联谊，共叙友情。全国政协副主席李蒙和国家有关部委负责同志，省领导白克明、季允石出席。省委书记、省人大常委会主任白克明主持联谊活动，省委副书记、省长季允石发表了热情洋溢的讲话。

三月十一日

上午，省委书记白克明和省长季允石率团访问清华大学，并与顾秉林、陈希等校领导就进一步加强省校合作进行了座谈。双方还签署了人才培训和技术合作等项目合作协议。

三月十二日

上午，出席十届全国人大三次会议的省长季允石，利用休会的时间，考察了河北建筑业开拓北京市场的情况，看望了部分在京的建筑业人员，并与他们共进午餐。

上午，副省长宋恩华在林业工作先进县曲周，与当地干部群众一起参加了植树造林活动。

三月十五日

上午，省委书记白克明，省长季允石，省委常委、常务副省长郭庚茂，省委常委、秘书长张力同省直有关部门负责同志一起，考察了唐山市曹妃甸工业区建设情况。在下午的座谈会上，省领导认真听取了唐山市委、市政府关于工程进展情况的汇报，并就做好下一步工作讲了重要意见。

三月十六日

上午，省长季允石就开发区建设和县域经济发展在廊坊市进行专题调研。他强调，要积极适应新形势，以技术创新和体制创新为重点，不断提高开发区建设的质量和速度。要以农业产业化、工业化和城市化为突破，下大力加快县域经济发展。

上午，中外合资益海（石家庄）粮油深加工项目签约仪式在石家庄举行。副省长才利民会见了新加坡丰益—ADM投资有限公司董事长郭孔丰和上海益海投资发展有限公司董事长穆彦魁一行，并出席签字仪式。

三月二十一日

上午，2005年河北省（香港）经贸洽谈活动在香港会展中心拉开帷幕。副省长才利民出席开幕式并讲话。

下午，省长季允石到保持共产党员先进性教育活动联系点——省财政厅进行调研。他强调，要把确保取得实效贯穿于先进性教育活动的全过程，通过教育活动，解决实际问题，促进实际工作，取得实际效果，为实现河北更快更好发展提供强大动力。

为纪念“世界水日”和“中国水周”，副省长宋恩华发表了题为《保障用水安全，推进经济社会可持续发展》的署名文章。

三月二十三日

下午，省直机关党课暨形势报告会在省会河北会堂举行。省委书记白克明讲党课，省委副书记、省长季允石作形势报告。省委副书记刘德旺主持。省委常委、省人大常委会、省政府、省政协党员领导同志，省法院院长、省检察院检察长；中央督导组同志；省直各单位副厅级以上党员干部、部分处级党员干部，在石省委督导组组长等共计1100余人聆听了党课和形势报告。

三月二十四日

昨天和今天，民政部常务副部长贾治邦一行在副省长柳宝全的陪同下，到张家口市张北县公会镇大特拉村、赤城县龙关镇朱家营村慰问受灾群众并检查救灾款物发放情况。

三月二十八日

上午，在省委、省政府机关院内，为省直机关到村任职干部举行欢送仪式。省委书记白克明发表热情洋溢的讲话，省长季允石及省领导刘德旺等参加了欢送仪式。

上午，副省长柳宝全在三河市出席成功（中国）大广场项目开工奠基仪式，并接见马来西亚成功集团总裁陈志远一行。

下午，省委常委在石家庄分别主持召开10个座谈会，听取各市市委书记、市长，省委有关部委主要负责同志，省直有关单位党组（党委）书记，有关人民团体党组书记对加强和改进省委常委会工作的意见和建议。省委书记白克明，省委副书记、省长季允石，省委副书记刘德旺，省委副书记、省纪委书记张毅，省委常委、省军区司令员钟志明，省委常委、常务副省长郭庚茂，省委常委、石家庄市委书记吴振华，省委常委、组织部长付志方，省委常委、统战部长陈秀芳，省委常委、秘书长张力分别主持座谈会。

三月二十九日

上午，中共河北省第六届委员会第七次全体会议在石家庄开幕。本次全会的议题是：分析当前全省教育和科技工作形势，审议通过《中共河北省委河北省人民政府关于加强教育工作的决定》，审议通过《中共河北省委河北省人民政府关于加强科技工作的决定》。会议由省委常委会主持。省委书记白克明作重要讲话。受省委常委会委托，省委常委、常务副省长郭庚茂，省委常委、秘书长张力分别就加强教育、科技工作《决定（全会审议稿）》的起草情况和主要内容作了说明。

下午，省政府党组书记、省长季允石主持召开省政府党组会议，就做好省政府党员领导先进性教育分析评议阶段工作进行了安排部署。省委常委、常务副省长郭庚茂、副省长才利民、宋恩华、柳宝全、孙士彬，省政府秘书长尹亚力，省长助理赵世洪出席会议，省政府顾问郭世昌列席会议。

晚上，反映李家庚事迹的大型现代话剧《春打六九头》在省会河北会堂举行汇报演出。省领导白克明、季允石等观看演出。

三月三十日

下午，省优秀共产党员先进事迹报告会在河北会堂举行。省委书记白克明、省长季允石与省四大班子党员领导同志、省法院院长、省检察院检察长、武警河北总队政委等一起，聆听了先进事迹报告团5名成员的先进事迹。

三月三十一日

上午，中共河北省第六届委员会第七次全体会议在石家庄胜利闭幕。省委常委会主持会议。省委书记白克明作重要讲话。会议审议通过了《中共河北省委河北省人民政府关于加强教育工作的决定》，审议通过了《中共河北省委河北省人民政府关于加强科技工作的决定》，表决通过了拟任、推荐干部人选。省委委员、候补省委委员出席会议。在冀候补中央委员，省纪委常委，不是省委委员、候补省委委员的省人大常委会、省政府、省政协党员负责同志，各市和省直各部门、各单位的党员负责同志列席会议。省政府分管教育和科技工作的党外副省长龙庄伟应邀列席。

四月

四月一日

上午，省长季允石在北京钓鱼台国宾馆亲切会见了德国联邦参议院议长兼勃兰登堡州州长普拉策克和德国驻华大使史丹泽一行。副省长才利民参加会见。

上午，全省加强和改进大学生思想政治教育工作会议结束。省委宣传部、省教育厅、团省委和河北大学、河北农业大学、河北师范大学、河北科技大学负责同志作大会发言。省委常委、宣传部长张群生出席会议并讲话。省委常委、组织部长付志方出席会议，副省长龙庄伟主持会议。

四月二日

下午，省长季允石在省会白楼宾馆会见了前来参加京津冀企业家合作（河北）年会的团中央书记处书记、中国青年企业家协会会长王晓及部分企业家代表。副省长才利民会见时在座。

四月四日

上午，全国良种奶牛补贴项目启动仪式暨农业部送畜牧科技下乡活动在徐水县举行。内蒙古、黑龙江、山西及河北省的15个县（市）被列为国家首批“良种奶牛补贴试点县”。农业部有关领导及副省长宋恩华出席启动仪式并讲话。

四月六日

上午，迁曹铁路建设项目投资协议签字仪式在北京举行。铁道部副部长陆东福，省委常委、常务副省长郭庚茂出席签字仪式。

四月七日

上午，河北省可持续生产与循环经济高级论坛在石家庄开幕。省政协主席赵金铎出席会议并致开幕辞，副省长柳宝全主持开幕式，省政协副主席赵铁练、刘德忠及秘书长解玉琦出席会议，全国政协人口资源环境委员会主任陈邦柱应邀出席。

四月八日

昨天和今天，中共中央政治局常委、国务院副总理黄菊考察了大秦铁路运煤专线、秦皇岛港、京唐港和规划建设中的曹妃甸港区。铁道部部长刘志军、交通部部长张春贤、国家发改委副主任张国宝等参加考察。省委书记白克明、省长季允石，省领导郭庚茂、张力等陪同考察。

上午，全省南水北调工作会议召开。副省长宋恩华、国务院南水北调工程建设委员会办公室副主任李铁军出席会议并讲话。

四月九日

上午，中国教育学会曲周教育改革实验区正式启动，成为继丰宁之后全省第二家县级国家教育改革实验区。副省长龙庄伟、中国教育学会会长顾明远等出席启动仪式。

四月十二日

上午，全省加快推进国有企业改革工作会议在石家庄召开。省长季允石出席会议并讲话，省委常委、常务副省长郭庚茂，省委常委、组织部长付志方，副省长付双建出席会议。

四月十四日

上午，省长季允石以普通党员身份参加了省政府办公厅综合一处党支部的专题组织生活会，深刻地进行自我剖析，认真听取所在支部同志们的意见和建议，并敞开思想，与大家坦诚谈心。

下午，省政府与交通部在石家庄举行座谈会，就进一步加强合作，加快交通发展等问题，深入交换了意见。交通部部长张春贤、副部长翁孟勇，省长季允石，省委常委、常务副省长郭庚茂，副省长付双建出席座谈会。

四月十五日

上午，省委、省政府召开全省人口资源环境工作电视电话会议。省长季允石出席会议并讲话，省委副书记刘德旺主持会议，副省长宋恩华、柳宝全出席会议，副省长孙士彬宣读了省委、省政府《关于兑现2004年度人口和计划生育目标管理责任书的决定》。

四月十六日

4月14日至今日，全国政协副主席、中国工程院院长徐匡迪和原冶金部副部长、中国工程院院士殷瑞钰，中国工程院院士、钢铁研究总院院长于勇一行，围绕技术改造、产品结构调整等方面内容，在邯郸钢铁集团公司进行了专题调研。省长季允石会见了徐匡迪一行。省政协副主席王建忠陪同调研。

四月十九日

下午，省政府召开表彰大会，对“人民满意的公务员”、“人民满意的公务员集体”和一等功荣立者进行表彰。省长季允石，省委常委、常务副省长郭庚茂出席会议，并向受表彰的先进集体和先进个人代表颁奖。省政府秘书长尹亚力宣读了省政府《关于表彰“人民满意的公务员”和“人民满意的公务员集体”的决定》。

下午，全省粮食直补暨减免农业税电视电话会议召开。副省长宋恩华参加会议并讲话。

四月二十日

上午，省委、省政府在石家庄召开全省旅游发展大会，总结近年来全省旅游工作，提高认识，明确思路，制定措施，落实责任，推进全省由旅游资源大省向旅游经济强省跨越。省委书记、省人大常委会主任白克明，省长季允石出席会议并讲话，省委常委、宣传部长张群生，省委常委、秘书长张力，省人大常委会副主任何少存、省政协副主席杨迁出席会议。副省长才利民主持会议。会议表彰了全省旅游系统先进集体和个人。

四月二十二日

上午，省委、省政府召开全省民营经济工作会议。省长季允石、省人大常委会副主任韩葆珍、副省长宋恩华、省政协副主席秦朝镇出席会议，并为受表彰的优秀企业家代表颁奖。省长助理、省政府秘书长尹亚力宣读了省政府《关于表彰2003—2004年度优秀民营企业家的决定》。下午，副省长宋恩华主持召开了全省民营经济工作汇报会，听取各设区市和省直有关部门的汇报，并就加快全省民营经济发展讲了具体意见。

晚上，以“新中国从这里走来”为主题的河北省红色旅游宣传周在北京隆重开幕。本次红色旅游宣传周活动由省政府主办，省委宣传部、省文化厅、省旅游局、团省委共同承办。文化部副部长周和平、副省长才利民出席开幕式。

四月二十五日

上午，全省创建文明生态村工作经验交流会在保定市开幕。省委书记、省人大常委会主任白克明，省委副书记、省长季允石，省委常委、宣传部长张群生，省委常委、石家庄市委书记吴振华，省委常委、组织部长付志方，省委常委、秘书长张力，省委常委、唐山市委书记张和，省人大常委会副主任刘作田，副省长宋恩华、孙士彬，省政协副主席刘健生等，同与会代表分四组进行了参观考察。

晚上，《田园放歌——我省创建文明生态村专题文艺晚会》在保定市百世开利会展中心隆重举行。省领导白克明、季允石等与参加创建文明生态村工作经验交流会的300多名代表一起观看了演出。

四月二十六日

下午，全省创建文明生态村工作经验交流大会在保定市落下帷幕。省委书记、省人大常委会主任白克明，省委副书记、省长季允石，中央文明办专职副主任翟卫华出席闭幕大会并讲话。省委常委、宣传部长张群生主持大会。

四月二十七日

上午，省纪念“五四”运动86周年暨“青春燕赵”青年文化系列行动启动仪式在省艺术中心举行。省领导白克明、季允石等出席启动仪式。

上午，《科学发展观，人与自然和谐发展篇》大型巡回展在石家庄市人民会堂举行。省领导刘德旺、张群生、臧胜业、刘作田、龙庄伟，省政协副主席、党组副书记刘健生，省政协副主席、省科协主席李有成出席开幕式。

下午，省领导白克明、季允石、刘德旺、赵金铎、张力、臧胜业、赵世居、宋恩华等亲切接见了河北省新当选的全国劳模及省“五一”奖章、“五一”奖状获得者，热烈欢送全国劳模代表进京参加全国劳模和先进工作者表彰大会。省委书记白克明作了重要讲话。今年全省共评选出117名全国劳模和先进工作者，其中全国劳模87名、先进工作者30名；评选出全省“五一”奖章获得者51名、“五一”奖状获得者40名。

下午，河北省时代楷模事迹报告暨省“五一”奖章（奖状）颁授表彰大会在石家庄举行。省委副书记刘德旺出席并讲话，省委常委、省总工会主席臧胜业，副省长宋恩华出席报告会。

晚上，省政府党组书记、省长季允石主持召开省政府党组会议，认真学习《向中央政治局通报中央政治局常委参加保持共产党员先进性教育活动民主生活会情况的报告》，研究省政府党组保持共产党员先进性教育活动的整改措施。

四月二十九日

上午，省政协召开编制“十一五”规划建言献策座谈会。省政协主席赵金铎主持会议并讲话。省政协副主席秦朝镇、赵铁练、刘德忠、李有成，秘书长解玉琦出席会议。省委常委、常务副省长郭庚茂，副省长才利民、龙庄伟，省长助理赵世洪以及省政府12个相关部门的负责同志到会听取了委员的意见和建议。

五月

五月三日

昨天和今天，以国家文物局局长单霁翔为组长，水利部调水局、国务院南水北调办、全国政协教科文卫委及中央电视台、新华社、人民日报等单位人员组成的国家南水北调工程文物保护调研组一行到河北省进行考察调研。副省长孙士彬昨天晚上在河北宾馆接待调研组，并参加了汇报座谈会，今天陪同调研组到邯郸磁县进行了考察。

五月九日

上午，省政府党组书记、省长季允石主持召开省政府党组会议，认真学习中央保持共产党员先进性教育活动领导小组《关于做好第一批先进性教育活动整改提高阶段工作的通知》，研究《省政府党组保持共产党员先进性整改方案》。省政府党组成员参加会议。

五月十二日

昨天和今天，省委常委、常务副省长郭庚茂在衡水就如何加快工业化、城镇化进程，建立新的战略支撑点进行调研。

中午，副省长孙士彬在中国大酒店接待了全国政协常委、香港中华总商会副会长张永珍一行。下午，在副省长孙士彬的陪同下，张永珍一行到河北省疾控中心进行了考察。

五月十三日

昨天和今天，河北省广电信息网络股份公司"发起人协议"签字仪式在石家庄举行。副省长孙士彬出席仪式并讲话。

上午，省委省政府机关举行助残募捐仪式。省领导和省委省政府机关16个部门的干部职工踊跃捐款。

五月十四日

上午，"万名医师支援农村卫生工程"正式启动，首批834名城市医务人员已奔赴全省417个农村卫生院。这项工程将历时3年，受援的农村卫生医疗机构主要集中在全省贫困落后地区。

五月十六日

5月10日至今日，省委、省政府组成以省委副书记、省长季允石为团长，省委常委、唐山市委书记张和，副省长柳宝全为副团长的河北省党政代表团赴山东、河南，考察学习两省经济社会发展特别是推进城市化和加强城市建设方面的做法和经验。代表团先后考察了山东省德州、济南、聊城、济宁和河南省郑州、洛阳等市。代表团分别与山东省委书记张高丽、省长韩寓群，河南省委书记徐光春进行工作会谈，深入交换意见。15日晚，代表团召开考察学习座谈会，畅谈学习体会，交流工作思路，研究加快发展的措施。省长助理、省政府秘书长尹亚力，各设区市和省直有关部门的主要负责同志参加了考察。

五月十七日

上午，为期两天的"2005东北亚暨环渤海国际合作论坛"在廊坊开幕。论坛将以探讨东北亚经济合作为突破口，致力于提升环渤海区域竞争力和企业竞争力，以推动区域经济合作跃上新高度。全国政协副主席、全国工商联主席黄孟复，蒙古前总统奥其尔巴特，韩国前总理李寿成，新西兰前总理希普利，省委书记白克明，省长季允石出席论坛并致辞。

上午，在东北亚暨环渤海国际合作论坛开幕之前，省委书记白克明，省长季允石，博鳌亚洲论坛秘书长龙永图，副省长才利民，省长助理、省政府秘书长尹亚力在廊坊国际饭店会见了出席论坛的蒙古前总统奥其尔巴特、韩国前总理李寿成、新西兰前总理希普利、维也纳市副市长柳锐文、美国马凯集团董事长彼得·图福、日本邮船北京代表处代表福山秀夫、韩国天然气公司监事李相宪等贵宾。

上午，省长季允石在东北亚暨环渤海国际合作论坛上发表演讲。他提出，抓住机遇，统筹发展，和谐合作，实现共赢，是东北亚崛起和振兴的必由之路，也是环渤海地区人民的根本利益所在。

上午，由河北日报报业集团旗下的燕赵都市报主办的首届华北国际汽车博览会，作为5·18国际商务节的重要组成部分在廊坊开幕。省委书记白克明，省长季允石，省委常委、宣传部长张群生等参观了车展现场。

上午，国家环保总局在廊坊市举行ISO14000国家示范区授牌仪式，这标志着廊坊成为全国第一个荣获ISO14000国家示范区称号的中等城市。国家环保总局常务副局长祝光耀、副局长张力军，副省长才利民出席授牌仪式。

晚上，东北亚暨环渤海国际商务节组委会在廊坊会展中心举行盛大欢迎酒会，热情款待前来参加商务节的国内外贵宾。全国政协副主席、全国工商联主席黄孟复，省领导白克明、赵金铎、张群生、赵世居、韩葆珍、才利民，博鳌亚洲论坛秘书长龙永图，部分国家前政要、驻华使节、商务官员，国内外知名商会领导人、世界知名集团公司总裁以及国家有关部委的领导出席欢迎酒会。5·18国际商务节组委会主任、省长季允石致辞。

五月十八日

上午，东北亚暨环渤海国际商务节在廊坊会展中心隆重开幕。全国政协副主席、全国工商联主席黄孟复，蒙古前总统奥其尔巴特、韩国前总理李寿成、新西兰前总理希普利等外国前政要，比利时东佛兰德省、奥地利维也纳等国外著名省市的省长、市长，德国、法国、新西兰等20多个国家驻华使节，省领导白克明、季允石、赵金铎、张群生、郭庚茂、赵世居、韩葆珍、才利民，博鳌亚洲论坛秘书长龙永图，国家发改委、人事部等部委领导，著名民营企业负责人出席开幕式。开幕式由廊坊市委书记王增力主持。

上午，山海关船厂、河北省建设投资公司、河北远洋运输股份有限公司、建龙钢铁控股有限公司4家企业作为投资主体，在廊坊签订山海关造船重工有限责任公司股东认股书。省委常委、常务副省长郭庚茂，中船重工集团公司总经理李长印出席签字仪式。

下午，省委常委、常务副省长郭庚茂会见了前来参加东北亚暨环渤海国际商务节的海外留学生博士团。

下午，河北省与中石油战略合作框架协议签字仪式在廊坊举行。省委书记白克明、中国石油天然气集团公司总经理陈耕致辞。省长季允石、中国石油天然气集团公司副总经理蒋洁敏代表双方签字。省委常委、常务副省长郭庚茂主持仪式。

五月十九日

昨天和今天，全国人大常委会副委员长成思危率队在河北省进行安全生产执法检查。副省长付双建代表省政府作关于贯彻落实《安全生产法》情况的汇报。

凌晨，承德暖儿河煤矿发生瓦斯爆炸。事故发生后，省委书记白克明两次打电话指示：确保安全，全力抢救，做好善后工作。正在廊坊参加5·18国际商务节的省长季允石第一时间会同承德市领导赶到事故现场指挥抢险。国家安全生产监督管理总局局长李毅中、副局长梁嘉琨，国家煤矿安全监察局局长赵铁锤、副局长付建华和副省长付双建也赶到事发现场组织抢险。

五月二十日

下午，《河北省与东风汽车公司合作框架协议》暨《东风实业有限公司与邯郸宇康集团有限公司合作协议》在省会河北会堂签署。省委书记白克明发表讲话，省长季允石代表河北省签署协议，省委常委、常务副省长郭庚茂主持签字仪式。

五月二十一日

上午，2005年安利纽催莱健康跑暨河北省会全民健身周活动启动仪式在石家庄裕彤体育中心西广场举行。副省长孙士彬出席仪式并宣布开幕。

下午，省委、省政府召开全省县级政府机构改革工作电视电话会议，对全省县级政府机构改革工作进行安排部署。省委常委、常务副省长郭庚茂出席会议并讲话，省委常委、组织部长付志方主持会议。

五月二十二日

国务院承德市暖儿河矿业有限公司“5·19”特大瓦斯爆炸事故调查组正式成立，事故调查工作全面展开。下午，事故调查组组长、国家煤矿安全监察局局长赵铁锤，调查组副组长、国家煤矿安全监察局副局长付建华，调查组副组长、副省长付双建一行先后到266医院和承德县医院看望矿难生还者和受伤人员。

5月18日至今日，全国人大常委会安全生产执法检查组先后到石家庄、邢台两市对贯彻落实《安全生产法》情况进行了检查。下午，检查组在石家庄召开座谈会，就此次执法检查情况与河北省深入交换意见。省长季允石出席座谈会并发言。省人大常委会副主任韩葆珍主持座谈会，省长助理、省政府秘书长尹亚力及省直有关部门负责同志参加座谈。

五月二十五日

下午，“2005年河北省送万场电影下乡活动‘至诚钻石’电影大蓬车河北巡映展首映式”在革命老区平山县举行。副省长孙士彬出席首映式并讲话。

五月二十六日

15日到今日，全省共有94名家庭贫困的唇、腭裂儿童接受了“晨光行动”的免费治疗。下午，省长季允石、副省长孙士彬到省医大三院“晨光行动”病区亲切看望了术后即将出院的患儿。

五月二十九日

上午，河北省召开大会庆祝“六一”儿童节。省会少节儿童风采展示大会同时举行。省领导白克明、季允石等出席大会。

上午，省委书记、省人大常委会主任白克明，省长季允石在省会人民会堂亲切接见了即将参加第五次全国少代会的河北省代表，并与他们合影留念。

应省政府邀请，河北省友好省州——美国衣阿华州州长托马斯·维尔萨克先生率衣阿华州代表团一行24人，今天来冀访问。下午，省委书记、省人大常委会主任白克明，省长季允石在河北会堂会见了代表团一行。

五月三十日

省委书记白克明，省长季允石，省委常委、宣传部长张群生，省委常委、秘书长张力，副省长孙士彬等省领导，围绕建设文化大省问题，到省直文化系统进行了考察调研。上午，省领导一行先后到河北大戏院、省心连心艺术团、河北梆子剧院、河北美术馆、河北画院、省图书馆、省京剧院、河北艺术职业学院和省博物馆进行考察。下午，省领导同省文化厅和省直有关部门负责人围绕加快文化大省建设进行专题座谈，就贯彻落实全省《建设文化大省规划纲要》，进一步推进文化体制改革，加强文化设施建设等问题深入交换了意见。

六月

六月一日

第四次全省“安全生产月”活动开幕，今天的主题是“遵章守法，关爱生命”。省长季允石发表电视讲话，要求以这次活动为契机，扎实做好安全生产各项工作，努力实现全省安全生产形势的稳定好转。

六月二日

下午，省长季允石主持召开全省扩权强县工作座谈会，听取扩权强县工作进展情况的汇报，了解扩权强县工作在实际运动中亟待解决的问题。

六月五日

昨天上午，中共中央政治局常委、国务院总理温家宝到藁城市的田间地头了解夏收和农村税费改革等情况。今天上午，温家宝又察看了新乐市国家粮食储备库，考察了南双井村、小流村、邯邰村的夏粮生产情况，看望了农户，鼓励农民多种粮、种好粮。考察期间，温家宝还主持召开乡村干部座谈会，详细询问了乡村债务、机构精简、合作医疗、义务教育等情况，和基层干部共同探讨解决这些问题的办法。省领导白克明、季允石、吴振华、张力、宋恩华陪同考察。

六月七日

昨天和今天，省政府在廊坊召开全省环京津市县长座谈会，总结交流经验，研究探讨下一步工作思路和重点，深入扎实地推进环京津工作。省长季允石、副省长才利民出席会议并讲话。

上午，副省长孙士彬主持召开了第十届中国吴桥国际杂技艺术节筹备工作专题会议，听取了省文化厅关于筹备工作进展情况和《第十届中国吴桥国际杂技艺术节总体方案（草案）》的汇报，并就有关问题进行了研究部署。

六月八日

上午，国家发改委在唐山召开京津冀都市圈区域规划工作座谈会，就做好区域规划的研究和编制工作进行交流，听取有关省市的意见和建议。这标志着京津冀都市圈区域规划工作由前期准备阶段进入了实质性工作阶段。国家发改委副主任刘江，省长季允石，北京市副市长张茅，天津市委副书记、常务副市长黄兴国，省委常委、常务副省长郭庚茂，省委常委、唐山市委书记张和，天津市委常委、滨海新区工委书记皮黔生出席会议。下午，与会同志共同参观了曹妃甸工业园区。

六月十日

上午，省委、省政府召开的建设文化大省工作会议在石家庄开幕。省委书记白克明出席会议并作重要讲话。省长季允石主持会议并讲话。副省长孙士彬就《河北省建设文化大省规划纲要（2005—2010年）（讨论稿）》和《河北省关于加快文化事业和文化产业发展的若干政策（讨论稿）》作了说明。省领导张群生、张力、臧胜业、刘作田、孙士彬、龙庄伟、刘健生，各设区市分管文化工作的副书记、宣传部长、副市长、文化局长，省直宣传文化系统及有关单位负责人，省直文艺院团负责人参加了会议。

六月十一日

上午10时，石太铁路客运专线在冀晋两省交界的太行山隧道接口处开工。石太铁路客运专线由铁道部和冀晋两省共同建设，是国家“十一五”重点工程，是青岛至太原客运专线的重要组成部分。铁道部部长刘志军，省委书记白克明、省长季允石，山西省委书记田成平、省长张宝顺等出席今天的开工动员大会并为工程奠基。刘志军作动员讲话，季允石和张宝顺分别致辞。

六月十四日

昨天和今天，国务委员兼国务院秘书长华建敏一行深入国务院办公厅定点扶贫的怀安县，征求基层干部群众对国务院办公厅保持共产党员先进性教育活动整改工作的意见，并就做好扶贫开发工作进行调研。国务院副秘书长张勇，河北省副省长宋恩华，省长助理、省政府秘书长尹亚力陪同调研。

由香港特别行政区政府与河北省人民政府共同举办的，以“推动CEPA框架下的冀港经贸合作与交流，促进两地人民的相互了解和沟通”为主题的“2005年河北·香港周”，将于6月22日至28日在石家庄举行。今天上午，召开新闻发布会，副省长才利民、香港特别行政区政府驻京办事处主任梁宝荣发言祝贺。

六月十五日

上午，由国家人口计生委和河北省人民政府共同举办的全国农村部分计划生育家庭奖励扶助制度宣传月大型社会宣传日活动启动仪式在廊坊三河市新世纪广场举行。国家人口计生委副主任潘贵玉、副省长孙士彬出席仪式并讲话。

下午，省长季允石召集省直综合及涉农部门有关人员进行座谈，学习、讨论温家宝总理来河北省视察时的讲话和全国农村税费改革试点工作会议精神，研究分析农业税取消后农村经济社会发展面临的新情况、新问题，探讨如何推进以税费改革为主要内容的农村综合改革。省委常委、常务副省长郭庚茂，副省长宋恩华参加座谈会。

六月十七日

上午，省长季允石在秦皇岛山海关主持召开山海关古城保护开发现场办公会议。副省长才利民、柳宝全、孙士彬分别就做好山海关古城保护工作讲了具体意见。省长助理、省政府秘书长尹亚力及省直有关部门负责同志参加会议。与会同志还共同考察了工程进展情况。

六月二十二日

香港特别行政区律政司司长、“2005河北·香港周”香港代表团团长梁爱诗女士，在副省长柳宝全的陪同下，率香港代表团的十多位法律界人士拜会了省法院、省检察院、省司法厅、省律师协会，参观了河北三和时代律师事务所，并出席了省律师协会与香港大律师公会、香港律师会合作协议的签字仪式。

晚上，省政府在省会中国大酒店举行欢迎宴会，热情欢迎前来参加“2005年河北·香港周”的香港特区政府律政司司长梁爱诗和驻京办主任梁宝荣等香港各界新老朋友。

六月二十三日

上午，“2005河北·香港周”在石家庄人民会堂隆重开幕。省委副书记、省长季允石，香港特区政府律政司司长梁爱诗在开幕式上致辞，国务院港澳办副主任周波、省委副书记刘德旺、省政协主席赵金铎、香港特区政府财经事务及库务局局长马时亨、香港特区政府驻京办主任梁宝荣及省委、省人大常委会、省政府、省政协、省法院、省检察院领导出席开幕式。

六月二十四日

今天是河北省启动电力供应黑色预警预案的第一天。下午，副省长付双建对石家庄钢厂、石家庄热电厂和省电力公司进行检查。

六月二十七日

上午，河北省民营企业“关爱员工、和谐发展”表彰暨经验交流大会在石家庄召开。全国工商联副主席程路、省委副书记刘德旺出席并讲话，省领导陈秀芳、臧胜业、韩葆珍、宋恩华、刘健生等出席。

下午，省长季允石在北京河北饭店召开全省扩权强县工作（北片）座谈会。省委常委、常务副省长郭庚茂就深入推进扩权强县工作讲了具体意见。

下午，河北清华同方电子有限公司在河北廊坊清华科技园举行成立仪式。省委常委、常务副省长、河北清华发展研究院理事长郭庚茂，清华大学常务副校长、河北清华发展研究院常务副理事长何建坤，清华大学校务委员会副主任、河北清华发展研究院院长郑燕康等出席公司成立暨入园揭牌仪式。郭庚茂向河北清华同方电子有限公司董事长赵伟国颁发清华科技园001号企业入驻纪念牌。

六月二十八日

上午，河北清华发展研究院第二届理事会第二次会议在廊坊举行。省委常委、常务副省长、河北清华发展研究院理事会理事长郭庚茂作重要讲话，清华大学常务副校长、河北清华发展研究院理事会常务副理事长何建坤，河北清华发展研究院院长、河北清华发展研究院理事会秘书长郑燕康等出席会议。会议听取并讨论了河北清华发展研究院工作报告。

六月二十九日

上午，河北福田重机股份有限公司一期工程正式竣工投产。省委书记、省人大常委会主任白克明宣布工程竣工投产，省长季允石在竣工仪式上致词。

上午，河北省农村信用社联合社举行开业典礼。河北省农村信用社联合社是由省内157家市、县农村信用社联合社自愿入股组成，是具有独立企业法人资格的地方性金融机构，这将有利于促进我省农村经济的发展，增强对“三农”的服务能力。省委书记白克明、省长委允石发来贺信，省领导张力、韩葆珍、宋恩华、秦朝镇等出席开业典礼。

六月三十日

昨天和今天，以卫生部副部长马晓伟为组长的全国“打击非法行医专项行动”工作督查组到邯郸、邢台、石家庄检查指导工作。副省长孙士彬出席了在石家庄市召开的汇报座谈会。

下午，河北省与新疆巴州党政代表团在省会进行了交流座谈，并在干部培训、教育、旅游、卫生、科技、食品、医疗等领域签订了8个合作项目。省领导刘德旺、付志方、才利民参加座谈会并出席签约仪式。

七月

七月二日

上午，由省政府主办、省发改委承办的河北省汽车零部件产需对接博览会在石家庄市人民会堂开幕。省委常委、常务副省长郭庚茂出席开幕式并讲话，副省长付双建主持开幕式。

七月七日

从今天起，河北省第二批保持共产党员先进性教育活动全面展开。上午，省委召开电视电话会议，对开展第二批教育活动进行动员部署。省委书记白克明出席动员大会并讲话。省委副书记、省长季允石主持会议。省委常委、组织部长付志方宣读了《河北省第二批保持共产党员先进性教育活动实施方案》。

大厂和孟村两个回族自治县建县50周年之际，根据省政府的决定，7月5日至今日，副省长柳宝全率领省民委成员单位及省直40多个部门的负责同志，赴两个县进行调查研究、现场办公。

下午，省委常委、常务副省长郭庚茂与石家庄市市长吴显国共同为藁城市岗上镇岗上村挂上了涉农价格和收费公示牌。至此，全省3.8万个涉农价格和收费公示牌更新换牌工作全部完成。

七月八日

上午，河北省召开全省社会治安综合治理先进集体先进工作者表彰大会，表彰2001年至2004年全省综治战线涌现出的先进集体和先进工作者。省委书记、省人大常委会主任白克明会见了与会代表并发表重要讲话。省委副书记、省长季允石，省委常委、政法委书记车俊，省委常委、组织部长付志方，省委常委、秘书长张力参加了会见。表彰大会由副省长柳宝全主持。

上午，全国劳动模范和先进工作者先进事迹报告团在河北会堂小礼堂举行了首场报告会。省委常委、省总工会主席臧胜业出席报告会并讲话，副省长孙士彬主持报告会。

七月十一日

近日，中央政治局委员、书记处书记、国务委员周永康在山西、河北调研。在河北省期间，省领导白克明、季允石、张毅、郭庚茂、吴振华、车俊、张力等陪同调研或参加了相关座谈会。今天上午，周永康在省委书记白克明、省长季允石等陪同下到石家庄市富强电力小区调研。

七月十二日

上午，河北广电信息网络股份有限公司正式挂牌成立，这标志着全省广播电视事业的发展进入了一个新阶段。省长季允石，省委常委、宣传部长张群生，副省长孙士彬为公司揭牌。

七月十三日

上午，省委书记白克明，省长季允石，省委常委、秘书长张力专程前往省防汛抗旱指挥部，听取有关工作汇报，对下一步工作进行研究部署。

下午，省长季允石主持召开省政府第八次全体会议，总结分析上半年经济形势，研究当前改革发展中面临的重大问题，安排部署三季度政府工作。省委常委、常务副省长郭庚茂，副省长才利民、宋恩华、孙士彬、龙庄伟，省政府顾问郭世昌，省长助理、省政府秘书长尹亚力出席会议。

七月十四日

上午，省政府与国家开发银行召开第四次联席会议并签订《开发性金融合作协议》。省长季允石、国家开发银行行长陈元出席会议并在协议上签字。省委常委、常务副省长郭庚茂主持联席会议和签字仪式。

七月十八日

从今天开始，省委常委（扩大）学习会议在北戴河召开。会议共分三个阶段：第一阶段，省委理论学习中心组集中学习，围绕构建和谐社会进行学习研讨；第二阶段，议党建，研究加强执政能力建设、党风廉政建设问题；第三阶段，议发展，研究编制我省“十一五”规划的有关问题，总结上半年经济工作，分析经济形势，部署下半年工作。今天的学习会议由省委书记白克明主持。省委常委、省政协主席、省人大常委会主持日常工作的副主任、省政府副省长、省法院院长、省检察院检察长，省直有关部门负责同志参加会议。

七月二十六日

昨天和今天，在北戴河参加省委常委（扩大）学习会议的与会同志先后听取了省委组织部关于省委六届六次全会的贯彻落实情况、省委保持共产党员先进性教育办公室关于第二批先进性教育活动开展情况、省纪委关于全省党风廉政建设情况、省委省直工委关于省直机关效能建设情况等汇报，并就进一步加强党的建设和党风廉政建设等进行了讨论。

七月二十七日

上午，在北戴河参加省委常委（扩大）学习会议的省委、省政府领导班子全体成员就党风廉政建设责任制的落实情况进行了专项个人述职。大家按照分工，详细汇报了自己落实党风廉政建设责任制的情况，肯定了成绩，查找了不足，客观分析了全省反腐倡廉的形势，对做好下一步工作提出了意见和建议。

七月二十九日

下午，在秦皇岛国际饭店河北省与中石油、北京市共同签署了《唐山液化天然气（LNG）项目合作框架协议》，这标志着中石油、北京市与河北省的战略合作进入了实质性阶段。省领导白克明、季允石、张力、张和，北京市市长王岐山，中国石油天然气集团公司总经理陈耕出席签字仪式。省委常委、常务副省长郭庚茂，中石油副总经理蒋洁敏、北京市副市长张茅代表三方在协议上签字。签字仪式由中石油副总经理苏树林主持。

七月三十日

上午，省委、省政府、省军区在秦皇岛召开大会，隆重纪念中国人民解放军建军78周年，命名新一届省级双拥模范城（县）。白克明、季允石、钟志明、张连仁、王加林、柳宝全、王建忠等省和省军区领导，以及驻冀部队首长、驻冀部队院校首长出席会议。省委常委、省委秘书长张力主持会议，并宣读了《省委、省政府、省军区关于命名新一届省级双拥模范城（县）的决定》，出席会议的省军级领导为新一届省级双拥模范城（县）颁发荣匾。省长季允石作重要讲话。省军区政季张连仁和省委常委、省委秘书长张力分别就做好新形势下的双拥工作及贯彻落实好会议精神讲了具体意见。副省长柳宝全作了工作报告。

下午，河北省南水北调工程文物保护工作调度会议在北戴河召开。副省长孙士彬出席会议并讲话。

八月

八月一日

上午，全省市委书记市长会议开幕。此次会议为正在北戴河召开的省委常委（扩大）学习会议的第三阶段即议发展阶段。会议研究编制河北省“十一五”规划的有关问题，总结上半年经济工作，分析当前经济形势，部署下半年经济工作。省委、省人大常委会、省政府、省政协领导出席会议。各设区市市委书记、市长，省直有关部门负责同志参加会议。

上午，全省农村部分计划生育家庭奖励扶助金首发式在唐山市乐亭县举行。省委书记白克明、省长季允石向大会发来贺信，省委副书记刘德旺、国家人口计生委副主任王国强出席会议并讲话，副省长孙士彬主持会议。

下午，省委常委、常务副省长郭庚茂，省委常委、石家庄市委书记吴振华和各市市委书记、市长及省直有关部门的负责同志一起，赴唐山市曹妃甸工业区和海港开发区进行参观。

八月二日

下午，河北省2005年省校（院）合作研讨会在秦皇岛召开。清华大学、中国科学院北京分院、天津大学、南开大学、上海交通大学等高校和科研院所的领导、专家、教授，与河北省有关部门共同对拓宽省校（院）合作领域进行了研讨交流。副省长才利民出席会议并讲话，副省长龙庄伟出席并主持了研讨会。

八月四日

上午，北京市委副书记、市长王岐山率团来承德考察并出席京承区域经济协作座谈会。围绕推进京冀合作，共建区域和谐社会，京承双方达成6大合作意向。副省长宋恩华主持座谈会。

下午，全省市委书记、市长会议在北戴河闭幕。会上，省委书记白克明分析了全省当前改革建设的形势，并就做好下半年工作作重要讲话。省委副书记、省长季允石结合议发展情况作了会议总结，对经济社会发展中出现的新情况、新问题进行了深刻分析。

八月八日

下午，省长季允石在秦皇岛通过防汛抗旱远程指挥系统召集紧急会议，安排部署防御9号台风“麦莎”的各项工作。副省长宋恩华在省防汛抗旱指挥调度中心参加会议，对防御工作进行了具体部署。

八月十一日

上午，省政府在阳原县召开张承地区基础设施建设规划实施第三次调度会议。省长季允石，省委常委、常务副省长郭庚茂，副省长宋恩华出席会议并讲话。郭庚茂、宋恩华分别就加快张承地区基础设施建设讲了具体意见。省长助理、省政府秘书长尹亚力及省直有关部门负责同志参加会议。

八月十二日

上午，北京市与张家口市举行京张区域经济合作座谈会。省长季允石、北京市市长王岐山出席座谈会并讲话。座谈会由省委常委、常务副省长郭庚茂主持，北京市副市长牛有成介绍了北京市经济社会发展情况与河北省的合作思路。副省长宋恩华出席座谈会。

八月十六日

上午，由省政府主办、省台办与邯郸市政府承办的2005冀台经济合作洽谈会在邯郸开幕。副省长才利民出席洽谈会，并于昨日会见了部分台商代表。

昨天和今天，全省京津风沙源治理工程建设第七次工作会议在承德市召开。副省长宋恩华出席会议并讲话。

上午，由河北海外联谊会举办的世界500强和海外知名企业燕赵行活动在秦皇岛启动。美国摩根大通等13家世界500强企业和部分海外知名企业参加了本次活动。省长季允石出席启动仪式并讲话，省委常委、常务副省长郭庚茂介绍了河北省基本情况和鼓励外商投资的重点项目，省委常委、统战部长陈秀芳致欢迎辞。

八月十七日

昨天和今天，省长季允石就发挥环京津优势、促进区域经济协调发展深入到廊坊市大厂回族自治县、霸州市、文安县、大城县进行调研。

下午，省政府与国家钢铁研究总院在涿州签署合作协议。副省长龙庄伟，钢铁研究总院院长干勇、名誉院长殷瑞钰出席签字仪式并讲话。

八月二十一日

上午，省重点项目石家庄正定国际小商品市场项目举行开工奠基仪式。副省长才利民出席。

八月二十三日

上午，第四届中国河北国际冶金工业展览会在唐山国际会展中心开幕。副省长付双建出席展会开幕式并讲话。

昨天和今天，民政部部长李学举、副省长柳宝全一行到安新县走访慰问抗日老战士，并和抗日老战士、老烈属举行了座谈。

八月二十五日

上午，以“友谊、合作、发展”为主题的京津冀——港澳台（3+3）旅游合作大会在廊坊市香河第一城开幕。省长季允石、国家旅游局局长邵琪伟、北京市副市长张茅、天津市副市长只升华出席开幕式，并为大会开幕剪彩。开幕式由副省长才利民主持。来自京津冀与港澳台地区、我国部分省市和国外旅游界人士共计千余人参加本次旅游合作盛会。

上午，省政府召开全省应急管理工作会议。会议的主要任务是，贯彻落实全国应急管理工作会议精神，安排部署全省应急管理工作。省长季允石发表了书面讲话。省委常委、常务副省长郭庚茂回顾了全省的应急管理工作，结合当前的公共安全形势分析了加强应急管理工作的重大意义，并对进一步做好应急管理工作做出具体部署。省长助理、省政府秘书长尹亚力主持会议。

上午，第十届中国吴桥国际杂技艺术节“媒体特别合作伙伴”签约仪式在中国大酒店举行。副省长孙士彬，神州电视有限公司董事长、凤凰卫视副总裁唐建出席签约仪式。

八月二十六日

下午，共青团河北省委与中信集团公司在河北会堂签约，合作开展“河北省优秀贫困大学生就业见习活动”。省领导白克明、季允石、张群生、臧胜业、孙士彬，中信集团公司董事长王军及相关负责人，团省委负责人出席签约仪式。

下午，河北电视台与中信21世纪有限公司在河北会堂签约，双方共同投资1亿元，组建河北数字电视技术有限公司，合作开发河北数字电视技术。省领导白克明、季允石、张群生、臧胜业、孙士彬，中信集团公司董事长王军及相关负责人，省广播电视局和河北电视台负责人出席签约仪式。

8月22日至今日，副省长宋恩华带领省直有关部门及各市政府主管领导先后参观了全省部分农业综合生产能力建设重点项目。下午，副省长宋恩华参加了全省农业综合生产能力建设重点项目观摩会议并讲话。

八月二十八日

上午，邢台市宁波紧固件有限公司在邢台市高开区奠基。这是邢台市邢钢线材加工基地项目开工10个月以来，入驻的第4家企业。省委常委、常务副省长郭庚茂参加了奠基仪式。

上午，北京三元集团与承德市政府在北京签订农业经济技术全面合作协议。这标志着北京三元集团与承德市的农业经济技术全面合作进入了实质性的运作阶段。

副省长才利民、北京市副市长牛有成出席签字仪式。

上午，遵化市市长赵山与上海华篷防爆科技有限公司董事长黄晓东在钓鱼台国宾馆签署了 HAN 阻隔防爆技术项目落户遵化的合作协议书。副省长付双建出席签约仪式。

八月三十一日

上午，省委、省政府在阜平县举行晋察冀边区革命纪念馆揭幕仪式。中央军委委员、总政治部主任李继耐为纪念馆落成并揭幕发来贺信。省委书记、省人大常委会主任白克明作重要讲话并宣布纪念馆揭幕，省委副书记、省长季允石主持仪式，省委副书记、省纪委书记张毅宣读李继耐的贺信，省委常委、宣传部长张群生介绍了纪念馆的改陈建设情况。省领导钟志明等出席揭幕仪式。在晋察冀边区工作过的老同志及其亲属代表；中央文明办的领导同志；北京军区政治部的领导同志；全国部分革命纪念地纪念馆的负责同志；省直有关部门主要负责人；保定市和阜平县领导；老党员、老干部、老战士和驻保部队官兵、干部群众、学校师生代表共约 550 人参加了揭幕仪式。山西省军区、延安革命纪念馆发来了贺电。

下午，省政府与有关发电集团公司及项目单位对列入国家 2005—2007 规划建设的 12 个初选、备选电站项目和拟建的燃气热电项目签订建设责任书，明确开工达产日期，落实项目责任。省领导和有关发电集团公司领导出席签字仪式。签字仪式由副省长付双建主持，常务副省长郭庚茂代表省政府与有关发电集团公司及项目单位签订建设责任书。

九月

九月一日

根据党中央的决策部署，按照中央纪委、中央组织部统一安排，中央纪委、中央组织部巡视组从今天开始在河北开展巡视工作。上午，巡视组与省级领导班子举行见面会，中央委员、十届全国政协常委、经济委员会副主任、中央巡视组组长阎海旺作重要讲话，省委书记、省人大常委会主任白克明代表省级领导班子讲话，并汇报了河北的工作。中央纪委、中央组织部巡视组全体成员出席见面会。省委副书记、省长季允石，省委副书记、省纪委书记张毅，省委常委、省人大常委会副主任、省政府副省长、省政协副主席参加了见面会。

下午，《河北生态省建设规划纲要》在北京人民大会堂通过专家论证。国家环保总局局长解振华出席会议并讲话。受省长季允石委托，省委常委、常务副省长郭庚茂出席会议并讲话。副省长柳宝全出席会议。国家环保总局副局长张力军主持会议。

九月二日

下午，省政府与中国航天科工集团公司签署《战略合作协议》，标志着双方在“运用航天高科技，推进河北信息化”方面的合作迈出了重要一步。同时，涿州开发区管委会与航天信息股份有限公司签署《航天信息股份有限公司产业基地项目合作意向书》。省长季允石，省委常委、常务副省长郭庚茂，副省长付双建、孙士彬，中国航天集团科工集团公司总经理殷兴良、航天信息股份有限公司董事长夏国洪等出席签约仪式。省长助理、省政府秘书长尹亚力主持。

下午，省政府召开全省做好建设节约型社会近期重点工作电视电话会议。省长季允石出席会议并讲话。省委常委、常务副省长郭庚茂主持会议。会议印发了《河北省人民政府关于做好建设节约型社会近期重点工作的实施意见》。省发改委、石家庄市、唐山市、邯郸市在会上发言。省长助理、省政府秘书长尹亚力及省直有关部门负责同志参加会议。

九月三日

上午，第十届全国运动会“我们万众一心”中国石化杯火炬传递活动河北省火炬传递起跑仪式，在省会文化广场举行。省委书记、省人大常委会主任白克明点燃传递主火炬，省长季允石宣布火炬传递起跑仪式开始。火炬传递起跑仪式结束后，第十届全国运动会河北代表团成立大会在省博物馆举行。白克明向副省长、十运会河北代表团团长孙士彬授代表团团旗。季允石在成立大会上讲话，省委常委、秘书长张力宣布河北代表团成立。

晚上，省纪念中国人民抗日战争暨世界反法西斯战争胜利 60 周年大型文艺晚会《英雄河北》在省体育馆举行。省委、省人大常委会、省政府、省政协领导，解放军、武警部队领导，已退出领导岗位的省级干部，副省级以上老同志以及省直各单位主要负责人，石家庄市主要负责人，省直机关部分干部，驻石部队官兵及省会各界群众代表观看了演出。

九月四日

下午，副省长才利民在省会河北会堂会见来自白求恩故乡——加拿大格雷文赫斯特市的市长约翰·克林克先生，新西兰友人路易·艾黎的亲属和何明清的亲属等一行 10 人。

九月八日

上午，副省长孙士彬带领省直有关部门和石家庄市政府等有关单位负责同志对第十届中国吴桥国际杂技艺术节筹备工作进行检查，听取了有关单位汇报，实地察看了有关设施，并对下步工作提出了要求。

下午，参加厦门“9·8”投洽会的河北代表团在厦门宾馆举办对台经贸合作洽谈会，来自台湾工商社团和知名大企业的近百位客商参加了洽谈会。会前，副省长才利民会见了以台湾工业总会理事长侯贞雄为团长的台湾工业总会代表团。

下午，副省长付双建在省会河北会堂会见了荷兰客人帝斯曼公司董事长、首席执行官艾赋鼎先生一行。

九月十二日

下午，省政府有关部门与来冀访问的荷兰南荷兰省省长弗兰森及其有关部门举行了工作会谈。双方一致同意，今后要将医药、机械、贸易、农业及水资源利用等领域作为切入点，加强多领域的交流与合作。副省长才利民主持会议并讲话。

九月十五日

上午，副省长柳宝全出席孟村回族自治县建县50周年庆典并宣读贺电。

晚上，“冀东油田杯”2005中国唐山国际皮影艺术展演在唐山抗震纪念碑广场开幕。全国人大常委会副委员长何鲁丽，省委常委、唐山市委书记张和，省人大常委会副主任王加林、副省长付双建、省政协副主席王建忠出席开幕式并观看了《唐山金秋》文艺演出。

九月十六日

上午，副省长柳宝全出席大厂回族自治县建县50周年庆典并宣读贺电。

上午，“惠达之光”第八届唐山中国陶瓷博览会在唐山市国际会展中心开幕。来自美国、加拿大、日本、印度、韩国等52个国家、地区和国内282家陶瓷生产企业的厂商以及各界宾朋5000余人参加了盛会。全国人大常委会副委员长何鲁丽，中国国际贸易促进会副会长安成信，中国轻工业联合会副会长杨志海、杨自鹏，中国建筑材料工业协会副会长邹传胜，首都钢铁公司董事长朱继民，中国五矿进出口商会常务副会长王沅江，省委常委、唐山市委书记张和，省人大常委会副主任王加林，副省长付双建，省政协副主席王建忠；中直机关、国家有关部委领导和中国经济联络中心、中国陶瓷工业协会、中国建筑卫生陶瓷协会领导及博览会组委会全体成员；18个国家驻华使节，友好城市美国锡达拉皮兹市政府代表团，外国驻华商社跨国公司的代表；国内兄弟城市的领导参加了今天的开幕式。何鲁丽等为开幕式剪彩，付双建讲话。

应波兰玛佐夫舍省省长斯特鲁齐克、法国阿海珐输配电有限公司、新加坡大华继显控股有限公司的邀请，9月5日至16日，省长季允石率河北经贸代表团先后对波兰、法国、新加坡和香港进行了友好访问。省长助理、省政府秘书长尹亚力随访。

九月十七日

上午，全国科普日河北系列活动暨首届河北省科普下乡万里行活动开幕式在平山县会堂广场举行。副省长龙庄伟出席并讲话。

下午，第十届中国吴桥国际杂技艺术节与“协办单位”河北白沙烟草有限责任公司签约仪式在中国大酒店举行。副省长孙士彬出席仪式。

九月十八日

上午，省百强民营企业家培训班在中共中央党校开班，河北省100余名民营企业家、各级工商联有关负责人等参加培训。省人大常委会副主任韩葆珍主持开班仪式，副省长宋恩华讲话。

九月二十一日

以总编辑陈锡添为首的《香港商报》采访团一行于20日抵达河北省，开始进行为期一周的采访。上午，省委书记、省人大常委会主任白克明会见了采访团一行，省长季允石接受了《香港商报》的专访。

上午，第五届中国安平国际丝网博览会在安平县开幕。副省长孙士彬开幕式并讲话。

九月二十二日

上午，省长季允石主持召开第十届中国吴桥国际杂技艺术节组委会第一次全体会议，听取各项筹备工作进展情况的汇报，研究部署下一阶段工作。

九月二十四日

上午，河北省“十五”重点基础设施项目、2008年北京奥运会备降和分流机场重点建设项目——石家庄机场平行滑行道工程竣工并正式投入使用。副省长付双建出席竣工仪式。

九月二十六日

上午，第12届中国清河国际羊绒及绒毛制品博览会在清河国际羊绒科技园开幕。来自国内外的4000多名客商前来参会。省领导、中国纺织工业协会、中国贸促会会务部的负责同志及罗马尼亚登博维察县县长波佩斯库·让出席开幕式。

上午，“诚信河北论坛”暨河北企业诚信联盟活动大会在省会河北会堂举行，全省100余家企业代表共同签订了“河北企业诚信联盟诚信宣言”。此次大会由省文明办和省工业经济联合会共同举办。省委常委、宣传部长张群生出席大会并讲话。省政府顾问、省工业经济联合会会长郭世昌主持会议。

上午，2005白沟中国（国际）箱包服装节暨文化艺术节开幕式在白沟镇举行。副省长孙士彬出席开幕式并讲话。

九月二十七日

上午9时15分，省委书记、省人大常委会主任白克明宣布槐安路斜拉桥胜利竣工，全线正式通车。9名来自省会各界的市民代表为石家庄市槐安路斜拉桥竣工暨全线通车剪彩。省委副书记、省长季允石致词。省委常委、石家庄市委书记吴振华主持仪式。石家庄市市长吴显国在仪式上介绍了槐安路及斜拉桥工程的基本情况。仪式结束后，白克明、季允石等省领导乘车考察了槐安路沿线的城市建设以及石家庄市火车站广场综合整治工程。

九月二十八日

21日至28日，由中央组织部、中央编办、监察部、财政部有关人员组成的中央联合督查组对河北省控制乡镇机构编制和实有人员情况进行了督促检查。下午，举行交换意见会，中央联合督查组充分肯定了河北省的此项工作。省委常委、常务副省长郭庚茂出席交换意见会。

九月二十九日

上午，省政府在省会河北会堂为朴炯雨等30名外国专家颁发了2005年“燕赵友谊奖”，以表彰他们在河北省经济建设和社会发展、推动河北省与国外的广泛交流与合作中作出的突出贡献。省委常委、常务副省长郭庚茂出席颁奖大会。

晚上，省政府在省会中国大酒店举行盛大国庆招待会，热烈庆祝中华人民共和国成立56周年。省委、省人大常委会、省政府、省政协四大班子的领导同志，以及省法院、省检察院和省直有关部门的主要负责同志同各界人士欢聚一堂，共庆佳节。省军区、驻冀部队、河北省武警总队和中央驻冀部分单位主要负责人，石家庄市人大常委会、政府、政协主要领导，各民主党派、工商联主要负责人，在冀港澳台同胞、华人华侨、外国专家和学者，外籍教师，境外客商代表，劳动模范代表，工商、金融、科技、教育、卫生、文化、艺术、民族宗教、体育界代表，政法干警英模代表等应邀出席招待会。省委常委、常务副省长郭庚茂主持招待会。

十月

十月一日

上午，中共中央政治局常委、国务院总理温家宝从北京径直来到河北省滦平县农村，在省委书记白克明，省委常委、常务副省长郭庚茂，省委常委、秘书长张力的陪同下，看望农民群众，了解农民生产生活情况，和群众共度国庆节。

十月二日

上午，由石家庄市政府主办，石家庄市体育局、北京健坤国际赛艇俱乐部共同承办的清华VS剑桥—中英名校国际赛艇对抗赛在石家庄举行。副省长孙士彬等出席活动。

十月七日

上午，由河北医科大学承办的医学电镜技术亚太区国际交流学术会议在省会河北宾馆举行。副省长龙庄伟出席会议并讲话。

中午，副省长才利民在省会中国大酒店会见了来访的香港港岛地区基层骨干访问团一行34人。

十月八日

上午，副省长宋恩华在省会河北会堂会见了到河北省调研的国务院南水北调工程建设委员会办公室副主任李铁军一行，并就南水北调工程建设征迁安置的有关问题与李铁军进行了座谈。

十月九日

由文化部和省政府共同主办的第十届中国吴桥国际杂技艺术节将于10月29日至11月6日在石家庄举行。上午，文化部和省政府在北京联合召开第十届中国吴桥国际杂技艺术节新闻发布会。副省长孙士彬出席发布会。本届杂技艺术节主席由文化部部长孙家正，省委书记、省人大常委会主任白克明担任；组委会主任由省长季允石、文化部副部长孟晓驷担任。

十月十日

副省长龙庄伟带队参加在深圳举行的第七届中国国际高新技术成果交易会，并就科技教育工作到深圳、广州、佛山三市进行考察。

十月十二日

晚上，中华人民共和国第十届运动会在江苏省南京市隆重开幕。孙士彬副省长率河北省代表团参加开幕式。

十月十三日

下午，省长季允石主持召开省政府第九次全体会议，分析今年以来的经济形势，研究当前改革发展中面临的重大问题，安排部署第四季度工作。

十月十六日

中午，省委常委、常务副省长郭庚茂在香河县第一城会见了参加第七届20国集团财长和央行行长会议的世界银行行长沃尔福威茨为首的世界银行集团代表团。下午，代表团在副省长郭庚茂的陪同下，对河北省部分世界银行和国际金融公司贷款项目进行了考察。

十月二十一日

上午，迁曹铁路（迁安北至曹妃甸）建设工程在大秦铁路迁安北站正式破土动工。中共中央政治局委员、国务院副总理曾培炎出席开工动员大会并表示祝贺。省委书记、省人大常委会主任白克明出席，省委副书记、省长季允石，铁道部部长刘志军分别致辞。国务院副秘书长汪洋、国家发改委副主任张国宝、北京市副市长陆昊、国务院研究室党组成员宁吉喆；省委常委、常务副省长郭庚茂，省委常委、秘书长张力，省委常委、唐山市委书记张和，以及铁路建设者、地方群众代表出席了开工动员大会。

上午，第九届中国（廊坊）农产品交易会暨2005中国国际农业博览会在廊坊会展中心开幕。全国政协副主席张思卿、白立忱，省政协主席赵金铎，副省长才利民出席开幕式并为大会开幕剪彩。

十月二十二日

上午，首钢京唐钢铁联合有限责任公司在唐山市曹妃甸工业区正式揭牌，这标志着首钢搬迁、曹妃甸钢铁项目建设进入了实质性阶段。中共中央政治局委员、国务院副总理曾培炎出席揭牌仪式并讲话。省委书记、省人大常委会主任白克明，省委副书记、省长季允石，铁道部部长刘志军等出席。省委常委、常务副省长郭庚茂主持揭牌仪式。出席仪式的还有，国务院副秘书长汪洋、国家发改委副主任张国宝、国务院研究室党组成员宁吉喆，省委常委、秘书长张力。省委常委、唐山市委书记张和，北京市副市长陆昊以及首钢和唐钢负责人分别致词。

昨天和今天，全国耕地保护工作会议在石家庄召开。副省长柳宝全出席会议。

十月二十四日

上午，省政府党组书记、省长季允石主持召开省政府党组会议，学习贯彻党的十六届五中全会和省委六届八次全会精神，研究进一步做好政府工作。

下午，省长季允石主持召开第十届中国吴桥国际杂技艺术节组委会第二次全体会议，听取各项筹备工作进展情况和下一步主要工作安排的汇报，协调做好下一步的工作。副省长孙士彬，省长助理、省政府秘书长尹亚力及组委会委员分别就办好杂技节讲了具体意见。会前，季允石等还到河北艺术中心等地实地检查了杂技节有关准备情况，并观看了部分参赛、参演节目。季允石鼓励演员们要“为河北争光、为吴桥杂技走向世界努力”。

十月二十五日

上午，第十届中国吴桥国际杂技艺术节青年志愿者上岗誓师大会在河北艺术中心广场举行，副省长孙士彬出席会议并讲话。

上午，省政府有关部门与外交部驻外使节团举行座谈会，就河北省与使节团成员各所在国进行经济交流合作进行了座谈。副省长才利民代表省政府向使节团介绍了河北情况。

十月二十九日

副省长龙庄伟陪同中共中央候补委员、中国农科院党组书记、院长翟虎渠同志一行到曹妃甸考察。

27日至今日，中共中央政治局常委、全国政协主席贾庆林分别在中共中央政治局委员、北京市委书记刘淇，市长王岐山，河北省委书记白克明、省长季允石等陪同下，先后来到位于北京市石景山区的首钢总公司和位于唐山市的首钢新址曹妃甸工业区就首钢搬迁和建设进行调研。

晚上，第十届中国吴桥国际杂技艺术节在省会河北艺术中心隆重开幕。全国人大常委会副委员长司马义·艾买提，全国政协副主席张怀西，省委、省人大常委会、省政府、省政协领导白克明、季允石、张毅、赵金铎等，国家有关部委及省军区、驻石部队、省武警总队的领导，部分离退休老干部，曾为杂技节创办发展作出过突出贡献的老领导和中外专家出席了开幕式。司马义·艾买提宣布第十届中国吴桥国际杂技艺术节开幕。本届杂技节组委会主任、省长季允石和本届杂技节组委会主任、文化部副部长孟晓驷先后致辞。本届杂技节组委会副主任、副省长孙士彬主持开幕式。

十月三十日

上午，由省委省直工委、省体育局联合举办的省直机关新世纪第二届运动会在省体育馆举行。省委书记、省人大常委会主任、运动会组委会名誉主任白克明出席大会。省委副书记、省长、运动会组委会名誉主任季允石代表省委、省人大常委会、省政府、省政协致辞。省直各部门主要负责同志和7000多名干部职工参加了大会。

十月三十一日

下午，第十届中国吴桥国际杂技艺术节举行“百姓专场”公益演出，副省长孙士彬与来自省会的低保特困居民、环卫工人、残疾人、河北师大民族学院藏族学生、进城农民工在校子女代表一同观看了演出。

十一月

十一月一日

上午，2005年中国·石家庄国际投资贸易洽谈会在省会文化广场开幕。全国政协副主席张怀西出席开幕式并剪彩。省委副书记、省长季允石致辞。开幕式前，季允石等省领导参观了洽谈会展览。

上午，省委、省政府在省会河北会堂召开表彰“燕赵技能大奖”获得者和“河北省技术能手”大会。省委副书记刘德旺出席会议并讲话，省委常委、常务副省长郭庚茂主持会议，省委常委、组织部长付志方宣读表彰决定，副省长付双建出席会议。

上午，第十届中国吴桥国际杂技艺术节“走进福利院”公益慰问演出活动在石家庄市社会福利院举行，副省长孙士彬出席。

十一月二日

上午，省长季允石在承德考察工作并参加扶贫工作联系点——平泉县耿家沟村中信希望小学落成典礼仪式。

上午，卫生部2004年中央补助地方公共卫生专项资金项目卫生监督执法车辆发车仪式在北京举行。副省长孙士彬出席发车仪式并讲话。

十一月三日

上午，赵县县委、县政府在赵州桥公园举行中国赵州桥建成1400年纪念大会。省人大常委会副主任韩葆珍、副省长才利民、省政协副主席秦朝镇出席大会。

十一月六日

下午，全省防控高致病性禽流感电视电话会议召开，会议传达了省长季允石的重要书面指示。副省长宋恩华、孙士彬出席会议并讲话。

晚上，第十届中国吴桥国际杂技艺术节在省会河北艺术中心落下帷幕。省委、省人大常委会、省政府、省政协领导同志，文化部副部长常克仁，部分曾担任过正省级领导职务的离退休老同志，省军区、驻石部队及武警总队负责同志，组委会成员等观看了闭幕式晚会。本届杂技节组委会主任、省长季允石致闭幕词。省委书记、省人大常委会主任白克明，省长季允石，文化部副部长常克仁，本届杂技节组委会副主任、副省长孙士彬为获奖节目颁奖。

十一月七日

昨天晚上，邢台县会宁镇尚汪庄康立石膏矿发生坍塌事故。事故发生后，中央政治局常委、国务院副总理黄菊立即作出批示，要求全力抢救被困人员，做好医疗救助、群众安置和善后工作。省委书记、省人大常委会主任白克明，省长季允石当即作出指示，要求采取一切必要措施，千方百计组织抢救遇险人员。省长助理、省政府秘书长尹亚力带领省直有关部门负责同志连夜赶赴事故现场。

十一月八日

上午，由韩国驻华大使馆和河北省人民政府共同举办的2005河北省·韩国友好周在省会河北会堂开幕。省长季允石、韩国大使金夏中分别致词。晚上，省四大班子领导同韩国客人一起观看了文艺演出。

十一月九日

上午，全省第十届全运会总结表彰大会在省会河北会堂举行。省领导和省军区领导出席大会。副省长、十运会河北代表团团长孙士彬主持大会。

上午，政协河北省委员会成立55周年庆祝大会在省会河北会堂召开。省委书记、省人大常委会主任白克明，省委副书记、省长季允石，省政协主席赵金铎出席会议并讲话。省委、省人大常委会、省政府、省政协、省军区、省法院、省检察院、武警河北总队的领导同志，省政协原主席，部分驻省会全国政协常委、委员和省政协常委、委员，省各民主党派、工商联负责人，无党派代表人士和有关人民团体负责同志，各市政协主席，省直有关部门负责同志出席会议。省政协副主席冯文海主持会议。晚上，省领导，省政协原主席，省政协秘书长解玉琦，部分省政协委员、省政协机关干部观看了名为《共铸辉煌》的专题文艺晚会。

十一月十日

上午，省政府与教育部在河北大学签定双方共建河北大学的正式协议。省长季允石、教育部部长周济在协议上签字。副省长龙庄伟主持签字仪式。仪式前，季允石、周济考察了河北大学和河北农业大学。下午，周济在副省长龙庄伟的陪同下，考察了保定市第四职业中学、保定虎振职业技术学校和涿州市职教中心，听取了保定市职业教育工作汇报并讲话。

十一月十一日

昨天和今天，召开《河北省国民经济和社会发展第十一个五年规划纲要（草案）》（征求意见稿）座谈会。省委常委、常务副省长郭庚茂主持会议，省政协副主席秦朝镇出席会议。

十一月十六日

上午，省政府召开全省清理建设领域拖欠工程款工作电视电话会议。省长季允石出席会议并讲话，副省长柳宝全主持会议。

上午，由省科技厅和中科院北京分院共同举办的“河北省—中国科学院技术合作项目洽谈会暨签约仪式”在石家庄举行。副省长龙庄伟、中科院副院长兼北京分院院长李静海、中纪委驻中科院纪检组组长王庭大出席洽谈会暨签约仪式。

十一月十七日

上午，省委、省政府在清河县召开全省县域经济发展现场会。会议讨论了《关于加快城乡统筹，壮大县域经济的若干政策意见》。省委常委、常务副省长郭庚茂，副省长宋恩华出席会议并讲话。

十一月十九日

凌晨，邢台市内丘县远大煤矿发生透水事故，省长季允石当即作出批示，要求全力抢救被困人员，并赶赴事故现场指导救援工作。副省长付双建带领省政府办公厅、省安监局、煤监局、矿山救护中心负责同志迅即赶到现场，指挥抢险救援工作。

十一月二十四日

上午，中宣部在衡水召开全国文化科技卫生“三下乡”活动十周年工作座谈会。省委书记白克明，省委常委、宣传部长张群生，省委常委、秘书长张力，副省长龙庄伟出席座谈会。

21日至今天，省长季允石率河北省政府代表团赴内蒙古自治区进行学习考察。省长助理、省政府秘书长尹亚力及省直有关部门负责同志参加考察。

上午，邯郸武安市上团城乡高村煤矿发生一起透水事故，副省长付双建和省安监局、省煤监局及邯郸市有关领导亲临现场指挥抢险救援工作。

十一月二十五日

下午，河北省政府与中兴通讯股份有限公司战略合作协议签署仪式在河北会堂举行。

十一月二十九日

下午，河北省首届预防艾滋病专题文艺汇演——“红丝带携手同行”在河北会堂举行。副省长孙士彬观看演出，并向艾滋病患者转达了党和政府以及社会各界对他们的关心。

十一月三十日

昨天和今天，副省长付双建到邢台市检查煤矿和非煤矿山安全生产工作。

十二月

十二月一日

上午，石家庄三鹿集团与新西兰恒天然集团在北京钓鱼台国宾馆举行合资签约仪式，恒天然将认购三鹿43%的股份，这是迄今为止外国企业在中国乳品行业的最大资本投资。省委书记白克明、省长季允石、新西兰驻华大使包逸之出席签约仪式。

上午，河北省暨石家庄市换发第二代居民身份证首发式举行。副省长柳宝全出席仪式并讲话。

上午，省版权局、石家庄市版权局在平山县西柏坡联合举办“正版软件红色之旅”软件捐赠仪式。国务院保护知识产权督查组组长、国家版权局副局长阎晓宏，副省长孙士彬出席仪式。

十二月二日

下午，省委召开全省领导干部电视电话会议，传达学习中央经济工作会议精神。省委书记白克明主持会议并讲话，省委副书记、省长季允石传达会议精神，省委、省人大常委会、省政府、省政协、省军区领导、省直各部门负责同志参加会议。

十二月六日

上午，省政府与来省考察的天津市代表团举行经济技术合作座谈会，省长季允石与天津市市长戴相龙就进一步加强两省市的合作交换意见。

上午，国家安全教育馆开馆暨《无名丰碑》展览开展仪式在西柏坡举行。副省长柳宝全出席仪式并讲话。

十二月七日

下午，唐山市开平区刘官屯煤矿发生特大瓦斯爆炸事故。事故发生后，国家安全生产监督管理总局局长李毅中、国家煤矿安全监察局局长赵铁锤、省长季允石、副省长付双建于当晚赶赴事故现场，指挥抢险救援工作。

十二月八日

上午，省政府、中国轻工业联合会、中国皮革协会主办，衡水市和枣强县承办的中国·大营第十四届国际皮革交易会在衡水举行。

十二月十日

省委书记白克明赴唐山了解刘官屯煤矿事故情况，并同省长季允石看望了正在接受救治的受伤人员。

十二月十一日

上午，省政府召开省矿山安全生产监察总队成立大会，并决定立即开展全省矿山安全生产大检查。省委常委、常务副省长郭庚茂出席会议并讲话。

十二月十二日

上午，省委、省政府在石家庄召开全省经济工作会议。省委书记白克明、省长季允石在会上作重要讲话。各设区市市委书记、市长，市发改委主任，省直各单位、中直驻冀有关单位、省国资委监管企业、部分高等院校和科研院所主要负责同志，各扩权县（市）委书记、县（市）长及有关省直单位部分处级干部参加会议。

十二月十三日

为期两天的全省经济工作会议闭幕。

十二月十五日

上午，省政府与中国民航总局举行加快河北民航发展座谈会，双方就石家庄机场改扩建以及加快河北民航发展问题达成共识，并签署会谈纪要。省委书记、省人大常委会主任白克明出席签约仪式，省长季允石、民航总局局长杨元元在会谈纪要上签字。省委常委、常务副省长郭庚茂主持座谈会，副省长付双建出席座谈会。

上午，省委办公厅、省政府办公厅、省委组织部、省委宣传部机关干部职工参加“冬衣暖人心”募捐活动。省委书记白克明、省长季允石等省领导带头捐款捐物，表达对困难群众的关怀慰问。

上午，由国家广电总局主办，中国广播电视协会、省广电局承办的中国广播电视名牌栏目高层论坛暨“十佳新闻栏目”展示晚会在石家庄开幕。国家广电总局副局长胡占凡，中广协会副会长李丹，省委常委、宣传部长张群生，副省长孙士彬出席开幕式。

晚上，2004年度中国广播电视“十佳新闻栏目”展示晚会在河北艺术中心举行，中广协会副会长李丹，省领导张群生、张士儒、孙士彬、刘健生出席晚会。

十二月十六日

上午，唐山港曹妃甸港区和25万吨级矿石码头正式开港通航。省委书记、省人大常委会主任白克明出席开港通航仪式，省委副书记、省长季允石主持仪式。省委、省人大常委会、省政府、省政协、省军区领导出席通航仪式。

上午，河北省骨干企业禽产品安全承诺新闻发布会在省畜牧兽医局举行，副省长宋恩华出席会议并讲话。

下午，省委、省政府在唐山市召开为曹妃甸工程建设作出突出贡献单位表彰大会。省委书记、省人大常委会主任白克明出席会议并讲话。省委副书记、省长季允石主持会议。

十二月十八日

上午，第五届中国崇礼国际滑雪节开幕式暨全国大众滑雪启动仪式在崇礼县长城岭滑雪场举行。省委书记、省人大常委会主任白克明，副省长才利民出席开幕式并剪彩。

上午，由邢矿集团和邯矿集团组建的河北金牛能源集团有限责任公司创立大会暨揭牌仪式在河北会堂举行。省委副书记、省长季允石，副省长付双建出席揭牌仪式。

十二月十九日

上午，省政府和国家质检总局在石家庄召开授予周志涛“革命烈士”称号大会。省长季允石、国家质检总局党组书记李传卿分别为周志涛家属颁发烈士证书和“执法为民的质检卫士”荣誉证书。副省长付双建主持会议，省长助理、省政府秘书长尹亚力出席会议。

下午，在河北出口商品免验颁证仪式上，国家质检总局党组书记李传卿和省长季允石分别向保定天威保变电器股份有限公司和石家庄常山纺织股份有限公司棉二分公司负责人颁发进出口商品免验证书，副省长才利民主持颁证仪式。

下午，国家质检总局党组书记李传卿、副局长蒲长城与省领导季允石、郭庚茂等考察“中国产品质量电子监管网”在河北省的运行及应用情况。

十二月二十日

上午，以中纪委驻国家安监总局纪检组长赵岸青为组长的国务院安委办督查组一行12人，抵达河北省检查督导安全生产工作。副省长付双建代表省政府向督查组作汇报。

十二月二十一日

上午，省委常委、常务副省长郭庚茂，副省长宋恩华、柳宝全出席南水北调中线京石段应急供水工程征迁安置工作座谈会，国务院南水北调办公室张基尧主任、李铁军副主任出席会议。

上午，全省“十五”期间重点公路建设项目邢（台）临（清）高速公路正式建成通车。省长季允石，副省长付双建出席通车仪式。

十二月二十二日

下午，省政府与中国农业发展银行在河北会堂签订《农业政策性金融合作协议》。省委书记白克明出席签字仪式，省长季允石、中国农业发展银行行长郑晖在合作协议上签字，省委常委、常务副省长郭庚茂和中国农业发展银行副行长尉士武分别讲话，副省长宋恩华主持签字仪式。

十二月二十三日

下午，宋恩华副省长出席黄壁庄水库除险加固工程竣工验收会并讲话。

十二月二十四日

上午，全省县级广电网络整合工作会议暨河北广电信息网络股份有限公司分（子）公司集体挂牌仪式在石家庄举行。省委常委、宣传部长张群生、副省长孙士彬出席会议并讲话。

十二月二十五日

下午，省广播电视少儿合唱艺术团成立仪式暨首场演出在河北艺术中心举行，省领导刘德旺、张群生等出席成立仪式并观看演出。

十二月二十六日

下午，以国家安监总局副局长孙华山为组长的国务院安委会督查组，抵达河北省督查烟花爆竹安全生产工作。副省长付双建代表省政府向督查组作汇报。

十二月二十七日

上午，省委、省政府在河北会堂召开全省经济形势报告会。省委常委、常务副省长郭庚茂就当前全省经济形势作报告。

下午，省长季允石主持召开省会规划建设委员会第四次全体会议。省委常委、石家庄市委书记吴振华，副省长柳宝全出席会议。省长助理、省政府秘书长尹亚力及省会规划建设委员会成员单位负责同志参加会议。

下午，在河北日报报业集团举行2005年河北十大新闻、年度十大新闻人物、河北“十五”十大成就评选颁奖典礼。

十二月二十八日

上午，青银高速公路河北段正式建成通车。

十二月三十一日

上午，国家重点干线公路——京承高速公路承德市区至偏桥段试通车。

晚上，省委常委、常务副省长郭庚茂到人民银行石家庄中心支行、省建设银行直属支行、华夏银行石家庄支行及中信银行石家庄分行等营业网点看望坚守岗位的一线工作人员。

（编辑部辑录）

附　　录

APPENDIX

2005年河北百强企业名单

（按营业收入排序）

排名	企业名称	所在地	营业收入（万元）
1	唐山钢铁集团有限责任公司	唐山市	6173789
2	邯郸钢铁集团有限责任公司	邯郸市	3232504
3	河北省电力公司	石家庄市	2905348
4	石家庄炼油化工股份有限公司	石家庄市	1189285
5	唐山国丰钢铁有限公司	唐山市	1185866
6	唐山供电公司	唐山市	1171282
7	开滦（集团）有限责任公司	唐山市	1089413
8	河北敬业企业集团	石家庄市	1030341
9	中国石化集团沧州炼油厂	沧州市	1028139
10	唐山冀东物贸集团有限责任公司	唐山市	1025700
11	新兴铸管股份有限公司	邯郸市	983874
12	河北津西钢铁股份有限公司	唐山市	951149
13	唐山宝业实业集团有限公司	唐山市	815481
14	华龙日清食品有限公司	邢台市	801643
15	河北金牛能源集团有限责任公司	邢台市	751819
16	石家庄三鹿集团股份有限公司	石家庄市	745355
17	邢台钢铁有限责任公司	邢台市	700110
18	三河汇福粮油集团有限公司	廊坊市	681840
19	华北制药集团有限责任公司	石家庄市	680548
20	春风实业集团有限责任公司	衡水市	666530
21	唐山港陆钢铁有限公司	唐山市	664396
22	河北文丰钢铁有限公司	邯郸市	652925
23	石家庄钢铁有限责任公司	石家庄市	633141
24	新奥集团股份有限公司	廊坊市	621618
25	石家庄制药集团有限公司	石家庄市	561875
26	峰峰集团有限公司	邯郸市	544422
27	邯郸纵横钢铁集团有限公司	邯郸市	524236
28	河北建工集团有限责任公司	石家庄市	524000
29	秦皇岛金海粮油工业有限公司	秦皇岛市	515658
30	中国第二十二冶金建设公司	唐山市	502454
31	长城汽车股份有限公司	保定市	495898
32	河北普阳钢铁有限公司	邯郸市	455637
33	河北滦河实业集团有限公司	唐山市	445235
34	唐山三友集团有限公司	唐山市	422113
35	保定天威集团有限公司	保定市	420860
36	德龙钢铁有限公司	邢台市	409797
37	河北前进钢铁集团有限公司	廊坊市	378887
38	中国石油天然气股份有限公司冀东油田分公司	唐山市	371630
39	邢台龙海钢铁集团有限公司	邢台市	369303
40	衡水京华制管有限公司	衡水市	365784
41	石家庄北国人百集团有限责任公司	石家庄市	365000
42	河北新金钢铁有限公司	邯郸市	361776
43	河北物产金属材料有限公司	石家庄市	357830
44	秦皇岛港务集团有限公司	秦皇岛市	340941
45	石家庄常山纺织集团有限责任公司	石家庄市	316488

排名	企业名称	所在地	营业收入（万元）
46	唐山兴业工贸集团有限公司	唐山市	310002
47	辛集市澳森钢铁有限公司	石家庄市	304550
48	河北建设集团有限公司	保定市	297391
49	河北省冀东水泥集团有限公司	唐山市	296458
50	河北省新华书店集团	石家庄市	294054
51	崇利制钢有限公司	邯郸市	287355
52	张家口卷烟厂	张家口市	270954
53	石家庄卷烟厂	石家庄市	260623
54	唐山松汀钢铁有限公司	唐山市	259669
55	河北长安汽车有限公司	保定市	248577
56	河北东升集团有限公司	廊坊市	247776
57	邯邢冶金矿山管理局	邯郸市	234131
58	华北石油管理局第一机械厂	沧州市	233900
59	旭阳焦化控股有限公司	邢台市	231027
60	河北保硕集团有限公司	保定市	231013
61	河北远洋运输股份有限公司	秦皇岛市	224040
62	中国乐凯胶片集团公司	保定市	222365
63	河北中兴汽车制造有限公司	保定市	218994
64	河北东盛英华医药有限公司	邢台市	216675
65	唐山贝氏体钢铁（集团）有限公司	唐山市	215400
66	秦皇岛秦发实业集团有限公司	秦皇岛市	213002
67	河北圣仑进出口集团公司	石家庄市	210972
68	河北省高营企业集团公司	石家庄市	207737
69	中国华北冶金建设公司	邯郸市	206465
70	中国—阿拉伯化肥有限公司	秦皇岛市	189668
71	河北省武安市元宝山工业集团有限公司	邯郸市	184770
72	宝丰电缆有限公司	沧州市	183707
73	河北西柏坡发电有限责任公司	石家庄市	183173
74	唐山市清泉钢铁集团有限公司	唐山市	180000
75	戴卡轮毂制造有限公司	秦皇岛市	179963
76	河北晶龙实业集团有限公司	邢台市	176765
77	河北凌云工业集团有限公司	保定市	175079
78	唐山百货大楼集团有限责任公司	唐山市	175000
79	天铁第一轧钢有限责任公司	邯郸市	174721
80	荣盛控股股份有限公司	廊坊市	172211
81	廊坊新钢钢铁有限公司	廊坊市	170000
82	河北兴达饲料集团有限公司	邢台市	168704
83	石家庄乐仁堂医药股份有限公司	石家庄市	167145
84	河北三太子实业集团有限公司	邢台市	166175
85	河北兴泰发电有限责任公司	邢台市	163059
86	中煤建筑安装工程公司	邯郸市	162140
87	河北胜宝制管有限公司	廊坊市	162138
88	秦皇岛正大有限公司	秦皇岛市	161990
89	河北立中有色金属集团	保定市	157497
90	承德建龙钢铁有限公司	承德市	156501
91	河北沧州大化集团有限责任公司	沧州市	155296
92	河北宁纺集团	邢台市	153015
93	中港第一航务工程局第五工程公司	秦皇岛市	150284
94	秦皇岛中油华奥销售有限公司	秦皇岛市	149571
95	廊坊市物产企业集团有限公司	廊坊市	149175
96	廊坊金华实业有限公司	廊坊市	148980

排名	企 业 名 称	所 在 地	营业收入（万元）
97	河北保龙仓商业连销经营有限公司	石家庄市	148800
98	河北卓正实业集团有限公司	保定市	148641
99	河北怀特集团股份有限公司	石家庄市	145000
100	河北曲寨集团有限公司	石家庄市	144076

2005年河北重点行业排头兵企业

（按营业收入排序）

排名	企 业 名 称	所 在 地	营业收入（万元）
电力、热力的生产和供应业			
1	河北省电力公司	石家庄市	2905348
2	唐山供电公司	唐山市	1171282
3	河北西柏坡发电有限责任公司	石家庄市	183173
4	河北兴泰发电有限责任公司	邢台市	163059
5	石家庄东方热电集团有限公司	石家庄市	142110
6	三河发电有限责任公司	廊坊市	128536
电气机械及器材制造业			
1	保定天威集团有限公司	保定市	420860
2	宝丰电缆有限公司	沧州市	183707
3	风帆股份有限公司	保定市	136741
4	衡水电机股份有限公司	衡水市	41149
5	河北华盛电缆有限公司	邢台市	37662
6	河北邢台电缆有限责任公司	邢台市	30150
7	永进电缆集团有限公司	邢台市	26966
8	河北北方电缆集团有限公司	衡水市	23356
9	河北金风电控设备有限公司	承德市	17053
10	廊坊耐迪机电有限公司	廊坊市	16253
纺织业			
1	石家庄常山纺织集团有限责任公司	石家庄市	316488
2	河北宁纺集团	邢台市	153015
3	邯郸海盛威纺织印染有限公司	邯郸市	113282
4	承德帝贤针纺股份有限公司	承德市	81275
5	河北省巨鹿县昌隆纺织有限公司	邢台市	64500
6	河北衡水远大集团有限公司	衡水市	63188
7	河北方圆纺织印染集团有限公司	邢台市	61452
8	河北启发纺织集团公司	保定市	43342
9	邯郸德源纺织有限公司	邯郸市	35861
10	河北恒纺纺织集团有限公司	邢台市	24400
非金属矿物制品业			
1	河北省冀东水泥集团有限公司	唐山市	296458
2	河北曲寨集团有限公司	石家庄市	144076
3	河北太行水泥股份有限公司	邯郸市	93277
4	唐山惠达陶瓷（集团）股份有限公司	唐山市	82678
5	河北邢台晶牛玻璃股份有限公司	邢台市	52062
6	鹿泉东方鼎鑫水泥有限公司	石家庄市	50435
7	邢台鑫磊建材（集团）有限公司	邢台市	38893
8	河北奎山水泥集团有限公司	邢台市	34009
9	河北迎新玻璃集团有限公司	邢台市	27190

排名	企业名称	所在地	营业收入（万元）
10	河北金隆水泥集团有限公司	邢台市	24805
黑色金属矿采选业			
1	邯邢冶金矿山管理局	邯郸市	234131
2	河北海生实业集团有限公司	邢台市	66761
3	承德宽丰矿业集团有限公司	承德市	60867
4	承德天宝矿业集团有限公司	承德市	39888
5	河北金康投资集团有限公司	邢台市	27211
6	承德京城矿业集团有限公司	承德市	24838
7	宽城建龙矿业有限公司	承德市	20713
8	河北畅达矿业集团有限公司	承德市	20591
9	沙河市太行矿业有限公司	邢台市	17857
10	宽城恒泰矿业集团有限公司	承德市	12043
黑色金属冶炼及压延加工业			
1	唐山钢铁集团有限责任公司	唐山市	6173789
2	邯郸钢铁集团有限责任公司	邯郸市	3232504
3	唐山国丰钢铁有限公司	唐山市	1185866
4	河北敬业企业集团	石家庄市	1030341
5	新兴铸管股份有限公司	邯郸市	983874
6	河北津西钢铁股份有限公司	唐山市	951149
7	唐山宝业实业集团有限公司	唐山市	815481
8	邢台钢铁有限责任公司	邢台市	700110
9	唐山港陆钢铁有限公司	唐山市	664396
10	河北文丰钢铁有限公司	邯郸市	652925
化学原料及化学制品制造业			
1	唐山三友集团有限公司	唐山市	422113
2	中国乐凯胶片集团公司	保定市	222365
3	中国一阿拉伯化肥有限公司	秦皇岛市	189668
4	河北晶龙实业集团有限公司	邢台市	176765
5	河北沧州大化集团有限责任公司	沧州市	155296
6	河北正元投资有限责任公司	石家庄市	85922
7	河北华夏实业有限公司	保定市	69320
8	河北凯迪农药化工企业集团	张家口市	52724
9	河北辛集化工集团有限责任公司	石家庄市	52059
10	中国炅华集团宣化有限公司	张家口市	46000
建筑业			
1	河北建工集团有限责任公司	石家庄市	524000
2	中国第二十二冶金建设公司	唐山市	502454
3	河北建设集团有限公司	保定市	297391
4	中国华北冶金建设公司	邯郸市	206465
5	中煤建筑安装工程公司	邯郸市	162140
6	中港第一航务工程局第五工程公司	秦皇岛市	150284
7	中太建设集团股份有限公司	廊坊市	126226
8	中铁一局集团第二工程有限公司	唐山市	120000
9	邯郸建工集团有限公司	邯郸市	113376
10	唐山建设集团有限责任公司	唐山市	88606
交通运输设备制造业			
1	长城汽车股份有限公司	保定市	495898
2	河北长安汽车有限公司	保定市	248577
3	河北中兴汽车制造有限公司	保定市	218994
4	戴卡轮毂制造有限公司	秦皇岛市	179963
5	河北凌云工业集团有限公司	保定市	175079

排名	企业名称	所在地	营业收入（万元）
6	中国北车集团唐山机车车辆厂	唐山市	132745
7	中铁山桥集团有限公司	秦皇岛市	120168
8	邯郸宇康集团有限公司	邯郸市	86865
9	中国南车集团石家庄车辆厂	石家庄市	85812
10	中船重工集团公司山海关船厂	秦皇岛市	80820
零售业			
1	石家庄北国人百集团有限责任公司	石家庄市	365000
2	河北省新华书店集团	石家庄市	294054
3	唐山百货大楼集团有限责任公司	唐山市	175000
4	河北保龙仓商业连销经营有限公司	石家庄市	148800
5	河北怀特集团股份有限公司	石家庄市	145000
6	廊坊市明珠商业企业集团有限公司	廊坊市	110600
7	河北保定时代商厦有限公司	保定市	110478
8	河北保百集团有限公司	保定市	100300
9	邯郸市阳光百货集团总公司	邯郸市	96857
10	石家庄东方城市广场有限公司	石家庄市	89244
农副食品加工业			
1	三河汇福粮油集团有限公司	廊坊市	681840
2	秦皇岛金海粮油工业有限公司	秦皇岛市	515658
3	河北兴达饲料集团有限公司	邢台市	168704
4	秦皇岛正大有限公司	秦皇岛市	161990
5	秦皇岛金海食品工业有限公司	秦皇岛市	123803
6	秦皇岛骊骅淀粉股份有限公司	秦皇岛市	88015
7	河北邯雪面粉集团有限公司	邯郸市	58042
8	中粮面业（秦皇岛）鹏泰有限公司	秦皇岛市	44665
9	香河正大有限公司	廊坊市	40230
10	河北福成五丰食品股份有限公司	廊坊市	40034
批发业			
1	唐山冀东物贸集团有限责任公司	唐山市	1025700
2	河北物产金属材料有限公司	石家庄市	357830
3	河北东盛英华医药有限公司	邢台市	216675
4	秦皇岛秦发实业集团有限公司	秦皇岛市	213002
5	河北圣仑进出口集团公司	石家庄市	210972
6	石家庄乐仁堂医药股份有限公司	石家庄市	167145
7	秦皇岛中油华奥销售有限公司	秦皇岛市	149571
8	廊坊市物产企业集团有限公司	廊坊市	149175
9	河北省农业生产资料有限公司	石家庄市	140857
10	河北五兴能源集团有限公司	秦皇岛市	129816
皮革、毛皮、羽毛（绒）及其制品业			
1	河北源祥羊绒集团有限公司	衡水市	80964
2	河北东明皮革有限公司	石家庄市	79823
3	辛集市物资开发有限公司	石家庄市	54507
4	辛集市東兰集团有限公司	石家庄市	34287
5	辛集市鑫强皮业制品有限公司	石家庄市	25000
6	河北西曼实业集团有限公司	石家庄市	20886
7	廊坊派皇工贸有限公司	廊坊市	15882
8	辛集市宏四海皮革有限公司	石家庄市	15468
9	河北正泰实业集团有限公司	石家庄市	14983
10	南宫华澳皮毛有限公司	邢台市	14503
食品制造业			
1	华龙日清食品有限公司	邢台市	801643

排名	企业名称	所在地	营业收入（万元）
2	石家庄三鹿集团股份有限公司	石家庄市	745355
3	河北三太子实业集团有限公司	邢台市	166175
4	河北梅花味精集团有限公司	廊坊市	132831
5	河北小洋人生物乳业有限公司	沧州市	91995
6	河北燕南食品集团有限公司	邢台市	44468
7	高碑店白象食品有限公司	保定市	26334
8	河北新天香乳业有限公司	保定市	14000
9	河北怡达食品集团有限公司	承德市	11194
10	河北马利食品有限公司	张家口市	10725
医药制造业			
1	华北制药集团有限责任公司	石家庄市	680548
2	石家庄制药集团有限公司	石家庄市	561875
3	河北省高营企业集团公司	石家庄市	207737
4	神威药业有限公司（合并）	石家庄市	83138
5	石家庄四药有限公司	石家庄市	75897
6	河北以岭医药集团有限公司	石家庄市	50412
7	承德颈复康药业集团有限公司	承德市	41066
8	河北恒利集团制药股份有限公司	邢台市	40802
9	太阳石（唐山）药业有限公司	唐山市	31872
10	药都制药集团股份有限公司	保定市	26000
饮料制造业			
1	露露集团有限责任公司	承德市	127525
2	中粮华夏长城葡萄酒有限公司	秦皇岛市	57950
3	中国长城葡萄酒有限公司	张家口市	50766
4	承德避暑山庄企业集团有限责任公司	承德市	47846
5	四海科技实业集团有限公司	承德市	44898
6	河北衡水老白干酿酒（集团）有限公司	衡水市	33510
7	遵化栗源食品有限公司	唐山市	30000
8	承德乾隆醉酒业有限责任公司	承德市	23663
9	宣化新钟楼啤酒有限公司	张家口市	20088
10	河北斌扬集团山海关公牛啤酒厂	秦皇岛市	15819
通用设备制造业			
1	巨力集团有限公司	保定市	114100
2	华生富士达电梯有限公司	廊坊市	69291
3	衡水海江压滤机有限公司	衡水市	23741
4	河北远大阀门集团有限公司	邢台市	23138
5	克瑞宁晋阀门有限公司	邢台市	16767
6	香河紫辰铸造有限公司	廊坊市	15091
7	长城重型机械制造有限公司	廊坊市	14652
专用设备制造业			
1	邢台机械轧辊（集团）有限公司	邢台市	113833
2	张家口煤矿机械有限公司	张家口市	109453
3	首钢长白机械厂	秦皇岛市	46933
4	宣化工程机械集团有限公司	张家口市	46335
5	富士星光有限公司	廊坊市	45078
6	秦皇岛冶金机械有限公司	秦皇岛市	30936
7	秦皇岛市康泰医学系统有限公司	秦皇岛市	22558
8	宣化冶金环保设备制造（安装）有限责任公司	张家口市	20544
9	邯郸宏大化纤机械有限公司	邯郸市	12055
石油加工、炼焦及核燃料加工业			
1	石家庄炼油化工股份有限公司	石家庄市	1189285

排名	企业名称	所在地	营业收入（万元）
2	中国石化集团沧州炼油厂	沧州市	1028139
3	旭阳焦化控股有限公司	邢台市	231027
4	石家庄焦化集团有限责任公司	石家庄市	137301
5	河北中捷石化集团有限公司	沧州市	112889
6	建滔（河北）焦化有限公司	邢台市	73795
纺织服装、鞋、帽制造业			
1	石家庄三五零二服装总厂	石家庄市	62273
2	河北丽友服装集团有限公司	保定市	20138
3	河北丽达制衣有限公司	邢台市	15656
4	河北大羽羽绒制衣有限公司	石家庄市	15060
5	河北福兰德服装有限公司	邢台市	12600
煤炭开采和洗选业			
1	开滦（集团）有限责任公司	唐山市	1089413
2	河北金牛能源集团有限责任公司	邢台市	751819
3	峰峰集团有限公司	邯郸市	544422
4	井陉矿物局	石家庄市	100023
5	河北省磁县六合工业有限公司	邯郸市	69899

河北省创建文明生态村先进单位

石家庄市（11个）

藁城市廉州镇系井村　辛集市田家庄乡田家庄村　晋州市东里庄乡马家庄村　新乐市邯邰镇赤侯村　鹿泉市大河镇南故城村　正定县南牛乡拐角铺村　栾城县郄马镇东佐村　深泽县深泽镇郭庄村　灵寿县慈峪镇慈峪村　元氏县南因镇东杜村　高邑县大营乡东邱村

承德市（8个）

双滦区滦河镇东园子村　平泉县七沟镇头杖子村　鹰手营子矿区汪家庄镇汪家庄村　丰宁满族自治县黄旗镇东村　隆化县韩麻营镇十八里汰村　宽城满族自治县化皮溜子乡任杖子村　围场满族蒙古族自治县棋盘山镇棋盘山村　兴隆县兴隆镇十四顷村

张家口市（8个）

万全县孔家庄镇旧窑子村　怀安县柴沟堡镇园子沟村　阳原县辛堡乡小关村　崇礼县白旗乡干雨沟村　赤城县大海陀乡官庄子村　尚义县三工地镇王油坊村　宣化县赵川镇要家房村　涿鹿县五堡镇九堡村

秦皇岛市（6个）

抚宁县台营镇青山口村　昌黎县两山乡施各庄村　卢龙县刘田庄镇柳河北山村　山海关区石河镇圣水庄村　青龙满族自治县木头凳镇付杖子村　北戴河区戴河镇北戴河村

唐山市（11个）

滦南县柳赞镇柳赞三村　乐亭县乐亭镇赵庄村　唐海县第五农场第七生产队　遵化市侯家寨乡北下营村　丰南区西葛镇西尖坨村　丰润区沙流河镇沙流河村　玉田县玉田镇邦道村　迁安市扣庄乡寺后村　迁安市赵店子镇康官营村　迁西县兴城镇小黑汀村　滦县响堂镇杜峪村

廊坊市（7个）

三河市燕郊镇北巷口村　香河县安平镇扁城村　广阳区万庄镇墨其营村　安次区北史家务乡西辛庄村　固安县固安镇南五里村　文安县史各庄镇韩各庄村　文安县新镇镇田各庄村

保定市（12个）

雄县昝岗镇昝东村　高阳县邢南乡六合屯村　安新县赵北口镇赵庄子村　涞源县涞源镇冯村　涞水县义安乡温辛庄村　易县蔡家峪乡山神庙村　定兴县北河镇郑村　曲阳县燕赵镇西沿里村　唐县高昌镇东高昌村　博野县城东乡大西章村　阜平县龙泉关镇北刘庄村　顺平县腰山镇南腰山村

沧州市（8个）

青县清州镇耿官屯村　河间市沙河桥镇李小里村　南皮县冯家口镇大树金村　新华区小赵庄乡王御史村　献县张村乡大章村　东光县东光镇白马刘村　临港经济技术开发区四村　泊头市洼里王镇季家八里村

衡水市（7个）

桃城区邓庄乡北苏闸村　冀州市漳淮乡北内漳村　饶阳县合方乡西尹村　故城县辛庄乡万小麻村　枣强县枣强镇店东张村　景县龙华镇中秦村　安平县安平镇政宣村

邢台市（11个）

邢台县会宁镇东良舍村　邢台县南石门镇小石头庄村　宁晋县贾家口镇小河庄村　平乡县油召乡下町村　柏乡县内步乡内一村　南宫市凤岗办事处三里庄村　威县枣元乡东庄村　清河县谢炉镇刘保庄村　临西县大刘庄乡前闫庄村　临城县鸭鸽营乡西辛安村　隆尧县莲子镇东范村

邯郸市（11个）

武安市大同镇兰村　邱县香城固乡傅东村　永年县姚寨乡南王庄村　曲周县河南疃镇西水疃村　肥乡县屯庄营乡田寨村　馆陶县馆陶镇吕庄村　涉县索堡镇上温村　广平县平固店镇临河堡村　魏县魏城镇南温店村　临漳县章里集乡黄辛庄村　大名县铺上乡常马庄村

河北省创建文明生态村工作先进乡（镇）

石家庄市（7个）

鹿泉市大河镇　辛集市田家庄乡　藁城市丘头镇　赞皇县张楞乡　正定县正定镇　栾城县栾城镇　裕华区宋营镇

承德市（5个）

双桥区狮子沟镇　滦平县滦平镇　兴隆县挂兰峪镇　承德县六沟镇　平泉县平泉镇

张家口市（5个）

高新区沈家屯镇　怀来县沙城镇　蔚县蔚州镇　宣化区春光乡　张北县海流图乡

秦皇岛市（4个）

昌黎县两山乡　抚宁县驻操营镇　卢龙县蛤泊乡　青龙满族自治县平方子乡

唐山市（6个）

滦南县柏各庄镇　迁安市蔡园镇　迁安市大五里乡　丰润区韩城镇　遵化市建明镇　滦县滦州镇

廊坊市（4个）

香河县安平镇　永清县龙虎庄乡　霸州市南孟镇　文安县兴隆宫镇

保定市（7个）

涿州市高官庄镇　安国市北段村乡　蠡县郭丹镇　涞源县下北头乡　南市区焦庄乡　北市区韩庄乡　新市区江城乡

沧州市（5个）

河间市沙河桥镇　南皮县刘八里乡　青县马厂镇　吴桥县安陵镇　新华区小赵庄乡

衡水市（5个）

桃城区大麻森乡　深州市王家井镇　安平县子文乡　故城县青罕镇　阜城县古城镇

邢台市（6个）

邢台县将军墓镇　邢台县豫让桥办事处　宁晋县大陆村镇　隆尧县隆尧镇　内丘县内丘镇　沙河市留村乡

邯郸市（6个）

馆陶县馆陶镇　临漳县香菜营乡　曲周县河南疃镇　涉县井店镇　武安市淑村镇　永年县广府镇

影响河北商贸流通服务业进程的十大风云人物

（排名不分先后，按姓氏笔画为序）

于　冰　河北省石家庄新燕春集团董事长、总经理、书记
王广策　保龙仓商业连锁经营公司董事长、CEO
王宝义　秦皇岛国贸饭店有限公司总经理
毕战本　保定商场股份有限公司董事长、总经理、书记
张　林　石家庄珍极酿造集团公司董事长
张桂云　石家庄兰天集团公司董事长、总经理
陈振国　河北圣仑进出口集团公司总经理、书记
庞庆华　唐山市冀东物贸集团公司董事长、总经理、书记
赵晓英　河北保定时代商厦有限公司董事长、总经理、书记
韩玉臣　邯郸市阳光集团总经理、书记

促进河北商贸流通服务业改革发展的十大风云人物

（排名不分先后，按姓氏笔画为序）

白　珊　石家庄北人集团有限责任公司总裁
刘　宏　秦皇岛渤海物流控股股份有限公司总裁、书记
刘　勇　河北美食林集团董事长
纪俊泉　廊坊市明珠商业集团总经理、书记
陈玉信　河北怀特集团股份有限公司董事长、总经理
胡世忠　沧州市华北商厦有限公司董事长、总经理
侯荣芳　衡水市百货大楼集团股份有限公司副董事长、总经理
崔　炜　河北保百集团董事长、总裁、书记
梁连起　河北玉兰香保定会馆饮食有限公司董事长
解仁义　唐山百货大楼集团有限责任公司董事长、总裁、书记

中国统计出版社最新资料书简目

（仅供参考，以最后出书为准）

河北省银行业监督管理局

党委书记、局长　李蕴祺

2005年，河北银监局在中国银监会和河北省委、省政府的领导下，以“三个代表”重要思想为指导，全面落实科学发展观，大力加强监管能力建设，努力建立风险监管长效机制，银行业监管工作取得明显成效。案件专项治理显现阶段性成果，农村信用社管理体制改革顺利完成，为促进银行业金融机构安全稳健高效运行，支持地方经济平稳较快发展做出了积极努力。

2005年2月1日至2日召开2005年工作会议，传达贯彻中国银监会2005年工作会议精神，安排部署全年工作任务

2005年7月25日，召开保持共产党员先进性教育活动动员大会，为期三个月的先进性教育活动全面展开

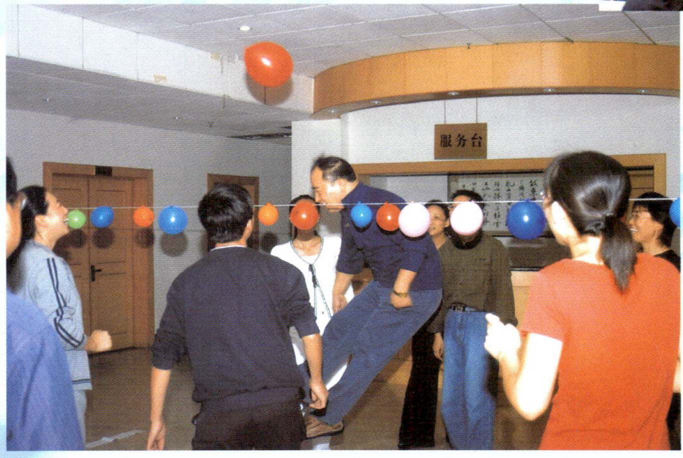

2005年9月29日，组织开展迎国庆趣味运动会。图为顶气球比赛－凌空飞顶

国家开发银行

党委书记、行长　王力红

国家开发银行河北省分行党委积极按照上级党委要求，认真组织全行党员开展保持共产党员先进性教育活动，取得预期成效。图为分行党委召开的先进性教育活动转段动员大会

河北省分行

2005年7月13日，省政府、国家开发银行第四次联席会议在河北会堂举行。季允石省长、陈元行长发表讲话，郭庚茂常务副省长主持会议；省长助理、省国资委主任赵世洪，省政府副秘书长、省金融办主任董经纬，省发改委、省交通厅、省建设厅、省商务厅、省国土资源厅、省财政厅、省水利厅、省中小企业局、人民银行、河北银监局、省电力公司、省建设投资公司等部门和单位的负责同志及开行有关人员参加会议。图为季允石省长、郭庚茂常务副省长与陈元行长在会议后亲切交谈

国家开发银行河北省分行重视员工思想建设工作，经常开展各种形式的座谈会，了解员工思想动态，帮助员工解决后顾之忧；经常开展丰富多彩的文体活动，活跃员工业余生活。图为分行举行的2005年春节联欢会，员工自编自演的歌舞节目《大坂城的姑娘》

中国工商银行河北省分行

刘子刚行长(右四)深入唐山曹妃甸港铁矿石码头项目建设现场调研。近年来,该行集中资源鼎力支持国民经济瓶颈产业发展和全省重点项目建设,项目贷款年均增幅保持在100亿元以上

2005年，工行河北省分行坚持以科学发展观为指导，深入开展保持共产党员先进性教育活动，扎实做好股份制改革各项工作，大力拓展优质市场，不断强化内部管理，全力支持全省重大项目建设和地方经济建设，各方面工作均保持了健康发展的良好势头。到年末，该行本外币各项存款余额达到2081.1亿元，较年初增加216.9亿元，同比多增70.3亿元。其中人民币储蓄存款余额为1309.6亿元，较年初增加116.3亿元。人民币各项贷款较年初增加104.1亿元，同比多增34.1亿元。其中，项目贷款、住房贷款分别新增79.8亿元和45.1亿元，均居省内各商业银行之首。累计办理票据贴现338亿元，较上年增加128亿元，票据贴现余额增加86亿元，较年初增加43亿元。全年实现中间业务收入3.64亿元，较上年增加0.27亿元。实现经营利润19亿元，较上年增加2.97亿元。年末五级分类不良贷款余额较年初下降177.93亿元，不良贷款占比下降14.08个百分点。

2005年1月，中国工商银行河北省分行在石家庄召开全省分行行长会议，刘子刚行长（中）号召全行抓住历史机遇，锐意进取攻坚，以科学发展观为指导实现更快更好发展

该行近年来先后两次面向全国举办债权、物权推介转让活动，不仅开创了河北金融界不良资产处置的先河，在全国工行系统也并不多见

省行工会举办以“弘扬企业文化 促进业务发展”为主题的书法、美术、摄影作品征集评选活动。图为该行行长刘子刚参观获奖作品

中国金融工会全国委员会授予中国工商银行秦皇岛分行“全国金融五一劳动奖状”、全国金融系统“学习型组织标兵单位”称号

工行河北省分行在“5.18东北亚暨环渤海国际商务节”上开展营销宣传活动

中国民生银行石家庄分行

中国民生银行石家庄分行成立于1998年12月23日，是全国性股份制商业银行——中国民生银行设在河北省的省级分支机构，业务立足石家庄，辐射河北全省。该行坚持把民生银行的机制优势和产品优势与河北经济紧密结合在一起，按照河北经济特色创新金融服务，走出了一条“支持地方经济建设，并在支持地方经济建设的过程中发展自己”的路子。该行坚持“客户第一、信誉第一、服务第一”宗旨，竭诚为社会各界服务。在抓好传统业务的基础上，努力提高服务水平，在业务品种和服务手段上，不断推陈出新，拓展服务功能，积极开发新的金融产品，提供全面的理财服务。先后推出了保理业务、买方付息票据贴现、集团网、福费廷、中小企业担保贷款、出口退税抵押贷款、帐户信息及时通、外汇结构性存款、人民币生息资产存放业务、个人委托贷款、住房二次抵押、资产转让、厂商一票通等一系列新业务，在省会金融界掀起了创新之潮。7年来，累计投放贷款620多亿元，截至2005年末，该行资产总额为132.44亿元，一般性存款余额为125.69亿元，实现了“低风险、快增长、高效益”的战略目标，树立了充满生机与活力的崭新的商业银行形象。

组织全体党员干部到扶贫点保定市顺平县北下邑村慰问贫困户，为近百家一对一帮扶对子送去米、面、油、月饼等礼品，并现场捐款3万多元。图为分行党委书记、行长王家智与扶贫对子在一起

举办“民生银行杯”中华名人高尔夫球邀请赛，朱时茂、孙楠、孙晓梅、满文军、原华、张行等演艺界明星和民生银行贵宾客户一起畅打高尔夫

组织全体党员到西柏坡参观革命旧址，并重温入党誓词

华夏银行石家庄分行

华夏银行是一家全国性股份制商业银行，成立于1992年10月，总行设在北京。"团结、拼搏、敬业、创新"是华夏银行的企业精神。华夏银行石家庄支行成立于1998年，是总行在河北设立的直属支行。开业之初，行党组提出了"立足省会、依托京津、辐射河北"的发展战略，贯彻落实"从上到下讲团结、一心一意搞发展、依法治行、从严治行"的22字办行方针，从严管理，不断创新，各项业务得到持续、快速、健康发展。2004年12月，经银监会和华夏银行股份有限公司批准，华夏银行石家庄支行升格为分行，全称"华夏银行股份有限公司石家庄分行"，简称"华夏银行石家庄分行"。

党委书记、行长默荣芬带领有关人员深入到企业，了解企业需求，共商发展大计

2005年，该行一般性存款余额完成总行下达年度计划的100.72%；储蓄存款余额完成总行下达年度计划的105.4%；税前利润完成总行下达年度计划的103.32%；利润变动费用率为57.4%，四级分类和五级分类不良贷款余额均控制在总行年度计划之内；国际结算量完成总行下达年度计划的168.44%，继续在股份制商业银行中保持领先地位，并首次超过了国有商业银行。

2005年12月26—28日，华夏银行部分分行行长座谈会在石家庄召开

经中国银行业监督管理委员会和总行批准，到2005年底该行开办的业务有：办理人民币存款、贷款、结算、票据贴现业务；代理发行金融债券；代理发行、代理兑付、销售政府债券、代理收付款项；办理华夏卡业务、个人贷款业务。办理外汇存款、外汇贷款、外汇汇款及外币兑换业务；国际结算；结汇、售汇，外汇票据的承兑和贴现；总行授权的代客外汇买卖。资信调查、咨询、见证业务。经中国银行业监督管理委员会批准的其他业务。

2005年12月31日，郭庚茂副省长带领省金融办、人民银行等部门到石家庄分行慰问指导工作。图为省领导与石家庄分行领导合影留念

地址：石家庄市中山西路48号
电话：0311—87899120
邮编：050000

在分行集中开展保持共产党员先进性教育活动期间，全体党员到河北涉县八路军129师旧址参观学习

2005年9月15日，分行与河北省邮政储汇局签订了金融业务合作协议，金融同业合作掀开了新篇章

中国光大银行石家庄支行

中国光大银行总行成立于1992年8月18日，是国内第一家国有控股、有国际金融组织参股的全国性股份制商业银行，中国光大银行石家庄支行是中国光大银行总行在河北设立的第一家分支机构，1999年5月21日正式揭牌成立。几年来，该行在光大总行和省委、省政府的领导下，在人民银行的领导和监督下，坚持发展主题，开拓进取求发展，拓宽了存、贷款业务领域，积极调整信贷结构，优化贷款投向，严格内控，规范经营，加强职业道德教育和法制教育，实现了经营规模、质量、效益同步增长。该行与地方的经济建设紧密结合起来，积极支持地方经济发展，促进地方经济繁荣。

到2005年末，该行下辖1个营业部、5个支行，内部设置办公室、风险管理部、资产保全部、计划财务部、私人业务部、公司业务管理部、公司二部、公司三部、稽核部9个部门，拥有员工165人。该行推行存、贷、结算和本外币一体化的全方位银行服务体系；建立以市场为导向、以客户为中心的业务服务及管理体系；在市场竞争中，该行充分发挥新产品的优势，利用网上银行、自助银行、一柜通、阳光卡等产品提供的便捷服务，使客户的金融服务不受时间和空间限制，满足客户的需求。该行推出各种理财产品，受到广大客户青睐，在当地树立了“阳光理财”品牌形象。该行实行“干部能上能下、员工能进能出、收入能多能少，奖勤罚懒”的科学灵活的用人机制和激励机制，调动了的员工的积极性，塑造了一支朝气蓬勃、战斗力很强的员工队伍。

该行经营范围：办理存款、贷款、结算业务；办理票据贴现业务；代理发行金融债券；代理发行、代理兑付、销售政府债券；买卖政府债券；代理收付款项；外汇存款；外汇贷款；外汇汇款；外币兑换；国际结算；结汇、售汇；总行授权的代客外汇买卖；总行授权的外汇担保；外汇票据的承兑和贴现；资信调查、咨询、见证业务；其总行在人民银行批准的业务范围内授权的业务；经中国人民银行批准的其他业务。

行　长：蒋放鸣
副行长：郑学筠
副行长：李　月
地　址：石家庄市中山东路118号
电　话：0311-86218199　邮编：050011

中信银行石家庄分行

行长　陈彦明

中信银行（原名中信实业银行，2005年更名为中信银行）创立于1987年，是我国改革开放过程中最早成立的新兴商业银行之一，隶属于中国国际信托投资公司（中信公司）。2002年，中国国际信托投资公司更名为中国中信集团公司，组建了国内首家金融控股公司——中信控股公司。中信银行是中信控股公司的金融子公司，同时也是该公司最重要的组成部分。

中信银行石家庄分行是中信银行在全国设立的第18家省级一级分行。自2001年7月成立以来，充分发挥国有银行的综合优势，博采众长，运用现代商业银行的经营理念，立足河北省经济发展，不断拓宽业务领域。截至2005年底，资产总量折计人民币126亿元，增幅为13%；存款余额本、外币折计人民币102.68亿元，增幅为15.47%；国际业务实现进出口收付汇2.38亿美元，增幅183%，市场份额继续保持同业领先地位；资金产品综合完成率大于140%；实现利润1.57亿元，实现考核利润1.42亿元，较上年增加0.49亿元，增幅达到52.69%。

进入新世纪，中信银行提出了依托中信公司的集团优势，向国际一流银行的标准看齐，放眼国际金融市场，高效配置资源，创建客户、股东、员工满意，综合竞争能力较强的知识领先型现代商业银行的发展思路。中信银行将以更强的实力、更新的观念、更高的品位，真诚服务于国内外广大客户。

郭庚茂副省长到该行视察工作

在省会中心进行营销活动

该行在东石庄村扶贫

中国农业银行唐山分行

中国农业银行唐山分行于1979年7月5日恢复建立，经过26年的发展壮大，已成为业务品种齐全、服务功能完善的国有商业银行。该行下辖26个支行，20个二级支行、65个分理处、39个营业所、21个储蓄所，全行员工2700人。农行唐山分行秉承“以市场为导向，以客户为中心，以效益为目标”的经营理念，锐意进取、加快发展，截至2005年11月末，各项存款余额达307.49亿元，各项贷款余额180.42亿元，实现利润3.85亿元。国际业务和各项代理业务也得到了长足发展，各项经营指标均位居全省农行系统前列。

中国农业银行唐山分行主要业务包括：本外币存贷款业务、本外币结算业务，代收代付等代理业务及基金、债券等理财业务，银行卡及电子银行业务，票据业务、国际结售汇、资信调查以及人民银行批准的其他业务。

地址：唐山市新华西道61号
电话：0315－2321819
传真：0315－2334844
邮编：063004

农总行杨明生行长在省、市领导的陪同下视察唐山曹妃甸工程

分行成为河北省首家计划生育奖励扶助金的代理行

分行与曹妃甸围海造地公司8亿元贷款授信签约仪式

中国农业银行承德市双桥支行

行长 马韬

中国农业银行承德市双桥支行成立于2001年7月，前身是中国农业银行承德市双桥区办事处，经过几年的发展壮大，已成为承德市农行系统内规模最大的支行。2005年末，拥有各项存款14亿元，各项贷款13亿元，盈利近2000万元。

该行发展最快的时段是从成立支行起的5年，行长马韬充分发挥了“勤学奋进、雷厉风行、敢于创新”的工作作风和管理才能，使支行的经营管理、员工的精神面貌都发生了翻天覆地的变化。经营利润从年亏损1500多万元，到年盈利近2000万元。5年累计实现盈利4870万元，累计增加各项存款11亿元，存款增量市场份额由原来的最末位跃居同业之首。资产业务的客户结构也发生了很大的变化，优良客户贷款占比达到85%以上。支行连续3年被承德市分行党委评为“先进党总支”；2002年被中国农业银行总行党委评为学习“三个代表”重要思想先进单位；2004年被承德市委、市政府命名为“优秀企业”。

马韬任行长5年来，先后3次被承德市农行党委评为“优秀共产党员”。2001年被省农行评为“十大杰出青年”；被中国农业银行总行评为“百名优秀客户经理”。2002年被中国农业银行总行评为“劳动模范”。2003年被承德市农行评为“优秀行长”；被承德市政府评为“杰出青年企业家”；被团省委和省青年商会联合评为“优秀企业家”荣誉称号，荣获2004年度河北省思想政治工作创新奖三等奖。

行长马韬和员工共同学习、讨论

行长马韬在保持共产党员先进性教育活动期间给全体党员讲党课

中国人民财产保险股份有限公司
河 北 省 分 公 司

总经理 王乐枢

中国人民财产保险股份有限公司河北省分公司是一家实力雄厚、经营规范，具有强大的保险补偿能力和良好社会信誉的国际化公众公司。已为全省50多万个企业，300多万个家庭，131万辆机动车办理了各种保险，累计为社会提供8000多亿元有效风险保障。在经济生活中充分发挥了保险主渠道作用和社会管理功能，有力地促进了河北省经济的稳定发展。

深入企业了解防灾防损情况

金牌服务工程——理赔无忧车险快捷服务承诺活动启动仪式

95518服务专线正在热情为客户提供承保、理赔、咨询等服务

作为河北省财产保险市场的主导力量，人保财险河北省分公司业务网点健全：在全省设有394个分支机构和1854个代理网点，服务网络遍及全省各市、县，拥有一大批高素质的保险专业人才；服务优质高效：在全省11个城市开通了365天×24小时的全天候95518专线服务电话，客户回访率100%；产品丰富多样：公司目前共有保险产品848个，其中主险408个，附加险440个；全国性险种434个，区域性险种414个，为河北省各类客户群提供全方位、高质量且科学定价的保险保障服务；管理手段先进：依托承保、理赔和财务“三个中心”，构筑严谨、高效、规范的现代化微观管理基础，具有较强的全系统综合管控能力。社会高度认可：美国AIG集团代表团在对该公司考察后，称该公司是“国内少见的、一流的公众公司”。2002年以来，该公司连续被河北省委、省政府命名为民主评议行风先进单位和优秀单位，被省文明办、省文化经济促进会、省千家企事业单位诚信联盟授予“诚信示范单位”，被省工商行政管理协会授予“重质量、守信誉”单位，被省消费者协会授予“河北省消费者信得过单位”称号。

为国家重点项目提供优质的保险保障服务

努力为大中型企业提供优质的服务和保险保障

中国人寿保险股份有限公司
China Life Insurance Company Limited

中国人寿保险股份有限公司是根据《中华人民共和国公司法》于2003年6月30日在北京注册成立，并于2003年12月17日及18日分别在美国纽约和香港两地上市的人寿保险公司。

本公司是中国保险市场领先的人寿保险公司，根据中国保监会公布数据，2005年占据全国市场份额的44.07%。公司拥有个人代理人、直销人员及专业和兼业代理机构组成的中国最广泛的分销网络，截至2005年底，公司个人代理人约64万，直销人员约1.2万，建立代理关系的合作银行和邮政储蓄机构网点超8.9万。

本公司提供个人人寿保险、团体人寿保险、意外险和健康险等产品与服务。公司是领先的个人和团体人寿保险与年金产品、意外险和健康险供应商。截至2005年底，公司拥有超过7000万份有效的个人和团体人寿保险单、年金合同及长期健康险保单，亦提供个人、团体意外险和短期健康险保单。

本公司通过控股的中国人寿资产管理有限公司成为了中国最大的保险资产管理者及中国最大的机构投资者之一。截至2005年底，公司总资产为5592.19亿元，其中投资资产为4943.56亿元。

让保护无处不在

相知多·值得托付

中国人寿
CHINA LIFE

95519 客户服务专线

www.e-chinalife.com

中国平安财产保险股份有限公司河北分公司

总经理李保红在分公司客户答谢会上致辞

分公司2005年第一期新人培训

2005年，中国平安财产保险股份有限公司河北分公司以“品质优先、利润导向、遵纪守法、重在执行”的十六字方针为指引，立足服务，以发展为第一要务，取得了不俗的业绩。全年共实现保费收入5.4亿元，增幅15.88%，在河北财产保险市场中名列第二；全年累计处理赔案4.37万件，支付赔款2.44亿元，较好的发挥了保险的“稳定器”功能。

该公司秉承“客户至上，服务至上”的宗旨，不断加大客户服务的力度。2005年，分公司进行了“以客户为导向”的销售体制改革，在四大职能中心专门设立了客户服务中心，并推出了一系列服务举措。将客户服务作为一项重要工作常抓不懈，举行的客户座谈、联谊球赛、专业保险论坛、车辆免费检测、幸运抽奖等活动，受到了客户的广泛好评。在服务创新上，继2004年实现车险赔案e化审批后，又推出了财产险赔案网上e化审批，满足了不同类型客户的实际需求。

优质服务赢得客户好评

客服节期间车险专业论坛

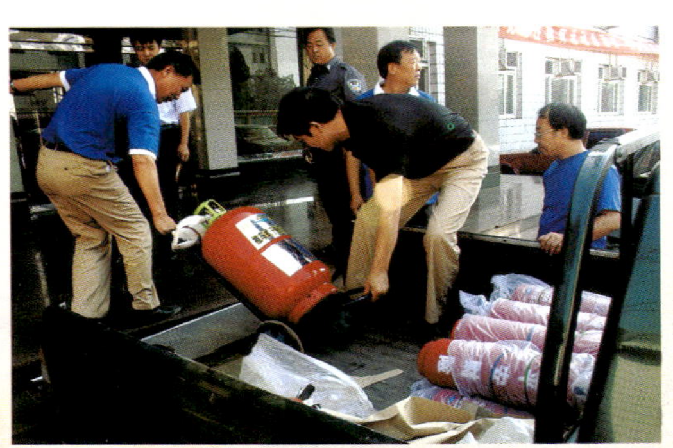
向客户赠送消防器材

民生人寿保险股份有限公司河北分公司

总经理　杜书海

杜总在河北分公司“四五”启动大会上讲话

民生人寿保险股份有限公司是经中国保险监督管理委员会批准成立，国家工商行政管理总局注册登记的中国第一家以民营资本为投资主体的全国性人寿保险公司，总部设在北京。河北分公司是民生人寿保险股份公司的分支机构，2003年9月筹建，12月1日开业并试运营，2004年5月28日对外挂牌。

作为中国第一家以民营资本为投资主体的股份制专业人寿保险公司，民生人寿在经营上立足于高起点、高标准、高效益，坚持稳健经营模式，提升公司内含价值，严格控制经营风险。公司将“客户利益最大化、股东价值最大化、公司价值最大化”作为价值取向，立足民营，服务社会，植根民众，造福民生。

民生人寿河北分公司“四五”启动大会

华泰财产保险股份有限公司河北省分公司

华泰财产保险股份有限公司董事长兼CEO王梓木、河北省分公司总经理王镜淋与华泰希望小学的孩子们在一起

美国ACE集团执行董事Peter视察省分公司职场

总经理王镜淋为华泰希望小学题词“中华栋梁材，国泰希望路”

为印度洋海啸捐款

华泰财产保险股份有限公司1996年8月29日在北京成立，是中国第一家全国性股份制财产保险公司，公司60余家发起股东中有14家位列中国前50强，股东总资产超过1万亿元人民币。

华泰保险公司财务基础雄厚，偿付能力充足，专业技术和风险防范意识领先，为国内外大型企、事业单位和数十万客户提供了值得信赖的保险服务。

华泰保险公司是国内首家外资参股的财产保险公司，美国ACE保险集团作为公司重要股东和战略合作伙伴，为公司提供了多方面的支持和协助，使华泰的管理技术和经营水准向国际化标准靠拢。

华泰财产保险股份有限公司河北省分公司于2002年8月30日在河北省会石家庄成立，成为河北保险市场第四家财产保险公司。河北省分公司分别在石家庄、唐山、保定、秦皇岛等城市建立了分支机构，主要经营险种包括：企业财产保险、机动车辆保险、建筑安装工程一切险、货物运输保险、家庭财产保险航空航天保险等47种业务险种。

华泰保险河北省分公司稳健经营、创新发展，市场份额逐渐扩大，社会知名度和影响力逐步提升。2004年河北省分公司获全系统铜奖，2004年度被河北省消费者协会评为“诚信·维权”成绩显著企业。全国统一保险服务专线 95509 ，24小时为客户提供完善、便捷、全面的专业化服务。

华泰保险河北省分公司倡导“高质量服务客户，真诚服务社会”的理念，在全国以及国外的公益事业和灾区多次举行捐助活动，于1996年与河北赞皇县野草湾小学建立资助关系，捐资30万元建立“华泰希望小学”。2005年年初在印度洋海啸灾难一次性捐款100万元，树立了华泰良好社会公众形象。

华泰保险河北省分公司将始终以“专业化经营，质量效益型发展”和创建“效益公司、品牌公司、形象公司、和谐公司”作为战略方针和发展理念，为全面提升公司综合实力、积极探索可持续发展及繁荣河北保险市场做出不懈的努力。

二00四年度“诚信.维权”

华泰财产保险股份有限公司河北省分公司
地址：河北省石家庄市中山东路289号长安广场8层
电话：(0311) 86214666　传真：(0311) 86219777
客户服务热线：95509　　邮编：050011
E-mail：hebei@ehuatai.com

邯郸钢铁集团

董事长、党委书记　刘如军

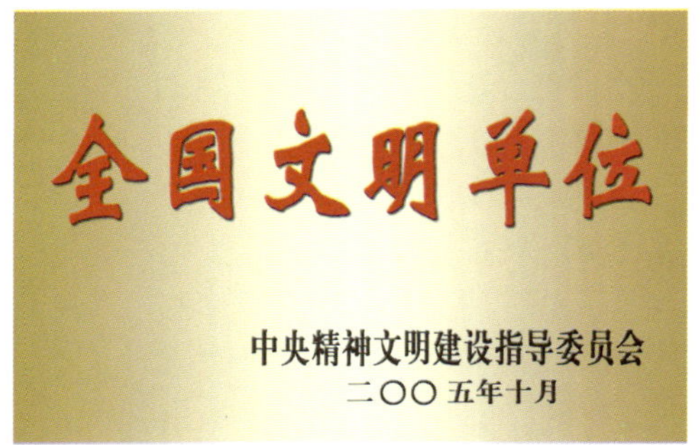

邯钢荣获2005年全国精神文明建设先进单位光荣称号

邯郸钢铁集团有限责任公司（简称邯钢）始建于1958年，1996年1月由原邯郸钢铁总厂整体改制为邯郸钢铁集团有限责任公司。经过40多年的革新、改造、挖潜，公司已发展为拥有采矿、炼焦、烧结、炼铁、炼钢、轧钢等工艺现代化、装备现代化的特大型钢铁联合企业，并形成年产755万吨钢的综合生产能力。2005年，在中国企业500强排名中列74位，中国制造业500强中列28位。邯钢集团下辖邯钢股份、舞阳钢铁公司等8个子公司，职工总数3.5万人，其中中高级专业技术人员4000余人。主要生产装备有：具有20世纪90年代国际先进水平的年产250万吨薄板坯连铸连轧生产线，年产50万吨热轧酸洗板和年产30万吨镀锌板生产线，130万吨冷轧薄板生产线，120吨转炉、2000立方米高炉、400平方米烧结机、6米大容积焦炉等现代化装备。主要产品有热轧薄板、中厚板、热轧酸洗板、镀锌板等系列优质板材，以及圆钢、螺纹钢、角钢、线材等系列优质建筑钢材，产品行销全国并出口20多个国家和地区。

2005年，该公司产钢734万吨、铁538万吨，钢材696万吨，

2000立方米高炉

有限责任公司

同比分别增长7.96%、9.1%、6.55%；实现销售收入286亿元，利税30.4亿元，利润14.5亿元，同比分别增长8%、3%和7%，产品产量和经济效益再创历史最好水平。

邯钢以管理创新而闻名全国，曾创立了“模拟市场核算，实行成本否决”的经营机制，企业活力得到前所未有的激发。在“管理讲制度，办事讲原则，工作讲秩序”的管理理念指导下，实施“产业升级、管理创新、人才强企、文化推动”四大战略，使邯钢管理、改革与发展在继承的基础上又实现了新的突破，形成全面预算管理和内部经济合同纵横结网的严谨管理体系。

邯钢的发展得到了党中央、国务院以及各级领导的关怀和社会各界的支持帮助。邯钢被国家领导人誉为全国“工业战线的一面旗帜”。公司先后荣获“全国五一劳动奖状”、“全国优秀企业”(金马奖)、“全国思想政治工作优秀企业”、“全国质量效益型先进企业”、“中国企业管理杰出贡献奖”、“全国先进基层党组织”、“全国精神文明建设工作先进单位”等荣誉称号。集团公司董事长、党委书记刘如军为全国“五一劳动奖章”获得者、十届全国人大代表和河北省委候补委员。总经理王义芳先后荣获河北省优秀科技工作者、河北省优秀企业管理者和河北省劳动模范等称号。

总经理　王义芳

宽敞明亮的现代化控制室

《邯钢结构优化产业升级总体规划》已通过国家发展和改革委员会最终核准批复，年产460万吨精品板材的西部新区正式破土动工。邯钢正以“装备档次升级、工艺布局合理、产品结构优化、节能环保并重”的发展理念，阔步迈入中国乃至世界钢铁强企行列。

邯钢百吨转炉火热场景

20世纪90年代国际先进水平的邯钢薄板坯连铸连轧生产线

具有国际先进水平的年产130万吨冷轧薄板生产线

邯钢生产的冷轧板卷广泛用于家电、汽车制造等行业

华北制药

华北制药集团公司是我国最大的化学制药企业，是我国最大的抗生素和半合抗生产基地。其前身华北制药厂于1953年筹建，1958年6月3日建成投产。华北制药的建成，一举结束了我国青霉素、链霉素依赖进口的历史，开创了我国抗生素工业化生产的新纪元。

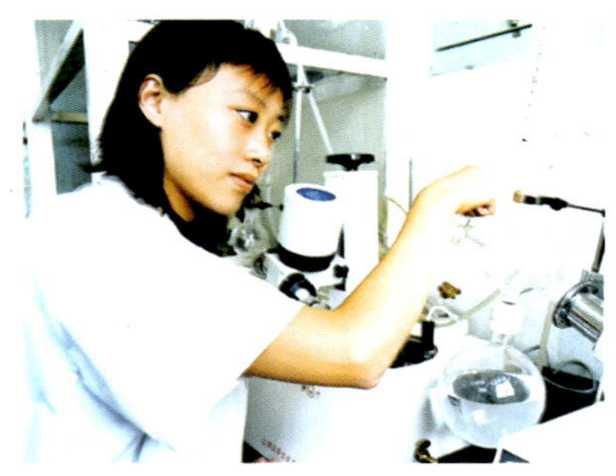

50多年来，华北制药经过稳健经营，企业实力日渐增强，经营范围不断拓展，销售额持续增长，业绩保持优良，主要经济指标始终处于国内同行业前列。截至2004年底，华北制药总资产174亿元，占地面积216万平方米，职工18846人，累计实现利税110亿元，出口创汇10.98亿美元。由投产时的产权结构单一的工厂，发展为拥有20多家子分公司、多元投资主体的企业集团。

华北制药以“客户满意、员工满意、投资者满意”为新时期的经营观，弘扬“真诚和谐、持续创新、科学严谨、追求卓越”的企业精神，坚持“人类健康至上，质量永远第一”的企业宗旨，加大企业改革重组力度，加快产品结构调整步伐，加快企业的战略转型，努力成为国内领先、国际驰名的医药企业！

党委书记、董事长：常幸

华北制药连续多年荣获“全国500家最大工业企业和最佳经济效益工业企业”称号；1992年，被国务院列为首批55家试点企业集团之一；1997年，被列入国家经贸委首批6家技术创新试点企业，是目前仅有的一家医药企业；2003年，华北制药股份公司入选中国上市公司医药行业最具有竞争力十强的企业；2004年，华北制药集团被科技部认定为“十五”国家863计划成果全国153个产业化基地之一；同年还入选“中国十大诚信企业”，并被“中国工业经济联合会”评为16家最具国际竞争力的企业，是其中唯一的一家化学制药企业；在首届“百姓安全用药调查”活动中，被评为2004年度“百姓放心药企业”。

经过50多年的发展，华北制药的主要产品由5个增加到目前的各种类别的530多个品种。主要产品有青霉素G、青霉素V、普鲁卡因青霉素、氨苄西林钠、青霉素V钾、阿莫西林、硫酸链霉素、双氢链霉素、林可霉素、庆大霉素、6-APA、7-ADCA、去甲基金霉素、土霉素、维生素C、维生素B12、大豆异黄酮胶囊、番茄红素胶囊、青霉素钠、氨苄西林钠、头孢唑啉钠、头孢拉定、头孢噻肟钠、头孢哌酮钠、氨苄西林钠氯唑西林钠、舒巴坦钠、安灭菌、两性霉素B粉针、两性霉素B泡腾片、翁沥通胶囊、利乃沁、田可、霉酚酸酯、GM-CSF、G-CSF、EPO、乙肝疫苗、淀粉、葡萄糖、阿维菌素、依维菌素、生物除草剂等。

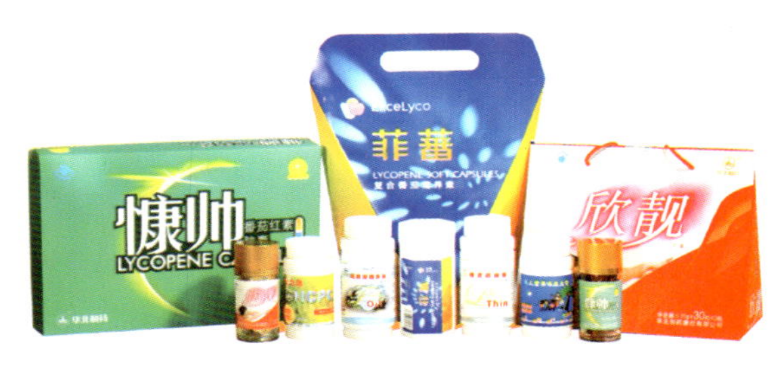

50多年来，华北制药视质量如生命。通过20多年的全面质量管理，通过持续不断的质量改进活动，形成了有效的质量管理体系，保证了产品的高质量。1986年在医药行业首家荣获“国家质量管理奖”，2000年通过ISO9001质量体系认证，2003年通过IS14001环境质量体系认证。“华北”牌商标在医药行业最早被认定为中国驰名商标，“华北”牌产品在国际、国内医药市场上具有广泛的认知度和良好的美誉度。先后在美国、欧洲、印度、非洲等地设立销售分公司，产品销往50多个国家和地区。2003年，入选《福布斯》中国最有价值品牌之一。2004年获“全国质量管理卓越企业”和“全国用户满意企业”称号。

人类健康至上 质量永远第一

总经理、党委副书记、副董事长：张千兵

河北省冀东

董事长　张增光

河北省冀东水泥集团公司是中国建材行业的大型骨干企业、国家520家重点企业之一，河北省23家大型支柱企业集团。拥有5个全资子公司、7个控股子公司，总资产82亿元，在职职工万余名。截至2005年底，水泥年产能力可达2000万吨。集团公司是以水泥为主业，集化学建材、新型建材、水泥机械制造、机电设备安装、筑炉、塑料编织袋、交通运输、针纺织品、散装水泥储运等多种经营为一体的跨地区、跨行业、跨所有制、跨国经营的大型企业集团。

自1997年7月张增光任公司主要领导以来，公司的各项事业都有了长足发展。集团公司以“盾石”牌低碱硅酸盐水泥为主导产品，包括通用、专用两大系列十几个品种。产品通过了ISO9001质量管理体系认证、ISO14001环境管理体系认证、国内首批水泥免检产品认证和马来西亚出口免检认证，出厂合格率、富余标号合格率均始终保持100%。广泛用于桥梁、公路等国家重点工程和基础设施建设，在国内外具有很高的知名度和市场份额，产品覆盖华北、东北、西北及东南沿海等市场，远销韩国、美国等海外市场。

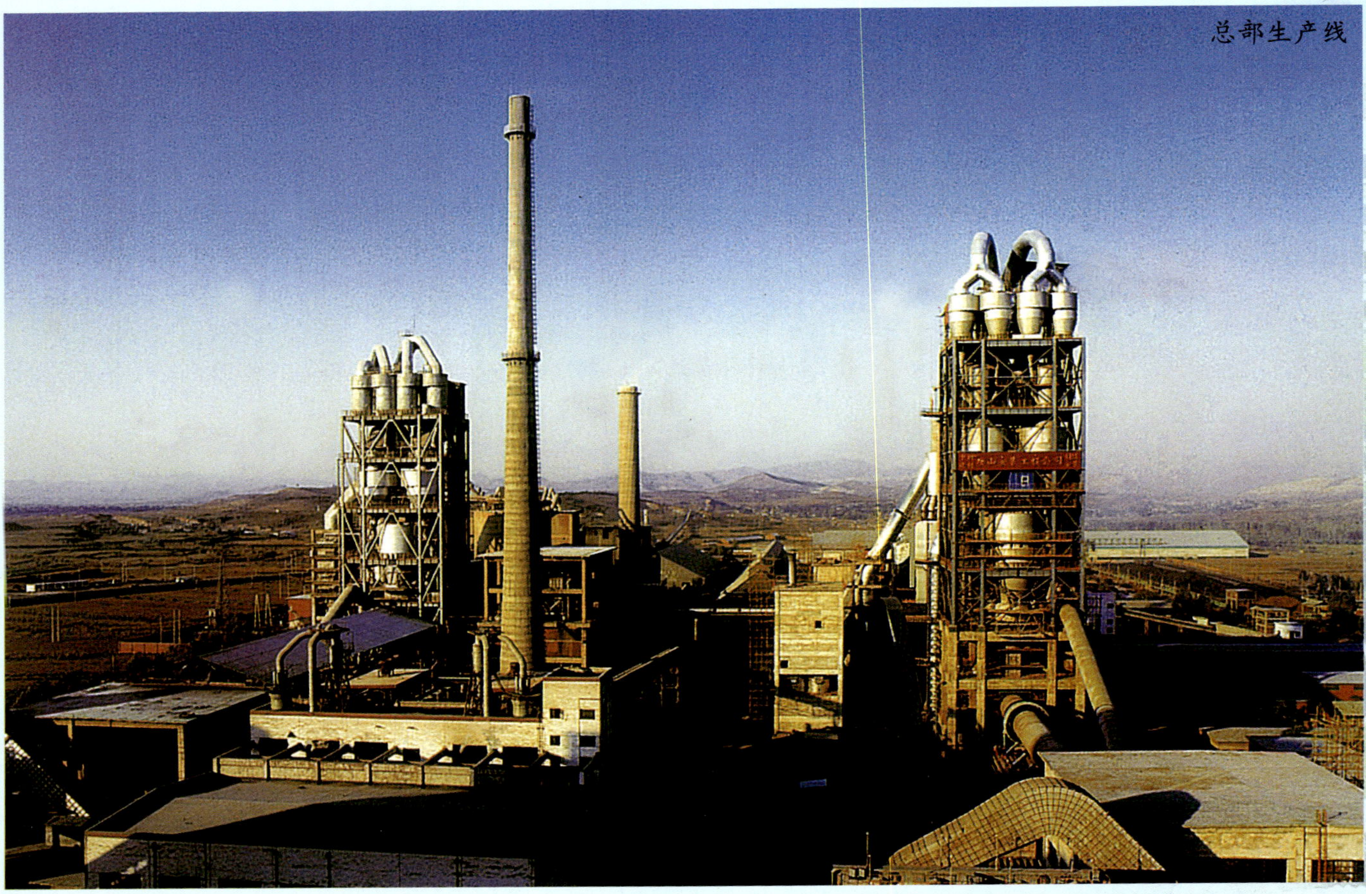

总部生产线

水泥集团有限公司

集团公司核心骨干企业－唐山冀东水泥股份有限公司，是我国新型干法水泥工业的摇篮，是我国北方效益最好的现代化大型水泥企业和水泥上市公司之一。公司坚持把加快发展作为第一要务，科学实施 “三北”（巩固华北、挺进东北、开拓西北）发展战略，大力推行“熟料基地＋水泥粉磨站”的发展模式，通过抢占石灰石原料和市场两个资源，努力打造大公司、大品牌形象，不断放大比较优势。不到五年时间，股份公司由一家公司发展成为拥有16个子、分公司和一批后续项目，具有先进水泥工业和现代化生产装备的大型集团化水泥企业，主业规模扩大了6倍多。

公司在荣获“全国优秀企业（金马奖）”、“全国‘五一’劳动奖状”、“全国思想政治工作优秀企业”、“全国先进基层党组织”、“全国精神文明创建工作先进单位”等荣誉的基础上，2000年至2005年先后荣获“全国建材系统先进集体”、“中国企业信息化500强”、“中国建材系统质量管理优秀企业”、“河北省质量管理奖”、“河北省文明单位”、“河北省安全生产管理先进单位”、“国家精神文明建设先进单位”和“企业文化建设先进单位”等十多项荣誉称号，“盾石”商标亦被认定为中国驰名商标。

省委书记白克明来公司视察

省长季允石来公司视察

用盾石牌水泥建造的奥体中心

中国网通（集团）有限

中国网通（集团）有限公司河北省分公司是在原河北省邮电管理局改革重组、政企分开的基础上，由中国电信集团河北省电信公司更名而来。是以经营固定电话、小灵通、数据通信、国际业务和网元出租等基础电信业务和增值电信业务为主的国有大型骨干电信企业，是河北省境内网络规模最大、客户数量最多、服务范围最广、服务争创最优的综合信息业务运营商和服务提供商。公司下设 11 个市分公司，183 个区、县（市）分公司。

领导应用应急通信指挥救灾演练

市话装机优质服务即装即通

方便的公众通信

通信维护

小灵通营业厅

公司受中国网通（集团）有限公司委托，经营国内固定电信网络与设施（含本地无线环路）业务、基于固定电信网络的语音、数据、图像及多媒体通信与信息服务。此外，还承担着应急通信任务。公司经营的产品达 299 个。公司本地电话客户总数约 1600 万户，小灵通客户总数超 300 万户，宽带客户总数超过 120 万户。卡类业务、电话 Q 吧、短信、悦铃等新业务的相继推出，满足了社会多样化的通信需求。公司坚持依法经营，为社会各界广大客户提供优质服务，为河北省其他通信运营商提供优质的接入服务，积极做好互联互通，为加快河北经济发展和信息化建设做出了重要贡献。

公司河北省分公司

公司坚持"先进、合标、实用、经济、安全的原则，积极跟踪技术发展趋势，适时引进新技术，不断进行网络优化，逐步实现网络融合，向下一代网络平滑过渡"的网络发展策略。现已建成联接全国、通达全省各市、县、乡（镇）和行政村的技术先进、超大容量、安全可靠的基础传输网；全省一一对应全部11个地市的11个本地传输网都建成了10G/2.5G高速环网，直达发达乡镇。拥有布局合理、安全可靠、扩容方便、能及时提供业务的交换网、基础数据和互联网、智能网；功能齐全，能够提供全面运营支撑能力的七号信令网、数字同步网和通信网管网等。公司本地电话网遍布城乡，功能完善，本地网交换机、无线市话总容量突破2000万门（线），累计达到2079万门（线）。基础数据网与互联网覆盖全省所有乡镇。

网络管理中心

2005年，公司被中国质量协会授予"全国用户满意服务"称号，所属承德市分公司被信息产业部授予"2005年全国通信行业用户满意企业"称号，公司及所属74个市、县分公司获得河北省第八届"消费者信得过单位"荣誉称号。公司整体通过ISO9001质量管理体系认证，坚持科技进步，积极推进企业信息化进程，运营支撑系统在全国通信业界处于领先地位。2005年，公司在全国率先实施了本地网网络优化项目。该项目具有较高科技含量和重要推广价值，获得中国通信学会科学技术奖二等奖。

石家庄市第二通信枢纽楼

应急通信演练

河北圣仑进

总经理　陈振国

河北圣仑进出口集团公司(以下简称圣仑集团)是一家综合性外贸企业，是河北省最大的纺织服装出口企业之一。公司拥有投资企业20家，净资产1.34亿元人民币，2005年进出口总额2.11亿美元，其中，出口1.79亿美元，进口3155万美元。销售总额20.78亿元人民币，上缴税费854万元人民币。曾被国家人事部、外经贸部授予“全国外经贸系统先进集体”，被河北省政府授予“出口创汇大户”、“明星企业”和“省级文明单位”等称号。1999年在省外贸系统率先通过ISO9002认证，并获得英国皇家UKAS证书和北京九千标准质量体系认证中心核发的质量认证证书，成为河北外经贸系统首家获得质量认证的企业。2005年被商务部列为中欧企业社会责任（CSR）战略试点及推广企业。

圣仑集团以经营各类服装、针棉织品、毛织品、家用纺织品、服装服饰研究设计、生产、销售为主，同时兼营粮油食品、土畜产品、五金矿产品、化工类产品（不含化学危险品)、轻工业品、医药保健品、机电产品、工艺制品等商品及技术的进出口业务，开展“三来一补”、进料加工业务，经营对销贸易和转口贸易以及劳务输出、世界银行及国际金融组织贷款投标业务，国内招标代理、时装生产和销售、信息技术等业务。与世界1000多家客商保持着密切的业务往来，产品行销世界五大洲90多个国家和地区，其中“晚香玉”牌床上用品，“莲花池”牌阿袍、服装，“瑞香”牌毛衫，“足球”牌文化衫等商品深受国内外客户的青睐。随着企业的发展壮大，公司在保持原有品牌优势的同时，加紧致力于开发更高档、更时尚、更环保的高级成衣系列，以创造国内外知名品牌为目标而不懈努力。2005年，集团公司继成功实现与国际著名品牌“万

公司大楼

织衫车间一角

出口集团公司

宝路”的品牌代理经营和北京依文公司“凯文凯利”品牌的合作经营之后，又通过特许经营的方式，引进了法国“蒙迪爱尔”时尚女装和意大利GMC经典女装，销售呈现良好态势。圣仑集团自主品牌“欧哲思”系列服装服饰，经过自主设计、渐进式推广，已成为河北省高档女装时装类的重要品牌。

随着企业的快速发展，圣仑集团被省国资委列为重点改革企业。2005年9月，省政府正式批准圣仑集团作为“优势企业做大做强”试点，对省属外贸东方、葆祥、医药、广告等企业进行战略重组，组建“河北圣仑国际集团有限公司”。其发展战略是：以纺织服装产业为主、以自主品牌研发为先导、以国内外知名品牌为依托、大力发展服装服饰系列产品、裘革皮制品、羊绒制品的生产制造加工业务，最终形成进出口并举、内外贸并重、贸工技一体、多元化发展、全面创新的集团化、实业化、国际化的综合性大型企业集团。

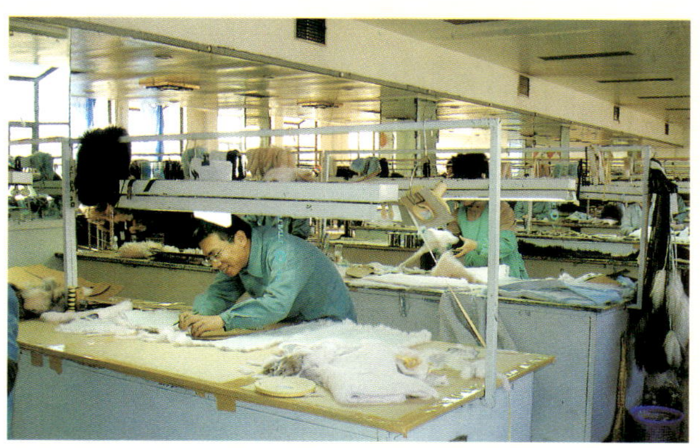

裘皮生产车间

织衫车间

羊绒制品分公司

中国煤炭工业源头——开滦集团

总部大楼

现代化的集中控制指挥中心

开滦集团公司于1878年建矿，煤田总面积890平方公里，已探明储量约71亿吨，其煤种精良，是冶炼、焦化、动力首选用煤。2004年产煤2612万吨，主供国家冶金、焦化、发电等大型骨干企业，并出口日本、韩国、印度、巴西等国家。1949年至2004年，开滦共生产优质煤炭8.9亿吨，精煤2.25亿吨，上缴利税72亿元，为国民经济发展做出了重要贡献。除煤炭主产品外，机械制造、建筑安装、建材、电力、化工、运输、商贸等产业也具有相当规模。开滦集团地理位置优越，交通便利，处于环渤海经济区腹地，京山、京秦铁路纵横其中，秦皇岛港、塘沽港与之相接，新崛起的京唐港建有开滦业主码头，煤炭可直抵华东、华南市场，远销海外。

改革开放使历经世纪沧桑的开滦焕发了勃勃生机，被中共中央宣传部、国家经贸委推荐为“深化改革、扭亏为盈”先进典型，并荣获全国“五一”劳动奖状、全国优秀企业“金马奖”、全国煤炭工业优秀企业等称号。近年来，开滦加快结构调整，促进经济增长；实施专业化重组，完善现代企业制度；推进技术创新、管理创新和企业文化建设，企业经济实力进一步增强。2004年营业收入91亿元，是河北省百强企业和全国500强企业。

井下综合机械化采煤工作面

开滦钱家营矿工业广场

京唐港开滦自备的业主码头

始建于1906年的开滦电厂

河北物产企业（集团）公司

集团董事长、党委书记、总裁　刘玉民

河北物产企业(集团)公司是国有大型流通企业集团，集流通、加工、仓储、餐饮、宾馆、报业为一体，是实行计划单列、国有资产授权经营、国家首批赋予进出口经营权和国家首批代理制试点单位。该公司是由原河北省物资局及所属企业成建制转制而成的。在向市场经济转变的过程中，不断推进改革，强化管理，开拓经营，建立起了一套适应现代物流发展的企业运营机制，市场营销网点发展到200多个，形成了遍布省内外、辐射全国的市场营销网络，钢材、煤炭的销售规模均在120万吨以上，年经营规模达45亿元。集团控股经营的金圆大厦是四星级涉外旅游饭店，具备商住、餐饮、会议、公寓、写字楼、娱乐等多项功能，总建筑面积7万平方米，是省会政治、经济、文化活动的重要场所和标志性建筑之一。

河北物产企业（集团）公司坚持发展与改革并重，通过观念创新、管理创新、制度创新和业务创新，在产权制度上依法加快资产重组，实现产权多元化；在经营结构上，以现代物流为主业，向原燃料基地加工业、生活资料流通、旅游服务业和高科技领域延伸，积极拓展进出口业务，实现经营多元化；在经营方式上，加强网点建设，大力发展代理、配送和连锁经营，积极探索国外产品的代理，深化服务内容，实现经营现代化；在经营机制上，完善企业自我约束机制和激励机制，努力提高人员素质，加强管理管控，增强企业的抗风险能力和市场竞争能力，努力把集团建成主业突出、具有较强市场竞争力和行业主导地位的新型企业集团。

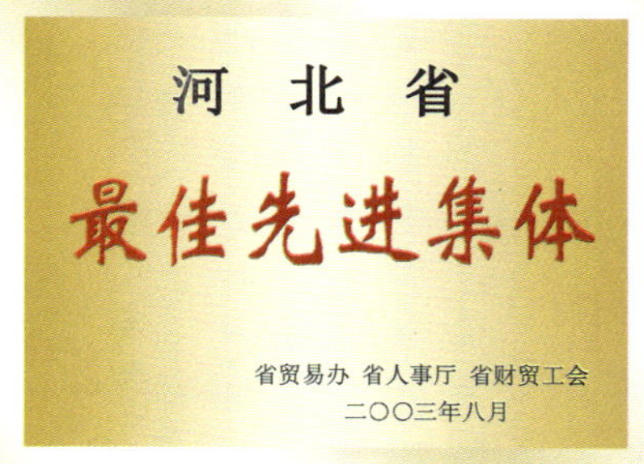

河北省最佳先进集体奖牌

钢材现货市场

集团下属金圆大厦主楼外景

中粮河北国际贸易有限公司

总经理　白庆润

中粮河北国际贸易有限公司是国有独资、具有较大规模的专业对外贸易公司，其经营范围包括：自营和代理除国家组织统一联合经营的个别商品以外的其他商品及技术进出口业务；承办中外合资经营、合作生产业务；开展“三来一补”业务。公司出口商品涉及十大类200多个品种，其中玉米、花生果（仁）、红小豆、芸豆等粮油类商品在国内外市场占有领先地位；桃罐头、肉食、果菜等食品类商品已形成比较优势；休闲健身器材、服装、铸铁等轻工、工艺、五矿、化工类商品发展势头强劲。该公司始终奉行诚信第一、质量第一、服务第一、客户至上的理念，客户及贸易伙伴遍及六大洲100多个国家和地区，在国内外市场享有良好的信誉和形象。

地址：石家庄市友谊北大街345号
电话：86－311－87762746
传真：86－311－87754190

沧州市烟草专卖局

沧州市烟草专卖局（分公司）内设14个科（室），下辖14个县（市）局（营销部）和1个三产企业花园酒店，属国家大二型企业，现有干部职工1410人。2005年，沧州烟草广大干部职工高唱“维护国家利益、维护消费者利益”主旋律，牢固树立“团结、创新、务实、发展”的企业理念，按照“着眼发展、强化中心、开拓市场、打造主体、重在自律、构建和谐”的工作思路，转变观念，开拓进取，扎实工作，取得了良好的经济效益和社会效益。全年完成营业额12亿元，比上年增长5.9%；实现利税1.91亿元，比上年增长16.5%，其中完成税金总额9116万元，同比提高16%。为促进沧州市的经济发展做出了积极贡献，被运河区政府授予区长特别奖。

该公司以市场和消费者需求为导向，在确保满足低档烟的同时，积极培育名优品牌，努力提高卷烟经营水平；以客户满意为标准，全面提升网建水平，特别是科学定量、明码实价、客户投诉机制等工作的成功实践，增强了企业核心竞争力和卷烟零售户的忠诚度；“内管外打、守土有责”，依托“双打”长效机制，以破网络为重点，积极开展卷烟市场经济秩序整顿工作。捣毁了一批制假窝点，成功破获了“11.8”跨多省市、产供销一条龙的卷烟制假售假网络，全市的卷烟经营环境有了根本性好转；大力开展保持共产党先进性教育活动，增强了党组织的创造力、凝聚力和战斗力；深入开展机关效能建设，进一步改进了机关作风，提高了办事效率；按“严、精、细”的标准，以人为本，强化制度建设，狠抓内部经营管理、预算管理、员工管理，使沧州烟草系统步入了一个科学管理、良性运营、可持续发展的运营轨道；大力弘扬“奉献国家、关爱社会”的价值观，积极参与当地中心工作，关注社会公益事业，积极开展扶贫帮困工作，以爱心服务大众，用真心回报社会，展现了烟草行业的良好形象。

石家庄光明实业总公司

党委书记兼总经理　王福喜：石家庄市第十一届人大代表、石家庄市企业家协会副会长、河北省企业家协会常务理事、石家庄市劳动模范

石家庄光明实业总公司的前身是"石家庄市桥西区工农商联合公司"，成立于1981年1月，建企已有22年的沧桑历史。1984年6月"石家庄光明实业总公司"成立，1993年6月公司成立党委。目前，公司拥有直属及关联工业、商业、有务业13家企业，下辖20个独立核算单位，公司现有职工1000余名，拥有各类中高级工程科技人员及各类管理人员逾百人。目前，公司总资产达5亿元，年销售额3亿多元，已连续12年创利税超千万元，成为省、市、区利税大户之一。公司曾被评为"中国行业一百强"、"全国质量服务诚信示范企业"、"全国行业质量服务诚信示范企业"和"重质量、讲诚信、无投诉单位"等荣誉称号。多次被省政府评为"文明单位"、"小巨人企业"、"百强企业"和"优强企业"，为石家庄市"明星企业"、"双文明单位"，党和国家领导人及二十多个省、市代表团曾多次到公司参观学习，日、美等38个国外代表团前来参观访问。

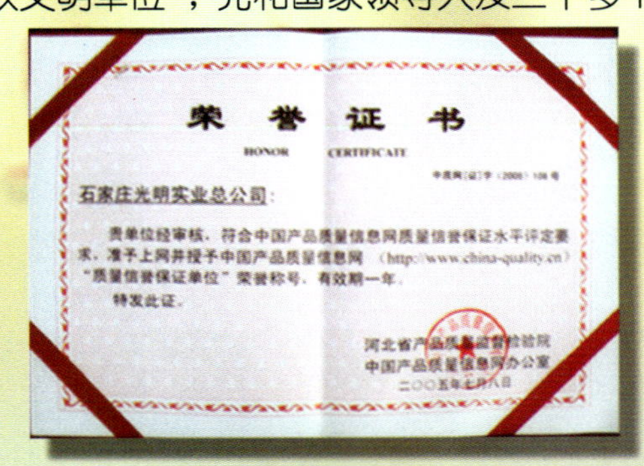

荣誉证书

HONOR CERTIFICATE

石家庄光明实业总公司：

贵单位经审核，符合中国产品质量信息网质量信誉保证水平评定要求，准予上网并授予中国产品质量信息网（http://www.china-quality.cn）"质量信誉保证单位"荣誉称号，有效期一年。

特发此证。

河北省产品质量监督检验院

中国产品质量信息网办公室

随着国际竞争的日趋激烈，公司始终坚持"科技兴企、人才兴企"战略，把开发名优产品和增加产品的科技含量作为企业的指导方针，把不断谋划企业新的经济增长点作为企业的发展方向。公司工业企业主要产品有：各类金属包装，制冷设备，农机配件，金属、门窗，木器，家具，煤机附件等300余种，产品行销全国20多个省、市、地区，部分产品销往美国、日本、澳大利亚等国，受到外商的好评。

商业系统有50余个网点，经营面积6万多平方米，主要经营：汽车及汽车配件，药品，油漆，纸张，日用百货等10000多种商品。公司所属"石家庄汽车配件公司"为华北地区同行业中规模最大，效益最好的企业之一。

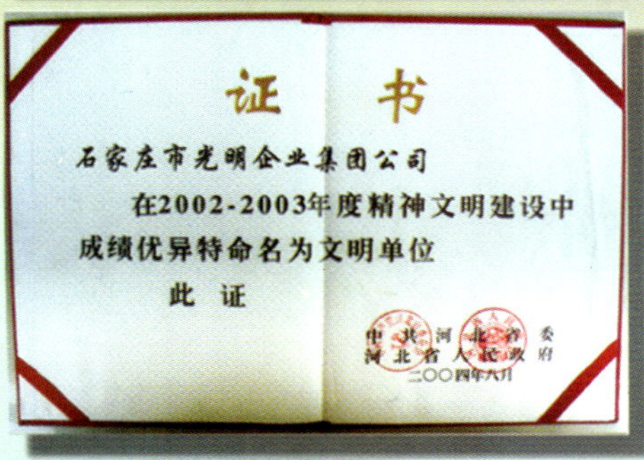

证　书

石家庄市光明企业集团公司

在2002-2003年度精神文明建设中

成绩优异特命名为文明单位

此　证

中共河北省委

河北省人民政府

二〇〇四年六月

该公司地处素有"南北通衢，燕晋咽喉"的石家庄国家级经济技术开发区（西区），紧靠石家庄火车站，长途汽车站。交通、通讯十分便利，是中外客商投资的良好地域，奋进中的石家庄光明实业总公司在以王福喜同志为核心的领导班子带领下以其强大的经济实力，完善的管理制度，雄厚的技术力量，众多的合作机遇愿与社会各界同仁共创美好未来！

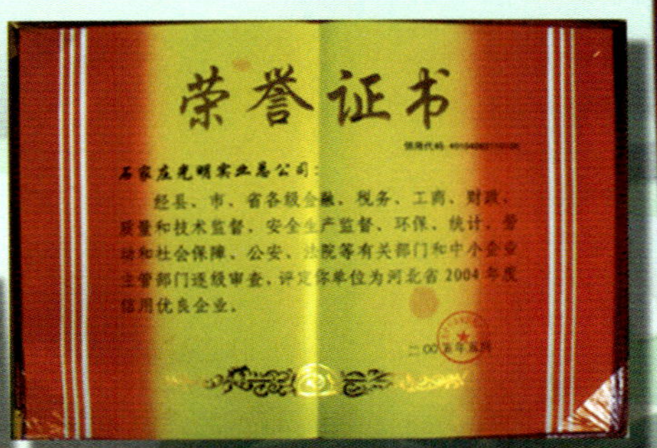

荣誉证书

石家庄光明实业总公司：

经县、市、省各级金融、税务、工商、财政、质量和技术监督、安全生产监督、环保、统计、劳动和社会保障、公安、法院等有关部门和中小企业主管部门逐级审查，评定你单位为河北省2004年度信用优良企业。

证　书

石家庄光明实业总公司：

中国诚信企业示范单位

文明单位

A Model Collective Advanced In Cultural And Ideological Civilization

中共石家庄市委员会

石家庄市人民政府

地址：石家庄市桥西区长青路1号

电话：83031096　83031188　　传真：83058189

http://www.china-gmsy.cn　　www.china-xili.cn

河北新张药股份有限公司

河北新张药股份有限公司是经省政府批准于2004年11月23日成立的高新技术企业，是张家口制药集团有限责任公司的骨干企业。其前身张家口市制药总厂及张药股份始建于1959年，1996年整体改制为张家口制药集团有限责任公司。经过“七五”至“九五”期间大规模的技术改造和产品结构调整，形成了以β－内酰胺类抗生素原料药（青霉素类、头孢菌素类）及其制剂为主导产品的产品结构格局。公司拥有符合GMP（药品生产质量管理规范）要求的无菌原料药生产车间3个、粉针剂生产车间2个，年产能力为无菌原料药600吨、抗生素粉针剂3亿支。

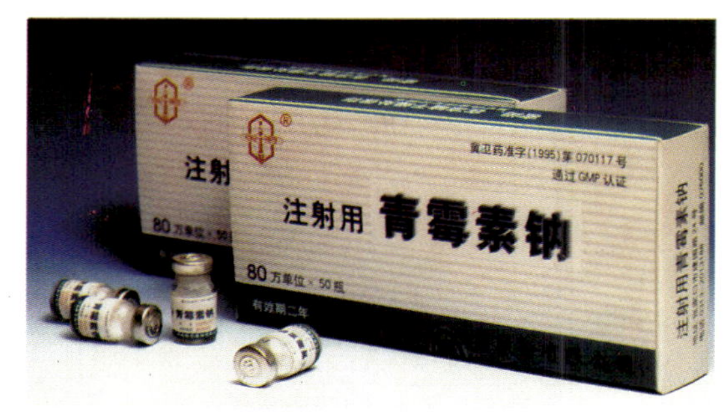

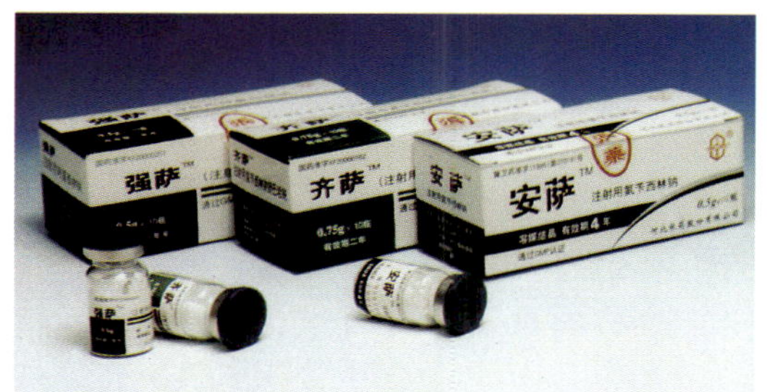

公司注册资金1015万元，固定资产1198万元，年销售额近2亿元，员工568人，其中各类专业技术人员200多人。公司注重技术创新和新产品开发，有完善的质量保证体系、先进的生产设备和生产工艺、现代化的检验仪器和设施、高素质的员工队伍，保证了从原材料进厂、生产过程控制到最终产品的质量。先后取得了青霉素类粉针剂GMP认证证书、无菌原料药（青霉素类、头孢类）和头孢类粉针剂GMP认证证书，公司还通过了ISO9001：2000质量管理体系认证，获得了认证证书。2004年，完成新产品及仿制产品28项，三项填补国内空白，创张药集团新产品开发历史最高水平。

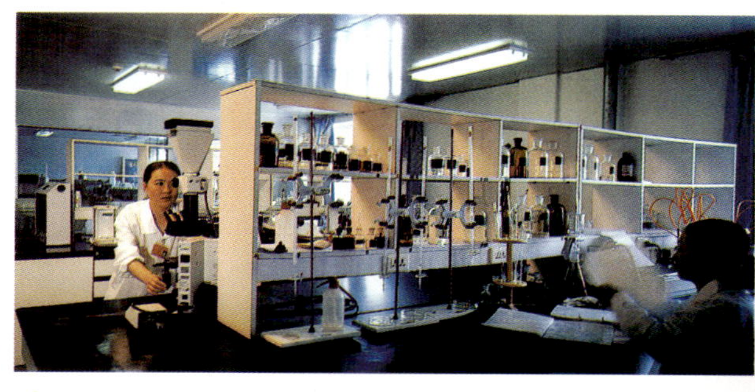

现任公司董事长兼总经理刘贵生，1970年参加工作以来，一直在制药企业工作，先后参与了多项重大技术改造工程。在建立分厂（子公司）、与荷兰和台湾等合资合作项目中作了大量艰苦细致的工作，尤其是在筹措资金、引进外资、协调内外关系方面作出了突出贡献。

保定市悦丰工贸有限公司

保定市悦丰工贸有限公司，是一家从事食品进出口的专业公司，公司位于文化古城－中国保定，地处北京、天津、石家庄三大城市的中心地带。交通便利、通讯快捷、资源丰富、山水秀美，是中国北方重要的优质绿色水果和蔬菜的生产地及农产品出口加工基地，公司拥有国际一流的加工设备，可靠的检测手段，设备齐全，技术力量雄厚。

公司主要出口产品有速冻水果：草莓、杏、白桃、黄桃、雪梨、李子、苹果、猕猴桃、哈密瓜、板栗仁等；速冻蔬菜：食用菌类、甜玉米、糯玉米、胡萝卜、青豆、绿花菜、芦笋、青刀豆、淮山药等；罐头产品：各种水果、蔬菜罐头和果酱，年加工能力5万吨左右。产品出口到美国、法国、德国、意大利、日本、韩国、泰国、以色列等国家。

加工车间

种植基地

公司地处华北平原，有优越的自然条件和农业基础。公司以绿色健康无公害为宗旨，发展出口农产品种植。2006年，发展基地种植达6万亩，其中有：草莓、白桃、黄桃、甜玉米、糯玉米、菜花、芦笋、刀豆等基地。保定市悦丰工贸有限公司采取公司＋工厂＋基地的模式组成联合体，根据客户需求安排种植计划，从根本上保证了产品质量的稳定性。

速冻蔬菜

速冻水果

地址：保定市朝阳南大街99号　邮编：071051
TEL：0312－7911325　FAX：0312－7911329
E－mail：bdpengli@mail.china.com

工厂外景

唐山市润丰印务有限公司

唐山市润丰印务有限公司是河北省书刊定点企业，其前身为丰润县印刷厂，始建于1945年，1998年改制为股份有限公司。现有员工230名，拥有激光照排、制版、胶印、彩印、胶订、平装等6条生产线和国际、国内知名品牌印刷设备50多台（套）。2005年实现工业总产值2350万元，销售收入2122万元，利税200万元，固定资产达到2162万元，年生产用纸16万令，在省内及北京周边业内具有较大影响。1996年－2004年连续四次被唐山市政府命名为“振兴唐山先进企业”，被唐山市文明办评为“市级精神文明先进单位”，“市级花园式企业”，“唐山市集体合同劳动合同示范单位”，被河北省评为“河北省中小企业质量信用管理示范企业”，被省总工会评为“模范职工之家”，“2002年－2004年度河北省劳动关系和谐企业”，“河北省企业保卫工作先进单位”，“河北省2004年度信用优良企业”，被丰润区政府评为“优秀民营企业”。

董事长、总经理　薄会川

现代化厂房

地址：唐山市丰润区荣国大路60号
邮编：064000
电话：0315－5182020

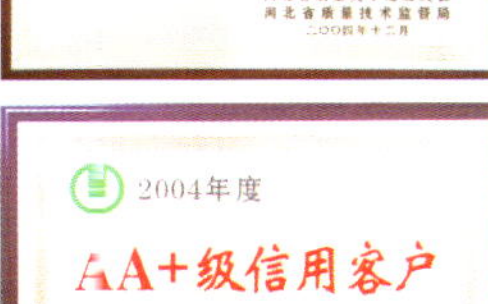

上海产配页胶订联动机

获省优、署优产品（部分）

瑞士产3005型配页胶订联动机

厂区一角

河北电视台

河北电视台是河北省电视传媒的龙头，也是全国较有影响的省级电视台之一，英文简称HEBTV。

河北电视台于1969年2月16日正式开播，现有正式职工605人。内设4个职能部门：办公室、总编室、人事部、财务部，4个中心：新闻中心、技术中心、广告信息中心、节目评议中心，7个频道：新闻综合频道、经济生活频道、都市频道、影视剧频道、少儿科教频道、公共频道、农民频道，一个视频点播频道，另设有播音部、精品创作室和党总支。新闻综合频道即“河北卫视”，用“亚洲2号”卫星传送，覆盖全国及亚洲部分国家和地区；经济生活频道、影视剧频道和农民频道等实现微波和有线混合覆盖，覆盖河北全省及北京、天津和周边省区部分地区；都市频道、少儿科教频道和公共频道通过有线电视网络传输，覆盖河北全省各市、县城区。视频点播节目以数字压缩为传输手段，以数字机顶盒为用户终端，可播出十几套视频节目供用户选择。在中国新闻奖、中国广播电视新闻奖、全国“五个一工程”奖、星光奖、金鹰奖、飞天奖、金童奖等全国性大奖评比中，获奖数量和规格位居省级台前列。2005年完成经营创收4.74亿元。摄录、制作、播出等系统基本实现了数字化，其中，10讯道数字电视转播车、数字化播出系统等技术水平全国领先。河北电视台与全国各级电视台和影视文化机构建立了广泛的联系与合作。与世界上18个国家和地区的电视机构建立了友好合作交流关系。

全数字播出控制机房

10讯道数字电视转播车

地址：河北省石家庄市建华南大街100号
邮编：050031
电话：0311-85078955（总机）
网址：www.hebtv.com

河北省儿童医院

院长李江荣获“全国百姓放心示范医院优秀管理者”称号

河北省儿童医院坐落在石家庄市建华南大街与裕华路交叉路口，院内绿树成荫，环境优雅，为全省儿童提供了良好的就医环境。该院始建于1989年，设床位365张。年门诊量近22万人次，年住院病人2万多人次。现有职工560人，其中高级职称人员119人，技术力量雄厚。

该院是一所集医疗、教学、科研、保健、康复、急救为一体的大型三级甲等综合性医院，全国百姓放心示范医院，国家级爱婴医院，河北省百佳医院，河北省卫生系统文明服务三星级单位。拥有六排螺旋CT、日本岛津多功能遥控X光机，美国产Vivid7彩超，飞利浦数字减影血管造影机、全自动生化分析仪，化学发光、德国爱克发电子计算机摄影仪，20多台美国鸟牌呼吸机，重症病房监护系统、全国一流的血液净化系统等一批国际、国内先进的现代医疗设备。

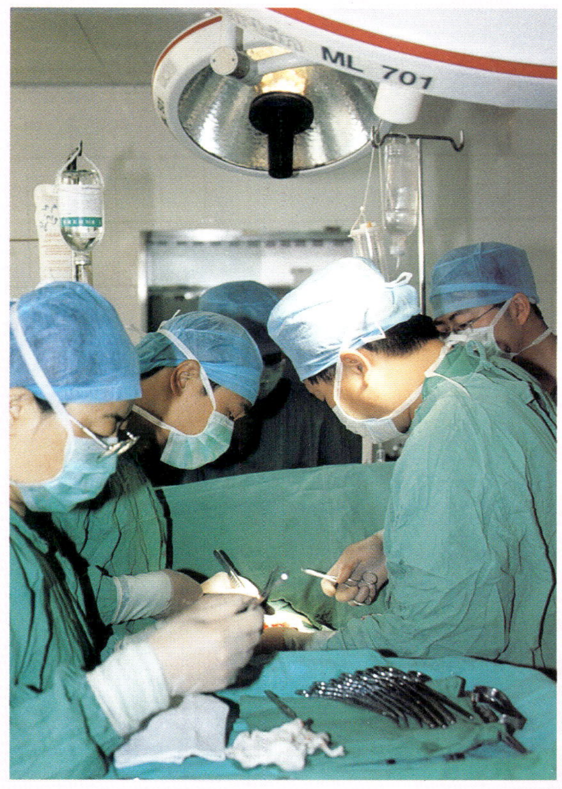

小儿心脏外科手术中

该院注重科技创新，以特色求发展，以诚信树品牌，巩固全省儿科医疗保健的龙头地位。新生儿科为全省医学重点发展学科，省有突出贡献的中青年专家为学科带头人。小儿心脏外科为全省重点发展学科，有一支过硬的技术队伍和国内一流的医疗监护设备，在全省率先开展了几十例应用同种异体血管片技术治疗复杂型先心病和开展完全大动脉调转术等高难手术。全省知名学科神经内科采用立体综合疗法等国际先进技术，全方位、系统化、一步到位、标本兼治，治疗小儿脑瘫、癫痫、脑炎，效果好、康复快。重症监护病区配有先进的急救、监护设备，由全国知名儿科专家胡皓夫教授为学科带头人，抢救了4000多名危、重患儿。普外科手术治疗先天性巨结肠、肛门闭锁是拿手绝活。该院还设有呼吸心内、感染消化、血液肾脏、神经胸外、普外、骨外、泌尿外、妇产科、五官科等临床科室和耳鼻喉科、眼科、口腔科、皮肤科、中医理疗科、儿童保健科等全省知名学科。

唐山市第三医院

唐山市第三医院始建于1956年，位于唐山市古冶区，是一所集医疗、急救、教学、科研、保健、康复于一体的综合性二级甲等医院和国家级爱婴医院。医院开设床位400张，在职职工443人，其中主任医师10人，副主任医师17人，主治医师40人，专业技术人员占职工总数的80.2%。经过50年的建设和发展，该医院已成为科室设置齐全、技术力量雄厚、诊疗条件优良、跻身市内先进医疗行列的大型综合性医院，是古冶区医疗中心，唐山市次医疗中心。

院长　杜跃然

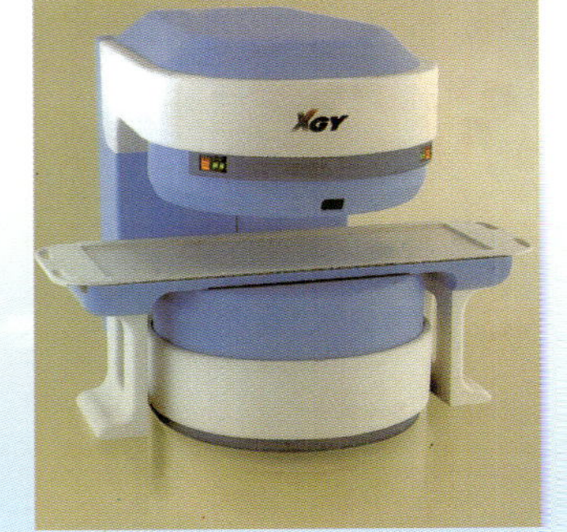

先进的新型核磁共振

医院全景

唐山市滦南县胡各庄中学

胡各庄中学是一所历史悠久、具有光荣传统的农村普通中学，学校占地100亩，建筑面积1.32万平方米。现有34个教学班，在校生1600多人，教职工153人，具有高级职称的教师9人，中级职称41人。该校坚持“严谨务实、拼搏进取”的校训，以“进德修业、乐育英才”为办学宗旨。1997年以来，高考成绩在唐山市连续七年取得全市普通高中高考上线第一、滦南县高考“十连冠”的优异成绩，1995年至2005年连续11年被市政府授予“高考强校”、“高中工作先进校”等称号，2001年市基础教育工作先进学校。1994年以来，连续被县政府授予“县文明学校”、“县先进学校”、“思想政治工作先进校”等荣誉称号。2003年被省教育厅命名为河北省普通高中“自主学习自主发展”教育教学改革首批58所实验学校之一，2004年为县委、县政府授予的教育系统唯一的“2001—2003年度振兴滦南先进单位”。

校长、党支部书记　张海峰

多媒体教室

花园式的教学区

明亮的阅览室

河北省工业经济联合会
（河北省经济团体联合会）

2005年，是省政府授权省工经联（省经团联）为全省经济类行业协会业务主管单位的第一年，也是省工经联（省经团联）事业创新发展并取得显著成绩的一年。一是把握机遇，履行职责，全力推进行业协会改革与发展，努力构筑适应全省经济发展需要的行业协会服务体系。积极促进省行业协会发展政策体系的建立和完善，起草或参与起草了《河北省行业协会调整和规范实施意见》等五个配套文件。努力构建有利于行业协会发展的新的管理体制，已完成13个政府部门107家行业协会业务主管单位变更工作。按市场化原则培育发展主导产业和重点行业协会，十大主导产业行业协会的组建工作全面完成，培育并建立了省高新技术、钢管、旧机动车流通、焦化等行业协会。指导省交通运输、纺织、家具、石油成品油等协会设立了20多个分支或代表机构。二是围绕中心，发挥优势，指导并依靠行业协会深入开展调查研究和行业经济运行分析，为提高全省经济运行水平当好参谋和助手。围绕调整产业结构、发展循环经济、实施名牌战略等重大问题深入开展行业调研，取得了一批调研成果。初步构建了以主导产业和重点行业协会为主体的行业统计、行业运行分析、市场预测和行业预警体系，制定了《实施方案》，得到省政府有关领导的充分肯定和省工业发展运行局的支持。三是面向企业，强化服务，引领企业走新型工业化道路，不断做优做大做强。圆满完成了2005年河北百强企业排序，会同省文明办成功举办了“诚信河北论坛”及河北企业诚信联盟活动大会。完成了设立“河北工业大奖”的基础性准备工作，并组织全省企业和产品申报中国工业大奖。

务实创新的河北省工商联

进一步加强与国外及港澳商会的联系与合作。省人大常委会副主任、省工商联会长韩葆珍率河北省经贸合作代表团赴澳大利亚考察学习，就商会交流与合作进行了友好交谈。

2005年，河北省工商联紧紧围绕省委省政府的中心工作，针对民营经济发展的新需求，牢牢把握统战性，重点突出经济性，充分发挥民间性，靠调研兴会，靠服务立会，靠实力强会，努力发挥党和政府做非公有制经济工作的助手作用。积极开展服务活动，为全省的民营经济发展和推进和谐河北建设做出了应有的贡献。

举办“关爱员工、和谐发展”大型文艺晚会，邀请众多名家参加演出。图为出席晚会的省领导与演员合影

省工商联认真学习、宣传贯彻国务院《若干意见》，专门邀请《若干意见》起草组组长陈全生在省会作专场报告

应香港中华厂商联合会和澳门百货、冻肉食品业商会之邀，组织市、县工商联会长及会员企业38人赴香港、澳门学习考察，进行了商务洽谈，达成了一些合作意向

加强培训，拓宽思路，增强民营企业的经营管理水平。省工商联成功举办百强民营企业家培训班

在河北省艺术中心成功举办了河北省民营企业“关爱员工、和谐发展”表彰暨经验交流大会

河北省注册会计师协会

河北省注册会计师协会是由全省注册会计师、注册资产评估师组成的行业自律性组织。2005年，河北省注协紧紧围绕全年工作思路，坚持以诚信建设为主线，以制止行业不正当竞争、净化执业环境为重点，真抓实干、开拓创新，为行业的发展与建设做出了新的贡献。

稳步推进注册会计师、注册资产评估师行业的清理整顿工作，执业机构的不良竞争行为得到有效遏制，行业的执业环境得到进一步净化；大力推行行业区域性自律公约试点，行业的监管与维权工作取得新突破；圆满完成“两师”年检和注册审批工作，全年年检注册会计师2407人、注册资产评估师696人；有效开展“两师”后续教育工作，全年举办各类脱产培训班10期，培训3154人次，会员培训覆盖率达100%；周密组织“两师”全国统一考试工作，全省注册会计师考试报名近5万人科，参考2.64万人科；大胆探索非公有制经济行业党建工作的新途径，年初成立了省注协行业党委，有力加强了对行业党员的组织与管理。财务管理、舆论宣传、信息化建设等项工作也都取得不同程度的创新和突破。

作为保持共产党员先进性教育活动的一项重要内容，省注协党支部书记郭志军及其他党员代表于2005年3月2日赴河北经贸大学开展了一次为贫困大学生捐款活动

注册会计师全国统一考试于每年9月中旬进行。图为省财政厅、省注协领导在石家庄考区巡视

适时举办高层次专业论坛，为行业发展提供政策思路

河北省职业技能鉴定指导中心

团结的领导班子

高素质的技术队伍

专业的门户网站

河北省职业技能鉴定指导中心以建设和谐河北、服务全省经济发展和劳动就业为己任，根据《劳动法》和《职业教育法》有关规定，按照全国和全省人才工作会议要求，大力推行国家职业资格证书制度。已开展了14个全国统考职业，9个全省统考职业（工种），41个技师社会化考评职业（工种），8个能力证书认证项目和6个国际双认证合作项目，开通了专业门户网站，拥有专业考评员3700余人。能够为企业、院校和社会从业人员提供国家职业资格五级至一级的职业能力测评服务，技能鉴定范围达到500余个职业（工种），2005年全省鉴定总人数达到33万人次。已形成了以行政管理为主体，以技术保障为依托，设施先进、功能齐全、服务周到、制度健全、上下贯通的科学管理体系，通过了劳动和社会保障部职业技能鉴定质量管理体系认证。

河北省职业技能鉴定指导中心以"客观公正、科学规范、优质高效、开拓创新"为工作方针，按照科学发展观的要求竭诚为广大劳动者提供专业服务，努力为河北的经济腾飞发挥更大的作用。

网址：http//www.hebosta.org.cn
电话：0311-88616902
传真：0311-88616673

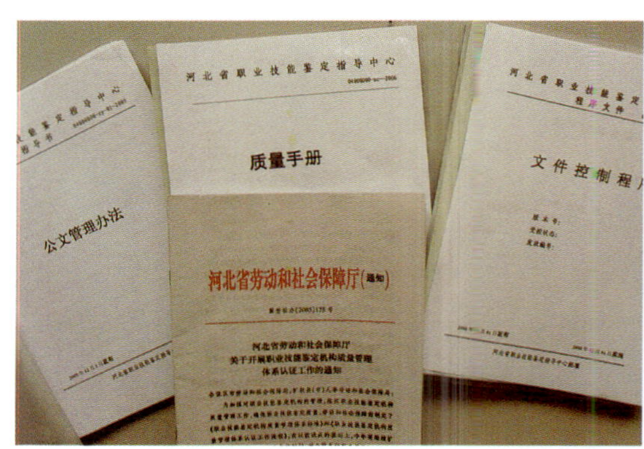

完善的管理体系

二00四年度
工作创新奖
河北省劳动和社会保障厅
二00五年一月

二00五年度业务工作
实绩突出单位
河北省劳动和社会保障厅
二00六年三月

中国首届电子商务大赛
最佳组织奖

优良的工作业绩

河北省古代建筑保护研究所

河北省古代建筑保护研究所成立于1984年。主要承担文物建筑、历史纪念建筑和石窟寺、壁画、古遗址、古墓葬的调查、勘测、研究工作；编制保护规划和制订维修设计方案；研究中国古代建筑相关历史文化和各种传统工艺及保留措施；进行重要文物建筑项目的修缮施工。

该所严格遵守行业规范，贯彻执行文物保护方针，业务范围和内容不断扩大。项目涉及全国二十多个省市、自治区，陆续承担了文物保护工程的勘察设计和施工及工程监理项目200多项。其中高碑店新城开善寺大殿修缮工程被国家文物局列为文物保护示范工程。该所拥有一批既有技术专长又有管理经验的复合型人才，逐渐成为国内具有相当实力的文物古迹保护专业队伍，获得了国家文物局首批颁发的文物保护工程勘察设计甲级资质和施工单位一级资质及文物保护工程监理资质。2003年通过了ISO9001—2000质量管理体系认证。

正定隆兴寺摩尼殿

辽宁北票惠宁寺

西藏萨迦寺

正定广惠寺华塔

文物保护工程勘察设计
资质证书

单位名称：
资质等级：
业务范围：
证书编号：
有效期：
发证机关

文物保护工程施工
资质证书

单位名称：
资质等级：一级
业务范围：
证书编号：
有效期：
发证机关

认证证书

河北省古代建筑保护研究所

GB/T19001-2000 idt ISO 9001:2000

单位资质

河　北　师

党委书记　李建强

河北师范大学是一所具有百年历史和光荣传统的省属重点大学。学校的前身是1902年创建于北京的顺天府学堂和1906年创建于天津的北洋女子师范学堂。1996年6月，原河北师范大学、河北师范学院与河北教育学院、河北职业技术师范学院合并，组建成新的河北师范大学，是我国较早建立、目前规模较大的高等师范院校之一。校友中有老一代革命家邓颖超、刘清扬、郭隆真、杨秀峰、康士恩、荣高棠等，有学界名人梁漱溟、张申府、汤用彤等，有中科院院士严陆光、郝柏林等，也有许绍发、蔡振华等一批体育界精英。新中国成立以来，学校共为国家培养了17万余名专业人才。

学校占地1222.87亩，建筑面积81.05万平方米，馆藏图书355万册。学校现有在职教职工3259名，其中专任教师1551人，教授253人，副教授570人，中国科学院院士1人，省级以上各类优秀专家94人，博士研究生导师61人，硕士研究生导师406人。在校本、专科生近3万人（校本部2.22万人，汇华学院7411人），研究生2139人（含省计划329人），成人教育学生1.05万人。

学校现设19个专业学院，1个独立学院（汇华学院），还设有研究生教育学院、成人教育学院、国际文化交流学院。现有本科专业65个，博士后科研流动站1个。经国务院学位委员会批

历史文化学院享受国务院政府特殊津贴专家、学术带头人、一级教授沈长云先生正在为研究生讲授文物知识

生命科学学院组织、由孙大业院士参加并邀请国内知名专家耿运琪、徐汝梅、黄百渠、黄大卫等召开的就生物学博士学位授权一级学科发展与建设论证会

范　大　学

准的博士学位授权一级学科1个，博士学位授权学科、专业24个；硕士学位授权一级学科11个，硕士学位授权学科、专业90个（含博士、硕士学位授权一级学科所包括的二级学科、专业点）。省级重点学科和省级重点实验室12个。学科专业覆盖文、史、哲、理、工、法、经济、教育、管理等九大学科门类。学校设有河北省职业教育研究所、教育科学研究所、学科教育研究所、古籍整理研究所等科研机构。另外，学校还设有全国中小学骨干教师培训基地、全国重点建设职业教育师资培训基地，河北省中小学教师继续教育中心、河北省高等学校师资培训中心、河北省现代教育技术中心、中国教育科研网河北省主节点等机构。

学校的办学定位和办学目标是：立足河北、面向全国，为全省基础教育培养骨干师资，为省属高校培养基础课师资，积极服务河北经济建设和社会发展；以本科教育为主，适度发展研究生教育和其他各类教育；以学科建设为龙头，不断提高教育质量和科研水平；坚持规模、结构、质量、效益协调发展；将学校建设成为教学研究型、综合性、高水平、有特色的新型师范大学，跻身全国同类院校的前列。学校正在深化教育教学改革和内部管理体制改革，坚持和落实科学发展观，积极推进教育创新，向着既定的目标迈进。

校长　苏宝荣

物理学学科拥有近2000万元的仪器设备，其中扫描探针显微镜、物理性质测量系统等居国际先进水平。学院经常邀请国内专家来实验室指导工作，图为北京大学甘子钊院士等专家参观VSM实验室

2002年8月，由康庆德教授发起，中国数学学会批准，河北师大数学与信息科学学院主办的“2002国际数学家大会组合数学卫星会议”在该校举行。参加大会的有国际著名数学家J.H.van Lint教授、F.E.Bennett教授、Bela Bollobas教授、中科院院士万哲先和国内知名专家范更华教授、陈永川教授、常彦勋教授等

沧州职业技术学院

院长　霍献育

沧州职业技术学院的前身为1958年建校的津沧化工学院（大专建制），实施专科层次的高等职业技术教育，2000年7月14日批准成立。学院占地面积1120亩，建筑面积9.8万平方米。图书馆藏书24.7万册，固定资产总值2.25亿元，试验设备总值2650万元，具有优越的教学、科研环境，各专业都有自己的标准实验室及校内外实习基地，生活设施齐全完备。2001年建起了校园网（接入中国教育网、河北主接点）。现有教职工533人，其中专任教师225人，科研人员80余人，副教授以上职称的143人，中级职称的教师203人，全日制在校生6700余人。学院设七系二部一院。即农林生物工程系、畜牧兽医系、机电工程系、化学工程系、经贸管理系、信息工程系、外语与艺术设计系、基础课部、继续教育部、农科院，共开设52个专业。2005年有38个专业面向全国15个省、市招生。

签约仪式

学院以“勤学笃行、悟道求真”为校训，以能力培养为基础，以职业需求为导向，以成熟技术、管理规范的掌握和应用为手段，以培养适应生产、建设、管理服务第一线需要的德、智、体、美等全面发展的高、中级应用型专业人才为目标。在教学中，突出实践教学环节，强化技能训练，围绕“一生多能、一生多证”建立了一套行之有效的实践教学体系。学生毕业时可以专升本，进入本科院校继续深造，也可以参加高校在校生本科自学考试，并能取得学士学位。学院重视学生的就业与发展，专门设立了就业指导中心。积极拓宽就业渠道，已与北京、天津、广州、深圳等地的一些国有大中型企业、外企达成了长期用人意向。多年来，该校的毕业生一直受到省内外用人单位的好评。

外籍教师到校讲课

学生公寓

校园一角

衡水市职教中心坐落于衡水市高新技术产业园区，是国家级重点中等职业学校。该学校建于1995年，是一所以计算机网络技术为骨干专业的综合性国办职业学校。现开设计算机网络技术、电子、电工、幼师、财会、畜牧兽医、钳焊、机械等八大专业。学校占地面积137亩，建筑面积4万多平方米，建有学生宿舍楼三幢、餐厅两座，能容纳3600人学习生活。配备微机室8个，拥有微机500余台，多媒体教室6个，美术室3个，电子、电工实践操作室各一个、电子琴室、形体室、制冷实验室、会计模拟室、裁剪缝纫室、电气焊室、摄影室、机加工车间等30余个实验实习场所。新上钳焊机械专业，购置电焊机25台，机床5台，钳工工位32个，建成校园网接通互连网，近年来设备总投资达1000万元以上。

学校现有教职工193人，研究生学历8人。该校以“办平民学校，为百姓服务”为办学宗旨，以“以人为本，以德立校”为治校方略，以“创新精神和实践能力”为教学目标。实行封闭式“准军事化”管理，培养学生“能吃苦、能战斗、有耐力、讲学习”的健全人格和健康体魄，充分满足家长对学校“管得严、学得实、分得好”的愿望，就业率连年提高，形成了服务当地，放眼京津，辐射山东、上海、广州的就业格局。

1999年该校晋升河北省重点职业学校；2001年计算机网络技术专业被省教育厅确定为省级特色专业；2002年成为河北省电子电工行业特有工种职业技能实训基地；2003年晋升国家级重点职业学校；2003年、2004年连续两年荣获衡水市职业技术学校综合评估第一名。

地址：衡水市人民西路康泰街一号
电话：0318-2369355　　2353650

团结务实、锐意进取的校领导班子

省级专业教师技能大赛获奖者

多媒体教学

学生宿舍楼

美丽的花坛

河北省承德市实验中学

河北省承德市实验中学建于2003年9月，是承德市规模最大的国办全日制高中。学校投资1.5亿元，建起了总建筑面积10万平方米的办公楼，具有国家一类标准的20个理化生实验室的两栋逸夫实验楼；10个微机室、8个可视可听语音室、10个多媒体教室、形体训练室、绘画室、钢琴室具全的综合楼；具有现代化的电子阅览室、科技制作室、多功能报告厅、开架式书库，功能齐全的图书馆；可容纳5000名学生学习、生活的两栋教学楼、六栋宿舍楼以及两栋餐厅楼。现有教学班99个，在校学生5760人。教职工399人，专任教师333人（外籍英语教师4人）。其中特级教师1人，中学高级教师63人，中学一级教师113人，市级以上高中学科带头人、教学标兵43人，国家、省、市优秀教师34人，省、市优质课一等奖获得者53人。

实验中学运营虽然只有两年，却完成了省级示范性高中的配置任务，社会声誉飞速攀升，呈现出强劲的发展势头。2005年高考林在强夺得全市文科状元，河北省政府已经批准该校为“省级示范性高中”。该校还被命名为“河北省依法治校示范校”、“国家级依法治校示范校”、“河北省优秀体育传统项目校”、“河北省高中会考优秀考点”、“河北省竞技健美操推广先进单位”、“承德市体育卫生和艺术教育先进单位”、“承德市人才工作先进单位”。

校长　缪九华

求真务实的领导班子

外籍教师和学生亲切交谈

地址：承德市双滦区滨河路
邮编：067001　　电话：0314-4042999
传真：0314-4301222　　0314-4301166
网址：http://cdsyzx.126.com
E-mail：zgg188@163.com

河北省教育工作成效显著

2005年，河北省教育工作获得了突破性进展。把农村义务教育作为重中之重，促进基础教育均衡发展。继续巩固“普九”成果，完成了63个县的督导和验收；投入3.34亿实施危房改造和布局工程，消除危房97万平方米，2002年核查的D级危房全部被清除，撤并中小学2700所；安排资金4000多万元建设了39所寄宿制学校；投入2.57亿元实施现代远程教育，覆盖了石家庄、秦皇岛、唐山、廊坊4市59个县5984所农村中学；争取台商资金2000多万，加上省配套，建设了50所小学。新增示范性高中32所，总数达到202所，普通高中招生49.5万人，比上年增加3万人。44个县市区普及学前教育，幼儿园数量和在园幼儿增长幅度都居全国前列，35个县市区普及特殊教育，民族教育工作取得新成就，被国务院授予“全国民族团结进步模范集体”称号。以就业为导向，突出抓好职业教育尤其是中等职业教育。中职招生完成40万人，受到教育部的肯定，被国家七部委评为全国职业教育先进单位。把高等教育从外延型转移到内涵型发展道路上来，着力提升高等教育质量和水平。省内普通高校本专科招生24万人，比上年增长5%；成人高校本专科招生7.8万人，较好的完成了国家下达的年度招生计划。重新核定了10所重点骨干大学办学规模，指导高校合理定位，注重质量，办出特色。高校科技创新进一步加强，全省高校承担科研课题7383项，科技经费7.18亿元，比上年增长20%；申请专利214项。采取有力措施增加教育投入。省本级投入教育专项资金7.24亿元，比上年增长38%。对贫困县拿牌义务教育公用经费2000万元，贫困县公用经费紧张状况有所改善。争取国家各项教育专项资金5.85亿元，增长39%，项目和数量都是历年最多，在全国中东部省份保持领先。

龙庄伟副省长在河北省高等职业教育改革与发展座谈会上讲话

省教育厅厅长靳宝栓在曲周参加省第八届推广普通话宣传周活动中，详细询问了解当地教育情况

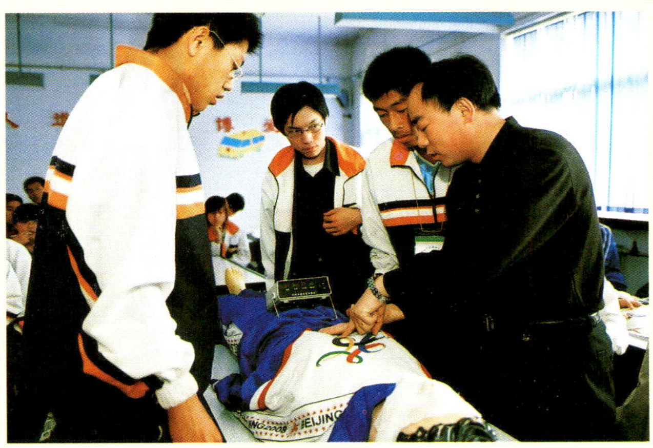

石家庄市中小学校外综合实验活动基地自成立以来，积极探索教育模式的发展方向，组织全市中小学学生有计划、有组织的参加校外综合实践活动。图为护士班的学生在学习掌握急救方法

为全面提高教师素质，石家庄市桥东区教育局组织全区教职工开展韵律操比赛，倡导强身健体、提高效能

河北省国

“十五”期间，河北省国税局新一届领导班子带领全体干部职工在总局和省委省政府的领导下，统筹全局抓大事，凝聚力量攻难关，着眼实际谋发展，使河北国税事业在极其艰难的环境下不断前进，步入了一个良好的发展时期。队伍的精神面貌发生深刻变化，各项工作取得显著成就，基础性建设迈出实质性步伐。

在组织收入上，该局坚持“依法治税，有税尽收，无税禁收”。在消化14亿元虚收的基础上，连续五年圆满完成了收入任务，实现了国税收入持续、大幅增长。2005年全省国税收入达到622.38亿元，是2000年的2.7倍。“十五”期间累计组织收入2036亿元，是“九五”的2.76倍，年均增长22%。

在依法治税上，该局坚持“内外并重，重在治内，以内促外”。对内，全面推行税收执法责任制和执法过错责任追究制，共追究执法过错人员1.89万人次，追究金额35.12万元，有效地规范了税收执法行为。对外，大力整顿税收秩序，共检查纳税人26.54万户，查补税款21.85亿元，有力地打击了涉税违法行为。

在信息化建设上，该局不断加大投入力度，五年间共投资3.1 亿元。计算机数量已达到1.8万台，服务器达到1050台，建成了省、市、县、所四级广域网；全面开通了增值税管理系统，覆盖了所有一般纳税人，存根联采集率和协查按期回复率一直排在全国前列；大力推行多元化报税，23万户纳税人实现了网上报税、电话报税或简易报税，占到起征点以上纳税人的93%。全面推行税收征管信息系统，将49.95

团结务实、与时俱进的领导班子

推行增值税申报纳税“一窗式”管理

广泛开展税收宣传

深入开展革命传统教育

家税务局

万户纳税人纳入其中，实现了征管数据的省局集中。

在队伍建设上，该局以一把手为重点加强领导班子建设，积极倡导讲学习、讲原则、讲民主、讲团结、讲实效的风气，使各级领导班子的向心力、感召力明显增强。大力加强思想政治工作，做到了理论教育、法纪教育、事业观教育、职业道德教育不断线。不断加大教育培训力度，广泛开展岗位练兵活动，省局共举办各类培训班92期，培训干部8761名，使干部队伍的业务素质进一步提高。深入开展精神文明创建活动，在全省创建文明行业活动中3次排名第一。全系统国家级“文明单位”达到67个，省级“文明单位’达到81个，省级“青年文明号”达到92个。扎实推进行风建设，努力优化纳税服务，2001至2003年连续三年在全省行风评议中取得第一名并获得免评资格。

在基层建设上，该局针对过去基层基础设施落后的状况，研究制定了基础设施建设规划。五年来共投入8.89亿元，新建改建了47个区县局办公楼，200多个办税服务厅和税务所，并将1.13亿元的欠账全部还清。投入大量资金为基层征收单位配备了计算机和办公设备，改善了基层的工作环境和生活条件。与此同时，狠抓基层规范化建设，实行基层建设领导责任制，通过推行目标管理、开展等级达标、组织观摩检查、树立先进典型等各种措施，使基层的规范化管理水平有了很大的提高。

举行全员业务考试

热情辅导纳税人办税

向社会各界宣传税法知识

大力加强信息化建设

深入企业开展税源调查

河北省地方税务局

党组书记、局长 张博书

2005年是河北地税加快发展、取得显著成就的一年。一年来，在省委、省政府和国家税务总局的领导下，河北地税系统坚持以科学发展观为统领，紧紧围绕组织收入这个中心，以加强管理、优化服务为主线，深入开展“管理年”活动，较好地完成了各项工作任务，为“十五”计划画上了圆满的句号。一是税费收入实现持续、快速增长。2005年全省共组织各类收入458.64亿元，比上年增收98.36亿元，增长27.3%，是历年来增收最多、增长最快的一年。其中税收收入完成294.92亿元，比上年增收69.45亿元，增长30.8%，收入总量、增量和增长率均进入全国前十名；社会保险费完成142.44亿元，增长19.84%，教育费附加等其他收入也都实现较大幅度增长。二是税收征管质量进一步提高。全系统从落实《河北地方税收业务工作规程》、完善税收管理员制度、分行业分税种细化征管措施、强化税务稽查、加强信息化建设等多个方面进一步加大工作力度，使税收漏洞得以弥补，征管质量不断提高。三是税收执法更加规范。认真贯彻《行政许可法》和国务院《全面推进依法行政实施纲要》，推进依法治税。大力推行税收执法责任制，强化执法过错追究机制，同时认真组织税收执法检查，着力强化税收执法监督，有力地促进了税收执法的规范化。四是干部队伍建设继续得到加强。广泛深入地开展保持共产党员先进性教育活动和机关效能建设，广大地税干部进一步增强了党性，振奋了精神，机关作风、工作效率都有了明显改观。

张博书局长观看电子缴税演示

省委常委、常务副省长郭庚茂到河北省地税局慰问指导工作

地税干部深入纳税户开展纳税辅导活动

地税干部向纳税户讲解纳税申报事宜

河北省人口和计划生育目标任务圆满完成

“十五”时期，河北省坚持以科学发展观统领人口计生工作，牢固树立大人口观，紧紧围绕稳定低生育水平这个主要任务，以“计生惠民行动”为载体，全面推进计划生育综合改革。利益导向机制建设、计划生育优质服务、性别比治理、人口发展战略研究等重点工作取得了新突破，人口和计划生育目标任务圆满完成。2005年，在全省推行了农村部分计划生育家庭奖励扶助制度，共确认奖励扶助对象7.58万人，发放奖励扶助金4550.58万元；省、市、县普遍设立了计生困难家庭救助公益金，总额达4745万元，救助计生困难家庭8168户；圆满完成了为全省980万农村已婚育龄妇女提供健康检查免费服务的“民心工程”。

2005年4月29日，河北省人口计生委与北京市人口计生委联合在涿州市举办了“京冀同倡婚育新风，携手共建和谐社会”的大型宣传活动

2005年6月15日，全国农村部分计划生育家庭奖励扶助制度宣传月首场大型社会宣传日活动在三河市新世纪广场举行

2005年10月28日，河北省人口计生委主任赵新在全省流动人口计划生育工作经验交流会上做工作报告

河北省人口计生委主任赵新深入农户了解奖励扶助制度落实情况

2005年8月1日，河北省农村部分计划生育家庭奖励扶助金首发式在乐亭县隆重举行。副省长孙士彬主持仪式并宣读了省委书记白克明、省长季允石的贺信，省委副书记刘德旺发表了重要讲话。图为首发式和颁奖现场

河北省工商行政管理局

省长季允石出席河北省个体劳动者协会第四次及私营企业协会第二次代表大会

2005年，全省工商行政管理系统紧紧围绕“抓班子、带队伍、保稳定、促发展”的总体思路，全面推进各项工作；以保持共产党员先进性教育为契机，卓有成效地开展党性教育和作风整顿；以促进全省经济发展为目标，大力优化发展环境；以改革、创新为动力，市场监管体制、机制的活力日益显现。经过全省各级的共同努力，圆满完成了各项工作任务，多项工作得到了省委、省政府和国家工商总局的肯定和表扬。

全省工商系统认真开展了夏季饮品、奶制品、盐业、农畜水产品等市场整治，共查处各类食品违法案件7349起，违法总值1080多万元，端掉制假售假窝点565个，流通领域食品安全监管取得新成效；集中对涉外商标侵权，侵犯驰名、著名商标，涉农商标专用权等六类案件进行了查处，全年共查处商标侵权案件1289起，其中涉外商标案件37起，没收侵权商标标识480万件，没收销毁侵权商品96万件；查处仿冒违法案件1069件，查获仿冒商品近4万套(件)，案值1650多万元；制定了《河北省虚假广告专项整治工作方案》，牵头组织开展了以医疗、药品、保健食品、化妆品、美容服务广告为重点的虚假广告专项整治，共查处各类广告违法案件3698件，同时进一步加大广告监测力度，广告违法率明显下降；查处合同和商贸活动中的欺诈行为500多起，涉案金额4000多万元；查处传销和变相传销案件217起，取缔传销窝点669个，驱散遣返传销人员1.5万人次，行政拘留650人；整顿和规范医药生产和经销企业730户，查处医药购销中的商业贿赂案件128起；查处垄断行业违法案件137起，有效打击了各类商业欺诈行为。共查处化肥、农药、种子等农资案件5800起，案值近3000万元，为农民挽回经济损失2700万元。有力维护了农民利益，红盾护农工作受到国家工商总局表彰。

国家工商总局局长来河北省调研时与河北省副省长龙庄伟、副秘书长宋振华及省工商局领导钱晓钟、李春浦、李继红、张炳明、金洪钧、孙芳合影

基层工商干部在开展保持共产党员先进性教育活动中，接受革命传统教育

工商执法人员检查食品市场

河北省食品药品监督管理局

河北省食品药品监督管理局于2003年在省药品监督管理局的基础上组建。主要职能是负责全省食品的综合监督、组织协调、依法组织对重大事故的查处，对药品研究、生产、流通、使用全过程进行行政监督和技术监督。全省食品药品监督管理系统实行垂直管理。2005年，全省食品药品监督管理系统坚持“以监督为中心，监帮促相结合”的工作方针，求真务实、真抓实干，食品药品监督管理工作取得新成绩。

副省长付双建（前排中）在省食品药品监督管理局张洪义局长（前排右）等人的陪同下视察食品市场

认真落实省委、省政府的工作部署，在省食品安全监管领导小组的领导下，组织有关部门实施食品放心工程并取得明显成效，人民群众饮食安全保障水平进一步提高；积极开展整顿和规范食品药品市场秩序工作。全省药品、医疗器械生产、流通、使用秩序进一步好转，为食品医药经济的健康发展创造了良好的市场环境。全年全省各级食品药品监督管理部门共出动执法人员13.8万人次，查处制售假冒伪劣药品、医疗器械案件1.38万件；大力推进农村“两网”建设。在全省大多数乡、村逐步建起了横向到边、纵向到底、上下联动、无监管盲区的农村药品监督网络和规范有序、方便快捷、药品质量有保证、无供应盲区的农村药品供应网络。到11月底，全省已有1928个乡镇、4.12万个行政村建起了药品监督网络，分别占乡、村总数的94.9%和85%；有1985个乡镇、4万多个行政村建起了药品供应网络，分别占乡、村总数的97.7%、82.8%；认真实施GMP、GSP认证，积极推进药品分类管理，不断加强对使用环节药品、医疗器械的监督管理。药品、医疗器械生产、经营、使用各环节的质量监督管理水平进一步提高，有效保障了人民群众的用药用械安全。

张洪义局长在衡水检查药品市场

张洪义局长在廊坊医疗器械生产企业调研

2005年全省食品药品监督管理工作会议

河北省安全生产监督管理局

党组书记、局长　傅文才

河北省安全生产监督管理局是省政府直属综合管理全省安全生产工作的行政机构，2002年5月份开始组建。主要负责起草安全生产方面的地方性法规草案和省政府规章草案，拟定有关政策及安全生产规章、规程和技术标准，并组织实施；拟定全省安全生产工作规划，依法行使安全生产监督管理职权；组织、协调重大、特大事故的调查处理等。为加强安全生产行政执法，依法打击违法生产，减少生产事故，省政府于2005年12月决定成立河北省矿山安全生产监察执法总队（副厅级），由安监局负责管理。该局始终坚持“安全第一，预防为主”的方针，通过依法强化监管，落实安全责任，深化专项整治，加强基层基础，完善法规制度，健全机构队伍等各项措施，使全省在国民经济快速增长的情况下，事故总量、伤亡人数逐年下降，为全省的经济发展和社会稳定做出了应有的贡献。

傅文才局长（左三）在检查指导工作

常务副省长郭庚茂为河北矿山安全生产监察总队揭牌

《河北省安全生产条例》实施新闻发布会

河北省卫生厅卫生监督局

河北省卫生厅卫生监督局是省卫生厅依法在全省行使卫生监督执法职能的执行机构。具体承担《中华人民共和国食品卫生法》、《中华人民共和国传染病防治法》、《中华人民共和国职业病防治法》、《医疗机构管理条例》、《公共场所卫生管理条例》、《化妆品卫生监督条例》、《学校卫生工作条例》等9部法律、28个行政法规、2000多个部门规章、卫生规范、卫生标准规定的卫生监督执法职责。

2005年，该局以保持共产党员先进性教育活动、行政权力公开透明和机关行政效能建设为契机，坚持依法行政，牢固树立以人为本、以改革求发展的理念，聚精会神做工作，一心一意谋发展，围绕卫生执法与监督中心工作，运用专项整治、大案要案查处、大型宣传教育等手段，推动了卫生监督事业的全面发展，为全省经济建设和社会发展作出了积极的贡献。

勤政、廉洁、务实、高效的领导集体。图为杨永朝局长（左三）、张雪彩书记（右三）、刘永占副局长（左二）、杨满占副局长（右二）、陶跃华副局长（左一）、刘春明副局长（右一）

该局采取多种形式，开展卫生稽查及案件评查工作，使行政处罚质量、效率逐年提高。图为省法制办任志勇处长（右三）、省卫生厅卫生监督局杨永朝局长（右四）、刘春明副局长（右一）在培训班主席台就座并讲话

省直工委苏文勋副书记（右一）、省卫生厅高春秋副厅长（右二）视察卫生许可办证大厅

该局职工生活丰富多彩、形式多样，陶冶了情操，密切了干群关系。图为该局“葡萄节”活动现场

卫生执法人员对餐饮业进行检查

2004年国家中西部地区卫生监督机构能力建设项目，确定了我省省级及6个市43个县卫生监督机构作为项目单位。图为卫生监督机构执法车辆发车仪式

卫生执法人员对食品流通领域进行检查

河北省机构编制工作稳步推进

省委、省政府决定，从2004年起，三年内全省精简财政供养在职人员20万人。为实现这一目标，本着先易后难、逐步推进的原则，以事业单位为重点，进行清理整顿。省编办会同有关部门在深入调研、摸清底数的基础上，研究提出了《关于省直财政供养人员总量控制工作实施意见》，并于2005年4月30日组织召开了全省财政供养人员总量控制工作会议。对省直财政供养人员总量控制工作进行具体安排部署，对市县财政供养人员总量控制工作进行督促指导。各地在对事业单位定性分类的基础上，突出抓好“五个一批”，即对职能萎缩、名存实亡和两年以上未配备专职人员、不开展业务，以及长期不出成果、没有明显社会效益和经济效益的单位撤销一批；对职责任务不饱满或业务相近的单位合并一批；对从事生产经营活动、已不具有事业单位属性的单位，转制改企一批；规范经费形式一批；规范单位名称、职责和领导职数一批。截至2005年底，全省共精简财政供养在职人员15.69万人，完成总任务的78.44％，实现省委、省政府确定的“时间过半、任务超半”的目标任务。

深化行政管理体制和机构改革，进一步推进政府职能转变。一是整合省级农口管理机构和职能。撤销了省委农村工作领导小组办公室，原有职责划转有关部门。将省畜牧局、水产局并入省农业厅，较好地解决了省级农口党政职能交叉和省政府农口机构散的问题。农业经济综合管理得到明显加强，“大农业”的格局正在逐步形成。二是理顺部分行政管理体制和职责分工。研究提出了《关于组建曹妃甸工业区管理机构的意见》。研究起草《关于推进兽医管理体制改革的实施意见》，对整合市、县农业、畜牧、水产职能和机构，建立健全兽医行政管理、执法和技术机构以及基层动物防疫体系起到了积极作用。参与省级纪检监察派驻机构体制改革，研究提出了有关机构编制的意见。理顺省法学会领导体制，调整了内设机构。三是基本完成县级政府机构改革工作。研究提出了《关于县级政府机构改革的意见》，并召开了全省县级政府机构改革工作电视电话会议。这次县级政府机构改革，对进一步转变政府职能，推进职能整合和机构调整，促进县域经济和社会发展起到了积极作用。四是开展乡镇机构改革试点。在深入调研和学习考察的基础上，研究起草了《河北省乡镇机构改革试点工作指导意见》，组织召开了全省乡镇机构改革试点工作座谈会，12个试点县（市）都提出了试点工作的初步方案。五是推进综合行政执法试点。按照综合行政执法的要求，会同有关部门继续开展城市管理领域的综合执法试点；以县级为重点，推进农业、林业综合行政执法工作。

加强机构编制管理，加大监督检查力度。一是认真落实机构“从严从紧”的工作方针。严格执行控制机构编制的各项规定，组织落实事业单位机构编制下管一级审批制度，全省各级新设立行政、事业单位明显减少，所需编制全部在现有同类编制中调剂解决。二是严格控制乡镇机构编制和人员增长。按照中央编办的通知要求，研究起草了《关于严格控制乡镇机构和人员编制的通知》。各地规范乡镇机构设置，未经上级党委、政府批准的机构和撤并乡镇后自行保留的办事处一律撤销，确保今后5年内乡镇机构编制和实有人员只减不增。三是组织开展全省机构编制工作监督检查。上半年，与省纪委（监察厅）、省委组织部、省人事厅、省财政厅、省审计厅等6个部门联动，对11个设区市、12个省直部门、60个市直部门、28个县（市、区）、141个县直部门、74个乡镇（街道办事处）审批执行机构编制工作情况进行了全面检查。下半年，在市、县自查自纠的基础上，省编办会同省纪委（监察厅）、省委组织部、省人事厅、省财政厅，对11个市、11个县、22个乡镇控制乡镇编制和实有人员情况进行了专项督查，初步建立了机构编制监督约束协调联动机制。

河北省南水北调工程建设委员会办公室

兴建南水北调工程是党中央、国务院根据我国经济社会发展的要求作出的重大战略决策，对于缓解我国北方水资源紧张形势，保持经济社会可持续发展，实现全面建设小康社会的奋斗目标具有重大意义。

河北省委、省政府高度重视南水北调工作，20世纪九十年代初就组织工程技术人员，投入大量的资金，积极开展南水北调的前期工作，使南水北调中线工程于2003年在滹沱河率先开工建设。于2003年11月，印发了《河北省南水北调工程建设委员会办公室主要职责内设机构和人员编制规定》，明确河北省南水北调工程建设委员会办公室（正厅级）为河北省南水北调工程建设委员会的办事机构，内设综合处、投资计划处、经济财务处、建设管理处、设计与环境处。负责贯彻、执行国家南水北调工程建设的有关政策和管理办法，配合国家项目法人做好南水北调中线工程河北段主体工程建设的相关工作，组织省南水北调配套工程建设。河北省南水北调工程建设委员会办公室组建以来，认真履行省政府赋予的职责，积极开展工作，保证了本省段南水北调工程顺利建设。到2005年11月，南水北调中线工程在省境内滹沱河倒虹吸、唐河倒虹吸、釜山隧洞、古运河枢纽、漕河渡槽段工程相继开工建设，成为中线沿线省市开工项目最多的省份。

地址：石家庄市富强大街3号
电话：0311-86219738
邮编：050011

河北省南水北调工程建设委员会办公室挂牌

正在建设中的南水北调工程

2003年12月滹沱河倒虹吸工程开工

河北省农业开发结硕果

张北县农业综合开发大搞水浇地建设，种植无公害蔬菜，不仅丰富了城市居民的菜篮子，也给当地农民带来实惠。图为河北省农开办主任乔满同志在项目区考察

四面环山的平泉县有着丰富的山地资源，生产加工杏扁对当地百姓增收十分有利，1992年以来，农业开发就支持当地发展这一产业。图为项目区农民群众喜看丰收果实

隆化县在农业开发项目区积极调整种植结构，由传统的玉米种植调整为水稻种植，给当地农民群众带来了巨大的经济效益。图为隆化县唐三营镇干部群众给县农开办送匾

围场县大搞生态建设，发展水浇地，深受农民欢迎。图为项目区群众在田间测试水量

魏县"天仙蔬菜批发市场"是农业开发连续扶持的产业化龙头项目，图为农民群众在蔬菜交易现场

隆化县项目区大搞水利工程建设

农业开发区林路框架一角

邯郸经济开发区

邯郸经济开发区是经省政府批准的省级开发区，2000年9月省政府批准新区东移，规划面积23.5平方公里，控制面积50平方公里，其中起步区3.5平方公里。

邯郸开发区坚持“三为主、两致力、一促进”的办区方针和“高起点规划、新标准设计、高质量建设、高效能管理、高效益经营”的原则，不断改善投资环境，于2005年7月顺利通过ISO9000、14000质量和环境管理体系认证，发展环境进一步优化。经过短短几年时间的发展，邯郸开发区起步区建设已初具规模，以新材料、生物医药、信息技术、先进制造业为支柱产业的产业布局基本形成，拥有了功能陶瓷、高档家纺面料、硅氟新材料、医药新材料、办公自动化耗材等一批新材料领域的产业龙头项目。

全区现有各类企业220家，其中世界500强企业2家，工业企业168家，三资企业20家，高新技术企业42家，光导公司OPC鼓、圣绵纺织公司吸湿排汗面料等8个项目被列为国家火炬计划项目，并被国家科技部授予“国家火炬计划邯郸新材料产业基地”。

2005年，邯郸开发区实现地区生产总值6.84亿元，工业销售收入16.12亿元，实际利用外资1007万美元，外贸出口总额2558万美元，财政收入实现1.01亿元。

到“十一五”末，邯郸开发区将建成具有良好生态环境的科技新城区，体现科技发展的高水平，体现城市空间的秩序化、宜人化、高效率和文化生活的高情感。

才利民副省长视察邯郸开发区

管委会主任闫德英在施工现场同外商交谈

邯郸开发区首家世界500强企业——圣戈班全貌

国家火炬计划邯郸新材料产业基地揭牌仪式

邯郸开发区全貌

石家庄市公

市长吴显国（右二）、市委副书记李遵英（左三）等市领导在市公安局局长张铁力（右一）、市公安局副局长、市公安交通管理局局长苗社祥（左二）陪同下到车管所视察工作

石家庄市公安交通管理局组建于1997年3月18日，是由原石家庄市交警一支队和二支队以及交管局三个单位合并组建而成，现有在职民警975人。下设27个正科级单位，机关处室12个。负责17个县（市）交警大队的业务上的指导。其基本职责任务就是维护道路交通秩序，保障道路交通安全与畅通。主要职能包括：执行和宣传道路交通管理法规，提高市民交通法规意识，维护道路交通秩序，打击违法犯罪行为，依法公开、公正、公平处理道路交通事故，办理机动车及驾驶员业务，担负道路交通警卫任务，探索交通发展规律，研究交通管理对策，负责交通管理科技开发与应用，不断提高交通管理水平。

市公安交管局组建8年以来，先后三次被省公安厅荣记集体二等功，曾被公安部评为全国公安系统“讲文明，树新风”活动优秀单位。2001年被公安部、建设部评为实施畅通工程A类城市二等管理水平和进步明显城市。2001年在全国首届公路巡警业务技能大比武中，石家庄市交警为主要力量的河

市公安局副局长、市公安交通管理局局长苗社祥（左一）深入基层了解情况，解决问题

省会交警队把群众满意作为工作标准，得到社会各界的普遍肯定与支持

省会交、巡警联合警务

安交通管理局

北代表队一举夺冠，获得总分第一名。2002年4月被河北省总工会授予“河北省五一劳动奖状”。2003年6月，被中组部评为“全国防治非典型肺炎先进基层党组织”，成为全国公安机关唯一获此荣誉的单位。2003年4月，被全国总工会、国家安全生产监督管理局联合颁发“安康杯”竞赛优胜单位，这在全国公安系统也是仅此一家。自2000年以来，市交管局三次被省政府、五次被市政府评为文明单位，六年被省交管局评为优秀支队。

2005年以来，市交管局紧紧围绕“执政为民、执法为民、服务社会、优化发展环境”主题，以保持共产党员先进性教育为动力，以“双提三效”为着眼点，以人民满意为最高标准，紧扣“立警为公、执法为民”这条主线，从强化执法队伍规范化管理，强化便民利民服务措施，强化监督制约机制运行入手，以新的理念、新的作风和新的举措推动公安交管工作和队伍建设实现新发展、新跨越，全力打造省会交巡警执法为民新形象，努力为实现服务第一要务、构建和谐社会、打造首善之区营造良好的交通、治安环境。

石家庄市公安交通管理局政委刘忠明深入一线了解民警思想、工作情况

电子警察

保障畅通

巡逻执勤

唐山市地

党组书记、局长 解光第

省委常委、唐山市委书记张和到该局征收大厅视察

省地税局党组书记、局长张博书（左二）到该局检查指导工作

2005年，该局在省局和唐山市委、市政府的正确领导下，以深入开展“管理年”活动为主线，大力优化税收征管环境，圆满完成以组织收入为中心的各项税收任务，为支持唐山经济社会协调发展作出了积极贡献。在全市民主评议行风和创建文明行业群众评议活动中分获第一名，荣获“河北省五一奖状”，被省政府推荐为全国“四五”普法先进单位。

一、以提高收入质量为原则，税费总量大幅度增长。2005年，该局累计组织各项收入93.75亿元，同比增加26.05亿元，增长38.48%。收入总量跃居全省首位，为唐山经济发展和社会稳定提供了重要的财力保障。特别是社保费完成24.86亿元，同比增加5.12亿元，增长25.95%，实现了离退休人员基本养老金及时足额发放，做到了让地方政府、社保部门、缴费单位和离退休人员“四满意”。

二、深入开展“管理年”活动，税收执法行为更趋规范。该局不断加强分行业、分税种管理，五个单项税种实现较大幅度增长；认真落实税收管理员制度，不仅大幅减少了漏征漏管，而且从根本上杜绝了税务干部不廉洁行为的发生；严格执行减（抵）免税审批管理终身责任制，全年累计批复各类减（抵）免税款8亿多元，没有发现任何问题；不断完善普通发票管理系统，有效

该局干部在唐山市贯彻《实施纲要》知识竞赛中荣获一等奖

方税务局

堵塞了税收漏洞；进一步深化反避税工作，得到国家税务总局王力副局长的充分肯定。

团结协作的领导班子

三、坚持优化服务与加强管理并重，纳税人满意度明显提升。该局坚持走科技兴税之路，锐意改革，大胆创新，全面推行了税银库财联网的电子缴税方式，累计缴纳税费13亿多元，无一差错，不仅使办税服务有了质的飞跃，而且树立了政府金融部门的良好形象。同时，在全市范围内开通了12366纳税服务热线，实现了税务机关与纳税人"一对一"的交流，为纳税人提供了方便、快捷、高效、规范的优质服务。

四、坚持以人为本、构建和谐地税，良好的地税形象进一步树立。该局在保持共产党员先进性教育活动中，深入开展了每个党员帮扶一名贫困学生，每个党支部帮扶一个贫困户，每个党总支帮扶一个贫困村的"三个一"活动，省委督导组和唐山市委、市政府对此给予高度评价，《中国税务报》、《河北日报》等多家媒体也进行了宣传报道。在继续严格执行唐山地税"四项铁律"的同时，深入开展廉政文化进机关活动，全员执法行为和行政行为进一步规范，全系统信访举报数量同比下降了40%，中纪委领导和省委副书记、省纪委书记张毅视察后均对此给予高度评价。此外，该局依托信息网络技术推进机关效能建设的做法也得到市纪委和省效能办的肯定。

扎实开展扶贫济困活动

荣获河北省"五一"奖状

石 家 庄

区委书记　贾连海

矿区是石家庄市辖区之一，辖两镇一乡两个办事处，30个行政村，45个(家)居委会，人口9.9万，面积69.98平方公里。矿区地处晋冀两省咽喉，交通便利，南依石太铁路，北靠朔黄铁路，区内有新井、凤张两条国铁专用线，沟通全国铁路网，年铁路运输能力600万吨。距石太高速公路、307国道仅8公里，省级干道平涉公路纵贯全区。

2005年，矿区围绕“建设资源型重工业新城”的奋斗目标，大力实施“工业立区、环境兴区、人才强区”战略，不评不议抓发展，不争不论保稳定，经济和各项社会事业取得了可喜成绩。 地区生产总值完成12.5亿元，比上年增长17.6%，其中第一产业完成增加值5878万元，增长1.6%；第二产业完成增加值8亿元，增长22.1%；第三产业完成增加值3.89亿元，增长12.8%。全部财政收入完成2.52亿元，增长54%，连续第三年保持50%以上的增幅，其中一般预算收入完成8738万元，增长52.8%，规模以上工

石家庄市第八十中学机房

集冶炼、炼焦、发电为一体的河北丰达钢铁有限公司

市矿 

业完成增加值6亿元，实现利税2.9亿元，分别增长7.9%和41.5%。全社会固定资产投资完成7.3亿元，增长40%。其中城镇以上固定资产投资完成7.2亿元，增长71%。外贸出口319万美元，增长88.7%。社会消费品零售总额6.22亿元，增长20%。城镇居民人均可支配收入8397元，农民人均纯收入5267元，分别增长13.8%和8.5%。

区长 朱献军

美商独资企业菲纳特陶瓷（石家庄）有限公司

昊源苹果

河北省爱国主义教育基地万人坑纪念馆

资 源 丰 富

县委书记　韩福才

承德县地处燕山北麓，三面环抱承德市区，是省定贫困县和扩权县。全县总面积3997平方公里，辖25个乡镇，421个行政村，总人口47.5万，其中农业人口43.1万，是“八山一水一分田”的山区农业县。2005年，全县生产总值完成34.1亿元，全社会固定资产投资完成16.7亿元，其中城镇固定资产投资完成13亿元。全部财政收入完成3.2亿元，其中一般预算收入1.24亿元，成为全市第二个突破亿元大关的县。城镇居民人均可支配收入6884元，农民人均纯收入2416元。社会消费品零售总额12.6亿元。人口自然增长率控制在7.7‰。城镇登记失业率控制在4.5%。

经过多年发展，该县形成了工业以针纺服装、冶金、建材、造纸、食品加工五大产业为主导，农业以果品、蔬菜、畜牧三大产业为主导的经济格局。共有年产值百万元以上工业企业126家，规模以上企业47家，2005年增加值、利税和利润分别达到9.1亿元、3.1亿元、1.6亿元。2005年实现农业总产值16.8亿元，增加值9.5亿元；现有市级以上农业产业化龙头企业29家，产业化经营率达到39%。第三产业实现增加值10.1亿元，信息、保险等现代服务业迅速发展；市场体系不断完善，三产对经济增长的贡献率达到30.5%。三次产业比为26.1：44.6：29.3。

板城广场喷泉夜景

近年来，该县基础设施建设发展加快。县城建成区面积达到5.9平方公里。县城污水处理厂、综合农贸市场等工程相继开工建设，县城中心街改造、绿化、亮化工程相继实施，县城面貌明显改观。城乡居民人

承德县商贸城

乾隆醉酒业公司主楼

的承德县

均住房面积分别达到25.7平方米和20.9平方米；县城道路达到58万平方米，人均9平方米；县城日供水能力2.5万吨，供暖110万平方米，绿化面积195万平方米，绿化率达33 %。国、省道路沿线乡和7个建制镇小城镇建设初具雏形，全县城镇化率达到24%。城乡公路建设取得重大突破，所有乡镇全部实现通油路，通油路村达到289个，占总数的69%；全县通车里程达到2921公里，交通网络主骨架基本形成。电力建设进一步加快，电网结构逐步改善。投资1.47亿元的农网改造工程全部完成；新建500KV变电站一座， 35KV变电站一座， 新建110KV双回线路17公里，全县最大负荷达到6.1万千瓦。立体式通讯网络已经建成，固定电话用户达到5.7万户，实现了村村通电话目标；移动电话用户达到6.5万户。广播电视综合覆盖率达98%以上。

社会事业获得长足发展。2005年共组织实施科技项目150项，获得省级以上科技成果30项。人口、资源、环境工作得到加强，计划生育工作连续11年保持全省领先位次；累计完成生态建设投资7245万元，绿化84万亩，森林覆盖率达到52.2%；工业污染源治理达标率96%。新型农村合作医疗覆盖面达到65.4%，惠及26万多农民。城镇居民最低生活保障率达到100%。文明生态村总数达到132个，占总数的31%。

县长 周济民

帝贤公司厂区一角

乾隆醉酒业灌装车间

帝贤纺纱车间

越夏硬果西红柿

无公害山庄牌苹果

县城环岛全景

丰宁满族

县委书记　奚献军

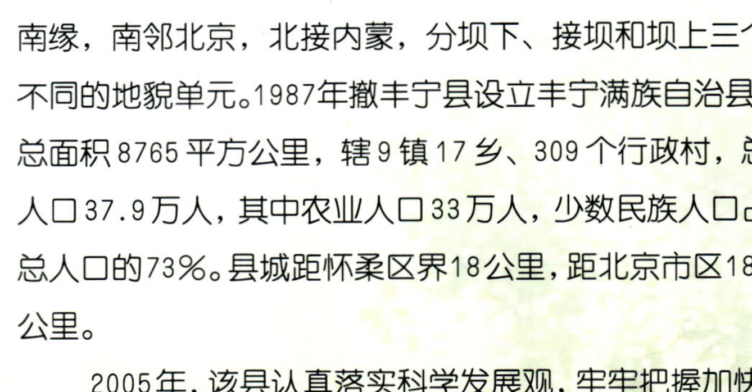

丰宁位于河北省北部，地处燕山北麓和内蒙古高原南缘，南邻北京，北接内蒙，分坝下、接坝和坝上三个不同的地貌单元。1987年撤丰宁县设立丰宁满族自治县，总面积8765平方公里，辖9镇17乡、309个行政村，总人口37.9万人，其中农业人口33万人，少数民族人口占总人口的73%。县城距怀柔区界18公里，距北京市区188公里。

2005年，该县认真落实科学发展观，牢牢把握加快发展、科学发展、和谐发展主题，按照建设“工业经济强县，特色农业大县，生态旅游名县”的发展战略，努

丰宁三鹿公司

平安高科机械化马铃薯生产基地

京北第一草原

自 治 县

力实现“两速增，一推进”（迅速增加财政收入、迅速增加农民收入，全面推进社会事业发展）目标，以“三个十”工程（财政收入“十强乡镇”、纳税超千万的“十强企业”和事关丰宁长远发展的“十件实事”）建设为核心，加速推进各项工作，全县经济和社会事业保持了既快又好的发展势头。实现地区生产总值30亿元，同比增长25%；财政收入2.4亿元，比上年翻一番，增幅位居22个扩权县首位；完成全社会固定资产投资17.2亿元，同比增长31.3%；城市居民可支配收入6025元，农民人均纯收入2117元。

张金山县长（右一）考察抽水蓄能电站

省重点项目丰煊建材公司

省重点项目鑫源钼矿

县城全景

跨越式发展

县委书记　卢建国

滦平县位于河北省东北部、承德市西南部，全县总面积3213.1平方公里，辖7镇15乡，总人口33.3万，其中农业人口29.6万，少数民族人口19.5万，是省政府批准的民族县和全国扶贫开发工作重点县。2005年，该县坚持以科学发展观为统领，按照“提速、增效、进位”的总体思路和目标，牢牢把握快发展、大发展、跨越式发展基调不动摇，抓既定部署，抓重点工作，抓关键问题，抓薄弱环节，主要经济指标超额完成“十五”计划，为“十一五”发展奠定了坚实基础。全县生产总值完成30亿元，增长18.1%，总量是“九五”末的2.4倍。全部财政收入达到4.35亿元，增长88.4%，总量是“九五”末的9.1倍。城镇居民人均可支配收入达到7439元，农民人均纯收入达到2384元，分别增长8.1%和13%。城乡居民储蓄存款余额达到16.6亿元，全社会消费品零售总额达到9.2亿元，分别增长22%和13.5%。

经过“十五”期间的发展，区域经济布局初步形成。东北部乡镇依托矿产资源及紧临承钢的优势，率先突破，

省委书记白克明来滦平考察

设施农业快速发展

村村通公路建设

投资4亿元建设的200万吨氧化球团项目

的滦平县

以冶金矿产业为主的工业经济迅速崛起；南部乡镇农业生产设施化水平不断提高，设施农业和旅游观光业形成一定规模；西部的长城、潮河流域乡镇，依托自然条件，结合京津水源地项目建设，因地制宜，林果、中草药及畜禽养殖业具备了快速发展的基础；县城建设规划及功能分区进一步科学合理，基础设施不断完善，辐射带动和吸纳聚集作用进一步增强。在整体上初步形成了东北部冶金矿产工业区、南部设施农业和旅游观光区、西部生态经济和畜禽养殖区、县城及辐射周边商贸中心的“三区一中心”的区域经济布局。西地、小营、张百湾等6个乡镇共完成财政收入3.48亿元，占全县财政总收入的80%，成为县域经济的重要支撑。

县委副书记、县长　毕建华

省长季允石来滦平调研

迅猛发展的畜牧养殖业

县城腾飞广场

张百湾镇周台子文明新村

张家口市

县委书记　李建华

怀来县位于河北省西北部，张家口市东南端，县城沙城镇距北京市中心105公里，距张家口市中心87公里。丰沙、京包、大秦、沙蔚四条铁路横贯全境，110国道、京张高速、沙三、官康公路干线纵横交错，是沟通京津与晋蒙的交通枢纽。全县总面积1801平方公里，辖11镇、6乡（其中1个回族乡），279个行政村，总人口34万人。全县耕地面积50万亩，林果面积47万亩，是全国林果百强县、河北省首批粮食基地县和省级"双环"菜篮子基地县，也是河北省首批22个扩权试点县（市）之一、环京津都市圈35个县（市）之一。

2005年，该县以树立和落实科学发展观统领经济社会

省委书记白克明到怀来视察鸡鸣驿保护情况

省长季允石到怀来葡萄园调研

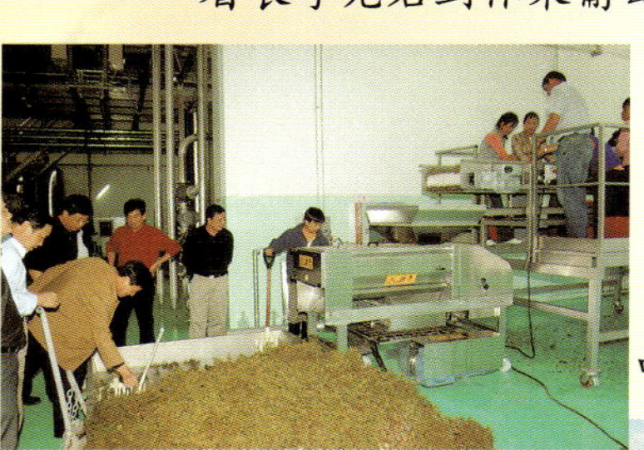
中法葡萄示范农场加工车间

便利的交通

万亩葡萄园

怀 来 县

发展全局，围绕“大发展、快发展、跨越式发展”主题，抢抓“扩权强县”机遇，紧盯全面实现“十五”计划目标这一战略任务，理思路抓谋划、深层次抓运作、大力度抓落实，全县经济和社会各项事业继续呈现出健康快速发展的良好势头。圆满完成了“十五”计划各项任务，并为“十一五”实现更大的跨越打下了坚实的基础。全县生产总值达到37.4亿元，同比增长14.3%；全部财政收入达到4.02亿元，同比增长27.5%；全社会固定资产投资达13.4亿元，增长25%；社会消费品零售总额达12.1亿元，增长11.3%；农民人均纯收入达到3730元，增长24.2%；城镇居民人均可支配收入达到7502元，增长15%；城乡居民储蓄存款余额达到28亿元，比年初增长7.8%。

县长　景庆雨

城镇新貌

京西果菜批发市场

民营企业怀来镲厂

蓬勃发展的县域工业

张家口市崇礼县

县委书记　李青春

崇礼县位于河北省西北部，总面积2334平方公里。全县辖8乡2镇、211个行政村、408个自然村，总人口12.6万人，耕地面积20万亩。境内自然资源丰富，已探明的矿产资源有8大类36个品种，林地面积100万亩，草场面积150万亩。森林覆盖率达28.6%，天然次生林面积是全省最大的县份之一。野生资源有蕨菜、苦菜、蘑菇以及狍子、狐狸等动植物600余种。主要农作物有蔬菜、蚕豆、马铃薯、莜麦、胡麻等。近年来，该县以加快发展为主题，以农民增收和财政增长为目标，实施“工业立县、旅游兴县、科教强县、特色农业富县”四大发展战略，经济建设和社会各项事业快速发展。2005年，完成地方生产总值8亿元，比上年增长14.0%；全部财政收入完成7000万元，比上年增长52.0%；农民人均纯收入2000元，比上年增加245元。

崇礼农家旅馆

长城岭滑雪场

崇礼风光

张家口市涿鹿县

涿鹿县位于河北省西北部永定河上游，与北京市门头沟区接壤，县城距北京市区125公里。全县总面积2802平方公里，辖1区、8镇、9乡、373个行政村，总人口33万，是较大的环京津县区之一。近年来，该县确定了发挥区位、资源、旅游三大优势，大力实施“工业立县、生态兴县、民营经济富县”三大战略的总体思路，解放思想，与时俱进，开拓创新，实现了经济建设和各项社会事业的持续健康发展。2005年完成地区生产总值22.91亿元，较上年增长 10.7%。其中第一产业增加值7.2亿元，第二产业增加值7.27亿元，第三产业8.44亿元，分别较上年增长10.1%、15.1%和8.3%。财政收入1.5亿元，较上年增长49.3%；全社会固定资产投资8.01亿元，同比增长63.1%；农民人均纯收入2836元，比上年纯增450元，增长18.9%；各项存款余额21.74亿元，较年初增加3.7亿元，其中储蓄存款余额17.6亿元，比年初增加3.16亿元。

正在崛起的

中共唐山市委常委、迁安市委书记　姚自敏

2001年，迁安市委确定“钢铁迁安、中等城市”奋斗目标后，全市的经济和社会事业实现了长足的发展。2004年，实现地区生产总值178.4亿元，完成全社会固定资产投资55.6亿元，实现全部财政收入21.2亿元。截至2005年10月底，全市地区生产总值达到203亿元，完成全社会固定资产投资61亿元，实现全部财政收入28.3亿元。在2004年度全国最发达百强县（市）评比中列第52位，在第五届全国县域经济基本竞争力百强县（市）评比中居第43位。

坚定不移地实施工业化战略，加快建设钢铁迁安。5年来，迁安市累计完成投资98.5亿元，120个工业重点项目已经竣工投产，48个重点项目正在加快建设。全面加强与首钢的合作，首钢200万吨钢联、220万吨焦化一期等重点项目已全部投产，迁钢基地形成了年产220万吨铁、220万吨钢、200万吨球团、110万吨焦炭的生产能力。抓好为首钢项目的产业服务和钢铁产业链条的延伸，依托首钢集团、唐钢集团、天津轧一制钢公司等大型钢铁企业，完成了市内8家钢铁企业的整合工作。集中力量抓好钢铁产业链条延伸，实现钢铁产品就

省委书记白克明视察迁安

钢城大桥及黄台湖全景

迁化公司20万吨甲醇项目

人民广场夜景

“钢 铁 迁 安”

地加工、就地升值，投资10亿元，与唐钢合作的荣信钢铁公司130万吨中厚板等8个项目正在加快建设。抓好非钢支柱产业的技术改造，5年来，累计投资45亿元，实施了138个重点技改项目。全市形成了1100万平方英尺地毯、360万件服装、280万吨水泥、19万吨纸及纸制品、20万吨尿素和20万吨甲醇的生产能力。全市年产值超亿元、纳税超千万元的企业达到26家。

市长　刘桂东

行政办公中心

季允石省长到迁安检查指导工作

首钢迁安钢铁公司

迁安市市标广场

畿东第一城

宋文华副省长来遵化检查工作

港陆钢铁公司

建龙厂区一角

遵化市位于河北省东北部燕山南麓，长城脚下，素有“畿东第一城”之称。总面积1521平方公里，人口69.3万。1992年撤县建市，成为唐山市第一个县级市。2002年、2003年和2004年，分别在第二、三、四届全国县域经济基本竞争力百强县（市）评比中名列第77位、76位和61位。2005年，被省政府确定为第一批扩权的22个县（市）之一。

2005年，遵化市注重发挥优势，抢抓扩权强县政策机遇，坚持树立和落实科学发展观。紧紧围绕“跻身全国县域经济基本竞争力50强，早日建成中等城市”的奋斗目标，深入实施“开放带动、科教兴遵、旅游突破、工业强市、龙企富民”发展战略，强力推进项目建设、城市建设、旅游经济三大突破，狠抓民营经济、改革开放、优化环境三项重点工作，认真做好“三农”工作，全市经济和社会事业保持了持续快速健康发展的良

热电厂

—— 遵 化 市

好势头。2005年完成生产总值212.6亿元，增长22%；财政收入18.33亿元，增长52.8%；固定资产投资55亿元，同比增长37.5%；出口创汇 7405万美元，同比增长110.4%；城镇居民人均可支配收入9986元，同比增长19.7 %；农民人均纯收入4908元，同比增长18%。在第五届全国县域经济基本竞争力评价中又进一步，跃至第55位，比上届提升6位。在第二届全国中小城市综合实力百强评比中名列第65位。

清东陵（裕陵）

新市区

中国板栗之

风光旖旎的迁西县潘家口水库

迁西县位于河北省唐山市北部，地处燕山南麓、滦水之滨、长城脚下、总面积1439平方公里。辖17个乡镇、417个行政村，总人口36万，是个“七山一水分半田，半分道路和庄园”的纯山区县。境内自然资源丰富，全县经济基础较为雄厚，投资环境十分优越。

全县山场面积158万亩，有林地面积116万亩．森林覆盖率达55.6%。是“全国造林绿化百佳县”和生态环境建设重点县。板栗、安梨、核桃是传统优势特色产品，有各种果树3200万株，其中板栗2700万株，常年产量2000万公斤。迁西县因板栗产量、质量、出口量均居全国首位，被国家命名为“中国板栗之乡”；境内现已探明的矿产资源有金、铁、锰、铜等36种。金属矿中以金、铁最为丰富，其中黄金储量30吨，铁矿远景储量4.7亿吨。全县铁矿已形成选、炼、轧一条龙生产，年产铁精粉500多万吨。迁西县地处京、津、唐三角腹地，境内山川秀美，森林茂盛，风光旖旎，气候温和，被联合国列为自然环境“环球五百佳”候选单位，旅游开发前景广阔。

近年来，迁西县立足三大资源开发，发展壮大三大

品质独特的迁西板栗

河北津西钢铁有限公司炼钢车间

京东名岫——迁西县景忠山景区

乡——迁西县

主导产业，即以板栗为主的林果业，以钢铁为主的冶金业，以青山、碧水、古长城为特色的旅游业，县域经济实力迅速增强。全县地区生产总值由“九五”末的32.2亿元增长到2005年的146.9亿元，年均增长35.5%；全社会固定资产投资累计完成92.9亿元，年均增长28.5%；全部财政收入由1.75亿元增长到14.56亿元，年均增长52.7%。综合经济实力跃居全省10强。

迁西县市政文化广场

迁西板栗深加工车间

全国大型一档企业——河北津西钢铁股份有限公司

世界古岩瑰宝——36亿7千多万年的迁西县太平寨古岩

全省首批乡村游试点——迁西县青山关景区

唐山市丰南区

全国同行业规模、效益出口创汇连续9年第一的唐山惠达陶瓷集团

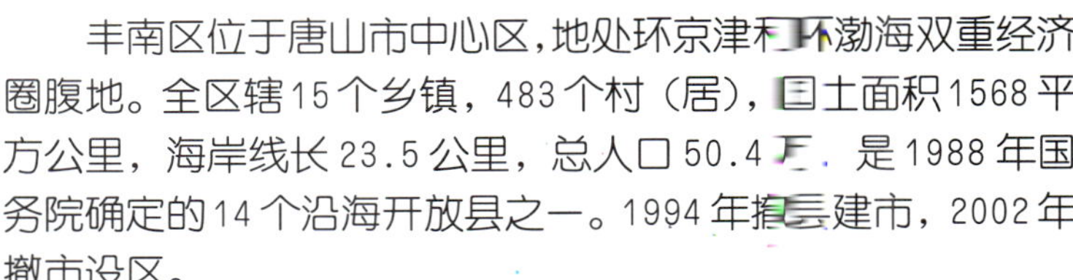

丰南区位于唐山市中心区，地处环京津和环渤海双重经济圈腹地。全区辖15个乡镇，483个村（居），国土面积1568平方公里，海岸线长23.5公里，总人口50.4万。是1988年国务院确定的14个沿海开放县之一。1994年撤县建市，2002年撤市设区。

丰南资源充足，物产丰富。境内有丰富的煤炭、地热、天然气、矿泉水等自然资源，全国最大的现代化矿井煤矿开滦钱家营矿，亚州最大的盐场南堡盐场以及全国三大碱厂之一的唐山碱厂均坐落于该区境内。丰南气候温和，土质肥沃，是多种农副产品的富集产区，盛产小麦、水稻、玉米、棉花、花生、豆类、蔬菜等作物和鱼、虾、蟹、贝等多种水产品，是名副其实的“鱼米之乡”。

丰南区位优越，交通便捷。西距北京190公里、天津港68公里，东距秦皇岛港150公里、京唐港70公里，南距曹妃甸港50公里；东北与大连港隔海相望，向南有黄骅、烟台、威海、青岛等港口；京哈铁路、汉南铁路、京沈高速、津唐高速、唐港高速公路等交通干线在区内交织成网，被誉为镶嵌在京津唐金三角上的一颗明珠。

丰南是我国近代工业的摇篮。中国第一条自建标准轨距铁路从这里延伸；第一台蒸汽机车——“龙号”机车，从这里诞生。改革开放以来，全区经济社会得到了快速健康发展。2001年，在全国第二届县域经济基本竞争力“百强县（市）”排名中列第64位。2005年，完成生产总值186亿元，实现全部财政收入25.6亿元，全社会固定资产投资44亿元，城镇居民人均可支配收入达到9800元，农民人均纯收入达到4720元，分别比上年增长17%、60.5%、20.9%、19.3%和13.5%。

拥有国内第一条自主知识产权中薄板坯连铸连轧生产线的唐山国丰钢铁有限公司

省级示范性高中——丰南区第一中学

日新月异的城市建设

投资滦南 商机无限

中红普林食品加工车间

河北永新纸业有限公司造纸车间

海水工厂化养殖车间

滦南县国土面积1270平方公里，总人口58万，拥有110万亩耕地、64万亩滩涂。资源广博、物产丰富，是京津唐等大中城市的果菜、生猪供应基地、河北省最大的海水工厂化养殖基地、河北省"珍稀食用菌之乡"及蒙牛、伊利、三鹿等乳品企业的重要奶源基地。全县奶牛存栏11.3万头，年出栏瘦肉型猪81万头、肉鸡1600万只，对虾、贝类、青蛰、牙鲆鱼、河豚鱼等养殖蓬勃发展，果菜种植面积48万亩，通过省级无公害环评认证17.5万亩。

该县工业基础雄厚，构筑了以钢铁、造纸、食品加工、热电、钢锹、陶瓷、电子、PVC手套等优势行业为支撑的工业体系，是全国最大的钢锹生产基地；河北永新纸业公司箱板纸产量居河北省同行业之首；PVC手套、肉鸡制品、电子元器件、卫生洁具等产品出口十几个国家和地区。"冀腾"（箱板纸）、"中红"（肉鸡制品）、"三丰"（饲料）、"奔"、"根"（钢锹）等品牌为河北省著名商标。

该县坚持把优化环境作为外向带动战略的重要突破口，着力打造开放、宽松、文明、诚信的环境品牌。新加坡顶峰、台湾庄头北、江苏华西、内蒙古蒙牛、厦门国贸等企业纷纷投资滦南，全县累计引进外资1.38亿美元，吸引省外协作资金25亿元。

纯朴、热情的滦南人民正以海纳百川的胸怀，利用得天独厚的资源、区位优势，进一步加快发展步伐，用勤劳的双手建设美好的家园，以崭新的姿态迎接灿烂的明天。

唐山顶峰热电有限公司

京东明珠

市委书记　李刚

三河因泃河、洳河、鲍邱河三水流经县域而得名，全市总面积643平方公里，耕地总面积53.9万亩。现辖10镇2区（省级燕郊经济技术开发区、国家级农业高新技术园区）4个街道办事处，395个行政村（街），总人口47.8万人。2005年被省政府确定为扩权县。三河历史悠久。春秋战国时属燕，秦属渔阳郡，汉属幽州潞县，唐武德二年（627年）置临泃县，唐开元四年（716年）建三河县，清康熙年间，曾在三河燕郊建造行宫，为皇帝拜谒东陵往返歇息之所，素有“天子脚下、御驾行宫”之美称；区位优越。市区西距北京58公里，南距天津125公里，东到唐山121公里，是京、津、唐三市构成的金三角核心地带，在京津冀一体化和环渤海经济圈中具有重要地位。102国道穿腹而过，京秦、大秦两条电气化铁路横贯东西，西北直通首都机场，东南连接天津、京唐两大港口，形成了陆海空立体交通网络。该市经济实力连续12年居廊坊市首位，连续7

五星级涉外大酒店——燕苑国际度假村

体育馆

三河北城新貌

花卉大棚

燕郊全景

——三河市

届进入“河北十强”，2000——2004年连续5年进入全国最发达县市。先后被国家和省命名为“全国科技百强县（市）”、“全国文化工作先进市”、“全国教育改革先进市”、“省级卫生城市”和“省级文明城市”。

在推动发展的过程中，三河市始终按照“全党抓经济、重点抓工业、集中精力上项目”的总体要求，紧紧围绕“工业立市、项目兴市、和谐稳定、富民强市”的工作思路，突出“率先发展、更快发展、更好发展”的主题，通过全市上下共同努力，促进了经济的持续、快速、健康发展。2005年，地区生产总值完成136.2亿元，同比增长11%；财政收入完成12.27亿元，同比增长22.6%；全社会固定资产投资完成65.9亿元，同比增长3[illegible].4%；规模以上工业实现增加值35.5亿元，同比增长39.[illegible]%；城镇居民人均可支配收入达到1.1万元，同比增长8.9%；农民人均纯收入达到5364元，同比增长6.3%。

市长　张金波

华北科技学院

汉王制造有限公司

富士星光有限公司

华堂国际高尔夫球场

快速发展

霸州，一个历史悠久、区位优越、发展迅速的县级市。全市幅员面积784平方公里，辖7镇（霸州镇、胜芳镇、信安镇、煎茶铺镇、南孟镇、堂二里镇、扬芬港镇）、5乡（岔河集乡、康仙庄乡、东杨庄乡、东段乡、王庄子乡）、一区（省级经济技术开发区）和两个办事处（城区办事处、辛章办事处），383个行政村（街），总人口56万人。

市委书记　辛绍杰

霸州区位交通优越。地处冀中平原东部，位于京、津、保三角地带中心，属环京津、环渤海城市群，北距首都北京80公里。京九铁路与津霸联络线、保津高速公路与即将开工的京开高速公路及106国道与112国道贯境而过，在市区形成了“三黄金”十字交叉。京九铁路京南第一大站霸州站，为国家二级站，座落在霸州市开发区。市内设地方铁路专用线及货场，货物可直抵香港。保津高速公路从西向东贯穿全市，并于霸州镇、胜芳镇和扬芬港镇各设有出口。由霸州驱车至首都机场仅需1个小时，至天津机场仅需50分钟，便捷的交通网络使霸州成为华北地区重要的交通枢纽。

霸州的发展，经历了几个极其重要的阶段。上世纪八十年代初，霸州在贯彻执行农村联产承包政策的同时，大力发展乡、村集体企业，乡镇企业异军突起，从而带来了全市经济的第一次腾飞。河北省第一个亿

霸州宏升轧钢有限公司

省长季允石视查梅花味精有限公司

茗汤温泉乐园

商业步行街

的霸州市

市长 杨 杰

元镇（胜芳镇）、亿元村（东升街）都诞生在霸州。1993年、1994年霸州市连续两年成为河北省十强县（市），1995年成为首批小康县市，同年跨入全国名星县（市）行列。党的十五大以后，霸州市委、市政府审时度势，果断调整思路，采取得力措施，明确1998年为解放思想年、1999年为个体私营经济发展年，大力推进现代企业经营管理机制，既激活了原有乡镇集体企业的资源，又推动了非公有制经济的快速发展，完成了经济平台由乡镇集体企业向个体私营企业的过渡。特别是近几年，霸州市委、市政府认真落实科学发展观，在客观审视自身发展的基础上，确立了“寄希望于民营，寄希望于开放，寄希望于环境，寄希望于创新”的经济发展思路，大力实施“项目带动”战略，积极开展对外招商，相继引进新上了前进钢铁有限公司、河北梅花味精有限公司、华农饲料蛋白有限公司、茗汤温泉乐园等一批超亿元的大项目。2005年，地区生产总值完成113亿元，同比增长13.5%；财政收入完成7.52亿元，同比增长38.2%；城镇居民人均可支配收入达到1.08万元，农民人均纯收入达到4806元，同比分别增长10.5%和9%。各项经济指标均完成或超额完成廊坊市下达的目标任务，为该市有史以来经济总量增长最快的一年。

隆泰商住小区一角

市文化活动中心

市益津路一角

市行政中心夜景

霸州

霸州开发区于1992年经省科委批准为省级高新技术产业园区，1996年又被省政府批准为省级经济技开发区，总规划面积8.6平方公里。该开发区地处京、津、保金三角的中心，北距首都北京76公里，东临天津70公里，西至古城保定65公里。106国道和112国道贯穿区内，津保高速公路和京开高速沿区而过，京九铁路和津霸铁路在区内呈“十字”相接，并设有地方铁路及货场，货物可从厂区直抵香港，区位优越，交通便捷。

建区以来，该开发区依照“全面规划，分步实施，滚动发展”的开发思路，园区功能日趋完善，投资环境明显改善，项目建设和社会事业都取得了快速发展。全区基础设施累计投入3.5亿元，水、电、路、气（天然气）、讯、有线电视等均已畅通，硬件设施达到“八通一平”标准。区内教育、医疗、旅游、休闲娱乐设施完善，广场、路边、厂前的园林式绿化、美化，在为区内企业创造良好生产环境的同时，也为区内居民提供了舒适、优美的生活空间。

该开发区对进区企业实行封闭式管理，对工商、税收、土地、城建、财政、文化娱乐、劳动人事、各项收费、供水等各项内容均做出具体规定，切实保障了进区企业的合法权益。开发区管委会设置了“五局一室”和“投资服务中心”、“劳动力就业中心”管理服务体系，对进区企业实行“全程一站式”管理与服务。区内问题当天解决，区外需协调有关部门的问题不超过三天解决，

霸州市副市长、开发区管委会主任　李暗柳

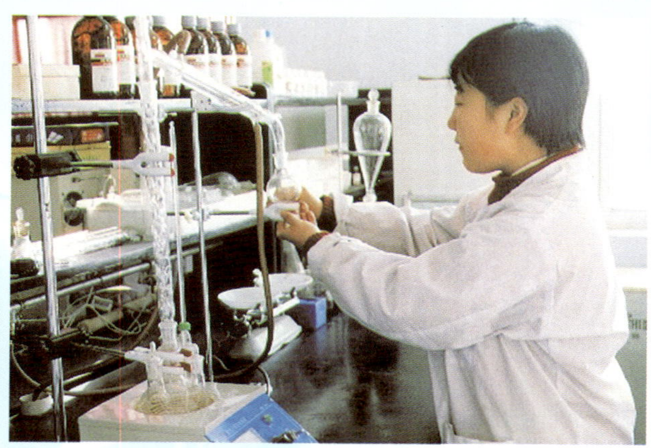
天大天久公司实验室

总投资3亿元的河北白菊电器集团有限公司

总投资6.5亿元人民币的霸州龙源化纤有限公司一期工程即将竣工

企业营业执照等开办手续可在一周内办结。劳动力就业培训中心集职业介绍、技能培训和人才引进为一体，为入区企业提供全方位的人才服务。该开发区进区企业已达到245家，计划投资总额75.42亿元，其中外资企业35家，涉及美国、加拿大、新加坡、韩国及港澳台等十几个国家和地区。

常务副省长郭庚茂视察开发区展区

霸州茗汤水疗养生有限公司内景

马克尼电子有限公司

河北恒源集团

华洋线缆有限公司

霸州华农饲料蛋白有限公司

霸州长城医疗设备有限公司

廊　坊　市

区委书记　王金忠

安次区是廊坊市两个县级行政区之一，位于京津走廊之间，幅员面积594.9平方公里，下辖8个乡镇（4乡、4镇）、2个街道办事处，284个行政村，全区总人口35.2万人。安次区南北狭长，有落垡、码头、葛渔城、东沽港四个乡镇与天津接壤。京山铁路横贯全区，京九铁路和津保高速公路穿过辖区南端。境内有104、112和廊泊路、廊霸路等主要国、省交通干道。区内自然资源丰富，石油、天然气等矿藏储量较大，主要分布在杨税务、仇庄一带，已打油井近百眼。全区现有林地面积40.1万亩，森林覆盖率达到45%，已连续两年被评为"全国防沙治沙先进示范区"。

2005年，安次区委、区政府认真落实廊坊市委、市政府"全党抓经济、重点抓工业、集中精力上项目"的要求，全力实施"工业强区、项目壮区、环境兴区"战略，努力构筑"一城两园一带三基地"经济发展新格局。全区改革开放

省委宣传部长赵勇到龙河工业园视察

青岛啤酒廊坊公司生产线

廊坊市日升文体乐器有限公司

安次区

实现较大突破，经济建设迈上新的台阶，各项社会事业取得长足进步，保持了全区经济和社会事业协调健康快速发展。2005年，地区生产总值完成27.4亿元，同比增长13%；财政收入完成17981万元，同比增长25.5%，占GDP比重达到6.7%；全社会固定资产投资完成17.5亿元，同比增长25%，其中城镇固定资产投资完成7.08亿元，同比增长48.6%；规模以上工业增加值完成[illegible]24万元，同比增长18.1%，利润实现5570万元，同比增长94.2%。

区长　王永威

扁鹊故里

市委书记　姜东胜

省委书记白克明视察任丘市文明生态村建设

新建的220kV变电站

任丘市位于河北省中部，是战国时期神医扁鹊的故里。总面积1023平方公里，耕地面积6.2万公顷，总人口77万余人。2005年，全市生产总值完成301.4亿元，同比增长20.2%；全部财政收入完成26亿元，其中地方级收入完成7亿元，同比分别增长24%和17%；社会消费品零售总额完成46.5亿元，增长16%；城镇居民人均可支配收入1万余元，增长8.3%；农民人均纯收入4303元，增长8.1%；全社会固定资产投资完成41.2亿元，同比增长36.9%。

该市始终把项目建设作为经济工作的重中之重，多方争取、积极运作，谋划了总投资180多亿元的大乙烯、总投资50亿元的1000万吨炼油扩建等一批大项目。2005年，全市共启动投资100万元以上的项目859个，总投资达85.6亿元。其中1000万元以上的项目139个，亿元以上项目18个，是近年来投资规模最大、工业项目最多的一年。全市实际利用外资1035万美元，引进内资6.6亿元，同比增长22.2%，完成出口创汇4401万美元，同比增长123.6%。投资10亿元以上，新上了城市道路建设、天然气入户、新高中等一批基础设施项目。完成了老津保路改造、京开中道改造和会战南

中国石油华北石化分公司

年产20万辆三轮摩托车的力帆摩托车生产基地

——任丘市

道整修改造工程，形成了“七纵七横”的市区路网格局。城市建成区面积达到40平方公里，城镇化率达到48%，位于全省各县市首位。石油矿山地质公园顺利通过了国家审批。启动社会资金3.5亿元，重点抓了红盾住宅小区、众凯嘉园、燕春楼商贸中心等一批商饮住宅项目，有效提升了城市载体功能。

市长　宋有洪

设施完备、环境优美的居民住宅小区

繁华的市区

河北省首批省级经济技术开发区——任丘开发区

河北省第一家民营四星级酒店——新世纪国际酒店

中国铸造名

市委书记　张兴华

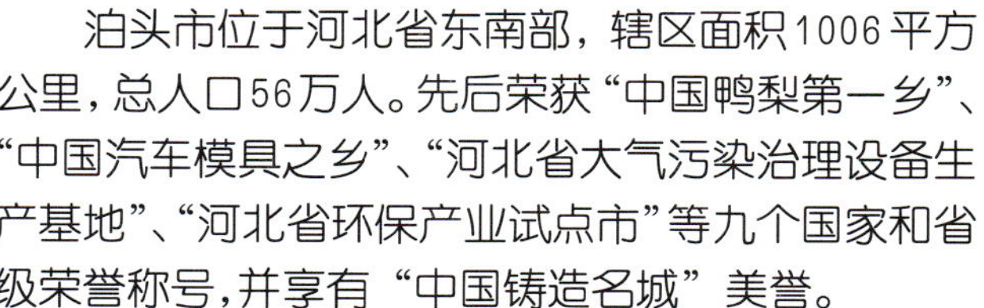

泊头市位于河北省东南部，辖区面积1006平方公里，总人口56万人。先后荣获“中国鸭梨第一乡”、“中国汽车模具之乡”、“河北省大气污染治理设备生产基地”、“河北省环保产业试点市”等九个国家和省级荣誉称号，并享有“中国铸造名城”美誉。

2005年，该市坚持“特色立市、开放活市、人才强市、实干兴市”，努力在观念更新、对外开放、项目建设、民营经济、城市建设、优化环境、企业改革、社会稳定等方面实现新突破，经济和社会各项事业实现了快速、健康发展。全市生产总值完成79.9亿元，同比增长16.3%；财政收入完成3.2亿元，同比增长16.4%；入统工业增加值完成10.3亿元，同比增长53.6%；实现利税4.3亿元，同比增长40.1%；城镇居民可支配收入达到7938元，同比增长14.1%；农民人均纯收入达到3763元，同比增长11.6%。据第五届中国县域经济基本竞争力评价显示，该市在全国2005个县（市、旗）中名列第374位，比上年跃升136位，竞争力等级由C级上升为B级。省长季允石就泊头县域经济发展做出批示：“泊头发展县域经济的做法和经验在黑龙港流域具有典型意义，应予以认真总结、推广”。

2005年4月14日，省委书记白克明到泊头市工业区考察调研

民营企业、汽车模具制造业规模最大的河北兴林车身制造集团有限公司的数控加工设备车间

泊头市东方果品有限公司万亩精品示范园

华北地区最大的日用玻璃制品生产企业泊头市玉晶玻璃制品有限公司生产线

河北天纶纺织股份有限公司鸟瞰图

城——泊头市

该市特色产业发展迅猛。全市铸造机械、环保设备、汽车模具三大产业企业发展到900家，年销售收入53亿元，同比增长32.5%。其中汽车模具产业年销售收入6亿元，同比增长50%，占全国同行业的16%。铸件及汽车模具产业被列入河北省装备制造业“十一五”专项发展规划，兴林集团、京泊公司被评为“2005年全国汽车零部件最具成长性企业100强”。除尘设备安装制造公司等6家企业成为河北省环保产业十强企业，2家企业成为全国百强环保企业。2005年，该市林果业再上新台阶，泊头鸭梨继打入美国沃尔玛超市后，又成功打入法国家乐福超市。“泊头鸭梨”被评为河北省名牌产品，年出口量7万吨，占河北省出口总量三分之二。

市长　回宝柱

2005年11月7日，中央巡视组到泊头市工业区考察调研

河北省流量仪表检测站、流量仪表产量占全国60%以上份额的河北宏业机械股份有限公司车间

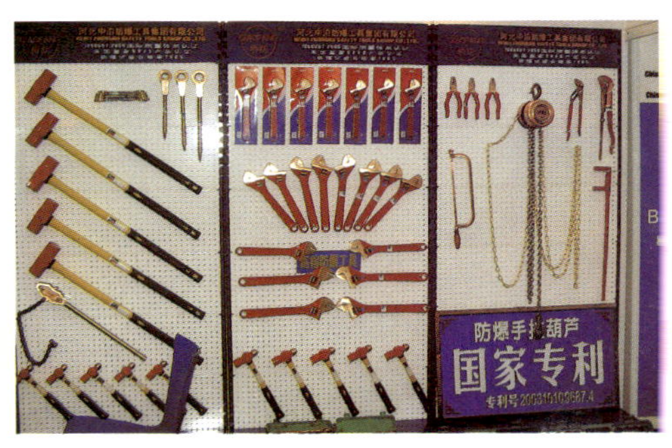

国内规模最大的防爆工具专业制造企业河北中泊防爆工具有限公司的部分产品（含国家专利产品）

泊头市新科环保有限公司为荣钢集团设计、制作、安装的高炉煤气除尘系统

全国食品行业质量效益型先进企业河北三井酿酒有限责任公司

沧州市

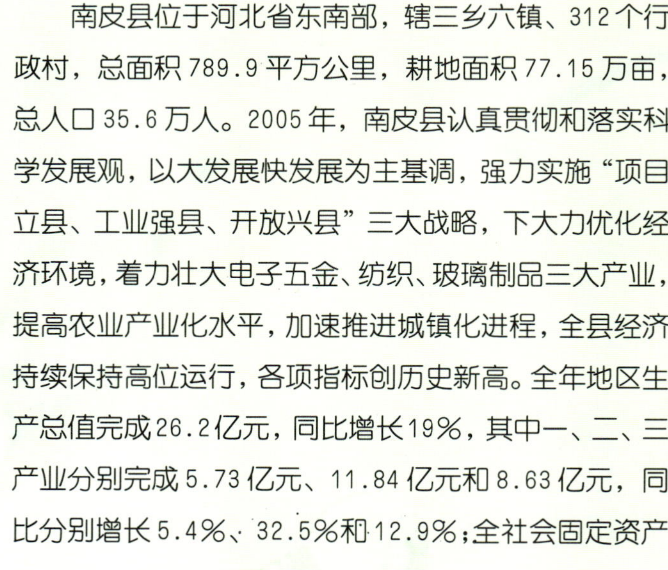

南皮县位于河北省东南部，辖三乡六镇、312个行政村，总面积789.9平方公里，耕地面积77.15万亩，总人口35.6万人。2005年，南皮县认真贯彻和落实科学发展观，以大发展快发展为主基调，强力实施“项目立县、工业强县、开放兴县”三大战略，下大力优化经济环境，着力壮大电子五金、纺织、玻璃制品三大产业，提高农业产业化水平，加速推进城镇化进程，全县经济持续保持高位运行，各项指标创历史新高。全年地区生产总值完成26.2亿元，同比增长19%，其中一、二、三产业分别完成5.73亿元、11.84亿元和8.63亿元，同比分别增长5.4%、32.5%和12.9%；全社会固定资产

县委书记　许芳林

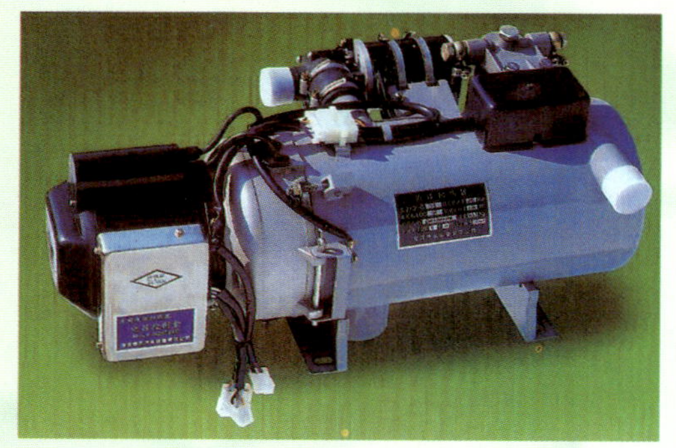

液体加热器

苜蓿基地

除霜器

华远纺织

南皮县

投资完成11.1亿元，同比增长35%；财政收入完成2亿元，同比增长21%；乡镇企业完成总产值75.51亿元，实现利润6.72亿元，同比分别增长28.7%和23.5%；入统企业完成工业增加值2[illegible]39亿元，实现利税7825万元，同比分别增长43[illegible]4%和[illegible]4.7%；社会消费品零售总额完成6.28亿元，同比增长[illegible]6%；城镇居民人均可支配收入7500元，农民人均纯收入2754元，同比分别增长9%和8%。

县长　贝军

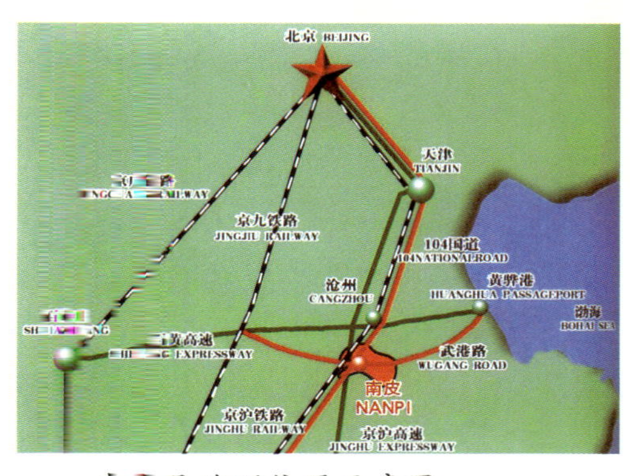

南皮县地理位置示意图

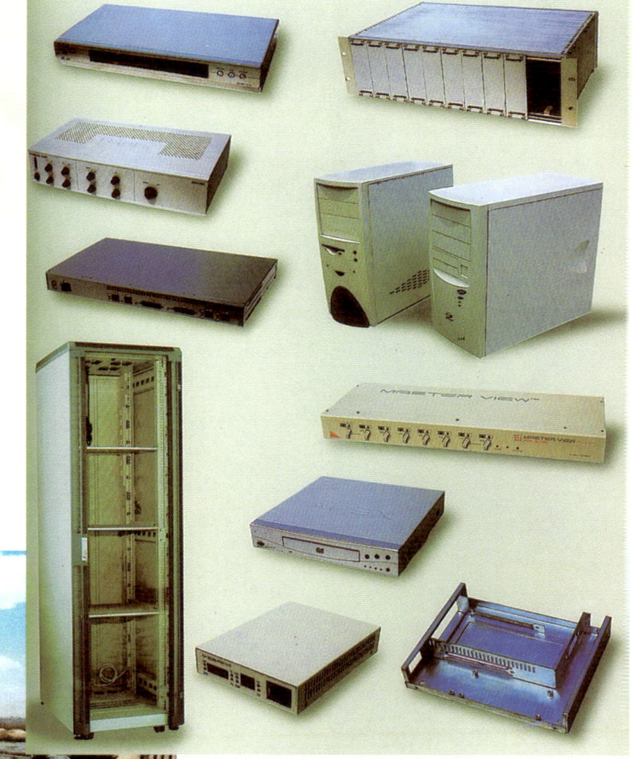
机箱机壳

设施蔬菜基地

出口高档玻璃器皿

中国丝网之

副省长才利民在第四届中国（安平）国际丝网博览会上讲话

安平县隶属衡水市，辖3镇5乡，230个行政村，全县总面积495.4平方公里，人口32万人。该县位于华北平原中部，地处北京、天津、石家庄三角中心，既属环渤海、环京津开放开发地带，又在京九铁路大动脉沿线。北距首都北京市250公里，西距省会石家庄市91公里，南距石黄高速公路25公里，东距京九铁路10公里。是国家命名和中外闻名的“中国丝网之乡”、“中国丝网产业基地”和国家“生猪活体储备基地。”

安平的丝网业始于绢罗加工，起源于明朝弘治元年（公元1488年），迄今已有500多年的历史。经过多年的发展，丝网业在安平已经焕发出巨大的生机和活力，成为国家“九五”星火区域性支柱产业和省级龙型经济。安平丝网规模庞大，丝网生产遍及全县所有乡村。从业人员达12万多人，年拔丝能力100多万吨，织网能力2亿平方米，2004年实现销售额68亿元。安平的丝网产品已经发展到8大系列、600多个品种、6000多种规格，广泛用于石油、化工、建筑、汽车制造、造纸、医药、养殖等工农业生产及航空、航天、国防等高精尖领域。安平的丝网产量、销量和出口量均占全国的80%以上，有“世界丝网看中国、中国丝网在安平”之称。

安平人民热情好客，文明向上，诚实可信，投资环境良好，是河北省对外开放的先进典型，安平县历史悠久，人才辈出，文化底蕴深厚。全国第一个农村共产党支部、中共河北省第一个县

省政协主席赵金铎视察安平区域特色产业

河北鹤煌网业股份有限公司是生产聚脂网系列产品的中型高新技术企业，拥有国际先进水平的生产设备，年生产能力25万平方米。生产的“鹤煌”牌系列产品，屡次荣获“全国星火计划优秀奖”、“全国名优特新产品最佳奖”

河北捷通网业有限公司系美国ATS公司在安平建设的独资企业，产品全部出口，现已成为亚洲最大的工业用金属网生产企业

河北安平县印刷网业有限公司引进一批瑞士、德国片梭织机、智能型电子分条整径机等先进设备和技术，生产高精度涤纶、锦纶印刷网，产品供不应求。现已成为安平丝网的龙头企业之一，其经济效益在全国同行业中名列前茅。

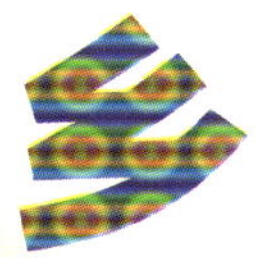 ——  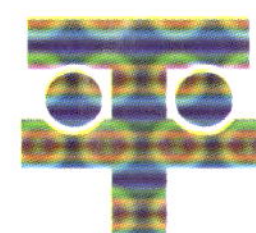 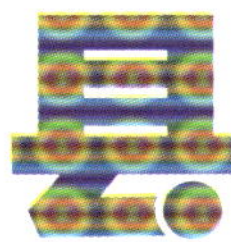

委在安平成立。上世纪五十年代王玉坤带领三户贫农办社被毛泽东主席誉为“全国五亿农民的方向”。安平籍的当代文学大师孙犁及其创立的荷花淀派在中外文坛享有盛誉。安平县基础设施完善。电信事业发展迅速，程控交换机总容量6500门，电话普及率18.4部／百人，移动电话用户达6.7万户。电力供应充足，2004年售电量5亿多千瓦时，居衡水市第一。

省人大副主任刘作田、何少存到安平县视察工作

中国（安平）国际丝网博览会于每年十月举办，参会客商万余名，其中外商300余名，涉及30多个国家和地区。贸易及项目洽谈十分活跃，在国内外产生了巨大影响，为安平丝网产业发展注入了强大的生机和活力

衡水市委书记李俊渠视察安平丝网企业

安平县城区面积13平方公里，功能齐全，环境优美，连续12年荣获河北省城市容貌“燕赵杯”综合评比第一名。图为安平县城中心路一角

衡水市市长冀纯堂到安平县进行调研

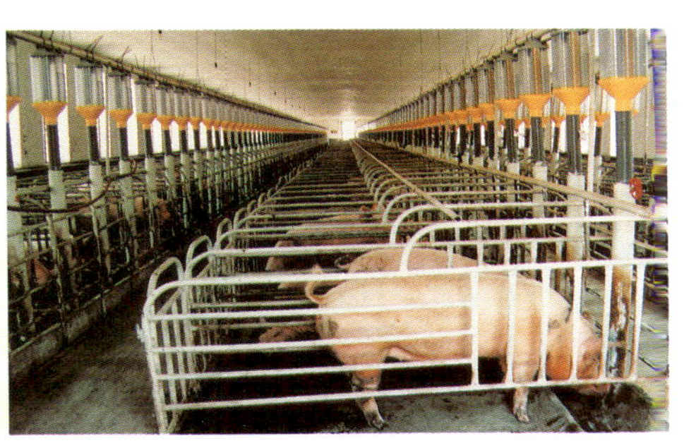

河北裕丰实业股份有限公司京安分公司与比利时斯格遗传技术公司合资组建了河北斯格种猪有限公司，建成世界第七、亚洲唯一的斯格配套系种猪场。斯格种猪是目前世界上最先进的瘦肉型猪品种之一。图为斯格种猪猪舍

木板年画之

县委书记　赵维东

武强县辖2镇4乡，238个行政村，面积445平方公里，耕地49.4万亩，人口20.91万人，是文化部命名的"木版年画艺术之乡"。由于地处滹滏区间，地势低洼，历史上水旱灾害频发，1986年和1992年两次被国务院确定为国家级贫困县，2001年被确定为全国扶贫开发工作重点县。2005年，该县完成生产总值22.03亿元，同比增长9.8%；全部财政收入完成8138万元，同比增长18.34%；全社会固定资产投资完成10.9亿元，同比增长29.5%；社会消费品零售总额实现5.73亿元，同比增长16.9%；城镇居民人均可支配收入达到5869元，农民人均纯收入达到2684元，同比分别增长9.33%和4%。

省委书记白克明视察武强年画博物馆

武强县始终把项目建设作为推动全县经济发展的总抓手，着力开展了"项目建设年"活动并取得了明显成效。2005年，全县共谋划投资500万元以上新建续建项目99个，总投资20.5亿元，有21个项目竣工投产。按着"率先发展两大支柱产业，稳步膨胀两大优势行业，整合凝聚四大传统行业"的发展思路，县乡工业提速发展。2005年，化工、线缆两大支柱产业注册企业达到48家，从业人员3000人，行业年产值15亿元，主要经济指标增幅超过30%。乐器、玻璃纤维

河北省扶贫开发整村推进培训班在武强举行

武强县东北助剂化工有限公司

武强年画邮票－四季平安

武强年画邮票－五福临门

乡——武强县

两大优势行业和食品、变压器配件、碳棒、农机配件四大传统行业注册企业超过200家，仅玻璃纤维行业就新增21家。骨干企业的规模进一步扩张，规模以上工业企业完成增加值[illegible]亿元，实现利税8805万元，同比分别增长8.2%和3.6%。立车集团荧光粉产销量位居全国同行业第一；北方线缆集团工业经济综合效益指数在全国机械工业系统前100家企业中列第30位，在全国电工电器行业中列第10位，在河北省列第一位；金音乐器制造有限公司的乐器产品及其“JY”商标分别荣获省名牌产品和省著名商标称号，西管乐器产量跃居世界第四、全国第一；津武玻璃纤维公司生产的玻璃纤维平织窗纱产量位居全国第二，全省第一。

县长　王世昆

县城110kv变电站

季允石省长视察金音乐器公司

武强年画邮票—狮子滚绣球

武强年画邮票—富贵花开

无公害黄瓜

武强县北方线缆有限公司生产车间

对外开放先进县——枣强县

县委书记　张有如

县长　邢少英

省委书记白克明到枣强视察

玻璃钢产品

枣强位于河北省东南部，京九铁路穿境而过，县域面积892平方公里，辖六镇五乡553个行政村，总人口37.8万，其中农业人口26.8万。近年来，枣强县委、县政府紧紧抓住发展这个执政兴县这个第一要务，认真贯彻“三个代表”重要思想，把特色兴县作为提升县域经济竞争力的战略举措，牢牢把握抓住机遇、加快发展这个主基调，开拓创新，扎实苦干，全县经济社会发展实现了新跨越。2005年，全县完成生产总值51.6亿元，全社会固定资产投资29.9亿元，财政收入实现3.3亿元，分别比上年增长11.5%、43%和88.8%，农民人均纯收入达到3951元。一举荣获衡水市“工业发展先进县”、“重点建设先进县”、“财政增收先进县”、“对外开放先进县”等荣誉称号，综合实力进入衡水市先进行列。

燃器调压器

苹果

裘皮服装

中国裘皮之都——肃宁县

肃宁县隶属沧州市，位于环京津、环渤海经济区。总面积525平方公里，总人口33万人，全县辖6镇3乡，253个行政村，耕地面积56万亩。该县过去以农业生产为主，工业基础薄弱，是省级贫困县，2002年县域经济综合实力居全省第86位。近年来，该县确立并坚持了围绕“一个重心（项目建设），实施三项突破（特色产业、对外开放、优化环境）”的经济工作思路，开拓进取，顽强拼搏，促进了县域经济的快速健康发展。2005年，全县地区生产总值完成51.7亿元，同比增长20.5%；财政收入完成2.9亿元，同比增长45%；出口创汇1.83亿美元，实际利用外资3708万美元，双列沧州市第一位。2004年县域经济综合实力跃居全省第40位，2005年第五届全国县域经济基本竞争力评价表明，该县已成为全国县域经济基本竞争力提升速度最快的百强县市之一。

近年来，肃宁先后被国家标准委确定为“国家级标准化特种动物养殖示范区”，被中国皮革协会命名为“中国裘皮基地”，被省政府认定为“省级裘皮服装加工出口基地”。尚村皮毛市场被认定为“省级示范市场”，并成为全国最大的土畜产品市场之一。2005年10月18日，肃宁又被中国轻工业联合会、中国皮革协会命名为“中国裘皮之都”。肃宁已成为全国重要的毛皮动物养殖基地、裘皮产品加工出口基地和最大的裘皮服装原料交易集散中心，并辐射带动了周边地区皮毛产业的发展壮大，逐渐形成了以尚村镇为中心的冀中裘皮经济圈。

省长季允石（左一）视察肃宁皮毛企业

副省长才利民（左一）、中国轻工业联合会副会长张善梅（右一）视察肃宁皮毛企业

2005年10月18日肃宁被命名为“中国裘皮之都”

沧州市委书记郭华（中）在肃宁县委书记刘金辉（左）、县长张金俊（右）陪同下视察裘都商城建设情况

尚村皮毛交易市场

九河腹地

县委书记　张华波

宁晋县位于河北省中南部，隶属邢台市，辖10镇1区4乡346个行政村，总面积1029平方公里，耕地面积98.7万亩，总人口70万人。2005年被河北省确定为扩权县。宁晋历史悠久，《尚书·尧典》称杨纡，汉置瘿陶郡，天宝元年改瘿陶为宁晋，寓“安宁晋福”之意。该县区位优越，交通便利，距省会石家庄60公里，距北京、天津均在单日往返里程之内。青银高速公路和308国道穿境而过，西距京广铁路、107国道、京深高速公路25公里。

季允石省长与晶龙集团探讨企业发展问题

近年来，该县先后实施了“东城西区”发展战略、“项目建设年、城市建设年、环境建设年”活动、“招商引资年”活动，倾全县之力上经济，搞建设，全县经济呈现出快速发展态势。2005年，完成地区生产总值75亿元，同比增长22.95%；财政收入4.02亿元，同比增长33.7%。 农业经济稳步发展。年产粮食58.9万吨，是全国粮食生产先进县、全国首批优质小麦生产基

邢台三鹿集团

县长张栋华陪同常务副省长郭庚茂视察单晶硅企业

宁纺集团

永进电缆集团

—— 宁 晋 县

地县。先后被命名为"中国鸭梨之乡"、"全国梨产业十强县"、"省无公害果品生产基地县"。工业经济势头强劲。民营经济总量占全县GDP的比重达70%以上，拥有年产值超1000万元的企业[illegible]家、超5000万元的企业33家、超亿元的企业[illegible]3家，形成了"单晶硅、纺织服装、电线电缆、农机配件"四个特色产业。内外开放成效显著。累计利用外资[illegible]万美元，引进内资30亿元，注册三资企业达35家。基础设施日臻完善。县城规划面积37平方公里，建成区面积15平方公里，城市化率35%。连续获得省"城市环境综合整治优胜县"、"河北省环境优美县城"和国家"城市环境综合整治优胜县"等荣誉称号。

面对新的发展机遇，宁晋将坚持"工业立县、市场活县、特色兴县"战略，进一步加快发展速度。争取到2010年实现地区生产总值200亿元以上，财政收入10亿元以上；力争早日建成集工业、商贸、生态为一体的30万人口中等城市，打造石家庄周边有影响的卫星城。

县长　张栋华

宁晋单晶硅基地——松宫公司拉晶车间及单晶硅产品

国宾食用菌公司车间

城区一角

健民淀粉公司全景

太 行 明 珠

市委书记　王俊祥

武安位于河北省南部，太行山东麓，晋冀豫三省交界地带。总面积1806平方公里，辖22个乡镇、502个行政村，人口72万人。武安历史悠久。距今7500年的磁山文化发源于此，有古代冶炼文化、戏剧文化和近代革命红色文化等文化遗存；交通便利。自古为西通三晋，东入平原的交通要塞，距京广铁路、京深高速29公里，309国道、邢都公路和邯长铁路贯穿全境，公路密度达每百平方公里72.38公里；资源丰富。煤、铁矿石储量达23亿吨、5.62亿吨，是全国重点产煤县和四大富铁矿基地之一，另有丰富的石灰石、石英砂等20余种矿产资源。此外，境内太行胜景奇峻，人文古迹众多，旅游资源极为丰富；是著名的地方戏曲之乡、古代冶炼之乡、中国小米之乡，素有“冀南宝地、太行明珠”之称。

经过多年发展，该市逐步形成了“以钢铁工业为支撑，建材、

省委常委、宣传部长张群生到武安视察

武安一中新校区鸟瞰图

武安新金钢铁公司高速线材生产线

京娘湖水利风景区2005年被评为国家级水利风景区

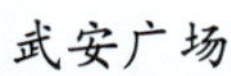

武安广场

——武安市

焦化、瘦肉型猪、林果、小米、旅游等多业竞相发展”的经济格局。近年来，武安立足自身优势，大力实施比较优势战略，准确把握宏观经济形势，科学引导，积极作为，实现了经济社会的跨越式发展。2004年，武安由全省6强跃升至第3强，并首次跻身全国“百强”县（市）。2005年，全市生产总值完成235亿元，同比增长22%；人均GDP超3万元，同比增长21.8%。企业产品、组织结构调整步伐加快，经济运行的稳定性不断提高，在钢铁市场波动的形势下，规模以上工业完成增加值80亿元，同比增长90%；实现利税23.6亿元，同比增长75%；财政总收入突破30亿元大关，同比增长37.4%，其中县级财政收入9.3亿元，增长34.4%。城市建设连年荣获“河北省园林城市”、“河北省人居环境范例奖”。

市长　孟广军

2005年度农田水利基本建设“海河杯”竞赛

一等奖

河北省人民政府

二OO五年十月

朝阳湖风景区

武安五洲煤化公司

武安中光路

武安市西岭湖北园

中国小磨香油

县委书记　贾红军

省委书记白克明来大名视察

邯郸市委书记聂晨席来大名视察

庆贺五得利面粉集团荣获“国家重点龙头企业”称号

近年来，大名县牢牢抓住项目建设不松手，全力推进经济建设，取得明显成效。基本实现了三年大变样的目标，在大名经济发展历程中写下了“浓墨重彩”的一笔，全县发生了有目共睹的深刻变化。

城市建设。在财政状况异常拮据的情况下，千方百计筹集上亿元资金，构建出了“6横9纵”、面积30平方公里、容纳30万人的中等城市新框，进行了高标准绿化亮化，县城面貌焕然一新；大手笔规划的占地15平方公里的工业园区，在东部十县中首屈一指，被列入邯郸市“四大”纲要。8平方公里的起步区实现“六通一平”，得利城、美佳食品、名福植物油、班顿服饰、华正塑编等大型生产性项目风起云涌，部分项目竣工投产，为多年沉寂的大名经济投下一粒重石。

特色产业。坚持县域经济特色化，特色经济规模化，构建出了振兴大名经济发展的三条龙型经济格局。面粉产业，建成加工企业43家，日加工小麦能力达5600吨，居全国第一；花生产业，种植面积50万亩，总产12万吨，面积和总产均居河北第一；小磨香油产业，有36个小磨香油专业村，1.1万多个专业户，从业人员4万余人。大名上万座小磨香油坊遍布全

宽敞的街道

面粉延伸产业龙头企业——河北美佳食品公司

任丘市安全生产监督管理局

团结协作的领导班子

任丘市安全生产监督管理局是综合管理全市安全生产工作、履行安全生产监管职能的行政机构，与市安全生产委员会办公室合署办公，内设综合科、监管科、协调科、政策法规科和安全生产监察执法大队，肩负着全市1万多家生产经营企业安全生产综合监管的重任。该局自2004年4月组建以来，以构建“和谐任丘，平安任丘”为己任，紧紧围绕服务经济建设这个中心，开拓创新，从建机制，强意识、夯基础、抓落实入手，认真履行安全生产综合协调和安全生产执法监察职能。全面推行安全生产管理规范化建设，积极探索建立安全生产长效机制的有效方法和措施，切实加强基层基础工作和对重大危险源的监管，精心组织开展专项治理和重大隐患的排查整治，有效地预防了各类重特大事故的发生，取得了自安监局成立以来无重特大生产安全事故、一般性事故连年下降的佳绩，确保了全市安全生产形势的持续稳定。任丘市的安全生产工作连续两年在沧州市综合考核中名列第一，受到沧州市政府的表彰奖励。市安监局2004年、2005年连续被市委、市政府评为综合工作先进单位、社会治安综合治理先进单位。

安全检查

安全检查

南皮县

党组书记、局长　刘金亮

局党组研究布署工作

聘请民主评议行风监督员

办公大楼

邀请老干部视察迎宾交通家园工程

交 通 局

举办“阳光投诉”活动

交通部副部长黄耀东（左一）在省交通厅副厅长杨国华（右二）陪同下来南皮县视察工作，左二为沧州市交通局长许洪泉，右一为南皮县县长贝军，中间为南皮县交通局长刘金亮

民兵应急分队训练

先进性教育

省道沧宁段施工

刘金亮局长参加水毁工程抢险

唐山市汉沽管理区教育局

汉沽管理区前身是河北省汉沽农场，1952 年随着农场的建立，教育也应运而生。目前全区共有各级各类学校14所，其中初中2所，小学10所，中心幼儿园1所，农广校1所，共有在校学生4728人，专任教师448人。

创办品牌学校，培育一流学生的唐山市汉沽管理区第一中学校长　杜凤岭

1995年以来，全区累计投资1.2亿元用于改善办学条件，其中新建教学楼5幢，建筑面积2.46万平方米，新建平房1.28万平方米。先后购置微机305台，电视机118台，录音机400台，建成校园网2个，远程教育网10个，语音室10个，多功能教室5个。全区中小学都配备了计算机教室和校长办公系统，教育局建立了信息中心，实现了“校校通工程”，该区的办学条件发生了根本变化。

素质教育示范学校——汉沽管理区第一小学校长　霍玉峰

该局始终把教师队伍建设作为一项长期的战略任务来抓，先后狠抓了师德教育，教师学历培训，校长培训，骨干教师培训，紧缺教师和新教师的培训等，使教师队伍的政治素质和业务素质有了明显的提高，先后涌现出了崔素兰等3名国家级优秀教师和班主任，涌现了潘俊丽等16名省级先进教育工作者，优秀教师，模范班主任，涌现出了郝广等35名市级模范教师。全区专任教师学历达标率小学为100%，其中大专以上学历的教师占51%；初中教师学历达标率为99.3%，其中本科以上学历的教师占39.2%。中小学校长全部培训合格，持证上岗。全区中小学50岁以上教师全部通过市普通话、信息技术考核，成绩合格。

2003年投入新课程实验，积极推进课改稳步发展。区第一小学被市命名为“素质教育示范校”、“科技教育示范校”，第一中学被命名为国家JIP实验校，第二中学被省教育厅命名为“创新教育省级实验校”，一批又一批教学科研论文在国家、省、市获奖。经过十年的发展，使一个布局分散、条件落后的农场教育发展成一个初具规模的汉沽管理区教育。1995年、1998年、2001、2004年先后通过省“普九”验收、复查。并两次获省“普九”先进单位称号。多次受到市局的表彰，荣获市信息技术先进单位，市思想政治工作优秀单位、市先进教育局等称号。

特级教师崔素兰在授课

奋进中的顺平县高于铺村

村委会主任　田老黑

顺平县高于铺村位于保定市西南24公里处，京广铁路、107国道南北贯穿，距京深高速8公里，交通十分便利。近年来，高于铺村以发展经济，提高村民生活水平，改造优化环境为宗旨，充分利用辖区优越的地理位置及方便的原料来源，积极发展塑料工业，使全村经济上了一个大台阶，年成交金额超亿元。农民生活富裕，提前进入了小康。

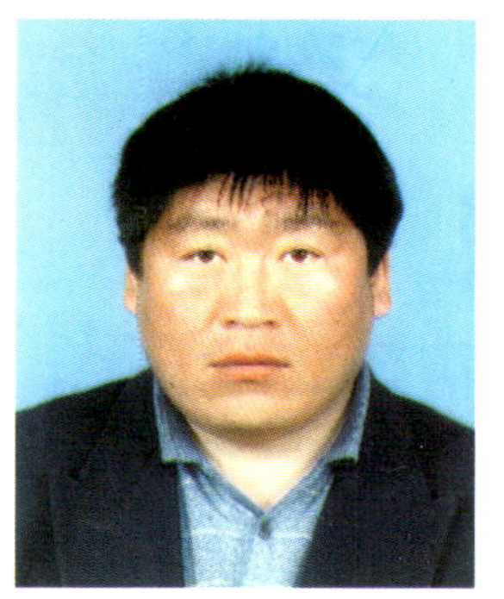

村委会副主任　张占庆

河北第一村——半壁店村

半壁店村隶属于唐山市开平区开平镇，辖区范围1.34平方公里，现有耕地500亩，人口1450人。西距市中心不足5公里，东与开平新城相连，京沈、唐津、唐港三条高速公路在此交汇，2005国道、京哈铁路从村南通过，是一个典型的城乡结合部。

从上世纪七十年代初，特别是党的十一届三中全会以来，半壁店人抢抓改革开放机遇，巧借地缘人缘的优势，坚持共同富裕的宗旨，摆脱小农意识的桎梏，闯出了一条农村工业化之路。使这个远近闻名的贫困村，一跃成为全省的首富村。1993年，被省委、省政府命名为“河北第一村”，现已成为一个年产铁、钢、材各200万吨的钢铁企业集团。2004年，全村工农业总产值35亿元，利税2亿元，人均收入1.5万元，连续12年高居全省农村之首。

经济的发展，使半壁店人的生活上了新的台阶。如今的半壁店村，水、电、暖、燃气、宽带网、有线电视设施齐全；学校、医院、公园、浴池、派出所、文化中心坐落其中；10万平方米的绿地上草木葱茏，鲜花烂漫。

半壁店村于2003年12月被评为“全国十佳小康村”；继2001年被命名为河北省文明生态示范村之后，2004年又成为唐山市首批创建文明生态村十片百村示范村之一；2005年先后被省爱卫会命名为省级卫生村，被中国社会工作协会乡镇工作委员会评为“全国小康建设明星村”，被中央文明委命名为“全国文明村镇”。

彩页目录

（排名不分先后）

河北省建设投资公司
唐山市丰南区教育局
帝华企业集团
中国石油天然气河北销售分公司
交通银行石家庄分行
太平人寿保险有限公司河北分公司
河北省银行业监督管理局
国家开发银行河北省分行
中国工商银行河北省分行
中国民生银行石家庄分行
华夏银行石家庄分行
中国光大银行石家庄支行
中信银行石家庄分行
中国农业银行唐山分行
中国农业银行承德双桥支行
中国人民财产保险公司河北省分公司
中国人寿保险股份有限公司
中国平安财产保险公司河北分公司
民生人寿保险股份有限公司河北分公司
华泰财产保险股份有限公司河北分公司
邯郸钢铁集团有限责任公司
华北制药集团
河北省冀东水泥集团有限责任公司
中国网通集团河北省分公司
河北圣仑进出口集团公司
开滦集团
河北物产企业（集团）公司
中粮河北国际贸易有限公司
沧州市烟草专卖局（分公司）
石家庄光明实业总公司
河北新张药股份有限公司
保定市通盛交通设施有限公司

保定市悦丰工贸公司
唐山市润丰印务有限公司
河北电视台
河北省儿童医院
唐山市第三医院
唐山市滦南县胡各庄中学
河北省工业经济联合会
河北省工商业联合会
河北省注册会计师协会
河北省职业技能鉴定指导中心
河北省古代建筑保护研究所
河北师范大学
沧州职业技术学院
衡水市职业技术教育中心
河北省承德市实验中学
河北省教育厅
河北省国家税务局
河北省地方税务局
河北省人口和计划生育委员会
河北省工商行政管理局
河北省食品药品监督管理局
河北省安全生产监督管理局
河北省卫生厅卫生监督局
河北省机构编制办公室
河北省南水北调工程建设委员会办公室
河北省农业开发办公室
邯郸经济开发区
石家庄市公安交通管理局
唐山市地方税务局
石家庄市矿区
承德市承德县
承德市丰宁满族自治县

承德市滦平县
张家口市怀来县
张家口市崇礼县
张家口市涿鹿县
唐山市迁安市
唐山市遵化市
唐山市迁西县
唐山市丰南区
唐山市滦南县
廊坊市三河市
廊坊市霸州市
霸州开发区
廊坊市安次区
沧州市任丘市
沧州市泊头市
沧州市南皮县
衡水市安平县
衡水市武强县
衡水市枣强县
沧州市肃宁县
邢台市宁晋县
邯郸市武安市
邯郸市大名县
保定市徐水县
任丘市安监局
南皮县交通管理局
唐山市汉沽管理区教育局
唐山市开平区半壁店村
保定市顺平县高于铺村
邯郸市涉县西戎村
河北中烟工业公司
石家庄市教育考试院